한국인 중국어 학습자를 위한

중국어교육 이론과 중간언어 말뭉치 분석

저자 소개

박용진(朴庸鎭) 교수는 1993년 전북대학교 중어중문학과를 졸업하였고, 1996년 대만 동해대학 중문대학원에서 석사학위를 취득하였으며, 1999년 대만국립사범대학교 국문대학원에서 박사학위를 취득하였다. 2000년부터 2003년까지 전주대학교에서 교수로 재직하였고, 2004년부터 현재까지 전북대학교 중어중문학과 교수로 재직 중이다.

역서로는 ≪현대중국어 교육문법 연구≫(2012), ≪현대중국어 문법연구≫(2014), 공저로는 ≪중국어 교육 어떻게 할까≫(2005), ≪중국어 교육론≫(2011) 등이 있다. 발표 논문으로는 2014년 1st Harvard International Conference on Chinese Pedagogy에서 발표한 〈The Search of L2 Chinese Grammar Points for Korean Learners〉 등이 있다.

한국인 중국어 학습자를 위한
중국어교육 이론과 중간언어 말뭉치 분석

초판1쇄 인쇄 2015년 11월 2일
초판1쇄 발행 2015년 11월 12일

지은이 박용진
펴낸이 이대현
편 집 이소희
디자인 이홍주

펴낸곳 도서출판 역락
주 소 서울시 서초구 동광로 46길 6-6 문창빌딩 2층
전 화 02-3409-2058(영업부), 2060(편집부)
팩 스 02-3409-2059
등 록 1999년 4월 19일 제303-2002-000014호
이메일 youkrack@hanmail.net
역락블로그 http://blog.naver.com/youkrack3888

정 가 130,000원

ISBN 979-11-5686-255-0 93720

이 저서는 2013년 정부(교육부)의 재원으로 한국연구재단의 지원을 받아 수행된 연구임(NRF-2013S1A6A4A02013373)

한국인 중국어 학습자를 위한
중국어교육 이론과 중간언어 말뭉치 분석

박 용 진

역락

머리말

지난 2004년도부터 2006년에 이르기까지 3년 동안 박덕준(카톨릭대), 이영희(동의대), 최세윤(고신대), 정소영(광운대) 교수님들과 함께 저자는 '한국인 중국어 학습자의 중간언어 말뭉치'를 만들기 위해 중간언어 자료를 수집하였으며, 황인수(전주대) 교수님의 도움으로 웹상에 중간언어 말뭉치를 설립하였다. 이 책은 한국인 중국어 학습자의 중간언어 말뭉치를 분석하여 얻을 수 있는 분석 결과의 일부분을 보기 쉽게 정리한 것이다.

이 책은 먼저 크게 두 부분으로 구성하였다. 첫 번째 부분은 '한국인 중국어 학습자를 위한 중국어교육 이론 편'이다. 이 부분은 저자(2001, 2003, 2004, 2007, 2008a, 2008b)의 그동안의 연구논문을 요약정리하고, 수정한 것이다. 책의 구성에 있어, 이론 부분이 필요했던 이유는 몇 가지가 있지만, 우선적으로 단순히 중간언어 말뭉치를 분석한 자료만으로 전문서적을 출간하게 된다면, 많은 독자들에게 책의 내용이 충분히 전달되지 못할 것을 염려해서이다. 그리고 다른 한편으로 왜 '중국어교육'이라는 학문 분야가 필요하고, 중국어교육에 있어 중간언어 말뭉치가 왜 필요한지를 설명하고 싶어서이다.

두 번째 부분은 '한국인 중국어 학습자를 위한 중간언어 말뭉치 분석 편'으로 2학년, 3학년, 4학년으로 구분하여 중간언어의 어휘, 품사, 한자의 빈도를 조사한 것이며, 또 자주 사용하는 중국어 문법항목 몇 개를 선정하여 이들의 내부구조의 사용빈도를 분석한 결과물이다.

이 책의 이론 부분에서 저자는 문법구조와 의사소통의 관계(1.2.2.3)를 물과 컵의 비유로 설명하였다. 저자는 '서언'이라는 조금은 자유로운 공간을 사용해서, 이론문법과 교육문법의 차이를 비유를 들어 설명하고자 한다. 저자는 봉골레(Vongole) 파스타를 참 좋아한다. 인터넷에서 봉골레 파스타 만드는 법을 검색하면, 수십 개의 조리방법이 나온다. 어떤 자료에는 재료에 대한 설명이 좀 더 상세히 소개되어 있고, 어떤 자료에는 그림을 첨부하기도 하였다. 이 자료들을 자세히 들여다보면, 봉골레(Vongole) 파스타 만드는 법에 대한 설명이 조금씩 다르다. 어느 것이 옳을까? 아님 어느 방법이 좀 더 정확할까? 어떤 재료를 넣어 만들어야 가장 맛있을까? 저자가 생각하기에 봉골레 만드는 법에 대한 설명이 바로 이론문법 체계이다. 주방장이라는 문법학자의 분석 방법에 따라 재료라는 언어가 서로 다르게 다루어지고 분석된다. 그리고 음식 조리법이 다르게 작성되듯이, 언어 분석결과도 다르게 도출된다.

여기에서 한 가지 더 생각해야 할 것이 있다. 우리가 봉골레 음식 조리법을 읽고, 혹은 봉골레 소개 그림을 보면서, 봉골레의 맛을 느낄 수 있을까? 다시 말하자면, 봉골레의 그림을 보고 맛있겠다는 상상을 하는 것이지, 실제로 광고 사진을 보고 맛을 느낄 수는 없다. 요리사가 소개한 조리법을 가지고 요리를 직접 만들어야, 비로소 맛을 볼 기회를 얻을 수 있다. 여러 가지 조리법을 보고, 실제로 봉골레를 만들어 보면서, 어떤 요리법이 적합한지를 판단하고, 요리법을 수정하고, 재료를 언제 어떻게 어느 양만큼 사용할지를 정하는 것이 바로 교육문법이다. 다시 말하자면, 이론문법의 기술(지식)을 교실 수업에서 어떻게 사용할 것인지, 무엇을 가르칠 것인지, 어떻게 가르칠 것인지, 언제 가르칠 것인지를 설계하는 것이다. 그리고 마지막으로 조개(해물) 향과 올리브 오일과 마늘 냄새를 맡으며, 요리를 즐기는 사람이 바로 교실 수업의 교사와 학생이다. 요리가 때로는 맛있을 수도 있고, 때로는 맛이 없을 수도 있듯이, 교실 수업 역시 재미있을 수도 있고, 지루할 수도 있다. 교육문법은 맛있는 요리를 만들려고 노력하며 새로운 조리법을 만드는 것과 같다. 고객이 마음껏 요리를 즐기도록 레스토랑의 모든 환경을 설계하듯이, 교사와 학생들이 언어 학습을 재미있고 즐겁게 학습하도록 체계를 세우는 것이 외국어교육자가 담당해야 할 임무이다.

끝으로, 이 연구를 위해서 도움을 주신 황인수(전주대), 박덕준(카톨릭대), 이영희(동의대), 최세윤(고신대), 정소영(광운대) 교수님께 감사드린다. 그리고 비록 아직 성숙하지 못한 논문이지만, 저자의 그동안의 연구결과를 정리할 수 있는 기회를 준 한국연구재단과 심사자에게도 감사드린다. 그리고 중간언어 분석을 옆에서 도와준 전북대학교 중어중문학과 박사생 김지영 선생, 袁曉鵬 선생, 서진현 선생과 석사생 조선화 선생에게 깊은 감사를 드린다. 그리고 항상 좋은 조언을 해주고 있는 臺灣政治大學 박사생 程佩玲 선생에게 감사드린다. 마지막으로 이 책이 출판되도록 지원해 주신 역락출판사의 모든 분들의 친절한 대화에 깊은 감사의 말씀을 전한다.

중간언어 말뭉치 작업을 시작한 지 벌써 10년이라는 시간이 흘렀다. 우리는 또 다른 대형 말뭉치를 만들기 위해서, 이미 많은 중간언어 자료를 수집하였다. 아마 또 다른 10년이 지나야 세상에 보이게 되리라 생각한다. 이 책이 대형 중간언어 말뭉치 건립에 디딤돌 역할이 되었으면 한다.

2015. 7.

박용진

차례

I.

한국인 중국어 학습자를 위한
중국어교육 이론 편

1. 학문 분야로서의 '중국어교육'*

'중국어교육' 분야의 이론체계 설립 작업은 1980년 초반부터 토론되어 왔으며, 최근 중어중문학계에서 주목을 받는 연구 분야로 성장하였다. 이는 중국어교육 관련 연구논문 또는 전문서적의 출간을 통해 짐작할 수 있다. 그러나 근자에 발표된 국내·외의 중국어교육에 관한 논문을 보면, 중국어교육 분야가 중국어학에서 독립된 학문 분야(field)로 서기보다는 자신의 자리를 잡지 못하고 있지 않나 생각된다. 이런 현상이 보이게 된 가장 큰 이유는 중국어교육이 성립된 지 얼마 되지 않은 새로운 학문 분야이기에, 연구의 방향·대상·범위·방법론 등이 아직은 미숙한 단계에 머물러 있기 때문이다.

이로 인하여, 언어학 관련의 논문처럼 사실적 현상에 대해서 객관적으로 이야기하기보다는 경험만을 이야기하게 되고, 중국어교육 논문이 교육이론의 성립을 위한 것이 아닌, 개인의 경험담을 서술하거나, 견해를 표명하거나 혹은 논의거리를 제공하는 수준 밖에 되지 못하고 있는 실정이다. 물론 제2언어(L2)[1] 교육은 반드시 일정한 경험과 그에 관련된 이론의 기초에 기인한다. 때문에 경험은 L2교육에 있어서는 반드시 필요한 부분 중의 하나임은 분명하다. 그러나 경험이 이론으로 승화되지 않는다면, 그 경험은 보편적인 의미를 가지지 못하게 되고, 학문의 발전 혹은 학문의 지위에 아무런 영향을 미치지 못하게 된다. 이에 이 글에서 중국어교육의 연구방법에 대해서 토론하고자 한다.

먼저, '중국어교육'의 정의를 살펴보자. 우리가 사용하는 중국어교육은 중국에서 사용되고 있는 '對外漢語敎學'과 동일한 학문 분야이다. 즉, 외국인을 위한 중국어교육을 한다. 우리는 '對外漢語敎學'을 '중국어교육'이라고 사용하고자 한다. '對外漢語敎學'의 '對外'는 중국어를 L2로 삼는 모든 외국인에 대한 교육이라는 뜻으로, 중국의 입장에서 정의 내린 학문 영역의 표현 형태이다. 우리의 시각으로 보면, '對外'(외국인을 위한, 외국의)는 모국어가 한국어인 중국어 학습자에게 중국어는 당연히 L2이고, 모두 외국인(한국인)이기에 특별히 '對外'라는 말로 표현하지 않아도 무방하리라는 생각에서 기인한 것이다. 그리고 중국어교육에서 '교육'의 의미는 외국어 학습을 유발하기 위한 의도적인 활동을 말한다.[2] 다시 말하자면, '중국어교육' 용어의 의미는 모국어가 한국어인 중국어 학습자의 중국어 학습을 유발하기 위한 의도적인 모든 활동을 연구하는 학문 분야이다.

---

* 제 I 단원 <한국인 중국어 학습자를 위한 중국어교육 이론 편>은 박용진(2001, 1002, 2004, 2007, 2008a, 2008b)의 연구 논문을 수정 보충하여, 요약 정리한 것이다.
1) 이 글에서 L2(Second Language)의 의미는 모국어(L1, first language)에 대응되는 두 번째로 학습하는 언어, 다시 말하자면, 우리가 아주 보편적으로 사용하는 외국어(foreign language)를 말한다.
2) H.H. Stern(1983 : 21)을 참조하였다. 교육의 개념에 있어서, 우리는 광의의 해석을 사용하고자 한다. 따라서 이 글에서 교육은 교수(teaching), 학습(learning), 습득(acquisition) 개념을 포함한다.

1.1 '중국어교육' 학문은 무엇을 연구할까?

우리는 '중국어교육'의 연구방법을 모색하기 위해, 이 학문의 상위 개념인 언어교육(Language education)을 먼저 살펴보고자 한다. 언어교육에서 주로 살펴보게 될 부분은, '언어학'과 '언어교육' 분야의 공통된 학문적 특성과 다른 특성을 비교하고자 한다. 이를 통하여 언어교육이 언어학과 다른 독립된 하나의 학문임을 발견하고, 중국어교육의 기초가 되는 언어교육의 정의를 살펴봄으로써, 중국어교육의 연구방법을 모색하고자 한다.

1.1.1 언어학(Linguistics)과 언어교육(Language education) 비교 분석

언어학과 언어교육의 상이점을 정리해 보면 다음과 같다.[3]

(1) 교육 목적이 다르다.

언어학의 교육 목적은 언어 연구, 언어학 교육 등에 관한 능력을 배양시키는 데 그 목적을 둔다. 반면 언어교육의 교육 목적은 언어에 대한 능력과 언어교제 능력을 배양하는 데 목적을 둔다.

(2) 교육 내용이 다르다.

언어학의 교육 내용은 언어이론, 언어지식 그리고 언어연구방법이다. 다시 말하자면, 언어 그 자체에 대한 교육이다. 그러나 언어교육의 교육 내용은 언어 자체에 관한 교육, 언어 이해에 관한 교육, 언어사용과 관련 된 교육이다.

위의 두 학문의 교육 내용과 같이, '언어교육'에서도 언어 학습의 이해를 돕기 위해 언어 자체에 대한 교육을 실시한다. 예를 들면, 언어의 소리·어휘·문법 규칙 등이 있다. 그러나 언어교육에서 이러한 언어 지식을 습득하는 이유는 언어의 규칙을 찾고, 그 규칙을 이론화시키기 위한 것이 아니고, 목표로 삼는 언어(외국어)를 정확히 이해하고 파악하기 위함이며, 가르치고자 하는 언어(외국어)에 대한 언어학적 이해를 목적으로 하는 일반적인 지식이다.

위에서 살펴본 바와 같이, 언어교육 역시 언어를 다루기 때문에 언어 자체에 대한 이해가 없으면 안 된다. 그러나 언어교육에 있어서의 언어에 대한 이해는 단지 언어학습에 도움이 되는 정도의 입문단계에 불과하고, 언어교육에 관한 교육이나 이해에 들어서면, 언어 요소에 대한 이해뿐만 아니라 문화에 관한 이해, 언어학습에 관한 이해, 일반 교육에 관한 이해 등 일차적인 언어에 대한 이해 이외의 또 다른 교육도 필요하다. 따라서 언어학 이론 혹은 언어학 교육이 언어교육의 모든 과정을 포

---

3) 언어학과 언어교육의 상이점은 떵 소우신(Teng, Shou-hsin)의 1997년 중국어교육문법 강의록, 뤼 삐쏭(呂必松, 1993 : 155-160) 그리고 박경자, 강복남, 장복명(1994 : 5-6)을 참조하였다.

함 혹은 계획할 수 있다는 것은 사실 불가능하다.

(3) 이론 연구 형태가 다르다.

언어학의 이론연구는 반드시 일정한 추상성을 가지고 있다. 언어교육의 이론 연구는 실제적인 필요를 기초로 하는 구체적 행위에 관한 이론이다. 즉 현실성·실용성을 가지고 있다.

(4) 언어 연구의 대상이 다르다.

언어학에서의 연구 대상이 되는 언어는 모든 언어, 즉 과거와 현재의 언어뿐만 아니라, 사어(死語)와 미개발 지역의 언어에 이르기까지 인류의 모든 언어가 연구 대상이 된다. 그러나 언어교육에서의 언어 연구의 대상은 특정 언어이다. 학습자가 배우고자 목표로 삼는 혹은 교사가 교수의 목표로 삼는 목표언어(target language)는 현존하는 언어로서, 그 대상이 뚜렷하고 개별적이다.

(5) 이론 연구의 타당성이 다르다.

언어학자들은 언어를 분석할 때 실제로 사용되는 언어를 기술하는 규칙 즉 기술적 규칙을 설립하고자 한다. 이 기술적 규칙들은 언어의 여러 다양한 양상에 대한 일반화와 규칙성을 나타낸다. 언어학은 언어의 기술적 타당성이 있어야 한다. 그러나 언어교육은 언어의 교수, 즉 교육의 타당성을 가져야 한다. 실제 언어교육 이론 연구는 교육 활동에 관한 이론이기 때문에 유용하고 효과적이며 응용이 가능해야 한다. 따라서 언어학 이론이 언어교육 이론이나 실제 수업에 도움이 되는 이론을 제기할 수 있으나, 서로의 이론 연구의 준거가 다르므로 언어교육의 실제 현장에 온전히 적용되는 경우는 드물다.

사실 언어교육에 종사하는 자나 연구자는 언어학에 대해서 반드시 알아야 한다. 그리고 특별히 자신이 가르치고자 하는 언어 혹은 연구하고자 하는 언어에 대한 언어학 지식이 결여되어서는 안 된다. 이런 목표언어의 언어학 지식은 가르치고자 하는 언어에 대한 이해 혹은 교육 방법을 위한 분석 등에 사용된다. 예를 들면, 목표언어에 대한 기본적인 언어 규칙을 전달할 때 사용되고, 교육 과정의 설계, 교재 편찬, 프로그램의 선택 등에 사용된다. 때문에 언어교육자와 언어학자의 연구 성과를 대립시킬 필요는 없으나, 서로의 학문이 추구하는 목표, 방법 그리고 대상 등이 다르기에 두 학문이 가지는 동질성이 언어라는 이유 하나로 언어교육이 언어학의 부속물이라는 생각은 반드시 버려야 한다. 더 나아가 언어학 이론이 반드시 언어교육에 도움이 되리라는 생각 역시 매우 위험한 생각이다. 왜냐하면 언어교육 연구는 넓은 의미로는 교육 연구이기에, 교육 연구의 방법론이 적용되어야 하기 때문이다.

1.1.2 중국어교육 연구 방법론 검토와 방향 제시

위에서 우리는 언어학과 언어교육을 비교 분석하여, 그 동질성보다는 서로 다른 점을 검토하였고, 이를 토대로 언어교육(Language education)이 추구하는 연구 방법·대상·방향 등을 알 수 있었다. 계속해서, 중국어교육의 현재 상황, 학문의 위치, 연구방법, 연구범위, 이론체계에 대해서 살펴보고자 한다.

1.1.2.1 중국어교육 분야의 현 위치

이 부분은 떵 소우신(Shou-hsin Teng, 2000)이 L2중국어[4]에 대한 잘못된 인식을 지적하는 내용을 정리함으로써, 중국어교육이라는 학문이 처한 현재 상황을 서술하고자 한다. 이를 통해서 중국어교육의 연구가 나아갈 방향을 모색할 수 있으리라 생각한다.

(1) L2중국어는 L1중국어의 부속물이 아니다.

표준중국어가 공식 언어로 쓰이고 있는 대부분의 나라에서는 L2중국어를 L1중국어의 일부분으로 생각한다. 이러한 식의 L2중국어교육에는 다음과 같은 특징들이 있다.

- L1중국어교육과 L2중국어교육에 차이는 없다.
- L2중국어 프로그램은 중어중문학과에서 주로 만든다.
- L2중국어 교사들은 주로 중문과 졸업생들 또는 그와 동일한 자격을 가진 사람들이다.
- 유치원생 즉 어린이들이 쓰고 있는 L1중국어 교과서를 성인 L2중국어 학습자들이 사용하고 있다.

(2) L2중국어는 지역 연구의 부속물이 아니다.

중국어가 외국어인 나라에서 L2중국어는 문학, 역사, 인류학, 정치학, 그리고 종교와 같은 중국에 관한 주요 연구의 수단으로 여겨지고 있다. 언어는 지역을 연구하는 데 도움이 된다. 이러한 인식 속에는 다음과 같은 생각들이 들어있다.

- L2중국어교육은 지역연구 학과(Area Studies Dept.)에서 실시한다.
- L2중국어 교사들은 지역 연구 전문가들이 채용하고 감독한다.
- 지역연구 전문가들은 기간이 정해진 교수의 지위에 있는 반면, L2중국어 전문가들은 기간이 정해 져 있지 않은 교사나 강사의 위치에 있다.
- L2중국어 교사들은 학과의 중요 교육과정이나 인사 결정에 참여하지 않는다.
- L2중국어 교사들은 지역 연구 기관의 구성원이다.

---

4) 'L2중국어'는 외국어로서의 중국어를 일컫는다.

(3) L2중국어는 언어학의 부속물이 아니다.

L2중국어는 L1중국어의 하위 분야가 아니며, 또 지역 연구에 도움을 주는 학문도 아닌데도, L2중국어는 중국 언어학계의 통제를 받고 있다. 이런 생각에는 중국어 언어학 속에 들어있는 지식은 L2중국어교육에도 포함된다는 가정이 들어 있다.

- L2중국어교육은 언어학과에서 실시한다.
- L2중국어 교사들은 중국어 학자들에게 보고한다.
- 언어학 규칙은 L2중국어교육에 자주 사용된다.
- L2중국어 교사들은 중국어 언어학회의 구성원들이다.

위에서 서술한 떵 소우신의 지적들은 이미 한국의 중어중문학계에서 아무런 문제의식이 없이 빈번하게 일어나기도 하고, 향후에 발생될 문제들도 있다. 이 중에서 L2중국어 교재 문제, L2중국어를 전문적으로 가르치는 교사에 대한 대우 문제, L2중국어 학문의 위치에 대한 문제 제기 등은 상당한 타당성을 갖는다. 특히 이 글의 중점 테마인 중국어교육 그리고 연구 부분에 있어서 중국어 언어학과의 관계는, 우리도 동일하게 경험하고 또 극복해야 할 과제라고 생각한다.

위의 지적을 토대로, 긍정적인 시각에서 살펴보면 중국어교육이 이제 중국어 언어학과는 차별된 하나의 학문으로 인정하는 단계에 이르렀고, 부정적인 시각에서 살펴보면 중국어교육은 아직 초기의 단계이므로, 학문적으로 정립할 여러 가지 요건들이 미숙하다고 볼 수 있다. 어쩌면 떵 소우신(2000)의 말처럼 ESL(English as a second language) / TESL(Teching English as a second language)에 비교해 볼 때, '중국어교육' 영역의 확립이 왜 그렇게 오랜 시간이 걸렸는지는 의문으로 남는다. 그러나 그 시간의 장단이야 어찌되었든 현재의 중국어교육 학문의 설립에는 어느 누구나 인정해야할 시기에 이른 것은 분명한 사실이다.

1.1.2.2 중국어교육과 다른 학문 간의 관계

중국어교육은 어느 학문과 관련이 있는가 혹은 중국어교육이란 학문은 어느 위치에서 정립되어지는가 하는 문제를 살펴보자. 왜냐하면 중국어교육이라는 학문의 개념 혹은 정립 위치가 분명하면, 중국어교육에 관한 여타의 문제들 ― 연구방법, 연구범위, 연구방향 ― 이 쉽게 해결될 수 있기 때문이다.

먼저, 언어를 중심으로 중국어교육의 위치를 정립하면 아래 그림과 같다.

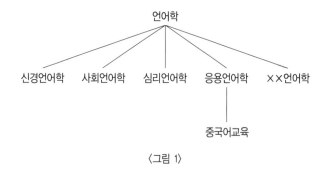

〈그림 1〉

교육을 중심으로 하면 중국어교육은 교육심리학에서 '발달'이라는 주제 중에서 '언어발달' 부분에 속한다. 그 위치를 정립하면 다음과 같다.

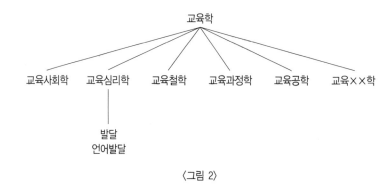

〈그림 2〉

그리고 언어교육을 중심으로 하면 중국어교육은 아래 그림과 같이 위치한다.

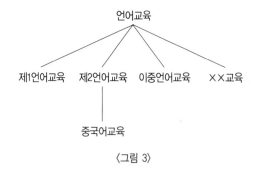

〈그림 3〉

이 세 가지 경우를 들어 중국어교육이라는 학문의 위치를 설명한 이유는 우선, 한 가지 이상적인 모형으로 학문의 모든 개념을 설명할 수는 없다는 생각에서 기인한 것이다. 그리고 중국어교육이라는 학문이 가지는 가장 기본적인 면인 언어, 교육, 언어교육이라는 세 측면에서 살펴봐야, 중국어교

육의 학문적 위치를 정확히 알 수 있기 때문이다.5)

중국어교육의 연구 방법, 연구 범위, 이론 연구 등 중국어교육과 관련된 많은 개념들은 위의 그림에서 제시한 모든 학문과 관련이 있다. 언어를 중심으로 했을 때, 직접적으로는 언어학 그리고 응용언어학과 관련이 있으며, 간접적으로는 신경언어학, 사회언어학, 심리언어학 등 기타언어학들과 관련이 있다. 언어교육을 중심으로 했을 때는 직접적으로 언어교육 그리고 제2언어교육과 관련이 있으며, 간접적으로는 제1언어교육, 이중언어교육 등의 학문과 관련이 있다. 그리고 교육을 중심으로 했을 때는 직접적으로 교육학 그리고 교육심리학과 관련이 있으며, 간접적으로는 교육사회학, 교육심리학, 교육철학, 교육과정학, 교육공학, 교육행정학 등의 학문과 관련이 있다.

1.1.2.3 중국어교육의 연구 방법과 연구 상황

우리는 H.H.Stern(1983 : 61-66)이 제시한 언어교수 연구법을 참고하여 중국어교육의 연구 방법과 연구 상황을 적용하고자 한다. 우리가 중국어교육 연구법에 언어교수 연구법을 적용한 이유는, 중국어교육은 언어교육의 하위 개념이고, 언어교육은 언어와 교육을 동시에 고려하는 학문이기에 언어교수 연구법을 중국어교육의 연구 방법에 적용하여도 큰 무리가 없으리라 여기기 때문이다.

언어교육 연구, 좁은 의미로 중국어교육 연구는 아래와 같은 기준에 만족해야 한다.

(1) 중국어교육 연구는 명백한 이론적 근거를 지니고 있어야 한다. 예를 들어, "중국어교육 연구에 있어서, 내가 중국어를 5년, 10년, 20년 한국인을 가르쳐 본 경험으로 보건데 한국인은 이런 문장이 잘 틀리더라. 그래서 한국인은 이 문장을 저렇게 가르치면 될 것이다"라는 식의 경험을 바탕으로 한

---

5) 사실 위의 분류 역시 조심스러운 면이 있다. 왜냐하면, 교육을 중심으로 한 분류를 예로 들면, '교육심리학'만이 언어발달을 논의하는 것이 아니고, '교육공학'에서도 논의의 대상이 되기 때문에 '언어발달'이라는 주제를 언어공학 의 하부에 위치하게 할 수도 있다. 언어교육을 중심으로 한 분류에서도 '제2언어교육'에서만, L2중국어를 다루는 것이 아니고, 이중언어교육에서도 L2중국어를 다룬다. 그리고 위의 세 가지 — 언어학, 교육학, 언어교육 — 이외의 다른 학문, 예를 들면 심리학을 중심으로 중국어교육의 위치를 모색할 수도 있다. 심리학을 중심으로 하여 '중국어교육'의 위치를 정립하면 다음과 같다.

그러나 심리학을 중심으로 한 분류 역시 '언어심리학'만이 중국어교육의 학문 분야와 관계있는 것이 아니고, '인지심리학', '교육심리학' 등 심리학과 관련된 모든 학문이 중국어교육과 깊은 관계가 있다. 따라서 우리가 그린 그림은 학문 간의 교차연구를 아주 세밀하게 고려하지 않은 단순화된 일반적인 상황을 설명하는 것이라고 보면 될 것이다.

연구는 가급적 피해야 한다. 다시 말하자면, 어떤 이유로 한국인에게만 특히 잘 틀리는 문장인지에 대한 의문 제기와 그 문제가 발생하게 된 이론적 근거를 동시에 지녀야 한다는 것이다.

예를 들면, 한국인은 중국어의 SVO문형을 말할 때 많은 실수를 범하는데, 그 이유가 한국어는 중국어와 다른 SOV문형이기 때문이라는 의문이 제기 되었다면, 대조분석 가설(contrastive analysis hypothesis)이 지적한대로, L1과 L2의 차이점이 크기 때문에 발생하는 오류인 것이다. 그렇다면, 차이점이라는 어려움(difficulty)은 정말로 언어학습에 장애가 되는 것인지 등의 이론적 근거가 제시하여야 한다. 또 다른 예를 들면, '한국어에는 권설음이 없기 때문에 한국인이 중국어를 말할 때 가장 발음하기 어려운 것이 권설음이다. 따라서 권설음은 한국인이 중국어의 발음을 배울 때 가장 주의해야 할 부분이므로 권설음 훈련은 이렇게 훈련되어야 한다.'는 연구가 성공하려면 한국인이 권설음을 왜 잘 하지 못할까하는 의문을 제기함과 동시에 대조분석(contrastive analysis)이나 오류분석(error analysis) 가설 등을 토대로 한 이론적 근거를 지녀야 한다.

(2) 중국어교육 연구는 이론적인 토대를 가지고 있어야 한다. 중국어교육 연구를 예로 들면 이론적인 토대란 <그림 1>, <그림 2> 그리고 <그림 3>에 언급한 것처럼 중국어교육과 관련된 직·간접적인 학문의 개념 틀 안에서 지지되는 이론을 말한다. 따라서 중국어교육 연구는 직·간접적인 관련 학문의 이론에 의해 지지되는 연구가 되어야 하고, 또 그 이론을 바탕으로 한 새로운 이론의 창출이 시도되어야 한다.

(3) 신중하게 선택한 방법론을 토대로 명백하게 진술된 탐구 방법을 이용하여야 한다. 우선, 언어 교수 연구는 넓게 말하자면 교육 연구이므로 교육 연구의 절차와 원리, 행동 과학을 적용할 수 있다. 또한, 언어 교수 연구는 중심 주제가 언어이기 때문에 다른 교육 연구와는 차이가 나는 특정한 전문적 특징을 지닌다.

언어교육 연구에서 사용할 수 있는 연구 기법은 관찰, 기술, 실험 등으로, 언어교육 연구는 언어에서의 이론과 교육에서의 실제적인 관찰, 기술, 실험을 통한 연구가 균형을 이루며 병행되어야 한다. 바로 이러한 언어 연구와 교육 연구가 동시에 연구되어야 한다는 점이, 언어교육 연구의 어려움이라 할 수 있다. 예를 들면, 중국어언어학이 중국어교육에 절대적인 도움이 된다는 관점을 가진 많은 논문들은 사실 교실 안에서 중국어를 가리킬 때 그리 큰 도움이 되지 못한다. 그 이유는 교육의 관점에서 보면, 비록 중국어교육을 연구의 중심테마로 삼고 있지만, 실질적인 내용은 학습자의 학습 혹은 가르치는 자의 교수를 중심으로 한 분석이 아니고, 언어학적인 기술적 서술로 분석되어 있기 때문이다. 이런 부류의 연구에는 실제 교실에서 일어나는 교수와 학습에 직접 적용할 수 있는 절차에 대한 연구가 거의 없다. 그 결과 언어학에서 사용되는 전문용어에 대한 이해 부족 때문에 학습자에게 L2중국어가 보다 어렵게 느껴지고, 오히려 언어 학습에 방해가 될 뿐이다.

(4) 중국어교육의 연구결과와 결과에 대한 해석을 분리하여 체계화 시켜야 한다. 즉, 연구자가 객관적이고, 간결하며, 명확한 연구 결과를 제시하고, 결과와 해석을 구분해야 한다는 점이다.

1.1.2.4 중국어교육의 연구 범위

중국어교육의 연구 범위(scope)는 크게 세 가지로 나눌 수 있다. 광범위한 연구 범위(S1)는 <그림 1>・<그림 2>・<그림 3>에서 언급한 것처럼, 모든 학문과 중국어교육과의 연계 연구이다. 그리고 첫 번째보다 세부화 한 연구 범위(S2)로는 응용언어학・교육심리학・제2언어교육과 중국어교육과의 연계연구이다. 그리고 좁은 의미로의 연구 범위(S3)는 중국어교육 그 자체의 연구이다.

S1, S2 그리고 S3의 연구 범위로써 몇 가지 연구 주제를 예로 들면 다음과 같다.

(1) S1의 연구 범위

　　a. 언어 교수와 중국어 학습의 환경 : 언어교육, 교육사회학, 중국어교육의 연계 연구

　　b. 언어교수와 중국어교육 과정 설계 : 언어교육, 교육과정학, 사회언어학, 중국어교육의 연계 연구

　　c. 언어교수와 중국어습득 연구 : 언어교육, 심리언어학, 중국어교육의 연계 연구

　　d. L2중국어와 또 다른 L2언어의 습득 과정 비교 연구

(2) S2의 연구 범위

　　a. 중국어교육과 중국어 언어평가 연구

　　b. 중국어교육과 중국어 습득과정 연구

　　c. 중국어와 한국어의 대조분석 연구

　　d. L2중국어를 배우는 한국인의 중간언어(inter-language)연구

　　e. L2중국어를 배우는 한국인의 오류분석 연구

　　f. L1중국어와 L2중국어 학습 과정 비교 연구 : 제1언어교육, 제2언어교육, 중국어교육의 연계 연구6)

(3) S3의 연구 범위

　　a. L2중국어교육문법 연구

　　b. L2중국어 강독

---

6) 제1언어와 모국어, 제2언어와 외국어는 광의와 협의의 정의에 따라 포함관계와 병렬 관계가 있다. 이 글에서는 제1언어와 모국어, 제2언어와 외국어의 관계에 대한 토론이 주목적이 아니기 때문에, 서술상의 편리를 위하여 제1언어를 모국어로 그리고 제2언어를 외국어로 정의하고 토론하고자 한다.

c. L2중국어 성취도 평가

d. L2중국어 암기

e. L2중국어 번역 연구

f. 중국어음운론, 중국어형태론, 중국어어휘 그리고 중국어통사론을 통한 L2중국어 학습 연구

g. L2중국어 능력 시험 개발 연구

1.1.2.5 중국어교육 이론체계

분석(연구)은 이론을 보충하고, 이론은 분석(연구)의 토대가 되므로, 이론과 분석(연구)은 상호보완 관계를 갖는다. 중국어교육 이론체계에 대해서는 그동안 많은 논의가 있었는데, 특히 중국인 학자들에 의해 심도 있는 논의가 이루어졌다. 추이 용후아(崔永華, 1997)의 이론체계를 살펴보면, 중국어교육 이론을 세 가지로 나누어 설명하고 있다.

학문기반이론 : 언어학, 심리학, 교육학

학문기초이론 : 제2언어교육이론, 언어습득이론, 중국어 언어학, 학과방법론, 학과발전사

학문응용이론 : 총체설계이론, 교재편찬이론, 교과교육이론, 언어평가이론, 교육관리이론

리 샤오치(李曉琪, 1999)는 기초이론과 응용이론으로 나누었다.

기초이론 : 언어이론, 언어학습이론, 문화교류이론, 일반교육이론

응용이론 : 교수이론, 교수법

뤼 삐쏭(呂必松, 1993 : 32)은 기초이론, 교육이론과 교수법으로 나누었다.

기초이론 : 언어이론, 문화이론, 언어학습이론, 일반교육이론

교육이론

교수법

위에 제시한 중국어교육의 이론 분류는 저자마다 분류체계가 달리 나타나는데, 이는 연구자의 분류 방법 혹은 분류 목적에 따라 그 결과가 다르기 때문이다. 따라서 어느 분류 방법이 가장 적합하다고는 할 수 없으므로, 중국어교육 연구자의 시각에 따라 연구 목표에 적합한 이론 분류를 취하거나 새로운 이론 분류를 세워도 무방할 것이다. 예를 들면, 우리는 <그림 1>, <그림 2>, <그림 3>과 1.1.2.4에서 언급한 S1, S2 그리고 S3 범위를 토대로, 중국어교육을 중심으로 한 인접학문과의 관계 속에서 중국어교육의 이론체계를 세울 수 있다. 따라서 이 글에서는 어느 분류방법을 지지하거나

혹은 새로운 이론 체계를 모색하는 작업은 하지 않겠다. 단지 한국의 중국어교육 이론연구에 있어서 무엇보다 중요한 문제는 L2중국어를 학습하는 한국인에게 가장 적합한 중국어교육 이론과 그에 따른 분류체계를 만드는 것이 중요하다는 것을 지적하고, 이를 서로 인식하자는 생각이다.

1.2 외국어 학습을 위한 문법연구와 이론 연구를 위한 문법연구

'중국어교육' 분야의 정체성, 목표 그리고 대상을 간략하게 정리하면 다음과 같다.[7]

(1) 중국어교육 교과의 정체성
　　ㅡ하나의 독립된 학문이다.
　　ㅡ학문이 존재하는 근거는 교육 실천이다.
　　ㅡ실천성이 강한 과학적 학문이다.
　　ㅡ중국어교육 이론 연구가는 실제적인 조사와 연구, 분석을 해야 하며, 단순히 희망적인 관측이나
　　　주관적 억측에 의거하면 안 된다.
　　ㅡ중국어교육과 중국어언어학의 연구 대상은 확연히 다르다.
　　ㅡ중국어교육 교과의 문제 해결을 위해 교차학문(交叉學科)의 방법이 필요하다.

(2) 중국어교육의 목표
　　ㅡ중국어 활용 능력의 숙달
　　ㅡ어떻게 하면 중국어를 학습하고 능통하게 하는 것을 도와 줄 것인가
　　ㅡ어떻게 하면 아직 중국어를 배워본 적이 없는 외국 유학생(학습자)으로 하여금 최단 기간에 가장
　　　빨리, 가장 효과적으로 중국어를 잘 습득/학습하고 장악하도록 할 것인가

(3) 중국어교육의 대상
　　ㅡ일반적으로 성년으로 고등학교 혹은 고등학교 이상의 교육을 받은 외국인[8]
　　ㅡ이미 완벽한 모국어(L1) 능력과 일정한 지식수준을 갖추고 있는 제2언어 학습자

중국어교육 분야의 이론체계를 설립하기 시작한 시기에 비하면, 이제 많은 학자들이 학문 영역으로 중국어언어학 분야와 분리된 중국어교육 분야를 인정하고 긍정한다. 그럼에도 불구하고, 이 학문이 최근에 비로소 설립된 학문이기에 아직도 많은 문제점을 보이고 있다. 예를 들면,

---

7) 추이 용후아(崔永華, 1997, 1998, 2004a.b, 2005 a.b), 떵 소우신(鄧守信, 1997, 1998, 2003), 루 지앤밍(陸儉明, 2004)을 참조
　하였다.
8) 중국에서는 '대외한어교학'(對外漢語教學) 학문의 대상에 소수민족의 성인도 포함하나, 우리의 입장에서 보면 그 범위까지 포
　함할 이유는 없을 것이다.

(1) 우리나라와 중국에서 동일하게 나타나는 현상으로, '중국어교육' 혹은 '대외한어교학'(對外漢語教學)이라는 이름의 책자와 논문이 수도 없이 쏟아지지만, 실제 교실수업에서 사용/응용할 수 있는 경우는 많지 않다.

(2) 연구 결과물 중에, '외국인대상 중국어교육 관점의…연구' 혹은 '…와 외국인대상 중국어교육'이라는 제목을 사용하고 있는 것들이 많은데, 이 중 대부분은 중국어 언어학 연구이지 중국어교육 연구가 아니다.

(3) 연구자들은 자기 자신이 제기한 중국어교육법을 마치 중국어교육 이론과 교육에 모두 사용될 수 있는 만병통치약으로 여긴다.

(4) 중국어교육 결과물 중 상당 부분의 연구는 단순한 희망적인 관측이나 주관적 억측 수준에 머물러 있다.

이와 같은 문제점이 생성된 몇 가지 가능성을 추축해 보면, (1) 중국어교육 교과의 이론체계가 잘못 정립되었거나, (2) 중국어교육 이론체계는 잘 정립되었으나, 연구자들의 이론체계에 대한 이해의 부족에서 기인하거나, (3) 중국어교육과 연구 방법론에 대해서 근본적으로 이해하지 못하고 있거나 왜곡된 이해에서 발생할 수 있을 것이다. 이 중 우리는 두 번째와 세 번째 추측이 중국어교육 연구의 주된 문제점이 아닐까 생각한다.

이 글에서 우리는 외국어 학습을 위한 문법연구와 이론 연구를 위한 문법연구의 상이점을 토론하고자 한다. 우리의 궁극적인 목적은 이를 통해서 언어학 연구와 언어교육 연구가 서로 다르다는 점을 보여주기 위함이고, 나아가 외국어 학습을 위한 문법연구의 특징을 살펴보고자 한다.

1.2.1 교육지향적 문법과 이론지향적 문법의 특징 고찰

우리는 교육문법의 특징을 고찰하기 위해서, 몇 개의 교육지향적 문법 용어와 이론지향적 문법에 관련된 몇 개의 용어가 가지는 특징을 살펴보고자 한다. 이는 위의 두 부류의 문법 영역을 서로 비교하여 살펴봄으로, 교육문법의 특징을 올바르게 이해하는데 도움이 되고자 한다.

1.2.1.1 교육지향적 문법에 대한 특징

우리는 교육을 지향하는 문법으로 '교육문법', '학교문법', '규범문법'을 살펴보고자 한다.

(1) 교육문법(pedagogical grammar)의 특징

교육문법은 중국어로 '敎學語法'로 불리고, 영어로는 'pedagogical grammar'라 불린다. 우리나라

학자의 교육문법 특징을 살펴보면, 조명원·이홍수(2004 : 590)는 교육문법을 학습자의 목표언어 학습을 위한 언어의 문법 체계 또는 문법 기술을 가리킨다고 서술하고 있다. 중국학자의 정의로는 루 롱(鹿榮, 2005)은 교육문법(敎學語法)은 현대중국어교육과정 중에 사용되는 문법을 가리키며, 한족(漢族)의 중국어교육에 사용되는 문법체계도 포함되며, 제1언어가 중국어가 아닌 중국어교육의 문법체계 즉 대외한어 교육문법 체계(對外漢語敎學語法系統)도 포함된다고 하였다. 리우 친롱·뚜 쥐엔(劉欽榮·杜鵑, 2004)은 교육문법(敎學語法)은 학교문법(學校語法), 규범문법(規範語法)이라고도 부르며, 광의와 협의의 의미가 있는데, 광의의 교육문법은 모든 학교의 문법교육을 가리키고―대학 혹은 중등학교, 협의의 교육문법은 중등학교의 문법교육만을 가리킨다. 교육문법(敎學語法)은 가르침(敎)과 배움(學)이라는 제한을 받기 때문에, 그 내용은 간단명료하고, 과학적으로 규범적이며, 온당하며 적절하여야 함을 요구하며, 교육문법의 중요성은 학생들에게 어떤 현상이 문법적으로 합당한지, 어떤 현상이 문법적으로 합당하지 않은지를 지도함에 있고, 그리하여 언어에 대한 이해와 언어 사용의 능력을 제고한다. 따라서 이론 문제 그리고 복잡한 문제는 관련하지 않거나 혹은 아주 조금만 관련지을 뿐이며, 광범위하고 심도 있는 이론 탐구는 하지 않는다고 설명하고 있다. 또 다른 자료로 천 하이양(陳海洋, 1991 : 316)이 편집한 ≪中國語言學大辭典≫에 의하면, 교육문법은 학교문법(學校語法)이라고도 부르며, 문법교육의 요구에 의거하여 작성된 문법체계이다. 규범성과 안정성을 구비하고 있고, 문법 기능의 묘사에 치중하고 있으며, 실용성을 요구하고, 가독성이 강하다. 그리고 이론 분석은 중점적 사항이 아니며, <暫擬敎學語法系統>이 바로 중국어교육문법이라고 서술하고 있다. 영어권의 자료를 살펴보면, Jack C. Richards, Richard Schmidt(2002 : 389)는 교육문법은 언어교육, 어휘모형 또는 교육 자료 준비와 같이 교육적인 목적으로 의도되어진 언어에 관한 문법적 서술을 말한다고 적고 있다.

위에서 살펴본 교육문법의 특징을 보면, 서로 일치하는 부분도 있고, 일치하지 못하는 부분도 있다. 예를 들면, 교육문법의 대상을 모국어 교육에도 포함할 것인지, 외국어 교육만 포함할 것인지의 문제이다.9) 그러나 이 부분을 제외하면, 대부분의 내용은 서로 일치한다. 예를 들면, 대부분의 정의에서 '학습자', '교육', '교육적인 목표', '규범', '실용', '목표언어'라는 표현들이 사용되고 있다. 이는 교육문법이 교육현장에서 사용되는 목표언어 학습을 위한 문법이라는 점을 직간접적으로 보여주고 있다.

(2) 학교문법(school grammar)의 특징

학교문법은 중국어로 '學校語法'로 불리고, 영어로는 'school grammar'라 불린다. 먼저 우리나라

---

9) 이 부분에 대한 토론은 아래에서 자세히 살펴보고자 한다. 우리의 의견을 우선 제시하자면, 우리는 교육문법의 범주 안에 제1언어(모국어)교육은 포함시키지 않고자 한다. 주요한 이유는 제1언어교육은 모국어에 대한 교육이고, 제2언어교육은 외국어에 대한 교육이기 때문에, 그 성격이 서로 다르기 때문이다.

학자의 정의를 보면, 임지룡 등(2005 : 11-36)은 학교문법의 '문법'은 '우리말에 관한 언어학적 지식 체계 전반'을 가리키는 개념이며, 학교문법의 '학교'라는 용어는 '학교'라는 '장소' 개념보다 '교육'이라는 개념으로 옮겨서 이해하는 것이 옳다고 말하고 있다. 중국학자의 정의로는, 후 전핑(胡振平, 1990)은 언어의 표현을 돕고 이해를 목적으로 하며, 규범성과 실용성의 특징을 구비하고 있어, 규범문법(規範語法), 실용문법(實用語法) 그리고 교과문법(教科語法)이라고도 부른다고 설명하고 있다. 정 징롱(鄭景榮, 1995)은 학교문법(學校語法)은 교육문법(教學語法) 혹은 규범문법(規範語法)이라고도 부르며, 학교문법의 교육은 반드시 학생으로 하여금 문법 지식을 잘 파악하도록 하여야 한다고 설명하고 있다. 학교문법에 대한 특징을 살펴보면, 이는 교육을 위한 문법이며, 규범과 실용이라는 특성이 있음을 강조하고 있다.

(3) 규범문법(prescriptive grammar)의 특징

규범문법은 중국어로 '規範語法'이라 하며, 영어로는 'prescriptive grammar'라 한다. 정의를 살펴보면, 조명원·이홍수(2004 : 621)는 규범문법은 일반적으로 구술 혹은 작문에 있어서 문법상 반드시 이렇게 되어야만 한다는 주관적 또는 권위적 태도를 가리키는 용어이며, 교육문법은 기술문법과 대립되는 용어로 기준문법(normative grammar)이라고 서술하고 있다. Jack C. Richards, Richard Schmidt(2002 : 415)는 규범문법이란 가장 최상의 또는 제대로 된 용법을 위해 규칙들을 설명해 놓은 문법을 말하며, 규범문법은 대개 실제적인 사용법보다는 문법가들이 생각하는 최상의 용법을 바탕으로 한다고 설명하고 있다.

위의 내용을 보면, 규범문법의 특징은 정형화된, 문법규칙에 대한 옳고 그름을 쉽게 설명해 놓은 문법체계이며, 이 체계는 권위를 가지게 된다.

1.2.1.2 이론지향적 문법에 대한 특징

우리는 이론을 지향하는 문법으로 '기술문법', '이론문법'의 특징을 살펴보고자 한다.

(1) 기술문법(descriptive grammar)의 특징

기술문법은 중국어로 '描寫語法'이라 하며, 영어로는 'descriptive grammar'라 한다. 기술문법의 특징을 살펴보면, 조명원·이홍수(2004 : 193)는 기술문법은 언어가 실제로 어떻게 구사되고 있으며 어떻게 쓰는가를 기술하는 문법이며, 주어진 언어 자료를 처음부터 끝까지 일관성 있고, 가능한 한 완전하고, 가능한 한 간결하게 기술하는 것이라고 말하고 있다. 중국학자의 정의로는, 천 하이양(陳海洋, 1991 : 317)은 기술문법은 객관적인 기술 방법으로 언어의 어떤 시기의 문법 사실을 연구하고 문법체계를 구성하는 것으로, 단면적 정태적 기술을 중시하고, 목적은 언어의 문법체계를 세우기 위함이라

고 서술하고 있다. 영어권의 정의를 보면, Jack C. Richards, Richard Schmidt(2002 : 151)는 기술문법은 언어를 실제로 발음하고 글로 쓰는 방법을 설명하는 문법으로, 언어를 반드시 어떻게 발음해야 하고 또 어떻게 글로 써야 하는지를 설명하는 것은 아니라고 서술하고 있다.

위 기술문법의 정의를 보면, 기술문법은 실제적으로 구사되는 언어를 있는 그대로, 그리고 가능한 완전하고 간략하게 기술하여, 완전한 언어의 문법체계를 세우고자 한다.

(2) 이론문법(theoretical grammar)의 특징

이론문법은 중국어로 '理論語法'이라 하며, 영어로는 'theoretical grammar'라 한다. 이론문법의 정의를 살펴보면, 천 하이양(陳海洋, 1991 : 316)은 문법학자가 자기의 언어관과 방법론에 의거하여 어떤 언어의 문법에 대해 행한 분석과 기술을 이론문법이라고 말하고 있다. 예를 들면, ≪語法講義≫(朱德熙), ≪中國話的文法≫(趙元任) 등 저서에 기술된 문법이 바로 중국어의 이론문법이다. 劉欽榮・杜鵑(리우 친롱・뚜 쥔, 2004)은 문법이론의 연구와 탐구, 새로운 창조를 가치 있게 여기고, 새로운 발견을 강조하고, 크게는 방법론, 문법체계의 구조와 연구, 작게는 이론과 방법을 구체화한 분석 작업, 즉 이런 연구의 결과를 이론문법이라고 설명하고 있다.

이상의 이론문법의 정의를 보면, 언어 연구에 대한 새로운 방법론을 제시하는 하고, 이를 사용한 새로운 분석 결과를 제시하는 것이 이론문법의 특징이다.

1.2.1.3 교육지향적 문법과 이론지향적 문법의 특징 비교

우리는 위에서 교육지향적 문법—교육문법, 학교문법, 규범문법—의 특징과 이론지향적 문법—기술문법, 이론문법—의 특징을 살펴보았다. 우리는 이 두 문법 부류의 특징을 다음과 같이 정리하고자 한다.

(1) 교육지향적 문법의 특징
  - 목표언어(Target Language) 학습이 목표인 문법 분석 또는 문법 기술을 말한다.
  - 교육과정 중에 사용되는 문법이다.
  - 교육을 목적으로 하며, 제1언어(모국어)교육과 제2언어(외국어)교육을 모두 포함한다.
  - 규범적이며, 안정적이며, 실용적이다.
  - 실천, 의사소통 능력의 제고에 목적이 있다.

(2) 이론지향적 문법의 특징
  - 문법 이론의 연구와 탐구가 목적이다.
  - 문법 사실을 있는 그대로 규명하여 체계화 한다.

－새로운 창조에 가치를 둔다.
－일괄적이며, 완전하며, 간결하다.
－언어 이론의 제고, 문법 체계를 세우는 데 목적이 있다.

위의 두 문법 영역의 특징을 보면, 상당히 다름을 알 수 있다. 예를 들면, 문법 연구의 목표와 목적이 다르고, 문법체계가 다르다. 이 글의 서술로 비추어 보건대, 교육지향적 문법 영역에 속하는 '교육문법'은 이론지향적 문법인 기술문법, 이론문법과 다른 문법 범주에 속하기 때문에, 마땅히 그 연구의 목표, 목적 그리고 문법체계가 달라야 함을 알 수 있다.

이와 같은 토론을 통하여, 우리는 다음과 같이 교육문법의 특징을 정리하고자 한다.

－목표언어(Target Language) 학습이 목표인 문법 분석 또는 문법 기술을 말한다.
－교육과정 중에 사용되는 문법이다.
－교육을 목적으로 하며, 제2언어(외국어)교육을 모두 포함한다.
－규범적이며, 안정적이며, 실용적이다.
－실천, 의사소통 능력의 제고에 목적이 있다.

우리가 정의한 교육문법의 특징과 1.2.1.1의 교육지향적 문법의 특징은 한 가지를 제외하고는 모두 일치한다. 이는 교육문법이 교육을 지향하는 문법 중의 하나이기 때문이다. 교육문법의 특징 중에서 제외된 한 가지는, 교육문법은 제1언어(모국어)교육을 위한 문법체계가 아니고, 제2언어(외국어)교육을 위한 문법체계라는 점이다. 이 부분에 대한 토론은 이 글에서 계속적으로 언급된다.

1.2.2 교육문법과 근접 학문 영역과의 구별

1.2.2.1 교육문법과 제1언어(모국어)교육 그리고 제2언어(외국어)교육과의 관계

위에서 살펴본 바와 같이 교육문법의 특징 중에서, 특히 교육문법의 정체성과 교육 대상을 설정하는 데 있어 토론되어야 할 부분이 있다. 바로 교육문법을 제1언어(모국어)교육과 제2언어(외국어)교육에 모두에서 실시되는 교육으로 명칭 할 것인지 아닌지에 대한 것이다. 결론부터 언급하자면, 우리는 교육문법은 제2언어교육을 위한 문법체계이고, 학교문법은 제1언어교육을 위한 문법체계로 나누어 사용되어야 한다고 주장한다. 그 이유는 다음과 같다.

(1) 두 분야의 교육 내용이 서로 다르기 때문이다. 임지룡 등(2005 : 11-36)은 학교문법은 모국어 교육적 성격을 지니며, 분명히 외국어 교육이 아니고, 모국어 화자에게 행하는 교육이라고 말하고 있다. 따라서 모국어 문법교육의 목표는 단순히 의사소통 능력을 신장하는 것만이 아니라, 탐구적 그

리고 학문적 성격을 가진다. 그러나 제2언어교육에서 문법교육은 의사소통을 신장하는 것 이상도 이하도 아니기 때문에, 문법의 교육에 있어서 제1언어교육과 제2언어교육은 서로 다른 성격을 지닌다고 지적하고 있다. 이 관점을 다른 각도로 살펴보면, 제2언어(외국어)교육의 문법 교육에 있어서도 제1언어교육처럼 학문적, 탐구적 가치를 둘 필요가 있느냐는 것이다. 즉, 제1언어 교육문법은 학문적 탐구를 고려해야 하지만, 제2언어교육에서의 교육문법의 목표는 의사소통에 있다. 다시 말하자면, 중국어를 외국어로 배우는 학습자는 중국 내의 중문과에서 중국어를 전공하는 모국어 학생들과 다르다. 중국어를 외국어로 배우는 대부분의 학습자의 학습 목적은 중국어 활용 능력의 숙달일 뿐, 중국어의 언어학 지식을 주된 학습 내용으로 삼지 않는다.(추이 용후아(崔永華) 1997 : 4 참조)

(2) 교육문법을 제1언어(모국어)교육과 제2언어(외국어)교육에서 사용하는 문법체계로 함께 사용할 경우, 명칭에 의한 학문 영역의 불명확성 때문에 각 분야의 연구와 결과 역시 모호하게 되기 때문이다. 즉, 모국어 학습자를 위한 연구인지 외국어 학습자를 위한 연구인지 구분하기가 어렵게 된다. 더 큰 문제는 서로의 학문 정체성과 대상이 다른데도, 서로 혼용하여 마치 한 영역의 연구가 다른 한 영역의 연구를 모두 포괄할 수 있다고 생각하는데 있다. 예를 들면, 제1언어교육의 교육문법 연구 결과가 제2언어교육에 모두 사용될 수 있다고 생각하는 경우이다.

우리는 중국의 예를 들어 이 점을 보여주고자 한다. 현재 중국의 학자들 역시 제1언어교육문법과 제2언어교육문법이 구별되어야 한다고 지적하였다.(꾸오 시(郭熙) 2002 : 61) 문제는 문법 교육에 있어서 제1언어교육과 제2언어교육이 구분되어야 한다는 의견이 제기된 후 혹은 그런 인식을 가진 후에도 제1언어와 제2언어에서의 문법교육을 구분하는 학술적 전문용어가 생기지 않았다(적극적으로 시도되지 않았다)는 점이다. 이로 인하여, 모국어가 중국어인 중국인 학습자를 위한 제1언어교육 문법체계가 외국어가 중국어인 중국어 학습자를 위한 제2언어교육 문법체계를 대체하는 결과를 가지게 되었다. 예를 들면, 리 떠진·청 메이전(李德津·程美珍) 편저(1988) ≪外國人實用漢語語法≫, 루 푸뽀(蘆福波, 1996)의 ≪對外漢語實用語法≫, 리우 웨후아(劉月華) 등 편저(2001) ≪實用現代漢語語法≫ 등이다.

현 시점에서 구분이 있다면, 교육문법이라는 범주에, 그 교육 대상이 중국인이면 '教學語法'(교육문법)이라고 하고, 그 대상이 외국인이라고 하면 '대외한어 교육문법'(對外漢語教學語法)이라고 구별한다. 사실 이렇게 구별하면 전혀 문제가 없을 듯이 보인다. 문제는 그럼에도 불구하고, 제1언어교육문법 서적이 제2언어교육문법 서적을 대체하는 기현상은 어떻게 설명할 것인가에 대한 의문점은 여전히 존재한다. 물론 제1언어교육문법 서적이 정말 교육적 문법 교육의 특징에 맞게 설계되었을까 하는 의문은 더 이상 의심의 여지가 없다.

한국의 경우, 제1언어와 제2언어의 문법교육을 구분하기 위하여, 임지룡 등(2005 : 22)은 '규범문법'

은 한국어를 모국어(제1언어교육)로 가르치는 국어 교육의 장에서 흔히 사용되는 개념으로, '표준문법' 은 외국인(제2언어교육)을 위한 한국어 교육의 장에서 사용되는 개념으로 이해하고 있다. '규범문법' 혹은 '표준문법'의 용어의 적합성에 대해서는 한국어학계 혹은 전문가들의 토론과정을 더 거쳐야 하리라 생각된다. 그럼에도 불구하고, 우리가 임지룡 등의 분류를 언급하는 이유는 제1언어교육문 법과 제2언어문법교육을 구분하기 위해서 새로운 용어를 사용하고자(찾고자) 하는 시도를 보았기 때 문이다.

그럼, 위에서 살펴본 교육지향적 문법 중의 '학교문법'과 '규범문법'은 어느 부분에 속하는 것일 까? 학교문법과 규범문법은 제1언어(모국어)에서 다루는 분야이다. 우리의 입장에서 보면, 한국어가 모국어 한국 학교 현장에서 사용되는 문법체계가 학교문법이고, 중국의 입장에서 보면, 중국어가 모 국어인 중국 학교 현장에서 이루어지는 문법체계가 학교문법이다. 그리고 규범문법은 가장 최상의 용법 설명을 위한 문법의 규칙을 설명한 것으로, 지금까지의 상황을 보면, 제2언어(외국어)의 교육 현 장보다는 제1언어(모국어) 교육현장에서 더 자주 사용되어 온 문법체계이다. 따라서 이를 제1언어교 육 영역에 포함하는 것이 적합하다. 물론 교육문법 역시 그 특징에서 보이다시피 '규범적'인 문법체 계를 가진다. 왜냐하면, 교육 현장에서 사용되어야 하기 때문이다. 즉, 이는 문법 체계의 성질을 말 하는 것이지, '규범문법'의 '규범'이라는 용어가 모든 규범적인 문법 체계를 가진 모든 문법 용어를 대체할 수 있다는 것은 아니라고 여겨진다. 다시 정리하자면, 학교문법/규범문법과 교육문법의 차이 점은 학교문법은 반드시 학생으로 하여금 문법 지식을 잘 파악하도록 하여야 한다는 것이고(정 징룽 (鄭景榮) 1995), 교육문법은 중국어(외국어) 의사소통 능력의 제고가 그 목적이고, 문법 지식의 학습은 이를 위한 하나의 수단이라는 것이다.

1.2.2.2 교육문법과 문법교육의 차이점

중국어교육 영역에서 문법과 관련된 용어를 보면, 교육문법과 문법교육이라는 용어가 자주 사용 된다. 이 글에서 우리는 이 두 용어의 차이점을 밝히고자 한다.

두 분야가 공통적으로 가지는 속성을 보면, 모두 언어를 다루고 있다는 점이다. 그러나 두 학문의 영역은 서로 다른 교육 목표가 있다. 문법교육은 언어의 구조에 대한 교육, 즉 문법학에 대한 교육 이다. 따라서 문법교육의 관심은 언어학적 지식 체계의 학습과 이론 창조에 대한 교육이다. 반면에 교육문법은 '언어 학습과 습득 교육'(Teng 1998 : 41)에 맞춰진, 의사소통기능의 향상 방법을 고민하는 교육이다.

문제는 현재 중국어 용어 중에서 教學語法(교육문법)과 語法教學(문법교육)은 변별력 있게 사용되고 있는지 이다. 예를 들면, 대외한어교학(對外漢語教學) 중의 문법교육에 관련된 서적을 보면, 이것은 제 2언어교육을 위한 문법 서술이라는 표제를 달고 있지만, 사실 제1언어교육을 위한 문법 서술과 다를 바 없다. 예를 들면, <暫擬敎學語法系統> 혹은 <中學敎學語法系統提要(試用)>의 문법 체계와 외국인을 위한 중국어교육에 관련된 문법 체계를 비교해보면 다른 점이 거의 없다. 모두 의사소통과는 거리가 먼 문법지식의 학습을 위해 서술하고 있다. 한 예로 우리는 흔히 교육은 반복 학습이라고 한다. 그러나 대외한어어법교학(對外漢語法敎學)과 관련된 어떤 서적을 보아도 문법항목을 반복적으로 학습하게 설계된 서적은 거의 없다.

이런 관점을 보면, 떵 소우신(鄧守信, 1979)의 ≪A Basic Course in Chinese Grammar—A Graded Approach through Conversational Chinese≫(기초중국어 문법과정—≪Conversational Chinese≫ 교재를 통한 단계별 접근법)과 리우 잉린(劉英林, 1996)이 주편한 ≪漢語水平等級標準與語法等級大綱≫은 상당히 진보적인 제2언어 교육문법에 관련된 문법 서적이다. 떵 소우신(鄧守信, 1979)은 ≪Conversational Chinese≫라는 교재를 근간으로 하여 문법을 소개하며, 교재의 제목에서 알 수 있듯이 문법항목을 '단계별 접근법'(Graded Approach)에 근거하여 서술하고 있다. '단계별 접근법'의 예를 들면, 동사를 소개하는데 있어서 제6과에서 소개되고, 또 제8과에서도 소개된다. '了'에 대한 소개는 제8과, 제11과, 제16과에서 각각 소개된다. 즉, 그가 말하는 누적식 문법체계(Cumulative grammar)이다(Teng 1997 : 33). 리우 잉린(劉英林, 1996)은 6가지 連續繼承 원칙(문법교육의 전통 계승 원칙), 納新發展 원칙(새로운 학문의 흡수와 발전 원칙), 分級定位 원칙(문법교육을 위한 문법등급 세우기 원칙), 循環遞進 원칙(순환적인 배열순서 원칙), 系統協調 원칙(문법과 문법의 체계, 문법과 어휘 그리고 한자와의 체계를 서로 같이 조정하기 원칙) 그리고 綜合過渡 원칙(종합적이고 과도기적 분석 원칙)을 사용하여, 다 방면 다 단계의 고찰·통계·비교 그리고 선별을 고려하여 문법등급을 설계하였다.

그럼, 왜 교육문법과 문법교육을 혼용하여 사용할까? 우리는 2가지 이유가 있다고 여긴다. 첫째는 교육문법 안에서의 문제로, 위에서 살펴본 바와 같이 제1언어문법교육과 제2언어문법교육을 구별하는 전문용어가 없어서 서로 혼동되게 사용되었고, 둘째는 학교문법과 문법교육 혹은 이론문법 사이의 문제로, 중국의 많은 제1언어교육을 위한 학교문법의 서적과 중국어의 언어이론 체계를 세우기 위한 문법교육 혹은 이론문법 서적의 내용이 거의 대동소이하기 때문인 듯하다. 다시 말하자면, 지난 세월 동안 규범적으로 축적된 전통—안정적이고 규칙적인—에 의거하여 문법학자들이 보기에 가장 좋은 용법이 교육문법 서적에도 소개되고, 문법교육 혹은 이론문법 서적에도 동일하게 소개되고 있기 때문이다.

1.2.2.3 문법구조와 의사소통의 관계

계속해서 우리는 문법구조와 의사소통의 관계를 토론하고자 한다. 그 이유는 문법 지식을 잘 학습/습득하면 의사소통 능력이 제고 된다는 생각이 잘못되었음을 보여주기 위함이다. 이런 잘못된 생각은 바로 '1.2.2.1 교육문법과 제1언어교육 그리고 제2언어교육과의 관계'와 '1.2.2.2 교육문법과 문법교육의 차이점'의 토론과 밀접한 관련이 있다. 잘 정리된 제1언어교육을 위한 학교문법의 학습이 외국어 의사소통 능력의 향상에 가장 큰 영향력을 가진다는 생각 때문에, 중국어를 외국어로 배우는 학습자의 문법교재 안에는 학습자의 환경을 고려하지 않고 일방적으로 문법지식을 소개하고 있다.

문법구조와 의사소통의 관계를 우리는 다음과 같이 해석하고 싶다. 우리는 갈증이 나면 물을 마신다. 물을 마시기 위해 컵을 도구로 사용한다. 문제는 컵만 있고 물이 없다면 갈증이 해소되는 않는다는 것이다. 이처럼 언어 학습에서도 언어 규칙인 문법만을 학습한다고 의사소통이 이루어지는 것은 아니다. 다시 말하자면, 컵이 물을 대신 할 수 없듯이, 문법 구조 역시 의사소통을 대신할 수 없다. 이와 반대로, 물은 있지만 컵(도구)이 없으면 물을 마실 수 없다. 동일하게 의사소통을 원하지만 문법 규칙을 알지 못하면 언어를 이해하기 쉽지 않다. 이 두 관계는 엄연히 서로 다른 영역이면서도 서로 보충의 역할을 한다. 즉 컵이 물을 마시는 좋은 도구가 되듯, 문법 규칙 학습은 의사소통 향상을 위한 좋은 도구가 된다.

교육문법의 입장에서 문법구조와 의사소통의 관계를 정리하면 다음과 같다.

(1) 교육문법의 주요 관심 분야는 언어학습과 습득, 교육이다(Teng, Shou-hsin 1998). 교육문법의 주된 목표는 언어지식 체계를 학습하게 하는 것이 아니라, 중국어를 쉽게, 짧은 시간 내에 습득·학습할 수 있도록 교육하는 데 있어서 문법을 어떻게 실천/활용/사용할 것인가에 관심이 있다.

(2) 이론문법의 연구 결과는 교육문법 설계의 기초가 된다.(떵 소우신(鄧守信) 2003 : 10) 이론문법이 되었든, 교육문법이 되었든, 모두 언어를 다루고 있다. 때문에 이론문법의 연구 결과는 교육문법 설계/연구에 많은 아이디어를 제공할 뿐만 아니라, 문법 교육에서 문법 구조의 이해 부분에 대한 오류를 판단할 수 있는 좋은 척도가 된다. 오류 문장의 수정을 예로 들면, 의사소통 시에 오류 문장이 발생하게 될 때 우리는 여러 가지 상황으로 진단이 가능한데 그 중 문장 구조에 대한 문제는 이론문법 연구 결과의 도움을 받아 판단하게 된다. 이처럼 문법 구조를 익히는 것은 문장 구조에 의해 발생하게 될 오류를 억제하는 역할을 한다.

(3) 문법구조 학습은 의사소통 교육을 위한 좋은 수단이요 공구이다. 의사소통을 위해 모든 문장 구조를 개별적인 현상으로 인식한다면 우리는 수없이 많은 문장을 학습해야 한다. 문법구조 학습은 이런 수고를 덜어주는 좋은 수단이 된다.

(4) 문법구조의 학습 정도가 의사소통의 학습 정도를 대신하지 않는다. 즉, 문법구조에 대한 학습 정도가 동등한 양의 실제 의사소통 정도와 동일시 되지 않는다는 것이다.

(5) 학습단계에 대한 배려 없이 문법구조만을 가르치는 것은 의사소통 교육에 아무런 의미가 없다. 문법구조의 학습은 개별적으로 학습하게 되는 수없이 많은 문장구조를 쉽게 이해할 수 있도록 도와준다. 그러나 문장구조는 쉽고 어려움의 차이가 있고, 쉽게 교정되고 어렵게 교정되는 차이가 있으며, 한번 학습해서 익혀지는 구조가 있고, 여러 번 반복해야만 익혀지는 구조가 있다. 이런 문장 구조들의 특징을 교수/학습단계에 고려하지 않고 일괄적으로 교육한다면, 이는 의사소통에 아무런 도움이 될 수 없다. 교육문법은 의사소통을 위한 교육적 배려에서 문법을 연구(설계)하는 것이다.

(6) 교육문법의 '三不' 원칙(떵 소우신(鄧守信) 2003) : ① L2중국어교육은 L1중국어교육의 부가물이 아니다. ② L2중국어교육은 지역학(area studies) 연구의 부가물이 아니다. ③ L2중국어교육은 언어학의 부가물이 아니다. 부정적인 관점의 서술은 흔히 수동적일 수 있다. 그러나 비교와 구분을 명확히 할 수 있다는 장점도 있다. '三不' 원칙은 언어교육에 있어서 교육문법의 영역/역할을 인정하지만, 언어교육에 있어서 아직도 여전히 우월권을 가지는 이론문법 영역/역할의 모호한 태도에 가능과 불가능의 구별을 명확히 지어준다.

(7) 중국어(외국어) 의사소통 능력의 향상을 위해서는 문법 교육도 필요하고, 또 여러 교차학문의 방법도 필요하다. 가장 근접한 학문으로는 교육학과 심리학이다. 문법교육은 언어 자체에 대한 교육에서 필요한 부분이고, 교육학과 심리학은 언어 이외에 대한 학습자의 심리 상태, 교육방법, 교수법 등에 관련된 분야이다.

1.2.3 현행 중국어교육문법 서적에 대한 고찰

이 부분에서는 그동안 교육문법 서적으로 인정이 되었던 몇 권의 문법 서적을 우리가 정의한 교육문법의 관점으로 분석해 보고자 한다.

1.2.3.1 ≪外國人實用漢語語法≫(1988) 리 떠진 · 청 메이전(李德津 · 程美珍) 편저

이 책의 저자는 '說明'에서 "우리는 30여년의 외국 학생의 기초 중국어를 가르쳤던 경험을 근거로 하여, 초급 중국어 수준의 외국인을 위하여 반드시 이렇게 평이하고 실용적인 현대중국어 문법 입문서를 집필하여야 함을 깊이 느꼈다."고 서술하고 있다.

위의 내용으로 보면, 이 책은 (1) 외국인을 위한 것이고, (2) 내용은 평이하고 실용적이며, (3) 학생을 위한 것이고, (4) 문법 입문서이다.

먼저 (1) 외국인을 위한 목적으로 이 서적을 분석하면, 영어를 첨가한 점 이외에는 외국인을 위한 배려는 거의 없다. (2) 내용의 평이성과 실용으로 분석하면, 이 서적은 분명히 평이하다. 즉, 서로 다른 문법학자의 의견을 제시한 것이 아니고, 가장 쉽게 혹은 학교에서 수업하기 편한 전통문법의 형태를 가지고 있다. 이런 관점에서 보면, 이 책은 '제1언어교육문법' — 모국어가 중국어인 학습자 — 서적에 가깝다. (3) 학생을 위한 목적으로 이 서적을 분석하면, 우리는 이 서적을 학생용이라고 인정하고 싶지 않다. 이유는 ① 이 서적이 품사, 구, 문장성분, 단문 등의 순서로 거의 일방적으로 문법사항을 소개하고 있기 때문이다. 다시 말하자면, 학생들이 정말 이 책의 순서대로 — 품사, 구, 문장성분, 단문 등의 순서 — 문법사항을 학습하는가의 문제이다. 이 순서는 전통적으로 문법을 소개하는 순서이지, 학생들이 실제로 문법사항을 학습하는 순서가 아닐 확률이 높다. ② 모든 문법 소개가 단한번만 이루어지고 있기 때문이다. 위에서 서술한 바와 같이, 우리가 알고 있는 많은 문법서적은 그 문법항목에 대해서 단 한번만 서술한다. 그러나 정말로 학생들은 그 문법사항을 단 한번만 학습해도 다 만족할 만한 학습효과가 이루어지는가의 문제이다. 이 책의 교수설계에는 누적 학습에 대한 배려도, 반복 학습에 대한 배려도 없다. 따라서 이미 어느 정도의 문법적 지식을 가진 사람이 체계적 문법지식을 쌓기 위해서 학습하는 규범적인 문법지식을 잘 정리한 문법서이다.

1.2.3.2 ≪對外漢語實用語法≫(1996) 루 푸뽀(蘆福波) 저

이 책의 저자는 '說明'에서 "(1) 명확한 대상 : 이 책은 오직 외국 학생들이 중국어 문법을 학습하는 가운데 발생하는 실질적인 문제에 초점을 두어 문법항목을 선별하여 구성한 것이다. 학습자가 이해하기 쉽도록 가능한 평이한 언어를 사용하였고, 문법규칙은 조리 있게 설명하였고 개념이나 이론 설명은 가능한 간략히 함으로 학생 스스로 쉽게 이 책의 목적을 읽고 이해하도록 하였다······(2) 간단명료한 실용성 : 이 책은 구성 면에 있어 기존의 문법교재들의 틀을 깨고, 한 문법항목의 모든 특징을 설명하는 방법을 사용하지 않고, 일반적인 사항은 생략하고 주요 요점만을 골라 싣는 방법을 사용하였다."라고 이야기하고 있다.

이 책의 장점은 일반 문법 서적의 체계처럼 모든 문법 사항을 하나도 빠짐없이 다루려는 것이 아니고, 몇 가지 중요한 문법항목을 선별하여 다루었다는 점이다.

단점은 위의 ≪外國人實用漢語語法≫(1988)과 비슷한데, (1) 기존의 문법이론 서적의 체계를 그대로 답습하고 있다는 것이다. 예를 들면, 품사를 소개하고, 문장성분을 소개하고, 몇 가지 특수구문을 소개하는 순서를 따르고 있다. 물론 개별적인 문법항목에 있어서는 선별이 되었지만, 큰 문법 체계는 그대로 유지하고 있다. (2) 이 책은 외국 학생들을 위한 문법 서적이라고 밝힌 바 있는데, 그 외국인 어떤 언어권의 외국인 학습자인지도 역시 밝히지 않고, 그 외국어와의 대비 역시 되어있지 않다. (3) 학생용이라는 것과 달리, 일방적인 문법 지식을 소개하는 체제를 사용하고 있다. (4) 저자는 문법항목들을 선별하여 서술하였다고 언급하고 있지만, 이 문법항목들이 어떤 근거로 선별되었는지 밝히지 않고 않다. (5) 언어교육의 입장에서 보면, 이 책이 중국어 학습에 어떤 배려하고 있는지 혹은 어떤 도움이 되는지 밝히지 있지 않다.

1.2.3.3 ≪實用現代漢語語法≫(2001) 리우 웨후아 등 편저

이 책의 '前言'에는 책의 특징을 "이 책은 주요하게 중국어를 제2언어로 가르치는 교사 그리고 어느 정도의 중국어 기초를 구비한 외국학생과 학자를 위하여 편집되었다. 이 책은 또한 중국 대학 혹은 대학교의 소수민족 학생, 기타 단과 대학과 종합 대학의 중국어 그리고 외국어 전공의 학생이 현대 중국어문법을 학습하는 참고서이다. '실용문법' 서적으로, 이 책의 고려 사항은 실용이다. 다시 말하자면, 문법 형상과 문법 규칙을 통한 구체적 묘사를 추구함으로서, 학생들이 정확히 중국어를 사용할 수 있도록 지도하고 있다. 이를 위하여, 우리는 매 항목의 문법규칙을 서술할 때, 구조의 특징을 지적하는 것 외에, 독자로 하여금 어떤 상황에서 어떤 표현방법을 사용해야 하는지 또는 어떤 표현 방법을 사용할 때 반드시 어떠한 제한 조건이 있는지를 편리하게 이해할 수 있도록 하기 위하여 의미와 용법에 대한 설명을 중시하였다. 외국인의 중국어 문법 학습과 중국인의 중국어 문법 학습의 어려움이 완전히 같을 수는 없다. 따라서 이 책은 바로 외국인의 학습 중 자주 부딪치게 되는 문법의 난점에 중점을 두었다. 외국인이 쉽게 이해할 수 없는 혹은 파악하기 어려운 문법현상에 대해서, 이 책은 가능한 자세한 묘사를 하였다. 그리고 쉽게 혼동이 되는 문법현상에 대해서도 비교분석을 하여, 옳고 그름을 명백히 지적하였다."고 서술하고 있다.

이 책의 장점이라고 하면 문법의 의미와 용법에 대해서 상세한 설명을 했다는 것이다. 즉 문법현상의 표면적인 기술만 한 것이 아니라, 그 문법현상이 야기된 이유를 설명하였다는 것이다.

이 저서의 단점은 위의 문제점과 동일하다. 그러나 두 서적보다 더 심각한 문제점은 위의 두 서적은 독자의 대상을 분명히 밝혔음에도 불구하고, 집필결과 그 대상과 문법서적의 내용이 불일치 한다는 것이다. 이 서적의 문제는 독자의 대상을 아주 명확하게 밝혔지만, 대상이 너무 넓어 모든 학습 대상자들이 만족할 수 있는 내용을 모두 포함하지 못한다는 것이다. 예를 들면, 외국인과 내국인의 차이, 학생과 전문가(학자)의 차이, 소수민족 학생과 내국인 학생 그리고 외국인 학생과의 차이를 모두 아우르는 문법 서적이라고 서술하고 있지만, 실제로 이런 책이 존재하기란 그리 쉽지 않을 것이다.

아마 이 책이 처음 출판되었던 시기에는 외국인과 내국인 혹은 학생과 전문가를 위한 교재의 구분에 대해서 인식하지 못했는지 모르지만, 증정본(2001)이 나온 이 시기에는 저자들이 독자 대상이 이렇게 광범위할 수 없다는 것을 알고 있으리라 믿는다. 그렇지만, 여전히 외국인과 내국인, 학생과 전문가, 소수민족학생, 내국인 학생, 외국인 학생을 모두 아우르는 서적이라고 서술하는 것이 잘 이해가 가질 않는다.

위에서 우리는 제1언어교육과 제2언어교육의 문법, 문법교육 그리고 교육문법의 정의를 살펴보았고, 궁극적으로 교육문법과 이론문법의 차이점을 비교해 보았다. 우리는 현대중국어교육문법의 연구가 이론문법 연구의 하부구조 중의 하나쯤으로 생각하는 시각들이 차츰 사라지기 바라며, 교육문법 분야의 연구야말로 진정으로 한국적 중국어 연구의 큰 흐름이 될 수 있으리라 믿어 의심치 않는다.

2. 중국어교육을 위한 교육문법 분석 실례

이 장에서는 현대중국어 부사 '才', '의문사'를 예로 들어, 모국어가 한국어인 중국어 학습자를 위한 체계적이고 합리적인 중국어교육문법 문법항목의 배열에 관련된 연구방법의 틀(모형)을 보여주는 데 있다.

교육문법의 관점으로 분석하는 현대중국어 문법항목의 연구 방법은 다음과 같다.

(1) 우선 중국어 문법항목의 문법 특색을 묘사한다.
(2) 그리고 대비분석을 통하여 L2중국어와 상응하는 L1한국어 문법항목을 찾아낸다.
(3) 다음으로는 L1이 한국어인 입장에서 중국어 문법항목을 묘사하고,
(4) 한국어의 입장에서 묘사된 중국어 문법항목 묘사를 근거로 하여, L2중국어 문법항목의 내부배열(system-internal sequencing)을 설정한다.
(5) 다음으로는, 이 연구가 설정한 문법항목의 배열과 현존하는 중국어 교재에서의 배열을 비교하여, L2중국어 문법항목의 교육 상황을 알아본다.
(6) 마지막으로, 모국어가 한국어인 중국어 학습자의 실제 현장에서의 문법항목의 학습 정도를 진단식 측정(diagnostic tests) 방법을 통하여 살펴본 후에, 다시 한번 문법항목의 내부배열을 조정한 다음, L1이 한국어인 입장에서 L2중국어 문법항목을 학습하는 교육문법 교안을 제시한다.

먼저 이 장에서 사용하는 몇 가지의 용어에 대해서 설명하고 본격적인 분석을 소개하고자 한다.

1. 교육문법(pedagogical grammar) : 교육문법은 언어의 학습과 습득을 중점으로 하는 독립된 문법시스템(autonomous system)이다. 다시 말하자면 교육을 목적으로 하는 문법체계이다. 따라서 교육문법은 중국어 문법을 분석하는 것이 아니고, 학습자의 학습 과정에서 중국어 문법구조의 습득에 도움을 주는 것이 최종 목표이다.

2. 대비분석(Contrastive Analysis Hypothesis) : 대비분석은 제2언어 학습상황에서 배울 필요가 있는 것

과 배울 필요가 없는 것을 분리시킬 궁극적인 목적에서 잠재적인 오류를 결정하기 위해 언어를 비교하는 하나의 방식이다. 대비분석 가설 중의 하나로, 학습상의 어려움과 용이함은 대조 분석하는 두 언어 간의 차이점과 유사점에 의해 각각 결정된다고 말하고 있다.[10] 그러나 어려움과 차이점이 꼭 일치하지는 않는다. 대비분석은 초급단계의 언어교육에 상당히 효과적인 수단이 되며, 교육문법을 설계할 때 아주 중요한 작용을 한다.

3. 배열순서(sequencing) : 배열순서는 중국어교육문법(pedagogical grammar)의 중요한 과제 중의 하나로서, 어느 때에 어느 구조를 적정하게 가르쳐야 하는가의 문제와 관련한다. 즉, 배열순서는 어떤 구조를 먼저 가르치고, 어떤 구조를 나중에 가르쳐야 하는가의 문제로, 문법구조의 순서와 배열에 관련된다.(박용진 2003 : 239) 문법항목의 배열순서에 대한 분석은 두 가지의 형태로 나누어진다. 하나는 내부 구조의 배열순서(structure-internal sequencing)이며, 다른 하나는 독립 구조의 배열순서(structure-independent sequencing)이다.(Teng 1998 : 44-45)

내부 구조의 배열순서는 다시 두 가지 형태로 나뉜다. (1) 다의(多義)에 의한 분석 : 동일한 문법항목의 서로 다른 구조와 의미에 대한 배열순서를 분석하는 것이다. (2) 자연부류(natural class)에 의한 분석 : 구조적(syntactic)으로 혹은 의미적(semantic)으로 동일한 문법범주에 속하는 서로 다른 문법항목들 사이의 배열순서 분석을 말한다. 예를 들면, 조동사 要, 想, 願意, 應該, 能, 可以, 會 등 동일한 의미 문법항목들 사이의 배열순서를 분석하는 방법이다.

독립 구조의 배열순서는 구조적으로나 의미적으로 상호연관 관계가 없는 상대적 문법항목의 배열순서를 말한다. 예를 들면, 把 구조와 連 구조 중 어느 것을 먼저 배열해야 하는지에 대한 배열순서를 분석이다.

4. 문법항목(grammar points) : 문법항목은 학습자로 하여금 목표언어(target language)를 학습하게 하기 위하여 반드시 언급하게 되는 '순 문법구조보다 더 큰 구조, 문형 구조의 묘사, 의미의 구분, 화용론 등'에 관련된 모든 항목을 말한다.[11]

5. 난이도 평가 : 난이도 평가의 원칙은 다음과 같다.[12]
원칙 1 : 구조가 복잡하면 할수록, 어려움이 더욱 크다.
원칙 2 : 의미가 복잡하면 할수록, 어려움이 더욱 크다.

---

10) Gass, S., & Selinker, L.(1994 : 59-60). Second Language Acquisition. LAWRENCE ERLBAUM ASSOCIATES, PUBLISHERS 참조하였다.
11) 떵 소우신(鄧守信, 2002a)의 제2차 對外漢語教學語法研討會의 강연 원고를 참조하였다.
12) 떵 소우신(鄧守信, 2003)을 참조하였다.

원칙 3 : 언어의 차이가 크면 클수록, 어려움이 더욱 크다.

원칙 4 : 유형화(類型化)가 쉽지 않을수록, 어려움이 크다.

원칙 5 : 화용 기능이 강할수록, 어려움이 크다.

이 원칙을 통하여 난이도가 낮고 높다는 평가가 이루어진다. 난이도가 높다는 것은 습득이 비교적 빠르고, 사용빈도가 높고, 화석화가 쉽게 이루어지지 않고, 오류 문장의 출현 빈도가 낮다는 것을 의미한다. 난이도가 낮다는 것은 습득이 비교적 늦고, 사용빈도가 낮고, 화석화가 쉽게 이루어지고, 사용에 있어서 자주 회피하고, 오류 문장의 출현 빈도가 높다는 것을 의미한다.

2.1 현대중국어 '才'의 내부구조 배열순서

2.1.1 중국어 부사 '才'의 문법 묘사

문법 묘사의 주요한 목적은 L1과 L2의 대비분석을 진행하기 위하여, 다시 말하여, L2중국어 '才'와 대응하는 L1한국어 문법항목을 찾고자 먼저 중국어 '才'의 문법 특색을 묘사하는 것이다. 문법 특색은 의미와 구조로 나누어 살펴볼 수 있다.13)

2.1.1.1 '才'의 의미14)

1) 막(剛剛) 혹은 조금 전에(不久前)

　예) 他才走。　　　 그는 막 떠났다.

---

13) '才'의 문법 특색은 다음의 자료를 참조하였다.
　(1) 장 이성, 우 기꾸잉(張誼生, 吳繼光, 1994), <略論副詞"才"的語法意義>(邵敬敏主編≪語法研究與語法應用≫, 北京語言學院出版社.
　(2) 뤼 수시앙(呂叔湘, 2001), ≪現代漢語八百詞≫(增訂本), 北京：商務印書館.
　(3) 루 지앤밍, 마 전(陸儉明, 馬眞, 1999), ≪現代漢語虛詞散論≫, 北京：語文出版社.
　(4) 리우 웨후아 등(劉月華等, 2002), ≪實用現代漢語語法≫(增訂本), 北京：商務印書館.
　(5) 리우 잉린 주편(劉英林主編, 1996), ≪漢語水平等級標準與語法等級大綱≫, 北京：高等教育出版社.
　(6) 北京大學中文系1955、1957級語言班編(1996), ≪現代漢語虛詞例釋≫, 北京：商務印書館.
　(7) 떵 소우신 주편(鄧守信主編, 1996), ≪近義詞典≫, 臺灣：文鶴出版社.
　(8) 쉬 지에(徐杰, 2001), ≪普遍語法原則與漢語語法現象≫, 北京：北京大學出版社.
　(9) Teng, Shou-hsin(1979), ≪A BASIC COURSE IN CHINESE GRAMMAR-A Graded Approach through Conversational Chinese≫, CHINESE MATERIALS CENTER, INC. San Francisco.
14) '才'의 의미 묘사에서 2가지 문제를 제기하고자 한다. 첫째, 어떤 분석에서는 '막(剛剛) 혹은 조금 전에(不久前)'과 '말하는 사람이 보기에 행위/동작의 발생 혹은 진행이 늦거나 느리거나 이르거나 빠르다'의 의미를 동일한 개념으로 처리하였다. 우리는 이 두 개념이 서로 다르다고 생각한다. 전자는 뚜렷하지 않고 모호한 시간을 가르치고, 후자는 시간의 진행과정 중의 두 시점(時點)과 관련이 있다. 둘째, 어떤 분석에서는 '他才是個中學生, 你不能要求太高。'(그는 이제 겨우 중학생일 뿐입니다. 당신은 그에게 너무 높은 요구를 하면 안 됩니다.) 중의 '才'는 '등급/정도가 낮다'는 것을 의미한다. 그러나 우리가 분석한 자료 중에서 '才＋是' 구조는 어기(語氣)를 나타낸다. 따라서 '등급/정도가 낮다'는 의미를 '才'의 의미 항목 중에서 독립된 하나의 항목으로 만들지 않았다.

2) 확정(確定), 틀림없다(肯定), 만족스럽다(滿意), 찬양하다(讚揚)

　　예) 這樣才對!　　　이래야 옳다!

　　　　這才夠朋友。　　이래야 비로소 친구답다.

3) 단호하다/결연하다(堅決)

　　예) 我才不相信你那套大道理。

　　　　나는 당신의 그런 형태의 표면적인 원칙을 믿지 않습니다.

4) 반박하다(反駁), 비난하다(駁斥)

　　예) 才不是呢!　　　절대 그렇지 않습니다!

5) 말하는 사람이 보기에 행위/동작의 발생 혹은 진행이 늦거나 느리다.

　　예) 演出七點半開始, 他八點才到劇場。

　　　　연극은 7시 반에 시작하는데, 그는 8시에 비로소 극장에 왔습니다.

6) 말하는 사람이 보기에 행위/동작의 발생 혹은 진행이 이르거나 빠르다.

　　예) 他來時才8點。　　　그가 온 때는 겨우 8시입니다.

7) 수량이 많거나 대량

　　예) 這課書他念了三遍才會背。

　　　　이번 과를 그 3번 만에 비로소 다 외웠습니다.

8) 수량이 적거나 부족

　　예) 一共才一個, 不夠分配的。

　　　　모두 한 개 밖에 없어, 분배하기에 부족합니다.

9) 어떤 조건, 원인, 목적 하에서, 그 다음에 어떻다

　　예) 只有認識落後, 才能去改變落後 ; 只有學習先進, 才有可能赶超先進。

　　　　낙후된 상황을 인식한 후에야, 비로소 낙후된 상황을 바꾼다. 선진된 상황을 학습한 후에야, 비
　　　　로소 선진된 상황을 따라가 앞지른다.

2.1.1.2 '才'의 구조

1) '才'는 부사어로만 사용된다. '-地'를 가지지 않으며, 술어 앞에 사용되고, 그 위치는 전후(前後)

로 이동할 수 없으며, 단독으로 사용되지 않는다.

2) 구조상의 특징

  (1) オ+술어

    ① 막(剛剛) 혹은 조금 전에(不久前)

    ② 어기(語氣) : 확정(確定), 틀림없다(肯定), 만족스럽다(滿意), 찬양하다(讚揚), 단호하다(堅決), 반박하다(反駁), 비난하다(駁斥)

  (2) 시간의 진행과정을 나타내는 어휘+オ : 시간의 진행과정을 나타내는 어휘가 한 문장 안에서 출현하기도 하고, 복문의 앞 단문에서 출현하기도 한다.

  (3) オ+시간의 진행과정을 나타내는 어휘 : 시간의 진행과정을 나타내는 어휘가 한 문장 안에서 출현하기도 하고, 복문의 뒤 단문에서 출현하기도 한다.

  (4) 수량을 나타내는 어휘+オ : 수량을 나타내는 어휘가 한 문장 안에서 출현하기도 하고, 복문의 앞 단문에서 출현하기도 한다.

  (5) オ+수량을 나타내는 어휘 : 수량을 나타내는 어휘가 한 문장 안에서 출현하기도 하고, 복문의 뒤 단문에서 출현하기도 한다.

  (6) 인과(因果)를 나타내는 의미+オ : 인과의 의미를 나타내는 어휘가 한 문장 안에서 출현하기도 하고, 복문의 앞 단문에서 출현하기도 한다. '只有, 必須, 要, 因爲, 由於, 爲了+オ+會, 能' 문형이 자주 사용된다. 그러나 반드시 이런 문형만 있는 것은 아니다.

2.1.2 대비분석과 L1한국어 문법항목의 선택

이 부분에서는 L1한국어와 L2중국어의 대비분석을 통하여, L2중국어 부사 'オ'와 가장 적절하게 상응하는 한국어 문법항목을 찾고자 한다. 이는 'L1과 L2의 긍정적 전이'가 'L1과 L2의 부정적 전이'보다 언어학습에 더욱 용이하다는 전제에서 출발한다. 따라서 중국어 부사 'オ'에 가장 적절하게 상응하는 한국어의 어휘를 어떻게 선택하는가의 문제를 중점적으로 논의하고자 한다. 다시 말해서, 무엇을 근거로 혹은 어떤 분석을 거쳐서 L1문법 문법항목과 가장 적합한 L2문법항목을 찾는가의 문제이다.

여기에서 한 가지 주의해야 할 점은, L1과 L2의 서로 대응하는 문법항목을 선택함에 있어서 L2의 언어가 서면(書面)적으로 얼마나 정확하게 L1의 언어로 번역되는가보다는 L2 언어의 구어 학습을 위한 대비분석에 역점을 둔다. 즉, L1의 어떤 어휘가 L2 언어의 어떤 어휘와 서면 번역 상에서의 문제가 아니라, 단지 L1과 L2 언어의 구어 학습상의 이해 여부만을 다루었다.

2.1.2.1 대비분석 원칙

대비분석 원칙은 다음과 같다.[15]

(1) 가설 1 : 언어의 표층구조의 차이가 크면 클수록, 어려움이 크다(Teng 2002b)

　원칙 1 : L1 has a syntactic structure and L2 has an equivalent one.

　원칙 2 : L1 has a syntactic structure but L2 has no equivalent.

　원칙 3 : L2 has a syntactic structure and L1 has no equivalent.

(2) 가설 2 : 언어의 심층구조의 차이가 크면 클수록, 어려움이 크다(Teng 2002b)

　원칙 1 : L1 has a semantic structure and L2 has an equivalent one.

　원칙 2 : L1 has a semantic structure and L2 has no equivalent.

　원칙 3 : L2 has a semantic structure and L1 has no equivalent.

2.1.2.2 '才'와 한국어 문법항목의 대비분석

이 부분에서 우리는 이론문법의 관점에서 중국어 부사 '才'를 분석하였다. 그리고 중국어 '才'와 서로 대응하는 한국어 문법항목을 대비하였다. 대비 상황을 표로 나타내면 다음과 같다.

〈표-1〉 이론문법의 관점으로 본 중국어 부사 '才'와 한국어 문법항목 비교

순서 언어		중국어		한국어
		구조	의미	
才1	才1-1	才＋술어	막(剛剛), 조금 전에(不久前)	방금, 막
	才1-2	才＋술어	어기(語氣)	
才2		시간의 진행과정을 나타내는 어휘＋才	말하는 사람이 보기에 행위/동작의 발생 혹은 진행이 늦거나 느리다.	비로소
才3		才＋시간의 진행과정을 나타내는 어휘	말하는 사람이 보기에 행위/동작의 발생 혹은 진행이 이르거나 빠르다.	겨우, 기껏해야, 고작
才4		수량을 나타내는 어휘＋才	수량이 많거나 대량	비로소
才5		才＋수량을 나타내는 어휘	수량이 적거나 부족	겨우, 기껏해야, 고작
才6		인과를 나타내는 의미＋才	어떤 조건, 원인, 목적 하에서 그 다음에 어떻다	비로소

대비 분석에서 인용된 가설은 위에서 보는 것과 같이 2가지의 가설과 매 가설마다 3가지의 원칙이 있다. 따라서 2가지의 가설과 3가지의 원칙을 기준으로 하여, 중국어 부사 '才' 구조와 이에 상응하는 한국어 부사의 문법항목을 각각 대비하고, 그 분석 결과를 가지고 중국어 '才'와 가장 잘 대응

---

15) 떵 소우신(鄧守信, 2002b)의 가설을 인용하였다.

하는 L1한국어 문법항목을 선택하고자 한다.

2가지 가설의 세 가지 원칙에 의거하여 열거된 언어현상 항목을 기준으로 하여, 동일한 현상이 존재한다면 'V'로 표시하고, 제기된 항목 안에 몇 가지 언어 현상이 동시에 존재한다면 'V(n)'으로 표시하여 그 수를 '()'에 표시한다. 즉, 'V(n)'에서 'n'은 원칙 1, 2, 3에 의하여 제시된 항목 안에 포함되는 모든 언어 현상을 수치로 나타낸 것이다.

1) 才1-1

(1) 가설 1의 대비분석 적용

〈표-2〉 가설 1 : 언어의 표층구조의 차이가 크면 클수록, 어려움이 크다

원칙	문법항목	중국어(L2)	한국어(L1)	
		才1-1	방금	막
원칙 1	품사(부사)	V(1)	V(1)	V(1)
	부사어로 사용	V(1)	V(1)	V(1)
원칙 2	부사 이외의 품사(명사)			V(1)
	부사어 이외의 기능			V(2)
	전후(前後) 이동 가능		V(1)	V(1)
	접두사로 사용			V(1)
원칙 3	전후(前後) 이동 안 됨	V(1)		

L1한국어 '막'은 명사·부사의 두 가지 품사를 가지고 있다. 따라서 원칙 1의 '품사(부사)' 항목에 V(1)로 표시하고, 원칙 2의 '부사 이외의 품사(명사)' 항목에 V(1)로 표시하였다. 그리고 부사 '막'은 문장에서 부사어로 사용되고, 명사 '막'은 주어와 목적어의 문법 기능을 가지기에 원칙 2에서 '부사어 이외의 기능' 항목에 V(2)로 표시하였다. 원칙 2에서 '막'은 접두사로도 사용된다.[16]

(2) 가설 2의 대비분석 적용

〈표-3〉 가설 2 : 언어의 심층구조의 차이가 크면 클수록, 어려움이 크다

원칙	문법항목	중국어(L2)	한국어(L1)	
		才1-1	방금	막
원칙 1	부사 용법으로서 剛剛, 不久前의 의미	V(1)	V(1)	V(1)
원칙 2	부사 용법으로서의 剛剛, 不久前의 의미 이외의 다른 의미			V(2)
	부사로서의 의미 이외의 다른 품사로서의 의미			V(10)

---

16) 일부 명사 앞에 붙어 사용된다.(브리태니커 사전꾸러미의 연세한국어 사전의 분석을 인용하였다.)
   1. '닥치는 대로, 함부로 하는'의 뜻을 나타냄. 예) 막노동/막말/막벌이/막일.
   2. '곱게 빻지 않은, 거친, 아무렇게나 마구 만든'의 뜻을 나타냄. 예) 막고춧가루/막담배/막돌/막베/막초.
   3. '마지막, 맨 끝'의 뜻을 나타냄. 예) 막달/막차/막판.

원칙 2에서 L1한국어 '막'은 부사로서 '이제 방금' 의미 외에도 2가지 의미가 더 존재하므로, 원칙 2의 항목에 √(2)로 표시하였다.[17] 그리고 '막'의 부사 용법 이외의 다른 품사로서의 의미가 10개가 있으므로 √(10)로 표시하였다.[18]

'才1-1'에 대한 가설 2의 원칙 3에 대해서, L2중국어는 가지고 있으나 L1한국어에는 존재하지 않는 의미를 찾지 못하였다.

2) 才1-2

어기(語氣)를 나타내는 중국어 부사 '才1-2'와 한국어 문법항목의 대조분석에 대해서, 서로 대응하는 명확한 한국어 어휘를 찾지 못하였고 귀납하기도 어렵다. 때문에 '才1-2'에 상응하는 한국어 어휘는 토론하지 않겠다.

3) 才2

'才2'에 상응하는 한국어 문법항목은 '비로소' 하나이기에 대비분석을 통한 토론을 하지 않겠다.

---

17) 부사로서 '이제 방금' 이외에 2가지의 의미가 있다.(브리태니커 사전꾸러미의 연세한국어 사전의 분석을 인용하였다.)
   1) 잘 따지거나 생각해 보지 않고 함부로. 예) 비릿내가 확 끼쳐 내 속까지도 막 뒤집혔습니다./가슴이 막 울렁거린다.
   2) 특별히 아끼거나 소중하게 다루지 않고. 예) 집에서 막 입는 허드레 낡은 치마처럼 보였다./그 사람을 그렇게 막 대해도 되는 겁니까?
18) 다른 품사로서의 '막'은 모두 10개의 서로 다른 의미가 있다.(브리태니커 사전꾸러미의 연세한국어 사전의 분석을 인용하였다.)
  1. 명사
   1) (세포막, 복막, 생체막 따위와 같이) 생물체의 기관을 둘러싸고 있거나 경계를 이루는 얇은 조직. 예) 모든 세포는 이 막에 의하여 외부 환경과 격리되어 있으나 어떤 물질의 분자들이 선택적으로 투과할 수 있는 막이다.
   2) 사물의 겉을 싸고 있는 얇은 것. 예) 쏟아져 내리는 햇볕에 녹아 안개의 막이 엷어지며 여기저기 망사처럼 구멍이 뚫려 검붉은 땅과 초록빛 옷의 모습이 내려가기 시작했다.
   3) (연극에서) 막을 올린 다음부터 다시 내릴 때까지 전체 내용의 한 단락을 이루는 장면. 예) 이 사건의 대단원의 막이 어디서 내릴지도 더 두고 볼 일이다.
   4) (극장에서) 객석에서 무대를 보이지 않게 가렸다가 들어올리든가 옆으로 걷도록 되어 있는 넓은 천. 예) 나는 관객들 대부분이 일어설 때까지 막이 내려져 있는 무대를 바라보고 있었다.
   5) 비와 바람을 겨우 막을 수 있게 두꺼운 헝겊 따위로 지은 집. 예) 형수와 나는 경계 초소 막이 있는 높은 지대까지 올라가기로 했다.
   6) 칸을 막거나 어떤 장소를 가리는 데 쓰이는 넓은 천. 예) 순간 잠자리 날개 같은 엷고 하늘한 막이 차일막처럼 쳐지면서 그 곳에 엉겨붙던 친구들을 덮쳐 버렸다.
  2. 의존명사
   1) 연극에서 막을 내렸다가 다시 올리기까지 보여 주는 내용의 큰 단락을 세는 단위. 예) 연극의 제1막이 끝나고 제2막이 시작되는 것 같았다.
  3. 접두사
   1) 닥치는 대로, 함부로 하는. 예) 막노동/막말/막벌이/막일.
   2) 곱게 빻지 않은, 거친, 아무렇게나 마구 만든. 예) 막고춧가루/막담배/막돌/막베/막초.
   3) 마지막, 맨 끝. 예) 막달/막차/막판.

4) 才3

(1) 가설 1의 대비분석 적용

〈표-4〉 가설 1 : 언어의 표층구조의 차이가 크면 클수록, 어려움이 크다

원칙	문법항목	중국어(L2)	한국어(L1)		
		才1-1	겨우	기껏해야	고작
원칙 1	품사(부사)	V(1)	V(1)	V(1)	V(1)
	부사어로 사용	V(1)	V(1)	V(1)	V(1)
	前後 이동 불가능	V(1)	V(1)	V(1)	V(1)
	'才' 뒤에 시간/수량 어휘를 모두 사용할 수 있음	V(1)	V(1)	V(1)	V(1)
원칙 2	다른 품사(명사)				V(1)

L1한국어 '고작'은 부사와 명사로 사용된다. 따라서 원칙 2의 항목에 V(1)로 표시하였다.[19] 원칙 3에 해당하는 언어현상은 찾지 못하였다.

(2) 가설 2의 대비분석 적용

〈표-5〉 가설 2 : 언어의 심층구조의 차이가 크면 클수록, 어려움이 크다

원칙	문법항목	중국어(L2)	한국어(L1)		
		才1-1	겨우	기껏해야	고작
원칙 1	행위/동작의 발생 혹은 진행이 이르거나 빠르다.	V(1)	V(1)	V(1)	V(1)
원칙 2	원칙 1 이외의 의미		V(1)	V(1)	V(1)

원칙 2에서 한국어 '겨우', '기껏해야', '고작'은 모두 원칙 1이외의 의미를 한가지 씩 더 가지고 있다. 따라서 모두 V(1)로 표시하였다.[20]

5) 才4

'才4'에 상응하는 한국어 문법항목은 '비로소' 하나이기에 대비분석을 통한 토론을 하지 않겠다.

---

19) '고작'의 용법은 다음과 같다.(브리태니커 사전꾸러미의 연세한국어 사전의 분석을 인용하였다.)
   1) 부사 : 기껏해야 겨우. 많아야. 예) 그 일은 생각보다도 너무 어려웠으며 수입이 고작 3천 원 정도였다./1학년 때 불어 수업을 들었다는 녀석이 고작 할 줄 아는 불란서 말이 알랭 들롱 뿐이었다.
   2) 명사적으로 쓰이어, 보잘것없으나 주어진 조건에서는 최고의 상태나 정도 기껏 가능한 전부. 예) 그 당시에는 너무 가난해서 제 옷이나 뜨듯하게 입으면 고작으로 알고 있었다.
20) 원칙 1이외의 각각의 의미는 다음과 같다.(브리태니커 사전꾸러미의 연세한국어 사전의 분석을 인용하였다.)
   1) 겨우 : 매우 힘들게. 간신히. 예) 그들은 거기서 하룻밤을 겨우 건디고 상경했다.
   2) 기껏해야 : (하는 일이나 신분의 수준이) 보잘것없이. 예) 어머니가 주방에서 하는 일이란 기껏해야 그릇을 씻고 주방을 청소하는 것이 고작이었다.
   3) 고작 : 보잘것없으나 주어진 조건에서는 최고의 상태나 정도 예) 그 집은 겨우 세 때의 끼니를 이어 가는 것이 고작인 것 같았다.

6) 才5

(1) 가설 1의 대비분석 적용

〈표-6〉 가설 1 : 언어의 표층구조의 차이가 크면 클수록, 어려움이 크다

원칙	문법항목	중국어(L2)	한국어(L1)		
		才1-1	겨우	기껏해야	고작
원칙 1	품사(부사)	V(1)	V(1)	V(1)	V(1)
	부사어로 사용	V(1)	V(1)	V(1)	V(1)
	前後 이동 불가능	V(1)	V(1)	V(1)	V(1)
	'才' 뒤에 시간/수량 어휘를 모두 사용할 수 있음	V(1)	V(1)	V(1)	V(1)
원칙 2	다른 품사				V(1)

'才5' 가설 1의 대비분석 결과는 '才3'의 가설 1의 분석과 동일하다.

(2) 가설 2의 대비분석 적용

〈표-7〉 가설 2 : 언어의 심층구조의 차이가 크면 클수록, 어려움이 크다

원칙	문법항목	중국어(L2)	한국어(L1)		
		才1-1	겨우	기껏해야	고작
원칙 1	행위/동작의 발생 혹은 진행이 이르거나 빠르다.	V(1)	V(1)	V(1)	V(1)
원칙 2	원칙 1 이외의 의미		V(1)	V(1)	V(1)

'才5' 가설 2의 대비분석 결과 역시 '才3'의 가설 2의 분석과 동일하다.

7) 才6

'才6'에 상응하는 한국어 문법항목은 '비로소' 하나이기에 대비분석을 통한 토론은 진행하지 않는다.

2.1.2.3 L1한국어 문법항목의 선택

위에서 중국어 부사 '才'와 가장 잘 상응하는 한국어 문법항목을 찾기 위하여, '才'와 서로 상응하는 몇 개의 한국어 어휘를 대비분석을 통하여 분석하였다. 이 부분에서는 대비분석을 통한 결과로 한국어 문법항목을 선택하고자 한다. 한국어 문법항목의 선택에 있어서 다음의 방법을 사용하였다.

방법 1 : L1과 L2의 동일한 구조와 의미가 많고, 서로 다른 구조와 의미가 적을수록 우세하다.
방법 2 : 문법항목의 사용빈도가 높을수록 우세하다.

방법 1에 의하여 우리가 사용한 가설 1, 2의 원칙 1, 2, 3에 대한 수치화 작업은 다음과 같다.

① 원칙 1은 'L1 has a syntactic structure and L2 has an equivalent one.'이기에 L1과 L2를 동일한 값으로 계산하여 피차의 수치가 가까울수록 우세하다.
② 원칙 2는 'L1 has a syntactic structure but L2 has no equivalent.'이기에 L1의 값을 기준으로 하여 L2의 값이 L1의 값에 가까울수록 우세하다.
③ 원칙 3은 'L2 has a syntactic structure and L1 has no equivalent.'이기에 L2의 값을 기준으로 하여 L1의 값이 L2의 값에 가까울수록 우세하다.

이하 수치로 위의 대비분석 결과를 다시 정리하였다. 계산 방법은 '∨(n)'의 'n'값을 바로 계산하면 된다.

〈표-8〉才1-1과 한국어 문법항목의 대비

대비	문법항목	才1-1	방금	막
구조	원칙 1	2	2	2
	원칙 2	0	1	5
	원칙 3	1	0	0
의미	원칙 1	1	1	1
	원칙 2	0	0	12

〈표-9〉才3과 한국어 문법항목의 대비

대비	문법항목	才3	겨우	기껏해야	고작
구조	원칙 1	4	4	4	4
	원칙 2	0	0	0	1
의미	원칙 1	1	1	1	1
	원칙 2	0	1	1	1

〈표-10〉才5와 한국어 문법항목의 대비

대비	문법항목	才3	겨우	기껏해야	고작
구조	원칙 1	4	4	4	4
	원칙 2	0	0	0	1
의미	원칙 1	1	1	1	1
	원칙 2	0	1	1	1

이상의 결과로 살펴보면, '才1-1'과 대응하는 한국어 문법항목은 '방금'이다. 그런데 '才3'과 '才5'

에 대응하는 한국어 문법항목 중에서 '겨우'와 '기껏해야'는 동일한 결과가 나왔다. 이에 또 다른 기준을 제시하여야만 한다. 우리는 제2의 선택방법으로 다음의 방법을 사용하고자 한다.[21)]

방법 2에 의한 위 2개의 한국어 어휘의 사용빈도(frequency)는 다음과 같다.[22)]

겨우	기껏해야
1474	128

떵 소우신(鄧守信, 1998 : 46)은 말뭉치의 빈도를 참조할 때에, 'block'을 고려하여야 한다고 하였다. '겨우'와 '기껏해야'는 'block'을 고려한다고 해도, 1000 이상의 차이가 나기 때문에 '겨우'가 우세하다.

2.1.2.4 분석 결과

이상의 분석을 토대로 L1한국어와 L2중국어 '才'의 대응하는 문법항목은 다음과 같이 정리할 수 있다.

중국어 才		한국어
才1	才1-1	방금
	才1-2	
才2		비로소
才3		겨우
才4		비로소
才5		겨우
才6		비로소

2.1.3 L1한국어로 본 중국어 부사 '才'의 문법항목 묘사

이 부분에서는 L1이 한국어인 입장에서 중국어 부사 '才'를 묘사하고자 한다. 따라서 L1이 중국어, 영어, 일본어 등의 언어 상황과는 다른 내용이 될 수 있다.

2.1.1과 2.1.2의 분석을 근거하여, 하나의 특색을 찾아볼 수 있다. '才'의 앞에 관련 어휘(시간, 수량, 인과)가 놓이면, 대응하는 한국어 문법항목은 모두 '비로소'이고, '才'의 뒤에 관련 어휘(시간, 수량)가

---

21) L1한국어의 선택 방법에 있어서 우리는 '방법 1'을 우선적으로 사용하고, '방법 2'는 보충 방법으로 사용하였다. 지금까지의 연구가 모두 언어자체(L1과 L2)에 대한 대비분석이기 때문이다. 따라서 그 대비분석을 통한 문법항목의 선택에 있어서도 언어자체에 대한 비교의 결과를 우선적으로 중요시하여야 한다. 그러나 그것만으로 불충분할 때에는 다른 방법, 즉 언어자체에 대한 분석 결과 이외에 언어의 활용·실용·응용에 관련된 분석 결과물을 보충 방법으로 사용하였다. 예를 들면, 잘못 쓰여 진 문장(어휘)의 출현 빈도의 높고 낮음도 보충 방법 중의 하나이다. 그러나 언어의 활용·실용·응용에 의한 방법 중에서 어느 방법이 가장 우선적인 방법인지는, 아직 분명하지 않다. 단지 우리가 중요시하는 것은 대비분석을 통한 분석에 있어서 우리가 가장 우선시해야 할 부분은 언어자체의 분석에 따른 결과라는 것이다.
22) '겨우'와 '기껏해야'의 사용빈도 수치는 '21세기 세종계획 연구·교육용 현대 국어 균형 말뭉치'를 사용하였다.

놓이면, 대응하는 한국어 문법항목은 '才1'을 제외하고, 모두 '겨우'이다. 이를 정리하면 다음과 같다.

중국어		한국어
문법항목	구조	
才2	시간의 진행 과정을 나타내는 어휘＋才	비로소
才4	수량을 나타내는 어휘＋才	비로소
才6	인과(因果)를 나타내는 의미＋才	비로소
才3	才＋시간의 진행 과정을 나타내는 어휘	겨우
才5	才＋수량을 나타내는 어휘	겨우

이를 이론문법(theoretical grammar)적 입장이 아닌, 교육문법(pedagogical grammar)의 관점에서 중국어 부사 '才'를 분석하면 아래와 같다.

〈표-11〉 교육문법의 관점에서 중국어 부사 '才'

언어 / 구조	중국어			한국어
	구조	의미		
才1	才＋술어	막(剛剛), 조금 전에(不久前)		방금, 막
才2	才＋술어	어기(語氣)		
才3	시간, 수량, 인과＋才	시간＋才	말하는 사람이 보기에 행위/동작의 발생 혹은 진행이 늦거나 느리다.	비로소
		수량＋才	수량이 많거나 대량	
		인과＋才	어떤 조건, 원인, 목적 하에서 그 다음에 어떻다	
才4	才＋시간, 수량	才＋시간	말하는 사람이 보기에 행위/동작의 발생 혹은 진행이 이르거나 빠르다.	겨우
		才＋수량	수량이 적거나 부족	

다음은 현대중국어 부사 '才'의 문법항목을 기능, 구조, 용법으로 나누어 묘사하고자 한다.[23] 이 문법항목 묘사는 L1이 한국어인 중국어 교사가 활용하기에 적합하다.

2.1.3.1 기능(function)

1) '才1'은 '剛剛'과 '不久前'의 의미를 가지며, 모호하고 뚜렷하지 않은 시간개념이다. 예를 들면, '你怎麼才來就要走?'(당신은 왜 방금 와서 바로 가려고 합니까?). 한국어와는 '방금'으로 대응한다. 자주 '剛剛, 剛, 不久'와 같이 사용된다.

2) '才2'는 강조의 어기(語氣)가 있다. 어기의 의미는 복잡하다. 따라서 한국어로 동일한 어감을 느

---

23) 문법항목의 서술에 사용에는 기능·구조·용법의 분류법은 떵 소우신(鄧守信, 2002a)것을 참조하였다.

끼거나 표현하기는 어렵다. 단지 문의 의미로만 보면 2가지로 분류할 수 있다. (1) 화자의 확정적인 어기, 예) '這才好呢。'(이제 좋네)、'你這才是我的好兒子。'(이제 내 아들답네) ; (2)화자의 반박/비난 어기, 예) '你才笨呢。'.(네가 바보야)

3) 才와 시간 진행 과정 중의 어휘, 수량의 어휘, 인과(因果)를 나타내는 의미 사이에는 하나의 규칙이 있다. 만약 상관 어휘가 '才'의 앞에 오면, L1한국어는 '비로소'로 이해된다. 상관 어휘가 '才' 뒤에 오면, L1한국어는 '겨우'로 이해된다.

4) '才3'에서 '才'가 시간의 진행 과정을 나타내는 어휘 뒤에 사용되었을 경우, 말하는 사람이 보기에 행위/동작의 발생 혹은 진행이 늦거나 느림을 의미한다. 예를 들면, '她過了一會兒才發現我。'(그녀는 시간이 조금 지난 후에 비로소 나를 발견하였다). '才'가 수량을 나타내는 어휘 뒤에 사용되었을 경우, 그 수량이 많거나 대량임을 의미한다. 예를 들면, '四十歲才結婚。'(40살에 비로소 결혼하였다). '才'가 인과(조건, 원인, 목적, 결과)를 나타내는 의미 뒤에 사용되었을 경우, 화자의 전제(前提) 후에 그 결과/상황이 어떻다는 것을 의미한다. 예를 들면, '你是錯了,你應該正視這一點,以後才能徹底地改。'(당신이 틀렸습니다. 당신은 반드시 이 점을 직시해야 합니다. 그래야 이후에 철저하게 고칠 수 있습니다.).

5) '才4'에서 '才'가 시간 진행 과정을 나타내는 어휘 앞에 사용되었을 경우, 말하는 사람이 보기에 행위/동작의 발생 혹은 진행이 이르거나 빠름을 의미한다. 예를 들면, '現在才十一點。'(겨우 11시 밖에 안 되었습니다.). '才'가 수량을 나타내는 어휘 뒤에 사용되었을 경우, 그 수량이 적거나 부족하다는 것을 의미한다. 예를 들면, '這台收錄機才一百塊。'(이 카세트테이프는 겨우 100원 밖에 안 합니다.).

6) '비로소, 겨우'와 '才3, 4'는 화자의 기대 수치에 대해서 도달하지 못했거나 초과하였을 때의 감정(불만, 유감, 번잡, 확인, 놀람, 완곡)을 나타낸다.

2.1.3.2 구조(structure)

1) 부사로서 부사어로만 사용된다. '-地'를 가지지 않으며, 술어 앞에 사용되고, 그 위치는 앞과 뒤로 이동할 수 없으며, 단독적으로 사용되지 않는다.

2) 어기를 나타내는 구조는 비교적 복잡하다. 비교적 자주 사용하는 문형은 '才…呢/啊', '才+是…'이다. 반박/비난을 나타내는 어기의 구조는 대부분이 부정문에서 사용된다. 예를 들면, '才+沒+呢', '才+不+呢'이다. 문 끝에 '呢'를 자주 사용한다.

3) '才'와 시간 진행 과정 중의 어휘는 한 문장 안에서 출현하기도 하고, 복문의 앞과 뒤 단문에서 출현하기도 한다. '才'와 수량을 나타내는 어휘 역시 한 문장 안에서 출현하기도 하고, 복문의 앞과 뒤 단문에서 출현하기도 한다.

4) 인과의 의미를 나타내는 구조는 '只有, 必須, 要, 因爲, 由於, 爲了, 爲, 除非, 의문대사+才+會, 能' 문형을 자주 사용한다. 인과의 의미를 나타내는 어휘는 한 문장 안에서 출현하기도 하고, 복문의 앞 단문에서 출현하기도 한다. 이 구조에서 '才'는 관련의 작용을 한다. 주의할 점은 이 구조에서 위의 '只有, 必須, 要, 因爲, 由於, 爲了, 爲, 除非, 의문대사+才+會, 能' 문형을 사용하지 않고도 인과의 의미를 나타낸다는 것이다. 예를 들면, '沒關係，人就是該聽聽批評的，這樣才進步嘛。'(괜찮습니다. 사람은 비평을 들어야 합니다. 그래야 진보할 수 있습니다) 등이다.

2.1.3.3 용법(usage)

1) 문장 안에 '시간 진행 과정 중의 어휘'가 없을 때에도 화자가 행위/동작의 발생 혹은 진행이 늦거나 빠름을 나타낸다. 예를 들면, '你才發現啊!'(당신은 이제야 비로소 발견하였습니까!), '你才知道啊!'(당신은 이제야 비로소 알았습니까!) 등이다. 그러나 실제로는 문장 안에 '現在(현재), 這會兒(이때, 지금)' 등의 시간을 나타내는 의미를 포함하고 있다.[24]

2) 어기(語氣)를 나타내는 구조는 화자의 어기를 강조하고자 하는 표현이다. 따라서 문장 끝에 의문조사가 올 수 없다.

3) 어느 경우에는 문장이 '시간의 진행 과정을 나타내는 어휘+才' 구조인지 '인과를 나타내는 의미+才' 구조인지 구분하기 힘들다. 예를 들면, '他病好了，才告訴媽媽。'(그는 병이 다 나은 다음에 비로소 엄마에게 말했다)、'再修博士學位，也需要二十多年的時間，才能夠完成這些教育，發揮學術力量。'(다시 박사학위 과정을 다닌다 해도, 20여년의 시간이 다시 필요하고, 그래야 비로소 교육을 완성할 수 있고, 학술역량을 발휘할 수 있다.) 등이다. 그러나 한국어의 상황에서 보면, 상관 어휘가 '才' 앞에 놓이기 때문에 모두 '비로소'로 이해된다.

4) 才1·才3·才4의 의미는 어휘 자체에서 파악할 수 있으나, 才2의 의미는 문법의미이기 때문에 어휘 자체에서 파악하기 쉽지 않다. 따라서 才1·才3·才4를 가리킬 때는 이론문법으로 분석한 구조를 나열하며 설명하기보다는 문장을 통하여 어휘 자체에서 의미를 파악하게 하는 것이 좋다.

5) '才'와 '就'의 사용에 있어서, '就'는 화자의 강한 의지를 나타낸다. '才' 역시 화자의 의지를 강조하기는 하지만, 그 의지는 '就'보다 약하다. 예를 들면, '*昨天晚上我感冒了，九點才睡覺。'(어제 저녁 나는 감기에 걸려서, 9시에 비로소 잠을 잤다.)은 틀린 표현이고, '昨天晚上我感冒了，九點就睡覺了。'(어제 저녁 나는 감기에 걸려서, 9시에 바로 잠을 잤다.)가 바른 표현이다. 즉, 화자는 그가 반드시 9시에 잠들었다고 강조한다. 만약에 '才'를 사용한다면 예문의 의미는 감기 때문에 더 일찍

---

24) ≪現代漢語虛詞例釋≫(1986：109)를 참조하였다.

자야하는데, 무슨 일 때문에 늦게 잠이 들었다는 말의 의미가 되고, 잠든 시간 역시 9시이지만, 정확하게 9시인지 아니면 조금 넘는 시간인지 정확히 알 수 없다. 때문에 '才'와 '就'의 분별에 있어서 두 가지 방법을 사용할 수 있다. (1) 시간이나 수량을 나타내는 어휘 뒤에 만약 '多, 左右' 등과 같은 불확정 수량어휘를 첨가한다면, 그 문장은 반드시 '才'를 사용하여야 한다. 그러나 '多, 左右'과 같은 불확정 수량어휘를 첨가한다면, 그 문은 반드시 '就'를 사용하여야 한다. (2) 문장의 의미가 화자의 '불만, 유감, 번잡, 확인, 놀람, 완곡'의 의미를 나타낸다면 '才'를 사용하여야 하고; 만약에 화자의 고도의 '확정, 긍정, 확인'을 나타낸다면 '就'를 사용하여야 한다.

2.1.4 중국어 부사 '才'와 한국어 부사 '방금, 비로소, 겨우'의 문법항목 난이도(difficultness) 평가

'才'의 난이도 평가는 교육문법의 관심 주제인 (1) '언제'(어느 단계)와 (2) '어떤 문법항목'과 관련이 있다. 즉, 어느 시기(초급, 중급, 고급)에 가르치는 것이 가장 적합한지를 가리는 일과, 어떤 문법항목을 가르치는 것이 적합한지를 선별하는 일에 관련이 있다. '才'에 대한 난이도를 평가하여 우리가 얻고자 하는 것은 '才'의 4가지 구조를 어느 단계(초급, 중급, 고급)에 가르치는 것이 적합한지를 알아보는 것이다.

난이도의 평가에 의하여 난이도가 낮고, 높다는 평가가 주어지는데, 소위 난이도(difficultness)가 낮다는 의미는 습득이 비교적 빠르고, 사용빈도가 높고, 화석화가 쉽게 이루어지지 않고, 오류 문장의 출현 빈도가 낮다는 것을 의미하며, 난이도가 높다는 의미는 습득이 비교적 늦고, 사용빈도가 낮고, 화석화가 쉽게 이루어지고, 사용에 있어서 자주 회피하고, 오류 문장의 출현 빈도가 높다는 것을 의미한다.[25]

2.1.4.1 문법항목 난이도 평가 원칙

문법항목 난이도 평가의 원칙은 다음과 같다.

> 원칙1 : 구조가 복잡하면 할수록, 어려움이 더욱 크다.(Westney 1995)
> 원칙2 : 의미가 복잡하면 할수록, 어려움이 더욱 크다.(Westney 1995)
> 원칙3 : 언어의 차이가 크면 클수록, 어려움이 더욱 크다.(Teng 2003)
> 원칙4 : 유형화(類型化)가 쉽지 않을수록, 어려움이 크다.(Teng 2003)
> 원칙5 : 화용 기능이 강할수록, 어려움이 크다.(Teng 2003)

---

25) 떵 소우신(鄧守信, 2003)의 <對外漢語語法點難易度的評定>을 참조하였다.

2.1.4.2 모국어가 한국어인 관점으로 분석한 '才'의 난이도

L1이 한국어인 관점에서 본 '才'의 난이도의 분석 결과는 다음과 같다.

〈표-12〉 L1이 한국어 관점에서 본 '才'의 난이도의 분석 결과

L1과 L2 언어 비교 상황			L1한국어	난이도 원칙				
L2 중국어				1	2	3	4	5
才1	才+술어(剛剛)		방금	+	−	−	−	−
才2	才+술어(語氣)			+	+	+	+	+
才3	시간, 수량, 인과+才	시간+才	비로소	+	−	−	+	−
		수량+才		+	−	−	−	−
		인과+才		+	−	−	+	−
才4	才+시간, 수량	才+시간	겨우	−	+	−	−	−
		才+수량		−	+	−	−	−

<표-12>의 분석 결과를 설명하면 다음과 같다. 난이도의 평가는 정부(正否)의 표시로 나타낸다. '+'는 난이도가 높다는 것을 의미하고, '−'는 난이도가 낮다는 것을 의미한다.

난이도 원칙1 중에서, '才1'은 전후 이동이 되지 않는데, '방금'은 전후 이동이 가능하여 '+'를 하였다. '才3'에 모두 '+'가 나타나는 이유는 한국어 문법항목 '비로소'는 앞뒤 이동이 가능한데, '才3'은 이동하지 않기 때문이다.

난이도 원칙2 중에서, '才2'에 '+'가 표시된 이유는 어기의 의미가 매우 복잡하기 때문이며, '才4'에 '+'가 표시된 이유는 한국어 문법항목 '겨우'는 다의어인 반면에 '비로소'는 단의어이기 때문이다.

난이도 원칙3 중에서, '才2'는 어기를 나타내기 때문에 한국어로 동등한 어감 혹은 어휘를 찾기가 어렵다.

난이도 원칙4 중에서, '才2' 그리고 '才3' 중에서 '시간, 인과+才' 구조에 '+'가 표시된 이유는 모두 유형화하기 어렵기 때문이다. '才2'는 복잡한 어기를 나타내기 때문에 어렵고, 또한 구조 역시 자주 '才…呢', '才…啊', '才+是…'를 사용하기는 하지만 유형화하기 힘들다. '才3'의 '시간+才' 구조 중에는 간혹 시간 진행 과정 중의 어휘가 사용되지 않는 경우가 있기 때문에 역시 유형화하기 힘들다. 그리고 '才3'의 '인과+才' 구조는 '只有, 必須, 要, 因爲, 由於, 爲了, 爲, 除非, 의문대사 + 才 + 會, 能' 문형을 사용하는데, 반드시 이 구형만을 사용하는 것은 아니기 때문이다.

난이도 원칙5 중에서, '才2'만이 '+' 표시되어 있다. 그 이유는 화용의 용법이 특별히 강하기 때문이다.[26]

---

26) L1이 중국어 입장에서 본 '才'의 난이도 평가분석 결과는 다음과 같다.(난이도 원칙3은 L1과 L2 언어 간의 차이이기 때문

2.1.5 중국어 부사 '才'의 문법항목 내부 구조의 배열순서(system-internal sequencing)와 누적식(cumulative) 교육문법

내부배열(system-internal sequencing)이란 이상적인 학습과 습득을 위하여, 여러 가지의 의미와 구조가 있는 문법항목의 속성을 등급으로 분배하고 선후(先後)를 결정하여 배열하는 것이다.(펑 소우신(鄧守信) 1998, 2001) 다시 말하자면, '才'에는 4가지의 다른 속성이 있는데, 이를 배열하는 것을 말한다.

<표-12>의 결과로 보면, '才1', '才3'(수량+才), '才4'는 모두 초급에서 교수할 수 있다. 그리고 '才3'(시간+才)과 '才3'(인과+才)은 초급의 고급단계 혹은 중급의 초급단계에서 교수가 가능하다. 그러나 '才2'는 중급이나 고급에서 가능하다.

문법항목의 배열 단계에 있어서 주의할 점은, 문법항목의 배열에 있어서 L1이 중국어인 화자의 실제 사용 정도/빈도를 반드시 참조하여야 한다는 것이다. 그 이유는 L1모국어와 L2중국어의 언어적인 차이에 의하여 L2중국어 학습자의 학습 과정이나 방법에 변화가 있을지라도, L2중국어 학습자의 최종 목표는 L1중국어 화자와 의사를 소통하고 교제하는 것이다. 따라서 L1중국어의 실제 상용 정도가 전혀 반영되지 않은 채, L1과 L2의 언어 자체만이 비교에 의하여 중국어 문법항목을 배열한다는 것은 L2중국어 학습자로 하여금 실제 교제에 있어서 많은 어려움에 부딪치게 할 소지가 높다. 때문에 L1과 L2의 언어 자체에 대한 분석 결과에 한번 더, L1중국어 화자의 실제 언어의 활용/사용의 상황을 보충하여 다시 한번 배열을 하여야 한다.

우리는 L1중국어의 실제 사용 정도를 참조하기 위하여, 대만평형말뭉치(臺灣平衡語料庫)의 2,000개 문장에서 사용된 '才'를 모두 분석하였다. 사용 빈도조사 결과는 다음과 같다.

〈표-13〉 L1중국어 '才'의 빈도조사

才1	才2	才3			才4	
		시간+才	수량+才	인과+才	才+시간	才+수량
15	239	249	2	1328	14	30

에 표에서 삭제하였다)

구조 \ 언어	L1중국어		난이도 원칙			
	구조	의미	1	2	4	5
才1	才+술어	막(剛剛), 조금 전에(不久前)	+	−	−	−
才2	才+술어	어기	+	+	+	+
才3	시간, 수량, 인과+才	시간+才	+	−	+	−
		수량+才	+	−	−	−
		인과+才	+	−	+	−
才4	才+시간, 수량	才+시간	−	+	−	−
		才+수량	−	+	−	−

<표-13>의 결과로 보면, '才3'의 사용빈도가 가장 높다. 그 중에서도 '인과+才'의 사용 빈도가 가장 높다. 그리고 '才1', '才2', '才3'(시간·수량+才), '才4'의 사용빈도는 낮다.

2.1.6 모국어가 한국어인 중국어 학습자를 위한 '才'의 교육문법 배열순서

(1) 초급 단계 : '才3'(인과+才)
(2) 중급 단계 : '才3'(시간+才), '才1', '才3'(수량+才), '才4'
(3) 고급 단계 : '才2'

'才'의 난이도 분석을 보면, '才3'에서 '수량+才' 구조가 '인과+才'보다 한국인 학습자보다 쉬운 구조를 가지고 있지만, L1중국어 화자의 실제 사용 빈도가 매우 높기 때문에 초급에서 교수하지 않으면 안 된다. 따라서 초급에서는 복문을 사용하지 않고, 중급·고급의 어휘를 사용하지 않은 상황에서 교수하는 것이 적합하다. 중급 단계에서는 '才3'(시간+才)을 가르쳐야 하고, '才1', '才3'(수량+才), '才4'는 모국어 화자의 사용빈도가 중급 후반부에 교육하여도 되리라 생각된다. 그리고 '才2'는 고급 단계에서 교육하는 것이 적합하다.

2.1.7 진단식 측정(diagnostic tests)

진단식 측정이라는 것은 학습자가 어느 방면의 기능 혹은 지식을 이미 파악하였는지 아니면 아직 파악하지 못했는지를 알아보는 측정이다.[27] 우리는 본 측정을 통하여 모국어가 한국어인 중국어 학습자의 '才'에 대한 이해 정도를 측정하고자 한다.

측정의 내용은 두 부분으로 나누었다. 하나는 선택문제이고, 다른 하나는 삽입문제이다. 각각 20문항을 준비하였다. 측정 대상은 전북대학교 중문과 2학년 44명, 3학년 25명, 4학년 11명이며, 측정 시기는 2003학년도 1학기이다. 측정 문항은 다음과 같다.

제1부분 : 선택문제

문항	문제
1	這件事我也是剛剛＿＿聽說的。 (A)才 (B) 再 (C) 又 (D) 就
2	直到那位作家死的那一年, 他的作品＿＿受到人們的歡迎。 (A)再 (B)就 (C)才 (D)又
3	他學漢語＿＿學了半年多, 你讓他看中文小說, 這不是拔苗助長嗎? (A)再 (B)才 (C)就 (D)又

---

27) ≪Dictionary of Language Teaching & Applied Linguistics≫(2002 : 155)를 참조하였다.

문항	문제
4	我的朋友＿＿想睡會兒, 他昨晚很晚＿＿睡。 (A)還, 就 (B)還, 才 (C)才, 就 (D)再, 才
5	A:小張來約你去看電影, 妳要不要去? B:我＿＿＿不要跟他出去呢! 他說話好沒意思。 (A)再 (B)才 (C)又 (D)就
6	這件衣服反正＿＿幾百塊, ＿＿買了吧! (A)就, 才 (B)只, 才 (C)才, 就 (D)才, 只
7	＿＿幾個月不見, 孩子＿＿這麼大了。 (A)才, 就 (B)就, 才 (C)再, 才 (D)再, 就
8	放心, 今天＿＿＿十號, 還有十天的時間, 我一定會想出辦法來的。 (A)再 (B)才 (C)又 (D)就
9	如果超過明天, ＿＿要付三千塊, ＿＿可以參加這次會議。 (A)才, 才 (B)就, 再 (C)才, 才 (D)才, 再
10	司機開得飛快, 又不看紅綠燈, 不發生車禍＿＿奇怪呢! (A)就 (B)只要 (C)才 (D)又
11	這課書他念了三遍＿＿會背。 (A)就 (B)要 (C)再 (D)才
12	你＿＿移開上面的東西＿＿看得到。 (A)才, 就 (B)先, 才 (C)先, 再 (D)先, 又
13	店　員：小姐,現在所有衣服都打八折! 王小姐：＿＿八折,我等打五折時＿＿來吧! (A)才, 就 (B)先, 才 (C)才, 再 (D)先, 又
14	我＿＿是餓了,＿＿想起來今天早上出門時忘了帶午飯了。 (A)就, 再 (B)就, 才 (C)再, 才 (D)才, 就
15	昨天因爲突然下起大雨來, 我＿＿沒去, 你＿＿別生氣了。 (A)就, 才 (B)再, 才 (C)才, 就 (D)就, 再
16	唯有價格合理＿＿能爭取到更多的顧客。 (A)就 (B)才 (C)再 (D)又
17	千萬不要養成抽煙的惡習＿＿是上策。 (A)才 (B)就 (C)可 (D)都
18	我剛剛＿＿從英國回到台灣, ＿＿馬上到公司上班, 眞累。 (A)才, 就 (B)就, 才 (C)再, 才 (D)可, 就
19	我們只有三個人, 不能買團體票, 五個人以上＿＿可以。 (A)才 (B)就 (C)再 (D)都
20	兒子:我可不可以跟同學出去看電影? 媽媽:吃完飯＿＿可以。 (A)又 (B)就 (C)再 (D)才

제2부분 : 삽입문제

문항	문제
1	同樣的事情A上星期B做過, 你C怎麼D忘了?
2	A這個問題是B剛剛C別人D說的。
3	A大家B找了C半天D找到他。
4	這首歌A原來B是英文, 後來C翻譯D成中文的。

문항	문제
5	他A學了B一年漢語, C居然D說得這麼好。
6	張太太:我先生外頭一定有女朋友。 王先生: A你B說笑了，C張先生D不是那種人。
7	那個男孩A十幾歲, B他的父母就死了, 眞C讓人D難過。
8	你的中國話怎麼A這麼B好, 眞的C學了D一個月嗎?
9	從前A只有B有錢的人C可以D受教育。
10	老師說:字A要反復B練習手C能寫D好。
11	地球上A有了草·木·鳥·獸, B能使人們C吃的·用的·穿的D。
12	A第一學期B期末考試, C平均成績D四十五分。
13	因爲A今年四月我B眞正C開始工作, 所以很多事D還不會做。
14	小李A二十歲B進中學, C他文化基礎差, D學習很吃力。
15	唯有A將人民失業的問題B都解決C能得到人民的D支持。
16	男:看上去?確實挺年輕。 女:A大概B二十C多歲D吧!
17	唐朝A有一位詩人, 叫孟郊, B快五十歲了, C通過D國家的考試。
18	在其他非華人社會裡, A「八」這個數字B不表示C幸運, 「七」D是。
19	妳A回到B家, C馬上又D出去了。
20	只要按時A吃這種藥, B他的病C能D好。

측정 결과는 다음과 같다.

〈표-14〉 진단식 측정(선택문제)

제1부분(선택 문제)				
才 구조		문항 번호	정답 백분율		
			2학년	3학년	4학년
才1		1	52.8	60.0	81.8
		18	18.2	80.0	90.9
才2		5	6.8	16.0	54.5
		10	6.8	20.0	72.7
		17	11.4	0.0	45.5
才3	시간+才	2	47.7	72.0	81.8
		4	61.4	76.0	100
		9	40.9	60.0	81.8
	수량+才	11	31.8	40.0	36.4
		19	25.0	48.0	81.8
	인과+才	12	50.0	68.0	100
		14	47.7	72.0	90.9
		15	22.7	20.0	27.3
		16	20.5	44.0	54.5
		20	36.4	44.0	54.5

제1부분(선택 문제)				
才 구조		문항 번호	정답 백분율		
			2학년	3학년	4학년
才4	才+시간	3	34.1	52.0	72.7
		7	15.9	52.0	81.8
		8	50.0	56.0	90.9
	才+수량	6	61.4	72.0	81.8
		13	52.3	72.0	90.9

〈표-15〉 진단식 측정(삽입문제)

제2부분(삽입 문제)				
才 구조		문항 번호	정답 백분율		
			2학년	3학년	4학년
才1		2	31.8	32.0	72.7
		19	45.5	68.0	90.9
才2		6	54.5	28.0	72.7
		18	40.9	64.0	72.7
才3	시간+才	1	61.4	48.0	63.6
		3	59.1	92.0	90.9
		4	52.3	60.0	90.9
		13	40.9	36.0	72.7
	수량+才	14	52.3	52.0	63.6
		17	29.5	68.0	81.8
	인과+才	9	47.7	68.0	63.6
		10	68.2	80.0	100
		11	50.0	92.0	81.8
		15	65.9	88.0	100
		20	56.8	88.0	100
才4	才+시간	5	6.8	40.0	72.7
		8	18.2	48.0	54.5
	才+수량	7	88.6	96.0	100
		12	81.8	76.0	90.9
		16	61.4	72.0	100

<표-14>와 <표-15>의 측정 결과를 다시 간략하게 평균치로 나타내면 다음과 같다.

<표-16> 진단식 측정값의 평균치(선택문제)

才 구조		제1부분(선택 문제)		
		정답 백분율		
		2학년	3학년	4학년
才1		35.3	70.0	86.4
才2		8.3	12.0	57.6
才3	시간+才	50.0	69.3	87.9
	수량+才	18.9	44.0	59.1
	인과+才	35.4	49.6	65.4
才4	才+시간	33.3	53.3	81.8
	才+수량	56.9	72.0	86.4

<표-17> 진단식 측정값의 평균치(삽입문제)

才 구조		제2부분(삽입 문제)		
		정답 백분율		
		2학년	3학년	4학년
才1		38.7	50.0	81.8
才2		47.7	46.0	72.7
才3	시간+才	53.4	59.0	79.5
	수량+才	40.9	60.0	72.7
	인과+才	57.7	83.2	89.1
才4	才+시간	12.5	44.0	63.6
	才+수량	77.3	81.3	96.9

이상의 진단식 측정 결과를 정리하면 다음과 같다. 제1부분과 제2부분의 결과로 살펴보면, 2학년 때 '才2'에 대한 이해가 어려우며, 4학년의 학습 역시 높지 않다. 3학년의 학습 상황을 보면, '才2'의 이해가 가장 낮고, '才3'에 대한 학습이 더욱 강조되어야 한다. 4학년의 학습 상황을 보면, '才'에 대한 이해가 평균 이상이다. 그러나 각각의 구조를 비교해보면, '才2, 3'의 이해가 비교적 낮다.

2.1.8 현존하는 교재의 문법 배열 고찰

이 절에서 우리는 지금까지의 분석 결과와 현존하는 중국어 교재의 상황과 비교하여 그 문제점을 찾고자 한다. 비교에 사용되는 교재는 2가지로 구분하였다. 하나는 한국인이 편집한 중국어 교재이고, 다른 하나는 중국인이 편집한 중국어 교재이다.

2.1.8.1 중국인이 편집한 중국어 교재

우리가 선택한 교재는 ≪漢語會話301句≫(1999)에서 '才'는 34과에서 단 한번 출현하며, 문장은

'還不清楚，檢查了才能知道。'(아직 확실하지 않습니다. 검사한 후에 비로소 알 수 있습니다.)로 '才3'(인과＋才) 구조를 가지고 있다.

2.1.8.2 한국인이 편집한 중국어 교재

우리가 선택한 교재는 ≪송재록 신중국어≫(1999)과 ≪클릭 나홀로 중국어≫(2002)이다.[28] ≪송재록 신중국어≫(1999)는 모두 40과로 이루어졌다. 본 교재의 본문에서 '才'는 모두 4번 언급되었다 : 제8과 '老二才兩歲。'(둘째 아들은 겨우 2살입니다) ; 제22과 '怎麼才來呢！'(왜 이제야 왔습니까) ; 제30과 '昨天才聽到你到北京來。'(어제야 비로소 당신이 북경에 왔다는 것을 들었습니다.) ; 제37과 '有，上個月才裝 的。'(있습니다. 지난달에 비로소 설치하였습니다.) 우리가 위에서 분석한 '才'의 구조로 보면, '才3'구조 3 문항과 '才4'구조 1문항으로 나눈다. ≪송재록 신중국어≫는 '才3'구조 중에서 '인과(因果)＋才'의 구 조가 언급되지 않았음을 문제점으로 지적할 수 있다. 그리고 교재의 본문 이외에 '실력쌓기'에서도 '才'가 언급되었는데, 본문의 '才' 구조와 연관성이 없게 제기된다는 것이 문제점이다.

≪클릭 나홀로 중국어≫(2002)는 모두 2권으로 이루어졌고, 제1권에는 26과가 있고, 1과에서 10과 까지는 발음연습이다. 제2권은 26과가 있다. 본 교재 중에서 '才'는 한 번도 출현하지 않았다.

이상의 결과로 살펴보면, 한국인이 편집한 교재이든 중국인이 편집한 교재이든 중국어 부사 '才' 에 대한 교육이 중시되지 못했다는 것을 알 수 있다. 여기에서 한 가지 참조해야 할 사항은 중국어 부사 '才'가 L1중국어를 사용하는 화자에게 중요한 어휘인지를 확인해야 한다. 왜냐하면, '才'가 그 리 중요하지 않은 문법항목이라면 실제 중국어교육에 있어서 중시할 필요가 없기 때문이다. 그러나 ≪現代漢語頻率詞典≫(1986)에 보면, 사용도가 가장 높은 8,000개 단어 중에서, '才'는 78번째에 해당 하고, 부사 중에서의 사용도로 보면, 5번째에 위치한다. 이는 국내·외의 교재가 '才'에 대한 교육을 더욱 중시하여야 한다는 것을 입증해준다.

지금까지 모국어가 한국어인 중국어 학습자의 관점에서 중국어 부사 '才'를 설계하였다. 이 분석 은 앞에서도 언급하였지만, 이론문법적 관점이 아닌, 교육문법적 관점에서 연구되었다. 이와 같은 분 석은 새로운 연구방법을 사용하였기에, 아직 많은 부분에서 수정과 보완이 필요하다. 그러나 이 분 석 방법은 (1) L2중국어의 교육 연구가 경험에서 오는 좋은 생각을 합리적이고 객관적인 연구방법을 통하여 학문으로 승화시킬 수 있고, (2) L1과 L2의 대비분석을 통한 중국어교육문법 배열에 관련된

---

28) 송재록과 이재돈의 교재는, 한국 대학 자체의 출판부에서 출판된 교재를 제외하고, 시중의 출판사에서 보기 드물게 출판된 한국인이 편집한 중국어 교재이다. 이외 나머지 대부분의 중국어 교재는 중국인이 편집한 교재이다. 이는 한국의 중국어 교 재에 대한 문제점을 극명하게 보여준다. 따라서 송재록과 이재돈의 교재가 아직은 많은 문제점을 가지고 있지만, 적어도 한 국에서 보기 드문 한국인이 편집한 중국어 교재라는 점은 인정을 해야 하리라 생각한다.

연구방법의 틀을 제공하였다는 점에서 의의를 둘 수 있을 것이다.

2.2 현대중국어 의문사의 독립구조 배열순서

현대중국어 의문사 중에서 什麼, 幾, 怎麼, 誰, 怎樣, 多少, 哪, 哪裡, 哪兒는 ≪漢語水平語彙與漢字等級大綱≫(1992)에서 모두 갑급에 해당하며, ≪6000 CHINESE WORDS−A Vocabulary Frequency Handbook≫(James Erwin Dew 1999)에서 모두 빈도 순위 1000 안에 배열되었다. ≪漢語水平語彙與漢字等級大綱≫에서 갑급이면서, ≪6000 CHINESE WORDS≫에서 빈도 순위 1,000에 배열되지 않는 어휘는 '怎麼樣'(1427)이다. 현대중국어 의문사 어휘의 배열 순위는 什麼(45), 幾(52), 怎麼(144), 誰(184), 怎樣(342), 多少(461), 哪(470), 哪裡(639), 哪兒(718)이다.

우리는 이 연구에서 사용하고자 하는 분석방법은 대비분석, 배열순서분석, 난이도 분석 가설이며, 의문사의 일반의문 용법만을 분석범주로 삼고자 한다. 다시 말하자면, 의문사의 용법 중에서 순수하게 의문을 나타내는 기능만을 가지고, 그 배열순서를 연구하고자 한다.

의문문(Interrogative Sentence)에 대한 분류는 여러 형태를 보인다. 예를 들면, 서정수(1996 : 367)는 일반의문문, 확인 의문문, 특수 의문문으로 분류하였고, Li & Thompson(1982 : 520-521)은 의문사 의문문, 선택의문문, 부가의문문으로 분류하였다. 이 부분의 '의문사의 일반의문 용법'이 가리키는 것은 서정수(1996 : 367)의 일반의문문과 LI & Thompson(1982 : 520-521)의 의문사 의문문을 의미한다. 즉, 의문사를 사용하여 듣는 이에게 말하는 이의 질문에 대답해 줄 것을 바라는 전형적인 의문 문장이다. 일반적으로 의문사는 의문을 제기하는 용법을 가진다. 다시 말하자면, 화자의 의문을 나타낸다. 이는 화자가 의문을 가지는 대상에 대해서 잘 모르는 상태임을 전제로 한다. 그러나 의문사의 용법에는 의문 이외에 비의문(非疑問) 용법이 있다. 예를 들면, 비의문 지시 용법으로 '誰先到誰買票'(먼저 온 사람이 먼저 표를 삽니다. ≪現代漢語八百詞≫(1999 : 508)), 반문의 용법으로는 '你現在看什麼電視, 先來寫功課.'(너 지금 텔레비전을 볼 때니, 먼저 숙제부터 해!) 등이 있다.[29]

2.2.1 의문사의 구조와 의미 분석

2.2.1.1 什麼의 구조와 의미 분석

(1) 기능

　　① 什麼가 주어, 목적어 역할을 담당할 때, 사물, 행위에 관련된 특정 사항의 구체적인 내용을

---

29) 의문사의 구조와 의미는 뤼 수시앙(呂叔湘, 1999), 리우 웨후아 등(劉月華 등, 2001), 루 칭허(陸慶和, 2006)를 참조하여, 우리가 분석한 구조와 의미 분석이다. 분석 시 참고한 자료와 다른 의견이 있을 시는 주를 달아 명시하였다.

묻는다.

② 什麼가 관형어 역할을 담당할 때, 수식관계를 표시하며, 사물의 성질 혹은 사람의 직무와 신분 등을 묻는다.

(2) 구조

① 문장에서 주어, 목적어, 관형어 역할을 담당한다.

什麼是最可貴的?   주어 역할
你在看什麼?   목적어 역할
您做什麼工作?   관형어 역할

② 什麼와 什麼가 대체하는 어휘는 그 구조가 완전히 일치한다.

A : <u>什麼</u>是最寶貴的?   무엇이 가장 귀합나까?
⇩
B : <u>生命</u>是最寶貴的。   생명이 가장 귀합니다.

什麼와 生命이 주어 위치에서 서로 대체하는 어휘로 사용된다.

A : 你喜歡<u>什麼</u>?   당신은 무엇을 좋아합니까?
⇩
B : 我喜歡<u>游泳</u>。   나는 수영을 좋아합니다.

什麼와 游泳이 목적어 위치에서 서로 대체하는 어휘로 사용된다.

A : 那是<u>什麼</u>樹?   저것은 어떤 나무입니까?
⇩
B : 那是<u>杏</u>樹。   저것은 살구 나무입니다.

什麼와 杏이 관형어 위치에서 서로 대체하는 어휘로 사용된다.

③ 주어 역할을 담당할 때는, '是'자구에서만 사용한다.

什麼是你的弱點?　　　　　　무엇이 당신의 약점입니까?

(3) 용법

① 什麼가 관형어로 사용되어 사물의 성질과 종류를 물을 때, 일반적으로 수식어 앞에 的를 사용하지 않는다.

這是什麼書?　　　　　　이것은 무슨 책입니까?
*這是什麼的書?

② 什麼는 단수와 복수의 구별이 없이 사용된다.

2.2.1.2 幾의 구조와 의미 분석

(1) 기능

① 幾는 수량을 묻는 물음말이다.

(2) 구조

① 문장에서 관형어, 목적어 역할을 담당한다.

你有幾個孩子?　　관형어 역할
三加二等於幾?　　목적어 역할

② 幾와 명사가 함께 사용될 때, 반드시 '幾+양사+(명사)' 구조를 가진다.

你買了幾斤(蘋果)?　　당신은 몇 근을 삽니까?

③ 동량사와도 같이 함께 사용한다.

你來過幾次中國?　　당신은 중국에 몇 번 왔었습니까?

④ '幾+양사+(명사)' 구조에서 명사가 생략 가능하다.

一共買了幾個?　　모두 몇 개를 샀습니까?

⑤ 부정양사(不定量詞) 些, 點兒과 같이 사용하지 않는다.

  *你有幾些孩子?

⑥ 幾 앞에 哪가 올 때, '哪＋幾＋양사＋명사' 구조를 가진다.

  你喜歡哪幾門課程?   당신은 어떤 교과목들을 좋아합니까?

(3) 용법
  ① 1에서 10까지의 숫자에 사용된다고 하나 엄격하게 적용되는 것은 아니다.

2.2.1.3 怎麼의 구조와 의미 분석

(1) 기능
  ① 怎麼는 동작의 방법, 원인에 대해 묻는 물음말이다.

  這個漢字怎麼寫?   이 한자는 어떻게 씁니까?
  你眼睛怎麼紅了?   당신 눈은 왜/어째서 빨개졌습니까?

  ② 怎麼는 사람 혹은 사물의 성질과 상태에 대해 묻는 물음말이다.

  這是怎麼一回事?   이것은 어떻게 된 일입니까?

(2) 구조
  ① 문장에서 부사어, 관형어, 술어 역할을 담당한다.
  ② 문장에서 부사어 역할을 담당하여, 동작의 방법에 대해서 질문한다. 이 때 '怎麼＋동사술
    어' 구조를 가지며, 술어는 부정식을 사용하지 않는다.

  這個字怎麼寫?   이 글자는 어떻게 씁니까?

  ③ 문장에서 부사어 역할을 담당하여, 원인에 대해서 질문한다. 이때 '怎麼＋동사/형용사술어'
    구조를 가지며, 술어는 부정식을 사용할 수 있다.

水怎麼不熱?	왜 물이 뜨겁지 않죠?

④ 원인에 대해서 물을 때, 怎麼는 주어 앞으로 이동할 수 있다.

你怎麼沒去上海?	당신은 왜 상해에 안 갔어요?
怎麼你沒去上海?	왜 당신은 상해에 안 갔어요?

⑤ 문장에서 관형어 역할을 담당하여, 사람 혹은 사물의 성질과 상태에 대해서 질문한다. 이 때 '怎麼+(一)+양+명사' 구조를 가진다.

你給我說說, 那是怎麼(一)個情況?	당신 나에게 말해보세요. 그것이 어떻게 된 일인지?

⑥ 문장에서 술어 역할을 담당하여, 상태에 대해서 질문한다. 이때 문장 끝에 了를 사용한다.

他家怎麼了?	그의 집이 어떻게 되었습니까?

(3) 용법

① 怎麼와 爲什麼의 차이. 문장이 단지 원인, 목적, 도리에 대한 질문이면, 爲什麼를 사용하고, 이상하게 생각되어 묻게 되는 원인, 목적, 도리에 대한 질문은 怎麼를 사용한다.

② 怎麼가 문의 가장 앞에서 부사어로 사용될 때는 반드시 원인에 대한 질문이고, 문의 가운데에서 부사어로 사용될 때는 원인 혹은 방법에 대한 질문 모두 가능하다.

怎麼你又遲到了?	왜 당신은 또 늦었나요?
他怎麼對待你?	그가 당신을 어떻게 대우합니까?

③ 怎麼와 什麼의 차이. 什麼는 아직 못 보아서, 아직 듣지 못해서, 아직 정확히 이해하지 못한 상태에서 질문을 하는 형태로 상대방에게 진일보한 해석을 희망하는 질문이다. 따라서 什麼에는 의아함이나 놀램의 의미가 함축되어 있지 않다. 그러나 怎麼는 이미 들었거나 상대방의 말을 이미 이해했으나 상대방의 함축된 의미를 파악하지 못했을 경우로, 상대방에게 놀랍고 의외라는 의미를 표시하게 된다.

2.2.1.4 誰의 구조와 의미 분석

(1) 기능

　① 誰는 사람에 대해 묻는 물음말이다.

(2) 구조

　① 문장에서 주어, 목적어, 관형어 역할을 담당한다.

　　　誰是你們的班長?　　　주어 역할
　　　你打算選誰?　　　　　목적어 역할
　　　這是誰的本子?　　　　관형어 역할

　② 誰와 誰가 대체하는 어휘는 그 구조가 완전히 일치한다.

　　　A : 誰是你們的老師?　　　　　누가 당신들의 선생님입니까?
　　　　　⇩
　　　B : <u>張先生</u>是我們的老師。　　장 선생님이 우리들의 선생님입니다.

　誰와 張先生이 주어 위치에서 서로 대체하는 어휘로 사용된다.

　　　A : 他找<u>誰</u>?　　　　　　그는 누구를 찾습니까?
　　　　　⇩
　　　B : 他找<u>張老師</u>。　　　　그는 장 선생님을 찾습니다.

　誰와 張老師가 목적어 위치에서 서로 대체하는 어휘로 사용된다.

　　　A : 這是<u>誰</u>的書?　　　　이것은 누구의 책입니까?
　　　　　⇩
　　　B : 這是<u>兒子</u>的書。　　　이것은 아들의 책입니다.

　誰와 兒子가 관형어 위치에서 서로 대체하는 어휘로 사용된다.

　③ 誰가 관형어 역할을 담당할 때, 일반적으로 的를 사용하여, 종속관계를 나타낸다.

(3) 용법

① 관형어로 사용할 때, 일반적으로 的를 사용하나, 친족의 칭호의 앞에 사용될 때는 的을 사용하지 않아도 된다.

他是誰(的)哥哥?　　　　　그는 누구의 형입니까?

② 誰는 단수와 복수의 구별이 없이 사용된다.

2.2.1.5 怎樣의 구조와 의미 분석

1) 기능

(1) 의문사 怎樣은 동작의 방법에 대해 묻는 물음말이다. 예를 들면,

你們怎樣消滅蟲害?　　　　당신들은 어떻게 벌레를 제거합니까?

(2) 의문사 怎樣은 성질과 상태에 대해 묻는 물음말이다. 예를 들면,

下一步應採取怎樣的行動?　　다음 단계에서는 어떤 행동을 취해야만 합니까?

2) 구조

(1) 문장에서 부사어, 술어, 보어, 관형어의 역할을 담당한다.
(2) 문장에서 부사어 역할을 담당하며, 동작의 방법에 대해 질문한다. 예를 들면,

你在水裡是怎樣游的?　　　당신은 물속에서 어떻게 수영한 것이죠?

(3) 문장에서 술어, 보어, 관형어의 역할을 담당하며, 성질과 상태에 대해 질문한다. 예를 들면,

現在感覺怎樣?　　　　　지금 느낌이 어때요?
你準備得怎樣了?　　　　당신 준비상태는 어때요?
請告訴我這是一個怎樣的民族?　이 사람들은 어떤 민족인지 나에게 설명해 주시기 바랍니다.

(4) 문장에서 관형어 역할을 담당하여, '怎樣+(的)+(一)+(양)+명사' 구조를 가질 때, 조사 的와 수량사는 생략이 가능하다. 예를 들면,

下一步應採取怎樣一種行動?

下一步應採取怎樣的行動?

3) 용법

　(1) 怎樣과 怎麼의 차이. 의문사 怎麼 역시 怎樣처럼 사람 혹은 사물의 성질과 상태에 대해서 질문한다. 그러나 怎樣은 怎麼처럼 놀랍고 의외라는 의미를 표시하지 않는다.

2.2.1.6 多少의 구조와 의미 분석

(1) 기능

　① 多少는 수량을 묻는 물음말이다.

(2) 구조

　① 문장에서 관형어 역할을 담당하여, '多少+양사+명사' 구조를 가진다.

　　你們研究所有多少個人?　　　당신들 연구소에는 몇 사람이 있습니까?

　② 多少의 관형어 구조에서 명사가 생략될 수도 있다(多少+양사+(명사)).

　　你跳繩一分鐘能跳多少次?　　당신은 일 분에 몇 번 줄넘기를 합니까?

　③ 多少의 관형어 구조에서 양사와 명사가 모두 생략되어(多少+(양사)+(명사)), 多少가 단독으로 목적어 역할을 담당한다.

　　蘋果是有的, 要多少?　　　사과는 있습니다. 몇 개를 원하십니까?

　④ 多少는 양사와 같이 사용되지 않는 경우가 더욱 보편적이다.

　　她一個月的工資是多少?　　　그의 일개월 월급은 얼마입니까?

　⑤ 부정양사(不定量詞) 些, 點兒과 같이 사용하지 않는다.

　　*你帶了多少些錢?

(3) 용법

① 10 이상의 숫자에 사용된다고 하나 엄격하게 적용되는 것은 아니다.

② 幾와 多少의 차이.

　▶ 多少 앞에 哪가 올 수 없다(*哪+多少+양사+명사). 幾 앞에는 哪가 올수 있다.

　　*你喜歡哪多少門課程?

　▶ '幾/多少+양사+명사' 구조에서 幾 구조는 명사가 생략 가능(幾+양사+(명사))하고, 多少 구조는 양사와 명사가 생략 가능(多少+(양사)+(명사))하다.

　　那個劇場裡一共有多少(個)座位?　　그 극장에는 모두 몇 개의 자리가 있습니까?
　　你帶了多少?　　　　　　　　　당신은 몇 명을 데리고 있습니까?

　▶ 동작의 횟수를 나타낼 때는 幾와 多少 모두 동량사를 가진다.
　　她去國外旅行過幾次?　　그는 외국에 나가서 여행을 몇 번 하였습니까?
　　你心跳每分鐘多少下?　　당신은 심장이 일분에 몇 번 뜁니까?

2.2.1.7 哪의 구조와 의미 분석

(1) 기능

① 둘이나 그보다 더 많은 사항 중에서 하나를 골라서 묻는 물음말이며, 확실한 지시를 요구한다.[30] 예를 들면,

　　哪本書是你的?　　어떤 책이 당신의 것입니까?

(2) 구조

① 문장에서 '哪位是新來的學生?'과 같이 관형어 역할을 담당한다.[31]

② 관형어 역할을 담당할 때, '哪+수량사+(명사)' 구조를 가진다. 이 때 명사와 수사 '一'은 생략이 가능하다. 예를 들면,

---

30) 뤼 수시앙(呂叔湘, 1999 : 393-394)은 哪의 정의를 '의문에 사용되고, 동일 사물 중 확실한 지시를 요구한다.'고 적고 있다. 서정수(1996 : 387-388)는 한국어 '어느'에 대한 정의를 '둘이나 그보다 많은 사항 중에서 하나를 골라서 묻는 물음말이다.' 라고 서술하였다. 본문의 哪에 대한 정의는 위 두 가지 의견을 종합 정리한 것이다.
31) 루 칭허(陸慶和, 2006 : 64)는 哪에 목적어 역할이 있다고 서술하고 있으나, 정확히 예시하지 않고 있다.

這三種顏色, 你喜歡哪種?　　　　이 세 가지 색깔 중에서 당신은 어떤 것을 좋아합니까?

(3) 용법

　　① 哪 뒤의 양사로 단수(哪個)와 복수(哪些)를 표시한다.

　　② 哪는 nǎ와 něi의 두 개의 독음이 있다.

2.2.1.8 哪裡의 구조와 의미 분석

(1) 기능

　　① 의문사 哪裡는 일반적으로 장소를 묻는 물음말이다.

(2) 구조

　　① 문장에서 주어, 목적어, 관형어 역할을 담당한다.

　　　　哪裡有這種花色的布料?　　　주어 역할
　　　　住哪裡?　　　　　　　　　　목적어 역할
　　　　您是哪裡的人?　　　　　　　관형어 역할

(3) 용법

　　① 관형어로 사용될 때, 的를 생략할 수 있다. 예를 들면,

　　　　您是哪裡人?　　　당신은 어느 곳 사람입니까?

2.2.1.9 哪兒의 구조와 의미 분석

(1) 기능

　　① 의문사 哪兒는 일반적으로 장소를 묻는 물음말이다.

(2) 구조

　　① 문장에서 주어, 목적어, 관형어 역할을 담당한다.

　　　　哪兒出産這種蘋果?　　주어 역할
　　　　老張在哪兒?　　　　　목적어 역할
　　　　你是哪兒的人?　　　　관형어 역할

(3) 용법

　① 구어체에서 많이 사용된다.

　② 일반의문 용법에서 哪裡와 哪兒의 용법은 일치한다.

2.2.2 현대중국어 의문사와 한국어 의문사의 대응 관계

　다음으로 위에서 분석한 중국어 의문사의 구조와 의미를 기초로 하여, 이에 대응하는 한국어 의문사와 비교 분석한다.[32]

2.2.2.1 什麽와 한국어 문법항목과의 대응 관계

(1) 기능

　① 什麽는 한국어 '무엇', '어떤/무슨'에 대응된다.

　② 什麽가 사물, 행위에 대한 특정 사항의 구체적인 내용을 질문할 때, 한국어는 '무엇'으로 대응한다.

　　你喜歡什麽?　　　　너는 무엇을 좋아하니?

　③ 什麽가 문장에서 사물의 성질이나 사람이 직분/신분을 묻는 관형어 역할을 담당할 때, 한국어는 사물 혹은 사람의 성질/종류를 가리켜 묻는 '어떤/무슨'으로 대응한다. '어떤'은 사람이나 사물의 성질이나 종류를 가리켜 묻는 관형어 구실을 하는 물음말이다. '어떤'은 사람을 가리켜 물을 때에도 쓰일 수 있다는 점에서 '무슨'과 다르다.

　　她是你的什麽人?　　그녀는 너의 어떤 사람이니?
　　　　　　　　　　　 그녀는 너와 어떤 관계의 사람이니?

　④ '무슨'은 '무엇'의 관형어 형태로서 사물의 성질, 종류 따위를 가리켜 묻는 물음말이다. '무슨'은 사람을 수식하는 데에는 잘 쓰이지 않는다.

---

32) (1) 한국어 의문사의 구조와 의미는 서정수(1996), 연세한국어사전(http://dic.yonsei.ac.kr/), 브리태니커사전(http://preview.britannica.co.kr)을 주로 참조하였다.

　　(2) 한국어에서 문장 성분을 구분할 때는 단어 그리고 조사를 함께 지칭한다. 예를 들면, '무엇이 가장 귀중합니까?'에서 주어는 '무엇이'이다. 만약 '무엇'만을 구분한다면, 이는 품사(의문대명사)의 범주가 된다. 이 부분에서는 중국어를 기본으로 한국어의 문장 성분을 살펴보는 것이기에, 편리상 중국어 의문사와 대비되는 한국어 의문사(조사를 제외한)만을 분석하고, 이를 해당하는 문장 성분으로 지칭하고자 한다.

您做什麼工作?	너는 어떤/무슨 일을 하니?
你們這兒需要什麼人員?	이곳은 *무슨/어떤 사람들이 필요하니?

(2) 구조

① 중국어 什麼는 주어, 목적어, 관형어 역할을 담당하고, 이에 대응하는 한국어는 '무엇'은 주어, 목적어, 보어 역할을 담당하고, '어떤/무슨'은 관형어 역할을 담당한다.

② 什麼의 주어 역할에 대응하는 한국어는 '무엇'이며 동일하게 주어 역할을 담당한다.

什麼是最寶貴的?	무엇이 가장 귀중합니까?

③ 什麼의 목적어 역할에 대응하는 한국어는 목적어와 보어 역할을 담당하는 '무엇'이다.

你在看什麼?	당신은 무엇을 보고 있습니까?
這是什麼?	이것은 무엇입니까?

④ 什麼의 관형어 역할은 한국어는 관형어 역할을 담당하는 '어떤/무슨'이다.

您做什麼工作?	당신은 어떤/무슨 일을 하십니까?
你讀過他的什麼作品?	당신은 그의 어떤/무슨 작품을 읽어보았습니까?

⑤ 什麼와 '누구'는 주어, 목적어, 관형어의 구조가 완전히 일치한다.

A : <u>什麼</u>是最寶貴的?	A : <u>무엇</u>이 가장 귀중합니까?
⇩	⇩
B : <u>生命</u>是最寶貴的。	B : <u>생명</u>이 가장 귀합니다.

A : 你在看<u>什麼</u>?	A : 당신은 <u>무엇</u>을 보고 있습니까?
⇩	⇩
B : 我在看<u>小說</u>。	B : 나는 <u>소설</u>을 보고 있습니다.

A : 那是<u>什麼</u>樹?	A : 저것은 <u>어떤</u> 나무입니까?
⇩	⇩
B : 那是<u>杏</u>樹。	B : 저것은 <u>살구</u> 나무입니다.

(3) 용법

① 什麼가 목적어 용법으로 사용될 때, 한국어에서는 목적어와 보어로 대응된다. 한국어 '무엇'이 보어가 되는 경우는, 동사술어 '是' 뒤에 什麼가 사용된 경우이다.

2.2.2.2 幾와 한국어 문법항목과의 대응 관계

(1) 기능

① 중국어 幾는 한국어 '몇'과 대응된다.

② 幾가 수량에 대해 질문할 때, 한국어는 수량 단위와 어울려 그 수효를 묻는 '몇'과 대응된다.

③ 수량은 수효와 분량을 묻는 것이고, 수효는 사물의 낱낱의 수를 묻는 것이다.

(2) 구조

① 중국어 幾는 관형어, 목적어 역할을 담당하고, 이에 대응하는 한국어는 주어, 목적어, 보어, 관형어 역할을 담당하는 '몇'이다.

② 幾의 관형어 역할에 대응하는 한국어는 관형어 '몇'이다.

你有幾個孩子?　　　　　　　당신의 자녀는 몇 명입니까?

③ 幾의 목적어 역할에 대응하는 한국어는 보어 '몇'이다.

三加二等於幾?　　　　　　　3 더하기 2는 몇입니까?

④ 관형어로서의 '몇'은 뒤 따르는 수량 단위와 어울려 수효(사물의 낱낱의 수)를 묻는 물음말이다.

你買了幾斤蘋果?　　　　　　당신은 사과 몇 근을 샀습니까?

(3) 용법

① '幾+양사+(명사)' 구조에서 명사가 생략 가능하다.

② 幾에 없는 역할이 한국어에는 있다. 바로 주어, 보어 역할이다.

몇이 모자라니?　　　　　　差幾個?

모인 사람이 모두 몇입니까?　　一共來了幾個人?

2.2.2.3 怎麼의 한국어 문법항목과의 대응 관계

(1) 기능

　① 중국어 의문사 怎麼와 대응하는 한국어 의문사는 문법의미 혹은 문장 성분에 따라 '어떻게', '왜/어째서', '어떤/무슨', '어떠하다'로 대응된다.

　② 怎麼가 문장에서 부사어 역할을 담당하여 동작의 방법에 대해 질문할 때, 한국어 의문사는 동작의 방법에 대해서 물음 하는 '어떻게'로 대응한다. 예를 들면,

　　　這個漢字怎麼寫?　　　　　　이 한자는 어떻게 씁니까?

　③ 怎麼가 문장에서 부사어 역할을 담당하여 원인에 대한 물음에는, 이유나 원인을 묻는 물음말인 '왜/어째서'로 대응한다. 예를 들면,

　　　你眼睛怎麼紅了?　　　　　　당신의 눈은 왜/어째서 빨개졌습니까?

　④ 怎麼가 문장에서 관형어 역할을 담당하여 성질과 상태에 대해 질문할 때, 한국어 의문사는 사람/사물의 성질/종류를 묻는 '어떤/무슨'으로 대응된다. 예를 들면,

　　　他姐姐是怎麼一個人?　　　　그의 누나는 어떤 사람입니까?

　⑤ 怎麼가 문장에서 술어 역할에 담당하여 상태에 대해 질문할 때, 한국어 의문사는 사물의 성질이나 상태 따위를 묻는 형용사술어 '어떠하다'로 대응된다. 예를 들면,

　　　參觀的事怎麼了?　　　　　　참관했던 일은 어떻습니까?

(2) 구조

　① 중국어 의문사 怎麼는 부사어, 관형어, 술어 역할을 담당하고, 이에 대응하는 한국어 의문사 '어떻게'는 부사어 역할, '왜/어째서'는 부사어 역할, '어떤/무슨'은 관형어 역할, '어떠하다'는 술어 역할을 담당한다.

　② 怎麼의 부사어 역할에 대응하는 한국어 의문사는 부사어 '어떻게', '왜/어째서'이다. 예를 들면,

| 這個字怎麼寫? | 이 글자는 어떻게 씁니까? |
| 你怎麼這麼晚才來? | 당신은 왜/어째서 비로소 이제야 오십니까? |

③ 怎麼의 관형어 역할에 대응하는 한국어 의문사는 관형어 '어떤/무슨'이다. 예를 들면,

他姐姐是怎麼一個人?	그의 누나는 어떤 사람입니까?
	*그의 누나는 무슨 사람입니까?
這是怎麼回事?	이건 무슨 일입니까?
	어떤 일이 생긴 것입니까?

④ 怎麼의 술어 역할에 대응하는 한국어 의문사는 형용사술어 '어떠하다'이다. 예를 들면,

| 參觀的事怎麼了? | 참관했던 일은 어떻습니까? |

⑤ 원인에 대해서 물을 때, 怎麼와 '왜/어째서'는 모두 주어 앞으로 이동할 수 있다. 예를 들면,

| 怎麼大家都不說話? | 왜/어째서 아무도 말을 하지 않습니까? |

(3) 용법

① 원인을 물을 때의 怎麼가 '왜/어째서'와 대응하는 것은 한국어 '어떻게'에는 원인(의아함/의문) 묻는 문법의미가 없기 때문이다.

② 怎麼와 '왜/어째서'의 원인(cause)에 대한 질문은 어떤 결과가 나타나게 된 까닭을 묻는 물음말이다.

③ 한국어 의문사 '어떻게'는 과정/절차(process), 동태(manner)를 가리켜 물을 때에도 사용된다. 주의할 점은 한국어의 '어떻게'의 과정/절차와 동태에 대한 물음에는 중국어 怎麼樣으로 대응한다. 그 이유는 '어떻게'와 怎麼樣은 의아함/의문에서 오는 질문에 대한 의미가 없기 때문이다. 예를 들면,

| 這輛車是怎麼樣動的?(과정) | 이 차는 어떻게 움직입니까?(과정/절차) |
| 那位選手跑得怎麼樣?(동태) | 저 선수는 어떻게 달리고 있습니까?(동태) |

2.2.2.4 誰의 한국어 문법항목과의 대응 관계

(1) 기능

　　① 誰가 사람을 가리켜 물을 때, 한국어 역시 사람을 가리키는 '누구'와 대응한다.

　　② 誰와 '누구'는 모두 사람을 가리키는 데에만 쓰이는 물음말이다.

(2) 구조

　　① 誰는 주어, 목적어, 관형어 역할을 담당하며, 이에 대응하는 한국어 '누구'는 주어, 목적어, 관형어, 보어 역할을 담당한다.

　　② 誰의 주어 역할에 대응하는 한국어는 '누구'이며 동일하게 주어 역할을 담당한다.

　　　誰是你們的班長?　　　　　　누가 너희의 반장이니?

　　③ 誰의 목적어 역할에 대응하는 한국어는 목적어와 보어 역할을 담당하는 '누구'이다.

　　　你打算選誰?　　　　　　　너는 누구를 뽑을 생각이니?
　　　他是誰?　　　　　　　　　그는 누구입니까?

　　④ 誰의 관형어 역할에 대응하는 한국어는 동일하게 관형어 역할을 담당하는 '누구'이다.

　　　這是誰的本子?　　　　　　이것은 누구의 공책이니?

　　⑤ 誰와 '누구'는 주어, 목적어, 관형어의 구조가 완전히 일치한다.

　　　A : 誰是你們的老師?　　　A : 누가 당신들의 선생님입니까?
　　　　　⇩　　　　　　　　　　　⇩
　　　B : 張先生是我們的老師。　B : 장 선생님이 우리의 선생님입니다.

　　　A : 他找誰?　　　　　　　A : 그가 누구를 찾습니까?
　　　　　⇩　　　　　　　　　　　⇩
　　　B : 他找張老師。　　　　　B : 그는 장 선생님을 찾습니다.

　　　A : 這是誰的書?　　　　　A : 이것은 누구의 책입니까?
　　　　　⇩　　　　　　　　　　　⇩
　　　B : 這是兒子的書。　　　　B : 이것은 아들의 책입니다.

(3) 용법

① 誰와 '누구'는 단수와 복수의 구별이 없이 사용된다.

2.2.2.5 怎樣의 한국어 문법항목과의 대응 관계

(1) 기능

① 중국어 의문사 怎樣과 대응하는 한국어 의문사는 문법의미와 문장 성분에 따라 '어떠하다', '어떻게', '어떤'으로 대응한다.

② 怎樣이 문장에서 부사어 역할을 담당하여 동작의 방법에 대해 질문할 때, 한국어 의문사는 동작의 방법에 대해서 물음 하는 '어떻게'로 대응한다. 예를 들면,

你們怎樣消滅蟲害?　　　　　당신들은 어떻게 벌레를 제거합니까?

③ 怎樣가 문장에서 술어, 보어, 관형어 역할을 담당하여 성질과 상태에 대해 질문할 때, 한국어 의문사는 사람/사물의 성질/종류를 가리켜 묻는 '어떠하다'와 '어떤'으로 대응한다.

下一步應採取怎樣的行動?　　　다음 단계에서는 어떤 행동을 취해야만 합니까?

(2) 구조

① 중국어 의문사 怎樣은 부사어, 술어, 보어, 관형어 역할을 담당하고, 이에 대응하는 한국어 의문사 '어떻게'는 부사어 역할, '어떤'은 관형어 역할, '어떠하다'는 술어 역할을 담당한다.

② 怎樣의 부사어 역할에 대응하는 한국어 의문사는 부사어 '어떻게'이다. 예를 들면,

螃蟹怎樣走路?　　　　　　　게는 어떻게 걷니?

③ 怎樣의 술어 역할에 대응하는 한국어 의문사는 술어 '어떠하다'이다. 예를 들면,

我累了, 走不動了, 你怎樣?　　힘들어요, 움직일 수가 없어요. 당신은 어떻습니까?

④ 怎樣의 관형어 역할에 대응하는 한국어 의문사는 관형어 '어떤'이다. 예를 들면,

怎樣的結構?　　　　　　　　어떤 구조?

⑤ 怎樣의 보어 역할에 대응하는 한국어 의문사는 부사어와 술어 '어떻게'와 '어떠하다'이다. 예를 들면,

| 準備工作做得怎樣了? | 준비 상황이 어떻게 진행됩니까? |
| | 준비 상황 진행이 어떻습니까? |

(3) 용법

① 한국어 의문사 '어떤'과 '무슨'은 모두 성질, 종류 따위를 가리켜 묻는 물음말이다. 단지 '어떤'은 사물이나 사람에 모두 사용되고, '무슨'은 사물에만 사용된다. 또 '어떤'은 성질이나 내용을 좀더 자세히 알고자 할 경우에 주로 쓰이는 경향이 있으나, '무슨'은 사물의 이름이나 소속 따위 간단한 사항을 알고자 할 때에 주로 사용된다. 따라서 怎樣에 대응하는 한국어는 '어떤'이 적합하다.

② 怎樣과 怎麼의 차이. 의문사 怎麼 역시 怎樣처럼 사람 혹은 사물의 성질과 상태에 대해서 질문한다. 그러나 怎樣은 怎麼처럼 놀랍고 의외라는 의미를 표시하지 않는다.

③ 문장에서 관형어 역할을 담당하여, '怎樣+的+一+양+명사' 구조를 가질 때, 조사 的와 수량사는 생략이 가능하다. 예를 들면,

| 下一步應採取怎樣一種行動? | 다음에는 어떠한 형태의 행동을 취해야만 합니까? |
| 下一步應採取怎樣的行動? | 다음에는 어떤 행동을 취해야만 합니까? |

2.2.2.6 多少의 한국어 문법항목과의 대응 관계

(1) 기능

① 중국어 多少와 대응하는 한국어는 '얼마나/얼마큼', '몇'이다.

② 多少가 수량을 질문할 때, 한국어는 수량을 묻는 '몇'과 '얼마'로 대응한다.

你們班有多少學生?	너희 반에는 학생들 몇 명이 있니?
你帶了多少錢?	당신은 돈 얼마큼을 가지고 있습니까?
蘋果是有的, 要多少?	사과는 있습니다. 몇 개를 원하십니까?
她一個月的工資是多少?	그녀의 일 개월 임금은 얼마입니까?

(2) 구조

① 중국어 多少는 관형어, 목적어 역할을 담당하고, 이에 대응하는 한국어 '얼마'는 주어, 관

형어, 목적어, 보어, 역할을 담당하고, '몇'은 주어, 관형어, 목적어, 보어역할을 담당한다.

② 多少의 관형어 역할에 대응하는 한국어는 관형어 역할을 담당하는 '얼마나/얼마큼'과 '몇'이다.

| 你籌備了多少經費? | 당신은 얼마큼의 경비를 준비하였습니까? |
| 你種了幾棵樹? | 당신은 나무 몇 그루를 심었습니까? |

③ 多少의 목적어 역할에 대응하는 한국어는 목적어 역할을 담당하는 '얼마'이다.

| 你要多少? | 너는 얼마를 원하니? |

④ 多少와 명사가 함께 사용될 때, '多少+(양사)+명사' 구조를 가진다.

| 這種稿紙一頁有多少(個)字? | 이런 원고지 한 페이지에는 글자 몇 개가 있습니까? |

⑤ 多少와 명사가 함께 사용될 때, '多少+(양사)+(명사)' 구조를 가진다.

| 她一個月的工資是多少? | 그녀의 일 개월의 임금은 얼마니? |

⑥ 多少와 명사가 함께 사용될 때, '多少+양사+(명사)' 구조를 가진다.

| 你跳繩一分種能跳多少次? | 너는 줄을 일분에 몇 번 줄넘기할 수 있니? |

(3) 용법

① '얼마'는 값을 묻는 데에 많이 쓰인다. 따라서 多少가 돈에 관련된 가격/값을 물을 때는 '얼마'로 대응되고, 그 나머지는 모두 '몇'과 대응한다.

② 多少에 없는 역할이 한국어에는 있다. 바로 주어, 보어 역할이다.

| 얼마가 모자랍니까? | 差多少? |
| 이 물건의 값이 얼마입니까? | 這個東西的价格是多少? |

③ '몇'과 '얼마'가 幾와 多少와 달리 주어, 보어 역할을 담당할 수 있는 이유는 한국어의 양사는 생략 가능하기 때문이다.

2.2.2.7 哪의 한국어 문법항목과의 대응 관계

(1) 기능

① 중국어 의문사 哪와 대응하는 한국어 의문사는 '어느/어떤'으로 대응된다.

② 哪가 문장에서 관형어 역할을 담당하여, 둘이나 그보다 더 많은 사항 중에서 하나를 골라서 묻는 사항에 대해 질문할 때, 한국어 의문사 역시 동일한 의미를 지닌다. 예를 들면,

哪本書是你的?　　　　　　어느 책이 당신의 것입니까?

(2) 구조

① 중국어 의문사 哪는 관형어 역할을 담당하고, 이에 대응하는 한국어 의문사 '어느/어떤' 역시 관형어 역할을 담당한다.

哪位是新來的學生?　　　　어느 분이 새로 온 학생입니까?

(3) 용법

① 중국어 의문사 哪가 관형어 역할을 담당할 때, '哪+수량사+(명사)' 구조를 가진다. 이 때 명사와 수사 '一'은 생략이 가능하다.

這三種顔色, 你喜歡哪種?　　이 세 가지 색깔 중에서 당신은 어떤 색깔을 좋아하십니까?

② 哪 뒤의 양사로 단수(哪個)와 복수(哪些)를 표시한다.

③ 哪는 nǎ와 něi의 두 개의 독음이 있다.

2.2.2.8 哪裡의 한국어 문법항목과의 대응 관계

(1) 기능

① 중국어 의문사 哪裡와 대응하는 한국어 문법항목은 '어디'로 대응된다.

② 哪裡가 문장에서 주어, 목적어, 관형어 역할을 담당하여, 장소를 묻는 물음말로 사용될 때, 한국어 의문사는 동일한 의미로 사용되는 '어디'와 대응된다.

③ 哪裡가 문장에서 부사어 역할을 담당하여, 장소를 묻는 물음말로 사용될 때, 한국어 의문사는 '어디'로 대응된다.

(2) 구조

① 중국어 의문사 哪裡는 문장에서 주어, 목적어, 관형어, 부사어 역할을 담당하며, 이에 대응하는 한국어 의문사 '어디'는 주어, 목적어, 관형어, 부사어, 보어 역할을 담당한다.

② 哪裡의 주어 역할에 대응하는 한국어 의문사는 주어 '어디'이다. 예를 들면,

哪裡不舒服?　　　　　　　어디가 아픕니까?

③ 哪裡의 목적어 역할에 대응하는 한국어 의문사는 목적어, 보어, 부사어의 '어디'이다. 예를 들면,

你挖哪裡?　　　　　　　당신은 어디를 파고 있습니까?
這兒是哪裡?　　　　　　여기가 어디입니까?
出路在哪里?　　　　　　출구는 어디 있습니까?

④ 哪裡의 관형어 역할에 대응하는 한국어 의문사는 관형어 '어디'이다. 예를 들면,

您是哪裡的人?　　　　　당신은 어디 사람입니까?

⑤ 哪裡의 부사어 역할에 대응하는 한국어 의문사는 부사어 '어디'이다. 예를 들면,

人都哪裡去了?　　　　　사람들이 모두 어디 갔니?

2.2.2.9 哪兒의 한국어 문법항목과의 대응 관계

(1) 기능

① 중국어 의문사 哪兒와 대응하는 한국어 문법항목은 '어디'로 대응된다.

② 哪兒가 문장에서 주어, 목적어, 관형어 역할을 담당하여, 장소를 묻는 물음말로 사용될 때, 한국어 의문사는 동일한 의미로 사용되는 '어디'와 대응된다.

③ 哪兒가 문장에서 부사어 역할을 담당하여, 장소를 묻는 물음말로 사용될 때, 한국어 의문사는 '어디'로 대응된다.

(2) 구조

① 중국어 의문사 哪兒는 문장에서 주어, 목적어, 관형어, 부사어 역할을 담당하며, 이에 대응

하는 한국어 의문사 '어디'는 주어, 목적어, 관형어, 부사어, 보어 역할을 담당한다.

② 哪兒의 주어 역할에 대응하는 한국어 의문사는 주어 '어디'이다. 예를 들면,

哪兒寫錯了?　　　　　　　　어디가 잘못 썼습니까?

③ 哪兒의 목적어 역할에 대응하는 한국어 의문사는 목적어와 보어의 '어디'이다. 예를 들면,

你喜歡哪兒?　　　　　　　　당신은 어디를 좋아합니까?
你家在哪兒?　　　　　　　　당신 집은 어디입니까?

④ 哪兒의 관형어 역할에 대응하는 한국어 의문사는 관형어 '어디'이다. 예를 들면,

你是哪兒的人?　　　　　　　당신은 어디 사람입니까?

⑤ 哪兒의 부사어 역할에 대응하는 한국어 의문사는 부사어 '어디+조사(로/에/에서)'이다. 예를 들면,

人都哪兒去了?　　　　　　　사람들 모두 어디 갔습니까?

(3) 용법
　① 구어체에서 사용된다.

2.2.3 현대중국어 의문사의 난이도 분석

난이도의 정의는 2장의 첫 부분에서 용어해설 부분에 이미 서술하였다. 우리는 이를 기준으로 하여, 난이도가 높다는 것을 '+'로 표시하고, '-'는 난이도가 낮다는 것을 표시하고 '±'는 중간 단계라는 것을 표시하고자 한다.[33]

---

33) 난이도 원칙1에 대한 +, ±, -의 기준은, 동일한 구조를 가지면 +; 서로 다른 구조가 한 개에서 세 개 사이이면 ±; 네 개 이상이면 -로 정하였다. 난이도 원칙2에 대한 +, ±, -의 기준 역시 동일 의미이면 +; 서로 다른 의미가 한 개에서 세 개 사이이면 ±; 네 개 이상이면 -로 정하였다. 난이도 원칙3에 대한 +, ±, -의 기준은, 원칙 1과 원칙 2를 기준으로 원칙1과 원칙2의 관계가 +와 +이면 +; +와 ±이면 ±, ±와 ±이면 ±; ±와 -이면 ±; +와 -이면 ±; -와 -이면 -로 정하였다. 난이도 원칙4에 대한 +, ±, -의 기준은, 중국어와 한국어가 모두 하나의 구조와 하나의 의미로 일치된다면 +; 서로 다른 구조나 의미가 한 개에서 세 개 사이이면 ±; 네 개 이상으로 나누어지면 -로 정하였다. 난이도 원칙5에 대한 +, ±, -의 기준은 화용 기능이 없으면 +, 화용 기능이 하나 있으면 ±; 둘 이상이면 -로 정하였다.

2.2.3.1 什麼의 난이도 분석

L1과 L2 언어 비교 상황		난이도 원칙				
중국어	한국어	1	2	3	4	5
什麼	무엇	±	±	±	−	+
	어떤	±	±	±	−	+
	무슨	±	±	±	−	+

난이도 1항에서 의문사 什麼와 한국어 문법항목의 구조 난이도는 중간 단계이다. 중국어의 목적어가 한국어의 보어가 되는 경우가 있기 때문이다. 난이도 2항에서 중국어 의문사 什麼와 대응하는 한국어는 '무엇', '어떤' 그리고 '무슨' 등 세 개의 의미로 나누어진다. 이에 난이도는 중간 단계이다. 난이도 3항에서 한국어와 중국어의 언어차이의 난이도는 난이도 1항과 2항에 의거하여 중간 단계이다. 난이도 4항에서 중국어 什麼와 한국어 문법항목은 구조상으로 한국어의 문법항목에 보어의 성분이 더 있고, 의미상으로 한국어가 세 개로 나누어지기 때문에 유형화하기 쉽지 않다. 이에 난이도가 낮다. 난이도 5항에서 이 부분은 의문사의 의미 중에서 의문의 의미만을 분석하였기 때문에 의문사 이외의 다른 화용기능은 없다. 이에 난이도가 높다.

2.2.3.2 幾의 난이도 분석

L1과 L2 언어 비교 상황		난이도 원칙				
중국어	한국어	1	2	3	4	5
幾	몇	±	+	±	±	+

난이도 1항에서 의문사 幾와 한국어 문법항목의 구조 난이도는 중간 단계이다. 한국어 문법항목에 주어와 보어 성분이 더 있기 때문이다. 난이도 2항에서 幾와 '몇'의 의미 난이도는 높다. 둘 다 모두 수량 단위와 함께 사물의 수를 묻는 질문에 사용되기 때문이다. 난이도 3항에서 한국어와 중국어의 언어차이의 난이도는 난이도 1항과 2항에 의거하여 중간 단계이다. 난이도 4항에서 중국어 幾와 한국어 문법항목은 구조상으로 한국어의 문법항목에 주어와 보어 성분이 더 있다. 의미는 동일하다. 이에 유형화 난이도는 중간 단계이다. 난이도 5항에서 이 부분은 의문사의 의미 중에서 의문의 의미만을 분석하였기 때문에 의문사 이외의 다른 화용기능은 없다. 이에 난이도가 높다.

2.2.3.3 怎麼의 난이도 분석

L1과 L2 언어 비교 상황		난이도 원칙				
중국어	한국어	1	2	3	4	5
怎麼	어떻게	+	−	±	−	+
	왜	+	−	±	−	+
	어째서	+	−	±	−	+
	어떤	+	−	±	−	+
	무슨	+	−	±	−	+
	어떠하다	+	−	±	−	+

난이도 1항에서 怎麼와 한국어 문법항목은 동일한 문법 구조를 가지고 있다. 이에 난이도가 높다. 난이도 2항에서 중국어 의문사 怎麼와 대응하는 한국어는 '어떻게', '왜', '어째서', '무엇', '어떤' 그리고 '어떠하다' 등 여섯 개의 의미로 나누어진다. 중국어 의문사 怎麼 역시 네 개의 의미로 나누어진다. 이에 난이도는 낮다. 난이도 3항에서 한국어와 중국어의 언어차이의 난이도는 난이도 1항과 2항에 의거하여 중간 단계이다. 난이도 4항에서 중국어 怎麼와 한국어 문법항목은 구조상으로 동일한 구조를 가지지만, 의미상으로 怎麼는 네 가지, 한국어는 여섯 가지로 나누어지기에 유형화하기 쉽지 않다. 난이도 5항에서 이 부분은 의문사의 의미 중에서 의문의 의미만을 분석하였기 때문에 의문사 이외의 다른 화용기능은 없다. 이에 난이도가 높다.

2.2.3.4 誰의 난이도 분석

L1과 L2 언어 비교 상황		난이도 원칙				
중국어	한국어	1	2	3	4	5
誰	누구	±	+	±	±	+

난이도 1항에서 의문사 誰와 '누구'의 구조 난이도는 중간 단계이다. 중국어의 목적어가 한국어의 보어가 되는 경우가 있기 때문이다. 난이도 2항에서 誰와 '누구'의 의미 난이도는 높다. 모두 사람을 가리키는 데에만 쓰이는 물음말이기 때문이다. 난이도 3항에서 한국어와 중국어의 언어차이의 난이도는 난이도 1항과 2항에 의거하여 중간 단계이다. 난이도 4항에서 중국어 誰와 한국어 문법항목은 구조상으로 한국어의 문법항목에 보어 성분이 더 있다. 의미는 동일하다. 이에 난이도는 중간 단계이다. 난이도 5항에서 이 부분은 의문사의 의미 중에서 의문의 의미만을 분석하였기 때문에 의문사 이외의 다른 화용기능은 없다. 이에 난이도가 높다.

2.2.3.5 怎樣의 난이도 분석

L1과 L2 언어 비교 상황		난이도 원칙				
중국어	한국어	1	2	3	4	5
怎樣	어떠하다	±	−	±	−	+
	어떻게	±	−	±	−	+
	어떤	±	−	±	−	+
	어떻게/어떠하다	±	−	±	−	+

난이도 1항에서 의문사 怎樣과 한국어 문법항목의 구조 난이도는 중간 단계이다. 중국어 문법항목에 보어의 성분이 더 있기 때문이다. 난이도 2항에서 중국어 의문사 怎樣과 대응하는 한국어는 '어떠하다', '어떻게', '어떤' 등 세 개의 의미로 나누어지며, 怎樣 역시 두 개의 의미로 나누어진다. 이에 난이도는 낮다. 난이도 3항에서 한국어와 중국어의 언어차이의 난이도는 난이도 1항과 2항에 의거하여 중간 단계이다. 난이도 4항에서 중국어 怎麼와 한국어 문법항목은 구조상으로 다른 구조가 하나 있고, 의미상으로 怎麼는 두 개, 한국어는 세 개로 나누어지기에 유형화하기 쉽지 않다. 이에 난이도는 낮다. 난이도 5항에서 이 부분은 의문사의 의미 중에서 의문의 의미만을 분석하였기 때문에 의문사 이외의 다른 화용기능은 없다. 이에 난이도가 높다.

2.2.3.6 多少의 난이도 분석

L1과 L2 언어 비교 상황		난이도 원칙				
중국어	한국어	1	2	3	4	5
多少	얼마	±	+	±	±	+
	몇	±	+	±	±	+

난이도 1항에서 의문사 多少와 한국어 문법항목의 구조 난이도는 중간 단계이다. 한국어 문법항목에 주어와 보어 성분이 더 있기 때문이다. 난이도 2항에서 多少와 '몇/얼마'의 의미 난이도는 높다. 모두 수량을 묻는 질문에 사용된다. 난이도 3항에서 한국어와 중국어의 언어차이의 난이도는 난이도 1항과 2항에 의거하여 중간 단계이다. 난이도 4항에서 중국어 多少와 한국어 문법항목은 구조상으로 다른 구조가 두 개가 있고, 의미상으로는 '얼마'와 '몇'으로 나누어지기 때문에 유형화가 쉽지 않다. 이에 중간 단계이다. 난이도 5항에서 본 글은 의문사의 의미 중에서 의문의 의미만을 분석하였기 때문에 의문사 이외의 다른 화용기능은 없다. 이에 난이도가 높다.

2.2.3.7 哪의 난이도 분석

L1과 L2 언어 비교 상황		난이도 원칙				
중국어	한국어	1	2	3	4	5
哪	어느	+	+	+	+	+

난이도 1항에서 의문사 哪와 한국어 문법항목은 동일한 문법 구조를 가지고 있다. 이에 난이도가 높다. 난이도 2항에서 哪와 '어느'의 의미 난이도는 높다. 모두 둘이나 그보다 더 많은 사항 중에서 하나를 골라서 묻는 사항에 대한 질문할 때 쓰이는 물음말이기 때문이다. 난이도 3항에서 한국어와 중국어의 언어차이의 난이도는 난이도 1항과 2항에 의거하여 난이도가 높다. 난이도 4항에서 중국어 哪와 한국어 문법항목은 구조상으로 의미상으로 모두 동일하기 때문에 유형화가 쉽다. 이에 난이도가 높다. 난이도 5항에서 본 글은 의문사의 의미 중에서 의문의 의미만을 분석하였기 때문에 의문사 이외의 다른 화용기능은 없다. 이에 난이도가 높다.

2.2.3.8 哪裡의 난이도 분석

L1과 L2 언어 비교 상황		난이도 원칙				
중국어	한국어	1	2	3	4	5
哪裡	어디	±	+	±	±	+

난이도 1항에서 의문사 哪裡와 한국어 문법항목의 구조 난이도는 중간 단계이다. 한국어 문법항목에 보어 성분이 더 있기 때문이다. 난이도 2항에서 哪裡와 '어디'의 의미 난이도는 높다. 모두 장소를 묻는 물음말에 사용된다. 난이도 3항에서 한국어와 중국어의 언어차이의 난이도는 난이도 1항과 2항에 의거하여 중간 단계이다. 난이도 4항에서 중국어 哪裡와 한국어 문법항목은 구조상으로 다른 구조가 한 개가 있고, 의미상으로는 동일하다. 이에 유형화 난이도는 중간 단계이다. 난이도 5항에서 본 글은 의문사의 의미 중에서 의문의 의미만을 분석하였기 때문에 의문사 이외의 다른 화용기능은 없다. 이에 난이도가 높다.

2.2.3.9 哪兒의 난이도 분석

L1과 L2 언어 비교 상황		난이도 원칙				
중국어	한국어	1	2	3	4	5
哪兒	어디	±	+	±	±	+

난이도 1항에서 의문사 哪兒와 한국어 문법항목의 구조 난이도는 중간 단계이다. 한국어 문법항

목에 보어 성분이 더 있기 때문이다. 난이도 2항에서 哪兒와 '어디'의 의미 난이도는 높다. 모두 장소를 묻는 물음말에 사용된다. 난이도 3항에서 한국어와 중국어의 언어차이의 난이도는 난이도 1항과 2항에 의거하여 중간 단계이다. 난이도 4항에서 중국어哪兒와 한국어 문법항목은 구조상으로 다른 구조가 한 개가 있고, 의미상으로는 동일하다. 이에 유형화 난이도는 중간 단계이다. 난이도 5항에서 본 글은 의문사의 의미 중에서 의문의 의미만을 분석하였기 때문에 의문사 이외의 다른 화용 기능은 없다. 이에 난이도가 높다.

2.2.4 현대중국어 의문사의 빈도 분석

이 부분에서는 모국어가 중국어인 중국인의 의문사 사용빈도와 모국어가 한국어인 중국어 학습자의 의문사 사용빈도를 살펴보고자 한다. 이는 중국인의 의문사 사용 실태와 모국어가 한국어인 중국어 학습자의 의문사 사용 실태를 모두 살펴보기 위함이다.[34]

2.2.4.1 중국인의 의문사 사용 빈도

중국어가 모국어인 중국인의 의문사 사용빈도 자료는 '北京大學漢語語言學研究中心'의 CCL말뭉치(CCL語料庫)의 자료를 사용하였다.[35] 이 말뭉치는 검색 시에 500개의 문장을 제공하는데, 우리는 이를 분석하였다.

1) 什麼의 빈도 조사

什麼의 모국어가 중국어인 중국인의 사용 빈도는 다음과 같다.

什麼 사용 빈도수	의문용법	非의문용법	의문용법 상세 분석			
			중국인의 사용 빈도		한국어 대응 문법항목 사용 빈도	
500	151	349	주어	11	주어	11
			관형어	71	관형어	71
			목적어	69	목적어	47
					보어	22

2) 幾의 빈도 조사

幾의 모국어가 중국어인 중국인의 사용 빈도는 다음과 같다.

---

34) 중국인의 의문사 사용실태를 살펴보는 이유는 우리가 중국어를 배우는 목적이 중국인과 의사소통을 하기 위함이기 때문에, 모국어가 중국어인 중국인의 언어사용 실태를 조사하여, 우리의 의문사 배열순서에 참조하기 위함이다.
35) http://ccl.pku.edu.cn:8080/ccl_corpus/jsearch/index.jsp

幾 사용 빈도수	의문용법	非의문용법	의문용법 상세 분석			
			중국인의 사용 빈도		한국어 대응 문법항목 사용 빈도	
500	6	494	관형어	7	관형어	7
					보어	0
			목적어	0	주어	0
					목적어	0

3) 怎麼의 빈도 조사

怎麼의 모국어가 중국어인 중국인의 사용 빈도는 다음과 같다.

怎麼 사용 빈도수	의문용법	非의문용법	의문용법 상세 분석			
			중국인의 사용 빈도		한국어 대응 문법항목 사용 빈도	
500	265	235	부사어	251	부사어	어떻게	212
						왜 / 어째서	39
			관형어	7	관형어	7	
			술어	7	술어	7	

4) 誰의 빈도 조사

誰의 모국어가 중국어인 중국인의 사용 빈도는 다음과 같다.

誰 사용 빈도수	의문용법	非의문용법	의문용법 상세 분석			
			중국인의 사용 빈도		한국어 대응 문법항목 사용 빈도	
500	70	430	주어	77	주어	77
			관형어	7	관형어	7
			목적어	14	목적어	6
					보어	8

5) 怎樣의 빈도 조사

怎樣의 모국어가 중국어인 중국인의 사용 빈도는 다음과 같다.[36]

怎樣 사용 빈도수	의문용법	非의문용법	의문용법 상세 분석			
			중국인의 사용 빈도		한국어 대응 문법항목 사용 빈도	
500	201	299	부사어	154	부사어	154(2)
			관형어	16	관형어	16
			술어	29	술어	29(2)
			보어	2		

---

[36] '怎樣'의 보어 역할에 대응하는 한국어 의문사는 부사어와 술어 '어떻게'와 '어떠하다'이다. 따라서 아래 표의 '한국어 문법항목 사용빈도' 중 부사어와 술어 옆의 '(2)'는 중국어 보어의 빈도를 한국어 부사어와 술어의 어느 곳에 더하여도 좋다는 의미이다.

6) 多少의 빈도 조사

多少의 모국어가 중국어인 중국인의 사용 빈도는 다음과 같다.

多少 사용 빈도수	의문용법	非의문용법	의문용법 상세 분석			
			중국인의 사용 빈도		한국어 대응 문법항목 사용 빈도	
500	101	409	관형어	65	관형어	65
					목적어	36
			목적어	36	주어	0
					보어	0

7) 哪의 빈도 조사

哪의 모국어가 중국어인 중국인의 사용 빈도는 다음과 같다.

哪 사용 빈도수	의문 용법	非의문용법	의문용법 상세 분석			
			중국인의 사용 빈도		한국어 대응 문법항목 사용 빈도	
500	95	405	관형어	95	관형어	95

8) 哪裡의 빈도 조사

哪裡의 모국어가 중국어인 중국인의 사용 빈도는 다음과 같다.

哪裡 사용 빈도수	의문용법	非의문용법	의문용법 상세 분석			
			중국인의 사용 빈도		한국어 대응 문법항목 사용 빈도	
			주어	0	주어	0
			관형어	0	관형어	0
500	64	436	부사어	21	부사어	21
					목적어	0
			목적어	43	보어	0
					부사어	43

9) 哪兒의 중국인 빈도 조사

哪兒의 모국어가 중국어인 중국인의 사용 빈도는 다음과 같다.

哪兒 사용 빈도수	의문용법	非의문용법	의문용법 상세 분석			
			중국인의 사용 빈도		한국어 대응 문법항목 사용 빈도	
			주어	2	주어	2
			관형어	0	관형어	0
500	125	375	부사어	54	부사어	54
					목적어	0
			목적어	69	보어	68
					부사어	46

2.2.4.2 한국인 학습자의 의문사 사용 빈도

모국어가 한국어인 중국어 학습자의 빈도는 2004년 전북대학교에서 2학년, 3학년, 4학년을 대상으로 수집된 자료를 근간으로 삼았다. 모두 3,248개 문장이다. 수집 방법은 중간고사와 기말고사에 포함된 작문 시험을 통하여 수집되었고, 다른 중국어 자료를 참조하지 않는 방법으로 작성되었다. 자료에 대한 분석을 좀 더 세밀하게 하기 위하여, 조사 항목을 의문용법 사용 여부, 학년별, 오류 여부로 나누어 정리하였다. 의문용법 사용 여부는 의문사 문법항목 중에서 의문 용법과 非의문 용법의 사용을 파악하기 위함이고, 오류 여부는 수집된 자료가 옳은 문장인지 오류가 있어서 수정한 문장인지를 알기 위함이다. 즉, 중간언어의 특징을 알아보기 위함이다. 오류 판정은 문장에서 의문사 용법의 오류에만 기준삼지 않고, 의문사 이외의 다른 문법항목의 오류가 있더라도 모두 오류 범주 안에 포함시켰다.

1) 什麼의 중간언어 빈도 조사

什麼의 중국어 학습자의 중간언어 빈도는 다음과 같다.

2004년도 총 작문 수	什麼 사용빈도수	의문 용법					非의문 용법
		합계		32			
				정상	오류	계	
		주어		0	0	0	
3,248	97	관형어		5	4	9	65
			2학년	2	2	4	
			3학년	2	2	4	
			4학년	1	0	1	
		목적어		15	8	23	
			2학년	4	5	9	
			3학년	5	0	5	
			4학년	6	3	9	

2) 幾의 중간언어 빈도 조사

幾의 중국어 학습자의 중간언어 빈도는 다음과 같다.

2004년도 총 작문 수	幾 사용빈도수	의문 용법					非의문 용법
		합계		9			
				정상	오류	계	
3,248	38	관형어	계	5	4	9	29
			2학년	1	0	1	
			3학년	1	4	5	
			4학년	3	0	3	
		목적어		0	0	0	

3) 怎麼의 중간언어 빈도 조사

怎麼의 중국어 학습자의 중간언어 빈도는 다음과 같다.

2004년도 총 작문 수	怎麼 사용빈도수	의문 용법					非의문 용법
		합계		17			
				정상	오류	계	
		관형어		0	0	0	
3,248	35	부사어	계	13	3	16	18
			2학년	4	3	7	
			계	4	0	4	
			4학년	5	0	5	
		술어	계	1	0	1	18
			4학년	1	0	1	

4) 誰의 중간언어 빈도 조사

誰의 중국어 학습자의 중간언어 빈도는 다음과 같다.

2004년도 총 작문 수	誰 사용빈도수	의문 용법					非의문 용법
		합계		4			
				정상	오류	계	
3,248	12	주어	계	1	0	1	8
			2학년	1	0	1	
		관형어	계	0	1	1	
			2학년	0	1	1	
		목적어	계	2	0	2	
			3학년	2	0	2	

5) 怎樣의 중간언어 빈도 조사

怎樣의 중국어 학습자의 중간언어 빈도는 다음과 같다.

2004년도 총 작문 수	怎樣 사용빈도수	의문 용법					非의문 용법
		합계		3			
				정상	오류	계	
3,248	4	부사어	계	0	3	3	1
			2학년	0	2	2	
			3학년	0	1	1	
		술어		0	0	0	
		보어		0	0	0	
		관형어		0	0	0	

6) 多少의 중간언어 빈도 조사

多少의 중국어 학습자의 중간언어 빈도는 다음과 같다.

2004년도 총 작문 수	多少 사용빈도수	의문 용법					非의문 용법
		합계		2			
				정상	오류	계	
3,248	5	관형어		0	0	0	3
		목적어		0	2	2	
			2학년	0	1	1	
			3학년	0	1	1	

7) 哪의 중간언어 빈도 조사

哪의 중국어 학습자의 중간언어 빈도는 다음과 같다.

2004년도 총 작문 수	哪 사용빈도수	의문 용법					非의문 용법
		합계		3			
				정상	오류	계	
3,248	8	관형어		3	0	3	5
			2학년	1	0	1	
			3학년	2	0	2	

8) 哪裡 중간언어 빈도 조사

哪裡의 중국어 학습자의 중간언어 빈도는 다음과 같다.

2004년도 총 작문 수	哪裡 사용빈도수	의문 용법				非의문 용법
		합계		0		
			정상	오류	계	
3,248	1	주어	0	0	0	1
		부사어	0	0	0	
		목적어	0	0	0	
		관형어	0	0	0	

9) 哪兒 중간언어 빈도 조사

哪兒의 중국어 학습자의 중간언어 빈도는 다음과 같다.

2004년도 총 작문 수	哪兒 사용빈도수	의문 용법					非의문 용법
		합계		7			
				정상	오류	계	
3,248	18	주어		0	0	0	11
		부사어		0	0	0	
		목적어		5	2	7	
			2학년	3	0	3	
			3학년	2	2	4	
		관형어		0	0	0	

2.2.5 현대중국어 의문사 什麼, 幾, 怎麼, 誰, 怎樣, 多少, 哪, 哪裡, 哪兒의 배열순서 분석

이 부분에서는 위에서 분석한 난이도 분석, 중국인의 의문사 사용 빈도, 한국인 학습자의 의문사 사용 빈도를 수치화 하여, 이를 근거로 什麼, 幾, 怎麼, 誰, 怎樣의 일반의문 용법에 대한 학습/교수 배열순서를 설정하고자 한다.

2.2.5.1 중국어와 한국어의 대비로 분석한 배열순서

난이도 '+'는 3점으로, '±'는 2점으로, '−'는 1점으로 하여 난이도를 수치화 하였다.[37]

1) 난이도가 높은 의문사

난이도가 높다는 것은 위에서 언급한 것처럼 습득이 비교적 빠르고, 사용빈도가 높고, 화석화가 쉽게 이루어지지 않고, 오류 문장의 출현 빈도가 낮다는 것을 의미한다. 본 논문의 분석 대상인 5개 의문사 중에서 난이도가 높게 나타난 의문사는 다음과 같다.

중국어 문법항목	문장성분	한국어 문법항목
幾	관형어	몇
幾	목적어	몇
誰	주어	누구
誰	목적어	누구
誰	관형어	누구
哪	관형어	어느

---

37) 난이도의 높고 낮음을 정하는 방법은 '주2'와 같이 개인적인 판단을 기초로 하였다. 예를 들면, 본 논문의 5개 의문사의 난이도 합계는 12, 10, 9 등 세 가지이다. 이중 난이도가 높은 상위 합계로는 12를 택하였고, 중간 단계인 난이도는 10으로 정하였고, 낮은 단계의 난이도는 합계가 낮은 9로 정하였다. 문제는 합계 10과 9의 차이는 무엇이며, 무엇 때문에 이 두 값의 사이를 나누었는지에 대한 답은 쉽지 않을 듯하다. 지금으로서는 연구자 개인의 판단에 의할 수밖에 없다고 생각한다. 난이도에 대한 판단은 아래의 5.2와 5.3에서도 동일하다.

2) 난이도가 중간 단계인 의문사

난이도가 중간 단계인 의문사는 다음과 같다.

중국어 문법항목	문장성분	한국어 문법항목
什麼	주어	무엇
什麼	목적어	무엇
什麼	관형어	무슨/어떤
怎麼	부사어	어떻게
怎麼	부사어	왜/어째서
怎麼	관형어	어떤/무슨
怎麼	술어	어떠하다
多少	관형어	얼마/몇
多少	목적어	얼마
哪裡	주어	어디
哪裡	목적어	어디
哪裡	관형어	어디
哪裡	부사어	어디
哪兒	주어	어디
哪兒	목적어	어디
哪兒	관형어	어디
哪兒	부사어	어디

3) 난이도가 낮은 의문사

난이도가 낮게 나타난 의문사는 다음과 같다.

怎樣	술어	어떠하다
怎樣	부사어	어떻게
怎樣	관형어	어떤
怎樣	보어	어떻게/어떠하다

多少, 哪, 哪裡, 哪兒의 난이도 합계는 15와 12로 분석되었다. 따라서 난이도가 낮은 의문사는 분석되지 못했다.

2.2.5.2 중국인의 의문사 사용 빈도에 의한 배열순서

다음은 모국어가 중국어인 중국인의 의문사 사용 빈도에 의한 5개 의문사의 배열순서이다.

1) 사용 빈도가 높은 의문사

사용 빈도가 높게 나타난 의문사는 다음과 같다.

문법항목	문장성분	한국어 문법항목
怎麼	부사어	어떻게
怎樣	부사어	어떻게
哪	관형어	어느/어떤

2) 사용 빈도가 중간 단계인 의문사

사용 빈도가 중간 단계인 의문사는 다음과 같다.

중국어 문법항목	문장성분	한국어 문법항목
誰	주어	누구
什麼	관형어	무슨/어떤
什麼	목적어	무엇
哪兒	목적어	어디
多少	관형어	얼마/몇
哪兒	부사어	어디
哪裡	목적어	어디
多少	목적어	얼마
哪裡	부사어	어디

3) 사용 빈도가 낮은 의문사

사용 빈도가 중간 단계인 의문사는 다음과 같다.

중국어 문법항목	문장성분	한국어 문법항목
怎麼	부사어	왜/어째서
怎樣	술어	어떠하다
怎樣	관형어	어떤
誰	목적어	누구
什麼	주어	무엇
誰	관형어	누구
怎麼	관형어	어떤/무슨
怎麼	술어	어떠하다
幾	관형어	몇
怎樣	보어	어떻게/어떠하다
幾	목적어	몇

중국어 문법항목	문장성분	한국어 문법항목
哪兒	주어	어디
哪兒	관형어	어디
哪裡	주어	어디
哪裡	관형어	어디

2.2.5.3 한국인 학습자의 의문사 사용 빈도에 의한 배열순서

다음은 모국어가 한국어인 중국어 학습자의 의문사 사용 빈도에 의한 5개 의문사의 배열순서이다.

1) 사용 빈도가 높은 의문사

사용 빈도가 높은 의문사는 다음과 같다.

중국어 문법항목	문장성분	한국어 문법항목
什麼	목적어	누구
怎麼	부사어	어떻게
哪兒	목적어	어디

2) 사용 빈도가 중간 단계인 의문사

사용 빈도가 중간 단계인 의문사는 다음과 같다.

중국어 문법항목	문장성분	한국어 문법항목
什麼	관형어	무슨/어떤
幾	관형어	몇
哪	관형어	어느/어떤
多少	목적어	얼마

3) 사용 빈도가 낮은 의문사

사용 빈도가 낮은 의문사는 다음과 같다.

중국어 문법항목	문장성분	한국어 문법항목
怎麼	부사어	왜/어째서
怎樣	부사어	어떻게
誰	목적어	누구
怎麼	술어	어떠하다
誰	주어	누구

중국어 문법항목	문장성분	한국어 문법항목
誰	관형어	누구
什麼	주어	무엇
幾	목적어	몇
怎麼	관형어	어떤/무슨
怎樣	관형어	어떤
怎樣	술어	어떠하다
怎樣	보어	어떻게/어떠하다
多少	관형어	얼마/몇
哪裡	주어	어디
哪裡	관형어	어디
哪裡	부사어	어디
哪裡	목적어	어디
哪兒	주어	어디
哪兒	관형어	어디
哪兒	부사어	어디

2.2.6 모국어가 한국어인 중국어 학습자의 의문사 什麼, 幾, 怎麼, 誰, 怎樣, 多少, 哪, 哪裡, 哪兒 의 일반의문 용법의 배열순서 설계

이 부분에서는 위에서 토론한 모든 것을 기초로 하여, 모국어가 한국어인 중국어 학습자를 위한 중국어 의문사 什麼, 幾, 怎麼, 誰, 怎樣, 多少, 哪, 哪裡, 哪兒의 배열순서를 설계하고자 한다. 이 부분의 배열순서는 위의 3가지 배열순서에서의 높은, 중간, 낮은 배열순서를 3, 2, 1로 수치화하고 이를 합산한 것을 기초로 하여 정하였다.[38]

2.2.6.1 초기 단계에 학습 되어야 할 의문사 문법항목

아래의 의문사는 什麼, 幾, 怎麼, 誰, 怎樣, 多少, 哪, 哪裡, 哪兒의 의문사 학습에 있어서 가장 먼저 가르치거나 배워야할 문법항목이다.

중국어 문법항목	문장성분	한국어 문법항목
怎麼	부사어	어떻게
什麼	목적어	무엇
哪	관형어	어느/어떤
哪兒	목적어	어디

---

38) 이 방법 이외에도 의문사 언어구조 자체의 비중을 높여서 순서 배열하는 방법, 모국어가 중국어인 중국인의 의문사 사용 빈도에 더욱 많은 비중을 두고서 순서를 배열하는 방법, 모국어가 한국어인 중국어 학습자의 의문사 사용 빈도에 비중을 두고 순서 배열하는 방법 등이 있으리라 생각한다. 배열순서에 대한 부분은 앞으로도 여러 가지의 방법이 계속적으로 실험되어야 하고, 배열순서를 하는 목적에 가장 적합한 여러 가지 분석방법들이 계속적으로 모색되어야 하리라 생각된다.

2.2.6.2 중간 단계에 학습 되어야 할 의문사 문법항목

아래의 의문사는 什麼, 幾, 怎麼, 誰, 怎樣, 多少, 哪, 哪裡, 哪兒의 의문사 학습에 있어서 중반 단계에 가르치거나 배워야할 문법항목이다.

중국어 문법항목	문장성분	한국어 문법항목
什麼	관형어	어떤/무슨
幾	관형어	몇
誰	주어	누구
怎樣	부사어	어떻게
多少	관형어	몇/얼마
哪兒	부사어	어디
幾	목적어	몇
怎麼	부사어	왜/어째서
誰	목적어	누구
誰	관형어	누구
多少	목적어	얼마
哪裡	주어	어디
哪裡	목적어	어디
哪裡	관형어	어디
哪裡	부사어	어디
哪兒	주어	어디
哪兒	관형어	어디

2.2.6.3 후반 단계에 학습 되어야 할 의문사 문법항목

아래의 문법항목은 什麼, 幾, 怎麼, 誰, 怎樣, 多少, 哪, 哪裡, 哪兒의 의문사 학습에 있어서 다른 문법항목보다 늦게 가르치거나 배워야할 문법항목이다.

중국어 문법항목	문장성분	한국어 문법항목
什麼	주어	무엇
怎麼	관형어	어떤/무슨
怎麼	술어	어떠하다
怎樣	술어	어떠하다
怎樣	관형어	어떤
怎樣	보어	어떻게/어떠하다

우리는 (1) 현대중국어 의문사의 언어 자체의 구조와 의미 그리고 용법으로 나누어 분석하였고, (2) 중국어 의문사가 한국어의 어떤 의문사와 대응되고, 이 한국어 의문사는 어떤 문법 특징을 가지

고 있는지 대비 분석하였다. (3) 현대중국어 의문사의 난이도 분석을 하고, 모국어가 중국어인 중국인의 의문사 빈도와 모국어가 한국어인 중국어 학습자의 의문사 빈도를 조사하였다. (4) 그리고 중국어 의문사 자체의 구조와 의미로 분석한 의문사의 배열순서, 중국인의 의문사 사용에 의한 배열순서, 한국인 학습자의 의문사 사용빈도에 의한 배열순서에 의거하여 모국어가 한국어인 중국어 학습자의 의문사 誰, 什麽, 哪, 哪裡, 哪兒, 怎麽, 怎樣, 幾, 多少의 일반 의문 용법의 배열순서를 설계하였다.

L2중국어를 위한 교육문법을 설계하기 위해서 이러한 분석 과정을 거친 근본적인 이유는 경험을 바탕으로 한 중국어교육 연구가 아니라, 이론을 바탕으로 하는 연구를 추구하고자 함이었다. 그럼에도 불구하고, 이 연구가 아직 해결하지 못한 몇 가지 문제가 있다. 첫째, 난이도의 상, 중, 하를 정하는 여러 가지 객관적인 모형이 개발되어야 한다. 둘째, 배열순서를 하는 목적에 적합한 여러 가지 분석 방법들이 모색되어야 한다. 셋째, 본문과 같이 분석한 연구결과가 실제 교실교육 현장에서 적용이 되는지 실험을 거쳐 검증해야 한다. 이는 빠른 시일 내에 해결될 문제는 아니지만, 계속적으로 새로운 시도가 있어야 하리라 생각된다.

II.
한국인 중국어 학습자를 위한
중간언어 말뭉치 분석 편

1. 중간언어 말뭉치 설계

1.1. 중간언어 말뭉치란

말뭉치란 언어의 상태나 다양성을 설명하기 위해 자연적으로 생겨나는 언어의 텍스트를 선택하여 모아놓은 것을 말하며,[1] 중간언어란 제2언어와 외국어 학습자가 언어를 학습하는 과정 중에서 발생하는 한 형태의 언어를 지칭한다.[2] 다시 말하자면, '한국인 중국어 학습자의 중간언어 말뭉치'란 한국어가 모국어인 중국어 학습자의 학습 과정 중에서 발생되는 언어의 상태나 다양성을 설명하기 위해 모아 놓은 언어 자료의 집합체이다.

1.2 현대중국어 중간언어 말뭉치 설립 동기

1) 학문적 파급효과

현대중국어 중간언어 말뭉치를 설립한 동기는 다음의 2가지 방향으로 생각해 볼 수 있다.

첫째, 중국어교육 연구를 위한 기초자료 제공이다. 연구 조사에 의하면, 1993~2004년까지 발표된 중국어학 관련 논문은 1,500편 정도이며, 이 중 중국어교육에 관련된 연구논문은 150편에 해당한다. 비록 1993년 이후 조금씩 성장하다가 2000년도 들어 비약적으로 증가하는 추세를 보이지만, 아직도 중국어교육이라는 분야에 대한 인식이 부족하다. 그 이유는 여러 가지가 있겠지만, 본 연구자가 생각하기에 그 주된 이유는 중국어교육 연구자의 연구 태도에 있다고 본다. 다시 말하자면, 중국어교육 연구에 있어서 경험은 중요한 기반이 되지만, 관찰·기술·실험이 병행된 연구가 되어야 하는데, 그렇지 못한 관계로 연구논문에 보이는 데이터에 대한 신뢰도가 아주 떨어진다. 그리고 관찰과 실험도 이루어지고 있지 않다. 이런 이유 때문에 대부분의 교육논문의 결론은 '이런 식으로 교육하는 것이 좋겠다.', '좋을 것이다.', '사용할 만하다.'와 같은 의견제시 투로 결론이 맺어진다. 이에 본 연구 자료는 교육연구에 객관적인 자료를 제공하는 중요한 초석이 되리라 생각한다.

둘째, 중국어교육 분야가 중국어학 분야에서 벗어나 독립된 한 분야로 설 수 있는 자료를 제공한다. 지금까지 중국어교육 연구 내용을 살펴보면, 중국어교육 분야가 아직 중국어학의 틀에서 벗어나지 못하여, 많은 연구논문에서 어학에 대한 토론은 많은 부분을 차지하지만, 교육에 대한 토론은 대부분 간결하게 정리하고 결론을 짓는 형태를 보인다. 따라서 본 말뭉치 자료를 기초로 한 중국어교육 관련 연구결과가 나온다면 중국어학에서의 중국어 연구와 중국어교육에서의 중국어 연구가 어떻

---

[1] Sinclair, John(1999 : 171)을 인용하였다.

[2] Richards, Jack C. & Platt, John & Platt, Heidi(2002 : 232)을 인용하였다.

게 다른지를 보여줄 수 있으리라 생각한다.

2) 연구결과의 활용효과

(1) 중국어 학습

이 말뭉치의 가장 큰 활용도는 모국어가 한국어인 중국어 학습자를 위한 문법항목과 배열순서의 설계에 대한 기여이다. 현재까지 중국어 학습자를 위한 체계적인 교육문법 설계에 대해서는 위수광 (2012)의 연구가 처음 시도되었다. 문제는 지금까지 개별적으로 연구되었던 문법항목을 총체적으로 문법항목을 도출하고, 이를 배열순서할 시기가 있다. 이에 이 연구는 총체적인 문법항목과 배열순서의 선정에 가장 중요한 토대를 마련하게 될 것이다.

(2) 중국어교육 연구

위의 중국어 학습과 교육에 관한 응용은 실용성에 그 가치를 둔다고 하면, 중국어교육의 연구 분야는 학술성에 그 가치가 있다. 이 연구의 말뭉치를 기반으로 중국어교육 분야에서 가능한 연구는 문장성분별 학습자의 어휘 사용빈도 조사, 문장성분별 학습자의 어휘 배열순서 설계, 어휘 사용의 오류분석과 귀납, 그리고 초급·중급·고급 단계별 교육문법 설계 등이 있다.

(3) 중국어 교실현장 교육

말뭉치를 사용한 강의 계획, 교재편찬이 가능하다. 구체적으로 작문 수업, 회화 수업, 문법 지도, 어휘 지도 등의 수업이 가능하리라 생각된다. 교사는 학습자로부터 발생할 수 있는 현대중국어 중간언어의 형태를 미리 파악/예상할 수 있으며, 처방식 치료/전략 방법을 수립하여 수업에 임할 수 있다.

1.3 현대중국어 중간언어 말뭉치 소개

1.3.1 현존하는 현대중국어 말뭉치와 현대중국어 중간언어 말뭉치

현재 운영되고 있는 현대중국어 말뭉치는 다음과 같다.

- 臺灣의 中央研究院의 平衡語料庫(http:www.sinicaedu.tw/ftms-bin/kiwi.sh)
- 中國 國家語委의 現代漢語語料庫(http://www.cncorpus.org/CpsSearch.aspx)
- 中國 北京大學의 中國語言學研究中心(http://ccl.pku.edu.cn:8080/ccl_corpus/index.jsp?dir＝xiandai)
- The Lancaster Corpus of Mandarin Chinese(http://www.lancs.ac.uk/fass/projects/corpus/LCMC/default.htm)

현존하는 현대중국어 중간언어 말뭉치는 다음과 같다.

- 中國 漢語國際敎育硏究中心의 "HSK動態作文語料庫" (http://202.112.195.192:8060/hsk/login.asp)
- 中國 中山大學의 漢字偏誤連續性中介語語料庫(http://cilc.sysu.edu.cn)
- 中國 暨南大學의 留學生書面語語料庫(http://www.globalhuayu.com/corpus3/Search.aspx)
- 한국 현대중국어 중간언어 말뭉치(http://corpus.jbnu.ac.kr:8080/)

1.3.2 말뭉치의 기능

'한국인 중국어 학습자를 위한 중간언어 말뭉치'는 크게 네 가지의 기능을 가지고 있다.

첫째, 검색 기능. 검색에는 한자 검색, 단어 검색, 연어(collocation), 품사 검색이 있다.

둘째, 통계 기능. 통계 기능은 검색을 통해 제시된 언어 자료에 대한 빈도를 제시하는 기능이다.

셋째, 여과 기능. 여과 기능은 '상세검색'에서 운용되며, 수집된 언어 자료에서 학년별, 학번별, 연도별, 학교별, 품사별로 여과된 언어 자료를 제시하는 기능이다.

넷째, 정렬 기능. 정렬 기능이란 검색을 통한 중간언어 자료의 배치 기능이다.

1.3.3 중간언어 자료의 수집

자료의 수집에는 종단 연구(longitudinal study)와 횡단 연구(cross-sectional study)가 있다. 이 중간언어 말뭉치는 통시적, 공시적 방법의 결점을 보안해 줄 수 있는 유사-종단 연구(pseudo-longitudinal study)에 의거하여 중간언어 자료를 수집하였다. 우리는 언어 변화를 중점적으로 살펴보기 위하여 자료 수집을 3년으로 계획하였고, 자료 수집 시점은 서로 다른 숙달 단계에 있는 학습자들로부터 단일 시점에서 출발하여 일부분의 발달 과정을 볼 수 있게 계획하였다.

중간언어 자료의 수집에 있어서, 우리가 살펴보고자 하는 것은 '오류'만이 존재하는 언어 자료뿐 아니라, 학습자로부터 나온 '정상적인' 또는 '오류가 있는' 모든 자료이다. 왜냐하면, 중국어 학습자의 중간언어에는 오류만 보이는 것이 아니라, 정상적인 언어형태도 보이기 때문이다. 만약 오류만을 수집하게 된다면, 그 중간언어의 오류 상황만을 해석할 수 있을 것이다. 그러나 중간언어를 수집하게 되면, 두 언어 사이의 부정적인 학습을 보이는 자료뿐 아니라, 긍정적인 학습을 보이는 언어 현상 역시 관찰할 수 있게 된다. 따라서 우리가 수집하고자 하는 언어 자료는 중간언어 자료의 모든 영역이다.

말뭉치 자료는 1) 2004년부터 2006년까지 3년 동안 수집되었으며, 2) 자료 수집 대상 학교는 5개 대학교이고, 중국어문학 전공의 2, 3, 4학년 학생이 그 대상이다. 3) 말뭉치에는 10,128개 문장이 입력되어 있으며, 4) 웹 주소는 http://corpus.jbnu.ac.kr:8080/이다.

1.3.4 수집 방법

중국어 중간언어 자료의 수집에 있어 가장 기본이 되는 방법은 자료 수집자의 자율에 둔다는 점이다. 그 이유는 다음과 같다.

첫째, 이 자료 수집에 참여하는 연구자가 각 학교의 2, 3, 4학년의 모든 수업에 동일하게 참여할 수 없다.

둘째, 수업 성격에 따라 자료를 수집하는 방법이 각각 다를 수 있다. 이에, 자료 수집 방법은 본 연구의 목적을 기본으로 하여 자율적으로 수집하도록 하였다. 단 기본적인 수집 형태를 갖추기 위해서 참고할 수 있는 수집 방법을 제시하였다. 자료 수집은 작문을 통한 수집이 주(主)가 된다. 작문은 단문과 장문이 있다. 단문 작문은 2, 3, 4 학년 공동으로 수집되었고, 장문 작문은 3, 4 학년의 자료 수집을 병행하였다.[3] 자료는 매 학기 최소 두 차례에 걸쳐 수집되었다.

자료를 입력하는 과정 중에 학생들로부터 장문 작문의 언어 자료를 수집했음에도 불구하고, 기술상의 문제로 긴 단락 역시 한 문장씩 입력하게 되었다.[4] 자료 수집 시 반드시 학교·학년·학번·연도를 기재하게 하였고, 자료의 수집 장소는 되도록 정해진 공간, 즉 교실로 한정하였음을 밝힌다.

1.3.5 분석대상

현대중국어 중간언어 말뭉치 자료 수집에 도움을 주신 한 교수님의 자료 제공으로, 우리가 계획한 시기의 자료 이외에, 2004년도 이전의 자료를 얻어 함께 입력하여 자료의 질을 높였다. 그러나 이번 분석에서 우리는 2004, 2005, 2006년도의 자료만을 분석 대상으로 삼았다. 왜냐하면, 그 자료들이 몇 학년 학생들로부터 수집되었는지가 명확하지 않기 때문이다.

우리의 분석대상은 2학년 3,794개 문장, 3학년 3,521개 문장, 4학년 1,407개 문장이고, 학년을 알 수 없는 1,413개 문장은 이번 분석에서 제외시켰다.

1.4 현대중국어 중간언어 말뭉치 자료 분석

중간언어 말뭉치를 통해서 다음의 정보를 얻을 수 있다.

---

3) 장문 작문의 자료를 3, 4학년에서만 수집했던 이유는 2학년의 수준에서는 장문 작문이 불가능할 것이라는 생각에서 기인하였고 혹은 가능할 지라도 그 작문을 수정하고 말뭉치에 탑재하는 과정에서 많은 문제가 발생할 수 있음을 인지하였기 때문이다. 3, 4학년의 언어 자료 수집에서 단문 작문 이외에 장문 작문을 병행했던 이유는 단문 작문에서 살펴볼 수 없는 중국어의 화용에 관한 문제를 살펴보기 위함이었다.

4) 우리가 해결하지 못한 웹 기술상의 문제는 검색하고자 하는 어휘를 검색 화면에서 찾은 이후에 그 어휘와 관련된 앞과 뒤 문장을 동시에 보이게 하는 기능이었다. 그러나 결과적으로 당시의 웹 기반의 말뭉치 설계 기술 문제로 장문 작문의 긴 단락 역시 한 문장씩 입력하게 되었고, 이에 처음 예상했던 기대에 미치지 못하게 되었다. 우리는 현재 대형 중간언어 말뭉치를 다시 준비 중에 있으며, 위의 문제점을 이미 보완하여 단문 작문과 장문 작문을 병행하여 수집하고 있으며, 장문 작문에서 검색되는 자료는 앞뒤 맥락을 통해 볼 수 있게 설계하였다.

첫째, 검색 후의 화면을 통해서 두 가지 형태의 언어자료를 볼 수 있다. 하나는 수집된 자료의 'original statements'(수정 전) 형태이며, 다른 하나는 수집된 자료의 'edited statements'(수정 후) 형태이다. 우리가 '수정 전'과 '수정 후' 두 형태의 결과 자료를 제시하는 것은, 예를 들어 3학년 학생들의 '把' 학습에 대해서 조사를 하고자 한다면, 어느 학습자는 정상적으로 사용했을 수도 있고, 어느 학습자는 제대로 사용하지 못했을 수도 있기 때문이다. 따라서 '수정 후'의 자료가 없다면, 우리는 단지 '把'를 사용한 후의 중간언어 만을 얻을 수 있고, 처음부터 '把'를 사용하지 않은 혹은 사용하지 못한 학습자의 중간언어 자료는 얻을 수 없다. 따라서 '수정 전' 자료와 '수정 후' 자료의 검색을 통해서 자료 조사의 정밀성을 더욱 높을 수 있다고 생각하였기 때문이다.

둘째, 검색 후의 화면을 통해서 빈도 수치를 알 수 있다.

셋째, 검색 후의 화면을 통해서 품사 정보를 알 수 있다.

2. 단어 분류 체계와 품사 표기

'한국인 중국어 학습자를 위한 중간언어 말뭉치'의 특징 중의 하나는 중간언어 자료에 품사를 태깅했다는 점이다. 품사 분류는 '대만중앙연구원평형말뭉치'(臺灣中央研究院平衡語料庫)의 품사 표기법을 참조하였다. 이 방법을 사용한 이유는 현대중국어 말뭉치 중에서 언어자료에 품사를 첨부한 최초의 말뭉치이기 때문이다.

2.1 단어 분류 체계

'한국인 중국어 학습자를 위한 중간언어 말뭉치'는 '대만중앙연구원평형말뭉치'(臺灣中央研究院平衡語料庫)의 단어 분류 방법(2가지 기본원칙과 6가지 보조원칙)을 사용하였다.

1) 정의

독립적인 의미가 있으며, 고정된 품사가 되는 글자의 연결고리는 하나의 단어 단위로 삼는다.

2) 기본원칙

(1) 조합성분이 직접 서로 합하여서 얻어진 의미가 아닌 글자고리(字串)는 반드시 하나의 단어 단위로 보아야 한다. 예를 들면, '撞期'는 이 원칙을 근거하여 반드시 한 단어로 취급하고, '撞山'

은 술어+목적어 구조로 취급한다.

(2) 조합성분으로 직접 얻어진 품사가 아닌 것은 반드시 하나의 단어 단위로 보아야 한다. 예를 들어, 동작타동사인 '喝, 吃, 聽'의 앞에 '好'를 붙혀서 '好喝, 好吃, 好聽'이 된다. 이 뒤에는 더 이상 목적어를 붙일 수 없어서, 자동사로 되고, 정도부사인 '很, 十分, 非常'의 수식을 받을 수 있다. 이는 원래의 문법 특성과 다르므로, 하나의 단어 분류 성분으로 본다. '那隻狗不會游水' (그 개는 수영할 수 없다) 중에서 '游水'(수영하다)는 '在水裡游'(물에서 헤엄치다)를 가리키는데, '游' (헤엄치다)은 자동사이므로, 뒤에 명사를 붙일 수 없다. 그래서 '游水'(수영하다)는 동사 '游'(헤엄 치다)의 문법 규칙을 부합하지 않으므로 하나의 단어로 보아야 한다.

3) 보조원칙
(1) 명확한 분리 표시가 있으면 나눠야 된다.
　　－술목에서 삽입 : <u>洗了一個澡</u>
　　－술보에서 삽입 : <u>打得破</u>
　　－가운데 삽입 : <u>彎下腰去</u>
　　－합병 후 삽입 : 동사 : <u>上</u>, <u>下課</u>
　　　　　　　　　　명사 : <u>父</u>, <u>母親</u>, <u>高中</u>, <u>職</u>, <u>中山南</u>, <u>北路</u>
　　　　　　　　　　정양(定量) : <u>七</u>, <u>八月</u>
　　－외래어 : <u>BBS站</u>, <u>txt檔</u>

(2) 연접형태소는 될 수 있도록, 그 앞과 뒤의 단어와 합병하여 하나의 단어로 취급한다. 예를 들면, '立'는 3가지 형태소로 나눈다. ① '站立'(서다, 일어서다)를 뜻하고, 자동사이다. ② '建立'(건립하다, 설치하다)를 뜻하고, 타동사이다. ③ '立刻'(즉시, 바로)를 뜻하고, 연접형태소이며, 대부분 '立刻'(즉시), '立卽'(곧, 당장)라는 단어에서 나타난다. 따라서 '立刻', '立卽'는 하나의 단어로 본다. '現代化, 合理化, 泛政治化, 民營化, 地下化, 本土化, 小丑化, 多元化…'는 각각 하나의 단어로 본다.

(3) 사용빈도가 높거나 공통적으로 나타난 글자고리는 될 수 있으면 하나의 단어로 취급한다. 예를 들어 :
　　－동사 : 병렬구조 : 進出, 收放 …
　　　　　　편정구조 : 大笑, 改稱 …
　　　　　　술목구조 : 關門, 洗衣, 卸貨 …

－명사 : 병렬구조 : 春夏秋冬, 輕重緩急, 男女, 花草 …

편정구조 : 象牙 …

－부사 : 병열구조 : 暫不, 旣已, 不再 …

이 원칙은 두 가지의 어려운 점이 있다. 즉, 어떻게 사용 빈도를 알 수 있고, 어디에 구분치(區分値)를 두어야 하는가이다. 이것은 쉽게 해결할 수 있는 문제가 아니다.

(4) 이음절 구조의 편정식 동사는 될 수 있으면 하나의 단어로 취급한다. 예를 들면, '緊追其後'에서 '緊追'(긴박하게 뒤쫓다)는 각각의 형태소의 의미와 문법기능이 조합형태에서 서로 잃어버리지도 않고, 연접형태소도 포함하지 않으며, 흔한 글자고리도 아니지만, 이 원칙대로 합병하여 하나의 글자로 취급할 수 있다. 그러나 이 원칙은 술목과 주술식 복합동사에는 적용하지 않다.

(5) 이음절+단음절의 편정식 명사는 될 수 있으면 하나의 단어로 취급한다. 어떤 단음절의 명사는 그 자체가 독립된 하나의 단어가 될 수 있지만, 항상 앞의 이음절 성분과 긴밀하게 결합하는데, 이를 하나의 단어로 본다. 예를 들면, '線, 權, 車, 點'으로 구성된 성분인 '防衛線(방위선), 使用權(사용권), 發言權(발언권), 交通車(통근차), 共同點(공통점)'이다.

(6) 내부 구조가 복잡한 단어는 될 수 있으면 나누어 처리한다.
－구+접미사 : 太空 計劃 室, 塑膠 製品 業
－동사+이음절 결과보어 : 看 淸楚, 討論 完畢
－고유명사 :
고유명사+보통명사 : 胡 先生, 永新 加油站
구 혹은 문장의 고유명사, 제일 흔히 보는 것은 책 이름, 희곡 이름, 노래 이름
－정반의문문 : 喜歡 不 喜歡, 參加 不 參加
－술목구조나 술보구조의 동사가 접사와 같이 쓸 때 합병하지 않음 : 寫信 給, 分紅 給, 取出 給, 退回去 給

2.2 품사 표기

'대만중앙연구원평형말뭉치'(臺灣中央硏究院平衡語料庫)의 품사 표기법은 다음과 같다.

| A | 비술어형용사 | | Caa | 대등접속사 |

Cab	열거접속사	Nf	양사
Cba	이동성관계접속사	Ng	후치사
Cbb	비이동성관계접속사	Nh	대명사
D	일반부사	P	전치사
Da	수량부사	SHI	是
DE	구조조사	T	어조사
Dfa	동사앞정도부사	VA	동작자동사
Dfb	동사뒤정도부사	VAC	동작사동사
Di	시태표지	VB	동작류타동사
Dk	문장부사	VC	동작타동사
FW	외국어 표기	VCL	동작장소목적어동사
I	감탄사	VD	이중목적어동사
Na	일반명사	VE	동작문장목적어동사
Nb	고유명사	VF	동작술목동사
Nc	장소사	VG	분류동사
Ncd	위치사	VH	상태자동사
Nd	시간사	VHC	상태사동사
Nep	지시관형사	VI	상태류타동사
Neqa	수량관형사	VJ	상태타동사
Neqb	후치수량관형사	VK	상태문장목적어동사
Nes	특별지칭관형사	VL	상태술목동사
Neu	수사관형사	V_2	有

품사와 예문을 살펴보면 다음과 같다.

A	비술어형용사. 예) 天生好手。
Caa	대등접속사. 예) 張三和李四, 大又圓。
Cab	열거접속사. 예) 身分證, 戶口名簿等證件。
Cba	이동성관계접속사. 예) 你不來的話, 我也不來。
Cbb	비이동성관계접속사. 예) 雖然他很聰明, 但是不用功。
D	일반부사. 예) 他可能回去了。
Da	수량부사. 예) 僅三人
DE	구조조사. 예) 我的書, 高興地笑, 玩得高興。
Dfa	동사앞정도부사. 예) 萬分難過。
Dfb	동사뒤정도부사. 예) 難過萬分。
Di	시태표지. 예) 做起事來, 看了書。

Dk	문장부사. 예) <u>總而言之</u>, 你不對。
FW	외국어 표기.
I	감탄사. 예) <u>哦</u>, 我知道了。
Na	일반명사. 예) 她把<u>蘋果</u>去皮了。
Nb	고유명사. 예) <u>胡適, 桂林, 布農, 貝多芬</u>
Nc	장소사. 예) 我們去<u>海邊</u>玩。
Ncd	위치사. 예) <u>前</u>有樹。
Nd	시간사. 예) 他<u>昨天</u>和我去打球。
Nep	지시관형사. 예) <u>這</u>代表什麼?
Neqa	수량관형사. 예) 吃了<u>全部</u>。
Neqb	후치수량관형사. 예) 五十歲<u>開外</u>
Nes	특별지칭관형사. 예) <u>某</u>(位)名人
Neu	수사관형사. 예) 年滿<u>三十</u>, <u>兩</u>輛
Nf	양사. 예) 一<u>枝</u>筆, 這<u>天</u>
Ng	후치사. 예) 三年<u>來</u>, 理論<u>上</u>
Nh	대명사. 예) <u>我們</u>到海邊去玩。
P	전치사. 예) 他<u>從</u>家裡來。
SHI	是. 예) 他<u>是</u>老師。
T	어조사. 예) 你來<u>嗎</u>?
VA	동작자동사. 예) 他<u>來</u>了。
VAC	동작사동사. 예) 一天24小時<u>運轉</u>。
VB	동작류타동사.예) 將他從工資單上<u>除名</u>。
VC	동작타동사. 예) 鄰居的一位兄長決定<u>報考</u>台大歷史系。
VCL	동작장소목적어동사. 예) 我們<u>到</u>海邊去。
VD	이중목적어동사. 예) 我<u>送</u>你一首小詩。
VE	동작문장목적어동사. 예) 員警<u>詢問</u>過路的人是否見到事故發生的經過。
VF	동작술목동사. 예) 你<u>想</u>嘗點兒生魚嗎?
VG	분류동사. 예) 連戰<u>爲</u>行政院長。
VH	상태자동사. 예) 很<u>努力</u>。
VHC	상태사동사. 예) 這幢建物的預算早已經<u>固定</u>了。
VI	상태류타동사. 예) 他的所作所爲皆<u>取決</u>於一己之利。
VJ	상태타동사. 예) 他得<u>迎</u>合他的老闆。
VK	상태문장목적어동사. 예) 人們<u>喜歡</u>踢足球。
VL	상태술목동사. 예) 爲了<u>使</u>中研院的整合順利完成, 我們必須接受新的挑戰。
V_2	有. 예) 他<u>有</u>書。

2.3 중국어 품사 분석의 예

1) 용언(述詞) : 술어(謂語)의 중심이다.

VA 동작자동사. 이런 용언은 하나의 명사만 논항에 참여하면 된다. 예) 跑, 飛, 走, 坐, 躺, 逛, 街, 上臺, 出場, 出動, 轉, 下雨, 颱風, 打雷, 違規, 謀生, 開會.

VB 동작류타동사. 의미에서 2개의 참여 논항이 필요하지만, 하지만 목적어는 바로 술어 뒤에 나타날 수 없는 대신에 전치사를 먼저 쓰거나 목적어를 앞에 놓는 방식으로 나타난다. 예) 求婚, 拜年, 立案, 整容, 解體, 充公, 除名, 送醫.

VC 동작타동사. 의미에서는 2개의 논항이 필요하다. 예) 進, 闖入, 經過, 逃離, 住, 世居, 打, 學, 訪問, 使用, 破壞, 照顧, 買, 賺, 吃, 生産, 組織, 收取, 洩露, 走私, 引渡, 調遣, 押送, 發射, 搭載, 放, 埋, 懸掛, 儲存, 搭建, 囚禁.

VD 이중목적어동사. 이 유형의 용언은 의미에서 사물의 동작정보를 전하는 역할이 있고, 3개의 논항이 필요하다. 예) 寄, 送, 捐, 搶, 敲詐, 索取.

VE 동작문장목적어동사. 뒤에 문으로 된 목적어를 가지는 타동사이다. 예) 責問, 詢問, 提示, 許諾, 指引, 悲歎, 自誇, 下令, 硏究, 討論, 探索, 反省, 强調, 猜想, 說, 提到.

VF 동작술목동사. 뒤에 술어구조 목적어를 가지는 동작타동사이다. 예) 企圖, 想, 打算, 任用, 勸.

VG 분류동사. 주어와 보어 사이를 연결하는 역할을 담당한다. 예) 稱呼, 喊, 命名, 姓, 當.

VH 상태자동사. 사물이 드러난 어떤 상태를 묘사한다. 이런 유형의 술어는 하나의 논항만 필요하다. 예) 動聽, 浪漫, 特別, 入超, 增値, 淨重, 大, 高, 慢, 瀰漫, 矗立, 値得, 夠, 適合, 辛苦, 豐富, 穩固, 丟, 瞎, 斷, 心酸, 想不開, 震驚, 爲難, 急煞, 感動.

VI 상태류타동사. 의미에서는 2개의 참여 논항이 필요하지만, 그의 목적어는 바로 술어 뒤에 나타날 수 없는 대신에 전치사를 먼저 쓰거나 목적어를 앞에 놓는 방식으로 나타난다. 예) 心動, 灰心, 傾心, 內行, 不利, 爲例, 受敎, 取材, 取決.

VJ 상태타동사. 이런 용언은 의미에서 2개의 논항이 필요하다. 예) 迎合, 代表, 景仰, 惦念, 嫌忌, 長達, 剩餘.

VK 상태문장목적어동사. 뒤에 문으로 된 목적어를 가지는 상태타동사이다. 예) 不滿, 嫌惡, 反應, 在於.

VL 상태술목동사. 위에 술어구조로 된 목적어를 가지는 상태타동사이다. 예) 樂於, 甘願。擅長, 專門, 擅於, 輪, 該, 使, 讓.

2) 체언(體詞) : 주로 주어와 목적어 위치에 출현한다.
Na 일반명사. 예) 泥土, 鹽, 水, 牛肉。桌子, 杯子, 衣服, 刀, 夢, 符號, 話, 原因, 風度, 香氣, 愛心, 馬後砲, 三餐, 五臟六腑, 四肢, 車輛, 船隻, 夫妻.

Nb 고유명사. 예) 吳大猷, 余光中, 詩經, 雙魚座, 張, 王, 李.

Nc 장소사. 예) 西班牙, 台北, 郵局, 市場, 學校, 農村, 海外, 身上, 脚下.

Ncd 위치사. 사물의 상대적인 위치를 표시하는 장소사이다. 예) 上頭, 中間, 左方, 西北, 四海, 當地.

Nd 시간사. 예) 洪荒時代, 五0年代, 唐朝, 西漢, 乾隆, 光緒, 天寶, 公元, 西元, 春, 夏, 秋, 冬, 臘月, 六日, 冬至, 傍晚, 大清早, 寒假, 年假, 春節, 年底, 週末, 日後, 過去, 從前, 當初, 以後, 後來, 將來, 現在, 當今, 眼前, 近來.

Ne 관형사. 예) 這, 哪, 少許.

Nf 양사. 예) 一張桌子, 一個杯子, 一件衣服, 一把刀子, 下一盤棋, 寫一手好字, 說一口標準國語, 一對夫妻, 一雙筷子, 一副耳環, 一群鴨子, 一部分原因, 一節甘蔗, 一段文章, 一點事情, 一箱書, 一櫃子衣服, 一盤水梨, 一碗飯, 一肚子牢騷, 一頭秀髮, 一鼻子灰, 一地落葉, 尺, 寸, 丈, 頃, 畝, 公斤, 磅, 升, 斗, 分, 秒, 時, 元, 法郎, 先令, 刀, 令, 馬力, 卡路里, 國, 面, 撇, 看一遍, 摸一下.

Ng 후치사. 연접성분이고, 앞에 구와 연결하여 시간성분 혹은 상황을 표시하는 성분을 이룬다.

예) 睡覺之前, 夜裡, 三百人以上.

Nh 대명사. 예) 我, 你, 他, 自己, 您, 足下, 令尊, 本人, 賤內, 小犬, 之, 其.

3) 개사(P) : 하나의 역할을 소개하여, 술어의 수식성분 혹은 논항으로 사용한다.

4) 일반부사(D) : 주로 술어의 수식어로 사용된다.
Da 수량부사. 예) 只, 僅僅.

Dfa 동사앞정도부사. 예) 很, 非常.

Dfb 동사뒤정도부사. 예) 得很, 之至.

Dk 문장부사. 어조를 바꾸거나 어조를 연결하는 역할을 한다. 예) 總之, 據說.

5) 접속사(C) : 두 개 문법적인 성질이 비슷한 성분을 연결해서 내심구조(endocentric construction)를 형성한다.
Ca 대등접속사 : 두 개의 문법성분이 같은 문법단위를 연결한다.
　　Caa 대등접속사. 예) 和, 跟.
　　Cab 열거접속사. 예) 等, 等等, 之類.

Cb 관계접속사 : 몇 개의 단문을 복문 형식으로 연결시키는 접속사이다.
　　Cba 이동성관계접속사. 예) 雖然, 因爲, 卽使, 只有, 的話, 起見.
　　Cbb 비이동성관계접속사. 예) 雖, 旣, 就是.

6) 어조사(T) : 구 혹은 문장 뒤에 온다.
T 어조사. 예) 了, 的, 沒, 沒有, 而已, 罷…了, 也好, 也罷, 云云, 等等, 之類, 爾爾, 來哉, 著, 啊, 呀, 哇, 哪, 吶, 呢, 哩, 喲, 唷, 嘛, 嘍, 麼, 哦, 喔, 嘔, 欸, 耶, 囉, 嘍, 吧, 罷, 啦, 咧, 了嗎, 了否, 而已 嗎, 啦云云, 咧云云, 嗎, 否, 不, 與否, 哉, 耶, 矣.

7) 감탄사(I) : 화자의 어조 혹은 태도를 표시하는 독립적인 언어 방식이다.

I 감탄사. 예) 啊, 喂, 唉.

8) 비술어형용사(A) : 순수한 형용사이고, 술어 역할을 하지 않는다.

A 비술어형용사. 예) 公共, 共同.

3. 전체 언어자료의 어휘별 사용 빈도

3.1 전체 중간언어 자료 '수정 전·후'의 어휘 사용 빈도

3.1.1 수정전 기준

순서	품사	단어	통합	
			수정전	수정후
1	Nh	我	4476	4433
2	De	的	3299	3068
3	Di	了	1170	1355
4	Dfa	很	1065	1157
5	SHI	是	1049	976
6	Nh	他	1030	1039
7	Nh	你	1004	997
8	Nh	我们	838	861
9	Nf	个	820	775
10	P	在	744	701
11	Nep	这	732	716
12	D	不	716	717
13	Na	人	675	675
14	Neu	一	630	616
15	V_2	有	627	601
16	VCL	去	617	622
17	T	了	600	632
18	Nh	她	540	535
19	Na	朋友	532	544
20	VH	好	393	435
21	Na	时候	380	348
22	VE	说	371	388
23	P	跟	360	335
24	Nc	家	351	365
25	De	得	346	350

순서	품사	단어	통합	
			수정전	수정후
26	D	就	345	401
27	Cbb	所以	344	341
28	D	都	339	432
29	Nc	中国	336	329
30	VC	学习	334	339
31	Nf	天	325	333
32	Nd	今天	316	315
33	D	也	314	337
34	Na	汉语	300	300
35	D	要	300	331
36	VD	给	284	267
37	Caa	和	282	285
38	VC	看	278	269
39	D	能	278	303
40	Na	妈妈	277	274
41	VK	喜欢	264	274
42	VE	想	257	246
43	T	吧	241	239
44	Nd	现在	240	222
45	D	一起	239	254
46	VCL	到	237	249
47	Ncd	里	237	236
48	Ng	后	236	270
49	Nf	次	234	212
50	P	把	229	247
51	Nc	学校	223	204
52	VC	吃	222	222
53	P	对	220	210
54	Nep	那	208	202
55	Nep	什么	206	205
56	D	来	200	172
57	VH	多	193	158
58	Cbb	因为	192	194
59	Na	爸爸	190	188
60	Na	话	189	114
61	D	还	187	196
62	Nes	每	187	194
63	Nh	他们	187	173
64	VA	来	185	199
65	Na	老师	184	182

순서	품사	단어	통합	
			수정전	수정후
66	D	去	184	192
67	Na	时间	184	164
68	T	吗	177	170
69	D	没	175	191
70	Na	们	170	157
71	Ng	以后	169	164
72	Da	才	165	174
73	Dfa	太	164	142
74	Na	事	161	165
75	VF	打算	156	156
76	Di	过	154	157
77	Cbb	可是	154	124
78	P	到	149	108
79	VH	努力	147	151
80	P	从	146	148
81	VK	知道	146	138
82	Ncd	上	144	148
83	VH	大	143	139
84	Di	着	141	157
85	Na	学生	140	137
86	D	再	140	154
87	Neqa	多	138	178
88	VJ	没有	136	136
89	D	真	132	95
90	Cbb	但	131	140
91	Neu	几	131	124
92	D	已经	131	132
93	VC	做	131	118
94	D	会	127	190
95	VK	觉得	126	147
96	Na	车	125	125
97	Nd	昨天	125	130
98	Cbb	但是	123	103
99	De	地	123	151
100	VK	高兴	123	125
101	VL	让	123	142
102	Neu	两	120	120
103	VC	买	120	119
104	Na	问题	118	121
105	Nd	明天	116	114

순서	품사	단어	통합	
			수정전	수정후
106	VC	学	116	102
107	VH	快	112	102
108	Na	书	111	117
109	Nf	件	108	115
110	VA	见面	107	117
111	Dfa	最	107	107
112	VC	喝	106	108
113	Neu	三	106	101
114	D	常常	105	89
115	Na	生活	105	101
116	D	一定	105	109
117	Na	东西	104	104
118	VH	特别	104	109
119	Nf	年	103	99
120	VH	忙	101	90
121	P	被	99	89
122	Nc	韩国	99	95
123	Na	男朋友	99	103
124	Nh	自己	99	91
125	Neqa	很多	98	137
126	Nc	大学	95	109
127	VC	帮助	94	96
128	Na	身体	94	90
129	VH	很多	92	70
130	Cbb	虽然	91	102
131	Na	性格	91	87
132	Na	菜	90	87
133	Dfa	非常	90	106
134	VH	一样	90	84
135	D	一直	90	99
136	Na	业	89	89
137	VA	走	89	87
138	Na	电影	88	90
139	Na	雪	87	96
140	P	比	86	80
141	Nd	晚上	86	89
142	Nd	最近	86	93
143	Na	天气	85	86
144	VF	请	84	89
145	VE	商量	84	83

순서	품사	단어	통합	
			수정전	수정후
146	VE	听	83	78
147	Neqa	一点儿	83	63
148	Dfa	有点儿	83	88
149	VA	坐	83	80
150	VH	开始	82	81
151	T	呢	82	84
152	Cbb	如果	81	79
153	Na	父母	80	80
154	Dfa	较	80	83
155	Na	行	79	33
156	Dfa	比较	77	81
157	VK	感到	77	71
158	Na	衣服	77	75
159	Neu	第一	76	73
160	VCL	过	76	63
161	Na	旅行	76	32
162	Nc	北京	74	74
163	Na	弟弟	73	73
164	Nd	以前	73	68
165	VE	见	72	43
166	D	经常	72	77
167	VH	难	72	69
168	Ng	时	72	93
169	Nd	后	71	72
170	VA	吃饭	70	62
171	Na	工作	70	77
172	Na	酒	70	68
173	D	没有	70	54
174	VC	下	70	83
175	Na	哥哥	69	70
176	VH	漂亮	69	72
177	Neu	四	69	68
178	VCL	在	69	76
179	D	得	68	77
180	D	应该	68	72
181	VH	怎么样	68	65
182	VC	等	67	64
183	Na	饭	67	77
184	Na	钱	67	71
185	P	和	66	72

순서	품사	단어	통합	
			수정전	수정후
186	VC	认识	66	61
187	VA	工作	65	62
188	VA	回家	65	67
189	VH	冷	64	61
190	Nf	岁	64	67
191	Na	小时	64	64
192	Na	约会	64	48
193	Na	地方	63	53
194	Na	路	61	56
195	VA	睡觉	61	53
196	Nd	一下	61	64
197	Ng	中	61	51
198	VH	幸福	60	58
199	Dfa	越来越	60	54
200	Nf	种	60	63
201	Nf	本	59	63
202	Dfa	更	59	46
203	Nd	以后	59	53
204	Na	作业	59	62
205	VL	爱	58	48
206	VA	搬家	58	50
207	Neu	五	57	55
208	Nd	早上	57	58
209	VC	找	57	63
210	Da	只	57	62
211	VC	开	56	50
212	VH	瘦	56	49
213	D	别	55	56
214	Na	事情	55	53
215	D	一	55	43
216	Na	勇气	55	55
217	VC	打	54	63
218	VC	带	54	60
219	D	多	54	54
220	Ng	前	54	60
221	Nes	下	54	56
222	D	先	54	59
223	VH	小	54	52
224	P	帮	53	52
225	VA	下雪	53	43

순서	품사	단어	통합	
			수정전	수정후
226	Ncd	边	52	48
227	Nd	去年	52	54
228	D	又	52	60
229	Na	中国人	52	53
230	VE	表示	51	39
231	VH	胖	51	53
232	VH	热闹	51	50
233	Na	同屋	51	52
234	VK	希望	51	62
235	VA	出去	50	46
236	Cbb	而且	50	52
237	D	可	50	66
238	VHC	累	50	56
239	Nh	它	50	46
240	Na	月	50	51
241	D	怎么	50	46
242	VH	长	49	52
243	VK	关心	49	43
244	D	好像	49	44
245	Dfa	挺	49	50
246	VE	以为	49	50
247	VH	重要	49	47
248	VCL	住在	49	54
249	VC	参加	48	51
250	VH	高	48	53
251	Na	面	48	24
252	VA	上班	48	48
253	VH	有意思	48	43
254	VA	运动	48	49
255	Nh	别人	47	46
256	Cbb	不但	47	39
257	VG	当	47	59
258	D	互相	46	44
259	VC	进行	46	43
260	Na	汽车	46	47
261	D	必须	45	44
262	VH	毕业	45	46
263	Neu	二	45	35
264	Nc	公司	45	45
265	VA	逛街	45	46

순서	품사	단어	통합	
			수정전	수정후
266	VC	玩	45	49
267	Nd	冬天	44	44
268	Na	妹妹	44	45
269	D	然后	44	30
270	VA	上课	44	40
271	VA	玩儿	44	48
272	Na	消息	44	46
273	Na	英语	44	44
274	D	可以	43	50
275	Na	目的	43	41
276	VA	上网	43	42
277	Na	水平	43	49
278	P	向	43	47
279	VH	这样	43	47
280	VH	重	43	45
281	Na	课	42	42
282	Na	困难	42	34
283	VK	注意	42	41
284	Nh	你们	41	41
285	Na	同学	41	43
286	VA	行	41	84
287	Na	样式	41	37
288	Cbb	要是	41	36
289	D	原来	41	36
290	VE	安排	40	42
291	VC	打扰	40	38
292	Nc	房间	40	36
293	VA	留学	40	39
294	VJ	没	40	33
295	Na	生日	40	36
296	D	正在	40	42
297	Neqa	别的	39	30
298	D	快	39	46
299	Ncd	那儿	39	34
300	Na	年级	39	40
301	Neu	十	39	39
302	VB	送行	39	38
303	VB	打电话	38	34
304	Na	关系	38	41
305	VH	好看	38	29

순서	품사	단어	통합	
			수정전	수정후
306	VH	慢	38	37
307	VH	生气	38	42
308	P	为	38	51
309	P	为了	38	32
310	VH	不错	37	37
311	Cbb	不过	37	28
312	Na	图书馆	37	37
313	Nf	位	37	36
314	Na	心情	37	35
315	VH	好吃	36	37
316	VC	接待	36	32
317	D	那么	36	29
318	Na	身材	36	35
319	Na	房子	35	34
320	VH	方便	35	35
321	Na	好朋友	35	35
322	Na	球	35	35
323	Nc	上海	35	35
324	VE	讨论	35	38
325	D	一边	35	31
326	Nd	当时	34	33
327	VC	看到	34	40
328	VH	厉害	34	32
329	VH	晚	34	39
330	VH	远	34	32
331	Nes	各	33	28
332	D	可能	33	27
333	Neu	0	33	33
334	Nd	明年	33	32
335	Nd	那时	33	28
336	Nc	商店	33	32
337	Nh	谁	33	34
338	Na	体重	33	35
339	D	突然	33	33
340	VK	忘	33	30
341	Nd	星期天	33	32
342	VC	研究	33	35
343	VC	准备	33	36
344	P	除了	32	32
345	VJ	发生	32	26

순서	품사	단어	통합	
			수정전	수정후
346	Na	家庭	32	35
347	Na	奶奶	32	32
348	Ncd	哪儿	32	34
349	VA	休息	32	32
350	P	于	32	34
351	Neqa	半	31	29
352	VC	出	31	23
353	VK	担心	31	33
354	VJ	得	31	35
355	VH	近	31	38
356	VA	旅行	31	72
357	D	马上	31	33
358	T	去	31	39
359	VA	睡	31	35
360	VE	问	31	32
361	VA	下雨	31	28
362	D	这么	31	31
363	Na	专家	31	29
364	Na	自行车	31	30
365	Nc	车站	30	30
366	VE	告诉	30	31
367	VE	决定	30	33
368	VH	舒服	30	33
369	VC	招待	30	33
370	D	总是	30	30
371	VH	成功	29	28
372	Nc	高中	29	30
373	Na	火车	29	29
374	VH	健康	29	32
375	VA	结婚	29	29
376	VHC	热	29	27
377	VC	上	29	43
378	Nc	世界	29	28
379	Na	水	29	22
380	VE	听到	29	34
381	Na	鞋带	29	29
382	VH	新	29	31
383	T	啊	28	26
384	VC	穿	28	30
385	Cbb	而	28	30

순서	품사	단어	통합	
			수정전	수정후
386	Caa	而且	28	22
387	Na	狗	28	29
388	Na	机会	28	29
389	VH	美丽	28	23
390	VA	起床	28	23
391	Na	外套	28	30
392	D	为什么	28	27
393	Na	比赛	27	30
394	D	还是	27	45
395	Nf	口	27	49
396	Na	礼物	27	29
397	VH	流利	27	27
398	Nh	您	27	27
399	Ng	外	27	27
400	Na	样子	27	16
401	VK	愿意	27	14
402	VH	在一起	27	34
403	VH	白	26	30
404	Nh	大家	26	44
405	Na	电话	26	29
406	VJ	对不起	26	24
407	VC	放	26	27
408	VH	贵	26	28
409	Na	钱包	26	28
410	D	早	26	26
411	Nc	班	25	26
412	Na	成绩	25	26
413	VA	出来	25	24
414	Nf	句	25	20
415	Di	起来	25	35
416	Na	情况	25	21
417	VCL	上	25	40
418	VC	生	25	27
419	VA	说话	25	26
420	Nd	夏天	25	25
421	Na	星期	25	27
422	Ng	以外	25	25
423	VA	游泳	25	22
424	Nh	咱们	25	24
425	VA	出发	24	19

순서	품사	단어	통합	
			수정전	수정후
426	Nd	春节	24	24
427	Na	大学生	24	22
428	Nf	分钟	24	24
429	VC	回来	24	24
430	Na	经济	24	24
431	VA	聊天儿	24	16
432	Nes	上	24	22
433	Ng	上	24	38
434	Na	手机	24	25
435	Na	信	24	25
436	VH	早	24	21
437	VC	找到	24	29
438	Nd	周末	24	25
439	D	差不多	23	24
440	D	即	23	24
441	VC	教	23	22
442	Na	客人	23	29
443	Nc	宿舍	23	22
444	Nf	条	23	22
445	Nc	外国	23	20
446	Ng	下	23	6
447	VH	愉快	23	24
448	VC	不好	22	25
449	Nc	附近	22	22
450	VK	感谢	22	21
451	VA	开车	22	24
452	VE	看	22	17
453	VA	哭	22	23
454	VC	浪费	22	22
455	Cbb	连	22	25
456	VH	死	22	14
457	VH	太多	22	17
458	P	往	22	22
459	VH	下课	22	23
460	VE	主张	22	26
461	Na	桌子	22	22
462	Nes	半	21	23
463	D	便	21	24
464	D	差点儿	21	20
465	VC	带来	21	21

순서	품사	단어	통합	
			수정전	수정후
466	Cab	等	21	32
467	Na	父亲	21	21
468	Na	公共汽车	21	24
469	Na	国家	21	21
470	Nc	哈尔滨	21	21
471	VA	回国	21	21
472	Nd	会儿	21	16
473	D	立即	21	22
474	VK	了解	21	19
475	VK	难过	21	19
476	Na	女朋友	21	20
477	VK	怕	21	21
478	Ncd	前	21	23
479	VE	商量商量	21	20
480	VC	写	21	19
481	VK	信	21	19
482	Nd	一点	21	16
483	Ncd	这儿	21	18
484	Cbb	只要	21	16
485	Nc	中文系	21	25
486	Na	病	20	21
487	VG	成为	20	25
488	VH	迟到	20	26
489	Nf	点	20	17
490	D	刚	20	22
491	VL	好	20	24
492	VJ	欢迎	20	19
493	VCL	回	20	28
494	VG	叫	20	20
495	VCL	来到	20	18
496	Na	旅游	20	23
497	Nc	面前	20	17
498	Na	母亲	20	20
499	VH	便宜	20	19
500	Nes	前	20	20
501	Na	社会	20	18
502	Ncd	外面	20	20
503	VK	忘不了	20	18
504	Na	文化	20	20
505	VG	像	20	26

순서	품사	단어	통합	
			수정전	수정후
506	Nd	小时候	20	13
507	Nd	星期六	20	21
508	VC	养	20	21
509	VC	用	20	19
510	D	真的	20	20
511	Ng	之间	20	18
512	Na	中国语	20	23
513	VC	做完	20	26
514	VL	爱好	19	23
515	D	到处	19	19
516	VJ	得到	19	15
517	Na	飞机	19	19
518	Na	韩国人	19	19
519	T	好了	19	12
520	Na	节日	19	18
521	VCL	进	19	15
522	VH	苦	19	16
523	Nc	门口	19	19
524	VH	容易	19	19
525	VH	少	19	15
526	VA	睡懒觉	19	18
527	VC	提高	19	23
528	VA	唱歌	18	16
529	VA	打工	18	18
530	Na	电脑	18	17
531	VK	懂	18	19
532	VE	发现	18	23
533	Na	花	18	24
534	VF	叫	18	24
535	Nc	教室	18	18
536	VH	久	18	25
537	VH	可爱	18	20
538	VK	肯定	18	17
539	Na	名字	18	21
540	Dk	那	18	14
541	D	顺便	18	18
542	Nd	晚	18	15
543	VE	想起	18	28
544	VK	需要	18	25
545	P	依	18	18

순서	품사	단어	통합	
			수정전	수정후
546	Nc	医院	18	20
547	Na	意思	18	17
548	Neqa	一些	18	18
549	Na	原因	18	15
550	Na	帮助	17	11
551	D	不见得	17	17
552	Nf	场	17	39
553	D	赶快	17	18
554	VH	感冒	17	18
555	VI	感兴趣	17	18
556	Nc	公园	17	15
557	Na	计划	17	16
558	VD	交给	17	19
559	P	离	17	15
560	Na	脸	17	17
561	Ncd	内	17	16
562	VC	骑	17	18
563	VJ	认识	17	23
564	Nc	日本	17	16
565	Dfa	十分	17	15
566	Na	事儿	17	14
567	Nd	暑假	17	17
568	Nh	我们俩	17	15
569	VA	笑	17	14
570	T	呀	17	13
571	Nd	一会儿	17	15
572	Ng	以前	17	18
573	D	只有	17	18
574	VH	最好	17	22
575	VC	搬	16	18
576	VC	搬到	16	21
577	D	本来	16	15
578	Na	床	16	16
579	Neu	第二	16	16
580	VC	丢	16	16
581	VE	见到	16	31
582	Na	觉	16	18
583	D	没想到	16	13
584	Na	气氛	16	14
585	VE	认为	16	31

순서	품사	단어	통합	
			수정전	수정후
586	Na	日子	16	14
587	VK	同意	16	15
588	Na	小狗	16	16
589	Na	印象	16	18
590	Cbb	由于	16	20
591	Na	照片	16	14
592	Nd	中秋节	16	16
593	D	终于	16	22
594	Na	主张	16	10
595	VH	最近	16	20
596	D	初次	15	11
597	VC	打扫	15	16
598	D	大概	15	20
599	VHC	感动	15	14
600	Nf	各	15	20
601	P	给	15	11
602	VC	花	15	14
603	Na	画	15	15
604	VD	还给	15	16
605	VC	换	15	11
606	VCL	回到	15	20
607	Na	回忆	15	10
608	VHC	结束	15	14
609	VH	紧张	15	12
610	VC	看看	15	12
611	VC	练习	15	16
612	Nf	名	15	20
613	VC	拿	15	17
614	Nep	哪	15	15
615	D	偏偏	15	13
616	VH	热情	15	18
617	Nc	市	15	15
618	VJ	受	15	16
619	VD	送给	15	20
620	VE	听说	15	19
621	Na	爷爷	15	15
622	P	用	15	20
623	Neu	八	14	12
624	Na	部队	14	10
625	VC	唱	14	16

순서	품사	단어	통합	
			수정전	수정후
626	VA	抽烟	14	12
627	D	当然	14	6
628	Dfb	点儿	14	18
629	Neqb	多	14	16
630	Nd	寒假	14	11
631	Dfa	好	14	13
632	VH	急	14	14
633	VK	记	14	15
634	Na	经验	14	10
635	D	看起来	14	15
636	D	快要	14	12
637	VH	慢慢	14	12
638	D	能不能	14	13
639	VC	陪	14	15
640	VH	善良	14	16
641	Nc	市场	14	14
642	D	说不定	14	15
643	Na	习惯	14	14
644	VK	相信	14	14
645	Na	心	14	17
646	Neqa	许多	14	15
647	VH	有事	14	10
648	Na	中文	14	15
649	Ng	左右	14	13
650	Na	足球	14	15
651	Nd	八点	13	14
652	VC	摆	13	14
653	VC	比较	13	15
654	VG	变	13	13
655	VG	变成	13	12
656	VH	病	13	14
657	Nf	部	13	14
658	Na	茶	13	13
659	VC	吃完	13	23
660	Na	初雪	13	15
661	VJ	达到	13	17
662	Na	儿子	13	12
663	Na	个子	13	14
664	Na	海	13	11
665	Na	活动	13	16

순서	품사	단어	통합	
			수정전	수정후
666	Nc	机场	13	12
667	VK	记得	13	12
668	VA	减肥	13	14
669	VC	解决	13	15
670	VH	浪费	13	15
671	Na	面包	13	13
672	VH	那样	13	11
673	Na	苹果	13	13
674	VH	随便	13	14
675	P	随着	13	13
676	Nf	所	13	12
677	VC	踢	13	11
678	Na	外国语	13	13
679	Dfa	相当	13	25
680	Na	行李	13	14
681	VC	学好	13	21
682	Na	眼睛	13	10
683	Na	意见	13	12
684	VH	用功	13	7
685	Na	雨	13	13
686	VH	长大	13	12
687	VG	真是	13	13
688	Nc	周围	13	12
689	Na	办法	12	9
690	Da	不过	12	7
691	Neqa	不少	12	13
692	VH	差	12	14
693	VA	吵架	12	10
694	Na	城市	12	12
695	VH	吃力	12	12
696	Na	传统	12	12
697	Nd	春天	12	10
698	VC	打开	12	11
699	VD	递给	12	12
700	Nc	电影院	12	11
701	Nc	动物园	12	14
702	VA	读书	12	12
703	Dfa	多	12	14
704	VH	好好	12	15
705	Dfb	极了	12	14

순서	품사	단어	통합	
			수정전	수정후
706	VC	交	12	17
707	VC	接	12	13
708	Nf	斤	12	16
709	Na	咖啡	12	16
710	VK	理解	12	13
711	VK	满意	12	13
712	VH	明白	12	15
713	VK	难忘	12	13
714	Na	啤酒	12	12
715	D	其实	12	16
716	VH	轻	12	10
717	VH	清楚	12	11
718	Na	裙子	12	15
719	VH	认真	12	16
720	Neu	十五	12	12
721	VH	帅	12	15
722	VH	疼	12	12
723	VC	偷走	12	13
724	D	完全	12	12
725	Na	想法	12	11
726	Na	小偷	12	12
727	VHC	辛苦	12	11
728	Na	学期	12	12
729	Na	演员	12	13
730	VH	有名	12	13
731	Caa	又	12	7
732	Na	丈夫	12	12
733	VC	照顾	12	13
734	Neqa	这些	12	14
735	Nf	只	12	18
736	D	按时	11	11
737	Cbb	不管	11	7
738	VH	不一样	11	11
739	VH	不再	11	9
740	VJ	吃不了	11	10
741	Na	窗户	11	9
742	VH	堵车	11	12
743	Dfa	多么	11	5
744	Neqa	多少	11	14
745	Na	发展	11	11

순서	품사	단어	통합	
			수정전	수정후
746	Na	歌	11	9
747	VH	怪	11	10
748	VC	过去	11	10
749	VE	叫	11	13
750	VF	决心	11	9
751	VA	开门	11	13
752	VJ	满	11	13
753	Na	猫	11	10
754	VH	美	11	14
755	Na	内容	11	11
756	Na	年轻人	11	12
757	Na	女人	11	12
758	Nd	平时	11	8
759	Ncd	前面	11	8
760	VF	劝	11	13
761	VH	深	11	12
762	Nc	食堂	11	11
763	VC	实现	11	12
764	Na	叔叔	11	12
765	Na	态度	11	10
766	VA	躺	11	12
767	VC	贴	11	11
768	VK	忘记	11	12
769	Nc	小学	11	12
770	Nf	些	11	9
771	Nd	星期五	11	10
772	Na	行动	11	6
773	Na	眼泪	11	10
774	VA	游	11	13
775	Na	游戏	11	12
776	Dfa	有点	11	22
777	Nf	元	11	9
778	VA	站	11	19
779	Neqa	这么多	11	12
780	De	之	11	16
781	Na	报告	10	5
782	Na	船	10	9
783	Neqa	大部分	10	7
784	Nc	大连	10	10
785	VC	读	10	12

순서	품사	단어	통합	
			수정전	수정후
786	VH	放假	10	10
787	VC	放弃	10	11
788	Na	服装	10	13
789	VH	干净	10	9
790	VC	干	10	17
791	Nf	公斤	10	15
792	Da	共	10	15
793	Na	韩语	10	11
794	Na	汉字	10	11
795	D	很少	10	11
796	Caa	或者	10	6
797	VH	假	10	11
798	D	渐	10	13
799	Nd	将来	10	14
800	Na	交通	10	10
801	VC	教育	10	9
802	VH	精彩	10	11
803	VC	考上	10	11
804	Na	空气	10	9
805	Na	男人	10	10
806	Nc	内蒙古	10	10
807	VA	跑	10	9
808	VH	亲密	10	7
809	Na	人生	10	9
810	VA	上大学	10	10
811	Na	司机	10	10
812	VD	送	10	9
813	Neqa	所有	10	13
814	VE	谈	10	5
815	Nc	天安门	10	10
816	VC	推到	10	10
817	P	像	10	14
818	Na	小孩子	10	9
819	Nf	样	10	7
820	VC	要	10	5
821	Na	药	10	10
822	P	以	10	13
823	Nc	银行	10	10
824	D	永远	10	12
825	D	有时	10	8

순서	품사	단어	통합	
			수정전	수정후
826	D	有时候	10	9
827	D	正	10	15
828	Na	专业	10	13
829	Na	字	10	12
830	Na	爸	9	9
831	Neu	百	9	7
832	VH	不断	9	11
833	Na	部分	9	9
834	D	常	9	12
835	Nc	长春	9	9
836	VG	成	9	14
837	Nc	成功	9	7
838	VA	出生	9	9
839	VH	聪明	9	10
840	VA	登山	9	8
841	Na	肚子	9	7
842	VG	翻译成	9	10
843	VC	妨碍	9	9
844	D	该	9	9
845	Na	感觉	9	12
846	VC	挂	9	9
847	Na	海边	9	11
848	Neu	好几	9	10
849	Nf	号	9	9
850	VH	活	9	8
851	Na	季节	9	8
852	Na	家务	9	9
853	Nc	家乡	9	8
854	VD	交	9	6
855	Nc	教会	9	10
856	Na	节目	9	9
857	VC	介绍	9	10
858	P	就	9	10
859	VA	看书	9	8
860	Na	科学	9	9
861	D	恐怕	9	8
862	VA	聊天	9	12
863	Na	美国人	9	9
864	D	那里	9	13
865	VH	那么	9	8

순서	품사	단어	통합	
			수정전	수정후
866	D	能够	9	10
867	VH	年轻	9	8
868	Na	期间	9	17
869	VH	奇怪	9	8
870	Ng	起	9	12
871	Na	墙	9	11
872	D	却	9	20
873	P	如	9	11
874	VCL	入	9	10
875	VA	上学	9	12
876	VC	收拾	9	6
877	Na	书包	9	9
878	VA	谈话	9	10
879	VC	通过	9	9
880	Na	相机	9	12
881	VK	小心	9	10
882	Nf	星期	9	7
883	Nc	学院	9	9
884	Na	医生	9	8
885	VG	译成	9	10
886	Cbb	因此	9	11
887	Na	雨伞	9	9
888	VH	着急	9	8
889	Ncd	这里	9	10
890	Dfa	这样	9	4
891	Nc	中学	9	6
892	Na	自信	9	9
893	Na	爱	8	12
894	VH	安静	8	9
895	Nf	遍	8	18
896	D	并	8	15
897	Na	车票	8	8
898	Na	词	8	8
899	Na	大姐	8	9
900	Na	大雨	8	9
901	VH	呆	8	9
902	P	等	8	5
903	Na	地铁	8	8
904	VAC	动	8	8
905	Nf	顿	8	11

순서	품사	단어	통합	
			수정전	수정후
906	D	多多	8	6
907	VH	饿	8	12
908	Na	方面	8	5
909	VK	感	8	3
910	Na	钢琴	8	8
911	VH	够	8	7
912	Na	国语	8	8
913	Na	过程	8	8
914	Na	韩国队	8	8
915	Na	韩国语	8	9
916	VHC	坏	8	5
917	Nf	间	8	7
918	Cbb	就是	8	12
919	VK	觉	8	13
920	VH	开朗	8	12
921	VC	看见	8	10
922	Na	烤鸭	8	8
923	Ncd	口	8	2
924	VH	快乐	8	9
925	VA	来往	8	7
926	VH	老	8	8
927	Na	老板	8	8
928	VC	离开	8	14
929	VC	联系	8	8
930	VC	留下	8	9
931	Na	留学生	8	9
932	Na	马路	8	8
933	VH	没关系	8	6
934	VH	美好	8	10
935	VA	爬山	8	8
936	VH	亲切	8	7
937	VA	请客	8	6
938	Nh	人家	8	4
939	Na	人口	8	10
940	VH	弱	8	7
941	VH	深刻	8	9
942	Na	声音	8	6
943	VL	使	8	17
944	VH	适合	8	3
945	Na	树	8	11

순서	품사	단어	통합	
			수정전	수정후
946	Na	水果	8	9
947	D	所	8	3
948	Na	条件	8	7
949	P	通过	8	12
950	Na	腿	8	8
951	VH	危险	8	8
952	Na	文章	8	10
953	Nc	我国	8	8
954	VJ	想念	8	7
955	VJ	谢	8	7
956	Na	血型	8	8
957	VH	严格	8	7
958	VH	严重	8	9
959	Na	腰	8	5
960	Nc	一段	8	7
961	Da	一共	8	10
962	D	一般	8	9
963	VD	赢	8	8
964	D	尤其	8	3
965	Na	友谊	8	8
966	Nd	早晨	8	4
967	VC	整	8	9
968	Na	白色	7	4
969	VA	报名	7	5
970	Nf	杯	7	9
971	Na	笔	7	6
972	VJ	变得	7	11
973	Na	表演	7	7
974	Cbb	不仅	7	19
975	D	不知不觉	7	6
976	Nc	餐厅	7	7
977	Na	宠物	7	7
978	VCL	到达	7	9
979	D	到底	7	9
980	D	等一下	7	5
981	Nh	对方	7	13
982	VH	发达	7	6
983	Na	饭店	7	8
984	Nc	饭馆	7	7
985	VA	分手	7	7

순서	품사	단어	통합	
			수정전	수정후
986	Nf	份	7	10
987	VC	复习	7	5
988	VH	复杂	7	5
989	VC	改变	7	6
990	VK	感觉到	7	3
991	VJ	高中	7	7
992	Na	公寓	7	7
993	VH	孤独	7	6
994	Nc	故乡	7	7
995	Na	孩子	7	7
996	Na	好处	7	6
997	VH	和睦	7	7
998	VH	黑	7	8
999	VH	激动	7	8
1000	VK	记住	7	5
1001	Ng	间	7	7
1002	VH	简单	7	7
1003	VC	建议	7	8
1004	VC	举行	7	4
1005	D	看上去	7	7
1006	VC	考	7	11
1007	VH	辣	7	7
1008	Na	理想	7	8
1009	Na	理由	7	7
1010	VE	聊	7	11
1011	VC	麻烦	7	8
1012	VD	卖	7	7
1013	Ncd	那里	7	6
1014	Nd	那天	7	10
1015	Na	乒乓球	7	7
1016	Neu	七	7	7
1017	VK	期待	7	5
1018	Nep	其中	7	4
1019	Ncd	前边	7	8
1020	VH	强	7	5
1021	VC	取得	7	7
1022	VH	伤	7	10
1023	VH	生病	7	6
1024	Na	手术	7	7
1025	VK	受不了	7	8

순서	품사	단어	통합	
			수정전	수정후
1026	VJ	受到	7	5
1027	VE	说起	7	5
1028	Na	跆拳道	7	6
1029	Nf	套	7	8
1030	Nc	天	7	3
1031	D	天天	7	6
1032	Na	头发	7	7
1033	VH	完	7	4
1034	Na	屋子	7	8
1035	VA	下去	7	5
1036	VJ	羡慕	7	9
1037	Na	想像	7	4
1038	Na	小说	7	7
1039	VC	写完	7	7
1040	VJ	谢谢	7	6
1041	VA	休学	7	7
1042	Ng	一样	7	5
1043	Na	饮料	7	7
1044	D	有没有	7	7
1045	Na	预报	7	7
1046	Nf	张	7	8
1047	Nd	这时	7	5
1048	Nd	整天	7	2
1049	Na	政府	7	7
1050	VK	知	7	4
1051	Nd	之后	7	12
1052	Na	职业	7	4
1053	VJ	重视	7	7
1054	VD	租	7	9
1055	VH	矮	6	6
1056	Na	白菜	6	5
1057	P	比如说	6	4
1058	D	必	6	8
1059	VH	不得了	6	5
1060	D	不可	6	6
1061	VK	不满	6	3
1062	Na	车祸	6	6
1063	VH	吃苦	6	6
1064	VJ	充满	6	9
1065	VA	抽时间	6	6

순서	품사	단어	통합	
			수정전	수정후
1066	Na	词典	6	7
1067	Nc	村	6	4
1068	VH	大声	6	5
1069	VA	当兵	6	6
1070	Ng	当中	6	5
1071	Dfb	得多	6	4
1072	VC	点	6	5
1073	VC	定	6	9
1074	Na	动作	6	6
1075	VC	锻炼	6	7
1076	Dfb	多	6	6
1077	Cbb	而是	6	9
1078	D	反正	6	0
1079	Na	风	6	5
1080	Nd	刚才	6	5
1081	Na	故事	6	5
1082	VC	拐	6	7
1083	D	怪不得	6	6
1084	VJ	关照	6	5
1085	VK	害怕	6	11
1086	VH	好不好	6	7
1087	VH	活泼	6	4
1088	Caa	或	6	6
1089	Na	基督教	6	5
1090	Nd	季	6	6
1091	VD	寄	6	9
1092	Cbb	既	6	8
1093	Na	技术	6	6
1094	Na	家具	6	5
1095	Nc	教堂	6	5
1096	Na	街	6	5
1097	VE	介绍	6	6
1098	VB	进来	6	4
1099	D	近来	6	3
1100	Na	乐趣	6	3
1101	Na	马	6	3
1102	Nf	米	6	6
1103	VC	拿走	6	6
1104	Neqa	那些	6	5
1105	VC	念	6	6

순서	품사	단어	통합	
			수정전	수정후
1106	Na	女孩	6	6
1107	Nc	欧洲	6	6
1108	Na	泡菜	6	6
1109	Nf	篇	6	8
1110	Nf	瓶	6	6
1111	VA	前进	6	5
1112	Na	热情	6	6
1113	Na	日程	6	8
1114	VA	日出	6	6
1115	VA	散步	6	4
1116	Nc	身边	6	7
1117	Nf	时	6	9
1118	Na	实力	6	6
1119	VC	使用	6	3
1120	VJ	适应	6	7
1121	VK	讨厌	6	6
1122	Nc	天津	6	6
1123	VK	听懂	6	7
1124	Nc	西安	6	6
1125	VA	吸烟	6	5
1126	Ncd	下	6	3
1127	Na	先生	6	6
1128	Na	现象	6	8
1129	VJ	享受	6	5
1130	VE	想要	6	9
1131	Na	小姐	6	5
1132	Na	兴趣	6	7
1133	VC	选	6	7
1134	Na	选择	6	4
1135	Na	颜色	6	6
1136	Nc	眼前	6	5
1137	Na	要求	6	5
1138	VH	要命	6	5
1139	A	一定	6	4
1140	A	一般	6	7
1141	VCL	游览	6	4
1142	Na	邮票	6	7
1143	Nc	游泳池	6	6
1144	Caa	与	6	10
1145	VE	约好	6	11

순서	품사	단어	통합	
			수정전	수정후
1146	Na	侄女	6	6
1147	VJ	只有	6	2
1148	Na	中国菜	6	7
1149	Na	中学生	6	3
1150	VC	住	6	7
1151	VE	祝	6	6
1152	VA	住院	6	5
1153	Na	自然	6	6
1154	VA	做饭	6	8
1155	VH	白白	5	6
1156	Nc	百货商店	5	5
1157	VH	宝贵	5	5
1158	Na	必要	5	2
1159	Na	表妹	5	6
1160	Cbb	并	5	4
1161	D	不用	5	6
1162	D	不得不	5	6
1163	Nc	长城	5	4
1164	VC	吃得了	5	3
1165	D	重新	5	7
1166	VH	出现	5	8
1167	VD	出租	5	4
1168	VC	打扮	5	5
1169	Na	大提琴	5	4
1170	Na	大衣	5	4
1171	VC	耽误	5	4
1172	Na	点心	5	5
1173	P	对于	5	5
1174	VHC	饿死	5	3
1175	Na	发音	5	5
1176	Nc	法国	5	4
1177	Na	方便面	5	5
1178	VK	放心	5	6
1179	Nf	分	5	4
1180	Nf	幅	5	5
1181	VL	敢	5	8
1182	Na	感情	5	6
1183	D	更	5	12
1184	Nd	古代	5	4
1185	Nc	故宫	5	7

순서	품사	단어	통합	
			수정전	수정후
1186	VC	关上	5	6
1187	VC	逛	5	6
1188	D	果然	5	4
1189	Na	韩流	5	6
1190	VH	厚	5	5
1191	VH	化	5	4
1192	VJ	怀	5	9
1193	Nc	黄山	5	5
1194	D	忽然	5	9
1195	Da	几乎	5	5
1196	VA	继续	5	7
1197	VC	加入	5	4
1198	Na	驾驶	5	4
1199	VK	坚持	5	8
1200	D	渐渐	5	7
1201	Na	健忘症	5	5
1202	VE	讲	5	7
1203	VA	戒烟	5	8
1204	Nd	今	5	9
1205	VH	进步	5	4
1206	Na	京剧	5	5
1207	D	绝对	5	3
1208	Na	决心	5	5
1209	Na	军人	5	5
1210	VH	开学	5	7
1211	D	看来	5	3
1212	VE	考虑	5	3
1213	Na	烤肉	5	4
1214	VK	恐惧	5	4
1215	VH	困难	5	7
1216	VC	拉	5	5
1217	VHC	累死	5	3
1218	Ng	里	5	12
1219	Na	脸色	5	4
1220	Nf	辆	5	6
1221	VCL	临	5	4
1222	Nd	凌晨	5	7
1223	Nc	楼	5	5
1224	VH	乱	5	2
1225	Nc	洛阳	5	5

순서	품사	단어	통합	
			수정전	수정후
1226	VC	骂	5	6
1227	VHC	满足	5	4
1228	T	没有	5	4
1229	Nc	美国	5	5
1230	VH	苗条	5	6
1231	Na	男	5	5
1232	Na	女儿	5	5
1233	VC	碰到	5	3
1234	Nd	期末	5	6
1235	Nep	其	5	1
1236	Neqa	其他	5	15
1237	Neu	千万	5	3
1238	VC	求	5	3
1239	VA	去不了	5	3
1240	Neqa	全	5	10
1241	D	确实	5	4
1242	Neqa	任何	5	4
1243	Na	日本人	5	5
1244	Na	肉	5	4
1245	Na	失业者	5	5
1246	Na	时代	5	4
1247	Nf	首	5	3
1248	P	受	5	5
1249	Na	书架	5	4
1250	Nf	双	5	4
1251	VH	太晚	5	5
1252	D	太早	5	5
1253	VC	弹	5	5
1254	Na	谈话	5	4
1255	P	替	5	8
1256	VC	挺	5	4
1257	VHC	统一	5	5
1258	VH	头疼	5	5
1259	VC	完成	5	8
1260	Na	味	5	4
1261	Na	味道	5	4
1262	Na	味儿	5	5
1263	Na	卫生	5	6
1264	VJ	无	5	6
1265	VH	无聊	5	5

순서	품사	단어	통합	
			수정전	수정후
1266	VH	细	5	4
1267	VA	下班	5	5
1268	Ncd	下面	5	5
1269	Na	新家	5	6
1270	VA	行动	5	5
1271	Na	雪人	5	6
1272	Neu	一百	5	5
1273	Nc	英国	5	5
1274	VH	有趣	5	3
1275	Ncd	右	5	5
1276	Cbb	于是	5	7
1277	Na	语言	5	8
1278	VK	愿	5	3
1279	VC	遇到	5	10
1280	VHC	增加	5	5
1281	Nep	这样	5	6
1282	Da	正好	5	6
1283	VH	正式	5	5
1284	Ng	之后	5	9
1285	Ng	之前	5	6
1286	VH	值得	5	5
1287	D	逐渐	5	5
1288	Na	状况	5	6
1289	VC	撞伤	5	5
1290	Na	子女	5	4
1291	VA	自杀	5	6
1292	D	总	5	8
1293	VA	走路	5	4
1294	Nd	最后	5	8
1295	VA	坐车	5	5
1296	Na	座位	5	6
1297	VH	棒	4	7
1298	VC	包	4	6
1299	Ncd	边儿	4	3
1300	Nes	别	4	1
1301	Nc	宾馆	4	4
1302	VH	不见了	4	3
1303	VH	不同	4	8
1304	VH	不足	4	3
1305	Nf	层	4	4

순서	품사	단어	통합	
			수정전	수정후
1306	VHC	产生	4	4
1307	VC	吃好	4	4
1308	Nep	此	4	5
1309	VH	大大	4	3
1310	Na	大海	4	2
1311	Na	大会	4	4
1312	Na	大一	4	4
1313	P	待	4	3
1314	Na	大夫	4	3
1315	VC	代替	4	4
1316	P	当	4	13
1317	VA	祷告	4	3
1318	VA	祷告	4	3
1319	VH	地道	4	5
1320	Dfb	点	4	4
1321	VA	动身	4	2
1322	Nf	度	4	5
1323	Nf	段	4	9
1324	VA	对话	4	2
1325	T	哦	4	0
1326	VD	发	4	6
1327	VC	发展	4	2
1328	Na	法语	4	4
1329	VHC	烦	4	7
1330	VE	反对	4	4
1331	Na	非典	4	3
1332	Nf	封	4	4
1333	VH	丰富	4	4
1334	VH	高速	4	4
1335	Na	歌星	4	3
1336	Caa	跟	4	5
1337	VH	更多	4	5
1338	Na	工人	4	4
1339	Na	工资	4	4
1340	Nc	果园	4	4
1341	VH	过分	4	2
1342	VA	过日子	4	0
1343	Dfa	还要	4	9
1344	D	毫无	4	4
1345	VJ	毫无	4	4

순서	품사	단어	통합	
			수정전	수정후
1346	VH	好玩	4	4
1347	Na	红色	4	6
1348	Na	红叶	4	4
1349	Ncd	后面	4	4
1350	VA	花钱	4	1
1351	VD	还	4	3
1352	VJ	获得	4	6
1353	VK	获悉	4	4
1354	VH	及格	4	1
1355	Na	急事	4	4
1356	D	几时	4	4
1357	Caa	既	4	5
1358	Na	技能	4	4
1359	Na	家训	4	4
1360	VB	加油	4	4
1361	Na	假期	4	5
1362	VHC	减少	4	3
1363	VH	骄傲	4	4
1364	VH	交流	4	3
1365	Nc	郊区	4	2
1366	Na	姐夫	4	4
1367	Na	姐妹	4	5
1368	Nb	金	4	5
1369	D	尽管	4	3
1370	Na	劲儿	4	2
1371	Na	精神	4	4
1372	VC	经营	4	4
1373	D	竟然	4	5
1374	VA	聚	4	6
1375	Na	距离	4	3
1376	Na	开车兵	4	3
1377	Dk	看来	4	3
1378	VHC	可怜	4	4
1379	VJ	克服	4	4
1380	VC	控制	4	1
1381	Na	口音	4	4
1382	Nf	块	4	4
1383	D	快点儿	4	5
1384	Na	老虎	4	4
1385	VH	乐天	4	6

순서	품사	단어	통합	
			수정전	수정후
1386	Na	历史	4	4
1387	Neu	俩	4	2
1388	Na	恋人	4	4
1389	Na	量	4	7
1390	VL	令	4	11
1391	Nes	另	4	6
1392	VC	留	4	3
1393	Na	论文	4	3
1394	VI	没办法	4	4
1395	D	每	4	3
1396	P	每当	4	6
1397	VI	拿手	4	3
1398	Nc	南非	4	4
1399	VH	难受	4	2
1400	D	难以	4	6
1401	Na	牛奶	4	4
1402	Nc	农村	4	2
1403	Na	女孩儿	4	3
1404	VA	爬	4	4
1405	Nf	排	4	3
1406	VC	骗	4	6
1407	Na	皮肤	4	4
1408	Na	器具	4	4
1409	Nd	前年	4	4
1410	VH	巧	4	3
1411	D	亲自	4	4
1412	VF	求	4	4
1413	VH	去世	4	7
1414	Na	权利	4	3
1415	D	日益	4	3
1416	Na	日语	4	4
1417	Na	商品	4	5
1418	VA	上车	4	4
1419	VA	上来	4	4
1420	Na	烧酒	4	3
1421	VL	舍不得	4	4
1422	Na	社团	4	4
1423	VJ	剩下	4	3
1424	VH	失败	4	4
1425	Ng	似的	4	5

순서	품사	단어	통합	
			수정전	수정후
1426	Na	事故	4	4
1427	VC	收到	4	3
1428	Na	手表	4	4
1429	Nc	首尔	4	51
1430	Na	手套	4	4
1431	D	首先	4	4
1432	VH	受骗	4	3
1433	Nc	叔叔家	4	6
1434	VJ	熟悉	4	3
1435	Na	树叶	4	4
1436	VH	睡着	4	7
1437	Nh	他俩	4	5
1438	Nh	他们俩	4	3
1439	VA	谈恋爱	4	3
1440	Na	题目	4	2
1441	VE	提醒	4	4
1442	VC	贴好	4	4
1443	Na	文学	4	3
1444	Na	屋	4	6
1445	Dk	无论如何	4	1
1446	Na	五花肉	4	4
1447	Na	西瓜	4	4
1448	VJ	习惯	4	3
1449	Na	戏剧	4	4
1450	VJ	吓	4	5
1451	VC	下来	4	1
1452	Na	现代人	4	4
1453	Nf	项	4	4
1454	VH	小小	4	4
1455	Na	小学生	4	7
1456	VA	写信	4	2
1457	Na	新生	4	4
1458	VC	修理	4	4
1459	D	须要	4	6
1460	VC	学会	4	5
1461	Na	学科	4	2
1462	Na	压力	4	4
1463	Na	研究生	4	1
1464	Na	宴会	4	4
1465	Na	钥匙	4	4

순서	품사	단어	통합	
			수정전	수정후
1466	D	也许	4	6
1467	Na	椅子	4	4
1468	Cbb	因	4	5
1469	Na	饮食	4	2
1470	Na	英文	4	5
1471	Nc	邮局	4	4
1472	P	由	4	7
1473	Na	语法	4	4
1474	Na	愿望	4	4
1475	VC	预习	4	4
1476	Na	运营	4	1
1477	VK	在于	4	3
1478	Nh	咱们俩	4	3
1479	VK	赞成	4	4
1480	D	怎样	4	3
1481	VB	照相	4	5
1482	Nd	之间	4	3
1483	Cbb	之所以	4	4
1484	P	直到	4	4
1485	D	只好	4	11
1486	VL	终于	4	2
1487	Nf	周	4	6
1488	VH	周到	4	4
1489	Nc	住处	4	3
1490	VC	撞倒	4	4
1491	VH	仔细	4	2
1492	D	自然	4	1
1493	VCL	走到	4	4
1494	Na	最爱	4	4
1495	VH	最多	4	2
1496	VJ	尊重	4	3
1497	Nf	座	4	5
1498	P	按	3	3
1499	Na	百货	3	3
1500	Na	百货大楼	3	3
1501	VC	办	3	5
1502	VC	帮	3	5
1503	Na	包子	3	3
1504	VH	饱	3	2
1505	VC	保守	3	3

순서	품사	단어	통합	
			수정전	수정후
1506	VC	抱	3	5
1507	VK	抱歉	3	3
1508	VC	背	3	4
1509	VH	悲哀	3	2
1510	Na	鞭炮	3	3
1511	VC	表达	3	6
1512	Na	冰箱	3	3
1513	VH	不懈	3	2
1514	Na	步	3	3
1515	VH	不了了之	3	3
1516	VC	布置	3	4
1517	VC	参观	3	6
1518	Na	草原	3	3
1519	Na	层	3	3
1520	Na	差别	3	2
1521	VH	差不多	3	4
1522	VH	诚实	3	3
1523	VH	成熟	3	4
1524	VH	吃惊	3	3
1525	VA	出差	3	3
1526	VA	出门	3	2
1527	D	处处	3	2
1528	Na	船工	3	3
1529	Na	磁带	3	3
1530	D	从此	3	5
1531	VJ	从事	3	3
1532	VH	错	3	3
1533	VE	答应	3	5
1534	VC	打死	3	3
1535	VC	打碎	3	2
1536	VA	大哭	3	3
1537	Na	大楼	3	3
1538	Nf	道	3	2
1539	Na	道路	3	2
1540	VH	低	3	3
1541	Neu	第三	3	3
1542	Na	电子	3	4
1543	Na	独生女	3	3
1544	VH	独特	3	3
1545	Na	短信	3	3

순서	품사	단어	통합	
			수정전	수정후
1546	Nf	对	3	2
1547	Na	对话	3	2
1548	Caa	而	3	2
1549	T	而已	3	2
1550	VH	发胖	3	5
1551	Na	发言	3	2
1552	VC	翻译	3	4
1553	D	反覆	3	1
1554	D	放声	3	3
1555	VA	放暑假	3	4
1556	VC	覆盖	3	4
1557	VC	改正	3	3
1558	VA	干杯	3	3
1559	VJ	赶不上	3	2
1560	A	高等	3	2
1561	Na	高中生	3	5
1562	Na	歌手	3	3
1563	D	根本	3	7
1564	Dfa	更加	3	13
1565	Na	功课	3	3
1566	Na	公路	3	3
1567	VH	公平	3	3
1568	VA	公演	3	3
1569	VF	鼓励	3	4
1570	VA	观光	3	5
1571	VJ	关怀	3	2
1572	Na	规律	3	4
1573	VA	过街	3	3
1574	VH	过来	3	1
1575	VC	过来	3	2
1576	D	还可以	3	3
1577	D	好好儿	3	3
1578	VH	好极了	3	2
1579	VH	合	3	7
1580	Cbb	和	3	3
1581	VH	和平	3	6
1582	VH	合作	3	2
1583	VK	恨	3	4
1584	VH	红	3	4
1585	Nd	后来	3	18

순서	품사	단어	통합	
			수정전	수정후
1586	Na	花盆	3	3
1587	Nc	花园	3	3
1588	VH	滑	3	4
1589	VA	滑雪	3	3
1590	VB	化妆	3	2
1591	VJ	怀念	3	3
1592	Na	婚礼	3	3
1593	Na	活力	3	3
1594	Na	活儿	3	3
1595	VH	活下去	3	3
1596	Na	货架	3	3
1597	Na	护士	3	3
1598	Na	基本	3	4
1599	VH	基础	3	5
1600	Cbb	即使	3	2
1601	VH	寂寞	3	3
1602	VD	寄去	3	2
1603	Na	家门	3	2
1604	Nc	加拿大	3	3
1605	D	将	3	3
1606	VA	交往	3	4
1607	Na	教授	3	3
1608	Na	姊妹	3	4
1609	P	经过	3	4
1610	VJ	经历	3	3
1611	VK	惊讶	3	3
1612	Na	警察	3	3
1613	VJ	敬	3	4
1614	VA	就业	3	3
1615	VAC	聚集	3	1
1616	Nc	俱乐部	3	3
1617	D	决不	3	2
1618	VA	开会	3	3
1619	VB	开玩笑	3	4
1620	VC	看过	3	1
1621	VE	看看	3	4
1622	VC	烤	3	3
1623	VA	考试	3	7
1624	VC	考完	3	2
1625	D	可不可以	3	3

순서	품사	단어	통합	
			수정전	수정후
1626	Na	课本	3	3
1627	VH	客气	3	3
1628	Na	裤子	3	4
1629	VH	困	3	3
1630	VH	苦恼	3	2
1631	Na	拉面	3	3
1632	Na	篮球	3	3
1633	Na	老大娘	3	3
1634	VH	老实	3	3
1635	VH	乐观	3	3
1636	VA	离婚	3	3
1637	VH	礼貌	3	3
1638	D	立刻	3	5
1639	VH	凉快	3	3
1640	Neu	两三	3	3
1641	VH	亮晶晶	3	2
1642	VH	亮亮	3	2
1643	VH	了不起	3	3
1644	VB	淋湿	3	3
1645	VD	留给	3	2
1646	Na	律师	3	3
1647	VC	买到	3	2
1648	Dfa	满	3	3
1649	Na	毛衣	3	3
1650	Nf	门	3	3
1651	Na	梦	3	3
1652	Na	梦想	3	5
1653	VH	迷路	3	4
1654	Na	秘密	3	3
1655	VC	面对	3	4
1656	VC	描述	3	4
1657	Na	民族	3	2
1658	Na	名胜	3	2
1659	Nc	目的地	3	2
1660	Nd	目前	3	3
1661	VB	拿过来	3	3
1662	VC	拿来	3	3
1663	Neqa	那么多	3	3
1664	VH	内向	3	4
1665	VC	你好	3	3

순서	품사	단어	통합	
			수정전	수정후
1666	VA	念书	3	2
1667	Na	牛肉	3	3
1668	Na	农活	3	3
1669	Nc	农家	3	2
1670	VC	弄坏	3	4
1671	Na	女孩子	3	2
1672	VH	暖和	3	4
1673	D	偶然	3	3
1674	VA	跑步	3	4
1675	Nf	片	3	1
1676	Na	平房	3	4
1677	Na	期望	3	3
1678	VE	祈祷	3	4
1679	VA	起来	3	5
1680	Na	企业	3	3
1681	VK	气	3	2
1682	Na	气候	3	3
1683	VH	亲热	3	2
1684	VH	清	3	3
1685	VE	请问	3	3
1686	Na	球赛	3	3
1687	VJ	缺	3	2
1688	Cbb	然而	3	2
1689	VJ	热心	3	1
1690	D	仍然	3	4
1691	Na	日本菜	3	3
1692	D	日趋	3	3
1693	Na	嗓子	3	3
1694	Na	沙发	3	3
1695	Na	山路	3	4
1696	VC	上去	3	1
1697	Na	设施	3	3
1698	Cbb	甚至	3	4
1699	Na	圣经	3	3
1700	A	师范	3	3
1701	Na	师兄	3	3
1702	Na	时光	3	4
1703	Na	石窟	3	3
1704	VF	试	3	4
1705	Na	室内	3	2

순서	품사	단어	통합	
			수정전	수정후
1706	VHC	疏远	3	3
1707	VC	摔	3	1
1708	Na	双手	3	2
1709	VH	爽快	3	4
1710	VA	睡午觉	3	3
1711	Nd	瞬间	3	2
1712	VD	说给	3	2
1713	D	说起来	3	2
1714	Na	丝绸	3	3
1715	Na	思想	3	3
1716	P	随	3	4
1717	VE	谈到	3	3
1718	Na	糖	3	3
1719	VJ	疼	3	3
1720	Na	体育	3	5
1721	VJ	听得懂	3	2
1722	VE	听见	3	3
1723	VHC	停	3	3
1724	A	同一	3	5
1725	VH	痛快	3	1
1726	Na	推车	3	3
1727	VH	退休	3	4
1728	Nc	外滩	3	3
1729	VH	外向	3	5
1730	VH	完全	3	2
1731	Na	网	3	4
1732	Na	网吧	3	3
1733	Na	微笑	3	3
1734	Na	温度	3	3
1735	VH	温和	3	1
1736	Cbb	无论	3	5
1737	Na	舞蹈	3	4
1738	Ncd	西	3	2
1739	VC	吸	3	5
1740	VH	吓人	3	3
1741	D	先~然后	3	2
1742	Na	现实	3	3
1743	VA	相处	3	3
1744	VI	相干	3	3
1745	Nc	香港	3	3

순서	품사	단어	통합	
			수정전	수정후
1746	VH	响	3	3
1747	VK	想见	3	2
1748	Na	相貌	3	3
1749	VA	消失	3	3
1750	Na	小吃	3	3
1751	Nb	小李	3	3
1752	Nb	小王	3	3
1753	VC	孝敬	3	3
1754	VA	新来	3	3
1755	Nc	心目中	3	2
1756	Nd	新年	3	3
1757	VJ	欣赏	3	5
1758	Na	信封	3	3
1759	Na	信仰	3	4
1760	Na	型	3	4
1761	Na	宣传画	3	3
1762	Na	雪景	3	6
1763	Na	训练	3	3
1764	Na	牙齿	3	3
1765	Nc	研究所	3	3
1766	VF	要求	3	3
1767	Neqa	一切	3	2
1768	Ng	以来	3	1
1769	Ng	以下	3	2
1770	Na	一生	3	4
1771	Na	艺术	3	3
1772	VK	意味	3	2
1773	VC	引起	3	3
1774	VC	影响	3	3
1775	VK	忧虑	3	3
1776	VH	优秀	3	5
1777	VA	游行	3	3
1778	VJ	有关	3	4
1779	Na	鱼	3	3
1780	Na	余地	3	2
1781	Na	缘故	3	5
1782	VH	远不远	3	3
1783	Da	约	3	10
1784	Na	月份	3	7
1785	VB	再见	3	3

순서	품사	단어	통합	
			수정전	수정후
1786	D	再一次	3	2
1787	Na	早饭	3	3
1788	VG	造成	3	1
1789	VD	赠	3	3
1790	VC	找回	3	3
1791	Na	照相机	3	3
1792	P	针对	3	1
1793	D	真是	3	13
1794	Neqa	整	3	4
1795	Na	知识	3	3
1796	VH	直接	3	2
1797	Na	执照	3	2
1798	Na	侄子	3	3
1799	D	至今	3	3
1800	D	终	3	8
1801	VC	追求	3	1
1802	VC	准备好	3	7
1803	VH	自豪	3	2
1804	VH	自我	3	2
1805	Dk	总之	3	5
1806	VCL	走进	3	4
1807	VH	醉	3	2
1808	VJ	尊敬	3	3
1809	Na	作家	3	1
1810	VA	作文	3	3
1811	VJ	爱上	2	1
1812	VJ	爱惜	2	2
1813	VC	安慰	2	2
1814	VC	按	2	1
1815	VH	暗下来	2	2
1816	VJ	按照	2	1
1817	Na	巴士	2	3
1818	Na	把握	2	1
1819	Na	白马王子	2	2
1820	Na	班	2	2
1821	Na	班车	2	3
1822	VK	包括	2	1
1823	Na	保安	2	2
1824	Na	保龄球	2	2
1825	VE	抱怨	2	2

순서	품사	단어	통합	
			수정전	수정후
1826	Na	报纸	2	1
1827	VH	悲伤	2	4
1828	VH	笨	2	2
1829	Na	鼻子	2	1
1830	P	比如	2	2
1831	VA	避暑	2	1
1832	VH	必要	2	3
1833	VL	便利	2	1
1834	VHC	冰	2	1
1835	Na	冰淇淋	2	2
1836	VHC	冰砖	2	2
1837	Na	饼干	2	2
1838	Cbb	并且	2	7
1839	Nc	博物馆	2	2
1840	Cbb	不论	2	3
1841	Na	不幸	2	2
1842	Nc	补习班	2	3
1843	VL	不禁	2	2
1844	Nd	不久	2	3
1845	VJ	不理	2	1
1846	VA	不停	2	2
1847	D	不应该	2	3
1848	Na	材料	2	2
1849	Na	彩虹	2	2
1850	D	曾经	2	2
1851	VC	尝尝	2	3
1852	VH	常青	2	2
1853	Na	场合	2	1
1854	Na	场面	2	2
1855	Nc	超市	2	2
1856	Na	朝鲜族	2	2
1857	VC	吵	2	5
1858	Nb	陈	2	2
1859	P	趁着	2	1
1860	Na	成果	2	2
1861	VH	成人	2	1
1862	Na	成员	2	3
1863	VC	抽出	2	1
1864	Ng	初	2	2
1865	VA	出国	2	4

순서	품사	단어	통합	
			수정전	수정후
1866	Nc	厨房	2	2
1867	VC	处理	2	2
1868	VD	传	2	2
1869	VB	传教	2	2
1870	VC	吹	2	3
1871	Na	绰号	2	2
1872	VH	刺激	2	1
1873	D	从早到晚	2	3
1874	VH	错误	2	2
1875	Na	错误	2	5
1876	VC	打起	2	1
1877	VA	打球	2	2
1878	VA	打网球	2	3
1879	VB	打招呼	2	4
1880	VH	大吃一惊	2	2
1881	Na	大象	2	2
1882	VCL	呆	2	2
1883	Na	单词	2	2
1884	VG	担任	2	3
1885	VH	单身	2	1
1886	VH	当然	2	1
1887	Ncd	当中	2	1
1888	Na	岛	2	3
1889	Na	导游	2	2
1890	VE	道	2	2
1891	VB	道歉	2	2
1892	VA	到站	2	2
1893	VH	得分	2	2
1894	T	的	2	5
1895	Cba	的话	2	62
1896	VC	登	2	2
1897	Cab	等等	2	14
1898	Na	地球	2	2
1899	Na	地址	2	2
1900	VA	电话	2	2
1901	Na	电梯	2	3
1902	Na	电影儿	2	2
1903	VA	掉下来	2	1
1904	Nc	顶峰	2	0
1905	VC	订	2	4

순서	품사	단어	통합	
			수정전	수정후
1906	Nd	冬季	2	2
1907	VH	懂事	2	1
1908	VHC	冻死	2	1
1909	Na	动物	2	2
1910	D	独自	2	2
1911	VC	堵	2	3
1912	VCL	度过	2	5
1913	VHC	断	2	1
1914	VH	对	2	4
1915	VC	堆	2	5
1916	Na	渡轮	2	2
1917	Nc	敦煌	2	2
1918	VH	多彩	2	2
1919	VH	多事	2	2
1920	VH	多样	2	2
1921	VC	发	2	4
1922	VC	发动	2	2
1923	VH	发烧	2	2
1924	Na	翻译	2	1
1925	Cbb	凡是	2	2
1926	VI	反感	2	2
1927	VC	犯	2	3
1928	Na	房卡	2	1
1929	VJ	费	2	0
1930	VH	分明	2	1
1931	VH	风趣	2	2
1932	Na	风味菜	2	2
1933	Na	服务员	2	2
1934	VJ	负	2	1
1935	Na	副作用	2	2
1936	VH	干干净净	2	2
1937	VI	感恩	2	2
1938	VC	赶走	2	2
1939	VH	高大	2	2
1940	VH	高级	2	1
1941	Na	糕汤	2	2
1942	VA	歌唱	2	3
1943	Na	工程	2	2
1944	A	公共	2	2
1945	Nf	公里	2	1

순서	품사	단어	통합	
			수정전	수정후
1946	Na	工业	2	2
1947	Na	公主	2	2
1948	Na	孤独感	2	2
1949	Na	顾客	2	2
1950	VC	刮倒	2	2
1951	Na	瓜子	2	2
1952	VH	乖	2	2
1953	VH	乖巧	2	2
1954	VE	管	2	1
1955	VH	光荣	2	2
1956	Na	国民	2	1
1957	VA	过年	2	2
1958	D	哈哈	2	1
1959	Cbb	还是	2	3
1960	VH	海水蓝	2	2
1961	Na	汗水	2	0
1962	Na	汉语课	2	3
1963	VH	好听	2	4
1964	VH	好心	2	2
1965	Na	好友	2	3
1966	VH	和好	2	3
1967	Na	黑板	2	2
1968	Ncd	后边	2	2
1969	VL	后悔	2	2
1970	VA	后退	2	2
1971	Na	猴子	2	2
1972	Na	湖	2	4
1973	Nc	花莲	2	2
1974	Na	花瓶	2	2
1975	Na	怀	2	1
1976	Na	坏事	2	3
1977	Na	黄瓜	2	2
1978	Na	火气	2	1
1979	Na	火焰	2	2
1980	VC	呼吸	2	4
1981	Na	胡同	2	2
1982	VH	糊涂	2	1
1983	Na	护照	2	1
1984	VJ	积	2	1
1985	VH	积极	2	2

순서	품사	단어	통합	
			수정전	수정후
1986	Na	鸡肉	2	2
1987	Caa	及	2	2
1988	Dfa	极为	2	1
1989	VH	挤	2	3
1990	VK	记不清	2	1
1991	VG	既是	2	2
1992	VC	祭祀	2	3
1993	Na	记者	2	2
1994	VA	祭祖	2	1
1995	Na	家家户户	2	2
1996	VHC	加快	2	1
1997	Nc	加油站	2	2
1998	VC	嫁给	2	2
1999	VC	驾驶	2	3
2000	VH	艰苦	2	1
2001	VJ	减	2	1
2002	VC	捡到	2	2
2003	Na	建设	2	1
2004	Na	脚	2	3
2005	Na	街道	2	2
2006	VH	节省	2	2
2007	VC	结	2	3
2008	Na	结论	2	2
2009	VH	结实	2	2
2010	VC	解	2	2
2011	Nf	届	2	2
2012	VD	借给	2	2
2013	VC	借去	2	2
2014	Cbb	尽管	2	2
2015	Nes	近	2	3
2016	D	尽快	2	5
2017	Na	经理	2	5
2018	Na	竞争	2	1
2019	Na	镜子	2	2
2020	VH	旧	2	2
2021	Dk	就是说	2	2
2022	VF	拒绝	2	2
2023	VB	决定下来	2	1
2024	VHC	开阔	2	1
2025	VA	开夜车	2	2

순서	품사	단어	통합	
			수정전	수정후
2026	VJ	看得见	2	2
2027	Na	看法	2	2
2028	Nf	颗	2	2
2029	Nf	刻	2	3
2030	Nc	客厅	2	2
2031	VH	空荡荡	2	2
2032	Na	空调	2	2
2033	Na	口味	2	2
2034	VH	哭笑不得	2	3
2035	D	快点	2	2
2036	Na	苦难	2	2
2037	T	啦	2	2
2038	VH	来不了	2	3
2039	VA	来临	2	3
2040	Na	蓝色	2	2
2041	Na	懒觉	2	3
2042	Nd	劳动节	2	2
2043	Na	老大爷	2	2
2044	Na	姥姥	2	2
2045	Na	老朋友	2	3
2046	VH	冷清	2	2
2047	VJ	理	2	1
2048	Ncd	里边	2	2
2049	Na	利	2	2
2050	VC	利用	2	3
2051	VA	立足	2	2
2052	VJ	连	2	3
2053	VH	恋爱	2	2
2054	Na	粮食	2	2
2055	VE	聊聊	2	1
2056	D	了不起	2	1
2057	D	临	2	2
2058	D	临死	2	2
2059	Na	零件	2	2
2060	Na	铃声	2	2
2061	A	零下	2	2
2062	Na	零用钱	2	2
2063	Nes	另外	2	1
2064	VA	流泪	2	1
2065	Na	流水	2	2

순서	품사	단어	통합	
			수정전	수정후
2066	VH	流行	2	1
2067	Nc	龙门	2	2
2068	Nb	龙庆峡	2	2
2069	Nb	龙塔	2	2
2070	Na	楼房	2	4
2071	Na	绿茶	2	2
2072	VA	落	2	2
2073	Na	骆驼	2	2
2074	VHC	麻烦	2	3
2075	D	埋头	2	2
2076	VL	忙着	2	2
2077	Na	毛病	2	2
2078	Na	贸易	2	2
2079	Na	美景	2	2
2080	Nc	美容院	2	3
2081	Na	米饭	2	2
2082	VH	密切	2	2
2083	Na	面色	2	2
2084	VC	面试	2	3
2085	Na	面子	2	2
2086	Nf	秒	2	3
2087	Na	民众	2	1
2088	VH	明确	2	3
2089	Na	明星	2	2
2090	Na	模样	2	1
2091	Ng	末	2	2
2092	VI	陌生	2	2
2093	Nes	某	2	2
2094	VH	目瞪口呆	2	2
2095	Ncd	南北	2	2
2096	Ncd	南边	2	2
2097	Na	男孩儿	2	2
2098	Na	内心	2	2
2099	Na	能力	2	1
2100	Na	农历	2	2
2101	Na	农民	2	4
2102	Na	农业	2	2
2103	Na	农作物	2	2
2104	VC	暖和	2	2
2105	VA	徘徊	2	2

순서	품사	단어	통합	
			수정전	수정후
2106	VA	排尿	2	2
2107	VC	派遣到	2	2
2108	Ncd	旁边儿	2	2
2109	Na	胖子	2	2
2110	VA	跑过去	2	2
2111	Na	扒手	2	2
2112	VC	碰见	2	3
2113	Na	屁股	2	1
2114	VH	平常	2	2
2115	Na	皮鞋	2	2
2116	Na	波涛	2	2
2117	VA	骑车	2	2
2118	VJ	起不了	2	3
2119	VB	起来	2	3
2120	Na	企业家	2	2
2121	VA	气哭	2	2
2122	Na	气象	2	2
2123	Na	气质	2	2
2124	Neu	千	2	2
2125	Na	跷跷板	2	2
2126	VC	瞧	2	3
2127	VJ	亲	2	1
2128	VH	亲	2	1
2129	D	亲眼	2	2
2130	Na	亲友	2	2
2131	Nb	秦始皇	2	2
2132	Na	青年	2	4
2133	VH	晴	2	1
2134	Na	秋千	2	2
2135	VC	取	2	5
2136	Na	全家	2	5
2137	VH	痊愈	2	2
2138	VK	确信	2	1
2139	VH	热热闹闹	2	3
2140	Na	热心	2	2
2141	Na	人才	2	2
2142	Na	人际	2	4
2143	Na	人民币	2	2
2144	VH	忍不住	2	1
2145	VJ	忍耐	2	2

순서	품사	단어	통합	
			수정전	수정후
2146	A	日常	2	2
2147	Na	容貌	2	2
2148	VH	如此	2	3
2149	Dfa	如此	2	1
2150	Nd	如今	2	4
2151	Na	弱点	2	1
2152	D	三三两两	2	1
2153	Na	嫂子	2	3
2154	Na	沙漠	2	2
2155	Na	沙滩	2	2
2156	Na	沙子	2	1
2157	VA	上床	2	1
2158	Na	上海人	2	2
2159	Na	上天	2	2
2160	VH	上下课	2	2
2161	D	稍微	2	3
2162	D	少	2	3
2163	Na	少年	2	3
2164	VK	涉及	2	1
2165	Na	神经	2	1
2166	Na	肾病	2	2
2167	Nf	声	2	1
2168	Na	生词	2	2
2169	Na	声调	2	2
2170	VH	盛大	2	1
2171	VH	湿	2	1
2172	Na	师傅	2	2
2173	Na	诗集	2	2
2174	Na	师生	2	2
2175	VH	失业	2	2
2176	D	实在	2	2
2177	Na	十字架	2	2
2178	Na	使用	2	1
2179	Na	士兵	2	2
2180	VJ	适合	2	2
2181	Na	试验	2	1
2182	Nc	事业家	2	2
2183	VA	适应	2	2
2184	Nc	市政府	2	2
2185	Na	柿子	2	2

순서	품사	단어	통합	
			수정전	수정후
2186	VC	收看	2	2
2187	Na	售货员	2	2
2188	VD	输	2	2
2189	Na	叔母	2	2
2190	Na	数学	2	2
2191	Na	双胞胎	2	1
2192	A	双重	2	2
2193	VF	说服	2	1
2194	VE	说明	2	3
2195	Na	丝	2	2
2196	Na	松树	2	0
2197	VG	算	2	6
2198	VH	算	2	2
2199	VH	算了	2	3
2200	VB	算命	2	2
2201	D	随时	2	2
2202	Na	台风	2	2
2203	Nc	台湾	2	2
2204	Na	太太	2	2
2205	Na	太阳	2	2
2206	VC	弹劾	2	2
2207	VH	坦率	2	2
2208	Na	糖果	2	2
2209	Na	特色	2	2
2210	Na	梯子	2	2
2211	VJ	体贴	2	2
2212	Nc	天池	2	2
2213	Nc	天空	2	2
2214	Na	天主教	2	2
2215	VA	填表	2	2
2216	VH	调皮	2	4
2217	D	听起来	2	1
2218	VE	听听	2	2
2219	Na	庭院	2	2
2220	Na	童年	2	3
2221	VH	秃	2	2
2222	VH	退伍	2	3
2223	VF	托	2	2
2224	VC	脱	2	2
2225	VC	歪曲	2	2

순서	품사	단어	통합	
			수정전	수정후
2226	Na	外宾	2	2
2227	VA	玩来玩去	2	2
2228	VA	玩耍	2	2
2229	VC	玩玩	2	1
2230	Nf	碗	2	2
2231	D	往往	2	1
2232	VK	忘掉	2	2
2233	A	唯一	2	3
2234	VH	为什么	2	2
2235	VCL	位于	2	1
2236	VHC	温暖	2	2
2237	VHC	稳定	2	2
2238	D	无法	2	3
2239	VH	无间	2	2
2240	VL	无意	2	2
2241	Na	物价	2	2
2242	VH	西方	2	2
2243	VA	洗澡	2	2
2244	Na	峡谷	2	2
2245	VCL	下	2	4
2246	VA	下山	2	2
2247	VA	下学	2	2
2248	Nd	下月	2	1
2249	Na	鲜花	2	3
2250	VH	咸	2	1
2251	Nd	现代	2	2
2252	VH	相爱	2	3
2253	VH	相互	2	2
2254	VH	相似	2	1
2255	Na	项目	2	2
2256	Nb	小哥	2	2
2257	Na	小伙子	2	2
2258	Na	小偷儿	2	2
2259	Nb	小张	2	2
2260	Na	小组	2	2
2261	Na	校门	2	2
2262	VC	写好	2	2
2263	Na	心意	2	3
2264	VJ	信任	2	2
2265	VB	行礼	2	1

순서	품사	단어	통합	
			수정전	수정후
2266	Na	形容	2	2
2267	VA	醒	2	1
2268	Na	熊	2	1
2269	VC	修	2	3
2270	VH	羞答答	2	2
2271	VH	虚弱	2	3
2272	Na	选手	2	2
2273	Na	学妹	2	1
2274	Na	学术	2	0
2275	Na	雪仗	2	4
2276	VH	雅	2	2
2277	Na	研究员	2	1
2278	Nf	眼	2	1
2279	Na	演讲	2	2
2280	Na	养花	2	2
2281	VC	咬	2	2
2282	Cbb	要不然	2	3
2283	Nb	耶稣基督	2	2
2284	Nf	页	2	3
2285	Nd	夜晚	2	2
2286	VK	遗憾	2	3
2287	D	一向	2	3
2288	Na	一般人	2	2
2289	Neqa	一排排	2	1
2290	P	因	2	4
2291	Na	音乐会	2	2
2292	VH	应该	2	2
2293	Na	婴儿	2	1
2294	Na	影响	2	2
2295	VJ	拥有	2	5
2296	VH	勇敢	2	2
2297	VH	幽默	2	1
2298	VH	忧郁	2	2
2299	VH	有空	2	2
2300	P	有关	2	3
2301	VHC	有害	2	4
2302	VJ	有益	2	2
2303	Dfa	有一点点	2	1
2304	Nc	幼儿园	2	2
2305	VC	诱拐	2	2

순서	품사	단어	통합	
			수정전	수정후
2306	A	原来	2	3
2307	VJ	原谅	2	3
2308	Na	预测	2	2
2309	Na	乐曲	2	2
2310	D	再次	2	2
2311	VK	在乎	2	2
2312	VA	早睡早起	2	2
2313	Na	责任感	2	1
2314	VH	怎么	2	2
2315	VHC	增多	2	2
2316	Na	炸鸡	2	2
2317	VH	长胖	2	2
2318	Na	帐蓬	2	1
2319	VC	照	2	8
2320	VC	召开	2	2
2321	VC	折	2	2
2322	VH	珍贵	2	3
2323	VH	真实	2	2
2324	VC	挣	2	2
2325	Na	正门	2	1
2326	VK	知不知道	2	2
2327	Ng	之内	2	2
2328	A	知心	2	3
2329	VJ	值	2	2
2330	Na	职位	2	2
2331	Nc	植物园	2	2
2332	Cbb	只有	2	6
2333	Na	中级	2	2
2334	Na	种类	2	2
2335	Na	猪肉	2	2
2336	Na	主意	2	1
2337	VC	祝贺	2	2
2338	VK	注意到	2	2
2339	VC	抓住	2	2
2340	Na	砖	2	2
2341	VH	专门	2	1
2342	VA	赚钱	2	1
2343	VF	准备	2	3
2344	Na	资料	2	1
2345	Na	姿势	2	2

순서	품사	단어	통합	
			수정전	수정후
2346	Na	紫菜	2	2
2347	Na	自觉	2	2
2348	Na	资源	2	2
2349	VA	走来走去	2	1
2350	Na	租车	2	2
2351	D	最好	2	2
2352	Ncd	左	2	3
2353	VC	做不了	2	2
2354	VC	做好	2	6
2355	VCL	坐上	2	4
2356	VB	挨打	1	1
2357	I	哎呀	1	1
2358	VJ	爱慕	1	1
2359	VH	爱玩	1	2
2360	VHC	安定	1	1
2361	Na	安全	1	1
2362	D	按期	1	1
2363	P	按照	1	1
2364	Na	奥运会	1	1
2365	VA	拔草	1	1
2366	Nf	把	1	1
2367	Na	白发	1	1
2368	VH	白净	1	1
2369	Na	白糖	1	1
2370	Nd	白天	1	1
2371	Na	白雪	1	4
2372	VB	拜年	1	1
2373	Nf	班	1	1
2374	Na	班会	1	1
2375	Na	搬家费	1	1
2376	VC	拌	1	1
2377	Nb	拌饭	1	2
2378	VC	办好	1	2
2379	VA	办事	1	2
2380	VA	伴奏	1	1
2381	Nd	傍晚	1	1
2382	Na	榜样	1	2
2383	Na	包裹	1	1
2384	VJ	包含	1	1
2385	VC	包装	1	1

순서	품사	단어	통합	
			수정전	수정후
2386	VJ	保持	1	2
2387	VJ	保持到	1	1
2388	VC	保卫	1	1
2389	Na	宝物	1	1
2390	VJ	抱有	1	1
2391	VH	悲喜	1	1
2392	Ncd	北部	1	2
2393	Nc	北海	1	1
2394	Nc	北京站	1	1
2395	Na	辈子	1	2
2396	Na	被子	1	1
2397	Nes	本	1	1
2398	VC	绷紧	1	1
2399	Na	鼻梁	1	1
2400	Nf	笔	1	1
2401	VC	比不过	1	1
2402	Nh	彼此	1	1
2403	VA	比赛	1	1
2404	VH	毕	1	1
2405	Na	必需品	1	1
2406	Na	毕业生	1	1
2407	VC	编导	1	1
2408	VJ	贬低	1	1
2409	VH	变	1	3
2410	Na	标签	1	1
2411	Na	标题	1	1
2412	Na	标准	1	1
2413	Na	表里	1	1
2414	Na	别名	1	1
2415	Na	冰	1	1
2416	Nd	冰灯节	1	1
2417	Na	冰棍	1	1
2418	Na	冰块	1	1
2419	VH	病倒	1	1
2420	Na	玻璃	1	1
2421	Na	伯父	1	2
2422	Na	博士	1	1
2423	D	不必	1	1
2424	D	不断	1	1
2425	Dfb	不过	1	1

순서	품사	단어	통합	
			수정전	수정후
2426	VJ	不顾	1	1
2427	VH	不像话	1	1
2428	VJ	不要	1	1
2429	Dk	不用说	1	1
2430	VC	步	1	1
2431	VJ	不符	1	1
2432	VK	不觉	1	1
2433	VH	不清	1	1
2434	VJ	不如	1	2
2435	D	不许	1	1
2436	VC	擦	1	1
2437	VE	猜猜	1	1
2438	VC	猜对	1	1
2439	Na	才能	1	1
2440	Na	裁判员	1	1
2441	Na	菜谱	1	1
2442	VA	参军	1	4
2443	VH	苍白	1	1
2444	VH	苍郁	1	1
2445	VC	操持	1	1
2446	Na	草地	1	1
2447	Na	草坪	1	1
2448	VK	察觉到	1	1
2449	Na	茶水	1	1
2450	Nc	长白山	1	4
2451	Na	长毛	1	1
2452	VE	常言道	1	1
2453	VJ	超过	1	2
2454	Nc	朝鲜	1	1
2455	VH	吵	1	1
2456	Na	车道	1	1
2457	Na	车堵	1	1
2458	Na	车费	1	1
2459	VG	称	1	1
2460	VA	乘船	1	1
2461	Na	成就感	1	1
2462	VC	称赞	1	1
2463	VG	吃成	1	1
2464	VC	吃光	1	1
2465	VH	迟钝	1	1

순서	품사	단어	통합	
			수정전	수정후
2466	VA	充电	1	1
2467	VH	重重	1	1
2468	VA	重逢	1	1
2469	D	重复	1	1
2470	Na	虫子	1	1
2471	Na	筹款	1	1
2472	VA	出嫁	1	1
2473	VC	出来	1	1
2474	VJ	出身	1	1
2475	VC	出示	1	1
2476	Na	初吻	1	1
2477	VA	出游	1	1
2478	Na	出租车	1	1
2479	Cbb	除非	1	1
2480	Nf	处	1	2
2481	Na	川菜	1	1
2482	VC	穿上	1	5
2483	Na	传统舞	1	1
2484	Na	窗台	1	1
2485	VC	创造	1	1
2486	VH	纯净	1	1
2487	Cbb	此外	1	1
2488	VD	赐给	1	1
2489	Na	葱头	1	1
2490	D	从不	1	1
2491	Nd	从前	1	3
2492	D	从小到大	1	2
2493	VH	粗	1	1
2494	VC	挫折	1	1
2495	VC	答错	1	2
2496	VB	打交道	1	1
2497	VC	打伤	1	1
2498	VC	打通	1	1
2499	VB	打针	1	2
2500	Neqa	大半	1	1
2501	VH	大病	1	1
2502	VH	大胆	1	2
2503	VC	大风刮	1	1
2504	Na	大狗	1	1
2505	Nc	大韩民国	1	1

순서	품사	단어	통합	
			수정전	수정후
2506	Nd	大后天	1	1
2507	D	大加	1	1
2508	Na	大门	1	1
2509	Na	大厦	1	1
2510	Na	大意	1	1
2511	VJ	大于	1	1
2512	Da	大约	1	3
2513	Na	大自然	1	1
2514	VC	戴	1	2
2515	Na	代表	1	1
2516	VC	带上	1	1
2517	Na	待遇	1	1
2518	D	单独	1	1
2519	VJ	耽误	1	1
2520	Na	单眼皮	1	1
2521	Na	蛋糕	1	1
2522	Nes	当	1	1
2523	Nd	当初	1	1
2524	VA	当家	1	1
2525	D	当面	1	2
2526	VC	倒	1	1
2527	VH	倒闭	1	1
2528	VH	倒霉	1	1
2529	Na	导演	1	1
2530	D	倒	1	1
2531	D	倒不如	1	1
2532	VA	到校	1	1
2533	VC	得不到	1	1
2534	Na	得失	1	1
2535	VK	等待	1	1
2536	VC	等等	1	1
2537	D	的确	1	0
2538	Na	地铁门	1	1
2539	VH	典雅	1	1
2540	Na	电话铃	1	2
2541	Na	电力	1	1
2542	VC	掉	1	2
2543	Nf	顶	1	1
2544	VB	定罪	1	1
2545	Ncd	东北部	1	1

순서	품사	단어	통합	
			수정전	수정후
2546	Ncd	东部	1	1
2547	Na	董事	1	1
2548	VA	动笔	1	1
2549	D	动不动	1	2
2550	VA	动不了	1	1
2551	Na	洞口	1	1
2552	Na	动力	1	1
2553	VH	冻伤	1	1
2554	VA	兜风	1	1
2555	VC	逗	1	1
2556	VC	逗乐	1	1
2557	VH	逗笑	1	2
2558	VC	读完	1	1
2559	VH	独一无二	1	1
2560	VH	端庄	1	1
2561	VA	对打	1	1
2562	Na	对手	1	1
2563	Na	队员	1	2
2564	VH	多才多艺	1	1
2565	VH	多多	1	1
2566	VH	多疑	1	1
2567	Neqa	朵朵	1	2
2568	VH	饿肚子	1	1
2569	VH	恶化	1	2
2570	Na	恶梦	1	1
2571	Na	二哥	1	1
2572	VJ	发	1	1
2573	Na	发表会	1	1
2574	VH	发愁	1	1
2575	VH	发福	1	2
2576	VJ	发挥	1	1
2577	VA	发脾气	1	2
2578	VC	发起	1	1
2579	VC	发扬	1	1
2580	VH	翻天覆地	1	1
2581	Cbb	凡	1	1
2582	VH	烦死	1	1
2583	A	反覆	1	2
2584	VJ	反射	1	1
2585	Nf	番	1	1

순서	품사	단어	통합	
			수정전	수정후
2586	VA	犯规	1	1
2587	Na	犯人	1	1
2588	Nc	房顶	1	1
2589	Na	房费	1	1
2590	VA	纺织	1	1
2591	VA	放晴	1	1
2592	VHC	放松	1	2
2593	VA	飞	1	1
2594	VA	飞来飞去	1	1
2595	VA	飞舞	1	1
2596	Na	肺	1	0
2597	VH	费事	1	1
2598	VA	分别	1	1
2599	D	纷纷	1	2
2600	VHC	分开	1	1
2601	VHC	分裂	1	1
2602	Na	粉红色	1	1
2603	VH	风度翩翩	1	1
2604	VC	缝好	1	1
2605	Nc	风景区	1	1
2606	VH	丰饶	1	1
2607	VH	丰盛	1	1
2608	VH	丰收	1	1
2609	Na	风味	1	1
2610	Na	佛教徒	1	1
2611	Cbb	否则	1	1
2612	Na	福	1	1
2613	VA	服兵役	1	1
2614	VA	服毒	1	1
2615	VC	服务	1	1
2616	VH	浮现	1	1
2617	Nc	服装店	1	2
2618	VD	付	1	1
2619	Na	父女	1	1
2620	VJ	富有	1	1
2621	VH	富裕	1	1
2622	VA	盖印	1	1
2623	VH	干脆	1	1
2624	VH	尴尬	1	1
2625	VL	赶得上	1	2

순서	품사	단어	통합	
			수정전	수정후
2626	VK	感受到	1	3
2627	VA	干活	1	3
2628	Na	钢笔	1	1
2629	Na	高层	1	1
2630	VH	高敞	1	1
2631	VC	搞砸	1	1
2632	VC	搞好	1	1
2633	Na	歌剧	1	1
2634	Na	歌声	1	1
2635	Na	鸽子	1	1
2636	Dfa	格外	1	1
2637	Na	蛤蜊	1	1
2638	VC	更换	1	1
2639	Na	公安	1	1
2640	Nc	工厂	1	1
2641	Na	功夫	1	2
2642	Na	公共汽车站	1	1
2643	Nc	工学系	1	1
2644	VJ	共赏	1	1
2645	D	共同	1	1
2646	VJ	共有	1	1
2647	Nc	沟壑	1	1
2648	VK	顾	1	1
2649	VH	孤芳自赏	1	1
2650	Nc	姑姑家	1	1
2651	VE	估计	1	1
2652	VH	古典	1	1
2653	VH	古怪	1	1
2654	Na	古迹	1	2
2655	VC	鼓起	1	1
2656	VC	鼓足	1	1
2657	Na	雇员	1	1
2658	VA	刮风	1	2
2659	Na	卦	1	1
2660	VE	观察	1	2
2661	VC	观看	1	2
2662	VH	关门	1	2
2663	VK	关系	1	1
2664	VJ	关注	1	1
2665	Na	灌肠汤	1	1

순서	품사	단어	통합	
			수정전	수정후
2666	VH	光润	1	1
2667	Na	广播	1	1
2668	VH	广大	1	1
2669	Na	广告	1	1
2670	Na	规模	1	1
2671	VB	归纳起来	1	1
2672	VA	归乡	1	1
2673	Na	国产车	1	1
2674	Nc	国会	1	2
2675	Nd	国庆节	1	1
2676	Nc	国文系	1	1
2677	Na	过错	1	1
2678	VB	过生日	1	2
2679	D	还不是	1	1
2680	Caa	还是	1	4
2681	Nc	海滨	1	1
2682	Na	海水	1	1
2683	Na	海棠	1	1
2684	Na	害虫	1	1
2685	Na	汉堡	1	2
2686	Na	韩币	1	1
2687	Nb	韩服	1	1
2688	VH	含蓄	1	1
2689	VJ	含有	1	1
2690	Nf	行	1	1
2691	D	好不容易	1	2
2692	Na	好感	1	1
2693	VH	好好玩	1	1
2694	Na	好事	1	2
2695	Na	好意	1	1
2696	I	呵	1	1
2697	VC	喝光	1	1
2698	Nes	何	1	2
2699	Na	河	1	1
2700	VC	合唱	1	1
2701	VH	合法	1	1
2702	Cbb	何况	1	1
2703	Na	褐色	1	1
2704	VA	喝水	1	1
2705	VC	喝完	1	1

순서	품사	단어	통합	
			수정전	수정후
2706	Na	黑熊	1	1
2707	Na	红茶	1	1
2708	Na	红绿灯	1	1
2709	Na	红牌	1	1
2710	Na	红柿	1	1
2711	VH	厚厚	1	1
2712	Na	花花公子	1	1
2713	Na	华侨	1	1
2714	VA	滑下去	1	1
2715	VA	怀孕	1	1
2716	VH	欢欢喜喜	1	1
2717	VH	欢乐	1	1
2718	VH	缓慢	1	1
2719	Nb	黄酱汤	1	1
2720	Na	黄金	1	1
2721	Na	黄色	1	1
2722	VC	回报	1	2
2723	VB	回来	1	1
2724	D	回头	1	1
2725	Na	会话课	1	2
2726	VC	会晤	1	1
2727	VC	混合	1	1
2728	Na	混血儿	1	1
2729	VH	火冒三丈	1	1
2730	Na	火线	1	1
2731	VH	祸不单行	1	1
2732	Na	货物	1	1
2733	VJ	忽视	1	1
2734	Na	胡须	1	1
2735	VH	唧唧	1	1
2736	Na	机器	1	1
2737	Na	积雪	1	1
2738	Na	疾病	1	1
2739	VAC	集合	1	2
2740	D	即将	1	1
2741	VC	挤	1	1
2742	VA	挤来挤去	1	1
2743	VCL	挤满	1	2
2744	VC	济	1	1
2745	Na	计划书	1	1

순서	품사	단어	통합	
			수정전	수정후
2746	Na	计较	1	1
2747	Cbb	既然	1	2
2748	Na	记事本	1	1
2749	Na	计算机	1	1
2750	VF	继续	1	2
2751	VC	加	1	1
2752	VJ	加深	1	1
2753	Na	家事	1	1
2754	Na	价钱	1	1
2755	Nd	假日	1	1
2756	Na	驾驶证	1	1
2757	VJ	兼备	1	1
2758	VE	检查	1	2
2759	VHC	减弱	1	1
2760	D	简直	1	1
2761	Na	建筑群	1	1
2762	Nc	建筑系	1	1
2763	P	将	1	4
2764	Na	将军	1	1
2765	Na	奖	1	2
2766	VD	讲给	1	1
2767	VA	讲话	1	1
2768	VK	讲究	1	1
2769	VE	讲述	1	2
2770	VC	降	1	1
2771	VJ	降低到	1	1
2772	Na	跤	1	0
2773	VC	交换	1	1
2774	VH	交加	1	1
2775	VJ	交上	1	1
2776	VA	教书	1	1
2777	VA	教学	1	1
2778	VA	交友	1	1
2779	VC	教导	1	1
2780	VA	叫喊	1	1
2781	Na	叫声	1	1
2782	VC	叫醒	1	1
2783	Nc	教育系	1	1
2784	Na	教育学	1	1
2785	Na	阶层	1	1

순서	품사	단어	통합	
			수정전	수정후
2786	Nc	接待室	1	1
2787	VC	接受	1	1
2788	VH	结冰	1	1
2789	VHC	结合	1	1
2790	VJ	竭尽	1	1
2791	VH	截然不同	1	1
2792	Na	解答	1	1
2793	VE	解释	1	1
2794	VL	禁不住	1	2
2795	Na	金钱	1	2
2796	VC	进	1	1
2797	VC	进不了	1	1
2798	Na	进口车	1	1
2799	VA	尽孝	1	1
2800	VA	禁烟	1	1
2801	VH	惊诧	1	1
2802	VH	精打细算	1	1
2803	Na	经过	1	1
2804	VCL	经过	1	1
2805	VH	惊慌失措	1	1
2806	Na	敬老日	1	1
2807	Na	精神病	1	1
2808	VC	经受	1	1
2809	Nc	警察局	1	1
2810	Na	景点	1	1
2811	Na	景观	1	1
2812	Na	景致	1	1
2813	Na	敬语	1	1
2814	VH	久别	1	1
2815	Na	酒席	1	1
2816	VA	居住	1	2
2817	VC	举办	1	3
2818	VA	举杯	1	1
2819	D	绝不	1	1
2820	VH	绝望	1	1
2821	Na	军官	1	1
2822	Nc	郡	1	1
2823	VC	开放	1	1
2824	VH	开开	1	1
2825	VC	开开	1	1

순서	품사	단어	통합	
			수정전	수정후
2826	VA	开口	1	1
2827	VA	开头	1	1
2828	VH	开演	1	2
2829	VA	开药	1	1
2830	VA	看家	1	1
2831	VJ	看不顺眼	1	1
2832	VJ	看懂	1	1
2833	D	看样子	1	1
2834	VC	看中	1	1
2835	Na	炕头	1	1
2836	P	靠	1	1
2837	Na	瞌睡	1	2
2838	VB	磕头	1	1
2839	VA	咳嗽	1	1
2840	VK	可望	1	1
2841	D	可要	1	2
2842	VH	刻苦	1	2
2843	Nc	课堂	1	2
2844	Nc	课题	1	1
2845	A	课外	1	1
2846	Na	肯德鸡	1	1
2847	Na	空间	1	1
2848	Na	空姐	1	1
2849	Na	空儿	1	1
2850	Na	空中小姐	1	1
2851	Na	口袋	1	1
2852	VC	夸奖	1	1
2853	VH	宽敞	1	1
2854	VC	款待	1	1
2855	Na	辣椒粉	1	1
2856	Na	辣子鸡丁	1	1
2857	Ng	来	1	2
2858	VCL	来回	1	1
2859	VA	来去	1	1
2860	Na	来信	1	1
2861	VJ	来自	1	1
2862	VH	蓝蓝	1	3
2863	Na	栏目	1	1
2864	VH	懒惰	1	1
2865	VHC	老龄化	1	1

순서	품사	단어	통합	
			수정전	수정후
2866	Nc	垒沙城	1	1
2867	Nf	类	1	2
2868	VB	离别	1	1
2869	Nf	厘米	1	1
2870	VH	离奇	1	1
2871	Na	梨子	1	1
2872	Na	栗子	1	1
2873	Na	礼拜	1	2
2874	VB	理发	1	1
2875	Ncd	里面	1	1
2876	Ng	里面	1	1
2877	VH	理所当然	1	1
2878	VH	理性	1	1
2879	VH	理直气壮	1	1
2880	Na	立场	1	1
2881	VA	立功	1	1
2882	VH	例外	1	1
2883	Na	连环画	1	1
2884	Na	联欢会	1	1
2885	Na	连衣裙	1	1
2886	Na	脸蛋	1	2
2887	Na	脸谱	1	1
2888	Na	链	1	1
2889	VH	良好	1	1
2890	Na	两面性	1	1
2891	Na	量刑	1	1
2892	VC	料理	1	1
2893	Na	列车	1	1
2894	VJ	列入	1	1
2895	Na	零食	1	1
2896	Cbb	另外	1	2
2897	VA	溜达	1	1
2898	VA	流	1	3
2899	VH	流逝	1	2
2900	VC	流下	1	5
2901	VA	流血	1	1
2902	Na	留言册	1	1
2903	Na	陆军	1	1
2904	VC	录取	1	2
2905	Na	履历书	1	1

순서	품사	단어	통합	
			수정전	수정후
2906	VH	乱七八糟	1	1
2907	VH	乱糟糟	1	1
2908	D	略	1	1
2909	VH	落榜	1	1
2910	VJ	落后	1	1
2911	VH	麻痹	1	1
2912	Na	麻烦	1	1
2913	Na	马肉	1	1
2914	Nc	码头	1	1
2915	VA	骂人	1	1
2916	VC	买好	1	1
2917	VD	卖给	1	1
2918	VH	卖乖	1	1
2919	VC	迈开	1	1
2920	VH	慢慢腾腾	1	1
2921	D	慢慢儿	1	1
2922	Nc	慢坡路	1	1
2923	VH	漫天	1	1
2924	VH	慢悠悠	1	1
2925	VH	盲目	1	1
2926	Na	矛盾	1	1
2927	VH	毛毛	1	1
2928	Na	帽子	1	1
2929	Na	玫瑰	1	1
2930	VH	没用	1	3
2931	Na	美术	1	1
2932	Nf	美元	1	1
2933	Na	魅力	1	1
2934	VH	闷热	1	1
2935	Na	门缝	1	1
2936	Na	蒙古包	1	1
2937	Nb	蒙古族	1	1
2938	VJ	迷恋	1	1
2939	Na	米	1	1
2940	Na	秘诀	1	1
2941	Na	棉被	1	1
2942	VH	免费	1	3
2943	Na	面粉	1	1
2944	Na	面馆儿	1	1
2945	Na	面孔	1	1

순서	품사	단어	통합	
			수정전	수정후
2946	VK	面临	1	1
2947	Na	庙会	1	1
2948	Na	民警	1	1
2949	Na	名	1	2
2950	VA	鸣叫	1	1
2951	VH	明媚	1	1
2952	D	明明	1	2
2953	Na	名牌	1	1
2954	VC	摸	1	1
2955	Na	模特儿	1	1
2956	Na	末班车	1	1
2957	VH	默默	1	1
2958	Na	牡丹	1	1
2959	VC	拿起	1	1
2960	VC	拿去	1	1
2961	D	哪来	1	1
2962	Ncd	哪里	1	1
2963	Dk	那么	1	1
2964	Cbb	那么	1	3
2965	Dfa	那样	1	3
2966	Na	耐心	1	1
2967	Nc	南北韩	1	2
2968	Ncd	南方	1	1
2969	VJ	难住	1	1
2970	Nc	脑海	1	1
2971	Na	脑筋	1	1
2972	Na	闹钟	1	1
2973	Na	内蒙古菜	1	1
2974	VK	能够	1	2
2975	Na	尼古丁	1	0
2976	VH	腻	1	1
2977	VC	溺爱	1	1
2978	VH	匿名	1	1
2979	VA	逆转	1	1
2980	Nd	年初	1	1
2981	Na	年糕	1	1
2982	VH	年老	1	1
2983	Na	年事	1	1
2984	VK	宁可	1	1
2985	Nc	宁夏	1	1

순서	품사	단어	통합	
			수정전	수정후
2986	Na	牛肉汤	1	1
2987	VH	浓	1	1
2988	Na	农活儿	1	2
2989	Na	农药	1	1
2990	VC	弄脏	1	2
2991	Na	女友	1	1
2992	Na	偶像	1	1
2993	VCL	爬到	1	2
2994	VG	排成	1	1
2995	VA	排队	1	1
2996	VC	排列	1	4
2997	VF	派遣	1	1
2998	Na	泡菜饼	1	1
2999	VCL	跑到	1	1
3000	VA	跑过来	1	1
3001	VJ	佩服	1	3
3002	VA	碰头	1	1
3003	Na	偏见	1	1
3004	Nf	片儿	1	1
3005	Nc	骗人家	1	1
3006	P	凭	1	1
3007	Nf	平方米	1	1
3008	VH	平滑	1	1
3009	Na	品质	1	1
3010	Nb	朴	1	1
3011	Na	扑克	1	1
3012	VH	漆黑	1	1
3013	Nd	期中	1	2
3014	Di	起	1	3
3015	D	起初	1	1
3016	VH	起来	1	1
3017	Da	起码	1	1
3018	Na	气温	1	1
3019	VH	恰到好处	1	1
3020	Na	铅笔	1	1
3021	VCL	迁居	1	1
3022	Na	前额	1	1
3023	Na	潜水镜	1	1
3024	Na	前者	1	1
3025	VH	浅	1	1

순서	품사	단어	통합	
			수정전	수정후
3026	Na	歉	1	1
3027	VH	强盛	1	1
3028	VC	抢劫	1	1
3029	VC	敲	1	1
3030	Na	巧克力	1	1
3031	VG	切成	1	1
3032	Na	亲人	1	3
3033	VH	勤快	1	1
3034	VH	清澈	1	1
3035	Na	青睐	1	1
3036	Nd	青年节	1	1
3037	Na	情报工	1	1
3038	VH	情同手足	1	1
3039	VA	请假	1	1
3040	Nd	秋	1	3
3041	VI	屈服	1	1
3042	VA	取长补短	1	2
3043	VH	去去	1	1
3044	Na	去向	1	1
3045	D	全	1	1
3046	VJ	缺乏	1	1
3047	VA	缺课	1	1
3048	VJ	缺少	1	4
3049	VK	确定	1	1
3050	VH	确确实实	1	1
3051	VE	嚷嚷	1	1
3052	VA	让步	1	1
3053	VC	惹起	1	1
3054	VH	热烈	1	1
3055	VJ	热衷	1	2
3056	VH	仁慈	1	1
3057	Na	人类	1	1
3058	VH	人山人海	1	1
3059	VH	人生地不熟	1	1
3060	VK	忍受	1	1
3061	VH	忍无可忍	1	1
3062	VC	认	1	1
3063	VJ	认出	1	1
3064	VC	认识认识	1	1
3065	D	日夜	1	1

순서	품사	단어	통합	
			수정전	수정후
3066	Na	肉丝	1	1
3067	VH	如故	1	1
3068	D	如何	1	3
3069	Na	儒教	1	1
3070	Na	入场票	1	1
3071	VH	入睡	1	2
3072	VA	入学	1	1
3073	VH	软绵绵	1	1
3074	Na	软件	1	1
3075	VA	软卧	1	1
3076	Cbb	若	1	4
3077	VH	三五成群	1	1
3078	VA	散去	1	1
3079	Na	桑拿	1	1
3080	Na	色	1	1
3081	Na	山坡	1	2
3082	VH	闪耀	1	1
3083	VL	擅长	1	1
3084	VHC	伤	1	2
3085	VI	伤脑筋	1	1
3086	VH	上去	1	2
3087	VA	上下班	1	1
3088	VAC	上映	1	1
3089	D	稍	1	3
3090	VH	奢侈	1	1
3091	Na	设计师	1	1
3092	D	设身处地	1	1
3093	Na	深蓝色	1	1
3094	VC	申请	1	1
3095	Na	申请表	1	1
3096	Na	申请单	1	1
3097	VJ	深受	1	1
3098	Na	身影	1	1
3099	Nc	神州	1	1
3100	Na	生产率	1	1
3101	VA	生活	1	3
3102	Na	生气	1	1
3103	Na	生死之交	1	0
3104	VC	生下	1	1
3105	Na	生鱼片	1	2

순서	품사	단어	통합	
			수정전	수정후
3106	Na	剩饭	1	1
3107	Nc	师大	1	1
3108	Na	湿度	1	1
3109	Na	师哥	1	1
3110	Na	师姐	1	1
3111	VHC	湿透	1	1
3112	Na	失主	1	1
3113	VC	食	1	1
3114	D	时不时	1	1
3115	Na	十兜	1	1
3116	D	时而	1	1
3117	Na	石榴	1	1
3118	VH	时髦	1	1
3119	Na	食堂卡	1	1
3120	VC	实行	1	1
3121	VH	实用	1	1
3122	Na	食欲	1	1
3123	VJ	始于	1	1
3124	D	始终	1	1
3125	Na	士官	1	1
3126	Nb	世界杯	1	1
3127	Na	侍女	1	1
3128	Na	试题	1	4
3129	Na	视野	1	1
3130	Na	事业	1	1
3131	Na	柿子树	1	1
3132	VD	收	1	1
3133	Nes	首	1	1
3134	Na	手电筒	1	1
3135	VH	守旧	1	1
3136	Na	首饰	1	1
3137	Na	首要	1	1
3138	Na	手指	1	1
3139	Na	手纸	1	1
3140	VK	受到	1	3
3141	VH	受凉	1	1
3142	Nc	书房	1	1
3143	VC	数	1	1
3144	Nf	束	1	2
3145	VJ	属于	1	1

순서	품사	단어	통합	
			수정전	수정후
3146	Nc	树林	1	1
3147	VC	甩	1	1
3148	A	双	1	1
3149	Na	双喜	1	1
3150	Na	水分	1	1
3151	Na	水土	1	1
3152	VH	睡不着觉	1	4
3153	VA	睡好	1	2
3154	VJ	顺	1	2
3155	VC	说完	1	1
3156	Na	丝儿	1	1
3157	D	似乎	1	1
3158	Na	松饼	1	1
3159	Na	塑料袋	1	1
3160	Na	宿舍费	1	1
3161	Na	蒜	1	1
3162	VG	算不了	1	1
3163	VC	算上	1	1
3164	VG	算做	1	1
3165	Cbb	虽说	1	3
3166	D	随手	1	1
3167	Na	损害	1	1
3168	Na	损失	1	1
3169	VC	锁上	1	1
3170	Nh	他人	1	1
3171	Na	塔	1	1
3172	Nf	台	1	1
3173	Nc	台北	1	1
3174	Nc	台中	1	1
3175	Nc	泰国	1	1
3176	Na	太极拳	1	1
3177	Na	太空	1	1
3178	VH	太少	1	2
3179	VH	贪吃	1	1
3180	VH	贪玩	1	1
3181	VH	谈得来	1	1
3182	VH	坦白	1	1
3183	VH	忐忑不安	1	1
3184	VA	探病	1	1
3185	Na	碳火	1	1

순서	품사	단어	통합	
			수정전	수정후
3186	Nf	堂	1	2
3187	VA	逃亡	1	1
3188	Na	套餐	1	2
3189	D	特	1	1
3190	Na	特产品	1	1
3191	Na	特点	1	2
3192	VH	特殊	1	1
3193	D	特意	1	1
3194	VH	特有	1	2
3195	VJ	疼爱	1	3
3196	VG	踢成	1	1
3197	VE	提到	1	1
3198	VB	提前	1	1
3199	Na	体系	1	1
3200	VC	体验	1	3
3201	VH	天生	1	1
3202	Nb	田	1	1
3203	VC	填	1	3
3204	VH	甜	1	1
3205	VH	甜蜜	1	1
3206	Na	甜食	1	1
3207	VC	填写	1	2
3208	VC	挑	1	1
3209	VC	挑选	1	1
3210	VA	跳	1	1
3211	Nf	跳	1	2
3212	VA	跳水	1	1
3213	Na	铁锤	1	1
3214	VHC	停下来	1	2
3215	D	通宵达旦	1	1
3216	Na	通讯	1	1
3217	VI	同班	1	1
3218	Na	童话书	1	1
3219	VH	同屋	1	1
3220	Na	同志	1	1
3221	VD	偷	1	2
3222	Nes	头	1	1
3223	VH	投机	1	1
3224	Dfb	透	1	1
3225	Na	秃鹫	1	1

순서	품사	단어	통합	
			수정전	수정후
3226	Na	团年饭	1	1
3227	VC	推	1	2
3228	VA	退房	1	1
3229	VG	拖成	1	1
3230	Na	拖拉机	1	1
3231	VC	挖掘	1	1
3232	T	哇	1	1
3233	VA	外出	1	1
3234	Na	外教	1	1
3235	Na	外商	1	1
3236	VH	完毕	1	1
3237	VH	顽皮	1	1
3238	Na	晚辈	1	1
3239	Na	万国	1	1
3240	VK	惋惜	1	1
3241	VH	汪汪	1	1
3242	Na	王朝	1	1
3243	VA	往来	1	1
3244	VK	忘光	1	1
3245	VJ	忘怀	1	3
3246	VJ	忘却	1	1
3247	VH	望子成龙	1	1
3248	Na	围巾	1	1
3249	Ng	为止	1	2
3250	VHC	委屈	1	1
3251	VF	委托	1	1
3252	I	喂	1	1
3253	VJ	未满	1	1
3254	D	未免	1	1
3255	Na	卫生纸	1	1
3256	Na	胃炎	1	1
3257	Nc	温室	1	1
3258	VH	文静	1	2
3259	Na	文人	1	1
3260	Na	文学史	1	1
3261	VB	问好	1	1
3262	Na	乌龙茶	1	1
3263	Nb	吴	1	1
3264	VH	无边无际	1	1
3265	VI	无可奈何	1	1

순서	품사	단어	통합	
			수정전	수정후
3266	Nc	武汉	1	1
3267	Nc	五楼	1	1
3268	VA	午睡	1	1
3269	Nd	午夜	1	1
3270	D	无缘无故	1	1
3271	D	勿	1	1
3272	VJ	误	1	2
3273	Nc	西班牙文系	1	1
3274	Ncd	西部	1	1
3275	Na	溪谷	1	1
3276	Nc	西海	1	1
3277	VJ	牺牲	1	1
3278	VJ	吸引	1	1
3279	VJ	吸引住	1	1
3280	VC	洗	1	1
3281	Na	喜剧片	1	1
3282	VA	洗脸	1	1
3283	VA	洗手	1	1
3284	VA	洗衣服	1	1
3285	Na	细雨	1	1
3286	VH	细致	1	1
3287	VH	瞎	1	1
3288	Nf	下	1	3
3289	VH	下垂	1	1
3290	VA	下功夫	1	1
3291	VH	下苦	1	1
3292	VA	下楼	1	1
3293	Nd	下雨天	1	1
3294	Na	先辈	1	1
3295	VH	先进	1	2
3296	VH	鲜明	1	1
3297	VH	闲不住	1	1
3298	Na	闲话	1	1
3299	VK	显	1	1
3300	VC	献身	1	1
3301	Na	线索	1	1
3302	VH	香	1	2
3303	VA	相待	1	1
3304	VH	相反	1	1
3305	Na	香蕉	1	1

순서	품사	단어	통합	
			수정전	수정후
3306	Na	香肉	1	1
3307	VE	想不出	1	1
3308	Dk	想不到	1	1
3309	VJ	想尽	1	1
3310	VG	象	1	2
3311	Na	相框	1	1
3312	Na	相片	1	2
3313	VH	消沉	1	1
3314	VA	消费	1	1
3315	Na	小姑娘	1	1
3316	Na	小路	1	1
3317	Na	小猫	1	2
3318	Na	小提琴	1	1
3319	Nc	小溪	1	1
3320	Na	效果	1	3
3321	Na	笑话	1	1
3322	Na	校长	1	1
3323	Dfb	些	1	2
3324	VA	歇	1	1
3325	Nc	鞋店	1	1
3326	VA	写字	1	1
3327	VC	写作	1	1
3328	VA	泻下来	1	1
3329	A	心爱	1	1
3330	Na	心地	1	3
3331	Na	心扉	1	1
3332	VH	辛劳	1	1
3333	Na	信箱	1	1
3334	Na	星星	1	1
3335	D	行不行	1	0
3336	Na	幸福	1	1
3337	VH	兴高采烈	1	1
3338	VH	兴致勃勃	1	1
3339	VC	修好	1	1
3340	Na	修配车	1	1
3341	VA	虚张声势	1	1
3342	VA	喧哗	1	1
3343	Na	轩然大波	1	1
3344	Na	选举	1	1
3345	VC	选择	1	4

순서	품사	단어	통합	
			수정전	수정후
3346	Na	学弟	1	1
3347	Na	学者	1	1
3348	VH	雪白	1	1
3349	Na	雪碧	1	1
3350	VH	迅速	1	1
3351	Na	压岁钱	1	2
3352	VH	牙疼	1	1
3353	Na	烟	1	0
3354	Na	烟花	1	1
3355	VH	炎热	1	1
3356	Na	岩石	1	1
3357	Na	演唱会	1	1
3358	Na	眼光	1	1
3359	Na	眼镜	1	1
3360	Na	眼圈儿	1	1
3361	VK	厌烦	1	1
3362	VJ	厌倦	1	1
3363	VJ	厌弃	1	1
3364	VAC	摇	1	1
3365	VAC	摇晃	1	1
3366	VA	摇橹	1	1
3367	VA	咬牙	1	1
3368	Cbb	要不	1	1
3369	D	要不要	1	1
3370	VH	要好	1	1
3371	VH	耀眼	1	1
3372	Dk	也就是说	1	1
3373	VH	野蛮	1	1
3374	VA	野营	1	1
3375	Na	夜景	1	5
3376	VH	夜深	1	1
3377	Na	依据	1	1
3378	VK	依赖	1	1
3379	D	依然	1	1
3380	D	一一	1	1
3381	Neqa	一半	1	1
3382	Na	遗产	1	1
3383	Nd	一大早	1	1
3384	VAC	移动	1	2
3385	A	一贯	1	1

순서	품사	단어	통합	
			수정전	수정후
3386	Na	遗迹	1	1
3387	VH	遗迹	1	1
3388	D	一块儿	1	1
3389	D	一路	1	2
3390	D	一面	1	1
3391	D	一面	1	1
3392	Na	仪式	1	2
3393	D	一再	1	1
3394	Cbb	以及	1	1
3395	Ng	以内	1	1
3396	VA	以身作则	1	1
3397	Dk	一般来说	1	2
3398	A	易爆	1	1
3399	Neqa	一点点	1	1
3400	Na	异国	1	1
3401	D	一口	1	2
3402	Nc	一楼	1	1
3403	Neqa	一声声	1	1
3404	VH	一言既出	1	1
3405	D	一语	1	1
3406	Na	议员	1	2
3407	Na	意中人	1	1
3408	D	一转眼	1	2
3409	Na	阴历	1	1
3410	D	应当	1	1
3411	Nc	英语系	1	1
3412	Na	迎春花	1	1
3413	VC	迎接	1	2
3414	D	硬	1	1
3415	Na	硬座	1	2
3416	Na	用户	1	1
3417	Na	用品	1	1
3418	VI	用情	1	1
3419	VH	悠久	1	1
3420	Na	幽默感	1	2
3421	Na	油	1	1
3422	VA	游来游去	1	1
3423	Nc	游乐场	1	1
3424	VH	游手好闲	1	1
3425	Na	油条	1	0

순서	품사	단어	통합	
			수정전	수정후
3426	Nc	游戏室	1	1
3427	VK	犹豫	1	1
3428	VH	有效	1	1
3429	Na	有心人	1	1
3430	Na	幼年	1	1
3431	VA	愚公移山	1	1
3432	Na	圆月	1	1
3433	Na	语序	1	1
3434	VH	远远	1	1
3435	VA	远足	1	1
3436	Na	院子	1	2
3437	VE	预测到	1	1
3438	Nc	浴场	1	1
3439	VC	预订	1	1
3440	Na	月饼	1	1
3441	Nd	月初	1	1
3442	Nd	月底	1	1
3443	VH	悦耳	1	1
3444	VH	晕倒	1	1
3445	VC	熨	1	1
3446	Na	运气	1	2
3447	Na	杂志	1	1
3448	VC	栽培	1	2
3449	D	在	1	7
3450	VH	在一块儿	1	1
3451	Na	葬礼	1	1
3452	Na	枣儿	1	1
3453	D	早日	1	1
3454	Nc	早市	1	1
3455	D	早些	1	1
3456	VH	早早	1	1
3457	VK	造成	1	1
3458	Na	造景	1	2
3459	VA	造句	1	2
3460	VC	责备	1	2
3461	VC	责怪	1	1
3462	VHC	增长	1	2
3463	VB	摘下来	1	2
3464	Na	战船	1	1
3465	VA	战斗	1	1

순서	품사	단어	통합	
			수정전	수정후
3466	D	暂时	1	1
3467	A	暂时	1	1
3468	VC	招聘	1	1
3469	VH	真	1	4
3470	VJ	珍爱	1	1
3471	VB	诊病	1	1
3472	VA	争吵	1	1
3473	VC	整理	1	2
3474	VC	争	1	2
3475	Na	政策	1	1
3476	VH	正好	1	1
3477	VH	正经	1	1
3478	VA	挣钱	1	1
3479	Na	症状	1	2
3480	Ncd	之间	1	1
3481	Na	知了	1	1
3482	Ng	之下	1	1
3483	Na	枝子	1	1
3484	Na	纸	1	1
3485	VC	指导	1	1
3486	VC	指责	1	1
3487	P	至	1	1
3488	VA	制药	1	1
3489	Nd	钟	1	2
3490	Na	中饭	1	1
3491	Ncd	中间	1	1
3492	Na	中介人	1	1
3493	Na	中年	1	2
3494	VH	忠实	1	1
3495	D	衷心	1	1
3496	Na	中语	1	1
3497	VA	种田	1	2
3498	Na	重要性	1	2
3499	Na	皱纹	1	0
3500	Na	猪血	1	1
3501	Na	助教	1	1
3502	Na	主妇	1	1
3503	Na	主任	1	1
3504	Na	主席	1	1
3505	D	主要	1	3

순서	품사	단어	통합	
			수정전	수정후
3506	VH	主要	1	1
3507	Na	主义	1	2
3508	VH	著名	1	1
3509	VA	助兴	1	1
3510	Na	注意力	1	1
3511	Na	柱子	1	1
3512	VAC	转	1	1
3513	VC	赚	1	1
3514	VA	转来转去	1	1
3515	VC	撞断	1	1
3516	VH	壮观	1	1
3517	Na	装饰	1	1
3518	VC	追	1	1
3519	VC	追随	1	1
3520	D	准	1	1
3521	Na	滋味儿	1	1
3522	Na	紫色	1	1
3523	Na	自信感	1	1
3524	VE	自言自语	1	1
3525	Na	字眼	1	1
3526	Da	总共	1	1
3527	VA	走步	1	1
3528	VCL	走出	1	1
3529	VA	走过来	1	1
3530	Na	足	1	1
3531	Na	嘴唇	1	1
3532	VJ	遵守	1	1
3533	VE	做到	1	2
3534	VH	坐立不安	1	1
3535	VA	做梦	1	1
3536	D	做起来	1	1
3537	Na	作文课	1	1
3538	VA	做下来	1	1
3539	Na	爱意	0	1
3540	VJ	熬过	0	1
3541	Na	爸妈	0	2
3542	VH	白茫茫	0	1
3543	VC	拜访	0	1
3544	Na	榜	0	1
3545	Na	报道	0	1

순서	품사	단어	통합	
			수정전	수정후
3546	Na	报告书	0	5
3547	Nc	报社	0	1
3548	Nc	背后	0	1
3549	P	比起	0	2
3550	Na	必修课	0	1
3551	VH	变黑	0	1
3552	VHC	变化	0	1
3553	Cbb	便是	0	1
3554	Na	标志	0	1
3555	VC	表露	0	1
3556	VA	表现	0	1
3557	Na	兵马俑	0	1
3558	VH	不对劲	0	1
3559	VH	不得	0	2
3560	VJ	不关	0	1
3561	Da	不光	0	1
3562	D	不经意	0	1
3563	D	不停	0	1
3564	VA	步行	0	1
3565	D	不由得	0	2
3566	VB	擦干净	0	1
3567	D	才	0	1
3568	Na	菜肴	0	1
3569	Na	餐费	0	1
3570	VC	藏	0	1
3571	Na	差使	0	1
3572	D	常年	0	1
3573	VC	敞开	0	1
3574	VC	唱起	0	1
3575	Na	吵架声	0	1
3576	VH	称职	0	1
3577	VC	承受	0	1
3578	VC	吃掉	0	1
3579	VJ	吃上	0	1
3580	VJ	持	0	1
3581	VL	持续	0	1
3582	VH	充足	0	1
3583	VC	抽	0	1
3584	VK	愁	0	1
3585	VA	出场	0	1

순서	품사	단어	통합	
			수정전	수정후
3586	VCL	出走	0	1
3587	Dk	除此以外	0	1
3588	VC	处理好	0	1
3589	VD	传染	0	1
3590	Na	窗	0	3
3591	VC	吹开	0	1
3592	VH	纯朴	0	2
3593	D	此后	0	1
3594	VH	脆弱	0	1
3595	Nc	村庄	0	2
3596	VJ	错过	0	1
3597	VC	达成	0	2
3598	VB	答出来	0	1
3599	VC	打击	0	1
3600	VH	大不了	0	1
3601	A	大概	0	1
3602	VE	大叫	0	1
3603	VC	呆到	0	1
3604	VB	带出去	0	1
3605	VA	待人	0	1
3606	VH	单调	0	1
3607	VK	担忧	0	1
3608	Na	当局	0	1
3609	VA	倒下	0	1
3610	VB	道别	0	1
3611	VA	倒流	0	2
3612	VA	倒数	0	1
3613	D	得以	0	1
3614	VC	登顶	0	1
3615	VC	点上	0	1
3616	VK	懂得	0	1
3617	VH	冻	0	1
3618	VA	兜	0	1
3619	VH	陡峭	0	1
3620	VA	逗留	0	1
3621	VH	肚子痛	0	1
3622	VHC	端正	0	1
3623	Na	短处	0	1
3624	VH	短暂	0	1
3625	Na	对开车	0	1

순서	품사	단어	통합	
			수정전	수정후
3626	Ncd	对面	0	1
3627	D	顿时	0	1
3628	Neqa	多数	0	1
3629	VH	多心	0	1
3630	Na	耳朵	0	1
3631	VH	繁重	0	1
3632	D	反复	0	1
3633	VK	反映出	0	2
3634	VA	犯错	0	1
3635	Na	房东	0	2
3636	Na	房门	0	1
3637	VA	飞行	0	1
3638	Na	沸点	0	1
3639	VH	废寝忘食	0	1
3640	VC	分	0	1
3641	Na	分数	0	1
3642	Na	分文	0	1
3643	VJ	分享	0	1
3644	Na	分子	0	1
3645	VC	扶持	0	1
3646	Na	符号	0	2
3647	Na	抚养费	0	1
3648	VC	付出	0	2
3649	VH	覆水难收	0	1
3650	Na	富翁	0	1
3651	VA	赴约	0	1
3652	VL	负责	0	1
3653	VC	改	0	1
3654	VC	改革	0	1
3655	VC	改善	0	1
3656	VK	感觉	0	9
3657	VE	感起	0	1
3658	VK	感悟到	0	1
3659	Na	感谢	0	1
3660	Na	高中	0	1
3661	D	各	0	1
3662	Na	个儿	0	1
3663	Na	根本	0	1
3664	Dfa	更为	0	1
3665	VH	功亏一篑	0	1

순서	품사	단어	통합	
			수정전	수정후
3666	A	共同	0	1
3667	VC	贡献	0	1
3668	Dfa	够	0	1
3669	VA	购物	0	1
3670	VL	故意	0	1
3671	VC	观赏	0	2
3672	VC	管教	0	1
3673	VCL	逛逛	0	1
3674	VA	归国	0	1
3675	Na	柜台	0	1
3676	VC	过不了	0	1
3677	VH	过火	0	1
3678	VJ	过去	0	1
3679	VA	过夜	0	1
3680	Na	海风	0	1
3681	Na	海熊	0	1
3682	VH	汗如雨下	0	1
3683	Nb	汉语水平考试	0	1
3684	VC	喝掉	0	1
3685	VA	喝醉	0	1
3686	VB	喝彩	0	1
3687	Na	贺卡	0	1
3688	VC	哼	0	1
3689	VH	红红	0	1
3690	Na	互联网	0	1
3691	VC	花光	0	1
3692	VA	划船	0	1
3693	VG	化	0	1
3694	Na	坏蛋	0	1
3695	VCL	欢聚	0	1
3696	VAC	晃动	0	1
3697	VHC	恢复	0	1
3698	VE	回想起	0	4
3699	VA	会合	0	1
3700	VH	活不了	0	1
3701	VH	火	0	3
3702	VH	豁然开朗	0	1
3703	VC	激励	0	1
3704	VH	积少成多	0	1
3705	Dfa	极其	0	1

순서	품사	단어	통합	
			수정전	수정후
3706	VD	给予	0	1
3707	VF	计划	0	2
3708	VI	记忆犹新	0	2
3709	VA	监考	0	4
3710	VH	坚强	0	3
3711	VHC	减轻	0	1
3712	VH	减退	0	1
3713	VH	渐渐	0	1
3714	VE	讲讲	0	1
3715	VA	讲课	0	1
3716	VA	交卷	0	1
3717	VA	浇水	0	1
3718	VA	交谈	0	2
3719	VA	郊游	0	2
3720	VF	叫到	0	1
3721	Nd	教师节	0	1
3722	VG	结成	0	1
3723	VH	拮据	0	1
3724	VA	结账	0	1
3725	VB	解雇	0	1
3726	VC	解决不了	0	1
3727	VB	解闷	0	1
3728	VH	金	0	1
3729	VH	筋疲力尽	0	1
3730	Da	仅	0	2
3731	VJ	紧接	0	1
3732	D	尽	0	1
3733	VA	进来	0	1
3734	VC	进修	0	1
3735	VA	进展	0	1
3736	Na	精力	0	1
3737	Na	警惕	0	1
3738	VHC	净化	0	1
3739	VH	久远	0	1
3740	Cbb	就算	0	2
3741	D	居然	0	1
3742	Na	橘子	0	1
3743	VH	俱全	0	1
3744	Na	卷子	0	1
3745	VH	开满	0	1

순서	품사	단어	통합	
			수정전	수정후
3746	VC	开上	0	1
3747	VC	开走	0	2
3748	VC	看待	0	1
3749	VC	看望	0	1
3750	VE	抗议	0	1
3751	Na	烤饼摊	0	1
3752	VJ	考取	0	2
3753	Na	考生	0	3
3754	Na	考试题	0	1
3755	VJ	靠	0	1
3756	VA	磕	0	1
3757	Na	科研	0	1
3758	VH	可恨	0	1
3759	Nc	空中	0	1
3760	Na	口才	0	1
3761	VA	哭出来	0	1
3762	VA	拉客	0	1
3763	Na	蜡烛	0	1
3764	Na	篮球队员	0	1
3765	D	老半天	0	1
3766	Na	老年	0	1
3767	Na	老三	0	1
3768	VL	乐于	0	1
3769	D	累月	0	1
3770	VH	累倒	0	1
3771	VH	泪如雨下	0	1
3772	VA	愣住	0	1
3773	VA	离家	0	1
3774	P	例如	0	1
3775	D	连续	0	2
3776	VH	脸红	0	1
3777	Na	脸庞	0	2
3778	VH	两样	0	1
3779	P	临近	0	1
3780	VC	领	0	1
3781	VJ	领到	0	1
3782	VK	留意	0	1
3783	Na	绿叶	0	1
3784	VC	乱放	0	1
3785	VA	落下	0	1

순서	품사	단어	통합	
			수정전	수정후
3786	VA	落下来	0	1
3787	VH	落选	0	1
3788	Na	马群	0	1
3789	VC	买错	0	1
3790	VJ	买得起	0	1
3791	VJ	满怀	0	2
3792	D	满心	0	1
3793	VA	忙来忙去	0	1
3794	VH	忙碌	0	2
3795	D	没法	0	4
3796	P	每逢	0	2
3797	Na	美容师	0	1
3798	Na	门外汉	0	1
3799	VJ	迷失	0	1
3800	VA	面带笑容	0	2
3801	Na	名单	0	1
3802	VH	明显	0	1
3803	VH	模糊	0	1
3804	VK	漠不关心	0	1
3805	VC	拿到	0	2
3806	VH	难闻	0	1
3807	Na	脑子	0	2
3808	VH	内疚	0	1
3809	VH	能干	0	1
3810	Na	鸟儿	0	1
3811	VK	弄得	0	1
3812	VC	弄丢	0	5
3813	VC	弄乱	0	1
3814	Na	排骨	0	2
3815	VA	排排坐	0	1
3816	VCL	攀登	0	1
3817	VA	跑出去	0	1
3818	VC	抛开	0	1
3819	D	偏要	0	2
3820	VA	飘	0	1
3821	VH	漂漂亮亮	0	1
3822	VA	飘下	0	1
3823	VH	疲惫	0	2
3824	VHC	平复	0	1
3825	VH	平均	0	1

순서	품사	단어	통합	
			수정전	수정후
3826	Na	妻儿	0	1
3827	VA	起晚	0	1
3828	Na	气色	0	1
3829	Na	气味儿	0	1
3830	Na	钱财	0	1
3831	VH	前所未有	0	1
3832	VA	抢先	0	1
3833	A	切身	0	1
3834	A	亲	0	2
3835	VC	清楚	0	1
3836	VH	情不自禁	0	1
3837	VB	请安	0	1
3838	VE	庆祝	0	1
3839	VA	求情	0	1
3840	VC	驱逐	0	1
3841	Na	全家福	0	2
3842	D	全力	0	2
3843	VH	全新	0	1
3844	VH	雀跃	0	1
3845	Na	热潮	0	1
3846	VJ	忍	0	1
3847	VJ	认不认识	0	1
3848	VH	柔和	0	1
3849	VH	如愿以偿	0	1
3850	VA	入场	0	1
3851	VA	入伍	0	2
3852	Cbb	若要	0	1
3853	VH	塞车	0	1
3854	VH	散	0	4
3855	VB	扫干净	0	1
3856	VHC	晒黑	0	1
3857	VA	晒太阳	0	1
3858	Na	山下	0	1
3859	Nf	扇	0	2
3860	VL	善于	0	2
3861	VH	上当	0	1
3862	VA	上眼	0	1
3863	VE	设想	0	1
3864	VJ	深爱	0	5
3865	VH	深奥	0	1

순서	품사	단어	통합	
			수정전	수정후
3866	VH	身心健康	0	1
3867	Na	神儿	0	1
3868	Na	婶子	0	1
3869	VC	生产	0	1
3870	Na	声说	0	1
3871	VC	省	0	1
3872	Na	胜地	0	1
3873	VC	实施	0	1
3874	VH	实实在在	0	1
3875	VB	示爱	0	1
3876	Na	事务	0	1
3877	D	事先	0	1
3878	Na	收银员	0	1
3879	VH	瘦多	0	3
3880	VK	数	0	1
3881	Na	水珠	0	1
3882	VCL	睡到	0	2
3883	Na	说话声	0	1
3884	VA	说谎	0	1
3885	VA	说说话	0	1
3886	VH	死定	0	1
3887	VI	死心	0	1
3888	Na	死讯	0	1
3889	VH	驷马难追	0	1
3890	VH	酸	0	1
3891	VCL	踏上	0	1
3892	Nf	趟	0	3
3893	VB	剃头	0	2
3894	VL	提早	0	2
3895	VK	体会到	0	5
3896	VJ	体现	0	1
3897	Na	体制	0	1
3898	VH	天成	0	1
3899	Na	田地	0	2
3900	VB	挑出来	0	1
3901	VA	听不进去	0	1
3902	VC	听取	0	1
3903	VH	通	0	1
3904	VA	通信	0	1
3905	P	同	0	1

순서	품사	단어	통합	
			수정전	수정후
3906	Nes	同	0	1
3907	VC	投入到	0	1
3908	VH	团聚	0	1
3909	Na	娃娃	0	2
3910	Na	外遇	0	1
3911	Na	外国	0	1
3912	VJ	维持	0	1
3913	VHC	为难	0	1
3914	VE	问清	0	1
3915	D	嗡	0	1
3916	VC	握	0	1
3917	VH	乌黑	0	1
3918	VH	无比	0	1
3919	VH	无济于事	0	1
3920	VH	无理	0	1
3921	VH	五彩缤纷	0	1
3922	Na	午餐	0	1
3923	VC	误解	0	1
3924	VHC	西方化	0	1
3925	VA	嬉戏	0	2
3926	Nb	席间	0	1
3927	VK	喜欢上	0	1
3928	Na	喜悦	0	1
3929	VA	下降	0	2
3930	VA	下乡	0	1
3931	Di	下来	0	1
3932	VB	相比	0	1
3933	Na	香气	0	1
3934	Nf	响	0	1
3935	VK	想像	0	2
3936	VE	想像	0	1
3937	VJ	享受到	0	1
3938	VK	向往	0	1
3939	VK	象征	0	2
3940	VJ	孝顺	0	1
3941	VH	协	0	1
3942	VC	写出	0	1
3943	VB	写下来	0	1
3944	VH	辛勤	0	1
3945	VH	心神不宁	0	1

순서	품사	단어	통합	
			수정전	수정후
3946	VH	心酸	0	1
3947	VE	形容	0	1
3948	VA	行事	0	2
3949	VH	醒来	0	1
3950	D	幸好	0	1
3951	VC	休	0	2
3952	VH	秀丽	0	1
3953	VK	需	0	2
3954	VJ	虚度	0	1
3955	VH	学成	0	1
3956	VC	学得	0	2
3957	Na	雪地	0	1
3958	Na	押金费	0	1
3959	Na	腌制	0	1
3960	VA	研究	0	1
3961	Na	癌症	0	1
3962	VH	遥远	0	1
3963	Na	野猪	0	1
3964	VH	依依不舍	0	1
3965	Nd	一阵	0	1
3966	Neqa	一朵朵	0	1
3967	A	易燃	0	1
3968	VK	意想不到	0	1
3969	Na	异样	0	1
3970	VC	营造	0	2
3971	VH	映	0	1
3972	VA	应考	0	1
3973	VH	拥挤	0	1
3974	VH	永生	0	1
3975	VL	用来	0	1
3976	VH	优美	0	1
3977	Na	优缺点	0	1
3978	VA	游玩	0	1
3979	Na	游泳课	0	1
3980	Na	游泳衣	0	1
3981	VH	有气无力	0	1
3982	VH	友善	0	1
3983	VJ	有所	0	1
3984	VJ	有益于	0	1
3985	VH	圆圆	0	3

순서	품사	단어	통합	
			수정전	수정후
3986	P	与	0	3
3987	Na	预期	0	2
3988	VC	砸碎	0	1
3989	VJ	赞同	0	1
3990	Na	澡	0	1
3991	D	早早	0	1
3992	VC	责骂	0	1
3993	Na	增肥	0	1
3994	VI	着想	0	1
3995	VH	真是	0	1
3996	A	真正的	0	1
3997	VJ	珍惜	0	1
3998	D	正面	0	1
3999	P	值	0	2
4000	D	只得	0	1
4001	Na	指挥	0	1
4002	VB	治病	0	1
4003	VC	治好	0	1
4004	Ncd	中	0	3
4005	Na	中餐	0	1
4006	Nd	中秋	0	2
4007	VK	主意	0	1
4008	Na	专业课	0	1
4009	VH	转凉	0	1
4010	VA	转学	0	1
4011	Na	坠石	0	1
4012	VH	准确	0	1
4013	Na	资格证	0	3
4014	Na	自豪感	0	1
4015	VK	自觉	0	1
4016	VH	自立	0	1
4017	D	自始至终	0	1
4018	VH	自尊	0	1
4019	Na	宗教	0	1
4020	Na	总统	0	2
4021	VA	走进来	0	1
4022	VH	走散	0	2
4023	Da	最多	0	1
4024	VA	作弊	0	1
4025	VA	做人	0	1

순서	품사	단어	통합	
			수정전	수정후
4026	VG	作为	0	3
4027	VC	阻止	0	1

3.1.2 수정후 기준

순서	품사	단어	통합	
			수정전	수정후
1	Nh	我	4476	4433
2	De	的	3299	3068
3	Di	了	1170	1355
4	Dfa	很	1065	1157
5	Nh	他	1030	1039
6	Nh	你	1004	997
7	SHI	是	1049	976
8	Nh	我们	838	861
9	Nf	个	820	775
10	D	不	716	717
11	Nep	这	732	716
12	P	在	744	701
13	Na	人	675	675
14	T	了	600	632
15	VCL	去	617	622
16	Neu	一	630	616
17	V_2	有	627	601
18	Na	朋友	532	544
19	Nh	她	540	535
20	VH	好	393	435
21	D	都	339	432
22	D	就	345	401
23	VE	说	371	388
24	Nc	家	351	365
25	De	得	346	350
26	Na	时候	380	348
27	Cbb	所以	344	341
28	VC	学习	334	339
29	D	也	314	337
30	P	跟	360	335
31	Nf	天	325	333
32	D	要	300	331

순서	품사	단어	통합	
			수정전	수정후
33	Nc	中国	336	329
34	Nd	今天	316	315
35	D	能	278	303
36	Na	汉语	300	300
37	Caa	和	282	285
38	Na	妈妈	277	274
39	VK	喜欢	264	274
40	Ng	后	236	270
41	VC	看	278	269
42	VD	给	284	267
43	D	一起	239	254
44	VCL	到	237	249
45	P	把	229	247
46	VE	想	257	246
47	T	吧	241	239
48	Ncd	里	237	236
49	Nd	现在	240	222
50	VC	吃	222	222
51	Nf	次	234	212
52	P	对	220	210
53	Nep	什么	206	205
54	Nc	学校	223	204
55	Nep	那	208	202
56	VA	来	185	199
57	D	还	187	196
58	Cbb	因为	192	194
59	Nes	每	187	194
60	D	去	184	192
61	D	没	175	191
62	D	会	127	190
63	Na	爸爸	190	188
64	Na	老师	184	182
65	Neqa	多	138	178
66	Da	才	165	174
67	Nh	他们	187	173
68	D	来	200	172
69	T	吗	177	170
70	Na	事	161	165
71	Na	时间	184	164
72	Ng	以后	169	164

순서	품사	단어	통합	
			수정전	수정후
73	VH	多	193	158
74	Na	们	170	157
75	Di	过	154	157
76	Di	着	141	157
77	VF	打算	156	156
78	D	再	140	154
79	VH	努力	147	151
80	De	地	123	151
81	P	从	146	148
82	Ncd	上	144	148
83	VK	觉得	126	147
84	Dfa	太	164	142
85	VL	让	123	142
86	Cbb	但	131	140
87	VH	大	143	139
88	VK	知道	146	138
89	Na	学生	140	137
90	Neqa	很多	98	137
91	VJ	没有	136	136
92	D	已经	131	132
93	Nd	昨天	125	130
94	Na	车	125	125
95	VK	高兴	123	125
96	Cbb	可是	154	124
97	Neu	几	131	124
98	Na	问题	118	121
99	Neu	两	120	120
100	VC	买	120	119
101	VC	做	131	118
102	Na	书	111	117
103	VA	见面	107	117
104	Nf	件	108	115
105	Na	话	189	114
106	Nd	明天	116	114
107	D	一定	105	109
108	VH	特别	104	109
109	Nc	大学	95	109
110	P	到	149	108
111	VC	喝	106	108
112	Dfa	最	107	107

순서	품사	단어	통합	
			수정전	수정후
113	Dfa	非常	90	106
114	Na	东西	104	104
115	Cbb	但是	123	103
116	Na	男朋友	99	103
117	VC	学	116	102
118	VH	快	112	102
119	Cbb	虽然	91	102
120	Neu	三	106	101
121	Na	生活	105	101
122	Nf	年	103	99
123	D	一直	90	99
124	VC	帮助	94	96
125	Na	雪	87	96
126	D	真	132	95
127	Nc	韩国	99	95
128	Nd	最近	86	93
129	Ng	时	72	93
130	Nh	自己	99	91
131	VH	忙	101	90
132	Na	身体	94	90
133	Na	电影	88	90
134	D	常常	105	89
135	P	被	99	89
136	Na	业	89	89
137	Nd	晚上	86	89
138	VF	请	84	89
139	Dfa	有点儿	83	88
140	Na	性格	91	87
141	Na	菜	90	87
142	VA	走	89	87
143	Na	天气	85	86
144	VH	一样	90	84
145	T	呢	82	84
146	VA	行	41	84
147	VE	商量	84	83
148	Dfa	较	80	83
149	VC	下	70	83
150	VH	开始	82	81
151	Dfa	比较	77	81
152	P	比	86	80

순서	품사	단어	통합	
			수정전	수정후
153	VA	坐	83	80
154	Na	父母	80	80
155	Cbb	如果	81	79
156	VE	听	83	78
157	D	经常	72	77
158	Na	工作	70	77
159	D	得	68	77
160	Na	饭	67	77
161	VCL	在	69	76
162	Na	衣服	77	75
163	Nc	北京	74	74
164	Neu	第一	76	73
165	Na	弟弟	73	73
166	Nd	后	71	72
167	VH	漂亮	69	72
168	D	应该	68	72
169	P	和	66	72
170	VA	旅行	31	72
171	VK	感到	77	71
172	Na	钱	67	71
173	VH	很多	92	70
174	Na	哥哥	69	70
175	VH	难	72	69
176	Nd	以前	73	68
177	Na	酒	70	68
178	Neu	四	69	68
179	VA	回家	65	67
180	Nf	岁	64	67
181	D	可	50	66
182	VH	怎么样	68	65
183	VC	等	67	64
184	Na	小时	64	64
185	Nd	一下	61	64
186	Neqa	一点儿	83	63
187	VCL	过	76	63
188	Nf	种	60	63
189	Nf	本	59	63
190	VC	找	57	63
191	VC	打	54	63
192	VA	吃饭	70	62

순서	품사	단어	통합	
			수정전	수정후
193	VA	工作	65	62
194	Na	作业	59	62
195	Da	只	57	62
196	VK	希望	51	62
197	Cba	的话	2	62
198	VC	认识	66	61
199	VH	冷	64	61
200	VC	带	54	60
201	Ng	前	54	60
202	D	又	52	60
203	D	先	54	59
204	VG	当	47	59
205	VH	幸福	60	58
206	Nd	早上	57	58
207	Na	路	61	56
208	D	别	55	56
209	Nes	下	54	56
210	VHC	累	50	56
211	Neu	五	57	55
212	Na	勇气	55	55
213	D	没有	70	54
214	Dfa	越来越	60	54
215	D	多	54	54
216	Nd	去年	52	54
217	VCL	住在	49	54
218	Na	地方	63	53
219	VA	睡觉	61	53
220	Nd	以后	59	53
221	Na	事情	55	53
222	Na	中国人	52	53
223	VH	胖	51	53
224	VH	高	48	53
225	VH	小	54	52
226	P	帮	53	52
227	Na	同屋	51	52
228	Cbb	而且	50	52
229	VH	长	49	52
230	Ng	中	61	51
231	Na	月	50	51
232	VC	参加	48	51

순서	품사	단어	통합	
			수정전	수정후
233	P	为	38	51
234	Nc	首尔	4	51
235	VA	搬家	58	50
236	VC	开	56	50
237	VH	热闹	51	50
238	Dfa	挺	49	50
239	VE	以为	49	50
240	D	可以	43	50
241	VH	瘦	56	49
242	VA	运动	48	49
243	VC	玩	45	49
244	Na	水平	43	49
245	Nf	口	27	49
246	Na	约会	64	48
247	VL	爱	58	48
248	Ncd	边	52	48
249	VA	上班	48	48
250	VA	玩儿	44	48
251	VH	重要	49	47
252	Na	汽车	46	47
253	P	向	43	47
254	VH	这样	43	47
255	Dfa	更	59	46
256	VA	出去	50	46
257	Nh	它	50	46
258	D	怎么	50	46
259	Nh	别人	47	46
260	VH	毕业	45	46
261	VA	逛街	45	46
262	Na	消息	44	46
263	D	快	39	46
264	Nc	公司	45	45
265	Na	妹妹	44	45
266	VH	重	43	45
267	D	还是	27	45
268	D	好像	49	44
269	D	互相	46	44
270	D	必须	45	44
271	Nd	冬天	44	44
272	Na	英语	44	44

순서	품사	단어	통합	
			수정전	수정후
273	Nh	大家	26	44
274	VE	见	72	43
275	D	一	55	43
276	VA	下雪	53	43
277	VK	关心	49	43
278	VH	有意思	48	43
279	VC	进行	46	43
280	Na	同学	41	43
281	VC	上	29	43
282	VA	上网	43	42
283	Na	课	42	42
284	VE	安排	40	42
285	D	正在	40	42
286	VH	生气	38	42
287	Na	目的	43	41
288	VK	注意	42	41
289	Nh	你们	41	41
290	Na	关系	38	41
291	VA	上课	44	40
292	Na	年级	39	40
293	VC	看到	34	40
294	VCL	上	25	40
295	VE	表示	51	39
296	Cbb	不但	47	39
297	VA	留学	40	39
298	Neu	十	39	39
299	VH	晚	34	39
300	T	去	31	39
301	Nf	场	17	39
302	VC	打扰	40	38
303	VB	送行	39	38
304	VE	讨论	35	38
305	VH	近	31	38
306	Ng	上	24	38
307	Na	样式	41	37
308	VH	慢	38	37
309	VH	不错	37	37
310	Na	图书馆	37	37
311	VH	好吃	36	37
312	Cbb	要是	41	36

순서	품사	단어	통합	
			수정전	수정후
313	D	原来	41	36
314	Nc	房间	40	36
315	Na	生日	40	36
316	Nf	位	37	36
317	VC	准备	33	36
318	Neu	二	45	35
319	Na	心情	37	35
320	Na	身材	36	35
321	VH	方便	35	35
322	Na	好朋友	35	35
323	Na	球	35	35
324	Nc	上海	35	35
325	Na	体重	33	35
326	VC	研究	33	35
327	Na	家庭	32	35
328	VJ	得	31	35
329	VA	睡	31	35
330	Di	起来	25	35
331	Na	困难	42	34
332	Ncd	那儿	39	34
333	VB	打电话	38	34
334	Na	房子	35	34
335	Nh	谁	33	34
336	Ncd	哪儿	32	34
337	P	于	32	34
338	VE	听到	29	34
339	VH	在一起	27	34
340	Na	行	79	33
341	VJ	没	40	33
342	Nd	当时	34	33
343	Neu	0	33	33
344	D	突然	33	33
345	VK	担心	31	33
346	D	马上	31	33
347	VE	决定	30	33
348	VH	舒服	30	33
349	VC	招待	30	33
350	Na	旅行	76	32
351	P	为了	38	32
352	VC	接待	36	32

순서	품사	단어	통합	
			수정전	수정후
353	VH	厉害	34	32
354	VH	远	34	32
355	Nd	明年	33	32
356	Nc	商店	33	32
357	Nd	星期天	33	32
358	P	除了	32	32
359	Na	奶奶	32	32
360	VA	休息	32	32
361	VE	问	31	32
362	VH	健康	29	32
363	Cab	等	21	32
364	D	一边	35	31
365	D	这么	31	31
366	VE	告诉	30	31
367	VH	新	29	31
368	VE	见到	16	31
369	VE	认为	16	31
370	D	然后	44	30
371	Neqa	别的	39	30
372	VK	忘	33	30
373	Na	自行车	31	30
374	Nc	车站	30	30
375	D	总是	30	30
376	Nc	高中	29	30
377	VC	穿	28	30
378	Cbb	而	28	30
379	Na	外套	28	30
380	Na	比赛	27	30
381	VH	白	26	30
382	VH	好看	38	29
383	D	那么	36	29
384	Neqa	半	31	29
385	Na	专家	31	29
386	Na	火车	29	29
387	VA	结婚	29	29
388	Na	鞋带	29	29
389	Na	狗	28	29
390	Na	机会	28	29
391	Na	礼物	27	29
392	Na	电话	26	29

순서	품사	단어	통합	
			수정전	수정후
393	VC	找到	24	29
394	Na	客人	23	29
395	Cbb	不过	37	28
396	Nes	各	33	28
397	Nd	那时	33	28
398	VA	下雨	31	28
399	VH	成功	29	28
400	Nc	世界	29	28
401	VH	贵	26	28
402	Na	钱包	26	28
403	VCL	回	20	28
404	VE	想起	18	28
405	D	可能	33	27
406	VHC	热	29	27
407	D	为什么	28	27
408	VH	流利	27	27
409	Nh	您	27	27
410	Ng	外	27	27
411	VC	放	26	27
412	VC	生	25	27
413	Na	星期	25	27
414	VJ	发生	32	26
415	T	啊	28	26
416	D	早	26	26
417	Nc	班	25	26
418	Na	成绩	25	26
419	VA	说话	25	26
420	VE	主张	22	26
421	VH	迟到	20	26
422	VG	像	20	26
423	VC	做完	20	26
424	Nd	夏天	25	25
425	Ng	以外	25	25
426	Na	手机	24	25
427	Na	信	24	25
428	Nd	周末	24	25
429	VC	不好	22	25
430	Cbb	连	22	25
431	Nc	中文系	21	25
432	VG	成为	20	25

순서	품사	단어	통합	
			수정전	수정후
433	VH	久	18	25
434	VK	需要	18	25
435	Dfa	相当	13	25
436	Na	面	48	24
437	VJ	对不起	26	24
438	VA	出来	25	24
439	Nh	咱们	25	24
440	Nd	春节	24	24
441	Nf	分钟	24	24
442	VC	回来	24	24
443	Na	经济	24	24
444	D	差不多	23	24
445	D	即	23	24
446	VH	愉快	23	24
447	VA	开车	22	24
448	D	便	21	24
449	Na	公共汽车	21	24
450	VL	好	20	24
451	Na	花	18	24
452	VF	叫	18	24
453	VC	出	31	23
454	VH	美丽	28	23
455	VA	起床	28	23
456	VA	哭	22	23
457	VH	下课	22	23
458	Nes	半	21	23
459	Ncd	前	21	23
460	Na	旅游	20	23
461	Na	中国语	20	23
462	VL	爱好	19	23
463	VC	提高	19	23
464	VE	发现	18	23
465	VJ	认识	17	23
466	VC	吃完	13	23
467	Na	水	29	22
468	Caa	而且	28	22
469	VA	游泳	25	22
470	Na	大学生	24	22
471	Nes	上	24	22
472	VC	教	23	22

순서	품사	단어	통합	
			수정전	수정후
473	Nc	宿舍	23	22
474	Nf	条	23	22
475	Nc	附近	22	22
476	VC	浪费	22	22
477	P	往	22	22
478	Na	桌子	22	22
479	D	立即	21	22
480	D	刚	20	22
481	VH	最好	17	22
482	D	终于	16	22
483	Dfa	有点	11	22
484	Na	情况	25	21
485	VH	早	24	21
486	VK	感谢	22	21
487	VC	带来	21	21
488	Na	父亲	21	21
489	Na	国家	21	21
490	Nc	哈尔滨	21	21
491	VA	回国	21	21
492	VK	怕	21	21
493	Na	病	20	21
494	Nd	星期六	20	21
495	VC	养	20	21
496	Na	名字	18	21
497	VC	搬到	16	21
498	VC	学好	13	21
499	Nf	句	25	20
500	Nc	外国	23	20
501	D	差点儿	21	20
502	Na	女朋友	21	20
503	VE	商量商量	21	20
504	VG	叫	20	20
505	Na	母亲	20	20
506	Nes	前	20	20
507	Ncd	外面	20	20
508	Na	文化	20	20
509	D	真的	20	20
510	VH	可爱	18	20
511	Nc	医院	18	20
512	Cbb	由于	16	20

순서	품사	단어	통합	
			수정전	수정후
513	VH	最近	16	20
514	D	大概	15	20
515	Nf	各	15	20
516	VCL	回到	15	20
517	Nf	名	15	20
518	VD	送给	15	20
519	P	用	15	20
520	D	却	9	20
521	VA	出发	24	19
522	VK	了解	21	19
523	VK	难过	21	19
524	VC	写	21	19
525	VK	信	21	19
526	VJ	欢迎	20	19
527	VH	便宜	20	19
528	VC	用	20	19
529	D	到处	19	19
530	Na	飞机	19	19
531	Na	韩国人	19	19
532	Nc	门口	19	19
533	VH	容易	19	19
534	VK	懂	18	19
535	VD	交给	17	19
536	VE	听说	15	19
537	VA	站	11	19
538	Cbb	不仅	7	19
539	Ncd	这儿	21	18
540	VCL	来到	20	18
541	Na	社会	20	18
542	VK	忘不了	20	18
543	Ng	之间	20	18
544	Na	节日	19	18
545	VA	睡懒觉	19	18
546	VA	打工	18	18
547	Nc	教室	18	18
548	D	顺便	18	18
549	P	依	18	18
550	Neqa	一些	18	18
551	D	赶快	17	18
552	VH	感冒	17	18

순서	품사	단어	통합	
			수정전	수정후
553	VI	感兴趣	17	18
554	VC	骑	17	18
555	Ng	以前	17	18
556	D	只有	17	18
557	VC	搬	16	18
558	Na	觉	16	18
559	Na	印象	16	18
560	VH	热情	15	18
561	Dfb	点儿	14	18
562	Nf	只	12	18
563	Nf	遍	8	18
564	Nd	后来	3	18
565	VE	看	22	17
566	VH	太多	22	17
567	Nf	点	20	17
568	Nc	面前	20	17
569	Na	电脑	18	17
570	VK	肯定	18	17
571	Na	意思	18	17
572	D	不见得	17	17
573	Na	脸	17	17
574	Nd	暑假	17	17
575	VC	拿	15	17
576	Na	心	14	17
577	VJ	达到	13	17
578	VC	交	12	17
579	VC	干	10	17
580	Na	期间	9	17
581	VL	使	8	17
582	Na	样子	27	16
583	VA	聊天儿	24	16
584	Nd	会儿	21	16
585	Nd	一点	21	16
586	Cbb	只要	21	16
587	VH	苦	19	16
588	VA	唱歌	18	16
589	Na	计划	17	16
590	Ncd	内	17	16
591	Nc	日本	17	16
592	Na	床	16	16

순서	품사	단어	통합	
			수정전	수정후
593	Neu	第二	16	16
594	VC	丢	16	16
595	Na	小狗	16	16
596	Nd	中秋节	16	16
597	VC	打扫	15	16
598	VD	还给	15	16
599	VC	练习	15	16
600	VJ	受	15	16
601	VC	唱	14	16
602	Neqb	多	14	16
603	VH	善良	14	16
604	Na	活动	13	16
605	Nf	斤	12	16
606	Na	咖啡	12	16
607	D	其实	12	16
608	VH	认真	12	16
609	De	之	11	16
610	VJ	得到	19	15
611	VCL	进	19	15
612	VH	少	19	15
613	Nd	晚	18	15
614	Na	原因	18	15
615	Nc	公园	17	15
616	P	离	17	15
617	Dfa	十分	17	15
618	Nh	我们俩	17	15
619	Nd	一会儿	17	15
620	D	本来	16	15
621	VK	同意	16	15
622	Na	画	15	15
623	Nep	哪	15	15
624	Nc	市	15	15
625	Na	爷爷	15	15
626	VK	记	14	15
627	D	看起来	14	15
628	VC	陪	14	15
629	D	说不定	14	15
630	Neqa	许多	14	15
631	Na	中文	14	15
632	Na	足球	14	15

순서	품사	단어	통합	
			수정전	수정후
633	VC	比较	13	15
634	Na	初雪	13	15
635	VC	解决	13	15
636	VH	浪费	13	15
637	VH	好好	12	15
638	VH	明白	12	15
639	Na	裙子	12	15
640	VH	帅	12	15
641	Nf	公斤	10	15
642	Da	共	10	15
643	D	正	10	15
644	D	并	8	15
645	Neqa	其他	5	15
646	VK	愿意	27	14
647	VH	死	22	14
648	Dk	那	18	14
649	Na	事儿	17	14
650	VA	笑	17	14
651	Na	气氛	16	14
652	Na	日子	16	14
653	Na	照片	16	14
654	VHC	感动	15	14
655	VC	花	15	14
656	VHC	结束	15	14
657	VH	急	14	14
658	Nc	市场	14	14
659	Na	习惯	14	14
660	VK	相信	14	14
661	Nd	八点	13	14
662	VC	摆	13	14
663	VH	病	13	14
664	Nf	部	13	14
665	Na	个子	13	14
666	VA	减肥	13	14
667	VH	随便	13	14
668	Na	行李	13	14
669	VH	差	12	14
670	Nc	动物园	12	14
671	Dfa	多	12	14
672	Dfb	极了	12	14

순서	품사	단어	통합	
			수정전	수정후
673	Neqa	这些	12	14
674	Neqa	多少	11	14
675	VH	美	11	14
676	Nd	将来	10	14
677	P	像	10	14
678	VG	成	9	14
679	VC	离开	8	14
680	Cab	等等	2	14
681	Nd	小时候	20	13
682	T	呀	17	13
683	D	没想到	16	13
684	D	偏偏	15	13
685	Dfa	好	14	13
686	D	能不能	14	13
687	Ng	左右	14	13
688	VG	变	13	13
689	Na	茶	13	13
690	Na	面包	13	13
691	Na	苹果	13	13
692	P	随着	13	13
693	Na	外国语	13	13
694	Na	雨	13	13
695	VG	真是	13	13
696	Neqa	不少	12	13
697	VC	接	12	13
698	VK	理解	12	13
699	VK	满意	12	13
700	VK	难忘	12	13
701	VC	偷走	12	13
702	Na	演员	12	13
703	VH	有名	12	13
704	VC	照顾	12	13
705	VE	叫	11	13
706	VA	开门	11	13
707	VJ	满	11	13
708	VF	劝	11	13
709	VA	游	11	13
710	Na	服装	10	13
711	D	渐	10	13
712	Neqa	所有	10	13

순서	품사	단어	통합	
			수정전	수정후
713	P	以	10	13
714	Na	专业	10	13
715	D	那里	9	13
716	VK	觉	8	13
717	Nh	对方	7	13
718	P	当	4	13
719	Dfa	更加	3	13
720	D	真是	3	13
721	T	好了	19	12
722	VH	紧张	15	12
723	VC	看看	15	12
724	Neu	八	14	12
725	VA	抽烟	14	12
726	D	快要	14	12
727	VH	慢慢	14	12
728	VG	变成	13	12
729	Na	儿子	13	12
730	Nc	机场	13	12
731	VK	记得	13	12
732	Nf	所	13	12
733	Na	意见	13	12
734	VH	长大	13	12
735	Nc	周围	13	12
736	Na	城市	12	12
737	VH	吃力	12	12
738	Na	传统	12	12
739	VD	递给	12	12
740	VA	读书	12	12
741	Na	啤酒	12	12
742	Neu	十五	12	12
743	VH	疼	12	12
744	D	完全	12	12
745	Na	小偷	12	12
746	Na	学期	12	12
747	Na	丈夫	12	12
748	VH	堵车	11	12
749	Na	年轻人	11	12
750	Na	女人	11	12
751	VH	深	11	12
752	VC	实现	11	12

순서	품사	단어	통합	
			수정전	수정후
753	Na	叔叔	11	12
754	VA	躺	11	12
755	VK	忘记	11	12
756	Nc	小学	11	12
757	Na	游戏	11	12
758	Neqa	这么多	11	12
759	VC	读	10	12
760	D	永远	10	12
761	Na	字	10	12
762	D	常	9	12
763	Na	感觉	9	12
764	VA	聊天	9	12
765	Ng	起	9	12
766	VA	上学	9	12
767	Na	相机	9	12
768	Na	爱	8	12
769	VH	饿	8	12
770	Cbb	就是	8	12
771	VH	开朗	8	12
772	P	通过	8	12
773	Nd	之后	7	12
774	D	更	5	12
775	Ng	里	5	12
776	Na	帮助	17	11
777	D	初次	15	11
778	P	给	15	11
779	VC	换	15	11
780	Nd	寒假	14	11
781	Na	海	13	11
782	VH	那样	13	11
783	VC	踢	13	11
784	VC	打开	12	11
785	Nc	电影院	12	11
786	VH	清楚	12	11
787	Na	想法	12	11
788	VHC	辛苦	12	11
789	D	按时	11	11
790	VH	不一样	11	11
791	Na	发展	11	11
792	Na	内容	11	11

순서	품사	단어	통합	
			수정전	수정후
793	Nc	食堂	11	11
794	VC	贴	11	11
795	VC	放弃	10	11
796	Na	韩语	10	11
797	Na	汉字	10	11
798	D	很少	10	11
799	VH	假	10	11
800	VH	精彩	10	11
801	VC	考上	10	11
802	VH	不断	9	11
803	Na	海边	9	11
804	Na	墙	9	11
805	P	如	9	11
806	Cbb	因此	9	11
807	Nf	顿	8	11
808	Na	树	8	11
809	VJ	变得	7	11
810	VC	考	7	11
811	VE	聊	7	11
812	VK	害怕	6	11
813	VE	约好	6	11
814	VL	令	4	11
815	D	只好	4	11
816	Na	主张	16	10
817	Na	回忆	15	10
818	Na	部队	14	10
819	Na	经验	14	10
820	VH	有事	14	10
821	Na	眼睛	13	10
822	VA	吵架	12	10
823	Nd	春天	12	10
824	VH	轻	12	10
825	VJ	吃不了	11	10
826	VH	怪	11	10
827	VC	过去	11	10
828	Na	猫	11	10
829	Na	态度	11	10
830	Nd	星期五	11	10
831	Na	眼泪	11	10
832	Nc	大连	10	10

순서	품사	단어	통합	
			수정전	수정후
833	VH	放假	10	10
834	Na	交通	10	10
835	Na	男人	10	10
836	Nc	内蒙古	10	10
837	VA	上大学	10	10
838	Na	司机	10	10
839	Nc	天安门	10	10
840	VC	推到	10	10
841	Na	药	10	10
842	Nc	银行	10	10
843	VH	聪明	9	10
844	VG	翻译成	9	10
845	Neu	好几	9	10
846	Nc	教会	9	10
847	VC	介绍	9	10
848	P	就	9	10
849	D	能够	9	10
850	VCL	入	9	10
851	VA	谈话	9	10
852	VK	小心	9	10
853	VG	译成	9	10
854	Ncd	这里	9	10
855	VC	看见	8	10
856	VH	美好	8	10
857	Na	人口	8	10
858	Na	文章	8	10
859	Da	一共	8	10
860	Nf	份	7	10
861	Nd	那天	7	10
862	VH	伤	7	10
863	Caa	与	6	10
864	Neqa	全	5	10
865	VC	遇到	5	10
866	Da	约	3	10
867	Na	办法	12	9
868	VH	不再	11	9
869	Na	窗户	11	9
870	Na	歌	11	9
871	VF	决心	11	9
872	Nf	些	11	9

순서	품사	단어	통합	
			수정전	수정후
873	Nf	元	11	9
874	Na	船	10	9
875	VH	干净	10	9
876	VC	教育	10	9
877	Na	空气	10	9
878	VA	跑	10	9
879	Na	人生	10	9
880	VD	送	10	9
881	Na	小孩子	10	9
882	D	有时候	10	9
883	Na	爸	9	9
884	Na	部分	9	9
885	Nc	长春	9	9
886	VA	出生	9	9
887	VC	妨碍	9	9
888	D	该	9	9
889	VC	挂	9	9
890	Nf	号	9	9
891	Na	家务	9	9
892	Na	节目	9	9
893	Na	科学	9	9
894	Na	美国人	9	9
895	Na	书包	9	9
896	VC	通过	9	9
897	Nc	学院	9	9
898	Na	雨伞	9	9
899	Na	自信	9	9
900	VH	安静	8	9
901	Na	大姐	8	9
902	Na	大雨	8	9
903	VH	呆	8	9
904	Na	韩国语	8	9
905	VH	快乐	8	9
906	VC	留下	8	9
907	Na	留学生	8	9
908	VH	深刻	8	9
909	Na	水果	8	9
910	VH	严重	8	9
911	D	一般	8	9
912	VC	整	8	9

순서	품사	단어	통합	
			수정전	수정후
913	Nf	杯	7	9
914	VCL	到达	7	9
915	D	到底	7	9
916	VJ	羡慕	7	9
917	VD	租	7	9
918	VJ	充满	6	9
919	VC	定	6	9
920	Cbb	而是	6	9
921	VD	寄	6	9
922	Nf	时	6	9
923	VE	想要	6	9
924	VJ	怀	5	9
925	D	忽然	5	9
926	Nd	今	5	9
927	Ng	之后	5	9
928	Nf	段	4	9
929	Dfa	还要	4	9
930	VK	感觉	0	9
931	Nd	平时	11	8
932	Ncd	前面	11	8
933	D	有时	10	8
934	VA	登山	9	8
935	VH	活	9	8
936	Na	季节	9	8
937	Nc	家乡	9	8
938	VA	看书	9	8
939	D	恐怕	9	8
940	VH	那么	9	8
941	VH	年轻	9	8
942	VH	奇怪	9	8
943	Na	医生	9	8
944	VH	着急	9	8
945	Na	车票	8	8
946	Na	词	8	8
947	Na	地铁	8	8
948	VAC	动	8	8
949	Na	钢琴	8	8
950	Na	国语	8	8
951	Na	过程	8	8
952	Na	韩国队	8	8

순서	품사	단어	통합	
			수정전	수정후
953	Na	烤鸭	8	8
954	VH	老	8	8
955	Na	老板	8	8
956	VC	联系	8	8
957	Na	马路	8	8
958	VA	爬山	8	8
959	Na	腿	8	8
960	VH	危险	8	8
961	Nc	我国	8	8
962	Na	血型	8	8
963	VD	赢	8	8
964	Na	友谊	8	8
965	Na	饭店	7	8
966	VH	黑	7	8
967	VH	激动	7	8
968	VC	建议	7	8
969	Na	理想	7	8
970	VC	麻烦	7	8
971	Ncd	前边	7	8
972	VK	受不了	7	8
973	Nf	套	7	8
974	Na	屋子	7	8
975	Nf	张	7	8
976	D	必	6	8
977	Cbb	既	6	8
978	Nf	篇	6	8
979	Na	日程	6	8
980	Na	现象	6	8
981	VA	做饭	6	8
982	VH	出现	5	8
983	VL	敢	5	8
984	VK	坚持	5	8
985	VA	戒烟	5	8
986	P	替	5	8
987	VC	完成	5	8
988	Na	语言	5	8
989	D	总	5	8
990	Nd	最后	5	8
991	VH	不同	4	8
992	D	终	3	8

순서	품사	단어	통합	
			수정전	수정후
993	VC	照	2	8
994	VH	用功	13	7
995	Da	不过	12	7
996	Caa	又	12	7
997	Cbb	不管	11	7
998	Neqa	大部分	10	7
999	VH	亲密	10	7
1000	Nf	样	10	7
1001	Neu	百	9	7
1002	Nc	成功	9	7
1003	Na	肚子	9	7
1004	Nf	星期	9	7
1005	VH	够	8	7
1006	Nf	间	8	7
1007	VA	来往	8	7
1008	VH	亲切	8	7
1009	VH	弱	8	7
1010	Na	条件	8	7
1011	VJ	想念	8	7
1012	VJ	谢	8	7
1013	VH	严格	8	7
1014	Nc	一段	8	7
1015	Na	表演	7	7
1016	Nc	餐厅	7	7
1017	Na	宠物	7	7
1018	Nc	饭馆	7	7
1019	VA	分手	7	7
1020	VJ	高中	7	7
1021	Na	公寓	7	7
1022	Nc	故乡	7	7
1023	Na	孩子	7	7
1024	VH	和睦	7	7
1025	Ng	间	7	7
1026	VH	简单	7	7
1027	D	看上去	7	7
1028	VH	辣	7	7
1029	Na	理由	7	7
1030	VD	卖	7	7
1031	Na	乒乓球	7	7
1032	Neu	七	7	7

순서	품사	단어	통합	
			수정전	수정후
1033	VC	取得	7	7
1034	Na	手术	7	7
1035	Na	头发	7	7
1036	Na	小说	7	7
1037	VC	写完	7	7
1038	VA	休学	7	7
1039	Na	饮料	7	7
1040	D	有没有	7	7
1041	Na	预报	7	7
1042	Na	政府	7	7
1043	VJ	重视	7	7
1044	Na	词典	6	7
1045	VC	锻炼	6	7
1046	VC	拐	6	7
1047	VH	好不好	6	7
1048	Nc	身边	6	7
1049	VJ	适应	6	7
1050	VK	听懂	6	7
1051	Na	兴趣	6	7
1052	VC	选	6	7
1053	A	一般	6	7
1054	Na	邮票	6	7
1055	Na	中国菜	6	7
1056	VC	住	6	7
1057	D	重新	5	7
1058	Nc	故宫	5	7
1059	VA	继续	5	7
1060	D	渐渐	5	7
1061	VE	讲	5	7
1062	VH	开学	5	7
1063	VH	困难	5	7
1064	Nd	凌晨	5	7
1065	Cbb	于是	5	7
1066	VH	棒	4	7
1067	VHC	烦	4	7
1068	Na	量	4	7
1069	VH	去世	4	7
1070	VH	睡着	4	7
1071	Na	小学生	4	7
1072	P	由	4	7

순서	품사	단어	통합	
			수정전	수정후
1073	D	根本	3	7
1074	VH	合	3	7
1075	VA	考试	3	7
1076	Na	月份	3	7
1077	VC	准备好	3	7
1078	Cbb	并且	2	7
1079	D	在	1	7
1080	Ng	下	23	6
1081	D	当然	14	6
1082	Na	行动	11	6
1083	Caa	或者	10	6
1084	VD	交	9	6
1085	VC	收拾	9	6
1086	Nc	中学	9	6
1087	D	多多	8	6
1088	VH	没关系	8	6
1089	VA	请客	8	6
1090	Na	声音	8	6
1091	Na	笔	7	6
1092	D	不知不觉	7	6
1093	VH	发达	7	6
1094	VC	改变	7	6
1095	VH	孤独	7	6
1096	Na	好处	7	6
1097	Ncd	那里	7	6
1098	VH	生病	7	6
1099	Na	跆拳道	7	6
1100	D	天天	7	6
1101	VJ	谢谢	7	6
1102	VH	矮	6	6
1103	D	不可	6	6
1104	Na	车祸	6	6
1105	VH	吃苦	6	6
1106	VA	抽时间	6	6
1107	VA	当兵	6	6
1108	Na	动作	6	6
1109	Dfb	多	6	6
1110	D	怪不得	6	6
1111	Caa	或	6	6
1112	Nd	季	6	6

순서	품사	단어	통합	
			수정전	수정후
1113	Na	技术	6	6
1114	VE	介绍	6	6
1115	Nf	米	6	6
1116	VC	拿走	6	6
1117	VC	念	6	6
1118	Na	女孩	6	6
1119	Nc	欧洲	6	6
1120	Na	泡菜	6	6
1121	Nf	瓶	6	6
1122	Na	热情	6	6
1123	VA	日出	6	6
1124	Na	实力	6	6
1125	VK	讨厌	6	6
1126	Nc	天津	6	6
1127	Nc	西安	6	6
1128	Na	先生	6	6
1129	Na	颜色	6	6
1130	Nc	游泳池	6	6
1131	Na	侄女	6	6
1132	VE	祝	6	6
1133	Na	自然	6	6
1134	VH	白白	5	6
1135	Na	表妹	5	6
1136	D	不用	5	6
1137	D	不得不	5	6
1138	VK	放心	5	6
1139	Na	感情	5	6
1140	VC	关上	5	6
1141	VC	逛	5	6
1142	Na	韩流	5	6
1143	Nf	辆	5	6
1144	VC	骂	5	6
1145	VH	苗条	5	6
1146	Nd	期末	5	6
1147	Na	卫生	5	6
1148	VJ	无	5	6
1149	Na	新家	5	6
1150	Na	雪人	5	6
1151	Nep	这样	5	6
1152	Da	正好	5	6

순서	품사	단어	통합	
			수정전	수정후
1153	Ng	之前	5	6
1154	Na	状况	5	6
1155	VA	自杀	5	6
1156	Na	座位	5	6
1157	VC	包	4	6
1158	VD	发	4	6
1159	Na	红色	4	6
1160	VJ	获得	4	6
1161	VA	聚	4	6
1162	VH	乐天	4	6
1163	Nes	另	4	6
1164	P	每当	4	6
1165	D	难以	4	6
1166	VC	骗	4	6
1167	Nc	叔叔家	4	6
1168	Na	屋	4	6
1169	D	须要	4	6
1170	D	也许	4	6
1171	Nf	周	4	6
1172	VC	表达	3	6
1173	VC	参观	3	6
1174	VH	和平	3	6
1175	Na	雪景	3	6
1176	VG	算	2	6
1177	Cbb	只有	2	6
1178	VC	做好	2	6
1179	Dfa	多么	11	5
1180	Na	报告	10	5
1181	VE	谈	10	5
1182	VC	要	10	5
1183	P	等	8	5
1184	Na	方面	8	5
1185	VHC	坏	8	5
1186	Na	腰	8	5
1187	VA	报名	7	5
1188	D	等一下	7	5
1189	VC	复习	7	5
1190	VH	复杂	7	5
1191	VK	记住	7	5
1192	VK	期待	7	5

순서	품사	단어	통합	
			수정전	수정후
1193	VH	强	7	5
1194	VJ	受到	7	5
1195	VE	说起	7	5
1196	VA	下去	7	5
1197	Ng	一样	7	5
1198	Nd	这时	7	5
1199	Na	白菜	6	5
1200	VH	不得了	6	5
1201	VH	大声	6	5
1202	Ng	当中	6	5
1203	VC	点	6	5
1204	Na	风	6	5
1205	Nd	刚才	6	5
1206	Na	故事	6	5
1207	VJ	关照	6	5
1208	Na	基督教	6	5
1209	Na	家具	6	5
1210	Nc	教堂	6	5
1211	Na	街	6	5
1212	Neqa	那些	6	5
1213	VA	前进	6	5
1214	VA	吸烟	6	5
1215	VJ	享受	6	5
1216	Na	小姐	6	5
1217	Nc	眼前	6	5
1218	Na	要求	6	5
1219	VH	要命	6	5
1220	VA	住院	6	5
1221	Nc	百货商店	5	5
1222	VH	宝贵	5	5
1223	VC	打扮	5	5
1224	Na	点心	5	5
1225	P	对于	5	5
1226	Na	发音	5	5
1227	Na	方便面	5	5
1228	Nf	幅	5	5
1229	VH	厚	5	5
1230	Nc	黄山	5	5
1231	Da	几乎	5	5
1232	Na	健忘症	5	5

순서	품사	단어	통합	
			수정전	수정후
1233	Na	京剧	5	5
1234	Na	决心	5	5
1235	Na	军人	5	5
1236	VC	拉	5	5
1237	Nc	楼	5	5
1238	Nc	洛阳	5	5
1239	Nc	美国	5	5
1240	Na	男	5	5
1241	Na	女儿	5	5
1242	Na	日本人	5	5
1243	Na	失业者	5	5
1244	P	受	5	5
1245	VH	太晚	5	5
1246	D	太早	5	5
1247	VC	弹	5	5
1248	VHC	统一	5	5
1249	VH	头疼	5	5
1250	Na	味儿	5	5
1251	VH	无聊	5	5
1252	VA	下班	5	5
1253	Ncd	下面	5	5
1254	VA	行动	5	5
1255	Neu	一百	5	5
1256	Nc	英国	5	5
1257	Ncd	右	5	5
1258	VHC	增加	5	5
1259	VH	正式	5	5
1260	VH	值得	5	5
1261	D	逐渐	5	5
1262	VC	撞伤	5	5
1263	VA	坐车	5	5
1264	Nep	此	4	5
1265	VH	地道	4	5
1266	Nf	度	4	5
1267	Caa	跟	4	5
1268	VH	更多	4	5
1269	Caa	既	4	5
1270	Na	假期	4	5
1271	Na	姐妹	4	5
1272	Nb	金	4	5

순서	품사	단어	통합	
			수정전	수정후
1273	D	竟然	4	5
1274	D	快点儿	4	5
1275	Na	商品	4	5
1276	Ng	似的	4	5
1277	Nh	他俩	4	5
1278	VJ	吓	4	5
1279	VC	学会	4	5
1280	Cbb	因	4	5
1281	Na	英文	4	5
1282	VB	照相	4	5
1283	Nf	座	4	5
1284	VC	办	3	5
1285	VC	帮	3	5
1286	VC	抱	3	5
1287	D	从此	3	5
1288	VE	答应	3	5
1289	VH	发胖	3	5
1290	Na	高中生	3	5
1291	VA	观光	3	5
1292	VH	基础	3	5
1293	D	立刻	3	5
1294	Na	梦想	3	5
1295	VA	起来	3	5
1296	Na	体育	3	5
1297	A	同一	3	5
1298	VH	外向	3	5
1299	Cbb	无论	3	5
1300	VC	吸	3	5
1301	VJ	欣赏	3	5
1302	VH	优秀	3	5
1303	Na	缘故	3	5
1304	Dk	总之	3	5
1305	VC	吵	2	5
1306	Na	错误	2	5
1307	T	的	2	5
1308	VCL	度过	2	5
1309	VC	堆	2	5
1310	D	尽快	2	5
1311	Na	经理	2	5
1312	VC	取	2	5

순서	품사	단어	통합	
			수정전	수정후
1313	Na	全家	2	5
1314	VJ	拥有	2	5
1315	VC	穿上	1	5
1316	VC	流下	1	5
1317	Na	夜景	1	5
1318	Na	报告书	0	5
1319	VC	弄丢	0	5
1320	VJ	深爱	0	5
1321	VK	体会到	0	5
1322	Dfa	这样	9	4
1323	Nh	人家	8	4
1324	Nd	早晨	8	4
1325	Na	白色	7	4
1326	VC	举行	7	4
1327	Nep	其中	7	4
1328	VH	完	7	4
1329	Na	想像	7	4
1330	VK	知	7	4
1331	Na	职业	7	4
1332	P	比如说	6	4
1333	Nc	村	6	4
1334	Dfb	得多	6	4
1335	VH	活泼	6	4
1336	VB	进来	6	4
1337	VA	散步	6	4
1338	Na	选择	6	4
1339	A	一定	6	4
1340	VCL	游览	6	4
1341	Cbb	并	5	4
1342	Nc	长城	5	4
1343	VD	出租	5	4
1344	Na	大提琴	5	4
1345	Na	大衣	5	4
1346	VC	耽误	5	4
1347	Nc	法国	5	4
1348	Nf	分	5	4
1349	Nd	古代	5	4
1350	D	果然	5	4
1351	VH	化	5	4
1352	VC	加入	5	4

순서	품사	단어	통합	
			수정전	수정후
1353	Na	驾驶	5	4
1354	VH	进步	5	4
1355	Na	烤肉	5	4
1356	VK	恐惧	5	4
1357	Na	脸色	5	4
1358	VCL	临	5	4
1359	VHC	满足	5	4
1360	T	没有	5	4
1361	D	确实	5	4
1362	Neqa	任何	5	4
1363	Na	肉	5	4
1364	Na	时代	5	4
1365	Na	书架	5	4
1366	Nf	双	5	4
1367	Na	谈话	5	4
1368	VC	挺	5	4
1369	Na	味	5	4
1370	Na	味道	5	4
1371	VH	细	5	4
1372	Na	子女	5	4
1373	VA	走路	5	4
1374	Nc	宾馆	4	4
1375	Nf	层	4	4
1376	VHC	产生	4	4
1377	VC	吃好	4	4
1378	Na	大会	4	4
1379	Na	大一	4	4
1380	VC	代替	4	4
1381	Dfb	点	4	4
1382	Na	法语	4	4
1383	VE	反对	4	4
1384	Nf	封	4	4
1385	VH	丰富	4	4
1386	VH	高速	4	4
1387	Na	工人	4	4
1388	Na	工资	4	4
1389	Nc	果园	4	4
1390	D	毫无	4	4
1391	VJ	毫无	4	4
1392	VH	好玩	4	4

순서	품사	단어	통합	
			수정전	수정후
1393	Na	红叶	4	4
1394	Ncd	后面	4	4
1395	VK	获悉	4	4
1396	Na	急事	4	4
1397	D	几时	4	4
1398	Na	技能	4	4
1399	Na	家训	4	4
1400	VB	加油	4	4
1401	VH	骄傲	4	4
1402	Na	姐夫	4	4
1403	Na	精神	4	4
1404	VC	经营	4	4
1405	VHC	可怜	4	4
1406	VJ	克服	4	4
1407	Na	口音	4	4
1408	Nf	块	4	4
1409	Na	老虎	4	4
1410	Na	历史	4	4
1411	Na	恋人	4	4
1412	VI	没办法	4	4
1413	Nc	南非	4	4
1414	Na	牛奶	4	4
1415	VA	爬	4	4
1416	Na	皮肤	4	4
1417	Na	器具	4	4
1418	Nd	前年	4	4
1419	D	亲自	4	4
1420	VF	求	4	4
1421	Na	日语	4	4
1422	VA	上车	4	4
1423	VA	上来	4	4
1424	VL	舍不得	4	4
1425	Na	社团	4	4
1426	VH	失败	4	4
1427	Na	事故	4	4
1428	Na	手表	4	4
1429	Na	手套	4	4
1430	D	首先	4	4
1431	Na	树叶	4	4
1432	VE	提醒	4	4

순서	품사	단어	통합	
			수정전	수정후
1433	VC	贴好	4	4
1434	Na	五花肉	4	4
1435	Na	西瓜	4	4
1436	Na	戏剧	4	4
1437	Na	现代人	4	4
1438	Nf	项	4	4
1439	VH	小小	4	4
1440	Na	新生	4	4
1441	VC	修理	4	4
1442	Na	压力	4	4
1443	Na	宴会	4	4
1444	Na	钥匙	4	4
1445	Na	椅子	4	4
1446	Nc	邮局	4	4
1447	Na	语法	4	4
1448	Na	愿望	4	4
1449	VC	预习	4	4
1450	VK	赞成	4	4
1451	Cbb	之所以	4	4
1452	P	直到	4	4
1453	VH	周到	4	4
1454	VC	撞倒	4	4
1455	VCL	走到	4	4
1456	Na	最爱	4	4
1457	VC	背	3	4
1458	VC	布置	3	4
1459	VH	差不多	3	4
1460	VH	成熟	3	4
1461	Na	电子	3	4
1462	VC	翻译	3	4
1463	VA	放暑假	3	4
1464	VC	覆盖	3	4
1465	VF	鼓励	3	4
1466	Na	规律	3	4
1467	VK	恨	3	4
1468	VH	红	3	4
1469	VH	滑	3	4
1470	Na	基本	3	4
1471	VA	交往	3	4
1472	Na	姊妹	3	4

순서	품사	단어	통합	
			수정전	수정후
1473	P	经过	3	4
1474	VJ	敬	3	4
1475	VB	开玩笑	3	4
1476	VE	看看	3	4
1477	Na	裤子	3	4
1478	VH	迷路	3	4
1479	VC	面对	3	4
1480	VC	描述	3	4
1481	VH	内向	3	4
1482	VC	弄坏	3	4
1483	VH	暖和	3	4
1484	VA	跑步	3	4
1485	Na	平房	3	4
1486	VE	祈祷	3	4
1487	D	仍然	3	4
1488	Na	山路	3	4
1489	Cbb	甚至	3	4
1490	Na	时光	3	4
1491	VF	试	3	4
1492	VH	爽快	3	4
1493	P	随	3	4
1494	VH	退休	3	4
1495	Na	网	3	4
1496	Na	舞蹈	3	4
1497	Na	信仰	3	4
1498	Na	型	3	4
1499	Na	一生	3	4
1500	VJ	有关	3	4
1501	Neqa	整	3	4
1502	VCL	走进	3	4
1503	VH	悲伤	2	4
1504	VA	出国	2	4
1505	VB	打招呼	2	4
1506	VC	订	2	4
1507	VH	对	2	4
1508	VC	发	2	4
1509	VH	好听	2	4
1510	Na	湖	2	4
1511	VC	呼吸	2	4
1512	Na	楼房	2	4

순서	품사	단어	통합	
			수정전	수정후
1513	Na	农民	2	4
1514	Na	青年	2	4
1515	Na	人际	2	4
1516	Nd	如今	2	4
1517	VH	调皮	2	4
1518	VCL	下	2	4
1519	Na	雪仗	2	4
1520	P	因	2	4
1521	VHC	有害	2	4
1522	VCL	坐上	2	4
1523	Na	白雪	1	4
1524	VA	参军	1	4
1525	Nc	长白山	1	4
1526	Caa	还是	1	4
1527	P	将	1	4
1528	VC	排列	1	4
1529	VJ	缺少	1	4
1530	Cbb	若	1	4
1531	Na	试题	1	4
1532	VH	睡不着觉	1	4
1533	VC	选择	1	4
1534	VH	真	1	4
1535	VE	回想起	0	4
1536	VA	监考	0	4
1537	D	没法	0	4
1538	VH	散	0	4
1539	VK	感	8	3
1540	VH	适合	8	3
1541	D	所	8	3
1542	D	尤其	8	3
1543	VK	感觉到	7	3
1544	Nc	天	7	3
1545	VK	不满	6	3
1546	D	近来	6	3
1547	Na	乐趣	6	3
1548	Na	马	6	3
1549	VC	使用	6	3
1550	Ncd	下	6	3
1551	Na	中学生	6	3
1552	VC	吃得了	5	3

순서	품사	단어	통합	
			수정전	수정후
1553	VHC	饿死	5	3
1554	D	绝对	5	3
1555	D	看来	5	3
1556	VE	考虑	5	3
1557	VHC	累死	5	3
1558	VC	碰到	5	3
1559	Neu	千万	5	3
1560	VC	求	5	3
1561	VA	去不了	5	3
1562	Nf	首	5	3
1563	VH	有趣	5	3
1564	VK	愿	5	3
1565	Ncd	边儿	4	3
1566	VH	不见了	4	3
1567	VH	不足	4	3
1568	VH	大大	4	3
1569	P	待	4	3
1570	Na	大夫	4	3
1571	VA	祷告	4	3
1572	VA	祷告	4	3
1573	Na	非典	4	3
1574	Na	歌星	4	3
1575	VD	还	4	3
1576	VHC	减少	4	3
1577	VH	交流	4	3
1578	D	尽管	4	3
1579	Na	距离	4	3
1580	Na	开车兵	4	3
1581	Dk	看来	4	3
1582	VC	留	4	3
1583	Na	论文	4	3
1584	D	每	4	3
1585	VI	拿手	4	3
1586	Na	女孩儿	4	3
1587	Nf	排	4	3
1588	VH	巧	4	3
1589	Na	权利	4	3
1590	D	日益	4	3
1591	Na	烧酒	4	3
1592	VJ	剩下	4	3

순서	품사	단어	통합	
			수정전	수정후
1593	VC	收到	4	3
1594	VH	受骗	4	3
1595	VJ	熟悉	4	3
1596	Nh	他们俩	4	3
1597	VA	谈恋爱	4	3
1598	Na	文学	4	3
1599	VJ	习惯	4	3
1600	VK	在于	4	3
1601	Nh	咱们俩	4	3
1602	D	怎样	4	3
1603	Nd	之间	4	3
1604	Nc	住处	4	3
1605	VJ	尊重	4	3
1606	P	按	3	3
1607	Na	百货	3	3
1608	Na	百货大楼	3	3
1609	Na	包子	3	3
1610	VC	保守	3	3
1611	VK	抱歉	3	3
1612	Na	鞭炮	3	3
1613	Na	冰箱	3	3
1614	Na	步	3	3
1615	VH	不了了之	3	3
1616	Na	草原	3	3
1617	Na	层	3	3
1618	VH	诚实	3	3
1619	VH	吃惊	3	3
1620	VA	出差	3	3
1621	Na	船工	3	3
1622	Na	磁带	3	3
1623	VJ	从事	3	3
1624	VH	错	3	3
1625	VC	打死	3	3
1626	VA	大哭	3	3
1627	Na	大楼	3	3
1628	VH	低	3	3
1629	Neu	第三	3	3
1630	Na	独生女	3	3
1631	VH	独特	3	3
1632	Na	短信	3	3

순서	품사	단어	통합	
			수정전	수정후
1633	D	放声	3	3
1634	VC	改正	3	3
1635	VA	干杯	3	3
1636	Na	歌手	3	3
1637	Na	功课	3	3
1638	Na	公路	3	3
1639	VH	公平	3	3
1640	VA	公演	3	3
1641	VA	过街	3	3
1642	D	还可以	3	3
1643	D	好好儿	3	3
1644	Cbb	和	3	3
1645	Na	花盆	3	3
1646	Nc	花园	3	3
1647	VA	滑雪	3	3
1648	VJ	怀念	3	3
1649	Na	婚礼	3	3
1650	Na	活力	3	3
1651	Na	活儿	3	3
1652	VH	活下去	3	3
1653	Na	货架	3	3
1654	Na	护士	3	3
1655	VH	寂寞	3	3
1656	Nc	加拿大	3	3
1657	D	将	3	3
1658	Na	教授	3	3
1659	VJ	经历	3	3
1660	VK	惊讶	3	3
1661	Na	警察	3	3
1662	VA	就业	3	3
1663	Nc	俱乐部	3	3
1664	VA	开会	3	3
1665	VC	烤	3	3
1666	D	可不可以	3	3
1667	Na	课本	3	3
1668	VH	客气	3	3
1669	VH	困	3	3
1670	Na	拉面	3	3
1671	Na	篮球	3	3
1672	Na	老大娘	3	3

순서	품사	단어	통합	
			수정전	수정후
1673	VH	老实	3	3
1674	VH	乐观	3	3
1675	VA	离婚	3	3
1676	VH	礼貌	3	3
1677	VH	凉快	3	3
1678	Neu	两三	3	3
1679	VH	了不起	3	3
1680	VB	淋湿	3	3
1681	Na	律师	3	3
1682	Dfa	满	3	3
1683	Na	毛衣	3	3
1684	Nf	门	3	3
1685	Na	梦	3	3
1686	Na	秘密	3	3
1687	Nd	目前	3	3
1688	VB	拿过来	3	3
1689	VC	拿来	3	3
1690	Neqa	那么多	3	3
1691	VC	你好	3	3
1692	Na	牛肉	3	3
1693	Na	农活	3	3
1694	D	偶然	3	3
1695	Na	期望	3	3
1696	Na	企业	3	3
1697	Na	气候	3	3
1698	VH	清	3	3
1699	VE	请问	3	3
1700	Na	球赛	3	3
1701	Na	日本菜	3	3
1702	D	日趋	3	3
1703	Na	嗓子	3	3
1704	Na	沙发	3	3
1705	Na	设施	3	3
1706	Na	圣经	3	3
1707	A	师范	3	3
1708	Na	师兄	3	3
1709	Na	石窟	3	3
1710	VHC	疏远	3	3
1711	VA	睡午觉	3	3
1712	Na	丝绸	3	3

순서	품사	단어	통합	
			수정전	수정후
1713	Na	思想	3	3
1714	VE	谈到	3	3
1715	Na	糖	3	3
1716	VJ	疼	3	3
1717	VE	听见	3	3
1718	VHC	停	3	3
1719	Na	推车	3	3
1720	Nc	外滩	3	3
1721	Na	网吧	3	3
1722	Na	微笑	3	3
1723	Na	温度	3	3
1724	VH	吓人	3	3
1725	Na	现实	3	3
1726	VA	相处	3	3
1727	VI	相干	3	3
1728	Nc	香港	3	3
1729	VH	响	3	3
1730	Na	相貌	3	3
1731	VA	消失	3	3
1732	Na	小吃	3	3
1733	Nb	小李	3	3
1734	Nb	小王	3	3
1735	VC	孝敬	3	3
1736	VA	新来	3	3
1737	Nd	新年	3	3
1738	Na	信封	3	3
1739	Na	宣传画	3	3
1740	Na	训练	3	3
1741	Na	牙齿	3	3
1742	Nc	研究所	3	3
1743	VF	要求	3	3
1744	Na	艺术	3	3
1745	VC	引起	3	3
1746	VC	影响	3	3
1747	VK	忧虑	3	3
1748	VA	游行	3	3
1749	Na	鱼	3	3
1750	VH	远不远	3	3
1751	VB	再见	3	3
1752	Na	早饭	3	3

순서	품사	단어	통합	
			수정전	수정후
1753	VD	赠	3	3
1754	VC	找回	3	3
1755	Na	照相机	3	3
1756	Na	知识	3	3
1757	Na	侄子	3	3
1758	D	至今	3	3
1759	VJ	尊敬	3	3
1760	VA	作文	3	3
1761	Na	巴士	2	3
1762	Na	班车	2	3
1763	VH	必要	2	3
1764	Cbb	不论	2	3
1765	Nc	补习班	2	3
1766	Nd	不久	2	3
1767	D	不应该	2	3
1768	VC	尝尝	2	3
1769	Na	成员	2	3
1770	VC	吹	2	3
1771	D	从早到晚	2	3
1772	VA	打网球	2	3
1773	VG	担任	2	3
1774	Na	岛	2	3
1775	Na	电梯	2	3
1776	VC	堵	2	3
1777	VC	犯	2	3
1778	VA	歌唱	2	3
1779	Cbb	还是	2	3
1780	Na	汉语课	2	3
1781	Na	好友	2	3
1782	VH	和好	2	3
1783	Na	坏事	2	3
1784	VH	挤	2	3
1785	VC	祭祀	2	3
1786	VC	驾驶	2	3
1787	Na	脚	2	3
1788	VC	结	2	3
1789	Nes	近	2	3
1790	Nf	刻	2	3
1791	VH	哭笑不得	2	3
1792	VH	来不了	2	3

순서	품사	단어	통합	
			수정전	수정후
1793	VA	来临	2	3
1794	Na	懒觉	2	3
1795	Na	老朋友	2	3
1796	VC	利用	2	3
1797	VJ	连	2	3
1798	VHC	麻烦	2	3
1799	Nc	美容院	2	3
1800	VC	面试	2	3
1801	Nf	秒	2	3
1802	VH	明确	2	3
1803	VC	碰见	2	3
1804	VJ	起不了	2	3
1805	VB	起来	2	3
1806	VC	瞧	2	3
1807	VH	热热闹闹	2	3
1808	VH	如此	2	3
1809	Na	嫂子	2	3
1810	D	稍微	2	3
1811	D	少	2	3
1812	Na	少年	2	3
1813	VE	说明	2	3
1814	VH	算了	2	3
1815	Na	童年	2	3
1816	VH	退伍	2	3
1817	A	唯一	2	3
1818	D	无法	2	3
1819	Na	鲜花	2	3
1820	VH	相爱	2	3
1821	Na	心意	2	3
1822	VC	修	2	3
1823	VH	虚弱	2	3
1824	Cbb	要不然	2	3
1825	Nf	页	2	3
1826	VK	遗憾	2	3
1827	D	一向	2	3
1828	P	有关	2	3
1829	A	原来	2	3
1830	VJ	原谅	2	3
1831	VH	珍贵	2	3
1832	A	知心	2	3

순서	품사	단어	통합	
			수정전	수정후
1833	VF	准备	2	3
1834	Ncd	左	2	3
1835	VH	变	1	3
1836	Nd	从前	1	3
1837	Da	大约	1	3
1838	VK	感受到	1	3
1839	VA	干活	1	3
1840	VC	举办	1	3
1841	VH	蓝蓝	1	3
1842	VA	流	1	3
1843	VH	没用	1	3
1844	VH	免费	1	3
1845	Cbb	那么	1	3
1846	Dfa	那样	1	3
1847	VJ	佩服	1	3
1848	Di	起	1	3
1849	Na	亲人	1	3
1850	Nd	秋	1	3
1851	D	如何	1	3
1852	D	稍	1	3
1853	VA	生活	1	3
1854	VK	受到	1	3
1855	Cbb	虽说	1	3
1856	VJ	疼爱	1	3
1857	VC	体验	1	3
1858	VC	填	1	3
1859	VJ	忘怀	1	3
1860	Nf	下	1	3
1861	Na	效果	1	3
1862	Na	心地	1	3
1863	D	主要	1	3
1864	Na	窗	0	3
1865	VH	火	0	3
1866	VH	坚强	0	3
1867	Na	考生	0	3
1868	VH	瘦多	0	3
1869	Nf	趟	0	3
1870	VH	圆圆	0	3
1871	P	与	0	3
1872	Ncd	中	0	3

순서	품사	단어	통합	
			수정전	수정후
1873	Na	资格证	0	3
1874	VG	作为	0	3
1875	Ncd	口	8	2
1876	Nd	整天	7	2
1877	VJ	只有	6	2
1878	Na	必要	5	2
1879	VH	乱	5	2
1880	Na	大海	4	2
1881	VA	动身	4	2
1882	VA	对话	4	2
1883	VC	发展	4	2
1884	VH	过分	4	2
1885	Nc	郊区	4	2
1886	Na	劲儿	4	2
1887	Neu	俩	4	2
1888	VH	难受	4	2
1889	Nc	农村	4	2
1890	Na	题目	4	2
1891	VA	写信	4	2
1892	Na	学科	4	2
1893	Na	饮食	4	2
1894	VL	终于	4	2
1895	VH	仔细	4	2
1896	VH	最多	4	2
1897	VH	饱	3	2
1898	VH	悲哀	3	2
1899	VH	不懈	3	2
1900	Na	差别	3	2
1901	VA	出门	3	2
1902	D	处处	3	2
1903	VC	打碎	3	2
1904	Nf	道	3	2
1905	Na	道路	3	2
1906	Nf	对	3	2
1907	Na	对话	3	2
1908	Caa	而	3	2
1909	T	而已	3	2
1910	Na	发言	3	2
1911	VJ	赶不上	3	2
1912	A	高等	3	2

순서	품사	단어	통합	
			수정전	수정후
1913	VJ	关怀	3	2
1914	VC	过来	3	2
1915	VH	好极了	3	2
1916	VH	合作	3	2
1917	VB	化妆	3	2
1918	Cbb	即使	3	2
1919	VD	寄去	3	2
1920	Na	家门	3	2
1921	D	决不	3	2
1922	VC	考完	3	2
1923	VH	苦恼	3	2
1924	VH	亮晶晶	3	2
1925	VH	亮亮	3	2
1926	VD	留给	3	2
1927	VC	买到	3	2
1928	Na	民族	3	2
1929	Na	名胜	3	2
1930	Nc	目的地	3	2
1931	VA	念书	3	2
1932	Nc	农家	3	2
1933	Na	女孩子	3	2
1934	VK	气	3	2
1935	VH	亲热	3	2
1936	VJ	缺	3	2
1937	Cbb	然而	3	2
1938	Na	室内	3	2
1939	Na	双手	3	2
1940	Nd	瞬间	3	2
1941	VD	说给	3	2
1942	D	说起来	3	2
1943	VJ	听得懂	3	2
1944	VH	完全	3	2
1945	Ncd	西	3	2
1946	D	先~然后	3	2
1947	VK	想见	3	2
1948	Nc	心目中	3	2
1949	Neqa	一切	3	2
1950	Ng	以下	3	2
1951	VK	意味	3	2
1952	Na	余地	3	2

순서	품사	단어	통합	
			수정전	수정후
1953	D	再一次	3	2
1954	VH	直接	3	2
1955	Na	执照	3	2
1956	VH	自豪	3	2
1957	VH	自我	3	2
1958	VH	醉	3	2
1959	VJ	爱惜	2	2
1960	VC	安慰	2	2
1961	VH	暗下来	2	2
1962	Na	白马王子	2	2
1963	Na	班	2	2
1964	Na	保安	2	2
1965	Na	保龄球	2	2
1966	VE	抱怨	2	2
1967	VH	笨	2	2
1968	P	比如	2	2
1969	Na	冰淇淋	2	2
1970	VHC	冰砖	2	2
1971	Na	饼干	2	2
1972	Nc	博物馆	2	2
1973	Na	不幸	2	2
1974	VL	不禁	2	2
1975	VA	不停	2	2
1976	Na	材料	2	2
1977	Na	彩虹	2	2
1978	D	曾经	2	2
1979	VH	常青	2	2
1980	Na	场面	2	2
1981	Nc	超市	2	2
1982	Na	朝鲜族	2	2
1983	Nb	陈	2	2
1984	Na	成果	2	2
1985	Ng	初	2	2
1986	Nc	厨房	2	2
1987	VC	处理	2	2
1988	VD	传	2	2
1989	VB	传教	2	2
1990	Na	绰号	2	2
1991	VH	错误	2	2
1992	VA	打球	2	2

순서	품사	단어	통합	
			수정전	수정후
1993	VH	大吃一惊	2	2
1994	Na	大象	2	2
1995	VCL	呆	2	2
1996	Na	单词	2	2
1997	Na	导游	2	2
1998	VE	道	2	2
1999	VB	道歉	2	2
2000	VA	到站	2	2
2001	VH	得分	2	2
2002	VC	登	2	2
2003	Na	地球	2	2
2004	Na	地址	2	2
2005	VA	电话	2	2
2006	Na	电影儿	2	2
2007	Nd	冬季	2	2
2008	Na	动物	2	2
2009	D	独自	2	2
2010	Na	渡轮	2	2
2011	Nc	敦煌	2	2
2012	VH	多彩	2	2
2013	VH	多事	2	2
2014	VH	多样	2	2
2015	VC	发动	2	2
2016	VH	发烧	2	2
2017	Cbb	凡是	2	2
2018	VI	反感	2	2
2019	VH	风趣	2	2
2020	Na	风味菜	2	2
2021	Na	服务员	2	2
2022	Na	副作用	2	2
2023	VH	干干净净	2	2
2024	VI	感恩	2	2
2025	VC	赶走	2	2
2026	VH	高大	2	2
2027	Na	糕汤	2	2
2028	Na	工程	2	2
2029	A	公共	2	2
2030	Na	工业	2	2
2031	Na	公主	2	2
2032	Na	孤独感	2	2

순서	품사	단어	통합	
			수정전	수정후
2033	Na	顾客	2	2
2034	VC	刮倒	2	2
2035	Na	瓜子	2	2
2036	VH	乖	2	2
2037	VH	乖巧	2	2
2038	VH	光荣	2	2
2039	VA	过年	2	2
2040	VH	海水蓝	2	2
2041	VH	好心	2	2
2042	Na	黑板	2	2
2043	Ncd	后边	2	2
2044	VL	后悔	2	2
2045	VA	后退	2	2
2046	Na	猴子	2	2
2047	Nc	花莲	2	2
2048	Na	花瓶	2	2
2049	Na	黄瓜	2	2
2050	Na	火焰	2	2
2051	Na	胡同	2	2
2052	VH	积极	2	2
2053	Na	鸡肉	2	2
2054	Caa	及	2	2
2055	VG	既是	2	2
2056	Na	记者	2	2
2057	Na	家家户户	2	2
2058	Nc	加油站	2	2
2059	VC	嫁给	2	2
2060	VC	捡到	2	2
2061	Na	街道	2	2
2062	VH	节省	2	2
2063	Na	结论	2	2
2064	VH	结实	2	2
2065	VC	解	2	2
2066	Nf	届	2	2
2067	VD	借给	2	2
2068	VC	借去	2	2
2069	Cbb	尽管	2	2
2070	Na	镜子	2	2
2071	VH	旧	2	2
2072	Dk	就是说	2	2

순서	품사	단어	통합	
			수정전	수정후
2073	VF	拒绝	2	2
2074	VA	开夜车	2	2
2075	VJ	看得见	2	2
2076	Na	看法	2	2
2077	Nf	颗	2	2
2078	Nc	客厅	2	2
2079	VH	空荡荡	2	2
2080	Na	空调	2	2
2081	Na	口味	2	2
2082	D	快点	2	2
2083	Na	苦难	2	2
2084	T	啦	2	2
2085	Na	蓝色	2	2
2086	Nd	劳动节	2	2
2087	Na	老大爷	2	2
2088	Na	姥姥	2	2
2089	VH	冷清	2	2
2090	Ncd	里边	2	2
2091	Na	利	2	2
2092	VA	立足	2	2
2093	VH	恋爱	2	2
2094	Na	粮食	2	2
2095	D	临	2	2
2096	D	临死	2	2
2097	Na	零件	2	2
2098	Na	铃声	2	2
2099	A	零下	2	2
2100	Na	零用钱	2	2
2101	Na	流水	2	2
2102	Nc	龙门	2	2
2103	Nb	龙庆峡	2	2
2104	Nb	龙塔	2	2
2105	Na	绿茶	2	2
2106	VA	落	2	2
2107	Na	骆驼	2	2
2108	D	埋头	2	2
2109	VL	忙着	2	2
2110	Na	毛病	2	2
2111	Na	贸易	2	2
2112	Na	美景	2	2

순서	품사	단어	통합	
			수정전	수정후
2113	Na	米饭	2	2
2114	VH	密切	2	2
2115	Na	面色	2	2
2116	Na	面子	2	2
2117	Na	明星	2	2
2118	Ng	末	2	2
2119	VI	陌生	2	2
2120	Nes	某	2	2
2121	VH	目瞪口呆	2	2
2122	Ncd	南北	2	2
2123	Ncd	南边	2	2
2124	Na	男孩儿	2	2
2125	Na	内心	2	2
2126	Na	农历	2	2
2127	Na	农业	2	2
2128	Na	农作物	2	2
2129	VC	暖和	2	2
2130	VA	徘徊	2	2
2131	VA	排尿	2	2
2132	VC	派遣到	2	2
2133	Ncd	旁边儿	2	2
2134	Na	胖子	2	2
2135	VA	跑过去	2	2
2136	Na	扒手	2	2
2137	VH	平常	2	2
2138	Na	皮鞋	2	2
2139	Na	波涛	2	2
2140	VA	骑车	2	2
2141	Na	企业家	2	2
2142	VA	气哭	2	2
2143	Na	气象	2	2
2144	Na	气质	2	2
2145	Neu	千	2	2
2146	Na	跷跷板	2	2
2147	D	亲眼	2	2
2148	Na	亲友	2	2
2149	Nb	秦始皇	2	2
2150	Na	秋千	2	2
2151	VH	痊愈	2	2
2152	Na	热心	2	2

순서	품사	단어	통합	
			수정전	수정후
2153	Na	人才	2	2
2154	Na	人民币	2	2
2155	VJ	忍耐	2	2
2156	A	日常	2	2
2157	Na	容貌	2	2
2158	Na	沙漠	2	2
2159	Na	沙滩	2	2
2160	Na	上海人	2	2
2161	Na	上天	2	2
2162	VH	上下课	2	2
2163	Na	肾病	2	2
2164	Na	生词	2	2
2165	Na	声调	2	2
2166	Na	师傅	2	2
2167	Na	诗集	2	2
2168	Na	师生	2	2
2169	VH	失业	2	2
2170	D	实在	2	2
2171	Na	十字架	2	2
2172	Na	士兵	2	2
2173	VJ	适合	2	2
2174	Nc	事业家	2	2
2175	VA	适应	2	2
2176	Nc	市政府	2	2
2177	Na	柿子	2	2
2178	VC	收看	2	2
2179	Na	售货员	2	2
2180	VD	输	2	2
2181	Na	叔母	2	2
2182	Na	数学	2	2
2183	A	双重	2	2
2184	Na	丝	2	2
2185	VH	算	2	2
2186	VB	算命	2	2
2187	D	随时	2	2
2188	Na	台风	2	2
2189	Nc	台湾	2	2
2190	Na	太太	2	2
2191	Na	太阳	2	2
2192	VC	弹劾	2	2

순서	품사	단어	통합	
			수정전	수정후
2193	VH	坦率	2	2
2194	Na	糖果	2	2
2195	Na	特色	2	2
2196	Na	梯子	2	2
2197	VJ	体贴	2	2
2198	Nc	天池	2	2
2199	Nc	天空	2	2
2200	Na	天主教	2	2
2201	VA	填表	2	2
2202	VE	听听	2	2
2203	Na	庭院	2	2
2204	VH	秃	2	2
2205	VF	托	2	2
2206	VC	脱	2	2
2207	VC	歪曲	2	2
2208	Na	外宾	2	2
2209	VA	玩来玩去	2	2
2210	VA	玩耍	2	2
2211	Nf	碗	2	2
2212	VK	忘掉	2	2
2213	VH	为什么	2	2
2214	VHC	温暖	2	2
2215	VHC	稳定	2	2
2216	VH	无间	2	2
2217	VL	无意	2	2
2218	Na	物价	2	2
2219	VH	西方	2	2
2220	VA	洗澡	2	2
2221	Na	峡谷	2	2
2222	VA	下山	2	2
2223	VA	下学	2	2
2224	Nd	现代	2	2
2225	VH	相互	2	2
2226	Na	项目	2	2
2227	Nb	小哥	2	2
2228	Na	小伙子	2	2
2229	Na	小偷儿	2	2
2230	Nb	小张	2	2
2231	Na	小组	2	2
2232	Na	校门	2	2

순서	품사	단어	통합	
			수정전	수정후
2233	VC	写好	2	2
2234	VJ	信任	2	2
2235	Na	形容	2	2
2236	VH	羞答答	2	2
2237	Na	选手	2	2
2238	VH	雅	2	2
2239	Na	演讲	2	2
2240	Na	养花	2	2
2241	VC	咬	2	2
2242	Nb	耶稣基督	2	2
2243	Nd	夜晚	2	2
2244	Na	一般人	2	2
2245	Na	音乐会	2	2
2246	VH	应该	2	2
2247	Na	影响	2	2
2248	VH	勇敢	2	2
2249	VH	忧郁	2	2
2250	VH	有空	2	2
2251	VJ	有益	2	2
2252	Nc	幼儿园	2	2
2253	VC	诱拐	2	2
2254	Na	预测	2	2
2255	Na	乐曲	2	2
2256	D	再次	2	2
2257	VK	在乎	2	2
2258	VA	早睡早起	2	2
2259	VH	怎么	2	2
2260	VHC	增多	2	2
2261	Na	炸鸡	2	2
2262	VH	长胖	2	2
2263	VC	召开	2	2
2264	VC	折	2	2
2265	VH	真实	2	2
2266	VC	挣	2	2
2267	VK	知不知道	2	2
2268	Ng	之内	2	2
2269	VJ	值	2	2
2270	Na	职位	2	2
2271	Nc	植物园	2	2
2272	Na	中级	2	2

순서	품사	단어	통합	
			수정전	수정후
2273	Na	种类	2	2
2274	Na	猪肉	2	2
2275	VC	祝贺	2	2
2276	VK	注意到	2	2
2277	VC	抓住	2	2
2278	Na	砖	2	2
2279	Na	姿势	2	2
2280	Na	紫菜	2	2
2281	Na	自觉	2	2
2282	Na	资源	2	2
2283	Na	租车	2	2
2284	D	最好	2	2
2285	VC	做不了	2	2
2286	VH	爱玩	1	2
2287	Nb	拌饭	1	2
2288	VC	办好	1	2
2289	VA	办事	1	2
2290	Na	榜样	1	2
2291	VJ	保持	1	2
2292	Ncd	北部	1	2
2293	Na	辈子	1	2
2294	Na	伯父	1	2
2295	VJ	不如	1	2
2296	VJ	超过	1	2
2297	Nf	处	1	2
2298	D	从小到大	1	2
2299	VC	答错	1	2
2300	VB	打针	1	2
2301	VH	大胆	1	2
2302	VC	戴	1	2
2303	D	当面	1	2
2304	Na	电话铃	1	2
2305	VC	掉	1	2
2306	D	动不动	1	2
2307	VH	逗笑	1	2
2308	Na	队员	1	2
2309	Neqa	朵朵	1	2
2310	VH	恶化	1	2
2311	VH	发福	1	2
2312	VA	发脾气	1	2

순서	품사	단어	통합	
			수정전	수정후
2313	A	反覆	1	2
2314	VHC	放松	1	2
2315	D	纷纷	1	2
2316	Nc	服装店	1	2
2317	VL	赶得上	1	2
2318	Na	功夫	1	2
2319	Na	古迹	1	2
2320	VA	刮风	1	2
2321	VE	观察	1	2
2322	VC	观看	1	2
2323	VH	关门	1	2
2324	Nc	国会	1	2
2325	VB	过生日	1	2
2326	Na	汉堡	1	2
2327	D	好不容易	1	2
2328	Na	好事	1	2
2329	Nes	何	1	2
2330	VC	回报	1	2
2331	Na	会话课	1	2
2332	VAC	集合	1	2
2333	VCL	挤满	1	2
2334	Cbb	既然	1	2
2335	VF	继续	1	2
2336	VE	检查	1	2
2337	Na	奖	1	2
2338	VE	讲述	1	2
2339	VL	禁不住	1	2
2340	Na	金钱	1	2
2341	VA	居住	1	2
2342	VH	开演	1	2
2343	Na	瞌睡	1	2
2344	D	可要	1	2
2345	VH	刻苦	1	2
2346	Nc	课堂	1	2
2347	Ng	来	1	2
2348	Nf	类	1	2
2349	Na	礼拜	1	2
2350	Na	脸蛋	1	2
2351	Cbb	另外	1	2
2352	VH	流逝	1	2

순서	품사	단어	통합	
			수정전	수정후
2353	VC	录取	1	2
2354	Na	名	1	2
2355	D	明明	1	2
2356	Nc	南北韩	1	2
2357	VK	能够	1	2
2358	Na	农活儿	1	2
2359	VC	弄脏	1	2
2360	VCL	爬到	1	2
2361	Nd	期中	1	2
2362	VA	取长补短	1	2
2363	VJ	热衷	1	2
2364	VH	入睡	1	2
2365	Na	山坡	1	2
2366	VHC	伤	1	2
2367	VH	上去	1	2
2368	Na	生鱼片	1	2
2369	Nf	束	1	2
2370	VA	睡好	1	2
2371	VJ	顺	1	2
2372	VH	太少	1	2
2373	Nf	堂	1	2
2374	Na	套餐	1	2
2375	Na	特点	1	2
2376	VH	特有	1	2
2377	VC	填写	1	2
2378	Nf	跳	1	2
2379	VHC	停下来	1	2
2380	VD	偷	1	2
2381	VC	推	1	2
2382	Ng	为止	1	2
2383	VH	文静	1	2
2384	VJ	误	1	2
2385	VH	先进	1	2
2386	VH	香	1	2
2387	VG	象	1	2
2388	Na	相片	1	2
2389	Na	小猫	1	2
2390	Dfb	些	1	2
2391	Na	压岁钱	1	2
2392	VAC	移动	1	2

순서	품사	단어	통합	
			수정전	수정후
2393	D	一路	1	2
2394	Na	仪式	1	2
2395	Dk	一般来说	1	2
2396	D	一口	1	2
2397	Na	议员	1	2
2398	D	一转眼	1	2
2399	VC	迎接	1	2
2400	Na	硬座	1	2
2401	Na	幽默感	1	2
2402	Na	院子	1	2
2403	Na	运气	1	2
2404	VC	栽培	1	2
2405	Na	造景	1	2
2406	VA	造句	1	2
2407	VC	责备	1	2
2408	VHC	增长	1	2
2409	VB	摘下来	1	2
2410	VC	整理	1	2
2411	VC	争	1	2
2412	Na	症状	1	2
2413	Nd	钟	1	2
2414	Na	中年	1	2
2415	VA	种田	1	2
2416	Na	重要性	1	2
2417	Na	主义	1	2
2418	VE	做到	1	2
2419	Na	爸妈	0	2
2420	P	比起	0	2
2421	VH	不得	0	2
2422	D	不由得	0	2
2423	VH	纯朴	0	2
2424	Nc	村庄	0	2
2425	VC	达成	0	2
2426	VA	倒流	0	2
2427	VK	反映出	0	2
2428	Na	房东	0	2
2429	Na	符号	0	2
2430	VC	付出	0	2
2431	VC	观赏	0	2
2432	VF	计划	0	2

순서	품사	단어	통합	
			수정전	수정후
2433	VI	记忆犹新	0	2
2434	VA	交谈	0	2
2435	VA	郊游	0	2
2436	Da	仅	0	2
2437	Cbb	就算	0	2
2438	VC	开走	0	2
2439	VJ	考取	0	2
2440	D	连续	0	2
2441	Na	脸庞	0	2
2442	VJ	满怀	0	2
2443	VH	忙碌	0	2
2444	P	每逢	0	2
2445	VA	面带笑容	0	2
2446	VC	拿到	0	2
2447	Na	脑子	0	2
2448	Na	排骨	0	2
2449	D	偏要	0	2
2450	VH	疲惫	0	2
2451	A	亲	0	2
2452	Na	全家福	0	2
2453	D	全力	0	2
2454	VA	入伍	0	2
2455	Nf	扇	0	2
2456	VL	善于	0	2
2457	VCL	睡到	0	2
2458	VB	剃头	0	2
2459	VL	提早	0	2
2460	Na	田地	0	2
2461	Na	娃娃	0	2
2462	VA	嬉戏	0	2
2463	VA	下降	0	2
2464	VK	想像	0	2
2465	VK	象征	0	2
2466	VA	行事	0	2
2467	VC	休	0	2
2468	VK	需	0	2
2469	VC	学得	0	2
2470	VC	营造	0	2
2471	Na	预期	0	2
2472	P	值	0	2

순서	품사	단어	통합	
			수정전	수정후
2473	Nd	中秋	0	2
2474	Na	总统	0	2
2475	VH	走散	0	2
2476	Nep	其	5	1
2477	Nes	别	4	1
2478	VA	花钱	4	1
2479	VH	及格	4	1
2480	VC	控制	4	1
2481	Dk	无论如何	4	1
2482	VC	下来	4	1
2483	Na	研究生	4	1
2484	Na	运营	4	1
2485	D	自然	4	1
2486	D	反覆	3	1
2487	VH	过来	3	1
2488	VAC	聚集	3	1
2489	VC	看过	3	1
2490	Nf	片	3	1
2491	VJ	热心	3	1
2492	VC	上去	3	1
2493	VC	摔	3	1
2494	VH	痛快	3	1
2495	VH	温和	3	1
2496	Ng	以来	3	1
2497	VG	造成	3	1
2498	P	针对	3	1
2499	VC	追求	3	1
2500	Na	作家	3	1
2501	VJ	爱上	2	1
2502	VC	按	2	1
2503	VJ	按照	2	1
2504	Na	把握	2	1
2505	VK	包括	2	1
2506	Na	报纸	2	1
2507	Na	鼻子	2	1
2508	VA	避暑	2	1
2509	VL	便利	2	1
2510	VHC	冰	2	1
2511	VJ	不理	2	1
2512	Na	场合	2	1

순서	품사	단어	통합	
			수정전	수정후
2513	P	趁着	2	1
2514	VH	成人	2	1
2515	VC	抽出	2	1
2516	VH	刺激	2	1
2517	VC	打起	2	1
2518	VH	单身	2	1
2519	VH	当然	2	1
2520	Ncd	当中	2	1
2521	VA	掉下来	2	1
2522	VH	懂事	2	1
2523	VHC	冻死	2	1
2524	VHC	断	2	1
2525	Na	翻译	2	1
2526	Na	房卡	2	1
2527	VH	分明	2	1
2528	VJ	负	2	1
2529	VH	高级	2	1
2530	Nf	公里	2	1
2531	VE	管	2	1
2532	Na	国民	2	1
2533	D	哈哈	2	1
2534	Na	怀	2	1
2535	Na	火气	2	1
2536	VH	糊涂	2	1
2537	Na	护照	2	1
2538	VJ	积	2	1
2539	Dfa	极为	2	1
2540	VK	记不清	2	1
2541	VA	祭祖	2	1
2542	VHC	加快	2	1
2543	VH	艰苦	2	1
2544	VJ	减	2	1
2545	Na	建设	2	1
2546	Na	竞争	2	1
2547	VB	决定下来	2	1
2548	VHC	开阔	2	1
2549	VJ	理	2	1
2550	VE	聊聊	2	1
2551	D	了不起	2	1
2552	Nes	另外	2	1

순서	품사	단어	통합	
			수정전	수정후
2553	VA	流泪	2	1
2554	VH	流行	2	1
2555	Na	民众	2	1
2556	Na	模样	2	1
2557	Na	能力	2	1
2558	Na	屁股	2	1
2559	VJ	亲	2	1
2560	VH	亲	2	1
2561	VH	晴	2	1
2562	VK	确信	2	1
2563	VH	忍不住	2	1
2564	Dfa	如此	2	1
2565	Na	弱点	2	1
2566	D	三三两两	2	1
2567	Na	沙子	2	1
2568	VA	上床	2	1
2569	VK	涉及	2	1
2570	Na	神经	2	1
2571	Nf	声	2	1
2572	VH	盛大	2	1
2573	VH	湿	2	1
2574	Na	使用	2	1
2575	Na	试验	2	1
2576	Na	双胞胎	2	1
2577	VF	说服	2	1
2578	D	听起来	2	1
2579	VC	玩玩	2	1
2580	D	往往	2	1
2581	VCL	位于	2	1
2582	Nd	下月	2	1
2583	VH	咸	2	1
2584	VH	相似	2	1
2585	VB	行礼	2	1
2586	VA	醒	2	1
2587	Na	熊	2	1
2588	Na	学妹	2	1
2589	Na	研究员	2	1
2590	Nf	眼	2	1
2591	Neqa	一排排	2	1
2592	Na	婴儿	2	1

순서	품사	단어	통합	
			수정전	수정후
2593	VH	幽默	2	1
2594	Dfa	有一点点	2	1
2595	Na	责任感	2	1
2596	Na	帐蓬	2	1
2597	Na	正门	2	1
2598	Na	主意	2	1
2599	VH	专门	2	1
2600	VA	赚钱	2	1
2601	Na	资料	2	1
2602	VA	走来走去	2	1
2603	VB	挨打	1	1
2604	I	哎呀	1	1
2605	VJ	爱慕	1	1
2606	VHC	安定	1	1
2607	Na	安全	1	1
2608	D	按期	1	1
2609	P	按照	1	1
2610	Na	奥运会	1	1
2611	VA	拔草	1	1
2612	Nf	把	1	1
2613	Na	白发	1	1
2614	VH	白净	1	1
2615	Na	白糖	1	1
2616	Nd	白天	1	1
2617	VB	拜年	1	1
2618	Nf	班	1	1
2619	Na	班会	1	1
2620	Na	搬家费	1	1
2621	VC	拌	1	1
2622	VA	伴奏	1	1
2623	Nd	傍晚	1	1
2624	Na	包裹	1	1
2625	VJ	包含	1	1
2626	VC	包装	1	1
2627	VJ	保持到	1	1
2628	VC	保卫	1	1
2629	Na	宝物	1	1
2630	VJ	抱有	1	1
2631	VH	悲喜	1	1
2632	Nc	北海	1	1

순서	품사	단어	통합	
			수정전	수정후
2633	Nc	北京站	1	1
2634	Na	被子	1	1
2635	Nes	本	1	1
2636	VC	绷紧	1	1
2637	Na	鼻梁	1	1
2638	Nf	笔	1	1
2639	VC	比不过	1	1
2640	Nh	彼此	1	1
2641	VA	比赛	1	1
2642	VH	毕	1	1
2643	Na	必需品	1	1
2644	Na	毕业生	1	1
2645	VC	编导	1	1
2646	VJ	贬低	1	1
2647	Na	标签	1	1
2648	Na	标题	1	1
2649	Na	标准	1	1
2650	Na	表里	1	1
2651	Na	别名	1	1
2652	Na	冰	1	1
2653	Nd	冰灯节	1	1
2654	Na	冰棍	1	1
2655	Na	冰块	1	1
2656	VH	病倒	1	1
2657	Na	玻璃	1	1
2658	Na	博士	1	1
2659	D	不必	1	1
2660	D	不断	1	1
2661	Dfb	不过	1	1
2662	VJ	不顾	1	1
2663	VH	不像话	1	1
2664	VJ	不要	1	1
2665	Dk	不用说	1	1
2666	VC	步	1	1
2667	VJ	不符	1	1
2668	VK	不觉	1	1
2669	VH	不清	1	1
2670	D	不许	1	1
2671	VC	擦	1	1
2672	VE	猜猜	1	1

순서	품사	단어	통합	
			수정전	수정후
2673	VC	猜对	1	1
2674	Na	才能	1	1
2675	Na	裁判员	1	1
2676	Na	菜谱	1	1
2677	VH	苍白	1	1
2678	VH	苍郁	1	1
2679	VC	操持	1	1
2680	Na	草地	1	1
2681	Na	草坪	1	1
2682	VK	察觉到	1	1
2683	Na	茶水	1	1
2684	Na	长毛	1	1
2685	VE	常言道	1	1
2686	Nc	朝鲜	1	1
2687	VH	吵	1	1
2688	Na	车道	1	1
2689	Na	车堵	1	1
2690	Na	车费	1	1
2691	VG	称	1	1
2692	VA	乘船	1	1
2693	Na	成就感	1	1
2694	VC	称赞	1	1
2695	VG	吃成	1	1
2696	VC	吃光	1	1
2697	VH	迟钝	1	1
2698	VA	充电	1	1
2699	VH	重重	1	1
2700	VA	重逢	1	1
2701	D	重复	1	1
2702	Na	虫子	1	1
2703	Na	筹款	1	1
2704	VA	出嫁	1	1
2705	VC	出来	1	1
2706	VJ	出身	1	1
2707	VC	出示	1	1
2708	Na	初吻	1	1
2709	VA	出游	1	1
2710	Na	出租车	1	1
2711	Cbb	除非	1	1
2712	Na	川菜	1	1

순서	품사	단어	통합	
			수정전	수정후
2713	Na	传统舞	1	1
2714	Na	窗台	1	1
2715	VC	创造	1	1
2716	VH	纯净	1	1
2717	Cbb	此外	1	1
2718	VD	赐给	1	1
2719	Na	葱头	1	1
2720	D	从不	1	1
2721	VH	粗	1	1
2722	VC	挫折	1	1
2723	VB	打交道	1	1
2724	VC	打伤	1	1
2725	VC	打通	1	1
2726	Neqa	大半	1	1
2727	VH	大病	1	1
2728	VC	大风刮	1	1
2729	Na	大狗	1	1
2730	Nc	大韩民国	1	1
2731	Nd	大后天	1	1
2732	D	大加	1	1
2733	Na	大门	1	1
2734	Na	大厦	1	1
2735	Na	大意	1	1
2736	VJ	大于	1	1
2737	Na	大自然	1	1
2738	Na	代表	1	1
2739	VC	带上	1	1
2740	Na	待遇	1	1
2741	D	单独	1	1
2742	VJ	耽误	1	1
2743	Na	单眼皮	1	1
2744	Na	蛋糕	1	1
2745	Nes	当	1	1
2746	Nd	当初	1	1
2747	VA	当家	1	1
2748	VC	倒	1	1
2749	VH	倒闭	1	1
2750	VH	倒霉	1	1
2751	Na	导演	1	1
2752	D	倒	1	1

순서	품사	단어	통합	
			수정전	수정후
2753	D	倒不如	1	1
2754	VA	到校	1	1
2755	VC	得不到	1	1
2756	Na	得失	1	1
2757	VK	等待	1	1
2758	VC	等等	1	1
2759	Na	地铁门	1	1
2760	VH	典雅	1	1
2761	Na	电力	1	1
2762	Nf	顶	1	1
2763	VB	定罪	1	1
2764	Ncd	东北部	1	1
2765	Ncd	东部	1	1
2766	Na	董事	1	1
2767	VA	动笔	1	1
2768	VA	动不了	1	1
2769	Na	洞口	1	1
2770	Na	动力	1	1
2771	VH	冻伤	1	1
2772	VA	兜风	1	1
2773	VC	逗	1	1
2774	VC	逗乐	1	1
2775	VC	读完	1	1
2776	VH	独一无二	1	1
2777	VH	端庄	1	1
2778	VA	对打	1	1
2779	Na	对手	1	1
2780	VH	多才多艺	1	1
2781	VH	多多	1	1
2782	VH	多疑	1	1
2783	VH	饿肚子	1	1
2784	Na	恶梦	1	1
2785	Na	二哥	1	1
2786	VJ	发	1	1
2787	Na	发表会	1	1
2788	VH	发愁	1	1
2789	VJ	发挥	1	1
2790	VC	发起	1	1
2791	VC	发扬	1	1
2792	VH	翻天覆地	1	1

순서	품사	단어	통합	
			수정전	수정후
2793	Cbb	凡	1	1
2794	VH	烦死	1	1
2795	VJ	反射	1	1
2796	Nf	番	1	1
2797	VA	犯规	1	1
2798	Na	犯人	1	1
2799	Nc	房顶	1	1
2800	Na	房费	1	1
2801	VA	纺织	1	1
2802	VA	放晴	1	1
2803	VA	飞	1	1
2804	VA	飞来飞去	1	1
2805	VA	飞舞	1	1
2806	VH	费事	1	1
2807	VA	分别	1	1
2808	VHC	分开	1	1
2809	VHC	分裂	1	1
2810	Na	粉红色	1	1
2811	VH	风度翩翩	1	1
2812	VC	缝好	1	1
2813	Nc	风景区	1	1
2814	VH	丰饶	1	1
2815	VH	丰盛	1	1
2816	VH	丰收	1	1
2817	Na	风味	1	1
2818	Na	佛教徒	1	1
2819	Cbb	否则	1	1
2820	Na	福	1	1
2821	VA	服兵役	1	1
2822	VA	服毒	1	1
2823	VC	服务	1	1
2824	VH	浮现	1	1
2825	VD	付	1	1
2826	Na	父女	1	1
2827	VJ	富有	1	1
2828	VH	富裕	1	1
2829	VA	盖印	1	1
2830	VH	干脆	1	1
2831	VH	尴尬	1	1
2832	Na	钢笔	1	1

순서	품사	단어	통합	
			수정전	수정후
2833	Na	高层	1	1
2834	VH	高敞	1	1
2835	VC	搞砸	1	1
2836	VC	搞好	1	1
2837	Na	歌剧	1	1
2838	Na	歌声	1	1
2839	Na	鸽子	1	1
2840	Dfa	格外	1	1
2841	Na	蛤蜊	1	1
2842	VC	更换	1	1
2843	Na	公安	1	1
2844	Nc	工厂	1	1
2845	Na	公共汽车站	1	1
2846	Nc	工学系	1	1
2847	VJ	共赏	1	1
2848	D	共同	1	1
2849	VJ	共有	1	1
2850	Nc	沟壑	1	1
2851	VK	顾	1	1
2852	VH	孤芳自赏	1	1
2853	Nc	姑姑家	1	1
2854	VE	估计	1	1
2855	VH	古典	1	1
2856	VH	古怪	1	1
2857	VC	鼓起	1	1
2858	VC	鼓足	1	1
2859	Na	雇员	1	1
2860	Na	卦	1	1
2861	VK	关系	1	1
2862	VJ	关注	1	1
2863	Na	灌肠汤	1	1
2864	VH	光润	1	1
2865	Na	广播	1	1
2866	VH	广大	1	1
2867	Na	广告	1	1
2868	Na	规模	1	1
2869	VB	归纳起来	1	1
2870	VA	归乡	1	1
2871	Na	国产车	1	1
2872	Nd	国庆节	1	1

순서	품사	단어	통합	
			수정전	수정후
2873	Nc	国文系	1	1
2874	Na	过错	1	1
2875	D	还不是	1	1
2876	Nc	海滨	1	1
2877	Na	海水	1	1
2878	Na	海棠	1	1
2879	Na	害虫	1	1
2880	Na	韩币	1	1
2881	Nb	韩服	1	1
2882	VH	含蓄	1	1
2883	VJ	含有	1	1
2884	Nf	行	1	1
2885	Na	好感	1	1
2886	VH	好好玩	1	1
2887	Na	好意	1	1
2888	I	呵	1	1
2889	VC	喝光	1	1
2890	Na	河	1	1
2891	VC	合唱	1	1
2892	VH	合法	1	1
2893	Cbb	何况	1	1
2894	Na	褐色	1	1
2895	VA	喝水	1	1
2896	VC	喝完	1	1
2897	Na	黑熊	1	1
2898	Na	红茶	1	1
2899	Na	红绿灯	1	1
2900	Na	红牌	1	1
2901	Na	红柿	1	1
2902	VH	厚厚	1	1
2903	Na	花花公子	1	1
2904	Na	华侨	1	1
2905	VA	滑下去	1	1
2906	VA	怀孕	1	1
2907	VH	欢欢喜喜	1	1
2908	VH	欢乐	1	1
2909	VH	缓慢	1	1
2910	Nb	黄酱汤	1	1
2911	Na	黄金	1	1
2912	Na	黄色	1	1

순서	품사	단어	통합	
			수정전	수정후
2913	VB	回来	1	1
2914	D	回头	1	1
2915	VC	会晤	1	1
2916	VC	混合	1	1
2917	Na	混血儿	1	1
2918	VH	火冒三丈	1	1
2919	Na	火线	1	1
2920	VH	祸不单行	1	1
2921	Na	货物	1	1
2922	VJ	忽视	1	1
2923	Na	胡须	1	1
2924	VH	唧唧	1	1
2925	Na	机器	1	1
2926	Na	积雪	1	1
2927	Na	疾病	1	1
2928	D	即将	1	1
2929	VC	挤	1	1
2930	VA	挤来挤去	1	1
2931	VC	济	1	1
2932	Na	计划书	1	1
2933	Na	计较	1	1
2934	Na	记事本	1	1
2935	Na	计算机	1	1
2936	VC	加	1	1
2937	VJ	加深	1	1
2938	Na	家事	1	1
2939	Na	价钱	1	1
2940	Nd	假日	1	1
2941	Na	驾驶证	1	1
2942	VJ	兼备	1	1
2943	VHC	减弱	1	1
2944	D	简直	1	1
2945	Na	建筑群	1	1
2946	Nc	建筑系	1	1
2947	Na	将军	1	1
2948	VD	讲给	1	1
2949	VA	讲话	1	1
2950	VK	讲究	1	1
2951	VC	降	1	1
2952	VJ	降低到	1	1

순서	품사	단어	통합	
			수정전	수정후
2953	VC	交换	1	1
2954	VH	交加	1	1
2955	VJ	交上	1	1
2956	VA	教书	1	1
2957	VA	教学	1	1
2958	VA	交友	1	1
2959	VC	教导	1	1
2960	VA	叫喊	1	1
2961	Na	叫声	1	1
2962	VC	叫醒	1	1
2963	Nc	教育系	1	1
2964	Na	教育学	1	1
2965	Na	阶层	1	1
2966	Nc	接待室	1	1
2967	VC	接受	1	1
2968	VH	结冰	1	1
2969	VHC	结合	1	1
2970	VJ	竭尽	1	1
2971	VH	截然不同	1	1
2972	Na	解答	1	1
2973	VE	解释	1	1
2974	VC	进	1	1
2975	VC	进不了	1	1
2976	Na	进口车	1	1
2977	VA	尽孝	1	1
2978	VA	禁烟	1	1
2979	VH	惊诧	1	1
2980	VH	精打细算	1	1
2981	Na	经过	1	1
2982	VCL	经过	1	1
2983	VH	惊慌失措	1	1
2984	Na	敬老日	1	1
2985	Na	精神病	1	1
2986	VC	经受	1	1
2987	Nc	警察局	1	1
2988	Na	景点	1	1
2989	Na	景观	1	1
2990	Na	景致	1	1
2991	Na	敬语	1	1
2992	VH	久别	1	1

순서	품사	단어	통합	
			수정전	수정후
2993	Na	酒席	1	1
2994	VA	举杯	1	1
2995	D	绝不	1	1
2996	VH	绝望	1	1
2997	Na	军官	1	1
2998	Nc	郡	1	1
2999	VC	开放	1	1
3000	VH	开开	1	1
3001	VC	开开	1	1
3002	VA	开口	1	1
3003	VA	开头	1	1
3004	VA	开药	1	1
3005	VA	看家	1	1
3006	VJ	看不顺眼	1	1
3007	VJ	看懂	1	1
3008	D	看样子	1	1
3009	VC	看中	1	1
3010	Na	炕头	1	1
3011	P	靠	1	1
3012	VB	磕头	1	1
3013	VA	咳嗽	1	1
3014	VK	可望	1	1
3015	Nc	课题	1	1
3016	A	课外	1	1
3017	Na	肯德鸡	1	1
3018	Na	空间	1	1
3019	Na	空姐	1	1
3020	Na	空儿	1	1
3021	Na	空中小姐	1	1
3022	Na	口袋	1	1
3023	VC	夸奖	1	1
3024	VH	宽敞	1	1
3025	VC	款待	1	1
3026	Na	辣椒粉	1	1
3027	Na	辣子鸡丁	1	1
3028	VCL	来回	1	1
3029	VA	来去	1	1
3030	Na	来信	1	1
3031	VJ	来自	1	1
3032	Na	栏目	1	1

순서	품사	단어	통합	
			수정전	수정후
3033	VH	懒惰	1	1
3034	VHC	老龄化	1	1
3035	Nc	垒沙城	1	1
3036	VB	离别	1	1
3037	Nf	厘米	1	1
3038	VH	离奇	1	1
3039	Na	梨子	1	1
3040	Na	栗子	1	1
3041	VB	理发	1	1
3042	Ncd	里面	1	1
3043	Ng	里面	1	1
3044	VH	理所当然	1	1
3045	VH	理性	1	1
3046	VH	理直气壮	1	1
3047	Na	立场	1	1
3048	VA	立功	1	1
3049	VH	例外	1	1
3050	Na	连环画	1	1
3051	Na	联欢会	1	1
3052	Na	连衣裙	1	1
3053	Na	脸谱	1	1
3054	Na	链	1	1
3055	VH	良好	1	1
3056	Na	两面性	1	1
3057	Na	量刑	1	1
3058	VC	料理	1	1
3059	Na	列车	1	1
3060	VJ	列入	1	1
3061	Na	零食	1	1
3062	VA	溜达	1	1
3063	VA	流血	1	1
3064	Na	留言册	1	1
3065	Na	陆军	1	1
3066	Na	履历书	1	1
3067	VH	乱七八糟	1	1
3068	VH	乱糟糟	1	1
3069	D	略	1	1
3070	VH	落榜	1	1
3071	VJ	落后	1	1
3072	VH	麻痹	1	1

순서	품사	단어	통합	
			수정전	수정후
3073	Na	麻烦	1	1
3074	Na	马肉	1	1
3075	Nc	码头	1	1
3076	VA	骂人	1	1
3077	VC	买好	1	1
3078	VD	卖给	1	1
3079	VH	卖乖	1	1
3080	VC	迈开	1	1
3081	VH	慢慢腾腾	1	1
3082	D	慢慢儿	1	1
3083	Nc	慢坡路	1	1
3084	VH	漫天	1	1
3085	VH	慢悠悠	1	1
3086	VH	盲目	1	1
3087	Na	矛盾	1	1
3088	VH	毛毛	1	1
3089	Na	帽子	1	1
3090	Na	玫瑰	1	1
3091	Na	美术	1	1
3092	Nf	美元	1	1
3093	Na	魅力	1	1
3094	VH	闷热	1	1
3095	Na	门缝	1	1
3096	Na	蒙古包	1	1
3097	Nb	蒙古族	1	1
3098	VJ	迷恋	1	1
3099	Na	米	1	1
3100	Na	秘诀	1	1
3101	Na	棉被	1	1
3102	Na	面粉	1	1
3103	Na	面馆儿	1	1
3104	Na	面孔	1	1
3105	VK	面临	1	1
3106	Na	庙会	1	1
3107	Na	民警	1	1
3108	VA	鸣叫	1	1
3109	VH	明媚	1	1
3110	Na	名牌	1	1
3111	VC	摸	1	1
3112	Na	模特儿	1	1

순서	품사	단어	통합	
			수정전	수정후
3113	Na	末班车	1	1
3114	VH	默默	1	1
3115	Na	牡丹	1	1
3116	VC	拿起	1	1
3117	VC	拿去	1	1
3118	D	哪来	1	1
3119	Ncd	哪里	1	1
3120	Dk	那么	1	1
3121	Na	耐心	1	1
3122	Ncd	南方	1	1
3123	VJ	难住	1	1
3124	Nc	脑海	1	1
3125	Na	脑筋	1	1
3126	Na	闹钟	1	1
3127	Na	内蒙古菜	1	1
3128	VH	腻	1	1
3129	VC	溺爱	1	1
3130	VH	匿名	1	1
3131	VA	逆转	1	1
3132	Nd	年初	1	1
3133	Na	年糕	1	1
3134	VH	年老	1	1
3135	Na	年事	1	1
3136	VK	宁可	1	1
3137	Nc	宁夏	1	1
3138	Na	牛肉汤	1	1
3139	VH	浓	1	1
3140	Na	农药	1	1
3141	Na	女友	1	1
3142	Na	偶像	1	1
3143	VG	排成	1	1
3144	VA	排队	1	1
3145	VF	派遣	1	1
3146	Na	泡菜饼	1	1
3147	VCL	跑到	1	1
3148	VA	跑过来	1	1
3149	VA	碰头	1	1
3150	Na	偏见	1	1
3151	Nf	片儿	1	1
3152	Nc	骗人家	1	1

순서	품사	단어	통합	
			수정전	수정후
3153	P	凭	1	1
3154	Nf	平方米	1	1
3155	VH	平滑	1	1
3156	Na	品质	1	1
3157	Nb	朴	1	1
3158	Na	扑克	1	1
3159	VH	漆黑	1	1
3160	D	起初	1	1
3161	VH	起来	1	1
3162	Da	起码	1	1
3163	Na	气温	1	1
3164	VH	恰到好处	1	1
3165	Na	铅笔	1	1
3166	VCL	迁居	1	1
3167	Na	前额	1	1
3168	Na	潜水镜	1	1
3169	Na	前者	1	1
3170	VH	浅	1	1
3171	Na	歉	1	1
3172	VH	强盛	1	1
3173	VC	抢劫	1	1
3174	VC	敲	1	1
3175	Na	巧克力	1	1
3176	VG	切成	1	1
3177	VH	勤快	1	1
3178	VH	清澈	1	1
3179	Na	青睐	1	1
3180	Nd	青年节	1	1
3181	Na	情报工	1	1
3182	VH	情同手足	1	1
3183	VA	请假	1	1
3184	VI	屈服	1	1
3185	VH	去去	1	1
3186	Na	去向	1	1
3187	D	全	1	1
3188	VJ	缺乏	1	1
3189	VA	缺课	1	1
3190	VK	确定	1	1
3191	VH	确确实实	1	1
3192	VE	嚷嚷	1	1

순서	품사	단어	통합	
			수정전	수정후
3193	VA	让步	1	1
3194	VC	惹起	1	1
3195	VH	热烈	1	1
3196	VH	仁慈	1	1
3197	Na	人类	1	1
3198	VH	人山人海	1	1
3199	VH	人生地不熟	1	1
3200	VK	忍受	1	1
3201	VH	忍无可忍	1	1
3202	VC	认	1	1
3203	VJ	认出	1	1
3204	VC	认识认识	1	1
3205	D	日夜	1	1
3206	Na	肉丝	1	1
3207	VH	如故	1	1
3208	Na	儒教	1	1
3209	Na	入场票	1	1
3210	VA	入学	1	1
3211	VH	软绵绵	1	1
3212	Na	软件	1	1
3213	VA	软卧	1	1
3214	VH	三五成群	1	1
3215	VA	散去	1	1
3216	Na	桑拿	1	1
3217	Na	色	1	1
3218	VH	闪耀	1	1
3219	VL	擅长	1	1
3220	VI	伤脑筋	1	1
3221	VA	上下班	1	1
3222	VAC	上映	1	1
3223	VH	奢侈	1	1
3224	Na	设计师	1	1
3225	D	设身处地	1	1
3226	Na	深蓝色	1	1
3227	VC	申请	1	1
3228	Na	申请表	1	1
3229	Na	申请单	1	1
3230	VJ	深受	1	1
3231	Na	身影	1	1
3232	Nc	神州	1	1

순서	품사	단어	통합	
			수정전	수정후
3233	Na	生产率	1	1
3234	Na	生气	1	1
3235	VC	生下	1	1
3236	Na	剩饭	1	1
3237	Nc	师大	1	1
3238	Na	湿度	1	1
3239	Na	师哥	1	1
3240	Na	师姐	1	1
3241	VHC	湿透	1	1
3242	Na	失主	1	1
3243	VC	食	1	1
3244	D	时不时	1	1
3245	Na	十兜	1	1
3246	D	时而	1	1
3247	Na	石榴	1	1
3248	VH	时髦	1	1
3249	Na	食堂卡	1	1
3250	VC	实行	1	1
3251	VH	实用	1	1
3252	Na	食欲	1	1
3253	VJ	始于	1	1
3254	D	始终	1	1
3255	Na	士官	1	1
3256	Nb	世界杯	1	1
3257	Na	侍女	1	1
3258	Na	视野	1	1
3259	Na	事业	1	1
3260	Na	柿子树	1	1
3261	VD	收	1	1
3262	Nes	首	1	1
3263	Na	手电筒	1	1
3264	VH	守旧	1	1
3265	Na	首饰	1	1
3266	Na	首要	1	1
3267	Na	手指	1	1
3268	Na	手纸	1	1
3269	VH	受凉	1	1
3270	Nc	书房	1	1
3271	VC	数	1	1
3272	VJ	属于	1	1

순서	품사	단어	통합	
			수정전	수정후
3273	Nc	树林	1	1
3274	VC	甩	1	1
3275	A	双	1	1
3276	Na	双喜	1	1
3277	Na	水分	1	1
3278	Na	水土	1	1
3279	VC	说完	1	1
3280	Na	丝儿	1	1
3281	D	似乎	1	1
3282	Na	松饼	1	1
3283	Na	塑料袋	1	1
3284	Na	宿舍费	1	1
3285	Na	蒜	1	1
3286	VG	算不了	1	1
3287	VC	算上	1	1
3288	VG	算做	1	1
3289	D	随手	1	1
3290	Na	损害	1	1
3291	Na	损失	1	1
3292	VC	锁上	1	1
3293	Nh	他人	1	1
3294	Na	塔	1	1
3295	Nf	台	1	1
3296	Nc	台北	1	1
3297	Nc	台中	1	1
3298	Nc	泰国	1	1
3299	Na	太极拳	1	1
3300	Na	太空	1	1
3301	VH	贪吃	1	1
3302	VH	贪玩	1	1
3303	VH	谈得来	1	1
3304	VH	坦白	1	1
3305	VH	忐忑不安	1	1
3306	VA	探病	1	1
3307	Na	碳火	1	1
3308	VA	逃亡	1	1
3309	D	特	1	1
3310	Na	特产品	1	1
3311	VH	特殊	1	1
3312	D	特意	1	1

순서	품사	단어	통합	
			수정전	수정후
3313	VG	踢成	1	1
3314	VE	提到	1	1
3315	VB	提前	1	1
3316	Na	体系	1	1
3317	VH	天生	1	1
3318	Nb	田	1	1
3319	VH	甜	1	1
3320	VH	甜蜜	1	1
3321	Na	甜食	1	1
3322	VC	挑	1	1
3323	VC	挑选	1	1
3324	VA	跳	1	1
3325	VA	跳水	1	1
3326	Na	铁锤	1	1
3327	D	通宵达旦	1	1
3328	Na	通讯	1	1
3329	VI	同班	1	1
3330	Na	童话书	1	1
3331	VH	同屋	1	1
3332	Na	同志	1	1
3333	Nes	头	1	1
3334	VH	投机	1	1
3335	Dfb	透	1	1
3336	Na	秃鹫	1	1
3337	Na	团年饭	1	1
3338	VA	退房	1	1
3339	VG	拖成	1	1
3340	Na	拖拉机	1	1
3341	VC	挖掘	1	1
3342	T	哇	1	1
3343	VA	外出	1	1
3344	Na	外教	1	1
3345	Na	外商	1	1
3346	VH	完毕	1	1
3347	VH	顽皮	1	1
3348	Na	晚辈	1	1
3349	Na	万国	1	1
3350	VK	惋惜	1	1
3351	VH	汪汪	1	1
3352	Na	王朝	1	1

순서	품사	단어	통합	
			수정전	수정후
3353	VA	往来	1	1
3354	VK	忘光	1	1
3355	VJ	忘却	1	1
3356	VH	望子成龙	1	1
3357	Na	围巾	1	1
3358	VHC	委屈	1	1
3359	VF	委托	1	1
3360	I	喂	1	1
3361	VJ	未满	1	1
3362	D	未免	1	1
3363	Na	卫生纸	1	1
3364	Na	胃炎	1	1
3365	Nc	温室	1	1
3366	Na	文人	1	1
3367	Na	文学史	1	1
3368	VB	问好	1	1
3369	Na	乌龙茶	1	1
3370	Nb	吴	1	1
3371	VH	无边无际	1	1
3372	VI	无可奈何	1	1
3373	Nc	武汉	1	1
3374	Nc	五楼	1	1
3375	VA	午睡	1	1
3376	Nd	午夜	1	1
3377	D	无缘无故	1	1
3378	D	勿	1	1
3379	Nc	西班牙文系	1	1
3380	Ncd	西部	1	1
3381	Na	溪谷	1	1
3382	Nc	西海	1	1
3383	VJ	牺牲	1	1
3384	VJ	吸引	1	1
3385	VJ	吸引住	1	1
3386	VC	洗	1	1
3387	Na	喜剧片	1	1
3388	VA	洗脸	1	1
3389	VA	洗手	1	1
3390	VA	洗衣服	1	1
3391	Na	细雨	1	1
3392	VH	细致	1	1

순서	품사	단어	통합	
			수정전	수정후
3393	VH	瞎	1	1
3394	VH	下垂	1	1
3395	VA	下功夫	1	1
3396	VH	下苦	1	1
3397	VA	下楼	1	1
3398	Nd	下雨天	1	1
3399	Na	先辈	1	1
3400	VH	鲜明	1	1
3401	VH	闲不住	1	1
3402	Na	闲话	1	1
3403	VK	显	1	1
3404	VC	献身	1	1
3405	Na	线索	1	1
3406	VA	相待	1	1
3407	VH	相反	1	1
3408	Na	香蕉	1	1
3409	Na	香肉	1	1
3410	VE	想不出	1	1
3411	Dk	想不到	1	1
3412	VJ	想尽	1	1
3413	Na	相框	1	1
3414	VH	消沉	1	1
3415	VA	消费	1	1
3416	Na	小姑娘	1	1
3417	Na	小路	1	1
3418	Na	小提琴	1	1
3419	Nc	小溪	1	1
3420	Na	笑话	1	1
3421	Na	校长	1	1
3422	VA	歇	1	1
3423	Nc	鞋店	1	1
3424	VA	写字	1	1
3425	VC	写作	1	1
3426	VA	泻下来	1	1
3427	A	心爱	1	1
3428	Na	心扉	1	1
3429	VH	辛劳	1	1
3430	Na	信箱	1	1
3431	Na	星星	1	1
3432	Na	幸福	1	1

순서	품사	단어	통합	
			수정전	수정후
3433	VH	兴高采烈	1	1
3434	VH	兴致勃勃	1	1
3435	VC	修好	1	1
3436	Na	修配车	1	1
3437	VA	虚张声势	1	1
3438	VA	喧哗	1	1
3439	Na	轩然大波	1	1
3440	Na	选举	1	1
3441	Na	学弟	1	1
3442	Na	学者	1	1
3443	VH	雪白	1	1
3444	Na	雪碧	1	1
3445	VH	迅速	1	1
3446	VH	牙疼	1	1
3447	Na	烟花	1	1
3448	VH	炎热	1	1
3449	Na	岩石	1	1
3450	Na	演唱会	1	1
3451	Na	眼光	1	1
3452	Na	眼镜	1	1
3453	Na	眼圈儿 .	1	1
3454	VK	厌烦	1	1
3455	VJ	厌倦	1	1
3456	VJ	厌弃	1	1
3457	VAC	摇	1	1
3458	VAC	摇晃	1	1
3459	VA	摇橹	1	1
3460	VA	咬牙	1	1
3461	Cbb	要不	1	1
3462	D	要不要	1	1
3463	VH	要好	1	1
3464	VH	耀眼	1	1
3465	Dk	也就是说	1	1
3466	VH	野蛮	1	1
3467	VA	野营	1	1
3468	VH	夜深	1	1
3469	Na	依据	1	1
3470	VK	依赖	1	1
3471	D	依然	1	1
3472	D	一一	1	1

순서	품사	단어	통합	
			수정전	수정후
3473	Neqa	一半	1	1
3474	Na	遗产	1	1
3475	Nd	一大早	1	1
3476	A	一贯	1	1
3477	Na	遗迹	1	1
3478	VH	遗迹	1	1
3479	D	一块儿	1	1
3480	D	一面	1	1
3481	D	一面	1	1
3482	D	一再	1	1
3483	Cbb	以及	1	1
3484	Ng	以内	1	1
3485	VA	以身作则	1	1
3486	A	易爆	1	1
3487	Neqa	一点点	1	1
3488	Na	异国	1	1
3489	Nc	一楼	1	1
3490	Neqa	一声声	1	1
3491	VH	一言既出	1	1
3492	D	一语	1	1
3493	Na	意中人	1	1
3494	Na	阴历	1	1
3495	D	应当	1	1
3496	Nc	英语系	1	1
3497	Na	迎春花	1	1
3498	D	硬	1	1
3499	Na	用户	1	1
3500	Na	用品	1	1
3501	VI	用情	1	1
3502	VH	悠久	1	1
3503	Na	油	1	1
3504	VA	游来游去	1	1
3505	Nc	游乐场	1	1
3506	VH	游手好闲	1	1
3507	Nc	游戏室	1	1
3508	VK	犹豫	1	1
3509	VH	有效	1	1
3510	Na	有心人	1	1
3511	Na	幼年	1	1
3512	VA	愚公移山	1	1

순서	품사	단어	통합	
			수정전	수정후
3513	Na	圆月	1	1
3514	Na	语序	1	1
3515	VH	远远	1	1
3516	VA	远足	1	1
3517	VE	预测到	1	1
3518	Nc	浴场	1	1
3519	VC	预订	1	1
3520	Na	月饼	1	1
3521	Nd	月初	1	1
3522	Nd	月底	1	1
3523	VH	悦耳	1	1
3524	VH	晕倒	1	1
3525	VC	熨	1	1
3526	Na	杂志	1	1
3527	VH	在一块儿	1	1
3528	Na	葬礼	1	1
3529	Na	枣儿	1	1
3530	D	早日	1	1
3531	Nc	早市	1	1
3532	D	早些	1	1
3533	VH	早早	1	1
3534	VK	造成	1	1
3535	VC	责怪	1	1
3536	Na	战船	1	1
3537	VA	战斗	1	1
3538	D	暂时	1	1
3539	A	暂时	1	1
3540	VC	招聘	1	1
3541	VJ	珍爱	1	1
3542	VB	诊病	1	1
3543	VA	争吵	1	1
3544	Na	政策	1	1
3545	VH	正好	1	1
3546	VH	正经	1	1
3547	VA	挣钱	1	1
3548	Ncd	之间	1	1
3549	Na	知了	1	1
3550	Ng	之下	1	1
3551	Na	枝子	1	1
3552	Na	纸	1	1

순서	품사	단어	통합	
			수정전	수정후
3553	VC	指导	1	1
3554	VC	指责	1	1
3555	P	至	1	1
3556	VA	制药	1	1
3557	Na	中饭	1	1
3558	Ncd	中间	1	1
3559	Na	中介人	1	1
3560	VH	忠实	1	1
3561	D	衷心	1	1
3562	Na	中语	1	1
3563	Na	猪血	1	1
3564	Na	助教	1	1
3565	Na	主妇	1	1
3566	Na	主任	1	1
3567	Na	主席	1	1
3568	VH	主要	1	1
3569	VH	著名	1	1
3570	VA	助兴	1	1
3571	Na	注意力	1	1
3572	Na	柱子	1	1
3573	VAC	转	1	1
3574	VC	赚	1	1
3575	VA	转来转去	1	1
3576	VC	撞断	1	1
3577	VH	壮观	1	1
3578	Na	装饰	1	1
3579	VC	追	1	1
3580	VC	追随	1	1
3581	D	准	1	1
3582	Na	滋味儿	1	1
3583	Na	紫色	1	1
3584	Na	自信感	1	1
3585	VE	自言自语	1	1
3586	Na	字眼	1	1
3587	Da	总共	1	1
3588	VA	走步	1	1
3589	VCL	走出	1	1
3590	VA	走过来	1	1
3591	Na	足	1	1
3592	Na	嘴唇	1	1

순서	품사	단어	통합	
			수정전	수정후
3593	VJ	遵守	1	1
3594	VH	坐立不安	1	1
3595	VA	做梦	1	1
3596	D	做起来	1	1
3597	Na	作文课	1	1
3598	VA	做下来	1	1
3599	Na	爱意	0	1
3600	VJ	熬过	0	1
3601	VH	白茫茫	0	1
3602	VC	拜访	0	1
3603	Na	榜	0	1
3604	Na	报道	0	1
3605	Nc	报社	0	1
3606	Nc	背后	0	1
3607	Na	必修课	0	1
3608	VH	变黑	0	1
3609	VHC	变化	0	1
3610	Cbb	便是	0	1
3611	Na	标志	0	1
3612	VC	表露	0	1
3613	VA	表现	0	1
3614	Na	兵马俑	0	1
3615	VH	不对劲	0	1
3616	VJ	不关	0	1
3617	Da	不光	0	1
3618	D	不经意	0	1
3619	D	不停	0	1
3620	VA	步行	0	1
3621	VB	擦干净	0	1
3622	D	才	0	1
3623	Na	菜肴	0	1
3624	Na	餐费	0	1
3625	VC	藏	0	1
3626	Na	差使	0	1
3627	D	常年	0	1
3628	VC	敞开	0	1
3629	VC	唱起	0	1
3630	Na	吵架声	0	1
3631	VH	称职	0	1
3632	VC	承受	0	1

순서	품사	단어	통합	
			수정전	수정후
3633	VC	吃掉	0	1
3634	VJ	吃上	0	1
3635	VJ	持	0	1
3636	VL	持续	0	1
3637	VH	充足	0	1
3638	VC	抽	0	1
3639	VK	愁	0	1
3640	VA	出场	0	1
3641	VCL	出走	0	1
3642	Dk	除此以外	0	1
3643	VC	处理好	0	1
3644	VD	传染	0	1
3645	VC	吹开	0	1
3646	D	此后	0	1
3647	VH	脆弱	0	1
3648	VJ	错过	0	1
3649	VB	答出来	0	1
3650	VC	打击	0	1
3651	VH	大不了	0	1
3652	A	大概	0	1
3653	VE	大叫	0	1
3654	VC	呆到	0	1
3655	VB	带出去	0	1
3656	VA	待人	0	1
3657	VH	单调	0	1
3658	VK	担忧	0	1
3659	Na	当局	0	1
3660	VA	倒下	0	1
3661	VB	道别	0	1
3662	VA	倒数	0	1
3663	D	得以	0	1
3664	VC	登顶	0	1
3665	VC	点上	0	1
3666	VK	懂得	0	1
3667	VH	冻	0	1
3668	VA	兜	0	1
3669	VH	陡峭	0	1
3670	VA	逗留	0	1
3671	VH	肚子痛	0	1
3672	VHC	端正	0	1

순서	품사	단어	통합	
			수정전	수정후
3673	Na	短处	0	1
3674	VH	短暂	0	1
3675	Na	对开车	0	1
3676	Ncd	对面	0	1
3677	D	顿时	0	1
3678	Neqa	多数	0	1
3679	VH	多心	0	1
3680	Na	耳朵	0	1
3681	VH	繁重	0	1
3682	D	反复	0	1
3683	Na	犯错	0	1
3684	Na	房门	0	1
3685	VA	飞行	0	1
3686	Na	沸点	0	1
3687	VH	废寝忘食	0	1
3688	VC	分	0	1
3689	Na	分数	0	1
3690	Na	分文	0	1
3691	VJ	分享	0	1
3692	Na	分子	0	1
3693	VC	扶持	0	1
3694	Na	抚养费	0	1
3695	VH	覆水难收	0	1
3696	Na	富翁	0	1
3697	VA	赴约	0	1
3698	VL	负责	0	1
3699	VC	改	0	1
3700	VC	改革	0	1
3701	VC	改善	0	1
3702	VE	感起	0	1
3703	VK	感悟到	0	1
3704	Na	感谢	0	1
3705	Na	高中	0	1
3706	D	各	0	1
3707	Na	个儿	0	1
3708	Na	根本	0	1
3709	Dfa	更为	0	1
3710	VH	功亏一篑	0	1
3711	A	共同	0	1
3712	VC	贡献	0	1

순서	품사	단어	통합	
			수정전	수정후
3713	Dfa	够	0	1
3714	VA	购物	0	1
3715	VL	故意	0	1
3716	VC	管教	0	1
3717	VCL	逛逛	0	1
3718	VA	归国	0	1
3719	Na	柜台	0	1
3720	VC	过不了	0	1
3721	VH	过火	0	1
3722	VJ	过去	0	1
3723	VA	过夜	0	1
3724	Na	海风	0	1
3725	Na	海熊	0	1
3726	VH	汗如雨下	0	1
3727	Nb	汉语水平考试	0	1
3728	VC	喝掉	0	1
3729	VA	喝醉	0	1
3730	VB	喝彩	0	1
3731	Na	贺卡	0	1
3732	VC	哼	0	1
3733	VH	红红	0	1
3734	Na	互联网	0	1
3735	VC	花光	0	1
3736	VA	划船	0	1
3737	VG	化	0	1
3738	Na	坏蛋	0	1
3739	VCL	欢聚	0	1
3740	VAC	晃动	0	1
3741	VHC	恢复	0	1
3742	VA	会合	0	1
3743	VH	活不了	0	1
3744	VH	豁然开朗	0	1
3745	VC	激励	0	1
3746	VH	积少成多	0	1
3747	Dfa	极其	0	1
3748	VD	给予	0	1
3749	VHC	减轻	0	1
3750	VH	减退	0	1
3751	VH	渐渐	0	1
3752	VE	讲讲	0	1

순서	품사	단어	통합	
			수정전	수정후
3753	VA	讲课	0	1
3754	VA	交卷	0	1
3755	VA	浇水	0	1
3756	VF	叫到	0	1
3757	Nd	教师节	0	1
3758	VG	结成	0	1
3759	VH	拮据	0	1
3760	VA	结账	0	1
3761	VB	解雇	0	1
3762	VC	解决不了	0	1
3763	VB	解闷	0	1
3764	VH	金	0	1
3765	VH	筋疲力尽	0	1
3766	VJ	紧接	0	1
3767	D	尽	0	1
3768	VA	进来	0	1
3769	VC	进修	0	1
3770	VA	进展	0	1
3771	Na	精力	0	1
3772	Na	警惕	0	1
3773	VHC	净化	0	1
3774	VH	久远	0	1
3775	D	居然	0	1
3776	Na	橘子	0	1
3777	VH	俱全	0	1
3778	Na	卷子	0	1
3779	VH	开满	0	1
3780	VC	开上	0	1
3781	VC	看待	0	1
3782	VC	看望	0	1
3783	VE	抗议	0	1
3784	Na	烤饼摊	0	1
3785	Na	考试题	0	1
3786	VJ	靠	0	1
3787	VA	磕	0	1
3788	Na	科研	0	1
3789	VH	可恨	0	1
3790	Nc	空中	0	1
3791	Na	口才	0	1
3792	VA	哭出来	0	1

순서	품사	단어	통합	
			수정전	수정후
3793	VA	拉客	0	1
3794	Na	蜡烛	0	1
3795	Na	篮球队员	0	1
3796	D	老半天	0	1
3797	Na	老年	0	1
3798	Na	老三	0	1
3799	VL	乐于	0	1
3800	D	累月	0	1
3801	VH	累倒	0	1
3802	VH	泪如雨下	0	1
3803	VA	愣住	0	1
3804	VA	离家	0	1
3805	P	例如	0	1
3806	VH	脸红	0	1
3807	VH	两样	0	1
3808	P	临近	0	1
3809	VC	领	0	1
3810	VJ	领到	0	1
3811	VK	留意	0	1
3812	Na	绿叶	0	1
3813	VC	乱放	0	1
3814	VA	落下	0	1
3815	VA	落下来	0	1
3816	VH	落选	0	1
3817	Na	马群	0	1
3818	VC	买错	0	1
3819	VJ	买得起	0	1
3820	D	满心	0	1
3821	VA	忙来忙去	0	1
3822	Na	美容师	0	1
3823	Na	门外汉	0	1
3824	VJ	迷失	0	1
3825	Na	名单	0	1
3826	VH	明显	0	1
3827	VH	模糊	0	1
3828	VK	漠不关心	0	1
3829	VH	难闻	0	1
3830	VH	内疚	0	1
3831	VH	能干	0	1
3832	Na	鸟儿	0	1

순서	품사	단어	통합	
			수정전	수정후
3833	VK	弄得	0	1
3834	VC	弄乱	0	1
3835	VA	排排坐	0	1
3836	VCL	攀登	0	1
3837	VA	跑出去	0	1
3838	VC	抛开	0	1
3839	VA	飘	0	1
3840	VH	漂漂亮亮	0	1
3841	VA	飘下	0	1
3842	VHC	平复	0	1
3843	VH	平均	0	1
3844	Na	妻儿	0	1
3845	VA	起晚	0	1
3846	Na	气色	0	1
3847	Na	气味儿	0	1
3848	Na	钱财	0	1
3849	VH	前所未有	0	1
3850	VA	抢先	0	1
3851	A	切身	0	1
3852	VC	清楚	0	1
3853	VH	情不自禁	0	1
3854	VB	请安	0	1
3855	VE	庆祝	0	1
3856	VA	求情	0	1
3857	VC	驱逐	0	1
3858	VH	全新	0	1
3859	VH	雀跃	0	1
3860	Na	热潮	0	1
3861	VJ	忍	0	1
3862	VJ	认不认识	0	1
3863	VH	柔和	0	1
3864	VH	如愿以偿	0	1
3865	VA	入场	0	1
3866	Cbb	若要	0	1
3867	VH	塞车	0	1
3868	VB	扫干净	0	1
3869	VHC	晒黑	0	1
3870	VA	晒太阳	0	1
3871	Na	山下	0	1
3872	VH	上当	0	1

순서	품사	단어	통합	
			수정전	수정후
3873	VA	上眼	0	1
3874	VE	设想	0	1
3875	VH	深奥	0	1
3876	VH	身心健康	0	1
3877	Na	神儿	0	1
3878	Na	婶子	0	1
3879	VC	生产	0	1
3880	Na	声说	0	1
3881	VC	省	0	1
3882	Na	胜地	0	1
3883	VC	实施	0	1
3884	VH	实实在在	0	1
3885	VB	示爱	0	1
3886	Na	事务	0	1
3887	D	事先	0	1
3888	Na	收银员	0	1
3889	VK	数	0	1
3890	Na	水珠	0	1
3891	Na	说话声	0	1
3892	VA	说谎	0	1
3893	VA	说说话	0	1
3894	VH	死定	0	1
3895	VI	死心	0	1
3896	Na	死讯	0	1
3897	VH	驷马难追	0	1
3898	VH	酸	0	1
3899	VCL	踏上	0	1
3900	VJ	体现	0	1
3901	Na	体制	0	1
3902	VH	天成	0	1
3903	VB	挑出来	0	1
3904	VA	听不进去	0	1
3905	VC	听取	0	1
3906	VH	通	0	1
3907	VA	通信	0	1
3908	P	同	0	1
3909	Nes	同	0	1
3910	VC	投入到	0	1
3911	VH	团聚	0	1
3912	Na	外遇	0	1

순서	품사	단어	통합	
			수정전	수정후
3913	Na	外国	0	1
3914	VJ	维持	0	1
3915	VHC	为难	0	1
3916	VE	问清	0	1
3917	D	嗡	0	1
3918	VC	握	0	1
3919	VH	乌黑	0	1
3920	VH	无比	0	1
3921	VH	无济于事	0	1
3922	VH	无理	0	1
3923	VH	五彩缤纷	0	1
3924	Na	午餐	0	1
3925	VC	误解	0	1
3926	VHC	西方化	0	1
3927	Nb	席间	0	1
3928	VK	喜欢上	0	1
3929	Na	喜悦	0	1
3930	VA	下乡	0	1
3931	Di	下来	0	1
3932	VB	相比	0	1
3933	Na	香气	0	1
3934	Nf	响	0	1
3935	VE	想像	0	1
3936	VJ	享受到	0	1
3937	VK	向往	0	1
3938	VJ	孝顺	0	1
3939	VH	协	0	1
3940	VC	写出	0	1
3941	VB	写下来	0	1
3942	VH	辛勤	0	1
3943	VH	心神不宁	0	1
3944	VH	心酸	0	1
3945	VE	形容	0	1
3946	VH	醒来	0	1
3947	D	幸好	0	1
3948	VH	秀丽	0	1
3949	VJ	虚度	0	1
3950	VH	学成	0	1
3951	Na	雪地	0	1
3952	Na	押金费	0	1

순서	품사	단어	통합	
			수정전	수정후
3953	Na	腌制	0	1
3954	VA	研究	0	1
3955	Na	癌症	0	1
3956	VH	遥远	0	1
3957	Na	野猪	0	1
3958	VH	依依不舍	0	1
3959	Nd	一阵	0	1
3960	Neqa	一朵朵	0	1
3961	A	易燃	0	1
3962	VK	意想不到	0	1
3963	Na	异样	0	1
3964	VH	映	0	1
3965	VA	应考	0	1
3966	VH	拥挤	0	1
3967	VH	永生	0	1
3968	VL	用来	0	1
3969	VH	优美	0	1
3970	Na	优缺点	0	1
3971	VA	游玩	0	1
3972	Na	游泳课	0	1
3973	Na	游泳衣	0	1
3974	VH	有气无力	0	1
3975	VH	友善	0	1
3976	VJ	有所	0	1
3977	VJ	有益于	0	1
3978	VC	砸碎	0	1
3979	VJ	赞同	0	1
3980	Na	澡	0	1
3981	D	早早	0	1
3982	VC	责骂	0	1
3983	Na	增肥	0	1
3984	VI	着想	0	1
3985	VH	真是	0	1
3986	A	真正的	0	1
3987	VJ	珍惜	0	1
3988	D	正面	0	1
3989	D	只得	0	1
3990	Na	指挥	0	1
3991	VB	治病	0	1
3992	VC	治好	0	1

순서	품사	단어	통합	
			수정전	수정후
3993	Na	中餐	0	1
3994	VK	主意	0	1
3995	Na	专业课	0	1
3996	VH	转凉	0	1
3997	VA	转学	0	1
3998	Na	坠石	0	1
3999	VH	准确	0	1
4000	Na	自豪感	0	1
4001	VK	自觉	0	1
4002	VH	自立	0	1
4003	D	自始至终	0	1
4004	VH	自尊	0	1
4005	Na	宗教	0	1
4006	VA	走进来	0	1
4007	Da	最多	0	1
4008	VA	作弊	0	1
4009	VA	做人	0	1
4010	VC	阻止	0	1
4011	D	反正	6	0
4012	T	哦	4	0
4013	VA	过日子	4	0
4014	Nc	顶峰	2	0
4015	VJ	费	2	0
4016	Na	汗水	2	0
4017	Na	松树	2	0
4018	Na	学术	2	0
4019	D	的确	1	0
4020	Na	肺	1	0
4021	Na	跤	1	0
4022	Na	尼古丁	1	0
4023	Na	生死之交	1	0
4024	D	行不行	1	0
4025	Na	烟	1	0
4026	Na	油条	1	0
4027	Na	皱纹	1	0

3.2 한어병음 배열에 따른 어휘 사용 빈도

순서	품사	단어	한어병음	통합	
				수정전	수정후
1	T	啊	a	28	26
2	VB	挨打	āidǎ	1	1
3	I	哎呀	āiya	1	1
4	VH	矮	ǎi	6	6
5	VL	爱	ài	58	48
6	Na	爱	ài	8	12
7	VL	爱好	àihào	19	23
8	VJ	爱慕	àimù	1	1
9	VJ	爱上	àishàng	2	1
10	VH	爱玩	àiwán	1	2
11	VJ	爱惜	àixī	2	2
12	Na	爱意	àiyì	0	1
13	VHC	安定	āndìng	1	1
14	VH	安静	ānjìng	8	9
15	VE	安排	ānpái	40	42
16	Na	安全	ānquán	1	1
17	VC	安慰	ānwèi	2	2
18	P	按	àn	3	3
19	VC	按	àn	2	1
20	D	按期	ànqī	1	1
21	D	按时	ànshí	11	11
22	VH	暗下来	ànxialai	2	2
23	VJ	按照	ànzhào	2	1
24	P	按照	ànzhào	1	1
25	VJ	熬过	áoguò	0	1
26	Na	奥运会	Àoyùnhuì	1	1
27	Neu	八	bā	14	12
28	Nd	八点	bādiǎn	13	14
29	Na	巴士	bāshì	2	3
30	VA	拔草	bácǎo	1	1
31	P	把	bǎ	229	247
32	Nf	把	bǎ	1	1
33	Na	把握	bǎwò	2	1
34	Na	爸	bà	9	9
35	Na	爸爸	bàba	190	188
36	Na	爸妈	bàmā	0	2
37	T	吧	ba	241	239
38	VH	白	bái	26	30

순서	품사	단어	한어병음	통합	
				수정전	수정후
39	VH	白白	báibái	5	6
40	Na	白菜	báicài	6	5
41	Na	白发	báifà	1	1
42	VH	白净	báijìng	1	1
43	VH	白茫茫	báimángmáng	0	1
44	Na	白马王子	báimǎwángzǐ	2	2
45	Na	白色	báisè	7	4
46	Na	白糖	báitáng	1	1
47	Nd	白天	báitiān	1	1
48	Na	白雪	báixuě	1	4
49	Neu	百	bǎi	9	7
50	Na	百货	bǎihuò	3	3
51	Na	百货大楼	bǎihuòdàlóu	3	3
52	Nc	百货商店	bǎihuòshāngdiàn	5	5
53	VC	摆	bǎi	13	14
54	VC	拜访	bàifǎng	0	1
55	VB	拜年	bàinián	1	1
56	Na	班	bān	2	2
57	Nc	班	bān	25	26
58	Nf	班	bān	1	1
59	VC	搬	bān	16	18
60	Na	班车	bānchē	2	3
61	VC	搬到	bāndào	16	21
62	Na	班会	bānhuì	1	1
63	VA	搬家	bānjiā	58	50
64	Na	搬家费	bānjiāfèi	1	1
65	Neqa	半	bàn	31	29
66	Nes	半	bàn	21	23
67	VC	拌	bàn	1	1
68	VC	办	bàn	3	5
69	Na	办法	bànfǎ	12	9
70	Nb	拌饭	bànfàn	1	2
71	VC	办好	bànhǎo	1	2
72	VA	办事	bànshì	1	2
73	VA	伴奏	bànzòu	1	1
74	P	帮	bāng	53	52
75	VC	帮	bāng	3	5
76	Na	帮助	bāngzhù	17	11
77	VC	帮助	bāngzhù	94	96
78	Nd	傍晚	bàngwǎn	1	1

순서	품사	단어	한어병음	통합	
				수정전	수정후
79	Na	榜	bǎng	0	1
80	Na	榜样	bǎngyàng	1	2
81	VH	棒	bàng	4	7
82	VC	包	bāo	4	6
83	Na	包裹	bāoguǒ	1	1
84	VJ	包含	bāohán	1	1
85	VK	包括	bāokuò	2	1
86	VC	包装	bāozhuāng	1	1
87	Na	包子	bāozi	3	3
88	VH	饱	bǎo	3	2
89	Na	保安	bǎoān	2	2
90	VJ	保持	bǎochí	1	2
91	VJ	保持到	bǎochídào	1	1
92	VH	宝贵	bǎoguì	5	5
93	VC	保守	bǎoshǒu	3	3
94	VC	保卫	bǎowèi	1	1
95	Na	宝物	bǎowù	1	1
96	Na	保龄球	bǎolíngqiú	2	2
97	VC	抱	bào	3	5
98	Na	报道	bàodǎo	0	1
99	Na	报告	bàogào	10	5
100	Na	报告书	bàogàoshū	0	5
101	VA	报名	bàomíng	7	5
102	VK	抱歉	bàoqiàn	3	3
103	Nc	报社	bàoshè	0	1
104	VJ	抱有	bàoyǒu	1	1
105	VE	抱怨	bàoyuàn	2	2
106	Na	报纸	bàozhǐ	2	1
107	Nf	杯	bēi	7	9
108	VC	背	bēi	3	4
109	VH	悲哀	bēiāi	3	2
110	VH	悲伤	bēishāng	2	4
111	VH	悲喜	bēixǐ	1	1
112	Ncd	北部	běibù	1	2
113	Nc	北海	Běihǎi	1	1
114	Nc	北京	Běijīng	74	74
115	Nc	北京站	Běijīngzhàn	1	1
116	P	被	bèi	99	89
117	Nc	背后	bèihòu	0	1
118	Na	辈子	bèizi	1	2

순서	품사	단어	한어병음	통합	
				수정전	수정후
119	Na	被子	bèizi	1	1
120	Nf	本	běn	59	63
121	Nes	本	běn	1	1
122	D	本来	běnlái	16	15
123	VH	笨	bèn	2	2
124	VC	绷紧	bēngjǐn	1	1
125	Na	鼻梁	bíliáng	1	1
126	Na	鼻子	bízi	2	1
127	P	比	bǐ	86	80
128	Na	笔	bǐ	7	6
129	Nf	笔	bǐ	1	1
130	VC	比不过	bǐbúguò	1	1
131	Nh	彼此	bǐcǐ	1	1
132	Dfa	比较	bǐjiào	77	81
133	VC	比较	bǐjiào	13	15
134	P	比起	bǐqǐ	0	2
135	P	比如	bǐrú	2	2
136	P	比如说	bǐrúshuō	6	4
137	Na	比赛	bǐsài	27	30
138	VA	比赛	bǐsài	1	1
139	D	必	bì	6	8
140	VH	毕	bì	1	1
141	VA	避暑	bìshǔ	2	1
142	Na	必修课	bìxiūkè	0	1
143	D	必须	bìxū	45	44
144	Na	必需品	bìxūpǐn	1	1
145	Na	必要	bìyào	5	2
146	VH	必要	bìyào	2	3
147	VH	毕业	bìyè	45	46
148	Na	毕业生	bìyèshēng	1	1
149	Ncd	边	biān	52	48
150	VC	编导	biāndǎo	1	1
151	Na	鞭炮	biānpào	3	3
152	Ncd	边儿	biānr	4	3
153	VJ	贬低	biǎndī	1	1
154	VH	变	biàn	1	3
155	VG	变	biàn	13	13
156	D	便	biàn	21	24
157	Nf	遍	biàn	8	18
158	VG	变成	biànchéng	13	12

순서	품사	단어	한어병음	통합	
				수정전	수정후
159	VJ	变得	biànde	7	11
160	VH	变黑	biànhēi	0	1
161	VHC	变化	biànhuà	0	1
162	VL	便利	biànlì	2	1
163	Cbb	便是	biànshì	0	1
164	Na	标签	biāoqiān	1	1
165	Na	标志	biāozhì	0	1
166	Na	标题	biāotí	1	1
167	Na	标准	biāozhǔn	1	1
168	VC	表达	biǎodá	3	6
169	Na	表里	biǎolǐ	1	1
170	VC	表露	biǎolù	0	1
171	Na	表妹	biǎomèi	5	6
172	VE	表示	biǎoshì	51	39
173	VA	表现	biǎoxiàn	0	1
174	Na	表演	biǎoyǎn	7	7
175	D	别	bié	55	56
176	Nes	别	bié	4	1
177	Neqa	别的	biéde	39	30
178	Na	别名	biémíng	1	1
179	Nh	别人	biérén	47	46
180	Nc	宾馆	bīnguǎn	4	4
181	Na	冰	bīng	1	1
182	VHC	冰	bīng	2	1
183	Nd	冰灯节	Bīngdēngjié	1	1
184	Na	冰棍	bīnggùn	1	1
185	Na	冰块	bīngkuài	1	1
186	Na	兵马俑	Bīngmǎyǒng	0	1
187	Na	冰淇淋	bīngqílín	2	2
188	Na	冰箱	bīngxiāng	3	3
189	VHC	冰砖	bīngzhuān	2	2
190	Na	饼干	bǐnggān	2	2
191	Na	病	bìng	20	21
192	VH	病	bìng	13	14
193	D	并	bìng	8	15
194	Cbb	并	bìng	5	4
195	VH	病倒	bìngdǎo	1	1
196	Cbb	并且	bìngqiě	2	7
197	Na	玻璃	bōlí	1	1
198	Na	伯父	bófù	1	2

순서	품사	단어	한어병음	통합	
				수정전	수정후
199	Na	博士	bóshì	1	1
200	Nc	博物馆	bówùguǎn	2	2
201	VH	不错	búcuò	37	37
202	D	不必	búbì	1	1
203	Cbb	不但	búdàn	47	39
204	VH	不断	búduàn	9	11
205	D	不断	búduàn	1	1
206	VH	不对劲	búduìjìn	0	1
207	Cbb	不过	búguò	37	28
208	Da	不过	búguò	12	7
209	Dfb	不过	búguò	1	1
210	D	不见得	bújiànde	17	17
211	VH	不见了	bújiànle	4	3
212	VJ	不顾	búgù	1	1
213	Cbb	不论	búlùn	2	3
214	VH	不像话	búxiànghuà	1	1
215	VH	不懈	búxiè	3	2
216	Na	不幸	búxìng	2	2
217	VJ	不要	búyào	1	1
218	D	不用	búyòng	5	6
219	Dk	不用说	búyòngshuō	1	1
220	Nc	补习班	bǔxíbān	2	3
221	D	不	bù	716	717
222	Nf	部	bù	13	14
223	VC	步	bù	1	1
224	Na	步	bù	3	3
225	VC	不好	bùhǎo	22	25
226	VH	不得	bùdé	0	2
227	D	不得不	bùdébù	5	6
228	VH	不得了	bùdéliǎo	6	5
229	Na	部队	bùduì	14	10
230	Na	部分	bùfen	9	9
231	VJ	不符	bùfú	1	1
232	Cbb	不管	bùguǎn	11	7
233	VJ	不关	bùguān	0	1
234	Da	不光	bùguāng	0	1
235	Cbb	不仅	bùjǐn	7	19
236	VL	不禁	bùjīn	2	2
237	D	不经意	bùjīngyì	0	1
238	Nd	不久	bùjiǔ	2	3

순서	품사	단어	한어병음	통합	
				수정전	수정후
239	VK	不觉	bùjué	1	1
240	D	不可	bùkě	6	6
241	VJ	不理	bùlǐ	2	1
242	VH	不了了之	bùliǎoliǎozhī	3	3
243	VK	不满	bùmǎn	6	3
244	VH	不清	bùqīng	1	1
245	VJ	不如	bùrú	1	2
246	Neqa	不少	bùshǎo	12	13
247	VA	不停	bùtíng	2	2
248	D	不停	bùtíng	0	1
249	VH	不同	bùtóng	4	8
250	VA	步行	bùxíng	0	1
251	D	不许	bùxǔ	1	1
252	VH	不一样	bùyíyàng	11	11
253	D	不应该	bùyīnggāi	2	3
254	D	不由得	bùyóude	0	2
255	VH	不再	bùzài	11	9
256	VC	布置	bùzhì	3	4
257	D	不知不觉	bùzhībùjué	7	6
258	VH	不足	bùzú	4	3
259	VC	擦	cā	1	1
260	VB	擦干净	cāgānjìng	0	1
261	VE	猜猜	cāicai	1	1
262	VC	猜对	cāiduì	1	1
263	Da	才	cái	165	174
264	D	才	cái	0	1
265	Na	材料	cáiliào	2	2
266	Na	才能	cáinéng	1	1
267	Na	裁判员	cáipànyuán	1	1
268	Na	彩虹	cǎihóng	2	2
269	Na	菜	cài	90	87
270	Na	菜谱	càipǔ	1	1
271	Na	菜肴	càiyáo	0	1
272	Na	餐费	cānfèi	0	1
273	VC	参观	cānguān	3	6
274	VC	参加	cānjiā	48	51
275	VA	参军	cānjūn	1	4
276	Nc	餐厅	cāntīng	7	7
277	VH	苍白	cāngbái	1	1
278	VH	苍郁	cāngyù	1	1

순서	품사	단어	한어병음	통합	
				수정전	수정후
279	VC	藏	cáng	0	1
280	VC	操持	cāochí	1	1
281	Na	草地	cǎodì	1	1
282	Na	草坪	cǎopíng	1	1
283	Na	草原	cǎoyuán	3	3
284	Nf	层	céng	4	4
285	Na	层	céng	3	3
286	D	曾经	céngjīng	2	2
287	VH	差	chā	12	14
288	Na	差别	chābié	3	2
289	D	差点儿	chādiǎnr	21	20
290	VK	察觉到	chájuédào	1	1
291	Na	茶	chá	13	13
292	Na	茶水	cháshuǐ	1	1
293	D	差不多	chàbuduō	23	24
294	VH	差不多	chàbùduō	3	4
295	Na	差使	chāishǐ	0	1
296	VHC	产生	chǎnshēng	4	4
297	VH	长	cháng	49	52
298	D	常	cháng	9	12
299	D	常常	chángcháng	105	89
300	VC	尝尝	chángchang	2	3
301	Nc	长城	Chángchéng	5	4
302	Nc	长春	Chángchūn	9	9
303	Nc	长白山	Chángbáishān	1	4
304	Na	长毛	chángmáo	1	1
305	D	常年	chángnián	0	1
306	VH	常青	chángqīng	2	2
307	VE	常言道	chángyándào	1	1
308	Nf	场	chǎng	17	39
309	Na	场合	chǎnghé	2	1
310	VC	敞开	chǎngkāi	0	1
311	Na	场面	chǎngmiàn	2	2
312	VC	唱	chàng	14	16
313	VA	唱歌	chànggē	18	16
314	VC	唱起	chàngqǐ	0	1
315	VJ	超过	chāoguò	1	2
316	Nc	超市	chāoshì	2	2
317	Nc	朝鲜	Cháoxiǎn	1	1
318	Na	朝鲜族	Cháoxiǎnzú	2	2

순서	품사	단어	한어병음	통합	
				수정전	수정후
319	VC	吵	chǎo	2	5
320	VH	吵	chǎo	1	1
321	VA	吵架	chǎojià	12	10
322	Na	吵架声	chǎojiàshēng	0	1
323	Na	车	chē	125	125
324	Nc	车站	chēzhàn	30	30
325	Na	车道	chēdào	1	1
326	Na	车堵	chēdǔ	1	1
327	Na	车费	chēfèi	1	1
328	Na	车祸	chēhuò	6	6
329	Na	车票	chēpiào	8	8
330	Nb	陈	Chén	2	2
331	P	趁着	chènzhe	2	1
332	VH	称职	chènzhí	0	1
333	VG	称	chēng	1	1
334	VG	成	chéng	9	14
335	VA	乘船	chéngchuán	1	1
336	Nc	成功	chénggōng	9	7
337	VH	成功	chénggōng	29	28
338	Na	成果	chéngguǒ	2	2
339	Na	成绩	chéngjì	25	26
340	Na	成就感	chéngjiùgǎn	1	1
341	VH	成人	chéngrén	2	1
342	VH	诚实	chéngshí	3	3
343	Na	城市	chéngshì	12	12
344	VC	承受	chéngshòu	0	1
345	VH	成熟	chéngshú	3	4
346	VG	成为	chéngwéi	20	25
347	Na	成员	chéngyuán	2	3
348	VC	称赞	chēngzàn	1	1
349	VC	吃	chī	222	222
350	VJ	吃不了	chībuliǎo	11	10
351	VG	吃成	chīchéng	1	1
352	VC	吃得了	chīdeliǎo	5	3
353	VC	吃掉	chīdiào	0	1
354	VA	吃饭	chīfàn	70	62
355	VC	吃光	chīguāng	1	1
356	VC	吃好	chīhǎo	4	4
357	VH	吃惊	chījīng	3	3
358	VH	吃苦	chīkǔ	6	6

순서	품사	단어	한어병음	통합 수정전	통합 수정후
359	VH	吃力	chīlì	12	12
360	VJ	吃上	chīshang	0	1
361	VC	吃完	chīwán	13	23
362	VJ	持	chí	0	1
363	VH	迟到	chídào	20	26
364	VH	迟钝	chídùn	1	1
365	VL	持续	chíxù	0	1
366	VA	充电	chōngdiàn	1	1
367	VJ	充满	chōngmǎn	6	9
368	VH	充足	chōngzú	0	1
369	VH	重重	chóngchóng	1	1
370	VA	重逢	chóngféng	1	1
371	D	重复	chóngfù	1	1
372	D	重新	chóngxīn	5	7
373	Na	虫子	chóngzi	1	1
374	Na	宠物	chǒngwù	7	7
375	VC	抽	chōu	0	1
376	VC	抽出	chōuchū	2	1
377	VA	抽时间	chōushíjiān	6	6
378	VA	抽烟	chōuyān	14	12
379	VK	愁	chóu	0	1
380	Na	筹款	chóukuǎn	1	1
381	Ng	初	chū	2	2
382	VC	出	chū	31	23
383	VA	出差	chūchāi	3	3
384	VA	出场	chūchǎng	0	1
385	D	初次	chūcì	15	11
386	VA	出发	chūfā	24	19
387	VA	出国	chūguó	2	4
388	VA	出嫁	chūjià	1	1
389	VC	出来	chūlai	1	1
390	VA	出来	chulai	25	24
391	VA	出门	chūmén	3	2
392	VA	出去	chūqù	50	46
393	VJ	出身	chūshēn	1	1
394	VA	出生	chūshēng	9	9
395	VC	出示	chūshì	1	1
396	Na	初吻	chūwěn	1	1
397	VH	出现	chūxiàn	5	8
398	Na	初雪	chūxuě	13	15

순서	품사	단어	한어병음	통합	
				수정전	수정후
399	VA	出游	chūyóu	1	1
400	VCL	出走	chūzǒu	0	1
401	VD	出租	chūzū	5	4
402	Na	出租车	chūzūchē	1	1
403	Dk	除此以外	chúcǐyǐwài	0	1
404	Nc	厨房	chúfáng	2	2
405	Cbb	除非	chúfēi	1	1
406	P	除了	chúle	32	32
407	VC	处理	chǔlǐ	2	2
408	VC	处理好	chǔlǐhǎo	0	1
409	Nf	处	chù	1	2
410	D	处处	chùchù	3	2
411	VC	穿	chuān	28	30
412	Na	川菜	chuāncài	1	1
413	VC	穿上	chuānshang	1	5
414	Na	船	chuán	10	9
415	VD	传	chuán	2	2
416	VB	传教	chuánjiào	2	2
417	VD	传染	chuánrǎn	0	1
418	Na	传统	chuántǒng	12	12
419	Na	传统舞	chuántǒngwǔ	1	1
420	Na	窗	chuāng	0	3
421	Na	窗户	chuānghu	11	9
422	Na	窗台	chuāngtái	1	1
423	Na	床	chuáng	16	16
424	Na	船工	chuángōng	3	3
425	VC	创造	chuàngzào	1	1
426	VC	吹	chuī	2	3
427	VC	吹开	chuīkāi	0	1
428	Nd	春节	chūnjié	24	24
429	VH	纯净	chúnjìng	1	1
430	VH	纯朴	chúnpǔ	0	2
431	Nd	春天	chūntiān	12	10
432	Na	绰号	chuòhào	2	2
433	Na	词	cí	8	8
434	Na	磁带	cídài	3	3
435	Na	词典	cídiǎn	6	7
436	Nep	此	cǐ	4	5
437	D	此后	cǐhòu	0	1
438	Cbb	此外	cǐwài	1	1

순서	품사	단어	한어병음	통합	
				수정전	수정후
439	Nf	次	cì	234	212
440	VD	赐给	cìgěi	1	1
441	VH	刺激	cìjī	2	1
442	P	从	cóng	146	148
443	VH	聪明	cōngmíng	9	10
444	Na	葱头	cōngtóu	1	1
445	D	从不	cóngbù	1	1
446	D	从此	cóngcǐ	3	5
447	Nd	从前	cóngqián	1	3
448	VJ	从事	cóngshì	3	3
449	D	从小到大	cóngxiǎodàodà	1	2
450	D	从早到晚	cóngzǎodàowǎn	2	3
451	VH	粗	cū	1	1
452	VH	脆弱	cuìruò	0	1
453	Nc	村	cūn	6	4
454	Nc	村庄	cūnzhuāng	0	2
455	VH	错	cuò	3	3
456	VJ	错过	cuòguò	0	1
457	VH	错误	cuòwù	2	2
458	Na	错误	cuòwù	2	5
459	VC	挫折	cuòzhé	1	1
460	VE	答应	dāying	3	5
461	VC	达成	dáchéng	0	2
462	VB	答出来	dáchulai	0	1
463	VC	答错	dácuò	1	2
464	VJ	达到	dádào	13	17
465	VC	打	dǎ	54	63
466	VC	打扮	dǎban	5	5
467	VB	打电话	dǎdiànhuà	38	34
468	VA	打工	dǎgōng	18	18
469	VC	打击	dǎjí	0	1
470	VB	打交道	dǎjiāodào	1	1
471	VC	打开	dǎkāi	12	11
472	VC	打起	dǎqǐ	2	1
473	VA	打球	dǎqiú	2	2
474	VC	打扰	dǎrǎo	40	38
475	VC	打扫	dǎsǎo	15	16
476	VC	打伤	dǎshāng	1	1
477	VC	打死	dǎsǐ	3	3
478	VF	打算	dǎsuan	156	156

순서	품사	단어	한어병음	통합 수정전	통합 수정후
479	VC	打碎	dǎsuì	3	2
480	VC	打通	dǎtōng	1	1
481	VA	打网球	dǎwǎngqiú	2	3
482	VB	打招呼	dǎzhāohu	2	4
483	VB	打针	dǎzhēn	1	2
484	VH	大	dà	143	139
485	Neqa	大半	dàbàn	1	1
486	VH	大病	dàbìng	1	1
487	Neqa	大部分	dàbùfen	10	7
488	VH	大不了	dàbuliǎo	0	1
489	VH	大吃一惊	dàchīyìjīng	2	2
490	VH	大大	dàdà	4	3
491	VH	大胆	dàdǎn	1	2
492	VC	大风刮	dàfēngguā	1	1
493	D	大概	dàgài	15	20
494	A	大概	dàgài	0	1
495	Na	大狗	dàgǒu	1	1
496	Na	大海	dàhǎi	4	2
497	Nc	大韩民国	Dàhánmínguó	1	1
498	Nd	大后天	dàhòutiān	1	1
499	Na	大会	dàhuì	4	4
500	D	大加	dàjiā	1	1
501	Nh	大家	dàjiā	26	44
502	VE	大叫	dàjiào	0	1
503	Na	大姐	dàjiě	8	9
504	VA	大哭	dàkū	3	3
505	Nc	大连	Dàlián	10	10
506	Na	大楼	dàlóu	3	3
507	Na	大门	dàmén	1	1
508	Na	大厦	dàshà	1	1
509	VH	大声	dàshēng	6	5
510	Na	大提琴	dàtíqín	5	4
511	Na	大象	dàxiàng	2	2
512	Nc	大学	dàxué	95	109
513	Na	大学生	dàxuéshēng	24	22
514	Na	大意	dàyì	1	1
515	Na	大衣	dàyī	5	4
516	Na	大一	dàyī	4	4
517	VJ	大于	dàyú	1	1
518	Na	大雨	dàyǔ	8	9

순서	품사	단어	한어병음	통합	
				수정전	수정후
519	Da	大约	dàyuē	1	3
520	Na	大自然	dàzìrán	1	1
521	VH	呆	dāi	8	9
522	VCL	呆	dāi	2	2
523	VC	呆到	dāidào	0	1
524	P	待	dài	4	3
525	VC	戴	dài	1	2
526	VC	带	dài	54	60
527	Na	代表	dàibiǎo	1	1
528	VB	带出去	dàichūqù	0	1
529	Na	大夫	dàifu	4	3
530	VC	带来	dàilái	21	21
531	VA	待人	dàirén	0	1
532	VC	带上	dàishang	1	1
533	VC	代替	dàitì	4	4
534	Na	待遇	dàiyù	1	1
535	VK	担心	dānxīn	31	33
536	Na	单词	dāncí	2	2
537	VH	单调	dāndiào	0	1
538	D	单独	dāndú	1	1
539	VG	担任	dānrèn	2	3
540	VH	单身	dānshēn	2	1
541	VC	耽误	dānwu	5	4
542	VJ	耽误	dānwu	1	1
543	Na	单眼皮	dānyǎnpí	1	1
544	VK	担忧	dānyōu	0	1
545	Cbb	但	dàn	131	140
546	Na	蛋糕	dàngāo	1	1
547	Cbb	但是	dànshì	123	103
548	VG	当	dāng	47	59
549	Nes	当	dāng	1	1
550	P	当	dāng	4	13
551	VA	当兵	dāngbīng	6	6
552	Nd	当初	dāngchū	1	1
553	VA	当家	dāngjiā	1	1
554	Na	当局	dāngjú	0	1
555	D	当面	dāngmiàn	1	2
556	VH	当然	dāngrán	2	1
557	D	当然	dāngrán	14	6
558	Nd	当时	dāngshí	34	33

순서	품사	단어	한어병음	통합	
				수정전	수정후
559	Ng	当中	dāngzhōng	6	5
560	Ncd	当中	dāngzhōng	2	1
561	Na	岛	dǎo	2	3
562	VC	倒	dǎo	1	1
563	VH	倒闭	dǎobì	1	1
564	VA	祷告	dǎogào	4	3
565	VA	祷告	dǎogào	4	3
566	VH	倒霉	dǎoméi	1	1
567	VA	倒下	dǎoxià	0	1
568	Na	导演	dǎoyǎn	1	1
569	Na	导游	dǎoyóu	2	2
570	D	倒	dào	1	1
571	VCL	到	dào	237	249
572	P	到	dào	149	108
573	Nf	道	dào	3	2
574	VE	道	dào	2	2
575	VB	道别	dàobié	0	1
576	D	倒不如	dàoburú	1	1
577	D	到处	dàochù	19	19
578	VCL	到达	dàodá	7	9
579	D	到底	dàodǐ	7	9
580	VA	倒流	dàoliú	0	2
581	Na	道路	dàolù	3	2
582	VB	道歉	dàoqiàn	2	2
583	VA	倒数	dàoshǔ	0	1
584	VA	到校	dàoxiào	1	1
585	VA	到站	dàozhàn	2	2
586	VJ	得	dé	31	35
587	VC	得不到	débudào	1	1
588	VJ	得到	dédào	19	15
589	VH	得分	défēn	2	2
590	Na	得失	déshī	1	1
591	D	得以	déyǐ	0	1
592	De	得	de	346	350
593	De	的	de	3299	3068
594	T	的	de	2	5
595	Dfb	得多	deduō	6	4
596	Cba	的话	dehuà	2	62
597	D	得	děi	68	77
598	VC	登	dēng	2	2

순서	품사	단어	한어병음	통합	
				수정전	수정후
599	VC	登顶	dēngdǐng	0	1
600	VA	登山	dēngshān	9	8
601	P	等	děng	8	5
602	Cab	等	děng	21	32
603	VC	等	děng	67	64
604	VK	等待	děngdài	1	1
605	Cab	等等	děngděng	2	14
606	VC	等等	děngděng	1	1
607	D	等一下	děngyíxià	7	5
608	VH	低	dī	3	3
609	D	的确	díquè	1	0
610	VH	地道	dìdao	4	5
611	Na	弟弟	dìdi	73	73
612	Neu	第二	dì'èr	16	16
613	Na	地方	dìfang	63	53
614	VD	递给	dìgěi	12	12
615	Neu	第三	dìsān	3	3
616	Na	地铁	dìtiě	8	8
617	Na	地铁门	dìtiěmén	1	1
618	Na	地球	dìqiú	2	2
619	De	地	di	123	151
620	Neu	第一	dìyī	76	73
621	Na	地址	dìzhǐ	2	2
622	Dfb	点	diǎn	4	4
623	VC	点	diǎn	6	5
624	Nf	点	diǎn	20	17
625	Dfb	点儿	diǎnr	14	18
626	VC	点上	diǎnshàng	0	1
627	Na	点心	diǎnxīn	5	5
628	VH	典雅	diǎnyǎ	1	1
629	Na	电话	diànhuà	26	29
630	VA	电话	diànhuà	2	2
631	Na	电话铃	diànhuàlíng	1	2
632	Na	电力	diànlì	1	1
633	Na	电脑	diànnǎo	18	17
634	Na	电梯	diàntī	2	3
635	Na	电影	diànyǐng	88	90
636	Na	电影儿	diànyǐngr	2	2
637	Nc	电影院	diànyǐngyuàn	12	11
638	Na	电子	diànzǐ	3	4

순서	품사	단어	한어병음	통합	
				수정전	수정후
639	VC	掉	diào	1	2
640	VA	掉下来	diàoxialai	2	1
641	Nf	顶	dǐng	1	1
642	Nc	顶峰	dǐngfēng	2	0
643	VC	定	dìng	6	9
644	VC	订	dìng	2	4
645	VB	定罪	dìngzuì	1	1
646	VC	丢	diū	16	16
647	Ncd	东北部	dōngběibù	1	1
648	Ncd	东部	dōngbù	1	1
649	Nd	冬季	dōngjì	2	2
650	Nd	冬天	dōngtiān	44	44
651	Na	东西	dōngxi	104	104
652	VK	懂	dǒng	18	19
653	VK	懂得	dǒngddé	0	1
654	Na	董事	dǒngshì	1	1
655	VH	懂事	dǒngshì	2	1
656	VH	冻	dòng	0	1
657	VAC	动	dòng	8	8
658	VA	动笔	dòngbǐ	1	1
659	D	动不动	dòngbudòng	1	2
660	VA	动不了	dòngbuliǎo	1	1
661	VHC	冻死	dòngsǐ	2	1
662	Na	洞口	dòngkǒu	1	1
663	Na	动力	dònglì	1	1
664	VH	冻伤	dòngshāng	1	1
665	VA	动身	dòngshēn	4	2
666	Na	动物	dòngwù	2	2
667	Nc	动物园	dòngwùyuán	12	14
668	Na	动作	dòngzuò	6	6
669	D	都	dōu	339	432
670	VA	兜	dōu	0	1
671	VA	兜风	dōufēng	1	1
672	VH	陡峭	dǒuqiào	0	1
673	VC	逗	dòu	1	1
674	VC	逗乐	dòulè	1	1
675	VA	逗留	dòuliú	0	1
676	VH	逗笑	dòuxiào	1	2
677	VC	读	dú	10	12
678	Na	独生女	dúshēngnǚ	3	3

순서	품사	단어	한어병음	통합	
				수정전	수정후
679	VA	读书	dúshū	12	12
680	VH	独特	dútè	3	3
681	VC	读完	dúwán	1	1
682	VH	独一无二	dúyīwúèr	1	1
683	D	独自	dúzì	2	2
684	VC	堵	dǔ	2	3
685	VH	堵车	dǔchē	11	12
686	Nf	度	dù	4	5
687	VCL	度过	dùguò	2	5
688	Na	肚子	dùzi	9	7
689	VH	肚子痛	dùzitòng	0	1
690	VHC	端正	duānzhèng	0	1
691	VH	端庄	duānzhuāng	1	1
692	Na	短处	duǎnchù	0	1
693	Na	短信	duǎnxìn	3	3
694	VH	短暂	duǎnzhàn	0	1
695	Nf	段	duàn	4	9
696	VHC	断	duàn	2	1
697	VC	锻炼	duànliàn	6	7
698	P	对	duì	220	210
699	Nf	对	duì	3	2
700	VH	对	duì	2	4
701	VC	堆	duī	2	5
702	VJ	对不起	duìbuqǐ	26	24
703	VA	对打	duìdǎ	1	1
704	Nh	对方	duìfāng	7	13
705	Na	对话	duìhuà	3	2
706	VA	对话	duìhuà	4	2
707	Na	对开车	duìkāichē	0	1
708	Ncd	对面	duìmiàn	0	1
709	Na	对手	duìshǒu	1	1
710	P	对于	duìyú	5	5
711	Na	队员	duìyuán	1	2
712	Na	渡轮	dùlún	2	2
713	Nc	敦煌	Dūnhuáng	2	2
714	Nf	顿	dùn	8	11
715	D	顿时	dùnshí	0	1
716	VH	多	duō	193	158
717	Neqa	多	duō	138	178
718	D	多	duō	54	54

순서	품사	단어	한어병음	통합	
				수정전	수정후
719	Dfa	多	duō	12	14
720	Dfb	多	duō	6	6
721	Neqb	多	duō	14	16
722	VH	多彩	duōcǎi	2	2
723	VH	多才多艺	duōcáiduōyì	1	1
724	VH	多多	duōduō	1	1
725	D	多多	duōduō	8	6
726	Dfa	多么	duōme	11	5
727	Neqa	多少	duōshao	11	14
728	VH	多事	duōshì	2	2
729	Neqa	多数	duōshù	0	1
730	VH	多心	duōxīn	0	1
731	VH	多样	duōyàng	2	2
732	VH	多疑	duōyí	1	1
733	Neqa	朵朵	duǒduǒ	1	2
734	T	哦	é	4	0
735	Caa	而	ér	3	2
736	Cbb	而	ér	28	30
737	Caa	而且	érqiě	28	22
738	Cbb	而且	érqiě	50	52
739	Cbb	而是	érshì	6	9
740	T	而已	éryǐ	3	2
741	Na	儿子	érzi	13	12
742	Na	耳朵	ěrduǒ	0	1
743	VH	饿	è	8	12
744	VH	饿肚子	èdùzi	1	1
745	VH	恶化	èhuà	1	2
746	Na	恶梦	èmèng	1	1
747	VHC	饿死	èsǐ	5	3
748	Neu	二	èr	45	35
749	Na	二哥	èrgē	1	1
750	VD	发	fā	4	6
751	VC	发	fā	2	4
752	VJ	发	fā	1	1
753	VJ	发生	fāshēng	32	26
754	Na	发表会	fābiǎohuì	1	1
755	VH	发愁	fāchóu	1	1
756	VH	发达	fādá	7	6
757	VC	发动	fādòng	2	2
758	VH	发福	fāfú	1	2

순서	품사	단어	한어병음	통합	
				수정전	수정후
759	VJ	发挥	fāhuī	1	1
760	VH	发胖	fāpàng	3	5
761	VA	发脾气	fāpíqì	1	2
762	VC	发起	fāqǐ	1	1
763	VH	发烧	fāshāo	2	2
764	VE	发现	fāxiàn	18	23
765	Na	发言	fāyán	3	2
766	VC	发扬	fāyáng	1	1
767	Na	发音	fāyīn	5	5
768	VC	发展	fāzhǎn	4	2
769	Na	发展	fāzhǎn	11	11
770	Na	法语	Fǎyǔ	4	4
771	Nc	法国	Fǎguó	5	4
772	VH	翻天覆地	fāntiānfùdì	1	1
773	Na	翻译	fānyì	2	1
774	VC	翻译	fānyì	3	4
775	VG	翻译成	fānyì	9	10
776	VHC	烦	fán	4	7
777	Cbb	凡	fán	1	1
778	Cbb	凡是	fánshì	2	2
779	VH	烦死	fánsǐ	1	1
780	VH	繁重	fánzhòng	0	1
781	VE	反对	fǎnduì	4	4
782	VI	反感	fǎngǎn	2	2
783	A	反覆	fǎnfù	1	2
784	D	反覆	fǎnfù	3	1
785	D	反复	fǎnfù	0	1
786	VK	反映出	fǎnyìngchū	0	2
787	D	反正	fǎnzhèng	6	0
788	VJ	反射	fǎnshè	1	1
789	Na	饭	fàn	67	77
790	VC	犯	fàn	2	3
791	Nf	番	fān	1	1
792	VA	犯错	fàncuò	0	1
793	Na	饭店	fàndiàn	7	8
794	Nc	饭馆	fànguǎn	7	7
795	VA	犯规	fànguī	1	1
796	Na	犯人	fànrén	1	1
797	VC	妨碍	fáng'ài	9	9
798	Nc	房顶	fángdǐng	1	1

순서	품사	단어	한어병음	통합	
				수정전	수정후
799	Na	房东	fángdōng	0	2
800	Na	房费	fángfèi	1	1
801	Na	房子	fángzi	35	34
802	VC	放	fàng	26	27
803	VH	方便	fāngbiàn	35	35
804	Na	方便面	fāngbiànmiàn	5	5
805	Na	方面	fāngmiàn	8	5
806	VH	放假	fàngjià	10	10
807	Nc	房间	fángjiān	40	36
808	Na	房卡	fángkǎ	2	1
809	Na	房门	fángmén	0	1
810	VA	纺织	fángzhī	1	1
811	VC	放弃	fàngqì	10	11
812	VA	放晴	fàngqíng	1	1
813	D	放声	fàngshēng	3	3
814	VA	放暑假	fàngshǔjià	3	4
815	VHC	放松	fàngsōng	1	2
816	VK	放心	fàngxīn	5	6
817	VA	飞	fēi	1	1
818	Dfa	非常	fēicháng	90	106
819	Na	非典	fēidiǎn	4	3
820	Na	飞机	fēijī	19	19
821	VA	飞来飞去	fēiláifēiqù	1	1
822	VA	飞舞	fēiwǔ	1	1
823	VA	飞行	fēixíng	0	1
824	VJ	费	fèi	2	0
825	Na	肺	fèi	1	0
826	Na	沸点	fèidiǎn	0	1
827	VH	废寝忘食	fèiqǐnwàngshí	0	1
828	VH	费事	fèishì	1	1
829	Nf	分	fēn	5	4
830	VC	分	fēn	0	1
831	VA	分别	fēnbié	1	1
832	D	纷纷	fēnfēn	1	2
833	VHC	分开	fēnkāi	1	1
834	VHC	分裂	fēnliè	1	1
835	VH	分明	fēnmíng	2	1
836	VA	分手	fēnshǒu	7	7
837	Na	分数	fēnshù	0	1
838	Na	分文	fēnwén	0	1

순서	품사	단어	한어병음	통합	
				수정전	수정후
839	VJ	分享	fēnxiǎng	0	1
840	Nf	分钟	fēnzhōng	24	24
841	Na	分子	fēnzǐ	0	1
842	Na	粉红色	fěnhóngsè	1	1
843	Nf	份	fèn	7	10
844	Nf	封	fēng	4	4
845	Na	风	fēng	6	5
846	VH	风度翩翩	fēngdùpiānpiān	1	1
847	VH	丰富	fēngfù	4	4
848	VC	缝好	fénghǎo	1	1
849	Nc	风景区	fēngjǐngqū	1	1
850	VH	风趣	fēngqù	2	2
851	VH	丰饶	fēngráo	1	1
852	VH	丰盛	fēngshèng	1	1
853	VH	丰收	fēngshōu	1	1
854	Na	风味	fēngwèi	1	1
855	Na	风味菜	fēngwèicài	2	2
856	Na	佛教徒	Fójiàotú	1	1
857	Cbb	否则	fǒuzé	1	1
858	Nf	幅	fú	5	5
859	Na	福	fú	1	1
860	VA	服兵役	fúbīngyì	1	1
861	VC	扶持	fúchí	0	1
862	VA	服毒	fúdú	1	1
863	Na	符号	fúhào	0	2
864	VC	服务	fúwù	1	1
865	Na	服务员	fúwùyuán	2	2
866	VH	浮现	fúxiàn	1	1
867	Na	服装	fúzhuāng	10	13
868	Nc	服装店	fúzhuāngdiàn	1	2
869	Na	抚养费	fǔyǎngfèi	0	1
870	VD	付	fù	1	1
871	VJ	负	fù	2	1
872	VC	付出	fùchū	0	2
873	VC	覆盖	fùgài	3	4
874	Nc	附近	fùjìn	22	22
875	Na	父母	fùmǔ	80	80
876	Na	父女	fùnǚ	1	1
877	Na	父亲	fùqin	21	21
878	VH	覆水难收	fùshuǐnánshōu	0	1

순서	품사	단어	한어병음	통합	
				수정전	수정후
879	Na	富翁	fùwēng	0	1
880	VC	复习	fùxí	7	5
881	VJ	富有	fùyǒu	1	1
882	VH	富裕	fùyù	1	1
883	VA	赴约	fùyuē	0	1
884	VH	复杂	fùzá	7	5
885	VL	负责	fùzé	0	1
886	Na	副作用	fùzuòyòng	2	2
887	D	该	gāi	9	9
888	VC	改	gǎi	0	1
889	VC	改变	gǎibiàn	7	6
890	VC	改革	gǎigé	0	1
891	VC	改善	gǎishàn	0	1
892	VC	改正	gǎizhèng	3	3
893	VA	盖印	gàiyìn	1	1
894	VA	干杯	gānbēi	3	3
895	VH	干脆	gāncuì	1	1
896	VH	干干净净	gāngānjìngjìng	2	2
897	VH	干净	gānjìng	10	9
898	VH	尴尬	gāngà	1	1
899	VL	敢	gǎn	5	8
900	VK	感	gǎn	8	3
901	VJ	赶不上	gǎnbushàng	3	2
902	VK	感到	gǎndào	77	71
903	VL	赶得上	gǎndeshàng	1	2
904	VHC	感动	gǎndòng	15	14
905	VI	感恩	gǎnēn	2	2
906	VK	感觉	gǎnjué	0	9
907	Na	感觉	gǎnjué	9	12
908	VK	感觉到	gǎnjuédào	7	3
909	D	赶快	gǎnkuài	17	18
910	VH	感冒	gǎnmào	17	18
911	VE	感起	gǎnqǐ	0	1
912	Na	感情	gǎnqíng	5	6
913	VK	感受到	gǎnshòudào	1	3
914	VK	感悟到	gǎnwùdào	0	1
915	Na	感谢	gǎnxiè	0	1
916	VK	感谢	gǎnxiè	22	21
917	VI	感兴趣	gǎnxìngqù	17	18
918	VC	赶走	gǎnzǒu	2	2

순서	품사	단어	한어병음	통합	
				수정전	수정후
919	VC	干	gàn	10	17
920	VA	干活	gànhuó	1	3
921	D	刚	gāng	20	22
922	Na	钢笔	gāngbǐ	1	1
923	Nd	刚才	gāngcái	6	5
924	Na	钢琴	gāngqín	8	8
925	VH	高	gāo	48	53
926	Na	高层	gāocéng	1	1
927	VH	高敞	gāochǎng	1	1
928	VH	高大	gāodà	2	2
929	A	高等	gāoděng	3	2
930	VH	高级	gāojí	2	1
931	VE	告诉	gàosù	30	31
932	VH	高速	gāosù	4	4
933	Na	糕汤	gāotāng	2	2
934	VK	高兴	gāoxìng	123	125
935	Nc	高中	gāozhōng	29	30
936	VC	搞砸	gǎozá	1	1
937	Na	高中	gāozhōng	0	1
938	VJ	高中	gāozhōng	7	7
939	Na	高中生	gāozhōngshēng	3	5
940	VC	搞好	gǎohǎo	1	1
941	Na	歌	gē	11	9
942	VA	歌唱	gēchàng	2	3
943	Na	哥哥	gēge	69	70
944	Na	歌剧	gējù	1	1
945	Na	歌声	gēshēng	1	1
946	Na	歌手	gēshǒu	3	3
947	Na	歌星	gēxīng	4	3
948	Na	鸽子	gēzi	1	1
949	Dfa	格外	géwài	1	1
950	Na	蛤蜊	gélì	1	1
951	D	各	gè	0	1
952	Nes	各	gè	33	28
953	Nf	各	gè	15	20
954	Nf	个	gè	820	775
955	Na	个儿	gèr	0	1
956	Na	个子	gèzi	13	14
957	VD	给	gěi	284	267
958	P	给	gěi	15	11

순서	품사	단어	한어병음	통합	
				수정전	수정후
959	P	跟	gēn	360	335
960	Caa	跟	gēn	4	5
961	Na	根本	gēnběn	0	1
962	D	根本	gēnběn	3	7
963	VC	更换	gēnghuàn	1	1
964	D	更	gèng	5	12
965	Dfa	更	gèng	59	46
966	VH	更多	gèngduō	4	5
967	Dfa	更加	gèngjiā	3	13
968	Dfa	更为	gèngwéi	0	1
969	Na	公安	gōng'ān	1	1
970	Nc	工厂	gōngchǎng	1	1
971	Na	工程	gōngchéng	2	2
972	Na	功夫	gōngfu	1	2
973	A	公共	gōnggòng	2	2
974	Na	公共汽车	gōnggòngqìchē	21	24
975	Na	公共汽车站	gōnggòngqìchēzhàn	1	1
976	Nf	公斤	gōngjīn	10	15
977	Na	功课	gōngkè	3	3
978	VH	功亏一篑	gōngkuīyíkuì	0	1
979	Nf	公里	gōnglǐ	2	1
980	Na	公路	gōnglù	3	3
981	VH	公平	gōngpíng	3	3
982	Na	工人	gōngrén	4	4
983	Nc	公司	gōngsī	45	45
984	Nc	工学系	gōngxuéxì	1	1
985	VA	公演	gōngyǎn	3	3
986	Na	工业	gōngyè	2	2
987	Na	公寓	gōngyù	7	7
988	Nc	公园	gōngyuán	17	15
989	Na	公主	gōngzhǔ	2	2
990	Na	工资	gōngzī	4	4
991	Na	工作	gōngzuò	70	77
992	VA	工作	gōngzuò	65	62
993	Da	共	gòng	10	15
994	VJ	共赏	gòngshǎng	1	1
995	D	共同	gòngtóng	1	1
996	A	共同	gòngtóng	0	1
997	VC	贡献	gòngxiàn	0	1
998	VJ	共有	gòngyǒu	1	1

순서	품사	단어	한어병음	통합 수정전	통합 수정후
999	Nc	沟壑	gōuhuò	1	1
1000	Na	狗	gǒu	28	29
1001	VH	够	gòu	8	7
1002	Dfa	够	gòu	0	1
1003	VA	购物	gòuwù	0	1
1004	VK	顾	gù	1	1
1005	VH	孤独	gūdú	7	6
1006	Na	孤独感	gūdúgǎn	2	2
1007	VH	孤芳自赏	gūfāngzìshǎng	1	1
1008	Nc	姑姑家	gūgujiā	1	1
1009	VE	估计	gūjì	1	1
1010	Nd	古代	gǔdài	5	4
1011	VH	古典	gǔdiǎn	1	1
1012	VH	古怪	gǔguài	1	1
1013	Na	古迹	gǔjī	1	2
1014	VF	鼓励	gǔlì	3	4
1015	VC	鼓起	gǔqǐ	1	1
1016	VC	鼓足	gǔzú	1	1
1017	Nc	故宫	Gùgōng	5	7
1018	Na	顾客	gùkè	2	2
1019	Na	故事	gùshi	6	5
1020	Nc	故乡	gùxiāng	7	7
1021	VL	故意	gùyì	0	1
1022	Na	雇员	gùyuán	1	1
1023	VC	刮倒	guādǎo	2	2
1024	VA	刮风	guāfēng	1	2
1025	Na	瓜子	guāzi	2	2
1026	Na	卦	guà	1	1
1027	VC	挂	guà	9	9
1028	VH	乖	guāi	2	2
1029	VH	乖巧	guāiqiǎo	2	2
1030	VC	拐	guǎi	6	7
1031	VH	怪	guài	11	10
1032	D	怪不得	guàibudé	6	6
1033	VE	观察	guānchá	1	2
1034	VA	观光	guānguāng	3	5
1035	VJ	关怀	guānhuái	3	2
1036	VC	观看	guānkàn	1	2
1037	VH	关门	guānmén	1	2
1038	VC	关上	guānshang	5	6

순서	품사	단어	한어병음	통합	
				수정전	수정후
1039	VC	观赏	guānshǎng	0	2
1040	Na	关系	guānxi	38	41
1041	VK	关系	guānxi	1	1
1042	VK	关心	guānxīn	49	43
1043	VJ	关照	guānzhào	6	5
1044	VJ	关注	guānzhù	1	1
1045	VE	管	guǎn	2	1
1046	VC	管教	guǎnjiào	0	1
1047	Na	灌肠汤	Guànchángtāng	1	1
1048	VH	光荣	guāngróng	2	2
1049	VH	光润	guāngrùn	1	1
1050	Na	广播	guǎngbō	1	1
1051	VH	广大	guǎngdà	1	1
1052	Na	广告	guǎnggào	1	1
1053	VC	逛	guàng	5	6
1054	VCL	逛逛	guàngguang	0	1
1055	VA	逛街	guàngjiē	45	46
1056	VA	归国	guīguó	0	1
1057	Na	规律	guīlǜ	3	4
1058	Na	规模	guīmó	1	1
1059	VB	归纳起来	guīnàqilai	1	1
1060	VA	归乡	guīxiāng	1	1
1061	VH	贵	guì	26	28
1062	Na	柜台	guìtái	0	1
1063	Na	国产车	guóchǎnchē	1	1
1064	Nc	国会	guóhuì	1	2
1065	Na	国家	guójiā	21	21
1066	Na	国民	guómín	2	1
1067	Nd	国庆节	Guóqìngjié	1	1
1068	Nc	国文系	guówénxì	1	1
1069	Na	国语	guóyǔ	8	8
1070	D	果然	guǒrán	5	4
1071	Nc	果园	guǒyuán	4	4
1072	VCL	过	guò	76	63
1073	VC	过不了	guòbuliǎo	0	1
1074	Na	过程	guòchéng	8	8
1075	Na	过错	guòcuò	1	1
1076	VH	过分	guòfèn	4	2
1077	VH	过火	guòhuǒ	0	1
1078	VA	过街	guòjiē	3	3

순서	품사	단어	한어병음	통합	
				수정전	수정후
1079	VH	过来	guòlái	3	1
1080	VC	过来	guòlái	3	2
1081	VA	过年	guònián	2	2
1082	VJ	过去	guòqù	0	1
1083	VC	过去	guòqù	11	10
1084	VA	过日子	guòrìzi	4	0
1085	VB	过生日	guòshēngrì	1	2
1086	VA	过夜	guòyè	0	1
1087	Di	过	guo	154	157
1088	Nc	哈尔滨	Hāěrbīn	21	21
1089	D	哈哈	hāhā	2	1
1090	D	还	hái	187	196
1091	D	还是	háishi	27	45
1092	D	还不是	háibúshì	1	1
1093	D	还可以	háikěyǐ	3	3
1094	Cbb	还是	háishì	2	3
1095	Caa	还是	háishì	1	4
1096	Dfa	还要	háiyào	4	9
1097	Na	孩子	háizi	7	7
1098	Na	海	hǎi	13	11
1099	Na	海边	hǎibiān	9	11
1100	Nc	海滨	hǎibīn	1	1
1101	Na	海风	hǎifēng	0	1
1102	Na	海水	hǎishuǐ	1	1
1103	VH	海水蓝	hǎishuǐlán	2	2
1104	Na	海棠	Hǎitáng	1	1
1105	Na	海熊	hǎixióng	0	1
1106	Na	害虫	hàichóng	1	1
1107	VK	害怕	hàipà	6	11
1108	Na	汉堡	hànbǎo	1	2
1109	Na	韩币	Hánbì	1	1
1110	Nb	韩服	Hánfú	1	1
1111	Nc	韩国	Hánguó	99	95
1112	Na	韩国队	Hánguóduì	8	8
1113	Na	韩国人	Hánguórén	19	19
1114	Na	韩国语	Hánguóyǔ	8	9
1115	Nd	寒假	hánjià	14	11
1116	Na	韩流	Hánliú	5	6
1117	VH	含蓄	hánxù	1	1
1118	VJ	含有	hányǒu	1	1

순서	품사	단어	한어병음	통합	
				수정전	수정후
1119	Na	韩语	Hányǔ	10	11
1120	VH	汗如雨下	hànrúyǔxià	0	1
1121	Na	汗水	hànshuǐ	2	0
1122	Na	汉语	Hànyǔ	300	300
1123	Na	汉语课	hànyǔkè	2	3
1124	Nb	汉语水平考试	Hànyǔshuǐpíngkǎoshì	0	1
1125	Na	汉字	Hànzì	10	11
1126	Nf	行	háng	1	1
1127	D	毫无	háowú	4	4
1128	VJ	毫无	háowú	4	4
1129	VH	好	hǎo	393	435
1130	Dfa	好	hǎo	14	13
1131	VH	好不好	hǎobuhǎo	6	7
1132	D	好不容易	hǎobùróngyì	1	2
1133	VH	好吃	hǎochī	36	37
1134	Na	好处	hǎochù	7	6
1135	Na	好感	hǎogǎn	1	1
1136	VH	好好	hǎohāo	12	15
1137	D	好好儿	hǎohǎor	3	3
1138	VH	好好玩	hǎohǎowán	1	1
1139	Neu	好几	hǎojǐ	9	10
1140	VH	好极了	hǎojíle	3	2
1141	VH	好看	hǎokàn	38	29
1142	T	好了	hǎole	19	12
1143	Na	好朋友	hǎopéngyǒu	35	35
1144	Na	好事	hǎoshì	1	2
1145	VH	好听	hǎotīng	2	4
1146	VH	好玩	hǎowán	4	4
1147	D	好像	hǎoxiàng	49	44
1148	VH	好心	hǎoxīn	2	2
1149	Na	好意	hǎoyì	1	1
1150	Na	好友	hǎoyǒu	2	3
1151	VL	好	hào	20	24
1152	Nf	号	hào	9	9
1153	I	呵	hē	1	1
1154	VC	喝	hē	106	108
1155	VC	喝掉	hēdiào	0	1
1156	VC	喝光	hēguāng	1	1
1157	Nes	何	hé	1	2
1158	Na	河	hé	1	1

순서	품사	단어	한어병음	통합	
				수정전	수정후
1159	VH	合	hé	3	7
1160	Caa	和	hé	282	285
1161	Cbb	和	hé	3	3
1162	P	和	hé	66	72
1163	VC	合唱	héchàng	1	1
1164	VH	合法	héfǎ	1	1
1165	VH	和好	héhǎo	2	3
1166	Cbb	何况	hékuàng	1	1
1167	VH	和睦	hémù	7	7
1168	VH	和平	hépíng	3	6
1169	Na	褐色	hésè	1	1
1170	VA	喝水	hēshuǐ	1	1
1171	VC	喝完	hēwán	1	1
1172	VA	喝醉	hēzuì	0	1
1173	VH	合作	hézuò	3	2
1174	VB	喝彩	hècǎi	0	1
1175	Na	贺卡	hèkǎ	0	1
1176	VH	黑	hēi	7	8
1177	Na	黑板	hēibǎn	2	2
1178	Na	黑熊	hēixióng	1	1
1179	Dfa	很	hěn	1065	1157
1180	VH	很多	hěnduō	92	70
1181	Neqa	很多	hěnduō	98	137
1182	D	很少	hěnshǎo	10	11
1183	VK	恨	hèn	3	4
1184	VC	哼	hēng	0	1
1185	VH	红	hóng	3	4
1186	Na	红茶	hóngchá	1	1
1187	VH	红红	hónghóng	0	1
1188	Na	红绿灯	hónglǜdēng	1	1
1189	Na	红牌	hóngpái	1	1
1190	Na	红色	hóngsè	4	6
1191	Na	红柿	hóngshì	1	1
1192	Na	红叶	hóngyè	4	4
1193	VH	厚	hòu	5	5
1194	Ng	后	hòu	236	270
1195	Nd	后	hòu	71	72
1196	Ncd	后边	hòubian	2	2
1197	VH	厚厚	hòuhòu	1	1
1198	VL	后悔	hòuhuǐ	2	2

순서	품사	단어	한어병음	통합	
				수정전	수정후
1199	Nd	后来	hòulái	3	18
1200	Ncd	后面	hòumiàn	4	4
1201	VA	后退	hòutuì	2	2
1202	Na	猴子	hóuzi	2	2
1203	Na	湖	hú	2	4
1204	Na	互联网	hùliánwǎng	0	1
1205	Na	花	huā	18	24
1206	VC	花	huā	15	14
1207	VC	花光	huāguāng	0	1
1208	Na	花花公子	huāhuāgōngzǐ	1	1
1209	Nc	花莲	Huālián	2	2
1210	Na	花盆	huāpén	3	3
1211	Na	花瓶	huāpíng	2	2
1212	VA	花钱	huāqián	4	1
1213	Nc	花园	huāyuán	3	3
1214	VH	滑	huá	3	4
1215	VA	划船	huáchuán	0	1
1216	Na	华侨	huáqiáo	1	1
1217	VA	滑下去	huáxiaqu	1	1
1218	VA	滑雪	huáxuě	3	3
1219	VH	化	huà	5	4
1220	VG	化	huà	0	1
1221	Na	画	huà	15	15
1222	Na	话	huà	189	114
1223	VB	化妆	huàzhuāng	3	2
1224	Na	怀	huái	2	1
1225	VJ	怀	huái	5	9
1226	VJ	怀念	huáiniàn	3	3
1227	VA	怀孕	huáiyùn	1	1
1228	VHC	坏	huài	8	5
1229	Na	坏蛋	huàidàn	0	1
1230	Na	坏事	huàishì	2	3
1231	VH	欢欢喜喜	huānhuānxǐxǐ	1	1
1232	VCL	欢聚	huānjù	0	1
1233	VH	欢乐	huānlè	1	1
1234	VJ	欢迎	huānyíng	20	19
1235	VD	还	huán	4	3
1236	VD	还给	huángěi	15	16
1237	VH	缓慢	huǎnmàn	1	1
1238	VC	换	huàn	15	11

순서	품사	단어	한어병음	통합	
				수정전	수정후
1239	Na	黄瓜	huángguā	2	2
1240	Nb	黄酱汤	Huángjiàngtāng	1	1
1241	Na	黄金	huángjīn	1	1
1242	Na	黄色	huángsè	1	1
1243	Nc	黄山	Huángshān	5	5
1244	VAC	晃动	huàngdòng	0	1
1245	VHC	恢复	huīfù	0	1
1246	VCL	回	huí	20	28
1247	VC	回报	huíbào	1	2
1248	VCL	回到	huídào	15	20
1249	VA	回国	huíguó	21	21
1250	VA	回家	huíjiā	65	67
1251	VB	回来	huílái	1	1
1252	VC	回来	huílái	24	24
1253	D	回头	huítóu	1	1
1254	VE	回想起	huíxiǎngqǐ	0	4
1255	Na	回忆	huíyì	15	10
1256	Nd	会儿	huǐr	21	16
1257	D	会	huì	127	190
1258	VA	会合	huìhé	0	1
1259	Na	会话课	huìhuàkè	1	2
1260	VC	会晤	huìwù	1	1
1261	Na	婚礼	hūnlǐ	3	3
1262	VC	混合	hùnhé	1	1
1263	Na	混血儿	hùnxiě'ér	1	1
1264	VH	活	huó	9	8
1265	VH	活不了	huóbùliǎo	0	1
1266	Na	活动	huódòng	13	16
1267	Na	活力	huólì	3	3
1268	VH	活泼	huópō	6	4
1269	Na	活儿	huór	3	3
1270	VH	活下去	huóxiaqu	3	3
1271	VH	火	huǒ	0	3
1272	Na	火车	huǒchē	29	29
1273	VH	火冒三丈	huǒmàosānzhàng	1	1
1274	Na	火气	huǒqì	2	1
1275	Na	火线	huǒxiàn	1	1
1276	Na	火焰	huǒyàn	2	2
1277	Caa	或	huò	6	6
1278	VH	祸不单行	huòbùdānxíng	1	1

순서	품사	단어	한어병음	통합	
				수정전	수정후
1279	VJ	获得	huòdé	4	6
1280	Na	货架	huòjià	3	3
1281	VH	豁然开朗	huòránkāilǎng	0	1
1282	Na	货物	huòwù	1	1
1283	VK	获悉	huòxī	4	4
1284	Caa	或者	huòzhě	10	6
1285	D	忽然	hūrán	5	9
1286	VJ	忽视	hūshì	1	1
1287	VC	呼吸	hūxī	2	4
1288	Na	胡同	hútòng	2	2
1289	VH	糊涂	hútu	2	1
1290	Na	胡须	húxū	1	1
1291	Na	护士	hùshi	3	3
1292	D	互相	hùxiāng	46	44
1293	Na	护照	hùzhào	2	1
1294	VJ	积	jī	2	1
1295	Na	机会	jīhuì	28	29
1296	Na	基本	jīběn	3	4
1297	Nc	机场	jīchǎng	13	12
1298	VH	基础	jīchǔ	3	5
1299	VH	激动	jīdòng	7	8
1300	Na	基督教	Jīdūjiào	6	5
1301	Da	几乎	jīhū	5	5
1302	VH	积极	jījí	2	2
1303	VH	唧唧	jījī	1	1
1304	VC	激励	jīlì	0	1
1305	Na	鸡肉	jīròu	2	2
1306	VH	积少成多	jīshǎochéngduō	0	1
1307	Na	机器	jīqì	1	1
1308	Na	积雪	jīxuě	1	1
1309	Caa	及	jí	2	2
1310	D	即	jí	23	24
1311	VH	急	jí	14	14
1312	Na	疾病	jíbìng	1	1
1313	VH	及格	jígé	4	1
1314	VAC	集合	jíhé	1	2
1315	D	即将	jíjiāng	1	1
1316	Dfb	极了	jíle	12	14
1317	Dfa	极其	jíqí	0	1
1318	Na	急事	jíshì	4	4

순서	품사	단어	한어병음	통합	
				수정전	수정후
1319	Cbb	即使	jíshǐ	3	2
1320	Dfa	极为	jíwéi	2	1
1321	Neu	几	jǐ	131	124
1322	VH	挤	jǐ	2	3
1323	VC	挤	jǐ	1	1
1324	VA	挤来挤去	jǐláijǐqù	1	1
1325	VCL	挤满	jǐmǎn	1	2
1326	D	几时	jǐshí	4	4
1327	VD	给予	jǐyǔ	0	1
1328	Nd	季	jì	6	6
1329	VD	寄	jì	6	9
1330	Cbb	既	jì	6	8
1331	Caa	既	jì	4	5
1332	VC	济	jì	1	1
1333	VK	记	jì	14	15
1334	VK	记不清	jìbuqīng	2	1
1335	VK	记得	jìde	13	12
1336	Na	计划	jìhuà	17	16
1337	VF	计划	jìhuà	0	2
1338	Na	计划书	jìhuàshū	1	1
1339	Na	计较	jìjiào	1	1
1340	Na	季节	jìjié	9	8
1341	VH	寂寞	jìmò	3	3
1342	Na	技能	jìnéng	4	4
1343	VD	寄去	jìqù	3	2
1344	Cbb	既然	jìrán	1	2
1345	VG	既是	jìshì	2	2
1346	Na	记事本	jìshì běn	1	1
1347	Na	技术	jìshù	6	6
1348	VC	祭祀	jìsì	2	3
1349	Na	计算机	jìsuànjī	1	1
1350	VA	继续	jìxù	5	7
1351	VF	继续	jìxù	1	2
1352	VI	记忆犹新	jìyìyóuxīn	0	2
1353	Na	记者	jìzhě	2	2
1354	VK	记住	jìzhù	7	5
1355	VA	祭祖	jìzǔ	2	1
1356	Nc	家	jiā	351	365
1357	VC	加	jiā	1	1
1358	Na	家家户户	jiājiāhùhù	2	2

순서	품사	단어	한어병음	통합	
				수정전	수정후
1359	Na	家具	jiājù	6	5
1360	VHC	加快	jiākuài	2	1
1361	Na	家门	jiāmén	3	2
1362	Nc	加拿大	Jiānádà	3	3
1363	VC	加入	jiārù	5	4
1364	VJ	加深	jiāshēn	1	1
1365	Na	家事	jiāshì	1	1
1366	Na	家庭	jiātíng	32	35
1367	Na	家务	jiāwù	9	9
1368	Nc	家乡	jiāxiāng	9	8
1369	Na	家训	jiāxùn	4	4
1370	VB	加油	jiāyóu	4	4
1371	Nc	加油站	jiāyóuzhàn	2	2
1372	VH	假	jiǎ	10	11
1373	VC	嫁给	jiàgěi	2	2
1374	Na	假期	jiàqí	4	5
1375	Na	价钱	jiàqián	1	1
1376	Nd	假日	jiàrì	1	1
1377	Na	驾驶	jiàshǐ	5	4
1378	VC	驾驶	jiàshǐ	2	3
1379	Na	驾驶证	jiàshǐzhèng	1	1
1380	Ng	间	jiān	7	7
1381	Nf	间	jiān	8	7
1382	VJ	兼备	jiānbèi	1	1
1383	VK	坚持	jiānchí	5	8
1384	VA	监考	jiānkǎo	0	4
1385	VH	艰苦	jiānkǔ	2	1
1386	VH	坚强	jiānqiáng	0	3
1387	VJ	减	jiǎn	2	1
1388	VE	检查	jiǎnchá	1	2
1389	VH	简单	jiǎndān	7	7
1390	VC	捡到	jiǎndào	2	2
1391	VA	减肥	jiǎnféi	13	14
1392	VHC	减轻	jiǎnqīng	0	1
1393	VHC	减弱	jiǎnruò	1	1
1394	VHC	减少	jiǎnshǎo	4	3
1395	VH	减退	jiǎntuì	0	1
1396	D	简直	jiǎnzhí	1	1
1397	Nf	件	jiàn	108	115
1398	VE	见	jiàn	72	43

순서	품사	단어	한어병음	통합	
				수정전	수정후
1399	D	渐	jiàn	10	13
1400	VH	健康	jiànkāng	29	32
1401	VE	见到	jiàndào	16	31
1402	D	渐渐	jiànjiàn	5	7
1403	VH	渐渐	jiànjiàn	0	1
1404	VA	见面	jiànmiàn	107	117
1405	Na	健忘症	jiànwàngzhèng	5	5
1406	Na	建设	jiànshè	2	1
1407	VC	建议	jiànyì	7	8
1408	Na	建筑群	jiànzhùqún	1	1
1409	Nc	建筑系	jiànzhùxì	1	1
1410	D	将	jiāng	3	3
1411	P	将	jiāng	1	4
1412	Nd	将来	jiānglái	10	14
1413	Na	将军	jiāngjūn	1	1
1414	Na	奖	jiǎng	1	2
1415	VE	讲	jiǎng	5	7
1416	VD	讲给	jiǎnggěi	1	1
1417	VA	讲话	jiǎnghuà	1	1
1418	VE	讲讲	jiǎngjiǎng	0	1
1419	VK	讲究	jiǎngjiū	1	1
1420	VA	讲课	jiǎngkè	0	1
1421	VE	讲述	jiǎngshù	1	2
1422	VC	降	jiàng	1	1
1423	VJ	降低到	jiàngdīdào	1	1
1424	VD	交	jiāo	9	6
1425	VC	交	jiāo	12	17
1426	VC	教	jiāo	23	22
1427	Na	跤	jiāo	1	0
1428	VH	骄傲	jiāoào	4	4
1429	VD	交给	jiāogěi	17	19
1430	VC	交换	jiāohuàn	1	1
1431	VH	交加	jiāojiā	1	1
1432	VA	交卷	jiāojuàn	0	1
1433	VH	交流	jiāoliú	4	3
1434	Nc	郊区	jiāoqū	4	2
1435	VJ	交上	jiāoshàng	1	1
1436	VA	教书	jiāoshū	1	1
1437	VA	浇水	jiāoshuǐ	0	1
1438	VA	交谈	jiāotán	0	2

순서	품사	단어	한어병음	통합	
				수정전	수정후
1439	Na	交通	jiāotōng	10	10
1440	VA	交往	jiāowǎng	3	4
1441	VA	教学	jiāoxué	1	1
1442	VA	郊游	jiāoyóu	0	2
1443	VA	交友	jiāoyǒu	1	1
1444	Na	脚	jiǎo	2	3
1445	Na	觉	jiào	16	18
1446	Dfa	较	jiào	80	83
1447	VE	叫	jiào	11	13
1448	VG	叫	jiào	20	20
1449	VF	叫	jiào	18	24
1450	VC	教导	jiàodǎo	1	1
1451	VF	叫到	jiàodào	0	1
1452	VA	叫喊	jiàohǎn	1	1
1453	Nc	教会	jiàohuì	9	10
1454	Na	叫声	jiàoshēng	1	1
1455	Nc	教室	jiàoshì	18	18
1456	Nd	教师节	Jiàoshījié	0	1
1457	Na	教授	jiàoshòu	3	3
1458	Nc	教堂	jiàotáng	6	5
1459	VC	叫醒	jiàoxǐng	1	1
1460	VC	教育	jiàoyù	10	9
1461	Nc	教育系	jiàoyùxì	1	1
1462	Na	教育学	jiàoyùxué	1	1
1463	VC	接	jiē	12	13
1464	Na	街	jiē	6	5
1465	Na	阶层	jiēcéng	1	1
1466	VC	接待	jiēdài	36	32
1467	Nc	接待室	jiēdàishì	1	1
1468	Na	街道	jiēdào	2	2
1469	VH	节省	jiēshěng	2	2
1470	VC	接受	jiēshòu	1	1
1471	VC	结	jié	2	3
1472	VH	结冰	jiébīng	1	1
1473	VG	结成	jiéchéng	0	1
1474	VHC	结合	jiéhé	1	1
1475	VA	结婚	jiéhūn	29	29
1476	VJ	竭尽	jiéjìn	1	1
1477	VH	拮据	jiéjù	0	1
1478	Na	结论	jiélùn	2	2

순서	품사	단어	한어병음	통합 수정전	통합 수정후
1479	Na	节目	jiémù	9	9
1480	VH	截然不同	jiéránbùtóng	1	1
1481	Na	节日	jiérì	19	18
1482	VH	结实	jiéshí	2	2
1483	VHC	结束	jiéshù	15	14
1484	VA	结账	jiézhàng	0	1
1485	VC	解	jiě	2	2
1486	Na	解答	jiědá	1	1
1487	Na	姐夫	jiěfu	4	4
1488	VB	解雇	jiěgù	0	1
1489	VC	解决	jiějué	13	15
1490	VC	解决不了	jiějuébùliǎo	0	1
1491	Na	姊妹	jiěmèi	3	4
1492	Na	姐妹	jiěmèi	4	5
1493	VB	解闷	jiěmèn	0	1
1494	VE	解释	jiěshì	1	1
1495	Nf	届	jiè	2	2
1496	VD	借给	jiègěi	2	2
1497	VC	借去	jièqu	2	2
1498	VC	介绍	jièshào	9	10
1499	VE	介绍	jièshào	6	6
1500	VA	戒烟	jièyān	5	8
1501	Nf	斤	jīn	12	16
1502	Nb	金	Jīn	4	5
1503	VH	金	jīn	0	1
1504	Nd	今	jīn	5	9
1505	VL	禁不住	jīnbuzhù	1	2
1506	VH	筋疲力尽	jīnpílìjìn	0	1
1507	Na	金钱	jīnqián	1	2
1508	Nd	今天	jīntiān	316	315
1509	Da	仅	jǐn	0	2
1510	Cbb	尽管	jǐnguǎn	2	2
1511	D	尽管	jǐnguǎn	4	3
1512	VJ	紧接	jǐnjiē	0	1
1513	VH	紧张	jǐnzhāng	15	12
1514	Nes	近	jìn	2	3
1515	VH	近	jìn	31	38
1516	D	尽	jìn	0	1
1517	VC	进	jìn	1	1
1518	VCL	进	jìn	19	15

순서	품사	단어	한어병음	통합	
				수정전	수정후
1519	VH	进步	jìnbù	5	4
1520	VC	进不了	jìnbuliǎo	1	1
1521	Na	进口车	jìnkǒuchē	1	1
1522	D	尽快	jìnkuài	2	5
1523	VB	进来	jìnlái	6	4
1524	VA	进来	jinlai	0	1
1525	D	近来	jìnlái	6	3
1526	Na	劲儿	jìnr	4	2
1527	VA	尽孝	jìnxiào	1	1
1528	VC	进行	jìnxíng	46	43
1529	VC	进修	jìnxiū	0	1
1530	VA	禁烟	jìnyān	1	1
1531	VA	进展	jìnzhǎn	0	1
1532	VH	精彩	jīngcǎi	10	11
1533	VH	惊诧	jīngchà	1	1
1534	D	经常	jīngcháng	72	77
1535	VH	精打细算	jīngdǎxìsuàn	1	1
1536	P	经过	jīngguò	3	4
1537	Na	经过	jīngguò	1	1
1538	VCL	经过	jīngguò	1	1
1539	VH	惊慌失措	jīnghuāngshīcuò	1	1
1540	Na	经济	jīngjì	24	24
1541	Na	京剧	Jīngjù	5	5
1542	Na	敬老日	jìnglǎorì	1	1
1543	VJ	经历	jīnglì	3	3
1544	Na	精力	jīnglì	0	1
1545	Na	经理	jīnglǐ	2	5
1546	Na	精神	jīngshén	4	4
1547	Na	精神病	jīngshénbìng	1	1
1548	VC	经受	jīngshòu	1	1
1549	VK	惊讶	jīngyà	3	3
1550	Na	经验	jīngyàn	14	10
1551	VC	经营	jīngyíng	4	4
1552	Na	警察	jǐngchá	3	3
1553	Nc	警察局	jǐngchájú	1	1
1554	Na	景点	jǐngdiǎn	1	1
1555	Na	景观	jǐngguān	1	1
1556	Na	警惕	jǐngtì	0	1
1557	Na	景致	jǐngzhì	1	1
1558	VJ	敬	jìng	3	4

순서	품사	단어	한어병음	통합	
				수정전	수정후
1559	VHC	净化	jìnghuà	0	1
1560	D	竟然	jìngrán	4	5
1561	Na	敬语	jìngyǔ	1	1
1562	Na	竞争	jìngzhēng	2	1
1563	Na	镜子	jìngzi	2	2
1564	VH	久	jiǔ	18	25
1565	Na	酒	jiǔ	70	68
1566	VH	久别	jiǔbié	1	1
1567	Na	酒席	jiǔxí	1	1
1568	VH	久远	jiǔyuǎn	0	1
1569	VH	旧	jiù	2	2
1570	D	就	jiù	345	401
1571	P	就	jiù	9	10
1572	Cbb	就是	jiùshì	8	12
1573	Dk	就是说	jiùshìshuō	2	2
1574	Cbb	就算	jiùsuàn	0	2
1575	VA	就业	jiùyè	3	3
1576	D	居然	jūrán	0	1
1577	VA	居住	jūzhù	1	2
1578	Na	橘子	júzi	0	1
1579	VC	举办	jǔbàn	1	3
1580	VA	举杯	jǔbēi	1	1
1581	VC	举行	jǔxíng	7	4
1582	Nf	句	jù	25	20
1583	VA	聚	jù	4	6
1584	VAC	聚集	jùjí	3	1
1585	VF	拒绝	jùjué	2	2
1586	Nc	俱乐部	jùlèbù	3	3
1587	Na	距离	jùlí	4	3
1588	VH	俱全	jùquán	0	1
1589	Na	卷子	juànzi	0	1
1590	VK	觉	jué	8	13
1591	D	决不	juébù	3	2
1592	D	绝不	juébù	1	1
1593	VK	觉得	juéde	126	147
1594	VE	决定	juédìng	30	33
1595	VB	决定下来	juédìngxialai	2	1
1596	D	绝对	juéduì	5	3
1597	VH	绝望	juéwàng	1	1
1598	Na	决心	juéxīn	5	5

순서	품사	단어	한어병음	통합	
				수정전	수정후
1599	VF	决心	juéxīn	11	9
1600	Na	军官	jūnguān	1	1
1601	Na	军人	jūnrén	5	5
1602	Nc	郡	jùn	1	1
1603	Na	咖啡	kāfēi	12	16
1604	VC	开	kāi	56	50
1605	VA	开车	kāichē	22	24
1606	Na	开车兵	kāichēbīng	4	3
1607	VC	开放	kāifàng	1	1
1608	VA	开会	kāihuì	3	3
1609	VH	开开	kāikāi	1	1
1610	VC	开开	kāikāi	1	1
1611	VA	开口	kāikǒu	1	1
1612	VHC	开阔	kāikuò	2	1
1613	VH	开朗	kāilǎng	8	12
1614	VH	开满	kāimǎn	0	1
1615	VA	开门	kāimén	11	13
1616	VC	开上	kāishàng	0	1
1617	VH	开始	kāishǐ	82	81
1618	VA	开头	kāitóu	1	1
1619	VB	开玩笑	kāiwánxiào	3	4
1620	VH	开学	kāixué	5	7
1621	VH	开演	kāiyǎn	1	2
1622	VA	开药	kāiyào	1	1
1623	VA	开夜车	kāiyèchē	2	2
1624	VC	开走	kāizǒu	0	2
1625	VA	看家	kānjiā	1	1
1626	VC	看	kàn	278	269
1627	VE	看	kàn	22	17
1628	VJ	看不顺眼	kànbúshùnyǎn	1	1
1629	VC	看待	kàndài	0	1
1630	VC	看到	kàndào	34	40
1631	VJ	看得见	kàndejiàn	2	2
1632	VJ	看懂	kàndǒng	1	1
1633	Na	看法	kànfǎ	2	2
1634	VC	看过	kànguò	3	1
1635	VC	看见	kànjiàn	8	10
1636	VC	看看	kànkan	15	12
1637	VE	看看	kànkan	3	4
1638	Dk	看来	kànlai	4	3

순서	품사	단어	한어병음	통합	
				수정전	수정후
1639	D	看来	kànlái	5	3
1640	D	看起来	kànqilai	14	15
1641	D	看上去	kànshangqu	7	7
1642	VA	看书	kànshū	9	8
1643	VC	看望	kànwàng	0	1
1644	D	看样子	kànyàngzi	1	1
1645	VC	看中	kànzhòng	1	1
1646	Na	炕头	kàngtóu	1	1
1647	VE	抗议	kàngyì	0	1
1648	VC	考	kǎo	7	11
1649	VC	烤	kǎo	3	3
1650	Na	烤饼摊	kǎobǐngtān	0	1
1651	VE	考虑	kǎolǜ	5	3
1652	VJ	考取	kǎoqǔ	0	2
1653	Na	烤肉	kǎoròu	5	4
1654	VC	考上	kǎoshàng	10	11
1655	Na	考生	kǎoshēng	0	3
1656	VA	考试	kǎoshì	3	7
1657	Na	考试题	kǎoshìtí	0	1
1658	VC	考完	kǎowán	3	2
1659	Na	烤鸭	kǎoyā	8	8
1660	P	靠	kào	1	1
1661	VJ	靠	kào	0	1
1662	VA	磕	kē	0	1
1663	Nf	颗	kē	2	2
1664	Na	瞌睡	kēshuì	1	2
1665	VB	磕头	kētóu	1	1
1666	Na	科学	kēxué	9	9
1667	Na	科研	kēyán	0	1
1668	VA	咳嗽	késòu	1	1
1669	D	可	kě	50	66
1670	VH	可爱	kě'ài	18	20
1671	D	可不可以	kěbukěyǐ	3	3
1672	VH	可恨	kěhèn	0	1
1673	VHC	可怜	kělián	4	4
1674	D	可能	kěnéng	33	27
1675	Cbb	可是	kěshì	154	124
1676	VK	可望	kěwàng	1	1
1677	D	可要	kěyào	1	2
1678	D	可以	kěyǐ	43	50

순서	품사	단어	한어병음	통합	
				수정전	수정후
1679	Na	课	kè	42	42
1680	Nf	刻	kè	2	3
1681	Na	课本	kèběn	3	3
1682	VJ	克服	kèfú	4	4
1683	VH	刻苦	kèkǔ	1	2
1684	VH	客气	kèqi	3	3
1685	Na	客人	kèrén	23	29
1686	Nc	课堂	kètáng	1	2
1687	Nc	课题	kètí	1	1
1688	Nc	客厅	kètīng	2	2
1689	A	课外	kèwài	1	1
1690	Na	肯德鸡	Kěndéjī	1	1
1691	VK	肯定	kěndìng	18	17
1692	VH	空荡荡	kōngdàngdàng	2	2
1693	Na	空间	kōngjiān	1	1
1694	Na	空姐	kōngjiě	1	1
1695	Na	空气	kōngqì	10	9
1696	Na	空儿	kòngr	1	1
1697	Na	空调	kōngtiáo	2	2
1698	Nc	空中	kōngzhōng	0	1
1699	Na	空中小姐	kōngzhōngxiǎojiě	1	1
1700	VK	恐惧	kǒngjù	5	4
1701	D	恐怕	kǒngpà	9	8
1702	VC	控制	kòngzhì	4	1
1703	Ncd	口	kǒu	8	2
1704	Nf	口	kǒu	27	49
1705	Na	口才	kǒucái	0	1
1706	Na	口袋	kǒudài	1	1
1707	Na	口味	kǒuwèi	2	2
1708	Na	口音	kǒuyīn	4	4
1709	VA	哭	kū	22	23
1710	VA	哭出来	kūchulai	0	1
1711	VH	哭笑不得	kūxiàobùdé	2	3
1712	VH	苦	kǔ	19	16
1713	Na	裤子	kùzi	3	4
1714	VC	夸奖	kuājiǎng	1	1
1715	Nf	块	kuài	4	4
1716	VH	快	kuài	112	102
1717	D	快	kuài	39	46
1718	D	快点	kuàidiǎn	2	2

순서	품사	단어	한어병음	통합	
				수정전	수정후
1719	D	快点儿	kuàidiǎnr	4	5
1720	VH	快乐	kuàilè	8	9
1721	D	快要	kuàiyào	14	12
1722	VH	宽敞	kuānchǎng	1	1
1723	VC	款待	kuǎndài	1	1
1724	VH	困	kùn	3	3
1725	Na	苦难	kǔnàn	2	2
1726	VH	苦恼	kǔnǎo	3	2
1727	Na	困难	kùnnán	42	34
1728	VH	困难	kùnnán	5	7
1729	VC	拉	lā	5	5
1730	VA	拉客	lākè	0	1
1731	Na	拉面	lāmiàn	3	3
1732	VH	辣	là	7	7
1733	Na	辣椒粉	làjiāofěn	1	1
1734	Na	蜡烛	làzhú	0	1
1735	Na	辣子鸡丁	làzǐjīdīng	1	1
1736	T	啦	la	2	2
1737	D	来	lái	200	172
1738	VA	来	lai	185	199
1739	Ng	来	Lái	1	2
1740	VH	来不了	láibuliǎo	2	3
1741	VCL	来到	láidào	20	18
1742	VCL	来回	láihuí	1	1
1743	VA	来临	láilín	2	3
1744	VA	来去	láiqù	1	1
1745	VA	来往	láiwǎng	8	7
1746	Na	来信	láixìn	1	1
1747	VJ	来自	láizì	1	1
1748	VH	蓝蓝	lánlán	1	3
1749	Na	栏目	lánmù	1	1
1750	Na	篮球	lánqiú	3	3
1751	Na	篮球队员	lánqiúduìyuán	0	1
1752	Na	蓝色	lánsè	2	2
1753	VH	懒惰	lǎnduò	1	1
1754	Na	懒觉	lǎnjiào	2	3
1755	VC	浪费	làngfèi	22	22
1756	VH	浪费	làngfèi	13	15
1757	Nd	劳动节	Láodòngjié	2	2
1758	VH	老	lǎo	8	8

순서	품사	단어	한어병음	통합	
				수정전	수정후
1759	Na	老板	lǎobǎn	8	8
1760	D	老半天	lǎobàntiān	0	1
1761	Na	老大娘	lǎodàniáng	3	3
1762	Na	老大爷	lǎodàye	2	2
1763	Na	老虎	lǎohǔ	4	4
1764	Na	姥姥	lǎolao	2	2
1765	VHC	老龄化	lǎolínghuà	1	1
1766	Na	老年	lǎonián	0	1
1767	Na	老朋友	lǎopéngyou	2	3
1768	Na	老三	lǎosān	0	1
1769	Na	老师	lǎoshī	184	182
1770	VH	老实	lǎoshi	3	3
1771	VH	乐观	lèguān	3	3
1772	Na	乐趣	lèqù	6	3
1773	VH	乐天	lètiān	4	6
1774	VL	乐于	lèyú	0	1
1775	T	了	le	600	632
1776	Di	了	le	1170	1355
1777	Nc	垒沙城	Lěishāchéng	1	1
1778	D	累月	lěiyuè	0	1
1779	VHC	累	lèi	50	56
1780	Nf	类	lèi	1	2
1781	VH	累倒	lèidǎo	0	1
1782	VH	泪如雨下	lèirúyǔxià	0	1
1783	VHC	累死	lèisǐ	5	3
1784	VH	冷	lěng	64	61
1785	VH	冷清	lěngqīng	2	2
1786	VA	愣住	lèngzhù	0	1
1787	P	离	lí	17	15
1788	VB	离别	líbié	1	1
1789	VA	离婚	líhūn	3	3
1790	VA	离家	líjiā	0	1
1791	VC	离开	líkāi	8	14
1792	Nf	厘米	límǐ	1	1
1793	VH	离奇	líqí	1	1
1794	Na	梨子	lízi	1	1
1795	Na	栗子	lìzi	1	1
1796	VJ	理	lǐ	2	1
1797	Ncd	里	lǐ	237	236
1798	Ng	里	lǐ	5	12

순서	품사	단어	한어병음	통합	
				수정전	수정후
1799	Na	礼拜	lǐbài	1	2
1800	Ncd	里边	lǐbian	2	2
1801	VB	理发	lǐfa	1	1
1802	VK	理解	lǐjiě	12	13
1803	VH	礼貌	lǐmào	3	3
1804	Ncd	里面	lǐmian	1	1
1805	Ng	里面	lǐmian	1	1
1806	VH	理所当然	lǐsuǒdāngrán	1	1
1807	Na	礼物	lǐwù	27	29
1808	Na	理想	lǐxiǎng	7	8
1809	VH	理性	lǐxìng	1	1
1810	Na	理由	lǐyóu	7	7
1811	VH	理直气壮	lǐzhíqìzhuàng	1	1
1812	Na	利	lì	2	2
1813	Na	立场	lìchǎng	1	1
1814	VA	立功	lìgōng	1	1
1815	VH	厉害	lìhài	34	32
1816	D	立即	lìjí	21	22
1817	D	立刻	lìkè	3	5
1818	P	例如	lìrú	0	1
1819	Na	历史	lìshǐ	4	4
1820	VH	例外	lìwài	1	1
1821	VC	利用	lìyòng	2	3
1822	VA	立足	lìzú	2	2
1823	Neu	俩	liǎ	4	2
1824	Cbb	连	lián	22	25
1825	VJ	连	lián	2	3
1826	Na	连环画	liánhuánhuà	1	1
1827	Na	联欢会	liánhuānhuì	1	1
1828	VC	联系	liánxi	8	8
1829	D	连续	liánxù	0	2
1830	Na	连衣裙	liányīqún	1	1
1831	Na	脸	liǎn	17	17
1832	Na	脸蛋	liǎndàn	1	2
1833	VH	脸红	liǎnhóng	0	1
1834	Na	脸庞	liǎnpáng	0	2
1835	Na	脸谱	liǎnpǔ	1	1
1836	Na	脸色	liǎnsè	5	4
1837	Na	链	liàn	1	1
1838	VH	恋爱	liàn'ài	2	2

순서	품사	단어	한어병음	통합	
				수정전	수정후
1839	Na	恋人	liànrén	4	4
1840	VC	练习	liànxí	15	16
1841	VH	良好	liánghǎo	1	1
1842	VH	凉快	liángkuài	3	3
1843	Na	粮食	liángshi	2	2
1844	Neu	两	liǎng	120	120
1845	Na	两面性	liǎngmiànxìng	1	1
1846	Neu	两三	liǎngsān	3	3
1847	VH	两样	liǎngyàng	0	1
1848	Na	量	liàng	4	7
1849	Nf	辆	liàng	5	6
1850	VH	亮晶晶	liàngjīngjīng	3	2
1851	VH	亮亮	liàngliàng	3	2
1852	Na	量刑	liàngxíng	1	1
1853	VE	聊	liáo	7	11
1854	VE	聊聊	liáoliao	2	1
1855	VA	聊天	liáotiān	9	12
1856	VA	聊天儿	liáotiānr	24	16
1857	VH	了不起	liǎobuqǐ	3	3
1858	D	了不起	liǎobuqǐ	2	1
1859	VK	了解	liǎojiě	21	19
1860	VC	料理	liàolǐ	1	1
1861	Na	列车	lièchē	1	1
1862	VJ	列入	lièrù	1	1
1863	VCL	临	lín	5	4
1864	D	临	lín	2	2
1865	P	临近	línjìn	0	1
1866	VB	淋湿	línshī	3	3
1867	D	临死	línsǐ	2	2
1868	Neu	0	líng	33	33
1869	Nd	凌晨	língchén	5	7
1870	Na	零件	língjiàn	2	2
1871	Na	铃声	língshēng	2	2
1872	Na	零食	língshí	1	1
1873	A	零下	língxià	2	2
1874	Na	零用钱	língyòngqián	2	2
1875	VC	领	lǐng	0	1
1876	VJ	领到	lǐngdào	0	1
1877	VL	令	lìng	4	11
1878	Nes	另	lìng	4	6

순서	품사	단어	한어병음	통합 수정전	통합 수정후
1879	Nes	另外	lìngwài	2	1
1880	Cbb	另外	lìngwài	1	2
1881	VA	溜达	liūtà	1	1
1882	VC	留	liú	4	3
1883	VA	流	liú	1	3
1884	VD	留给	liúgěi	3	2
1885	VA	流泪	liúlèi	2	1
1886	VH	流利	liúlì	27	27
1887	VH	流逝	liúshì	1	2
1888	Na	流水	liúshuǐ	2	2
1889	VC	流下	liúxià	1	5
1890	VC	留下	liúxià	8	9
1891	VA	流血	liúxuě	1	1
1892	VH	流行	liúxíng	2	1
1893	VA	留学	liúxué	40	39
1894	Na	留学生	liúxuéshēng	8	9
1895	Na	留言册	liúyáncè	1	1
1896	VK	留意	liúyì	0	1
1897	Nc	龙门	lóngmén	2	2
1898	Nb	龙庆峡	Lóngqìngxiá	2	2
1899	Nb	龙塔	Lóngtǎ	2	2
1900	Nc	楼	lóu	5	5
1901	Na	楼房	lóufáng	2	4
1902	Na	路	lù	61	56
1903	Na	陆军	lùjūn	1	1
1904	VC	录取	lùqǔ	1	2
1905	VA	旅行	lǚxíng	31	72
1906	Na	履历书	lǚlìshū	1	1
1907	Na	旅行	lǚxíng	76	32
1908	Na	旅游	lǚyóu	20	23
1909	Na	绿茶	lǜchá	2	2
1910	Na	绿叶	lǜyè	0	1
1911	Na	律师	lǜshī	3	3
1912	VH	乱	luàn	5	2
1913	VC	乱放	luànfàng	0	1
1914	VH	乱七八糟	luànqībāzāo	1	1
1915	VH	乱糟糟	luànzāozāo	1	1
1916	D	略	lüè	1	1
1917	Na	论文	lùnwén	4	3
1918	VA	落	luò	2	2

순서	품사	단어	한어병음	통합	
				수정전	수정후
1919	VH	落榜	luòbǎng	1	1
1920	VJ	落后	luòhòu	1	1
1921	Na	骆驼	luòtuo	2	2
1922	VA	落下	luòxia	0	1
1923	VA	落下来	luòxialai	0	1
1924	VH	落选	luòxuǎn	0	1
1925	Nc	洛阳	Luòyáng	5	5
1926	Na	妈妈	māma	277	274
1927	VH	麻痹	mábì	1	1
1928	VC	麻烦	máfan	7	8
1929	Na	麻烦	máfan	1	1
1930	VHC	麻烦	máfan	2	3
1931	Na	马	mǎ	6	3
1932	Na	马路	mǎlù	8	8
1933	Na	马群	mǎqún	0	1
1934	Na	马肉	mǎròu	1	1
1935	D	马上	mǎshàng	31	33
1936	Nc	码头	mǎtóu	1	1
1937	VC	骂	mà	5	6
1938	VA	骂人	màrén	1	1
1939	T	吗	ma	177	170
1940	D	埋头	máitóu	2	2
1941	VC	买	mǎi	120	119
1942	VC	买错	mǎicuò	0	1
1943	VC	买到	mǎidào	3	2
1944	VJ	买得起	mǎideqǐ	0	1
1945	VC	买好	mǎihǎo	1	1
1946	VD	卖	mài	7	7
1947	VD	卖给	màigěi	1	1
1948	VH	卖乖	màiguāi	1	1
1949	VC	迈开	màikāi	1	1
1950	Dfa	满	mǎn	3	3
1951	VJ	满	mǎn	11	13
1952	VJ	满怀	mǎnhuái	0	2
1953	D	满心	mǎnxīn	0	1
1954	VK	满意	mǎnyì	12	13
1955	VHC	满足	mǎnzú	5	4
1956	VH	慢	màn	38	37
1957	VH	慢慢	mànman	14	12
1958	VH	慢慢腾腾	mànmanténgténg	1	1

순서	품사	단어	한어병음	통합	
				수정전	수정후
1959	D	慢慢儿	mànmanr	1	1
1960	Nc	慢坡路	mànpōlù	1	1
1961	VH	漫天	màntiān	1	1
1962	VH	慢悠悠	mànyōuyōu	1	1
1963	VH	忙	máng	101	90
1964	VA	忙来忙去	mángláimángqù	0	1
1965	VH	忙碌	mánglù	0	2
1966	VH	盲目	mángmù	1	1
1967	VL	忙着	mángzhe	2	2
1968	Na	猫	māo	11	10
1969	Na	毛病	máobìng	2	2
1970	Na	矛盾	máodùn	1	1
1971	VH	毛毛	máomao	1	1
1972	Na	毛衣	máoyī	3	3
1973	Na	贸易	màoyì	2	2
1974	Na	帽子	màozi	1	1
1975	D	没	méi	175	191
1976	VJ	没	méi	40	33
1977	VI	没办法	méibànfǎ	4	4
1978	D	没法	méifǎ	0	4
1979	VH	没关系	méiguānxi	8	6
1980	Na	玫瑰	méigui	1	1
1981	D	没想到	méixiǎngdào	16	13
1982	VH	没用	méiyòng	1	3
1983	VJ	没有	méiyǒu	136	136
1984	D	没有	méiyǒu	70	54
1985	T	没有	méiyou	5	4
1986	Nes	每	měi	187	194
1987	VH	美	měi	11	14
1988	D	每	měi	4	3
1989	P	每当	měidāng	4	6
1990	P	每逢	měiféng	0	2
1991	Nc	美国	Měiguó	5	5
1992	Na	美国人	Měiguórén	9	9
1993	VH	美好	měihǎo	8	10
1994	Na	美景	měijǐng	2	2
1995	VH	美丽	měilì	28	23
1996	Na	美容师	měiróngshī	0	1
1997	Nc	美容院	měiróngyuàn	2	3
1998	Na	美术	měishù	1	1

순서	품사	단어	한어병음	통합	
				수정전	수정후
1999	Nf	美元	měiyuán	1	1
2000	Na	魅力	mèilì	1	1
2001	Na	妹妹	mèimei	44	45
2002	VH	闷热	mēnrè	1	1
2003	Nf	门	mén	3	3
2004	Na	门缝	ménfèng	1	1
2005	Nc	门口	ménkǒu	19	19
2006	Na	门外汉	ménwàihàn	0	1
2007	Na	们	men	170	157
2008	Na	蒙古包	Ménggǔbāo	1	1
2009	Nb	蒙古族	Ménggǔzú	1	1
2010	Na	梦	mèng	3	3
2011	Na	梦想	mèngxiǎng	3	5
2012	VJ	迷恋	míliàn	1	1
2013	VH	迷路	mílù	3	4
2014	Nf	米	mǐ	6	6
2015	Na	米	mǐ	1	1
2016	Na	米饭	mǐfàn	2	2
2017	Na	秘诀	mìjué	1	1
2018	Na	秘密	mìmì	3	3
2019	VH	密切	mìqiè	2	2
2020	VJ	迷失	míshī	0	1
2021	Na	棉被	miánbèi	1	1
2022	VH	免费	miǎnfèi	1	3
2023	Na	面	miàn	48	24
2024	Na	面包	miànbāo	13	13
2025	VA	面带笑容	miàndàixiàoróng	0	2
2026	VC	面对	miànduì	3	4
2027	Na	面粉	miànfěn	1	1
2028	Na	面馆儿	miànguǎnr	1	1
2029	Na	面孔	miànkǒng	1	1
2030	VK	面临	miànlín	1	1
2031	Nc	面前	miànqián	20	17
2032	Na	面色	miànsè	2	2
2033	VC	面试	miànshì	2	3
2034	Na	面子	miànzǐ	2	2
2035	VC	描述	miáoshù	3	4
2036	VH	苗条	miáotiáo	5	6
2037	Nf	秒	miǎo	2	3
2038	Na	庙会	miàohuì	1	1

순서	품사	단어	한어병음	통합	
				수정전	수정후
2039	Na	民警	mínjǐng	1	1
2040	Na	民众	mínzhòng	2	1
2041	Na	民族	mínzú	3	2
2042	Nf	名	míng	15	20
2043	Na	名	míng	1	2
2044	VH	明白	míngbai	12	15
2045	Na	名单	míngdān	0	1
2046	VA	鸣叫	míngjiào	1	1
2047	VH	明媚	míngmèi	1	1
2048	D	明明	míngmíng	1	2
2049	Nd	明年	míngnián	33	32
2050	Na	名牌	míngpái	1	1
2051	VH	明确	míngquè	2	3
2052	Na	名胜	míngshèng	3	2
2053	Nd	明天	míngtiān	116	114
2054	VH	明显	míngxiǎn	0	1
2055	Na	明星	míngxīng	2	2
2056	Na	名字	míngzi	18	21
2057	VC	摸	mō	1	1
2058	VH	模糊	móhu	0	1
2059	Na	模特儿	mótèr	1	1
2060	Na	模样	móyàng	2	1
2061	Ng	末	mò	2	2
2062	Na	末班车	mòbānchē	1	1
2063	VK	漠不关心	mòbùguānxīn	0	1
2064	VH	默默	mòmò	1	1
2065	VI	陌生	mòshēng	2	2
2066	Nes	某	mǒu	2	2
2067	Na	牡丹	Mǔdān	1	1
2068	Na	母亲	mǔqīn	20	20
2069	VH	目瞪口呆	mùdèngkǒudāi	2	2
2070	Na	目的	mùdì	43	41
2071	Nc	目的地	mùdìdì	3	2
2072	Nd	目前	mùqián	3	3
2073	VC	拿	ná	15	17
2074	VC	拿到	nádào	0	2
2075	VB	拿过来	náguòlái	3	3
2076	VC	拿来	nálái	3	3
2077	VC	拿起	náqǐ	1	1
2078	VC	拿去	náqù	1	1

순서	품사	단어	한어병음	통합	
				수정전	수정후
2079	VI	拿手	náshǒu	4	3
2080	VC	拿走	názǒu	6	6
2081	Nep	哪	nǎ	15	15
2082	D	哪来	nǎlái	1	1
2083	Ncd	哪里	nǎlǐ	1	1
2084	Nep	那	nà	208	202
2085	Dk	那	nà	18	14
2086	D	那里	nàli	9	13
2087	Ncd	那里	nàli	7	6
2088	Dk	那么	nàme	1	1
2089	VH	那么	nàme	9	8
2090	Cbb	那么	nàme	1	3
2091	D	那么	nàme	36	29
2092	Neqa	那么多	nàmeduō	3	3
2093	Nd	那时	nàshí	33	28
2094	Nd	那天	nàtiān	7	10
2095	Neqa	那些	nàxiē	6	5
2096	Dfa	那样	nàyàng	1	3
2097	VH	那样	nàyàng	13	11
2098	Na	奶奶	nǎinai	32	32
2099	Na	耐心	nàixīn	1	1
2100	VH	难	nán	72	69
2101	Na	男	nán	5	5
2102	Ncd	南北	nánběi	2	2
2103	Nc	南北韩	Nánběihán	1	2
2104	Ncd	南边	nánbian	2	2
2105	Ncd	南方	nánfāng	1	1
2106	Nc	南非	Nánfēi	4	4
2107	VK	难过	nánguò	21	19
2108	Na	男孩儿	nánhár	2	2
2109	Na	男朋友	nánpéngyou	99	103
2110	Na	男人	nánrén	10	10
2111	VH	难受	nánshòu	4	2
2112	VK	难忘	nánwàng	12	13
2113	VH	难闻	nánwén	0	1
2114	D	难以	nányǐ	4	6
2115	VJ	难住	nánzhù	1	1
2116	Nc	脑海	nǎohǎi	1	1
2117	Na	脑筋	nǎojīn	1	1
2118	Na	脑子	nǎozi	0	2

순서	품사	단어	한어병음	통합	
				수정전	수정후
2119	Na	闹钟	nàozhōng	1	1
2120	Ncd	哪儿	nǎr	32	34
2121	Ncd	那儿	nàr	39	34
2122	T	呢	ne	82	84
2123	Ncd	内	nèi	17	16
2124	VH	内疚	nèijiù	0	1
2125	Na	内蒙古菜	Nèiménggǔcài	1	1
2126	Na	内容	nèiróng	11	11
2127	VH	内向	nèixiàng	3	4
2128	Na	内心	nèixīn	2	2
2129	Nc	内蒙古	NèiMěnggǔ	10	10
2130	D	能	néng	278	303
2131	D	能不能	néngbunéng	14	13
2132	VH	能干	nénggàn	0	1
2133	VK	能够	nénggòu	1	2
2134	D	能够	nénggòu	9	10
2135	Na	能力	nénglì	2	1
2136	Na	尼古丁	nígǔdīng	1	0
2137	Nh	你	nǐ	1004	997
2138	VC	你好	nǐhǎo	3	3
2139	Nh	你们	nǐmen	41	41
2140	VH	腻	nì	1	1
2141	VC	溺爱	nì'ài	1	1
2142	VH	匿名	nìmíng	1	1
2143	VA	逆转	nìzhuǎn	1	1
2144	Nf	年	nián	103	99
2145	Nd	年初	niánchū	1	1
2146	Na	年糕	niángāo	1	1
2147	Na	年级	niánjí	39	40
2148	VH	年老	niánlǎo	1	1
2149	VH	年轻	niánqīng	9	8
2150	Na	年轻人	niánqīngrén	11	12
2151	Na	年事	niánshì	1	1
2152	VC	念	niàn	6	6
2153	VA	念书	niànshū	3	2
2154	Na	鸟儿	niǎor	0	1
2155	Nh	您	nín	27	27
2156	VK	宁可	níngkě	1	1
2157	Nc	宁夏	níngxià	1	1
2158	Na	牛奶	niúnǎi	4	4

순서	품사	단어	한어병음	통합	
				수정전	수정후
2159	Na	牛肉	niúròu	3	3
2160	Na	牛肉汤	niúròutāng	1	1
2161	VH	浓	nóng	1	1
2162	Nc	农村	nóngcūn	4	2
2163	Na	农活	nónghuó	3	3
2164	Na	农活儿	nónghuór	1	2
2165	Nc	农家	nóngjiā	3	2
2166	Na	农历	nónglì	2	2
2167	Na	农民	nóngmín	2	4
2168	Na	农药	nóngyào	1	1
2169	Na	农业	nóngyè	2	2
2170	Na	农作物	nóngzuòwù	2	2
2171	VK	弄得	nòngde	0	1
2172	VC	弄丢	nòngdiū	0	5
2173	VC	弄坏	nònghuài	3	4
2174	VC	弄乱	nòngluàn	0	1
2175	VC	弄脏	nòngzāng	1	2
2176	VH	努力	nǔlì	147	151
2177	Na	女儿	nǚér	5	5
2178	Na	女孩	nǚhái	6	6
2179	Na	女孩子	nǚháizi	3	2
2180	Na	女孩儿	nǚhár	4	3
2181	Na	女朋友	nǚpéngyou	21	20
2182	Na	女人	nǚrén	11	12
2183	Na	女友	nǚyǒu	1	1
2184	VC	暖和	nuǎnhuo	2	2
2185	VH	暖和	nuǎnhuo	3	4
2186	Nc	欧洲	Ōuzhōu	6	6
2187	D	偶然	ǒurán	3	3
2188	Na	偶像	ǒuxiàng	1	1
2189	VA	爬	pá	4	4
2190	VK	怕	pà	21	21
2191	VCL	爬到	pádào	1	2
2192	Nf	排	pái	4	3
2193	VG	排成	páichéng	1	1
2194	VA	排队	páiduì	1	1
2195	Na	排骨	páigǔ	0	2
2196	VA	徘徊	páihuái	2	2
2197	VC	排列	páiliè	1	4
2198	VA	排尿	páiniào	2	2

순서	품사	단어	한어병음	통합	
				수정전	수정후
2199	VA	排排坐	páipaizuò	0	1
2200	VF	派遣	pàiqiǎn	1	1
2201	VC	派遣到	pàiqiǎndào	2	2
2202	VCL	攀登	pāndēng	0	1
2203	Ncd	旁边儿	pángbiānr	2	2
2204	VH	胖	pàng	51	53
2205	Na	胖子	pàngzi	2	2
2206	VA	跑	pǎo	10	9
2207	VA	跑步	pǎobù	3	4
2208	Na	泡菜	Pàocài	6	6
2209	Na	泡菜饼	pàocàibǐng	1	1
2210	VA	跑出去	pǎochuqu	0	1
2211	VCL	跑到	pǎodào	1	1
2212	VA	跑过来	pǎoguolai	1	1
2213	VA	跑过去	pǎoguòqù	2	2
2214	VC	抛开	pāokāi	0	1
2215	VA	爬山	páshān	8	8
2216	Na	扒手	páshǒu	2	2
2217	VC	陪	péi	14	15
2218	VJ	佩服	pèifú	1	3
2219	VC	碰到	pèngdào	5	3
2220	VC	碰见	pèngjiàn	2	3
2221	VA	碰头	pèngtóu	1	1
2222	Na	朋友	péngyou	532	544
2223	Nf	片	piàn	3	1
2224	VC	骗	piàn	4	6
2225	Nf	篇	piān	6	8
2226	Na	偏见	piānjiàn	1	1
2227	D	偏偏	piānpiān	15	13
2228	Nf	片儿	piànr	1	1
2229	Nc	骗人家	piànrénjiā	1	1
2230	D	偏要	piānyào	0	2
2231	VH	便宜	piányi	20	19
2232	VA	飘	piāo	0	1
2233	VH	漂亮	piàoliang	69	72
2234	VH	漂漂亮亮	piàopiaoliàngliang	0	1
2235	VA	飘下	piāoxià	0	1
2236	VH	疲惫	píbèi	0	2
2237	Na	皮肤	pífū	4	4
2238	Na	屁股	pìgu	2	1

순서	품사	단어	한어병음	통합	
				수정전	수정후
2239	Na	啤酒	píjiǔ	12	12
2240	Nf	瓶	píng	6	6
2241	P	凭	píng	1	1
2242	VH	平常	píngcháng	2	2
2243	Na	平房	píngfáng	3	4
2244	Nf	平方米	píngfāngmǐ	1	1
2245	VHC	平复	píngfù	0	1
2246	Na	苹果	píngguǒ	13	13
2247	VH	平滑	pínghuá	1	1
2248	VH	平均	píngjūn	0	1
2249	Na	乒乓球	pīngpāngqiú	7	7
2250	Nd	平时	píngshí	11	8
2251	Na	品质	pǐnzhì	1	1
2252	Na	皮鞋	píxié	2	2
2253	Na	波涛	pōtāo	2	2
2254	Nb	朴	Piáo	1	1
2255	Na	扑克	Pūkè	1	1
2256	Neu	七	qī	7	7
2257	VK	期待	qīdài	7	5
2258	Na	妻儿	qīér	0	1
2259	VH	漆黑	qīhēi	1	1
2260	Na	期间	qījiān	9	17
2261	Nd	期末	qīmò	5	6
2262	Na	期望	qīwàng	3	3
2263	Nd	期中	qīzhōng	1	2
2264	Nep	其	qí	5	1
2265	VC	骑	qí	17	18
2266	VA	骑车	qíchē	2	2
2267	VE	祈祷	qídǎo	3	4
2268	VH	奇怪	qíguài	9	8
2269	D	其实	qíshí	12	16
2270	Neqa	其他	qítā	5	15
2271	Nep	其中	qízhōng	7	4
2272	Ng	起	qǐ	9	12
2273	Di	起	qi	1	3
2274	VJ	起不了	qǐbuliǎo	2	3
2275	D	起初	qǐchū	1	1
2276	VA	起床	qǐchuáng	28	23
2277	VB	起来	qǐlái	2	3
2278	VH	起来	qǐlái	1	1

순서	품사	단어	한어병음	통합 수정전	통합 수정후
2279	VA	起来	qilai	3	5
2280	Da	起码	qǐmǎ	1	1
2281	VA	起晚	qǐwǎn	0	1
2282	Na	企业	qǐyè	3	3
2283	Na	企业家	qǐyèjiā	2	2
2284	VK	气	qì	3	2
2285	Na	汽车	qìchē	46	47
2286	Na	气氛	qìfēn	16	14
2287	Na	气候	qìhòu	3	3
2288	Na	器具	qìjù	4	4
2289	VA	气哭	qìkū	2	2
2290	Na	气色	qìsè	0	1
2291	Na	气味儿	qìwèir	0	1
2292	Na	气温	qìwēn	1	1
2293	Na	气象	qìxiàng	2	2
2294	Na	气质	qìzhí	2	2
2295	Di	起来	qilai	25	35
2296	VH	恰到好处	qiàdàohǎochù	1	1
2297	Neu	千	qiān	2	2
2298	Na	铅笔	qiānbǐ	1	1
2299	VCL	迁居	qiānjū	1	1
2300	Neu	千万	qiānwàn	5	3
2301	Ng	前	qián	54	60
2302	Nes	前	qián	20	20
2303	Na	钱	qián	67	71
2304	Ncd	前	qián	21	23
2305	Na	钱包	qiánbāo	26	28
2306	Ncd	前边	qiánbian	7	8
2307	Na	钱财	qiáncái	0	1
2308	Na	前额	qiáné	1	1
2309	VA	前进	qiánjìn	6	5
2310	Ncd	前面	qiánmiàn	11	8
2311	Nd	前年	qiánnián	4	4
2312	Na	潜水镜	qiánshuǐjìng	1	1
2313	VH	前所未有	qiánsuǒwèiyǒu	0	1
2314	Na	前者	qiánzhě	1	1
2315	VH	浅	qiǎn	1	1
2316	Na	歉	qiàn	1	1
2317	VH	强	qiáng	7	5
2318	Na	墙	qiáng	9	11

순서	품사	단어	한어병음	통합	
				수정전	수정후
2319	VH	强盛	qiángshèng	1	1
2320	VC	抢劫	qiǎngjié	1	1
2321	VA	抢先	qiǎngxiān	0	1
2322	VC	敲	qiāo	1	1
2323	Na	跷跷板	qiāoqiāobǎn	2	2
2324	VC	瞧	qiáo	2	3
2325	VH	巧	qiǎo	4	3
2326	Na	巧克力	qiǎokèlì	1	1
2327	VG	切成	qiēchéng	1	1
2328	A	切身	qièshēn	0	1
2329	VJ	亲	qīn	2	1
2330	VH	亲	qīn	2	1
2331	A	亲	qīn	0	2
2332	VH	亲密	qīnmì	10	7
2333	VH	亲切	qīnqiè	8	7
2334	VH	亲热	qīnrè	3	2
2335	Na	亲人	qīnrén	1	3
2336	D	亲眼	qīnyǎn	2	2
2337	Na	亲友	qīnyǒu	2	2
2338	D	亲自	qīnzì	4	4
2339	VH	勤快	qínkuài	1	1
2340	Nb	秦始皇	Qínshǐhuáng	2	2
2341	VH	清	qīng	3	3
2342	VH	轻	qīng	12	10
2343	VH	清澈	qīngchè	1	1
2344	VH	清楚	qīngchu	12	11
2345	VC	清楚	qīngchǔ	0	1
2346	Na	青睐	qīnglài	1	1
2347	Na	青年	qīngnián	2	4
2348	Nd	青年节	Qīngniánjié	1	1
2349	VH	晴	qíng	2	1
2350	Na	情报工	qíngbàogōng	1	1
2351	VH	情不自禁	qíngbúzìjīn	0	1
2352	Na	情况	qíngkuàng	25	21
2353	VH	情同手足	qíngtóngshǒuzú	1	1
2354	VF	请	qǐng	84	89
2355	VB	请安	qǐng'ān	0	1
2356	VA	请假	qǐngjià	1	1
2357	VA	请客	qǐngkè	8	6
2358	VE	请问	qǐngwèn	3	3

순서	품사	단어	한어병음	통합 수정전	통합 수정후
2359	VE	庆祝	qìngzhù	0	1
2360	Nd	秋	qiū	1	3
2361	Na	秋千	qiūqiān	2	2
2362	VF	求	qiú	4	4
2363	VC	求	qiú	5	3
2364	Na	球	qiú	35	35
2365	VA	求情	qiúqíng	0	1
2366	Na	球赛	qiúsài	3	3
2367	VI	屈服	qūfú	1	1
2368	VC	驱逐	qūzhú	0	1
2369	VC	取	qǔ	2	5
2370	VA	取长补短	qǔchángbǔduǎn	1	2
2371	VC	取得	qǔdé	7	7
2372	VCL	去	qù	617	622
2373	D	去	qù	184	192
2374	VA	去不了	qùbuliǎo	5	3
2375	Nd	去年	qùnián	52	54
2376	VH	去去	qùqu	1	1
2377	VH	去世	qùshì	4	7
2378	Na	去向	qùxiàng	1	1
2379	T	去	qu	31	39
2380	Neqa	全	quán	5	10
2381	D	全	quán	1	1
2382	Na	全家	quánjiā	2	5
2383	Na	全家福	quánjiāfú	0	2
2384	Na	权利	quánlì	4	3
2385	D	全力	quánlì	0	2
2386	VH	全新	quánxīn	0	1
2387	VH	痊愈	quányù	2	2
2388	VF	劝	quàn	11	13
2389	VJ	缺	quē	3	2
2390	VJ	缺乏	quēfá	1	1
2391	VA	缺课	quēkè	1	1
2392	VJ	缺少	quēshǎo	1	4
2393	D	却	què	9	20
2394	VK	确定	quèdìng	1	1
2395	VH	确确实实	quèqueshíshí	1	1
2396	D	确实	quèshí	5	4
2397	VK	确信	quèxìn	2	1
2398	VH	雀跃	quèyuè	0	1

순서	품사	단어	한어병음	통합	
				수정전	수정후
2399	Na	裙子	qúnzi	12	15
2400	Cbb	然而	ránér	3	2
2401	D	然后	ránhòu	44	30
2402	VE	嚷嚷	rāngrang	1	1
2403	VL	让	ràng	123	142
2404	VA	让步	ràngbù	1	1
2405	VC	惹起	rěqǐ	1	1
2406	VHC	热	rè	29	27
2407	Na	热潮	rècháo	0	1
2408	VH	热烈	rèliè	1	1
2409	VH	热闹	rènao	51	50
2410	Na	热情	rèqíng	6	6
2411	VH	热情	rèqíng	15	18
2412	VH	热热闹闹	rèrenàonao	2	3
2413	VJ	热心	rèxīn	3	1
2414	Na	热心	rèxīn	2	2
2415	VJ	热衷	rèzhōng	1	2
2416	Na	人	rén	675	675
2417	Na	人才	réncái	2	2
2418	VH	仁慈	réncí	1	1
2419	Na	人际	rénjì	2	4
2420	Nh	人家	rénjiā	8	4
2421	Na	人口	rénkǒu	8	10
2422	Na	人类	rénlèi	1	1
2423	Na	人民币	Rénmínbì	2	2
2424	VH	人山人海	rénshānrénhǎi	1	1
2425	Na	人生	rénshēng	10	9
2426	VH	人生地不熟	rénshēngdìbùshóu	1	1
2427	VJ	忍	rěn	0	1
2428	VH	忍不住	rěnbuzhù	2	1
2429	VJ	忍耐	rěnnài	2	2
2430	VK	忍受	rěnshòu	1	1
2431	VH	忍无可忍	rěnwúkěrěn	1	1
2432	VC	认	rèn	1	1
2433	VJ	认不认识	rènburènshì	0	1
2434	VJ	认出	rènchū	1	1
2435	Neqa	任何	rènhé	5	4
2436	VC	认识	rènshi	66	61
2437	VJ	认识	rènshì	17	23
2438	VC	认识认识	rènshirènshi	1	1

순서	품사	단어	한어병음	통합	
				수정전	수정후
2439	VE	认为	rènwéi	16	31
2440	VH	认真	rènzhēn	12	16
2441	D	仍然	réngrán	3	4
2442	Nc	日本	Rìběn	17	16
2443	Na	日本菜	Rìběncài	3	3
2444	Na	日本人	Rìběnrén	5	5
2445	A	日常	rìcháng	2	2
2446	Na	日程	rìchéng	6	8
2447	VA	日出	rìchū	6	6
2448	D	日趋	rìqū	3	3
2449	D	日夜	rìyè	1	1
2450	D	日益	rìyì	4	3
2451	Na	日语	rìyǔ	4	4
2452	Na	日子	rìzi	16	14
2453	Na	容貌	róngmào	2	2
2454	VH	容易	róngyì	19	19
2455	VH	柔和	róuhé	0	1
2456	Na	肉	ròu	5	4
2457	Na	肉丝	ròusī	1	1
2458	P	如	rú	9	11
2459	VH	如此	rúcǐ	2	3
2460	Dfa	如此	rúcǐ	2	1
2461	VH	如故	rúgù	1	1
2462	Cbb	如果	rúguǒ	81	79
2463	D	如何	rúhé	1	3
2464	Na	儒教	Rújiào	1	1
2465	Nd	如今	rújīn	2	4
2466	VH	如愿以偿	rúyuànyǐcháng	0	1
2467	VCL	入	rù	9	10
2468	VA	入场	rùchǎng	0	1
2469	Na	入场票	rùchǎngpiào	1	1
2470	VH	入睡	rùshuì	1	2
2471	VA	入伍	rùwǔ	0	2
2472	VA	入学	rùxué	1	1
2473	VH	软绵绵	ruǎnmiánmián	1	1
2474	Na	软件	ruǎntǐ	1	1
2475	VA	软卧	ruǎnwò	1	1
2476	VH	弱	ruò	8	7
2477	Cbb	若	ruò	1	4
2478	Na	弱点	ruòdiǎn	2	1

순서	품사	단어	한어병음	통합	
				수정전	수정후
2479	Cbb	若要	ruòyào	0	1
2480	VH	塞车	sāichē	0	1
2481	Neu	三	sān	106	101
2482	VH	散	sàn	0	4
2483	D	三三两两	sānsānliǎngliǎng	2	1
2484	VH	三五成群	sānwǔchéngqún	1	1
2485	VA	散步	sànbù	6	4
2486	VA	散去	sànqù	1	1
2487	Na	桑拿	sāngná	1	1
2488	Na	嗓子	sǎngzi	3	3
2489	VB	扫干净	sǎogānjìng	0	1
2490	Na	嫂子	sǎozi	2	3
2491	Na	色	sè	1	1
2492	Na	沙发	shāfā	3	3
2493	Na	沙漠	shāmò	2	2
2494	Na	沙滩	shātān	2	2
2495	Na	沙子	shāzi	2	1
2496	VHC	晒黑	shàihēi	0	1
2497	VA	晒太阳	shàitàiyáng	0	1
2498	Na	山路	shānlù	3	4
2499	Na	山坡	shānpō	1	2
2500	Na	山下	shānxià	0	1
2501	VH	闪耀	shǎnyào	1	1
2502	Nf	扇	shàn	0	2
2503	VL	擅长	shàncháng	1	1
2504	VH	善良	shànliáng	14	16
2505	VL	善于	shànyú	0	2
2506	VHC	伤	shāng	1	2
2507	VH	伤	shāng	7	10
2508	Nc	商店	shāngdiàn	33	32
2509	VE	商量	shāngliang	84	83
2510	VE	商量商量	shāngliangshāngliang	21	20
2511	VI	伤脑筋	shāngnǎojīn	1	1
2512	Na	商品	shāngpǐn	4	5
2513	Ncd	上	shàng	144	148
2514	VC	上	shàng	29	43
2515	Nes	上	shàng	24	22
2516	Ng	上	shàng	24	38
2517	VCL	上	shàng	25	40
2518	VA	上班	shàngbān	48	48

순서	품사	단어	한어병음	통합	
				수정전	수정후
2519	VA	上车	shàngchē	4	4
2520	VA	上床	shàngchuáng	2	1
2521	VA	上大学	shàngdàxué	10	10
2522	VH	上当	shàngdàng	0	1
2523	Nc	上海	shànghǎi	35	35
2524	Na	上海人	Shànghǎirén	2	2
2525	VA	上课	shàngkè	44	40
2526	VA	上来	shànglai	4	4
2527	VC	上去	shàngqù	3	1
2528	VH	上去	shàngqù	1	2
2529	Na	上天	shàngtiān	2	2
2530	VA	上网	shàngwǎng	43	42
2531	VA	上下班	shàngxiàbān	1	1
2532	VH	上下课	shàngxiàkè	2	2
2533	VA	上学	shàngxué	9	12
2534	VA	上眼	shàngyǎn	0	1
2535	VAC	上映	shàngyìng	1	1
2536	D	稍	shāo	1	3
2537	Na	烧酒	Shāojiǔ	4	3
2538	D	稍微	shāowēi	2	3
2539	D	少	shǎo	2	3
2540	VH	少	shǎo	19	15
2541	Na	少年	shàonián	2	3
2542	VH	奢侈	shēchǐ	1	1
2543	VL	舍不得	shěbudé	4	4
2544	Na	社会	shèhuì	20	18
2545	VK	涉及	shèjí	2	1
2546	Na	设计师	shèjìshī	1	1
2547	D	设身处地	shèshēnchǔdì	1	1
2548	Na	设施	shèshī	3	3
2549	Na	社团	shètuán	4	4
2550	VE	设想	shèxiǎng	0	1
2551	VH	深	shēn	11	12
2552	VJ	深爱	shēn'ài	0	5
2553	VH	深奥	shēn'ào	0	1
2554	Nc	身边	shēnbiān	6	7
2555	Na	身材	shēncái	36	35
2556	VH	深刻	shēnkè	8	9
2557	Na	深蓝色	shēnlánsè	1	1
2558	VC	申请	shēnqǐng	1	1

순서	품사	단어	한어병음	통합	
				수정전	수정후
2559	Na	申请表	shēnqǐngbiǎo	1	1
2560	Na	申请单	shēnqǐngdān	1	1
2561	VJ	深受	shēnshòu	1	1
2562	Na	身体	shēntǐ	94	90
2563	VH	身心健康	shēnxīnjiànkāng	0	1
2564	Na	身影	shēnyǐng	1	1
2565	Na	神经	shénjīng	2	1
2566	Nep	什么	shénme	206	205
2567	Na	神儿	shénr	0	1
2568	Nc	神州	Shénzhōu	1	1
2569	Na	婶子	shěnzi	0	1
2570	Na	肾病	shènbìng	2	2
2571	Cbb	甚至	shènzhì	3	4
2572	VC	生	shēng	25	27
2573	Nf	声	shēng	2	1
2574	VH	生病	shēngbìng	7	6
2575	VC	生产	shēngchǎn	0	1
2576	Na	生产率	shēngchǎnlǜ	1	1
2577	Na	生词	shēngcí	2	2
2578	Na	声调	shēngdiào	2	2
2579	Na	生活	shēnghuó	105	101
2580	VA	生活	shēnghuó	1	3
2581	Na	生气	shēngqì	1	1
2582	VH	生气	shēngqì	38	42
2583	Na	生日	shēngrì	40	36
2584	Na	声说	shēngshuō	0	1
2585	Na	生死之交	shēngsǐzhījiāo	1	0
2586	VC	生下	shēngxià	1	1
2587	Na	声音	shēngyīn	8	6
2588	Na	生鱼片	shēngyúpiàn	1	2
2589	VC	省	shěng	0	1
2590	VH	盛大	shèngdà	2	1
2591	Na	胜地	shèngdì	0	1
2592	Na	剩饭	shèngfàn	1	1
2593	Na	圣经	Shèngjīng	3	3
2594	VJ	剩下	shèngxia	4	3
2595	VH	湿	shī	2	1
2596	VH	失败	shībài	4	4
2597	Nc	师大	Shīdà	1	1
2598	Na	湿度	shīdù	1	1

순서	품사	단어	한어병음	통합	
				수정전	수정후
2599	A	师范	shīfàn	3	3
2600	Na	师傅	shīfu	2	2
2601	Na	师哥	shīgē	1	1
2602	Na	诗集	shījí	2	2
2603	Na	师姐	shījiě	1	1
2604	Na	师生	shīshēng	2	2
2605	VHC	湿透	shītòu	1	1
2606	Na	师兄	shīxiōng	3	3
2607	VH	失业	shīyè	2	2
2608	Na	失业者	shīyèzhě	5	5
2609	Na	失主	shīzhǔ	1	1
2610	Ng	时	shí	72	93
2611	Nf	时	shí	6	9
2612	VC	食	shí	1	1
2613	Neu	十	shí	39	39
2614	D	时不时	shíbushí	1	1
2615	Na	时代	shídài	5	4
2616	Na	十兜	shídōu	1	1
2617	D	时而	shíér	1	1
2618	Dfa	十分	shífēn	17	15
2619	Na	时光	shíguāng	3	4
2620	Na	时候	shíhou	380	348
2621	Na	时间	shíjiān	184	164
2622	Na	石窟	shíkū	3	3
2623	Na	实力	shílì	6	6
2624	Na	石榴	Shíliu	1	1
2625	VH	时髦	shímáo	1	1
2626	VC	实施	shíshī	0	1
2627	VH	实实在在	shíshízàizài	0	1
2628	Nc	食堂	shítáng	11	11
2629	Na	食堂卡	shítángkǎ	1	1
2630	Neu	十五	shíwǔ	12	12
2631	VC	实现	shíxiàn	11	12
2632	VC	实行	shíxíng	1	1
2633	VH	实用	shíyòng	1	1
2634	Na	食欲	shíyù	1	1
2635	D	实在	shízài	2	2
2636	Na	十字架	shízìjià	2	2
2637	VL	使	shǐ	8	17
2638	VC	使用	shǐyòng	6	3

순서	품사	단어	한어병음	통합	
				수정전	수정후
2639	Na	使用	shǐyòng	2	1
2640	VJ	始于	shǐyú	1	1
2641	D	始终	shǐzhōng	1	1
2642	Na	事	shì	161	165
2643	Nc	市	shì	15	15
2644	SHI	是	shì	1049	976
2645	VF	试	shì	3	4
2646	VB	示爱	shì'ài	0	1
2647	Na	士兵	shìbīng	2	2
2648	Nc	市场	shìchǎng	14	14
2649	Ng	似的	shìde	4	5
2650	Na	事故	shìgù	4	4
2651	Na	士官	shìguān	1	1
2652	VJ	适合	shìhé	2	2
2653	VH	适合	shìhé	8	3
2654	Nc	世界	shìjiè	29	28
2655	Nb	世界杯	Shìjièbēi	1	1
2656	Na	室内	shìnèi	3	2
2657	Na	侍女	shìnǚ	1	1
2658	Na	事情	shìqing	55	53
2659	Na	事儿	shìr	17	14
2660	Na	试题	shìtí	1	4
2661	Na	事务	shìwù	0	1
2662	D	事先	shìxiān	0	1
2663	Na	试验	shìyàn	2	1
2664	Na	视野	shìyě	1	1
2665	Na	事业	shìyè	1	1
2666	Nc	事业家	shìyèjiā	2	2
2667	VA	适应	shìyìng	2	2
2668	VJ	适应	shìyìng	6	7
2669	Nc	市政府	shìzhèngfǔ	2	2
2670	Na	柿子	shìzi	2	2
2671	Na	柿子树	shìzishù	1	1
2672	VD	收	shōu	1	1
2673	VC	收到	shōudào	4	3
2674	VC	收看	shōukàn	2	2
2675	VC	收拾	shōushi	9	6
2676	Na	收银员	shōuyínyuán	0	1
2677	Nf	首	shǒu	5	3
2678	Nes	首	shǒu	1	1

순서	품사	단어	한어병음	통합	
				수정전	수정후
2679	Na	手表	shǒubiǎo	4	4
2680	Na	手电筒	shǒudiàntǒng	1	1
2681	Nc	首尔	shǒu'ěr	4	51
2682	Na	手机	shǒujī	24	25
2683	VH	守旧	shǒujiù	1	1
2684	Na	首饰	shǒushì	1	1
2685	Na	手术	shǒushù	7	7
2686	Na	手套	shǒutào	4	4
2687	D	首先	shǒuxiān	4	4
2688	Na	首要	shǒuyào	1	1
2689	Na	手指	shǒuzhǐ	1	1
2690	Na	手纸	shǒuzhǐ	1	1
2691	P	受	shòu	5	5
2692	VJ	受	shòu	15	16
2693	VH	瘦	shòu	56	49
2694	VK	受不了	shòubuliǎo	7	8
2695	VK	受到	shòudào	1	3
2696	VJ	受到	shòudao	7	5
2697	VH	瘦多	shòuduō	0	3
2698	Na	售货员	shòuhuòyuán	2	2
2699	VH	受凉	shòuliáng	1	1
2700	VH	受骗	shòupiàn	4	3
2701	Na	书	shū	111	117
2702	VD	输	shū	2	2
2703	Na	书包	shūbāo	9	9
2704	Nc	书房	shūfáng	1	1
2705	VH	舒服	shūfu	30	33
2706	Na	书架	shūjià	5	4
2707	Na	叔母	shūmǔ	2	2
2708	Na	叔叔	shūshu	11	12
2709	Nc	叔叔家	shūshujiā	4	6
2710	VHC	疏远	shūyuǎn	3	3
2711	VJ	熟悉	shúxī	4	3
2712	VK	数	shǔ	0	1
2713	VC	数	shǔ	1	1
2714	Nd	暑假	shǔjià	17	17
2715	Nf	束	shù	1	2
2716	VJ	属于	shǔyú	1	1
2717	Na	树	shù	8	11
2718	Nc	树林	shùlín	1	1

순서	품사	단어	한어병음	통합 수정전	통합 수정후
2719	Na	数学	shùxué	2	2
2720	Na	树叶	shùyè	4	4
2721	VC	摔	shuāi	3	1
2722	VC	甩	shuǎi	1	1
2723	VH	帅	shuài	12	15
2724	Nf	双	shuāng	5	4
2725	A	双	shuāng	1	1
2726	Na	双胞胎	shuāngbāotāi	2	1
2727	A	双重	shuāngchóng	2	2
2728	Na	双手	shuāngshǒu	3	2
2729	Na	双喜	shuāngxǐ	1	1
2730	VH	爽快	shuǎngkuài	3	4
2731	Nh	谁	shuí	33	34
2732	Na	水	shuǐ	29	22
2733	Na	水分	shuǐfèn	1	1
2734	Na	水果	shuǐguǒ	8	9
2735	Na	水土	shuǐtǔ	1	1
2736	Na	水珠	shuǐzhū	0	1
2737	Na	水平	shuǐpíng	43	49
2738	VA	睡	shuì	31	35
2739	VH	睡不着觉	shuìbuzháojiào	1	4
2740	VCL	睡到	shuìdào	0	2
2741	VA	睡好	shuìhǎo	1	2
2742	VA	睡觉	shuìjiào	61	53
2743	VA	睡懒觉	shuìlǎnjiào	19	18
2744	VA	睡午觉	shuìwǔjiào	3	3
2745	VH	睡着	shuìzháo	4	7
2746	VJ	顺	shùn	1	2
2747	D	顺便	shùnbiàn	18	18
2748	Nd	瞬间	shùnjiān	3	2
2749	VE	说	shuō	371	388
2750	D	说不定	shuōbúdìng	14	15
2751	VF	说服	shuōfú	2	1
2752	VD	说给	shuōgěi	3	2
2753	VA	说话	shuōhuà	25	26
2754	Na	说话声	shuōhuàshēng	0	1
2755	VA	说谎	shuōhuǎng	0	1
2756	VE	说明	shuōmíng	2	3
2757	VE	说起	shuōqǐ	7	5
2758	D	说起来	shuōqilai	3	2

순서	품사	단어	한어병음	통합	
				수정전	수정후
2759	VA	说说话	shuōshuōhuà	0	1
2760	VC	说完	shuōwán	1	1
2761	Na	丝	sī	2	2
2762	Na	丝绸	sīchóu	3	3
2763	Na	司机	sījī	10	10
2764	Na	丝儿	sīr	1	1
2765	Na	思想	sīxiǎng	3	3
2766	VH	死	sǐ	22	14
2767	VH	死定	sǐdìng	0	1
2768	VI	死心	sǐxīn	0	1
2769	Na	死讯	sǐxùn	0	1
2770	Neu	四	sì	69	68
2771	D	似乎	sìhu	1	1
2772	VH	驷马难追	sìmǎnánzhuī	0	1
2773	Na	松饼	sōngbǐng	1	1
2774	Na	松树	sōngshù	2	0
2775	VD	送	sòng	10	9
2776	VD	送给	sònggěi	15	20
2777	VB	送行	sòngxíng	39	38
2778	Na	塑料袋	sùliàodài	1	1
2779	Nc	宿舍	sùshè	23	22
2780	Na	宿舍费	sùshèfèi	1	1
2781	VH	酸	suān	0	1
2782	VG	算	suàn	2	6
2783	VH	算	suàn	2	2
2784	Na	蒜	suàn	1	1
2785	VG	算不了	suànbuliǎo	1	1
2786	VH	算了	suànle	2	3
2787	VB	算命	suànmìng	2	2
2788	VC	算上	suànshang	1	1
2789	VG	算做	suànzuò	1	1
2790	Cbb	虽然	suīrán	91	102
2791	Cbb	虽说	suīshuō	1	3
2792	P	随	suí	3	4
2793	VH	随便	suíbiàn	13	14
2794	D	随时	suíshí	2	2
2795	D	随手	suíshǒu	1	1
2796	Nf	岁	suì	64	67
2797	P	随着	suízhe	13	13
2798	Na	损害	sǔnhài	1	1

순서	품사	단어	한어병음	통합	
				수정전	수정후
2799	Na	损失	sǔnshī	1	1
2800	D	所	suǒ	8	3
2801	Nf	所	suǒ	13	12
2802	VC	锁上	suǒshàng	1	1
2803	Cbb	所以	suǒyǐ	344	341
2804	Neqa	所有	suǒyǒu	10	13
2805	Nh	她	tā	540	535
2806	Nh	他	tā	1030	1039
2807	Nh	它	tā	50	46
2808	Nh	他俩	tāliǎ	4	5
2809	Nh	他们	tāmen	187	173
2810	Nh	他们俩	tāmenliǎ	4	3
2811	Nh	他人	tārén	1	1
2812	Na	塔	tǎ	1	1
2813	VCL	踏上	tàshàng	0	1
2814	Nf	台	tái	1	1
2815	Nc	台北	Táiběi	1	1
2816	Na	台风	táifēng	2	2
2817	Na	跆拳道	Táiquándào	7	6
2818	Nc	台湾	Táiwān	2	2
2819	Nc	台中	Táizhōng	1	1
2820	Dfa	太	tài	164	142
2821	Na	态度	tàidu	11	10
2822	VH	太多	tàiduō	22	17
2823	Nc	泰国	Tàiguó	1	1
2824	Na	太极拳	tàijíquán	1	1
2825	Na	太空	tàikōng	1	1
2826	VH	太少	tàishǎo	1	2
2827	Na	太太	tàitai	2	2
2828	VH	太晚	tàiwǎn	5	5
2829	Na	太阳	tàiyáng	2	2
2830	D	太早	tàizǎo	5	5
2831	VH	贪吃	tānchī	1	1
2832	VH	贪玩	tānwán	1	1
2833	VE	谈	tán	10	5
2834	VC	弹	tán	5	5
2835	VE	谈到	tándào	3	3
2836	VH	谈得来	tándelái	1	1
2837	VC	弹劾	tánhé	2	2
2838	VA	谈话	tánhuà	9	10

순서	품사	단어	한어병음	통합	
				수정전	수정후
2839	Na	谈话	tánhuà	5	4
2840	VA	谈恋爱	tánliàn'ài	4	3
2841	VH	坦白	tǎnbái	1	1
2842	VH	坦率	tǎnshuài	2	2
2843	VH	忐忑不安	tǎntèbùān	1	1
2844	VA	探病	tànbìng	1	1
2845	Na	碳火	tànhuǒ	1	1
2846	Nf	堂	táng	1	2
2847	Na	糖	táng	3	3
2848	Na	糖果	tángguǒ	2	2
2849	VA	躺	tǎng	11	12
2850	Nf	趟	tàng	0	3
2851	VA	逃亡	táowáng	1	1
2852	VE	讨论	tǎolùn	35	38
2853	VK	讨厌	tǎoyàn	6	6
2854	Nf	套	tào	7	8
2855	Na	套餐	tàocān	1	2
2856	D	特	tè	1	1
2857	VH	特别	tèbié	104	109
2858	Na	特产品	tèchǎnpǐn	1	1
2859	Na	特点	tèdiǎn	1	2
2860	Na	特色	tèsè	2	2
2861	VH	特殊	tèshū	1	1
2862	D	特意	tèyì	1	1
2863	VH	特有	tèyǒu	1	2
2864	VJ	疼	téng	3	3
2865	VH	疼	téng	12	12
2866	VJ	疼爱	téngài	1	3
2867	VC	踢	tī	13	11
2868	VG	踢成	tīchéng	1	1
2869	Na	梯子	tīzi	2	2
2870	VE	提到	tídào	1	1
2871	VC	提高	tígāo	19	23
2872	Na	题目	tímù	4	2
2873	VB	提前	tíqián	1	1
2874	VB	剃头	tìtóu	0	2
2875	VE	提醒	tíxǐng	4	4
2876	VL	提早	tízǎo	0	2
2877	VK	体会到	tǐhuìdào	0	5
2878	VJ	体贴	tǐtiē	2	2

순서	품사	단어	한어병음	통합	
				수정전	수정후
2879	Na	体系	tǐxì	1	1
2880	VJ	体现	tǐxiàn	0	1
2881	VC	体验	tǐyàn	1	3
2882	Na	体育	tǐyù	3	5
2883	Na	体制	tǐzhì	0	1
2884	Na	体重	tǐzhòng	33	35
2885	P	替	tì	5	8
2886	Nf	天	tiān	325	333
2887	Nc	天	tiān	7	3
2888	VH	天成	tiānchéng	0	1
2889	Nc	天池	Tiānchí	2	2
2890	Nc	天津	Tiānjīn	6	6
2891	Nc	天空	tiānkōng	2	2
2892	Na	天气	tiānqì	85	86
2893	VH	天生	tiānshēng	1	1
2894	D	天天	tiāntiān	7	6
2895	Na	天主教	Tiānzhǔjiào	2	2
2896	Nc	天安门	Tiān'ānmén	10	10
2897	Nb	田	tián	1	1
2898	VC	填	tián	1	3
2899	VH	甜	tián	1	1
2900	VA	填表	tiánbiǎo	2	2
2901	Na	田地	tiándì	0	2
2902	VH	甜蜜	tiánmì	1	1
2903	Na	甜食	tiánshí	1	1
2904	VC	填写	tiánxiě	1	2
2905	VC	挑	tiāo	1	1
2906	VB	挑出来	tiāochulai	0	1
2907	VC	挑选	tiāoxuǎn	1	1
2908	Nf	条	tiáo	23	22
2909	Na	条件	tiáojiàn	8	7
2910	VH	调皮	tiáopí	2	4
2911	VA	跳	tiào	1	1
2912	Nf	跳	tiào	1	2
2913	VA	跳水	tiàoshuǐ	1	1
2914	VC	贴	tiē	11	11
2915	VC	贴好	tiēhǎo	4	4
2916	Na	铁锤	tiěchuí	1	1
2917	VE	听	tīng	83	78
2918	VA	听不进去	tīngbújìnqu	0	1

순서	품사	단어	한어병음	통합	
				수정전	수정후
2919	VE	听到	tīngdào	29	34
2920	VJ	听得懂	tīngdedǒng	3	2
2921	VK	听懂	tīngdǒng	6	7
2922	VE	听见	tīngjiàn	3	3
2923	D	听起来	tīngqilai	2	1
2924	VC	听取	tīngqǔ	0	1
2925	VE	听说	tīngshuō	15	19
2926	VE	听听	tīngting	2	2
2927	VHC	停	tíng	3	3
2928	VC	挺	tǐng	5	4
2929	VHC	停下来	tíngxiàlái	1	2
2930	Na	庭院	tíngyuàn	2	2
2931	Dfa	挺	tǐng	49	50
2932	VH	通	tōng	0	1
2933	VC	通过	tōngguò	9	9
2934	P	通过	tōngguò	8	12
2935	D	通宵达旦	tōngxiāodádàn	1	1
2936	VA	通信	tōngxìn	0	1
2937	Na	同学	tóngxué	41	43
2938	Na	通讯	tōngxùn	1	1
2939	P	同	tóng	0	1
2940	Nes	同	tóng	0	1
2941	VI	同班	tóngbān	1	1
2942	Na	童话书	tónghuàshū	1	1
2943	Na	童年	tóngnián	2	3
2944	VH	同屋	tóngwū	1	1
2945	Na	同屋	tóngwū	51	52
2946	A	同一	tóngyì	3	5
2947	VK	同意	tóngyì	16	15
2948	Na	同志	tóngzhì	1	1
2949	VHC	统一	tǒngyī	5	5
2950	VH	痛快	tòngkuai	3	1
2951	VD	偷	tōu	1	2
2952	VC	偷走	tōuzǒu	12	13
2953	Nes	头	tóu	1	1
2954	Na	头发	tóufa	7	7
2955	VH	投机	tóujī	1	1
2956	VC	投入到	tóurùdào	0	1
2957	VH	头疼	tóuténg	5	5
2958	Dfb	透	tòu	1	1

순서	품사	단어	한어병음	통합	
				수정전	수정후
2959	VH	秃	tū	2	2
2960	Na	秃鹫	tūjiù	1	1
2961	D	突然	tūrán	33	33
2962	Na	图书馆	túshūguǎn	37	37
2963	Na	团年饭	tuánniánfàn	1	1
2964	VH	团聚	tuánjù	0	1
2965	VC	推	tuī	1	2
2966	Na	推车	tuīchē	3	3
2967	VC	推到	tuīdào	10	10
2968	Na	腿	tuǐ	8	8
2969	VA	退房	tuìfáng	1	1
2970	VH	退伍	tuìwǔ	2	3
2971	VH	退休	tuìxiū	3	4
2972	VF	托	tuō	2	2
2973	VC	脱	tuō	2	2
2974	VG	拖成	tuōchéng	1	1
2975	Na	拖拉机	tuōlājī	1	1
2976	VC	挖掘	wājué	1	1
2977	Na	娃娃	wáwa	0	2
2978	T	哇	wa	1	1
2979	VC	歪曲	wāiqū	2	2
2980	Ng	外	wài	27	27
2981	Na	外宾	wàibīn	2	2
2982	VA	外出	wàichū	1	1
2983	Nc	外国	wàiguó	23	20
2984	Na	外国语	wàiguóyǔ	13	13
2985	Na	外教	wàijiào	1	1
2986	Ncd	外面	wàimian	20	20
2987	Na	外商	wàishāng	1	1
2988	Nc	外滩	wàitān	3	3
2989	Na	外套	wàitào	28	30
2990	VH	外向	wàixiàng	3	5
2991	Na	外遇	wàiyù	0	1
2992	Na	外国	wàiguó	0	1
2993	VC	玩	wán	45	49
2994	VH	完	wán	7	4
2995	VH	完毕	wánbì	1	1
2996	VC	完成	wánchéng	5	8
2997	VA	玩来玩去	wánláiwánqù	2	2
2998	VH	顽皮	wánpí	1	1

순서	품사	단어	한어병음	통합 수정전	통합 수정후
2999	VH	完全	wánquán	3	2
3000	D	完全	wánquán	12	12
3001	VA	玩儿	wánr	44	48
3002	VA	玩耍	wánshuǎ	2	2
3003	VC	玩玩	wánwan	2	1
3004	Nd	晚	wǎn	18	15
3005	VH	晚	wǎn	34	39
3006	Nf	碗	wǎn	2	2
3007	Na	晚辈	wǎnbèi	1	1
3008	Na	万国	wànguó	1	1
3009	Nd	晚上	wǎnshang	86	89
3010	VK	惋惜	wànxī	1	1
3011	VH	汪汪	wāngwāng	1	1
3012	Na	王朝	wángcháo	1	1
3013	Na	网	wǎng	3	4
3014	P	往	wǎng	22	22
3015	Na	网吧	wǎngbā	3	3
3016	VA	往来	wǎnglái	1	1
3017	D	往往	wǎngwǎng	2	1
3018	VK	忘	wàng	33	30
3019	VK	忘不了	wàngbuliǎo	20	18
3020	VK	忘掉	wàngdiào	2	2
3021	VK	忘光	wàngguāng	1	1
3022	VJ	忘怀	wànghuái	1	3
3023	VK	忘记	wàngjì	11	12
3024	VJ	忘却	wàngquè	1	1
3025	VH	望子成龙	wàngzǐchénglóng	1	1
3026	VH	危险	wēixiǎn	8	8
3027	VJ	维持	wéichí	0	1
3028	Na	围巾	wéijīn	1	1
3029	VHC	为难	wéinán	0	1
3030	Na	微笑	wéixiào	3	3
3031	A	唯一	wéiyī	2	3
3032	Ng	为止	wéizhǐ	1	2
3033	VHC	委屈	wěiqū	1	1
3034	VF	委托	wěituō	1	1
3035	Na	味	wèi	5	4
3036	Nf	位	wèi	37	36
3037	P	为	wèi	38	51
3038	I	喂	wèi	1	1

순서	품사	단어	한어병음	통합 수정전	통합 수정후
3039	Na	味道	wèidào	5	4
3040	P	为了	wèile	38	32
3041	VJ	未满	wèimǎn	1	1
3042	D	未免	wèimiǎn	1	1
3043	Na	味儿	wèir	5	5
3044	D	为什么	wèishénme	28	27
3045	VH	为什么	wèishénme	2	2
3046	Na	卫生	wèishēng	5	6
3047	Na	卫生纸	wèishēngzhǐ	1	1
3048	Na	胃炎	wèiyán	1	1
3049	VCL	位于	wèiyú	2	1
3050	VHC	温暖	wēnnuǎn	2	2
3051	Na	温度	wēndù	3	3
3052	VH	温和	wēnhé	3	1
3053	Nc	温室	wēnshì	1	1
3054	Na	文化	wénhuà	20	20
3055	VH	文静	wénjìng	1	2
3056	Na	文人	wénrén	1	1
3057	Na	文学	wénxué	4	3
3058	Na	文学史	wénxuéshǐ	1	1
3059	Na	文章	wénzhāng	8	10
3060	VHC	稳定	wěndìng	2	2
3061	VE	问	wèn	31	32
3062	VB	问好	wènhǎo	1	1
3063	VE	问清	wènqīng	0	1
3064	Na	问题	wèntí	118	121
3065	D	嗡	wēng	0	1
3066	Nh	我	wǒ	4476	4433
3067	Nc	我国	wǒguó	8	8
3068	Nh	我们	wǒmen	838	861
3069	Nh	我们俩	wǒmenliǎng	17	15
3070	VC	握	wò	0	1
3071	Na	屋	wū	4	6
3072	VH	乌黑	wūhēi	0	1
3073	Na	乌龙茶	Wūlóngchá	1	1
3074	Na	屋子	wūzi	7	8
3075	VJ	无	wú	5	6
3076	Nb	吴	Wú	1	1
3077	VH	无比	wúbǐ	0	1
3078	VH	无边无际	wúbiānwújì	1	1

순서	품사	단어	한어병음	통합	
				수정전	수정후
3079	D	无法	wúfǎ	2	3
3080	VH	无济于事	wújìyúshì	0	1
3081	VH	无间	wújiān	2	2
3082	VI	无可奈何	wúkěnàihé	1	1
3083	VH	无理	wúlǐ	0	1
3084	VH	无聊	wúliáo	5	5
3085	Cbb	无论	wúlùn	3	5
3086	Dk	无论如何	wúlùnrúhé	4	1
3087	VL	无意	wúyì	2	2
3088	Neu	五	wǔ	57	55
3089	VH	五彩缤纷	wǔcǎibīnfēn	0	1
3090	Na	午餐	wǔcān	0	1
3091	Na	舞蹈	wǔdǎo	3	4
3092	Nc	武汉	Wǔhàn	1	1
3093	Na	五花肉	wǔhuāròu	4	4
3094	Nc	五楼	wǔlóu	1	1
3095	VA	午睡	wǔshuì	1	1
3096	Nd	午夜	wǔyè	1	1
3097	D	无缘无故	wúyuánwúgù	1	1
3098	D	勿	wù	1	1
3099	VJ	误	wù	1	2
3100	Na	物价	wùjià	2	2
3101	VC	误解	wùjiě	0	1
3102	Ncd	西	xī	3	2
3103	VC	吸	xī	3	5
3104	Nc	西安	Xī'ān	6	6
3105	Nc	西班牙文系	xībānyáwénxì	1	1
3106	Ncd	西部	xībù	1	1
3107	VH	西方	xīfāng	2	2
3108	VHC	西方化	xīfānghuà	0	1
3109	Na	溪谷	xīgǔ	1	1
3110	Na	西瓜	xīguā	4	4
3111	Nc	西海	Xīhǎi	1	1
3112	VJ	牺牲	xīshēng	1	1
3113	VK	希望	xīwàng	51	62
3114	VA	嬉戏	xīxì	0	2
3115	VA	吸烟	xīyān	6	5
3116	VJ	吸引	xīyǐn	1	1
3117	VJ	吸引住	xīyǐnzhù	1	1
3118	Na	习惯	xíguàn	14	14

순서	품사	단어	한어병음	통합	
				수정전	수정후
3119	VJ	习惯	xíguàn	4	3
3120	Nb	席间	xíjiān	0	1
3121	VC	洗	xǐ	1	1
3122	VK	喜欢	xǐhuan	264	274
3123	VK	喜欢上	xǐhuānshang	0	1
3124	Na	喜剧片	xǐjùpiàn	1	1
3125	VA	洗脸	xǐliǎn	1	1
3126	VA	洗手	xǐshǒu	1	1
3127	VA	洗衣服	xǐyīfu	1	1
3128	Na	喜悦	xǐyuè	0	1
3129	VA	洗澡	xǐzǎo	2	2
3130	VH	细	xì	5	4
3131	Na	戏剧	xìjù	4	4
3132	Na	细雨	xìyǔ	1	1
3133	VH	细致	xìzhì	1	1
3134	VH	瞎	xiā	1	1
3135	Na	峡谷	xiágǔ	2	2
3136	VC	下	xià	70	83
3137	Nes	下	xià	54	56
3138	Ncd	下	xià	6	3
3139	VCL	下	xià	2	4
3140	Ng	下	xià	23	6
3141	Nf	下	xià	1	3
3142	VJ	吓	xià	4	5
3143	VA	下班	xiàbān	5	5
3144	VH	下垂	xiàchuí	1	1
3145	VA	下功夫	xiàgōngfū	1	1
3146	VA	下降	xiàjiàng	0	2
3147	VH	下课	xiàkè	22	23
3148	VH	下苦	xiàkǔ	1	1
3149	VC	下来	xiàlái	4	1
3150	VA	下楼	xiàlóu	1	1
3151	Ncd	下面	xiàmian	5	5
3152	VA	下去	xiaqu	7	5
3153	VH	吓人	xiàrén	3	3
3154	VA	下山	xiàshān	2	2
3155	Nd	夏天	xiàtiān	25	25
3156	VA	下乡	xiàxiāng	0	1
3157	VA	下学	xiàxué	2	2
3158	VA	下雪	xiàxuě	53	43

순서	품사	단어	한어병음	통합	
				수정전	수정후
3159	VA	下雨	xiàyǔ	31	28
3160	Nd	下雨天	xiàyǔtiān	1	1
3161	Nd	下月	xiàyuè	2	1
3162	Di	下来	xialai	0	1
3163	D	先	xiān	54	59
3164	Na	先辈	xiānbèi	1	1
3165	Na	鲜花	xiānhuā	2	3
3166	VH	先进	xiānjìn	1	2
3167	VH	鲜明	xiānmíng	1	1
3168	D	先~然后	xiān~ránhòu	3	2
3169	Na	先生	xiānsheng	6	6
3170	VH	咸	xián	2	1
3171	VH	闲不住	xiánbúzhù	1	1
3172	Na	闲话	xiánhuà	1	1
3173	VK	显	xiǎn	1	1
3174	Nd	现代	xiàndài	2	2
3175	Na	现代人	xiàndàirén	4	4
3176	VJ	羡慕	xiànmù	7	9
3177	VC	献身	xiànshēn	1	1
3178	Na	现实	xiànshí	3	3
3179	Na	线索	xiànsuǒ	1	1
3180	Na	现象	xiànxiàng	6	8
3181	Nd	现在	xiànzài	240	222
3182	VH	香	xiāng	1	2
3183	VH	相爱	xiāngài	2	3
3184	VB	相比	xiāngbǐ	0	1
3185	VA	相处	xiāngchǔ	3	3
3186	VA	相待	xiāngdài	1	1
3187	Dfa	相当	xiāngdāng	13	25
3188	VH	相反	xiāngfǎn	1	1
3189	VI	相干	xiānggān	3	3
3190	Nc	香港	Xiānggǎng	3	3
3191	VH	相互	xiānghù	2	2
3192	Na	香蕉	xiāngjiāo	1	1
3193	Na	香气	xiāngqì	0	1
3194	Na	香肉	xiāngròu	1	1
3195	VH	相似	xiāngsì	2	1
3196	VK	相信	xiāngxìn	14	14
3197	VE	想	xiǎng	257	246
3198	VH	响	xiǎng	3	3

순서	품사	단어	한어병음	통합	
				수정전	수정후
3199	Nf	响	xiǎng	0	1
3200	VE	想不出	xiǎngbuchū	1	1
3201	Dk	想不到	xiǎngbudào	1	1
3202	Na	想法	xiǎngfǎ	12	11
3203	VK	想见	xiǎngjiàn	3	2
3204	VJ	想尽	xiǎngjìn	1	1
3205	VJ	想念	xiǎngniàn	8	7
3206	VE	想起	xiǎngqǐ	18	28
3207	VJ	享受	xiǎngshòu	6	5
3208	Na	想像	xiǎngxiàng	7	4
3209	VK	想像	xiǎngxiàng	0	2
3210	VE	想像	xiǎngxiàng	0	1
3211	VE	想要	xiǎngyào	6	9
3212	VJ	享受到	xiǎngshòudào	0	1
3213	P	像	xiàng	10	14
3214	VG	像	xiàng	20	26
3215	VG	象	xiàng	1	2
3216	Nf	项	xiàng	4	4
3217	P	向	xiàng	43	47
3218	Na	相机	xiàngjī	9	12
3219	Na	相框	xiàngkuàng	1	1
3220	Na	相貌	xiàngmào	3	3
3221	Na	项目	xiàngmù	2	2
3222	Na	相片	xiàngpiàn	1	2
3223	VK	向往	xiàngwǎng	0	1
3224	VK	象征	xiàngzhēng	0	2
3225	VH	消沉	xiāochén	1	1
3226	VA	消费	xiāofèi	1	1
3227	VA	消失	xiāoshī	3	3
3228	Na	消息	xiāoxi	44	46
3229	VH	小	xiǎo	54	52
3230	Na	小吃	xiǎochī	3	3
3231	Nb	小哥	xiǎogē	2	2
3232	Na	小狗	xiǎogǒu	16	16
3233	Na	小姑娘	xiǎogūniang	1	1
3234	Na	小孩子	xiǎoháizi	10	9
3235	Na	小伙子	xiǎohuǒzi	2	2
3236	Na	小姐	xiǎojie	6	5
3237	Nb	小李	Xiǎolǐ	3	3
3238	Na	小路	xiǎolù	1	1

순서	품사	단어	한어병음	통합	
				수정전	수정후
3239	Na	小猫	xiǎomāo	1	2
3240	Na	小时	xiǎoshí	64	64
3241	Nd	小时候	xiǎoshíhou	20	13
3242	Na	小说	xiǎoshuō	7	7
3243	Na	小提琴	xiǎotíqín	1	1
3244	Na	小偷	xiǎotōu	12	12
3245	Na	小偷儿	xiǎotōur	2	2
3246	Nb	小王	Xiǎowáng	3	3
3247	Nc	小溪	xiǎoxī	1	1
3248	VH	小小	xiǎoxiǎo	4	4
3249	VK	小心	xiǎoxīn	9	10
3250	Nc	小学	xiǎoxué	11	12
3251	Na	小学生	xiǎoxuéshēng	4	7
3252	Nb	小张	Xiǎozhāng	2	2
3253	Na	小组	xiǎozǔ	2	2
3254	VA	笑	xiào	17	14
3255	Na	效果	xiàoguǒ	1	3
3256	Na	笑话	xiàohua	1	1
3257	VC	孝敬	xiàojìng	3	3
3258	Na	校门	xiàomén	2	2
3259	VJ	孝顺	xiàoshùn	0	1
3260	Na	校长	xiàozhǎng	1	1
3261	Dfb	些	xiē	1	2
3262	Nf	些	xiē	11	9
3263	VA	歇	xiē	1	1
3264	VH	协	xié	0	1
3265	Na	鞋带	xiédài	29	29
3266	Nc	鞋店	xiédiàn	1	1
3267	VC	写	xiě	21	19
3268	VC	写出	xiěchū	0	1
3269	VC	写好	xiěhǎo	2	2
3270	VC	写完	xiěwán	7	7
3271	VA	写字	xiězì	1	1
3272	VC	写作	xiězuò	1	1
3273	VJ	谢	xiè	8	7
3274	VA	泻下来	xièxialai	1	1
3275	VB	写下来	xièxialai	0	1
3276	VJ	谢谢	xièxie	7	6
3277	VA	写信	xiěxìn	4	2
3278	VH	新	xīn	29	31

순서	품사	단어	한어병음	통합	
				수정전	수정후
3279	Na	心	xīn	14	17
3280	A	心爱	xīnài	1	1
3281	Na	心地	xīndì	1	3
3282	Na	心扉	xīnfēi	1	1
3283	Na	新家	xīnjiā	5	6
3284	VHC	辛苦	xīnkǔ	12	11
3285	VA	新来	xīnlái	3	3
3286	VH	辛劳	xīnláo	1	1
3287	Nc	心目中	xīnmùzhōng	3	2
3288	Nd	新年	xīnnián	3	3
3289	VH	辛勤	xīnqín	0	1
3290	Na	心情	xīnqíng	37	35
3291	VJ	欣赏	xīnshǎng	3	5
3292	VH	心神不宁	xīnshénbùníng	0	1
3293	Na	新生	xīnshēng	4	4
3294	VH	心酸	xīnsuān	0	1
3295	Na	心意	xīnyì	2	3
3296	VK	信	xìn	21	19
3297	Na	信	xìn	24	25
3298	Na	信封	xìnfēng	3	3
3299	VJ	信任	xìnrèn	2	2
3300	Na	信箱	xìnxiāng	1	1
3301	Na	信仰	xìnyǎng	3	4
3302	Nf	星期	xīngqī	9	7
3303	Na	星期	xīngqī	25	27
3304	Nd	星期六	xīngqīliù	20	21
3305	Nd	星期天	xīngqītiān	33	32
3306	Nd	星期五	xīngqíwǔ	11	10
3307	Na	星星	xīngxing	1	1
3308	Na	行	xíng	79	33
3309	VA	行	xíng	41	84
3310	Na	型	xíng	3	4
3311	D	行不行	xíngbuxíng	1	0
3312	VA	行动	xíngdòng	5	5
3313	Na	行动	xíngdòng	11	6
3314	VB	行礼	xínglǐ	2	1
3315	Na	行李	xínglǐ	13	14
3316	VE	形容	xíngróng	0	1
3317	Na	形容	xíngróng	2	2
3318	VA	行事	xíngshì	0	2

순서	품사	단어	한어병음	통합	
				수정전	수정후
3319	VA	醒	xǐng	2	1
3320	VH	醒来	xǐnglái	0	1
3321	VH	幸福	xìngfú	60	58
3322	Na	幸福	xìngfú	1	1
3323	VH	兴高采烈	xìnggāocǎiliè	1	1
3324	Na	性格	xìnggé	91	87
3325	D	幸好	xìnghǎo	0	1
3326	Na	兴趣	xìngqù	6	7
3327	VH	兴致勃勃	xìngzhìbóbó	1	1
3328	Na	熊	xióng	2	1
3329	VC	修	xiū	2	3
3330	VC	休	xiū	0	2
3331	VH	羞答答	xiūdādā	2	2
3332	VC	修好	xiūhǎo	1	1
3333	Na	修配车	xiūpèichē	1	1
3334	VA	休息	xiūxi	32	32
3335	VA	休学	xiūxué	7	7
3336	VH	秀丽	xiùlì	0	1
3337	VC	修理	xiūlǐ	4	4
3338	VK	需	xū	0	2
3339	VJ	虚度	xūdù	0	1
3340	VH	虚弱	xūruò	2	3
3341	VK	需要	xūyào	18	25
3342	D	须要	xūyào	4	6
3343	VA	虚张声势	xūzhāngshēngshì	1	1
3344	Neqa	许多	xǔduō	14	15
3345	Na	宣传画	xuānchuánhuà	3	3
3346	VA	喧哗	xuānhu	1	1
3347	Na	轩然大波	xuānrándàpō	1	1
3348	VC	选	xuǎn	6	7
3349	Na	选举	xuǎnjǔ	1	1
3350	Na	选手	xuǎnshǒu	2	2
3351	VC	选择	xuǎnzé	1	4
3352	Na	选择	xuǎnzé	6	4
3353	VC	学	xué	116	102
3354	VH	学成	xuéchéng	0	1
3355	VC	学得	xuéde	0	2
3356	Na	学弟	xuédì	1	1
3357	VC	学好	xuéhǎo	13	21
3358	VC	学会	xuéhuì	4	5

순서	품사	단어	한어병음	통합	
				수정전	수정후
3359	Na	学科	xuékē	4	2
3360	Na	学妹	xuémèi	2	1
3361	Na	学期	xuéqī	12	12
3362	Na	学生	xuésheng	140	137
3363	Na	学术	xuéshù	2	0
3364	VC	学习	xuéxí	334	339
3365	Nc	学校	xuéxiào	223	204
3366	Nc	学院	xuéyuàn	9	9
3367	Na	学者	xuézhě	1	1
3368	Na	雪	xuě	87	96
3369	VH	雪白	xuěbái	1	1
3370	Na	雪碧	xuěbì	1	1
3371	Na	雪地	xuědì	0	1
3372	Na	雪景	xuějǐng	3	6
3373	Na	雪人	xuěrén	5	6
3374	Na	雪仗	xuězhàng	2	4
3375	Na	血型	xuèxíng	8	8
3376	Na	训练	xùnliàn	3	3
3377	VH	迅速	xùnsù	1	1
3378	Na	押金费	yājīnfèi	0	1
3379	Na	压力	yālì	4	4
3380	Na	压岁钱	yāsuìqián	1	2
3381	Na	牙齿	yáchǐ	3	3
3382	VH	牙疼	yáténg	1	1
3383	VH	雅	yǎ	2	2
3384	T	呀	ya	17	13
3385	Na	烟	yān	1	0
3386	Na	烟花	yānhuā	1	1
3387	Na	腌制	yānzhì	0	1
3388	VH	严格	yángé	8	7
3389	VA	研究	yánjiū	0	1
3390	VC	研究	yánjiū	33	35
3391	Na	研究生	yánjiūshēng	4	1
3392	Nc	研究所	yánjiūsuǒ	3	3
3393	Na	研究员	yánjiūyuán	2	1
3394	VH	炎热	yánrè	1	1
3395	Na	颜色	yánsè	6	6
3396	Na	岩石	yánshí	1	1
3397	Na	癌症	yánzhèng	0	1
3398	VH	严重	yánzhòng	8	9

순서	품사	단어	한어병음	통합	
				수정전	수정후
3399	Nf	眼	yǎn	2	1
3400	Na	演唱会	yǎnchànghuì	1	1
3401	Na	眼光	yǎnguāng	1	1
3402	Na	演讲	yǎnjiǎng	2	2
3403	Na	眼镜	yǎnjìng	1	1
3404	Na	眼睛	yǎnjīng	13	10
3405	Na	眼泪	yǎnlèi	11	10
3406	Nc	眼前	yǎnqián	6	5
3407	Na	眼圈儿	yǎnquānr	1	1
3408	Na	演员	yǎnyuán	12	13
3409	VK	厌烦	yànfán	1	1
3410	Na	宴会	yànhuì	4	4
3411	VJ	厌倦	yànjuàn	1	1
3412	VJ	厌弃	yànqì	1	1
3413	VC	养	yǎng	20	21
3414	Na	养花	yǎnghuā	2	2
3415	Nf	样	yàng	10	7
3416	Na	样式	yàngshì	41	37
3417	Na	样子	yàngzi	27	16
3418	VC	要	yāo	10	5
3419	Na	腰	yāo	8	5
3420	Na	要求	yāoqiú	6	5
3421	VF	要求	yāoqiú	3	3
3422	VAC	摇	yáo	1	1
3423	VAC	摇晃	yáohuàng	1	1
3424	VA	摇橹	yáolǔ	1	1
3425	VH	遥远	yáoyuǎn	0	1
3426	VC	咬	yǎo	2	2
3427	VA	咬牙	yǎoyá	1	1
3428	Na	药	yào	10	10
3429	D	要	yào	300	331
3430	Cbb	要不	yàobù	1	1
3431	Cbb	要不然	yàobùrán	2	3
3432	D	要不要	yàobúyào	1	1
3433	VH	要好	yàohǎo	1	1
3434	VH	要命	yàomìng	6	5
3435	Na	钥匙	yàoshi	4	4
3436	Cbb	要是	yàoshì	41	36
3437	VH	耀眼	yàoyǎn	1	1
3438	Nb	耶稣基督	Yēsūjīdū	2	2

순서	품사	단어	한어병음	통합	
				수정전	수정후
3439	Na	爷爷	yéye	15	15
3440	D	也	yě	314	337
3441	Dk	也就是说	yějiùshìshuō	1	1
3442	VH	野蛮	yěmán	1	1
3443	D	也许	yěxǔ	4	6
3444	VA	野营	yěyíng	1	1
3445	Na	野猪	yězhū	0	1
3446	Na	业	yè	89	89
3447	Nf	页	yè	2	3
3448	Na	夜景	yèjǐng	1	5
3449	VH	夜深	yèshēn	1	1
3450	Nd	夜晚	yèwǎn	2	2
3451	P	依	yī	18	18
3452	Neu	一	yī	630	616
3453	D	一	yī	55	43
3454	Nd	一点	yīdiǎn	21	16
3455	Neu	一百	yībǎi	5	5
3456	Na	衣服	yīfu	77	75
3457	Na	依据	yījù	1	1
3458	VK	依赖	yīlài	1	1
3459	D	依然	yīrán	1	1
3460	Na	医生	yīshēng	9	8
3461	D	一一	yīyī	1	1
3462	VH	依依不舍	yīyībùshě	0	1
3463	Nc	医院	yīyuàn	18	20
3464	Neqa	一半	yíbàn	1	1
3465	Na	遗产	yíchǎn	1	1
3466	Nd	一大早	yídàzǎo	1	1
3467	A	一定	yídìng	6	4
3468	D	一定	yídìng	105	109
3469	VAC	移动	yídòng	1	2
3470	Nc	一段	yíduàn	8	7
3471	Da	一共	yígòng	8	10
3472	A	一贯	yíguàn	1	1
3473	VK	遗憾	yíhàn	2	3
3474	Nd	一会儿	yíhuìr	17	15
3475	Na	遗迹	yíjì	1	1
3476	VH	遗迹	yíkuàir	1	1
3477	D	一块儿	yíkuàir	1	1
3478	D	一路	yílù	1	2

순서	품사	단어	한어병음	통합	
				수정전	수정후
3479	D	一面	yímiàn	1	1
3480	D	一面	yímiàn	1	1
3481	Neqa	一切	yíqiè	3	2
3482	Na	仪式	yíshì	1	2
3483	Nd	一下	yíxià	61	64
3484	D	一向	yíxiàng	2	3
3485	VH	一样	yíyàng	90	84
3486	Ng	一样	yíyàng	7	5
3487	D	一再	yízài	1	1
3488	Nd	一阵	yízhèn	0	1
3489	P	以	yǐ	10	13
3490	Nd	以后	yǐhòu	59	53
3491	Ng	以后	yǐhòu	169	164
3492	Cbb	以及	yǐjí	1	1
3493	D	已经	yǐjīng	131	132
3494	Ng	以内	yǐnèi	1	1
3495	D	一般	yìbān	8	9
3496	Ng	以来	yǐlái	3	1
3497	Nd	以前	yǐqián	73	68
3498	Ng	以前	yǐqián	17	18
3499	VA	以身作则	yǐshēnzuòzé	1	1
3500	Ng	以外	yǐwài	25	25
3501	VE	以为	yǐwéi	49	50
3502	Ng	以下	yǐxià	3	2
3503	Na	椅子	yǐzi	4	4
3504	A	一般	yìbān	6	7
3505	Dk	一般来说	yìbānláishuō	1	2
3506	Na	一般人	yìbānrén	2	2
3507	A	易爆	yìbào	1	1
3508	D	一边	yìbiān~yìbiān	35	31
3509	VG	译成	yìchéng	9	10
3510	Neqa	一点点	yìdiǎndiǎn	1	1
3511	Neqa	一点儿	yìdiǎnr	83	63
3512	Neqa	一朵朵	yìduǒduǒ	0	1
3513	Na	异国	yìguó	1	1
3514	Na	意见	yìjiàn	13	12
3515	D	一口	yìkǒu	1	2
3516	Nc	一楼	yìlóu	1	1
3517	Neqa	一排排	yìpáipái	2	1
3518	D	一起	yìqǐ	239	254

순서	품사	단어	한어병음	통합 수정전	통합 수정후
3519	A	易燃	yìrán	0	1
3520	Na	一生	yìshēng	3	4
3521	Neqa	一声声	yìshēngshēng	1	1
3522	Na	艺术	yìshù	3	3
3523	Na	意思	yìsi	18	17
3524	VK	意味	yìwèi	3	2
3525	VK	意想不到	yìxiǎngbúdào	0	1
3526	Neqa	一些	yìxiē	18	18
3527	VH	一言既出	yìyánjìchū	1	1
3528	Na	异样	yìyàng	0	1
3529	D	一语	yìyǔ	1	1
3530	Na	议员	yìyuán	1	2
3531	D	一直	yìzhí	90	99
3532	Na	意中人	yìzhōngrén	1	1
3533	D	一转眼	yìzhuǎnyǎn	1	2
3534	Cbb	因	yīn	4	5
3535	P	因	yīn	2	4
3536	Cbb	因此	yīncǐ	9	11
3537	Na	阴历	yīnlì	1	1
3538	Cbb	因为	yīnwèi	192	194
3539	Na	音乐会	yīnyuèhuì	2	2
3540	Nc	银行	yínháng	10	10
3541	Na	饮料	yǐnliào	7	7
3542	VC	引起	yǐnqǐ	3	3
3543	Na	饮食	yǐnshí	4	2
3544	Na	印象	yìnxiàng	16	18
3545	D	应当	yīngdāng	1	1
3546	D	应该	yīnggāi	68	72
3547	VH	应该	yīnggāi	2	2
3548	Nc	英国	Yīngguó	5	5
3549	Na	婴儿	yīng'ér	2	1
3550	Na	英文	yīngwén	4	5
3551	Na	英语	yīngyǔ	44	44
3552	Nc	英语系	yīngyǔxì	1	1
3553	VD	赢	yíng	8	8
3554	Na	迎春花	Yíngchūnhuā	1	1
3555	VC	迎接	yíngjiē	1	2
3556	VC	营造	yíngzào	0	2
3557	Na	影响	yǐngxiǎng	2	2
3558	VC	影响	yǐngxiǎng	3	3

순서	품사	단어	한어병음	통합	
				수정전	수정후
3559	D	硬	yìng	1	1
3560	VH	映	yìng	0	1
3561	VA	应考	yìngkǎo	0	1
3562	Na	硬座	yìngzuò	1	2
3563	VH	拥挤	yōngjǐ	0	1
3564	VJ	拥有	yōngyǒu	2	5
3565	VH	勇敢	yǒnggǎn	2	2
3566	Na	勇气	yǒngqì	55	55
3567	VH	永生	yǒngshēng	0	1
3568	D	永远	yǒngyuǎn	10	12
3569	VC	用	yòng	20	19
3570	P	用	yòng	15	20
3571	VH	用功	yònggōng	13	7
3572	Na	用户	yònghù	1	1
3573	VL	用来	yònglái	0	1
3574	Na	用品	yòngpǐn	1	1
3575	VI	用情	yòngqíng	1	1
3576	VH	悠久	yōujiǔ	1	1
3577	Nc	邮局	yóujú	4	4
3578	VK	忧虑	yōulǜ	3	3
3579	VH	优美	yōuměi	0	1
3580	VH	幽默	yōumò	2	1
3581	Na	幽默感	yōumògǎn	1	2
3582	Na	优缺点	yōuquēdiǎn	0	1
3583	VH	优秀	yōuxiù	3	5
3584	VH	忧郁	yōuyù	2	2
3585	Na	油	yóu	1	1
3586	VA	游	yóu	11	13
3587	P	由	yóu	4	7
3588	VA	游来游去	yóuláiyóuqù	1	1
3589	VCL	游览	yóulǎn	6	4
3590	Nc	游乐场	yóulèchǎng	1	1
3591	Na	邮票	yóupiào	6	7
3592	D	尤其	yóuqí	8	3
3593	VH	游手好闲	yóushǒuhàoxián	1	1
3594	Na	油条	yóutiáo	1	0
3595	VA	游玩	yóuwán	0	1
3596	Na	游戏	yóuxì	11	12
3597	Nc	游戏室	yóuxìshì	1	1
3598	VA	游行	yóuxíng	3	3

순서	품사	단어	한어병음	통합	
				수정전	수정후
3599	VA	游泳	yóuyǒng	25	22
3600	Nc	游泳池	yóuyǒngchí	6	6
3601	Na	游泳课	yóuyǒngkè	0	1
3602	Na	游泳衣	yóuyǒngyī	0	1
3603	Cbb	由于	yóuyú	16	20
3604	VK	犹豫	yóuyù	1	1
3605	V_2	有	yǒu	627	601
3606	VH	有空	yǒukòng	2	2
3607	Dfa	有点	yǒudiǎn	11	22
3608	Dfa	有点儿	yǒudiǎnr	83	88
3609	VJ	有关	yǒuguān	3	4
3610	P	有关	yǒuguān	2	3
3611	VHC	有害	yǒuhài	2	4
3612	D	有没有	yǒuméiyǒu	7	7
3613	VH	有名	yǒumíng	12	13
3614	VH	有气无力	yǒuqìwúlì	0	1
3615	VH	有趣	yǒuqù	5	3
3616	VH	友善	yǒushàn	0	1
3617	D	有时	yǒushí	10	8
3618	D	有时候	yǒushíhou	10	9
3619	VH	有事	yǒushì	14	10
3620	VJ	有所	yǒusuǒ	0	1
3621	VH	有效	yǒuxiào	1	1
3622	Na	有心人	yǒuxīnrén	1	1
3623	Na	友谊	yǒuyí	8	8
3624	VJ	有益	yǒuyì	2	2
3625	Dfa	有一点点	yǒuyìdiǎndiǎn	2	1
3626	VH	有意思	yǒuyìsi	48	43
3627	VJ	有益于	yǒuyìyú	0	1
3628	D	又	yòu	52	60
3629	Caa	又	yòu	12	7
3630	Ncd	右	yòu	5	5
3631	Nc	幼儿园	yòuéryuán	2	2
3632	VC	诱拐	yòuguǎi	2	2
3633	Na	幼年	yòunián	1	1
3634	Na	鱼	yú	3	3
3635	P	于	yú	32	34
3636	Caa	与	yú	6	10
3637	Na	余地	yúdì	3	2
3638	VA	愚公移山	yúgōngyíshān	1	1

순서	품사	단어	한어병음	통합	
				수정전	수정후
3639	VH	愉快	yúkuài	23	24
3640	Cbb	于是	yúshì	5	7
3641	Nf	元	yuán	11	9
3642	Na	缘故	yuángù	3	5
3643	D	原来	yuánlái	41	36
3644	A	原来	yuánlái	2	3
3645	VJ	原谅	yuánliàng	2	3
3646	Na	原因	yuányīn	18	15
3647	VH	圆圆	yuányuán	0	3
3648	Na	圆月	yuányuè	1	1
3649	P	与	yǔ	0	3
3650	Na	雨	yǔ	13	13
3651	Na	语法	yǔfǎ	4	4
3652	Na	雨伞	yǔsǎn	9	9
3653	Na	语序	yǔxù	1	1
3654	Na	语言	yǔyán	5	8
3655	VH	远	yuǎn	34	32
3656	VH	远不远	yuǎnbuyuǎn	3	3
3657	VH	远远	yuǎnyuǎn	1	1
3658	VA	远足	yuǎnzú	1	1
3659	VK	愿	yuàn	5	3
3660	Na	愿望	yuànwàng	4	4
3661	VK	愿意	yuànyi	27	14
3662	Na	院子	yuànzi	1	2
3663	Na	预报	yùbào	7	7
3664	Na	预测	yùcè	2	2
3665	VE	预测到	yùcèdào	1	1
3666	Nc	浴场	yùchǎng	1	1
3667	VC	遇到	yùdào	5	10
3668	VC	预订	yùdìng	1	1
3669	Na	预期	yùqí	0	2
3670	VC	预习	yùxí	4	4
3671	Da	约	yuē	3	10
3672	VE	约好	yuēhǎo	6	11
3673	Na	约会	yuēhuì	64	48
3674	Na	月	yuè	50	51
3675	Na	月饼	yuèbǐng	1	1
3676	Nd	月初	yuèchū	1	1
3677	Nd	月底	yuèdǐ	1	1
3678	VH	悦耳	yuè'ěr	1	1

순서	품사	단어	한어병음	통합	
				수정전	수정후
3679	Na	月份	yuèfèn	3	7
3680	Dfa	越来越	yuèláiyuè	60	54
3681	Na	乐曲	yuèqǔ	2	2
3682	VH	晕倒	yūndǎo	1	1
3683	VC	熨	yùn	1	1
3684	VA	运动	yùndòng	48	49
3685	Na	运气	yùnqì	1	2
3686	Na	运营	yùnyíng	4	1
3687	VC	砸碎	zásuì	0	1
3688	Na	杂志	zázhì	1	1
3689	VC	栽培	zāipéi	1	2
3690	D	再	zài	140	154
3691	P	在	zài	744	701
3692	VCL	在	zài	69	76
3693	D	在	zài	1	7
3694	D	再次	zàicì	2	2
3695	VK	在乎	zàihu	2	2
3696	VB	再见	zàijiàn	3	3
3697	D	再一次	zàiyícì	3	2
3698	VH	在一块儿	zàiyíkuàir	1	1
3699	VH	在一起	zàiyìqǐ	27	34
3700	VK	在于	zàiyú	4	3
3701	Nh	咱们	zánmen	25	24
3702	Nh	咱们俩	zánmenliǎ	4	3
3703	VK	赞成	zànchéng	4	4
3704	VJ	赞同	zàntóng	0	1
3705	Na	葬礼	zànglǐ	1	1
3706	D	早	zǎo	26	26
3707	Na	澡	zǎo	0	1
3708	VH	早	zǎo	24	21
3709	Nd	早晨	zǎochén	8	4
3710	Na	早饭	zǎofàn	3	3
3711	Na	枣儿	zǎor	1	1
3712	D	早日	zǎorì	1	1
3713	Nd	早上	zǎoshang	57	58
3714	Nc	早市	zǎoshì	1	1
3715	VA	早睡早起	zǎoshuìzǎoqǐ	2	2
3716	D	早些	zǎoxiē	1	1
3717	VH	早早	zǎozǎo	1	1
3718	D	早早	zǎozǎo	0	1

순서	품사	단어	한어병음	통합	
				수정전	수정후
3719	VK	造成	zàochéng	1	1
3720	VG	造成	zàochéng	3	1
3721	Na	造景	zàojǐng	1	2
3722	VA	造句	zàojù	1	2
3723	VC	责备	zébèi	1	2
3724	VC	责怪	zéguài	1	1
3725	VC	责骂	zémà	0	1
3726	Na	责任感	zérèngǎn	2	1
3727	VH	怎么	zěnme	2	2
3728	D	怎么	zěnme	50	46
3729	VH	怎么样	zěnmeyàng	68	65
3730	D	怎样	zěnyàng	4	3
3731	VHC	增多	zēngduō	2	2
3732	Na	增肥	zēngféi	0	1
3733	VHC	增加	zēngjiā	5	5
3734	VHC	增长	zēngzhǎng	1	2
3735	VD	赠	zèng	3	3
3736	Na	炸鸡	zhájī	2	2
3737	VB	摘下来	zhāixialai	1	2
3738	VA	站	zhàn	11	19
3739	Na	战船	zhànchuán	1	1
3740	VA	战斗	zhàndòu	1	1
3741	D	暂时	zhànshí	1	1
3742	A	暂时	zhànshí	1	1
3743	Nf	张	zhāng	7	8
3744	VH	长大	zhǎngdà	13	12
3745	VH	长胖	zhǎngpàng	2	2
3746	Na	丈夫	zhàngfu	12	12
3747	Na	帐蓬	zhàngpéng	2	1
3748	VC	招待	zhāodài	30	33
3749	VC	招聘	zhāopìn	1	1
3750	VH	着急	zháojí	9	8
3751	VI	着想	zháoxiǎng	0	1
3752	VC	找	zhǎo	57	63
3753	VC	找到	zhǎodào	24	29
3754	VC	找回	zhǎohuí	3	3
3755	VC	照	zhào	2	8
3756	VC	照顾	zhàogù	12	13
3757	VC	召开	zhàokāi	2	2
3758	Na	照片	zhàopiàn	16	14

순서	품사	단어	한어병음	통합	
				수정전	수정후
3759	VB	照相	zhàoxiàng	4	5
3760	Na	照相机	zhàoxiàngjī	3	3
3761	VC	折	zhé	2	2
3762	Nep	这	zhè	732	716
3763	Ncd	这里	zhèlǐ	9	10
3764	D	这么	zhème	31	31
3765	Neqa	这么多	zhèmeduō	11	12
3766	Ncd	这儿	zhèr	21	18
3767	Nd	这时	zhèshí	7	5
3768	Neqa	这些	zhèxiē	12	14
3769	Nep	这样	zhèyàng	5	6
3770	Dfa	这样	zhèyàng	9	4
3771	VH	这样	zhèyàng	43	47
3772	Di	着	zhe	141	157
3773	D	真	zhēn	132	95
3774	VH	真	zhēn	1	4
3775	VJ	珍爱	zhēnài	1	1
3776	D	真的	zhēnde	20	20
3777	P	针对	zhēnduì	3	1
3778	VH	珍贵	zhēnguì	2	3
3779	VH	真实	zhēnshí	2	2
3780	VG	真是	zhēnshì	13	13
3781	D	真是	zhēnshì	3	13
3782	VH	真是	zhēnshì	0	1
3783	A	真正的	zhēnzhèngde	0	1
3784	VJ	珍惜	zhēnxī	0	1
3785	VB	诊病	zhěnbìng	1	1
3786	VC	挣	zhēng	2	2
3787	VA	争吵	zhēngchǎo	1	1
3788	Neqa	整	zhěng	3	4
3789	VC	整	zhěng	8	9
3790	VC	整理	zhěnglǐ	1	2
3791	Nd	整天	zhěngtiān	7	2
3792	VC	争	zhèng	1	2
3793	D	正	zhèng	10	15
3794	Na	政策	zhèngcè	1	1
3795	Na	政府	zhèngfǔ	7	7
3796	Da	正好	zhènghǎo	5	6
3797	VH	正好	zhènghǎo	1	1
3798	VH	正经	zhèngjīng	1	1

순서	품사	단어	한어병음	통합 수정전	통합 수정후
3799	Na	正门	zhèngmén	2	1
3800	D	正面	zhèngmian	0	1
3801	VA	挣钱	zhèngqián	1	1
3802	VH	正式	zhèngshì	5	5
3803	D	正在	zhèngzài	40	42
3804	Na	症状	zhèngzhuàng	1	2
3805	De	之	zhī	11	16
3806	VK	知	zhī	7	4
3807	VK	知不知道	zhībuzhīdào	2	2
3808	VK	知道	zhīdào	146	138
3809	Ng	之后	zhīhòu	5	9
3810	Nd	之后	zhīhòu	7	12
3811	Nd	之间	zhījiān	4	3
3812	Ncd	之间	zhījiān	1	1
3813	Ng	之间	zhījiān	20	18
3814	Na	知了	zhīliǎo	1	1
3815	Ng	之内	zhīnèi	2	2
3816	Ng	之前	zhīqián	5	6
3817	Na	知识	zhīshi	3	3
3818	Cbb	之所以	zhīsuǒyǐ	4	4
3819	Ng	之下	zhīxià	1	1
3820	A	知心	zhīxīn	2	3
3821	Na	枝子	zhīzi	1	1
3822	VJ	值	zhí	2	2
3823	P	值	zhí	0	2
3824	P	直到	zhídào	4	4
3825	VH	值得	zhíde	5	5
3826	VH	直接	zhíjiē	3	2
3827	Na	侄女	zhínǚ	6	6
3828	Na	职位	zhíwèi	2	2
3829	Nc	植物园	zhíwùyuán	2	2
3830	Na	职业	zhíyè	7	4
3831	Na	执照	zhízhào	3	2
3832	Na	侄子	zhízi	3	3
3833	Na	纸	zhǐ	1	1
3834	Da	只	zhǐ	57	62
3835	Nf	只	zhǐ	12	18
3836	VC	指导	zhǐdǎo	1	1
3837	D	只得	zhǐděi	0	1
3838	D	只好	zhǐhǎo	4	11

순서	품사	단어	한어병음	통합	
				수정전	수정후
3839	Na	指挥	zhǐhuī	0	1
3840	Cbb	只要	zhǐyào	21	16
3841	VJ	只有	zhǐyǒu	6	2
3842	Cbb	只有	zhǐyǒu	2	6
3843	D	只有	zhǐyǒu	17	18
3844	VC	指责	zhǐzé	1	1
3845	P	至	zhì	1	1
3846	VB	治病	zhìbìng	0	1
3847	VC	治好	zhìhǎo	0	1
3848	D	至今	zhìjīn	3	3
3849	VA	制药	zhìyào	1	1
3850	D	终	zhōng	3	8
3851	Nd	钟	zhōng	1	2
3852	Ng	中	zhōng	61	51
3853	Ncd	中	zhōng	0	3
3854	Na	中餐	zhōngcān	0	1
3855	Na	中饭	zhōngfàn	1	1
3856	Nc	中国	Zhōngguó	336	329
3857	Na	中国菜	Zhōngguócài	6	7
3858	Na	中国人	Zhōngguórén	52	53
3859	Na	中级	zhōngjí	2	2
3860	Ncd	中间	zhōngjiān	1	1
3861	Na	中介人	zhōngjièrén	1	1
3862	Na	中年	zhōngnián	1	2
3863	Nd	中秋	Zhōngqiū	0	2
3864	Nd	中秋节	Zhōngqiūjié	16	16
3865	VH	忠实	zhōngshí	1	1
3866	Na	中文	zhōngwén	14	15
3867	Nc	中文系	zhōngwénxì	21	25
3868	D	衷心	zhōngxīn	1	1
3869	Nc	中学	zhōngxué	9	6
3870	Na	中学生	zhōngxuéshēng	6	3
3871	VL	终于	zhōngyú	4	2
3872	Na	中语	zhōngyǔ	1	1
3873	D	终于	zhōngyú	16	22
3874	Na	种类	zhǒnglèi	2	2
3875	VH	重	zhòng	43	45
3876	Nf	种	zhòng	60	63
3877	VJ	重视	zhòngshì	7	7
3878	VA	种田	zhòngtián	1	2

순서	품사	단어	한어병음	통합	
				수정전	수정후
3879	VH	重要	zhòngyào	49	47
3880	Na	重要性	zhòngyàoxìng	1	2
3881	Nf	周	zhōu	4	6
3882	VH	周到	zhōudào	4	4
3883	Nd	周末	zhōumò	24	25
3884	Nc	周围	zhōuwéi	13	12
3885	Na	皱纹	zhòuwén	1	0
3886	Na	猪肉	zhūròu	2	2
3887	Na	猪血	zhūxiě	1	1
3888	D	逐渐	zhújiàn	5	5
3889	Na	助教	zhùjiào	1	1
3890	Na	主妇	zhǔfù	1	1
3891	Na	主任	zhǔrèn	1	1
3892	Na	主席	zhǔxí	1	1
3893	D	主要	zhǔyào	1	3
3894	VH	主要	zhǔyào	1	1
3895	Na	主意	zhǔyì	2	1
3896	VK	主意	zhǔyì	0	1
3897	Na	主义	zhǔyì	1	2
3898	Na	主张	zhǔzhāng	16	10
3899	VE	主张	zhǔzhāng	22	26
3900	VC	住	zhù	6	7
3901	VE	祝	zhù	6	6
3902	Nc	住处	zhùchù	4	3
3903	VC	祝贺	zhùhè	2	2
3904	VH	著名	zhùmíng	1	1
3905	VA	助兴	zhùxìng	1	1
3906	VK	注意	zhùyì	42	41
3907	VK	注意到	zhùyìdào	2	2
3908	Na	注意力	zhùyìlì	1	1
3909	VA	住院	zhùyuàn	6	5
3910	VCL	住在	zhùzài	49	54
3911	Na	柱子	zhùzi	1	1
3912	VC	抓住	zhuāzhù	2	2
3913	Na	砖	zhuān	2	2
3914	Na	专家	zhuānjiā	31	29
3915	VH	专门	zhuānmén	2	1
3916	Na	专业	zhuānyè	10	13
3917	Na	专业课	zhuānyèkè	0	1
3918	VAC	转	zhuǎn	1	1

순서	품사	단어	한어병음	통합	
				수정전	수정후
3919	VH	转凉	zhuǎnliáng	0	1
3920	VA	转学	zhuǎnxué	0	1
3921	VC	赚	zhuàn	1	1
3922	VA	转来转去	zhuànláizhuànqù	1	1
3923	VA	赚钱	zhuànqián	2	1
3924	VC	撞倒	zhuàngdǎo	4	4
3925	VC	撞断	zhuàngduàn	1	1
3926	VH	壮观	zhuàngguān	1	1
3927	Na	状况	zhuàngkuàng	5	6
3928	VC	撞伤	zhuàngshāng	5	5
3929	Na	装饰	zhuāngshì	1	1
3930	VC	追	zhuī	1	1
3931	VC	追求	zhuīqiú	3	1
3932	VC	追随	zhuīsuí	1	1
3933	Na	坠石	zhuìshí	0	1
3934	D	准	zhǔn	1	1
3935	VF	准备	zhǔnbèi	2	3
3936	VC	准备	zhǔnbèi	33	36
3937	VC	准备好	zhǔnbèihǎo	3	7
3938	VH	准确	zhǔnquè	0	1
3939	Na	桌子	zhuōzi	22	22
3940	Na	资格证	zīgézhèng	0	3
3941	Na	资料	zīliào	2	1
3942	Na	姿势	zīshì	2	2
3943	Na	滋味儿	zīwèir	1	1
3944	Na	紫菜	zǐcài	2	2
3945	Na	子女	zǐnǚ	5	4
3946	Na	紫色	zǐsè	1	1
3947	VH	仔细	zǐxì	4	2
3948	Na	字	zì	10	12
3949	VH	自豪	zìháo	3	2
3950	Na	自豪感	zìháogǎn	0	1
3951	Nh	自己	zìjǐ	99	91
3952	Na	自觉	zìjué	2	2
3953	VK	自觉	zìjué	0	1
3954	VH	自立	zìlì	0	1
3955	Na	自行车	zìxíngchē	31	30
3956	D	自然	zìrán	4	1
3957	Na	自然	zìrán	6	6
3958	VA	自杀	zìshā	5	6

순서	품사	단어	한어병음	통합 수정전	통합 수정후
3959	D	自始至终	zìshǐzhìzhōng	0	1
3960	VH	自我	zìwǒ	3	2
3961	Na	自信	zìxìn	9	9
3962	Na	自信感	zìxìngǎn	1	1
3963	VE	自言自语	zìyánzìyǔ	1	1
3964	Na	字眼	zìyǎn	1	1
3965	Na	资源	zīyuán	2	2
3966	VH	自尊	zìzūn	0	1
3967	Na	中国语	zōngguóyǔ	20	23
3968	Na	宗教	zōngjiào	0	1
3969	D	总	zǒng	5	8
3970	Da	总共	zǒnggòng	1	1
3971	D	总是	zǒngshì	30	30
3972	Na	总统	zǒngtǒng	0	2
3973	Dk	总之	zǒngzhī	3	5
3974	VA	走	zǒu	89	87
3975	VA	走步	zǒubù	1	1
3976	VCL	走出	zǒuchū	1	1
3977	VCL	走到	zǒudào	4	4
3978	VA	走过来	zǒuguolai	1	1
3979	VCL	走进	zǒujìn	3	4
3980	VA	走进来	zǒujinlai	0	1
3981	VA	走来走去	zǒuláizǒuqù	2	1
3982	VA	走路	zǒulù	5	4
3983	VH	走散	zǒusàn	0	2
3984	VD	租	zū	7	9
3985	Na	租车	zūchē	2	2
3986	Na	足	zú	1	1
3987	Na	嘴唇	zuǐchún	1	1
3988	Dfa	最	zuì	107	107
3989	VH	醉	zuì	3	2
3990	Na	最爱	zuìài	4	4
3991	VH	最多	zuìduō	4	2
3992	Da	最多	zuìduō	0	1
3993	D	最好	zuìhǎo	2	2
3994	VH	最好	zuìhǎo	17	22
3995	Nd	最后	zuìhòu	5	8
3996	Nd	最近	zuìjìn	86	93
3997	VH	最近	zuìjìn	16	20
3998	VJ	尊敬	zūnjìng	3	3

순서	품사	단어	한어병음	통합	
				수정전	수정후
3999	VJ	遵守	zūnshǒu	1	1
4000	VJ	尊重	zūnzhòng	4	3
4001	Nd	昨天	zuótiān	125	130
4002	Ncd	左	zuǒ	2	3
4003	Ng	左右	zuǒyòu	14	13
4004	VA	坐	zuò	83	80
4005	Nf	座	zuò	4	5
4006	VC	做	zuò	131	118
4007	VA	作弊	zuòbì	0	1
4008	VC	做不了	zuòbuliǎo	2	2
4009	VA	坐车	zuòchē	5	5
4010	VE	做到	zuòdào	1	2
4011	VA	做饭	zuòfàn	6	8
4012	VC	做好	zuòhǎo	2	6
4013	Na	作家	zuòjiā	3	1
4014	VH	坐立不安	zuòlìbùān	1	1
4015	VA	做梦	zuòmèng	1	1
4016	D	做起来	zuòqilai	1	1
4017	VA	做人	zuòrén	0	1
4018	VCL	坐上	zuòshang	2	4
4019	VC	做完	zuòwán	20	26
4020	VG	作为	zuòwéi	0	3
4021	Na	座位	zuòwèi	5	6
4022	VA	作文	zuòwén	3	3
4023	Na	作文课	zuòwénkè	1	1
4024	VA	做下来	zuòxiali	1	1
4025	Na	作业	zuòyè	59	62
4026	Na	足球	zúqiú	14	15
4027	VC	阻止	zǔzhǐ	0	1

3.3 학년별 어휘 사용 빈도

3.3.1 2학년 중간언어 자료 수정 전·후의 어휘 사용빈도(수정전 기준)

순서	품사	단어	통합	
			수정전	수정후
1	Nh	我	1998	1992
2	De	的	1128	1070

순서	품사	단어	통합	
			수정전	수정후
3	Nh	你	544	543
4	Di	了	514	620
5	Nh	他	432	438
6	Dfa	很	415	463
7	SHI	是	401	367
8	Nh	我们	289	299
9	Nf	个	274	274
10	T	了	271	283
11	P	在	270	276
12	Nep	这	268	263
13	D	不	267	286
14	VCL	去	263	266
15	Na	朋友	257	263
16	Na	人	230	235
17	V_2	有	221	223
18	Nh	她	213	216
19	VH	好	199	202
20	Nc	家	185	199
21	Na	妈妈	175	174
22	Neu	一	169	181
23	De	得	168	179
24	Nd	今天	165	169
25	VE	说	149	154
26	P	把	149	161
27	D	就	141	167
28	VC	看	141	136
29	P	跟	136	141
30	VD	给	136	134
31	VC	学习	130	136
32	D	能	127	145
33	Cbb	所以	126	141
34	Caa	和	126	133
35	VC	吃	120	120
36	Na	汉语	119	121
37	D	要	118	133
38	Na	时候	116	115
39	T	吗	115	113
40	Nc	中国	108	104
41	T	吧	108	109
42	VK	喜欢	105	107

순서	품사	단어	통합	
			수정전	수정후
43	D	都	104	136
44	D	一起	102	109
45	Na	爸爸	102	101
46	Ncd	里	99	94
47	Nc	学校	98	90
48	Nf	天	93	95
49	D	去	92	98
50	D	也	88	117
51	VE	想	87	90
52	Nd	现在	86	78
53	Nep	什么	84	86
54	VK	高兴	80	82
55	VA	来	79	92
56	VF	打算	79	81
57	VCL	到	77	90
58	D	没	76	74
59	VC	喝	75	76
60	D	来	73	69
61	VH	努力	73	75
62	VH	多	71	56
63	Na	书	71	75
64	Na	时间	70	66
65	D	已经	69	72
66	Na	老师	68	68
67	Na	话	68	43
68	D	再	66	72
69	Nd	昨天	66	69
70	Nep	那	65	65
71	Na	男朋友	65	68
72	VA	走	65	63
73	Na	身体	64	62
74	Nes	每	63	62
75	Ng	后	61	81
76	Cbb	因为	61	75
77	VC	做	61	51
78	Nd	明天	61	61
79	VC	买	60	60
80	Neqa	一点儿	60	48
81	D	还	59	72
82	Dfa	太	58	55

순서	품사	단어	통합	
			수정전	수정후
83	VK	知道	58	58
84	VJ	没有	58	64
85	D	会	57	84
86	Na	电影	57	60
87	VH	快	56	53
88	P	对	55	56
89	Ng	以后	55	52
90	Nf	次	54	47
91	Da	才	54	63
92	D	一直	54	55
93	Na	菜	54	51
94	Ncd	上	53	66
95	Na	业	53	55
96	Na	们	51	49
97	Di	着	51	57
98	P	到	51	39
99	Nd	晚上	51	55
100	Cbb	可是	50	50
101	VA	见面	50	54
102	D	一定	50	53
103	Na	哥哥	50	51
104	Di	过	48	58
105	Dfa	有点儿	47	58
106	D	经常	47	46
107	VH	怎么样	47	47
108	Neu	几	46	45
109	D	真	46	39
110	P	被	46	43
111	P	从	45	46
112	Na	东西	45	44
113	VH	忙	45	44
114	VF	请	45	46
115	Na	学生	44	47
116	VA	吃饭	44	39
117	VK	觉得	43	47
118	Nd	最近	42	45
119	Na	天气	42	42
120	D	得	42	46
121	Na	作业	42	44
122	Neqa	多	41	54

순서	품사	단어	통합	
			수정전	수정후
123	VC	帮助	41	40
124	Na	饭	41	48
125	Na	事	40	44
126	Na	酒	40	40
127	VA	工作	40	38
128	Dfa	挺	40	39
129	VA	上网	40	39
130	VC	认识	39	37
131	VA	睡觉	39	36
132	VA	逛街	38	39
133	Neu	两	37	40
134	VH	漂亮	37	38
135	VA	回家	37	35
136	Nf	岁	37	38
137	Nf	本	37	38
138	VH	大	36	39
139	VH	一样	36	30
140	VA	坐	36	34
141	VE	听	36	39
142	Na	衣服	36	36
143	Na	勇气	36	36
144	VA	运动	36	37
145	Cbb	但	35	44
146	Na	弟弟	35	36
147	VH	慢	35	34
148	Cbb	但是	34	35
149	VC	等	34	44
150	VL	让	33	46
151	VC	学	33	28
152	Neu	三	33	32
153	VH	很多	32	25
154	VH	难	32	29
155	Na	妹妹	32	33
156	VH	生气	32	34
157	Nc	北京	31	31
158	D	先	31	34
159	Nh	他们	30	30
160	VCL	在	30	34
161	Nd	早上	30	30
162	D	别	30	33

순서	품사	단어	통합	
			수정전	수정후
163	VHC	累	30	32
164	D	多	30	35
165	Na	约会	30	23
166	Nf	件	29	32
167	D	常常	29	26
168	Neu	五	29	28
169	P	帮	29	30
170	Na	课	29	26
171	Neqa	很多	28	42
172	Na	车	28	28
173	Na	钱	28	27
174	VH	冷	28	27
175	De	地	27	42
176	P	比	27	30
177	VCL	过	27	24
178	D	快	27	30
179	Nc	大学	26	35
180	Nf	年	26	27
181	Nh	自己	26	34
182	T	呢	26	24
183	Dfa	较	26	28
184	Dfa	比较	26	28
185	VH	开始	26	25
186	Neu	四	26	26
187	Nes	下	26	28
188	VH	晚	26	28
189	VH	幸福	25	24
190	Na	奶奶	25	25
191	D	然后	25	22
192	Cbb	如果	24	25
193	D	正在	24	23
194	Cbb	不但	24	26
195	P	和	23	26
196	VK	希望	23	25
197	Dfa	越来越	23	21
198	VH	胖	23	26
199	VC	开	23	25
200	VH	好吃	23	26
201	VH	方便	23	23
202	VB	打电话	23	19

순서	품사	단어	통합	
			수정전	수정후
203	Nc	商店	23	23
204	Dfa	最	22	25
205	D	又	22	23
206	Na	同屋	22	22
207	Dfa	更	22	16
208	D	怎么	22	22
209	Na	英语	22	22
210	Nd	明年	22	21
211	VH	好看	22	17
212	Na	生活	21	19
213	D	没有	21	21
214	Nf	口	21	34
215	VE	表示	21	17
216	Neu	十	21	21
217	Na	图书馆	21	21
218	Na	小时	20	22
219	VC	打	20	25
220	Ng	前	20	24
221	Ncd	边	20	17
222	Na	汽车	20	20
223	VA	出去	20	17
224	VE	见	20	16
225	VA	上课	20	17
226	Na	生日	20	20
227	Cbb	不过	20	24
228	Nc	韩国	19	17
229	VA	行	19	32
230	Na	父母	19	19
231	Nd	以前	19	14
232	Da	只	19	29
233	VH	小	19	20
234	Na	目的	19	19
235	D	便	19	21
236	Na	问题	18	19
237	Dfa	非常	18	24
238	Na	工作	18	19
239	Nd	后	18	23
240	Na	路	18	17
241	VCL	住在	18	19
242	Cbb	而且	18	18

순서	품사	단어	통합	
			수정전	수정후
243	VL	爱	18	16
244	D	互相	18	18
245	Na	同学	18	18
246	D	原来	18	19
247	D	一边	18	17
248	P	往	18	19
249	VA	游泳	18	16
250	D	顺便	18	18
251	Cbb	虽然	17	24
252	VC	下	17	20
253	Na	月	17	18
254	D	一	17	16
255	VH	有意思	17	16
256	T	去	17	22
257	VH	不错	17	18
258	Nd	星期天	17	17
259	VA	休息	17	17
260	Na	自行车	17	17
261	VC	放	17	18
262	D	早	17	17
263	D	差不多	17	16
264	VC	回来	17	17
265	Nf	条	17	17
266	VA	睡懒觉	17	15
267	D	不见得	17	17
268	Nd	以后	16	20
269	VC	参加	16	18
270	VA	玩儿	16	18
271	Nc	公司	16	15
272	D	必须	16	16
273	VA	睡	16	21
274	Na	体重	16	16
275	Na	行	16	3
276	P	除了	16	16
277	VH	厉害	16	16
278	Neqa	别的	16	16
279	VH	流利	16	14
280	Cbb	连	16	16
281	VA	起床	16	15
282	Ncd	前	16	18

순서	품사	단어	통합	
			수정전	수정후
283	Na	桌子	16	16
284	P	依	16	16
285	VC	找	15	14
286	VC	带	15	20
287	Nh	你们	15	15
288	VC	准备	15	14
289	Ncd	哪儿	15	17
290	Na	旅行	15	3
291	Na	狗	15	15
292	VC	做完	15	20
293	Nf	分钟	15	15
294	VD	交给	15	17
295	Nc	门口	15	15
296	Nf	位	14	13
297	Cbb	要是	14	13
298	Ncd	那儿	14	10
299	D	马上	14	15
300	D	这么	14	13
301	VA	下雨	14	13
302	D	为什么	14	13
303	Na	成绩	14	14
304	Nh	咱们	14	14
305	Na	女朋友	14	13
306	VA	聊天儿	14	10
307	Nc	公园	14	12
308	D	偏偏	14	12
309	Na	性格	13	14
310	VA	旅行	13	26
311	Nd	一下	13	14
312	VH	高	13	14
313	VH	长	13	20
314	D	可以	13	17
315	Neu	二	13	8
316	Na	球	13	13
317	Nc	上海	13	13
318	VH	健康	13	16
319	VE	问	13	13
320	Na	礼物	13	15
321	Na	钱包	13	14
322	Nh	您	13	13

순서	품사	단어	통합	
			수정전	수정후
323	VC	生	13	15
324	Nc	班	13	14
325	Na	手机	13	14
326	VJ	认识	13	14
327	Nd	星期六	13	14
328	Na	飞机	13	13
329	D	赶快	13	13
330	D	说不定	13	14
331	Na	水平	12	16
332	VC	玩	12	16
333	P	向	12	13
334	VH	这样	12	16
335	Nh	别人	12	15
336	Na	消息	12	12
337	Nd	冬天	12	12
338	D	好像	12	13
339	VA	留学	12	12
340	Nh	谁	12	12
341	VJ	没	12	9
342	VE	告诉	12	13
343	Na	比赛	12	13
344	Neqa	半	12	11
345	Na	电话	12	15
346	VA	结婚	12	12
347	D	可能	12	9
348	VHC	热	12	11
349	Ng	外	12	12
350	Ng	以外	12	12
351	Nd	周末	12	11
352	Na	公共汽车	12	12
353	VL	好	12	14
354	VF	叫	12	13
355	Na	面	12	7
356	VL	爱好	12	13
357	VH	可爱	12	14
358	VH	便宜	12	11
359	Ncd	这儿	12	11
360	VA	唱歌	12	10
361	Na	床	12	10
362	VC	丢	12	11

순서	품사	단어	통합	
			수정전	수정후
363	VC	陪	12	12
364	Na	裙子	12	14
365	Na	爷爷	12	12
366	D	能不能	12	12
367	D	应该	11	14
368	Nf	种	11	12
369	Na	地方	11	15
370	Na	中国人	11	12
371	Ng	中	11	10
372	VH	重	11	11
373	VC	上	11	16
374	Na	年级	11	12
375	Nc	房间	11	12
376	Na	好朋友	11	12
377	Na	家庭	11	14
378	Neu	0	11	10
379	VH	舒服	11	15
380	P	为了	11	13
381	VH	新	11	10
382	Na	客人	11	11
383	Na	星期	11	14
384	VA	出来	11	11
385	VA	哭	11	12
386	Na	水	11	9
387	VC	养	11	11
388	Na	母亲	11	11
389	VK	懂	11	12
390	VI	感兴趣	11	9
391	Ng	以前	11	13
392	Nf	点	11	9
393	VC	唱	11	13
394	Na	小狗	11	11
395	VK	愿意	11	6
396	VD	递给	11	11
397	VH	疼	11	11
398	Na	猫	11	10
399	VH	特别	10	14
400	VG	当	10	15
401	Nd	去年	10	10
402	VA	上班	10	11

순서	품사	단어	통합	
			수정전	수정후
403	D	还是	10	11
404	VK	担心	10	9
405	D	那么	10	12
406	VH	迟到	10	15
407	VH	久	10	12
408	Nc	中文系	10	13
409	VA	开车	10	10
410	Nc	附近	10	10
411	Nc	宿舍	10	10
412	VC	搬到	10	12
413	VH	早	10	10
414	VD	送给	10	14
415	VC	拿	10	10
416	VD	还给	10	12
417	Nd	一点	10	8
418	VH	少	10	10
419	Nd	晚	10	6
420	Nd	八点	10	11
421	VH	死	10	6
422	VH	随便	10	11
423	VA	开门	10	12
424	VF	劝	10	11
425	VC	偷走	10	11
426	VA	抽烟	10	8
427	D	按时	10	10
428	VC	推到	10	10
429	D	可	9	10
430	VC	穿	9	10
431	Na	火车	9	9
432	Na	鞋带	9	9
433	Nes	各	9	10
434	VH	贵	9	9
435	VC	吃完	9	16
436	Na	病	9	9
437	Na	父亲	9	9
438	Nc	医院	9	11
439	VA	出发	9	8
440	VA	打工	9	10
441	Na	意思	9	8
442	VC	打扫	9	9

순서	품사	단어	통합	
			수정전	수정후
443	Na	咖啡	9	13
444	VC	练习	9	11
445	VCL	进	9	7
446	Nc	市	9	9
447	Na	中文	9	10
448	VC	花	9	9
449	VA	笑	9	7
450	T	好了	9	4
451	Neu	十五	9	9
452	Nc	食堂	9	9
453	VC	贴	9	9
454	VG	翻译成	9	10
455	Nd	星期五	9	8
456	VG	译成	9	10
457	D	该	9	9
458	D	恐怕	9	7
459	VH	用功	9	4
460	Ng	时	8	16
461	Neu	第一	8	8
462	P	为	8	10
463	VH	热闹	8	8
464	VH	瘦	8	7
465	Na	心情	8	11
466	P	于	8	10
467	VH	在一起	8	11
468	Cab	等	8	7
469	VE	见到	8	12
470	VCL	回	8	14
471	VA	说话	8	8
472	VC	出	8	5
473	VH	美丽	8	8
474	VH	下课	8	8
475	Na	大学生	8	9
476	Caa	而且	8	10
477	Nes	上	8	8
478	VC	带来	8	7
479	Na	名字	8	10
480	VCL	回到	8	10
481	Dfb	点儿	8	11
482	Nc	教室	8	8

순서	품사	단어	통합	
			수정전	수정후
483	VCL	来到	8	3
484	Ncd	内	8	9
485	Na	足球	8	9
486	Na	苹果	8	8
487	VA	游	8	10
488	VA	躺	8	10
489	Na	小偷	8	8
490	Nc	电影院	8	7
491	VC	踢	8	6
492	VH	有事	8	6
493	VC	妨碍	8	8
494	Na	韩国队	8	8
495	Na	烤鸭	8	8
496	VE	以为	7	9
497	VH	毕业	7	7
498	Nh	大家	7	9
499	Na	关系	7	9
500	VH	近	7	11
501	VJ	得	7	9
502	VH	成功	7	4
503	VG	成为	7	8
504	Nd	春节	7	7
505	VJ	对不起	7	6
506	VC	提高	7	7
507	VC	教	7	7
508	VH	最好	7	8
509	VK	感谢	7	6
510	VK	怕	7	8
511	VC	学好	7	8
512	VG	叫	7	8
513	VH	感冒	7	7
514	Na	电脑	7	7
515	VE	看	7	5
516	Nd	中秋节	7	7
517	VJ	得到	7	3
518	Dfa	多	7	7
519	Neqa	多少	7	7
520	VHC	感动	7	7
521	VA	减肥	7	7
522	Na	习惯	7	7

순서	품사	단어	통합	
			수정전	수정후
523	Na	照片	7	5
524	T	呀	7	5
525	Na	雨	7	7
526	Neu	八	7	6
527	Na	啤酒	7	7
528	Ng	起	7	8
529	Na	帮助	7	5
530	Na	墙	7	9
531	Nc	教会	7	7
532	Na	大姐	7	7
533	VC	挂	7	7
534	Na	韩国语	7	8
535	VD	送	7	5
536	Na	小孩子	7	6
537	VD	赢	7	7
538	Da	不过	7	4
539	Na	报告	7	2
540	Na	雪	6	6
541	VK	感到 .	6	8
542	Nh	它	6	9
543	Nf	场	6	8
544	Ng	上	6	9
545	Na	困难	6	3
546	VE	决定	6	8
547	VH	远	6	4
548	VC	找到	6	6
549	VG	像	6	7
550	Nd	夏天	6	6
551	Na	信	6	6
552	VH	愉快	6	5
553	Nf	各	6	4
554	Nf	名	6	4
555	P	用	6	8
556	D	真的	6	8
557	VH	最近	6	7
558	VK	信	6	7
559	VC	骑	6	7
560	Ng	之间	6	6
561	VH	太多	6	4
562	Nf	斤	6	7

순서	품사	단어	통합	
			수정전	수정후
563	VH	善良	6	7
564	VH	好好	6	6
565	P	离	6	4
566	VH	帅	6	9
567	VK	同意	6	5
568	VC	摆	6	6
569	VH	差	6	6
570	Nc	动物园	6	5
571	Dfb	极了	6	6
572	VG	变	6	6
573	Na	茶	6	6
574	VE	叫	6	6
575	VC	接	6	6
576	Na	爱	6	6
577	VC	看看	6	5
578	VA	聊天	6	7
579	Na	游戏	6	6
580	Na	海	6	6
581	Nd	寒假	6	5
582	VC	换	6	5
583	Na	药	6	6
584	Na	大雨	6	7
585	Na	歌	6	6
586	Nf	号	6	6
587	Na	家务	6	6
588	Na	书包	6	6
589	Cbb	既	6	5
590	VC	建议	6	6
591	VH	那么	6	6
592	VD	卖	6	6
593	VC	写完	6	6
594	Nf	星期	6	5
595	Na	饮料	6	6
596	Na	邮票	6	7
597	Caa	又	6	4
598	VA	抽时间	6	6
599	Na	侄女	6	6
600	Na	白菜	6	5
601	P	等	6	4
602	D	等一下	6	4

순서	품사	단어	통합	
			수정전	수정후
603	VE	商量	5	5
604	D	突然	5	8
605	D	总是	5	7
606	T	啊	5	9
607	Na	花	5	7
608	Dfa	有点	5	5
609	Na	文化	5	5
610	VK	了解	5	5
611	VA	站	5	8
612	Nf	遍	5	11
613	Na	印象	5	5
614	Nf	只	5	6
615	D	只有	5	4
616	Neqb	多	5	7
617	Nd	会儿	5	6
618	VJ	受	5	5
619	Nf	公斤	5	6
620	Nh	我们俩	5	3
621	Nd	一会儿	5	6
622	VH	病	5	7
623	VHC	结束	5	6
624	Ng	左右	5	5
625	VA	读书	5	6
626	VH	堵车	5	6
627	Na	儿子	5	5
628	VH	饿	5	8
629	VH	慢慢	5	5
630	Na	叔叔	5	4
631	D	完全	5	6
632	Neqa	这么多	5	5
633	Na	字	5	5
634	Nf	顿	5	6
635	VH	那样	5	5
636	VE	约好	5	7
637	VJ	吃不了	5	5
638	Nd	春天	5	3
639	VH	聪明	5	5
640	Neu	好几	5	5
641	VC	介绍	5	6
642	Na	男人	5	5

순서	품사	단어	통합	
			수정전	수정후
643	Nc	银行	5	5
644	Na	窗户	5	4
645	VJ	羡慕	5	5
646	Na	钢琴	5	5
647	VA	看书	5	5
648	Na	腿	5	5
649	VC	拐	5	6
650	VH	和睦	5	5
651	Neu	七	5	5
652	VH	孤独	5	5
653	VC	拿走	5	5
654	Na	泡菜	5	5
655	VC	打扮	5	4
656	Na	基督教	5	4
657	VH	头疼	5	5
658	VC	耽误	5	4
659	Nf	分	5	4
660	VCL	临	5	4
661	D	确实	5	4
662	VC	挺	5	4
663	VH	完	5	3
664	VC	吃得了	5	3
665	Na	事情	4	7
666	VC	看到	4	6
667	Di	起来	4	9
668	Na	身材	4	4
669	VE	听到	4	4
670	VC	接待	4	4
671	Nc	高中	4	5
672	Na	机会	4	5
673	Nc	世界	4	4
674	VJ	发生	4	3
675	VC	不好	4	5
676	D	大概	4	8
677	Nf	句	4	5
678	Nes	前	4	4
679	VE	听说	4	3
680	VC	用	4	6
681	VC	搬	4	4
682	Na	社会	4	4

순서	품사	단어	통합	
			수정전	수정후
683	Neqa	一些	4	3
684	VC	交	4	5
685	Na	脸	4	5
686	Nd	暑假	4	4
687	VH	认真	4	6
688	Nc	日本	4	3
689	Na	样子	4	5
690	D	本来	4	4
691	VC	比较	4	4
692	D	看起来	4	7
693	Nep	哪	4	5
694	Nf	部	4	5
695	Nd	将来	4	5
696	VC	离开	4	10
697	VH	美	4	4
698	Na	气氛	4	4
699	VK	相信	4	4
700	P	像	4	5
701	Na	行李	4	4
702	Dfa	好	4	5
703	VK	满意	4	4
704	Na	面包	4	4
705	Na	外国语	4	4
706	Nd	小时候	4	4
707	VC	照顾	4	5
708	D	常	4	4
709	Na	女人	4	5
710	VJ	变得	4	7
711	VH	不断	4	4
712	D	初次	4	4
713	VC	打开	4	4
714	P	给	4	3
715	VH	怪	4	4
716	VC	看见	4	4
717	VH	轻	4	4
718	VA	上大学	4	4
719	VA	谈话	4	4
720	VH	安静	4	4
721	Nf	杯	4	4
722	VH	不再	4	2

순서	품사	단어	통합	
			수정전	수정후
723	VH	干净	4	4
724	VF	决心	4	3
725	D	一般	4	3
726	VAC	动	4	3
727	VC	麻烦	4	4
728	Nf	篇	4	4
729	Na	屋子	4	4
730	Nc	餐厅	4	4
731	Na	词典	4	5
732	Na	肚子	4	4
733	Nc	饭馆	4	6
734	VH	好不好	4	4
735	VH	辣	4	4
736	VH	亲切	4	3
737	VC	取得	4	4
738	VK	听懂	4	5
739	VH	严格	4	4
740	Na	中国菜	4	4
741	Na	表妹	4	5
742	D	怪不得	4	4
743	VC	关上	4	5
744	VC	逛	4	4
745	Caa	或者	4	4
746	VH	乐天	4	5
747	VH	没关系	4	4
748	Nf	米	4	4
749	VC	收拾	4	3
750	VE	祝	4	4
751	Nc	百货商店	4	4
752	VH	地道	4	5
753	VJ	关照	4	3
754	Caa	既	4	5
755	VH	太晚	4	4
756	VE	谈	4	3
757	Ncd	右	4	4
758	VC	吃好	4	4
759	Na	大会	4	4
760	Na	大衣	4	3
761	VC	经营	4	4
762	VK	恐惧	4	2

순서	품사	단어	통합	
			수정전	수정후
763	Na	器具	4	4
764	VL	舍不得	4	4
765	VC	贴好	4	4
766	VH	细	4	2
767	Na	戏剧	4	4
768	Na	钥匙	4	4
769	VC	预习	4	4
770	VA	祷告	4	3
771	VA	祷告	4	3
772	Neu	千万	4	2
773	VH	巧	4	3
774	Ncd	口	4	1
775	Na	题目	4	2
776	Nes	别	4	1
777	VC	进行	3	2
778	VK	注意	3	3
779	VCL	上	3	6
780	VC	打扰	3	3
781	Na	样式	3	3
782	VC	招待	3	3
783	VE	认为	3	5
784	Nc	车站	3	3
785	VK	忘	3	4
786	VK	需要	3	9
787	Nes	半	3	4
788	Na	中国语	3	6
789	VC	浪费	3	3
790	Na	国家	3	3
791	VA	回国	3	4
792	Nc	外国	3	2
793	Ncd	外面	3	3
794	Cbb	不仅	3	12
795	Na	韩国人	3	3
796	VH	容易	3	4
797	VC	写	3	4
798	Na	节日	3	3
799	VK	肯定	3	3
800	Na	心	3	5
801	Neu	第二	3	2
802	Na	计划	3	3

순서	품사	단어	통합	
			수정전	수정후
803	Da	共	3	3
804	Na	画	3	3
805	VC	解决	3	2
806	Neqa	许多	3	4
807	Na	个子	3	3
808	VH	急	3	3
809	Na	事儿	3	1
810	Neqa	这些	3	3
811	VK	觉	3	6
812	D	没想到	3	3
813	Na	演员	3	4
814	VH	有名	3	4
815	Na	专业	3	5
816	Na	传统	3	3
817	Cbb	就是	3	3
818	D	快要	3	2
819	VH	深	3	4
820	VC	实现	3	4
821	VH	不一样	3	3
822	D	很少	3	4
823	VH	假	3	3
824	VC	考上	3	3
825	VE	聊	3	8
826	P	如	3	3
827	VH	放假	3	3
828	P	就	3	3
829	Na	人口	3	5
830	Na	司机	3	3
831	Nc	天安门	3	3
832	Na	文章	3	4
833	VK	小心	3	5
834	Na	眼泪	3	2
835	Na	船	3	3
836	VH	呆	3	2
837	VCL	到达	3	4
838	Cbb	而是	3	5
839	VC	教育	3	3
840	VH	快乐	3	4
841	Na	美国人	3	3
842	VA	跑	3	3

순서	품사	단어	통합	
			수정전	수정후
843	Na	水果	3	4
844	D	有时候	3	2
845	Na	自信	3	3
846	VD	租	3	2
847	Na	词	3	3
848	VA	登山	3	3
849	Na	饭店	3	3
850	VL	敢	3	4
851	VH	活	3	3
852	Nc	家乡	3	2
853	VH	奇怪	3	3
854	Ncd	前边	3	2
855	Ncd	前面	3	2
856	VK	受不了	3	3
857	D	有时	3	3
858	Na	语言	3	3
859	Na	表演	3	3
860	VH	够	3	3
861	VE	讲	3	4
862	Nd	凌晨	3	3
863	VH	弱	3	4
864	Na	小学生	3	7
865	VA	休学	3	3
866	VC	选	3	3
867	Nf	样	3	3
868	D	有没有	3	3
869	VC	住	3	4
870	Na	笔	3	2
871	VC	改变	3	3
872	Na	好处	3	3
873	Na	红色	3	5
874	VC	骂	3	3
875	VH	苗条	3	3
876	Nf	瓶	3	3
877	VA	请客	3	3
878	VH	生病	3	3
879	Na	先生	3	3
880	Na	颜色	3	3
881	Nc	游泳池	3	3
882	Nf	周	3	3

순서	품사	단어	통합	
			수정전	수정후
883	VC	办	3	3
884	VC	点	3	2
885	Na	发音	3	3
886	Na	方便面	3	3
887	Na	街	3	1
888	Nc	美国	3	3
889	Na	女儿	3	2
890	Na	商品	3	4
891	D	太早	3	3
892	VC	弹	3	2
893	Na	味儿	3	3
894	VA	行动	3	4
895	Ng	一样	3	3
896	Nc	英国	3	3
897	Na	英文	3	4
898	Dk	总之	3	2
899	VC	背	3	4
900	Nc	长城	3	3
901	VD	出租	3	2
902	Nc	村	3	2
903	Dfb	点	3	3
904	Na	法语	3	3
905	VC	翻译	3	4
906	Nf	封	3	3
907	VH	高速	3	3
908	VH	好玩	3	3
909	Na	红叶	3	3
910	VH	活泼	3	2
911	D	几时	3	3
912	Na	家训	3	3
913	VB	加油	3	3
914	VB	进来	3	3
915	Na	烤肉	3	3
916	Na	裤子	3	4
917	Na	牛奶	3	3
918	VC	弄坏	3	3
919	VE	祈祷	3	4
920	VA	散步	3	2
921	Nf	双	3	3
922	Na	五花肉	3	3

순서	품사	단어	통합	
			수정전	수정후
923	Na	想像	3	2
924	Nc	邮局	3	3
925	Na	职业	3	2
926	Na	鞭炮	3	3
927	VH	不见了	3	0
928	VK	不满	3	1
929	VJ	从事	3	3
930	VA	干杯	3	3
931	Na	歌星	3	2
932	Na	公路	3	3
933	VD	还	3	3
934	VA	就业	3	3
935	Na	老大娘	3	3
936	VH	凉快	3	2
937	VC	拿来	3	3
938	VI	拿手	3	2
939	Na	球赛	3	3
940	VA	去不了	3	2
941	Na	嗓子	3	3
942	Na	圣经	3	3
943	VJ	剩下	3	2
944	VA	睡午觉	3	3
945	VE	谈到	3	3
946	Nc	天	3	2
947	Na	推车	3	3
948	VH	响	3	3
949	Na	信封	3	3
950	VK	忧虑	3	3
951	VD	赠	3	3
952	Na	侄子	3	3
953	VA	对话	3	1
954	VD	寄去	3	2
955	VH	难受	3	1
956	Na	饮食	3	1
957	VJ	只有	3	2
958	VH	仔细	3	1
959	VH	醉	3	2
960	VH	最多	3	0
961	VA	花钱	3	1
962	Cba	的话	2	30

순서	품사	단어	통합	
			수정전	수정후
963	VH	白	2	2
964	Na	经济	2	2
965	Na	旅游	2	2
966	D	终于	2	1
967	Na	情况	2	3
968	D	却	2	9
969	VK	难过	2	3
970	VK	忘不了	2	2
971	VC	干	2	5
972	VL	使	2	4
973	VH	苦	2	0
974	D	其实	2	2
975	VH	明白	2	2
976	Na	原因	2	2
977	VG	成	2	3
978	Cab	等等	2	4
979	Nc	市场	2	2
980	P	当	2	2
981	Dfa	更加	2	4
982	VJ	满	2	2
983	P	以	2	2
984	VG	变成	2	3
985	VC	读	2	3
986	VH	紧张	2	2
987	VA	上学	2	3
988	Nf	所	2	1
989	Nc	小学	2	2
990	D	永远	2	2
991	VH	长大	2	3
992	Nc	周围	2	2
993	Na	韩语	2	3
994	VH	精彩	2	2
995	VL	令	2	3
996	Na	内容	2	3
997	Na	想法	2	2
998	VHC	辛苦	2	1
999	VA	吵架	2	2
1000	VC	过去	2	2
1001	VH	美好	2	1
1002	Na	眼睛	2	2

순서	품사	단어	통합	
			수정전	수정후
1003	Da	一共	2	2
1004	Da	约	2	8
1005	Ncd	这里	2	3
1006	Na	办法	2	2
1007	VJ	充满	2	2
1008	VA	出生	2	2
1009	Dfa	还要	2	5
1010	Na	空气	2	2
1011	VC	留下	2	2
1012	Na	留学生	2	2
1013	Na	人生	2	2
1014	Nf	时	2	2
1015	VC	通过	2	2
1016	Nc	学院	2	2
1017	Nf	元	2	1
1018	Na	雨伞	2	2
1019	VC	整	2	2
1020	D	必	2	4
1021	Na	车票	2	2
1022	Na	季节	2	2
1023	VH	老	2	2
1024	VH	年轻	2	2
1025	VA	爬山	2	2
1026	P	替	2	3
1027	VC	完成	2	4
1028	Na	医生	2	1
1029	Na	友谊	2	2
1030	Nf	张	2	2
1031	VH	着急	2	2
1032	Nd	最后	2	2
1033	VA	做饭	2	3
1034	Neu	百	2	2
1035	VH	棒	2	2
1036	Nc	故乡	2	2
1037	VA	继续	2	3
1038	D	看上去	2	2
1039	Na	乒乓球	2	2
1040	VJ	谢	2	3
1041	P	由	2	2
1042	VH	矮	2	2

순서	품사	단어	통합	
			수정전	수정후
1043	D	不用	2	4
1044	D	当然	2	1
1045	Dfb	多	2	2
1046	D	多多	2	2
1047	Na	感情	2	4
1048	VD	交	2	4
1049	VE	介绍	2	2
1050	P	每当	2	2
1051	VC	念	2	2
1052	VC	骗	2	3
1053	Na	热情	2	2
1054	Na	实力	2	2
1055	Nc	叔叔家	2	3
1056	VK	讨厌	2	2
1057	Na	卫生	2	4
1058	Na	屋	2	2
1059	Nc	西安	2	2
1060	Ng	下	2	1
1061	VJ	谢谢	2	2
1062	Na	新家	2	2
1063	Na	行动	2	2
1064	D	须要	2	4
1065	VH	宝贵	2	2
1066	VH	大声	2	3
1067	Na	点心	2	2
1068	VH	发胖	2	4
1069	VC	复习	2	2
1070	Nd	刚才	2	1
1071	Na	故事	2	2
1072	VHC	坏	2	1
1073	Da	几乎	2	3
1074	VK	记住	2	2
1075	Na	假期	2	2
1076	Nb	金	2	2
1077	D	快点儿	2	2
1078	Na	梦想	2	3
1079	Na	日本人	2	2
1080	Na	体育	2	3
1081	VHC	统一	2	2
1082	VC	吸	2	2

순서	품사	단어	통합	
			수정전	수정후
1083	VA	吸烟	2	2
1084	VJ	吓	2	3
1085	VJ	享受	2	2
1086	Na	小姐	2	2
1087	VC	要	2	2
1088	Na	腰	2	2
1089	VH	要命	2	2
1090	VB	照相	2	3
1091	VA	住院	2	1
1092	VA	坐车	2	4
1093	Na	大一	2	1
1094	Dfb	得多	2	1
1095	VH	红	2	2
1096	VC	呼吸	2	2
1097	Na	急事	2	2
1098	Na	驾驶	2	2
1099	Na	姐夫	2	2
1100	Na	姊妹	2	3
1101	VH	进步	2	2
1102	VJ	敬	2	2
1103	Na	老虎	2	2
1104	T	没有	2	2
1105	VA	爬	2	1
1106	VA	跑步	2	2
1107	Na	山路	2	2
1108	VA	上车	2	2
1109	Na	手表	2	2
1110	P	随	2	3
1111	Na	味道	2	2
1112	Na	西瓜	2	2
1113	Nf	项	2	2
1114	Na	信仰	2	2
1115	VC	修理	2	2
1116	Na	宴会	2	2
1117	VCL	游览	2	1
1118	VK	赞成	2	2
1119	Dfa	这样	2	1
1120	VK	知	2	0
1121	VH	周到	2	2
1122	Na	最爱	2	2

순서	품사	단어	통합	
			수정전	수정후
1123	Na	百货	2	2
1124	Na	百货大楼	2	2
1125	Na	包子	2	2
1126	VC	保守	2	2
1127	VH	诚实	2	2
1128	Na	磁带	2	2
1129	VH	错	2	2
1130	VA	大哭	2	2
1131	Na	大楼	2	2
1132	VHC	饿死	2	1
1133	D	放声	2	2
1134	VA	歌唱	2	2
1135	Na	功课	2	2
1136	D	好好儿	2	2
1137	Na	课本	2	2
1138	VH	客气	2	2
1139	VA	来临	2	3
1140	VA	离婚	2	2
1141	Dfa	满	2	2
1142	Nc	美容院	2	3
1143	Nf	门	2	2
1144	Na	秘密	2	2
1145	VB	拿过来	2	2
1146	Na	牛肉	2	2
1147	Nf	排	2	2
1148	VJ	起不了	2	2
1149	VC	瞧	2	2
1150	VH	清	2	2
1151	D	稍微	2	2
1152	Na	少年	2	2
1153	VH	适合	2	1
1154	Na	思想	2	2
1155	D	所	2	1
1156	VH	退伍	2	3
1157	Na	网吧	2	2
1158	Na	小吃	2	2
1159	VC	修	2	2
1160	VH	虚弱	2	2
1161	Na	艺术	2	2
1162	A	原来	2	2

순서	품사	단어	통합	
			수정전	수정후
1163	VK	愿	2	1
1164	VC	找回	2	2
1165	Na	中学生	2	1
1166	VJ	尊敬	2	2
1167	VJ	尊重	2	2
1168	Ncd	左	2	2
1169	Na	必要	2	0
1170	Nb	陈	2	2
1171	VD	传	2	1
1172	VB	传教	2	2
1173	VA	打球	2	2
1174	Na	单词	2	2
1175	VH	得分	2	2
1176	Na	电影儿	2	2
1177	Na	动物	2	2
1178	D	独自	2	2
1179	Na	对话	2	2
1180	Na	风味菜	2	2
1181	VJ	赶不上	2	1
1182	VC	赶走	2	2
1183	Na	公主	2	2
1184	VH	乖	2	2
1185	VH	乖巧	2	2
1186	VH	过分	2	1
1187	VH	海水蓝	2	2
1188	VH	好极了	2	1
1189	Na	猴子	2	2
1190	VB	化妆	2	1
1191	Na	鸡肉	2	2
1192	Na	家家户户	2	2
1193	VC	捡到	2	2
1194	VH	结实	2	2
1195	Nf	届	2	2
1196	Dk	就是说	2	2
1197	D	快点	2	2
1198	Na	老大爷	2	2
1199	VH	冷清	2	2
1200	Ncd	里边	2	2
1201	VH	恋爱	2	2
1202	VH	亮亮	2	2

순서	품사	단어	통합	
			수정전	수정후
1203	D	临	2	2
1204	Na	贸易	2	2
1205	Ncd	南边	2	2
1206	VA	念书	2	2
1207	Na	农业	2	2
1208	VC	暖和	2	2
1209	Na	皮鞋	2	2
1210	VK	气	2	1
1211	VH	痊愈	2	2
1212	Na	人民币	2	2
1213	Na	十字架	2	2
1214	Nc	事业家	2	2
1215	VC	收看	2	2
1216	Na	售货员	2	2
1217	Na	叔母	2	2
1218	VD	说给	2	2
1219	VH	算	2	2
1220	VB	算命	2	2
1221	Na	糖果	2	2
1222	Na	特色	2	2
1223	VE	听听	2	2
1224	Nf	碗	2	2
1225	Ncd	西	2	2
1226	VA	洗澡	2	2
1227	Na	峡谷	2	2
1228	Nb	小哥	2	2
1229	Na	小组	2	2
1230	Na	校门	2	1
1231	VC	写好	2	2
1232	VA	写信	2	1
1233	Na	选手	2	2
1234	Na	学科	2	1
1235	VC	咬	2	2
1236	Nb	耶稣基督	2	2
1237	Na	音乐会	2	2
1238	VH	应该	2	2
1239	VJ	有益	2	2
1240	VK	在乎	2	2
1241	VA	早睡早起	2	2
1242	VC	抓住	2	2

순서	품사	단어	통합	
			수정전	수정후
1243	Na	紫菜	2	2
1244	VH	自我	2	1
1245	VC	做不了	2	2
1246	Na	翻译	2	1
1247	VHC	开阔	2	1
1248	D	了不起	2	1
1249	Na	模样	2	1
1250	Na	能力	2	1
1251	Na	使用	2	1
1252	Na	试验	2	1
1253	VC	下来	2	0
1254	VH	幽默	2	1
1255	Na	责任感	2	1
1256	T	哦	2	0
1257	Nc	首尔	1	18
1258	VA	搬家	1	1
1259	VH	重要	1	1
1260	VK	关心	1	1
1261	VE	安排	1	2
1262	Na	房子	1	1
1263	Nd	当时	1	1
1264	Cbb	而	1	6
1265	Na	外套	1	2
1266	Na	专家	1	0
1267	Nd	那时	1	1
1268	VE	发现	1	2
1269	D	刚	1	4
1270	Cbb	由于	1	9
1271	VJ	欢迎	1	2
1272	Nd	后来	1	1
1273	Na	觉	1	6
1274	Na	期间	1	4
1275	Na	活动	1	1
1276	Cbb	只要	1	2
1277	D	并	1	2
1278	VK	记	1	1
1279	Dk	那	1	2
1280	Na	日子	1	2
1281	Neqa	不少	1	2
1282	Nh	对方	1	3

순서	품사	단어	통합	
			수정전	수정후
1283	D	渐	1	2
1284	D	那里	1	2
1285	P	随着	1	1
1286	Neqa	所有	1	4
1287	D	真是	1	2
1288	Na	城市	1	2
1289	D	更	1	1
1290	VK	记得	1	1
1291	VH	开朗	1	2
1292	VK	忘记	1	1
1293	Na	海边	1	1
1294	Na	汉字	1	1
1295	VC	考	1	3
1296	VH	清楚	1	0
1297	Na	树	1	2
1298	Cbb	因此	1	6
1299	Na	交通	1	1
1300	Nd	那天	1	1
1301	Neqa	全	1	2
1302	VH	伤	1	1
1303	Na	态度	1	2
1304	Caa	与	1	2
1305	Na	爸	1	1
1306	Na	部分	1	1
1307	VC	定	1	1
1308	VJ	怀	1	2
1309	D	忽然	1	1
1310	VD	寄	1	3
1311	Na	节目	1	1
1312	Nd	今	1	2
1313	Na	科学	1	1
1314	VE	想要	1	2
1315	Nf	些	1	1
1316	VH	严重	1	2
1317	VH	不同	1	2
1318	Na	地铁	1	1
1319	Na	国语	1	1
1320	VH	黑	1	2
1321	VH	激动	1	1
1322	VK	坚持	1	3

순서	품사	단어	통합	
			수정전	수정후
1323	Na	老板	1	1
1324	Na	理想	1	1
1325	Na	马路	1	1
1326	VH	危险	1	1
1327	D	终	1	1
1328	D	总	1	3
1329	Cbb	并且	1	1
1330	Cbb	不管	1	1
1331	Nc	成功	1	2
1332	D	重新	1	1
1333	Na	宠物	1	1
1334	Neqa	大部分	1	1
1335	VC	锻炼	1	1
1336	VHC	烦	1	1
1337	VJ	高中	1	0
1338	VH	合	1	2
1339	Ng	间	1	1
1340	VH	开学	1	1
1341	Na	理由	1	1
1342	Na	量	1	1
1343	VH	亲密	1	1
1344	Nc	身边	1	1
1345	VH	睡着	1	3
1346	Na	头发	1	1
1347	Na	小说	1	1
1348	A	一般	1	2
1349	D	在	1	2
1350	Na	政府	1	1
1351	VJ	重视	1	1
1352	VC	准备好	1	2
1353	VC	表达	1	4
1354	VC	参观	1	1
1355	VA	当兵	1	2
1356	VD	发	1	3
1357	VH	发达	1	1
1358	VJ	获得	1	0
1359	Nd	季	1	1
1360	VA	聚	1	1
1361	Nc	欧洲	1	1
1362	Na	声音	1	1

순서	품사	단어	통합	
			수정전	수정후
1363	Na	跆拳道	1	1
1364	Nc	天津	1	1
1365	D	天天	1	3
1366	Na	雪人	1	1
1367	Nep	这样	1	1
1368	Cbb	只有	1	3
1369	Nc	中学	1	1
1370	Na	自然	1	1
1371	VA	自杀	1	1
1372	VC	做好	1	5
1373	Na	座位	1	1
1374	VC	抱	1	2
1375	VH	不得了	1	1
1376	VC	吵	1	3
1377	Nep	此	1	1
1378	Na	错误	1	4
1379	VE	答应	1	2
1380	T	的	1	1
1381	VCL	度过	1	2
1382	VC	堆	1	1
1383	P	对于	1	2
1384	Dfa	多么	1	1
1385	Nf	幅	1	1
1386	VH	复杂	1	1
1387	VH	更多	1	1
1388	Nc	教堂	1	1
1389	Na	姐妹	1	1
1390	Na	京剧	1	1
1391	Na	经理	1	1
1392	Na	军人	1	1
1393	VC	拉	1	1
1394	D	立刻	1	2
1395	Nc	楼	1	1
1396	Neqa	那些	1	1
1397	Na	男	1	1
1398	VC	取	1	2
1399	P	受	1	2
1400	VJ	受到	1	1
1401	Nh	他俩	1	1
1402	VA	下班	1	1

순서	품사	단어	통합	
			수정전	수정후
1403	VC	学会	1	2
1404	Neu	一百	1	1
1405	VH	正式	1	2
1406	VH	值得	1	0
1407	D	逐渐	1	1
1408	Nf	座	1	2
1409	VH	差不多	1	1
1410	VA	出国	1	1
1411	VB	打招呼	1	1
1412	VC	订	1	1
1413	VH	对	1	1
1414	Nc	法国	1	1
1415	VE	反对	1	1
1416	VA	放暑假	1	1
1417	VH	丰富	1	1
1418	Na	工人	1	1
1419	Na	工资	1	1
1420	Nd	古代	1	1
1421	VF	鼓励	1	1
1422	VH	好听	1	3
1423	Ncd	后面	1	1
1424	VC	加入	1	1
1425	VH	骄傲	1	1
1426	VA	交往	1	1
1427	VC	举行	1	1
1428	VB	开玩笑	1	1
1429	VHC	可怜	1	1
1430	VJ	克服	1	1
1431	Na	历史	1	1
1432	Na	脸色	1	0
1433	VHC	满足	1	1
1434	VC	面对	1	1
1435	VH	内向	1	1
1436	VH	暖和	1	2
1437	D	亲自	1	1
1438	VF	求	1	0
1439	Nh	人家	1	0
1440	Neqa	任何	1	1
1441	D	仍然	1	1
1442	Na	日语	1	1

순서	품사	단어	통합	
			수정전	수정후
1443	Na	肉	1	1
1444	VA	上来	1	1
1445	Cbb	甚至	1	1
1446	VF	试	1	1
1447	Na	事故	1	1
1448	Na	树叶	1	2
1449	VH	爽快	1	2
1450	Na	谈话	1	1
1451	VE	提醒	1	1
1452	Na	网	1	2
1453	Na	味	1	1
1454	Na	舞蹈	1	2
1455	VCL	下	1	1
1456	Na	雪仗	1	1
1457	Na	压力	1	1
1458	Na	椅子	1	1
1459	VHC	有害	1	2
1460	Na	语法	1	1
1461	Nd	早晨	1	0
1462	VH	真	1	2
1463	Neqa	整	1	1
1464	P	直到	1	1
1465	VCL	走到	1	2
1466	VCL	走进	1	1
1467	VA	走路	1	1
1468	Ncd	边儿	1	1
1469	Nc	补习班	1	1
1470	Na	步	1	1
1471	D	不应该	1	1
1472	VH	不足	1	1
1473	VC	尝尝	1	2
1474	Na	成员	1	2
1475	VH	吃惊	1	1
1476	Nd	从前	1	2
1477	D	从早到晚	1	2
1478	VC	打死	1	1
1479	VA	打网球	1	2
1480	Da	大约	1	2
1481	Na	大夫	1	0
1482	VG	担任	1	1

순서	품사	단어	통합	
			수정전	수정후
1483	Na	岛	1	1
1484	VH	低	1	1
1485	Na	独生女	1	1
1486	VC	堵	1	2
1487	VC	改正	1	1
1488	VK	感	1	1
1489	VK	感觉到	1	1
1490	VK	感受到	1	1
1491	Na	歌手	1	1
1492	VA	公演	1	1
1493	D	还可以	1	1
1494	Na	好友	1	1
1495	Cbb	和	1	1
1496	VH	和好	1	1
1497	Na	花盆	1	1
1498	VJ	怀念	1	1
1499	Na	婚礼	1	1
1500	Na	货架	1	1
1501	Na	护士	1	1
1502	VH	挤	1	1
1503	Na	教授	1	1
1504	VC	结	1	1
1505	VK	惊讶	1	1
1506	Na	警察	1	1
1507	VC	举办	1	1
1508	Na	距离	1	0
1509	VA	开会	1	2
1510	D	看来	1	1
1511	VC	烤	1	1
1512	VE	考虑	1	0
1513	Nf	刻	1	1
1514	VH	哭笑不得	1	1
1515	VH	困	1	1
1516	Na	拉面	1	1
1517	VH	来不了	1	1
1518	Na	篮球	1	1
1519	Na	懒觉	1	3
1520	Na	老朋友	1	1
1521	VH	老实	1	1
1522	VH	乐观	1	1

순서	품사	단어	통합	
			수정전	수정후
1523	VHC	累死	1	1
1524	VC	利用	1	1
1525	Neu	两三	1	1
1526	VH	了不起	1	1
1527	VB	淋湿	1	1
1528	VHC	麻烦	1	1
1529	Na	毛衣	1	1
1530	Nf	秒	1	1
1531	Neqa	那么多	1	1
1532	VC	你好	1	1
1533	D	偶然	1	1
1534	VC	碰到	1	1
1535	VC	碰见	1	1
1536	Na	期望	1	1
1537	Na	企业	1	1
1538	VE	请问	1	0
1539	Na	日本菜	1	1
1540	D	日益	1	1
1541	Na	嫂子	1	2
1542	Na	沙发	1	1
1543	D	稍	1	2
1544	D	少	1	2
1545	Na	设施	1	1
1546	VA	生活	1	3
1547	A	师范	1	1
1548	Nf	首	1	0
1549	VK	受到	1	1
1550	VHC	疏远	1	1
1551	VE	说明	1	0
1552	Na	丝绸	1	1
1553	VH	算了	1	2
1554	Nh	他们俩	1	1
1555	Na	糖	1	1
1556	VJ	疼	1	1
1557	VJ	疼爱	1	2
1558	VC	体验	1	1
1559	VE	听见	1	1
1560	VHC	停	1	2
1561	A	唯一	1	1
1562	Ncd	下	1	0

순서	품사	단어	통합	
			수정전	수정후
1563	Nf	下	1	3
1564	Na	鲜花	1	1
1565	VH	相爱	1	1
1566	VA	相处	1	1
1567	VA	消失	1	1
1568	Nb	小李	1	1
1569	Nb	小王	1	1
1570	Na	效果	1	1
1571	VC	孝敬	1	1
1572	Na	心地	1	1
1573	Na	宣传画	1	1
1574	VF	要求	1	0
1575	Nf	页	1	2
1576	D	尤其	1	0
1577	Na	鱼	1	1
1578	VJ	原谅	1	1
1579	VB	再见	1	1
1580	Nh	咱们俩	1	0
1581	Na	照相机	1	1
1582	Nd	之间	1	1
1583	D	至今	1	1
1584	VA	作文	1	1
1585	VH	爱玩	1	1
1586	VJ	爱惜	1	1
1587	VH	饱	1	1
1588	VE	抱怨	1	1
1589	P	比如	1	1
1590	Na	冰淇淋	1	1
1591	VHC	冰砖	1	1
1592	Na	材料	1	1
1593	D	曾经	1	1
1594	Na	场面	1	1
1595	VJ	超过	1	2
1596	Nc	超市	1	1
1597	Na	成果	1	1
1598	VA	出门	1	0
1599	Nf	处	1	2
1600	D	处处	1	0
1601	VC	答错	1	1
1602	VC	打碎	1	1

순서	품사	단어	통합	
			수정전	수정후
1603	VB	打针	1	1
1604	VCL	呆	1	1
1605	D	当面	1	1
1606	VE	道	1	1
1607	Na	道路	1	1
1608	Na	电话铃	1	2
1609	VC	掉	1	1
1610	VH	逗笑	1	2
1611	VH	多事	1	1
1612	Caa	而	1	0
1613	VC	发动	1	1
1614	VA	发脾气	1	1
1615	VH	发烧	1	1
1616	Na	发言	1	1
1617	VHC	放松	1	1
1618	Nc	服装店	1	2
1619	VL	赶得上	1	2
1620	A	高等	1	1
1621	Na	工业	1	1
1622	Na	顾客	1	1
1623	VC	刮倒	1	0
1624	Na	瓜子	1	1
1625	VJ	关怀	1	1
1626	VC	观看	1	0
1627	VH	关门	1	2
1628	VA	过年	1	1
1629	Na	汉堡	1	2
1630	Na	好事	1	2
1631	VH	合作	1	1
1632	Ncd	后边	1	1
1633	Na	花瓶	1	1
1634	Na	黄瓜	1	1
1635	VC	回报	1	1
1636	Na	胡同	1	1
1637	Caa	及	1	0
1638	VCL	挤满	1	2
1639	Na	家门	1	1
1640	Na	结论	1	1
1641	VC	解	1	0
1642	VD	借给	1	1

순서	품사	단어	통합	
			수정전	수정후
1643	VC	借去	1	1
1644	Na	劲儿	1	1
1645	Na	镜子	1	1
1646	VH	旧	1	1
1647	VA	居住	1	1
1648	VH	开演	1	2
1649	VC	考完	1	0
1650	Nf	颗	1	1
1651	Na	瞌睡	1	1
1652	Nc	客厅	1	1
1653	Na	空调	1	1
1654	Na	苦难	1	1
1655	T	啦	1	1
1656	Na	蓝色	1	1
1657	Na	礼拜	1	1
1658	Neu	俩	1	1
1659	Na	脸蛋	1	2
1660	Na	零件	1	1
1661	Na	铃声	1	1
1662	Na	零用钱	1	2
1663	VH	乱	1	0
1664	VA	落	1	1
1665	VC	买到	1	0
1666	Na	米饭	1	1
1667	Na	面色	1	1
1668	Na	民族	1	1
1669	Na	名胜	1	0
1670	VI	陌生	1	1
1671	Nes	某	1	2
1672	VK	能够	1	1
1673	Nc	农村	1	1
1674	VC	弄脏	1	1
1675	VCL	爬到	1	1
1676	VA	徘徊	1	1
1677	Na	胖子	1	1
1678	VH	平常	1	1
1679	Na	企业家	1	1
1680	VA	气哭	1	1
1681	Na	气质	1	1
1682	VH	亲热	1	1

순서	품사	단어	통합	
			수정전	수정후
1683	D	亲眼	1	1
1684	Nb	秦始皇	1	1
1685	Cbb	然而	1	1
1686	Na	热心	1	1
1687	A	日常	1	1
1688	Na	容貌	1	1
1689	VH	入睡	1	1
1690	VH	上去	1	2
1691	Na	上天	1	1
1692	Na	肾病	1	1
1693	Na	生词	1	1
1694	Na	师傅	1	1
1695	Na	诗集	1	1
1696	Na	室内	1	1
1697	Nc	市政府	1	1
1698	Nf	束	1	2
1699	Na	数学	1	1
1700	VA	睡好	1	1
1701	D	说起来	1	1
1702	Na	太太	1	1
1703	Na	套餐	1	2
1704	Nf	跳	1	2
1705	VJ	听得懂	1	0
1706	VC	推	1	2
1707	VF	托	1	1
1708	VC	脱	1	1
1709	VH	文静	1	1
1710	VJ	误	1	2
1711	D	先~然后	1	1
1712	VH	香	1	2
1713	VH	相互	1	1
1714	VK	想见	1	1
1715	Na	项目	1	1
1716	Na	相片	1	2
1717	Na	小伙子	1	1
1718	Na	小猫	1	2
1719	Na	小偷儿	1	1
1720	Na	形容	1	1
1721	Na	压岁钱	1	1
1722	Na	演讲	1	1

순서	품사	단어	통합	
			수정전	수정후
1723	Nd	夜晚	1	1
1724	Neqa	一切	1	0
1725	D	一口	1	1
1726	VK	意味	1	0
1727	Na	议员	1	1
1728	VC	迎接	1	1
1729	Nc	幼儿园	1	1
1730	VC	诱拐	1	1
1731	Na	院子	1	2
1732	Na	运气	1	1
1733	VC	责备	1	1
1734	VH	怎么	1	0
1735	VHC	增长	1	1
1736	Na	炸鸡	1	1
1737	VC	折	1	1
1738	VH	真实	1	0
1739	VC	挣	1	1
1740	Nd	整天	1	1
1741	Ng	之内	1	1
1742	Na	执照	1	1
1743	Nd	钟	1	2
1744	Na	中级	1	1
1745	VL	终于	1	1
1746	Na	种类	1	1
1747	Na	猪肉	1	1
1748	VC	祝贺	1	1
1749	Na	砖	1	1
1750	Na	姿势	1	1
1751	VH	自豪	1	1
1752	Na	租车	1	1
1753	D	最好	1	1
1754	I	哎呀	1	1
1755	VJ	爱上	1	0
1756	VC	按	1	0
1757	D	按期	1	1
1758	Nf	把	1	1
1759	Na	白发	1	1
1760	Na	白糖	1	1
1761	Nd	白天	1	1
1762	Na	班会	1	1

순서	품사	단어	통합	
			수정전	수정후
1763	VC	拌	1	1
1764	VA	伴奏	1	1
1765	Na	包裹	1	1
1766	Na	宝物	1	1
1767	VJ	抱有	1	1
1768	Nc	北海	1	1
1769	Na	被子	1	1
1770	VC	绷紧	1	1
1771	Na	鼻子	1	0
1772	Nh	彼此	1	1
1773	VC	编导	1	1
1774	Na	标签	1	1
1775	Na	标准	1	1
1776	VHC	冰	1	1
1777	Na	冰棍	1	1
1778	VE	猜猜	1	1
1779	VC	猜对	1	1
1780	Na	菜谱	1	1
1781	VC	操持	1	1
1782	Na	草地	1	1
1783	VH	吵	1	0
1784	VC	称赞	1	1
1785	VA	充电	1	1
1786	VH	重重	1	1
1787	D	重复	1	1
1788	Na	虫子	1	1
1789	Na	筹款	1	1
1790	VA	出嫁	1	1
1791	Na	出租车	1	1
1792	Na	窗台	1	1
1793	VD	赐给	1	1
1794	VH	粗	1	1
1795	VC	打起	1	0
1796	VC	打伤	1	1
1797	VC	大风刮	1	1
1798	Nd	大后天	1	1
1799	VH	单身	1	1
1800	VJ	耽误	1	1
1801	Na	单眼皮	1	1
1802	Na	蛋糕	1	1

순서	품사	단어	통합	
			수정전	수정후
1803	VA	当家	1	1
1804	VH	倒霉	1	1
1805	Na	导演	1	1
1806	VA	到校	1	1
1807	VC	等等	1	1
1808	Na	电力	1	1
1809	Nf	顶	1	1
1810	Ncd	东部	1	1
1811	Na	洞口	1	1
1812	VC	逗乐	1	0
1813	VH	独一无二	1	1
1814	VHC	断	1	1
1815	Na	对手	1	1
1816	VH	多疑	1	1
1817	VH	饿肚子	1	1
1818	Na	二哥	1	1
1819	Na	发表会	1	1
1820	D	反覆	1	0
1821	Na	犯人	1	1
1822	VA	飞	1	1
1823	VHC	分开	1	1
1824	Na	粉红色	1	1
1825	VC	缝好	1	1
1826	VH	丰饶	1	1
1827	VA	服兵役	1	1
1828	VA	服毒	1	1
1829	VJ	负	1	1
1830	Na	父女	1	1
1831	VH	富裕	1	1
1832	Na	歌剧	1	1
1833	VC	更换	1	1
1834	Na	公共汽车站	1	1
1835	VJ	共有	1	1
1836	Nc	姑姑家	1	1
1837	Na	雇员	1	1
1838	Na	卦	1	1
1839	Na	广播	1	1
1840	Na	广告	1	1
1841	Nc	国文系	1	1
1842	Na	过错	1	1

순서	품사	단어	통합	
			수정전	수정후
1843	D	还不是	1	1
1844	Nc	海滨	1	1
1845	Na	海棠	1	1
1846	Nb	韩服	1	1
1847	VH	好好玩	1	1
1848	Na	好意	1	1
1849	I	呵	1	1
1850	VC	合唱	1	1
1851	VA	喝水	1	1
1852	Na	红柿	1	1
1853	VH	欢欢喜喜	1	1
1854	Nb	黄酱汤	1	1
1855	Na	黄金	1	1
1856	VB	回来	1	1
1857	Na	混血儿	1	1
1858	Na	火线	1	1
1859	VH	糊涂	1	1
1860	VJ	积	1	0
1861	VH	唧唧	1	1
1862	Na	机器	1	1
1863	VH	及格	1	0
1864	VC	济	1	1
1865	VA	祭祖	1	0
1866	VHC	加快	1	1
1867	Na	价钱	1	1
1868	Na	驾驶证	1	1
1869	VH	艰苦	1	0
1870	VHC	减弱	1	0
1871	Na	将军	1	1
1872	VD	讲给	1	1
1873	VK	讲究	1	1
1874	VA	教书	1	1
1875	VC	教导	1	1
1876	VA	叫喊	1	1
1877	Na	叫声	1	1
1878	VJ	竭尽	1	1
1879	VC	进不了	1	1
1880	VA	尽孝	1	1
1881	VH	惊诧	1	1
1882	VH	精打细算	1	1

순서	품사	단어	통합	
			수정전	수정후
1883	VCL	经过	1	1
1884	Nc	警察局	1	1
1885	Na	景致	1	0
1886	VA	举杯	1	1
1887	VAC	聚集	1	1
1888	Nc	郡	1	1
1889	VC	开放	1	1
1890	VC	开开	1	1
1891	VA	开药	1	1
1892	VA	咳嗽	1	1
1893	Na	肯德鸡	1	1
1894	Na	空间	1	1
1895	Na	空儿	1	1
1896	Na	口袋	1	1
1897	VH	宽敞	1	1
1898	Na	辣椒粉	1	1
1899	Na	来信	1	1
1900	VH	懒惰	1	1
1901	Nf	厘米	1	1
1902	Na	梨子	1	1
1903	VB	理发	1	1
1904	Na	链	1	1
1905	VH	良好	1	1
1906	VE	聊聊	1	0
1907	Na	零食	1	1
1908	VA	溜达	1	1
1909	VA	流血	1	1
1910	VH	流行	1	1
1911	Na	履历书	1	1
1912	VH	乱七八糟	1	1
1913	VC	买好	1	1
1914	VD	卖给	1	1
1915	VH	卖乖	1	1
1916	VH	慢慢腾腾	1	1
1917	D	慢慢儿	1	1
1918	VH	毛毛	1	1
1919	Na	帽子	1	1
1920	Na	玫瑰	1	1
1921	VH	闷热	1	1
1922	Na	米	1	1

순서	품사	단어	통합	
			수정전	수정후
1923	Na	秘诀	1	1
1924	Na	面粉	1	1
1925	Na	庙会	1	1
1926	Na	牡丹	1	1
1927	D	哪来	1	1
1928	Ncd	哪里	1	1
1929	Na	脑筋	1	1
1930	Na	闹钟	1	1
1931	Nd	年初	1	1
1932	Na	年糕	1	1
1933	VH	年老	1	1
1934	Na	年事	1	1
1935	VK	宁可	1	1
1936	VA	排队	1	0
1937	Na	泡菜饼	1	1
1938	VCL	跑到	1	1
1939	VA	碰头	1	1
1940	Nf	片儿	1	1
1941	Nf	平方米	1	1
1942	Na	品质	1	1
1943	Da	起码	1	1
1944	Na	潜水镜	1	1
1945	VH	浅	1	1
1946	Na	歉	1	1
1947	VG	切成	1	1
1948	VH	亲	1	1
1949	VH	去去	1	1
1950	D	全	1	1
1951	VH	确确实实	1	1
1952	VK	确信	1	1
1953	VE	嚷嚷	1	1
1954	VA	让步	1	1
1955	VJ	热心	1	0
1956	VH	仁慈	1	1
1957	VH	人山人海	1	1
1958	Dfa	如此	1	1
1959	Na	儒教	1	1
1960	Na	入场票	1	1
1961	Na	软件	1	1
1962	VA	散去	1	1

순서	품사	단어	통합	
			수정전	수정후
1963	Na	色	1	1
1964	VC	上去	1	0
1965	VAC	上映	1	1
1966	Na	设计师	1	1
1967	Na	申请单	1	1
1968	VJ	深受	1	1
1969	Na	生产率	1	1
1970	Na	生气	1	1
1971	Na	剩饭	1	1
1972	Na	湿度	1	1
1973	Na	失主	1	1
1974	Na	十兜	1	1
1975	Na	石榴	1	1
1976	VH	实用	1	1
1977	D	始终	1	1
1978	Na	士官	1	1
1979	Na	侍女	1	1
1980	Na	视野	1	1
1981	VD	收	1	1
1982	Nes	首	1	1
1983	Na	手指	1	1
1984	Na	手纸	1	1
1985	Nc	树林	1	0
1986	VC	摔	1	0
1987	VC	甩	1	1
1988	Na	水分	1	1
1989	Na	丝儿	1	1
1990	Na	蒜	1	1
1991	VG	算不了	1	1
1992	Nf	台	1	1
1993	Na	碳火	1	1
1994	VA	逃亡	1	1
1995	D	特意	1	1
1996	VG	踢成	1	1
1997	VB	提前	1	1
1998	VH	甜	1	1
1999	Na	甜食	1	1
2000	VC	挑选	1	1
2001	VA	跳水	1	1
2002	D	通宵达旦	1	1

순서	품사	단어	통합	
			수정전	수정후
2003	VH	同屋	1	1
2004	Dfb	透	1	1
2005	Na	秃鹫	1	1
2006	Na	团年饭	1	1
2007	VA	外出	1	1
2008	VH	完毕	1	1
2009	VH	顽皮	1	1
2010	VC	玩玩	1	1
2011	VF	委托	1	1
2012	D	未免	1	1
2013	Na	卫生纸	1	1
2014	VCL	位于	1	1
2015	Dk	无论如何	1	0
2016	Nc	武汉	1	1
2017	VA	午睡	1	1
2018	Nd	午夜	1	1
2019	D	无缘无故	1	1
2020	D	勿	1	1
2021	VJ	牺牲	1	1
2022	VC	洗	1	0
2023	Na	喜剧片	1	1
2024	VA	洗脸	1	1
2025	VA	洗手	1	1
2026	Na	细雨	1	1
2027	VH	细致	1	1
2028	VA	下功夫	1	1
2029	Nd	下月	1	0
2030	Na	先辈	1	1
2031	VC	献身	1	1
2032	Na	香蕉	1	1
2033	VH	相似	1	0
2034	Na	相框	1	1
2035	VA	写字	1	1
2036	A	心爱	1	1
2037	Na	熊	1	0
2038	VC	修好	1	1
2039	Na	修配车	1	1
2040	VA	喧哗	1	1
2041	Na	烟花	1	1
2042	Na	眼镜	1	1

순서	품사	단어	통합	
			수정전	수정후
2043	Na	眼圈儿	1	1
2044	VA	咬牙	1	1
2045	VH	要好	1	0
2046	Dk	也就是说	1	1
2047	D	一一	1	1
2048	Na	遗迹	1	1
2049	VH	遗迹	1	1
2050	D	一块儿	1	1
2051	D	一再	1	1
2052	A	易爆	1	1
2053	Neqa	一声声	1	1
2054	Na	迎春花	1	1
2055	D	硬	1	1
2056	Nc	游乐场	1	1
2057	VH	游手好闲	1	1
2058	Na	有心人	1	1
2059	Nc	浴场	1	1
2060	VC	预订	1	1
2061	Nd	月初	1	1
2062	VC	熨	1	1
2063	Na	运营	1	1
2064	VH	在一块儿	1	1
2065	D	早些	1	1
2066	VH	早早	1	1
2067	VG	造成	1	1
2068	VC	责怪	1	1
2069	A	暂时	1	1
2070	VJ	珍爱	1	1
2071	VA	争吵	1	1
2072	Na	正门	1	1
2073	VA	挣钱	1	1
2074	Na	纸	1	1
2075	Na	中语	1	1
2076	Na	助教	1	1
2077	VC	赚	1	1
2078	VA	转来转去	1	1
2079	VA	赚钱	1	0
2080	VC	撞断	1	1
2081	VC	追随	1	1
2082	D	准	1	1

순서	품사	단어	통합	
			수정전	수정후
2083	Na	资料	1	1
2084	Na	自信感	1	1
2085	VA	走来走去	1	0
2086	VH	坐立不安	1	1
2087	Na	作文课	1	1
2088	Na	学术	1	0
2089	VA	下雪	0	0
2090	VB	送行	0	0
2091	VE	讨论	0	0
2092	VC	研究	0	0
2093	VE	想起	0	1
2094	VE	主张	0	0
2095	Dfa	相当	0	0
2096	D	即	0	0
2097	D	立即	0	0
2098	Nc	哈尔滨	0	0
2099	D	差点儿	0	0
2100	VE	商量商量	0	0
2101	D	到处	0	1
2102	VH	热情	0	0
2103	VJ	达到	0	2
2104	Nc	面前	0	2
2105	De	之	0	2
2106	Na	初雪	0	0
2107	VH	浪费	0	0
2108	Neqa	其他	0	2
2109	Dfa	十分	0	0
2110	D	正	0	8
2111	Na	服装	0	0
2112	VK	理解	0	2
2113	VK	难忘	0	0
2114	VG	真是	0	1
2115	VH	吃力	0	1
2116	Na	感觉	0	2
2117	Nc	机场	0	0
2118	Ng	里	0	1
2119	Na	年轻人	0	0
2120	P	通过	0	0
2121	Na	相机	0	2
2122	Na	学期	0	0

순서	품사	단어	통합	
			수정전	수정후
2123	Na	意见	0	0
2124	Na	丈夫	0	0
2125	Nd	之后	0	4
2126	Na	发展	0	0
2127	VC	放弃	0	0
2128	VK	害怕	0	2
2129	D	只好	0	1
2130	Na	部队	0	1
2131	Nc	大连	0	0
2132	Nf	份	0	0
2133	Na	回忆	0	0
2134	Na	经验	0	1
2135	Nc	内蒙古	0	0
2136	D	能够	0	2
2137	VCL	入	0	0
2138	VC	遇到	0	0
2139	Na	主张	0	0
2140	Nc	长春	0	0
2141	D	到底	0	0
2142	Nf	段	0	0
2143	VK	感觉	0	5
2144	VH	深刻	0	0
2145	Ng	之后	0	3
2146	VH	出现	0	1
2147	Na	过程	0	0
2148	VA	戒烟	0	2
2149	VC	联系	0	0
2150	Nd	平时	0	0
2151	Na	日程	0	0
2152	Nf	套	0	0
2153	Nc	我国	0	1
2154	Na	现象	0	1
2155	Na	血型	0	0
2156	VC	照	0	4
2157	VA	分手	0	0
2158	D	根本	0	0
2159	Na	公寓	0	0
2160	Nc	故宫	0	1
2161	Na	孩子	0	0
2162	Nf	间	0	0

순서	품사	단어	통합	
			수정전	수정후
2163	VH	简单	0	0
2164	D	渐渐	0	1
2165	VA	考试	0	3
2166	VH	困难	0	0
2167	VA	来往	0	0
2168	VH	去世	0	3
2169	VJ	适应	0	0
2170	Na	手术	0	0
2171	Na	条件	0	0
2172	VJ	想念	0	0
2173	Na	兴趣	0	2
2174	Nc	一段	0	1
2175	Cbb	于是	0	0
2176	Na	预报	0	0
2177	Na	月份	0	0
2178	VH	白白	0	0
2179	VC	包	0	2
2180	D	不得不	0	0
2181	D	不可	0	0
2182	D	不知不觉	0	0
2183	Na	车祸	0	0
2184	VH	吃苦	0	0
2185	Na	动作	0	0
2186	VK	放心	0	0
2187	Na	韩流	0	0
2188	VH	和平	0	1
2189	Caa	或	0	1
2190	Na	技术	0	0
2191	Nf	辆	0	1
2192	Nes	另	0	0
2193	Ncd	那里	0	1
2194	D	难以	0	0
2195	Na	女孩	0	0
2196	Nd	期末	0	0
2197	VA	日出	0	0
2198	VG	算	0	1
2199	VJ	无	0	0
2200	Na	雪景	0	0
2201	D	也许	0	0
2202	Da	正好	0	0

순서	품사	단어	통합	
			수정전	수정후
2203	Ng	之前	0	1
2204	Na	状况	0	0
2205	VC	帮	0	2
2206	Na	报告书	0	5
2207	VA	报名	0	0
2208	VC	穿上	0	1
2209	D	从此	0	1
2210	Ng	当中	0	0
2211	Nf	度	0	0
2212	Na	方面	0	0
2213	Na	风	0	0
2214	Na	高中生	0	1
2215	Caa	跟	0	1
2216	VA	观光	0	0
2217	VH	厚	0	0
2218	Nc	黄山	0	0
2219	VH	基础	0	1
2220	Na	家具	0	0
2221	Na	健忘症	0	0
2222	D	尽快	0	1
2223	D	竟然	0	2
2224	Na	决心	0	0
2225	VC	流下	0	0
2226	Nc	洛阳	0	0
2227	VC	弄丢	0	3
2228	VK	期待	0	0
2229	VA	起来	0	3
2230	VA	前进	0	0
2231	VH	强	0	1
2232	Na	全家	0	0
2233	VJ	深爱	0	2
2234	Na	失业者	0	0
2235	Ng	似的	0	0
2236	VE	说起	0	0
2237	VK	体会到	0	0
2238	A	同一	0	0
2239	VH	外向	0	0
2240	VH	无聊	0	0
2241	Cbb	无论	0	1
2242	Ncd	下面	0	0

순서	품사	단어	통합	
			수정전	수정후
2243	VA	下去	0	0
2244	VJ	欣赏	0	1
2245	Nc	眼前	0	0
2246	Na	要求	0	0
2247	Na	夜景	0	4
2248	Cbb	因	0	0
2249	VJ	拥有	0	0
2250	VH	优秀	0	2
2251	Na	缘故	0	1
2252	VHC	增加	0	0
2253	Nd	这时	0	0
2254	VC	撞伤	0	0
2255	Na	白色	0	0
2256	Na	白雪	0	0
2257	VH	悲伤	0	0
2258	P	比如说	0	0
2259	Nc	宾馆	0	0
2260	Cbb	并	0	0
2261	VC	布置	0	0
2262	VA	参军	0	2
2263	Nf	层	0	0
2264	VHC	产生	0	2
2265	Nc	长白山	0	0
2266	VH	成熟	0	0
2267	Na	大提琴	0	0
2268	VC	代替	0	0
2269	Na	电子	0	1
2270	VC	发	0	0
2271	VC	覆盖	0	0
2272	Na	规律	0	0
2273	D	果然	0	0
2274	Nc	果园	0	0
2275	Caa	还是	0	1
2276	D	毫无	0	0
2277	VJ	毫无	0	0
2278	VK	恨	0	0
2279	Na	湖	0	0
2280	VH	滑	0	0
2281	VH	化	0	0
2282	VE	回想起	0	0

순서	품사	단어	통합	
			수정전	수정후
2283	VK	获悉	0	0
2284	Na	基本	0	0
2285	Na	技能	0	0
2286	VA	监考	0	4
2287	P	将	0	1
2288	P	经过	0	0
2289	Na	精神	0	0
2290	VE	看看	0	0
2291	Na	口音	0	0
2292	Nf	块	0	0
2293	Na	恋人	0	0
2294	Na	楼房	0	0
2295	VI	没办法	0	0
2296	D	没法	0	1
2297	VH	迷路	0	0
2298	VC	描述	0	0
2299	Nc	南非	0	0
2300	Na	农民	0	0
2301	VC	排列	0	0
2302	Na	皮肤	0	0
2303	Na	平房	0	0
2304	Nep	其中	0	0
2305	Nd	前年	0	0
2306	Na	青年	0	0
2307	VJ	缺少	0	0
2308	Na	人际	0	0
2309	Nd	如今	0	0
2310	Cbb	若	0	0
2311	VH	散	0	1
2312	Na	社团	0	0
2313	VH	失败	0	0
2314	Na	时代	0	0
2315	Na	时光	0	0
2316	Na	试题	0	2
2317	Na	手套	0	0
2318	D	首先	0	2
2319	Na	书架	0	0
2320	VH	睡不着觉	0	2
2321	VH	调皮	0	0
2322	VH	退休	0	1

순서	품사	단어	통합	
			수정전	수정후
2323	Na	现代人	0	0
2324	VH	小小	0	0
2325	Na	新生	0	0
2326	Na	型	0	0
2327	VC	选择	0	2
2328	Na	选择	0	0
2329	A	一定	0	0
2330	Na	一生	0	0
2331	P	因	0	1
2332	VJ	有关	0	0
2333	Na	愿望	0	0
2334	Cbb	之所以	0	0
2335	VC	撞倒	0	0
2336	Na	子女	0	0
2337	VCL	坐上	0	0
2338	P	按	0	0
2339	Na	巴士	0	1
2340	Na	班车	0	0
2341	VK	抱歉	0	1
2342	VH	必要	0	0
2343	VH	变	0	1
2344	Na	冰箱	0	0
2345	Cbb	不论	0	1
2346	Nd	不久	0	0
2347	VH	不了了之	0	0
2348	Na	草原	0	0
2349	Na	层	0	0
2350	VA	出差	0	0
2351	Na	窗	0	1
2352	Na	船工	0	0
2353	VC	吹	0	0
2354	VH	大大	0	0
2355	P	待	0	0
2356	Neu	第三	0	0
2357	Na	电梯	0	0
2358	VH	独特	0	0
2359	Na	短信	0	0
2360	VC	犯	0	1
2361	Na	非典	0	0
2362	VA	干活	0	1

순서	품사	단어	통합	
			수정전	수정후
2363	VH	公平	0	0
2364	VA	过街	0	0
2365	Cbb	还是	0	1
2366	Na	汉语课	0	1
2367	Nc	花园	0	0
2368	VA	滑雪	0	0
2369	Na	坏事	0	0
2370	Na	活力	0	0
2371	Na	活儿	0	0
2372	VH	活下去	0	0
2373	VH	火	0	1
2374	VH	寂寞	0	0
2375	VC	祭祀	0	1
2376	Nc	加拿大	0	0
2377	VC	驾驶	0	1
2378	VH	坚强	0	1
2379	VHC	减少	0	0
2380	D	将	0	0
2381	VH	交流	0	0
2382	Na	脚	0	1
2383	D	尽管	0	0
2384	Nes	近	0	1
2385	D	近来	0	0
2386	VJ	经历	0	0
2387	Nc	俱乐部	0	0
2388	D	绝对	0	0
2389	Na	开车兵	0	0
2390	Dk	看来	0	0
2391	Na	考生	0	3
2392	D	可不可以	0	0
2393	VH	蓝蓝	0	0
2394	Na	乐趣	0	1
2395	VH	礼貌	0	0
2396	VJ	连	0	0
2397	VC	留	0	1
2398	VA	流	0	0
2399	Na	律师	0	0
2400	Na	论文	0	0
2401	Na	马	0	0
2402	VH	没用	0	0

순서	품사	단어	통합	
			수정전	수정후
2403	D	每	0	0
2404	Na	梦	0	0
2405	VH	免费	0	2
2406	VC	面试	0	0
2407	VH	明确	0	1
2408	Nd	目前	0	0
2409	Cbb	那么	0	0
2410	Dfa	那样	0	1
2411	Na	农活	0	0
2412	Na	女孩儿	0	0
2413	VJ	佩服	0	2
2414	Di	起	0	1
2415	VB	起来	0	1
2416	Na	气候	0	0
2417	Na	亲人	0	1
2418	Nd	秋	0	0
2419	VC	求	0	1
2420	Na	权利	0	0
2421	VH	热热闹闹	0	0
2422	D	日趋	0	0
2423	VH	如此	0	0
2424	D	如何	0	0
2425	Na	烧酒	0	0
2426	Na	师兄	0	0
2427	Na	石窟	0	0
2428	VC	使用	0	0
2429	VC	收到	0	0
2430	VH	瘦多	0	0
2431	VH	受骗	0	0
2432	VJ	熟悉	0	0
2433	Cbb	虽说	0	0
2434	VA	谈恋爱	0	0
2435	Nf	趟	0	2
2436	VC	填	0	0
2437	Na	童年	0	0
2438	Nc	外滩	0	0
2439	VJ	忘怀	0	0
2440	Na	微笑	0	0
2441	Na	温度	0	0
2442	Na	文学	0	0

순서	품사	단어	통합	
			수정전	수정후
2443	D	无法	0	0
2444	VJ	习惯	0	0
2445	VH	吓人	0	0
2446	Na	现实	0	0
2447	VI	相干	0	0
2448	Nc	香港	0	0
2449	Na	相貌	0	0
2450	VA	新来	0	0
2451	Nd	新年	0	0
2452	Na	心意	0	1
2453	Na	训练	0	0
2454	Na	牙齿	0	0
2455	Nc	研究所	0	0
2456	Cbb	要不然	0	0
2457	VK	遗憾	0	0
2458	D	一向	0	0
2459	VC	引起	0	0
2460	VC	影响	0	0
2461	VA	游行	0	0
2462	P	有关	0	2
2463	VH	有趣	0	0
2464	VH	圆圆	0	0
2465	P	与	0	1
2466	VH	远不远	0	0
2467	VK	在于	0	1
2468	Na	早饭	0	0
2469	D	怎样	0	0
2470	VH	珍贵	0	0
2471	Na	知识	0	0
2472	A	知心	0	0
2473	Ncd	中	0	0
2474	D	主要	0	0
2475	Nc	住处	0	0
2476	VF	准备	0	0
2477	Na	资格证	0	0
2478	VG	作为	0	0
2479	VC	安慰	0	0
2480	VH	暗下来	0	0
2481	Na	爸妈	0	0
2482	Na	白马王子	0	0

순서	품사	단어	통합	
			수정전	수정후
2483	Na	班	0	0
2484	Nb	拌饭	0	1
2485	VC	办好	0	0
2486	VA	办事	0	1
2487	Na	榜样	0	0
2488	Na	保安	0	0
2489	VJ	保持	0	0
2490	Na	保龄球	0	0
2491	VH	悲哀	0	1
2492	Ncd	北部	0	0
2493	Na	辈子	0	0
2494	VH	笨	0	0
2495	P	比起	0	0
2496	Na	饼干	0	0
2497	Na	伯父	0	0
2498	Nc	博物馆	0	0
2499	VH	不懈	0	0
2500	Na	不幸	0	0
2501	VH	不得	0	0
2502	VL	不禁	0	0
2503	VJ	不如	0	1
2504	VA	不停	0	1
2505	D	不由得	0	0
2506	Na	彩虹	0	0
2507	Na	差别	0	0
2508	VH	常青	0	0
2509	Na	朝鲜族	0	0
2510	Ng	初	0	0
2511	Nc	厨房	0	0
2512	VC	处理	0	0
2513	VH	纯朴	0	0
2514	Na	绰号	0	0
2515	D	从小到大	0	0
2516	Nc	村庄	0	2
2517	VH	错误	0	0
2518	VC	达成	0	0
2519	VH	大吃一惊	0	0
2520	VH	大胆	0	1
2521	Na	大海	0	0
2522	Na	大象	0	0

순서	품사	단어	통합	
			수정전	수정후
2523	VC	戴	0	0
2524	Na	导游	0	0
2525	Nf	道	0	0
2526	VA	倒流	0	0
2527	VB	道歉	0	0
2528	VA	到站	0	0
2529	VC	登	0	0
2530	Na	地球	0	0
2531	Na	地址	0	0
2532	VA	电话	0	0
2533	Nd	冬季	0	0
2534	D	动不动	0	0
2535	VA	动身	0	0
2536	Nf	对	0	0
2537	Na	队员	0	0
2538	Na	渡轮	0	0
2539	Nc	敦煌	0	0
2540	VH	多彩	0	0
2541	VH	多样	0	0
2542	Neqa	朵朵	0	0
2543	T	而已	0	0
2544	VH	恶化	0	0
2545	VH	发福	0	0
2546	VC	发展	0	0
2547	Cbb	凡是	0	0
2548	VI	反感	0	0
2549	A	反覆	0	1
2550	VK	反映出	0	0
2551	Na	房东	0	0
2552	D	纷纷	0	0
2553	VH	风趣	0	0
2554	Na	符号	0	2
2555	Na	服务员	0	0
2556	VC	付出	0	0
2557	Na	副作用	0	0
2558	VH	干干净净	0	0
2559	VI	感恩	0	0
2560	VH	高大	0	0
2561	Na	糕汤	0	0
2562	Na	工程	0	0

순서	품사	단어	통합	
			수정전	수정후
2563	Na	功夫	0	1
2564	A	公共	0	0
2565	Na	孤独感	0	0
2566	Na	古迹	0	0
2567	VA	刮风	0	0
2568	VE	观察	0	0
2569	VC	观赏	0	2
2570	VH	光荣	0	0
2571	Nc	国会	0	0
2572	VC	过来	0	0
2573	VB	过生日	0	0
2574	D	好不容易	0	0
2575	VH	好心	0	0
2576	Nes	何	0	0
2577	Na	黑板	0	0
2578	VL	后悔	0	0
2579	VA	后退	0	0
2580	Nc	花莲	0	0
2581	Na	会话课	0	1
2582	Na	火焰	0	0
2583	VH	积极	0	0
2584	VAC	集合	0	0
2585	Cbb	即使	0	1
2586	VF	计划	0	1
2587	Cbb	既然	0	0
2588	VG	既是	0	0
2589	VF	继续	0	1
2590	VI	记忆犹新	0	0
2591	Na	记者	0	0
2592	Nc	加油站	0	0
2593	VC	嫁给	0	0
2594	VE	检查	0	0
2595	Na	奖	0	0
2596	VE	讲述	0	0
2597	Nc	郊区	0	0
2598	VA	交谈	0	0
2599	VA	郊游	0	0
2600	Na	街道	0	0
2601	VH	节省	0	0
2602	VL	禁不住	0	0

순서	품사	단어	통합	
			수정전	수정후
2603	Na	金钱	0	0
2604	Da	仅	0	1
2605	Cbb	尽管	0	0
2606	Cbb	就算	0	0
2607	VF	拒绝	0	0
2608	D	决不	0	0
2609	VA	开夜车	0	0
2610	VC	开走	0	2
2611	VJ	看得见	0	0
2612	Na	看法	0	0
2613	VJ	考取	0	0
2614	D	可要	0	0
2615	VH	刻苦	0	0
2616	Nc	课堂	0	1
2617	VH	空荡荡	0	0
2618	Na	口味	0	0
2619	VH	苦恼	0	0
2620	Ng	来	0	1
2621	Nd	劳动节	0	0
2622	Na	姥姥	0	0
2623	Nf	类	0	1
2624	Na	利	0	0
2625	VA	立足	0	0
2626	D	连续	0	0
2627	Na	脸庞	0	0
2628	Na	粮食	0	0
2629	VH	亮晶晶	0	0
2630	D	临死	0	0
2631	A	零下	0	0
2632	Cbb	另外	0	0
2633	VD	留给	0	0
2634	VH	流逝	0	1
2635	Na	流水	0	0
2636	Nc	龙门	0	0
2637	Nb	龙庆峡	0	0
2638	Nb	龙塔	0	0
2639	VC	录取	0	1
2640	Na	绿茶	0	0
2641	Na	骆驼	0	0
2642	D	埋头	0	0

순서	품사	단어	통합	
			수정전	수정후
2643	VJ	满怀	0	0
2644	VH	忙碌	0	0
2645	VL	忙着	0	0
2646	Na	毛病	0	0
2647	P	每逢	0	0
2648	Na	美景	0	0
2649	VH	密切	0	0
2650	VA	面带笑容	0	0
2651	Na	面子	0	0
2652	Na	名	0	1
2653	D	明明	0	0
2654	Na	明星	0	0
2655	Ng	末	0	0
2656	VH	目瞪口呆	0	0
2657	Nc	目的地	0	0
2658	VC	拿到	0	0
2659	Ncd	南北	0	0
2660	Nc	南北韩	0	1
2661	Na	男孩儿	0	0
2662	Na	脑子	0	0
2663	Na	内心	0	0
2664	Na	农活儿	0	0
2665	Nc	农家	0	0
2666	Na	农历	0	0
2667	Na	农作物	0	0
2668	Na	女孩子	0	0
2669	Na	排骨	0	2
2670	VA	排尿	0	0
2671	VC	派遣到	0	0
2672	Ncd	旁边儿	0	0
2673	VA	跑过去	0	0
2674	Na	扒手	0	0
2675	D	偏要	0	2
2676	VH	疲惫	0	0
2677	Na	波涛	0	0
2678	Nd	期中	0	0
2679	VA	骑车	0	0
2680	Na	气象	0	0
2681	Neu	千	0	0
2682	Na	跷跷板	0	0

순서	품사	단어	통합	
			수정전	수정후
2683	A	亲	0	0
2684	Na	亲友	0	0
2685	Na	秋千	0	0
2686	VA	取长补短	0	0
2687	Na	全家福	0	2
2688	D	全力	0	1
2689	VJ	缺	0	0
2690	VJ	热衷	0	1
2691	Na	人才	0	0
2692	VJ	忍耐	0	0
2693	VA	入伍	0	2
2694	Na	沙漠	0	0
2695	Na	沙滩	0	0
2696	Na	山坡	0	0
2697	Nf	扇	0	1
2698	VL	善于	0	0
2699	VHC	伤	0	0
2700	Na	上海人	0	0
2701	VH	上下课	0	0
2702	Na	声调	0	0
2703	Na	生鱼片	0	1
2704	Na	师生	0	0
2705	VH	失业	0	0
2706	D	实在	0	0
2707	Na	士兵	0	0
2708	VJ	适合	0	0
2709	VA	适应	0	0
2710	Na	柿子	0	0
2711	VD	输	0	0
2712	A	双重	0	0
2713	Na	双手	0	0
2714	VCL	睡到	0	2
2715	VJ	顺	0	1
2716	Nd	瞬间	0	0
2717	Na	丝	0	0
2718	D	随时	0	0
2719	Na	台风	0	0
2720	Nc	台湾	0	0
2721	VH	太少	0	1
2722	Na	太阳	0	0

순서	품사	단어	통합	
			수정전	수정후
2723	VC	弹劾	0	0
2724	VH	坦率	0	0
2725	Nf	堂	0	0
2726	Na	特点	0	1
2727	VH	特有	0	0
2728	Na	梯子	0	0
2729	VB	剃头	0	2
2730	VL	提早	0	0
2731	VJ	体贴	0	0
2732	Nc	天池	0	0
2733	Nc	天空	0	0
2734	Na	天主教	0	0
2735	VA	填表	0	0
2736	Na	田地	0	0
2737	VC	填写	0	0
2738	VHC	停下来	0	0
2739	Na	庭院	0	0
2740	VD	偷	0	0
2741	VH	秃	0	0
2742	Na	娃娃	0	1
2743	VC	歪曲	0	0
2744	Na	外宾	0	0
2745	VA	玩来玩去	0	0
2746	VH	完全	0	0
2747	VA	玩耍	0	0
2748	VK	忘掉	0	0
2749	Ng	为止	0	1
2750	VH	为什么	0	0
2751	VHC	温暖	0	1
2752	VHC	稳定	0	0
2753	VH	无间	0	0
2754	VL	无意	0	0
2755	Na	物价	0	0
2756	VH	西方	0	0
2757	VA	嬉戏	0	0
2758	VA	下降	0	1
2759	VA	下山	0	0
2760	VA	下学	0	0
2761	VH	先进	0	0
2762	Nd	现代	0	0

순서	품사	단어	통합	
			수정전	수정후
2763	VK	想像	0	0
2764	VG	象	0	1
2765	VK	象征	0	0
2766	Nb	小张	0	0
2767	Dfb	些	0	0
2768	Nc	心目中	0	0
2769	VJ	信任	0	0
2770	VA	行事	0	0
2771	VC	休	0	1
2772	VH	羞答答	0	0
2773	VK	需	0	1
2774	VC	学得	0	1
2775	VH	雅	0	0
2776	Na	养花	0	0
2777	VAC	移动	0	0
2778	D	一路	0	0
2779	Na	仪式	0	0
2780	Ng	以下	0	0
2781	Dk	一般来说	0	1
2782	Na	一般人	0	0
2783	D	一转眼	0	1
2784	VC	营造	0	0
2785	Na	影响	0	0
2786	Na	硬座	0	0
2787	VH	勇敢	0	0
2788	Na	幽默感	0	1
2789	VH	忧郁	0	0
2790	VH	有空	0	0
2791	Na	余地	0	0
2792	Na	预测	0	0
2793	Na	预期	0	0
2794	Na	乐曲	0	0
2795	VC	栽培	0	0
2796	D	再次	0	0
2797	D	再一次	0	0
2798	Na	造景	0	1
2799	VA	造句	0	0
2800	VHC	增多	0	0
2801	VB	摘下来	0	0
2802	VH	长胖	0	0

순서	품사	단어	통합	
			수정전	수정후
2803	VC	召开	0	0
2804	VC	整理	0	0
2805	VC	争	0	0
2806	Na	症状	0	0
2807	VK	知不知道	0	0
2808	VJ	值	0	0
2809	P	值	0	0
2810	VH	直接	0	0
2811	Na	职位	0	0
2812	Nc	植物园	0	0
2813	Na	中年	0	0
2814	Nd	中秋	0	0
2815	VA	种田	0	0
2816	Na	重要性	0	0
2817	Na	主义	0	0
2818	VK	注意到	0	0
2819	Na	自觉	0	0
2820	Na	资源	0	0
2821	Na	总统	0	0
2822	VH	走散	0	0
2823	VE	做到	0	1
2824	VB	挨打	0	0
2825	VJ	爱慕	0	0
2826	Na	爱意	0	1
2827	VHC	安定	0	0
2828	Na	安全	0	0
2829	VJ	按照	0	0
2830	P	按照	0	0
2831	VJ	熬过	0	0
2832	Na	奥运会	0	0
2833	VA	拔草	0	0
2834	Na	把握	0	0
2835	VH	白净	0	0
2836	VH	白茫茫	0	0
2837	VC	拜访	0	0
2838	VB	拜年	0	0
2839	Nf	班	0	0
2840	Na	搬家费	0	0
2841	Nd	傍晚	0	0
2842	Na	榜	0	0

순서	품사	단어	통합	
			수정전	수정후
2843	VJ	包含	0	0
2844	VK	包括	0	0
2845	VC	包装	0	0
2846	VJ	保持到	0	0
2847	VC	保卫	0	1
2848	Na	报道	0	1
2849	Nc	报社	0	0
2850	Na	报纸	0	0
2851	VH	悲喜	0	0
2852	Nc	北京站	0	0
2853	Nc	背后	0	0
2854	Nes	本	0	0
2855	Na	鼻梁	0	0
2856	Nf	笔	0	0
2857	VC	比不过	0	0
2858	VA	比赛	0	0
2859	VH	毕	0	0
2860	VA	避暑	0	0
2861	Na	必修课	0	1
2862	Na	必需品	0	0
2863	Na	毕业生	0	0
2864	VJ	贬低	0	0
2865	VH	变黑	0	0
2866	VHC	变化	0	0
2867	VL	便利	0	0
2868	Cbb	便是	0	0
2869	Na	标志	0	1
2870	Na	标题	0	0
2871	Na	表里	0	0
2872	VC	表露	0	0
2873	VA	表现	0	0
2874	Na	别名	0	0
2875	Na	冰	0	0
2876	Nd	冰灯节	0	0
2877	Na	冰块	0	0
2878	Na	兵马俑	0	0
2879	VH	病倒	0	0
2880	Na	玻璃	0	0
2881	Na	博士	0	0
2882	D	不必	0	0

순서	품사	단어	통합	
			수정전	수정후
2883	D	不断	0	0
2884	VH	不对劲	0	0
2885	Dfb	不过	0	0
2886	VJ	不顾	0	0
2887	VH	不像话	0	0
2888	VJ	不要	0	0
2889	Dk	不用说	0	0
2890	VC	步	0	0
2891	VJ	不符	0	0
2892	VJ	不关	0	0
2893	Da	不光	0	0
2894	D	不经意	0	0
2895	VK	不觉	0	0
2896	VJ	不理	0	0
2897	VH	不清	0	0
2898	D	不停	0	0
2899	VA	步行	0	1
2900	D	不许	0	0
2901	VC	擦	0	0
2902	VB	擦干净	0	1
2903	D	才	0	1
2904	Na	才能	0	0
2905	Na	裁判员	0	0
2906	Na	菜肴	0	0
2907	Na	餐费	0	0
2908	VH	苍白	0	0
2909	VH	苍郁	0	0
2910	VC	藏	0	0
2911	Na	草坪	0	0
2912	VK	察觉到	0	0
2913	Na	茶水	0	0
2914	Na	差使	0	1
2915	Na	长毛	0	0
2916	D	常年	0	0
2917	VE	常言道	0	0
2918	Na	场合	0	0
2919	VC	敞开	0	1
2920	VC	唱起	0	1
2921	Nc	朝鲜	0	0
2922	Na	吵架声	0	0

순서	품사	단어	통합	
			수정전	수정후
2923	Na	车道	0	0
2924	Na	车堵	0	0
2925	Na	车费	0	0
2926	P	趁着	0	0
2927	VH	称职	0	0
2928	VG	称	0	0
2929	VA	乘船	0	0
2930	Na	成就感	0	0
2931	VH	成人	0	0
2932	VC	承受	0	1
2933	VG	吃成	0	0
2934	VC	吃掉	0	1
2935	VC	吃光	0	0
2936	VJ	吃上	0	0
2937	VJ	持	0	1
2938	VH	迟钝	0	0
2939	VL	持续	0	0
2940	VH	充足	0	1
2941	VA	重逢	0	0
2942	VC	抽	0	1
2943	VC	抽出	0	1
2944	VK	愁	0	0
2945	VA	出场	0	0
2946	VC	出来	0	1
2947	VJ	出身	0	0
2948	VC	出示	0	0
2949	Na	初吻	0	0
2950	VA	出游	0	0
2951	VCL	出走	0	1
2952	Dk	除此以外	0	1
2953	Cbb	除非	0	0
2954	VC	处理好	0	0
2955	Na	川菜	0	0
2956	VD	传染	0	0
2957	Na	传统舞	0	0
2958	VC	创造	0	0
2959	VC	吹开	0	0
2960	VH	纯净	0	0
2961	D	此后	0	0
2962	Cbb	此外	0	0

순서	품사	단어	통합	
			수정전	수정후
2963	VH	刺激	0	0
2964	Na	葱头	0	0
2965	D	从不	0	0
2966	VH	脆弱	0	1
2967	VJ	错过	0	1
2968	VC	挫折	0	0
2969	VB	答出来	0	0
2970	VC	打击	0	0
2971	VB	打交道	0	0
2972	VC	打通	0	0
2973	Neqa	大半	0	0
2974	VH	大病	0	0
2975	VH	大不了	0	1
2976	A	大概	0	1
2977	Na	大狗	0	0
2978	Nc	大韩民国	0	0
2979	D	大加	0	0
2980	VE	大叫	0	0
2981	Na	大门	0	0
2982	Na	大厦	0	0
2983	Na	大意	0	0
2984	VJ	大于	0	0
2985	Na	大自然	0	0
2986	VC	呆到	0	1
2987	Na	代表	0	0
2988	VB	带出去	0	0
2989	VA	待人	0	0
2990	VC	带上	0	0
2991	Na	待遇	0	0
2992	VH	单调	0	1
2993	D	单独	0	0
2994	VK	担忧	0	0
2995	Nes	当	0	0
2996	Nd	当初	0	0
2997	Na	当局	0	0
2998	VH	当然	0	0
2999	Ncd	当中	0	0
3000	VC	倒	0	0
3001	VH	倒闭	0	0
3002	VA	倒下	0	1

순서	품사	단어	통합	
			수정전	수정후
3003	D	倒	0	0
3004	VB	道别	0	1
3005	D	倒不如	0	0
3006	VA	倒数	0	1
3007	VC	得不到	0	0
3008	Na	得失	0	0
3009	D	得以	0	0
3010	VC	登顶	0	0
3011	VK	等待	0	0
3012	Na	地铁门	0	0
3013	VC	点上	0	1
3014	VH	典雅	0	0
3015	VA	掉下来	0	0
3016	VB	定罪	0	0
3017	Ncd	东北部	0	0
3018	VK	懂得	0	0
3019	Na	董事	0	0
3020	VH	懂事	0	0
3021	VH	冻	0	0
3022	VA	动笔	0	0
3023	VA	动不了	0	0
3024	VHC	冻死	0	0
3025	Na	动力	0	0
3026	VH	冻伤	0	0
3027	VA	兜	0	0
3028	VA	兜风	0	0
3029	VH	陡峭	0	0
3030	VC	逗	0	0
3031	VA	逗留	0	0
3032	VC	读完	0	0
3033	VH	肚子痛	0	0
3034	VHC	端正	0	0
3035	VH	端庄	0	0
3036	Na	短处	0	0
3037	VH	短暂	0	0
3038	VA	对打	0	0
3039	Na	对开车	0	0
3040	Ncd	对面	0	0
3041	D	顿时	0	0
3042	VH	多才多艺	0	0

순서	품사	단어	통합	
			수정전	수정후
3043	VH	多多	0	0
3044	Neqa	多数	0	0
3045	VH	多心	0	0
3046	Na	耳朵	0	0
3047	Na	恶梦	0	0
3048	VJ	发	0	0
3049	VH	发愁	0	0
3050	VJ	发挥	0	0
3051	VC	发起	0	0
3052	VC	发扬	0	0
3053	VH	翻天覆地	0	0
3054	Cbb	凡	0	0
3055	VH	烦死	0	0
3056	VH	繁重	0	0
3057	D	反复	0	0
3058	VJ	反射	0	0
3059	Nf	番	0	0
3060	VA	犯错	0	0
3061	VA	犯规	0	0
3062	Nc	房顶	0	0
3063	Na	房费	0	0
3064	Na	房卡	0	0
3065	Na	房门	0	1
3066	VA	纺织	0	0
3067	VA	放晴	0	0
3068	VA	飞来飞去	0	0
3069	VA	飞舞	0	0
3070	VA	飞行	0	0
3071	Na	沸点	0	0
3072	VH	废寝忘食	0	0
3073	VH	费事	0	0
3074	VC	分	0	0
3075	VA	分别	0	0
3076	VHC	分裂	0	0
3077	VH	分明	0	0
3078	Na	分数	0	0
3079	Na	分文	0	0
3080	VJ	分享	0	0
3081	Na	分子	0	1
3082	VH	风度翩翩	0	0

순서	품사	단어	통합	
			수정전	수정후
3083	Nc	风景区	0	0
3084	VH	丰盛	0	0
3085	VH	丰收	0	0
3086	Na	风味	0	0
3087	Na	佛教徒	0	0
3088	Cbb	否则	0	0
3089	Na	福	0	0
3090	VC	扶持	0	0
3091	VC	服务	0	0
3092	VH	浮现	0	0
3093	Na	抚养费	0	0
3094	VD	付	0	0
3095	VH	覆水难收	0	0
3096	Na	富翁	0	1
3097	VJ	富有	0	0
3098	VA	赴约	0	1
3099	VL	负责	0	0
3100	VC	改	0	1
3101	VC	改革	0	0
3102	VC	改善	0	0
3103	VA	盖印	0	0
3104	VH	干脆	0	0
3105	VH	尴尬	0	0
3106	VE	感起	0	0
3107	VK	感悟到	0	0
3108	Na	感谢	0	0
3109	Na	钢笔	0	0
3110	Na	高层	0	0
3111	VH	高敞	0	0
3112	VH	高级	0	0
3113	VC	搞砸	0	0
3114	Na	高中	0	1
3115	VC	搞好	0	0
3116	Na	歌声	0	0
3117	Na	鸽子	0	0
3118	Dfa	格外	0	0
3119	Na	蛤蜊	0	0
3120	D	各	0	0
3121	Na	个儿	0	0
3122	Na	根本	0	0

순서	품사	단어	통합	
			수정전	수정후
3123	Dfa	更为	0	0
3124	Na	公安	0	0
3125	Nc	工厂	0	0
3126	VH	功亏一篑	0	0
3127	Nf	公里	0	0
3128	Nc	工学系	0	0
3129	VJ	共赏	0	0
3130	D	共同	0	0
3131	A	共同	0	0
3132	VC	贡献	0	0
3133	Nc	沟壑	0	0
3134	Dfa	够	0	0
3135	VA	购物	0	0
3136	VK	顾	0	0
3137	VH	孤芳自赏	0	0
3138	VE	估计	0	0
3139	VH	古典	0	0
3140	VH	古怪	0	0
3141	VC	鼓起	0	0
3142	VC	鼓足	0	0
3143	VL	故意	0	1
3144	VK	关系	0	0
3145	VJ	关注	0	0
3146	VE	管	0	0
3147	VC	管教	0	0
3148	Na	灌肠汤	0	0
3149	VH	光润	0	0
3150	VH	广大	0	0
3151	VCL	逛逛	0	1
3152	VA	归国	0	0
3153	Na	规模	0	0
3154	VB	归纳起来	0	0
3155	VA	归乡	0	0
3156	Na	柜台	0	1
3157	Na	国产车	0	0
3158	Na	国民	0	0
3159	Nd	国庆节	0	0
3160	VC	过不了	0	0
3161	VH	过火	0	0
3162	VH	过来	0	0

순서	품사	단어	통합	
			수정전	수정후
3163	VJ	过去	0	1
3164	VA	过夜	0	0
3165	D	哈哈	0	0
3166	Na	海风	0	0
3167	Na	海水	0	0
3168	Na	海熊	0	1
3169	Na	害虫	0	0
3170	Na	韩币	0	0
3171	VH	含蓄	0	0
3172	VJ	含有	0	0
3173	VH	汗如雨下	0	0
3174	Nb	汉语水平考试	0	0
3175	Nf	行	0	0
3176	Na	好感	0	0
3177	VC	喝掉	0	0
3178	VC	喝光	0	0
3179	Na	河	0	0
3180	VH	合法	0	0
3181	Cbb	何况	0	0
3182	Na	褐色	0	0
3183	VC	喝完	0	0
3184	VA	喝醉	0	1
3185	VB	喝彩	0	0
3186	Na	贺卡	0	0
3187	Na	黑熊	0	0
3188	VC	哼	0	0
3189	Na	红茶	0	0
3190	VH	红红	0	0
3191	Na	红绿灯	0	0
3192	Na	红牌	0	0
3193	VH	厚厚	0	0
3194	Na	互联网	0	0
3195	VC	花光	0	1
3196	Na	花花公子	0	0
3197	VA	划船	0	0
3198	Na	华侨	0	0
3199	VA	滑下去	0	0
3200	VG	化	0	1
3201	Na	怀	0	0
3202	VA	怀孕	0	0

순서	품사	단어	통합	
			수정전	수정후
3203	Na	坏蛋	0	1
3204	VCL	欢聚	0	0
3205	VH	欢乐	0	0
3206	VH	缓慢	0	0
3207	Na	黄色	0	0
3208	VAC	晃动	0	0
3209	VHC	恢复	0	0
3210	D	回头	0	0
3211	VA	会合	0	0
3212	VC	会晤	0	0
3213	VC	混合	0	0
3214	VH	活不了	0	0
3215	VH	火冒三丈	0	0
3216	Na	火气	0	0
3217	VH	祸不单行	0	0
3218	VH	豁然开朗	0	0
3219	Na	货物	0	0
3220	VJ	忽视	0	0
3221	Na	胡须	0	0
3222	Na	护照	0	0
3223	VC	激励	0	0
3224	VH	积少成多	0	0
3225	Na	积雪	0	0
3226	Na	疾病	0	0
3227	D	即将	0	0
3228	Dfa	极其	0	1
3229	Dfa	极为	0	0
3230	VC	挤	0	0
3231	VA	挤来挤去	0	0
3232	VD	给予	0	1
3233	VK	记不清	0	0
3234	Na	计划书	0	0
3235	Na	计较	0	0
3236	Na	记事本	0	0
3237	Na	计算机	0	0
3238	VC	加	0	0
3239	VJ	加深	0	0
3240	Na	家事	0	0
3241	Nd	假日	0	0
3242	VJ	兼备	0	0

순서	품사	단어	통합	
			수정전	수정후
3243	VJ	减	0	0
3244	VHC	减轻	0	0
3245	VH	减退	0	1
3246	D	简直	0	0
3247	VH	渐渐	0	0
3248	Na	建设	0	0
3249	Na	建筑群	0	0
3250	Nc	建筑系	0	0
3251	VA	讲话	0	0
3252	VE	讲讲	0	0
3253	VA	讲课	0	0
3254	VC	降	0	0
3255	VJ	降低到	0	0
3256	VC	交换	0	0
3257	VH	交加	0	0
3258	VA	交卷	0	1
3259	VJ	交上	0	0
3260	VA	浇水	0	0
3261	VA	教学	0	0
3262	VA	交友	0	0
3263	VF	叫到	0	1
3264	Nd	教师节	0	1
3265	VC	叫醒	0	0
3266	Nc	教育系	0	0
3267	Na	教育学	0	0
3268	Na	阶层	0	0
3269	Nc	接待室	0	0
3270	VC	接受	0	0
3271	VH	结冰	0	0
3272	VG	结成	0	0
3273	VHC	结合	0	0
3274	VH	拮据	0	0
3275	VH	截然不同	0	0
3276	VA	结账	0	1
3277	Na	解答	0	0
3278	VB	解雇	0	0
3279	VC	解决不了	0	0
3280	VB	解闷	0	0
3281	VE	解释	0	0
3282	VH	金	0	0

순서	품사	단어	통합	
			수정전	수정후
3283	VH	筋疲力尽	0	0
3284	VJ	紧接	0	0
3285	D	尽	0	0
3286	VC	进	0	0
3287	Na	进口车	0	0
3288	VA	进来	0	0
3289	VC	进修	0	1
3290	VA	禁烟	0	0
3291	VA	进展	0	0
3292	Na	经过	0	0
3293	VH	惊慌失措	0	0
3294	Na	敬老日	0	0
3295	Na	精力	0	0
3296	Na	精神病	0	0
3297	VC	经受	0	0
3298	Na	景点	0	0
3299	Na	景观	0	0
3300	Na	警惕	0	0
3301	VHC	净化	0	0
3302	Na	敬语	0	0
3303	Na	竞争	0	0
3304	VH	久别	0	0
3305	Na	酒席	0	0
3306	VH	久远	0	0
3307	D	居然	0	0
3308	Na	橘子	0	1
3309	VH	俱全	0	1
3310	Na	卷子	0	1
3311	D	绝不	0	0
3312	VB	决定下来	0	0
3313	VH	绝望	0	0
3314	Na	军官	0	0
3315	VH	开开	0	0
3316	VA	开口	0	0
3317	VH	开满	0	0
3318	VC	开上	0	0
3319	VA	开头	0	0
3320	VA	看家	0	0
3321	VJ	看不顺眼	0	0
3322	VC	看待	0	0

순서	품사	단어	통합	
			수정전	수정후
3323	VJ	看懂	0	0
3324	VC	看过	0	0
3325	VC	看望	0	0
3326	D	看样子	0	0
3327	VC	看中	0	0
3328	Na	炕头	0	0
3329	VE	抗议	0	0
3330	Na	烤饼摊	0	0
3331	Na	考试题	0	0
3332	P	靠	0	0
3333	VJ	靠	0	0
3334	VA	磕	0	0
3335	VB	磕头	0	0
3336	Na	科研	0	0
3337	VH	可恨	0	0
3338	VK	可望	0	0
3339	Nc	课题	0	0
3340	A	课外	0	0
3341	Na	空姐	0	0
3342	Nc	空中	0	0
3343	Na	空中小姐	0	0
3344	VC	控制	0	0
3345	Na	口才	0	0
3346	VA	哭出来	0	0
3347	VC	夸奖	0	0
3348	VC	款待	0	0
3349	VA	拉客	0	0
3350	Na	蜡烛	0	1
3351	Na	辣子鸡丁	0	0
3352	VCL	来回	0	0
3353	VA	来去	0	0
3354	VJ	来自	0	0
3355	Na	栏目	0	0
3356	Na	篮球队员	0	0
3357	D	老半天	0	0
3358	VHC	老龄化	0	0
3359	Na	老年	0	0
3360	Na	老三	0	1
3361	VL	乐于	0	0
3362	Nc	垒沙城	0	0

순서	품사	단어	통합	
			수정전	수정후
3363	D	累月	0	0
3364	VH	累倒	0	1
3365	VH	泪如雨下	0	0
3366	VA	愣住	0	0
3367	VB	离别	0	0
3368	VA	离家	0	1
3369	VH	离奇	0	0
3370	Na	栗子	0	0
3371	VJ	理	0	0
3372	Ncd	里面	0	0
3373	Ng	里面	0	0
3374	VH	理所当然	0	0
3375	VH	理性	0	0
3376	VH	理直气壮	0	0
3377	Na	立场	0	0
3378	VA	立功	0	0
3379	P	例如	0	0
3380	VH	例外	0	0
3381	Na	连环画	0	0
3382	Na	联欢会	0	0
3383	Na	连衣裙	0	0
3384	VH	脸红	0	0
3385	Na	脸谱	0	0
3386	Na	两面性	0	0
3387	VH	两样	0	0
3388	Na	量刑	0	0
3389	VC	料理	0	0
3390	Na	列车	0	0
3391	VJ	列入	0	0
3392	P	临近	0	0
3393	VC	领	0	1
3394	VJ	领到	0	0
3395	Nes	另外	0	0
3396	VA	流泪	0	0
3397	Na	留言册	0	0
3398	VK	留意	0	0
3399	Na	陆军	0	0
3400	Na	绿叶	0	0
3401	VC	乱放	0	1
3402	VH	乱糟糟	0	0

순서	품사	단어	통합	
			수정전	수정후
3403	D	略	0	0
3404	VH	落榜	0	0
3405	VJ	落后	0	0
3406	VA	落下	0	0
3407	VA	落下来	0	0
3408	VH	落选	0	0
3409	VH	麻痹	0	0
3410	Na	麻烦	0	0
3411	Na	马群	0	0
3412	Na	马肉	0	0
3413	Nc	码头	0	0
3414	VA	骂人	0	0
3415	VC	买错	0	1
3416	VJ	买得起	0	0
3417	VC	迈开	0	0
3418	D	满心	0	0
3419	Nc	慢坡路	0	0
3420	VH	漫天	0	0
3421	VH	慢悠悠	0	0
3422	VA	忙来忙去	0	1
3423	VH	盲目	0	0
3424	Na	矛盾	0	0
3425	Na	美容师	0	1
3426	Na	美术	0	0
3427	Nf	美元	0	0
3428	Na	魅力	0	0
3429	Na	门缝	0	0
3430	Na	门外汉	0	0
3431	Na	蒙古包	0	0
3432	Nb	蒙古族	0	0
3433	VJ	迷恋	0	0
3434	VJ	迷失	0	0
3435	Na	棉被	0	0
3436	Na	面馆儿	0	0
3437	Na	面孔	0	0
3438	VK	面临	0	0
3439	Na	民警	0	0
3440	Na	民众	0	0
3441	Na	名单	0	1
3442	VA	鸣叫	0	0

순서	품사	단어	통합	
			수정전	수정후
3443	VH	明媚	0	0
3444	Na	名牌	0	0
3445	VH	明显	0	0
3446	VC	摸	0	0
3447	VH	模糊	0	0
3448	Na	模特儿	0	0
3449	Na	末班车	0	0
3450	VK	漠不关心	0	0
3451	VH	默默	0	0
3452	VC	拿起	0	0
3453	VC	拿去	0	0
3454	Dk	那么	0	0
3455	Na	耐心	0	0
3456	Ncd	南方	0	0
3457	VH	难闻	0	1
3458	VJ	难住	0	0
3459	Nc	脑海	0	0
3460	VH	内疚	0	0
3461	Na	内蒙古菜	0	0
3462	VH	能干	0	1
3463	VH	腻	0	0
3464	VC	溺爱	0	0
3465	VH	匿名	0	0
3466	VA	逆转	0	0
3467	Na	鸟儿	0	1
3468	Nc	宁夏	0	0
3469	Na	牛肉汤	0	0
3470	VH	浓	0	0
3471	Na	农药	0	0
3472	VK	弄得	0	1
3473	VC	弄乱	0	0
3474	Na	女友	0	0
3475	Na	偶像	0	0
3476	VG	排成	0	0
3477	VA	排排坐	0	0
3478	VF	派遣	0	0
3479	VCL	攀登	0	0
3480	VA	跑出去	0	0
3481	VA	跑过来	0	0
3482	VC	抛开	0	0

순서	품사	단어	통합	
			수정전	수정후
3483	Nf	片	0	0
3484	Na	偏见	0	0
3485	Nc	骗人家	0	0
3486	VA	飘	0	0
3487	VH	漂漂亮亮	0	1
3488	VA	飘下	0	0
3489	Na	屁股	0	0
3490	P	凭	0	0
3491	VHC	平复	0	0
3492	VH	平滑	0	0
3493	VH	平均	0	0
3494	Nb	朴	0	0
3495	Na	扑克	0	0
3496	Na	妻儿	0	0
3497	VH	漆黑	0	0
3498	Nep	其	0	0
3499	D	起初	0	0
3500	VH	起来	0	0
3501	VA	起晚	0	1
3502	Na	气色	0	0
3503	Na	气味儿	0	1
3504	Na	气温	0	0
3505	VH	恰到好处	0	0
3506	Na	铅笔	0	0
3507	VCL	迁居	0	0
3508	Na	钱财	0	0
3509	Na	前额	0	0
3510	VH	前所未有	0	0
3511	Na	前者	0	0
3512	VH	强盛	0	0
3513	VC	抢劫	0	0
3514	VA	抢先	0	0
3515	VC	敲	0	0
3516	Na	巧克力	0	0
3517	A	切身	0	0
3518	VJ	亲	0	0
3519	VH	勤快	0	0
3520	VH	清澈	0	0
3521	VC	清楚	0	1
3522	Na	青睐	0	0

순서	품사	단어	통합	
			수정전	수정후
3523	Nd	青年节	0	0
3524	VH	晴	0	0
3525	Na	情报工	0	0
3526	VH	情不自禁	0	0
3527	VH	情同手足	0	0
3528	VB	请安	0	0
3529	VA	请假	0	0
3530	VE	庆祝	0	0
3531	VA	求情	0	0
3532	VI	屈服	0	0
3533	VC	驱逐	0	0
3534	Na	去向	0	0
3535	VH	全新	0	0
3536	VJ	缺乏	0	0
3537	VA	缺课	0	0
3538	VK	确定	0	0
3539	VH	雀跃	0	0
3540	VC	惹起	0	0
3541	Na	热潮	0	0
3542	VH	热烈	0	0
3543	Na	人类	0	0
3544	VH	人生地不熟	0	0
3545	VJ	忍	0	0
3546	VH	忍不住	0	0
3547	VK	忍受	0	0
3548	VH	忍无可忍	0	0
3549	VC	认	0	1
3550	VJ	认不认识	0	0
3551	VJ	认出	0	0
3552	VC	认识认识	0	0
3553	D	日夜	0	0
3554	VH	柔和	0	0
3555	Na	肉丝	0	0
3556	VH	如故	0	0
3557	VH	如愿以偿	0	1
3558	VA	入场	0	1
3559	VA	入学	0	0
3560	VH	软绵绵	0	0
3561	VA	软卧	0	0
3562	Na	弱点	0	0

순서	품사	단어	통합	
			수정전	수정후
3563	Cbb	若要	0	0
3564	VH	塞车	0	0
3565	D	三三两两	0	0
3566	VH	三五成群	0	0
3567	Na	桑拿	0	0
3568	VB	扫干净	0	1
3569	Na	沙子	0	0
3570	VHC	晒黑	0	0
3571	VA	晒太阳	0	0
3572	Na	山下	0	0
3573	VH	闪耀	0	0
3574	VL	擅长	0	0
3575	VI	伤脑筋	0	0
3576	VA	上床	0	0
3577	VH	上当	0	0
3578	VA	上下班	0	0
3579	VA	上眼	0	1
3580	VH	奢侈	0	0
3581	VK	涉及	0	0
3582	D	设身处地	0	0
3583	VE	设想	0	0
3584	VH	深奥	0	0
3585	Na	深蓝色	0	0
3586	VC	申请	0	0
3587	Na	申请表	0	0
3588	VH	身心健康	0	0
3589	Na	身影	0	0
3590	Na	神经	0	0
3591	Na	神儿	0	0
3592	Nc	神州	0	0
3593	Na	婶子	0	0
3594	Nf	声	0	0
3595	VC	生产	0	0
3596	Na	声说	0	0
3597	VC	生下	0	0
3598	VC	省	0	0
3599	VH	盛大	0	0
3600	Na	胜地	0	0
3601	VH	湿	0	0
3602	Nc	师大	0	0

순서	품사	단어	통합	
			수정전	수정후
3603	Na	师哥	0	0
3604	Na	师姐	0	0
3605	VHC	湿透	0	0
3606	VC	食	0	0
3607	D	时不时	0	0
3608	D	时而	0	0
3609	VH	时髦	0	0
3610	VC	实施	0	0
3611	VH	实实在在	0	1
3612	Na	食堂卡	0	0
3613	VC	实行	0	0
3614	Na	食欲	0	0
3615	VJ	始于	0	0
3616	VB	示爱	0	1
3617	Nb	世界杯	0	0
3618	Na	事务	0	0
3619	D	事先	0	1
3620	Na	事业	0	0
3621	Na	柿子树	0	0
3622	Na	收银员	0	1
3623	Na	手电筒	0	0
3624	VH	守旧	0	0
3625	Na	首饰	0	0
3626	Na	首要	0	0
3627	VH	受凉	0	0
3628	Nc	书房	0	0
3629	VK	数	0	0
3630	VC	数	0	0
3631	VJ	属于	0	0
3632	A	双	0	0
3633	Na	双胞胎	0	0
3634	Na	双喜	0	0
3635	Na	水土	0	0
3636	Na	水珠	0	0
3637	VF	说服	0	0
3638	Na	说话声	0	0
3639	VA	说谎	0	1
3640	VA	说说话	0	0
3641	VC	说完	0	0
3642	VH	死定	0	1

순서	품사	단어	통합	
			수정전	수정후
3643	VI	死心	0	0
3644	Na	死讯	0	0
3645	D	似乎	0	0
3646	VH	驷马难追	0	0
3647	Na	松饼	0	0
3648	Na	塑料袋	0	0
3649	Na	宿舍费	0	0
3650	VH	酸	0	1
3651	VC	算上	0	0
3652	VG	算做	0	0
3653	D	随手	0	0
3654	Na	损害	0	0
3655	Na	损失	0	0
3656	VC	锁上	0	0
3657	Nh	他人	0	0
3658	Na	塔	0	0
3659	VCL	踏上	0	0
3660	Nc	台北	0	0
3661	Nc	台中	0	0
3662	Nc	泰国	0	0
3663	Na	太极拳	0	0
3664	Na	太空	0	0
3665	VH	贪吃	0	0
3666	VH	贪玩	0	0
3667	VH	谈得来	0	0
3668	VH	坦白	0	0
3669	VH	忐忑不安	0	0
3670	VA	探病	0	0
3671	D	特	0	0
3672	Na	特产品	0	0
3673	VH	特殊	0	0
3674	VE	提到	0	0
3675	Na	体系	0	0
3676	VJ	体现	0	0
3677	Na	体制	0	0
3678	VH	天成	0	0
3679	VH	天生	0	0
3680	Nb	田	0	0
3681	VH	甜蜜	0	0
3682	VC	挑	0	0

순서	품사	단어	통합	
			수정전	수정후
3683	VB	挑出来	0	1
3684	VA	跳	0	0
3685	Na	铁锤	0	0
3686	VA	听不进去	0	0
3687	D	听起来	0	0
3688	VC	听取	0	0
3689	VH	通	0	0
3690	VA	通信	0	0
3691	Na	通讯	0	0
3692	P	同	0	1
3693	Nes	同	0	0
3694	VI	同班	0	0
3695	Na	童话书	0	0
3696	Na	同志	0	0
3697	VH	痛快	0	0
3698	Nes	头	0	0
3699	VH	投机	0	0
3700	VC	投入到	0	0
3701	VH	团聚	0	0
3702	VA	退房	0	0
3703	VG	拖成	0	0
3704	Na	拖拉机	0	0
3705	VC	挖掘	0	0
3706	T	哇	0	0
3707	Na	外教	0	0
3708	Na	外商	0	0
3709	Na	外遇	0	1
3710	Na	外国	0	1
3711	Na	晚辈	0	0
3712	Na	万国	0	0
3713	VK	惋惜	0	0
3714	VH	汪汪	0	0
3715	Na	王朝	0	0
3716	VA	往来	0	0
3717	D	往往	0	0
3718	VK	忘光	0	0
3719	VJ	忘却	0	0
3720	VH	望子成龙	0	0
3721	VJ	维持	0	0
3722	Na	围巾	0	0

순서	품사	단어	통합	
			수정전	수정후
3723	VHC	为难	0	1
3724	VHC	委屈	0	0
3725	I	喂	0	0
3726	VJ	未满	0	0
3727	Na	胃炎	0	0
3728	VH	温和	0	0
3729	Nc	温室	0	0
3730	Na	文人	0	0
3731	Na	文学史	0	0
3732	VB	问好	0	0
3733	VE	问清	0	0
3734	D	嗡	0	0
3735	VC	握	0	0
3736	VH	乌黑	0	0
3737	Na	乌龙茶	0	0
3738	Nb	吴	0	0
3739	VH	无比	0	0
3740	VH	无边无际	0	0
3741	VH	无济于事	0	0
3742	VI	无可奈何	0	0
3743	VH	无理	0	0
3744	VH	五彩缤纷	0	0
3745	Na	午餐	0	0
3746	Nc	五楼	0	0
3747	VC	误解	0	0
3748	Nc	西班牙文系	0	0
3749	Ncd	西部	0	0
3750	VHC	西方化	0	0
3751	Na	溪谷	0	0
3752	Nc	西海	0	0
3753	VJ	吸引	0	0
3754	VJ	吸引住	0	0
3755	Nb	席间	0	0
3756	VK	喜欢上	0	0
3757	VA	洗衣服	0	0
3758	Na	喜悦	0	0
3759	VH	瞎	0	0
3760	VH	下垂	0	0
3761	VH	下苦	0	0
3762	VA	下楼	0	0

순서	품사	단어	통합	
			수정전	수정후
3763	VA	下乡	0	0
3764	Nd	下雨天	0	0
3765	Di	下来	0	1
3766	VH	鲜明	0	0
3767	VH	咸	0	0
3768	VH	闲不住	0	0
3769	Na	闲话	0	0
3770	VK	显	0	0
3771	Na	线索	0	0
3772	VB	相比	0	0
3773	VA	相待	0	0
3774	VH	相反	0	0
3775	Na	香气	0	1
3776	Na	香肉	0	0
3777	Nf	响	0	0
3778	VE	想不出	0	0
3779	Dk	想不到	0	0
3780	VJ	想尽	0	0
3781	VE	想像	0	1
3782	VJ	享受到	0	0
3783	VK	向往	0	0
3784	VH	消沉	0	0
3785	VA	消费	0	0
3786	Na	小姑娘	0	0
3787	Na	小路	0	0
3788	Na	小提琴	0	0
3789	Nc	小溪	0	0
3790	Na	笑话	0	0
3791	VJ	孝顺	0	1
3792	Na	校长	0	0
3793	VA	歇	0	0
3794	VH	协	0	0
3795	Nc	鞋店	0	0
3796	VC	写出	0	1
3797	VC	写作	0	0
3798	VA	泻下来	0	0
3799	VB	写下来	0	0
3800	Na	心扉	0	0
3801	VH	辛劳	0	0
3802	VH	辛勤	0	0

순서	품사	단어	통합	
			수정전	수정후
3803	VH	心神不宁	0	0
3804	VH	心酸	0	1
3805	Na	信箱	0	0
3806	Na	星星	0	0
3807	VB	行礼	0	0
3808	VE	形容	0	0
3809	VA	醒	0	0
3810	VH	醒来	0	0
3811	Na	幸福	0	0
3812	VH	兴高采烈	0	0
3813	D	幸好	0	0
3814	VH	兴致勃勃	0	0
3815	VH	秀丽	0	0
3816	VJ	虚度	0	0
3817	VA	虚张声势	0	0
3818	Na	轩然大波	0	0
3819	Na	选举	0	0
3820	VH	学成	0	0
3821	Na	学弟	0	0
3822	Na	学妹	0	0
3823	Na	学者	0	0
3824	VH	雪白	0	0
3825	Na	雪碧	0	0
3826	Na	雪地	0	0
3827	VH	迅速	0	0
3828	Na	押金费	0	0
3829	VH	牙疼	0	0
3830	Na	腌制	0	1
3831	VA	研究	0	0
3832	Na	研究生	0	0
3833	Na	研究员	0	0
3834	VH	炎热	0	0
3835	Na	岩石	0	0
3836	Na	癌症	0	0
3837	Nf	眼	0	0
3838	Na	演唱会	0	0
3839	Na	眼光	0	0
3840	VK	厌烦	0	0
3841	VJ	厌倦	0	0
3842	VJ	厌弃	0	0

순서	품사	단어	통합	
			수정전	수정후
3843	VAC	摇	0	0
3844	VAC	摇晃	0	0
3845	VA	摇橹	0	0
3846	VH	遥远	0	0
3847	Cbb	要不	0	0
3848	D	要不要	0	0
3849	VH	耀眼	0	0
3850	VH	野蛮	0	0
3851	VA	野营	0	0
3852	Na	野猪	0	1
3853	VH	夜深	0	0
3854	Na	依据	0	0
3855	VK	依赖	0	0
3856	D	依然	0	0
3857	VH	依依不舍	0	0
3858	Neqa	一半	0	0
3859	Na	遗产	0	0
3860	Nd	一大早	0	0
3861	A	一贯	0	0
3862	D	一面	0	0
3863	D	一面	0	0
3864	Nd	一阵	0	1
3865	Cbb	以及	0	0
3866	Ng	以内	0	0
3867	Ng	以来	0	0
3868	VA	以身作则	0	0
3869	Neqa	一点点	0	0
3870	Neqa	一朵朵	0	0
3871	Na	异国	0	0
3872	Nc	一楼	0	0
3873	Neqa	一排排	0	0
3874	A	易燃	0	1
3875	VK	意想不到	0	0
3876	VH	一言既出	0	0
3877	Na	异样	0	0
3878	D	一语	0	0
3879	Na	意中人	0	0
3880	Na	阴历	0	0
3881	D	应当	0	0
3882	Na	婴儿	0	0

순서	품사	단어	통합	
			수정전	수정후
3883	Nc	英语系	0	0
3884	VH	映	0	0
3885	VA	应考	0	1
3886	VH	拥挤	0	0
3887	VH	永生	0	0
3888	Na	用户	0	0
3889	VL	用来	0	1
3890	Na	用品	0	0
3891	VI	用情	0	0
3892	VH	悠久	0	0
3893	VH	优美	0	0
3894	Na	优缺点	0	0
3895	Na	油	0	0
3896	VA	游来游去	0	0
3897	VA	游玩	0	0
3898	Nc	游戏室	0	0
3899	Na	游泳课	0	1
3900	Na	游泳衣	0	1
3901	VK	犹豫	0	0
3902	VH	有气无力	0	0
3903	VH	友善	0	0
3904	VJ	有所	0	0
3905	VH	有效	0	0
3906	Dfa	有一点点	0	0
3907	VJ	有益于	0	1
3908	Na	幼年	0	0
3909	VA	愚公移山	0	0
3910	Na	圆月	0	0
3911	Na	语序	0	0
3912	VH	远远	0	0
3913	VA	远足	0	0
3914	VE	预测到	0	0
3915	Na	月饼	0	0
3916	Nd	月底	0	0
3917	VH	悦耳	0	0
3918	VH	晕倒	0	0
3919	VC	砸碎	0	0
3920	Na	杂志	0	0
3921	VJ	赞同	0	0
3922	Na	葬礼	0	0

순서	품사	단어	통합	
			수정전	수정후
3923	Na	澡	0	1
3924	Na	枣儿	0	0
3925	D	早日	0	0
3926	Nc	早市	0	0
3927	D	早早	0	0
3928	VK	造成	0	0
3929	VC	责骂	0	0
3930	Na	增肥	0	0
3931	Na	战船	0	0
3932	VA	战斗	0	0
3933	D	暂时	0	0
3934	Na	帐蓬	0	0
3935	VC	招聘	0	0
3936	VI	着想	0	0
3937	P	针对	0	0
3938	VH	真是	0	1
3939	A	真正的	0	0
3940	VJ	珍惜	0	0
3941	VB	诊病	0	0
3942	Na	政策	0	0
3943	VH	正好	0	0
3944	VH	正经	0	0
3945	D	正面	0	0
3946	Ncd	之间	0	0
3947	Na	知了	0	0
3948	Ng	之下	0	0
3949	Na	枝子	0	0
3950	VC	指导	0	0
3951	D	只得	0	0
3952	Na	指挥	0	0
3953	VC	指责	0	0
3954	P	至	0	0
3955	VB	治病	0	0
3956	VC	治好	0	1
3957	VA	制药	0	0
3958	Na	中餐	0	0
3959	Na	中饭	0	0
3960	Ncd	中间	0	0
3961	Na	中介人	0	0
3962	VH	忠实	0	0

순서	품사	단어	통합	
			수정전	수정후
3963	D	衷心	0	0
3964	Na	猪血	0	0
3965	Na	主妇	0	0
3966	Na	主任	0	0
3967	Na	主席	0	0
3968	VH	主要	0	0
3969	Na	主意	0	0
3970	VK	主意	0	0
3971	VH	著名	0	0
3972	VA	助兴	0	0
3973	Na	注意力	0	1
3974	Na	柱子	0	0
3975	VH	专门	0	0
3976	Na	专业课	0	0
3977	VAC	转	0	0
3978	VH	转凉	0	1
3979	VA	转学	0	1
3980	VH	壮观	0	0
3981	Na	装饰	0	0
3982	VC	追	0	0
3983	VC	追求	0	0
3984	Na	坠石	0	0
3985	VH	准确	0	1
3986	Na	滋味儿	0	0
3987	Na	紫色	0	0
3988	Na	自豪感	0	0
3989	VK	自觉	0	0
3990	VH	自立	0	0
3991	D	自然	0	0
3992	D	自始至终	0	0
3993	VE	自言自语	0	0
3994	Na	字眼	0	0
3995	VH	自尊	0	0
3996	Na	宗教	0	0
3997	Da	总共	0	0
3998	VA	走步	0	0
3999	VCL	走出	0	0
4000	VA	走过来	0	0
4001	VA	走进来	0	0
4002	Na	足	0	0

순서	품사	단어	통합	
			수정전	수정후
4003	Na	嘴唇	0	0
4004	Da	最多	0	0
4005	VJ	遵守	0	0
4006	VA	作弊	0	0
4007	Na	作家	0	0
4008	VA	做梦	0	0
4009	D	做起来	0	0
4010	VA	做人	0	0
4011	VA	做下来	0	0
4012	VC	阻止	0	0
4013	D	的确	0	0
4014	Nc	顶峰	0	0
4015	D	反正	0	0
4016	VJ	费	0	0
4017	Na	肺	0	0
4018	VA	过日子	0	0
4019	Na	汗水	0	0
4020	Na	跤	0	0
4021	Na	尼古丁	0	0
4022	Na	生死之交	0	0
4023	Na	松树	0	0
4024	D	行不行	0	0
4025	Na	烟	0	0
4026	Na	油条	0	0
4027	Na	皱纹	0	0

3.3.2 3학년 중간언어 자료 수정 전·후의 어휘 사용빈도(수정전 기준)

순서	품사	단어	통합	
			수정전	수정후
1	Nh	我	1747	1726
2	De	的	1588	1450
3	Di	了	654	732
4	Dfa	很	491	526
5	SHI	是	485	441
6	Nh	我们	435	448
7	Nh	他	427	432
8	Nf	个	412	378
9	P	在	350	317

순서	품사	단어	통합	
			수정전	수정후
10	Neu	一	347	330
11	Nh	你	325	320
12	Na	人	324	314
13	D	不	322	300
14	Nep	这	314	304
15	V_2	有	308	285
16	Nh	她	278	272
17	VCL	去	257	257
18	T	了	224	237
19	Na	朋友	209	215
20	Na	时候	198	175
21	D	也	190	183
22	Nf	天	185	193
23	D	都	180	230
24	P	跟	174	149
25	VE	说	171	187
26	Cbb	所以	165	141
27	D	就	160	181
28	D	要	157	171
29	Nc	中国	157	155
30	VC	学习	149	145
31	Nf	次	139	132
32	VH	好	132	160
33	De	得	132	128
34	VE	想	128	118
35	Ng	后	125	139
36	VCL	到	123	120
37	Nc	家	121	122
38	P	对	121	114
39	Nep	那	120	115
40	Na	汉语	117	114
41	Caa	和	117	109
42	Nd	现在	115	108
43	Nh	他们	113	102
44	D	能	108	114
45	VK	喜欢	106	112
46	VD	给	105	96
47	D	一起	105	114
48	Ncd	里	103	100
49	D	还	102	100

순서	품사	단어	통합	
			수정전	수정후
50	Nd	今天	98	95
51	Na	们	96	85
52	VC	看	95	94
53	Cbb	因为	92	80
54	D	来	90	75
55	Na	事	90	89
56	Cbb	可是	90	60
57	Nep	什么	89	85
58	Nes	每	89	97
59	Nc	学校	86	77
60	Na	时间	85	69
61	T	吧	83	78
62	Cbb	但	83	85
63	Na	话	82	48
64	De	地	81	87
65	Na	老师	80	78
66	Di	过	80	71
67	Ncd	上	80	72
68	VH	大	80	70
69	Na	妈妈	79	76
70	VH	多	79	66
71	VH	特别	79	79
72	VA	来	77	79
73	Cbb	但是	77	57
74	D	没	76	90
75	Ng	以后	76	78
76	Na	问题	74	75
77	Dfa	太	73	61
78	P	到	73	49
79	Na	车	72	72
80	Na	爸爸	71	69
81	Di	着	71	73
82	P	从	71	71
83	Neqa	多	69	85
84	D	去	68	68
85	Na	学生	68	61
86	VC	吃	67	67
87	Da	才	66	68
88	Neu	三	65	62
89	VL	让	64	66

순서	품사	단어	통합	
			수정전	수정후
90	Neu	几	64	58
91	VK	知道	61	52
92	Dfa	最	61	59
93	Cbb	虽然	61	65
94	Neu	两	60	59
95	VK	觉得	59	80
96	Dfa	非常	59	65
97	Nh	自己	59	44
98	VJ	没有	58	52
99	VC	学	58	48
100	VK	感到	58	50
101	VA	搬家	57	49
102	Neqa	很多	56	73
103	Na	生活	56	55
104	D	真	56	37
105	D	常常	56	43
106	Nf	年	55	51
107	P	把	54	63
108	VF	打算	54	53
109	Na	行	53	24
110	Nf	件	52	51
111	Na	旅行	52	24
112	D	会	51	85
113	D	再	50	56
114	Neu	第一	50	48
115	VH	努力	49	52
116	Ng	时	49	61
117	Nc	韩国	47	45
118	VA	见面	46	50
119	Nc	大学	46	50
120	Na	雪	46	53
121	P	比	46	35
122	VE	商量	45	44
123	VC	做	43	42
124	T	呢	43	45
125	VH	开始	43	43
126	Nd	以前	43	42
127	Na	父母	42	43
128	D	已经	41	40
129	D	一定	40	42

순서	품사	단어	통합	
			수정전	수정후
130	VH	忙	40	32
131	Cbb	如果	40	36
132	Nd	后	40	37
133	Ng	中	40	33
134	T	吗	39	36
135	Nd	昨天	39	40
136	VC	买	39	38
137	VH	一样	39	39
138	VA	坐	39	38
139	P	和	39	42
140	D	没有	39	26
141	VK	关心	39	35
142	VH	快	38	34
143	VCL	过	38	26
144	Na	地方	38	29
145	VE	见	38	17
146	D	应该	37	40
147	VH	很多	37	32
148	Na	事情	37	31
149	Na	东西	36	40
150	VC	帮助	35	39
151	P	被	35	32
152	Dfa	较	35	37
153	Na	工作	35	39
154	Nc	北京	35	35
155	VH	重要	35	35
156	D	可	34	50
157	Na	小时	34	32
158	VE	以为	34	33
159	Na	路	33	29
160	Nd	以后	33	24
161	Na	中国人	33	33
162	VC	进行	33	32
163	VK	高兴	32	34
164	Dfa	比较	32	35
165	VCL	在	32	33
166	VH	长	32	28
167	Na	房子	32	32
168	Na	性格	31	27
169	VC	下	31	41

순서	품사	단어	통합	
			수정전	수정후
170	VE	听	31	26
171	Neu	四	31	29
172	VC	找	31	35
173	Nf	种	31	34
174	Da	只	31	26
175	D	好像	31	25
176	VE	安排	31	32
177	VK	注意	31	30
178	VB	送行	31	30
179	Nd	那时	31	22
180	Na	衣服	30	28
181	VH	难	30	31
182	Nd	去年	30	32
183	VH	小	30	27
184	Na	约会	30	23
185	Dfa	更	30	22
186	Nh	它	30	23
187	D	一	30	19
188	Dfa	有点儿	29	23
189	VC	开	29	21
190	VL	爱	29	21
191	Neu	二	29	23
192	Na	困难	29	24
193	Nd	当时	29	27
194	Na	专家	29	28
195	Na	面	29	14
196	Nd	明天	28	28
197	Nd	最近	28	31
198	Na	钱	28	33
199	Nd	一下	28	32
200	Dfa	越来越	28	24
201	VA	下雪	28	19
202	VE	讨论	28	31
203	Na	弟弟	27	26
204	VH	漂亮	27	28
205	VC	等	27	15
206	VC	带	27	29
207	Ng	前	27	28
208	VG	当	27	30
209	Cbb	而且	27	30

순서	품사	단어	통합	
			수정전	수정후
210	Ncd	边	27	27
211	Nh	别人	27	23
212	VH	重	27	28
213	VC	研究	27	29
214	VF	请	26	29
215	Na	天气	26	27
216	VCL	住在	26	28
217	VC	参加	26	28
218	Na	月	26	27
219	VH	毕业	26	27
220	Cbb	要是	26	23
221	Cbb	而	26	22
222	VK	忘	26	22
223	VC	打	25	26
224	VH	这样	25	26
225	D	突然	25	22
226	VC	喝	24	25
227	Na	男朋友	24	25
228	D	一直	24	32
229	VC	认识	24	22
230	P	为	24	32
231	D	可以	24	25
232	P	为了	24	17
233	Na	电影	23	21
234	Nd	晚上	23	22
235	Na	业	23	23
236	Na	酒	23	21
237	VH	高	23	26
238	VC	玩	23	24
239	P	向	23	26
240	Na	关系	23	23
241	Cbb	不但	23	13
242	Nc	车站	23	23
243	Nc	高中	23	22
244	VJ	发生	23	20
245	VK	希望	22	30
246	VH	瘦	22	20
247	VH	有意思	22	19
248	VC	看到	22	24
249	VH	远	22	22

순서	품사	단어	통합	
			수정전	수정후
250	D	即	22	22
251	Na	菜	21	21
252	VH	幸福	21	19
253	Nd	早上	21	22
254	VA	出去	21	20
255	Nc	房间	21	17
256	VJ	得	21	20
257	Na	心情	21	17
258	D	总是	21	20
259	D	差点儿	21	20
260	Na	书	20	22
261	Na	身体	20	19
262	VA	回家	20	23
263	Nf	岁	20	22
264	Na	汽车	20	20
265	Na	同学	20	23
266	Nf	位	20	20
267	Ncd	那儿	20	18
268	VE	听到	20	22
269	D	那么	20	10
270	D	立即	20	21
271	Nc	哈尔滨	20	20
272	Na	样子	20	9
273	Cbb	只要	20	13
274	D	得	19	23
275	D	经常	19	25
276	Nes	下	19	20
277	Neu	五	19	18
278	P	帮	19	18
279	Na	消息	19	21
280	VH	近	19	21
281	D	原来	19	14
282	VH	成功	19	22
283	Nes	各	19	16
284	VC	出	19	14
285	Caa	而且	19	11
286	Na	情况	19	14
287	D	到处	19	18
288	VA	吃饭	18	15
289	D	又	18	25

순서	품사	단어	통합	
			수정전	수정후
290	D	先	18	19
291	VA	睡觉	18	14
292	VH	热闹	18	18
293	D	怎么	18	15
294	D	互相	18	16
295	VA	留学	18	19
296	Na	球	18	18
297	Neu	0	18	19
298	VJ	没	18	18
299	Neqa	别的	18	11
300	D	然后	18	6
301	Na	机会	18	18
302	Nc	世界	18	18
303	T	啊	18	13
304	VK	难过	18	15
305	VA	行	17	42
306	Na	饭	17	19
307	Na	哥哥	17	17
308	VA	工作	17	16
309	VHC	累	17	21
310	Na	同屋	17	18
311	VA	玩儿	17	18
312	Nc	公司	17	17
313	Nd	冬天	17	17
314	Na	英语	17	17
315	VCL	上	17	27
316	VE	表示	17	12
317	VH	不错	17	15
318	Na	好朋友	17	15
319	Nh	谁	17	19
320	D	一边	17	14
321	Cbb	不过	17	4
322	D	可能	17	12
323	VE	主张	17	21
324	Nd	夏天	17	17
325	Nc	面前	17	13
326	Dfa	十分	17	15
327	VA	走	16	17
328	VH	冷	16	15
329	VH	胖	16	15

순서	품사	단어	통합	
			수정전	수정후
330	Na	水平	16	17
331	D	必须	16	16
332	Na	年级	16	17
333	Ng	上	16	24
334	Na	样式	16	14
335	Di	起来	16	20
336	P	于	16	15
337	VH	在一起	16	19
338	VK	担心	16	20
339	P	除了	16	16
340	VH	新	16	18
341	Na	火车	16	16
342	Na	鞋带	16	16
343	Na	信	16	17
344	Nes	半	16	16
345	VE	发现	16	20
346	Nd	会儿	16	10
347	Ng	下	16	3
348	VA	上班	15	15
349	Nh	你们	15	15
350	VC	准备	15	18
351	Na	家庭	15	14
352	VH	白	15	18
353	VA	下雨	15	13
354	Ng	外	15	15
355	Na	大学生	15	12
356	VA	出发	15	11
357	VJ	欢迎	15	13
358	VK	愿意	15	7
359	VA	旅行	14	37
360	D	别	14	12
361	D	还是	14	30
362	VC	上	14	21
363	VC	打扰	14	13
364	Na	身材	14	13
365	VE	决定	14	18
366	Neqa	半	14	14
367	VC	找到	14	20
368	VHC	热	14	13
369	VA	出来	14	13

순서	품사	단어	통합	
			수정전	수정후
370	VJ	对不起	14	13
371	Na	经济	14	14
372	D	刚	14	14
373	Na	水	14	9
374	VA	回国	14	13
375	VC	写	14	11
376	Na	节日	14	13
377	VK	忘不了	14	12
378	Na	计划	14	13
379	VH	苦	14	13
380	Neqa	一点儿	13	7
381	Nh	大家	13	28
382	Na	目的	13	12
383	Nc	上海	13	13
384	VA	睡	13	12
385	D	马上	13	14
386	VE	问	13	13
387	VA	休息	13	12
388	Na	狗	13	14
389	VH	贵	13	13
390	VC	不好	13	15
391	VK	需要	13	14
392	Ng	以外	13	13
393	Na	旅游	13	16
394	VH	美丽	13	10
395	Na	国家	13	13
396	VK	怕	13	12
397	VG	叫	13	12
398	Na	文化	13	13
399	Cbb	由于	13	8
400	VK	了解	13	11
401	VH	容易	13	11
402	VC	用	13	10
403	VH	太多	13	9
404	Na	原因	13	11
405	Dk	那	13	7
406	Nd	小时候	13	6
407	VH	紧张	13	10
408	D	多	12	11
409	D	正在	12	15

순서	품사	단어	통합	
			수정전	수정후
410	VH	好吃	12	10
411	Ncd	哪儿	12	13
412	VH	舒服	12	11
413	VE	想起	12	17
414	D	为什么	12	12
415	Na	星期	12	11
416	Nc	班	12	11
417	Nd	春节	12	12
418	Na	花	12	15
419	Na	中国语	12	12
420	VC	教	12	11
421	D	终于	12	19
422	Nf	句	12	7
423	VC	搬	12	14
424	Na	觉	12	11
425	Na	脸	12	11
426	Neu	第二	12	13
427	Nc	日本	12	12
428	Na	画	12	12
429	Nh	我们俩	12	11
430	Nd	一会儿	12	9
431	Na	日子	12	9
432	VH	吃力	12	11
433	Na	丈夫	12	12
434	Na	主张	12	9
435	VH	怎么样	11	9
436	VA	上课	11	12
437	Neu	十	11	11
438	Na	生日	11	10
439	VH	健康	11	11
440	VE	告诉	11	12
441	VCL	回	11	13
442	Na	钱包	11	12
443	VA	说话	11	10
444	Dfa	相当	11	23
445	Nd	周末	11	12
446	VA	开车	11	14
447	VH	愉快	11	12
448	VC	提高	11	15
449	VH	下课	11	12

순서	품사	단어	통합	
			수정전	수정후
450	Nes	上	11	9
451	Nc	宿舍	11	10
452	Na	父亲	11	11
453	VH	早	11	8
454	Nes	前	11	11
455	Nc	外国	11	9
456	Na	韩国人	11	10
457	VJ	达到	11	13
458	VE	看	11	9
459	VK	肯定	11	10
460	Nd	暑假	11	11
461	Nd	一点	11	8
462	VK	记	11	12
463	VH	死	11	7
464	VK	难忘	11	12
465	Nc	机场	11	10
466	VK	记得	11	10
467	Na	回忆	11	7
468	Na	眼睛	11	8
469	Na	课	10	12
470	T	去	10	14
471	VH	方便	10	10
472	Na	比赛	10	11
473	VC	穿	10	11
474	VA	结婚	10	10
475	VG	像	10	14
476	VA	哭	10	10
477	VA	起床	10	5
478	VE	商量商量	10	9
479	VK	信	10	7
480	VCL	来到	10	14
481	Na	社会	10	8
482	Ng	之间	10	8
483	VA	聊天儿	10	6
484	D	正	10	7
485	VH	急	10	10
486	Na	气氛	10	8
487	D	没想到	10	10
488	Na	城市	10	9
489	Na	年轻人	10	9

순서	품사	단어	통합	
			수정전	수정후
490	Na	学期	10	10
491	Na	部队	10	6
492	VA	吵架	10	8
493	Na	经验	10	6
494	Na	办法	10	6
495	Nf	本	9	11
496	Na	作业	9	10
497	Na	勇气	9	9
498	Na	体重	9	10
499	VC	招待	9	9
500	Cab	等	9	19
501	VC	接待	9	8
502	VE	认为	9	22
503	D	这么	9	10
504	Na	外套	9	9
505	Na	自行车	9	9
506	VH	好看	9	8
507	VH	流利	9	10
508	Na	成绩	9	10
509	Nc	附近	9	9
510	Na	病	9	10
511	VK	感谢	9	8
512	Na	名字	9	10
513	D	大概	9	10
514	D	真的	9	8
515	VE	听说	9	13
516	VH	热情	9	9
517	Neqb	多	9	9
518	Na	活动	9	11
519	Ncd	内	9	7
520	D	其实	9	13
521	Nd	中秋节	9	9
522	VJ	得到	9	9
523	P	离	9	9
524	Na	个子	9	10
525	VHC	结束	9	7
526	Na	行李	9	10
527	Na	演员	9	9
528	Na	传统	9	9
529	VK	忘记	9	10

순서	품사	단어	통합	
			수정전	수정후
530	Nc	小学	9	10
531	Nc	周围	9	8
532	P	给	9	6
533	VHC	辛苦	9	9
534	Nc	内蒙古	9	9
535	Nd	平时	9	7
536	D	当然	9	3
537	Na	行动	9	4
538	VA	运动	8	8
539	D	快	8	8
540	VB	打电话	8	8
541	VH	厉害	8	7
542	Na	电话	8	8
543	VC	生	8	9
544	VH	久	8	13
545	Na	公共汽车	8	9
546	VL	好	8	9
547	VC	养	8	10
548	Ncd	外面	8	7
549	VH	便宜	8	8
550	VH	感冒	8	9
551	VC	骑	8	8
552	Na	印象	8	10
553	Ncd	这儿	8	6
554	Na	电脑	8	7
555	VC	干	8	12
556	VJ	受	8	10
557	D	本来	8	8
558	D	看起来	8	6
559	Nep	哪	8	7
560	Nc	市场	8	8
561	Na	照片	8	8
562	Neqa	这些	8	10
563	Na	服装	8	10
564	Dfa	好	8	7
565	D	渐	8	10
566	VK	理解	8	8
567	VK	满意	8	8
568	P	随着	8	8
569	VH	有名	8	8

순서	품사	단어	통합	
			수정전	수정후
570	VG	变成	8	6
571	Na	儿子	8	7
572	Na	感觉	8	9
573	T	好了	8	7
574	Nf	所	8	8
575	Na	相机	8	9
576	Na	意见	8	8
577	Na	发展	8	8
578	Na	海边	8	10
579	Nd	寒假	8	6
580	Na	内容	8	6
581	Na	想法	8	7
582	Cbb	因此	8	5
583	VH	轻	8	6
584	Na	眼泪	8	8
585	Na	空气	8	7
586	Nf	些	8	6
587	Ncd	前面	8	6
588	Nc	我国	8	7
589	Nc	成功	8	5
590	Neqa	大部分	8	5
591	VA	来往	8	7
592	VH	亲密	8	5
593	Na	妹妹	7	7
594	VH	晚	7	8
595	Na	图书馆	7	7
596	Nd	星期天	7	6
597	VE	见到	7	14
598	Nh	您	7	6
599	VG	成为	7	10
600	VL	爱好	7	9
601	VC	浪费	7	7
602	VH	最好	7	10
603	VC	带来	7	8
604	Na	母亲	7	7
605	D	却	7	10
606	Nc	医院	7	7
607	Nc	教室	7	7
608	Neqa	一些	7	8
609	Nf	只	7	12

순서	품사	단어	통합	
			수정전	수정후
610	Nf	点	7	5
611	Na	期间	7	11
612	Na	心	7	7
613	Na	意思	7	7
614	VH	善良	7	7
615	De	之	7	11
616	VC	比较	7	9
617	D	并	7	12
618	Na	初雪	7	8
619	VC	解决	7	9
620	VCL	进	7	7
621	VK	同意	7	7
622	VC	摆	7	8
623	Na	事儿	7	7
624	Neqa	不少	7	7
625	D	那里	7	9
626	VC	照顾	7	7
627	Na	专业	7	8
628	Ng	左右	7	7
629	VC	实现	7	7
630	Na	帮助	7	4
631	VC	打开	7	6
632	Na	海	7	5
633	VC	换	7	4
634	VH	精彩	7	8
635	VH	那样	7	6
636	VH	清楚	7	7
637	Nc	大连	7	7
638	VC	过去	7	7
639	D	能够	7	4
640	VCL	入	7	8
641	Na	司机	7	7
642	Na	船	7	6
643	Na	节目	7	7
644	Na	科学	7	7
645	VC	通过	7	7
646	Na	地铁	7	7
647	Na	过程	7	7
648	VC	联系	7	7
649	VH	年轻	7	6

순서	품사	단어	통합	
			수정전	수정후
650	Na	血型	7	7
651	Cbb	不管	7	3
652	Na	公寓	7	7
653	Nf	间	7	6
654	VH	简单	7	7
655	VJ	想念	7	6
656	VD	交	7	2
657	Na	方面	7	4
658	VH	强	7	4
659	VE	说起	7	5
660	VC	要	7	3
661	Nd	早晨	7	4
662	Nd	明年	6	6
663	Nc	商店	6	5
664	Na	礼物	6	6
665	VC	放	6	5
666	VH	迟到	6	7
667	Cbb	连	6	8
668	Nf	分钟	6	6
669	VC	回来	6	6
670	VA	游泳	6	5
671	Dfa	有点	6	17
672	VC	搬到	6	9
673	P	用	6	9
674	VH	最近	6	8
675	Dfb	点儿	6	5
676	D	只有	6	8
677	VC	打扫	6	6
678	VC	练习	6	5
679	VH	认真	6	7
680	VH	少	6	3
681	VH	帅	6	6
682	Nd	晚	6	7
683	Nf	部	6	5
684	VG	成	6	10
685	VHC	感动	6	5
686	P	像	6	8
687	Na	面包	6	6
688	Neqa	所有	6	5
689	Na	外国语	6	6

순서	품사	단어	통합	
			수정전	수정후
690	P	以	6	9
691	Neu	八	6	5
692	VH	开朗	6	9
693	VC	看看	6	4
694	D	快要	6	4
695	Na	女人	6	6
696	VA	上学	6	7
697	VH	深	6	6
698	D	永远	6	8
699	VH	长大	6	4
700	VH	不一样	6	6
701	D	初次	6	3
702	VC	放弃	6	7
703	Na	韩语	6	6
704	Na	交通	6	6
705	P	就	6	6
706	Nc	天安门	6	6
707	VK	小心	6	5
708	Ncd	这里	6	6
709	Na	部分	6	6
710	VA	出生	6	6
711	Na	窗户	6	5
712	D	到底	6	8
713	VA	跑	6	4
714	Na	人生	6	5
715	VH	深刻	6	7
716	D	有时候	6	6
717	Na	雨伞	6	6
718	Na	车票	6	6
719	VH	黑	6	6
720	VA	爬山	6	6
721	Nf	套	6	7
722	Na	现象	6	6
723	Na	医生	6	6
724	D	有时	6	4
725	Na	友谊	6	6
726	VH	着急	6	5
727	Neu	百	6	4
728	Na	宠物	6	6
729	VA	分手	6	6

순서	품사	단어	통합	
			수정전	수정후
730	Ng	间	6	6
731	Na	理由	6	6
732	Na	头发	6	6
733	Nc	一段	6	4
734	Caa	又	6	3
735	Na	政府	6	6
736	VA	日出	6	6
737	Na	声音	6	4
738	Na	跆拳道	6	5
739	D	天天	6	3
740	Nc	中学	6	4
741	VA	报名	6	4
742	VH	复杂	6	4
743	Na	家具	6	5
744	VA	前进	6	5
745	VA	下去	6	4
746	Nd	这时	6	5
747	Nep	其中	6	2
748	Dfa	这样	6	3
749	VK	感	6	2
750	Na	乐趣	6	2
751	Na	马	6	3
752	VC	使用	6	3
753	Nd	整天	6	1
754	D	反正	6	0
755	Nf	口	5	10
756	VA	逛街	5	5
757	VH	生气	5	7
758	Na	客人	5	5
759	D	差不多	5	7
760	VF	叫	5	10
761	Nd	星期六	5	5
762	VCL	回到	5	8
763	VH	可爱	5	5
764	Na	女朋友	5	5
765	VD	送给	5	5
766	Na	飞机	5	5
767	Ng	以前	5	4
768	VA	唱歌	5	5
769	VD	还给	5	4

순서	품사	단어	통합	
			수정전	수정후
770	Da	共	5	10
771	VH	浪费	5	6
772	VH	明白	5	7
773	Nc	市	5	5
774	VH	病	5	4
775	Nd	将来	5	8
776	VH	美	5	8
777	VK	相信	5	5
778	VA	笑	5	5
779	Na	茶	5	5
780	Nh	对方	5	8
781	VK	觉	5	4
782	VJ	满	5	7
783	Na	雨	5	5
784	D	常	5	8
785	VH	慢慢	5	3
786	Na	啤酒	5	5
787	Na	叔叔	5	7
788	Na	字	5	6
789	VK	害怕	5	8
790	VC	考上	5	6
791	P	如	5	6
792	VC	踢	5	5
793	Nd	春天	5	5
794	Nd	那天	5	8
795	Na	男人	5	5
796	VH	伤	5	8
797	Na	态度	5	5
798	Na	文章	5	6
799	VH	有事	5	3
800	Nc	长春	5	5
801	VH	呆	5	7
802	VC	定	5	8
803	Na	歌	5	3
804	VD	寄	5	6
805	VF	决心	5	4
806	VC	留下	5	5
807	Na	美国人	5	5
808	Nc	学院	5	5
809	VH	严重	5	5

순서	품사	단어	통합	
			수정전	수정후
810	Na	自信	5	5
811	Na	词	5	5
812	Na	国语	5	5
813	VH	活	5	4
814	Na	老板	5	5
815	Nf	张	5	6
816	Da	不过	5	3
817	VJ	高中	5	6
818	D	渐渐	5	6
819	D	看上去	5	5
820	Nc	身边	5	5
821	Na	手术	5	6
822	Cbb	于是	5	6
823	Na	预报	5	5
824	D	不可	5	5
825	D	不知不觉	5	4
826	Na	车祸	5	5
827	Na	动作	5	5
828	VH	发达	5	4
829	Na	韩流	5	6
830	Caa	或	5	4
831	Caa	或者	5	1
832	Na	女孩	5	5
833	Nc	欧洲	5	5
834	VJ	无	5	6
835	Dfa	多么	5	0
836	Na	风	5	4
837	Nc	黄山	5	5
838	VK	期待	5	3
839	Na	失业者	5	5
840	VJ	受到	5	3
841	VE	谈	5	2
842	VH	无聊	5	5
843	Nc	眼前	5	4
844	Na	腰	5	2
845	Na	要求	5	5
846	VC	撞伤	5	5
847	Na	白色	5	2
848	P	比如说	5	3
849	Cbb	并	5	3

순서	품사	단어	통합	
			수정전	수정후
850	Na	大提琴	5	4
851	VC	举行	5	3
852	Nh	人家	5	3
853	Na	书架	5	4
854	A	一定	5	3
855	VK	知	5	3
856	VK	感觉到	5	1
857	D	所	5	2
858	D	尤其	5	1
859	Nep	其	5	1
860	Dfa	挺	4	6
861	D	早	4	6
862	VC	做完	4	5
863	Na	手机	4	4
864	Nf	各	4	11
865	Nf	名	4	11
866	Cbb	不仅	4	7
867	Nc	门口	4	4
868	VA	打工	4	4
869	VI	感兴趣	4	5
870	VC	交	4	8
871	VC	拿	4	6
872	VL	使	4	9
873	VC	丢	4	4
874	Na	小狗	4	4
875	VH	好好	4	6
876	Neqa	其他	4	12
877	Neqa	许多	4	4
878	Na	中文	4	4
879	Na	足球	4	4
880	Dfa	多	4	6
881	VC	花	4	4
882	Dfb	极了	4	5
883	VE	叫	4	6
884	VC	接	4	4
885	Na	苹果	4	4
886	T	呀	4	4
887	VA	抽烟	4	4
888	VC	读	4	5
889	VA	读书	4	3

순서	품사	단어	통합	
			수정전	수정후
890	VH	堵车	4	3
891	Cbb	就是	4	7
892	Ng	里	4	10
893	P	通过	4	8
894	D	完全	4	3
895	Nd	之后	4	5
896	VH	不断	4	5
897	D	很少	4	4
898	VH	假	4	5
899	VE	聊	4	3
900	Na	树	4	6
901	VH	聪明	4	5
902	VH	放假	4	4
903	VH	怪	4	3
904	VC	介绍	4	4
905	Na	人口	4	4
906	VA	谈话	4	5
907	Da	一共	4	6
908	VC	遇到	4	9
909	Na	爸	4	4
910	VH	不再	4	5
911	VCL	到达	4	5
912	D	忽然	4	8
913	VC	教育	4	4
914	VH	快乐	4	3
915	Na	水果	4	4
916	Ng	之后	4	5
917	VH	出现	4	6
918	VAC	动	4	5
919	Na	饭店	4	5
920	VH	激动	4	5
921	Nc	家乡	4	4
922	VA	戒烟	4	5
923	VA	看书	4	3
924	Na	理想	4	5
925	Na	马路	4	4
926	VH	奇怪	4	3
927	Ncd	前边	4	6
928	Na	日程	4	5
929	VH	够	4	4

순서	품사	단어	통합	
			수정전	수정후
930	Nc	故宫	4	5
931	VH	开学	4	5
932	VH	困难	4	6
933	Na	乒乓球	4	4
934	VH	弱	4	3
935	Na	条件	4	4
936	Na	小说	4	4
937	Na	兴趣	4	3
938	VH	严格	4	3
939	Nf	样	4	3
940	VH	矮	4	4
941	VC	包	4	4
942	VH	吃苦	4	4
943	VA	当兵	4	4
944	VK	放心	4	4
945	Na	好处	4	3
946	VE	介绍	4	4
947	VH	没关系	4	2
948	Ncd	那里	4	3
949	D	难以	4	6
950	VC	念	4	4
951	Na	实力	4	4
952	Nep	这样	4	5
953	Da	正好	4	5
954	Ng	之前	4	4
955	Na	状况	4	4
956	Na	自然	4	4
957	Na	座位	4	5
958	VH	不得了	4	3
959	Ng	当中	4	3
960	Nf	度	4	5
961	Nf	幅	4	4
962	VC	复习	4	2
963	Caa	跟	4	4
964	Na	故事	4	3
965	VH	厚	4	4
966	VK	记住	4	3
967	Na	健忘症	4	4
968	Nc	教堂	4	3
969	Na	决心	4	4

순서	품사	단어	통합	
			수정전	수정후
970	Na	军人	4	4
971	VC	拉	4	4
972	VA	吸烟	4	3
973	Ncd	下面	4	4
974	VH	要命	4	3
975	VH	正式	4	3
976	Nc	宾馆	4	4
977	VC	代替	4	4
978	Nc	法国	4	3
979	Nc	果园	4	4
980	D	毫无	4	4
981	VJ	毫无	4	4
982	VH	化	4	3
983	VK	获悉	4	4
984	Na	技能	4	4
985	VC	加入	4	3
986	Na	口音	4	4
987	Na	恋人	4	4
988	VI	没办法	4	4
989	Na	皮肤	4	4
990	Na	社团	4	4
991	Na	时代	4	3
992	Na	谈话	4	3
993	VCL	游览	4	3
994	Na	愿望	4	4
995	VC	撞倒	4	4
996	Na	子女	4	3
997	VA	走路	4	3
998	VH	大大	4	3
999	Na	非典	4	3
1000	VHC	减少	4	3
1001	D	尽管	4	3
1002	D	近来	4	1
1003	Na	开车兵	4	3
1004	VE	考虑	4	3
1005	Na	女孩儿	4	3
1006	VC	碰到	4	2
1007	Na	烧酒	4	3
1008	VH	适合	4	2
1009	Nf	首	4	3

순서	품사	단어	통합	
			수정전	수정후
1010	VH	受骗	4	3
1011	Na	文学	4	3
1012	Ncd	下	4	2
1013	VH	有趣	4	2
1014	Nc	住处	4	3
1015	Na	大海	4	2
1016	VC	发展	4	2
1017	Nc	郊区	4	2
1018	VH	乱	4	2
1019	VC	控制	4	1
1020	Na	研究生	4	1
1021	D	自然	4	1
1022	VA	过日子	4	0
1023	Nc	中文系	3	4
1024	Nh	咱们	3	2
1025	Ncd	前	3	4
1026	VJ	认识	3	8
1027	Nf	条	3	2
1028	P	往	3	2
1029	Na	桌子	3	3
1030	VK	懂	3	3
1031	VA	站	3	8
1032	D	赶快	3	3
1033	Na	床	3	5
1034	Nf	斤	3	6
1035	Na	咖啡	3	3
1036	Nf	公斤	3	6
1037	Nc	动物园	3	5
1038	VC	离开	3	3
1039	VH	随便	3	3
1040	Na	习惯	3	3
1041	VG	变	3	4
1042	VA	游	3	3
1043	VH	饿	3	4
1044	D	更	3	9
1045	VA	聊天	3	5
1046	Neu	十五	3	3
1047	VA	躺	3	2
1048	Na	游戏	3	3
1049	Neqa	这么多	3	4

순서	품사	단어	통합	
			수정전	수정후
1050	Nc	电影院	3	3
1051	Na	汉字	3	4
1052	VC	考	3	3
1053	D	只好	3	7
1054	VC	看见	3	5
1055	Neqa	全	3	7
1056	VA	上大学	3	3
1057	Na	药	3	3
1058	Nc	银行	3	3
1059	Caa	与	3	6
1060	VH	安静	3	4
1061	VJ	充满	3	5
1062	Nf	段	3	8
1063	VH	干净	3	3
1064	VJ	怀	3	7
1065	Nf	时	3	6
1066	VD	送	3	3
1067	D	一般	3	4
1068	VC	整	3	5
1069	VD	租	3	6
1070	VA	登山	3	2
1071	Na	钢琴	3	3
1072	VK	坚持	3	4
1073	VH	老	3	3
1074	VH	那么	3	2
1075	VK	受不了	3	4
1076	Na	腿	3	3
1077	VH	危险	3	3
1078	D	总	3	3
1079	Na	表演	3	3
1080	Nc	餐厅	3	3
1081	Na	肚子	3	2
1082	Nc	饭馆	3	1
1083	Nc	故乡	3	3
1084	VA	继续	3	4
1085	VA	考试	3	1
1086	VC	取得	3	3
1087	VH	去世	3	3
1088	VJ	适应	3	4
1089	VH	睡着	3	4

순서	품사	단어	통합	
			수정전	수정후
1090	VJ	谢	3	2
1091	VA	休学	3	3
1092	A	一般	3	3
1093	VH	用功	3	3
1094	VJ	重视	3	3
1095	VH	白白	3	4
1096	D	不用	3	2
1097	VH	和平	3	4
1098	VJ	获得	3	6
1099	Na	技术	3	3
1100	Nf	辆	3	3
1101	Nes	另	3	4
1102	Nf	瓶	3	3
1103	Nd	期末	3	4
1104	Na	热情	3	3
1105	VH	生病	3	2
1106	VC	收拾	3	1
1107	VK	讨厌	3	3
1108	Na	卫生	3	2
1109	Nc	西安	3	3
1110	Na	新家	3	4
1111	VA	自杀	3	4
1112	VC	帮	3	3
1113	VH	宝贵	3	2
1114	VC	点	3	2
1115	Na	点心	3	3
1116	VHC	坏	3	2
1117	Na	姐妹	3	4
1118	Na	京剧	3	3
1119	Nc	楼	3	3
1120	Neqa	那些	3	3
1121	VA	起来	3	2
1122	Na	日本人	3	3
1123	Ng	似的	3	4
1124	P	受	3	3
1125	A	同一	3	5
1126	VH	外向	3	5
1127	VA	下班	3	3
1128	VJ	享受	3	2
1129	VJ	欣赏	3	4

순서	품사	단어	통합	
			수정전	수정후
1130	Neu	一百	3	3
1131	Ng	一样	3	1
1132	Cbb	因	3	4
1133	Na	缘故	3	4
1134	VHC	增加	3	3
1135	D	逐渐	3	3
1136	VA	坐车	3	1
1137	VC	布置	3	4
1138	Nf	层	3	3
1139	VHC	产生	3	1
1140	VH	成熟	3	4
1141	VK	恨	3	4
1142	VH	滑	3	3
1143	VH	活泼	3	2
1144	Na	基本	3	4
1145	Na	驾驶	3	2
1146	VH	骄傲	3	3
1147	P	经过	3	4
1148	Na	历史	3	3
1149	Na	脸色	3	3
1150	VHC	满足	3	2
1151	VC	描述	3	4
1152	Na	平房	3	3
1153	Nd	前年	3	3
1154	D	亲自	3	3
1155	Neqa	任何	3	2
1156	VA	散步	3	2
1157	VH	失败	3	3
1158	Na	事故	3	3
1159	D	首先	3	1
1160	VH	退休	3	3
1161	Na	味	3	2
1162	Na	味道	3	2
1163	Na	想像	3	2
1164	Na	新生	3	3
1165	Na	型	3	4
1166	Na	选择	3	1
1167	Na	压力	3	3
1168	Na	一生	3	4
1169	Cbb	之所以	3	3

순서	품사	단어	통합	
			수정전	수정후
1170	VCL	走到	3	2
1171	Ncd	边儿	3	2
1172	Na	冰箱	3	3
1173	VH	不了了之	3	3
1174	VK	不满	3	2
1175	VH	不足	3	2
1176	Na	草原	3	3
1177	Na	层	3	3
1178	Na	船工	3	3
1179	P	待	3	2
1180	Neu	第三	3	3
1181	VH	独特	3	3
1182	Na	短信	3	3
1183	VHC	饿死	3	2
1184	Na	活力	3	3
1185	Na	活儿	3	3
1186	VH	活下去	3	3
1187	VH	交流	3	2
1188	Nc	俱乐部	3	3
1189	Na	距离	3	3
1190	D	绝对	3	1
1191	D	看来	3	1
1192	D	可不可以	3	3
1193	VHC	累死	3	1
1194	VH	礼貌	3	3
1195	Na	农活	3	3
1196	VC	求	3	2
1197	Na	权利	3	2
1198	D	日趋	3	3
1199	Na	师兄	3	3
1200	Na	石窟	3	3
1201	VJ	熟悉	3	2
1202	Nh	他们俩	3	1
1203	Nc	外滩	3	3
1204	Na	微笑	3	3
1205	VH	吓人	3	3
1206	VI	相干	3	3
1207	Na	相貌	3	3
1208	VA	新来	3	3
1209	Nd	新年	3	3

순서	품사	단어	통합	
			수정전	수정후
1210	Na	牙齿	3	3
1211	VC	影响	3	3
1212	Na	早饭	3	3
1213	Nd	之间	3	2
1214	VH	悲哀	3	1
1215	Na	必要	3	2
1216	VH	不懈	3	2
1217	Nf	道	3	2
1218	VA	动身	3	1
1219	Nf	对	3	2
1220	T	而已	3	2
1221	Ncd	口	3	1
1222	VH	苦恼	3	2
1223	Neu	俩	3	1
1224	VH	亮晶晶	3	2
1225	Nc	目的地	3	2
1226	Nd	瞬间	3	1
1227	Na	余地	3	2
1228	VH	直接	3	2
1229	VJ	只有	3	0
1230	VH	过来	3	1
1231	VH	及格	3	1
1232	Nf	片	3	1
1233	VH	痛快	3	1
1234	VH	温和	3	1
1235	Dk	无论如何	3	1
1236	P	针对	3	1
1237	Na	作家	3	1
1238	Nc	首尔	2	25
1239	VA	上网	2	2
1240	Nf	场	2	18
1241	VH	慢	2	3
1242	D	便	2	3
1243	VC	吃完	2	4
1244	Nd	后来	2	17
1245	VA	睡懒觉	2	3
1246	P	依	2	2
1247	Nc	公园	2	2
1248	VC	陪	2	3
1249	Na	爷爷	2	2

순서	품사	단어	통합	
			수정전	수정후
1250	VH	差	2	5
1251	Neqa	多少	2	4
1252	P	当	2	8
1253	D	能不能	2	1
1254	Ng	起	2	2
1255	VJ	变得	2	1
1256	Nf	顿	2	3
1257	VL	令	2	8
1258	Na	墙	2	2
1259	Nc	食堂	2	2
1260	VC	贴	2	2
1261	VJ	吃不了	2	1
1262	Nf	份	2	5
1263	Neu	好几	2	2
1264	VH	美好	2	5
1265	Nf	杯	2	3
1266	Na	大雨	2	2
1267	Dfa	还要	2	4
1268	Na	家务	2	2
1269	Na	留学生	2	3
1270	VJ	羡慕	2	3
1271	VE	想要	2	5
1272	Na	小孩子	2	2
1273	Nf	元	2	2
1274	D	必	2	2
1275	VH	不同	2	4
1276	VL	敢	2	4
1277	Na	季节	2	3
1278	VC	麻烦	2	2
1279	Nf	篇	2	4
1280	P	替	2	4
1281	Na	屋子	2	3
1282	Na	语言	2	4
1283	D	终	2	7
1284	Nd	最后	2	5
1285	VA	做饭	2	3
1286	VH	棒	2	4
1287	D	重新	2	3
1288	VC	锻炼	2	3
1289	VHC	烦	2	5

순서	품사	단어	통합	
			수정전	수정후
1290	VH	和睦	2	2
1291	VE	讲	2	2
1292	Na	量	2	5
1293	Nd	凌晨	2	4
1294	VH	亲切	2	2
1295	Nf	星期	2	1
1296	D	有没有	2	2
1297	Na	月份	2	4
1298	Na	中国菜	2	3
1299	VC	住	2	2
1300	VC	表达	2	2
1301	VC	参观	2	5
1302	Dfb	多	2	2
1303	VD	发	2	2
1304	VC	改变	2	2
1305	VH	孤独	2	1
1306	Nd	季	2	1
1307	VA	聚	2	4
1308	P	每当	2	3
1309	Nf	米	2	2
1310	VC	骗	2	3
1311	Nc	叔叔家	2	3
1312	Nc	天津	2	2
1313	Na	屋	2	4
1314	Na	先生	2	2
1315	VJ	谢谢	2	2
1316	Na	颜色	2	2
1317	Nc	游泳池	2	2
1318	VE	祝	2	2
1319	VC	抱	2	3
1320	Na	报告	2	2
1321	Nep	此	2	3
1322	VE	答应	2	3
1323	VH	大声	2	1
1324	P	等	2	1
1325	P	对于	2	2
1326	Na	方便面	2	2
1327	Nd	刚才	2	2
1328	VH	更多	2	3
1329	VA	观光	2	4

순서	품사	단어	통합	
			수정전	수정후
1330	VH	基础	2	3
1331	Na	假期	2	3
1332	Na	街	2	2
1333	D	竟然	2	1
1334	D	快点儿	2	2
1335	D	立刻	2	3
1336	Nc	美国	2	2
1337	Na	男	2	2
1338	Na	女儿	2	2
1339	Nh	他俩	2	3
1340	VC	弹	2	3
1341	VHC	统一	2	2
1342	VJ	吓	2	2
1343	Na	小姐	2	1
1344	VA	行动	2	1
1345	VC	学会	2	2
1346	Nc	英国	2	2
1347	VB	照相	2	2
1348	VH	值得	2	4
1349	Nf	座	2	3
1350	VH	悲伤	2	4
1351	VD	出租	2	2
1352	Nc	村	2	1
1353	Dfb	得多	2	1
1354	Na	电子	2	2
1355	VC	发	2	4
1356	VE	反对	2	2
1357	VA	放暑假	2	3
1358	VC	覆盖	2	3
1359	Na	工人	2	2
1360	Na	工资	2	2
1361	Nd	古代	2	2
1362	VF	鼓励	2	3
1363	Na	规律	2	3
1364	D	果然	2	1
1365	Ncd	后面	2	2
1366	Na	湖	2	4
1367	Na	姐夫	2	2
1368	VH	进步	2	1
1369	VB	进来	2	1

순서	품사	단어	통합	
			수정전	수정후
1370	Na	精神	2	2
1371	VB	开玩笑	2	3
1372	VHC	可怜	2	2
1373	Nf	块	2	3
1374	Na	老虎	2	2
1375	Na	楼房	2	4
1376	T	没有	2	1
1377	VH	迷路	2	3
1378	VH	内向	2	3
1379	Na	农民	2	4
1380	VA	爬	2	3
1381	Na	青年	2	4
1382	VF	求	2	2
1383	Na	人际	2	4
1384	D	仍然	2	3
1385	Cbb	甚至	2	3
1386	VF	试	2	3
1387	Na	手表	2	2
1388	Na	手套	2	2
1389	Na	树叶	2	1
1390	Nf	双	2	1
1391	VH	爽快	2	2
1392	VE	提醒	2	2
1393	Na	网	2	2
1394	Na	舞蹈	2	2
1395	VH	小小	2	2
1396	VC	修理	2	2
1397	Na	宴会	2	2
1398	Na	椅子	2	2
1399	P	因	2	3
1400	VJ	有关	2	3
1401	VK	赞成	2	2
1402	P	直到	2	2
1403	Na	职业	2	1
1404	VH	周到	2	2
1405	VCL	走进	2	2
1406	Na	最爱	2	2
1407	VCL	坐上	2	4
1408	Na	班车	2	2
1409	VK	抱歉	2	2

순서	품사	단어	통합	
			수정전	수정후
1410	VH	必要	2	2
1411	Cbb	不论	2	2
1412	Na	步	2	2
1413	Nd	不久	2	3
1414	VC	吹	2	3
1415	VH	低	2	2
1416	Na	独生女	2	2
1417	Na	歌手	2	2
1418	VH	公平	2	2
1419	VA	公演	2	2
1420	VA	过街	2	2
1421	D	还可以	2	2
1422	Na	汉语课	2	2
1423	Na	花盆	2	2
1424	VJ	怀念	2	2
1425	Na	货架	2	2
1426	Na	护士	2	2
1427	VC	祭祀	2	2
1428	Nc	加拿大	2	2
1429	VC	驾驶	2	2
1430	D	将	2	2
1431	VJ	经历	2	2
1432	VK	惊讶	2	2
1433	Na	警察	2	2
1434	VA	开会	2	1
1435	VC	烤	2	2
1436	VH	困	2	2
1437	Na	拉面	2	2
1438	Na	篮球	2	2
1439	VH	乐观	2	2
1440	VJ	连	2	2
1441	Neu	两三	2	2
1442	VH	了不起	2	2
1443	VB	淋湿	2	2
1444	VC	留	2	0
1445	Na	律师	2	2
1446	Na	论文	2	1
1447	Na	毛衣	2	2
1448	D	每	2	1
1449	Na	梦	2	2

순서	품사	단어	통합	
			수정전	수정후
1450	VC	面试	2	3
1451	Nd	目前	2	2
1452	D	偶然	2	2
1453	Nf	排	2	1
1454	VB	起来	2	2
1455	Na	企业	2	2
1456	VE	请问	2	2
1457	VA	去不了	2	1
1458	Na	日本菜	2	2
1459	D	日益	2	1
1460	VH	如此	2	3
1461	Na	设施	2	2
1462	VC	收到	2	2
1463	VHC	疏远	2	2
1464	Na	丝绸	2	2
1465	VA	谈恋爱	2	1
1466	Na	糖	2	2
1467	Nc	天	2	1
1468	VE	听见	2	1
1469	VHC	停	2	1
1470	Na	温度	2	2
1471	VJ	习惯	2	2
1472	Na	现实	2	2
1473	Nc	香港	2	2
1474	VA	消失	2	2
1475	Nb	小李	2	2
1476	Nb	小王	2	2
1477	VC	孝敬	2	2
1478	Na	宣传画	2	2
1479	Na	训练	2	2
1480	Nc	研究所	2	2
1481	VF	要求	2	2
1482	D	一向	2	3
1483	VC	引起	2	2
1484	VA	游行	2	2
1485	P	有关	2	1
1486	VH	远不远	2	2
1487	VK	愿	2	1
1488	VB	再见	2	2
1489	VK	在于	2	0

순서	품사	단어	통합	
			수정전	수정후
1490	D	怎样	2	2
1491	Na	知识	2	2
1492	A	知心	2	3
1493	D	至今	2	2
1494	Na	中学生	2	1
1495	VF	准备	2	3
1496	VC	安慰	2	2
1497	VH	暗下来	2	2
1498	Na	白马王子	2	2
1499	Na	保龄球	2	2
1500	Na	饼干	2	2
1501	Na	不幸	2	2
1502	VL	不禁	2	2
1503	Na	彩虹	2	2
1504	Na	差别	2	1
1505	Na	朝鲜族	2	2
1506	VA	出门	2	2
1507	Nc	厨房	2	2
1508	D	处处	2	2
1509	Na	绰号	2	2
1510	VC	打碎	2	1
1511	VH	大吃一惊	2	2
1512	Na	大象	2	2
1513	Na	导游	2	2
1514	Na	道路	2	1
1515	VC	登	2	2
1516	VA	电话	2	2
1517	Na	渡轮	2	2
1518	Nc	敦煌	2	2
1519	Caa	而	2	2
1520	Na	发言	2	1
1521	VI	反感	2	2
1522	VH	风趣	2	2
1523	VI	感恩	2	2
1524	VH	高大	2	2
1525	A	高等	2	1
1526	Na	糕汤	2	2
1527	Na	孤独感	2	2
1528	VJ	关怀	2	1
1529	VH	光荣	2	2

순서	품사	단어	통합	
			수정전	수정후
1530	Na	黑板	2	2
1531	VA	后退	2	2
1532	Na	火焰	2	2
1533	Cbb	即使	2	0
1534	Na	记者	2	2
1535	VC	嫁给	2	2
1536	Cbb	尽管	2	2
1537	Na	劲儿	2	0
1538	D	决不	2	1
1539	VH	空荡荡	2	2
1540	Nd	劳动节	2	2
1541	Na	姥姥	2	2
1542	Na	利	2	2
1543	VA	立足	2	2
1544	Na	粮食	2	2
1545	D	临死	2	2
1546	VD	留给	2	2
1547	Na	流水	2	2
1548	Nc	龙门	2	2
1549	Nb	龙庆峡	2	2
1550	Nb	龙塔	2	2
1551	Na	绿茶	2	2
1552	Na	骆驼	2	2
1553	D	埋头	2	2
1554	VL	忙着	2	2
1555	Na	美景	2	2
1556	Na	面子	2	2
1557	Na	民族	2	1
1558	Na	名胜	2	2
1559	Na	明星	2	2
1560	VH	目瞪口呆	2	2
1561	Ncd	南北	2	2
1562	Na	内心	2	2
1563	Nc	农村	2	1
1564	Nc	农家	2	1
1565	Na	农历	2	2
1566	Na	女孩子	2	1
1567	VA	排尿	2	2
1568	VC	派遣到	2	2
1569	Ncd	旁边儿	2	2

순서	품사	단어	통합	
			수정전	수정후
1570	VA	跑过去	2	2
1571	Na	波涛	2	2
1572	VA	骑车	2	2
1573	Na	跷跷板	2	2
1574	VH	亲热	2	1
1575	Na	亲友	2	2
1576	Na	秋千	2	2
1577	Cbb	然而	2	1
1578	VJ	忍耐	2	2
1579	Na	沙漠	2	2
1580	Na	沙滩	2	2
1581	VH	上下课	2	2
1582	Na	声调	2	2
1583	VH	失业	2	2
1584	D	实在	2	0
1585	Na	士兵	2	2
1586	Na	室内	2	1
1587	Na	柿子	2	2
1588	Na	双手	2	1
1589	Na	丝	2	2
1590	Na	太阳	2	2
1591	VC	弹劾	2	2
1592	VH	坦率	2	2
1593	Na	梯子	2	2
1594	VJ	体贴	2	2
1595	Nc	天池	2	2
1596	Nc	天空	2	2
1597	Na	天主教	2	2
1598	VJ	听得懂	2	2
1599	Na	庭院	2	2
1600	Na	外宾	2	2
1601	VH	完全	2	1
1602	VA	玩耍	2	2
1603	VHC	温暖	2	1
1604	VHC	稳定	2	2
1605	VA	下山	2	2
1606	VA	下学	2	2
1607	VA	写信	2	1
1608	Nc	心目中	2	1
1609	VH	羞答答	2	2

순서	품사	단어	통합	
			수정전	수정후
1610	Na	学科	2	1
1611	VH	雅	2	2
1612	Na	养花	2	2
1613	Neqa	一切	2	2
1614	VK	意味	2	2
1615	Na	影响	2	2
1616	VH	勇敢	2	2
1617	VH	忧郁	2	2
1618	Na	预测	2	2
1619	D	再一次	2	1
1620	VC	召开	2	2
1621	VK	知不知道	2	1
1622	VJ	值	2	2
1623	Na	职位	2	2
1624	Nc	植物园	2	2
1625	Na	执照	2	1
1626	VL	终于	2	0
1627	VH	自豪	2	1
1628	Na	自觉	2	2
1629	VK	包括	2	1
1630	Na	报纸	2	1
1631	VA	避暑	2	1
1632	P	趁着	2	1
1633	VC	抽出	2	0
1634	VH	刺激	2	1
1635	VH	当然	2	1
1636	VA	掉下来	2	1
1637	VH	懂事	2	1
1638	D	反覆	2	1
1639	Na	房卡	2	1
1640	VH	分明	2	0
1641	VH	高级	2	1
1642	Nf	公里	2	1
1643	Na	国民	2	1
1644	D	哈哈	2	1
1645	Na	怀	2	1
1646	Na	护照	2	1
1647	Dfa	极为	2	1
1648	VJ	减	2	1
1649	Na	竞争	2	1

순서	품사	단어	통합	
			수정전	수정후
1650	VAC	聚集	2	0
1651	VB	决定下来	2	1
1652	VC	看过	2	0
1653	VA	流泪	2	1
1654	Na	民众	2	1
1655	VH	忍不住	2	1
1656	D	三三两两	2	1
1657	Na	沙子	2	1
1658	VA	上床	2	1
1659	VC	上去	2	1
1660	Na	神经	2	1
1661	Nf	声	2	1
1662	VH	盛大	2	1
1663	VH	湿	2	1
1664	VC	摔	2	1
1665	Na	双胞胎	2	1
1666	VF	说服	2	1
1667	VB	行礼	2	1
1668	VA	醒	2	1
1669	Na	学妹	2	1
1670	Nf	眼	2	1
1671	Neqa	一排排	2	1
1672	Dfa	有一点点	2	1
1673	VG	造成	2	0
1674	Na	帐蓬	2	1
1675	Na	主意	2	1
1676	VC	追求	2	1
1677	Nc	顶峰	2	0
1678	T	哦	2	0
1679	Na	汗水	2	0
1680	Na	奶奶	1	1
1681	VC	学好	1	6
1682	VD	交给	1	2
1683	D	说不定	1	1
1684	Nd	八点	1	1
1685	VA	减肥	1	1
1686	Dfa	更加	1	8
1687	VA	开门	1	1
1688	D	偏偏	1	1
1689	VF	劝	1	2

순서	품사	단어	통합	
			수정전	수정후
1690	VC	偷走	1	1
1691	D	真是	1	9
1692	VD	递给	1	1
1693	VH	疼	1	1
1694	Na	小偷	1	1
1695	VE	约好	1	3
1696	Nc	教会	1	2
1697	Nd	星期五	1	1
1698	Da	约	1	2
1699	Na	大姐	1	2
1700	Cbb	而是	1	2
1701	VC	妨碍	1	1
1702	VC	挂	1	1
1703	Na	韩国语	1	1
1704	Nf	号	1	1
1705	Nd	今	1	3
1706	Na	书包	1	1
1707	VC	建议	1	1
1708	VC	完成	1	2
1709	VD	赢	1	1
1710	VC	照	1	3
1711	Na	词典	1	1
1712	D	根本	1	5
1713	VC	拐	1	1
1714	VH	好不好	1	2
1715	VH	合	1	2
1716	VH	辣	1	1
1717	VD	卖	1	1
1718	Neu	七	1	1
1719	VK	听懂	1	1
1720	Na	小学生	1	0
1721	Na	饮料	1	1
1722	P	由	1	2
1723	VC	准备好	1	3
1724	Na	笔	1	1
1725	Na	表妹	1	1
1726	D	不得不	1	3
1727	D	多多	1	1
1728	Na	感情	1	1
1729	D	怪不得	1	1

순서	품사	단어	통합	
			수정전	수정후
1730	VC	关上	1	1
1731	Na	红色	1	1
1732	VC	骂	1	2
1733	VH	苗条	1	2
1734	Na	泡菜	1	1
1735	VA	请客	1	0
1736	VG	算	1	2
1737	D	须要	1	1
1738	Na	雪景	1	3
1739	D	也许	1	2
1740	Cbb	只有	1	2
1741	Nf	周	1	3
1742	VC	做好	1	1
1743	VC	吵	1	2
1744	VC	穿上	1	2
1745	D	从此	1	3
1746	T	的	1	2
1747	D	等一下	1	1
1748	VCL	度过	1	3
1749	Na	发音	1	1
1750	Na	高中生	1	1
1751	Da	几乎	1	2
1752	Nb	金	1	2
1753	D	尽快	1	1
1754	VC	流下	1	5
1755	Na	梦想	1	2
1756	VC	取	1	2
1757	Na	全家	1	4
1758	Na	商品	1	1
1759	VH	太晚	1	1
1760	Na	味儿	1	1
1761	Cbb	无论	1	2
1762	VC	吸	1	3
1763	Na	夜景	1	1
1764	Na	英文	1	1
1765	VJ	拥有	1	3
1766	VH	优秀	1	1
1767	Ncd	右	1	1
1768	VA	住院	1	1
1769	Na	白雪	1	4

순서	품사	단어	통합	
			수정전	수정후
1770	VA	参军	1	1
1771	VH	差不多	1	2
1772	Nc	长城	1	1
1773	Nc	长白山	1	4
1774	VA	出国	1	2
1775	VB	打招呼	1	3
1776	Na	大衣	1	1
1777	Na	大一	1	3
1778	VH	对	1	3
1779	Na	法语	1	1
1780	Caa	还是	1	3
1781	VH	好听	1	1
1782	VH	好玩	1	1
1783	VH	红	1	2
1784	Na	红叶	1	1
1785	Na	急事	1	1
1786	D	几时	1	1
1787	VB	加油	1	1
1788	P	将	1	3
1789	VA	交往	1	2
1790	Na	姐妹	1	1
1791	VE	看看	1	2
1792	Na	牛奶	1	1
1793	VC	排列	1	4
1794	VA	跑步	1	2
1795	VJ	缺少	1	4
1796	Na	日语	1	1
1797	Na	肉	1	1
1798	Cbb	若	1	4
1799	Na	山路	1	2
1800	VA	上来	1	1
1801	Na	时光	1	1
1802	VH	睡不着觉	1	2
1803	P	随	1	1
1804	Na	五花肉	1	1
1805	Na	西瓜	1	1
1806	VH	细	1	1
1807	Nf	项	1	1
1808	Na	信仰	1	1
1809	VC	选择	1	2

순서	품사	단어	통합	
			수정전	수정후
1810	Nc	邮局	1	1
1811	VHC	有害	1	2
1812	Na	语法	1	1
1813	P	按	1	0
1814	Na	巴士	1	1
1815	Na	百货	1	1
1816	Na	百货大楼	1	1
1817	Na	包子	1	1
1818	VC	保守	1	1
1819	VH	变	1	2
1820	VH	不见了	1	3
1821	Nc	补习班	1	2
1822	D	不应该	1	2
1823	VC	尝尝	1	1
1824	VH	诚实	1	1
1825	Na	成员	1	1
1826	VH	吃惊	1	1
1827	VA	出差	1	1
1828	Na	磁带	1	1
1829	D	从早到晚	1	1
1830	VH	错	1	1
1831	VC	打死	1	1
1832	VA	打网球	1	1
1833	VA	大哭	1	1
1834	Na	大楼	1	1
1835	Na	大夫	1	1
1836	VG	担任	1	1
1837	Na	电梯	1	2
1838	VC	堵	1	1
1839	VC	犯	1	1
1840	D	放声	1	1
1841	VC	改正	1	1
1842	Na	歌星	1	1
1843	Cbb	还是	1	1
1844	D	好好儿	1	1
1845	Na	好友	1	2
1846	Cbb	和	1	1
1847	VH	和好	1	2
1848	Nc	花园	1	1
1849	VA	滑雪	1	1

순서	품사	단어	통합	
			수정전	수정후
1850	Na	坏事	1	2
1851	VD	还	1	0
1852	Na	婚礼	1	1
1853	VH	寂寞	1	1
1854	Na	脚	1	1
1855	Na	教授	1	1
1856	VC	结	1	2
1857	Nes	近	1	1
1858	Dk	看来	1	1
1859	Na	课本	1	1
1860	VH	客气	1	1
1861	VH	来不了	1	2
1862	VH	蓝蓝	1	3
1863	Na	懒觉	1	0
1864	Na	老朋友	1	2
1865	VH	老实	1	1
1866	VA	流	1	1
1867	VHC	麻烦	1	2
1868	VH	没用	1	3
1869	Nf	门	1	1
1870	VH	免费	1	1
1871	Nf	秒	1	2
1872	VB	拿过来	1	1
1873	VI	拿手	1	1
1874	Cbb	那么	1	3
1875	Neqa	那么多	1	1
1876	Dfa	那样	1	2
1877	VC	你好	1	1
1878	Na	牛肉	1	1
1879	VJ	佩服	1	1
1880	VC	碰见	1	2
1881	Na	期望	1	1
1882	Na	气候	1	1
1883	Neu	千万	1	1
1884	VH	清	1	1
1885	Nd	秋	1	3
1886	VH	热热闹闹	1	2
1887	Na	嫂子	1	1
1888	Na	沙发	1	1
1889	VJ	剩下	1	1

순서	품사	단어	통합	
			수정전	수정후
1890	A	师范	1	1
1891	VE	说明	1	3
1892	Na	思想	1	1
1893	VH	算了	1	1
1894	Cbb	虽说	1	3
1895	VJ	疼	1	1
1896	Na	网吧	1	1
1897	VJ	忘怀	1	3
1898	D	无法	1	2
1899	Na	鲜花	1	2
1900	VA	相处	1	1
1901	Na	小吃	1	1
1902	Cbb	要不然	1	2
1903	Nf	页	1	1
1904	VK	遗憾	1	2
1905	Na	鱼	1	1
1906	VJ	原谅	1	2
1907	Nh	咱们俩	1	1
1908	VC	找回	1	1
1909	Na	照相机	1	1
1910	VH	珍贵	1	1
1911	VJ	尊重	1	0
1912	VA	作文	1	1
1913	Na	班	1	1
1914	Nb	拌饭	1	1
1915	VA	办事	1	1
1916	Na	榜样	1	2
1917	VH	饱	1	1
1918	Na	保安	1	1
1919	VE	抱怨	1	1
1920	Ncd	北部	1	2
1921	VH	笨	1	1
1922	Na	冰淇淋	1	1
1923	Na	伯父	1	1
1924	VJ	不如	1	1
1925	VA	不停	1	0
1926	Na	材料	1	1
1927	D	曾经	1	1
1928	Nc	超市	1	1
1929	Na	成果	1	1

순서	품사	단어	통합	
			수정전	수정후
1930	Ng	初	1	1
1931	VC	处理	1	1
1932	VH	错误	1	1
1933	VH	大胆	1	1
1934	VCL	呆	1	1
1935	VB	道歉	1	1
1936	VA	到站	1	1
1937	Na	地球	1	1
1938	Nd	冬季	1	1
1939	D	动不动	1	2
1940	Na	对话	1	0
1941	VA	对话	1	1
1942	VH	多事	1	1
1943	VH	多样	1	1
1944	Neqa	朵朵	1	1
1945	VC	发动	1	1
1946	VH	发福	1	2
1947	VH	发烧	1	1
1948	Cbb	凡是	1	1
1949	Na	服务员	1	1
1950	VH	干干净净	1	1
1951	VJ	赶不上	1	1
1952	Na	工程	1	1
1953	Na	功夫	1	1
1954	A	公共	1	1
1955	Na	工业	1	1
1956	Na	古迹	1	2
1957	Na	顾客	1	1
1958	VA	刮风	1	1
1959	Na	瓜子	1	1
1960	VE	观察	1	2
1961	VH	过分	1	0
1962	VC	过来	1	1
1963	VB	过生日	1	2
1964	D	好不容易	1	2
1965	VH	好极了	1	1
1966	VH	好心	1	2
1967	VH	合作	1	0
1968	Ncd	后边	1	1
1969	VL	后悔	1	1

순서	품사	단어	통합	
			수정전	수정후
1970	Na	花瓶	1	1
1971	VB	化妆	1	1
1972	Na	黄瓜	1	1
1973	Na	会话课	1	1
1974	Na	胡同	1	1
1975	VH	积极	1	1
1976	VAC	集合	1	2
1977	Cbb	既然	1	2
1978	VG	既是	1	1
1979	VF	继续	1	1
1980	Na	家门	1	0
1981	VE	检查	1	2
1982	Na	奖	1	1
1983	VE	讲述	1	2
1984	Na	街道	1	1
1985	VH	节省	1	1
1986	Na	结论	1	1
1987	VC	解	1	1
1988	VD	借给	1	1
1989	VC	借去	1	1
1990	VL	禁不住	1	2
1991	Na	金钱	1	1
1992	Na	镜子	1	1
1993	VH	旧	1	1
1994	VF	拒绝	1	1
1995	VA	开夜车	1	1
1996	VJ	看得见	1	1
1997	Na	看法	1	1
1998	VC	考完	1	1
1999	Nf	颗	1	1
2000	D	可要	1	2
2001	VH	刻苦	1	2
2002	Nc	课堂	1	1
2003	Nc	客厅	1	1
2004	Na	空调	1	1
2005	Na	口味	1	1
2006	Na	苦难	1	1
2007	Ng	来	1	1
2008	Na	蓝色	1	1
2009	Nf	类	1	1

순서	품사	단어	통합	
			수정전	수정후
2010	VH	亮亮	1	0
2011	Na	零件	1	1
2012	A	零下	1	1
2013	Na	零用钱	1	0
2014	Cbb	另外	1	2
2015	VH	流逝	1	1
2016	VC	录取	1	1
2017	VA	落	1	1
2018	VH	密切	1	1
2019	Na	面色	1	1
2020	Na	名	1	1
2021	D	明明	1	2
2022	Ng	末	1	1
2023	VI	陌生	1	1
2024	Nes	某	1	0
2025	Nc	南北韩	1	1
2026	VH	难受	1	1
2027	VA	念书	1	0
2028	Na	农活儿	1	2
2029	Na	农作物	1	1
2030	VA	徘徊	1	1
2031	Na	胖子	1	1
2032	Na	扒手	1	1
2033	VH	平常	1	1
2034	VK	气	1	1
2035	Na	气象	1	1
2036	Na	气质	1	1
2037	Neu	千	1	1
2038	D	亲眼	1	1
2039	VA	取长补短	1	2
2040	VJ	缺	1	0
2041	VJ	热衷	1	1
2042	A	日常	1	1
2043	Na	容貌	1	1
2044	VHC	伤	1	2
2045	Na	肾病	1	1
2046	Na	生词	1	1
2047	Na	生鱼片	1	1
2048	Na	师傅	1	1
2049	Na	诗集	1	1

순서	품사	단어	통합	
			수정전	수정후
2050	Na	师生	1	1
2051	VJ	适合	1	1
2052	VA	适应	1	1
2053	VD	输	1	1
2054	Na	数学	1	1
2055	VJ	顺	1	1
2056	VD	说给	1	0
2057	D	随时	1	1
2058	Na	台风	1	1
2059	Nc	台湾	1	1
2060	VH	太少	1	1
2061	Na	太太	1	1
2062	Nf	堂	1	1
2063	Na	特点	1	1
2064	VA	填表	1	1
2065	VHC	停下来	1	2
2066	VD	偷	1	2
2067	VH	秃	1	1
2068	VF	托	1	1
2069	VC	脱	1	1
2070	VC	歪曲	1	1
2071	VK	忘掉	1	1
2072	Ng	为止	1	1
2073	VH	为什么	1	1
2074	VH	无间	1	1
2075	VL	无意	1	1
2076	Na	物价	1	1
2077	Ncd	西	1	0
2078	VH	西方	1	1
2079	Nd	现代	1	1
2080	VH	相互	1	1
2081	VG	象	1	1
2082	Na	项目	1	1
2083	Na	小伙子	1	1
2084	Na	小偷儿	1	1
2085	Nb	小张	1	1
2086	Dfb	些	1	2
2087	Na	形容	1	1
2088	Na	演讲	1	1
2089	Nd	夜晚	1	1

순서	품사	단어	통합	
			수정전	수정후
2090	VAC	移动	1	2
2091	D	一路	1	2
2092	Na	仪式	1	1
2093	Ng	以下	1	0
2094	Dk	一般来说	1	1
2095	D	一转眼	1	1
2096	Na	饮食	1	1
2097	Na	硬座	1	2
2098	Na	幽默感	1	1
2099	Nc	幼儿园	1	1
2100	VC	诱拐	1	1
2101	Na	乐曲	1	1
2102	VC	栽培	1	2
2103	D	再次	1	1
2104	Na	造景	1	1
2105	VHC	增多	1	1
2106	Na	炸鸡	1	1
2107	VB	摘下来	1	2
2108	VH	真实	1	2
2109	VC	整理	1	2
2110	Na	症状	1	2
2111	Na	中级	1	1
2112	Na	中年	1	2
2113	VA	种田	1	2
2114	Na	重要性	1	1
2115	Na	猪肉	1	1
2116	Na	主义	1	2
2117	VK	注意到	1	1
2118	Na	姿势	1	1
2119	VH	仔细	1	1
2120	VH	自我	1	1
2121	Na	资源	1	1
2122	Na	租车	1	1
2123	VH	最多	1	1
2124	VB	挨打	1	1
2125	VJ	爱慕	1	1
2126	VJ	爱上	1	1
2127	VHC	安定	1	1
2128	VC	按	1	1
2129	VJ	按照	1	0

순서	품사	단어	통합	
			수정전	수정후
2130	P	按照	1	1
2131	Na	奥运会	1	1
2132	VA	拔草	1	1
2133	VH	白净	1	1
2134	VB	拜年	1	1
2135	Nf	班	1	1
2136	Na	搬家费	1	1
2137	Nd	傍晚	1	1
2138	VJ	包含	1	1
2139	VC	包装	1	1
2140	VJ	保持到	1	1
2141	VC	保卫	1	0
2142	VH	悲喜	1	1
2143	Nes	本	1	1
2144	Na	鼻梁	1	1
2145	Na	鼻子	1	1
2146	Nf	笔	1	1
2147	VC	比不过	1	1
2148	Na	必需品	1	1
2149	Na	毕业生	1	1
2150	VJ	贬低	1	1
2151	Na	标题	1	1
2152	Na	别名	1	1
2153	Na	冰	1	1
2154	Na	冰块	1	1
2155	Na	玻璃	1	1
2156	D	不必	1	1
2157	D	不断	1	1
2158	Dfb	不过	1	1
2159	VJ	不顾	1	1
2160	VH	不像话	1	1
2161	VJ	不要	1	1
2162	Dk	不用说	1	1
2163	VC	步	1	1
2164	VK	不觉	1	0
2165	VJ	不理	1	1
2166	VH	不清	1	1
2167	D	不许	1	1
2168	VC	擦	1	1
2169	VH	苍白	1	1

순서	품사	단어	통합	
			수정전	수정후
2170	VH	苍郁	1	1
2171	Na	草坪	1	1
2172	VK	察觉到	1	1
2173	Na	长毛	1	1
2174	Na	场合	1	0
2175	Nc	朝鲜	1	1
2176	Na	车道	1	1
2177	Na	车费	1	1
2178	VA	乘船	1	1
2179	Na	成就感	1	1
2180	VH	成人	1	0
2181	VC	吃光	1	1
2182	VH	迟钝	1	1
2183	VA	重逢	1	1
2184	VJ	出身	1	1
2185	Na	初吻	1	1
2186	VA	出游	1	1
2187	Cbb	除非	1	1
2188	Na	川菜	1	1
2189	Na	传统舞	1	1
2190	Cbb	此外	1	1
2191	Na	葱头	1	1
2192	D	从不	1	1
2193	VB	打交道	1	1
2194	VC	打起	1	1
2195	VC	打通	1	1
2196	VH	大病	1	1
2197	Nc	大韩民国	1	1
2198	Na	大门	1	1
2199	Na	大厦	1	1
2200	Na	大意	1	1
2201	VJ	大于	1	1
2202	Na	大自然	1	1
2203	Na	待遇	1	1
2204	VH	单身	1	0
2205	Nes	当	1	1
2206	Nd	当初	1	1
2207	Ncd	当中	1	0
2208	VC	倒	1	1
2209	VH	倒闭	1	1

순서	품사	단어	통합	
			수정전	수정후
2210	D	倒不如	1	1
2211	VC	得不到	1	1
2212	Na	得失	1	1
2213	VK	等待	1	1
2214	Na	地铁门	1	1
2215	VH	典雅	1	1
2216	VB	定罪	1	1
2217	Ncd	东北部	1	1
2218	Na	董事	1	1
2219	VA	动笔	1	1
2220	VA	动不了	1	1
2221	Na	动力	1	1
2222	VA	兜风	1	1
2223	VC	逗	1	1
2224	VH	端庄	1	1
2225	VHC	断	1	0
2226	VA	对打	1	1
2227	VH	多才多艺	1	1
2228	Na	恶梦	1	1
2229	VJ	发	1	1
2230	VH	发愁	1	1
2231	VJ	发挥	1	1
2232	VC	发扬	1	1
2233	VJ	反射	1	1
2234	Nf	番	1	1
2235	Nc	房顶	1	1
2236	Na	房费	1	1
2237	VA	纺织	1	1
2238	VA	放晴	1	1
2239	VA	飞来飞去	1	1
2240	VA	飞舞	1	1
2241	VH	费事	1	1
2242	VA	分别	1	1
2243	VHC	分裂	1	1
2244	VH	风度翩翩	1	1
2245	Nc	风景区	1	1
2246	VH	丰盛	1	1
2247	VH	丰收	1	1
2248	Na	风味	1	1
2249	Cbb	否则	1	1

순서	품사	단어	통합	
			수정전	수정후
2250	Na	福	1	1
2251	VC	服务	1	1
2252	VH	浮现	1	1
2253	VD	付	1	1
2254	VJ	负	1	0
2255	VA	盖印	1	1
2256	VH	干脆	1	1
2257	VH	尴尬	1	1
2258	Na	高层	1	1
2259	VC	搞砸	1	1
2260	Na	歌声	1	1
2261	Dfa	格外	1	1
2262	Na	蛤蜊	1	1
2263	Na	公安	1	1
2264	Nc	工厂	1	1
2265	VJ	共赏	1	1
2266	Nc	沟壑	1	1
2267	VK	顾	1	1
2268	VH	孤芳自赏	1	1
2269	VE	估计	1	1
2270	VE	管	1	1
2271	Na	灌肠汤	1	1
2272	VH	光润	1	1
2273	VH	广大	1	1
2274	VB	归纳起来	1	1
2275	Na	国产车	1	1
2276	Nd	国庆节	1	1
2277	Na	海水	1	1
2278	Na	害虫	1	1
2279	Na	韩币	1	1
2280	VH	含蓄	1	1
2281	VJ	含有	1	1
2282	Nf	行	1	1
2283	Na	好感	1	1
2284	VC	喝光	1	1
2285	Na	河	1	1
2286	Cbb	何况	1	1
2287	Na	褐色	1	1
2288	VC	喝完	1	1
2289	Na	黑熊	1	1

순서	품사	단어	통합	
			수정전	수정후
2290	Na	红茶	1	1
2291	VH	厚厚	1	1
2292	VA	花钱	1	0
2293	Na	华侨	1	1
2294	VA	怀孕	1	1
2295	VH	欢乐	1	1
2296	VH	缓慢	1	1
2297	Na	黄色	1	1
2298	D	回头	1	1
2299	VC	会晤	1	1
2300	VC	混合	1	1
2301	VH	火冒三丈	1	1
2302	Na	火气	1	0
2303	VH	祸不单行	1	1
2304	Na	货物	1	1
2305	VJ	忽视	1	1
2306	VH	糊涂	1	0
2307	Na	胡须	1	1
2308	VJ	积	1	1
2309	Na	积雪	1	1
2310	Na	疾病	1	1
2311	D	即将	1	1
2312	VA	挤来挤去	1	1
2313	VK	记不清	1	0
2314	Na	计划书	1	1
2315	Na	计较	1	1
2316	Na	记事本	1	1
2317	VA	祭祖	1	1
2318	VHC	加快	1	0
2319	VJ	加深	1	1
2320	Na	家事	1	1
2321	Nd	假日	1	1
2322	VJ	兼备	1	1
2323	Na	建设	1	0
2324	Na	建筑群	1	1
2325	Nc	建筑系	1	1
2326	VC	交换	1	1
2327	VH	交加	1	1
2328	VA	教学	1	1
2329	VA	交友	1	1

순서	품사	단어	통합	
			수정전	수정후
2330	VC	叫醒	1	1
2331	Nc	教育系	1	1
2332	Na	教育学	1	1
2333	Na	阶层	1	1
2334	Nc	接待室	1	1
2335	VH	结冰	1	1
2336	VHC	结合	1	1
2337	Na	解答	1	1
2338	VC	进	1	0
2339	Na	进口车	1	1
2340	VA	禁烟	1	1
2341	Na	经过	1	1
2342	VH	惊慌失措	1	1
2343	Na	敬老日	1	1
2344	Na	精神病	1	1
2345	VC	经受	1	1
2346	Na	景点	1	1
2347	Na	景观	1	1
2348	Na	敬语	1	1
2349	VH	久别	1	1
2350	Na	酒席	1	1
2351	D	绝不	1	1
2352	VH	绝望	1	1
2353	VA	开口	1	1
2354	VA	开头	1	1
2355	VA	看家	1	1
2356	VJ	看懂	1	1
2357	VC	看中	1	0
2358	P	靠	1	1
2359	VB	磕头	1	1
2360	Nc	课题	1	1
2361	A	课外	1	1
2362	Na	空姐	1	1
2363	VC	夸奖	1	1
2364	Na	辣子鸡丁	1	1
2365	VCL	来回	1	1
2366	VA	来去	1	1
2367	VHC	老龄化	1	1
2368	Nc	垒沙城	1	1
2369	VB	离别	1	1

순서	품사	단어	통합	
			수정전	수정후
2370	Na	栗子	1	1
2371	VJ	理	1	1
2372	Ng	里面	1	1
2373	VH	理性	1	1
2374	VH	理直气壮	1	1
2375	Na	立场	1	1
2376	VA	立功	1	1
2377	VH	例外	1	1
2378	Na	连环画	1	1
2379	Na	联欢会	1	1
2380	Na	连衣裙	1	1
2381	Na	脸谱	1	1
2382	Na	量刑	1	1
2383	VE	聊聊	1	1
2384	VC	料理	1	1
2385	Nes	另外	1	0
2386	VH	流行	1	0
2387	Na	留言册	1	1
2388	Na	陆军	1	1
2389	VH	乱糟糟	1	1
2390	D	略	1	1
2391	VH	落榜	1	1
2392	VJ	落后	1	1
2393	VH	麻痹	1	1
2394	Na	麻烦	1	1
2395	Na	马肉	1	1
2396	Nc	码头	1	1
2397	VA	骂人	1	1
2398	VC	迈开	1	1
2399	Nc	慢坡路	1	1
2400	VH	漫天	1	1
2401	VH	慢悠悠	1	1
2402	VH	盲目	1	1
2403	Na	矛盾	1	1
2404	Na	美术	1	1
2405	Nf	美元	1	1
2406	Na	门缝	1	1
2407	Na	蒙古包	1	1
2408	Nb	蒙古族	1	1
2409	VJ	迷恋	1	1

순서	품사	단어	통합	
			수정전	수정후
2410	Na	棉被	1	1
2411	Na	面馆儿	1	1
2412	Na	面孔	1	1
2413	VK	面临	1	1
2414	Na	民警	1	1
2415	VA	鸣叫	1	1
2416	VH	明媚	1	1
2417	Na	名牌	1	1
2418	Na	模特儿	1	1
2419	Na	末班车	1	1
2420	VH	默默	1	1
2421	VC	拿去	1	1
2422	Na	耐心	1	1
2423	Nc	脑海	1	1
2424	Na	內蒙古菜	1	1
2425	VH	腻	1	1
2426	VH	匿名	1	1
2427	VA	逆转	1	1
2428	Nc	宁夏	1	1
2429	VH	浓	1	1
2430	Na	农药	1	1
2431	Na	女友	1	1
2432	Na	偶像	1	1
2433	VG	排成	1	1
2434	VF	派遣	1	1
2435	VA	跑过来	1	1
2436	Na	偏见	1	1
2437	VH	平滑	1	1
2438	Nb	朴	1	1
2439	Na	扑克	1	1
2440	VH	漆黑	1	1
2441	D	起初	1	1
2442	VH	起来	1	1
2443	Na	铅笔	1	1
2444	VCL	迁居	1	1
2445	Na	前额	1	1
2446	Na	前者	1	1
2447	VH	强盛	1	1
2448	VC	抢劫	1	1
2449	Na	巧克力	1	1

순서	품사	단어	통합	
			수정전	수정후
2450	VJ	亲	1	1
2451	VH	亲	1	0
2452	VH	勤快	1	1
2453	VH	清澈	1	1
2454	Na	青睐	1	1
2455	VH	晴	1	0
2456	Na	情报工	1	1
2457	VH	情同手足	1	1
2458	VA	请假	1	1
2459	VI	屈服	1	1
2460	VJ	缺乏	1	1
2461	VA	缺课	1	1
2462	VK	确定	1	1
2463	VK	确信	1	0
2464	VC	惹起	1	1
2465	VJ	热心	1	0
2466	Na	人类	1	1
2467	VK	忍受	1	1
2468	VH	忍无可忍	1	1
2469	VC	认	1	0
2470	VJ	认出	1	1
2471	Na	肉丝	1	1
2472	Dfa	如此	1	0
2473	VH	如故	1	1
2474	VH	软绵绵	1	1
2475	VA	软卧	1	1
2476	Na	弱点	1	0
2477	VH	闪耀	1	1
2478	VL	擅长	1	1
2479	VA	上下班	1	1
2480	VH	奢侈	1	1
2481	VK	涉及	1	0
2482	D	设身处地	1	1
2483	Na	深蓝色	1	1
2484	Na	身影	1	1
2485	Nc	师大	1	1
2486	Na	师哥	1	1
2487	Na	师姐	1	1
2488	VHC	湿透	1	1
2489	D	时不时	1	1

순서	품사	단어	통합	
			수정전	수정후
2490	D	时而	1	1
2491	VH	时髦	1	1
2492	Na	食堂卡	1	1
2493	Na	食欲	1	1
2494	Nb	世界杯	1	1
2495	Na	柿子树	1	1
2496	Na	手电筒	1	1
2497	VH	守旧	1	1
2498	Na	首饰	1	1
2499	Na	首要	1	1
2500	VH	受凉	1	1
2501	Nc	书房	1	1
2502	VJ	属于	1	1
2503	A	双	1	1
2504	Na	双喜	1	1
2505	VC	说完	1	1
2506	D	似乎	1	1
2507	Na	松饼	1	1
2508	Na	宿舍费	1	1
2509	VC	算上	1	1
2510	VG	算做	1	1
2511	Na	损害	1	1
2512	VC	锁上	1	1
2513	Na	塔	1	1
2514	Nc	泰国	1	1
2515	Na	太空	1	1
2516	VH	贪吃	1	1
2517	VH	贪玩	1	1
2518	VH	谈得来	1	1
2519	VH	忐忑不安	1	1
2520	VA	探病	1	1
2521	VE	提到	1	1
2522	Na	体系	1	1
2523	VH	甜蜜	1	1
2524	VC	挑	1	1
2525	VA	跳	1	1
2526	Na	铁锤	1	1
2527	Na	通讯	1	1
2528	VI	同班	1	1
2529	Na	童话书	1	1

순서	품사	단어	통합	
			수정전	수정후
2530	Nes	头	1	1
2531	VH	投机	1	1
2532	VA	退房	1	1
2533	VG	拖成	1	1
2534	Na	拖拉机	1	1
2535	VC	挖掘	1	1
2536	T	哇	1	1
2537	Na	外商	1	1
2538	VC	玩玩	1	0
2539	Na	晚辈	1	1
2540	Na	万国	1	1
2541	VK	惋惜	1	1
2542	VH	汪汪	1	1
2543	Na	王朝	1	1
2544	VA	往来	1	1
2545	D	往往	1	1
2546	VK	忘光	1	1
2547	VJ	忘却	1	1
2548	VH	望子成龙	1	1
2549	VHC	委屈	1	1
2550	I	喂	1	1
2551	Na	胃炎	1	1
2552	VCL	位于	1	0
2553	Nc	温室	1	1
2554	Na	文人	1	1
2555	Na	文学史	1	1
2556	VB	问好	1	1
2557	Na	乌龙茶	1	1
2558	Nb	吴	1	1
2559	VH	无边无际	1	1
2560	VI	无可奈何	1	1
2561	Nc	西班牙文系	1	1
2562	Ncd	西部	1	1
2563	Na	溪谷	1	1
2564	Nc	西海	1	1
2565	VJ	吸引	1	1
2566	VA	洗衣服	1	1
2567	VH	瞎	1	1
2568	VH	下垂	1	1
2569	VH	下苦	1	1

순서	품사	단어	통합	
			수정전	수정후
2570	VC	下来	1	1
2571	Nd	下雨天	1	1
2572	Nd	下月	1	1
2573	VH	鲜明	1	1
2574	Na	闲话	1	1
2575	VK	显	1	1
2576	Na	线索	1	1
2577	VA	相待	1	1
2578	VH	相反	1	1
2579	Na	香肉	1	1
2580	VH	相似	1	1
2581	Dk	想不到	1	1
2582	VJ	想尽	1	1
2583	Na	小姑娘	1	1
2584	Na	小路	1	1
2585	Na	小提琴	1	1
2586	Nc	小溪	1	1
2587	Na	校长	1	1
2588	VA	歇	1	1
2589	VC	写作	1	1
2590	VA	泻下来	1	1
2591	Na	心扉	1	1
2592	Na	信箱	1	1
2593	Na	星星	1	1
2594	VH	兴高采烈	1	1
2595	VH	兴致勃勃	1	1
2596	Na	熊	1	1
2597	VA	虚张声势	1	1
2598	Na	选举	1	1
2599	Na	学弟	1	1
2600	Na	雪碧	1	1
2601	VH	牙疼	1	1
2602	Na	研究员	1	0
2603	VH	炎热	1	1
2604	Na	岩石	1	1
2605	Na	眼光	1	1
2606	VK	厌烦	1	1
2607	VJ	厌倦	1	1
2608	VJ	厌弃	1	1
2609	VAC	摇	1	1

순서	품사	단어	통합	
			수정전	수정후
2610	VAC	摇晃	1	1
2611	VA	摇橹	1	1
2612	D	要不要	1	1
2613	VH	耀眼	1	1
2614	VH	野蛮	1	1
2615	VA	野营	1	1
2616	VH	夜深	1	1
2617	Na	依据	1	1
2618	VK	依赖	1	1
2619	D	依然	1	1
2620	Neqa	一半	1	1
2621	Na	遗产	1	1
2622	Nd	一大早	1	1
2623	A	一贯	1	1
2624	Cbb	以及	1	1
2625	Ng	以内	1	1
2626	Ng	以来	1	1
2627	VA	以身作则	1	1
2628	Neqa	一点点	1	1
2629	Na	异国	1	1
2630	Nc	一楼	1	1
2631	VH	一言既出	1	1
2632	D	一语	1	1
2633	Na	意中人	1	1
2634	Na	阴历	1	1
2635	D	应当	1	1
2636	Na	婴儿	1	0
2637	Nc	英语系	1	1
2638	Na	用品	1	1
2639	VH	悠久	1	1
2640	VA	游来游去	1	1
2641	Nc	游戏室	1	1
2642	VK	犹豫	1	1
2643	VH	有效	1	1
2644	Na	幼年	1	1
2645	VA	愚公移山	1	1
2646	Na	圆月	1	1
2647	VH	远远	1	1
2648	VA	远足	1	1
2649	VE	预测到	1	1

순서	품사	단어	통합	
			수정전	수정후
2650	Na	月饼	1	1
2651	VH	晕倒	1	1
2652	Na	运营	1	0
2653	Na	葬礼	1	1
2654	Na	枣儿	1	1
2655	D	早日	1	1
2656	Na	战船	1	1
2657	VC	招聘	1	1
2658	Na	政策	1	1
2659	VH	正经	1	1
2660	Na	正门	1	0
2661	Ncd	之间	1	1
2662	Na	知了	1	1
2663	Ng	之下	1	1
2664	Na	枝子	1	1
2665	P	至	1	1
2666	VA	制药	1	1
2667	Na	中饭	1	1
2668	Ncd	中间	1	1
2669	Na	中介人	1	1
2670	Na	猪血	1	1
2671	Na	主席	1	1
2672	VH	主要	1	1
2673	VH	著名	1	1
2674	VA	助兴	1	1
2675	Na	注意力	1	0
2676	Na	柱子	1	1
2677	VH	专门	1	1
2678	VA	赚钱	1	1
2679	VH	壮观	1	1
2680	Na	装饰	1	1
2681	VC	追	1	1
2682	Na	资料	1	0
2683	Na	滋味儿	1	1
2684	Na	紫色	1	1
2685	VE	自言自语	1	1
2686	Da	总共	1	1
2687	VA	走步	1	1
2688	VCL	走出	1	1
2689	VA	走过来	1	1

순서	품사	단어	통합	
			수정전	수정후
2690	VA	走来走去	1	1
2691	Na	嘴唇	1	1
2692	VA	做梦	1	1
2693	VA	做下来	1	1
2694	D	的确	1	0
2695	VJ	费	1	0
2696	Na	肺	1	0
2697	Na	跤	1	0
2698	Na	尼古丁	1	0
2699	Na	生死之交	1	0
2700	D	行不行	1	0
2701	Na	学术	1	0
2702	Na	油条	1	0
2703	Na	皱纹	1	0
2704	Cba	的话	0	23
2705	Nf	遍	0	3
2706	D	顺便	0	0
2707	D	不见得	0	0
2708	VC	唱	0	1
2709	Na	裙子	0	1
2710	Cab	等等	0	8
2711	VG	真是	0	0
2712	Na	爱	0	2
2713	D	按时	0	0
2714	VG	翻译成	0	0
2715	Na	猫	0	0
2716	VC	推到	0	0
2717	VG	译成	0	0
2718	D	该	0	0
2719	VK	感觉	0	2
2720	Na	韩国队	0	0
2721	Cbb	既	0	3
2722	Na	烤鸭	0	0
2723	D	恐怕	0	1
2724	Cbb	并且	0	4
2725	Na	孩子	0	0
2726	VC	写完	0	0
2727	VC	选	0	1
2728	Na	邮票	0	0
2729	D	在	0	1

순서	품사	단어	통합	
			수정전	수정후
2730	VA	抽时间	0	0
2731	VC	逛	0	1
2732	VH	乐天	0	1
2733	VC	拿走	0	0
2734	Na	雪人	0	0
2735	Na	侄女	0	0
2736	Na	白菜	0	0
2737	Nc	百货商店	0	0
2738	VC	办	0	2
2739	Na	报告书	0	0
2740	Na	错误	0	0
2741	VC	打扮	0	1
2742	VH	地道	0	0
2743	VC	堆	0	0
2744	VH	发胖	0	0
2745	VJ	关照	0	0
2746	Na	基督教	0	0
2747	Caa	既	0	0
2748	Na	经理	0	0
2749	Nc	洛阳	0	0
2750	VC	弄丢	0	2
2751	VJ	深爱	0	3
2752	D	太早	0	0
2753	VK	体会到	0	5
2754	Na	体育	0	1
2755	VH	头疼	0	0
2756	Dk	总之	0	3
2757	VC	背	0	0
2758	VC	吃好	0	0
2759	Na	大会	0	0
2760	VC	耽误	0	0
2761	Dfb	点	0	0
2762	VC	订	0	2
2763	VC	翻译	0	0
2764	Nf	分	0	0
2765	Nf	封	0	0
2766	VH	丰富	0	0
2767	VH	高速	0	0
2768	VE	回想起	0	2
2769	VC	呼吸	0	2

순서	품사	단어	통합	
			수정전	수정후
2770	Na	家训	0	0
2771	VA	监考	0	0
2772	VC	经营	0	0
2773	VJ	敬	0	1
2774	Na	烤肉	0	0
2775	VJ	克服	0	0
2776	VK	恐惧	0	1
2777	Na	裤子	0	0
2778	VCL	临	0	0
2779	D	没法	0	3
2780	VC	面对	0	2
2781	Nc	南非	0	0
2782	VC	弄坏	0	1
2783	VH	暖和	0	0
2784	VE	祈祷	0	0
2785	Na	器具	0	0
2786	D	确实	0	0
2787	Nd	如今	0	2
2788	VH	散	0	3
2789	VA	上车	0	0
2790	VL	舍不得	0	0
2791	Na	试题	0	1
2792	VH	调皮	0	0
2793	VC	贴好	0	0
2794	VC	挺	0	0
2795	VH	完	0	0
2796	Na	戏剧	0	0
2797	VCL	下	0	1
2798	Na	现代人	0	0
2799	Na	雪仗	0	1
2800	Na	钥匙	0	0
2801	VC	预习	0	0
2802	VH	真	0	1
2803	Neqa	整	0	0
2804	Na	鞭炮	0	0
2805	VC	吃得了	0	0
2806	Na	窗	0	2
2807	Nd	从前	0	1
2808	VJ	从事	0	0
2809	Da	大约	0	1

순서	품사	단어	통합	
			수정전	수정후
2810	Na	岛	0	1
2811	VA	祷告	0	0
2812	VA	祷告	0	0
2813	VA	干杯	0	0
2814	VK	感受到	0	2
2815	VA	干活	0	1
2816	VA	歌唱	0	0
2817	Na	功课	0	0
2818	Na	公路	0	0
2819	VH	火	0	2
2820	VH	挤	0	1
2821	VH	坚强	0	2
2822	VA	就业	0	0
2823	VC	举办	0	2
2824	Na	考生	0	0
2825	Nf	刻	0	1
2826	VH	哭笑不得	0	0
2827	VA	来临	0	0
2828	Na	老大娘	0	0
2829	VA	离婚	0	0
2830	VC	利用	0	1
2831	VH	凉快	0	1
2832	Dfa	满	0	0
2833	Nc	美容院	0	0
2834	Na	秘密	0	0
2835	VH	明确	0	0
2836	VC	拿来	0	0
2837	Di	起	0	2
2838	VJ	起不了	0	1
2839	VC	瞧	0	0
2840	VH	巧	0	0
2841	Na	亲人	0	1
2842	Na	球赛	0	0
2843	D	如何	0	1
2844	Na	嗓子	0	0
2845	D	稍	0	1
2846	D	稍微	0	1
2847	D	少	0	0
2848	Na	少年	0	1
2849	VA	生活	0	0

순서	품사	단어	통합	
			수정전	수정후
2850	Na	圣经	0	0
2851	VK	受到	0	2
2852	VH	瘦多	0	1
2853	VA	睡午觉	0	0
2854	VE	谈到	0	0
2855	Nf	趟	0	1
2856	VJ	疼爱	0	1
2857	VC	体验	0	2
2858	VC	填	0	2
2859	Na	童年	0	0
2860	Na	推车	0	0
2861	VH	退伍	0	0
2862	A	唯一	0	1
2863	Nf	下	0	0
2864	VH	相爱	0	1
2865	VH	响	0	0
2866	Na	效果	0	2
2867	Na	心地	0	1
2868	Na	心意	0	0
2869	Na	信封	0	0
2870	VC	修	0	1
2871	VH	虚弱	0	1
2872	Na	艺术	0	0
2873	VK	忧虑	0	0
2874	A	原来	0	1
2875	VH	圆圆	0	3
2876	P	与	0	2
2877	VD	赠	0	0
2878	Na	侄子	0	0
2879	Ncd	中	0	3
2880	D	主要	0	2
2881	Na	资格证	0	3
2882	VJ	尊敬	0	0
2883	Ncd	左	0	1
2884	VG	作为	0	3
2885	VH	爱玩	0	1
2886	VJ	爱惜	0	0
2887	Na	爸妈	0	2
2888	VC	办好	0	0
2889	VJ	保持	0	1

순서	품사	단어	통합	
			수정전	수정후
2890	Na	辈子	0	1
2891	P	比起	0	2
2892	P	比如	0	0
2893	VHC	冰砖	0	0
2894	Nc	博物馆	0	0
2895	VH	不得	0	2
2896	D	不由得	0	2
2897	VH	常青	0	0
2898	Na	场面	0	0
2899	VJ	超过	0	0
2900	Nb	陈	0	0
2901	Nf	处	0	0
2902	VD	传	0	0
2903	VB	传教	0	0
2904	VH	纯朴	0	2
2905	D	从小到大	0	1
2906	Nc	村庄	0	0
2907	VC	达成	0	2
2908	VC	答错	0	1
2909	VA	打球	0	0
2910	VB	打针	0	1
2911	VC	戴	0	1
2912	Na	单词	0	0
2913	D	当面	0	1
2914	VE	道	0	0
2915	VA	倒流	0	0
2916	VH	得分	0	0
2917	Na	地址	0	0
2918	Na	电话铃	0	0
2919	Na	电影儿	0	0
2920	VC	掉	0	1
2921	Na	动物	0	0
2922	VH	逗笑	0	0
2923	D	独自	0	0
2924	Na	队员	0	1
2925	VH	多彩	0	0
2926	VH	恶化	0	1
2927	VA	发脾气	0	1
2928	A	反覆	0	0
2929	VK	反映出	0	1

순서	품사	단어	통합	
			수정전	수정후
2930	Na	房东	0	2
2931	VHC	放松	0	1
2932	D	纷纷	0	1
2933	Na	风味菜	0	0
2934	Na	符号	0	0
2935	Nc	服装店	0	0
2936	VC	付出	0	2
2937	Na	副作用	0	0
2938	VL	赶得上	0	0
2939	VC	赶走	0	0
2940	Na	公主	0	0
2941	VC	刮倒	0	1
2942	VH	乖	0	0
2943	VH	乖巧	0	0
2944	VC	观看	0	2
2945	VH	关门	0	0
2946	VC	观赏	0	0
2947	Nc	国会	0	1
2948	VA	过年	0	0
2949	VH	海水蓝	0	0
2950	Na	汉堡	0	0
2951	Na	好事	0	0
2952	Nes	何	0	1
2953	Na	猴子	0	0
2954	Nc	花莲	0	0
2955	VC	回报	0	1
2956	Na	鸡肉	0	0
2957	Caa	及	0	1
2958	VCL	挤满	0	0
2959	VF	计划	0	1
2960	VD	寄去	0	0
2961	VI	记忆犹新	0	2
2962	Na	家家户户	0	0
2963	Nc	加油站	0	0
2964	VC	捡到	0	0
2965	VA	交谈	0	2
2966	VA	郊游	0	2
2967	VH	结实	0	0
2968	Nf	届	0	0
2969	Da	仅	0	1

순서	품사	단어	통합	
			수정전	수정후
2970	Dk	就是说	0	0
2971	Cbb	就算	0	2
2972	VA	居住	0	1
2973	VH	开演	0	0
2974	VC	开走	0	0
2975	VJ	考取	0	2
2976	Na	瞌睡	0	1
2977	D	快点	0	0
2978	T	啦	0	0
2979	Na	老大爷	0	0
2980	VH	冷清	0	0
2981	Na	礼拜	0	1
2982	Ncd	里边	0	0
2983	D	连续	0	2
2984	Na	脸蛋	0	0
2985	Na	脸庞	0	2
2986	VH	恋爱	0	0
2987	D	临	0	0
2988	Na	铃声	0	0
2989	VC	买到	0	0
2990	VJ	满怀	0	2
2991	VH	忙碌	0	2
2992	Na	毛病	0	1
2993	Na	贸易	0	0
2994	P	每逢	0	2
2995	Na	米饭	0	0
2996	VA	面带笑容	0	1
2997	VC	拿到	0	2
2998	Ncd	南边	0	0
2999	Na	男孩儿	0	0
3000	Na	脑子	0	2
3001	VK	能够	0	1
3002	Na	农业	0	0
3003	VC	弄脏	0	1
3004	VC	暖和	0	0
3005	VCL	爬到	0	1
3006	Na	排骨	0	0
3007	D	偏要	0	0
3008	VH	疲惫	0	2
3009	Na	皮鞋	0	0

순서	품사	단어	통합	
			수정전	수정후
3010	Nd	期中	0	1
3011	Na	企业家	0	0
3012	VA	气哭	0	0
3013	A	亲	0	1
3014	Nb	秦始皇	0	0
3015	Na	全家福	0	0
3016	D	全力	0	1
3017	VH	痊愈	0	0
3018	Na	热心	0	0
3019	Na	人才	0	0
3020	Na	人民币	0	0
3021	VH	入睡	0	1
3022	VA	入伍	0	0
3023	Na	山坡	0	1
3024	Nf	扇	0	1
3025	VL	善于	0	2
3026	Na	上海人	0	0
3027	VH	上去	0	0
3028	Na	上天	0	0
3029	Na	十字架	0	0
3030	Nc	事业家	0	0
3031	Nc	市政府	0	0
3032	VC	收看	0	0
3033	Na	售货员	0	0
3034	Na	叔母	0	0
3035	Nf	束	0	0
3036	A	双重	0	0
3037	VCL	睡到	0	0
3038	VA	睡好	0	1
3039	D	说起来	0	0
3040	VH	算	0	0
3041	VB	算命	0	0
3042	Na	糖果	0	0
3043	Na	套餐	0	0
3044	Na	特色	0	0
3045	VH	特有	0	1
3046	Na	题目	0	0
3047	VB	剃头	0	0
3048	VL	提早	0	2
3049	Na	田地	0	1

순서	품사	단어	통합	
			수정전	수정후
3050	VC	填写	0	0
3051	Nf	跳	0	0
3052	VE	听听	0	0
3053	VC	推	0	0
3054	Na	娃娃	0	1
3055	VA	玩来玩去	0	0
3056	Nf	碗	0	0
3057	VH	文静	0	1
3058	VJ	误	0	0
3059	VA	嬉戏	0	2
3060	VA	洗澡	0	0
3061	Na	峡谷	0	0
3062	VA	下降	0	1
3063	VH	先进	0	0
3064	D	先~然后	0	0
3065	VH	香	0	0
3066	VK	想见	0	0
3067	VK	想像	0	2
3068	Na	相片	0	0
3069	VK	象征	0	1
3070	Nb	小哥	0	0
3071	Na	小猫	0	0
3072	Na	小组	0	0
3073	Na	校门	0	1
3074	VC	写好	0	0
3075	VJ	信任	0	0
3076	VA	行事	0	2
3077	VC	休	0	1
3078	VK	需	0	0
3079	Na	选手	0	0
3080	VC	学得	0	1
3081	Na	压岁钱	0	1
3082	VC	咬	0	0
3083	Nb	耶稣基督	0	0
3084	Na	一般人	0	0
3085	D	一口	0	0
3086	Na	议员	0	0
3087	Na	音乐会	0	0
3088	VH	应该	0	0
3089	VC	迎接	0	1

순서	품사	단어	통합	
			수정전	수정후
3090	VC	营造	0	2
3091	VH	有空	0	0
3092	VJ	有益	0	0
3093	Na	院子	0	0
3094	Na	预期	0	2
3095	Na	运气	0	0
3096	VK	在乎	0	0
3097	VA	早睡早起	0	0
3098	VA	造句	0	1
3099	VC	责备	0	0
3100	VH	怎么	0	1
3101	VHC	增长	0	1
3102	VH	长胖	0	0
3103	VC	折	0	0
3104	VC	挣	0	0
3105	VC	争	0	1
3106	Ng	之内	0	0
3107	P	值	0	2
3108	Nd	钟	0	0
3109	Nd	中秋	0	2
3110	Na	种类	0	0
3111	VC	祝贺	0	0
3112	VC	抓住	0	0
3113	Na	砖	0	0
3114	Na	紫菜	0	0
3115	Na	总统	0	2
3116	VH	走散	0	2
3117	VH	醉	0	0
3118	D	最好	0	0
3119	VC	做不了	0	0
3120	VE	做到	0	0
3121	I	哎呀	0	0
3122	Na	爱意	0	0
3123	Na	安全	0	0
3124	D	按期	0	0
3125	VJ	熬过	0	1
3126	Nf	把	0	0
3127	Na	把握	0	0
3128	Na	白发	0	0
3129	VH	白茫茫	0	1

순서	품사	단어	통합	
			수정전	수정후
3130	Na	白糖	0	0
3131	Nd	白天	0	0
3132	VC	拜访	0	0
3133	Na	班会	0	0
3134	VC	拌	0	0
3135	VA	伴奏	0	0
3136	Na	榜	0	1
3137	Na	包裹	0	0
3138	Na	宝物	0	0
3139	Na	报道	0	0
3140	Nc	报社	0	1
3141	VJ	抱有	0	0
3142	Nc	北海	0	0
3143	Nc	北京站	0	0
3144	Nc	背后	0	1
3145	Na	被子	0	0
3146	VC	绷紧	0	0
3147	Nh	彼此	0	0
3148	VA	比赛	0	1
3149	VH	毕	0	0
3150	Na	必修课	0	0
3151	VC	编导	0	0
3152	VH	变黑	0	1
3153	VHC	变化	0	1
3154	VL	便利	0	0
3155	Cbb	便是	0	1
3156	Na	标签	0	0
3157	Na	标志	0	0
3158	Na	标准	0	0
3159	Na	表里	0	0
3160	VC	表露	0	1
3161	VA	表现	0	1
3162	Nes	别	0	0
3163	VHC	冰	0	0
3164	Nd	冰灯节	0	0
3165	Na	冰棍	0	0
3166	Na	兵马俑	0	1
3167	VH	病倒	0	0
3168	Na	博士	0	0
3169	VH	不对劲	0	1

순서	품사	단어	통합	
			수정전	수정후
3170	VJ	不符	0	0
3171	VJ	不关	0	0
3172	Da	不光	0	1
3173	D	不经意	0	1
3174	D	不停	0	1
3175	VA	步行	0	0
3176	VB	擦干净	0	0
3177	VE	猜猜	0	0
3178	VC	猜对	0	0
3179	D	才	0	0
3180	Na	才能	0	0
3181	Na	裁判员	0	0
3182	Na	菜谱	0	0
3183	Na	菜肴	0	1
3184	Na	餐费	0	1
3185	VC	藏	0	1
3186	VC	操持	0	0
3187	Na	草地	0	0
3188	Na	茶水	0	0
3189	Na	差使	0	0
3190	D	常年	0	1
3191	VE	常言道	0	0
3192	VC	敞开	0	0
3193	VC	唱起	0	0
3194	VH	吵	0	0
3195	Na	吵架声	0	1
3196	Na	车堵	0	0
3197	VH	称职	0	0
3198	VG	称	0	0
3199	VC	承受	0	0
3200	VC	称赞	0	0
3201	VG	吃成	0	0
3202	VC	吃掉	0	0
3203	VJ	吃上	0	1
3204	VJ	持	0	0
3205	VL	持续	0	1
3206	VA	充电	0	0
3207	VH	充足	0	0
3208	VH	重重	0	0
3209	D	重复	0	0

순서	품사	단어	통합	
			수정전	수정후
3210	Na	虫子	0	0
3211	VC	抽	0	0
3212	VK	愁	0	1
3213	Na	筹款	0	0
3214	VA	出场	0	0
3215	VA	出嫁	0	0
3216	VC	出来	0	0
3217	VC	出示	0	0
3218	VCL	出走	0	0
3219	Na	出租车	0	0
3220	Dk	除此以外	0	0
3221	VC	处理好	0	1
3222	VD	传染	0	1
3223	Na	窗台	0	0
3224	VC	创造	0	0
3225·	VC	吹开	0	1
3226	VH	纯净	0	0
3227	D	此后	0	1
3228	VD	赐给	0	0
3229	VH	粗	0	0
3230	VH	脆弱	0	0
3231	VJ	错过	0	0
3232	VC	挫折	0	0
3233	VB	答出来	0	0
3234	VC	打击	0	1
3235	VC	打伤	0	0
3236	Neqa	大半	0	0
3237	VH	大不了	0	0
3238	VC	大风刮	0	0
3239	A	大概	0	0
3240	Na	大狗	0	0
3241	Nd	大后天	0	0
3242	D	大加	0	0
3243	VE	大叫	0	1
3244	VC	呆到	0	0
3245	Na	代表	0	0
3246	VB	带出去	0	1
3247	VA	待人	0	1
3248	VC	带上	0	0
3249	VH	单调	0	0

순서	품사	단어	통합	
			수정전	수정후
3250	D	单独	0	0
3251	VJ	耽误	0	0
3252	Na	单眼皮	0	0
3253	VK	担忧	0	1
3254	Na	蛋糕	0	0
3255	VA	当家	0	0
3256	Na	当局	0	1
3257	VH	倒霉	0	0
3258	VA	倒下	0	0
3259	Na	导演	0	0
3260	D	倒	0	0
3261	VB	道别	0	0
3262	VA	倒数	0	0
3263	VA	到校	0	0
3264	D	得以	0	1
3265	VC	登顶	0	1
3266	VC	等等	0	0
3267	VC	点上	0	0
3268	Na	电力	0	0
3269	Nf	顶	0	0
3270	Ncd	东部	0	0
3271	VK	懂得	0	1
3272	VH	冻	0	1
3273	VHC	冻死	0	0
3274	Na	洞口	0	0
3275	VH	冻伤	0	0
3276	VA	兜	0	1
3277	VH	陡峭	0	1
3278	VC	逗乐	0	0
3279	VA	逗留	0	1
3280	VC	读完	0	0
3281	VH	独一无二	0	0
3282	VH	肚子痛	0	1
3283	VHC	端正	0	0
3284	Na	短处	0	1
3285	VH	短暂	0	1
3286	Na	对开车	0	0
3287	Ncd	对面	0	1
3288	Na	对手	0	0
3289	D	顿时	0	1

순서	품사	단어	통합	
			수정전	수정후
3290	VH	多多	0	0
3291	Neqa	多数	0	1
3292	VH	多心	0	1
3293	VH	多疑	0	0
3294	Na	耳朵	0	1
3295	VH	饿肚子	0	0
3296	Na	二哥	0	0
3297	Na	发表会	0	0
3298	VC	发起	0	0
3299	VH	翻天覆地	0	0
3300	Na	翻译	0	0
3301	Cbb	凡	0	0
3302	VH	烦死	0	0
3303	VH	繁重	0	1
3304	D	反复	0	1
3305	VA	犯错	0	1
3306	VA	犯规	0	0
3307	Na	犯人	0	0
3308	Na	房门	0	0
3309	VA	飞	0	0
3310	VA	飞行	0	1
3311	Na	沸点	0	1
3312	VH	废寝忘食	0	1
3313	VC	分	0	1
3314	VHC	分开	0	0
3315	Na	分数	0	0
3316	Na	分文	0	1
3317	VJ	分享	0	1
3318	Na	分子	0	0
3319	Na	粉红色	0	0
3320	VC	缝好	0	0
3321	VH	丰饶	0	0
3322	Na	佛教徒	0	0
3323	VA	服兵役	0	0
3324	VC	扶持	0	1
3325	VA	服毒	0	0
3326	Na	抚养费	0	1
3327	Na	父女	0	0
3328	VH	覆水难收	0	1
3329	Na	富翁	0	0

순서	품사	단어	통합	
			수정전	수정후
3330	VJ	富有	0	0
3331	VH	富裕	0	0
3332	VA	赴约	0	0
3333	VL	负责	0	0
3334	VC	改	0	0
3335	VC	改革	0	0
3336	VC	改善	0	1
3337	VE	感起	0	1
3338	VK	感悟到	0	0
3339	Na	感谢	0	1
3340	Na	钢笔	0	0
3341	VH	高敞	0	0
3342	Na	高中	0	0
3343	VC	搞好	0	0
3344	Na	歌剧	0	0
3345	Na	鸽子	0	0
3346	D	各	0	1
3347	Na	个儿	0	0
3348	Na	根本	0	1
3349	VC	更换	0	0
3350	Dfa	更为	0	1
3351	Na	公共汽车站	0	0
3352	VH	功亏一篑	0	1
3353	Nc	工学系	0	0
3354	D	共同	0	0
3355	A	共同	0	0
3356	VC	贡献	0	1
3357	VJ	共有	0	0
3358	Dfa	够	0	0
3359	VA	购物	0	0
3360	Nc	姑姑家	0	0
3361	VH	古典	0	0
3362	VH	古怪	0	0
3363	VC	鼓起	0	0
3364	VC	鼓足	0	0
3365	VL	故意	0	0
3366	Na	雇员	0	0
3367	Na	卦	0	0
3368	VK	关系	0	0
3369	VJ	关注	0	0

순서	품사	단어	통합	
			수정전	수정후
3370	VC	管教	0	0
3371	Na	广播	0	0
3372	Na	广告	0	0
3373	VCL	逛逛	0	0
3374	VA	归国	0	0
3375	Na	规模	0	0
3376	VA	归乡	0	1
3377	Na	柜台	0	0
3378	Nc	国文系	0	0
3379	VC	过不了	0	1
3380	Na	过错	0	0
3381	VH	过火	0	1
3382	VJ	过去	0	0
3383	VA	过夜	0	1
3384	D	还不是	0	0
3385	Nc	海滨	0	0
3386	Na	海风	0	1
3387	Na	海棠	0	0
3388	Na	海熊	0	0
3389	Nb	韩服	0	0
3390	VH	汗如雨下	0	1
3391	Nb	汉语水平考试	0	1
3392	VH	好好玩	0	0
3393	Na	好意	0	0
3394	I	呵	0	0
3395	VC	喝掉	0	1
3396	VC	合唱	0	0
3397	VH	合法	0	0
3398	VA	喝水	0	0
3399	VA	喝醉	0	0
3400	VB	喝彩	0	1
3401	Na	贺卡	0	1
3402	VC	哼	0	1
3403	VH	红红	0	1
3404	Na	红绿灯	0	0
3405	Na	红牌	0	0
3406	Na	红柿	0	0
3407	Na	互联网	0	1
3408	VC	花光	0	0
3409	Na	花花公子	0	0

순서	품사	단어	통합	
			수정전	수정후
3410	VA	划船	0	1
3411	VA	滑下去	0	0
3412	VG	化	0	0
3413	Na	坏蛋	0	0
3414	VH	欢欢喜喜	0	0
3415	VCL	欢聚	0	1
3416	Nb	黄酱汤	0	0
3417	Na	黄金	0	0
3418	VAC	晃动	0	1
3419	VHC	恢复	0	1
3420	VB	回来	0	0
3421	VA	会合	0	1
3422	Na	混血儿	0	0
3423	VH	活不了	0	1
3424	Na	火线	0	0
3425	VH	豁然开朗	0	1
3426	VH	唧唧	0	0
3427	VC	激励	0	1
3428	VH	积少成多	0	1
3429	Na	机器	0	0
3430	Dfa	极其	0	0
3431	VC	挤	0	0
3432	VD	给予	0	0
3433	VC	济	0	0
3434	Na	计算机	0	0
3435	VC	加	0	0
3436	Na	价钱	0	0
3437	Na	驾驶证	0	0
3438	VH	艰苦	0	0
3439	VHC	减轻	0	1
3440	VHC	减弱	0	1
3441	VH	减退	0	0
3442	D	简直	0	0
3443	VH	渐渐	0	1
3444	Na	将军	0	0
3445	VD	讲给	0	0
3446	VA	讲话	0	0
3447	VE	讲讲	0	1
3448	VK	讲究	0	0
3449	VA	讲课	0	0

순서	품사	단어	통합	
			수정전	수정후
3450	VC	降	0	0
3451	VJ	降低到	0	0
3452	VA	交卷	0	0
3453	VJ	交上	0	0
3454	VA	教书	0	0
3455	VA	浇水	0	1
3456	VC	教导	0	0
3457	VF	叫到	0	0
3458	VA	叫喊	0	0
3459	Na	叫声	0	0
3460	Nd	教师节	0	0
3461	VC	接受	0	0
3462	VG	结成	0	1
3463	VJ	竭尽	0	0
3464	VH	拮据	0	1
3465	VH	截然不同	0	0
3466	VA	结账	0	0
3467	VB	解雇	0	0
3468	VC	解决不了	0	1
3469	VB	解闷	0	1
3470	VE	解释	0	0
3471	VH	金	0	1
3472	VH	筋疲力尽	0	1
3473	VJ	紧接	0	1
3474	D	尽	0	1
3475	VC	进不了	0	0
3476	VA	进来	0	1
3477	VA	尽孝	0	0
3478	VC	进修	0	0
3479	VA	进展	0	1
3480	VH	惊诧	0	0
3481	VH	精打细算	0	0
3482	VCL	经过	0	0
3483	Na	精力	0	0
3484	Nc	警察局	0	0
3485	Na	警惕	0	1
3486	Na	景致	0	1
3487	VHC	净化	0	0
3488	VH	久远	0	1
3489	D	居然	0	1

순서	품사	단어	통합	
			수정전	수정후
3490	Na	橘子	0	0
3491	VA	举杯	0	0
3492	VH	俱全	0	0
3493	Na	卷子	0	0
3494	Na	军官	0	0
3495	Nc	郡	0	0
3496	VC	开放	0	0
3497	VH	开开	0	0
3498	VC	开开	0	0
3499	VHC	开阔	0	0
3500	VH	开满	0	1
3501	VC	开上	0	1
3502	VA	开药	0	0
3503	VJ	看不顺眼	0	0
3504	VC	看待	0	1
3505	VC	看望	0	1
3506	D	看样子	0	0
3507	Na	炕头	0	0
3508	VE	抗议	0	1
3509	Na	烤饼摊	0	1
3510	Na	考试题	0	1
3511	VJ	靠	0	1
3512	VA	磕	0	1
3513	Na	科研	0	1
3514	VA	咳嗽	0	0
3515	VH	可恨	0	1
3516	VK	可望	0	0
3517	Na	肯德鸡	0	0
3518	Na	空间	0	0
3519	Na	空儿	0	0
3520	Nc	空中	0	0
3521	Na	空中小姐	0	0
3522	Na	口才	0	0
3523	Na	口袋	0	0
3524	VA	哭出来	0	1
3525	VH	宽敞	0	0
3526	VC	款待	0	0
3527	VA	拉客	0	1
3528	Na	辣椒粉	0	0
3529	Na	蜡烛	0	0

순서	품사	단어	통합	
			수정전	수정후
3530	Na	来信	0	0
3531	VJ	来自	0	0
3532	Na	栏目	0	0
3533	Na	篮球队员	0	1
3534	VH	懒惰	0	0
3535	D	老半天	0	1
3536	Na	老年	0	1
3537	Na	老三	0	0
3538	VL	乐于	0	1
3539	D	累月	0	1
3540	VH	累倒	0	0
3541	VH	泪如雨下	0	1
3542	VA	愣住	0	1
3543	VA	离家	0	0
3544	Nf	厘米	0	0
3545	VH	离奇	0	0
3546	Na	梨子	0	0
3547	VB	理发	0	0
3548	Ncd	里面	0	0
3549	VH	理所当然	0	0
3550	P	例如	0	1
3551	VH	脸红	0	1
3552	Na	链	0	0
3553	VH	良好	0	0
3554	Na	两面性	0	0
3555	VH	两样	0	1
3556	D	了不起	0	0
3557	Na	列车	0	0
3558	VJ	列入	0	0
3559	P	临近	0	1
3560	Na	零食	0	0
3561	VC	领	0	0
3562	VJ	领到	0	0
3563	VA	溜达	0	0
3564	VA	流血	0	0
3565	VK	留意	0	1
3566	Na	履历书	0	0
3567	Na	绿叶	0	1
3568	VC	乱放	0	0
3569	VH	乱七八糟	0	0

순서	품사	단어	통합	
			수정전	수정후
3570	VA	落下	0	1
3571	VA	落下来	0	1
3572	VH	落选	0	1
3573	Na	马群	0	1
3574	VC	买错	0	0
3575	VJ	买得起	0	1
3576	VC	买好	0	0
3577	VD	卖给	0	0
3578	VH	卖乖	0	0
3579	D	满心	0	1
3580	VH	慢慢腾腾	0	0
3581	D	慢慢儿	0	0
3582	VA	忙来忙去	0	0
3583	VH	毛毛	0	0
3584	Na	帽子	0	0
3585	Na	玫瑰	0	0
3586	Na	美容师	0	0
3587	Na	魅力	0	0
3588	VH	闷热	0	0
3589	Na	门外汉	0	1
3590	Na	米	0	0
3591	Na	秘诀	0	0
3592	VJ	迷失	0	1
3593	Na	面粉	0	0
3594	Na	庙会	0	0
3595	Na	名单	0	0
3596	VH	明显	0	1
3597	VC	摸	0	0
3598	VH	模糊	0	1
3599	Na	模样	0	0
3600	VK	漠不关心	0	0
3601	Na	牡丹	0	0
3602	VC	拿起	0	0
3603	D	哪来	0	0
3604	Ncd	哪里	0	0
3605	Dk	那么	0	0
3606	Ncd	南方	0	0
3607	VH	难闻	0	0
3608	VJ	难住	0	0
3609	Na	脑筋	0	0

순서	품사	단어	통합	
			수정전	수정후
3610	Na	闹钟	0	0
3611	VH	内疚	0	1
3612	VH	能干	0	0
3613	Na	能力	0	0
3614	VC	溺爱	0	0
3615	Nd	年初	0	0
3616	Na	年糕	0	0
3617	VH	年老	0	0
3618	Na	年事	0	0
3619	Na	鸟儿	0	0
3620	VK	宁可	0	0
3621	Na	牛肉汤	0	0
3622	VK	弄得	0	0
3623	VC	弄乱	0	1
3624	VA	排队	0	1
3625	VA	排排坐	0	1
3626	VCL	攀登	0	1
3627	Na	泡菜饼	0	0
3628	VA	跑出去	0	1
3629	VCL	跑到	0	0
3630	VC	抛开	0	1
3631	VA	碰头	0	0
3632	Nf	片儿	0	0
3633	Nc	骗人家	0	0
3634	VA	飘	0	1
3635	VH	漂漂亮亮	0	0
3636	VA	飘下	0	0
3637	Na	屁股	0	0
3638	P	凭	0	0
3639	Nf	平方米	0	0
3640	VHC	平复	0	1
3641	VH	平均	0	0
3642	Na	品质	0	0
3643	Na	妻儿	0	1
3644	Da	起码	0	0
3645	VA	起晚	0	0
3646	Na	气色	0	1
3647	Na	气味儿	0	0
3648	Na	气温	0	0
3649	VH	恰到好处	0	0

순서	품사	단어	통합	
			수정전	수정후
3650	Na	钱财	0	1
3651	Na	潜水镜	0	0
3652	VH	前所未有	0	1
3653	VH	浅	0	0
3654	Na	歉	0	0
3655	VA	抢先	0	1
3656	VC	敲	0	0
3657	VG	切成	0	0
3658	A	切身	0	1
3659	VC	清楚	0	0
3660	Nd	青年节	0	0
3661	VH	情不自禁	0	1
3662	VB	请安	0	1
3663	VE	庆祝	0	1
3664	VA	求情	0	1
3665	VC	驱逐	0	0
3666	VH	去去	0	0
3667	Na	去向	0	0
3668	D	全	0	0
3669	VH	全新	0	1
3670	VH	确确实实	0	0
3671	VH	雀跃	0	1
3672	VE	嚷嚷	0	0
3673	VA	让步	0	0
3674	Na	热潮	0	1
3675	VH	热烈	0	0
3676	VH	仁慈	0	0
3677	VH	人山人海	0	0
3678	VH	人生地不熟	0	0
3679	VJ	忍	0	1
3680	VJ	认不认识	0	1
3681	VC	认识认识	0	0
3682	D	日夜	0	0
3683	VH	柔和	0	1
3684	Na	儒教	0	0
3685	VH	如愿以偿	0	0
3686	VA	入场	0	0
3687	Na	入场票	0	0
3688	VA	入学	0	0
3689	Na	软件	0	0

순서	품사	단어	통합	
			수정전	수정후
3690	Cbb	若要	0	1
3691	VH	塞车	0	1
3692	VH	三五成群	0	0
3693	VA	散去	0	0
3694	Na	桑拿	0	0
3695	VB	扫干净	0	0
3696	Na	色	0	0
3697	VHC	晒黑	0	1
3698	VA	晒太阳	0	1
3699	Na	山下	0	0
3700	VI	伤脑筋	0	0
3701	VH	上当	0	1
3702	VA	上眼	0	0
3703	VAC	上映	0	0
3704	Na	设计师	0	0
3705	VE	设想	0	1
3706	VH	深奥	0	1
3707	VC	申请	0	0
3708	Na	申请表	0	0
3709	Na	申请单	0	0
3710	VJ	深受	0	0
3711	VH	身心健康	0	1
3712	Na	神儿	0	1
3713	Nc	神州	0	0
3714	Na	婶子	0	1
3715	VC	生产	0	1
3716	Na	生产率	0	0
3717	Na	生气	0	0
3718	Na	声说	0	0
3719	VC	生下	0	0
3720	VC	省	0	0
3721	Na	胜地	0	1
3722	Na	剩饭	0	0
3723	Na	湿度	0	0
3724	Na	失主	0	0
3725	VC	食	0	0
3726	Na	十兜	0	0
3727	Na	石榴	0	0
3728	VC	实施	0	1
3729	VH	实实在在	0	0

순서	품사	단어	통합	
			수정전	수정후
3730	VC	实行	0	0
3731	VH	实用	0	0
3732	Na	使用	0	0
3733	VJ	始于	0	0
3734	D	始终	0	0
3735	VB	示爱	0	0
3736	Na	士官	0	0
3737	Na	侍女	0	0
3738	Na	事务	0	1
3739	D	事先	0	0
3740	Na	试验	0	0
3741	Na	视野	0	0
3742	Na	事业	0	0
3743	VD	收	0	0
3744	Na	收银员	0	0
3745	Nes	首	0	0
3746	Na	手指	0	0
3747	Na	手纸	0	0
3748	VK	数	0	1
3749	VC	数	0	0
3750	Nc	树林	0	1
3751	VC	甩	0	0
3752	Na	水分	0	0
3753	Na	水土	0	0
3754	Na	水珠	0	1
3755	Na	说话声	0	0
3756	VA	说谎	0	0
3757	VA	说说话	0	1
3758	Na	丝儿	0	0
3759	VH	死定	0	0
3760	VI	死心	0	1
3761	Na	死讯	0	1
3762	VH	驷马难追	0	1
3763	Na	塑料袋	0	0
3764	VH	酸	0	0
3765	Na	蒜	0	0
3766	VG	算不了	0	0
3767	D	随手	0	0
3768	Na	损失	0	0
3769	Nh	他人	0	0

순서	품사	단어	통합	
			수정전	수정후
3770	VCL	踏上	0	1
3771	Nf	台	0	0
3772	Nc	台北	0	0
3773	Nc	台中	0	0
3774	Na	太极拳	0	0
3775	VH	坦白	0	0
3776	Na	碳火	0	0
3777	VA	逃亡	0	0
3778	D	特	0	0
3779	Na	特产品	0	0
3780	VH	特殊	0	0
3781	D	特意	0	0
3782	VG	踢成	0	0
3783	VB	提前	0	0
3784	VJ	体现	0	1
3785	Na	体制	0	0
3786	VH	天成	0	1
3787	VH	天生	0	0
3788	Nb	田	0	0
3789	VH	甜	0	0
3790	Na	甜食	0	0
3791	VB	挑出来	0	0
3792	VC	挑选	0	0
3793	VA	跳水	0	0
3794	VA	听不进去	0	1
3795	D	听起来	0	0
3796	VC	听取	0	1
3797	VH	通	0	1
3798	D	通宵达旦	0	0
3799	VA	通信	0	1
3800	P	同	0	0
3801	Nes	同	0	0
3802	VH	同屋	0	0
3803	Na	同志	0	0
3804	VC	投入到	0	0
3805	Dfb	透	0	0
3806	Na	秃鹫	0	0
3807	Na	团年饭	0	0
3808	VH	团聚	0	1
3809	VA	外出	0	0

순서	품사	단어	통합	
			수정전	수정후
3810	Na	外教	0	0
3811	Na	外遇	0	0
3812	Na	外国	0	0
3813	VH	完毕	0	0
3814	VH	顽皮	0	0
3815	VJ	维持	0	1
3816	Na	围巾	0	0
3817	VHC	为难	0	0
3818	VF	委托	0	0
3819	VJ	未满	0	0
3820	D	未免	0	0
3821	Na	卫生纸	0	0
3822	VE	问清	0	1
3823	D	嗡	0	1
3824	VC	握	0	0
3825	VH	乌黑	0	1
3826	VH	无比	0	1
3827	VH	无济于事	0	1
3828	VH	无理	0	0
3829	VH	五彩缤纷	0	1
3830	Na	午餐	0	1
3831	Nc	武汉	0	0
3832	Nc	五楼	0	0
3833	VA	午睡	0	0
3834	Nd	午夜	0	0
3835	D	无缘无故	0	0
3836	D	勿	0	0
3837	VC	误解	0	0
3838	VHC	西方化	0	1
3839	VJ	牺牲	0	0
3840	VJ	吸引住	0	0
3841	Nb	席间	0	1
3842	VC	洗	0	1
3843	VK	喜欢上	0	1
3844	Na	喜剧片	0	0
3845	VA	洗脸	0	0
3846	VA	洗手	0	0
3847	Na	喜悦	0	1
3848	Na	细雨	0	0
3849	VH	细致	0	0

순서	품사	단어	통합	
			수정전	수정후
3850	VA	下功夫	0	0
3851	VA	下楼	0	0
3852	VA	下乡	0	1
3853	Di	下来	0	0
3854	Na	先辈	0	0
3855	VH	咸	0	0
3856	VH	闲不住	0	0
3857	VC	献身	0	0
3858	VB	相比	0	1
3859	Na	香蕉	0	0
3860	Na	香气	0	0
3861	Nf	响	0	1
3862	VE	想不出	0	0
3863	VE	想像	0	0
3864	VJ	享受到	0	1
3865	Na	相框	0	0
3866	VK	向往	0	1
3867	VH	消沉	0	0
3868	VA	消费	0	0
3869	Na	笑话	0	1
3870	VJ	孝顺	0	0
3871	VH	协	0	1
3872	Nc	鞋店	0	0
3873	VC	写出	0	0
3874	VA	写字	0	0
3875	VB	写下来	0	0
3876	A	心爱	0	0
3877	VH	辛劳	0	0
3878	VH	辛勤	0	0
3879	VH	心神不宁	0	1
3880	VH	心酸	0	0
3881	VE	形容	0	0
3882	VH	醒来	0	1
3883	Na	幸福	0	0
3884	D	幸好	0	1
3885	VC	修好	0	0
3886	Na	修配车	0	0
3887	VH	秀丽	0	1
3888	VJ	虚度	0	0
3889	VA	喧哗	0	0

순서	품사	단어	통합	
			수정전	수정후
3890	Na	轩然大波	0	0
3891	VH	学成	0	1
3892	Na	学者	0	0
3893	VH	雪白	0	0
3894	Na	雪地	0	1
3895	VH	迅速	0	0
3896	Na	押金费	0	1
3897	Na	烟花	0	0
3898	Na	腌制	0	0
3899	VA	研究	0	1
3900	Na	癌症	0	1
3901	Na	演唱会	0	0
3902	Na	眼镜	0	0
3903	Na	眼圈儿	0	0
3904	VH	遥远	0	1
3905	VA	咬牙	0	0
3906	Cbb	要不	0	0
3907	VH	要好	0	0
3908	Dk	也就是说	0	0
3909	Na	野猪	0	0
3910	D	一一	0	0
3911	VH	依依不舍	0	1
3912	Na	遗迹	0	0
3913	VH	遗迹	0	0
3914	D	一块儿	0	0
3915	D	一面	0	0
3916	D	一面	0	0
3917	D	一再	0	0
3918	Nd	一阵	0	0
3919	A	易爆	0	0
3920	Neqa	一朵朵	0	0
3921	A	易燃	0	0
3922	Neqa	一声声	0	0
3923	VK	意想不到	0	1
3924	Na	异样	0	1
3925	Na	迎春花	0	0
3926	D	硬	0	0
3927	VH	映	0	1
3928	VA	应考	0	0
3929	VH	拥挤	0	1

순서	품사	단어	통합	
			수정전	수정후
3930	VH	永生	0	1
3931	Na	用户	0	0
3932	VL	用来	0	0
3933	VI	用情	0	0
3934	VH	优美	0	1
3935	VH	幽默	0	0
3936	Na	优缺点	0	1
3937	Na	油	0	0
3938	Nc	游乐场	0	0
3939	VH	游手好闲	0	0
3940	VA	游玩	0	1
3941	Na	游泳课	0	0
3942	Na	游泳衣	0	0
3943	VH	有气无力	0	1
3944	VH	友善	0	1
3945	VJ	有所	0	0
3946	Na	有心人	0	0
3947	VJ	有益于	0	0
3948	Na	语序	0	0
3949	Nc	浴场	0	0
3950	VC	预订	0	0
3951	Nd	月初	0	0
3952	Nd	月底	0	0
3953	VH	悦耳	0	0
3954	VC	熨	0	0
3955	VC	砸碎	0	1
3956	Na	杂志	0	0
3957	VH	在一块儿	0	0
3958	VJ	赞同	0	1
3959	Na	澡	0	0
3960	Nc	早市	0	0
3961	D	早些	0	0
3962	VH	早早	0	0
3963	D	早早	0	1
3964	VK	造成	0	0
3965	VC	责怪	0	0
3966	VC	责骂	0	1
3967	Na	责任感	0	0
3968	Na	增肥	0	1
3969	VA	战斗	0	0

순서	품사	단어	통합	
			수정전	수정후
3970	D	暂时	0	0
3971	A	暂时	0	0
3972	VI	着想	0	1
3973	VJ	珍爱	0	0
3974	VH	真是	0	0
3975	A	真正的	0	0
3976	VJ	珍惜	0	1
3977	VB	诊病	0	0
3978	VA	争吵	0	0
3979	VH	正好	0	0
3980	D	正面	0	0
3981	VA	挣钱	0	0
3982	Na	纸	0	0
3983	VC	指导	0	0
3984	D	只得	0	1
3985	Na	指挥	0	1
3986	VC	指责	0	0
3987	VB	治病	0	0
3988	VC	治好	0	0
3989	Na	中餐	0	1
3990	VH	忠实	0	0
3991	D	衷心	0	0
3992	Na	中语	0	0
3993	Na	助教	0	0
3994	Na	主妇	0	0
3995	Na	主任	0	0
3996	VK	主意	0	1
3997	Na	专业课	0	0
3998	VAC	转	0	0
3999	VH	转凉	0	0
4000	VA	转学	0	0
4001	VC	赚	0	0
4002	VA	转来转去	0	0
4003	VC	撞断	0	0
4004	VC	追随	0	0
4005	Na	坠石	0	1
4006	D	准	0	0
4007	VH	准确	0	0
4008	Na	自豪感	0	1
4009	VK	自觉	0	1

순서	품사	단어	통합	
			수정전	수정후
4010	VH	自立	0	1
4011	D	自始至终	0	1
4012	Na	自信感	0	0
4013	Na	字眼	0	0
4014	VH	自尊	0	1
4015	Na	宗教	0	1
4016	VA	走进来	0	1
4017	Na	足	0	0
4018	Da	最多	0	0
4019	VJ	遵守	0	0
4020	VA	作弊	0	0
4021	VH	坐立不安	0	0
4022	D	做起来	0	0
4023	VA	做人	0	1
4024	Na	作文课	0	0
4025	VC	阻止	0	1
4026	Na	松树	0	0
4027	Na	烟	0	0

3.3.3 4학년 중간언어 자료 수정 전·후의 어휘 사용빈도(수정전 기준)

순서	품사	단어	통합	
			수정전	수정후
1	Nh	我	731	715
2	De	的	583	548
3	Nh	他	171	169
4	SHI	是	163	168
5	Dfa	很	159	168
6	Nep	这	150	149
7	Nh	你	135	134
8	Nf	个	134	123
9	D	不	127	131
10	P	在	124	108
11	Na	人	121	126
12	Nh	我们	114	114
13	Neu	一	114	105
14	T	了	105	112
15	V_2	有	98	93
16	VCL	去	97	99

순서	품사	단어	통합	
			수정전	수정후
17	Nc	中国	71	70
18	Na	朋友	66	66
19	Na	时候	66	58
20	Na	汉语	64	65
21	VH	好	62	73
22	D	都	55	66
23	VC	学习	55	58
24	Cbb	所以	53	59
25	Nd	今天	53	51
26	VK	喜欢	53	55
27	VE	说	51	47
28	P	跟	50	45
29	Ng	后	50	50
30	T	吧	50	52
31	Nh	她	49	47
32	Nf	天	47	45
33	Na	性格	47	46
34	De	得	46	43
35	Nc	家	45	44
36	Da	才	45	43
37	D	就	44	53
38	P	对	44	40
39	Nh	他们	44	41
40	D	能	43	44
41	VD	给	43	37
42	VH	多	43	36
43	VC	看	42	39
44	VE	想	42	38
45	Nf	次	41	33
46	Caa	和	39	43
47	Nd	现在	39	36
48	Nc	学校	39	37
49	Cbb	因为	39	39
50	Na	话	39	23
51	Ng	以后	38	34
52	VCL	到	37	39
53	D	来	37	28
54	D	也	36	37
55	Na	老师	36	36
56	Ncd	里	35	42

순서	품사	단어	통합	
			수정전	수정후
57	VC	吃	35	35
58	Nes	每	35	35
59	Na	雪	35	37
60	VE	商量	34	34
61	Nep	什么	33	34
62	Dfa	太	33	26
63	Nc	韩国	33	33
64	D	一起	32	31
65	Na	事	31	32
66	P	从	30	31
67	D	真	30	19
68	VA	来	29	28
69	Na	时间	29	29
70	Neqa	多	28	39
71	Na	学生	28	29
72	Na	生活	28	27
73	VH	大	27	30
74	VK	知道	27	28
75	VC	做	27	25
76	Nf	件	27	32
77	Nd	明天	27	25
78	P	把	26	23
79	D	还	26	24
80	Di	过	26	28
81	VL	让	26	30
82	Na	问题	26	27
83	VH	瘦	26	22
84	D	要	25	27
85	VH	努力	25	24
86	Na	车	25	25
87	P	到	25	20
88	VC	学	25	26
89	VH	热闹	25	24
90	VA	下雪	25	24
91	D	去	24	26
92	D	再	24	26
93	VK	觉得	24	20
94	Dfa	最	24	23
95	Na	妈妈	23	24
96	Nep	那	23	22

순서	품사	단어	통합	
			수정전	수정후
97	D	没	23	27
98	T	吗	23	21
99	Na	们	23	23
100	VF	打算	23	22
101	Neu	两	23	21
102	Nc	大学	23	24
103	Na	东西	23	20
104	VH	很多	23	13
105	VA	上班	23	22
106	VC	打扰	23	22
107	VC	接待	23	20
108	Nf	年	22	21
109	VC	下	22	22
110	Na	样式	22	20
111	D	已经	21	20
112	Neu	几	21	21
113	VC	买	21	21
114	VJ	没有	20	20
115	Nd	昨天	20	21
116	Na	书	20	20
117	D	常常	20	20
118	D	应该	20	18
119	Nd	一下	20	18
120	VH	冷	20	19
121	D	会	19	21
122	Di	着	19	27
123	Dfa	较	19	18
124	Dfa	比较	19	18
125	Na	父母	19	18
126	VH	快	18	15
127	VC	帮助	18	17
128	P	被	18	14
129	Neu	第一	18	17
130	Nf	种	18	17
131	Na	身材	18	18
132	VC	招待	18	21
133	Na	外套	18	19
134	Na	爸爸	17	18
135	Na	天气	17	17
136	Cbb	如果	17	18

순서	품사	단어	통합	
			수정전	수정후
137	Na	工作	17	19
138	Nd	最近	16	17
139	VH	忙	16	14
140	VE	听	16	13
141	De	地	15	22
142	VH	特别	15	16
143	D	一定	15	14
144	Ng	时	15	16
145	Na	菜	15	15
146	VH	一样	15	15
147	Na	水平	15	16
148	Nd	冬天	15	15
149	Neqa	很多	14	22
150	Cbb	可是	14	14
151	Nh	自己	14	13
152	VH	幸福	14	15
153	Na	地方	14	9
154	Na	事情	14	15
155	Nh	它	14	14
156	VE	见	14	10
157	Cbb	但	13	11
158	Dfa	非常	13	17
159	Cbb	虽然	13	13
160	VF	请	13	14
161	Na	业	13	11
162	T	呢	13	15
163	VH	开始	13	13
164	P	比	13	15
165	Nd	后	13	12
166	VK	感到	13	13
167	Nf	本	13	14
168	VH	重要	13	11
169	Na	消息	13	13
170	D	必须	13	12
171	VA	上课	13	11
172	VE	表示	13	10
173	VG	真是	13	12
174	Cbb	但是	12	11
175	D	一直	12	12
176	Nd	晚上	12	12

순서	품사	단어	통합	
			수정전	수정후
177	Neu	四	12	13
178	VC	带	12	11
179	D	又	12	12
180	D	多	12	8
181	Nd	去年	12	12
182	VH	高	12	13
183	VH	胖	12	12
184	Na	同屋	12	12
185	VH	毕业	12	12
186	Nc	公司	12	13
187	Na	年级	12	11
188	VC	浪费	12	12
189	Ncd	上	11	10
190	VK	高兴	11	9
191	VA	见面	11	13
192	Na	衣服	11	11
193	Na	弟弟	11	11
194	Na	钱	11	11
195	Nd	以前	11	12
196	VCL	过	11	13
197	VC	找	11	14
198	D	别	11	11
199	VL	爱	11	11
200	VA	玩儿	11	12
201	Na	目的	11	10
202	Nh	你们	11	11
203	VE	商量商量	11	11
204	Na	男朋友	10	10
205	Na	身体	10	9
206	VH	难	10	9
207	VH	怎么样	10	9
208	Na	小时	10	10
209	Neqa	一点儿	10	8
210	VG	当	10	14
211	Na	路	10	10
212	Na	勇气	10	10
213	D	没有	10	7
214	Nd	以后	10	9
215	Ng	中	10	8
216	VC	玩	10	9

순서	품사	단어	통합	
			수정전	수정후
217	D	怎么	10	9
218	D	互相	10	10
219	VC	进行	10	9
220	VA	留学	10	8
221	VE	决定	10	7
222	VJ	没	10	6
223	Na	行	10	6
224	VH	厉害	10	9
225	Na	饭	9	10
226	VC	打	9	12
227	Nes	下	9	8
228	Neu	五	9	9
229	Dfa	越来越	9	9
230	VA	出去	9	9
231	VK	关心	9	7
232	VH	有意思	9	8
233	Nf	场	9	13
234	Na	图书馆	9	9
235	Na	生日	9	6
236	Nc	上海	9	9
237	Na	旅行	9	5
238	Nd	星期天	9	9
239	VH	白	9	10
240	VC	穿	9	9
241	Nf	句	9	8
242	Nc	外国	9	9
243	Ncd	外面	9	10
244	Neu	三	8	7
245	Na	电影	8	9
246	VA	走	8	7
247	VA	坐	8	8
248	Nc	北京	8	8
249	VA	回家	8	9
250	VA	吃饭	8	8
251	VA	工作	8	8
252	Na	作业	8	8
253	Na	中国人	8	8
254	VE	以为	8	8
255	P	向	8	8
256	Nh	别人	8	8

순서	품사	단어	통합	
			수정전	수정후
257	D	一	8	8
258	VE	安排	8	8
259	Na	关系	8	9
260	VK	注意	8	8
261	VC	看到	8	10
262	VB	送行	8	8
263	Nc	房间	8	7
264	Na	体重	8	9
265	Na	心情	8	7
266	P	于	8	9
267	D	这么	8	8
268	Na	礼物	8	8
269	Nc	中文系	8	8
270	Na	经济	8	8
271	Nh	咱们	8	8
272	VH	浪费	8	9
273	VC	喝	7	7
274	Dfa	有点儿	7	7
275	D	得	7	8
276	VCL	在	7	9
277	Na	酒	7	7
278	Nf	岁	7	7
279	D	可	7	6
280	Da	只	7	7
281	Ng	前	7	8
282	Na	月	7	6
283	Dfa	更	7	8
284	Neu	十	7	7
285	VE	讨论	7	7
286	Na	好朋友	7	8
287	VB	打电话	7	7
288	Na	困难	7	7
289	VH	舒服	7	7
290	VE	告诉	7	6
291	VH	好看	7	4
292	VA	结婚	7	7
293	Na	客人	7	13
294	Nc	世界	7	6
295	Nh	您	7	8
296	Na	手机	7	7

순서	품사	단어	통합	
			수정전	수정후
297	Na	面	7	3
298	VH	美丽	7	5
299	Neqa	一些	7	7
300	Neqa	许多	7	7
301	Na	事儿	7	6
302	Nf	元	7	6
303	Na	孩子	7	7
304	D	经常	6	6
305	VC	等	6	5
306	VK	希望	6	7
307	Nd	早上	6	6
308	VC	参加	6	5
309	P	为	6	9
310	D	可以	6	8
311	Na	汽车	6	7
312	VH	这样	6	5
313	Nh	大家	6	7
314	D	好像	6	6
315	Na	家庭	6	7
316	VC	研究	6	6
317	Na	奶奶	6	6
318	VH	远	6	6
319	Na	电话	6	6
320	Na	机会	6	6
321	D	那么	6	7
322	VE	想起	6	10
323	VA	说话	6	8
324	VG	成为	6	7
325	VH	愉快	6	7
326	VC	带来	6	6
327	VK	感谢	6	7
328	VH	热情	6	9
329	Na	社会	6	6
330	D	只有	6	6
331	Na	初雪	6	7
332	T	呀	6	4
333	Na	汉字	6	6
334	VA	行	5	10
335	VH	漂亮	5	6
336	D	先	5	6

순서	품사	단어	통합	
			수정전	수정후
337	VCL	住在	5	7
338	P	帮	5	4
339	Cbb	而且	5	4
340	VH	小	5	5
341	Dfa	挺	5	5
342	Ncd	边	5	4
343	Na	妹妹	5	5
344	VH	重	5	6
345	Na	英语	5	5
346	VCL	上	5	7
347	VH	近	5	6
348	Di	起来	5	6
349	Ncd	哪儿	5	4
350	Ncd	那儿	5	6
351	VE	听到	5	8
352	VK	担心	5	4
353	VH	健康	5	5
354	Nd	明年	5	5
355	VE	问	5	6
356	Na	比赛	5	6
357	Neqa	别的	5	3
358	Na	自行车	5	4
359	Neqa	半	5	4
360	Nes	各	5	2
361	T	啊	5	4
362	VJ	发生	5	3
363	D	早	5	3
364	VE	主张	5	5
365	VC	不好	5	5
366	Nd	春节	5	5
367	VJ	对不起	5	5
368	Na	旅游	5	5
369	Na	中国语	5	5
370	D	刚	5	4
371	Nes	上	5	5
372	Na	国家	5	5
373	VC	学好	5	7
374	Nf	各	5	5
375	Nf	名	5	5
376	Nes	前	5	5

순서	품사	단어	통합	
			수정전	수정후
377	D	真的	5	4
378	Na	韩国人	5	6
379	VK	信	5	5
380	VA	打工	5	4
381	VH	明白	5	6
382	VA	减肥	5	6
383	VK	相信	5	5
384	D	快要	5	6
385	Na	意见	5	4
386	VH	长大	5	5
387	D	初次	5	4
388	Nf	份	5	5
389	Na	态度	5	3
390	Na	季节	5	3
391	D	多多	5	3
392	Ng	下	5	2
393	Dfa	多么	5	4
394	Nc	洛阳	5	5
395	P	和	4	4
396	VA	旅行	4	9
397	VA	睡觉	4	3
398	VH	长	4	4
399	VC	开	4	4
400	VA	运动	4	4
401	Na	约会	4	2
402	D	快	4	8
403	VC	上	4	6
404	D	正在	4	4
405	T	去	4	3
406	D	原来	4	3
407	Na	球	4	4
408	Nh	谁	4	3
409	Nd	当时	4	5
410	Neu	0	4	4
411	D	马上	4	4
412	Cab	等	4	6
413	Nc	商店	4	4
414	VE	认为	4	4
415	Nc	车站	4	4
416	VK	忘	4	4

순서	품사	단어	통합	
			수정전	수정후
417	D	总是	4	3
418	Na	火车	4	4
419	Na	鞋带	4	4
420	VC	找到	4	3
421	VH	贵	4	6
422	D	可能	4	6
423	VC	生	4	3
424	VH	迟到	4	4
425	VG	像	4	5
426	VC	出	4	4
427	VC	教	4	4
428	Na	水	4	4
429	VA	回国	4	4
430	Na	情况	4	4
431	VH	最近	4	5
432	VK	懂	4	4
433	VJ	欢迎	4	4
434	VC	写	4	4
435	VK	忘不了	4	4
436	Ng	之间	4	4
437	VC	交	4	4
438	VE	看	4	3
439	VK	肯定	4	4
440	Na	心	4	5
441	De	之	4	3
442	D	本来	4	3
443	VH	差	4	3
444	Dk	那	4	5
445	Nc	市场	4	4
446	Na	习惯	4	4
447	VG	变	4	3
448	Neqa	不少	4	4
449	VK	理解	4	3
450	VJ	满	4	4
451	P	随着	4	4
452	VC	读	4	4
453	VH	慢慢	4	4
454	P	通过	4	4
455	VC	放弃	4	4
456	VH	清楚	4	4

순서	품사	단어	통합	
			수정전	수정후
457	Na	部队	4	3
458	VJ	吃不了	4	4
459	Na	回忆	4	3
460	Na	经验	4	3
461	VH	美好	4	4
462	Na	主张	4	1
463	Na	爸	4	4
464	Nc	长春	4	4
465	Na	留学生	4	4
466	VH	危险	4	4
467	Na	条件	4	3
468	D	不得不	4	3
469	VA	请客	4	3
470	Na	雪人	4	5
471	Nc	南非	4	4
472	Na	现代人	4	4
473	VC	认识	3	2
474	VHC	累	3	3
475	D	还是	3	4
476	Na	同学	3	2
477	Na	课	3	4
478	VH	不错	3	4
479	Nf	位	3	3
480	VC	准备	3	4
481	VJ	得	3	6
482	Neu	二	3	4
483	VH	在一起	3	4
484	D	突然	3	3
485	P	为了	3	2
486	VH	成功	3	2
487	VC	放	3	4
488	VHC	热	3	3
489	Nf	分钟	3	3
490	VH	下课	3	3
491	Nc	附近	3	3
492	Nf	条	3	3
493	Na	桌子	3	3
494	VH	最好	3	4
495	VH	早	3	3
496	P	用	3	3

순서	품사	단어	통합	
			수정전	수정후
497	VK	了解	3	3
498	VH	容易	3	4
499	VC	用	3	3
500	VA	站	3	3
501	Nf	遍	3	4
502	Na	觉	3	1
503	Nc	教室	3	3
504	VC	骑	3	3
505	Na	印象	3	3
506	Na	电脑	3	3
507	Nc	面前	3	2
508	VH	太多	3	4
509	VC	唱	3	2
510	Na	活动	3	4
511	Nf	斤	3	3
512	VH	苦	3	3
513	Na	样子	3	2
514	VJ	得到	3	3
515	VC	解决	3	4
516	VCL	进	3	1
517	Nep	哪	3	3
518	VH	少	3	2
519	VK	同意	3	3
520	Na	原因	3	2
521	VH	病	3	3
522	Nf	部	3	4
523	Nc	动物园	3	4
524	Na	日子	3	3
525	VA	笑	3	2
526	D	没想到	3	0
527	Na	面包	3	3
528	Neqa	所有	3	4
529	Na	外国语	3	3
530	Nd	小时候	3	3
531	VG	变成	3	3
532	VA	读书	3	3
533	VC	看看	3	3
534	Nf	所	3	3
535	D	完全	3	3
536	Na	小偷	3	3

순서	품사	단어	통합	
			수정전	수정후
537	Neqa	这么多	3	3
538	Nd	之后	3	3
539	Na	帮助	3	2
540	Na	发展	3	3
541	D	很少	3	3
542	VH	假	3	3
543	VC	考	3	5
544	Na	树	3	3
545	Nc	大连	3	3
546	VH	放假	3	3
547	VH	怪	3	3
548	Na	交通	3	3
549	VA	上大学	3	3
550	VH	不再	3	2
551	VH	干净	3	2
552	VC	教育	3	2
553	Nd	今	3	4
554	VE	想要	3	2
555	VC	整	3	2
556	VA	登山	3	3
557	VH	老	3	3
558	Na	马路	3	3
559	Cbb	不管	3	3
560	VC	锻炼	3	3
561	VJ	适应	3	3
562	VJ	谢	3	2
563	VC	选	3	3
564	Nf	样	3	1
565	VJ	重视	3	3
566	Na	笔	3	3
567	D	当然	3	2
568	Nd	季	3	4
569	Na	技术	3	3
570	Ncd	那里	3	2
571	Nc	天津	3	3
572	VJ	谢谢	3	2
573	D	也许	3	4
574	VHC	坏	3	2
575	VA	住院	3	3
576	VH	丰富	3	3

순서	품사	단어	통합	
			수정전	수정후
577	D	果然	3	3
578	VJ	克服	3	3
579	Na	肉	3	2
580	Na	选择	3	3
581	Dk	看来	3	2
582	Di	了	2	3
583	Na	哥哥	2	2
584	VA	逛街	2	2
585	Ng	上	2	5
586	VH	方便	2	2
587	VA	睡	2	2
588	Na	房子	2	1
589	VA	休息	2	3
590	VH	新	2	3
591	Nc	高中	2	3
592	Na	钱包	2	2
593	VA	下雨	2	2
594	VH	流利	2	3
595	D	为什么	2	2
596	Na	星期	2	2
597	Na	成绩	2	2
598	Nd	夏天	2	2
599	Dfa	相当	2	2
600	Na	信	2	2
601	VK	需要	2	2
602	Nes	半	2	3
603	VC	吃完	2	3
604	VA	起床	2	3
605	Ncd	前	2	1
606	Nc	宿舍	2	2
607	D	终于	2	2
608	Na	病	2	2
609	Nd	星期六	2	2
610	D	大概	2	2
611	VCL	回到	2	2
612	Na	母亲	2	2
613	Na	女朋友	2	2
614	Na	文化	2	2
615	Nc	医院	2	2
616	Cbb	由于	2	3

순서	품사	단어	통합	
			수정전	수정후
617	VE	听说	2	3
618	VH	感冒	2	2
619	VI	感兴趣	2	4
620	Na	节日	2	2
621	VCL	来到	2	1
622	VJ	达到	2	2
623	Nf	点	2	3
624	VL	使	2	4
625	Nd	暑假	2	2
626	Na	意思	2	2
627	VH	认真	2	3
628	VJ	受	2	1
629	VC	比较	2	2
630	Nf	公斤	2	3
631	Da	共	2	2
632	VH	好好	2	3
633	VK	记	2	2
634	D	看起来	2	2
635	P	离	2	2
636	Nd	晚	2	2
637	Na	足球	2	2
638	Nd	八点	2	2
639	Neqa	多少	2	3
640	VHC	感动	2	2
641	VC	花	2	1
642	Dfb	极了	2	3
643	VH	美	2	2
644	Na	气氛	2	2
645	Na	茶	2	2
646	Na	服装	2	3
647	Dfa	好	2	1
648	VC	接	2	3
649	P	以	2	2
650	Ng	左右	2	1
651	Na	爱	2	4
652	VH	堵车	2	3
653	T	好了	2	1
654	Nc	机场	2	2
655	VH	深	2	2
656	Na	学期	2	2

순서	품사	단어	통합	
			수정전	수정후
657	D	永远	2	2
658	Na	游戏	2	3
659	Nc	周围	2	2
660	VH	不一样	2	2
661	P	给	2	2
662	Na	韩语	2	2
663	VC	换	2	2
664	VC	考上	2	2
665	Na	想法	2	2
666	Nd	春天	2	2
667	VC	过去	2	1
668	Neu	好几	2	3
669	D	能够	2	4
670	VCL	入	2	2
671	Da	一共	2	2
672	Nc	银行	2	2
673	Caa	与	2	2
674	Na	部分	2	2
675	Cbb	而是	2	2
676	Nf	号	2	2
677	VF	决心	2	2
678	Na	人生	2	2
679	VH	深刻	2	2
680	Na	书包	2	2
681	Nf	些	2	2
682	Nc	学院	2	2
683	VH	严重	2	2
684	D	必	2	2
685	Na	国语	2	2
686	VH	激动	2	2
687	Nc	家乡	2	2
688	Na	老板	2	2
689	Na	理想	2	2
690	Nd	平时	2	1
691	VH	奇怪	2	2
692	Na	日程	2	3
693	VC	完成	2	2
694	VA	做饭	2	2
695	D	重新	2	3
696	Na	肚子	2	1

순서	품사	단어	통합	
			수정전	수정후
697	D	根本	2	2
698	Nc	故乡	2	2
699	VH	辣	2	2
700	VH	亲切	2	2
701	Na	手术	2	1
702	Na	小说	2	2
703	Na	兴趣	2	2
704	Nc	一段	2	2
705	A	一般	2	2
706	D	有没有	2	2
707	Na	预报	2	2
708	VH	白白	2	2
709	D	不知不觉	2	2
710	VH	吃苦	2	2
711	Dfb	多	2	2
712	VC	改变	2	1
713	Na	感情	2	1
714	Nf	辆	2	2
715	Nd	期末	2	2
716	VC	收拾	2	2
717	Na	雪景	2	3
718	Nc	中学	2	1
719	D	从此	2	1
720	VH	大声	2	1
721	Ng	当中	2	2
722	P	对于	2	1
723	Nd	刚才	2	2
724	Na	高中生	2	3
725	VJ	关照	2	2
726	Da	几乎	2	0
727	D	竟然	2	2
728	Neqa	那些	2	1
729	Na	男	2	2
730	VK	期待	2	2
731	D	太早	2	2
732	Cbb	无论	2	2
733	Na	小姐	2	2
734	VH	优秀	2	2
735	VHC	增加	2	2
736	VH	值得	2	1

순서	품사	단어	통합	
			수정전	수정후
737	Na	白色	2	2
738	Dfb	得多	2	2
739	Nd	古代	2	1
740	Na	精神	2	2
741	VE	看看	2	2
742	Na	烤肉	2	1
743	Nf	块	2	1
744	VC	面对	2	1
745	VH	暖和	2	2
746	Nh	人家	2	1
747	Na	日语	2	2
748	Nd	如今	2	2
749	VA	上车	2	2
750	VA	上来	2	2
751	Na	时光	2	3
752	Na	手套	2	2
753	VH	调皮	2	4
754	VH	完	2	1
755	VH	小小	2	2
756	Na	语法	2	2
757	Neqa	整	2	3
758	Na	职业	2	1
759	P	按	2	3
760	VA	出差	2	2
761	Na	大夫	2	2
762	Nc	花园	2	2
763	VA	滑雪	2	2
764	VH	寂寞	2	2
765	D	近来	2	2
766	D	绝对	2	2
767	VC	留	2	2
768	Na	论文	2	2
769	D	每	2	2
770	VH	明确	2	2
771	Na	气候	2	2
772	VC	求	2	0
773	VH	适合	2	0
774	VC	收到	2	1
775	VA	谈恋爱	2	2
776	Nc	天	2	0

순서	품사	단어	통합	
			수정전	수정후
777	Na	童年	2	3
778	VJ	习惯	2	1
779	Na	心意	2	2
780	D	尤其	2	2
781	VK	在于	2	2
782	Nh	咱们俩	2	2
783	D	怎样	2	1
784	Na	中学生	2	1
785	Nc	博物馆	2	2
786	VH	常青	2	2
787	Na	地址	2	2
788	VH	多彩	2	2
789	Na	副作用	2	2
790	VC	过来	2	1
791	Nc	花莲	2	2
792	Nc	加油站	2	2
793	VC	买到	2	2
794	Na	毛病	2	1
795	Na	男孩儿	2	2
796	VJ	缺	2	2
797	Na	人才	2	2
798	Na	上海人	2	2
799	A	双重	2	2
800	D	说起来	2	1
801	VA	玩来玩去	2	2
802	D	先~然后	2	1
803	VK	想见	2	1
804	VJ	信任	2	2
805	Ng	以下	2	2
806	Na	一般人	2	2
807	VH	有空	2	2
808	VH	长胖	2	2
809	Na	把握	2	1
810	VL	便利	2	1
811	VHC	冻死	2	1
812	Na	屁股	2	1
813	D	听起来	2	1
814	VH	咸	2	1
815	Ng	以来	2	0
816	Na	运营	2	0

순서	품사	단어	통합	
			수정전	수정후
817	Na	松树	2	0
818	Nc	首尔	1	8
819	Nf	口	1	5
820	VA	上网	1	1
821	VH	生气	1	1
822	VH	晚	1	3
823	VH	好吃	1	1
824	VH	慢	1	0
825	Cbb	要是	1	0
826	VE	见到	1	5
827	Cbb	而	1	2
828	D	然后	1	2
829	Na	专家	1	1
830	VCL	回	1	1
831	Nd	那时	1	5
832	VC	做完	1	1
833	Nd	周末	1	2
834	D	差不多	1	1
835	Na	公共汽车	1	3
836	Na	花	1	2
837	VC	回来	1	1
838	D	即	1	2
839	VF	叫	1	1
840	VA	开车	1	0
841	VE	发现	1	1
842	VA	哭	1	1
843	VJ	认识	1	1
844	VC	提高	1	1
845	Na	大学生	1	1
846	Caa	而且	1	1
847	D	立即	1	1
848	P	往	1	1
849	VA	游泳	1	1
850	Na	父亲	1	1
851	Nc	哈尔滨	1	1
852	Na	名字	1	1
853	VK	怕	1	1
854	VC	养	1	0
855	VH	可爱	1	1
856	Na	飞机	1	1

순서	품사	단어	통합	
			수정전	수정후
857	VD	交给	1	0
858	VK	难过	1	1
859	D	赶快	1	2
860	Ng	以前	1	1
861	Ncd	这儿	1	1
862	Na	脸	1	1
863	VC	拿	1	1
864	Na	期间	1	2
865	VA	唱歌	1	1
866	Na	床	1	1
867	Neu	第二	1	1
868	D	其实	1	1
869	Nc	日本	1	1
870	VH	善良	1	2
871	Na	小狗	1	1
872	Nc	公园	1	1
873	Neqa	其他	1	1
874	Nc	市	1	1
875	Na	爷爷	1	1
876	Na	中文	1	1
877	VG	成	1	1
878	Dfa	多	1	1
879	Na	个子	1	1
880	VH	急	1	1
881	Nd	将来	1	1
882	VHC	结束	1	1
883	VC	离开	1	1
884	VH	死	1	1
885	VK	愿意	1	1
886	Na	照片	1	1
887	Neqa	这些	1	1
888	Nh	对方	1	2
889	D	渐	1	1
890	VE	叫	1	1
891	D	那里	1	2
892	VK	难忘	1	1
893	Na	苹果	1	1
894	VC	偷走	1	1
895	VH	有名	1	1
896	Na	雨	1	1

순서	품사	단어	통합	
			수정전	수정후
897	VC	照顾	1	1
898	D	真是	1	2
899	Neu	八	1	1
900	Na	城市	1	1
901	Na	感觉	1	1
902	D	更	1	2
903	VK	记得	1	1
904	Cbb	就是	1	2
905	VH	开朗	1	1
906	Ng	里	1	1
907	Na	年轻人	1	3
908	Na	女人	1	1
909	VA	上学	1	2
910	VC	实现	1	1
911	Na	叔叔	1	1
912	VK	忘记	1	1
913	Na	相机	1	1
914	D	按时	1	1
915	VJ	变得	1	3
916	VH	不断	1	2
917	VC	打开	1	1
918	Nc	电影院	1	1
919	Nf	顿	1	2
920	VK	害怕	1	1
921	VH	精彩	1	1
922	VH	那样	1	0
923	Na	内容	1	2
924	P	如	1	2
925	VHC	辛苦	1	1
926	D	只好	1	3
927	Nc	教会	1	1
928	VC	看见	1	1
929	Nd	那天	1	1
930	Nc	内蒙古	1	1
931	Neqa	全	1	1
932	Na	人口	1	1
933	VH	伤	1	1
934	VA	谈话	1	1
935	Nc	天安门	1	1
936	Nd	星期五	1	1

순서	품사	단어	통합	
			수정전	수정후
937	Na	药	1	1
938	VH	有事	1	1
939	VC	遇到	1	1
940	Ncd	这里	1	1
941	VH	安静	1	1
942	Nf	杯	1	2
943	VJ	充满	1	2
944	VA	出生	1	1
945	D	到底	1	1
946	Nf	段	1	1
947	VC	挂	1	1
948	VJ	怀	1	0
949	Na	家务	1	1
950	Na	节目	1	1
951	Na	科学	1	1
952	VH	快乐	1	2
953	VC	留下	1	2
954	Na	美国人	1	1
955	VA	跑	1	2
956	Nf	时	1	1
957	Na	水果	1	1
958	Na	小孩子	1	1
959	D	一般	1	2
960	D	有时候	1	1
961	Na	雨伞	1	1
962	Ng	之后	1	1
963	Na	自信	1	1
964	VD	租	1	1
965	VH	不同	1	2
966	VH	出现	1	1
967	Na	过程	1	1
968	VH	活	1	1
969	VK	坚持	1	1
970	VA	戒烟	1	1
971	VC	联系	1	1
972	VC	麻烦	1	2
973	VK	受不了	1	1
974	Nf	套	1	1
975	P	替	1	1
976	Na	屋子	1	1

순서	품사	단어	통합	
			수정전	수정후
977	Na	血型	1	1
978	Na	医生	1	1
979	D	有时	1	1
980	VH	着急	1	1
981	VC	照	1	1
982	D	总	1	2
983	Nd	最后	1	1
984	Neu	百	1	1
985	Na	表演	1	1
986	Cbb	并且	1	2
987	Na	词典	1	1
988	Neqa	大部分	1	1
989	VHC	烦	1	1
990	VA	分手	1	1
991	VJ	高中	1	1
992	VH	够	1	0
993	Nc	故宫	1	1
994	VH	好不好	1	1
995	VH	合	1	3
996	Nf	间	1	1
997	VH	困难	1	1
998	Na	量	1	1
999	Na	乒乓球	1	1
1000	Neu	七	1	1
1001	VH	亲密	1	1
1002	VH	去世	1	1
1003	VH	弱	1	0
1004	VK	听懂	1	1
1005	VJ	想念	1	1
1006	VC	写完	1	1
1007	Nf	星期	1	1
1008	VA	休学	1	1
1009	VH	用功	1	0
1010	P	由	1	3
1011	Na	月份	1	3
1012	VC	住	1	1
1013	VC	准备好	1	2
1014	D	不可	1	1
1015	Na	车祸	1	1
1016	VA	当兵	1	0

순서	품사	단어	통합	
			수정전	수정후
1017	Na	动作	1	1
1018	VD	发	1	1
1019	VH	发达	1	1
1020	VK	放心	1	2
1021	D	怪不得	1	1
1022	VC	逛	1	1
1023	Caa	或	1	1
1024	Caa	或者	1	1
1025	VA	聚	1	1
1026	Nes	另	1	2
1027	VC	骂	1	1
1028	VH	苗条	1	1
1029	VC	拿走	1	1
1030	Na	女孩	1	1
1031	Na	热情	1	1
1032	VH	生病	1	1
1033	Na	声音	1	1
1034	VG	算	1	3
1035	VK	讨厌	1	1
1036	Nc	西安	1	1
1037	Na	先生	1	1
1038	D	须要	1	1
1039	Na	颜色	1	1
1040	Nc	游泳池	1	1
1041	Da	正好	1	1
1042	Ng	之前	1	1
1043	Na	状况	1	2
1044	Na	自然	1	1
1045	VA	自杀	1	1
1046	Nc	百货商店	1	1
1047	Na	报告	1	1
1048	VA	报名	1	1
1049	VH	不得了	1	1
1050	Nep	此	1	1
1051	Na	错误	1	1
1052	VC	堆	1	4
1053	VH	发胖	1	1
1054	Na	发音	1	1
1055	Na	方面	1	1
1056	Na	风	1	1

순서	품사	단어	통합	
			수정전	수정후
1057	VC	复习	1	1
1058	VH	更多	1	1
1059	VA	观光	1	1
1060	VH	厚	1	1
1061	VH	基础	1	1
1062	Na	基督教	1	1
1063	VK	记住	1	0
1064	Na	健忘症	1	1
1065	Nc	教堂	1	1
1066	Na	街	1	2
1067	Nb	金	1	1
1068	D	尽快	1	3
1069	Na	京剧	1	1
1070	Na	经理	1	4
1071	Na	决心	1	1
1072	Nc	楼	1	1
1073	Na	全家	1	1
1074	Ng	似的	1	1
1075	P	受	1	0
1076	VJ	受到	1	1
1077	Nh	他俩	1	1
1078	VE	谈	1	0
1079	Na	体育	1	1
1080	VHC	统一	1	1
1081	Na	味儿	1	1
1082	VA	下班	1	1
1083	Ncd	下面	1	1
1084	VA	下去	1	1
1085	VJ	享受	1	1
1086	VC	学会	1	1
1087	Nc	眼前	1	1
1088	VC	要	1	0
1089	Na	腰	1	1
1090	Na	要求	1	0
1091	Neu	一百	1	1
1092	Ng	一样	1	1
1093	Cbb	因	1	1
1094	VJ	拥有	1	2
1095	Nd	这时	1	0
1096	D	逐渐	1	1

순서	품사	단어	통합	
			수정전	수정후
1097	Nf	座	1	0
1098	P	比如说	1	1
1099	Nf	层	1	1
1100	VH	差不多	1	1
1101	VHC	产生	1	1
1102	Nc	长城	1	0
1103	Nc	村	1	1
1104	Na	大一	1	0
1105	Dfb	点	1	1
1106	Na	电子	1	1
1107	VC	订	1	1
1108	VE	反对	1	1
1109	Nf	封	1	1
1110	VC	覆盖	1	1
1111	VH	高速	1	1
1112	Na	工人	1	1
1113	Na	工资	1	1
1114	Na	规律	1	1
1115	Ncd	后面	1	1
1116	VH	化	1	1
1117	Na	急事	1	1
1118	Na	家训	1	1
1119	VA	交往	1	1
1120	VH	进步	1	1
1121	VB	进来	1	0
1122	VJ	敬	1	1
1123	VC	举行	1	0
1124	VHC	可怜	1	1
1125	VK	恐惧	1	1
1126	Na	脸色	1	1
1127	VHC	满足	1	1
1128	T	没有	1	1
1129	VH	迷路	1	1
1130	Nep	其中	1	2
1131	Nd	前年	1	1
1132	VF	求	1	2
1133	Neqa	任何	1	1
1134	VH	失败	1	1
1135	Na	时代	1	1
1136	Na	试题	1	1

순서	품사	단어	통합	
			수정전	수정후
1137	D	首先	1	1
1138	Na	树叶	1	1
1139	VE	提醒	1	1
1140	Na	味	1	1
1141	Na	西瓜	1	1
1142	VCL	下	1	2
1143	Na	想像	1	0
1144	Nf	项	1	1
1145	Na	新生	1	1
1146	Na	雪仗	1	2
1147	A	一定	1	1
1148	Na	椅子	1	1
1149	VJ	有关	1	1
1150	Dfa	这样	1	0
1151	Cbb	之所以	1	1
1152	P	直到	1	1
1153	Na	子女	1	1
1154	Na	巴士	1	1
1155	VK	抱歉	1	0
1156	VH	吃惊	1	1
1157	VC	打死	1	1
1158	P	待	1	1
1159	Na	岛	1	1
1160	Na	电梯	1	1
1161	VC	犯	1	1
1162	VC	改正	1	1
1163	VK	感	1	0
1164	VK	感觉到	1	1
1165	VA	干活	1	1
1166	Na	功课	1	1
1167	VH	公平	1	1
1168	VA	过街	1	1
1169	Cbb	还是	1	1
1170	Cbb	和	1	1
1171	Na	坏事	1	1
1172	Na	婚礼	1	1
1173	VH	挤	1	1
1174	Nc	加拿大	1	1
1175	D	将	1	1
1176	VH	交流	1	1

순서	품사	단어	통합	
			수정전	수정후
1177	Na	脚	1	1
1178	Na	教授	1	1
1179	Nes	近	1	1
1180	VJ	经历	1	1
1181	D	看来	1	1
1182	Nf	刻	1	1
1183	VH	哭笑不得	1	2
1184	VH	老实	1	1
1185	VHC	累死	1	1
1186	VA	离婚	1	1
1187	VC	利用	1	1
1188	Na	律师	1	1
1189	Dfa	满	1	1
1190	Na	梦	1	1
1191	Na	秘密	1	1
1192	Nd	目前	1	1
1193	Neqa	那么多	1	1
1194	VC	你好	1	1
1195	Na	期望	1	1
1196	Di	起	1	0
1197	Na	亲人	1	1
1198	Na	权利	1	1
1199	VH	热热闹闹	1	1
1200	D	日益	1	1
1201	D	如何	1	2
1202	Na	沙发	1	1
1203	D	少	1	1
1204	A	师范	1	1
1205	VJ	熟悉	1	1
1206	D	所	1	0
1207	VJ	疼	1	1
1208	VC	填	1	1
1209	A	唯一	1	1
1210	Na	温度	1	1
1211	D	无法	1	1
1212	Ncd	下	1	1
1213	Na	现实	1	1
1214	VH	相爱	1	1
1215	VA	相处	1	1
1216	Nc	香港	1	1

순서	품사	단어	통합	
			수정전	수정후
1217	Na	训练	1	1
1218	Nc	研究所	1	1
1219	Cbb	要不然	1	1
1220	VK	遗憾	1	1
1221	Na	艺术	1	1
1222	VC	引起	1	1
1223	VA	游行	1	1
1224	VH	有趣	1	1
1225	Na	鱼	1	1
1226	VH	远不远	1	1
1227	VK	愿	1	1
1228	Na	照相机	1	1
1229	VH	珍贵	1	2
1230	Na	知识	1	1
1231	D	主要	1	1
1232	VJ	尊敬	1	1
1233	VJ	尊重	1	1
1234	VA	作文	1	1
1235	VJ	爱惜	1	1
1236	Na	班	1	1
1237	VC	办好	1	2
1238	VH	饱	1	0
1239	Na	保安	1	1
1240	VJ	保持	1	1
1241	Na	辈子	1	1
1242	VH	笨	1	1
1243	P	比如	1	1
1244	VHC	冰砖	1	1
1245	VA	不停	1	1
1246	Na	差别	1	1
1247	Na	场面	1	1
1248	Ng	初	1	1
1249	VC	处理	1	1
1250	D	从小到大	1	1
1251	VH	错误	1	1
1252	VC	戴	1	1
1253	VE	道	1	1
1254	VB	道歉	1	1
1255	VA	到站	1	1
1256	Na	地球	1	1

순서	품사	단어	통합	
			수정전	수정후
1257	Nd	冬季	1	1
1258	VA	动身	1	1
1259	Na	队员	1	1
1260	VH	多样	1	1
1261	VH	恶化	1	1
1262	Cbb	凡是	1	1
1263	A	反覆	1	1
1264	D	纷纷	1	1
1265	Na	服务员	1	1
1266	VH	干干净净	1	1
1267	Na	工程	1	1
1268	A	公共	1	1
1269	VC	刮倒	1	1
1270	Nc	国会	1	1
1271	VH	过分	1	1
1272	VA	过年	1	1
1273	VH	好心	1	0
1274	Nes	何	1	1
1275	VH	合作	1	1
1276	VL	后悔	1	1
1277	VH	积极	1	1
1278	Caa	及	1	1
1279	Cbb	即使	1	1
1280	VG	既是	1	1
1281	Na	家门	1	1
1282	Na	街道	1	1
1283	VH	节省	1	1
1284	Na	劲儿	1	1
1285	VF	拒绝	1	1
1286	D	决不	1	1
1287	VA	开夜车	1	1
1288	VJ	看得见	1	1
1289	Na	看法	1	1
1290	VC	考完	1	1
1291	Ncd	口	1	0
1292	Na	口味	1	1
1293	T	啦	1	1
1294	Na	铃声	1	1
1295	A	零下	1	1
1296	VD	留给	1	0

순서	품사	단어	통합	
			수정전	수정후
1297	Na	米饭	1	1
1298	VH	密切	1	1
1299	Ng	末	1	1
1300	Nc	农村	1	0
1301	Nc	农家	1	1
1302	Na	农作物	1	1
1303	Na	女孩子	1	1
1304	Na	扒手	1	1
1305	Nd	期中	1	1
1306	Na	企业家	1	1
1307	VA	气哭	1	1
1308	Na	气象	1	1
1309	Neu	千	1	1
1310	Nb	秦始皇	1	1
1311	Na	热心	1	1
1312	Na	山坡	1	1
1313	Na	上天	1	1
1314	Na	师生	1	1
1315	VJ	适合	1	1
1316	VA	适应	1	1
1317	Nc	市政府	1	1
1318	VD	输	1	1
1319	Na	双手	1	1
1320	D	随时	1	1
1321	Na	台风	1	1
1322	Nc	台湾	1	1
1323	VH	特有	1	1
1324	VA	填表	1	1
1325	VC	填写	1	2
1326	VH	秃	1	1
1327	VC	歪曲	1	1
1328	VH	完全	1	1
1329	VK	忘掉	1	1
1330	VH	为什么	1	1
1331	VH	无间	1	1
1332	VL	无意	1	1
1333	Na	物价	1	1
1334	VH	西方	1	1
1335	VH	先进	1	2
1336	Nd	现代	1	1

순서	품사	단어	통합	
			수정전	수정후
1337	Nb	小张	1	1
1338	Nc	心目中	1	1
1339	Na	乐曲	1	1
1340	D	再次	1	1
1341	D	再一次	1	1
1342	VA	造句	1	1
1343	VH	怎么	1	1
1344	VHC	增多	1	1
1345	VC	折	1	1
1346	VC	挣	1	1
1347	VC	争	1	1
1348	Ng	之内	1	1
1349	VL	终于	1	1
1350	Na	种类	1	1
1351	VC	祝贺	1	1
1352	VK	注意到	1	1
1353	Na	砖	1	1
1354	Na	资源	1	1
1355	D	最好	1	1
1356	VE	做到	1	1
1357	Na	安全	1	1
1358	VJ	按照	1	1
1359	Nc	北京站	1	1
1360	VA	比赛	1	0
1361	VH	毕	1	1
1362	Na	表里	1	1
1363	VHC	冰	1	0
1364	Nd	冰灯节	1	1
1365	VH	病倒	1	1
1366	Na	博士	1	1
1367	VJ	不符	1	1
1368	VJ	不理	1	0
1369	Na	才能	1	1
1370	Na	裁判员	1	1
1371	Na	茶水	1	1
1372	VE	常言道	1	1
1373	Na	场合	1	1
1374	Na	车堵	1	1
1375	VG	称	1	1
1376	VH	成人	1	1

순서	품사	단어	통합	
			수정전	수정후
1377	VG	吃成	1	1
1378	VC	出来	1	0
1379	VC	出示	1	1
1380	VC	创造	1	1
1381	VH	纯净	1	1
1382	VC	挫折	1	1
1383	Neqa	大半	1	1
1384	Na	大狗	1	1
1385	D	大加	1	1
1386	Na	代表	1	1
1387	VC	带上	1	1
1388	D	单独	1	1
1389	Ncd	当中	1	1
1390	D	倒	1	1
1391	VH	冻伤	1	1
1392	VC	读完	1	1
1393	VH	多多	1	1
1394	VC	发起	1	1
1395	VH	翻天覆地	1	1
1396	Cbb	凡	1	1
1397	VH	烦死	1	1
1398	VA	犯规	1	1
1399	Na	佛教徒	1	1
1400	VJ	富有	1	1
1401	Na	钢笔	1	1
1402	VH	高敞	1	1
1403	VC	搞好	1	1
1404	Na	鸽子	1	1
1405	Nc	工学系	1	1
1406	D	共同	1	1
1407	VH	古典	1	1
1408	VH	古怪	1	1
1409	VC	鼓起	1	1
1410	VC	鼓足	1	1
1411	VK	关系	1	1
1412	VJ	关注	1	1
1413	VE	管	1	0
1414	Na	规模	1	1
1415	VA	归乡	1	0
1416	VH	合法	1	1

순서	품사	단어	통합	
			수정전	수정후
1417	Na	红绿灯	1	1
1418	Na	红牌	1	1
1419	Na	花花公子	1	1
1420	VA	滑下去	1	1
1421	Na	火气	1	1
1422	VC	挤	1	1
1423	VK	记不清	1	1
1424	Na	计算机	1	1
1425	VC	加	1	1
1426	VH	艰苦	1	1
1427	D	简直	1	1
1428	Na	建设	1	1
1429	VA	讲话	1	1
1430	VC	降	1	1
1431	VJ	降低到	1	1
1432	VJ	交上	1	1
1433	VC	接受	1	1
1434	VH	截然不同	1	1
1435	VE	解释	1	1
1436	Na	军官	1	1
1437	VH	开开	1	1
1438	VJ	看不顺眼	1	1
1439	VC	看过	1	1
1440	D	看样子	1	1
1441	Na	炕头	1	1
1442	VK	可望	1	1
1443	Na	空中小姐	1	1
1444	VC	款待	1	1
1445	VJ	来自	1	1
1446	Na	栏目	1	1
1447	VH	离奇	1	1
1448	VJ	理	1	0
1449	Ncd	里面	1	1
1450	VH	理所当然	1	1
1451	Na	两面性	1	1
1452	Na	列车	1	1
1453	VJ	列入	1	1
1454	Nes	另外	1	1
1455	Na	魅力	1	1
1456	VC	摸	1	1

순서	품사	단어	통합	
			수정전	수정후
1457	VC	拿起	1	1
1458	Dk	那么	1	1
1459	Ncd	南方	1	1
1460	VJ	难住	1	1
1461	VC	溺爱	1	1
1462	Na	牛肉汤	1	1
1463	Nc	骗人家	1	1
1464	P	凭	1	1
1465	Na	气温	1	1
1466	VH	恰到好处	1	1
1467	VC	敲	1	1
1468	VJ	亲	1	0
1469	Nd	青年节	1	1
1470	VH	晴	1	1
1471	Na	去向	1	1
1472	VH	热烈	1	1
1473	VJ	热心	1	1
1474	VH	人生地不熟	1	1
1475	VC	认识认识	1	1
1476	D	日夜	1	1
1477	VA	入学	1	1
1478	Na	弱点	1	1
1479	VH	三五成群	1	1
1480	Na	桑拿	1	1
1481	VI	伤脑筋	1	1
1482	VK	涉及	1	1
1483	VC	申请	1	1
1484	Na	申请表	1	1
1485	Nc	神州	1	1
1486	VC	生下	1	1
1487	VC	食	1	1
1488	VC	实行	1	1
1489	VJ	始于	1	1
1490	Na	事业	1	1
1491	VC	数	1	1
1492	Na	水土	1	1
1493	Na	塑料袋	1	1
1494	D	随手	1	1
1495	Na	损失	1	1
1496	Nh	他人	1	1

순서	품사	단어	통합	
			수정전	수정후
1497	Nc	台北	1	1
1498	Nc	台中	1	1
1499	Na	太极拳	1	1
1500	VH	坦白	1	1
1501	D	特	1	1
1502	Na	特产品	1	1
1503	VH	特殊	1	1
1504	VH	天生	1	1
1505	Nb	田	1	1
1506	Na	同志	1	1
1507	Na	外教	1	1
1508	D	往往	1	0
1509	Na	围巾	1	1
1510	VJ	未满	1	1
1511	Nc	五楼	1	1
1512	VJ	吸引住	1	1
1513	VC	下来	1	0
1514	VA	下楼	1	1
1515	VH	闲不住	1	1
1516	VE	想不出	1	1
1517	VH	消沉	1	1
1518	VA	消费	1	1
1519	Na	笑话	1	0
1520	Nc	鞋店	1	1
1521	VH	辛劳	1	1
1522	Na	幸福	1	1
1523	Na	轩然大波	1	1
1524	Na	学者	1	1
1525	VH	雪白	1	1
1526	VH	迅速	1	1
1527	Na	研究员	1	1
1528	Na	演唱会	1	1
1529	Cbb	要不	1	1
1530	D	一面	1	1
1531	D	一面	1	1
1532	Na	婴儿	1	1
1533	Na	用户	1	1
1534	VI	用情	1	1
1535	Na	油	1	1
1536	Na	语序	1	1

순서	품사	단어	통합	
			수정전	수정후
1537	Nd	月底	1	1
1538	VH	悦耳	1	1
1539	Na	杂志	1	1
1540	Nc	早市	1	1
1541	VK	造成	1	1
1542	VA	战斗	1	1
1543	D	暂时	1	1
1544	VB	诊病	1	1
1545	VH	正好	1	1
1546	VC	指导	1	1
1547	VC	指责	1	1
1548	VH	忠实	1	1
1549	D	衷心	1	1
1550	Na	主妇	1	1
1551	Na	主任	1	1
1552	VH	专门	1	0
1553	VAC	转	1	1
1554	VC	追求	1	0
1555	Na	字眼	1	1
1556	Na	足	1	1
1557	VJ	遵守	1	1
1558	D	做起来	1	1
1559	VJ	费	1	0
1560	Na	烟	1	0
1561	VH	红	1	2
1562	Cba	的话	0	9
1563	VA	搬家	0	0
1564	Cbb	不但	0	0
1565	P	除了	0	0
1566	D	一边	0	0
1567	Na	狗	0	0
1568	Cbb	不过	0	0
1569	Ng	外	0	0
1570	Nc	班	0	1
1571	VH	久	0	0
1572	Cbb	连	0	1
1573	Ng	以外	0	0
1574	D	便	0	0
1575	VA	出来	0	0
1576	VL	好	0	1

순서	품사	단어	통합	
			수정전	수정후
1577	VL	爱好	0	1
1578	Dfa	有点	0	0
1579	VC	搬到	0	0
1580	D	差点儿	0	0
1581	VG	叫	0	0
1582	D	却	0	1
1583	VD	送给	0	1
1584	Cbb	不仅	0	0
1585	VA	出发	0	0
1586	D	到处	0	0
1587	Nc	门口	0	0
1588	VH	便宜	0	0
1589	VC	搬	0	0
1590	Dfb	点儿	0	2
1591	Nd	后来	0	0
1592	VA	睡懒觉	0	0
1593	D	顺便	0	0
1594	P	依	0	0
1595	Nf	只	0	0
1596	D	不见得	0	0
1597	VC	干	0	0
1598	VC	打扫	0	1
1599	VC	丢	0	1
1600	Neqb	多	0	0
1601	VD	还给	0	0
1602	Nd	会儿	0	0
1603	Na	计划	0	0
1604	Na	咖啡	0	0
1605	VC	练习	0	0
1606	VA	聊天儿	0	0
1607	Ncd	内	0	0
1608	Nd	一点	0	0
1609	Cbb	只要	0	1
1610	Nd	中秋节	0	0
1611	D	并	0	1
1612	Na	画	0	0
1613	VC	陪	0	0
1614	Na	裙子	0	0
1615	Dfa	十分	0	0
1616	VH	帅	0	0

순서	품사	단어	통합	
			수정전	수정후
1617	D	说不定	0	0
1618	Nh	我们俩	0	1
1619	Nd	一会儿	0	0
1620	D	正	0	0
1621	VC	摆	0	0
1622	Cab	等等	0	2
1623	VH	随便	0	0
1624	P	像	0	1
1625	Na	行李	0	0
1626	P	当	0	3
1627	Dfa	更加	0	1
1628	VK	觉	0	3
1629	VA	开门	0	0
1630	VK	满意	0	1
1631	D	能不能	0	0
1632	D	偏偏	0	0
1633	VF	劝	0	0
1634	Na	演员	0	0
1635	VA	游	0	0
1636	Na	专业	0	0
1637	D	常	0	0
1638	VH	吃力	0	0
1639	VA	抽烟	0	0
1640	Na	传统	0	0
1641	VD	递给	0	0
1642	Na	儿子	0	0
1643	VH	饿	0	0
1644	VH	紧张	0	0
1645	VA	聊天	0	0
1646	Na	啤酒	0	0
1647	Ng	起	0	2
1648	Neu	十五	0	0
1649	VA	躺	0	0
1650	VH	疼	0	0
1651	Nc	小学	0	0
1652	Na	丈夫	0	0
1653	Na	字	0	1
1654	Na	海	0	0
1655	Na	海边	0	0
1656	Nd	寒假	0	0

순서	품사	단어	통합	
			수정전	수정후
1657	VE	聊	0	0
1658	VL	令	0	0
1659	Na	墙	0	0
1660	Nc	食堂	0	0
1661	VC	踢	0	0
1662	VC	贴	0	0
1663	Cbb	因此	0	0
1664	VE	约好	0	1
1665	VA	吵架	0	0
1666	VH	聪明	0	0
1667	VG	翻译成	0	0
1668	VC	介绍	0	0
1669	P	就	0	1
1670	Na	猫	0	0
1671	Na	男人	0	0
1672	VH	轻	0	0
1673	Na	司机	0	0
1674	VC	推到	0	0
1675	Na	文章	0	0
1676	VK	小心	0	0
1677	Na	眼睛	0	0
1678	Na	眼泪	0	0
1679	VG	译成	0	0
1680	Da	约	0	0
1681	Na	办法	0	1
1682	Na	船	0	0
1683	Na	窗户	0	0
1684	Na	大姐	0	0
1685	Na	大雨	0	0
1686	VH	呆	0	0
1687	VCL	到达	0	0
1688	VC	定	0	0
1689	VC	妨碍	0	0
1690	D	该	0	0
1691	VK	感觉	0	2
1692	Na	歌	0	0
1693	Dfa	还要	0	0
1694	Na	韩国语	0	0
1695	D	忽然	0	0
1696	VD	寄	0	0

순서	품사	단어	통합	
			수정전	수정후
1697	Na	空气	0	0
1698	VD	送	0	1
1699	VC	通过	0	0
1700	VJ	羡慕	0	1
1701	Na	车票	0	0
1702	Na	词	0	0
1703	Na	地铁	0	0
1704	VAC	动	0	0
1705	Na	饭店	0	0
1706	VL	敢	0	0
1707	Na	钢琴	0	0
1708	Na	韩国队	0	0
1709	VH	黑	0	0
1710	Cbb	既	0	0
1711	VC	建议	0	1
1712	VA	看书	0	0
1713	Na	烤鸭	0	0
1714	D	恐怕	0	0
1715	VH	那么	0	0
1716	VH	年轻	0	0
1717	VA	爬山	0	0
1718	Nf	篇	0	0
1719	Ncd	前边	0	0
1720	Ncd	前面	0	0
1721	Na	腿	0	0
1722	Nc	我国	0	0
1723	Na	现象	0	1
1724	VD	赢	0	0
1725	Na	友谊	0	0
1726	Na	语言	0	1
1727	Nf	张	0	0
1728	D	终	0	0
1729	VH	棒	0	1
1730	Da	不过	0	0
1731	Nc	餐厅	0	0
1732	Nc	成功	0	0
1733	Na	宠物	0	0
1734	Nc	饭馆	0	0
1735	Na	公寓	0	0
1736	VC	拐	0	0

순서	품사	단어	통합	
			수정전	수정후
1737	VH	和睦	0	0
1738	VA	继续	0	0
1739	Ng	间	0	0
1740	VH	简单	0	0
1741	D	渐渐	0	0
1742	VE	讲	0	1
1743	VH	开学	0	1
1744	D	看上去	0	0
1745	VA	考试	0	3
1746	VA	来往	0	0
1747	Na	理由	0	0
1748	Nd	凌晨	0	0
1749	VD	卖	0	0
1750	VC	取得	0	0
1751	Nc	身边	0	1
1752	VH	睡着	0	0
1753	Na	头发	0	0
1754	Na	小学生	0	0
1755	VH	严格	0	0
1756	Na	饮料	0	0
1757	Na	邮票	0	0
1758	Caa	又	0	0
1759	Cbb	于是	0	1
1760	D	在	0	4
1761	Na	政府	0	0
1762	Na	中国菜	0	0
1763	VH	矮	0	0
1764	VC	包	0	0
1765	VC	表达	0	0
1766	Na	表妹	0	0
1767	D	不用	0	0
1768	VC	参观	0	0
1769	VA	抽时间	0	0
1770	VH	孤独	0	0
1771	VC	关上	0	0
1772	Na	韩流	0	0
1773	Na	好处	0	0
1774	VH	和平	0	1
1775	Na	红色	0	0
1776	VJ	获得	0	0

순서	품사	단어	통합	
			수정전	수정후
1777	VD	交	0	0
1778	VE	介绍	0	0
1779	VH	乐天	0	0
1780	VH	没关系	0	0
1781	P	每当	0	1
1782	Nf	米	0	0
1783	D	难以	0	0
1784	VC	念	0	0
1785	Nc	欧洲	0	0
1786	Na	泡菜	0	0
1787	VC	骗	0	0
1788	Nf	瓶	0	0
1789	VA	日出	0	0
1790	Na	实力	0	0
1791	Nc	叔叔家	0	0
1792	Na	跆拳道	0	0
1793	D	天天	0	0
1794	Na	卫生	0	0
1795	Na	屋	0	0
1796	VJ	无	0	0
1797	Na	新家	0	0
1798	Na	行动	0	0
1799	Nep	这样	0	0
1800	Na	侄女	0	0
1801	Cbb	只有	0	1
1802	Nf	周	0	0
1803	VE	祝	0	0
1804	VC	做好	0	0
1805	Na	座位	0	0
1806	Na	白菜	0	0
1807	VC	办	0	0
1808	VC	帮	0	0
1809	VH	宝贵	0	1
1810	VC	抱	0	0
1811	Na	报告书	0	0
1812	VC	吵	0	0
1813	VC	穿上	0	2
1814	VE	答应	0	0
1815	VC	打扮	0	0
1816	T	的	0	2

순서	품사	단어	통합	
			수정전	수정후
1817	P	等	0	0
1818	D	等一下	0	0
1819	VH	地道	0	0
1820	VC	点	0	1
1821	Na	点心	0	0
1822	Nf	度	0	0
1823	VCL	度过	0	0
1824	Na	方便面	0	0
1825	Nf	幅	0	0
1826	VH	复杂	0	0
1827	Caa	跟	0	0
1828	Na	故事	0	0
1829	Nc	黄山	0	0
1830	Caa	既	0	0
1831	Na	家具	0	0
1832	Na	假期	0	0
1833	Na	姐妹	0	0
1834	Na	军人	0	0
1835	D	快点儿	0	1
1836	VC	拉	0	0
1837	D	立刻	0	0
1838	VC	流下	0	0
1839	Nc	美国	0	0
1840	Na	梦想	0	0
1841	VC	弄丢	0	0
1842	Na	女儿	0	1
1843	VA	起来	0	0
1844	VA	前进	0	0
1845	VH	强	0	0
1846	VC	取	0	1
1847	Na	日本人	0	0
1848	Na	商品	0	0
1849	VJ	深爱	0	0
1850	Na	失业者	0	0
1851	VE	说起	0	0
1852	VH	太晚	0	0
1853	VC	弹	0	0
1854	VK	体会到	0	0
1855	A	同一	0	0
1856	VH	头疼	0	0

순서	품사	단어	통합	
			수정전	수정후
1857	VH	外向	0	0
1858	VH	无聊	0	0
1859	VC	吸	0	0
1860	VA	吸烟	0	0
1861	VJ	吓	0	0
1862	VJ	欣赏	0	0
1863	VA	行动	0	0
1864	VH	要命	0	0
1865	Na	夜景	0	0
1866	Nc	英国	0	0
1867	Na	英文	0	0
1868	Ncd	右	0	0
1869	Na	缘故	0	0
1870	VB	照相	0	0
1871	VH	正式	0	0
1872	VC	撞伤	0	0
1873	Dk	总之	0	0
1874	VA	坐车	0	0
1875	Na	白雪	0	0
1876	VC	背	0	0
1877	VH	悲伤	0	0
1878	Nc	宾馆	0	0
1879	Cbb	并	0	1
1880	VC	布置	0	0
1881	VA	参军	0	1
1882	Nc	长白山	0	
1883	VH	成熟	0	0
1884	VC	吃好	0	0
1885	VA	出国	0	1
1886	VD	出租	0	0
1887	VB	打招呼	0	0
1888	Na	大会	0	0
1889	Na	大提琴	0	0
1890	Na	大衣	0	0
1891	VC	代替	0	0
1892	VC	耽误	0	0
1893	VH	对	0	0
1894	VC	发	0	0
1895	Na	法语	0	0
1896	Nc	法国	0	0

순서	품사	단어	통합	
			수정전	수정후
1897	VC	翻译	0	0
1898	VA	放暑假	0	0
1899	Nf	分	0	0
1900	VF	鼓励	0	0
1901	Nc	果园	0	0
1902	Caa	还是	0	0
1903	D	毫无	0	0
1904	VJ	毫无	0	0
1905	VH	好听	0	0
1906	VH	好玩	0	0
1907	VK	恨	0	0
1908	Na	红叶	0	0
1909	Na	湖	0	0
1910	VH	滑	0	1
1911	VE	回想起	0	2
1912	VH	活泼	0	0
1913	VK	获悉	0	0
1914	VC	呼吸	0	0
1915	Na	基本	0	0
1916	D	几时	0	0
1917	Na	技能	0	0
1918	VC	加入	0	0
1919	VB	加油	0	0
1920	Na	驾驶	0	0
1921	VA	监考	0	0
1922	P	将	0	0
1923	VH	骄傲	0	0
1924	Na	姐夫	0	0
1925	Na	姊妹	0	0
1926	P	经过	0	0
1927	VC	经营	0	0
1928	VB	开玩笑	0	0
1929	Na	口音	0	0
1930	Na	裤子	0	0
1931	Na	老虎	0	0
1932	Na	历史	0	0
1933	Na	恋人	0	0
1934	VCL	临	0	0
1935	Na	楼房	0	0
1936	VI	没办法	0	0

순서	품사	단어	통합	
			수정전	수정후
1937	D	没法	0	0
1938	VC	描述	0	0
1939	VH	内向	0	0
1940	Na	牛奶	0	0
1941	Na	农民	0	0
1942	VC	弄坏	0	0
1943	VA	爬	0	0
1944	VC	排列	0	0
1945	VA	跑步	0	0
1946	Na	皮肤	0	0
1947	Na	平房	0	1
1948	VE	祈祷	0	0
1949	Na	器具	0	0
1950	D	亲自	0	0
1951	Na	青年	0	0
1952	VJ	缺少	0	0
1953	D	确实	0	0
1954	Na	人际	0	0
1955	D	仍然	0	0
1956	Cbb	若	0	0
1957	VH	散	0	0
1958	VA	散步	0	0
1959	Na	山路	0	0
1960	VL	舍不得	0	0
1961	Na	社团	0	0
1962	Cbb	甚至	0	0
1963	VF	试	0	0
1964	Na	事故	0	0
1965	Na	手表	0	0
1966	Na	书架	0	0
1967	Nf	双	0	0
1968	VH	爽快	0	0
1969	VH	睡不着觉	0	0
1970	P	随	0	0
1971	Na	谈话	0	0
1972	VC	贴好	0	0
1973	VC	挺	0	0
1974	VH	退休	0	0
1975	Na	网	0	0
1976	Na	味道	0	0

순서	품사	단어	통합	
			수정전	수정후
1977	Na	舞蹈	0	0
1978	Na	五花肉	0	0
1979	VH	细	0	1
1980	Na	戏剧	0	0
1981	Na	信仰	0	1
1982	Na	型	0	0
1983	VC	修理	0	0
1984	VC	选择	0	0
1985	Na	压力	0	0
1986	Na	宴会	0	0
1987	Na	钥匙	0	0
1988	Na	一生	0	0
1989	P	因	0	0
1990	Nc	邮局	0	0
1991	VCL	游览	0	0
1992	VHC	有害	0	0
1993	Na	愿望	0	0
1994	VC	预习	0	0
1995	VK	赞成	0	0
1996	Nd	早晨	0	0
1997	VH	真	0	1
1998	VK	知	0	1
1999	VH	周到	0	0
2000	VC	撞倒	0	0
2001	VCL	走到	0	0
2002	VCL	走进	0	1
2003	VA	走路	0	0
2004	Na	最爱	0	0
2005	VCL	坐上	0	0
2006	Na	百货	0	0
2007	Na	百货大楼	0	0
2008	Na	班车	0	1
2009	Na	包子	0	0
2010	VC	保守	0	0
2011	VH	必要	0	1
2012	Na	鞭炮	0	0
2013	Ncd	边儿	0	0
2014	VH	变	0	0
2015	Na	冰箱	0	0
2016	VH	不见了	0	0

순서	품사	단어	통합	
			수정전	수정후
2017	Cbb	不论	0	0
2018	Nc	补习班	0	0
2019	Na	步	0	0
2020	Nd	不久	0	0
2021	VH	不了了之	0	0
2022	VK	不满	0	0
2023	D	不应该	0	0
2024	VH	不足	0	0
2025	Na	草原	0	0
2026	Na	层	0	0
2027	VC	尝尝	0	0
2028	VH	诚实	0	0
2029	Na	成员	0	0
2030	VC	吃得了	0	0
2031	Na	窗	0	0
2032	Na	船工	0	0
2033	VC	吹	0	0
2034	Na	磁带	0	0
2035	Nd	从前	0	0
2036	VJ	从事	0	0
2037	D	从早到晚	0	0
2038	VH	错	0	0
2039	VA	打网球	0	0
2040	VH	大大	0	0
2041	VA	大哭	0	0
2042	Na	大楼	0	0
2043	Da	大约	0	0
2044	VG	担任	0	1
2045	VA	祷告	0	0
2046	VH	低	0	0
2047	Neu	第三	0	0
2048	Na	独生女	0	0
2049	VH	独特	0	0
2050	VC	堵	0	0
2051	Na	短信	0	0
2052	VHC	饿死	0	0
2053	D	放声	0	0
2054	Na	非典	0	0
2055	VA	干杯	0	0
2056	VK	感受到	0	0

순서	품사	단어	통합	
			수정전	수정후
2057	VA	歌唱	0	1
2058	Na	歌手	0	0
2059	Na	歌星	0	0
2060	Na	公路	0	0
2061	VA	公演	0	0
2062	D	还可以	0	0
2063	Na	汉语课	0	0
2064	D	好好儿	0	0
2065	Na	好友	0	0
2066	VH	和好	0	0
2067	Na	花盆	0	0
2068	VJ	怀念	0	0
2069	VD	还	0	0
2070	Na	活力	0	0
2071	Na	活儿	0	0
2072	VH	活下去	0	0
2073	VH	火	0	0
2074	Na	货架	0	0
2075	Na	护士	0	0
2076	VC	祭祀	0	0
2077	VC	驾驶	0	0
2078	VH	坚强	0	0
2079	VHC	减少	0	0
2080	VC	结	0	0
2081	D	尽管	0	0
2082	VK	惊讶	0	0
2083	Na	警察	0	0
2084	VA	就业	0	0
2085	VC	举办	0	0
2086	Nc	俱乐部	0	0
2087	Na	距离	0	0
2088	Na	开车兵	0	0
2089	VA	开会	0	0
2090	VC	烤	0	0
2091	VE	考虑	0	0
2092	Na	考生	0	0
2093	D	可不可以	0	0
2094	Na	课本	0	0
2095	VH	客气	0	0
2096	VH	困	0	0

순서	품사	단어	통합	
			수정전	수정후
2097	Na	拉面	0	0
2098	VH	来不了	0	0
2099	VA	来临	0	0
2100	VH	蓝蓝	0	0
2101	Na	篮球	0	0
2102	Na	懒觉	0	0
2103	Na	老大娘	0	0
2104	Na	老朋友	0	0
2105	VH	乐观	0	0
2106	Na	乐趣	0	0
2107	VH	礼貌	0	0
2108	VJ	连	0	1
2109	VH	凉快	0	0
2110	Neu	两三	0	0
2111	VH	了不起	0	0
2112	VB	淋湿	0	0
2113	VA	流	0	2
2114	VHC	麻烦	0	0
2115	Na	马	0	0
2116	Na	毛衣	0	0
2117	VH	没用	0	0
2118	Nc	美容院	0	0
2119	Nf	门	0	0
2120	VH	免费	0	0
2121	VC	面试	0	0
2122	Nf	秒	0	0
2123	VB	拿过来	0	0
2124	VC	拿来	0	0
2125	VI	拿手	0	0
2126	Cbb	那么	0	0
2127	Dfa	那样	0	0
2128	Na	牛肉	0	0
2129	Na	农活	0	0
2130	Na	女孩儿	0	0
2131	D	偶然	0	0
2132	Nf	排	0	0
2133	VJ	佩服	0	0
2134	VC	碰到	0	0
2135	VC	碰见	0	0
2136	VJ	起不了	0	0

순서	품사	단어	통합	
			수정전	수정후
2137	VB	起来	0	0
2138	Na	企业	0	0
2139	Neu	千万	0	0
2140	VC	瞧	0	1
2141	VH	巧	0	0
2142	VH	清	0	0
2143	VE	请问	0	1
2144	Nd	秋	0	0
2145	Na	球赛	0	0
2146	VA	去不了	0	0
2147	Na	日本菜	0	0
2148	D	日趋	0	0
2149	VH	如此	0	0
2150	Na	嗓子	0	0
2151	Na	嫂子	0	0
2152	D	稍	0	0
2153	Na	烧酒	0	0
2154	D	稍微	0	0
2155	Na	少年	0	0
2156	Na	设施	0	0
2157	VA	生活	0	0
2158	Na	圣经	0	0
2159	VJ	剩下	0	0
2160	Na	师兄	0	0
2161	Na	石窟	0	0
2162	VC	使用	0	0
2163	Nf	首	0	0
2164	VK	受到	0	0
2165	VH	瘦多	0	2
2166	VH	受骗	0	0
2167	VHC	疏远	0	0
2168	VA	睡午觉	0	0
2169	VE	说明	0	0
2170	Na	丝绸	0	0
2171	Na	思想	0	0
2172	VH	算了	0	0
2173	Cbb	虽说	0	0
2174	Nh	他们俩	0	1
2175	VE	谈到	0	0
2176	Na	糖	0	0

순서	품사	단어	통합	
			수정전	수정후
2177	Nf	趟	0	0
2178	VJ	疼爱	0	0
2179	VC	体验	0	0
2180	VE	听见	0	1
2181	VHC	停	0	0
2182	Na	推车	0	0
2183	VH	退伍	0	0
2184	Nc	外滩	0	0
2185	Na	网吧	0	0
2186	VJ	忘怀	0	0
2187	Na	微笑	0	0
2188	Na	文学	0	0
2189	Nf	下	0	0
2190	VH	吓人	0	0
2191	Na	鲜花	0	0
2192	VI	相干	0	0
2193	VH	响	0	0
2194	Na	相貌	0	0
2195	VA	消失	0	0
2196	Na	小吃	0	0
2197	Nb	小李	0	0
2198	Nb	小王	0	0
2199	Na	效果	0	0
2200	VC	孝敬	0	0
2201	Na	心地	0	1
2202	VA	新来	0	0
2203	Nd	新年	0	0
2204	Na	信封	0	0
2205	VC	修	0	0
2206	VH	虚弱	0	0
2207	Na	宣传画	0	0
2208	Na	牙齿	0	0
2209	VF	要求	0	1
2210	Nf	页	0	0
2211	D	一向	0	0
2212	VC	影响	0	0
2213	VK	忧虑	0	0
2214	P	有关	0	0
2215	A	原来	0	0
2216	VJ	原谅	0	0

순서	품사	단어	통합	
			수정전	수정후
2217	VH	圆圆	0	0
2218	P	与	0	0
2219	VB	再见	0	0
2220	Na	早饭	0	0
2221	VD	赠	0	0
2222	VC	找回	0	0
2223	Nd	之间	0	0
2224	A	知心	0	0
2225	Na	侄子	0	0
2226	D	至今	0	0
2227	Ncd	中	0	0
2228	Nc	住处	0	0
2229	VF	准备	0	0
2230	Na	资格证	0	0
2231	Ncd	左	0	0
2232	VG	作为	0	0
2233	VH	爱玩	0	0
2234	VC	安慰	0	0
2235	VH	暗下来	0	0
2236	Na	爸妈	0	0
2237	Na	白马王子	0	0
2238	Nb	拌饭	0	0
2239	VA	办事	0	0
2240	Na	榜样	0	0
2241	Na	保龄球	0	0
2242	VE	抱怨	0	0
2243	VH	悲哀	0	0
2244	Ncd	北部	0	0
2245	P	比起	0	0
2246	Na	必要	0	0
2247	Na	冰淇淋	0	0
2248	Na	饼干	0	0
2249	Na	伯父	0	1
2250	VH	不懈	0	0
2251	Na	不幸	0	0
2252	VH	不得	0	0
2253	VL	不禁	0	0
2254	VJ	不如	0	0
2255	D	不由得	0	0
2256	Na	材料	0	0

순서	품사	단어	통합	
			수정전	수정후
2257	Na	彩虹	0	0
2258	D	曾经	0	0
2259	VJ	超过	0	0
2260	Nc	超市	0	0
2261	Na	朝鲜族	0	0
2262	Nb	陈	0	0
2263	Na	成果	0	0
2264	VA	出门	0	0
2265	Nc	厨房	0	0
2266	Nf	处	0	0
2267	D	处处	0	0
2268	VD	传	0	1
2269	VB	传教	0	0
2270	VH	纯朴	0	0
2271	Na	绰号	0	0
2272	Nc	村庄	0	0
2273	VC	达成	0	0
2274	VC	答错	0	0
2275	VA	打球	0	0
2276	VC	打碎	0	0
2277	VB	打针	0	0
2278	VH	大吃一惊	0	0
2279	VH	大胆	0	0
2280	Na	大海	0	0
2281	Na	大象	0	0
2282	VCL	呆	0	0
2283	Na	单词	0	0
2284	D	当面	0	0
2285	Na	导游	0	0
2286	Nf	道	0	0
2287	VA	倒流	0	2
2288	Na	道路	0	0
2289	VH	得分	0	0
2290	VC	登	0	0
2291	VA	电话	0	0
2292	Na	电话铃	0	0
2293	Na	电影儿	0	0
2294	VC	掉	0	0
2295	D	动不动	0	0
2296	Na	动物	0	0

순서	품사	단어	통합	
			수정전	수정후
2297	VH	逗笑	0	0
2298	D	独自	0	0
2299	Nf	对	0	0
2300	Na	对话	0	0
2301	VA	对话	0	0
2302	Na	渡轮	0	0
2303	Nc	敦煌	0	0
2304	VH	多事	0	0
2305	Neqa	朵朵	0	1
2306	Caa	而	0	0
2307	T	而已	0	0
2308	VC	发动	0	0
2309	VH	发福	0	0
2310	VA	发脾气	0	0
2311	VH	发烧	0	0
2312	Na	发言	0	0
2313	VC	发展	0	0
2314	VI	反感	0	0
2315	VK	反映出	0	1
2316	Na	房东	0	0
2317	VHC	放松	0	0
2318	VH	风趣	0	0
2319	Na	风味菜	0	0
2320	Na	符号	0	0
2321	Nc	服装店	0	0
2322	VC	付出	0	0
2323	VJ	赶不上	0	0
2324	VL	赶得上	0	0
2325	VI	感恩	0	0
2326	VC	赶走	0	0
2327	VH	高大	0	0
2328	A	高等	0	0
2329	Na	糕汤	0	0
2330	Na	功夫	0	0
2331	Na	工业	0	0
2332	Na	公主	0	0
2333	Na	孤独感	0	0
2334	Na	古迹	0	0
2335	Na	顾客	0	0
2336	VA	刮风	0	1

순서	품사	단어	통합	
			수정전	수정후
2337	Na	瓜子	0	0
2338	VH	乖	0	0
2339	VH	乖巧	0	0
2340	VE	观察	0	0
2341	VJ	关怀	0	0
2342	VC	观看	0	0
2343	VH	关门	0	0
2344	VC	观赏	0	0
2345	VH	光荣	0	0
2346	VB	过生日	0	0
2347	VH	海水蓝	0	0
2348	Na	汉堡	0	0
2349	D	好不容易	0	0
2350	VH	好极了	0	0
2351	Na	好事	0	0
2352	Na	黑板	0	0
2353	Ncd	后边	0	0
2354	VA	后退	0	0
2355	Na	猴子	0	0
2356	Na	花瓶	0	0
2357	VB	化妆	0	0
2358	Na	黄瓜	0	0
2359	VC	回报	0	0
2360	Na	会话课	0	0
2361	Na	火焰	0	0
2362	Na	胡同	0	0
2363	Na	鸡肉	0	0
2364	VAC	集合	0	0
2365	VCL	挤满	0	0
2366	VF	计划	0	0
2367	VD	寄去	0	0
2368	Cbb	既然	0	0
2369	VF	继续	0	0
2370	VI	记忆犹新	0	0
2371	Na	记者	0	0
2372	Na	家家户户	0	0
2373	VC	嫁给	0	0
2374	VE	检查	0	0
2375	VC	捡到	0	0
2376	Na	奖	0	1

순서	품사	단어	통합	
			수정전	수정후
2377	VE	讲述	0	0
2378	Nc	郊区	0	0
2379	VA	交谈	0	0
2380	VA	郊游	0	0
2381	Na	结论	0	0
2382	VH	结实	0	0
2383	VC	解	0	1
2384	Nf	届	0	0
2385	VD	借给	0	0
2386	VC	借去	0	0
2387	VL	禁不住	0	0
2388	Na	金钱	0	1
2389	Da	仅	0	0
2390	Cbb	尽管	0	0
2391	Na	镜子	0	0
2392	VH	旧	0	0
2393	Dk	就是说	0	0
2394	Cbb	就算	0	0
2395	VA	居住	0	0
2396	VH	开演	0	0
2397	VC	开走	0	0
2398	VJ	考取	0	0
2399	Nf	颗	0	0
2400	Na	瞌睡	0	0
2401	D	可要	0	0
2402	VH	刻苦	0	0
2403	Nc	课堂	0	0
2404	Nc	客厅	0	0
2405	VH	空荡荡	0	0
2406	Na	空调	0	0
2407	D	快点	0	0
2408	Na	苦难	0	0
2409	VH	苦恼	0	0
2410	Ng	来	0	0
2411	Na	蓝色	0	0
2412	Nd	劳动节	0	0
2413	Na	老大爷	0	0
2414	Na	姥姥	0	0
2415	Nf	类	0	0
2416	VH	冷清	0	0

순서	품사	단어	통합	
			수정전	수정후
2417	Na	礼拜	0	0
2418	Ncd	里边	0	0
2419	Na	利	0	0
2420	VA	立足	0	0
2421	Neu	俩	0	0
2422	D	连续	0	0
2423	Na	脸蛋	0	0
2424	Na	脸庞	0	0
2425	VH	恋爱	0	0
2426	Na	粮食	0	0
2427	VH	亮晶晶	0	0
2428	VH	亮亮	0	0
2429	D	临	0	0
2430	D	临死	0	0
2431	Na	零件	0	0
2432	Na	零用钱	0	0
2433	Cbb	另外	0	0
2434	VH	流逝	0	0
2435	Na	流水	0	0
2436	Nc	龙门	0	0
2437	Nb	龙庆峡	0	0
2438	Nb	龙塔	0	0
2439	VC	录取	0	0
2440	Na	绿茶	0	0
2441	VH	乱	0	0
2442	VA	落	0	0
2443	Na	骆驼	0	0
2444	D	埋头	0	0
2445	VJ	满怀	0	0
2446	VH	忙碌	0	0
2447	VL	忙着	0	0
2448	Na	贸易	0	0
2449	P	每逢	0	0
2450	Na	美景	0	0
2451	VA	面带笑容	0	1
2452	Na	面色	0	0
2453	Na	面子	0	0
2454	Na	民族	0	0
2455	Na	名	0	0
2456	D	明明	0	0

순서	품사	단어	통합	
			수정전	수정후
2457	Na	名胜	0	0
2458	Na	明星	0	0
2459	VI	陌生	0	0
2460	Nes	某	0	0
2461	VH	目瞪口呆	0	0
2462	Nc	目的地	0	0
2463	VC	拿到	0	0
2464	Ncd	南北	0	0
2465	Nc	南北韩	0	0
2466	Ncd	南边	0	0
2467	VH	难受	0	0
2468	Na	脑子	0	0
2469	Na	内心	0	0
2470	VK	能够	0	0
2471	VA	念书	0	0
2472	Na	农活儿	0	0
2473	Na	农历	0	0
2474	Na	农业	0	0
2475	VC	弄脏	0	0
2476	VC	暖和	0	0
2477	VCL	爬到	0	0
2478	Na	排骨	0	0
2479	VA	徘徊	0	0
2480	VA	排尿	0	0
2481	VC	派遣到	0	0
2482	Ncd	旁边儿	0	0
2483	Na	胖子	0	0
2484	VA	跑过去	0	0
2485	D	偏要	0	0
2486	VH	疲惫	0	0
2487	VH	平常	0	0
2488	Na	皮鞋	0	0
2489	Na	波涛	0	0
2490	VA	骑车	0	0
2491	VK	气	0	0
2492	Na	气质	0	0
2493	Na	跷跷板	0	0
2494	A	亲	0	1
2495	VH	亲热	0	0
2496	D	亲眼	0	0

순서	품사	단어	통합	
			수정전	수정후
2497	Na	亲友	0	0
2498	Na	秋千	0	0
2499	VA	取长补短	0	0
2500	Na	全家福	0	0
2501	D	全力	0	0
2502	VH	痊愈	0	0
2503	Cbb	然而	0	0
2504	VJ	热衷	0	0
2505	Na	人民币	0	0
2506	VJ	忍耐	0	0
2507	A	日常	0	0
2508	Na	容貌	0	0
2509	VH	入睡	0	0
2510	VA	入伍	0	0
2511	Na	沙漠	0	0
2512	Na	沙滩	0	0
2513	Nf	扇	0	0
2514	VL	善于	0	0
2515	VHC	伤	0	0
2516	VH	上去	0	0
2517	VH	上下课	0	0
2518	Na	肾病	0	0
2519	Na	生词	0	0
2520	Na	声调	0	0
2521	Na	生鱼片	0	0
2522	Na	师傅	0	0
2523	Na	诗集	0	0
2524	VH	失业	0	0
2525	D	实在	0	2
2526	Na	十字架	0	0
2527	Na	士兵	0	0
2528	Na	室内	0	0
2529	Nc	事业家	0	0
2530	Na	柿子	0	0
2531	VC	收看	0	0
2532	Na	售货员	0	0
2533	Na	叔母	0	0
2534	Nf	束	0	0
2535	Na	数学	0	0
2536	VCL	睡到	0	0

순서	품사	단어	통합	
			수정전	수정후
2537	VA	睡好	0	0
2538	VJ	顺	0	0
2539	Nd	瞬间	0	1
2540	VD	说给	0	0
2541	Na	丝	0	0
2542	VH	算	0	0
2543	VB	算命	0	0
2544	VH	太少	0	0
2545	Na	太太	0	0
2546	Na	太阳	0	0
2547	VC	弹劾	0	0
2548	VH	坦率	0	0
2549	Nf	堂	0	1
2550	Na	糖果	0	0
2551	Na	套餐	0	0
2552	Na	特点	0	0
2553	Na	特色	0	0
2554	Na	梯子	0	0
2555	Na	题目	0	0
2556	VB	剃头	0	0
2557	VL	提早	0	0
2558	VJ	体贴	0	0
2559	Nc	天池	0	0
2560	Nc	天空	0	0
2561	Na	天主教	0	0
2562	Na	田地	0	1
2563	Nf	跳	0	0
2564	VJ	听得懂	0	0
2565	VE	听听	0	0
2566	VHC	停下来	0	0
2567	Na	庭院	0	0
2568	VD	偷	0	0
2569	VC	推	0	0
2570	VF	托	0	0
2571	VC	脱	0	0
2572	Na	娃娃	0	0
2573	Na	外宾	0	0
2574	VA	玩耍	0	0
2575	Nf	碗	0	0
2576	Ng	为止	0	0

순서	품사	단어	통합	
			수정전	수정후
2577	VHC	温暖	0	0
2578	VH	文静	0	0
2579	VHC	稳定	0	0
2580	VJ	误	0	0
2581	Ncd	西	0	0
2582	VA	嬉戏	0	0
2583	VA	洗澡	0	0
2584	Na	峡谷	0	0
2585	VA	下降	0	0
2586	VA	下山	0	0
2587	VA	下学	0	0
2588	VH	香	0	0
2589	VH	相互	0	0
2590	VK	想像	0	0
2591	VG	象	0	0
2592	Na	项目	0	0
2593	Na	相片	0	0
2594	VK	象征	0	1
2595	Nb	小哥	0	0
2596	Na	小伙子	0	0
2597	Na	小猫	0	0
2598	Na	小偷儿	0	0
2599	Na	小组	0	0
2600	Na	校门	0	0
2601	Dfb	些	0	0
2602	VC	写好	0	0
2603	VA	写信	0	0
2604	Na	形容	0	0
2605	VA	行事	0	0
2606	VC	休	0	0
2607	VH	羞答答	0	0
2608	VK	需	0	1
2609	Na	选手	0	0
2610	VC	学得	0	0
2611	Na	学科	0	0
2612	Na	压岁钱	0	0
2613	VH	雅	0	0
2614	Na	演讲	0	0
2615	Na	养花	0	0
2616	VC	咬	0	0

순서	품사	단어	통합	
			수정전	수정후
2617	Nb	耶稣基督	0	0
2618	Nd	夜晚	0	0
2619	VAC	移动	0	0
2620	D	一路	0	0
2621	Neqa	一切	0	0
2622	Na	仪式	0	1
2623	Dk	一般来说	0	0
2624	D	一口	0	1
2625	VK	意味	0	0
2626	Na	议员	0	1
2627	D	一转眼	0	0
2628	Na	音乐会	0	0
2629	Na	饮食	0	0
2630	VH	应该	0	0
2631	VC	迎接	0	0
2632	VC	营造	0	0
2633	Na	影响	0	0
2634	Na	硬座	0	0
2635	VH	勇敢	0	0
2636	Na	幽默感	0	0
2637	VH	忧郁	0	0
2638	VJ	有益	0	0
2639	Nc	幼儿园	0	0
2640	VC	诱拐	0	0
2641	Na	余地	0	0
2642	Na	院子	0	0
2643	Na	预测	0	0
2644	Na	预期	0	0
2645	Na	运气	0	1
2646	VC	栽培	0	0
2647	VK	在乎	0	0
2648	VA	早睡早起	0	0
2649	Na	造景	0	0
2650	VC	责备	0	1
2651	VHC	增长	0	0
2652	Na	炸鸡	0	0
2653	VB	摘下来	0	0
2654	VC	召开	0	0
2655	VH	真实	0	0
2656	VC	整理	0	0

순서	품사	단어	통합	
			수정전	수정후
2657	Nd	整天	0	0
2658	Na	症状	0	0
2659	VK	知不知道	0	1
2660	VJ	值	0	0
2661	P	值	0	0
2662	VH	直接	0	0
2663	Na	职位	0	0
2664	Nc	植物园	0	0
2665	Na	执照	0	0
2666	VJ	只有	0	0
2667	Nd	钟	0	0
2668	Na	中级	0	0
2669	Na	中年	0	0
2670	Nd	中秋	0	0
2671	VA	种田	0	0
2672	Na	重要性	0	1
2673	Na	猪肉	0	0
2674	Na	主义	0	0
2675	VC	抓住	0	0
2676	Na	姿势	0	0
2677	Na	紫菜	0	0
2678	VH	仔细	0	0
2679	VH	自豪	0	0
2680	Na	自觉	0	0
2681	VH	自我	0	0
2682	Na	总统	0	0
2683	VH	走散	0	0
2684	Na	租车	0	0
2685	VH	醉	0	0
2686	VH	最多	0	1
2687	VC	做不了	0	0
2688	VB	挨打	0	0
2689	I	哎呀	0	0
2690	VJ	爱慕	0	0
2691	VJ	爱上	0	0
2692	Na	爱意	0	0
2693	VHC	安定	0	0
2694	VC	按	0	0
2695	D	按期	0	0
2696	P	按照	0	0

순서	품사	단어	통합	
			수정전	수정후
2697	VJ	熬过	0	0
2698	Na	奥运会	0	0
2699	VA	拔草	0	0
2700	Nf	把	0	0
2701	Na	白发	0	0
2702	VH	白净	0	0
2703	VH	白茫茫	0	0
2704	Na	白糖	0	0
2705	Nd	白天	0	0
2706	VC	拜访	0	1
2707	VB	拜年	0	0
2708	Nf	班	0	0
2709	Na	班会	0	0
2710	Na	搬家费	0	0
2711	VC	拌	0	0
2712	VA	伴奏	0	0
2713	Nd	傍晚	0	0
2714	Na	榜	0	0
2715	Na	包裹	0	0
2716	VJ	包含	0	0
2717	VK	包括	0	0
2718	VC	包装	0	0
2719	VJ	保持到	0	0
2720	VC	保卫	0	0
2721	Na	宝物	0	0
2722	Na	报道	0	0
2723	Nc	报社	0	0
2724	VJ	抱有	0	0
2725	Na	报纸	0	0
2726	VH	悲喜	0	0
2727	Nc	北海	0	0
2728	Nc	背后	0	0
2729	Na	被子	0	0
2730	Nes	本	0	0
2731	VC	绷紧	0	0
2732	Na	鼻梁	0	0
2733	Na	鼻子	0	0
2734	Nf	笔	0	0
2735	VC	比不过	0	0
2736	Nh	彼此	0	0

순서	품사	단어	통합	
			수정전	수정후
2737	VA	避暑	0	0
2738	Na	必修课	0	0
2739	Na	必需品	0	0
2740	Na	毕业生	0	0
2741	VC	编导	0	0
2742	VJ	贬低	0	0
2743	VH	变黑	0	0
2744	VHC	变化	0	0
2745	Cbb	便是	0	0
2746	Na	标签	0	0
2747	Na	标志	0	0
2748	Na	标题	0	0
2749	Na	标准	0	0
2750	VC	表露	0	0
2751	VA	表现	0	0
2752	Nes	别	0	0
2753	Na	别名	0	0
2754	Na	冰	0	0
2755	Na	冰棍	0	0
2756	Na	冰块	0	0
2757	Na	兵马俑	0	0
2758	Na	玻璃	0	0
2759	D	不必	0	0
2760	D	不断	0	0
2761	VH	不对劲	0	0
2762	Dfb	不过	0	0
2763	VJ	不顾	0	0
2764	VH	不像话	0	0
2765	VJ	不要	0	0
2766	Dk	不用说	0	0
2767	VC	步	0	0
2768	VJ	不关	0	1
2769	Da	不光	0	0
2770	D	不经意	0	0
2771	VK	不觉	0	1
2772	VH	不清	0	0
2773	D	不停	0	0
2774	VA	步行	0	0
2775	D	不许	0	0
2776	VC	擦	0	0

순서	품사	단어	통합	
			수정전	수정후
2777	VB	擦干净	0	0
2778	VE	猜猜	0	0
2779	VC	猜对	0	0
2780	D	才	0	0
2781	Na	菜谱	0	0
2782	Na	菜肴	0	0
2783	Na	餐费	0	0
2784	VH	苍白	0	0
2785	VH	苍郁	0	0
2786	VC	藏	0	0
2787	VC	操持	0	0
2788	Na	草地	0	0
2789	Na	草坪	0	0
2790	VK	察觉到	0	0
2791	Na	差使	0	0
2792	Na	长毛	0	0
2793	D	常年	0	0
2794	VC	敞开	0	0
2795	VC	唱起	0	0
2796	Nc	朝鲜	0	0
2797	VH	吵	0	1
2798	Na	吵架声	0	0
2799	Na	车道	0	0
2800	Na	车费	0	0
2801	P	趁着	0	0
2802	VH	称职	0	1
2803	VA	乘船	0	0
2804	Na	成就感	0	0
2805	VC	承受	0	0
2806	VC	称赞	0	0
2807	VC	吃掉	0	0
2808	VC	吃光	0	0
2809	VJ	吃上	0	0
2810	VJ	持	0	0
2811	VH	迟钝	0	0
2812	VL	持续	0	0
2813	VA	充电	0	0
2814	VH	充足	0	0
2815	VH	重重	0	0
2816	VA	重逢	0	0

순서	품사	단어	통합	
			수정전	수정후
2817	D	重复	0	0
2818	Na	虫子	0	0
2819	VC	抽	0	0
2820	VC	抽出	0	0
2821	VK	愁	0	0
2822	Na	筹款	0	0
2823	VA	出场	0	1
2824	VA	出嫁	0	0
2825	VJ	出身	0	0
2826	Na	初吻	0	0
2827	VA	出游	0	0
2828	VCL	出走	0	0
2829	Na	出租车	0	0
2830	Dk	除此以外	0	0
2831	Cbb	除非	0	0
2832	VC	处理好	0	0
2833	Na	川菜	0	0
2834	VD	传染	0	0
2835	Na	传统舞	0	0
2836	Na	窗台	0	0
2837	VC	吹开	0	0
2838	D	此后	0	0
2839	Cbb	此外	0	0
2840	VD	赐给	0	0
2841	VH	刺激	0	0
2842	Na	葱头	0	0
2843	D	从不	0	0
2844	VH	粗	0	0
2845	VH	脆弱	0	0
2846	VJ	错过	0	0
2847	VB	答出来	0	1
2848	VC	打击	0	0
2849	VB	打交道	0	0
2850	VC	打起	0	0
2851	VC	打伤	0	0
2852	VC	打通	0	0
2853	VH	大病	0	0
2854	VH	大不了	0	0
2855	VC	大风刮	0	0
2856	A	大概	0	0

순서	품사	단어	통합	
			수정전	수정후
2857	Nc	大韩民国	0	0
2858	Nd	大后天	0	0
2859	VE	大叫	0	0
2860	Na	大门	0	0
2861	Na	大厦	0	0
2862	Na	大意	0	0
2863	VJ	大于	0	0
2864	Na	大自然	0	0
2865	VC	呆到	0	0
2866	VB	带出去	0	0
2867	VA	待人	0	0
2868	Na	待遇	0	0
2869	VH	单调	0	0
2870	VH	单身	0	0
2871	VJ	耽误	0	0
2872	Na	单眼皮	0	0
2873	VK	担忧	0	0
2874	Na	蛋糕	0	0
2875	Nes	当	0	0
2876	Nd	当初	0	0
2877	VA	当家	0	0
2878	Na	当局	0	0
2879	VH	当然	0	0
2880	VC	倒	0	0
2881	VH	倒闭	0	0
2882	VH	倒霉	0	0
2883	VA	倒下	0	0
2884	Na	导演	0	0
2885	VB	道别	0	0
2886	D	倒不如	0	0
2887	VA	倒数	0	0
2888	VA	到校	0	0
2889	VC	得不到	0	0
2890	Na	得失	0	0
2891	D	得以	0	0
2892	VC	登顶	0	0
2893	VK	等待	0	0
2894	VC	等等	0	0
2895	Na	地铁门	0	0
2896	VC	点上	0	0

순서	품사	단어	통합	
			수정전	수정후
2897	VH	典雅	0	0
2898	Na	电力	0	0
2899	VA	掉下来	0	0
2900	Nf	顶	0	0
2901	VB	定罪	0	0
2902	Ncd	东北部	0	0
2903	Ncd	东部	0	0
2904	VK	懂得	0	0
2905	Na	董事	0	0
2906	VH	懂事	0	0
2907	VH	冻	0	0
2908	VA	动笔	0	0
2909	VA	动不了	0	0
2910	Na	洞口	0	0
2911	Na	动力	0	0
2912	VA	兜	0	0
2913	VA	兜风	0	0
2914	VH	陡峭	0	0
2915	VC	逗	0	0
2916	VC	逗乐	0	1
2917	VA	逗留	0	0
2918	VH	独一无二	0	0
2919	VH	肚子痛	0	0
2920	VHC	端正	0	1
2921	VH	端庄	0	0
2922	Na	短处	0	0
2923	VH	短暂	0	0
2924	VHC	断	0	0
2925	VA	对打	0	0
2926	Na	对开车	0	1
2927	Ncd	对面	0	0
2928	Na	对手	0	0
2929	D	顿时	0	0
2930	VH	多才多艺	0	0
2931	Neqa	多数	0	0
2932	VH	多心	0	0
2933	VH	多疑	0	0
2934	Na	耳朵	0	0
2935	VH	饿肚子	0	0
2936	Na	恶梦	0	0

순서	품사	단어	통합	
			수정전	수정후
2937	Na	二哥	0	0
2938	VJ	发	0	0
2939	Na	发表会	0	0
2940	VH	发愁	0	0
2941	VJ	发挥	0	0
2942	VC	发扬	0	0
2943	Na	翻译	0	0
2944	VH	繁重	0	0
2945	D	反覆	0	0
2946	D	反复	0	0
2947	VJ	反射	0	0
2948	Nf	番	0	0
2949	VA	犯错	0	0
2950	Na	犯人	0	0
2951	Nc	房顶	0	0
2952	Na	房费	0	0
2953	Na	房卡	0	0
2954	Na	房门	0	0
2955	VA	纺织	0	0
2956	VA	放晴	0	0
2957	VA	飞	0	0
2958	VA	飞来飞去	0	0
2959	VA	飞舞	0	0
2960	VA	飞行	0	0
2961	Na	沸点	0	0
2962	VH	废寝忘食	0	0
2963	VH	费事	0	0
2964	VC	分	0	0
2965	VA	分别	0	0
2966	VHC	分开	0	0
2967	VHC	分裂	0	0
2968	VH	分明	0	1
2969	Na	分数	0	1
2970	Na	分文	0	0
2971	VJ	分享	0	0
2972	Na	分子	0	0
2973	Na	粉红色	0	0
2974	VH	风度翩翩	0	0
2975	VC	缝好	0	0
2976	Nc	风景区	0	0

순서	품사	단어	통합	
			수정전	수정후
2977	VH	丰饶	0	0
2978	VH	丰盛	0	0
2979	VH	丰收	0	0
2980	Na	风味	0	0
2981	Cbb	否则	0	0
2982	Na	福	0	0
2983	VA	服兵役	0	0
2984	VC	扶持	0	0
2985	VA	服毒	0	0
2986	VC	服务	0	0
2987	VH	浮现	0	0
2988	Na	抚养费	0	0
2989	VD	付	0	0
2990	VJ	负	0	0
2991	Na	父女	0	0
2992	VH	覆水难收	0	0
2993	Na	富翁	0	0
2994	VH	富裕	0	0
2995	VA	赴约	0	0
2996	VL	负责	0	1
2997	VC	改	0	0
2998	VC	改革	0	1
2999	VC	改善	0	0
3000	VA	盖印	0	0
3001	VH	干脆	0	0
3002	VH	尴尬	0	0
3003	VE	感起	0	0
3004	VK	感悟到	0	1
3005	Na	感谢	0	0
3006	Na	高层	0	0
3007	VH	高级	0	0
3008	VC	搞砸	0	0
3009	Na	高中	0	0
3010	Na	歌剧	0	0
3011	Na	歌声	0	0
3012	Dfa	格外	0	0
3013	Na	蛤蜊	0	0
3014	D	各	0	0
3015	Na	个儿	0	1
3016	Na	根本	0	0

순서	품사	단어	통합	
			수정전	수정후
3017	VC	更换	0	0
3018	Dfa	更为	0	0
3019	Na	公安	0	0
3020	Nc	工厂	0	0
3021	Na	公共汽车站	0	0
3022	VH	功亏一篑	0	0
3023	Nf	公里	0	0
3024	VJ	共赏	0	0
3025	A	共同	0	1
3026	VC	贡献	0	0
3027	VJ	共有	0	0
3028	Nc	沟壑	0	0
3029	Dfa	够	0	1
3030	VA	购物	0	1
3031	VK	顾	0	0
3032	VH	孤芳自赏	0	0
3033	Nc	姑姑家	0	0
3034	VE	估计	0	0
3035	VL	故意	0	0
3036	Na	雇员	0	0
3037	Na	卦	0	0
3038	VC	管教	0	1
3039	Na	灌肠汤	0	0
3040	VH	光润	0	0
3041	Na	广播	0	0
3042	VH	广大	0	0
3043	Na	广告	0	0
3044	VCL	逛逛	0	0
3045	VA	归国	0	1
3046	VB	归纳起来	0	0
3047	Na	柜台	0	0
3048	Na	国产车	0	0
3049	Na	国民	0	0
3050	Nd	国庆节	0	0
3051	Nc	国文系	0	0
3052	VC	过不了	0	0
3053	Na	过错	0	0
3054	VH	过火	0	0
3055	VH	过来	0	0
3056	VJ	过去	0	0

순서	품사	단어	통합	
			수정전	수정후
3057	VA	过夜	0	0
3058	D	哈哈	0	0
3059	D	还不是	0	0
3060	Nc	海滨	0	0
3061	Na	海风	0	0
3062	Na	海水	0	0
3063	Na	海棠	0	0
3064	Na	海熊	0	0
3065	Na	害虫	0	0
3066	Na	韩币	0	0
3067	Nb	韩服	0	0
3068	VH	含蓄	0	0
3069	VJ	含有	0	0
3070	VH	汗如雨下	0	0
3071	Nb	汉语水平考试	0	0
3072	Nf	行	0	0
3073	Na	好感	0	0
3074	VH	好好玩	0	0
3075	Na	好意	0	0
3076	I	呵	0	0
3077	VC	喝掉	0	0
3078	VC	喝光	0	0
3079	Na	河	0	0
3080	VC	合唱	0	0
3081	Cbb	何况	0	0
3082	Na	褐色	0	0
3083	VA	喝水	0	0
3084	VC	喝完	0	0
3085	VA	喝醉	0	0
3086	VB	喝彩	0	0
3087	Na	贺卡	0	0
3088	Na	黑熊	0	0
3089	VC	哼	0	0
3090	Na	红茶	0	0
3091	VH	红红	0	0
3092	Na	红柿	0	0
3093	VH	厚厚	0	0
3094	Na	互联网	0	0
3095	VC	花光	0	0
3096	VA	花钱	0	0

순서	품사	단어	통합	
			수정전	수정후
3097	VA	划船	0	0
3098	Na	华侨	0	0
3099	VG	化	0	0
3100	Na	怀	0	0
3101	VA	怀孕	0	0
3102	Na	坏蛋	0	0
3103	VH	欢欢喜喜	0	0
3104	VCL	欢聚	0	0
3105	VH	欢乐	0	0
3106	VH	缓慢	0	0
3107	Nb	黄酱汤	0	0
3108	Na	黄金	0	0
3109	Na	黄色	0	0
3110	VAC	晃动	0	0
3111	VHC	恢复	0	0
3112	VB	回来	0	0
3113	D	回头	0	0
3114	VA	会合	0	0
3115	VC	会晤	0	0
3116	VC	混合	0	0
3117	Na	混血儿	0	0
3118	VH	活不了	0	0
3119	VH	火冒三丈	0	0
3120	Na	火线	0	0
3121	VH	祸不单行	0	0
3122	VH	豁然开朗	0	0
3123	Na	货物	0	0
3124	VJ	忽视	0	0
3125	VH	糊涂	0	0
3126	Na	胡须	0	0
3127	Na	护照	0	0
3128	VJ	积	0	0
3129	VH	唧唧	0	0
3130	VC	激励	0	0
3131	VH	积少成多	0	0
3132	Na	机器	0	0
3133	Na	积雪	0	0
3134	Na	疾病	0	0
3135	VH	及格	0	0
3136	D	即将	0	0

순서	품사	단어	통합	
			수정전	수정후
3137	Dfa	极其	0	0
3138	Dfa	极为	0	0
3139	VA	挤来挤去	0	0
3140	VD	给予	0	0
3141	VC	济	0	0
3142	Na	计划书	0	0
3143	Na	计较	0	0
3144	Na	记事本	0	0
3145	VA	祭祖	0	0
3146	VHC	加快	0	0
3147	VJ	加深	0	0
3148	Na	家事	0	0
3149	Na	价钱	0	0
3150	Nd	假日	0	0
3151	Na	驾驶证	0	0
3152	VJ	兼备	0	0
3153	VJ	减	0	0
3154	VHC	减轻	0	0
3155	VHC	减弱	0	0
3156	VH	减退	0	0
3157	VH	渐渐	0	0
3158	Na	建筑群	0	0
3159	Nc	建筑系	0	0
3160	Na	将军	0	0
3161	VD	讲给	0	0
3162	VE	讲讲	0	0
3163	VK	讲究	0	0
3164	VA	讲课	0	1
3165	VC	交换	0	0
3166	VH	交加	0	0
3167	VA	交卷	0	0
3168	VA	教书	0	0
3169	VA	浇水	0	0
3170	VA	教学	0	0
3171	VA	交友	0	0
3172	VC	教导	0	0
3173	VF	叫到	0	0
3174	VA	叫喊	0	0
3175	Na	叫声	0	0
3176	Nd	教师节	0	0

순서	품사	단어	통합	
			수정전	수정후
3177	VC	叫醒	0	0
3178	Nc	教育系	0	0
3179	Na	教育学	0	0
3180	Na	阶层	0	0
3181	Nc	接待室	0	0
3182	VH	结冰	0	0
3183	VG	结成	0	0
3184	VHC	结合	0	0
3185	VJ	竭尽	0	0
3186	VH	拮据	0	0
3187	VA	结账	0	0
3188	Na	解答	0	0
3189	VB	解雇	0	1
3190	VC	解决不了	0	0
3191	VB	解闷	0	0
3192	VH	金	0	0
3193	VH	筋疲力尽	0	0
3194	VJ	紧接	0	0
3195	D	尽	0	0
3196	VC	进	0	1
3197	VC	进不了	0	0
3198	Na	进口车	0	0
3199	VA	进来	0	0
3200	VA	尽孝	0	0
3201	VC	进修	0	0
3202	VA	禁烟	0	0
3203	VA	进展	0	0
3204	VH	惊诧	0	0
3205	VH	精打细算	0	0
3206	Na	经过	0	0
3207	VCL	经过	0	0
3208	VH	惊慌失措	0	0
3209	Na	敬老日	0	0
3210	Na	精力	0	1
3211	Na	精神病	0	0
3212	VC	经受	0	0
3213	Nc	警察局	0	0
3214	Na	景点	0	0
3215	Na	景观	0	0
3216	Na	警惕	0	0

순서	품사	단어	통합	
			수정전	수정후
3217	Na	景致	0	0
3218	VHC	净化	0	1
3219	Na	敬语	0	0
3220	Na	竞争	0	0
3221	VH	久别	0	0
3222	Na	酒席	0	0
3223	VH	久远	0	0
3224	D	居然	0	0
3225	Na	橘子	0	0
3226	VA	举杯	0	0
3227	VAC	聚集	0	0
3228	VH	俱全	0	0
3229	Na	卷子	0	0
3230	D	绝不	0	0
3231	VB	决定下来	0	0
3232	VH	绝望	0	0
3233	Nc	郡	0	0
3234	VC	开放	0	0
3235	VC	开开	0	0
3236	VA	开口	0	0
3237	VHC	开阔	0	0
3238	VH	开满	0	0
3239	VC	开上	0	0
3240	VA	开头	0	0
3241	VA	开药	0	0
3242	VA	看家	0	0
3243	VC	看待	0	0
3244	VJ	看懂	0	0
3245	VC	看望	0	0
3246	VC	看中	0	1
3247	VE	抗议	0	0
3248	Na	烤饼摊	0	0
3249	Na	考试题	0	0
3250	P	靠	0	0
3251	VJ	靠	0	0
3252	VA	磕	0	0
3253	VB	磕头	0	0
3254	Na	科研	0	0
3255	VA	咳嗽	0	0
3256	VH	可恨	0	0

순서	품사	단어	통합	
			수정전	수정후
3257	Nc	课题	0	0
3258	A	课外	0	0
3259	Na	肯德鸡	0	0
3260	Na	空间	0	0
3261	Na	空姐	0	0
3262	Na	空儿	0	0
3263	Nc	空中	0	1
3264	VC	控制	0	0
3265	Na	口才	0	1
3266	Na	口袋	0	0
3267	VA	哭出来	0	0
3268	VC	夸奖	0	0
3269	VH	宽敞	0	0
3270	VA	拉客	0	0
3271	Na	辣椒粉	0	0
3272	Na	蜡烛	0	0
3273	Na	辣子鸡丁	0	0
3274	VCL	来回	0	0
3275	VA	来去	0	0
3276	Na	来信	0	0
3277	Na	篮球队员	0	0
3278	VH	懒惰	0	0
3279	D	老半天	0	0
3280	VHC	老龄化	0	0
3281	Na	老年	0	0
3282	Na	老三	0	0
3283	VL	乐于	0	0
3284	Nc	垒沙城	0	0
3285	D	累月	0	0
3286	VH	累倒	0	0
3287	VH	泪如雨下	0	0
3288	VA	愣住	0	0
3289	VB	离别	0	0
3290	VA	离家	0	0
3291	Nf	厘米	0	0
3292	Na	梨子	0	0
3293	Na	栗子	0	0
3294	VB	理发	0	0
3295	Ng	里面	0	0
3296	VH	理性	0	0

순서	품사	단어	통합	
			수정전	수정후
3297	VH	理直气壮	0	0
3298	Na	立场	0	0
3299	VA	立功	0	0
3300	P	例如	0	0
3301	VH	例外	0	0
3302	Na	连环画	0	0
3303	Na	联欢会	0	0
3304	Na	连衣裙	0	0
3305	VH	脸红	0	0
3306	Na	脸谱	0	0
3307	Na	链	0	0
3308	VH	良好	0	0
3309	VH	两样	0	0
3310	Na	量刑	0	0
3311	VE	聊聊	0	0
3312	D	了不起	0	0
3313	VC	料理	0	0
3314	P	临近	0	0
3315	Na	零食	0	0
3316	VC	领	0	0
3317	VJ	领到	0	1
3318	VA	溜达	0	0
3319	VA	流泪	0	0
3320	VA	流血	0	0
3321	VH	流行	0	0
3322	Na	留言册	0	0
3323	VK	留意	0	0
3324	Na	陆军	0	0
3325	Na	履历书	0	0
3326	Na	绿叶	0	0
3327	VC	乱放	0	0
3328	VH	乱七八糟	0	0
3329	VH	乱糟糟	0	0
3330	D	略	0	0
3331	VH	落榜	0	0
3332	VJ	落后	0	0
3333	VA	落下	0	0
3334	VA	落下来	0	0
3335	VH	落选	0	0
3336	VH	麻痹	0	0

순서	품사	단어	통합	
			수정전	수정후
3337	Na	麻烦	0	0
3338	Na	马群	0	0
3339	Na	马肉	0	0
3340	Nc	码头	0	0
3341	VA	骂人	0	0
3342	VC	买错	0	0
3343	VJ	买得起	0	0
3344	VC	买好	0	0
3345	VD	卖给	0	0
3346	VH	卖乖	0	0
3347	VC	迈开	0	0
3348	D	满心	0	0
3349	VH	慢慢腾腾	0	0
3350	D	慢慢儿	0	0
3351	Nc	慢坡路	0	0
3352	VH	漫天	0	0
3353	VH	慢悠悠	0	0
3354	VA	忙来忙去	0	0
3355	VH	盲目	0	0
3356	Na	矛盾	0	0
3357	VH	毛毛	0	0
3358	Na	帽子	0	0
3359	Na	玫瑰	0	0
3360	Na	美容师	0	0
3361	Na	美术	0	0
3362	Nf	美元	0	0
3363	VH	闷热	0	0
3364	Na	门缝	0	0
3365	Na	门外汉	0	0
3366	Na	蒙古包	0	0
3367	Nb	蒙古族	0	0
3368	VJ	迷恋	0	0
3369	Na	米	0	0
3370	Na	秘诀	0	0
3371	VJ	迷失	0	0
3372	Na	棉被	0	0
3373	Na	面粉	0	0
3374	Na	面馆儿	0	0
3375	Na	面孔	0	0
3376	VK	面临	0	0

순서	품사	단어	통합	
			수정전	수정후
3377	Na	庙会	0	0
3378	Na	民警	0	0
3379	Na	民众	0	0
3380	Na	名单	0	0
3381	VA	鸣叫	0	0
3382	VH	明媚	0	0
3383	Na	名牌	0	0
3384	VH	明显	0	0
3385	VH	模糊	0	0
3386	Na	模特儿	0	0
3387	Na	模样	0	0
3388	Na	末班车	0	0
3389	VK	漠不关心	0	1
3390	VH	默默	0	0
3391	Na	牡丹	0	0
3392	VC	拿去	0	0
3393	D	哪来	0	0
3394	Ncd	哪里	0	0
3395	Na	耐心	0	0
3396	VH	难闻	0	0
3397	Nc	脑海	0	0
3398	Na	脑筋	0	0
3399	Na	闹钟	0	0
3400	VH	内疚	0	0
3401	Na	内蒙古菜	0	0
3402	VH	能干	0	0
3403	Na	能力	0	0
3404	VH	腻	0	0
3405	VH	匿名	0	0
3406	VA	逆转	0	0
3407	Nd	年初	0	0
3408	Na	年糕	0	0
3409	VH	年老	0	0
3410	Na	年事	0	0
3411	Na	鸟儿	0	0
3412	VK	宁可	0	0
3413	Nc	宁夏	0	0
3414	VH	浓	0	0
3415	Na	农药	0	0
3416	VK	弄得	0	0

순서	품사	단어	통합	
			수정전	수정후
3417	VC	弄乱	0	0
3418	Na	女友	0	0
3419	Na	偶像	0	0
3420	VG	排成	0	0
3421	VA	排队	0	0
3422	VA	排排坐	0	0
3423	VF	派遣	0	0
3424	VCL	攀登	0	0
3425	Na	泡菜饼	0	0
3426	VA	跑出去	0	0
3427	VCL	跑到	0	0
3428	VA	跑过来	0	0
3429	VC	抛开	0	0
3430	VA	碰头	0	0
3431	Nf	片	0	0
3432	Na	偏见	0	0
3433	Nf	片儿	0	0
3434	VA	飘	0	0
3435	VH	漂漂亮亮	0	0
3436	VA	飘下	0	1
3437	Nf	平方米	0	0
3438	VHC	平复	0	0
3439	VH	平滑	0	0
3440	VH	平均	0	1
3441	Na	品质	0	0
3442	Nb	朴	0	0
3443	Na	扑克	0	0
3444	Na	妻儿	0	0
3445	VH	漆黑	0	0
3446	Nep	其	0	0
3447	D	起初	0	0
3448	VH	起来	0	0
3449	Da	起码	0	0
3450	VA	起晚	0	0
3451	Na	气色	0	0
3452	Na	气味儿	0	0
3453	Na	铅笔	0	0
3454	VCL	迁居	0	0
3455	Na	钱财	0	0
3456	Na	前额	0	0

순서	품사	단어	통합	
			수정전	수정후
3457	Na	潜水镜	0	0
3458	VH	前所未有	0	0
3459	Na	前者	0	0
3460	VH	浅	0	0
3461	Na	歉	0	0
3462	VH	强盛	0	0
3463	VC	抢劫	0	0
3464	VA	抢先	0	0
3465	Na	巧克力	0	0
3466	VG	切成	0	0
3467	A	切身	0	0
3468	VH	亲	0	0
3469	VH	勤快	0	0
3470	VH	清澈	0	0
3471	VC	清楚	0	0
3472	Na	青睐	0	0
3473	Na	情报工	0	0
3474	VH	情不自禁	0	0
3475	VH	情同手足	0	0
3476	VB	请安	0	0
3477	VA	请假	0	0
3478	VE	庆祝	0	0
3479	VA	求情	0	0
3480	VI	屈服	0	0
3481	VC	驱逐	0	1
3482	VH	去去	0	0
3483	D	全	0	0
3484	VH	全新	0	0
3485	VJ	缺乏	0	0
3486	VA	缺课	0	0
3487	VK	确定	0	0
3488	VH	确确实实	0	0
3489	VK	确信	0	0
3490	VH	雀跃	0	0
3491	VE	嚷嚷	0	0
3492	VA	让步	0	0
3493	VC	惹起	0	0
3494	Na	热潮	0	0
3495	VH	仁慈	0	0
3496	Na	人类	0	0

순서	품사	단어	통합	
			수정전	수정후
3497	VH	人山人海	0	0
3498	VJ	忍	0	0
3499	VH	忍不住	0	0
3500	VK	忍受	0	0
3501	VH	忍无可忍	0	0
3502	VC	认	0	0
3503	VJ	认不认识	0	0
3504	VJ	认出	0	0
3505	VH	柔和	0	0
3506	Na	肉丝	0	0
3507	Dfa	如此	0	0
3508	VH	如故	0	0
3509	Na	儒教	0	0
3510	VH	如愿以偿	0	0
3511	VA	入场	0	0
3512	Na	入场票	0	0
3513	VH	软绵绵	0	0
3514	Na	软件	0	0
3515	VA	软卧	0	0
3516	Cbb	若要	0	0
3517	VH	塞车	0	0
3518	D	三三两两	0	0
3519	VA	散去	0	0
3520	VB	扫干净	0	0
3521	Na	色	0	0
3522	Na	沙子	0	0
3523	VHC	晒黑	0	0
3524	VA	晒太阳	0	0
3525	Na	山下	0	1
3526	VH	闪耀	0	0
3527	VL	擅长	0	0
3528	VA	上床	0	0
3529	VH	上当	0	0
3530	VC	上去	0	0
3531	VA	上下班	0	0
3532	VA	上眼	0	0
3533	VAC	上映	0	0
3534	VH	奢侈	0	0
3535	Na	设计师	0	0
3536	D	设身处地	0	0

순서	품사	단어	통합	
			수정전	수정후
3537	VE	设想	0	0
3538	VH	深奥	0	0
3539	Na	深蓝色	0	0
3540	Na	申请单	0	0
3541	VJ	深受	0	0
3542	VH	身心健康	0	0
3543	Na	身影	0	0
3544	Na	神经	0	0
3545	Na	神儿	0	0
3546	Na	婶子	0	0
3547	Nf	声	0	0
3548	VC	生产	0	0
3549	Na	生产率	0	0
3550	Na	生气	0	0
3551	Na	声说	0	1
3552	VC	省	0	1
3553	VH	盛大	0	0
3554	Na	胜地	0	0
3555	Na	剩饭	0	0
3556	VH	湿	0	0
3557	Nc	师大	0	0
3558	Na	湿度	0	0
3559	Na	师哥	0	0
3560	Na	师姐	0	0
3561	VHC	湿透	0	0
3562	Na	失主	0	0
3563	D	时不时	0	0
3564	Na	十兜	0	0
3565	D	时而	0	0
3566	Na	石榴	0	0
3567	VH	时髦	0	0
3568	VC	实施	0	0
3569	VH	实实在在	0	0
3570	Na	食堂卡	0	0
3571	VH	实用	0	0
3572	Na	食欲	0	0
3573	Na	使用	0	0
3574	D	始终	0	0
3575	VB	示爱	0	0
3576	Na	士官	0	0

순서	품사	단어	통합	
			수정전	수정후
3577	Nb	世界杯	0	0
3578	Na	侍女	0	0
3579	Na	事务	0	0
3580	D	事先	0	0
3581	Na	试验	0	0
3582	Na	视野	0	0
3583	Na	柿子树	0	0
3584	VD	收	0	0
3585	Na	收银员	0	0
3586	Nes	首	0	0
3587	Na	手电筒	0	0
3588	VH	守旧	0	0
3589	Na	首饰	0	0
3590	Na	首要	0	0
3591	Na	手指	0	0
3592	Na	手纸	0	0
3593	VH	受凉	0	0
3594	Nc	书房	0	0
3595	VK	数	0	0
3596	VJ	属于	0	0
3597	Nc	树林	0	0
3598	VC	摔	0	0
3599	VC	甩	0	0
3600	A	双	0	0
3601	Na	双胞胎	0	0
3602	Na	双喜	0	0
3603	Na	水分	0	0
3604	Na	水珠	0	0
3605	VF	说服	0	0
3606	Na	说话声	0	1
3607	VA	说谎	0	0
3608	VA	说说话	0	0
3609	VC	说完	0	0
3610	Na	丝儿	0	0
3611	VH	死定	0	0
3612	VI	死心	0	0
3613	Na	死讯	0	0
3614	D	似乎	0	0
3615	VH	驷马难追	0	0
3616	Na	松饼	0	0

순서	품사	단어	통합	
			수정전	수정후
3617	Na	宿舍费	0	0
3618	VH	酸	0	0
3619	Na	蒜	0	0
3620	VG	算不了	0	0
3621	VC	算上	0	0
3622	VG	算做	0	0
3623	Na	损害	0	0
3624	VC	锁上	0	0
3625	Na	塔	0	0
3626	VCL	踏上	0	0
3627	Nf	台	0	0
3628	Nc	泰国	0	0
3629	Na	太空	0	0
3630	VH	贪吃	0	0
3631	VH	贪玩	0	0
3632	VH	谈得来	0	0
3633	VH	忐忑不安	0	0
3634	VA	探病	0	0
3635	Na	碳火	0	0
3636	VA	逃亡	0	0
3637	D	特意	0	0
3638	VG	踢成	0	0
3639	VE	提到	0	0
3640	VB	提前	0	0
3641	Na	体系	0	0
3642	VJ	体现	0	0
3643	Na	体制	0	1
3644	VH	天成	0	0
3645	VH	甜	0	0
3646	VH	甜蜜	0	0
3647	Na	甜食	0	0
3648	VC	挑	0	0
3649	VB	挑出来	0	0
3650	VC	挑选	0	0
3651	VA	跳	0	0
3652	VA	跳水	0	0
3653	Na	铁锤	0	0
3654	VA	听不进去	0	0
3655	VC	听取	0	0
3656	VH	通	0	0

순서	품사	단어	통합	
			수정전	수정후
3657	D	通宵达旦	0	0
3658	VA	通信	0	0
3659	Na	通讯	0	0
3660	P	同	0	0
3661	Nes	同	0	1
3662	VI	同班	0	0
3663	Na	童话书	0	0
3664	VH	同屋	0	0
3665	VH	痛快	0	0
3666	Nes	头	0	0
3667	VH	投机	0	0
3668	VC	投入到	0	1
3669	Dfb	透	0	0
3670	Na	秃鹫	0	0
3671	Na	团年饭	0	0
3672	VH	团聚	0	0
3673	VA	退房	0	0
3674	VG	拖成	0	0
3675	Na	拖拉机	0	0
3676	VC	挖掘	0	0
3677	T	哇	0	0
3678	VA	外出	0	0
3679	Na	外商	0	0
3680	Na	外遇	0	0
3681	Na	外国	0	0
3682	VH	完毕	0	0
3683	VH	顽皮	0	0
3684	VC	玩玩	0	0
3685	Na	晚辈	0	0
3686	Na	万国	0	0
3687	VK	惋惜	0	0
3688	VH	汪汪	0	0
3689	Na	王朝	0	0
3690	VA	往来	0	0
3691	VK	忘光	0	0
3692	VJ	忘却	0	0
3693	VH	望子成龙	0	0
3694	VJ	维持	0	0
3695	VHC	为难	0	0
3696	VHC	委屈	0	0

순서	품사	단어	통합	
			수정전	수정후
3697	VF	委托	0	0
3698	I	喂	0	0
3699	D	未免	0	0
3700	Na	卫生纸	0	0
3701	Na	胃炎	0	0
3702	VCL	位于	0	0
3703	VH	温和	0	0
3704	Nc	温室	0	0
3705	Na	文人	0	0
3706	Na	文学史	0	0
3707	VB	问好	0	0
3708	VE	问清	0	0
3709	D	嗡	0	0
3710	VC	握	0	1
3711	VH	乌黑	0	0
3712	Na	乌龙茶	0	0
3713	Nb	吴	0	0
3714	VH	无比	0	0
3715	VH	无边无际	0	0
3716	VH	无济于事	0	0
3717	VI	无可奈何	0	0
3718	VH	无理	0	1
3719	Dk	无论如何	0	0
3720	VH	五彩缤纷	0	0
3721	Na	午餐	0	0
3722	Nc	武汉	0	0
3723	VA	午睡	0	0
3724	Nd	午夜	0	0
3725	D	无缘无故	0	0
3726	D	勿	0	0
3727	VC	误解	0	1
3728	Nc	西班牙文系	0	0
3729	Ncd	西部	0	0
3730	VHC	西方化	0	0
3731	Na	溪谷	0	0
3732	Nc	西海	0	0
3733	VJ	牺牲	0	0
3734	VJ	吸引	0	0
3735	Nb	席间	0	0
3736	VC	洗	0	0

순서	품사	단어	통합	
			수정전	수정후
3737	VK	喜欢上	0	0
3738	Na	喜剧片	0	0
3739	VA	洗脸	0	0
3740	VA	洗手	0	0
3741	VA	洗衣服	0	0
3742	Na	喜悦	0	0
3743	Na	细雨	0	0
3744	VH	细致	0	0
3745	VH	瞎	0	0
3746	VH	下垂	0	0
3747	VA	下功夫	0	0
3748	VH	下苦	0	0
3749	VA	下乡	0	0
3750	Nd	下雨天	0	0
3751	Nd	下月	0	0
3752	Di	下来	0	0
3753	Na	先辈	0	0
3754	VH	鲜明	0	0
3755	Na	闲话	0	0
3756	VK	显	0	0
3757	VC	献身	0	0
3758	Na	线索	0	0
3759	VB	相比	0	0
3760	VA	相待	0	0
3761	VH	相反	0	0
3762	Na	香蕉	0	0
3763	Na	香气	0	0
3764	Na	香肉	0	0
3765	VH	相似	0	0
3766	Nf	响	0	0
3767	Dk	想不到	0	0
3768	VJ	想尽	0	0
3769	VE	想像	0	0
3770	VJ	享受到	0	0
3771	Na	相框	0	0
3772	VK	向往	0	0
3773	Na	小姑娘	0	0
3774	Na	小路	0	0
3775	Na	小提琴	0	0
3776	Nc	小溪	0	0

순서	품사	단어	통합	
			수정전	수정후
3777	VJ	孝顺	0	0
3778	Na	校长	0	0
3779	VA	歇	0	0
3780	VH	协	0	0
3781	VC	写出	0	0
3782	VA	写字	0	0
3783	VC	写作	0	0
3784	VA	泻下来	0	0
3785	VB	写下来	0	1
3786	A	心爱	0	0
3787	Na	心扉	0	0
3788	VH	辛勤	0	1
3789	VH	心神不宁	0	0
3790	VH	心酸	0	0
3791	Na	信箱	0	0
3792	Na	星星	0	0
3793	VB	行礼	0	0
3794	VE	形容	0	1
3795	VA	醒	0	0
3796	VH	醒来	0	0
3797	VH	兴高采烈	0	0
3798	D	幸好	0	0
3799	VH	兴致勃勃	0	0
3800	Na	熊	0	0
3801	VC	修好	0	0
3802	Na	修配车	0	0
3803	VH	秀丽	0	0
3804	VJ	虚度	0	1
3805	VA	虚张声势	0	0
3806	VA	喧哗	0	0
3807	Na	选举	0	0
3808	VH	学成	0	0
3809	Na	学弟	0	0
3810	Na	学妹	0	0
3811	Na	雪碧	0	0
3812	Na	雪地	0	0
3813	Na	押金费	0	0
3814	VH	牙疼	0	0
3815	Na	烟花	0	0
3816	Na	腌制	0	0

순서	품사	단어	통합	
			수정전	수정후
3817	VA	研究	0	0
3818	Na	研究生	0	0
3819	VH	炎热	0	0
3820	Na	岩石	0	0
3821	Na	癌症	0	0
3822	Nf	眼	0	0
3823	Na	眼光	0	0
3824	Na	眼镜	0	0
3825	Na	眼圈儿	0	0
3826	VK	厌烦	0	0
3827	VJ	厌倦	0	0
3828	VJ	厌弃	0	0
3829	VAC	摇	0	0
3830	VAC	摇晃	0	0
3831	VA	摇橹	0	0
3832	VH	遥远	0	0
3833	VA	咬牙	0	0
3834	D	要不要	0	0
3835	VH	要好	0	1
3836	VH	耀眼	0	0
3837	Dk	也就是说	0	0
3838	VH	野蛮	0	0
3839	VA	野营	0	0
3840	Na	野猪	0	0
3841	VH	夜深	0	0
3842	Na	依据	0	0
3843	VK	依赖	0	0
3844	D	依然	0	0
3845	D	一一	0	0
3846	VH	依依不舍	0	0
3847	Neqa	一半	0	0
3848	Na	遗产	0	0
3849	Nd	一大早	0	0
3850	A	一贯	0	0
3851	Na	遗迹	0	0
3852	VH	遗迹	0	0
3853	D	一块儿	0	0
3854	D	一再	0	0
3855	Nd	一阵	0	0
3856	Cbb	以及	0	0

순서	품사	단어	통합	
			수정전	수정후
3857	Ng	以内	0	0
3858	VA	以身作则	0	0
3859	A	易爆	0	0
3860	Neqa	一点点	0	0
3861	Neqa	一朵朵	0	1
3862	Na	异国	0	0
3863	Nc	一楼	0	0
3864	Neqa	一排排	0	0
3865	A	易燃	0	0
3866	Neqa	一声声	0	0
3867	VK	意想不到	0	0
3868	VH	一言既出	0	0
3869	Na	异样	0	0
3870	D	一语	0	0
3871	Na	意中人	0	0
3872	Na	阴历	0	0
3873	D	应当	0	0
3874	Nc	英语系	0	0
3875	Na	迎春花	0	0
3876	D	硬	0	0
3877	VH	映	0	0
3878	VA	应考	0	0
3879	VH	拥挤	0	0
3880	VH	永生	0	0
3881	VL	用来	0	0
3882	Na	用品	0	0
3883	VH	悠久	0	0
3884	VH	优美	0	0
3885	VH	幽默	0	0
3886	Na	优缺点	0	0
3887	VA	游来游去	0	0
3888	Nc	游乐场	0	0
3889	VH	游手好闲	0	0
3890	VA	游玩	0	0
3891	Nc	游戏室	0	0
3892	Na	游泳课	0	0
3893	Na	游泳衣	0	0
3894	VK	犹豫	0	0
3895	VH	有气无力	0	0
3896	VH	友善	0	0

순서	품사	단어	통합	
			수정전	수정후
3897	VJ	有所	0	1
3898	VH	有效	0	0
3899	Na	有心人	0	0
3900	Dfa	有一点点	0	0
3901	VJ	有益于	0	0
3902	Na	幼年	0	0
3903	VA	愚公移山	0	0
3904	Na	圆月	0	0
3905	VH	远远	0	0
3906	VA	远足	0	0
3907	VE	预测到	0	0
3908	Nc	浴场	0	0
3909	VC	预订	0	0
3910	Na	月饼	0	0
3911	Nd	月初	0	0
3912	VH	晕倒	0	0
3913	VC	熨	0	0
3914	VC	砸碎	0	0
3915	VH	在一块儿	0	0
3916	VJ	赞同	0	0
3917	Na	葬礼	0	0
3918	Na	澡	0	0
3919	Na	枣儿	0	0
3920	D	早日	0	0
3921	D	早些	0	0
3922	VH	早早	0	0
3923	D	早早	0	0
3924	VG	造成	0	0
3925	VC	责怪	0	0
3926	VC	责骂	0	0
3927	Na	责任感	0	0
3928	Na	增肥	0	0
3929	Na	战船	0	0
3930	A	暂时	0	0
3931	Na	帐蓬	0	0
3932	VC	招聘	0	0
3933	VI	着想	0	0
3934	VJ	珍爱	0	0
3935	P	针对	0	0
3936	VH	真是	0	0

순서	품사	단어	통합	
			수정전	수정후
3937	A	真正的	0	1
3938	VJ	珍惜	0	0
3939	VA	争吵	0	0
3940	Na	政策	0	0
3941	VH	正经	0	0
3942	Na	正门	0	0
3943	D	正面	0	1
3944	VA	挣钱	0	0
3945	Ncd	之间	0	0
3946	Na	知了	0	0
3947	Ng	之下	0	0
3948	Na	枝子	0	0
3949	Na	纸	0	0
3950	D	只得	0	0
3951	Na	指挥	0	0
3952	P	至	0	0
3953	VB	治病	0	1
3954	VC	治好	0	0
3955	VA	制药	0	0
3956	Na	中餐	0	0
3957	Na	中饭	0	0
3958	Ncd	中间	0	0
3959	Na	中介人	0	0
3960	Na	中语	0	0
3961	Na	猪血	0	0
3962	Na	助教	0	0
3963	Na	主席	0	0
3964	VH	主要	0	0
3965	Na	主意	0	0
3966	VK	主意	0	0
3967	VH	著名	0	0
3968	VA	助兴	0	0
3969	Na	注意力	0	0
3970	Na	柱子	0	0
3971	Na	专业课	0	1
3972	VH	转凉	0	0
3973	VA	转学	0	0
3974	VC	赚	0	0
3975	VA	转来转去	0	0
3976	VA	赚钱	0	0

순서	품사	단어	통합	
			수정전	수정후
3977	VC	撞断	0	0
3978	VH	壮观	0	0
3979	Na	装饰	0	0
3980	VC	追	0	0
3981	VC	追随	0	0
3982	Na	坠石	0	0
3983	D	准	0	0
3984	VH	准确	0	0
3985	Na	资料	0	0
3986	Na	滋味儿	0	0
3987	Na	紫色	0	0
3988	Na	自豪感	0	0
3989	VK	自觉	0	0
3990	VH	自立	0	0
3991	D	自然	0	0
3992	D	自始至终	0	0
3993	Na	自信感	0	0
3994	VE	自言自语	0	0
3995	VH	自尊	0	0
3996	Na	宗教	0	0
3997	Da	总共	0	0
3998	VA	走步	0	0
3999	VCL	走出	0	0
4000	VA	走过来	0	0
4001	VA	走进来	0	0
4002	VA	走来走去	0	0
4003	Na	嘴唇	0	0
4004	Da	最多	0	1
4005	VA	作弊	0	1
4006	Na	作家	0	0
4007	VH	坐立不安	0	0
4008	VA	做梦	0	0
4009	VA	做人	0	0
4010	Na	作文课	0	0
4011	VA	做下来	0	0
4012	VC	阻止	0	0
4013	D	的确	0	0
4014	Nc	顶峰	0	0
4015	T	哦	0	0
4016	D	反正	0	0

순서	품사	단어	통합	
			수정전	수정후
4017	Na	肺	0	0
4018	VA	过日子	0	0
4019	Na	汗水	0	0
4020	Na	跤	0	0
4021	Na	尼古丁	0	0
4022	Na	生死之交	0	0
4023	D	行不行	0	0
4024	Na	学术	0	0
4025	Na	油条	0	0
4026	Na	皱纹	0	0

4. 전체 언어자료의 품사별 사용 빈도

4.1 전체 중간언어 자료 '수정 전·후'의 품사 사용 빈도(수정전 기준)5)

4.1.1 A 비술어형용사

순서	품사	단어	통합	
			수정전	수정후
1079	A	一般	6	7
1144	A	一定	6	4
1525	A	同一	3	5
1680	A	师范	3	3
1749	A	高等	3	2
1904	A	唯一	2	3
1916	A	原来	2	3
1919	A	知心	2	3
1992	A	公共	2	2
2062	A	零下	2	2
2119	A	日常	2	2
2146	A	双重	2	2
2428	A	反覆	1	2
2947	A	课外	1	1
3206	A	双	1	1

---

5) '순서'는 전체 중간언어 자료의 '수정전' 어휘 순서를 기준으로 하였고, '대만중앙연구원평행말뭉치'(臺灣中央研究院平衡語料庫)의 46개 품사 표기에서 FW는 외국어 표기에 속하므로, 이곳에서는 서술하지 않기로 한다.

순서	품사	단어	통합	
			수정전	수정후
3358	A	心爱	1	1
3407	A	一贯	1	1
3417	A	易爆	1	1
3470	A	暂时	1	1
3591	A	亲	0	2
3669	A	大概	0	1
3728	A	共同	0	1
3868	A	切身	0	1
3978	A	易燃	0	1
4003	A	真正的	0	1

4.1.2 Caa 대등접속사

순서	품사	단어	통합	
			수정전	수정후
37	Caa	和	282	285
392	Caa	而且	28	22
735	Caa	又	12	7
826	Caa	或者	10	6
1057	Caa	与	6	10
1092	Caa	或	6	6
1329	Caa	跟	4	5
1331	Caa	既	4	5
1745	Caa	而	3	2
2017	Caa	及	2	2
2363	Caa	还是	1	4

4.1.3 Cab 열거접속사

순서	품사	단어	통합	
			수정전	수정후
462	Cab	等	21	32
1812	Cab	等等	2	14

4.1.4 Cba 이동성관계접속사

순서	품사	단어	통합	
			수정전	수정후
1811	Cba	的话	2	62

4.1.5 Cbb 비이동성관계접속사

순서	품사	단어	통합	
			수정전	수정후
27	Cbb	所以	344	341
58	Cbb	因为	192	194
77	Cbb	可是	154	124
90	Cbb	但	131	140
101	Cbb	但是	123	103
130	Cbb	虽然	91	102
152	Cbb	如果	81	79
237	Cbb	而且	50	52
257	Cbb	不但	47	39
288	Cbb	要是	41	36
314	Cbb	不过	37	28
384	Cbb	而	28	30
450	Cbb	连	22	25
485	Cbb	只要	21	16
579	Cbb	由于	16	20
778	Cbb	不管	11	7
844	Cbb	因此	9	11
900	Cbb	就是	8	12
968	Cbb	不仅	7	19
1060	Cbb	而是	6	9
1065	Cbb	既	6	8
1181	Cbb	于是	5	7
1248	Cbb	并	5	4
1342	Cbb	因	4	5
1423	Cbb	之所以	4	4
1527	Cbb	无论	3	5
1565	Cbb	甚至	3	4
1617	Cbb	和	3	3
1755	Cbb	即使	3	2
1774	Cbb	然而	3	2
1814	Cbb	并且	2	7
1816	Cbb	只有	2	6
1851	Cbb	不论	2	3
1866	Cbb	还是	2	3
1911	Cbb	要不然	2	3
1980	Cbb	凡是	2	2
2032	Cbb	尽管	2	2
2367	Cbb	若	1	4

순서	품사	단어	통합	
			수정전	수정후
2382	Cbb	那么	1	3
2392	Cbb	虽说	1	3
2449	Cbb	既然	1	2
2466	Cbb	另外	1	2
2642	Cbb	除非	1	1
2648	Cbb	此外	1	1
2724	Cbb	凡	1	1
2750	Cbb	否则	1	1
2824	Cbb	何况	1	1
3392	Cbb	要不	1	1
3414	Cbb	以及	1	1
3577	Cbb	就算	0	2
3627	Cbb	便是	0	1
3883	Cbb	若要	0	1

4.1.6 D 일반부사

순서	품사	단어	통합	
			수정전	수정후
12	D	不	716	717
26	D	就	345	401
28	D	都	339	432
33	D	也	314	337
34	D	要	300	331
38	D	能	278	303
45	D	一起	239	254
56	D	来	200	172
61	D	还	187	196
65	D	去	184	192
69	D	没	175	191
85	D	再	140	154
89	D	真	132	95
91	D	已经	131	132
94	D	会	127	190
114	D	一定	105	109
116	D	常常	105	89
133	D	一直	90	99
166	D	经常	72	77
174	D	没有	70	54

순서	품사	단어	통합	
			수정전	수정후
179	D	得	68	77
180	D	应该	68	72
213	D	别	55	56
216	D	一	55	43
220	D	先	54	59
222	D	多	54	54
226	D	又	52	60
235	D	可	50	66
241	D	怎么	50	46
247	D	好像	49	44
259	D	互相	46	44
265	D	必须	45	44
273	D	然后	44	30
274	D	可以	43	50
289	D	原来	41	36
291	D	正在	40	42
297	D	快	39	46
318	D	那么	36	29
325	D	一边	35	31
336	D	突然	33	33
343	D	可能	33	27
357	D	马上	31	33
359	D	这么	31	31
370	D	总是	30	30
388	D	为什么	28	27
394	D	还是	27	45
409	D	早	26	26
440	D	差不多	23	24
441	D	即	23	24
464	D	便	21	24
468	D	立即	21	22
475	D	差点儿	21	20
494	D	刚	20	22
503	D	真的	20	20
516	D	到处	19	19
540	D	顺便	18	18
554	D	赶快	17	18
559	D	只有	17	18
560	D	不见得	17	17
577	D	终于	16	22

순서	품사	단어	통합	
			수정전	수정후
589	D	本来	16	15
594	D	没想到	16	13
596	D	大概	15	20
616	D	偏偏	15	13
619	D	初次	15	11
629	D	看起来	14	15
631	D	说不定	14	15
640	D	能不能	14	13
644	D	快要	14	12
650	D	当然	14	6
693	D	其实	12	16
721	D	完全	12	12
757	D	按时	11	11
784	D	正	10	15
788	D	渐	10	13
793	D	永远	10	12
798	D	很少	10	11
821	D	有时候	10	9
822	D	有时	10	8
830	D	却	9	20
833	D	那里	9	13
834	D	常	9	12
851	D	能够	9	10
862	D	该	9	9
879	D	恐怕	9	8
895	D	并	8	15
921	D	一般	8	9
953	D	多多	8	6
965	D	所	8	3
966	D	尤其	8	3
979	D	到底	7	9
1005	D	看上去	7	7
1018	D	有没有	7	7
1023	D	不知不觉	7	6
1031	D	天天	7	6
1034	D	等一下	7	5
1064	D	必	6	8
1084	D	不可	6	6
1091	D	怪不得	6	6
1147	D	近来	6	3

순서	품사	단어	통합	
			수정전	수정후
1154	D	反正	6	0
1156	D	更	5	12
1161	D	忽然	5	9
1171	D	总	5	8
1173	D	重新	5	7
1176	D	渐渐	5	7
1184	D	不用	5	6
1185	D	不得不	5	6
1230	D	太早	5	5
1245	D	逐渐	5	5
1257	D	果然	5	4
1268	D	确实	5	4
1283	D	绝对	5	3
1284	D	看来	5	3
1300	D	只好	4	11
1319	D	难以	4	6
1323	D	须要	4	6
1324	D	也许	4	6
1335	D	竟然	4	5
1336	D	快点儿	4	5
1362	D	毫无	4	4
1369	D	几时	4	4
1391	D	亲自	4	4
1402	D	首先	4	4
1442	D	尽管	4	3
1448	D	每	4	3
1454	D	日益	4	3
1466	D	怎样	4	3
1495	D	自然	4	1
1500	D	真是	3	13
1502	D	终	3	8
1503	D	根本	3	7
1515	D	从此	3	5
1521	D	立刻	3	5
1563	D	仍然	3	4
1606	D	放声	3	3
1615	D	还可以	3	3
1616	D	好好儿	3	3
1630	D	将	3	3
1639	D	可不可以	3	3

순서	품사	단어	통합	
			수정전	수정후
1667	D	偶然	3	3
1675	D	日趋	3	3
1731	D	至今	3	3
1739	D	处处	3	2
1758	D	决不	3	2
1779	D	说起来	3	2
1783	D	先~然后	3	2
1790	D	再一次	3	2
1796	D	反覆	3	1
1823	D	尽快	2	5
1854	D	不应该	2	3
1858	D	从早到晚	2	3
1897	D	稍微	2	3
1898	D	少	2	3
1905	D	无法	2	3
1914	D	一向	2	3
1941	D	曾经	2	2
1972	D	独自	2	2
2045	D	快点	2	2
2058	D	临	2	2
2059	D	临死	2	2
2071	D	埋头	2	2
2110	D	亲眼	2	2
2133	D	实在	2	2
2150	D	随时	2	2
2219	D	再次	2	2
2247	D	最好	2	2
2281	D	哈哈	2	1
2299	D	了不起	2	1
2314	D	三三两两	2	1
2326	D	听起来	2	1
2328	D	往往	2	1
2356	D	在	1	7
2388	D	如何	1	3
2389	D	稍	1	3
2400	D	主要	1	3
2413	D	从小到大	1	2
2418	D	当面	1	2
2421	D	动不动	1	2
2430	D	纷纷	1	2

순서	품사	단어	통합	
			수정전	수정후
2442	D	好不容易	1	2
2459	D	可要	1	2
2470	D	明明	1	2
2508	D	一路	1	2
2511	D	一口	1	2
2513	D	一转眼	1	2
2539	D	按期	1	1
2590	D	不必	1	1
2591	D	不断	1	1
2601	D	不许	1	1
2632	D	重复	1	1
2651	D	从不	1	1
2663	D	大加	1	1
2672	D	单独	1	1
2683	D	倒	1	1
2684	D	倒不如	1	1
2779	D	共同	1	1
2806	D	还不是	1	1
2845	D	回头	1	1
2859	D	即将	1	1
2875	D	简直	1	1
2926	D	绝不	1	1
2939	D	看样子	1	1
3000	D	略	1	1
3013	D	慢慢儿	1	1
3049	D	哪来	1	1
3091	D	起初	1	1
3118	D	全	1	1
3136	D	日夜	1	1
3156	D	设身处地	1	1
3175	D	时不时	1	1
3177	D	时而	1	1
3185	D	始终	1	1
3212	D	似乎	1	1
3220	D	随手	1	1
3240	D	特	1	1
3243	D	特意	1	1
3258	D	通宵达旦	1	1
3293	D	未免	1	1
3308	D	无缘无故	1	1

순서	품사	단어	통합	
			수정전	수정후
3309	D	勿	1	1
3393	D	要不要	1	1
3402	D	依然	1	1
3403	D	一一	1	1
3410	D	一块儿	1	1
3411	D	一面	1	1
3412	D	一面	1	1
3413	D	一再	1	1
3423	D	一语	1	1
3426	D	应当	1	1
3429	D	硬	1	1
3461	D	早日	1	1
3463	D	早些	1	1
3469	D	暂时	1	1
3492	D	衷心	1	1
3512	D	准	1	1
3527	D	做起来	1	1
3530	D	的确	1	0
3535	D	行不行	1	0
3546	D	没法	0	4
3562	D	不由得	0	2
3580	D	连续	0	2
3589	D	偏要	0	2
3593	D	全力	0	2
3635	D	不经意	0	1
3636	D	不停	0	1
3639	D	才	0	1
3644	D	常年	0	1
3663	D	此后	0	1
3680	D	得以	0	1
3694	D	顿时	0	1
3699	D	反复	0	1
3723	D	各	0	1
3784	D	尽	0	1
3792	D	居然	0	1
3813	D	老半天	0	1
3817	D	累月	0	1
3837	D	满心	0	1
3904	D	事先	0	1
3934	D	嗡	0	1

순서	품사	단어	통합	
			수정전	수정후
3964	D	幸好	0	1
3998	D	早早	0	1
4005	D	正面	0	1
4006	D	只得	0	1
4020	D	自始至终	0	1

4.1.7 Da 수량부사

순서	품사	단어	통합	
			수정전	수정후
72	Da	才	165	174
208	Da	只	57	62
734	Da	不过	12	7
783	Da	共	10	15
909	Da	一共	8	10
1200	Da	正好	5	6
1215	Da	几乎	5	5
1501	Da	约	3	10
2374	Da	大约	1	3
3093	Da	起码	1	1
3518	Da	总共	1	1
3576	Da	仅	0	2
3634	Da	不光	0	1
4024	Da	最多	0	1

4.1.8 De 구조조사

순서	품사	단어	통합	
			수정전	수정후
2	De	的	3299	3068
25	De	得	346	350
98	De	地	123	151
738	De	之	11	16

4.1.9 Dfa 동사앞정도부사

순서	품사	단어	통합	
			수정전	수정후
4	Dfa	很	1065	1157

순서	품사	단어	통합	
			수정전	수정후
73	Dfa	太	164	142
111	Dfa	最	107	107
132	Dfa	非常	90	106
146	Dfa	有点儿	83	88
153	Dfa	较	80	83
156	Dfa	比较	77	81
200	Dfa	越来越	60	54
204	Dfa	更	59	46
244	Dfa	挺	49	50
568	Dfa	十分	17	15
639	Dfa	好	14	13
651	Dfa	相当	13	25
701	Dfa	多	12	14
736	Dfa	有点	11	22
780	Dfa	多么	11	5
892	Dfa	这样	9	4
1302	Dfa	还要	4	9
1499	Dfa	更加	3	13
1655	Dfa	满	3	3
2287	Dfa	极为	2	1
2312	Dfa	如此	2	1
2342	Dfa	有一点点	2	1
2383	Dfa	那样	1	3
2771	Dfa	格外	1	1
3726	Dfa	更为	0	1
3730	Dfa	够	0	1
3764	Dfa	极其	0	1

4.1.10 Dfb 동사뒤정도부사

순서	품사	단어	통합	
			수정전	수정후
623	Dfb	点儿	14	18
702	Dfb	极了	12	14
1090	Dfb	多	6	6
1139	Dfb	得多	6	4
1353	Dfb	点	4	4
2505	Dfb	些	1	2
2592	Dfb	不过	1	1

순서	품사	단어	통합	
			수정전	수정후
3266	Dfb	透	1	1

4.1.11 Di 시태표지

순서	품사	단어	통합	
			수정전	수정후
3	Di	了	1170	1355
76	Di	过	154	157
84	Di	着	141	157
412	Di	起来	25	35
2385	Di	起	1	3
3948	Di	下来	0	1

4.1.12 Dk 문장부사

순서	품사	단어	통합	
			수정전	수정후
922	Dk	无论如何	4	1
1072	Dk	总之	3	5
1439	Dk	就是说	2	2
1847	Dk	那么	1	1
1993	Dk	也就是说	1	1
2409	Dk	想不到	1	1
2790	Dk	不用说	1	1
2835	Dk	一般来说	1	2
3281	Dk	除此以外	0	1

4.1.13 I 감탄사

순서	품사	단어	통합	
			수정전	수정후
2535	I	哎呀	1	1
2819	I	呵	1	1
3291	I	喂	1	1

4.1.14 Na 일반명사

순서	품사	단어	통합	
			수정전	수정후
13	Na	人	675	675
19	Na	朋友	532	544
21	Na	时候	380	348
35	Na	汉语	300	300
40	Na	妈妈	277	274
59	Na	爸爸	190	188
60	Na	话	189	114
66	Na	老师	184	182
67	Na	时间	184	164
70	Na	们	170	157
74	Na	事	161	165
86	Na	学生	140	137
97	Na	车	125	125
104	Na	问题	118	121
108	Na	书	111	117
115	Na	生活	105	101
118	Na	东西	104	104
121	Na	男朋友	99	103
128	Na	身体	94	90
131	Na	性格	91	87
134	Na	菜	90	87
136	Na	业	89	89
138	Na	电影	88	90
139	Na	雪	87	96
143	Na	天气	85	86
154	Na	父母	80	80
155	Na	行	79	33
157	Na	衣服	77	75
161	Na	旅行	76	32
163	Na	弟弟	73	73
171	Na	工作	70	77
172	Na	酒	70	68
177	Na	哥哥	69	70
182	Na	饭	67	77
183	Na	钱	67	71
190	Na	小时	64	64
192	Na	约会	64	48
193	Na	地方	63	53

순서	품사	단어	통합	
			수정전	수정후
195	Na	路	61	56
202	Na	作业	59	62
214	Na	勇气	55	55
215	Na	事情	55	53
228	Na	中国人	52	53
232	Na	同屋	51	52
238	Na	月	50	51
254	Na	面	48	24
258	Na	汽车	46	47
268	Na	消息	44	46
269	Na	妹妹	44	45
271	Na	英语	44	44
275	Na	水平	43	49
280	Na	目的	43	41
281	Na	课	42	42
283	Na	困难	42	34
285	Na	同学	41	43
287	Na	样式	41	37
295	Na	生日	40	36
298	Na	年级	39	40
305	Na	关系	38	41
311	Na	图书馆	37	37
313	Na	心情	37	35
316	Na	身材	36	35
321	Na	好朋友	35	35
322	Na	球	35	35
324	Na	房子	35	34
332	Na	体重	33	35
344	Na	家庭	32	35
348	Na	奶奶	32	32
360	Na	自行车	31	30
362	Na	专家	31	29
376	Na	火车	29	29
378	Na	鞋带	29	29
382	Na	水	29	22
385	Na	外套	28	30
386	Na	狗	28	29
387	Na	机会	28	29
396	Na	比赛	27	30
397	Na	礼物	27	29

순서	품사	단어	통합	
			수정전	수정후
401	Na	样子	27	16
405	Na	电话	26	29
407	Na	钱包	26	28
414	Na	星期	25	27
416	Na	成绩	25	26
423	Na	情况	25	21
427	Na	手机	24	25
428	Na	信	24	25
433	Na	经济	24	24
434	Na	大学生	24	22
439	Na	客人	23	29
457	Na	桌子	22	22
465	Na	公共汽车	21	24
470	Na	父亲	21	21
471	Na	国家	21	21
476	Na	女朋友	21	20
492	Na	旅游	20	23
493	Na	中国语	20	23
495	Na	病	20	21
499	Na	母亲	20	20
502	Na	文化	20	20
508	Na	社会	20	18
517	Na	飞机	19	19
518	Na	韩国人	19	19
521	Na	节日	19	18
531	Na	花	18	24
534	Na	名字	18	21
543	Na	电脑	18	17
545	Na	意思	18	17
548	Na	原因	18	15
561	Na	脸	17	17
563	Na	计划	17	16
571	Na	事儿	17	14
574	Na	帮助	17	11
582	Na	觉	16	18
583	Na	印象	16	18
584	Na	床	16	16
587	Na	小狗	16	16
591	Na	气氛	16	14
592	Na	日子	16	14

순서	품사	단어	통합	
			수정전	수정후
593	Na	照片	16	14
595	Na	主张	16	10
609	Na	画	15	15
612	Na	爷爷	15	15
622	Na	回忆	15	10
624	Na	心	14	17
633	Na	中文	14	15
634	Na	足球	14	15
637	Na	习惯	14	14
647	Na	部队	14	10
648	Na	经验	14	10
655	Na	活动	13	16
657	Na	初雪	13	15
664	Na	个子	13	14
667	Na	行李	13	14
669	Na	茶	13	13
670	Na	面包	13	13
671	Na	苹果	13	13
673	Na	外国语	13	13
674	Na	雨	13	13
677	Na	儿子	13	12
681	Na	意见	13	12
684	Na	海	13	11
687	Na	眼睛	13	10
692	Na	咖啡	12	16
697	Na	裙子	12	15
710	Na	演员	12	13
713	Na	城市	12	12
715	Na	传统	12	12
718	Na	啤酒	12	12
722	Na	小偷	12	12
723	Na	学期	12	12
724	Na	丈夫	12	12
728	Na	想法	12	11
733	Na	办法	12	9
747	Na	年轻人	11	12
748	Na	女人	11	12
751	Na	叔叔	11	12
755	Na	游戏	11	12
759	Na	发展	11	11

순서	품사	단어	통합	
			수정전	수정후
760	Na	内容	11	11
766	Na	猫	11	10
767	Na	态度	11	10
769	Na	眼泪	11	10
771	Na	窗户	11	9
772	Na	歌	11	9
779	Na	行动	11	6
787	Na	服装	10	13
791	Na	专业	10	13
794	Na	字	10	12
796	Na	韩语	10	11
797	Na	汉字	10	11
804	Na	交通	10	10
805	Na	男人	10	10
808	Na	司机	10	10
811	Na	药	10	10
813	Na	船	10	9
816	Na	空气	10	9
818	Na	人生	10	9
820	Na	小孩子	10	9
827	Na	报告	10	5
831	Na	期间	9	17
835	Na	感觉	9	12
839	Na	相机	9	12
841	Na	海边	9	11
842	Na	墙	9	11
857	Na	爸	9	9
858	Na	部分	9	9
865	Na	家务	9	9
866	Na	节目	9	9
867	Na	科学	9	9
868	Na	美国人	9	9
869	Na	书包	9	9
872	Na	雨伞	9	9
873	Na	自信	9	9
876	Na	季节	9	8
883	Na	医生	9	8
887	Na	肚子	9	7
898	Na	爱	8	12
904	Na	树	8	11

순서	품사	단어	통합	
			수정전	수정후
907	Na	人口	8	10
908	Na	文章	8	10
911	Na	大姐	8	9
912	Na	大雨	8	9
914	Na	韩国语	8	9
917	Na	留学生	8	9
919	Na	水果	8	9
923	Na	车票	8	8
924	Na	词	8	8
925	Na	地铁	8	8
927	Na	钢琴	8	8
928	Na	国语	8	8
929	Na	过程	8	8
930	Na	韩国队	8	8
931	Na	烤鸭	8	8
933	Na	老板	8	8
935	Na	马路	8	8
937	Na	腿	8	8
940	Na	血型	8	8
942	Na	友谊	8	8
948	Na	条件	8	7
956	Na	声音	8	6
958	Na	方面	8	5
960	Na	腰	8	5
982	Na	饭店	7	8
986	Na	理想	7	8
991	Na	屋子	7	8
993	Na	表演	7	7
995	Na	宠物	7	7
999	Na	公寓	7	7
1001	Na	孩子	7	7
1007	Na	理由	7	7
1009	Na	乒乓球	7	7
1012	Na	手术	7	7
1013	Na	头发	7	7
1014	Na	小说	7	7
1017	Na	饮料	7	7
1019	Na	预报	7	7
1020	Na	政府	7	7
1022	Na	笔	7	6

순서	품사	단어	통합	
			수정전	수정후
1027	Na	好处	7	6
1030	Na	跆拳道	7	6
1045	Na	白色	7	4
1049	Na	想像	7	4
1051	Na	职业	7	4
1067	Na	日程	6	8
1068	Na	现象	6	8
1070	Na	词典	6	7
1077	Na	兴趣	6	7
1080	Na	邮票	6	7
1081	Na	中国菜	6	7
1085	Na	车祸	6	6
1089	Na	动作	6	6
1094	Na	技术	6	6
1099	Na	女孩	6	6
1101	Na	泡菜	6	6
1103	Na	热情	6	6
1105	Na	实力	6	6
1109	Na	先生	6	6
1110	Na	颜色	6	6
1112	Na	侄女	6	6
1114	Na	自然	6	6
1115	Na	白菜	6	5
1120	Na	风	6	5
1122	Na	故事	6	5
1124	Na	基督教	6	5
1125	Na	家具	6	5
1127	Na	街	6	5
1132	Na	小姐	6	5
1134	Na	要求	6	5
1143	Na	选择	6	4
1148	Na	乐趣	6	3
1149	Na	马	6	3
1152	Na	中学生	6	3
1170	Na	语言	5	8
1183	Na	表妹	5	6
1187	Na	感情	5	6
1190	Na	韩流	5	6
1195	Na	卫生	5	6
1197	Na	新家	5	6

순서	품사	단어	통합	
			수정전	수정후
1198	Na	雪人	5	6
1202	Na	状况	5	6
1204	Na	座位	5	6
1208	Na	点心	5	5
1210	Na	发音	5	5
1211	Na	方便面	5	5
1216	Na	健忘症	5	5
1217	Na	京剧	5	5
1218	Na	决心	5	5
1219	Na	军人	5	5
1225	Na	女儿	5	5
1226	Na	日本人	5	5
1227	Na	失业者	5	5
1234	Na	味儿	5	5
1251	Na	大提琴	5	4
1252	Na	大衣	5	4
1260	Na	驾驶	5	4
1262	Na	烤肉	5	4
1264	Na	脸色	5	4
1270	Na	肉	5	4
1271	Na	时代	5	4
1272	Na	书架	5	4
1274	Na	谈话	5	4
1276	Na	味	5	4
1277	Na	味道	5	4
1279	Na	子女	5	4
1294	Na	必要	5	2
1306	Na	量	4	7
1309	Na	小学生	4	7
1313	Na	红色	4	6
1322	Na	屋	4	6
1332	Na	假期	4	5
1333	Na	姐妹	4	5
1337	Na	商品	4	5
1343	Na	英文	4	5
1350	Na	大会	4	4
1351	Na	大一	4	4
1354	Na	法语	4	4
1359	Na	工人	4	4
1360	Na	工资	4	4

순서	품사	단어	통합	
			수정전	수정후
1365	Na	红叶	4	4
1368	Na	急事	4	4
1370	Na	技能	4	4
1371	Na	家训	4	4
1374	Na	姐夫	4	4
1375	Na	精神	4	4
1379	Na	口音	4	4
1381	Na	老虎	4	4
1382	Na	历史	4	4
1383	Na	恋人	4	4
1386	Na	牛奶	4	4
1388	Na	皮肤	4	4
1389	Na	器具	4	4
1393	Na	日语	4	4
1397	Na	社团	4	4
1399	Na	事故	4	4
1400	Na	手表	4	4
1401	Na	手套	4	4
1403	Na	树叶	4	4
1406	Na	五花肉	4	4
1407	Na	西瓜	4	4
1408	Na	戏剧	4	4
1409	Na	现代人	4	4
1412	Na	新生	4	4
1414	Na	压力	4	4
1415	Na	宴会	4	4
1416	Na	钥匙	4	4
1417	Na	椅子	4	4
1419	Na	语法	4	4
1420	Na	愿望	4	4
1428	Na	最爱	4	4
1434	Na	大夫	4	3
1437	Na	非典	4	3
1438	Na	歌星	4	3
1443	Na	距离	4	3
1444	Na	开车兵	4	3
1447	Na	论文	4	3
1450	Na	女孩儿	4	3
1453	Na	权利	4	3
1455	Na	烧酒	4	3

순서	품사	단어	통합	
			수정전	수정후
1462	Na	文学	4	3
1470	Na	大海	4	2
1476	Na	劲儿	4	2
1480	Na	题目	4	2
1482	Na	学科	4	2
1483	Na	饮食	4	2
1493	Na	研究生	4	1
1494	Na	运营	4	1
1506	Na	月份	3	7
1511	Na	雪景	3	6
1518	Na	高中生	3	5
1522	Na	梦想	3	5
1524	Na	体育	3	5
1531	Na	缘故	3	5
1537	Na	电子	3	4
1542	Na	规律	3	4
1546	Na	基本	3	4
1548	Na	姊妹	3	4
1553	Na	裤子	3	4
1561	Na	平房	3	4
1564	Na	山路	3	4
1566	Na	时光	3	4
1571	Na	网	3	4
1572	Na	舞蹈	3	4
1573	Na	信仰	3	4
1574	Na	型	3	4
1575	Na	一生	3	4
1580	Na	百货	3	3
1581	Na	百货大楼	3	3
1582	Na	包子	3	3
1585	Na	鞭炮	3	3
1586	Na	冰箱	3	3
1587	Na	步	3	3
1589	Na	草原	3	3
1590	Na	层	3	3
1594	Na	船工	3	3
1595	Na	磁带	3	3
1600	Na	大楼	3	3
1603	Na	独生女	3	3
1605	Na	短信	3	3

순서	품사	단어	통합	
			수정전	수정후
1609	Na	歌手	3	3
1610	Na	功课	3	3
1611	Na	公路	3	3
1618	Na	花盆	3	3
1622	Na	婚礼	3	3
1623	Na	活力	3	3
1624	Na	活儿	3	3
1626	Na	货架	3	3
1627	Na	护士	3	3
1631	Na	教授	3	3
1634	Na	警察	3	3
1640	Na	课本	3	3
1643	Na	拉面	3	3
1644	Na	篮球	3	3
1645	Na	老大娘	3	3
1654	Na	律师	3	3
1656	Na	毛衣	3	3
1658	Na	梦	3	3
1659	Na	秘密	3	3
1665	Na	牛肉	3	3
1666	Na	农活	3	3
1668	Na	期望	3	3
1669	Na	企业	3	3
1670	Na	气候	3	3
1673	Na	球赛	3	3
1674	Na	日本菜	3	3
1676	Na	嗓子	3	3
1677	Na	沙发	3	3
1678	Na	设施	3	3
1679	品사	圣经	3	3
1681	Na	师兄	3	3
1682	Na	石窟	3	3
1685	Na	丝绸	3	3
1686	Na	思想	3	3
1688	Na	糖	3	3
1692	Na	推车	3	3
1694	Na	网吧	3	3
1695	Na	微笑	3	3
1696	Na	温度	3	3
1698	Na	现实	3	3

순서	품사	단어	통합	
			수정전	수정후
1703	Na	相貌	3	3
1705	Na	小吃	3	3
1711	Na	信封	3	3
1712	Na	宣传画	3	3
1713	Na	训练	3	3
1714	Na	牙齿	3	3
1717	Na	艺术	3	3
1722	Na	鱼	3	3
1725	Na	早饭	3	3
1728	Na	照相机	3	3
1729	Na	知识	3	3
1730	Na	侄子	3	3
1737	Na	差别	3	2
1742	Na	道路	3	2
1744	Na	对话	3	2
1747	Na	发言	3	2
1757	Na	家门	3	2
1765	Na	民族	3	2
1766	Na	名胜	3	2
1770	Na	女孩子	3	2
1775	Na	室内	3	2
1776	Na	双手	3	2
1789	Na	余地	3	2
1792	Na	执照	3	2
1810	Na	作家	3	1
1819	Na	错误	2	5
1824	Na	经理	2	5
1826	Na	全家	2	5
1835	Na	湖	2	4
1837	Na	楼房	2	4
1838	Na	农民	2	4
1839	Na	青年	2	4
1840	Na	人际	2	4
1844	Na	雪仗	2	4
1848	Na	巴士	2	3
1849	Na	班车	2	3
1856	Na	成员	2	3
1861	Na	岛	2	3
1862	Na	电梯	2	3
1867	Na	汉语课	2	3

순서	품사	단어	통합	
			수정전	수정후
1868	Na	好友	2	3
1870	Na	坏事	2	3
1874	Na	脚	2	3
1881	Na	懒觉	2	3
1882	Na	老朋友	2	3
1896	Na	嫂子	2	3
1899	Na	少年	2	3
1902	Na	童年	2	3
1906	Na	鲜花	2	3
1908	Na	心意	2	3
1925	Na	白马王子	2	2
1926	Na	班	2	2
1927	Na	保安	2	2
1928	Na	保龄球	2	2
1932	Na	冰淇淋	2	2
1934	Na	饼干	2	2
1936	Na	不幸	2	2
1939	Na	材料	2	2
1940	Na	彩虹	2	2
1943	Na	场面	2	2
1945	Na	朝鲜族	2	2
1947	Na	成果	2	2
1953	Na	绰号	2	2
1957	Na	大象	2	2
1959	Na	单词	2	2
1960	Na	导游	2	2
1966	Na	地球	2	2
1967	Na	地址	2	2
1969	Na	电影儿	2	2
1971	Na	动物	2	2
1973	Na	渡轮	2	2
1983	Na	风味菜	2	2
1984	Na	服务员	2	2
1985	Na	副作用	2	2
1990	Na	糕汤	2	2
1991	Na	工程	2	2
1993	Na	工业	2	2
1994	Na	公主	2	2
1995	Na	孤独感	2	2
1996	Na	顾客	2	2

순서	품사	단어	통합	
			수정전	수정후
1998	Na	瓜子	2	2
2005	Na	黑板	2	2
2009	Na	猴子	2	2
2011	Na	花瓶	2	2
2012	Na	黄瓜	2	2
2013	Na	火焰	2	2
2014	Na	胡同	2	2
2016	Na	鸡肉	2	2
2019	Na	记者	2	2
2020	Na	家家户户	2	2
2024	Na	街道	2	2
2026	Na	结论	2	2
2033	Na	镜子	2	2
2039	Na	看法	2	2
2043	Na	空调	2	2
2044	Na	口味	2	2
2046	Na	苦难	2	2
2048	Na	蓝色	2	2
2050	Na	老大爷	2	2
2051	Na	姥姥	2	2
2054	Na	利	2	2
2057	Na	粮食	2	2
2060	Na	零件	2	2
2061	Na	铃声	2	2
2063	Na	零用钱	2	2
2064	Na	流水	2	2
2068	Na	绿茶	2	2
2070	Na	骆驼	2	2
2073	Na	毛病	2	2
2074	Na	贸易	2	2
2075	Na	美景	2	2
2076	Na	米饭	2	2
2078	Na	面色	2	2
2079	Na	面子	2	2
2080	Na	明星	2	2
2087	Na	男孩儿	2	2
2088	Na	内心	2	2
2089	Na	农历	2	2
2090	Na	农业	2	2
2091	Na	农作物	2	2

순서	품사	단어	통합	
			수정전	수정후
2097	Na	胖子	2	2
2099	Na	扒手	2	2
2101	Na	皮鞋	2	2
2102	Na	波涛	2	2
2104	Na	企业家	2	2
2106	Na	气象	2	2
2107	Na	气质	2	2
2109	Na	跷跷板	2	2
2111	Na	亲友	2	2
2113	Na	秋千	2	2
2115	Na	热心	2	2
2116	Na	人才	2	2
2117	Na	人民币	2	2
2120	Na	容貌	2	2
2121	Na	沙漠	2	2
2122	Na	沙滩	2	2
2123	Na	上海人	2	2
2124	Na	上天	2	2
2126	Na	肾病	2	2
2127	Na	生词	2	2
2128	Na	声调	2	2
2129	Na	师傅	2	2
2130	Na	诗集	2	2
2131	Na	师生	2	2
2134	Na	十字架	2	2
2135	Na	士兵	2	2
2140	Na	柿子	2	2
2142	Na	售货员	2	2
2144	Na	叔母	2	2
2145	Na	数学	2	2
2147	Na	丝	2	2
2151	Na	台风	2	2
2153	Na	太太	2	2
2154	Na	太阳	2	2
2157	Na	糖果	2	2
2158	Na	特色	2	2
2159	Na	梯子	2	2
2163	Na	天主教	2	2
2166	Na	庭院	2	2
2171	Na	外宾	2	2

순서	품사	단어	통합	
			수정전	수정후
2181	Na	物价	2	2
2184	Na	峡谷	2	2
2189	Na	项目	2	2
2191	Na	小伙子	2	2
2192	Na	小偷儿	2	2
2194	Na	小组	2	2
2195	Na	校门	2	2
2198	Na	形容	2	2
2200	Na	选手	2	2
2202	Na	演讲	2	2
2203	Na	养花	2	2
2207	Na	一般人	2	2
2208	Na	音乐会	2	2
2210	Na	影响	2	2
2217	Na	预测	2	2
2218	Na	乐曲	2	2
2224	Na	炸鸡	2	2
2233	Na	职位	2	2
2235	Na	中级	2	2
2236	Na	种类	2	2
2237	Na	猪肉	2	2
2241	Na	砖	2	2
2242	Na	姿势	2	2
2243	Na	紫菜	2	2
2244	Na	自觉	2	2
2245	Na	资源	2	2
2246	Na	租车	2	2
2252	Na	把握	2	1
2254	Na	报纸	2	1
2255	Na	鼻子	2	1
2260	Na	场合	2	1
2273	Na	翻译	2	1
2274	Na	房卡	2	1
2280	Na	国民	2	1
2282	Na	怀	2	1
2283	Na	火气	2	1
2285	Na	护照	2	1
2293	Na	建设	2	1
2294	Na	竞争	2	1
2303	Na	民众	2	1

순서	품사	단어	통합	
			수정전	수정후
2304	Na	模样	2	1
2305	Na	能力	2	1
2306	Na	屁股	2	1
2313	Na	弱点	2	1
2315	Na	沙子	2	1
2318	Na	神经	2	1
2322	Na	使用	2	1
2323	Na	试验	2	1
2324	Na	双胞胎	2	1
2335	Na	熊	2	1
2336	Na	学妹	2	1
2337	Na	研究员	2	1
2340	Na	婴儿	2	1
2343	Na	责任感	2	1
2344	Na	帐蓬	2	1
2345	Na	正门	2	1
2346	Na	主意	2	1
2349	Na	资料	2	1
2353	Na	汗水	2	0
2354	Na	松树	2	0
2355	Na	学术	2	0
2359	Na	夜景	1	5
2360	Na	白雪	1	4
2368	Na	试题	1	4
2386	Na	亲人	1	3
2398	Na	效果	1	3
2399	Na	心地	1	3
2405	Na	榜样	1	2
2408	Na	辈子	1	2
2409	Na	伯父	1	2
2419	Na	电话铃	1	2
2423	Na	队员	1	2
2433	Na	功夫	1	2
2434	Na	古迹	1	2
2441	Na	汉堡	1	2
2443	Na	好事	1	2
2446	Na	会话课	1	2
2452	Na	奖	1	2
2455	Na	金钱	1	2
2458	Na	瞌睡	1	2

순서	품사	단어	통합	
			수정전	수정후
2464	Na	礼拜	1	2
2465	Na	脸蛋	1	2
2469	Na	名	1	2
2473	Na	农活儿	1	2
2480	Na	山坡	1	2
2483	Na	生鱼片	1	2
2489	Na	套餐	1	2
2490	Na	特点	1	2
2503	Na	相片	1	2
2504	Na	小猫	1	2
2506	Na	压岁钱	1	2
2509	Na	仪式	1	2
2512	Na	议员	1	2
2515	Na	硬座	1	2
2516	Na	幽默感	1	2
2517	Na	院子	1	2
2518	Na	运气	1	2
2520	Na	造景	1	2
2527	Na	症状	1	2
2529	Na	中年	1	2
2531	Na	重要性	1	2
2532	Na	主义	1	2
2538	Na	安全	1	1
2541	Na	奥运会	1	1
2544	Na	白发	1	1
2546	Na	白糖	1	1
2550	Na	班会	1	1
2551	Na	搬家费	1	1
2555	Na	包裹	1	1
2560	Na	宝物	1	1
2565	Na	被子	1	1
2568	Na	鼻梁	1	1
2574	Na	必需品	1	1
2575	Na	毕业生	1	1
2578	Na	标签	1	1
2579	Na	标题	1	1
2580	Na	标准	1	1
2581	Na	表里	1	1
2582	Na	别名	1	1
2583	Na	冰	1	1

순서	품사	단어	통합	
			수정전	수정후
2585	Na	冰棍	1	1
2586	Na	冰块	1	1
2588	Na	玻璃	1	1
2589	Na	博士	1	1
2605	Na	才能	1	1
2606	Na	裁判员	1	1
2607	Na	菜谱	1	1
2611	Na	草地	1	1
2612	Na	草坪	1	1
2614	Na	茶水	1	1
2615	Na	长毛	1	1
2619	Na	车道	1	1
2620	Na	车堵	1	1
2621	Na	车费	1	1
2624	Na	成就感	1	1
2633	Na	虫子	1	1
2634	Na	筹款	1	1
2639	Na	初吻	1	1
2641	Na	出租车	1	1
2643	Na	川菜	1	1
2644	Na	传统舞	1	1
2645	Na	窗台	1	1
2650	Na	葱头	1	1
2660	Na	大狗	1	1
2664	Na	大门	1	1
2665	Na	大厦	1	1
2666	Na	大意	1	1
2668	Na	大自然	1	1
2669	Na	代表	1	1
2671	Na	待遇	1	1
2674	Na	单眼皮	1	1
2675	Na	蛋糕	1	1
2682	Na	导演	1	1
2687	Na	得失	1	1
2690	Na	地铁门	1	1
2692	Na	电力	1	1
2697	Na	董事	1	1
2700	Na	洞口	1	1
2701	Na	动力	1	1
2710	Na	对手	1	1

순서	품사	단어	통합	
			수정전	수정후
2715	Na	恶梦	1	1
2716	Na	二哥	1	1
2718	Na	发表会	1	1
2729	Na	犯人	1	1
2731	Na	房费	1	1
2741	Na	粉红色	1	1
2748	Na	风味	1	1
2749	Na	佛教徒	1	1
2751	Na	福	1	1
2757	Na	父女	1	1
2763	Na	钢笔	1	1
2764	Na	高层	1	1
2768	Na	歌剧	1	1
2769	Na	歌声	1	1
2770	Na	鸽子	1	1
2772	Na	蛤蜊	1	1
2774	Na	公安	1	1
2776	Na	公共汽车站	1	1
2790	Na	雇员	1	1
2791	Na	卦	1	1
2794	Na	灌肠汤	1	1
2796	Na	广播	1	1
2798	Na	广告	1	1
2799	Na	规模	1	1
2802	Na	国产车	1	1
2805	Na	过错	1	1
2808	Na	海水	1	1
2809	Na	海棠	1	1
2810	Na	害虫	1	1
2811	Na	韩币	1	1
2816	Na	好感	1	1
2818	Na	好意	1	1
2821	Na	河	1	1
2825	Na	褐色	1	1
2828	Na	黑熊	1	1
2829	Na	红茶	1	1
2830	Na	红绿灯	1	1
2831	Na	红牌	1	1
2832	Na	红柿	1	1
2834	Na	花花公子	1	1

순서	품사	단어	통합	
			수정전	수정후
2835	Na	华侨	1	1
2842	Na	黄金	1	1
2843	Na	黄色	1	1
2848	Na	混血儿	1	1
2850	Na	火线	1	1
2852	Na	货物	1	1
2854	Na	胡须	1	1
2856	Na	机器	1	1
2857	Na	积雪	1	1
2858	Na	疾病	1	1
2863	Na	计划书	1	1
2864	Na	计较	1	1
2865	Na	记事本	1	1
2866	Na	计算机	1	1
2869	Na	家事	1	1
2870	Na	价钱	1	1
2872	Na	驾驶证	1	1
2876	Na	建筑群	1	1
2878	Na	将军	1	1
2892	Na	叫声	1	1
2895	Na	教育学	1	1
2896	Na	阶层	1	1
2903	Na	解答	1	1
2907	Na	进口车	1	1
2912	Na	经过	1	1
2915	Na	敬老日	1	1
2916	Na	精神病	1	1
2919	Na	景点	1	1
2920	Na	景观	1	1
2921	Na	景致	1	1
2922	Na	敬语	1	1
2924	Na	酒席	1	1
2928	Na	军官	1	1
2941	Na	炕头	1	1
2948	Na	肯德鸡	1	1
2949	Na	空间	1	1
2950	Na	空姐	1	1
2951	Na	空儿	1	1
2952	Na	空中小姐	1	1
2953	Na	口袋	1	1

순서	품사	단어	통합	
			수정전	수정후
2957	Na	辣椒粉	1	1
2958	Na	辣子鸡丁	1	1
2961	Na	来信	1	1
2963	Na	栏目	1	1
2970	Na	梨子	1	1
2971	Na	栗子	1	1
2978	Na	立场	1	1
2981	Na	连环画	1	1
2982	Na	联欢会	1	1
2983	Na	连衣裙	1	1
2984	Na	脸谱	1	1
2985	Na	链	1	1
2987	Na	两面性	1	1
2988	Na	量刑	1	1
2990	Na	列车	1	1
2992	Na	零食	1	1
2995	Na	留言册	1	1
2996	Na	陆军	1	1
2997	Na	履历书	1	1
3004	Na	麻烦	1	1
3005	Na	马肉	1	1
3018	Na	矛盾	1	1
3020	Na	帽子	1	1
3021	Na	玫瑰	1	1
3022	Na	美术	1	1
3024	Na	魅力	1	1
3026	Na	门缝	1	1
3027	Na	蒙古包	1	1
3030	Na	米	1	1
3031	Na	秘诀	1	1
3032	Na	棉被	1	1
3033	Na	面粉	1	1
3034	Na	面馆儿	1	1
3035	Na	面孔	1	1
3037	Na	庙会	1	1
3038	Na	民警	1	1
3041	Na	名牌	1	1
3043	Na	模特儿	1	1
3044	Na	末班车	1	1
3046	Na	牡丹	1	1

순서	품사	단어	통합	
			수정전	수정후
3052	Na	耐心	1	1
3056	Na	脑筋	1	1
3057	Na	闹钟	1	1
3058	Na	内蒙古菜	1	1
3064	Na	年糕	1	1
3066	Na	年事	1	1
3069	Na	牛肉汤	1	1
3071	Na	农药	1	1
3072	Na	女友	1	1
3073	Na	偶像	1	1
3077	Na	泡菜饼	1	1
3081	Na	偏见	1	1
3087	Na	品质	1	1
3089	Na	扑克	1	1
3094	Na	气温	1	1
3096	Na	铅笔	1	1
3098	Na	前额	1	1
3099	Na	潜水镜	1	1
3100	Na	前者	1	1
3102	Na	歉	1	1
3106	Na	巧克力	1	1
3110	Na	青睐	1	1
3112	Na	情报工	1	1
3117	Na	去向	1	1
3128	Na	人类	1	1
3137	Na	肉丝	1	1
3139	Na	儒教	1	1
3140	Na	入场票	1	1
3143	Na	软件	1	1
3147	Na	桑拿	1	1
3148	Na	色	1	1
3155	Na	设计师	1	1
3157	Na	深蓝色	1	1
3159	Na	申请表	1	1
3160	Na	申请单	1	1
3162	Na	身影	1	1
3164	Na	生产率	1	1
3165	Na	生气	1	1
3167	Na	剩饭	1	1
3169	Na	湿度	1	1

순서	품사	단어	통합	
			수정전	수정후
3170	Na	师哥	1	1
3171	Na	师姐	1	1
3173	Na	失主	1	1
3176	Na	十兜	1	1
3178	Na	石榴	1	1
3180	Na	食堂卡	1	1
3183	Na	食欲	1	1
3186	Na	士官	1	1
3188	Na	侍女	1	1
3189	Na	视野	1	1
3190	Na	事业	1	1
3191	Na	柿子树	1	1
3194	Na	手电筒	1	1
3196	Na	首饰	1	1
3197	Na	首要	1	1
3198	Na	手指	1	1
3199	Na	手纸	1	1
3207	Na	双喜	1	1
3208	Na	水分	1	1
3209	Na	水土	1	1
3211	Na	丝儿	1	1
3213	Na	松饼	1	1
3214	Na	塑料袋	1	1
3215	Na	宿舍费	1	1
3216	Na	蒜	1	1
3221	Na	损害	1	1
3222	Na	损失	1	1
3225	Na	塔	1	1
3230	Na	太极拳	1	1
3231	Na	太空	1	1
3238	Na	碳火	1	1
3241	Na	特产品	1	1
3247	Na	体系	1	1
3252	Na	甜食	1	1
3257	Na	铁锤	1	1
3259	Na	通讯	1	1
3261	Na	童话书	1	1
3263	Na	同志	1	1
3267	Na	秃鹫	1	1
3268	Na	团年饭	1	1

순서	품사	단어	통합	
			수정전	수정후
3271	Na	拖拉机	1	1
3275	Na	外教	1	1
3276	Na	外商	1	1
3279	Na	晚辈	1	1
3280	Na	万国	1	1
3283	Na	王朝	1	1
3288	Na	围巾	1	1
3294	Na	卫生纸	1	1
3295	Na	胃炎	1	1
3297	Na	文人	1	1
3298	Na	文学史	1	1
3300	Na	乌龙茶	1	1
3312	Na	溪谷	1	1
3318	Na	喜剧片	1	1
3322	Na	细雨	1	1
3330	Na	先辈	1	1
3333	Na	闲话	1	1
3336	Na	线索	1	1
3339	Na	香蕉	1	1
3340	Na	香肉	1	1
3344	Na	相框	1	1
3347	Na	小姑娘	1	1
3348	Na	小路	1	1
3349	Na	小提琴	1	1
3351	Na	笑话	1	1
3352	Na	校长	1	1
3359	Na	心扉	1	1
3361	Na	信箱	1	1
3362	Na	星星	1	1
3363	Na	幸福	1	1
3367	Na	修配车	1	1
3370	Na	轩然大波	1	1
3371	Na	选举	1	1
3372	Na	学弟	1	1
3373	Na	学者	1	1
3375	Na	雪碧	1	1
3378	Na	烟花	1	1
3380	Na	岩石	1	1
3381	Na	演唱会	1	1
3382	Na	眼光	1	1

순서	품사	단어	통합	
			수정전	수정후
3383	Na	眼镜	1	1
3384	Na	眼圈儿	1	1
3400	Na	依据	1	1
3405	Na	遗产	1	1
3408	Na	遗迹	1	1
3419	Na	异国	1	1
3424	Na	意中人	1	1
3425	Na	阴历	1	1
3428	Na	迎春花	1	1
3430	Na	用户	1	1
3431	Na	用品	1	1
3434	Na	油	1	1
3441	Na	有心人	1	1
3442	Na	幼年	1	1
3444	Na	圆月	1	1
3445	Na	语序	1	1
3451	Na	月饼	1	1
3457	Na	杂志	1	1
3459	Na	葬礼	1	1
3460	Na	枣儿	1	1
3467	Na	战船	1	1
3475	Na	政策	1	1
3480	Na	知了	1	1
3482	Na	枝子	1	1
3488	Na	中饭	1	1
3490	Na	中介人	1	1
3493	Na	中语	1	1
3494	Na	猪血	1	1
3495	Na	助教	1	1
3496	Na	主妇	1	1
3497	Na	主任	1	1
3498	Na	主席	1	1
3502	Na	注意力	1	1
3503	Na	柱子	1	1
3509	Na	装饰	1	1
3513	Na	滋味儿	1	1
3514	Na	紫色	1	1
3515	Na	自信感	1	1
3517	Na	字眼	1	1
3522	Na	足	1	1

순서	품사	단어	통합	
			수정전	수정후
3523	Na	嘴唇	1	1
3528	Na	作文课	1	1
3531	Na	肺	1	0
3532	Na	跤	1	0
3533	Na	尼古丁	1	0
3534	Na	生死之交	1	0
3536	Na	烟	1	0
3537	Na	油条	1	0
3538	Na	皱纹	1	0
3540	Na	报告书	0	5
3548	Na	窗	0	3
3551	Na	考生	0	3
3557	Na	资格证	0	3
3559	Na	爸妈	0	2
3568	Na	房东	0	2
3569	Na	符号	0	2
3581	Na	脸庞	0	2
3587	Na	脑子	0	2
3588	Na	排骨	0	2
3592	Na	全家福	0	2
3600	Na	田地	0	2
3601	Na	娃娃	0	2
3611	Na	预期	0	2
3614	Na	总统	0	2
3616	Na	爱意	0	1
3620	Na	榜	0	1
3621	Na	报道	0	1
3624	Na	必修课	0	1
3628	Na	标志	0	1
3631	Na	兵马俑	0	1
3640	Na	菜肴	0	1
3641	Na	餐费	0	1
3643	Na	差使	0	1
3647	Na	吵架声	0	1
3676	Na	当局	0	1
3690	Na	短处	0	1
3692	Na	对开车	0	1
3697	Na	耳朵	0	1
3701	Na	房门	0	1
3703	Na	沸点	0	1

순서	품사	단어	통합	
			수정전	수정후
3706	Na	分数	0	1
3707	Na	分文	0	1
3709	Na	分子	0	1
3711	Na	抚养费	0	1
3713	Na	富翁	0	1
3721	Na	感谢	0	1
3722	Na	高中	0	1
3724	Na	个儿	0	1
3725	Na	根本	0	1
3736	Na	柜台	0	1
3741	Na	海风	0	1
3742	Na	海熊	0	1
3748	Na	贺卡	0	1
3751	Na	互联网	0	1
3755	Na	坏蛋	0	1
3788	Na	精力	0	1
3789	Na	警惕	0	1
3793	Na	橘子	0	1
3795	Na	卷子	0	1
3801	Na	烤饼摊	0	1
3802	Na	考试题	0	1
3805	Na	科研	0	1
3808	Na	口才	0	1
3811	Na	蜡烛	0	1
3812	Na	篮球队员	0	1
3814	Na	老年	0	1
3815	Na	老三	0	1
3829	Na	绿叶	0	1
3834	Na	马群	0	1
3839	Na	美容师	0	1
3840	Na	门外汉	0	1
3842	Na	名单	0	1
3849	Na	鸟儿	0	1
3861	Na	妻儿	0	1
3863	Na	气色	0	1
3864	Na	气味儿	0	1
3865	Na	钱财	0	1
3877	Na	热潮	0	1
3888	Na	山下	0	1
3894	Na	神儿	0	1

순서	품사	단어	통합	
			수정전	수정후
3895	Na	婶子	0	1
3897	Na	声说	0	1
3899	Na	胜地	0	1
3903	Na	事务	0	1
3905	Na	收银员	0	1
3907	Na	水珠	0	1
3908	Na	说话声	0	1
3913	Na	死讯	0	1
3918	Na	体制	0	1
3929	Na	外遇	0	1
3930	Na	外国	0	1
3941	Na	午餐	0	1
3946	Na	喜悦	0	1
3950	Na	香气	0	1
3968	Na	雪地	0	1
3969	Na	押金费	0	1
3970	Na	腌制	0	1
3972	Na	癌症	0	1
3974	Na	野猪	0	1
3980	Na	异样	0	1
3987	Na	优缺点	0	1
3989	Na	游泳课	0	1
3990	Na	游泳衣	0	1
3997	Na	澡	0	1
4000	Na	增肥	0	1
4007	Na	指挥	0	1
4010	Na	中餐	0	1
4012	Na	专业课	0	1
4015	Na	坠石	0	1
4017	Na	自豪感	0	1
4022	Na	宗教	0	1

4.1.15 Nb 고유명사

순서	품사	단어	통합	
			수정전	수정후
1334	Nb	金	4	5
1706	Nb	小李	3	3
1707	Nb	小王	3	3

순서	품사	단어	통합	
			수정전	수정후
1946	Nb	陈	2	2
2066	Nb	龙庆峡	2	2
2067	Nb	龙塔	2	2
2112	Nb	秦始皇	2	2
2190	Nb	小哥	2	2
2193	Nb	小张	2	2
2205	Nb	耶稣基督	2	2
2402	Nb	拌饭	1	2
2812	Nb	韩服	1	1
2841	Nb	黄酱汤	1	1
3028	Nb	蒙古族	1	1
3088	Nb	朴	1	1
3187	Nb	世界杯	1	1
3249	Nb	田	1	1
3301	Nb	吴	1	1
3744	Nb	汉语水平考试	0	1
3944	Nb	席间	0	1

4.1.16 Nc 장소사

순서	품사	단어	통합	
			수정전	수정후
24	Nc	家	351	365
29	Nc	中国	336	329
51	Nc	学校	223	204
122	Nc	韩国	99	95
126	Nc	大学	95	109
162	Nc	北京	74	74
264	Nc	公司	45	45
294	Nc	房间	40	36
323	Nc	上海	35	35
338	Nc	商店	33	32
369	Nc	车站	30	30
375	Nc	高中	29	30
380	Nc	世界	29	28
415	Nc	班	25	26
444	Nc	宿舍	23	22
446	Nc	外国	23	20
454	Nc	附近	22	22

순서	품사	단어	통합	
			수정전	수정후
463	Nc	中文系	21	25
472	Nc	哈尔滨	21	21
512	Nc	面前	20	17
519	Nc	门口	19	19
536	Nc	医院	18	20
539	Nc	教室	18	18
565	Nc	日本	17	16
566	Nc	公园	17	15
611	Nc	市	15	15
636	Nc	市场	14	14
678	Nc	机场	13	12
683	Nc	周围	13	12
700	Nc	动物园	12	14
726	Nc	电影院	12	11
754	Nc	小学	11	12
761	Nc	食堂	11	11
802	Nc	大连	10	10
806	Nc	内蒙古	10	10
809	Nc	天安门	10	10
812	Nc	银行	10	10
848	Nc	教会	9	10
859	Nc	长春	9	9
871	Nc	学院	9	9
877	Nc	家乡	9	8
886	Nc	成功	9	7
891	Nc	中学	9	6
939	Nc	我国	8	8
952	Nc	一段	8	7
994	Nc	餐厅	7	7
996	Nc	饭馆	7	7
1000	Nc	故乡	7	7
1053	Nc	天	7	3
1074	Nc	身边	6	7
1100	Nc	欧洲	6	6
1107	Nc	天津	6	6
1108	Nc	西安	6	6
1111	Nc	游泳池	6	6
1126	Nc	教堂	6	5
1133	Nc	眼前	6	5
1138	Nc	村	6	4

순서	품사	단어	통합	
			수정전	수정후
1174	Nc	故宫	5	7
1205	Nc	百货商店	5	5
1214	Nc	黄山	5	5
1221	Nc	楼	5	5
1222	Nc	洛阳	5	5
1223	Nc	美国	5	5
1240	Nc	英国	5	5
1249	Nc	长城	5	4
1254	Nc	法国	5	4
1297	Nc	首尔	4	51
1321	Nc	叔叔家	4	6
1346	Nc	宾馆	4	4
1361	Nc	果园	4	4
1385	Nc	南非	4	4
1418	Nc	邮局	4	4
1468	Nc	住处	4	3
1475	Nc	郊区	4	2
1479	Nc	农村	4	2
1619	Nc	花园	3	3
1629	Nc	加拿大	3	3
1636	Nc	俱乐部	3	3
1693	Nc	外滩	3	3
1701	Nc	香港	3	3
1715	Nc	研究所	3	3
1767	Nc	目的地	3	2
1769	Nc	农家	3	2
1785	Nc	心目中	3	2
1852	Nc	补习班	2	3
1886	Nc	美容院	2	3
1935	Nc	博物馆	2	2
1944	Nc	超市	2	2
1949	Nc	厨房	2	2
1974	Nc	敦煌	2	2
2010	Nc	花莲	2	2
2021	Nc	加油站	2	2
2041	Nc	客厅	2	2
2065	Nc	龙门	2	2
2137	Nc	事业家	2	2
2139	Nc	市政府	2	2
2152	Nc	台湾	2	2

순서	품사	단어	통합	
			수정전	수정후
2161	Nc	天池	2	2
2162	Nc	天空	2	2
2215	Nc	幼儿园	2	2
2234	Nc	植物园	2	2
2351	Nc	顶峰	2	0
2362	Nc	长白山	1	4
2431	Nc	服装店	1	2
2439	Nc	国会	1	2
2461	Nc	课堂	1	2
2471	Nc	南北韩	1	2
2563	Nc	北海	1	1
2564	Nc	北京站	1	1
2617	Nc	朝鲜	1	1
2661	Nc	大韩民国	1	1
2730	Nc	房顶	1	1
2744	Nc	风景区	1	1
2775	Nc	工厂	1	1
2777	Nc	工学系	1	1
2781	Nc	沟壑	1	1
2784	Nc	姑姑家	1	1
2804	Nc	国文系	1	1
2807	Nc	海滨	1	1
2877	Nc	建筑系	1	1
2894	Nc	教育系	1	1
2897	Nc	接待室	1	1
2918	Nc	警察局	1	1
2929	Nc	郡	1	1
2946	Nc	课题	1	1
2966	Nc	垒沙城	1	1
3006	Nc	码头	1	1
3014	Nc	慢坡路	1	1
3055	Nc	脑海	1	1
3068	Nc	宁夏	1	1
3083	Nc	骗人家	1	1
3163	Nc	神州	1	1
3168	Nc	师大	1	1
3201	Nc	书房	1	1
3204	Nc	树林	1	1
3227	Nc	台北	1	1
3228	Nc	台中	1	1

순서	품사	단어	통합	
			수정전	수정후
3229	Nc	泰国	1	1
3296	Nc	温室	1	1
3304	Nc	武汉	1	1
3305	Nc	五楼	1	1
3310	Nc	西班牙文系	1	1
3313	Nc	西海	1	1
3350	Nc	小溪	1	1
3354	Nc	鞋店	1	1
3420	Nc	一楼	1	1
3427	Nc	英语系	1	1
3436	Nc	游乐场	1	1
3438	Nc	游戏室	1	1
3449	Nc	浴场	1	1
3462	Nc	早市	1	1
3564	Nc	村庄	0	2
3622	Nc	报社	0	1
3623	Nc	背后	0	1
3807	Nc	空中	0	1

4.1.17 Ncd 위치사

순서	품사	단어	통합	
			수정전	수정후
47	Ncd	里	237	236
82	Ncd	上	144	148
229	Ncd	边	52	48
301	Ncd	那儿	39	34
345	Ncd	哪儿	32	34
467	Ncd	前	21	23
482	Ncd	这儿	21	18
501	Ncd	外面	20	20
564	Ncd	内	17	16
777	Ncd	前面	11	8
856	Ncd	这里	9	10
967	Ncd	口	8	2
988	Ncd	前边	7	8
1028	Ncd	那里	7	6
1151	Ncd	下	6	3
1237	Ncd	下面	5	5
1241	Ncd	右	5	5

순서	품사	단어	통합	
			수정전	수정후
1366	Ncd	后面	4	4
1429	Ncd	边儿	4	3
1782	Ncd	西	3	2
1921	Ncd	左	2	3
2006	Ncd	后边	2	2
2053	Ncd	里边	2	2
2085	Ncd	南北	2	2
2086	Ncd	南边	2	2
2096	Ncd	旁边儿	2	2
2268	Ncd	当中	2	1
2407	Ncd	北部	1	2
2695	Ncd	东北部	1	1
2696	Ncd	东部	1	1
2973	Ncd	里面	1	1
3050	Ncd	哪里	1	1
3053	Ncd	南方	1	1
3311	Ncd	西部	1	1
3479	Ncd	之间	1	1
3489	Ncd	中间	1	1
3556	Ncd	中	0	3
3693	Ncd	对面	0	1

4.1.18 Nd 시간사

순서	품사	단어	통합	
			수정전	수정후
32	Nd	今天	316	315
44	Nd	现在	240	222
96	Nd	昨天	125	130
105	Nd	明天	116	114
140	Nd	最近	86	93
141	Nd	晚上	86	89
164	Nd	以前	73	68
169	Nd	后	71	72
194	Nd	一下	61	64
203	Nd	以后	59	53
209	Nd	早上	57	58
227	Nd	去年	52	54
270	Nd	冬天	44	44

순서	품사	단어	통합	
			수정전	수정후
328	Nd	当时	34	33
337	Nd	明年	33	32
339	Nd	星期天	33	32
342	Nd	那时	33	28
418	Nd	夏天	25	25
429	Nd	周末	24	25
430	Nd	春节	24	24
483	Nd	会儿	21	16
484	Nd	一点	21	16
496	Nd	星期六	20	21
513	Nd	小时候	20	13
547	Nd	晚	18	15
562	Nd	暑假	17	17
570	Nd	一会儿	17	15
588	Nd	中秋节	16	16
646	Nd	寒假	14	11
660	Nd	八点	13	14
731	Nd	春天	12	10
768	Nd	星期五	11	10
776	Nd	平时	11	8
785	Nd	将来	10	14
962	Nd	早晨	8	4
970	Nd	之后	7	12
975	Nd	那天	7	10
1044	Nd	这时	7	5
1054	Nd	整天	7	2
1093	Nd	季	6	6
1121	Nd	刚才	6	5
1162	Nd	今	5	9
1172	Nd	最后	5	8
1180	Nd	凌晨	5	7
1194	Nd	期末	5	6
1256	Nd	古代	5	4
1390	Nd	前年	4	4
1467	Nd	之间	4	3
1498	Nd	后来	3	18
1660	Nd	目前	3	3
1710	Nd	新年	3	3
1777	Nd	瞬间	3	2
1841	Nd	如今	2	4

순서	품사	단어	통합	
			수정전	수정후
1853	Nd	不久	2	3
1970	Nd	冬季	2	2
2049	Nd	劳动节	2	2
2187	Nd	现代	2	2
2206	Nd	夜晚	2	2
2330	Nd	下月	2	1
2373	Nd	从前	1	3
2387	Nd	秋	1	3
2476	Nd	期中	1	2
2528	Nd	钟	1	2
2547	Nd	白天	1	1
2554	Nd	傍晚	1	1
2584	Nd	冰灯节	1	1
2662	Nd	大后天	1	1
2677	Nd	当初	1	1
2803	Nd	国庆节	1	1
2871	Nd	假日	1	1
3063	Nd	年初	1	1
3111	Nd	青年节	1	1
3307	Nd	午夜	1	1
3329	Nd	下雨天	1	1
3406	Nd	一大早	1	1
3452	Nd	月初	1	1
3453	Nd	月底	1	1
3613	Nd	中秋	0	2
3774	Nd	教师节	0	1
3976	Nd	一阵	0	1

4.1.19 Nep 지시관형사

순서	품사	단어	통합	
			수정전	수정후
11	Nep	这	732	716
54	Nep	那	208	202
55	Nep	什么	206	205
610	Nep	哪	15	15
1047	Nep	其中	7	4
1199	Nep	这样	5	6
1296	Nep	其	5	1
1326	Nep	此	4	5

4.1.20 Neqa 수량관형사

순서	품사	단어	통합	
			수정전	수정후
87	Neqa	多	138	178
125	Neqa	很多	98	137
149	Neqa	一点儿	83	63
302	Neqa	别的	39	30
361	Neqa	半	31	29
542	Neqa	一些	18	18
632	Neqa	许多	14	15
703	Neqa	这些	12	14
704	Neqa	不少	12	13
739	Neqa	多少	11	14
756	Neqa	这么多	11	12
789	Neqa	所有	10	13
823	Neqa	大部分	10	7
1128	Neqa	那些	6	5
1155	Neqa	其他	5	15
1158	Neqa	全	5	10
1269	Neqa	任何	5	4
1577	Neqa	整	3	4
1663	Neqa	那么多	3	3
1786	Neqa	一切	3	2
2339	Neqa	一排排	2	1
2424	Neqa	朵朵	1	2
2657	Neqa	大半	1	1
3404	Neqa	一半	1	1
3418	Neqa	一点点	1	1
3421	Neqa	一声声	1	1
3695	Neqa	多数	0	1
3977	Neqa	一朵朵	0	1

4.1.21 Neqb 후치수량관형사

순서	품사	단어	통합	
			수정전	수정후
626	Neqb	多	14	16

4.1.22 Nes 특별지칭관형사

순서	품사	단어	통합	
			수정전	수정후
62	Nes	每	187	194
221	Nes	下	54	56
341	Nes	各	33	28
435	Nes	上	24	22
466	Nes	半	21	23
500	Nes	前	20	20
1317	Nes	另	4	6
1487	Nes	别	4	1
1876	Nes	近	2	3
2083	Nes	某	2	2
2300	Nes	另外	2	1
2444	Nes	何	1	2
2566	Nes	本	1	1
2676	Nes	当	1	1
3193	Nes	首	1	1
3264	Nes	头	1	1
3926	Nes	同	0	1

4.1.23 Neu 수사관형사

순서	품사	단어	통합	
			수정전	수정후
14	Neu	一	630	616
92	Neu	几	131	124
102	Neu	两	120	120
113	Neu	三	106	101
159	Neu	第一	76	73
178	Neu	四	69	68
210	Neu	五	57	55
266	Neu	二	45	35
299	Neu	十	39	39
335	Neu	0	33	33
585	Neu	第二	16	16
642	Neu	八	14	12
719	Neu	十五	12	12
847	Neu	好几	9	10
885	Neu	百	9	7
1010	Neu	七	7	7

순서	품사	단어	통합	
			수정전	수정후
1239	Neu	一百	5	5
1288	Neu	千万	5	3
1477	Neu	俩	4	2
1602	Neu	第三	3	3
1651	Neu	两三	3	3
2108	Neu	千	2	2

4.1.24 Nf 양사

순서	품사	단어	통합	
			수정전	수정후
9	Nf	个	820	775
31	Nf	天	325	333
49	Nf	次	234	212
109	Nf	件	108	115
119	Nf	年	103	99
189	Nf	岁	64	67
198	Nf	种	60	63
201	Nf	本	59	63
312	Nf	位	37	36
393	Nf	口	27	49
424	Nf	句	25	20
431	Nf	分钟	24	24
445	Nf	条	23	22
511	Nf	点	20	17
550	Nf	场	17	39
597	Nf	各	15	20
599	Nf	名	15	20
663	Nf	部	13	14
680	Nf	所	13	12
689	Nf	只	12	18
691	Nf	斤	12	16
774	Nf	些	11	9
775	Nf	元	11	9
782	Nf	公斤	10	15
825	Nf	样	10	7
864	Nf	号	9	9
888	Nf	星期	9	7
893	Nf	遍	8	18

순서	품사	단어	통합	
			수정전	수정후
903	Nf	顿	8	11
944	Nf	间	8	7
974	Nf	份	7	10
977	Nf	杯	7	9
990	Nf	套	7	8
992	Nf	张	7	8
1062	Nf	时	6	9
1066	Nf	篇	6	8
1096	Nf	米	6	6
1102	Nf	瓶	6	6
1191	Nf	辆	5	6
1212	Nf	幅	5	5
1255	Nf	分	5	4
1273	Nf	双	5	4
1291	Nf	首	5	3
1301	Nf	段	4	9
1325	Nf	周	4	6
1328	Nf	度	4	5
1345	Nf	座	4	5
1347	Nf	层	4	4
1356	Nf	封	4	4
1380	Nf	块	4	4
1410	Nf	项	4	4
1451	Nf	排	4	3
1657	Nf	门	3	3
1741	Nf	道	3	2
1743	Nf	对	3	2
1800	Nf	片	3	1
1877	Nf	刻	2	3
1888	Nf	秒	2	3
1912	Nf	页	2	3
2029	Nf	届	2	2
2040	Nf	颗	2	2
2174	Nf	碗	2	2
2278	Nf	公里	2	1
2319	Nf	声	2	1
2338	Nf	眼	2	1
2397	Nf	下	1	3
2412	Nf	处	1	2
2463	Nf	类	1	2

순서	품사	단어	통합	
			수정전	수정후
2484	Nf	束	1	2
2488	Nf	堂	1	2
2493	Nf	跳	1	2
2543	Nf	把	1	1
2549	Nf	班	1	1
2569	Nf	笔	1	1
2693	Nf	顶	1	1
2727	Nf	番	1	1
2815	Nf	行	1	1
2968	Nf	厘米	1	1
3023	Nf	美元	1	1
3082	Nf	片儿	1	1
3085	Nf	平方米	1	1
3226	Nf	台	1	1
3553	Nf	趟	0	3
3595	Nf	扇	0	2
3951	Nf	响	0	1

4.1.25 Ng 후치사

순서	품사	단어	통합	
			수정전	수정후
48	Ng	后	236	270
71	Ng	以后	169	164
165	Ng	时	72	93
197	Ng	中	61	51
219	Ng	前	54	60
400	Ng	外	27	27
419	Ng	以外	25	25
425	Ng	上	24	38
447	Ng	下	23	6
510	Ng	之间	20	18
558	Ng	以前	17	18
641	Ng	左右	14	13
837	Ng	起	9	12
1003	Ng	间	7	7
1043	Ng	一样	7	5
1118	Ng	当中	6	5
1157	Ng	里	5	12

순서	품사	단어	통합	
			수정전	수정후
1163	Ng	之后	5	9
1201	Ng	之前	5	6
1338	Ng	似的	4	5
1787	Ng	以下	3	2
1806	Ng	以来	3	1
1948	Ng	初	2	2
2081	Ng	末	2	2
2231	Ng	之内	2	2
2462	Ng	来	1	2
2497	Ng	为止	1	2
2974	Ng	里面	1	1
3415	Ng	以内	1	1
3481	Ng	之下	1	1

4.1.26 Nh 대명사

순서	품사	단어	통합	
			수정전	수정후
1	Nh	我	4476	4433
6	Nh	他	1030	1039
7	Nh	你	1004	997
8	Nh	我们	838	861
18	Nh	她	540	535
63	Nh	他们	187	173
123	Nh	自己	99	91
240	Nh	它	50	46
256	Nh	别人	47	46
286	Nh	你们	41	41
334	Nh	谁	33	34
399	Nh	您	27	27
403	Nh	大家	26	44
421	Nh	咱们	25	24
569	Nh	我们俩	17	15
961	Nh	人家	8	4
969	Nh	对方	7	13
1339	Nh	他俩	4	5
1460	Nh	他们俩	4	3
1465	Nh	咱们俩	4	3
2571	Nh	彼此	1	1
3224	Nh	他人	1	1

4.1.27 P 전치사

순서	품사	단어	통합	
			수정전	수정후
10	P	在	744	701
23	P	跟	360	335
50	P	把	229	247
53	P	对	220	210
78	P	到	149	108
80	P	从	146	148
124	P	被	99	89
142	P	比	86	80
185	P	和	66	72
224	P	帮	53	52
276	P	向	43	47
303	P	为	38	51
308	P	为了	38	32
346	P	于	32	34
347	P	除了	32	32
456	P	往	22	22
541	P	依	18	18
567	P	离	17	15
601	P	用	15	20
620	P	给	15	11
672	P	随着	13	13
786	P	像	10	14
790	P	以	10	13
843	P	如	9	11
850	P	就	9	10
902	P	通过	8	12
957	P	等	8	5
1137	P	比如说	6	4
1168	P	替	5	8
1209	P	对于	5	5
1228	P	受	5	5
1298	P	当	4	13
1310	P	由	4	7
1318	P	每当	4	6
1424	P	直到	4	4
1433	P	待	4	3
1549	P	经过	3	4
1569	P	随	3	4

순서	품사	단어	통합	
			수정전	수정후
1579	P	按	3	3
1808	P	针对	3	1
1845	P	因	2	4
1915	P	有关	2	3
1931	P	比如	2	2
2261	P	趁着	2	1
2364	P	将	1	4
2540	P	按照	1	1
2942	P	靠	1	1
3084	P	凭	1	1
3486	P	至	1	1
3555	P	与	0	3
3560	P	比起	0	2
3584	P	每逢	0	2
3612	P	值	0	2
3822	P	例如	0	1
3825	P	临近	0	1
3925	P	同	0	1

4.1.28 SHI 是

순서	품사	단어	통합	
			수정전	수정후
5	SHI	是	1049	976

4.1.29 T 어조사

순서	품사	단어	통합	
			수정전	수정후
17	T	了	600	632
43	T	吧	241	239
68	T	吗	177	170
150	T	呢	82	84
352	T	去	31	39
389	T	啊	28	26
527	T	好了	19	12
573	T	呀	17	13
1267	T	没有	5	4
1496	T	哦	4	0

순서	품사	단어	통합	
			수정전	수정후
1746	T	而已	3	2
1820	T	的	2	5
2047	T	啦	2	2
3273	T	哇	1	1

4.1.30 VA 동작자동사

순서	품사	단어	통합	
			수정전	수정후
64	VA	来	185	199
110	VA	见面	107	117
137	VA	走	89	87
147	VA	坐	83	80
173	VA	吃饭	70	62
187	VA	回家	65	67
188	VA	工作	65	62
196	VA	睡觉	61	53
205	VA	搬家	58	50
225	VA	下雪	53	43
239	VA	出去	50	46
251	VA	运动	48	49
252	VA	上班	48	48
263	VA	逛街	45	46
267	VA	玩儿	44	48
272	VA	上课	44	40
279	VA	上网	43	42
284	VA	行	41	84
292	VA	留学	40	39
349	VA	休息	32	32
351	VA	旅行	31	72
355	VA	睡	31	35
363	VA	下雨	31	28
377	VA	结婚	29	29
391	VA	起床	28	23
417	VA	说话	25	26
420	VA	出来	25	24
422	VA	游泳	25	22
437	VA	出发	24	19
438	VA	聊天儿	24	16

순서	품사	단어	통합	
			수정전	수정후
451	VA	开车	22	24
452	VA	哭	22	23
473	VA	回国	21	21
522	VA	睡懒觉	19	18
538	VA	打工	18	18
546	VA	唱歌	18	16
572	VA	笑	17	14
643	VA	抽烟	14	12
665	VA	减肥	13	14
717	VA	读书	12	12
730	VA	吵架	12	10
737	VA	站	11	19
742	VA	开门	11	13
745	VA	游	11	13
752	VA	躺	11	12
807	VA	上大学	10	10
817	VA	跑	10	9
836	VA	聊天	9	12
838	VA	上学	9	12
853	VA	谈话	9	10
860	VA	出生	9	9
874	VA	登山	9	8
878	VA	看书	9	8
936	VA	爬山	8	8
945	VA	来往	8	7
955	VA	请客	8	6
997	VA	分手	7	7
1016	VA	休学	7	7
1033	VA	报名	7	5
1042	VA	下去	7	5
1069	VA	做饭	6	8
1087	VA	抽时间	6	6
1088	VA	当兵	6	6
1104	VA	日出	6	6
1129	VA	前进	6	5
1130	VA	吸烟	6	5
1136	VA	住院	6	5
1142	VA	散步	6	4
1167	VA	戒烟	5	8
1175	VA	继续	5	7

순서	품사	단어	통합	
			수정전	수정후
1203	VA	自杀	5	6
1236	VA	下班	5	5
1238	VA	行动	5	5
1247	VA	坐车	5	5
1280	VA	走路	5	4
1290	VA	去不了	5	3
1315	VA	聚	4	6
1387	VA	爬	4	4
1394	VA	上车	4	4
1395	VA	上来	4	4
1435	VA	祷告	4	3
1436	VA	祷告	4	3
1461	VA	谈恋爱	4	3
1471	VA	动身	4	2
1472	VA	对话	4	2
1481	VA	写信	4	2
1488	VA	花钱	4	1
1497	VA	过日子	4	0
1505	VA	考试	3	7
1519	VA	观光	3	5
1523	VA	起来	3	5
1539	VA	放暑假	3	4
1547	VA	交往	3	4
1560	VA	跑步	3	4
1593	VA	出差	3	3
1599	VA	大哭	3	3
1608	VA	干杯	3	3
1613	VA	公演	3	3
1614	VA	过街	3	3
1620	VA	滑雪	3	3
1635	VA	就业	3	3
1637	VA	开会	3	3
1648	VA	离婚	3	3
1684	VA	睡午觉	3	3
1699	VA	相处	3	3
1704	VA	消失	3	3
1709	VA	新来	3	3
1721	VA	游行	3	3
1733	VA	作文	3	3
1738	VA	出门	3	2

순서	품사	단어	통합	
			수정전	수정후
1768	VA	念书	3	2
1829	VA	出国	2	4
1859	VA	打网球	2	3
1865	VA	歌唱	2	3
1880	VA	来临	2	3
1938	VA	不停	2	2
1955	VA	打球	2	2
1963	VA	到站	2	2
1968	VA	电话	2	2
2002	VA	过年	2	2
2008	VA	后退	2	2
2037	VA	开夜车	2	2
2055	VA	立足	2	2
2069	VA	落	2	2
2093	VA	徘徊	2	2
2094	VA	排尿	2	2
2098	VA	跑过去	2	2
2103	VA	骑车	2	2
2105	VA	气哭	2	2
2138	VA	适应	2	2
2164	VA	填表	2	2
2172	VA	玩来玩去	2	2
2173	VA	玩耍	2	2
2183	VA	洗澡	2	2
2185	VA	下山	2	2
2186	VA	下学	2	2
2221	VA	早睡早起	2	2
2256	VA	避暑	2	1
2269	VA	掉下来	2	1
2289	VA	祭祖	2	1
2301	VA	流泪	2	1
2316	VA	上床	2	1
2334	VA	醒	2	1
2348	VA	赚钱	2	1
2350	VA	走来走去	2	1
2361	VA	参军	1	4
2376	VA	干活	1	3
2379	VA	流	1	3
2390	VA	生活	1	3
2404	VA	办事	1	2

순서	품사	단어	통합	
			수정전	수정후
2427	VA	发脾气	1	2
2435	VA	刮风	1	2
2456	VA	居住	1	2
2477	VA	取长补短	1	2
2485	VA	睡好	1	2
2521	VA	造句	1	2
2530	VA	种田	1	2
2542	VA	拔草	1	1
2553	VA	伴奏	1	1
2572	VA	比赛	1	1
2623	VA	乘船	1	1
2629	VA	充电	1	1
2631	VA	重逢	1	1
2635	VA	出嫁	1	1
2640	VA	出游	1	1
2678	VA	当家	1	1
2685	VA	到校	1	1
2698	VA	动笔	1	1
2699	VA	动不了	1	1
2703	VA	兜风	1	1
2709	VA	对打	1	1
2728	VA	犯规	1	1
2732	VA	纺织	1	1
2733	VA	放晴	1	1
2734	VA	飞	1	1
2735	VA	飞来飞去	1	1
2736	VA	飞舞	1	1
2738	VA	分别	1	1
2752	VA	服兵役	1	1
2753	VA	服毒	1	1
2760	VA	盖印	1	1
2801	VA	归乡	1	1
2826	VA	喝水	1	1
2836	VA	滑下去	1	1
2837	VA	怀孕	1	1
2861	VA	挤来挤去	1	1
2880	VA	讲话	1	1
2887	VA	教书	1	1
2888	VA	教学	1	1
2889	VA	交友	1	1

순서	품사	단어	통합	
			수정전	수정후
2891	VA	叫喊	1	1
2908	VA	尽孝	1	1
2909	VA	禁烟	1	1
2925	VA	举杯	1	1
2933	VA	开口	1	1
2934	VA	开头	1	1
2935	VA	开药	1	1
2936	VA	看家	1	1
2944	VA	咳嗽	1	1
2960	VA	来去	1	1
2979	VA	立功	1	1
2993	VA	溜达	1	1
2994	VA	流血	1	1
3007	VA	骂人	1	1
3039	VA	鸣叫	1	1
3062	VA	逆转	1	1
3075	VA	排队	1	1
3079	VA	跑过来	1	1
3080	VA	碰头	1	1
3114	VA	请假	1	1
3120	VA	缺课	1	1
3124	VA	让步	1	1
3141	VA	入学	1	1
3144	VA	软卧	1	1
3146	VA	散去	1	1
3152	VA	上下班	1	1
3237	VA	探病	1	1
3239	VA	逃亡	1	1
3255	VA	跳	1	1
3256	VA	跳水	1	1
3269	VA	退房	1	1
3274	VA	外出	1	1
3284	VA	往来	1	1
3306	VA	午睡	1	1
3319	VA	洗脸	1	1
3320	VA	洗手	1	1
3321	VA	洗衣服	1	1
3326	VA	下功夫	1	1
3328	VA	下楼	1	1
3337	VA	相待	1	1

순서	품사	단어	통합	
			수정전	수정후
3346	VA	消费	1	1
3353	VA	歇	1	1
3355	VA	写字	1	1
3357	VA	泻下来	1	1
3368	VA	虚张声势	1	1
3369	VA	喧哗	1	1
3390	VA	摇橹	1	1
3391	VA	咬牙	1	1
3398	VA	野营	1	1
3416	VA	以身作则	1	1
3435	VA	游来游去	1	1
3443	VA	愚公移山	1	1
3447	VA	远足	1	1
3468	VA	战斗	1	1
3474	VA	争吵	1	1
3478	VA	挣钱	1	1
3487	VA	制药	1	1
3501	VA	助兴	1	1
3506	VA	转来转去	1	1
3519	VA	走步	1	1
3521	VA	走过来	1	1
3526	VA	做梦	1	1
3529	VA	做下来	1	1
3545	VA	监考	0	4
3566	VA	倒流	0	2
3574	VA	交谈	0	2
3575	VA	郊游	0	2
3585	VA	面带笑容	0	2
3594	VA	入伍	0	2
3602	VA	嬉戏	0	2
3603	VA	下降	0	2
3606	VA	行事	0	2
3630	VA	表现	0	1
3637	VA	步行	0	1
3657	VA	出场	0	1
3673	VA	待人	0	1
3677	VA	倒下	0	1
3679	VA	倒数	0	1
3685	VA	兜	0	1
3687	VA	逗留	0	1

순서	품사	단어	통합	
			수정전	수정후
3700	VA	犯错	0	1
3702	VA	飞行	0	1
3714	VA	赴约	0	1
3731	VA	购物	0	1
3735	VA	归国	0	1
3740	VA	过夜	0	1
3746	VA	喝醉	0	1
3753	VA	划船	0	1
3759	VA	会合	0	1
3770	VA	讲课	0	1
3771	VA	交卷	0	1
3772	VA	浇水	0	1
3777	VA	结账	0	1
3785	VA	进来	0	1
3787	VA	进展	0	1
3804	VA	磕	0	1
3809	VA	哭出来	0	1
3810	VA	拉客	0	1
3820	VA	愣住	0	1
3821	VA	离家	0	1
3831	VA	落下	0	1
3832	VA	落下来	0	1
3838	VA	忙来忙去	0	1
3852	VA	排排坐	0	1
3854	VA	跑出去	0	1
3856	VA	飘	0	1
3858	VA	飘下	0	1
3862	VA	起晚	0	1
3867	VA	抢先	0	1
3873	VA	求情	0	1
3882	VA	入场	0	1
3887	VA	晒太阳	0	1
3890	VA	上眼	0	1
3909	VA	说谎	0	1
3910	VA	说说话	0	1
3921	VA	听不进去	0	1
3924	VA	通信	0	1
3947	VA	下乡	0	1
3971	VA	研究	0	1
3982	VA	应考	0	1

순서	품사	단어	통합	
			수정전	수정후
3988	VA	游玩	0	1
4014	VA	转学	0	1
4023	VA	走进来	0	1
4025	VA	作弊	0	1
4026	VA	做人	0	1

4.1.31 VAC 동작사동사

순서	품사	단어	통합	
			수정전	수정후
926	VAC	动	8	8
1798	VAC	聚集	3	1
2447	VAC	集合	1	2
2507	VAC	移动	1	2
3153	VAC	上映	1	1
3388	VAC	摇	1	1
3389	VAC	摇晃	1	1
3504	VAC	转	1	1
3757	VAC	晃动	0	1

4.1.32 VB 동작류타동사

순서	품사	단어	통합	
			수정전	수정후
300	VB	送行	39	38
307	VB	打电话	38	34
1141	VB	进来	6	4
1344	VB	照相	4	5
1372	VB	加油	4	4
1551	VB	开玩笑	3	4
1653	VB	淋湿	3	3
1661	VB	拿过来	3	3
1724	VB	再见	3	3
1754	VB	化妆	3	2
1830	VB	打招呼	2	4
1892	VB	起来	2	3
1952	VB	传教	2	2
1962	VB	道歉	2	2
2149	VB	算命	2	2

순서	품사	단어	통합	
			수정전	수정후
2295	VB	决定下来	2	1
2333	VB	行礼	2	1
2415	VB	打针	1	2
2440	VB	过生日	1	2
2524	VB	摘下来	1	2
2534	VB	挨打	1	1
2548	VB	拜年	1	1
2654	VB	打交道	1	1
2694	VB	定罪	1	1
2800	VB	归纳起来	1	1
2844	VB	回来	1	1
2943	VB	磕头	1	1
2967	VB	离别	1	1
2972	VB	理发	1	1
3246	VB	提前	1	1
3299	VB	问好	1	1
3473	VB	诊病	1	1
3598	VB	剃头	0	2
3638	VB	擦干净	0	1
3666	VB	答出来	0	1
3672	VB	带出去	0	1
3678	VB	道别	0	1
3747	VB	喝彩	0	1
3778	VB	解雇	0	1
3780	VB	解闷	0	1
3871	VB	请安	0	1
3885	VB	扫干净	0	1
3902	VB	示爱	0	1
3920	VB	挑出来	0	1
3949	VB	相比	0	1
3958	VB	写下来	0	1
4008	VB	治病	0	1

4.1.33 VC 동작타동사

순서	품사	단어	통합	
			수정전	수정후
30	VC	学习	334	339
39	VC	看	278	269

순서	품사	단어	통합	
			수정전	수정후
52	VC	吃	222	222
93	VC	做	131	118
103	VC	买	120	119
106	VC	学	116	102
112	VC	喝	106	108
127	VC	帮助	94	96
170	VC	下	70	83
184	VC	等	67	64
186	VC	认识	66	61
207	VC	找	57	63
211	VC	开	56	50
217	VC	打	54	63
218	VC	带	54	60
250	VC	参加	48	51
260	VC	进行	46	43
261	VC	玩	45	49
293	VC	打扰	40	38
317	VC	接待	36	32
326	VC	看到	34	40
331	VC	准备	33	36
333	VC	研究	33	35
364	VC	出	31	23
367	VC	招待	30	33
371	VC	上	29	43
383	VC	穿	28	30
408	VC	放	26	27
413	VC	生	25	27
426	VC	找到	24	29
432	VC	回来	24	24
443	VC	教	23	22
449	VC	不好	22	25
455	VC	浪费	22	22
469	VC	带来	21	21
480	VC	写	21	19
489	VC	做完	20	26
497	VC	养	20	21
506	VC	用	20	19
515	VC	提高	19	23
557	VC	骑	17	18
578	VC	搬到	16	21

순서	품사	단어	통합	
			수정전	수정후
581	VC	搬	16	18
586	VC	丢	16	16
604	VC	拿	15	17
605	VC	打扫	15	16
607	VC	练习	15	16
614	VC	花	15	14
618	VC	看看	15	12
621	VC	换	15	11
625	VC	唱	14	16
630	VC	陪	14	15
652	VC	吃完	13	23
653	VC	学好	13	21
656	VC	比较	13	15
658	VC	解决	13	15
661	VC	摆	13	14
686	VC	踢	13	11
690	VC	交	12	17
705	VC	接	12	13
709	VC	偷走	12	13
712	VC	照顾	12	13
725	VC	打开	12	11
750	VC	实现	11	12
762	VC	贴	11	11
765	VC	过去	11	10
781	VC	干	10	17
792	VC	读	10	12
795	VC	放弃	10	11
801	VC	考上	10	11
810	VC	推到	10	10
815	VC	教育	10	9
829	VC	要	10	5
849	VC	介绍	9	10
861	VC	妨碍	9	9
863	VC	挂	9	9
870	VC	通过	9	9
890	VC	收拾	9	6
896	VC	离开	8	14
905	VC	看见	8	10
916	VC	留下	8	9
922	VC	整	8	9

순서	품사	단어	통합	
			수정전	수정후
934	VC	联系	8	8
972	VC	考	7	11
985	VC	建议	7	8
987	VC	麻烦	7	8
1011	VC	取得	7	7
1015	VC	写完	7	7
1025	VC	改变	7	6
1035	VC	复习	7	5
1046	VC	举行	7	4
1059	VC	定	6	9
1071	VC	锻炼	6	7
1072	VC	拐	6	7
1078	VC	选	6	7
1082	VC	住	6	7
1097	VC	拿走	6	6
1098	VC	念	6	6
1119	VC	点	6	5
1150	VC	使用	6	3
1159	VC	遇到	5	10
1169	VC	完成	5	8
1188	VC	关上	5	6
1189	VC	逛	5	6
1192	VC	骂	5	6
1207	VC	打扮	5	5
1220	VC	拉	5	5
1231	VC	弹	5	5
1246	VC	撞伤	5	5
1253	VC	耽误	5	4
1259	VC	加入	5	4
1275	VC	挺	5	4
1281	VC	吃得了	5	3
1287	VC	碰到	5	3
1289	VC	求	5	3
1311	VC	包	4	6
1320	VC	骗	4	6
1341	VC	学会	4	5
1349	VC	吃好	4	4
1352	VC	代替	4	4
1376	VC	经营	4	4
1405	VC	贴好	4	4

순서	품사	단어	통합	
			수정전	수정후
1413	VC	修理	4	4
1421	VC	预习	4	4
1426	VC	撞倒	4	4
1446	VC	留	4	3
1457	VC	收到	4	3
1473	VC	发展	4	2
1490	VC	控制	4	1
1492	VC	下来	4	1
1507	VC	准备好	3	7
1508	VC	表达	3	6
1509	VC	参观	3	6
1512	VC	办	3	5
1513	VC	帮	3	5
1514	VC	抱	3	5
1528	VC	吸	3	5
1533	VC	背	3	4
1534	VC	布置	3	4
1538	VC	翻译	3	4
1540	VC	覆盖	3	4
1555	VC	面对	3	4
1556	VC	描述	3	4
1558	VC	弄坏	3	4
1583	VC	保守	3	3
1598	VC	打死	3	3
1607	VC	改正	3	3
1638	VC	烤	3	3
1662	VC	拿来	3	3
1664	VC	你好	3	3
1708	VC	孝敬	3	3
1718	VC	引起	3	3
1719	VC	影响	3	3
1727	VC	找回	3	3
1740	VC	打碎	3	2
1751	VC	过来	3	2
1759	VC	考完	3	2
1764	VC	买到	3	2
1799	VC	看过	3	1
1802	VC	上去	3	1
1803	VC	捧	3	1
1809	VC	追求	3	1

순서	품사	단어	통합	
			수정전	수정후
1813	VC	照	2	8
1817	VC	做好	2	6
1818	VC	吵	2	5
1822	VC	堆	2	5
1825	VC	取	2	5
1831	VC	订	2	4
1833	VC	发	2	4
1836	VC	呼吸	2	4
1855	VC	尝尝	2	3
1857	VC	吹	2	3
1863	VC	堵	2	3
1864	VC	犯	2	3
1872	VC	祭祀	2	3
1873	VC	驾驶	2	3
1875	VC	结	2	3
1883	VC	利用	2	3
1887	VC	面试	2	3
1890	VC	碰见	2	3
1893	VC	瞧	2	3
1909	VC	修	2	3
1923	VC	安慰	2	2
1950	VC	处理	2	2
1965	VC	登	2	2
1978	VC	发动	2	2
1988	VC	赶走	2	2
1997	VC	刮倒	2	2
2022	VC	嫁给	2	2
2023	VC	捡到	2	2
2028	VC	解	2	2
2031	VC	借去	2	2
2092	VC	暖和	2	2
2095	VC	派遣到	2	2
2141	VC	收看	2	2
2155	VC	弹劾	2	2
2169	VC	脱	2	2
2170	VC	歪曲	2	2
2196	VC	写好	2	2
2204	VC	咬	2	2
2216	VC	诱拐	2	2
2226	VC	召开	2	2

순서	품사	단어	통합	
			수정전	수정후
2227	VC	折	2	2
2229	VC	挣	2	2
2238	VC	祝贺	2	2
2240	VC	抓住	2	2
2248	VC	做不了	2	2
2250	VC	按	2	1
2263	VC	抽出	2	1
2265	VC	打起	2	1
2327	VC	玩玩	2	1
2357	VC	穿上	1	5
2358	VC	流下	1	5
2365	VC	排列	1	4
2370	VC	选择	1	4
2377	VC	举办	1	3
2394	VC	体验	1	3
2395	VC	填	1	3
2403	VC	办好	1	2
2414	VC	答错	1	2
2417	VC	戴	1	2
2420	VC	掉	1	2
2437	VC	观看	1	2
2445	VC	回报	1	2
2468	VC	录取	1	2
2474	VC	弄脏	1	2
2492	VC	填写	1	2
2496	VC	推	1	2
2514	VC	迎接	1	2
2519	VC	栽培	1	2
2522	VC	责备	1	2
2525	VC	整理	1	2
2526	VC	争	1	2
2552	VC	拌	1	1
2557	VC	包装	1	1
2559	VC	保卫	1	1
2567	VC	绷紧	1	1
2570	VC	比不过	1	1
2576	VC	编导	1	1
2597	VC	步	1	1
2602	VC	擦	1	1
2604	VC	猜对	1	1

순서	품사	단어	통합	
			수정전	수정후
2610	VC	操持	1	1
2625	VC	称赞	1	1
2627	VC	吃光	1	1
2636	VC	出来	1	1
2638	VC	出示	1	1
2646	VC	创造	1	1
2653	VC	挫折	1	1
2655	VC	打伤	1	1
2656	VC	打通	1	1
2659	VC	大风刮	1	1
2670	VC	带上	1	1
2679	VC	倒	1	1
2686	VC	得不到	1	1
2689	VC	等等	1	1
2704	VC	逗	1	1
2705	VC	逗乐	1	1
2706	VC	读完	1	1
2721	VC	发起	1	1
2722	VC	发扬	1	1
2743	VC	缝好	1	1
2754	VC	服务	1	1
2766	VC	搞砸	1	1
2767	VC	搞好	1	1
2773	VC	更换	1	1
2788	VC	鼓起	1	1
2789	VC	鼓足	1	1
2820	VC	喝光	1	1
2822	VC	合唱	1	1
2827	VC	喝完	1	1
2846	VC	会晤	1	1
2847	VC	混合	1	1
2860	VC	挤	1	1
2862	VC	济	1	1
2867	VC	加	1	1
2882	VC	降	1	1
2884	VC	交换	1	1
2890	VC	教导	1	1
2893	VC	叫醒	1	1
2898	VC	接受	1	1
2905	VC	进	1	1

순서	품사	단어	통합	
			수정전	수정후
2906	VC	进不了	1	1
2917	VC	经受	1	1
2930	VC	开放	1	1
2932	VC	开开	1	1
2940	VC	看中	1	1
2954	VC	夸奖	1	1
2956	VC	款待	1	1
2989	VC	料理	1	1
3008	VC	买好	1	1
3011	VC	迈开	1	1
3042	VC	摸	1	1
3047	VC	拿起	1	1
3048	VC	拿去	1	1
3060	VC	溺爱	1	1
3104	VC	抢劫	1	1
3105	VC	敲	1	1
3125	VC	惹起	1	1
3133	VC	认	1	1
3135	VC	认识认识	1	1
3158	VC	申请	1	1
3166	VC	生下	1	1
3174	VC	食	1	1
3181	VC	实行	1	1
3202	VC	数	1	1
3205	VC	甩	1	1
3210	VC	说完	1	1
3218	VC	算上	1	1
3223	VC	锁上	1	1
3253	VC	挑	1	1
3254	VC	挑选	1	1
3272	VC	挖掘	1	1
3317	VC	洗	1	1
3335	VC	献身	1	1
3356	VC	写作	1	1
3366	VC	修好	1	1
3450	VC	预订	1	1
3456	VC	熨	1	1
3466	VC	责怪	1	1
3471	VC	招聘	1	1
3484	VC	指导	1	1

순서	품사	단어	통합	
			수정전	수정후
3485	VC	指责	1	1
3505	VC	赚	1	1
3507	VC	撞断	1	1
3510	VC	追	1	1
3511	VC	追随	1	1
3541	VC	弄丢	0	5
3565	VC	达成	0	2
3570	VC	付出	0	2
3571	VC	观赏	0	2
3578	VC	开走	0	2
3586	VC	拿到	0	2
3607	VC	休	0	2
3609	VC	学得	0	2
3610	VC	营造	0	2
3619	VC	拜访	0	1
3629	VC	表露	0	1
3642	VC	藏	0	1
3645	VC	敞开	0	1
3646	VC	唱起	0	1
3649	VC	承受	0	1
3650	VC	吃掉	0	1
3655	VC	抽	0	1
3660	VC	处理好	0	1
3662	VC	吹开	0	1
3667	VC	打击	0	1
3671	VC	呆到	0	1
3681	VC	登顶	0	1
3682	VC	点上	0	1
3705	VC	分	0	1
3710	VC	扶持	0	1
3716	VC	改	0	1
3717	VC	改革	0	1
3718	VC	改善	0	1
3729	VC	贡献	0	1
3733	VC	管教	0	1
3737	VC	过不了	0	1
3745	VC	喝掉	0	1
3749	VC	哼	0	1
3752	VC	花光	0	1
3762	VC	激励	0	1

순서	품사	단어	통합	
			수정전	수정후
3779	VC	解决不了	0	1
3786	VC	进修	0	1
3797	VC	开上	0	1
3798	VC	看待	0	1
3799	VC	看望	0	1
3826	VC	领	0	1
3830	VC	乱放	0	1
3835	VC	买错	0	1
3851	VC	弄乱	0	1
3855	VC	抛开	0	1
3869	VC	清楚	0	1
3874	VC	驱逐	0	1
3896	VC	生产	0	1
3898	VC	省	0	1
3900	VC	实施	0	1
3922	VC	听取	0	1
3927	VC	投入到	0	1
3935	VC	握	0	1
3942	VC	误解	0	1
3957	VC	写出	0	1
3995	VC	砸碎	0	1
3999	VC	责骂	0	1
4009	VC	治好	0	1
4027	VC	阻止	0	1

4.1.34 VCL 동작장소목적어동사

순서	품사	단어	통합	
			수정전	수정후
16	VCL	去	617	622
46	VCL	到	237	249
160	VCL	过	76	63
175	VCL	在	69	76
242	VCL	住在	49	54
411	VCL	上	25	40
486	VCL	回	20	28
507	VCL	来到	20	18
525	VCL	进	19	15
598	VCL	回到	15	20

순서	품사	단어	통합	
			수정전	수정후
852	VCL	入	9	10
978	VCL	到达	7	9
1145	VCL	游览	6	4
1265	VCL	临	5	4
1427	VCL	走到	4	4
1578	VCL	走进	3	4
1821	VCL	度过	2	5
1843	VCL	下	2	4
1847	VCL	坐上	2	4
1958	VCL	呆	2	2
2329	VCL	位于	2	1
2448	VCL	挤满	1	2
2475	VCL	爬到	1	2
2913	VCL	经过	1	1
2959	VCL	来回	1	1
3078	VCL	跑到	1	1
3097	VCL	迁居	1	1
3520	VCL	走出	1	1
3597	VCL	睡到	0	2
3658	VCL	出走	0	1
3734	VCL	逛逛	0	1
3756	VCL	欢聚	0	1
3853	VCL	攀登	0	1
3916	VCL	踏上	0	1

4.1.35 VD 이중목적어동사

순서	품사	단어	통합	
			수정전	수정후
36	VD	给	284	267
553	VD	交给	17	19
600	VD	送给	15	20
606	VD	还给	15	16
716	VD	递给	12	12
819	VD	送	10	9
889	VD	交	9	6
941	VD	赢	8	8
981	VD	租	7	9
1008	VD	卖	7	7

순서	품사	단어	통합	
			수정전	수정후
1061	VD	寄	6	9
1250	VD	出租	5	4
1312	VD	发	4	6
1439	VD	还	4	3
1726	VD	赠	3	3
1756	VD	寄去	3	2
1763	VD	留给	3	2
1778	VD	说给	3	2
1951	VD	传	2	2
2030	VD	借给	2	2
2143	VD	输	2	2
2495	VD	偷	1	2
2649	VD	赐给	1	1
2756	VD	付	1	1
2879	VD	讲给	1	1
3009	VD	卖给	1	1
3192	VD	收	1	1
3661	VD	传染	0	1
3765	VD	给予	0	1

4.1.36 VE 동작문장목적어동사

순서	품사	단어	통합	
			수정전	수정후
22	VE	说	371	388
42	VE	想	257	246
145	VE	商量	84	83
148	VE	听	83	78
168	VE	见	72	43
234	VE	表示	51	39
245	VE	以为	49	50
290	VE	安排	40	42
319	VE	讨论	35	38
358	VE	问	31	32
365	VE	决定	30	33
368	VE	告诉	30	31
372	VE	听到	29	34
448	VE	主张	22	26
459	VE	看	22	17

순서	품사	단어	통합	
			수정전	수정후
477	VE	商量商量	21	20
528	VE	想起	18	28
533	VE	发现	18	23
575	VE	见到	16	31
576	VE	认为	16	31
602	VE	听说	15	19
741	VE	叫	11	13
828	VE	谈	10	5
973	VE	聊	7	11
1041	VE	说起	7	5
1056	VE	约好	6	11
1063	VE	想要	6	9
1095	VE	介绍	6	6
1113	VE	祝	6	6
1177	VE	讲	5	7
1285	VE	考虑	5	3
1355	VE	反对	4	4
1404	VE	提醒	4	4
1516	VE	答应	3	5
1552	VE	看看	3	4
1562	VE	祈祷	3	4
1672	VE	请问	3	3
1687	VE	谈到	3	3
1690	VE	听见	3	3
1900	VE	说明	2	3
1929	VE	抱怨	2	2
1961	VE	道	2	2
2165	VE	听听	2	2
2279	VE	管	2	1
2298	VE	聊聊	2	1
2436	VE	观察	1	2
2451	VE	检查	1	2
2453	VE	讲述	1	2
2533	VE	做到	1	2
2603	VE	猜猜	1	1
2616	VE	常言道	1	1
2785	VE	估计	1	1
2904	VE	解释	1	1
3123	VE	嚷嚷	1	1
3245	VE	提到	1	1

순서	품사	단어	통합	
			수정전	수정후
3341	VE	想不出	1	1
3448	VE	预测到	1	1
3516	VE	自言自语	1	1
3544	VE	回想起	0	4
3670	VE	大叫	0	1
3719	VE	感起	0	1
3769	VE	讲讲	0	1
3800	VE	抗议	0	1
3872	VE	庆祝	0	1
3891	VE	设想	0	1
3933	VE	问清	0	1
3952	VE	想像	0	1
3962	VE	形容	0	1

4.1.37 VF 동작술목동사

순서	품사	단어	통합	
			수정전	수정후
75	VF	打算	156	156
144	VF	请	84	89
532	VF	叫	18	24
744	VF	劝	11	13
773	VF	决心	11	9
1392	VF	求	4	4
1541	VF	鼓励	3	4
1567	VF	试	3	4
1716	VF	要求	3	3
1920	VF	准备	2	3
2036	VF	拒绝	2	2
2168	VF	托	2	2
2325	VF	说服	2	1
2450	VF	继续	1	2
3076	VF	派遣	1	1
3290	VF	委托	1	1
3572	VF	计划	0	2
3773	VF	叫到	0	1

4.1.38 VG 분류동사

순서	품사	단어	통합	
			수정전	수정후
255	VG	当	47	59
488	VG	像	20	26
490	VG	成为	20	25
498	VG	叫	20	20
668	VG	变	13	13
675	VG	真是	13	13
676	VG	变成	13	12
832	VG	成	9	14
846	VG	翻译成	9	10
855	VG	译成	9	10
1807	VG	造成	3	1
1815	VG	算	2	6
1860	VG	担任	2	3
2018	VG	既是	2	2
2502	VG	象	1	2
2622	VG	称	1	1
2626	VG	吃成	1	1
3074	VG	排成	1	1
3107	VG	切成	1	1
3217	VG	算不了	1	1
3219	VG	算做	1	1
3244	VG	踢成	1	1
3270	VG	拖成	1	1
3558	VG	作为	0	3
3754	VG	化	0	1
3775	VG	结成	0	1

4.1.39 VH 상태자동사

순서	품사	단어	통합	
			수정전	수정후
20	VH	好	393	435
57	VH	多	193	158
79	VH	努力	147	151
83	VH	大	143	139
107	VH	快	112	102
117	VH	特别	104	109
120	VH	忙	101	90

순서	품사	단어	통합	
			수정전	수정후
129	VH	很多	92	70
135	VH	一样	90	84
151	VH	开始	82	81
167	VH	难	72	69
176	VH	漂亮	69	72
181	VH	怎么样	68	65
191	VH	冷	64	61
199	VH	幸福	60	58
212	VH	瘦	56	49
223	VH	小	54	52
231	VH	胖	51	53
233	VH	热闹	51	50
243	VH	长	49	52
246	VH	重要	49	47
249	VH	高	48	53
253	VH	有意思	48	43
262	VH	毕业	45	46
277	VH	这样	43	47
278	VH	重	43	45
304	VH	生气	38	42
306	VH	慢	38	37
309	VH	好看	38	29
310	VH	不错	37	37
315	VH	好吃	36	37
320	VH	方便	35	35
327	VH	晚	34	39
329	VH	厉害	34	32
330	VH	远	34	32
353	VH	近	31	38
366	VH	舒服	30	33
373	VH	健康	29	32
374	VH	新	29	31
379	VH	成功	29	28
390	VH	美丽	28	23
395	VH	在一起	27	34
398	VH	流利	27	27
404	VH	白	26	30
406	VH	贵	26	28
436	VH	早	24	21
442	VH	愉快	23	24

순서	품사	단어	통합	
			수정전	수정후
453	VH	下课	22	23
460	VH	太多	22	17
461	VH	死	22	14
487	VH	迟到	20	26
505	VH	便宜	20	19
520	VH	容易	19	19
523	VH	苦	19	16
526	VH	少	19	15
529	VH	久	18	25
535	VH	可爱	18	20
552	VH	最好	17	22
555	VH	感冒	17	18
580	VH	最近	16	20
603	VH	热情	15	18
617	VH	紧张	15	12
627	VH	善良	14	16
635	VH	急	14	14
645	VH	慢慢	14	12
649	VH	有事	14	10
659	VH	浪费	13	15
662	VH	病	13	14
666	VH	随便	13	14
682	VH	长大	13	12
685	VH	那样	13	11
688	VH	用功	13	7
694	VH	认真	12	16
695	VH	好好	12	15
696	VH	明白	12	15
698	VH	帅	12	15
699	VH	差	12	14
711	VH	有名	12	13
714	VH	吃力	12	12
720	VH	疼	12	12
727	VH	清楚	12	11
732	VH	轻	12	10
740	VH	美	11	14
746	VH	堵车	11	12
749	VH	深	11	12
758	VH	不一样	11	11
764	VH	怪	11	10

순서	품사	단어	통합	
			수정전	수정후
770	VH	不再	11	9
799	VH	假	10	11
800	VH	精彩	10	11
803	VH	放假	10	10
814	VH	干净	10	9
824	VH	亲密	10	7
840	VH	不断	9	11
845	VH	聪明	9	10
875	VH	活	9	8
880	VH	那么	9	8
881	VH	年轻	9	8
882	VH	奇怪	9	8
884	VH	着急	9	8
899	VH	饿	8	12
901	VH	开朗	8	12
906	VH	美好	8	10
910	VH	安静	8	9
913	VH	呆	8	9
915	VH	快乐	8	9
918	VH	深刻	8	9
920	VH	严重	8	9
932	VH	老	8	8
938	VH	危险	8	8
943	VH	够	8	7
946	VH	亲切	8	7
947	VH	弱	8	7
951	VH	严格	8	7
954	VH	没关系	8	6
964	VH	适合	8	3
976	VH	伤	7	10
983	VH	黑	7	8
984	VH	激动	7	8
1002	VH	和睦	7	7
1004	VH	简单	7	7
1006	VH	辣	7	7
1024	VH	发达	7	6
1026	VH	孤独	7	6
1029	VH	生病	7	6
1036	VH	复杂	7	5
1039	VH	强	7	5

순서	품사	단어	통합	
			수정전	수정후
1048	VH	完	7	4
1073	VH	好不好	6	7
1083	VH	矮	6	6
1086	VH	吃苦	6	6
1116	VH	不得了	6	5
1117	VH	大声	6	5
1135	VH	要命	6	5
1140	VH	活泼	6	4
1164	VH	出现	5	8
1178	VH	开学	5	7
1179	VH	困难	5	7
1182	VH	白白	5	6
1193	VH	苗条	5	6
1206	VH	宝贵	5	5
1213	VH	厚	5	5
1229	VH	太晚	5	5
1233	VH	头疼	5	5
1235	VH	无聊	5	5
1243	VH	正式	5	5
1244	VH	值得	5	5
1258	VH	化	5	4
1261	VH	进步	5	4
1278	VH	细	5	4
1292	VH	有趣	5	3
1295	VH	乱	5	2
1303	VH	不同	4	8
1304	VH	棒	4	7
1307	VH	去世	4	7
1308	VH	睡着	4	7
1316	VH	乐天	4	6
1327	VH	地道	4	5
1330	VH	更多	4	5
1357	VH	丰富	4	4
1358	VH	高速	4	4
1364	VH	好玩	4	4
1373	VH	骄傲	4	4
1398	VH	失败	4	4
1411	VH	小小	4	4
1425	VH	周到	4	4
1430	VH	不见了	4	3

순서	품사	단어	통합	
			수정전	수정후
1431	VH	不足	4	3
1432	VH	大大	4	3
1441	VH	交流	4	3
1452	VH	巧	4	3
1458	VH	受骗	4	3
1474	VH	过分	4	2
1478	VH	难受	4	2
1485	VH	仔细	4	2
1486	VH	最多	4	2
1489	VH	及格	4	1
1504	VH	合	3	7
1510	VH	和平	3	6
1517	VH	发胖	3	5
1520	VH	基础	3	5
1526	VH	外向	3	5
1530	VH	优秀	3	5
1535	VH	差不多	3	4
1536	VH	成熟	3	4
1544	VH	红	3	4
1545	VH	滑	3	4
1554	VH	迷路	3	4
1557	VH	内向	3	4
1559	VH	暖和	3	4
1568	VH	爽快	3	4
1570	VH	退休	3	4
1588	VH	不了了之	3	3
1591	VH	诚实	3	3
1592	VH	吃惊	3	3
1597	VH	错	3	3
1601	VH	低	3	3
1604	VH	独特	3	3
1612	VH	公平	3	3
1625	VH	活下去	3	3
1628	VH	寂寞	3	3
1641	VH	客气	3	3
1642	VH	困	3	3
1646	VH	老实	3	3
1647	VH	乐观	3	3
1649	VH	礼貌	3	3
1650	VH	凉快	3	3

순서	품사	단어	통합	
			수정전	수정후
1652	VH	了不起	3	3
1671	VH	清	3	3
1697	VH	吓人	3	3
1702	VH	响	3	3
1723	VH	远不远	3	3
1734	VH	饱	3	2
1735	VH	悲哀	3	2
1736	VH	不懈	3	2
1752	VH	好极了	3	2
1753	VH	合作	3	2
1760	VH	苦恼	3	2
1761	VH	亮晶晶	3	2
1762	VH	亮亮	3	2
1772	VH	亲热	3	2
1781	VH	完全	3	2
1791	VH	直接	3	2
1793	VH	自豪	3	2
1794	VH	自我	3	2
1795	VH	醉	3	2
1797	VH	过来	3	1
1804	VH	痛快	3	1
1805	VH	温和	3	1
1828	VH	悲伤	2	4
1832	VH	对	2	4
1834	VH	好听	2	4
1842	VH	调皮	2	4
1850	VH	必要	2	3
1869	VH	和好	2	3
1871	VH	挤	2	3
1878	VH	哭笑不得	2	3
1879	VH	来不了	2	3
1889	VH	明确	2	3
1894	VH	热热闹闹	2	3
1895	VH	如此	2	3
1901	VH	算了	2	3
1903	VH	退伍	2	3
1907	VH	相爱	2	3
1910	VH	虚弱	2	3
1918	VH	珍贵	2	3
1924	VH	暗下来	2	2

순서	품사	단어	통합	
			수정전	수정후
1930	VH	笨	2	2
1942	VH	常青	2	2
1954	VH	错误	2	2
1956	VH	大吃一惊	2	2
1964	VH	得分	2	2
1975	VH	多彩	2	2
1976	VH	多事	2	2
1977	VH	多样	2	2
1979	VH	发烧	2	2
1982	VH	风趣	2	2
1986	VH	干干净净	2	2
1989	VH	高大	2	2
1999	VH	乖	2	2
2000	VH	乖巧	2	2
2001	VH	光荣	2	2
2003	VH	海水蓝	2	2
2004	VH	好心	2	2
2015	VH	积极	2	2
2025	VH	节省	2	2
2027	VH	结实	2	2
2034	VH	旧	2	2
2042	VH	空荡荡	2	2
2052	VH	冷清	2	2
2056	VH	恋爱	2	2
2077	VH	密切	2	2
2084	VH	目瞪口呆	2	2
2100	VH	平常	2	2
2114	VH	痊愈	2	2
2125	VH	上下课	2	2
2132	VH	失业	2	2
2148	VH	算	2	2
2156	VH	坦率	2	2
2167	VH	秃	2	2
2176	VH	为什么	2	2
2179	VH	无间	2	2
2182	VH	西方	2	2
2188	VH	相互	2	2
2199	VH	羞答答	2	2
2201	VH	雅	2	2
2209	VH	应该	2	2

순서	품사	단어	통합	
			수정전	수정후
2211	VH	勇敢	2	2
2212	VH	忧郁	2	2
2213	VH	有空	2	2
2222	VH	怎么	2	2
2225	VH	长胖	2	2
2228	VH	真实	2	2
2262	VH	成人	2	1
2264	VH	刺激	2	1
2266	VH	单身	2	1
2267	VH	当然	2	1
2270	VH	懂事	2	1
2275	VH	分明	2	1
2277	VH	高级	2	1
2284	VH	糊涂	2	1
2291	VH	艰苦	2	1
2302	VH	流行	2	1
2308	VH	亲	2	1
2309	VH	晴	2	1
2311	VH	忍不住	2	1
2320	VH	盛大	2	1
2321	VH	湿	2	1
2331	VH	咸	2	1
2332	VH	相似	2	1
2341	VH	幽默	2	1
2347	VH	专门	2	1
2369	VH	睡不着觉	1	4
2371	VH	真	1	4
2372	VH	变	1	3
2378	VH	蓝蓝	1	3
2380	VH	没用	1	3
2381	VH	免费	1	3
2401	VH	爱玩	1	2
2416	VH	大胆	1	2
2422	VH	逗笑	1	2
2425	VH	恶化	1	2
2426	VH	发福	1	2
2438	VH	关门	1	2
2457	VH	开演	1	2
2460	VH	刻苦	1	2
2467	VH	流逝	1	2

순서	품사	단어	통합	
			수정전	수정후
2479	VH	入睡	1	2
2482	VH	上去	1	2
2487	VH	太少	1	2
2491	VH	特有	1	2
2498	VH	文静	1	2
2500	VH	先进	1	2
2501	VH	香	1	2
2545	VH	白净	1	1
2562	VH	悲喜	1	1
2573	VH	毕	1	1
2587	VH	病倒	1	1
2594	VH	不像话	1	1
2600	VH	不清	1	1
2608	VH	苍白	1	1
2609	VH	苍郁	1	1
2618	VH	吵	1	1
2628	VH	迟钝	1	1
2630	VH	重重	1	1
2647	VH	纯净	1	1
2652	VH	粗	1	1
2658	VH	大病	1	1
2680	VH	倒闭	1	1
2681	VH	倒霉	1	1
2691	VH	典雅	1	1
2702	VH	冻伤	1	1
2707	VH	独一无二	1	1
2708	VH	端庄	1	1
2711	VH	多才多艺	1	1
2712	VH	多多	1	1
2713	VH	多疑	1	1
2714	VH	饿肚子	1	1
2719	VH	发愁	1	1
2723	VH	翻天覆地	1	1
2725	VH	烦死	1	1
2737	VH	费事	1	1
2742	VH	风度翩翩	1	1
2745	VH	丰饶	1	1
2746	VH	丰盛	1	1
2747	VH	丰收	1	1
2755	VH	浮现	1	1

순서	품사	단어	통합	
			수정전	수정후
2759	VH	富裕	1	1
2761	VH	干脆	1	1
2762	VH	尴尬	1	1
2765	VH	高敞	1	1
2783	VH	孤芳自赏	1	1
2786	VH	古典	1	1
2787	VH	古怪	1	1
2795	VH	光润	1	1
2797	VH	广大	1	1
2813	VH	含蓄	1	1
2817	VH	好好玩	1	1
2823	VH	合法	1	1
2833	VH	厚厚	1	1
2838	VH	欢欢喜喜	1	1
2839	VH	欢乐	1	1
2840	VH	缓慢	1	1
2849	VH	火冒三丈	1	1
2851	VH	祸不单行	1	1
2855	VH	唧唧	1	1
2885	VH	交加	1	1
2899	VH	结冰	1	1
2902	VH	截然不同	1	1
2910	VH	惊诧	1	1
2911	VH	精打细算	1	1
2914	VH	惊慌失措	1	1
2923	VH	久别	1	1
2927	VH	绝望	1	1
2931	VH	开开	1	1
2955	VH	宽敞	1	1
2964	形사	懒惰	1	1
2969	VH	离奇	1	1
2975	VH	理所当然	1	1
2976	VH	理性	1	1
2977	VH	理直气壮	1	1
2980	VH	例外	1	1
2986	VH	良好	1	1
2998	VH	乱七八糟	1	1
2999	VH	乱糟糟	1	1
3001	VH	落榜	1	1
3003	VH	麻痹	1	1

순서	품사	단어	통합	
			수정전	수정후
3010	VH	卖乖	1	1
3012	VH	慢慢腾腾	1	1
3015	VH	漫天	1	1
3016	VH	慢悠悠	1	1
3017	VH	盲目	1	1
3019	VH	毛毛	1	1
3025	VH	闷热	1	1
3040	VH	明媚	1	1
3045	VH	默默	1	1
3059	VH	腻	1	1
3061	VH	匿名	1	1
3065	VH	年老	1	1
3070	VH	浓	1	1
3086	VH	平滑	1	1
3090	VH	漆黑	1	1
3092	VH	起来	1	1
3095	VH	恰到好处	1	1
3101	VH	浅	1	1
3103	VH	强盛	1	1
3108	VH	勤快	1	1
3109	VH	清澈	1	1
3113	VH	情同手足	1	1
3116	VH	去去	1	1
3122	VH	确确实实	1	1
3126	VH	热烈	1	1
3127	VH	仁慈	1	1
3129	VH	人山人海	1	1
3130	VH	人生地不熟	1	1
3132	VH	忍无可忍	1	1
3138	VH	如故	1	1
3142	VH	软绵绵	1	1
3145	VH	三五成群	1	1
3149	VH	闪耀	1	1
3154	VH	奢侈	1	1
3179	VH	时髦	1	1
3182	VH	实用	1	1
3195	VH	守旧	1	1
3200	VH	受凉	1	1
3232	VH	贪吃	1	1
3233	VH	贪玩	1	1

순서	품사	단어	통합	
			수정전	수정후
3234	VH	谈得来	1	1
3235	VH	坦白	1	1
3236	VH	忐忑不安	1	1
3242	VH	特殊	1	1
3248	VH	天生	1	1
3250	VH	甜	1	1
3251	VH	甜蜜	1	1
3262	VH	同屋	1	1
3265	VH	投机	1	1
3277	VH	完毕	1	1
3278	VH	顽皮	1	1
3282	VH	汪汪	1	1
3287	VH	望子成龙	1	1
3302	VH	无边无际	1	1
3323	VH	细致	1	1
3324	VH	瞎	1	1
3325	VH	下垂	1	1
3327	VH	下苦	1	1
3331	VH	鲜明	1	1
3332	VH	闲不住	1	1
3338	VH	相反	1	1
3345	VH	消沉	1	1
3360	VH	辛劳	1	1
3364	VH	兴高采烈	1	1
3365	VH	兴致勃勃	1	1
3374	VH	雪白	1	1
3376	VH	迅速	1	1
3377	VH	牙疼	1	1
3379	VH	炎热	1	1
3394	VH	要好	1	1
3395	VH	耀眼	1	1
3397	VH	野蛮	1	1
3399	VH	夜深	1	1
3409	VH	遗迹	1	1
3422	VH	一言既出	1	1
3433	VH	悠久	1	1
3437	VH	游手好闲	1	1
3440	VH	有效	1	1
3446	VH	远远	1	1
3454	VH	悦耳	1	1

순서	품사	단어	통합	
			수정전	수정후
3455	VH	晕倒	1	1
3458	VH	在一块儿	1	1
3464	VH	早早	1	1
3476	VH	正好	1	1
3477	VH	正经	1	1
3491	VH	忠实	1	1
3499	VH	主要	1	1
3500	VH	著名	1	1
3508	VH	壮观	1	1
3525	VH	坐立不安	1	1
3547	VH	散	0	4
3549	VH	火	0	3
3550	VH	坚强	0	3
3552	VH	瘦多	0	3
3554	VH	圆圆	0	3
3561	VH	不得	0	2
3563	VH	纯朴	0	2
3583	VH	忙碌	0	2
3590	VH	疲惫	0	2
3615	VH	走散	0	2
3618	VH	白茫茫	0	1
3625	VH	变黑	0	1
3632	VH	不对劲	0	1
3648	VH	称职	0	1
3654	VH	充足	0	1
3664	VH	脆弱	0	1
3668	VH	大不了	0	1
3674	VH	单调	0	1
3684	VH	冻	0	1
3686	VH	陡峭	0	1
3688	VH	肚子痛	0	1
3691	VH	短暂	0	1
3696	VH	多心	0	1
3698	VH	繁重	0	1
3704	VH	废寝忘食	0	1
3712	VH	覆水难收	0	1
3727	VH	功亏一篑	0	1
3738	VH	过火	0	1
3743	VH	汗如雨下	0	1
3750	VH	红红	0	1

순서	품사	단어	통합	
			수정전	수정후
3760	VH	活不了	0	1
3761	VH	豁然开朗	0	1
3763	VH	积少成多	0	1
3767	VH	减退	0	1
3768	VH	渐渐	0	1
3776	VH	拮据	0	1
3781	VH	金	0	1
3782	VH	筋疲力尽	0	1
3791	VH	久远	0	1
3794	VH	俱全	0	1
3796	VH	开满	0	1
3806	VH	可恨	0	1
3818	VH	累倒	0	1
3819	VH	泪如雨下	0	1
3823	VH	脸红	0	1
3824	VH	两样	0	1
3833	VH	落选	0	1
3843	VH	明显	0	1
3844	VH	模糊	0	1
3846	VH	难闻	0	1
3847	VH	内疚	0	1
3848	VH	能干	0	1
3857	VH	漂漂亮亮	0	1
3860	VH	平均	0	1
3866	VH	前所未有	0	1
3870	VH	情不自禁	0	1
3875	VH	全新	0	1
3876	VH	雀跃	0	1
3880	VH	柔和	0	1
3881	VH	如愿以偿	0	1
3884	VH	塞车	0	1
3889	VH	上当	0	1
3892	VH	深奥	0	1
3893	VH	身心健康	0	1
3901	VH	实实在在	0	1
3911	VH	死定	0	1
3914	VH	驷马难追	0	1
3915	VH	酸	0	1
3919	VH	天成	0	1
3923	VH	通	0	1

순서	품사	단어	통합	
			수정전	수정후
3928	VH	团聚	0	1
3936	VH	乌黑	0	1
3937	VH	无比	0	1
3938	VH	无济于事	0	1
3939	VH	无理	0	1
3940	VH	五彩缤纷	0	1
3956	VH	协	0	1
3959	VH	辛勤	0	1
3960	VH	心神不宁	0	1
3961	VH	心酸	0	1
3963	VH	醒来	0	1
3965	VH	秀丽	0	1
3967	VH	学成	0	1
3973	VH	遥远	0	1
3975	VH	依依不舍	0	1
3981	VH	映	0	1
3983	VH	拥挤	0	1
3984	VH	永生	0	1
3986	VH	优美	0	1
3991	VH	有气无力	0	1
3992	VH	友善	0	1
4002	VH	真是	0	1
4013	VH	转凉	0	1
4016	VH	准确	0	1
4019	VH	自立	0	1
4021	VH	自尊	0	1

4.1.40 VHC 상태사동사

순서	품사	단어	통합	
			수정전	수정후
236	VHC	累	50	56
381	VHC	热	29	27
613	VHC	感动	15	14
615	VHC	结束	15	14
729	VHC	辛苦	12	11
959	VHC	坏	8	5
1232	VHC	统一	5	5
1242	VHC	增加	5	5

순서	품사	단어	통합	
			수정전	수정후
1266	VHC	满足	5	4
1282	VHC	饿死	5	3
1286	VHC	累死	5	3
1305	VHC	烦	4	7
1348	VHC	产生	4	4
1377	VHC	可怜	4	4
1440	VHC	减少	4	3
1683	VHC	疏远	3	3
1691	VHC	停	3	3
1846	VHC	有害	2	4
1885	VHC	麻烦	2	3
1933	VHC	冰砖	2	2
2177	VHC	温暖	2	2
2178	VHC	稳定	2	2
2223	VHC	增多	2	2
2258	VHC	冰	2	1
2271	VHC	冻死	2	1
2272	VHC	断	2	1
2290	VHC	加快	2	1
2296	VHC	开阔	2	1
2429	VHC	放松	1	2
2481	VHC	伤	1	2
2494	VHC	停下来	1	2
2523	VHC	增长	1	2
2537	VHC	安定	1	1
2739	VHC	分开	1	1
2740	VHC	分裂	1	1
2874	VHC	减弱	1	1
2900	VHC	结合	1	1
2965	VHC	老龄化	1	1
3172	VHC	湿透	1	1
3289	VHC	委屈	1	1
3626	VHC	变化	0	1
3689	VHC	端正	0	1
3758	VHC	恢复	0	1
3766	VHC	减轻	0	1
3790	VHC	净化	0	1
3859	VHC	平复	0	1
3886	VHC	晒黑	0	1
3932	VHC	为难	0	1

순서	품사	단어	통합	
			수정전	수정후
3943	VHC	西方化	0	1

4.1.41 VI 상태류타동사

순서	품사	단어	통합	
			수정전	수정후
556	VI	感兴趣	17	18
1384	VI	没办法	4	4
1449	VI	拿手	4	3
1700	VI	相干	3	3
1981	VI	反感	2	2
1987	VI	感恩	2	2
2082	VI	陌生	2	2
3115	VI	屈服	1	1
3151	VI	伤脑筋	1	1
3260	VI	同班	1	1
3303	VI	无可奈何	1	1
3432	VI	用情	1	1
3573	VI	记忆犹新	0	2
3912	VI	死心	0	1
4001	VI	着想	0	1

4.1.42 VJ 상태타동사

순서	품사	단어	통합	
			수정전	수정후
88	VJ	没有	136	136
296	VJ	没	40	33
350	VJ	发生	32	26
354	VJ	得	31	35
410	VJ	对不起	26	24
504	VJ	欢迎	20	19
524	VJ	得到	19	15
551	VJ	认识	17	23
608	VJ	受	15	16
654	VJ	达到	13	17
743	VJ	满	11	13
763	VJ	吃不了	11	10
949	VJ	想念	8	7

순서	품사	단어	통합	
			수정전	수정후
950	VJ	谢	8	7
971	VJ	变得	7	11
980	VJ	羡慕	7	9
998	VJ	高中	7	7
1021	VJ	重视	7	7
1032	VJ	谢谢	7	6
1040	VJ	受到	7	5
1058	VJ	充满	6	9
1075	VJ	适应	6	7
1123	VJ	关照	6	5
1131	VJ	享受	6	5
1153	VJ	只有	6	2
1160	VJ	怀	5	9
1196	VJ	无	5	6
1314	VJ	获得	4	6
1340	VJ	吓	4	5
1363	VJ	毫无	4	4
1378	VJ	克服	4	4
1456	VJ	剩下	4	3
1459	VJ	熟悉	4	3
1463	VJ	习惯	4	3
1469	VJ	尊重	4	3
1529	VJ	欣赏	3	5
1550	VJ	敬	3	4
1576	VJ	有关	3	4
1596	VJ	从事	3	3
1621	VJ	怀念	3	3
1632	VJ	经历	3	3
1689	VJ	疼	3	3
1732	VJ	尊敬	3	3
1748	VJ	赶不上	3	2
1750	VJ	关怀	3	2
1773	VJ	缺	3	2
1780	VJ	听得懂	3	2
1801	VJ	热心	3	1
1827	VJ	拥有	2	5
1884	VJ	连	2	3
1891	VJ	起不了	2	3
1917	VJ	原谅	2	3
1922	VJ	爱惜	2	2

순서	품사	단어	통합	
			수정전	수정후
2038	VJ	看得见	2	2
2118	VJ	忍耐	2	2
2136	VJ	适合	2	2
2160	VJ	体贴	2	2
2197	VJ	信任	2	2
2214	VJ	有益	2	2
2232	VJ	值	2	2
2249	VJ	爱上	2	1
2251	VJ	按照	2	1
2259	VJ	不理	2	1
2276	VJ	负	2	1
2286	VJ	积	2	1
2292	VJ	减	2	1
2297	VJ	理	2	1
2307	VJ	亲	2	1
2352	VJ	费	2	0
2366	VJ	缺少	1	4
2384	VJ	佩服	1	3
2393	VJ	疼爱	1	3
2396	VJ	忘怀	1	3
2406	VJ	保持	1	2
2410	VJ	不如	1	2
2411	VJ	超过	1	2
2478	VJ	热衷	1	2
2486	VJ	顺	1	2
2499	VJ	误	1	2
2536	VJ	爱慕	1	1
2556	VJ	包含	1	1
2558	VJ	保持到	1	1
2561	VJ	抱有	1	1
2577	VJ	贬低	1	1
2593	VJ	不顾	1	1
2595	VJ	不要	1	1
2598	VJ	不符	1	1
2637	VJ	出身	1	1
2667	VJ	大于	1	1
2673	VJ	耽误	1	1
2717	VJ	发	1	1
2720	VJ	发挥	1	1
2726	VJ	反射	1	1

순서	품사	단어	통합	
			수정전	수정후
2758	VJ	富有	1	1
2778	VJ	共赏	1	1
2780	VJ	共有	1	1
2793	VJ	关注	1	1
2814	VJ	含有	1	1
2853	VJ	忽视	1	1
2868	VJ	加深	1	1
2873	VJ	兼备	1	1
2883	VJ	降低到	1	1
2886	VJ	交上	1	1
2901	VJ	竭尽	1	1
2937	VJ	看不顺眼	1	1
2938	VJ	看懂	1	1
2962	VJ	来自	1	1
2991	VJ	列入	1	1
3002	VJ	落后	1	1
3029	VJ	迷恋	1	1
3054	VJ	难住	1	1
3119	VJ	缺乏	1	1
3134	VJ	认出	1	1
3161	VJ	深受	1	1
3184	VJ	始于	1	1
3203	VJ	属于	1	1
3286	VJ	忘却	1	1
3292	VJ	未满	1	1
3314	VJ	牺牲	1	1
3315	VJ	吸引	1	1
3316	VJ	吸引住	1	1
3343	VJ	想尽	1	1
3386	VJ	厌倦	1	1
3387	VJ	厌弃	1	1
3472	VJ	珍爱	1	1
3524	VJ	遵守	1	1
3542	VJ	深爱	0	5
3579	VJ	考取	0	2
3582	VJ	满怀	0	2
3617	VJ	熬过	0	1
3633	VJ	不关	0	1
3651	VJ	吃上	0	1
3652	VJ	持	0	1

순서	품사	단어	통합	
			수정전	수정후
3665	VJ	错过	0	1
3708	VJ	分享	0	1
3739	VJ	过去	0	1
3783	VJ	紧接	0	1
3803	VJ	靠	0	1
3827	VJ	领到	0	1
3836	VJ	买得起	0	1
3841	VJ	迷失	0	1
3878	VJ	忍	0	1
3879	VJ	认不认识	0	1
3917	VJ	体现	0	1
3931	VJ	维持	0	1
3953	VJ	享受到	0	1
3955	VJ	孝顺	0	1
3966	VJ	虚度	0	1
3993	VJ	有所	0	1
3994	VJ	有益于	0	1
3996	VJ	赞同	0	1
4004	VJ	珍惜	0	1

4.1.43 VK 상태문장목적어동사

순서	품사	단어	통합	
			수정전	수정후
41	VK	喜欢	264	274
81	VK	知道	146	138
95	VK	觉得	126	147
100	VK	高兴	123	125
158	VK	感到	77	71
230	VK	希望	51	62
248	VK	关心	49	43
282	VK	注意	42	41
340	VK	忘	33	30
356	VK	担心	31	33
402	VK	愿意	27	14
458	VK	感谢	22	21
474	VK	怕	21	21
478	VK	了解	21	19
479	VK	难过	21	19

순서	품사	단어	통합	
			수정전	수정후
481	VK	信	21	19
509	VK	忘不了	20	18
530	VK	需要	18	25
537	VK	懂	18	19
544	VK	肯定	18	17
590	VK	同意	16	15
628	VK	记	14	15
638	VK	相信	14	14
679	VK	记得	13	12
706	VK	理解	12	13
707	VK	满意	12	13
708	VK	难忘	12	13
753	VK	忘记	11	12
854	VK	小心	9	10
897	VK	觉	8	13
963	VK	感	8	3
989	VK	受不了	7	8
1037	VK	记住	7	5
1038	VK	期待	7	5
1050	VK	知	7	4
1052	VK	感觉到	7	3
1055	VK	害怕	6	11
1076	VK	听懂	6	7
1106	VK	讨厌	6	6
1146	VK	不满	6	3
1166	VK	坚持	5	8
1186	VK	放心	5	6
1263	VK	恐惧	5	4
1293	VK	愿	5	3
1367	VK	获悉	4	4
1422	VK	赞成	4	4
1464	VK	在于	4	3
1543	VK	恨	3	4
1584	VK	抱歉	3	3
1633	VK	惊讶	3	3
1720	VK	忧虑	3	3
1771	VK	气	3	2
1784	VK	想见	3	2
1788	VK	意味	3	2
1913	VK	遗憾	2	3

순서	품사	단어	통합	
			수정전	수정후
2175	VK	忘掉	2	2
2220	VK	在乎	2	2
2230	VK	知不知道	2	2
2239	VK	注意到	2	2
2253	VK	包括	2	1
2288	VK	记不清	2	1
2310	VK	确信	2	1
2317	VK	涉及	2	1
2375	VK	感受到	1	3
2391	VK	受到	1	3
2472	VK	能够	1	2
2599	VK	不觉	1	1
2613	VK	察觉到	1	1
2688	VK	等待	1	1
2782	VK	顾	1	1
2792	VK	关系	1	1
2881	VK	讲究	1	1
2945	VK	可望	1	1
3036	VK	面临	1	1
3067	VK	宁可	1	1
3121	VK	确定	1	1
3131	VK	忍受	1	1
3281	VK	惋惜	1	1
3285	VK	忘光	1	1
3334	VK	显	1	1
3385	VK	厌烦	1	1
3401	VK	依赖	1	1
3439	VK	犹豫	1	1
3465	VK	造成	1	1
3539	VK	感觉	0	9
3543	VK	体会到	0	5
3567	VK	反映出	0	2
3604	VK	想像	0	2
3605	VK	象征	0	2
3608	VK	需	0	2
3656	VK	愁	0	1
3675	VK	担忧	0	1
3683	VK	懂得	0	1
3720	VK	感悟到	0	1
3828	VK	留意	0	1

순서	품사	단어	통합	
			수정전	수정후
3845	VK	漠不关心	0	1
3850	VK	弄得	0	1
3906	VK	数	0	1
3945	VK	喜欢上	0	1
3954	VK	向往	0	1
3979	VK	意想不到	0	1
4011	VK	主意	0	1
4018	VK	自觉	0	1

4.1.44 VL 상태술목동사

순서	품사	단어	통합	
			수정전	수정후
99	VL	让	123	142
206	VL	爱	58	48
491	VL	好	20	24
514	VL	爱好	19	23
894	VL	使	8	17
1165	VL	敢	5	8
1299	VL	令	4	11
1396	VL	舍不得	4	4
1484	VL	终于	4	2
1937	VL	不禁	2	2
2007	VL	后悔	2	2
2072	VL	忙着	2	2
2180	VL	无意	2	2
2257	VL	便利	2	1
2432	VL	赶得上	1	2
2454	VL	禁不住	1	2
3150	VL	擅长	1	1
3596	VL	善于	0	2
3599	VL	提早	0	2
3653	VL	持续	0	1
3715	VL	负责	0	1
3732	VL	故意	0	1
3816	VL	乐于	0	1
3985	VL	用来	0	1

4.1.45 V_2 有

순서	품사	단어	통합	
			수정전	수정후
15	V_2	有	627	601

4.2 학년별 품사 사용 빈도

4.2.1 2학년 중간언어 자료 수정 전·후의 어휘 사용빈도(수정전 기준)

4.2.1.1 A 비술어형용사

순서	품사	단어	2학년	
			수정전	수정후
1183	A	原来	2	2
1346	A	一般	1	2
1512	A	师范	1	1
1538	A	高等	1	1
1607	A	唯一	1	1
1666	A	日常	1	1
2044	A	心爱	1	1
2059	A	易爆	1	1
2074	A	暂时	1	1
2187	A	一定	0	0
2315	A	同一	0	0
2469	A	知心	0	0
2515	A	公共	0	0
2544	A	零下	0	0
2592	A	双重	0	0
2764	A	反覆	0	1
3122	A	课外	0	0
3294	A	双	0	0
3441	A	一贯	0	0
3591	A	亲	0	0
3669	A	大概	0	1
3728	A	共同	0	0
3868	A	切身	0	0
3978	A	易燃	0	1
4003	A	真正的	0	0

4.2.1.2 Caa 대등접속사

순서	품사	단어	2학년	
			수정전	수정후
34	Caa	和	126	133
469	Caa	而且	8	10
579	Caa	又	6	4
717	Caa	或者	4	4
762	Caa	既	4	5
1340	Caa	与	1	2
1536	Caa	而	1	0
1636	Caa	及	1	0
2175	Caa	或	0	1
2242	Caa	跟	0	1
2722	Caa	还是	0	1

4.2.1.3 Cab 열거접속사

순서	품사	단어	2학년	
			수정전	수정후
475	Cab	等	8	7
1171	Cab	等等	2	4

4.2.1.4 Cba 이동성관계접속사

순서	품사	단어	2학년	
			수정전	수정후
1170	Cba	的话	2	30

4.2.1.5 Cbb 비이동성관계접속사

순서	품사	단어	2학년	
			수정전	수정후
33	Cbb	所以	126	141
76	Cbb	因为	61	75
100	Cbb	可是	50	50
145	Cbb	但	35	44
148	Cbb	但是	34	35
192	Cbb	如果	24	25
193	Cbb	不但	24	26
227	Cbb	不过	20	24

순서	품사	단어	2학년	
			수정전	수정후
242	Cbb	而且	18	18
251	Cbb	虽然	17	24
281	Cbb	连	16	16
296	Cbb	要是	14	13
598	Cbb	既	6	5
843	Cbb	就是	3	3
853	Cbb	不仅	3	12
871	Cbb	而是	3	5
1265	Cbb	而	1	6
1267	Cbb	只要	1	2
1272	Cbb	由于	1	9
1285	Cbb	不管	1	1
1296	Cbb	因此	1	6
1467	Cbb	甚至	1	1
1483	Cbb	和	1	1
1547	Cbb	然而	1	1
1563	Cbb	并且	1	1
1564	Cbb	只有	1	3
2202	Cbb	于是	0	0
2223	Cbb	并	0	0
2245	Cbb	因	0	0
2271	Cbb	之所以	0	0
2317	Cbb	无论	0	1
2398	Cbb	即使	0	1
2443	Cbb	不论	0	1
2448	Cbb	还是	0	1
2464	Cbb	要不然	0	0
2505	Cbb	凡是	0	0
2531	Cbb	尽管	0	0
2726	Cbb	若	0	0
2736	Cbb	那么	0	0
2743	Cbb	虽说	0	0
2776	Cbb	既然	0	0
2788	Cbb	另外	0	0
2906	Cbb	除非	0	0
2911	Cbb	此外	0	0
2963	Cbb	凡	0	0
2983	Cbb	否则	0	0
3034	Cbb	何况	0	0
3429	Cbb	要不	0	0

순서	품사	단어	2학년	
			수정전	수정후
3444	Cbb	以及	0	0
3577	Cbb	就算	0	0
3627	Cbb	便是	0	0
3883	Cbb	若要	0	0

4.2.1.6 D 일반부사

순서	품사	단어	2학년	
			수정전	수정후
13	D	不	267	286
27	D	就	141	167
32	D	能	127	145
37	D	要	118	133
43	D	都	104	136
44	D	一起	102	109
49	D	去	92	98
50	D	也	88	117
58	D	没	76	74
60	D	来	73	69
65	D	已经	69	72
68	D	再	66	72
81	D	还	59	72
85	D	会	57	84
92	D	一直	54	55
102	D	一定	50	53
106	D	经常	47	46
108	D	真	46	39
120	D	得	42	46
158	D	先	31	34
163	D	别	30	33
164	D	多	30	35
167	D	常常	29	26
178	D	快	27	30
190	D	然后	25	22
194	D	正在	24	23
206	D	又	22	23
208	D	怎么	22	22
213	D	没有	21	21
235	D	便	19	21

순서	품사	단어	2학년	
			수정전	수정후
244	D	互相	18	18
246	D	原来	18	19
247	D	一边	18	17
250	D	顺便	18	18
253	D	一	17	16
262	D	早	17	17
264	D	差不多	17	16
267	D	不见得	17	17
272	D	必须	16	16
299	D	马上	14	15
300	D	这么	14	13
302	D	为什么	14	13
308	D	偏偏	14	12
314	D	可以	13	17
329	D	赶快	13	13
330	D	说不定	13	14
331	D	好像	12	13
343	D	可能	12	9
365	D	能不能	12	12
367	D	应该	11	14
403	D	那么	10	12
405	D	还是	10	11
427	D	按时	10	10
429	D	可	9	10
458	D	该	9	9
459	D	恐怕	9	7
554	D	真的	6	8
597	D	等一下	6	4
604	D	突然	5	8
605	D	总是	5	7
611	D	只有	5	4
625	D	完全	5	6
662	D	确实	5	4
687	D	本来	4	4
689	D	大概	4	8
692	D	初次	4	4
694	D	看起来	4	7
719	D	常	4	4
727	D	一般	4	3
746	D	怪不得	4	4

순서	품사	단어	2학년	
			수정전	수정후
802	D	没想到	3	3
807	D	快要	3	2
821	D	很少	3	4
830	D	有时候	3	2
831	D	有时	3	3
862	D	有没有	3	3
896	D	太早	3	3
917	D	几时	3	3
971	D	终于	2	1
974	D	当然	2	1
980	D	其实	2	2
995	D	永远	2	2
1001	D	却	2	9
1027	D	多多	2	2
1031	D	所	2	1
1034	D	看上去	2	2
1042	D	必	2	4
1067	D	不用	2	4
1093	D	须要	2	4
1096	D	快点儿	2	2
1142	D	放声	2	2
1144	D	好好儿	2	2
1178	D	稍微	2	2
1193	D	独自	2	2
1207	D	快点	2	2
1212	D	临	2	2
1250	D	了不起	2	1
1268	D	刚	1	4
1287	D	渐	1	2
1294	D	那里	1	2
1303	D	并	1	2
1316	D	尤其	1	0
1334	D	天天	1	3
1356	D	更	1	1
1359	D	忽然	1	1
1362	D	总	1	3
1363	D	重新	1	1
1381	D	逐渐	1	1
1392	D	看来	1	1
1421	D	亲自	1	1

순서	품사	단어	2학년	
			수정전	수정후
1437	D	日益	1	1
1449	D	真是	1	2
1450	D	终	1	1
1457	D	立刻	1	2
1466	D	仍然	1	1
1482	D	还可以	1	1
1505	D	偶然	1	1
1529	D	至今	1	1
1533	D	处处	1	0
1549	D	说起来	1	1
1551	D	先~然后	1	1
1557	D	反覆	1	0
1582	D	不应该	1	1
1585	D	从早到晚	1	2
1604	D	少	1	2
1618	D	曾经	1	1
1663	D	亲眼	1	1
1700	D	最好	1	1
1729	D	在	1	2
1735	D	稍	1	2
1748	D	当面	1	1
1783	D	一口	1	1
1792	D	按期	1	1
1820	D	重复	1	1
1871	D	还不是	1	1
1936	D	慢慢儿	1	1
1946	D	哪来	1	1
1968	D	全	1	1
1991	D	始终	1	1
2008	D	特意	1	1
2015	D	通宵达旦	1	1
2024	D	未免	1	1
2029	D	无缘无故	1	1
2030	D	勿	1	1
2054	D	一一	1	1
2057	D	一块儿	1	1
2058	D	一再	1	1
2062	D	硬	1	1
2071	D	早些	1	1
2085	D	准	1	1

순서	품사	단어	2학년	
			수정전	수정후
2093	D	即	0	0
2095	D	立即	0	0
2097	D	差点儿	0	0
2100	D	到处	0	1
2124	D	正	0	8
2131	D	能够	0	2
2148	D	到底	0	0
2156	D	不知不觉	0	0
2171	D	不可	0	0
2188	D	近来	0	0
2192	D	反正	0	0
2200	D	渐渐	0	1
2204	D	不得不	0	0
2225	D	果然	0	0
2230	D	绝对	0	0
2234	D	只好	0	1
2239	D	难以	0	0
2240	D	也许	0	0
2243	D	竟然	0	2
2251	D	毫无	0	0
2266	D	首先	0	2
2278	D	尽管	0	0
2283	D	每	0	0
2294	D	怎样	0	0
2302	D	自然	0	0
2304	D	根本	0	0
2310	D	从此	0	1
2359	D	将	0	0
2362	D	可不可以	0	0
2369	D	日趋	0	0
2399	D	决不	0	0
2413	D	再一次	0	0
2426	D	尽快	0	1
2462	D	无法	0	0
2466	D	一向	0	0
2543	D	临死	0	0
2551	D	埋头	0	0
2586	D	实在	0	0
2594	D	随时	0	0
2635	D	再次	0	0

순서	품사	단어	2학년	
			수정전	수정후
2669	D	哈哈	0	0
2688	D	三三两两	0	0
2698	D	听起来	0	0
2699	D	往往	0	0
2742	D	如何	0	0
2746	D	主要	0	0
2756	D	从小到大	0	0
2759	D	动不动	0	0
2765	D	纷纷	0	0
2772	D	好不容易	0	0
2783	D	可要	0	0
2792	D	明明	0	0
2814	D	一路	0	0
2817	D	一转眼	0	1
2868	D	不必	0	0
2869	D	不断	0	0
2879	D	不许	0	0
2913	D	从不	0	0
2921	D	大加	0	0
2930	D	单独	0	0
2935	D	倒	0	0
2936	D	倒不如	0	0
3005	D	共同	0	0
3049	D	回头	0	0
3059	D	即将	0	0
3071	D	简直	0	0
3106	D	绝不	0	0
3115	D	看样子	0	0
3157	D	略	0	0
3218	D	起初	0	0
3251	D	日夜	0	0
3264	D	设身处地	0	0
3276	D	时不时	0	0
3277	D	时而	0	0
3298	D	似乎	0	0
3304	D	随手	0	0
3321	D	特	0	0
3430	D	要不要	0	0
3437	D	依然	0	0
3442	D	一面	0	0

순서	품사	단어	2학년	
			수정전	수정후
3443	D	一面	0	0
3451	D	一语	0	0
3454	D	应当	0	0
3479	D	早日	0	0
3484	D	暂时	0	0
3502	D	衷心	0	0
3528	D	做起来	0	0
3530	D	的确	0	0
3535	D	行不行	0	0
3546	D	没法	0	1
3562	D	不由得	0	0
3580	D	连续	0	0
3589	D	偏要	0	2
3593	D	全力	0	1
3635	D	不经意	0	0
3636	D	不停	0	0
3639	D	才	0	1
3644	D	常年	0	0
3663	D	此后	0	0
3680	D	得以	0	0
3694	D	顿时	0	0
3699	D	反复	0	0
3723	D	各	0	0
3784	D	尽	0	0
3792	D	居然	0	0
3813	D	老半天	0	0
3817	D	累月	0	0
3837	D	满心	0	0
3904	D	事先	0	1
3934	D	嗡	0	0
3964	D	幸好	0	0
3998	D	早早	0	0
4005	D	正面	0	0
4006	D	只得	0	0
4020	D	自始至终	0	0

4.2.1.7 Da 수량부사

순서	품사	단어	2학년	
			수정전	수정후
91	Da	才	54	63
231	Da	只	19	29
528	Da	不过	7	4
819	Da	共	3	3
1018	Da	一共	2	2
1073	Da	几乎	2	3
1121	Da	约	2	8
1732	Da	大约	1	2
1962	Da	起码	1	1
2210	Da	正好	0	0
3520	Da	总共	0	0
3576	Da	仅	0	1
3634	Da	不光	0	0
4024	Da	最多	0	0

4.2.1.8 De 구조조사

순서	품사	단어	2학년	
			수정전	수정후
2	De	的	1128	1070
23	De	得	168	179
175	De	地	27	42
2120	De	之	0	2

4.2.1.9 Dfa 동사앞정도부사

순서	품사	단어	2학년	
			수정전	수정후
6	Dfa	很	415	463
82	Dfa	太	58	55
105	Dfa	有点儿	47	58
128	Dfa	挺	40	39
184	Dfa	较	26	28
185	Dfa	比较	26	28
196	Dfa	越来越	23	21
204	Dfa	最	22	25
205	Dfa	更	22	16

순서	품사	단어	2학년	
			수정전	수정후
237	Dfa	非常	18	24
526	Dfa	多	7	7
627	Dfa	有点	5	5
696	Dfa	好	4	5
1015	Dfa	这样	2	1
1086	Dfa	还要	2	5
1120	Dfa	更加	2	4
1148	Dfa	满	2	2
1286	Dfa	多么	1	1
1718	Dfa	如此	1	1
2102	Dfa	十分	0	0
2108	Dfa	相当	0	0
2673	Dfa	极为	0	0
2708	Dfa	有一点点	0	0
2737	Dfa	那样	0	1
2999	Dfa	格外	0	0
3726	Dfa	更为	0	0
3730	Dfa	够	0	0
3764	Dfa	极其	0	1

4.2.1.10 Dfb 동사뒤정도부사

순서	품사	단어	2학년	
			수정전	수정후
484	Dfb	点儿	8	11
577	Dfb	极了	6	6
911	Dfb	点	3	3
1045	Dfb	多	2	2
1060	Dfb	得多	2	1
2017	Dfb	透	1	1
2812	Dfb	些	0	0
2870	Dfb	不过	0	0

4.2.1.11 Di 시태표지

순서	품사	단어	2학년	
			수정전	수정후
4	Di	了	514	620
98	Di	着	51	57

104	Di	过	48	58
675	Di	起来	4	9
2739	Di	起	0	1
3948	Di	下来	0	1

4.2.1.12 Dk 문장부사

순서	품사	단어	2학년	
			수정전	수정후
935	Dk	总之	3	2
1206	Dk	就是说	2	2
1271	Dk	那	1	2
1446	Dk	无论如何	1	0
2053	Dk	也就是说	1	1
2280	Dk	看来	0	0
2816	Dk	一般来说	0	1
2874	Dk	不用说	0	0
3192	Dk	那么	0	0
3389	Dk	想不到	0	0
3659	Dk	除此以外	0	1

4.2.1.13 I 감탄사

순서	품사	단어	2학년	
			수정전	수정후
1791	I	哎呀	1	1
1877	I	呵	1	1
3356	I	喂	0	0

4.2.1.14 Na 일반명사

순서	품사	단어	2학년	
			수정전	수정후
15	Na	朋友	257	263
16	Na	人	230	235
21	Na	妈妈	175	174
36	Na	汉语	119	121
38	Na	时候	116	115
45	Na	爸爸	102	101
63	Na	书	71	75
64	Na	时间	70	66

순서	품사	단어	2학년	
			수정전	수정후
66	Na	话	68	43
67	Na	老师	68	68
71	Na	男朋友	65	68
73	Na	身体	64	62
86	Na	电影	57	60
93	Na	菜	54	51
95	Na	业	53	55
96	Na	们	51	49
103	Na	哥哥	50	51
112	Na	东西	45	44
115	Na	学生	44	47
119	Na	天气	42	42
121	Na	作业	42	44
124	Na	饭	41	48
125	Na	事	40	44
126	Na	酒	40	40
142	Na	衣服	36	36
143	Na	勇气	36	36
146	Na	弟弟	35	36
155	Na	妹妹	32	33
161	Na	约会	30	23
170	Na	课	29	26
171	Na	车	28	28
173	Na	钱	28	27
191	Na	奶奶	25	25
207	Na	同屋	22	22
209	Na	英语	22	22
212	Na	生活	21	19
216	Na	图书馆	21	21
219	Na	小时	20	22
224	Na	汽车	20	20
226	Na	生日	20	20
229	Na	父母	19	19
233	Na	目的	19	19
236	Na	问题	18	19
239	Na	工作	18	19
240	Na	路	18	17
245	Na	同学	18	18
254	Na	月	17	18
260	Na	自行车	17	17

순서	품사	단어	2학년	
			수정전	수정후
268	Na	行	16	3
276	Na	体重	16	16
282	Na	桌子	16	16
285	Na	旅行	15	3
291	Na	狗	15	15
303	Na	成绩	14	14
306	Na	女朋友	14	13
309	Na	性格	13	14
315	Na	球	13	13
320	Na	礼物	13	15
322	Na	钱包	13	14
325	Na	手机	13	14
327	Na	飞机	13	13
332	Na	面	12	7
335	Na	消息	12	12
337	Na	水平	12	16
348	Na	比赛	12	13
350	Na	电话	12	15
353	Na	公共汽车	12	12
361	Na	床	12	10
363	Na	爷爷	12	12
366	Na	裙子	12	14
368	Na	地方	11	15
371	Na	中国人	11	12
374	Na	年级	11	12
376	Na	好朋友	11	12
378	Na	家庭	11	14
382	Na	水	11	9
384	Na	星期	11	14
386	Na	客人	11	11
389	Na	母亲	11	11
394	Na	小狗	11	11
398	Na	猫	11	10
431	Na	火车	9	9
432	Na	鞋带	9	9
436	Na	父亲	9	9
437	Na	病	9	9
442	Na	意思	9	8
448	Na	中文	9	10
451	Na	咖啡	9	13

순서	품사	단어	2학년	
			수정전	수정후
465	Na	心情	8	11
472	Na	大学生	8	9
479	Na	名字	8	10
485	Na	足球	8	9
487	Na	苹果	8	8
489	Na	小偷	8	8
494	Na	韩国队	8	8
495	Na	烤鸭	8	8
498	Na	关系	7	9
513	Na	电脑	7	7
517	Na	帮助	7	5
519	Na	照片	7	5
521	Na	习惯	7	7
525	Na	雨	7	7
527	Na	啤酒	7	7
531	Na	小孩子	7	6
532	Na	报告	7	2
534	Na	墙	7	9
537	Na	大姐	7	7
538	Na	韩国语	7	8
540	Na	雪	6	6
543	Na	困难	6	3
549	Na	信	6	6
570	Na	茶	6	6
571	Na	海	6	6
581	Na	游戏	6	6
582	Na	歌	6	6
583	Na	药	6	6
586	Na	家务	6	6
587	Na	书包	6	6
590	Na	爱	6	6
591	Na	大雨	6	7
596	Na	饮料	6	6
599	Na	邮票	6	7
601	Na	侄女	6	6
602	Na	白菜	6	5
609	Na	文化	5	5
610	Na	花	5	7
614	Na	印象	5	5
621	Na	儿子	5	5

순서	품사	단어	2학년	
			수정전	수정후
630	Na	叔叔	5	4
633	Na	窗户	5	4
635	Na	字	5	5
636	Na	男人	5	5
645	Na	钢琴	5	5
646	Na	腿	5	5
655	Na	泡菜	5	5
656	Na	基督教	5	4
665	Na	事情	4	7
666	Na	身材	4	4
673	Na	机会	4	5
674	Na	样子	4	5
680	Na	社会	4	4
683	Na	脸	4	5
688	Na	气氛	4	4
699	Na	行李	4	4
700	Na	面包	4	4
701	Na	外国语	4	4
709	Na	女人	4	5
722	Na	肚子	4	4
736	Na	屋子	4	4
742	Na	词典	4	5
745	Na	中国菜	4	4
750	Na	表妹	4	5
756	Na	大衣	4	3
764	Na	大会	4	4
766	Na	器具	4	4
769	Na	戏剧	4	4
770	Na	钥匙	4	4
775	Na	题目	4	2
779	Na	样式	3	3
788	Na	国家	3	3
791	Na	中国语	3	6
793	Na	韩国人	3	3
795	Na	节日	3	3
798	Na	计划	3	3
799	Na	事儿	3	1
803	Na	画	3	3
804	Na	心	3	5
809	Na	个子	3	3

순서	품사	단어	2학년	
			수정전	수정후
811	Na	演员	3	4
813	Na	传统	3	3
817	Na	眼泪	3	2
820	Na	专业	3	5
825	Na	司机	3	3
827	Na	船	3	3
836	Na	美国人	3	3
837	Na	自信	3	3
844	Na	人口	3	5
845	Na	文章	3	4
848	Na	水果	3	4
849	Na	词	3	3
857	Na	饭店	3	3
860	Na	表演	3	3
863	Na	笔	3	2
865	Na	好处	3	3
868	Na	想像	3	2
869	Na	职业	3	2
875	Na	先生	3	3
876	Na	颜色	3	3
879	Na	街	3	1
887	Na	语言	3	3
892	Na	发音	3	3
893	Na	方便面	3	3
895	Na	女儿	3	2
898	Na	味儿	3	3
903	Na	烤肉	3	3
906	Na	小学生	3	7
907	Na	红色	3	5
909	Na	商品	3	4
910	Na	英文	3	4
912	Na	法语	3	3
916	Na	红叶	3	3
918	Na	家训	3	3
920	Na	牛奶	3	3
921	Na	五花肉	3	3
924	Na	歌星	3	2
930	Na	饮食	3	1
938	Na	裤子	3	4
941	Na	鞭炮	3	3

순서	품사	단어	2학년	
			수정전	수정후
944	Na	公路	3	3
946	Na	老大娘	3	3
949	Na	球赛	3	3
950	Na	嗓子	3	3
951	Na	圣经	3	3
954	Na	推车	3	3
956	Na	信封	3	3
959	Na	侄子	3	3
963	Na	情况	2	3
964	Na	经济	2	2
967	Na	旅游	2	2
970	Na	原因	2	2
979	Na	眼睛	2	2
982	Na	想法	2	2
985	Na	办法	2	2
988	Na	内容	2	3
991	Na	行动	2	2
996	Na	韩语	2	3
998	Na	空气	2	2
999	Na	人生	2	2
1008	Na	雨伞	2	2
1009	Na	季节	2	2
1011	Na	医生	2	1
1020	Na	留学生	2	2
1022	Na	车票	2	2
1025	Na	友谊	2	2
1029	Na	腰	2	2
1035	Na	乒乓球	2	2
1048	Na	热情	2	2
1049	Na	实力	2	2
1054	Na	故事	2	2
1057	Na	小姐	2	2
1062	Na	中学生	2	1
1068	Na	感情	2	4
1069	Na	卫生	2	4
1070	Na	新家	2	2
1072	Na	点心	2	2
1074	Na	日本人	2	2
1077	Na	驾驶	2	2
1080	Na	味道	2	2

순서	품사	단어	2학년	
			수정전	수정후
1083	Na	必要	2	0
1092	Na	屋	2	2
1094	Na	假期	2	2
1099	Na	大一	2	1
1100	Na	急事	2	2
1101	Na	姐夫	2	2
1102	Na	老虎	2	2
1105	Na	手表	2	2
1106	Na	西瓜	2	2
1109	Na	宴会	2	2
1112	Na	最爱	2	2
1117	Na	学科	2	1
1123	Na	梦想	2	3
1124	Na	体育	2	3
1127	Na	姊妹	2	3
1130	Na	山路	2	2
1132	Na	信仰	2	2
1133	Na	百货	2	2
1134	Na	百货大楼	2	2
1135	Na	包子	2	2
1138	Na	磁带	2	2
1141	Na	大楼	2	2
1143	Na	功课	2	2
1145	Na	课本	2	2
1150	Na	秘密	2	2
1152	Na	牛肉	2	2
1154	Na	思想	2	2
1155	Na	网吧	2	2
1156	Na	小吃	2	2
1157	Na	艺术	2	2
1160	Na	对话	2	2
1179	Na	少年	2	2
1189	Na	单词	2	2
1191	Na	电影儿	2	2
1192	Na	动物	2	2
1194	Na	风味菜	2	2
1196	Na	公主	2	2
1200	Na	猴子	2	2
1201	Na	鸡肉	2	2
1202	Na	家家户户	2	2

순서	품사	단어	2학년	
			수정전	수정후
1208	Na	老大爷	2	2
1213	Na	贸易	2	2
1215	Na	农业	2	2
1217	Na	皮鞋	2	2
1219	Na	人民币	2	2
1220	Na	十字架	2	2
1223	Na	售货员	2	2
1224	Na	叔母	2	2
1227	Na	糖果	2	2
1228	Na	特色	2	2
1232	Na	峡谷	2	2
1234	Na	小组	2	2
1235	Na	校门	2	1
1237	Na	选手	2	2
1240	Na	音乐会	2	2
1246	Na	紫菜	2	2
1248	Na	翻译	2	1
1251	Na	模样	2	1
1252	Na	能力	2	1
1253	Na	使用	2	1
1254	Na	试验	2	1
1256	Na	责任感	2	1
1261	Na	房子	1	1
1264	Na	专家	1	0
1266	Na	外套	1	2
1273	Na	觉	1	6
1274	Na	日子	1	2
1276	Na	活动	1	1
1280	Na	城市	1	2
1283	Na	态度	1	2
1289	Na	汉字	1	1
1290	Na	交通	1	1
1293	Na	期间	1	4
1295	Na	海边	1	1
1297	Na	爸	1	1
1298	Na	部分	1	1
1299	Na	节目	1	1
1300	Na	科学	1	1
1305	Na	树	1	2
1307	Na	地铁	1	1

순서	품사	단어	2학년	
			수정전	수정후
1308	Na	国语	1	1
1309	Na	老板	1	1
1310	Na	马路	1	1
1312	Na	声音	1	1
1323	Na	理想	1	1
1324	Na	宠物	1	1
1327	Na	理由	1	1
1328	Na	头发	1	1
1329	Na	小说	1	1
1330	Na	政府	1	1
1333	Na	跆拳道	1	1
1351	Na	自然	1	1
1365	Na	雪人	1	1
1368	Na	座位	1	1
1371	Na	京剧	1	1
1372	Na	军人	1	1
1385	Na	脸色	1	0
1388	Na	肉	1	1
1389	Na	谈话	1	1
1390	Na	味	1	1
1401	Na	量	1	1
1408	Na	姐妹	1	1
1414	Na	工人	1	1
1415	Na	工资	1	1
1420	Na	历史	1	1
1423	Na	日语	1	1
1425	Na	事故	1	1
1426	Na	树叶	1	2
1428	Na	压力	1	1
1429	Na	椅子	1	1
1430	Na	语法	1	1
1435	Na	大夫	1	0
1436	Na	距离	1	0
1441	Na	劲儿	1	1
1447	Na	运营	1	1
1470	Na	网	1	2
1471	Na	舞蹈	1	2
1474	Na	步	1	1
1478	Na	独生女	1	1
1480	Na	歌手	1	1

순서	품사	단어	2학년	
			수정전	수정후
1484	Na	花盆	1	1
1486	Na	婚礼	1	1
1487	Na	货架	1	1
1488	Na	护士	1	1
1489	Na	教授	1	1
1491	Na	警察	1	1
1495	Na	拉面	1	1
1496	Na	篮球	1	1
1502	Na	毛衣	1	1
1506	Na	期望	1	1
1507	Na	企业	1	1
1509	Na	日本菜	1	1
1510	Na	沙发	1	1
1511	Na	设施	1	1
1514	Na	丝绸	1	1
1515	Na	糖	1	1
1524	Na	宣传画	1	1
1526	Na	鱼	1	1
1528	Na	照相机	1	1
1535	Na	道路	1	1
1537	Na	发言	1	1
1541	Na	家门	1	1
1544	Na	民族	1	1
1545	Na	名胜	1	0
1548	Na	室内	1	1
1555	Na	执照	1	1
1567	Na	错误	1	4
1571	Na	经理	1	1
1579	Na	雪仗	1	1
1584	Na	成员	1	2
1588	Na	岛	1	1
1590	Na	好友	1	1
1597	Na	懒觉	1	3
1598	Na	老朋友	1	1
1603	Na	嫂子	1	2
1608	Na	鲜花	1	1
1615	Na	冰淇淋	1	1
1617	Na	材料	1	1
1619	Na	场面	1	1
1621	Na	成果	1	1

순서	품사	단어	2학년	
			수정전	수정후
1627	Na	工业	1	1
1628	Na	顾客	1	1
1630	Na	瓜子	1	1
1633	Na	花瓶	1	1
1634	Na	黄瓜	1	1
1635	Na	胡同	1	1
1637	Na	结论	1	1
1641	Na	镜子	1	1
1645	Na	空调	1	1
1646	Na	苦难	1	1
1648	Na	蓝色	1	1
1649	Na	零件	1	1
1650	Na	铃声	1	1
1651	Na	零用钱	1	2
1653	Na	米饭	1	1
1654	Na	面色	1	1
1658	Na	胖子	1	1
1660	Na	企业家	1	1
1662	Na	气质	1	1
1665	Na	热心	1	1
1667	Na	容貌	1	1
1668	Na	上天	1	1
1669	Na	肾病	1	1
1670	Na	生词	1	1
1671	Na	师傅	1	1
1672	Na	诗集	1	1
1674	Na	数学	1	1
1675	Na	太太	1	1
1679	Na	项目	1	1
1680	Na	小伙子	1	1
1681	Na	小偷儿	1	1
1682	Na	形容	1	1
1683	Na	演讲	1	1
1688	Na	炸鸡	1	1
1693	Na	中级	1	1
1694	Na	种类	1	1
1695	Na	猪肉	1	1
1697	Na	砖	1	1
1698	Na	姿势	1	1
1699	Na	租车	1	1

순서	품사	단어	2학년	
			수정전	수정후
1703	Na	鼻子	1	0
1723	Na	熊	1	0
1724	Na	正门	1	1
1726	Na	资料	1	1
1728	Na	学术	1	0
1741	Na	效果	1	1
1742	Na	心地	1	1
1749	Na	电话铃	1	2
1758	Na	汉堡	1	2
1759	Na	好事	1	2
1764	Na	瞌睡	1	1
1765	Na	礼拜	1	1
1766	Na	脸蛋	1	2
1774	Na	套餐	1	2
1780	Na	相片	1	2
1781	Na	小猫	1	2
1782	Na	压岁钱	1	1
1784	Na	议员	1	1
1786	Na	院子	1	2
1787	Na	运气	1	1
1794	Na	白发	1	1
1795	Na	白糖	1	1
1797	Na	班会	1	1
1800	Na	包裹	1	1
1801	Na	宝物	1	1
1804	Na	被子	1	1
1808	Na	标签	1	1
1809	Na	标准	1	1
1810	Na	冰棍	1	1
1813	Na	菜谱	1	1
1815	Na	草地	1	1
1821	Na	虫子	1	1
1822	Na	筹款	1	1
1824	Na	出租车	1	1
1825	Na	窗台	1	1
1832	Na	单眼皮	1	1
1833	Na	蛋糕	1	1
1836	Na	导演	1	1
1839	Na	电力	1	1
1842	Na	洞口	1	1

순서	품사	단어	2학년	
			수정전	수정후
1845	Na	对手	1	1
1848	Na	二哥	1	1
1849	Na	发表会	1	1
1850	Na	犯人	1	1
1853	Na	粉红色	1	1
1858	Na	父女	1	1
1860	Na	歌剧	1	1
1862	Na	公共汽车站	1	1
1865	Na	雇员	1	1
1866	Na	卦	1	1
1867	Na	广播	1	1
1868	Na	广告	1	1
1870	Na	过错	1	1
1873	Na	海棠	1	1
1876	Na	好意	1	1
1880	Na	红柿	1	1
1883	Na	黄金	1	1
1885	Na	混血儿	1	1
1886	Na	火线	1	1
1888	Na	机器	1	1
1890	Na	价钱	1	1
1891	Na	驾驶证	1	1
1893	Na	将军	1	1
1899	Na	叫声	1	1
1907	Na	景致	1	0
1914	Na	肯德鸡	1	1
1915	Na	空间	1	1
1916	Na	空儿	1	1
1917	Na	口袋	1	1
1919	Na	辣椒粉	1	1
1920	Na	来信	1	1
1923	Na	梨子	1	1
1925	Na	链	1	1
1927	Na	零食	1	1
1930	Na	履历书	1	1
1938	Na	帽子	1	1
1939	Na	玫瑰	1	1
1941	Na	米	1	1
1942	Na	秘诀	1	1
1943	Na	面粉	1	1

순서	품사	단어	2학년	
			수정전	수정후
1944	Na	庙会	1	1
1945	Na	牡丹	1	1
1948	Na	脑筋	1	1
1949	Na	闹钟	1	1
1951	Na	年糕	1	1
1953	Na	年事	1	1
1956	Na	泡菜饼	1	1
1961	Na	品质	1	1
1963	Na	潜水镜	1	1
1965	Na	歉	1	1
1974	Na	儒教	1	1
1975	Na	入场票	1	1
1976	Na	软件	1	1
1978	Na	色	1	1
1980	Na	设计师	1	1
1981	Na	申请单	1	1
1983	Na	生产率	1	1
1984	Na	生气	1	1
1985	Na	剩饭	1	1
1986	Na	湿度	1	1
1987	Na	失主	1	1
1988	Na	十兜	1	1
1989	Na	石榴	1	1
1992	Na	士官	1	1
1993	Na	侍女	1	1
1994	Na	视野	1	1
1997	Na	手指	1	1
1998	Na	手纸	1	1
2001	Na	水分	1	1
2002	Na	丝儿	1	1
2003	Na	蒜	1	1
2006	Na	碳火	1	1
2012	Na	甜食	1	1
2018	Na	秃鹫	1	1
2019	Na	团年饭	1	1
2025	Na	卫生纸	1	1
2033	Na	喜剧片	1	1
2036	Na	细雨	1	1
2039	Na	先辈	1	1
2041	Na	香蕉	1	1

순서	품사	단어	2학년	
			수정전	수정후
2042	Na	相框	1	1
2046	Na	修配车	1	1
2048	Na	烟花	1	1
2049	Na	眼镜	1	1
2050	Na	眼圈儿	1	1
2055	Na	遗迹	1	1
2061	Na	迎春花	1	1
2065	Na	有心人	1	1
2079	Na	中语	1	1
2080	Na	助教	1	1
2086	Na	自信感	1	1
2088	Na	作文课	1	1
2103	Na	主张	0	0
2105	Na	回忆	0	0
2106	Na	部队	0	1
2107	Na	经验	0	1
2110	Na	初雪	0	0
2114	Na	意见	0	0
2118	Na	学期	0	0
2119	Na	丈夫	0	0
2121	Na	年轻人	0	0
2122	Na	发展	0	0
2125	Na	服装	0	0
2129	Na	感觉	0	2
2130	Na	相机	0	2
2136	Na	过程	0	0
2139	Na	血型	0	0
2142	Na	条件	0	0
2145	Na	方面	0	0
2151	Na	公寓	0	0
2152	Na	孩子	0	0
2154	Na	手术	0	0
2155	Na	预报	0	0
2164	Na	白色	0	0
2167	Na	日程	0	0
2168	Na	现象	0	1
2170	Na	兴趣	0	2
2172	Na	车祸	0	0
2174	Na	动作	0	0
2176	Na	技术	0	0

순서	품사	단어	2학년	
			수정전	수정후
2177	Na	女孩	0	0
2180	Na	风	0	0
2181	Na	家具	0	0
2184	Na	要求	0	0
2186	Na	选择	0	0
2189	Na	乐趣	0	1
2190	Na	马	0	0
2206	Na	韩流	0	0
2212	Na	状况	0	0
2215	Na	健忘症	0	0
2216	Na	决心	0	0
2218	Na	失业者	0	0
2224	Na	大提琴	0	0
2227	Na	时代	0	0
2228	Na	书架	0	0
2229	Na	子女	0	0
2254	Na	技能	0	0
2255	Na	精神	0	0
2256	Na	口音	0	0
2258	Na	恋人	0	0
2261	Na	皮肤	0	0
2263	Na	社团	0	0
2265	Na	手套	0	0
2267	Na	现代人	0	0
2269	Na	新生	0	0
2270	Na	愿望	0	0
2275	Na	非典	0	0
2279	Na	开车兵	0	0
2282	Na	论文	0	0
2284	Na	女孩儿	0	0
2285	Na	权利	0	0
2286	Na	烧酒	0	0
2291	Na	文学	0	0
2296	Na	大海	0	0
2301	Na	研究生	0	0
2306	Na	月份	0	0
2308	Na	雪景	0	0
2311	Na	高中生	0	1
2320	Na	缘故	0	1
2323	Na	电子	0	1

순서	품사	단어	2학년	
			수정전	수정후
2325	Na	规律	0	0
2328	Na	基本	0	0
2333	Na	平房	0	0
2334	Na	时光	0	0
2336	Na	型	0	0
2337	Na	一生	0	0
2341	Na	冰箱	0	0
2343	Na	草原	0	0
2344	Na	层	0	0
2346	Na	船工	0	0
2349	Na	短信	0	0
2354	Na	活力	0	0
2355	Na	活儿	0	0
2364	Na	律师	0	0
2365	Na	梦	0	0
2367	Na	农活	0	0
2368	Na	气候	0	0
2370	Na	师兄	0	0
2371	Na	石窟	0	0
2373	Na	微笑	0	0
2374	Na	温度	0	0
2376	Na	现实	0	0
2379	Na	相貌	0	0
2382	Na	训练	0	0
2383	Na	牙齿	0	0
2389	Na	早饭	0	0
2390	Na	知识	0	0
2393	Na	差别	0	0
2405	Na	女孩子	0	0
2407	Na	双手	0	0
2412	Na	余地	0	0
2423	Na	作家	0	0
2427	Na	全家	0	0
2431	Na	湖	0	0
2432	Na	楼房	0	0
2433	Na	农民	0	0
2434	Na	青年	0	0
2435	Na	人际	0	0
2440	Na	巴士	0	1
2441	Na	班车	0	0

순서	품사	단어	2학년	
			수정전	수정후
2446	Na	电梯	0	0
2449	Na	汉语课	0	1
2450	Na	坏事	0	0
2453	Na	脚	0	1
2461	Na	童年	0	0
2463	Na	心意	0	1
2473	Na	白马王子	0	0
2474	Na	班	0	0
2475	Na	保安	0	0
2476	Na	保龄球	0	0
2478	Na	饼干	0	0
2480	Na	不幸	0	0
2483	Na	彩虹	0	0
2485	Na	朝鲜族	0	0
2489	Na	绰号	0	0
2492	Na	大象	0	0
2493	Na	导游	0	0
2497	Na	地球	0	0
2498	Na	地址	0	0
2501	Na	渡轮	0	0
2508	Na	服务员	0	0
2509	Na	副作用	0	0
2513	Na	糕汤	0	0
2514	Na	工程	0	0
2516	Na	孤独感	0	0
2519	Na	黑板	0	0
2523	Na	火焰	0	0
2526	Na	记者	0	0
2529	Na	街道	0	0
2535	Na	看法	0	0
2537	Na	口味	0	0
2539	Na	姥姥	0	0
2540	Na	利	0	0
2542	Na	粮食	0	0
2545	Na	流水	0	0
2549	Na	绿茶	0	0
2550	Na	骆驼	0	0
2553	Na	毛病	0	0
2554	Na	美景	0	0
2556	Na	面子	0	0

순서	품사	단어	2학년	
			수정전	수정후
2557	Na	明星	0	0
2561	Na	男孩儿	0	0
2562	Na	内心	0	0
2563	Na	农历	0	0
2564	Na	农作物	0	0
2569	Na	扒手	0	0
2570	Na	波涛	0	0
2572	Na	气象	0	0
2574	Na	跷跷板	0	0
2575	Na	亲友	0	0
2576	Na	秋千	0	0
2577	Na	人才	0	0
2579	Na	沙漠	0	0
2580	Na	沙滩	0	0
2581	Na	上海人	0	0
2583	Na	声调	0	0
2584	Na	师生	0	0
2587	Na	士兵	0	0
2590	Na	柿子	0	0
2593	Na	丝	0	0
2595	Na	台风	0	0
2597	Na	太阳	0	0
2600	Na	梯子	0	0
2604	Na	天主教	0	0
2606	Na	庭院	0	0
2609	Na	外宾	0	0
2618	Na	物价	0	0
2627	Na	养花	0	0
2628	Na	一般人	0	0
2629	Na	影响	0	0
2633	Na	预测	0	0
2634	Na	乐曲	0	0
2641	Na	职位	0	0
2644	Na	自觉	0	0
2645	Na	资源	0	0
2647	Na	把握	0	0
2649	Na	报纸	0	0
2653	Na	场合	0	0
2663	Na	房卡	0	0
2668	Na	国民	0	0

순서	품사	단어	2학년	
			수정전	수정후
2670	Na	怀	0	0
2671	Na	火气	0	0
2672	Na	护照	0	0
2676	Na	建设	0	0
2677	Na	竞争	0	0
2682	Na	民众	0	0
2683	Na	屁股	0	0
2687	Na	弱点	0	0
2689	Na	沙子	0	0
2692	Na	神经	0	0
2696	Na	双胞胎	0	0
2703	Na	学妹	0	0
2704	Na	研究员	0	0
2707	Na	婴儿	0	0
2709	Na	帐蓬	0	0
2710	Na	主意	0	0
2714	Na	汗水	0	0
2715	Na	松树	0	0
2718	Na	夜景	0	4
2719	Na	白雪	0	0
2727	Na	试题	0	2
2740	Na	亲人	0	1
2750	Na	榜样	0	0
2753	Na	辈子	0	0
2754	Na	伯父	0	0
2760	Na	队员	0	0
2766	Na	功夫	0	1
2767	Na	古迹	0	0
2774	Na	会话课	0	1
2779	Na	奖	0	0
2782	Na	金钱	0	0
2791	Na	名	0	1
2794	Na	农活儿	0	0
2798	Na	山坡	0	0
2800	Na	生鱼片	0	1
2804	Na	特点	0	1
2815	Na	仪式	0	0
2818	Na	硬座	0	0
2819	Na	幽默感	0	1
2821	Na	造景	0	1

순서	품사	단어	2학년	
			수정전	수정후
2826	Na	症状	0	0
2827	Na	中年	0	0
2829	Na	重要性	0	0
2830	Na	主义	0	0
2835	Na	安全	0	0
2837	Na	奥运会	0	0
2842	Na	搬家费	0	0
2851	Na	鼻梁	0	0
2856	Na	必需品	0	0
2857	Na	毕业生	0	0
2859	Na	标题	0	0
2860	Na	表里	0	0
2861	Na	别名	0	0
2862	Na	冰	0	0
2864	Na	冰块	0	0
2866	Na	玻璃	0	0
2867	Na	博士	0	0
2881	Na	才能	0	0
2882	Na	裁判员	0	0
2885	Na	草坪	0	0
2887	Na	茶水	0	0
2888	Na	长毛	0	0
2891	Na	车道	0	0
2892	Na	车堵	0	0
2893	Na	车费	0	0
2896	Na	成就感	0	0
2904	Na	初吻	0	0
2907	Na	川菜	0	0
2908	Na	传统舞	0	0
2912	Na	葱头	0	0
2919	Na	大狗	0	0
2922	Na	大门	0	0
2923	Na	大厦	0	0
2924	Na	大意	0	0
2926	Na	大自然	0	0
2927	Na	代表	0	0
2929	Na	待遇	0	0
2938	Na	得失	0	0
2940	Na	地铁门	0	0
2944	Na	董事	0	0

순서	품사	단어	2학년	
			수정전	수정후
2947	Na	动力	0	0
2956	Na	恶梦	0	0
2969	Na	房费	0	0
2981	Na	风味	0	0
2982	Na	佛教徒	0	0
2984	Na	福	0	0
2992	Na	钢笔	0	0
2993	Na	高层	0	0
2997	Na	歌声	0	0
2998	Na	鸽子	0	0
3000	Na	蛤蜊	0	0
3001	Na	公安	0	0
3016	Na	灌肠汤	0	0
3019	Na	规模	0	0
3022	Na	国产车	0	0
3024	Na	海水	0	0
3025	Na	害虫	0	0
3026	Na	韩币	0	0
3030	Na	好感	0	0
3032	Na	河	0	0
3035	Na	褐色	0	0
3037	Na	黑熊	0	0
3038	Na	红茶	0	0
3039	Na	红绿灯	0	0
3040	Na	红牌	0	0
3042	Na	花花公子	0	0
3043	Na	华侨	0	0
3048	Na	黄色	0	0
3054	Na	货物	0	0
3056	Na	胡须	0	0
3057	Na	积雪	0	0
3058	Na	疾病	0	0
3062	Na	计划书	0	0
3063	Na	计较	0	0
3064	Na	记事本	0	0
3065	Na	计算机	0	0
3068	Na	家事	0	0
3072	Na	建筑群	0	0
3084	Na	教育学	0	0
3085	Na	阶层	0	0

순서	품사	단어	2학년	
			수정전	수정후
3091	Na	解答	0	0
3094	Na	进口车	0	0
3096	Na	经过	0	0
3098	Na	敬老日	0	0
3099	Na	精神病	0	0
3101	Na	景点	0	0
3102	Na	景观	0	0
3103	Na	敬语	0	0
3105	Na	酒席	0	0
3108	Na	军官	0	0
3117	Na	炕头	0	0
3123	Na	空姐	0	0
3124	Na	空中小姐	0	0
3127	Na	辣子鸡丁	0	0
3131	Na	栏目	0	0
3136	Na	栗子	0	0
3142	Na	立场	0	0
3145	Na	连环画	0	0
3146	Na	联欢会	0	0
3147	Na	连衣裙	0	0
3148	Na	脸谱	0	0
3149	Na	两面性	0	0
3150	Na	量刑	0	0
3152	Na	列车	0	0
3154	Na	留言册	0	0
3155	Na	陆军	0	0
3161	Na	麻烦	0	0
3162	Na	马肉	0	0
3170	Na	矛盾	0	0
3171	Na	美术	0	0
3173	Na	魅力	0	0
3174	Na	门缝	0	0
3175	Na	蒙古包	0	0
3178	Na	棉被	0	0
3179	Na	面馆儿	0	0
3180	Na	面孔	0	0
3182	Na	民警	0	0
3185	Na	名牌	0	0
3187	Na	模特儿	0	0
3188	Na	末班车	0	0

순서	품사	단어	2학년	
			수정전	수정후
3193	Na	耐心	0	0
3197	Na	內蒙古菜	0	0
3203	Na	牛肉汤	0	0
3205	Na	农药	0	0
3206	Na	女友	0	0
3207	Na	偶像	0	0
3211	Na	偏见	0	0
3216	Na	扑克	0	0
3220	Na	气温	0	0
3222	Na	铅笔	0	0
3224	Na	前额	0	0
3225	Na	前者	0	0
3229	Na	巧克力	0	0
3232	Na	青睐	0	0
3234	Na	情报工	0	0
3238	Na	去向	0	0
3244	Na	人类	0	0
3252	Na	肉丝	0	0
3258	Na	桑拿	0	0
3265	Na	深蓝色	0	0
3267	Na	申请表	0	0
3268	Na	身影	0	0
3272	Na	师哥	0	0
3273	Na	师姐	0	0
3279	Na	食堂卡	0	0
3281	Na	食欲	0	0
3284	Na	事业	0	0
3285	Na	柿子树	0	0
3286	Na	手电筒	0	0
3288	Na	首饰	0	0
3289	Na	首要	0	0
3295	Na	双喜	0	0
3296	Na	水土	0	0
3299	Na	松饼	0	0
3300	Na	塑料袋	0	0
3301	Na	宿舍费	0	0
3305	Na	损害	0	0
3306	Na	损失	0	0
3309	Na	塔	0	0
3313	Na	太极拳	0	0

순서	품사	단어	2학년	
			수정전	수정후
3314	Na	太空	0	0
3322	Na	特产品	0	0
3325	Na	体系	0	0
3331	Na	铁锤	0	0
3332	Na	通讯	0	0
3334	Na	童话书	0	0
3335	Na	同志	0	0
3340	Na	拖拉机	0	0
3343	Na	外教	0	0
3344	Na	外商	0	0
3345	Na	晚辈	0	0
3346	Na	万国	0	0
3349	Na	王朝	0	0
3354	Na	围巾	0	0
3358	Na	胃炎	0	0
3360	Na	文人	0	0
3361	Na	文学史	0	0
3363	Na	乌龙茶	0	0
3370	Na	溪谷	0	0
3382	Na	闲话	0	0
3384	Na	线索	0	0
3387	Na	香肉	0	0
3393	Na	小姑娘	0	0
3394	Na	小路	0	0
3395	Na	小提琴	0	0
3397	Na	笑话	0	0
3398	Na	校长	0	0
3403	Na	心扉	0	0
3405	Na	信箱	0	0
3406	Na	星星	0	0
3407	Na	幸福	0	0
3411	Na	轩然大波	0	0
3412	Na	选举	0	0
3413	Na	学弟	0	0
3414	Na	学者	0	0
3416	Na	雪碧	0	0
3420	Na	岩石	0	0
3421	Na	演唱会	0	0
3422	Na	眼光	0	0
3435	Na	依据	0	0

순서	품사	단어	2학년	
			수정전	수정후
3439	Na	遗产	0	0
3448	Na	异国	0	0
3452	Na	意中人	0	0
3453	Na	阴历	0	0
3456	Na	用户	0	0
3457	Na	用品	0	0
3460	Na	油	0	0
3465	Na	幼年	0	0
3467	Na	圆月	0	0
3468	Na	语序	0	0
3472	Na	月饼	0	0
3476	Na	杂志	0	0
3477	Na	葬礼	0	0
3478	Na	枣儿	0	0
3482	Na	战船	0	0
3487	Na	政策	0	0
3491	Na	知了	0	0
3493	Na	枝子	0	0
3498	Na	中饭	0	0
3500	Na	中介人	0	0
3503	Na	猪血	0	0
3504	Na	主妇	0	0
3505	Na	主任	0	0
3506	Na	主席	0	0
3510	Na	注意力	0	1
3511	Na	柱子	0	0
3514	Na	装饰	0	0
3516	Na	滋味儿	0	0
3517	Na	紫色	0	0
3519	Na	字眼	0	0
3524	Na	足	0	0
3525	Na	嘴唇	0	0
3531	Na	肺	0	0
3532	Na	跤	0	0
3533	Na	尼古丁	0	0
3534	Na	生死之交	0	0
3536	Na	烟	0	0
3537	Na	油条	0	0
3538	Na	皱纹	0	0
3540	Na	报告书	0	5

순서	품사	단어	2학년	
			수정전	수정후
3548	Na	窗	0	1
3551	Na	考生	0	3
3557	Na	资格证	0	0
3559	Na	爸妈	0	0
3568	Na	房东	0	0
3569	Na	符号	0	2
3581	Na	脸庞	0	0
3587	Na	脑子	0	0
3588	Na	排骨	0	2
3592	Na	全家福	0	2
3600	Na	田地	0	0
3601	Na	娃娃	0	1
3611	Na	预期	0	0
3614	Na	总统	0	0
3616	Na	爱意	0	1
3620	Na	榜	0	0
3621	Na	报道	0	1
3624	Na	必修课	0	1
3628	Na	标志	0	1
3631	Na	兵马俑	0	0
3640	Na	菜肴	0	0
3641	Na	餐费	0	0
3643	Na	差使	0	1
3647	Na	吵架声	0	0
3676	Na	当局	0	0
3690	Na	短处	0	0
3692	Na	对开车	0	0
3697	Na	耳朵	0	0
3701	Na	房门	0	1
3703	Na	沸点	0	0
3706	Na	分数	0	0
3707	Na	分文	0	0
3709	Na	分子	0	1
3711	Na	抚养费	0	0
3713	Na	富翁	0	1
3721	Na	感谢	0	0
3722	Na	高中	0	1
3724	Na	个儿	0	0
3725	Na	根本	0	0
3736	Na	柜台	0	1

순서	품사	단어	2학년	
			수정전	수정후
3741	Na	海风	0	0
3742	Na	海熊	0	1
3748	Na	贺卡	0	0
3751	Na	互联网	0	0
3755	Na	坏蛋	0	1
3788	Na	精力	0	0
3789	Na	警惕	0	0
3793	Na	橘子	0	1
3795	Na	卷子	0	1
3801	Na	烤饼摊	0	0
3802	Na	考试题	0	0
3805	Na	科研	0	0
3808	Na	口才	0	0
3811	Na	蜡烛	0	1
3812	Na	篮球队员	0	0
3814	Na	老年	0	0
3815	Na	老三	0	1
3829	Na	绿叶	0	0
3834	Na	马群	0	0
3839	Na	美容师	0	1
3840	Na	门外汉	0	0
3842	Na	名单	0	1
3849	Na	鸟儿	0	1
3861	Na	妻儿	0	0
3863	Na	气色	0	0
3864	Na	气味儿	0	1
3865	Na	钱财	0	0
3877	Na	热潮	0	0
3888	Na	山下	0	0
3894	Na	神儿	0	0
3895	Na	婶子	0	0
3897	Na	声说	0	0
3899	Na	胜地	0	0
3903	Na	事务	0	0
3905	Na	收银员	0	1
3907	Na	水珠	0	0
3908	Na	说话声	0	0
3913	Na	死讯	0	0
3918	Na	体制	0	0
3929	Na	外遇	0	1

순서	품사	단어	2학년	
			수정전	수정후
3930	Na	外国	0	1
3941	Na	午餐	0	0
3946	Na	喜悦	0	0
3950	Na	香气	0	1
3968	Na	雪地	0	0
3969	Na	押金费	0	0
3970	Na	腌制	0	1
3972	Na	癌症	0	0
3974	Na	野猪	0	1
3980	Na	异样	0	0
3987	Na	优缺点	0	0
3989	Na	游泳课	0	1
3990	Na	游泳衣	0	1
3997	Na	澡	0	1
4000	Na	增肥	0	0
4007	Na	指挥	0	0
4010	Na	中餐	0	0
4012	Na	专业课	0	0
4015	Na	坠石	0	0
4017	Na	自豪感	0	0
4022	Na	宗教	0	0

4.2.1.15 Nb 고유명사

순서	품사	단어	2학년	
			수정전	수정후
1095	Nb	金	2	2
1185	Nb	陈	2	2
1233	Nb	小哥	2	2
1239	Nb	耶稣基督	2	2
1521	Nb	小李	1	1
1522	Nb	小王	1	1
1664	Nb	秦始皇	1	1
1874	Nb	韩服	1	1
1882	Nb	黄酱汤	1	1
2547	Nb	龙庆峡	0	0
2548	Nb	龙塔	0	0
2623	Nb	小张	0	0
2747	Nb	拌饭	0	1

순서	품사	단어	2학년	
			수정전	수정후
3176	Nb	蒙古族	0	0
3215	Nb	朴	0	0
3283	Nb	世界杯	0	0
3327	Nb	田	0	0
3364	Nb	吴	0	0
3744	Nb	汉语水平考试	0	0
3944	Nb	席间	0	0

4.2.1.16 Nc 장소사

순서	품사	단어	2학년	
			수정전	수정후
20	Nc	家	185	199
40	Nc	中国	108	104
47	Nc	学校	98	90
157	Nc	北京	31	31
181	Nc	大学	26	35
203	Nc	商店	23	23
228	Nc	韩国	19	17
271	Nc	公司	16	15
294	Nc	门口	15	15
307	Nc	公园	14	12
316	Nc	上海	13	13
324	Nc	班	13	14
373	Nc	房间	11	12
407	Nc	宿舍	10	10
409	Nc	附近	10	10
411	Nc	中文系	10	13
440	Nc	医院	9	11
446	Nc	市	9	9
453	Nc	食堂	9	9
480	Nc	教室	8	8
490	Nc	电影院	8	7
535	Nc	教会	7	7
576	Nc	动物园	6	5
637	Nc	银行	5	5
671	Nc	高中	4	5
672	Nc	世界	4	4
685	Nc	日本	4	3

순서	품사	단어	2학년	
			수정전	수정후
737	Nc	餐厅	4	4
738	Nc	饭馆	4	6
753	Nc	百货商店	4	4
783	Nc	车站	3	3
785	Nc	外国	3	2
826	Nc	天安门	3	3
840	Nc	家乡	3	2
870	Nc	天	3	2
877	Nc	游泳池	3	3
880	Nc	村	3	2
894	Nc	美国	3	3
900	Nc	英国	3	3
901	Nc	长城	3	3
922	Nc	邮局	3	3
973	Nc	市场	2	2
978	Nc	周围	2	2
987	Nc	小学	2	2
1007	Nc	学院	2	2
1033	Nc	故乡	2	2
1051	Nc	西安	2	2
1091	Nc	叔叔家	2	3
1175	Nc	美容院	2	3
1221	Nc	事业家	2	2
1301	Nc	成功	1	2
1302	Nc	中学	1	1
1345	Nc	身边	1	1
1349	Nc	欧洲	1	1
1350	Nc	天津	1	1
1353	Nc	教堂	1	1
1374	Nc	楼	1	1
1382	Nc	法国	1	1
1398	Nc	首尔	1	18
1443	Nc	农村	1	1
1581	Nc	补习班	1	1
1620	Nc	超市	1	1
1644	Nc	客厅	1	1
1673	Nc	市政府	1	1
1685	Nc	幼儿园	1	1
1754	Nc	服装店	1	2
1803	Nc	北海	1	1

순서	품사	단어	2학년	
			수정전	수정후
1864	Nc	姑姑家	1	1
1869	Nc	国文系	1	1
1872	Nc	海滨	1	1
1906	Nc	警察局	1	1
1909	Nc	郡	1	1
1999	Nc	树林	1	0
2026	Nc	武汉	1	1
2063	Nc	游乐场	1	1
2066	Nc	浴场	1	1
2096	Nc	哈尔滨	0	0
2099	Nc	面前	0	2
2113	Nc	机场	0	0
2127	Nc	大连	0	0
2128	Nc	内蒙古	0	0
2133	Nc	长春	0	0
2138	Nc	我国	0	1
2144	Nc	一段	0	1
2183	Nc	眼前	0	0
2199	Nc	故宫	0	1
2214	Nc	黄山	0	0
2217	Nc	洛阳	0	0
2246	Nc	宾馆	0	0
2250	Nc	果园	0	0
2260	Nc	南非	0	0
2295	Nc	住处	0	0
2299	Nc	郊区	0	0
2352	Nc	花园	0	0
2358	Nc	加拿大	0	0
2361	Nc	俱乐部	0	0
2372	Nc	外滩	0	0
2378	Nc	香港	0	0
2384	Nc	研究所	0	0
2403	Nc	目的地	0	0
2404	Nc	农家	0	0
2410	Nc	心目中	0	0
2479	Nc	博物馆	0	0
2487	Nc	厨房	0	0
2502	Nc	敦煌	0	0
2522	Nc	花莲	0	0
2527	Nc	加油站	0	0

순서	품사	단어	2학년	
			수정전	수정후
2546	Nc	龙门	0	0
2596	Nc	台湾	0	0
2602	Nc	天池	0	0
2603	Nc	天空	0	0
2642	Nc	植物园	0	0
2712	Nc	顶峰	0	0
2721	Nc	长白山	0	0
2770	Nc	国会	0	0
2785	Nc	课堂	0	1
2793	Nc	南北韩	0	1
2849	Nc	北京站	0	0
2890	Nc	朝鲜	0	0
2920	Nc	大韩民国	0	0
2968	Nc	房顶	0	0
2978	Nc	风景区	0	0
3002	Nc	工厂	0	0
3003	Nc	工学系	0	0
3006	Nc	沟壑	0	0
3073	Nc	建筑系	0	0
3083	Nc	教育系	0	0
3086	Nc	接待室	0	0
3121	Nc	课题	0	0
3133	Nc	垒沙城	0	0
3163	Nc	码头	0	0
3166	Nc	慢坡路	0	0
3196	Nc	脑海	0	0
3202	Nc	宁夏	0	0
3212	Nc	骗人家	0	0
3269	Nc	神州	0	0
3271	Nc	师大	0	0
3291	Nc	书房	0	0
3310	Nc	台北	0	0
3311	Nc	台中	0	0
3312	Nc	泰国	0	0
3359	Nc	温室	0	0
3367	Nc	五楼	0	0
3368	Nc	西班牙文系	0	0
3371	Nc	西海	0	0
3396	Nc	小溪	0	0
3400	Nc	鞋店	0	0

순서	품사	단어	2학년	
			수정전	수정후
3449	Nc	一楼	0	0
3455	Nc	英语系	0	0
3462	Nc	游戏室	0	0
3480	Nc	早市	0	0
3564	Nc	村庄	0	2
3622	Nc	报社	0	0
3623	Nc	背后	0	0
3807	Nc	空中	0	0

4.2.1.17 Ncd 위치사

순서	품사	단어	2학년	
			수정전	수정후
46	Ncd	里	99	94
94	Ncd	上	53	66
222	Ncd	边	20	17
283	Ncd	前	16	18
290	Ncd	哪儿	15	17
297	Ncd	那儿	14	10
354	Ncd	这儿	12	11
481	Ncd	内	8	9
732	Ncd	口	4	1
755	Ncd	右	4	4
792	Ncd	外面	3	3
818	Ncd	前面	3	2
858	Ncd	前边	3	2
1004	Ncd	这里	2	3
1168	Ncd	西	2	2
1184	Ncd	左	2	2
1210	Ncd	里边	2	2
1214	Ncd	南边	2	2
1355	Ncd	下	1	0
1416	Ncd	后面	1	1
1433	Ncd	边儿	1	1
1632	Ncd	后边	1	1
1841	Ncd	东部	1	1
1947	Ncd	哪里	1	1
2157	Ncd	那里	0	1
2220	Ncd	下面	0	0

순서	품사	단어	2학년	
			수정전	수정후
2560	Ncd	南北	0	0
2567	Ncd	旁边儿	0	0
2659	Ncd	当中	0	0
2752	Ncd	北部	0	0
2943	Ncd	东北部	0	0
3137	Ncd	里面	0	0
3194	Ncd	南方	0	0
3369	Ncd	西部	0	0
3490	Ncd	之间	0	0
3499	Ncd	中间	0	0
3556	Ncd	中	0	0
3693	Ncd	对面	0	0

4.2.1.18 Nd 시간사

순서	품사	단어	2학년	
			수정전	수정후
24	Nd	今天	165	169
52	Nd	现在	86	78
69	Nd	昨天	66	69
78	Nd	明天	61	61
99	Nd	晚上	51	55
118	Nd	最近	42	45
162	Nd	早上	30	30
211	Nd	明年	22	21
230	Nd	以前	19	14
238	Nd	后	18	23
257	Nd	星期天	17	17
269	Nd	以后	16	20
310	Nd	一下	13	14
326	Nd	星期六	13	14
336	Nd	冬天	12	12
352	Nd	周末	12	11
400	Nd	去年	10	10
412	Nd	一点	10	8
416	Nd	晚	10	6
422	Nd	八点	10	11
455	Nd	星期五	9	8
504	Nd	春节	7	7

순서	품사	단어	2학년	
			수정전	수정후
518	Nd	中秋节	7	7
546	Nd	夏天	6	6
567	Nd	寒假	6	5
608	Nd	会儿	5	6
613	Nd	一会儿	5	6
626	Nd	春天	5	3
681	Nd	小时候	4	4
684	Nd	暑假	4	4
713	Nd	将来	4	5
889	Nd	凌晨	3	3
1053	Nd	刚才	2	1
1065	Nd	最后	2	2
1262	Nd	当时	1	1
1263	Nd	那时	1	1
1314	Nd	早晨	1	0
1319	Nd	那天	1	1
1339	Nd	整天	1	1
1348	Nd	季	1	1
1360	Nd	今	1	2
1383	Nd	古代	1	1
1440	Nd	之间	1	1
1448	Nd	后来	1	1
1684	Nd	夜晚	1	1
1721	Nd	下月	1	0
1731	Nd	从前	1	2
1790	Nd	钟	1	2
1796	Nd	白天	1	1
1830	Nd	大后天	1	1
1950	Nd	年初	1	1
2028	Nd	午夜	1	1
2068	Nd	月初	1	1
2123	Nd	平时	0	0
2146	Nd	之后	0	4
2163	Nd	这时	0	0
2208	Nd	期末	0	0
2262	Nd	前年	0	0
2366	Nd	目前	0	0
2381	Nd	新年	0	0
2408	Nd	瞬间	0	0
2436	Nd	如今	0	0

순서	품사	단어	2학년	
			수정전	수정후
2444	Nd	不久	0	0
2500	Nd	冬季	0	0
2538	Nd	劳动节	0	0
2622	Nd	现代	0	0
2741	Nd	秋	0	0
2795	Nd	期中	0	0
2843	Nd	傍晚	0	0
2863	Nd	冰灯节	0	0
2932	Nd	当初	0	0
3023	Nd	国庆节	0	0
3069	Nd	假日	0	0
3233	Nd	青年节	0	0
3379	Nd	下雨天	0	0
3440	Nd	一大早	0	0
3473	Nd	月底	0	0
3613	Nd	中秋	0	0
3774	Nd	教师节	0	1
3976	Nd	一阵	0	1

4.2.1.19 Nep 지시관형사

순서	품사	단어	2학년	
			수정전	수정후
12	Nep	这	268	263
53	Nep	什么	84	86
70	Nep	那	65	65
691	Nep	哪	4	5
1366	Nep	这样	1	1
1406	Nep	此	1	1
2165	Nep	其中	0	0
2233	Nep	其	0	0

4.2.1.20 Neqa 수량관형사

순서	품사	단어	2학년	
			수정전	수정후
80	Neqa	一点儿	60	48
122	Neqa	多	41	54
172	Neqa	很多	28	42

순서	품사	단어	2학년	
			수정전	수정후
274	Neqa	別的	16	16
344	Neqa	半	12	11
529	Neqa	多少	7	7
631	Neqa	这么多	5	5
682	Neqa	一些	4	3
805	Neqa	许多	3	4
810	Neqa	这些	3	3
1279	Neqa	不少	1	2
1288	Neqa	所有	1	4
1291	Neqa	大部分	1	1
1354	Neqa	那些	1	1
1357	Neqa	全	1	2
1387	Neqa	任何	1	1
1472	Neqa	整	1	1
1503	Neqa	那么多	1	1
1553	Neqa	一切	1	0
2060	Neqa	一声声	1	1
2193	Neqa	其他	0	2
2706	Neqa	一排排	0	0
2761	Neqa	朵朵	0	0
2917	Neqa	大半	0	0
3438	Neqa	一半	0	0
3447	Neqa	一点点	0	0
3695	Neqa	多数	0	0
3977	Neqa	一朵朵	0	0

4.2.1.21 Neqb 후치수량관형사

순서	품사	단어	2학년	
			수정전	수정후
617	Neqb	多	5	7

4.2.1.22 Nes 특별지칭관형사

순서	품사	단어	2학년	
			수정전	수정후
74	Nes	每	63	62
187	Nes	下	26	28
430	Nes	各	9	10

순서	품사	단어	2학년	
			수정전	수정후
473	Nes	上	8	8
678	Nes	前	4	4
776	Nes	別	4	1
787	Nes	半	3	4
1656	Nes	某	1	2
1996	Nes	首	1	1
2238	Nes	另	0	0
2454	Nes	近	0	1
2680	Nes	另外	0	0
2773	Nes	何	0	0
2850	Nes	本	0	0
2931	Nes	当	0	0
3336	Nes	头	0	0
3926	Nes	同	0	0

4.2.1.23 Neu 수사관형사

순서	품사	단어	2학년	
			수정전	수정후
22	Neu	一	169	181
109	Neu	几	46	45
133	Neu	两	37	40
152	Neu	三	33	32
168	Neu	五	29	28
186	Neu	四	26	26
215	Neu	十	21	21
313	Neu	二	13	8
377	Neu	0	11	10
452	Neu	十五	9	9
460	Neu	第一	8	8
522	Neu	八	7	6
639	Neu	好几	5	5
649	Neu	七	5	5
759	Neu	千万	4	2
801	Neu	第二	3	2
1013	Neu	百	2	2
1378	Neu	一百	1	1
1442	Neu	俩	1	1
1499	Neu	两三	1	1

순서	품사	단어	2학년	
			수정전	수정후
2347	Neu	第三	0	0
2573	Neu	千	0	0

4.2.1.24 Nf 양사

순서	품사	단어	2학년	
			수정전	수정후
9	Nf	个	274	274
48	Nf	天	93	95
90	Nf	次	54	47
136	Nf	岁	37	38
137	Nf	本	37	38
166	Nf	件	29	32
179	Nf	年	26	27
217	Nf	口	21	34
265	Nf	条	17	17
292	Nf	分钟	15	15
298	Nf	位	14	13
370	Nf	种	11	12
390	Nf	点	11	9
556	Nf	场	6	8
561	Nf	各	6	4
562	Nf	名	6	4
572	Nf	斤	6	7
585	Nf	号	6	6
589	Nf	星期	6	5
623	Nf	只	5	6
634	Nf	公斤	5	6
642	Nf	遍	5	11
644	Nf	顿	5	6
660	Nf	分	5	4
676	Nf	句	4	5
698	Nf	部	4	5
734	Nf	杯	4	4
741	Nf	篇	4	4
747	Nf	米	4	4
832	Nf	样	3	3
874	Nf	瓶	3	3
904	Nf	双	3	3

순서	품사	단어	2학년	
			수정전	수정후
908	Nf	周	3	3
913	Nf	封	3	3
976	Nf	所	2	1
990	Nf	元	2	1
1032	Nf	张	2	2
1041	Nf	时	2	2
1107	Nf	项	2	2
1113	Nf	排	2	2
1149	Nf	门	2	2
1205	Nf	届	2	2
1230	Nf	碗	2	2
1284	Nf	些	1	1
1370	Nf	幅	1	1
1396	Nf	首	1	0
1411	Nf	座	1	2
1594	Nf	刻	1	1
1601	Nf	秒	1	1
1610	Nf	页	1	2
1643	Nf	颗	1	1
1740	Nf	下	1	3
1745	Nf	处	1	2
1772	Nf	束	1	2
1775	Nf	跳	1	2
1793	Nf	把	1	1
1840	Nf	顶	1	1
1922	Nf	厘米	1	1
1959	Nf	片儿	1	1
1960	Nf	平方米	1	1
2005	Nf	台	1	1
2140	Nf	间	0	0
2147	Nf	份	0	0
2149	Nf	套	0	0
2207	Nf	辆	0	1
2235	Nf	段	0	0
2241	Nf	度	0	0
2247	Nf	层	0	0
2257	Nf	块	0	0
2394	Nf	道	0	0
2395	Nf	对	0	0
2417	Nf	片	0	0

순서	품사	단어	2학년	
			수정전	수정후
2666	Nf	公里	0	0
2693	Nf	声	0	0
2705	Nf	眼	0	0
2787	Nf	类	0	1
2803	Nf	堂	0	0
2841	Nf	班	0	0
2852	Nf	笔	0	0
2966	Nf	番	0	0
3029	Nf	行	0	0
3172	Nf	美元	0	0
3553	Nf	趟	0	2
3595	Nf	扇	0	1
3951	Nf	响	0	0

4.2.1.25 Ng 후치사

순서	품사	단어	2학년	
			수정전	수정후
75	Ng	后	61	81
89	Ng	以后	55	52
221	Ng	前	20	24
349	Ng	外	12	12
351	Ng	以外	12	12
369	Ng	中	11	10
393	Ng	以前	11	13
461	Ng	时	8	16
533	Ng	起	7	8
547	Ng	上	6	9
555	Ng	之间	6	6
618	Ng	左右	5	5
867	Ng	一样	3	3
965	Ng	下	2	1
1326	Ng	间	1	1
1692	Ng	之内	1	1
2179	Ng	当中	0	0
2194	Ng	里	0	1
2196	Ng	之后	0	3
2211	Ng	之前	0	1
2244	Ng	似的	0	0

순서	품사	단어	2학년	
			수정전	수정후
2411	Ng	以下	0	0
2420	Ng	以来	0	0
2486	Ng	初	0	0
2558	Ng	末	0	0
2786	Ng	来	0	1
2809	Ng	为止	0	1
3138	Ng	里面	0	0
3445	Ng	以内	0	0
3492	Ng	之下	0	0

4.2.1.26 Nh 대명사

순서	품사	단어	2학년	
			수정전	수정후
1	Nh	我	1998	1992
3	Nh	你	544	543
5	Nh	他	432	438
8	Nh	我们	289	299
18	Nh	她	213	216
159	Nh	他们	30	30
180	Nh	自己	26	34
288	Nh	你们	15	15
304	Nh	咱们	14	14
321	Nh	您	13	13
333	Nh	别人	12	15
342	Nh	谁	12	12
502	Nh	大家	7	9
542	Nh	它	6	9
612	Nh	我们俩	5	3
1313	Nh	人家	1	0
1317	Nh	对方	1	3
1409	Nh	他俩	1	1
1438	Nh	他们俩	1	1
1439	Nh	咱们俩	1	0
1806	Nh	彼此	1	1
3308	Nh	他人	0	0

4.2.1.27 P 전치사

순서	품사	단어	2학년	
			수정전	수정후
11	P	在	270	276
26	P	把	149	161
29	P	跟	136	141
88	P	对	55	56
97	P	到	51	39
110	P	被	46	43
111	P	从	45	46
169	P	帮	29	30
176	P	比	27	30
195	P	和	23	26
249	P	往	18	19
277	P	除了	16	16
284	P	依	16	16
338	P	向	12	13
375	P	为了	11	13
464	P	为	8	10
466	P	于	8	10
558	P	离	6	4
563	P	用	6	8
592	P	等	6	4
693	P	给	4	3
714	P	像	4	5
833	P	如	3	3
834	P	就	3	3
993	P	以	2	2
1063	P	替	2	3
1084	P	当	2	2
1088	P	由	2	2
1089	P	每当	2	2
1131	P	随	2	3
1277	P	随着	1	1
1369	P	对于	1	2
1376	P	受	1	2
1431	P	直到	1	1
1614	P	比如	1	1
2134	P	通过	0	0
2185	P	比如说	0	0
2274	P	待	0	0

순서	품사	단어	2학년	
			수정전	수정후
2329	P	经过	0	0
2339	P	按	0	0
2421	P	针对	0	0
2438	P	因	0	1
2467	P	有关	0	2
2654	P	趁着	0	0
2723	P	将	0	1
2836	P	按照	0	0
3118	P	靠	0	0
3213	P	凭	0	0
3496	P	至	0	0
3555	P	与	0	1
3560	P	比起	0	0
3584	P	每逢	0	0
3612	P	值	0	0
3822	P	例如	0	0
3825	P	临近	0	0
3925	P	同	0	1

4.2.1.27 SHI 是

순서	품사	단어	2학년	
			수정전	수정후
7	SHI	是	401	367

4.2.1.29 T 어조사

순서	품사	단어	2학년	
			수정전	수정후
10	T	了	271	283
39	T	吗	115	113
41	T	吧	108	109
182	T	呢	26	24
259	T	去	17	22
439	T	好了	9	4
516	T	呀	7	5
606	T	啊	5	9
1079	T	没有	2	2
1119	T	哦	2	0

순서	품사	단어	2학년	
			수정전	수정후
1568	T	的	1	1
1647	T	啦	1	1
2396	T	而已	0	0
3342	T	哇	0	0

4.2.1.30 VA 동작자동사

순서	품사	단어	2학년	
			수정전	수정후
55	VA	来	79	92
72	VA	走	65	63
101	VA	见面	50	54
116	VA	吃饭	44	39
127	VA	工作	40	38
129	VA	上网	40	39
131	VA	睡觉	39	36
132	VA	逛街	38	39
135	VA	回家	37	35
140	VA	坐	36	34
144	VA	运动	36	37
223	VA	出去	20	17
225	VA	上课	20	17
234	VA	行	19	32
248	VA	游泳	18	16
258	VA	休息	17	17
266	VA	睡懒觉	17	15
273	VA	玩儿	16	18
278	VA	睡	16	21
279	VA	起床	16	15
301	VA	下雨	14	13
305	VA	聊天儿	14	10
317	VA	旅行	13	26
340	VA	留学	12	12
346	VA	结婚	12	12
360	VA	唱歌	12	10
385	VA	出来	11	11
387	VA	哭	11	12
401	VA	上班	10	11
408	VA	开车	10	10

순서	품사	단어	2학년	
			수정전	수정후
421	VA	抽烟	10	8
425	VA	开门	10	12
435	VA	出发	9	8
441	VA	打工	9	10
443	VA	笑	9	7
471	VA	说话	8	8
491	VA	游	8	10
492	VA	躺	8	10
524	VA	减肥	7	7
584	VA	聊天	6	7
600	VA	抽时间	6	6
624	VA	读书	5	6
628	VA	站	5	8
641	VA	看书	5	5
715	VA	上大学	4	4
721	VA	谈话	4	4
772	VA	祷告	4	3
789	VA	回国	3	4
829	VA	跑	3	3
838	VA	登山	3	3
852	VA	请客	3	3
861	VA	休学	3	3
883	VA	散步	3	2
899	VA	行动	3	4
905	VA	去不了	3	2
928	VA	对话	3	1
933	VA	花钱	3	1
943	VA	干杯	3	3
945	VA	就业	3	3
952	VA	睡午觉	3	3
984	VA	吵架	2	2
1003	VA	上学	2	3
1005	VA	出生	2	2
1024	VA	爬山	2	2
1043	VA	做饭	2	3
1055	VA	吸烟	2	2
1059	VA	住院	2	1
1066	VA	继续	2	3
1076	VA	坐车	2	4
1103	VA	爬	2	1

순서	품사	단어	2학년	
			수정전	수정후
1104	VA	上车	2	2
1116	VA	写信	2	1
1129	VA	跑步	2	2
1140	VA	大哭	2	2
1147	VA	离婚	2	2
1165	VA	念书	2	2
1173	VA	歌唱	2	2
1174	VA	来临	2	3
1188	VA	打球	2	2
1231	VA	洗澡	2	2
1244	VA	早睡早起	2	2
1257	VA	搬家	1	1
1347	VA	当兵	1	2
1367	VA	自杀	1	1
1377	VA	下班	1	1
1391	VA	走路	1	1
1405	VA	聚	1	1
1424	VA	上来	1	1
1459	VA	放暑假	1	1
1461	VA	交往	1	1
1481	VA	公演	1	1
1492	VA	开会	1	2
1519	VA	相处	1	1
1520	VA	消失	1	1
1530	VA	作文	1	1
1532	VA	出门	1	0
1573	VA	出国	1	1
1586	VA	打网球	1	2
1631	VA	过年	1	1
1652	VA	落	1	1
1657	VA	徘徊	1	1
1661	VA	气哭	1	1
1711	VA	祭祖	1	0
1725	VA	赚钱	1	0
1727	VA	走来走去	1	0
1736	VA	生活	1	3
1752	VA	发脾气	1	1
1762	VA	居住	1	1
1773	VA	睡好	1	1
1799	VA	伴奏	1	1

순서	품사	단어	2학년	
			수정전	수정후
1818	VA	充电	1	1
1823	VA	出嫁	1	1
1834	VA	当家	1	1
1837	VA	到校	1	1
1851	VA	飞	1	1
1856	VA	服兵役	1	1
1857	VA	服毒	1	1
1879	VA	喝水	1	1
1896	VA	教书	1	1
1898	VA	叫喊	1	1
1902	VA	尽孝	1	1
1908	VA	举杯	1	1
1912	VA	开药	1	1
1913	VA	咳嗽	1	1
1928	VA	溜达	1	1
1929	VA	流血	1	1
1955	VA	排队	1	0
1958	VA	碰头	1	1
1971	VA	让步	1	1
1977	VA	散去	1	1
2007	VA	逃亡	1	1
2014	VA	跳水	1	1
2020	VA	外出	1	1
2027	VA	午睡	1	1
2034	VA	洗脸	1	1
2035	VA	洗手	1	1
2038	VA	下功夫	1	1
2043	VA	写字	1	1
2047	VA	喧哗	1	1
2051	VA	咬牙	1	1
2076	VA	争吵	1	1
2077	VA	挣钱	1	1
2082	VA	转来转去	1	1
2089	VA	下雪	0	0
2141	VA	来往	0	0
2150	VA	分手	0	0
2158	VA	报名	0	0
2162	VA	下去	0	0
2178	VA	日出	0	0
2182	VA	前进	0	0

순서	품사	단어	2학년	
			수정전	수정후
2198	VA	戒烟	0	2
2290	VA	谈恋爱	0	0
2297	VA	动身	0	0
2303	VA	过日子	0	0
2305	VA	考试	0	3
2312	VA	观光	0	0
2314	VA	起来	0	3
2345	VA	出差	0	0
2351	VA	过街	0	0
2353	VA	滑雪	0	0
2380	VA	新来	0	0
2387	VA	游行	0	0
2482	VA	不停	0	1
2495	VA	到站	0	0
2499	VA	电话	0	0
2521	VA	后退	0	0
2533	VA	开夜车	0	0
2541	VA	立足	0	0
2565	VA	排尿	0	0
2568	VA	跑过去	0	0
2571	VA	骑车	0	0
2589	VA	适应	0	0
2605	VA	填表	0	0
2610	VA	玩来玩去	0	0
2611	VA	玩耍	0	0
2620	VA	下山	0	0
2621	VA	下学	0	0
2650	VA	避暑	0	0
2660	VA	掉下来	0	0
2681	VA	流泪	0	0
2690	VA	上床	0	0
2702	VA	醒	0	0
2720	VA	参军	0	2
2731	VA	干活	0	1
2733	VA	流	0	0
2749	VA	办事	0	1
2768	VA	刮风	0	0
2796	VA	取长补短	0	0
2822	VA	造句	0	0
2828	VA	种田	0	0

순서	품사	단어	2학년	
			수정전	수정후
2838	VA	拔草	0	0
2854	VA	比赛	0	0
2895	VA	乘船	0	0
2900	VA	重逢	0	0
2905	VA	出游	0	0
2945	VA	动笔	0	0
2946	VA	动不了	0	0
2949	VA	兜风	0	0
2953	VA	对打	0	0
2967	VA	犯规	0	0
2970	VA	纺织	0	0
2971	VA	放晴	0	0
2972	VA	飞来飞去	0	0
2973	VA	飞舞	0	0
2975	VA	分别	0	0
2989	VA	盖印	0	0
3021	VA	归乡	0	0
3044	VA	滑下去	0	0
3045	VA	怀孕	0	0
3061	VA	挤来挤去	0	0
3074	VA	讲话	0	0
3080	VA	教学	0	0
3081	VA	交友	0	0
3095	VA	禁烟	0	0
3110	VA	开口	0	0
3111	VA	开头	0	0
3112	VA	看家	0	0
3129	VA	来去	0	0
3143	VA	立功	0	0
3164	VA	骂人	0	0
3183	VA	鸣叫	0	0
3201	VA	逆转	0	0
3210	VA	跑过来	0	0
3236	VA	请假	0	0
3240	VA	缺课	0	0
3254	VA	入学	0	0
3256	VA	软卧	0	0
3262	VA	上下班	0	0
3320	VA	探病	0	0
3330	VA	跳	0	0

순서	품사	단어	2학년	
			수정전	수정후
3338	VA	退房	0	0
3350	VA	往来	0	0
3374	VA	洗衣服	0	0
3378	VA	下楼	0	0
3385	VA	相待	0	0
3392	VA	消费	0	0
3399	VA	歇	0	0
3402	VA	泻下来	0	0
3410	VA	虚张声势	0	0
3428	VA	摇橹	0	0
3433	VA	野营	0	0
3446	VA	以身作则	0	0
3461	VA	游来游去	0	0
3466	VA	愚公移山	0	0
3470	VA	远足	0	0
3483	VA	战斗	0	0
3497	VA	制药	0	0
3509	VA	助兴	0	0
3521	VA	走步	0	0
3523	VA	走过来	0	0
3527	VA	做梦	0	0
3529	VA	做下来	0	0
3545	VA	监考	0	4
3566	VA	倒流	0	0
3574	VA	交谈	0	0
3575	VA	郊游	0	0
3585	VA	面带笑容	0	0
3594	VA	入伍	0	2
3602	VA	嬉戏	0	0
3603	VA	下降	0	1
3606	VA	行事	0	0
3630	VA	表现	0	0
3637	VA	步行	0	1
3657	VA	出场	0	0
3673	VA	待人	0	0
3677	VA	倒下	0	1
3679	VA	倒数	0	1
3685	VA	兜	0	0
3687	VA	逗留	0	0
3700	VA	犯错	0	0

순서	품사	단어	2학년	
			수정전	수정후
3702	VA	飞行	0	0
3714	VA	赴约	0	1
3731	VA	购物	0	0
3735	VA	归国	0	0
3740	VA	过夜	0	0
3746	VA	喝醉	0	1
3753	VA	划船	0	0
3759	VA	会合	0	0
3770	VA	讲课	0	0
3771	VA	交卷	0	1
3772	VA	浇水	0	0
3777	VA	结账	0	1
3785	VA	进来	0	0
3787	VA	进展	0	0
3804	VA	磕	0	0
3809	VA	哭出来	0	0
3810	VA	拉客	0	0
3820	VA	愣住	0	0
3821	VA	离家	0	1
3831	VA	落下	0	0
3832	VA	落下来	0	0
3838	VA	忙来忙去	0	1
3852	VA	排排坐	0	0
3854	VA	跑出去	0	0
3856	VA	飘	0	0
3858	VA	飘下	0	0
3862	VA	起晚	0	1
3867	VA	抢先	0	0
3873	VA	求情	0	0
3882	VA	入场	0	1
3887	VA	晒太阳	0	0
3890	VA	上眼	0	1
3909	VA	说谎	0	1
3910	VA	说说话	0	0
3921	VA	听不进去	0	0
3924	VA	通信	0	0
3947	VA	下乡	0	0
3971	VA	研究	0	0
3982	VA	应考	0	1
3988	VA	游玩	0	0

순서	품사	단어	2학년	
			수정전	수정후
4014	VA	转学	0	1
4023	VA	走进来	0	0
4025	VA	作弊	0	0
4026	VA	做人	0	0

4.2.1.31 VAC 동작사동사

순서	품사	단어	2학년	
			수정전	수정후
728	VAC	动	4	3
1558	VAC	聚集	1	1
1979	VAC	上映	1	1
2775	VAC	集合	0	0
2813	VAC	移动	0	0
3426	VAC	摇	0	0
3427	VAC	摇晃	0	0
3512	VAC	转	0	0
3757	VAC	晃动	0	0

4.2.1.32 VB 동작류타동사

순서	품사	단어	2학년	
			수정전	수정후
200	VB	打电话	23	19
882	VB	进来	3	3
919	VB	加油	3	3
1098	VB	照相	2	3
1151	VB	拿过来	2	2
1163	VB	化妆	2	1
1187	VB	传教	2	2
1226	VB	算命	2	2
1462	VB	开玩笑	1	1
1501	VB	淋湿	1	1
1527	VB	再见	1	1
1574	VB	打招呼	1	1
1747	VB	打针	1	1
1884	VB	回来	1	1
1924	VB	理发	1	1
2010	VB	提前	1	1

순서	품사	단어	2학년	
			수정전	수정후
2090	VB	送行	0	0
2458	VB	起来	0	1
2494	VB	道歉	0	0
2678	VB	决定下来	0	0
2701	VB	行礼	0	0
2771	VB	过生日	0	0
2823	VB	摘下来	0	0
2832	VB	挨打	0	0
2840	VB	拜年	0	0
2915	VB	打交道	0	0
2942	VB	定罪	0	0
3020	VB	归纳起来	0	0
3119	VB	磕头	0	0
3134	VB	离别	0	0
3362	VB	问好	0	0
3486	VB	诊病	0	0
3598	VB	剃头	0	2
3638	VB	擦干净	0	1
3666	VB	答出来	0	0
3672	VB	带出去	0	0
3678	VB	道别	0	1
3747	VB	喝彩	0	0
3778	VB	解雇	0	0
3780	VB	解闷	0	0
3871	VB	请安	0	0
3885	VB	扫干净	0	1
3902	VB	示爱	0	1
3920	VB	挑出来	0	1
3949	VB	相比	0	0
3958	VB	写下来	0	0
4008	VB	治病	0	0

4.2.1.33 VC 동작타동사

순서	품사	단어	2학년	
			수정전	수정후
28	VC	看	141	136
31	VC	学习	130	136
35	VC	吃	120	120

순서	품사	단어	2학년	
			수정전	수정후
59	VC	喝	75	76
77	VC	做	61	51
79	VC	买	60	60
123	VC	帮助	41	40
130	VC	认识	39	37
149	VC	等	34	44
151	VC	学	33	28
197	VC	开	23	25
220	VC	打	20	25
252	VC	下	17	20
261	VC	放	17	18
263	VC	回来	17	17
270	VC	参加	16	18
286	VC	找	15	14
287	VC	带	15	20
289	VC	准备	15	14
293	VC	做完	15	20
323	VC	生	13	15
334	VC	玩	12	16
362	VC	丢	12	11
364	VC	陪	12	12
380	VC	上	11	16
388	VC	养	11	11
395	VC	唱	11	13
417	VC	搬到	10	12
419	VC	拿	10	10
424	VC	偷走	10	11
428	VC	推到	10	10
433	VC	穿	9	10
444	VC	打扫	9	9
445	VC	练习	9	11
447	VC	花	9	9
449	VC	吃完	9	16
454	VC	贴	9	9
467	VC	出	8	5
476	VC	带来	8	7
488	VC	踢	8	6
493	VC	妨碍	8	8
505	VC	教	7	7
511	VC	提高	7	7

순서	품사	단어	2학년	
			수정전	수정후
523	VC	学好	7	8
536	VC	挂	7	7
548	VC	找到	6	6
557	VC	骑	6	7
564	VC	看看	6	5
565	VC	换	6	5
568	VC	摆	6	6
578	VC	接	6	6
593	VC	建议	6	6
595	VC	写完	6	6
640	VC	介绍	5	6
653	VC	拐	5	6
654	VC	拿走	5	5
657	VC	打扮	5	4
659	VC	耽误	5	4
663	VC	挺	5	4
664	VC	吃得了	5	3
667	VC	接待	4	4
668	VC	看到	4	6
677	VC	不好	4	5
679	VC	用	4	6
686	VC	搬	4	4
697	VC	比较	4	4
702	VC	交	4	5
705	VC	照顾	4	5
706	VC	打开	4	4
723	VC	收拾	4	3
724	VC	离开	4	10
725	VC	看见	4	4
735	VC	麻烦	4	4
740	VC	取得	4	4
751	VC	关上	4	5
752	VC	逛	4	4
763	VC	吃好	4	4
765	VC	经营	4	4
768	VC	贴好	4	4
771	VC	预习	4	4
777	VC	进行	3	2
780	VC	打扰	3	3
782	VC	招待	3	3

순서	품사	단어	2학년	
			수정전	수정후
786	VC	浪费	3	3
790	VC	写	3	4
808	VC	解决	3	2
815	VC	实现	3	4
823	VC	考上	3	3
828	VC	教育	3	3
864	VC	改变	3	3
872	VC	选	3	3
873	VC	住	3	4
878	VC	点	3	2
890	VC	骂	3	3
897	VC	弹	3	2
934	VC	办	3	3
936	VC	背	3	4
937	VC	翻译	3	4
939	VC	弄坏	3	3
948	VC	拿来	3	3
989	VC	过去	2	2
992	VC	干	2	5
994	VC	读	2	3
1000	VC	要	2	2
1006	VC	通过	2	2
1019	VC	留下	2	2
1021	VC	整	2	2
1037	VC	复习	2	2
1047	VC	念	2	2
1064	VC	完成	2	4
1090	VC	骗	2	3
1108	VC	修理	2	2
1118	VC	下来	2	0
1125	VC	吸	2	2
1136	VC	保守	2	2
1158	VC	找回	2	2
1172	VC	呼吸	2	2
1177	VC	瞧	2	2
1181	VC	修	2	2
1195	VC	赶走	2	2
1203	VC	捡到	2	2
1216	VC	暖和	2	2
1222	VC	收看	2	2

순서	품사	단어	2학년	
			수정전	수정후
1236	VC	写好	2	2
1238	VC	咬	2	2
1245	VC	抓住	2	2
1247	VC	做不了	2	2
1318	VC	考	1	3
1337	VC	举行	1	1
1341	VC	定	1	1
1344	VC	锻炼	1	1
1373	VC	拉	1	1
1384	VC	加入	1	1
1395	VC	碰到	1	1
1410	VC	学会	1	2
1452	VC	准备好	1	2
1453	VC	表达	1	4
1454	VC	参观	1	1
1455	VC	抱	1	2
1463	VC	面对	1	1
1476	VC	打死	1	1
1479	VC	改正	1	1
1493	VC	烤	1	1
1504	VC	你好	1	1
1523	VC	孝敬	1	1
1534	VC	打碎	1	1
1542	VC	考完	1	0
1543	VC	买到	1	0
1560	VC	上去	1	0
1561	VC	摔	1	0
1565	VC	做好	1	5
1566	VC	吵	1	3
1570	VC	堆	1	1
1572	VC	取	1	2
1575	VC	订	1	1
1583	VC	尝尝	1	2
1589	VC	堵	1	2
1593	VC	结	1	1
1599	VC	利用	1	1
1602	VC	碰见	1	1
1625	VC	发动	1	1
1629	VC	刮倒	1	0
1638	VC	解	1	0

순서	품사	단어	2학년	
			수정전	수정후
1640	VC	借去	1	1
1677	VC	脱	1	1
1686	VC	诱拐	1	1
1689	VC	折	1	1
1691	VC	挣	1	1
1696	VC	祝贺	1	1
1702	VC	按	1	0
1705	VC	打起	1	0
1719	VC	玩玩	1	1
1734	VC	举办	1	1
1739	VC	体验	1	1
1746	VC	答错	1	1
1750	VC	掉	1	1
1756	VC	观看	1	0
1760	VC	回报	1	1
1768	VC	弄脏	1	1
1776	VC	推	1	2
1785	VC	迎接	1	1
1788	VC	责备	1	1
1798	VC	拌	1	1
1805	VC	绷紧	1	1
1807	VC	编导	1	1
1812	VC	猜对	1	1
1814	VC	操持	1	1
1817	VC	称赞	1	1
1828	VC	打伤	1	1
1829	VC	大风刮	1	1
1838	VC	等等	1	1
1843	VC	逗乐	1	0
1854	VC	缝好	1	1
1861	VC	更换	1	1
1878	VC	合唱	1	1
1889	VC	济	1	1
1897	VC	教导	1	1
1901	VC	进不了	1	1
1910	VC	开放	1	1
1911	VC	开开	1	1
1932	VC	买好	1	1
2000	VC	甩	1	1
2013	VC	挑选	1	1

순서	품사	단어	2학년	
			수정전	수정후
2032	VC	洗	1	0
2040	VC	献身	1	1
2045	VC	修好	1	1
2067	VC	预订	1	1
2069	VC	熨	1	1
2073	VC	责怪	1	1
2081	VC	赚	1	1
2083	VC	撞断	1	1
2084	VC	追随	1	1
2092	VC	研究	0	0
2126	VC	放弃	0	0
2137	VC	联系	0	0
2191	VC	使用	0	0
2195	VC	遇到	0	0
2222	VC	撞伤	0	0
2231	VC	求	0	1
2237	VC	包	0	2
2249	VC	代替	0	0
2272	VC	撞倒	0	0
2281	VC	留	0	1
2287	VC	收到	0	0
2298	VC	发展	0	0
2300	VC	控制	0	0
2309	VC	帮	0	2
2321	VC	布置	0	0
2324	VC	覆盖	0	0
2332	VC	描述	0	0
2385	VC	引起	0	0
2386	VC	影响	0	0
2397	VC	过来	0	0
2416	VC	看过	0	0
2422	VC	追求	0	0
2424	VC	照	0	4
2430	VC	发	0	0
2445	VC	吹	0	0
2447	VC	犯	0	1
2451	VC	祭祀	0	1
2452	VC	驾驶	0	1
2456	VC	面试	0	0
2471	VC	安慰	0	0

순서	품사	단어	2학년	
			수정전	수정후
2488	VC	处理	0	0
2496	VC	登	0	0
2528	VC	嫁给	0	0
2566	VC	派遣到	0	0
2598	VC	弹劾	0	0
2608	VC	歪曲	0	0
2638	VC	召开	0	0
2656	VC	抽出	0	1
2716	VC	穿上	0	1
2717	VC	流下	0	0
2724	VC	排列	0	0
2729	VC	选择	0	2
2744	VC	填	0	0
2748	VC	办好	0	0
2758	VC	戴	0	0
2790	VC	录取	0	1
2806	VC	填写	0	0
2820	VC	栽培	0	0
2824	VC	整理	0	0
2825	VC	争	0	0
2845	VC	包装	0	0
2847	VC	保卫	0	1
2853	VC	比不过	0	0
2875	VC	步	0	0
2880	VC	擦	0	0
2898	VC	吃光	0	0
2901	VC	出来	0	1
2903	VC	出示	0	0
2909	VC	创造	0	0
2914	VC	挫折	0	0
2916	VC	打通	0	0
2928	VC	带上	0	0
2933	VC	倒	0	0
2937	VC	得不到	0	0
2950	VC	逗	0	0
2951	VC	读完	0	0
2960	VC	发起	0	0
2961	VC	发扬	0	0
2985	VC	服务	0	0
2995	VC	搞砸	0	0

순서	품사	단어	2학년	
			수정전	수정후
2996	VC	搞好	0	0
3012	VC	鼓起	0	0
3013	VC	鼓足	0	0
3031	VC	喝光	0	0
3036	VC	喝完	0	0
3050	VC	会晤	0	0
3051	VC	混合	0	0
3060	VC	挤	0	0
3066	VC	加	0	0
3075	VC	降	0	0
3077	VC	交换	0	0
3082	VC	叫醒	0	0
3087	VC	接受	0	0
3093	VC	进	0	0
3100	VC	经受	0	0
3116	VC	看中	0	0
3125	VC	夸奖	0	0
3126	VC	款待	0	0
3151	VC	料理	0	0
3165	VC	迈开	0	0
3186	VC	摸	0	0
3190	VC	拿起	0	0
3191	VC	拿去	0	0
3199	VC	溺爱	0	0
3227	VC	抢劫	0	0
3228	VC	敲	0	0
3242	VC	惹起	0	0
3248	VC	认	0	1
3250	VC	认识认识	0	0
3266	VC	申请	0	0
3270	VC	生下	0	0
3275	VC	食	0	0
3280	VC	实行	0	0
3292	VC	数	0	0
3297	VC	说完	0	0
3302	VC	算上	0	0
3307	VC	锁上	0	0
3329	VC	挑	0	0
3341	VC	挖掘	0	0
3401	VC	写作	0	0

순서	품사	단어	2학년	
			수정전	수정후
3485	VC	招聘	0	0
3494	VC	指导	0	0
3495	VC	指责	0	0
3515	VC	追	0	0
3541	VC	弄丢	0	3
3565	VC	达成	0	0
3570	VC	付出	0	0
3571	VC	观赏	0	2
3578	VC	开走	0	2
3586	VC	拿到	0	0
3607	VC	休	0	1
3609	VC	学得	0	1
3610	VC	营造	0	0
3619	VC	拜访	0	0
3629	VC	表露	0	0
3642	VC	藏	0	0
3645	VC	敞开	0	1
3646	VC	唱起	0	1
3649	VC	承受	0	1
3650	VC	吃掉	0	1
3655	VC	抽	0	1
3660	VC	处理好	0	0
3662	VC	吹开	0	0
3667	VC	打击	0	0
3671	VC	呆到	0	1
3681	VC	登顶	0	0
3682	VC	点上	0	1
3705	VC	分	0	0
3710	VC	扶持	0	0
3716	VC	改	0	1
3717	VC	改革	0	0
3718	VC	改善	0	0
3729	VC	贡献	0	0
3733	VC	管教	0	0
3737	VC	过不了	0	0
3745	VC	喝掉	0	0
3749	VC	哼	0	0
3752	VC	花光	0	1
3762	VC	激励	0	0
3779	VC	解决不了	0	0

순서	품사	단어	2학년	
			수정전	수정후
3786	VC	进修	0	1
3797	VC	开上	0	0
3798	VC	看待	0	0
3799	VC	看望	0	0
3826	VC	领	0	1
3830	VC	乱放	0	1
3835	VC	买错	0	1
3851	VC	弄乱	0	0
3855	VC	抛开	0	0
3869	VC	清楚	0	1
3874	VC	驱逐	0	0
3896	VC	生产	0	0
3898	VC	省	0	0
3900	VC	实施	0	0
3922	VC	听取	0	0
3927	VC	投入到	0	0
3935	VC	握	0	0
3942	VC	误解	0	0
3957	VC	写出	0	1
3995	VC	砸碎	0	0
3999	VC	责骂	0	0
4009	VC	治好	0	1
4027	VC	阻止	0	0

4.2.1.34 VCL 장소목적어와 접한 동작동사

순서	품사	단어	2학년	
			수정전	수정후
14	VCL	去	263	266
57	VCL	到	77	90
160	VCL	在	30	34
177	VCL	过	27	24
243	VCL	住在	18	19
438	VCL	进	9	7
477	VCL	回	8	14
478	VCL	来到	8	3
483	VCL	回到	8	10
661	VCL	临	5	4
784	VCL	上	3	6

순서	품사	단어	2학년	
			수정전	수정후
855	VCL	到达	3	4
1061	VCL	游览	2	1
1432	VCL	走到	1	2
1473	VCL	走进	1	1
1569	VCL	度过	1	2
1578	VCL	下	1	1
1622	VCL	呆	1	1
1720	VCL	位于	1	1
1761	VCL	挤满	1	2
1769	VCL	爬到	1	1
1905	VCL	经过	1	1
1957	VCL	跑到	1	1
2132	VCL	入	0	0
2439	VCL	坐上	0	0
3128	VCL	来回	0	0
3223	VCL	迁居	0	0
3522	VCL	走出	0	0
3597	VCL	睡到	0	2
3658	VCL	出走	0	1
3734	VCL	逛逛	0	1
3756	VCL	欢聚	0	0
3853	VCL	攀登	0	0
3916	VCL	踏上	0	0

4.2.1.35 VD 이중목적어동사

순서	품사	단어	2학년	
			수정전	수정후
30	VD	给	136	134
295	VD	交给	15	17
396	VD	递给	11	11
418	VD	送给	10	14
420	VD	还给	10	12
530	VD	送	7	5
539	VD	赢	7	7
594	VD	卖	6	6
856	VD	租	3	2
902	VD	出租	3	2
925	VD	还	3	3

순서	품사	단어	2학년	
			수정전	수정후
958	VD	赠	3	3
960	VD	寄去	3	2
1014	VD	交	2	4
1167	VD	说给	2	2
1186	VD	传	2	1
1342	VD	寄	1	3
1403	VD	发	1	3
1639	VD	借给	1	1
1826	VD	赐给	1	1
1894	VD	讲给	1	1
1933	VD	卖给	1	1
1995	VD	收	1	1
2402	VD	留给	0	0
2591	VD	输	0	0
2808	VD	偷	0	0
2987	VD	付	0	0
3661	VD	传染	0	0
3765	VD	给予	0	1

4.2.1.36 VE 문장목적어를 가진 동작동사

순서	품사	단어	2학년	
			수정전	수정후
25	VE	说	149	154
51	VE	想	87	90
141	VE	听	36	39
214	VE	表示	21	17
218	VE	见	20	16
318	VE	问	13	13
345	VE	告诉	12	13
482	VE	见到	8	12
496	VE	以为	7	9
507	VE	看	7	5
545	VE	决定	6	8
580	VE	叫	6	6
603	VE	商量	5	5
652	VE	约好	5	7
670	VE	听到	4	4
690	VE	听说	4	3

순서	품사	단어	2학년	
			수정전	수정후
718	VE	谈	4	3
748	VE	祝	4	4
800	VE	认为	3	5
854	VE	聊	3	8
888	VE	讲	3	4
940	VE	祈祷	3	4
953	VE	谈到	3	3
1046	VE	介绍	2	2
1229	VE	听听	2	2
1260	VE	安排	1	2
1270	VE	发现	1	2
1343	VE	想要	1	2
1393	VE	考虑	1	0
1412	VE	反对	1	1
1427	VE	提醒	1	1
1456	VE	答应	1	2
1508	VE	请问	1	0
1517	VE	听见	1	1
1605	VE	说明	1	0
1613	VE	抱怨	1	1
1623	VE	道	1	1
1714	VE	聊聊	1	0
1811	VE	猜猜	1	1
1970	VE	嚷嚷	1	1
2091	VE	讨论	0	0
2094	VE	主张	0	0
2098	VE	商量商量	0	0
2101	VE	想起	0	1
2161	VE	说起	0	0
2330	VE	看看	0	0
2667	VE	管	0	0
2769	VE	观察	0	0
2778	VE	检查	0	0
2780	VE	讲述	0	0
2831	VE	做到	0	1
2889	VE	常言道	0	0
3009	VE	估计	0	0
3092	VE	解释	0	0
3324	VE	提到	0	0
3388	VE	想不出	0	0

순서	품사	단어	2학년	
			수정전	수정후
3471	VE	预测到	0	0
3518	VE	自言自语	0	0
3544	VE	回想起	0	0
3670	VE	大叫	0	0
3719	VE	感起	0	0
3769	VE	讲讲	0	0
3800	VE	抗议	0	0
3872	VE	庆祝	0	0
3891	VE	设想	0	0
3933	VE	问清	0	0
3952	VE	想像	0	1
3962	VE	形容	0	0

4.2.1.37 VF 술어목적어를 가진 동작동사

순서	품사	단어	2학년	
			수정전	수정후
56	VF	打算	79	81
114	VF	请	45	46
358	VF	叫	12	13
426	VF	劝	10	11
712	VF	决心	4	3
1422	VF	求	1	0
1460	VF	鼓励	1	1
1468	VF	试	1	1
1525	VF	要求	1	0
1676	VF	托	1	1
2023	VF	委托	1	1
2470	VF	准备	0	0
2532	VF	拒绝	0	0
2697	VF	说服	0	0
2777	VF	继续	0	1
3209	VF	派遣	0	0
3572	VF	计划	0	1
3773	VF	叫到	0	1

4.2.1.38 VG 분류동사

순서	품사	단어	2학년	
			수정전	수정후
402	VG	当	10	15
456	VG	翻译成	9	10
457	VG	译成	9	10
509	VG	成为	7	8
510	VG	叫	7	8
553	VG	像	6	7
569	VG	变	6	6
975	VG	变成	2	3
1002	VG	成	2	3
1562	VG	造成	1	1
1587	VG	担任	1	1
1966	VG	切成	1	1
2004	VG	算不了	1	1
2009	VG	踢成	1	1
2112	VG	真是	0	1
2425	VG	算	0	1
2525	VG	既是	0	0
2811	VG	象	0	1
2894	VG	称	0	0
2897	VG	吃成	0	0
3208	VG	排成	0	0
3303	VG	算做	0	0
3339	VG	拖成	0	0
3558	VG	作为	0	0
3754	VG	化	0	1
3775	VG	结成	0	0

4.2.1.39 VH 상태자동사

순서	품사	단어	2학년	
			수정전	수정후
19	VH	好	199	202
61	VH	努力	73	75
62	VH	多	71	56
87	VH	快	56	53
107	VH	怎么样	47	47
113	VH	忙	45	44

순서	품사	단어	2학년	
			수정전	수정후
134	VH	漂亮	37	38
138	VH	大	36	39
139	VH	一样	36	30
147	VH	慢	35	34
153	VH	很多	32	25
154	VH	难	32	29
156	VH	生气	32	34
174	VH	冷	28	27
183	VH	开始	26	25
188	VH	晚	26	28
189	VH	幸福	25	24
199	VH	胖	23	26
201	VH	好吃	23	26
202	VH	方便	23	23
210	VH	好看	22	17
232	VH	小	19	20
255	VH	有意思	17	16
256	VH	不错	17	18
275	VH	厉害	16	16
280	VH	流利	16	14
311	VH	长	13	20
312	VH	高	13	14
319	VH	健康	13	16
339	VH	这样	12	16
356	VH	便宜	12	11
359	VH	可爱	12	14
372	VH	重	11	11
379	VH	舒服	11	15
381	VH	新	11	10
397	VH	疼	11	11
399	VH	特别	10	14
406	VH	早	10	10
410	VH	死	10	6
413	VH	迟到	10	15
414	VH	少	10	10
415	VH	久	10	12
423	VH	随便	10	11
434	VH	贵	9	9
450	VH	用功	9	4
462	VH	瘦	8	7

순서	품사	단어	2학년	
			수정전	수정후
463	VH	热闹	8	8
468	VH	美丽	8	8
470	VH	在一起	8	11
474	VH	下课	8	8
486	VH	有事	8	6
497	VH	毕业	7	7
499	VH	近	7	11
501	VH	成功	7	4
514	VH	最好	7	8
515	VH	感冒	7	7
544	VH	远	6	4
550	VH	愉快	6	5
551	VH	太多	6	4
559	VH	最近	6	7
566	VH	善良	6	7
573	VH	好好	6	6
574	VH	帅	6	9
575	VH	差	6	6
588	VH	那么	6	6
619	VH	慢慢	5	5
620	VH	病	5	7
622	VH	那样	5	5
629	VH	堵车	5	6
638	VH	聪明	5	5
643	VH	饿	5	8
648	VH	和睦	5	5
650	VH	孤独	5	5
651	VH	完	5	3
658	VH	头疼	5	5
703	VH	认真	4	6
707	VH	轻	4	4
708	VH	美	4	4
710	VH	怪	4	4
711	VH	不再	4	2
716	VH	干净	4	4
720	VH	不断	4	4
726	VH	安静	4	4
729	VH	亲切	4	3
730	VH	严格	4	4
731	VH	没关系	4	4

순서	품사	단어	2학년	
			수정전	수정후
739	VH	辣	4	4
743	VH	好不好	4	4
754	VH	太晚	4	4
758	VH	细	4	2
760	VH	乐天	4	5
761	VH	地道	4	5
774	VH	巧	4	3
794	VH	容易	3	4
806	VH	急	3	3
812	VH	有名	3	4
814	VH	深	3	4
816	VH	不一样	3	3
822	VH	假	3	3
824	VH	放假	3	3
839	VH	活	3	3
841	VH	奇怪	3	3
846	VH	呆	3	2
847	VH	快乐	3	4
850	VH	够	3	3
851	VH	弱	3	4
866	VH	生病	3	3
881	VH	活泼	3	2
891	VH	苗条	3	3
914	VH	高速	3	3
915	VH	好玩	3	3
923	VH	不见了	3	0
929	VH	难受	3	1
931	VH	仔细	3	1
932	VH	最多	3	0
947	VH	凉快	3	2
955	VH	响	3	3
961	VH	醉	3	2
962	VH	白	2	2
969	VH	苦	2	0
972	VH	紧张	2	2
977	VH	长大	2	3
981	VH	明白	2	2
997	VH	精彩	2	2
1010	VH	年轻	2	2
1012	VH	着急	2	2

순서	품사	단어	2학년	
			수정전	수정후
1017	VH	美好	2	1
1023	VH	老	2	2
1030	VH	适合	2	1
1044	VH	矮	2	2
1052	VH	大声	2	3
1058	VH	要命	2	2
1071	VH	宝贵	2	2
1078	VH	进步	2	2
1087	VH	棒	2	2
1111	VH	周到	2	2
1115	VH	过分	2	1
1122	VH	发胖	2	4
1126	VH	红	2	2
1137	VH	诚实	2	2
1139	VH	错	2	2
1146	VH	客气	2	2
1153	VH	清	2	2
1162	VH	好极了	2	1
1164	VH	亮亮	2	2
1169	VH	自我	2	1
1180	VH	退伍	2	3
1182	VH	虚弱	2	2
1190	VH	得分	2	2
1197	VH	乖	2	2
1198	VH	乖巧	2	2
1199	VH	海水蓝	2	2
1204	VH	结实	2	2
1209	VH	冷清	2	2
1211	VH	恋爱	2	2
1218	VH	痊愈	2	2
1225	VH	算	2	2
1241	VH	应该	2	2
1255	VH	幽默	2	1
1258	VH	重要	1	1
1281	VH	清楚	1	0
1292	VH	亲密	1	1
1304	VH	开朗	1	2
1306	VH	严重	1	2
1311	VH	危险	1	1
1320	VH	伤	1	1

순서	품사	단어	2학년	
			수정전	수정후
1321	VH	黑	1	2
1322	VH	激动	1	1
1332	VH	发达	1	1
1335	VH	复杂	1	1
1352	VH	不得了	1	1
1364	VH	开学	1	1
1379	VH	正式	1	2
1380	VH	值得	1	0
1397	VH	乱	1	0
1399	VH	不同	1	2
1402	VH	睡着	1	3
1407	VH	更多	1	1
1413	VH	丰富	1	1
1417	VH	骄傲	1	1
1434	VH	不足	1	1
1445	VH	及格	1	0
1451	VH	合	1	2
1458	VH	差不多	1	1
1464	VH	内向	1	1
1465	VH	暖和	1	2
1469	VH	爽快	1	2
1475	VH	吃惊	1	1
1477	VH	低	1	1
1494	VH	困	1	1
1497	VH	老实	1	1
1498	VH	乐观	1	1
1500	VH	了不起	1	1
1531	VH	饱	1	1
1540	VH	合作	1	1
1546	VH	亲热	1	1
1556	VH	自豪	1	1
1576	VH	对	1	1
1577	VH	好听	1	3
1591	VH	和好	1	1
1592	VH	挤	1	1
1595	VH	哭笑不得	1	1
1596	VH	来不了	1	1
1606	VH	算了	1	2
1609	VH	相爱	1	1
1624	VH	多事	1	1

순서	품사	단어	2학년	
			수정전	수정후
1626	VH	发烧	1	1
1642	VH	旧	1	1
1659	VH	平常	1	1
1678	VH	相互	1	1
1687	VH	怎么	1	0
1690	VH	真实	1	0
1706	VH	单身	1	1
1709	VH	糊涂	1	1
1713	VH	艰苦	1	0
1715	VH	流行	1	1
1716	VH	亲	1	1
1722	VH	相似	1	0
1730	VH	真	1	2
1743	VH	爱玩	1	1
1751	VH	逗笑	1	2
1757	VH	关门	1	2
1763	VH	开演	1	2
1770	VH	入睡	1	1
1771	VH	上去	1	2
1777	VH	文静	1	1
1779	VH	香	1	2
1816	VH	吵	1	0
1819	VH	重重	1	1
1827	VH	粗	1	1
1835	VH	倒霉	1	1
1844	VH	独一无二	1	1
1846	VH	多疑	1	1
1847	VH	饿肚子	1	1
1855	VH	丰饶	1	1
1859	VH	富裕	1	1
1875	VH	好好玩	1	1
1881	VH	欢欢喜喜	1	1
1887	VH	唧唧	1	1
1903	VH	惊诧	1	1
1904	VH	精打细算	1	1
1918	VH	宽敞	1	1
1921	VH	懒惰	1	1
1926	VH	良好	1	1
1931	VH	乱七八糟	1	1
1934	VH	卖乖	1	1

순서	품사	단어	2학년	
			수정전	수정후
1935	VH	慢慢腾腾	1	1
1937	VH	毛毛	1	1
1940	VH	闷热	1	1
1952	VH	年老	1	1
1964	VH	浅	1	1
1967	VH	去去	1	1
1969	VH	确确实实	1	1
1972	VH	仁慈	1	1
1973	VH	人山人海	1	1
1990	VH	实用	1	1
2011	VH	甜	1	1
2016	VH	同屋	1	1
2021	VH	完毕	1	1
2022	VH	顽皮	1	1
2037	VH	细致	1	1
2052	VH	要好	1	0
2056	VH	遗迹	1	1
2064	VH	游手好闲	1	1
2070	VH	在一块儿	1	1
2072	VH	早早	1	1
2087	VH	坐立不安	1	1
2104	VH	热情	0	0
2111	VH	浪费	0	0
2117	VH	吃力	0	1
2135	VH	深刻	0	0
2153	VH	简单	0	0
2160	VH	强	0	1
2173	VH	吃苦	0	0
2197	VH	出现	0	1
2201	VH	困难	0	0
2203	VH	白白	0	0
2213	VH	厚	0	0
2219	VH	无聊	0	0
2226	VH	化	0	0
2232	VH	有趣	0	0
2236	VH	去世	0	3
2264	VH	失败	0	0
2268	VH	小小	0	0
2273	VH	大大	0	0
2277	VH	交流	0	0

순서	품사	단어	2학년	
			수정전	수정후
2288	VH	受骗	0	0
2307	VH	和平	0	1
2313	VH	基础	0	1
2316	VH	外向	0	0
2319	VH	优秀	0	2
2322	VH	成熟	0	0
2327	VH	滑	0	0
2331	VH	迷路	0	0
2335	VH	退休	0	1
2342	VH	不了了之	0	0
2348	VH	独特	0	0
2350	VH	公平	0	0
2356	VH	活下去	0	0
2357	VH	寂寞	0	0
2363	VH	礼貌	0	0
2375	VH	吓人	0	0
2388	VH	远不远	0	0
2391	VH	悲哀	0	1
2392	VH	不懈	0	0
2400	VH	苦恼	0	0
2401	VH	亮晶晶	0	0
2409	VH	完全	0	0
2414	VH	直接	0	0
2415	VH	过来	0	0
2418	VH	痛快	0	0
2419	VH	温和	0	0
2429	VH	悲伤	0	0
2437	VH	调皮	0	0
2442	VH	必要	0	0
2457	VH	明确	0	1
2459	VH	热热闹闹	0	0
2460	VH	如此	0	0
2468	VH	珍贵	0	0
2472	VH	暗下来	0	0
2477	VH	笨	0	0
2484	VH	常青	0	0
2490	VH	错误	0	0
2491	VH	大吃一惊	0	0
2503	VH	多彩	0	0
2504	VH	多样	0	0

순서	품사	단어	2학년	
			수정전	수정후
2507	VH	风趣	0	0
2510	VH	干干净净	0	0
2512	VH	高大	0	0
2517	VH	光荣	0	0
2518	VH	好心	0	0
2524	VH	积极	0	0
2530	VH	节省	0	0
2536	VH	空荡荡	0	0
2555	VH	密切	0	0
2559	VH	目瞪口呆	0	0
2582	VH	上下课	0	0
2585	VH	失业	0	0
2599	VH	坦率	0	0
2607	VH	秃	0	0
2613	VH	为什么	0	0
2616	VH	无间	0	0
2619	VH	西方	0	0
2625	VH	羞答答	0	0
2626	VH	雅	0	0
2630	VH	勇敢	0	0
2631	VH	忧郁	0	0
2632	VH	有空	0	0
2637	VH	长胖	0	0
2655	VH	成人	0	0
2657	VH	刺激	0	0
2658	VH	当然	0	0
2661	VH	懂事	0	0
2664	VH	分明	0	0
2665	VH	高级	0	0
2685	VH	晴	0	0
2686	VH	忍不住	0	0
2694	VH	盛大	0	0
2695	VH	湿	0	0
2700	VH	咸	0	0
2711	VH	专门	0	0
2728	VH	睡不着觉	0	2
2730	VH	变	0	1
2732	VH	蓝蓝	0	0
2734	VH	没用	0	0
2735	VH	免费	0	2

순서	품사	단어	2학년	
			수정전	수정후
2757	VH	大胆	0	1
2762	VH	恶化	0	0
2763	VH	发福	0	0
2784	VH	刻苦	0	0
2789	VH	流逝	0	1
2802	VH	太少	0	1
2805	VH	特有	0	0
2810	VH	先进	0	0
2839	VH	白净	0	0
2848	VH	悲喜	0	0
2855	VH	毕	0	0
2865	VH	病倒	0	0
2872	VH	不像话	0	0
2878	VH	不清	0	0
2883	VH	苍白	0	0
2884	VH	苍郁	0	0
2899	VH	迟钝	0	0
2910	VH	纯净	0	0
2918	VH	大病	0	0
2934	VH	倒闭	0	0
2941	VH	典雅	0	0
2948	VH	冻伤	0	0
2952	VH	端庄	0	0
2954	VH	多才多艺	0	0
2955	VH	多多	0	0
2958	VH	发愁	0	0
2962	VH	翻天覆地	0	0
2964	VH	烦死	0	0
2974	VH	费事	0	0
2977	VH	风度翩翩	0	0
2979	VH	丰盛	0	0
2980	VH	丰收	0	0
2986	VH	浮现	0	0
2990	VH	干脆	0	0
2991	VH	尴尬	0	0
2994	VH	高敞	0	0
3008	VH	孤芳自赏	0	0
3010	VH	古典	0	0
3011	VH	古怪	0	0
3017	VH	光润	0	0

순서	품사	단어	2학년	
			수정전	수정후
3018	VH	广大	0	0
3027	VH	含蓄	0	0
3033	VH	合法	0	0
3041	VH	厚厚	0	0
3046	VH	欢乐	0	0
3047	VH	缓慢	0	0
3052	VH	火冒三丈	0	0
3053	VH	祸不单行	0	0
3078	VH	交加	0	0
3088	VH	结冰	0	0
3090	VH	截然不同	0	0
3097	VH	惊慌失措	0	0
3104	VH	久别	0	0
3107	VH	绝望	0	0
3109	VH	开开	0	0
3135	VH	离奇	0	0
3139	VH	理所当然	0	0
3140	VH	理性	0	0
3141	VH	理直气壮	0	0
3144	VH	例外	0	0
3156	VH	乱糟糟	0	0
3158	VH	落榜	0	0
3160	VH	麻痹	0	0
3167	VH	漫天	0	0
3168	VH	慢悠悠	0	0
3169	VH	盲目	0	0
3184	VH	明媚	0	0
3189	VH	默默	0	0
3198	VH	腻	0	0
3200	VH	匿名	0	0
3204	VH	浓	0	0
3214	VH	平滑	0	0
3217	VH	漆黑	0	0
3219	VH	起来	0	0
3221	VH	恰到好处	0	0
3226	VH	强盛	0	0
3230	VH	勤快	0	0
3231	VH	清澈	0	0
3235	VH	情同手足	0	0
3243	VH	热烈	0	0

순서	품사	단어	2학년	
			수정전	수정후
3245	VH	人生地不熟	0	0
3247	VH	忍无可忍	0	0
3253	VH	如故	0	0
3255	VH	软绵绵	0	0
3257	VH	三五成群	0	0
3259	VH	闪耀	0	0
3263	VH	奢侈	0	0
3278	VH	时髦	0	0
3287	VH	守旧	0	0
3290	VH	受凉	0	0
3315	VH	贪吃	0	0
3316	VH	贪玩	0	0
3317	VH	谈得来	0	0
3318	VH	坦白	0	0
3319	VH	忐忑不安	0	0
3323	VH	特殊	0	0
3326	VH	天生	0	0
3328	VH	甜蜜	0	0
3337	VH	投机	0	0
3348	VH	汪汪	0	0
3353	VH	望子成龙	0	0
3365	VH	无边无际	0	0
3375	VH	瞎	0	0
3376	VH	下垂	0	0
3377	VH	下苦	0	0
3380	VH	鲜明	0	0
3381	VH	闲不住	0	0
3386	VH	相反	0	0
3391	VH	消沉	0	0
3404	VH	辛劳	0	0
3408	VH	兴高采烈	0	0
3409	VH	兴致勃勃	0	0
3415	VH	雪白	0	0
3417	VH	迅速	0	0
3418	VH	牙疼	0	0
3419	VH	炎热	0	0
3431	VH	耀眼	0	0
3432	VH	野蛮	0	0
3434	VH	夜深	0	0
3450	VH	一言既出	0	0

순서	품사	단어	2학년	
			수정전	수정후
3459	VH	悠久	0	0
3464	VH	有效	0	0
3469	VH	远远	0	0
3474	VH	悦耳	0	0
3475	VH	晕倒	0	0
3488	VH	正好	0	0
3489	VH	正经	0	0
3501	VH	忠实	0	0
3507	VH	主要	0	0
3508	VH	著名	0	0
3513	VH	壮观	0	0
3547	VH	散	0	1
3549	VH	火	0	1
3550	VH	坚强	0	1
3552	VH	瘦多	0	0
3554	VH	圆圆	0	0
3561	VH	不得	0	0
3563	VH	纯朴	0	0
3583	VH	忙碌	0	0
3590	VH	疲惫	0	0
3615	VH	走散	0	0
3618	VH	白茫茫	0	0
3625	VH	变黑	0	0
3632	VH	不对劲	0	0
3648	VH	称职	0	0
3654	VH	充足	0	1
3664	VH	脆弱	0	1
3668	VH	大不了	0	1
3674	VH	单调	0	1
3684	VH	冻	0	0
3686	VH	陡峭	0	0
3688	VH	肚子痛	0	0
3691	VH	短暂	0	0
3696	VH	多心	0	0
3698	VH	繁重	0	0
3704	VH	废寝忘食	0	0
3712	VH	覆水难收	0	0
3727	VH	功亏一篑	0	0
3738	VH	过火	0	0
3743	VH	汗如雨下	0	0

순서	품사	단어	2학년	
			수정전	수정후
3750	VH	红红	0	0
3760	VH	活不了	0	0
3761	VH	豁然开朗	0	0
3763	VH	积少成多	0	0
3767	VH	减退	0	1
3768	VH	渐渐	0	0
3776	VH	拮据	0	0
3781	VH	金	0	0
3782	VH	筋疲力尽	0	0
3791	VH	久远	0	0
3794	VH	俱全	0	1
3796	VH	开满	0	0
3806	VH	可恨	0	0
3818	VH	累倒	0	1
3819	VH	泪如雨下	0	0
3823	VH	脸红	0	0
3824	VH	两样	0	0
3833	VH	落选	0	0
3843	VH	明显	0	0
3844	VH	模糊	0	0
3846	VH	难闻	0	1
3847	VH	内疚	0	0
3848	VH	能干	0	1
3857	VH	漂漂亮亮	0	1
3860	VH	平均	0	0
3866	VH	前所未有	0	0
3870	VH	情不自禁	0	0
3875	VH	全新	0	0
3876	VH	雀跃	0	0
3880	VH	柔和	0	0
3881	VH	如愿以偿	0	1
3884	VH	塞车	0	0
3889	VH	上当	0	0
3892	VH	深奥	0	0
3893	VH	身心健康	0	0
3901	VH	实实在在	0	1
3911	VH	死定	0	1
3914	VH	驷马难追	0	0
3915	VH	酸	0	1
3919	VH	天成	0	0

순서	품사	단어	2학년	
			수정전	수정후
3923	VH	通	0	0
3928	VH	团聚	0	0
3936	VH	乌黑	0	0
3937	VH	无比	0	0
3938	VH	无济于事	0	0
3939	VH	无理	0	0
3940	VH	五彩缤纷	0	0
3956	VH	协	0	0
3959	VH	辛勤	0	0
3960	VH	心神不宁	0	0
3961	VH	心酸	0	1
3963	VH	醒来	0	0
3965	VH	秀丽	0	0
3967	VH	学成	0	0
3973	VH	遥远	0	0
3975	VH	依依不舍	0	0
3981	VH	映	0	0
3983	VH	拥挤	0	0
3984	VH	永生	0	0
3986	VH	优美	0	0
3991	VH	有气无力	0	0
3992	VH	友善	0	0
4002	VH	真是	0	1
4013	VH	转凉	0	1
4016	VH	准确	0	1
4019	VH	自立	0	0
4021	VH	自尊	0	0

4.2.1.40 VHC 상태사동사

순서	품사	단어	2학년	
			수정전	수정후
165	VHC	累	30	32
347	VHC	热	12	11
520	VHC	感动	7	7
616	VHC	结束	5	6
983	VHC	辛苦	2	1
1028	VHC	坏	2	1
1075	VHC	统一	2	2

순서	품사	단어	2학년	
			수정전	수정후
1081	VHC	饿死	2	1
1249	VHC	开阔	2	1
1386	VHC	满足	1	1
1394	VHC	累死	1	1
1400	VHC	烦	1	1
1418	VHC	可怜	1	1
1513	VHC	疏远	1	1
1518	VHC	停	1	2
1580	VHC	有害	1	2
1600	VHC	麻烦	1	1
1616	VHC	冰砖	1	1
1704	VHC	冰	1	1
1707	VHC	断	1	1
1712	VHC	加快	1	1
1753	VHC	放松	1	1
1789	VHC	增长	1	1
1852	VHC	分开	1	1
1892	VHC	减弱	1	0
2221	VHC	增加	0	0
2248	VHC	产生	0	2
2276	VHC	减少	0	0
2614	VHC	温暖	0	1
2615	VHC	稳定	0	0
2636	VHC	增多	0	0
2662	VHC	冻死	0	0
2799	VHC	伤	0	0
2807	VHC	停下来	0	0
2834	VHC	安定	0	0
2976	VHC	分裂	0	0
3089	VHC	结合	0	0
3132	VHC	老龄化	0	0
3274	VHC	湿透	0	0
3355	VHC	委屈	0	0
3626	VHC	变化	0	0
3689	VHC	端正	0	0
3758	VHC	恢复	0	0
3766	VHC	减轻	0	0
3790	VHC	净化	0	0
3859	VHC	平复	0	0
3886	VHC	晒黑	0	0

순서	품사	단어	2학년	
			수정전	수정후
3932	VHC	为难	0	1
3943	VHC	西方化	0	0

4.2.1.41 VI 상태유형의 타동사

순서	품사	단어	2학년	
			수정전	수정후
392	VI	感兴趣	11	9
926	VI	拿手	3	2
1655	VI	陌生	1	1
2259	VI	没办法	0	0
2377	VI	相干	0	0
2506	VI	反感	0	0
2511	VI	感恩	0	0
3237	VI	屈服	0	0
3261	VI	伤脑筋	0	0
3333	VI	同班	0	0
3366	VI	无可奈何	0	0
3458	VI	用情	0	0
3573	VI	记忆犹新	0	0
3912	VI	死心	0	0
4001	VI	着想	0	0

4.2.1.42 VJ 상태타동사

순서	품사	단어	2학년	
			수정전	수정후
84	VJ	没有	58	64
328	VJ	认识	13	14
341	VJ	没	12	9
500	VJ	得	7	9
503	VJ	对不起	7	6
512	VJ	得到	7	3
615	VJ	受	5	5
632	VJ	吃不了	5	5
647	VJ	羡慕	5	5
669	VJ	发生	4	3
733	VJ	变得	4	7
749	VJ	关照	4	3

순서	품사	단어	2학년	
			수정전	수정후
885	VJ	只有	3	2
927	VJ	剩下	3	2
942	VJ	从事	3	3
986	VJ	满	2	2
1026	VJ	谢	2	3
1036	VJ	谢谢	2	2
1040	VJ	充满	2	2
1056	VJ	享受	2	2
1097	VJ	吓	2	3
1114	VJ	尊重	2	2
1128	VJ	敬	2	2
1159	VJ	尊敬	2	2
1161	VJ	赶不上	2	1
1176	VJ	起不了	2	2
1242	VJ	有益	2	2
1269	VJ	欢迎	1	2
1325	VJ	高中	1	0
1331	VJ	重视	1	1
1336	VJ	受到	1	1
1358	VJ	怀	1	2
1404	VJ	获得	1	0
1419	VJ	克服	1	1
1485	VJ	怀念	1	1
1516	VJ	疼	1	1
1539	VJ	关怀	1	1
1550	VJ	听得懂	1	0
1559	VJ	热心	1	0
1611	VJ	原谅	1	1
1612	VJ	爱惜	1	1
1701	VJ	爱上	1	0
1708	VJ	负	1	1
1710	VJ	积	1	0
1738	VJ	疼爱	1	2
1744	VJ	超过	1	2
1778	VJ	误	1	2
1802	VJ	抱有	1	1
1831	VJ	耽误	1	1
1863	VJ	共有	1	1
1900	VJ	竭尽	1	1
1982	VJ	深受	1	1

순서	품사	단어	2학년	
			수정전	수정후
2031	VJ	牺牲	1	1
2075	VJ	珍爱	1	1
2109	VJ	达到	0	2
2143	VJ	想念	0	0
2169	VJ	适应	0	0
2209	VJ	无	0	0
2252	VJ	毫无	0	0
2289	VJ	熟悉	0	0
2292	VJ	习惯	0	0
2318	VJ	欣赏	0	1
2338	VJ	有关	0	0
2360	VJ	经历	0	0
2406	VJ	缺	0	0
2428	VJ	拥有	0	0
2455	VJ	连	0	0
2534	VJ	看得见	0	0
2578	VJ	忍耐	0	0
2588	VJ	适合	0	0
2601	VJ	体贴	0	0
2624	VJ	信任	0	0
2640	VJ	值	0	0
2646	VJ	按照	0	0
2652	VJ	不理	0	0
2675	VJ	减	0	0
2679	VJ	理	0	0
2684	VJ	亲	0	0
2713	VJ	费	0	0
2725	VJ	缺少	0	0
2738	VJ	佩服	0	2
2745	VJ	忘怀	0	0
2751	VJ	保持	0	0
2755	VJ	不如	0	1
2797	VJ	热衷	0	1
2801	VJ	顺	0	1
2833	VJ	爱慕	0	0
2844	VJ	包含	0	0
2846	VJ	保持到	0	0
2858	VJ	贬低	0	0
2871	VJ	不顾	0	0
2873	VJ	不要	0	0

순서	품사	단어	2학년	
			수정전	수정후
2876	VJ	不符	0	0
2902	VJ	出身	0	0
2925	VJ	大于	0	0
2957	VJ	发	0	0
2959	VJ	发挥	0	0
2965	VJ	反射	0	0
2988	VJ	富有	0	0
3004	VJ	共赏	0	0
3015	VJ	关注	0	0
3028	VJ	含有	0	0
3055	VJ	忽视	0	0
3067	VJ	加深	0	0
3070	VJ	兼备	0	0
3076	VJ	降低到	0	0
3079	VJ	交上	0	0
3113	VJ	看不顺眼	0	0
3114	VJ	看懂	0	0
3130	VJ	来自	0	0
3153	VJ	列入	0	0
3159	VJ	落后	0	0
3177	VJ	迷恋	0	0
3195	VJ	难住	0	0
3239	VJ	缺乏	0	0
3249	VJ	认出	0	0
3282	VJ	始于	0	0
3293	VJ	属于	0	0
3352	VJ	忘却	0	0
3357	VJ	未满	0	0
3372	VJ	吸引	0	0
3373	VJ	吸引住	0	0
3390	VJ	想尽	0	0
3424	VJ	厌倦	0	0
3425	VJ	厌弃	0	0
3526	VJ	遵守	0	0
3542	VJ	深爱	0	2
3579	VJ	考取	0	0
3582	VJ	满怀	0	0
3617	VJ	熬过	0	0
3633	VJ	不关	0	0
3651	VJ	吃上	0	0

순서	품사	단어	2학년	
			수정전	수정후
3652	VJ	持	0	1
3665	VJ	错过	0	1
3708	VJ	分享	0	0
3739	VJ	过去	0	1
3783	VJ	紧接	0	0
3803	VJ	靠	0	0
3827	VJ	领到	0	0
3836	VJ	买得起	0	0
3841	VJ	迷失	0	0
3878	VJ	忍	0	0
3879	VJ	认不认识	0	0
3917	VJ	体现	0	0
3931	VJ	维持	0	0
3953	VJ	享受到	0	0
3955	VJ	孝顺	0	1
3966	VJ	虚度	0	0
3993	VJ	有所	0	0
3994	VJ	有益于	0	1
3996	VJ	赞同	0	0
4004	VJ	珍惜	0	0

4.2.1.43 VK 문장목적어를 가진 상태동사

순서	품사	단어	2학년	
			수정전	수정후
42	VK	喜欢	105	107
54	VK	高兴	80	82
83	VK	知道	58	58
117	VK	觉得	43	47
198	VK	希望	23	25
383	VK	愿意	11	6
391	VK	懂	11	12
404	VK	担心	10	9
506	VK	感谢	7	6
508	VK	怕	7	8
541	VK	感到	6	8
552	VK	信	6	7
560	VK	同意	6	5
607	VK	了解	5	5

순서	품사	단어	2학년	
			수정전	수정후
695	VK	相信	4	4
704	VK	满意	4	4
744	VK	听懂	4	5
757	VK	恐惧	4	2
778	VK	注意	3	3
781	VK	忘	3	4
796	VK	需要	3	9
797	VK	肯定	3	3
835	VK	小心	3	5
842	VK	觉	3	6
859	VK	受不了	3	3
884	VK	不满	3	1
957	VK	忧虑	3	3
966	VK	难过	2	3
968	VK	忘不了	2	2
1038	VK	记住	2	2
1039	VK	知	2	0
1050	VK	讨厌	2	2
1082	VK	愿	2	1
1110	VK	赞成	2	2
1166	VK	气	2	1
1243	VK	在乎	2	2
1259	VK	关心	1	1
1275	VK	记	1	1
1278	VK	记得	1	1
1282	VK	忘记	1	1
1315	VK	感	1	1
1338	VK	感觉到	1	1
1361	VK	坚持	1	3
1490	VK	惊讶	1	1
1552	VK	想见	1	1
1554	VK	意味	1	0
1717	VK	确信	1	1
1733	VK	感受到	1	1
1737	VK	受到	1	1
1767	VK	能够	1	1
1895	VK	讲究	1	1
1954	VK	宁可	1	1
2115	VK	理解	0	2
2116	VK	难忘	0	0

순서	품사	단어	2학년	
			수정전	수정후
2159	VK	期待	0	0
2166	VK	害怕	0	2
2205	VK	放心	0	0
2253	VK	获悉	0	0
2293	VK	在于	0	1
2326	VK	恨	0	0
2340	VK	抱歉	0	1
2465	VK	遗憾	0	0
2612	VK	忘掉	0	0
2639	VK	知不知道	0	0
2643	VK	注意到	0	0
2648	VK	包括	0	0
2674	VK	记不清	0	0
2691	VK	涉及	0	0
2877	VK	不觉	0	0
2886	VK	察觉到	0	0
2939	VK	等待	0	0
3007	VK	顾	0	0
3014	VK	关系	0	0
3120	VK	可望	0	0
3181	VK	面临	0	0
3241	VK	确定	0	0
3246	VK	忍受	0	0
3347	VK	惋惜	0	0
3351	VK	忘光	0	0
3383	VK	显	0	0
3423	VK	厌烦	0	0
3436	VK	依赖	0	0
3463	VK	犹豫	0	0
3481	VK	造成	0	0
3539	VK	感觉	0	5
3543	VK	体会到	0	0
3567	VK	反映出	0	0
3604	VK	想像	0	0
3605	VK	象征	0	0
3608	VK	需	0	1
3656	VK	愁	0	0
3675	VK	担忧	0	0
3683	VK	懂得	0	0
3720	VK	感悟到	0	0

순서	품사	단어	2학년	
			수정전	수정후
3828	VK	留意	0	0
3845	VK	漠不关心	0	0
3850	VK	弄得	0	1
3906	VK	数	0	0
3945	VK	喜欢上	0	0
3954	VK	向往	0	0
3979	VK	意想不到	0	0
4011	VK	主意	0	0
4018	VK	自觉	0	0

4.2.1.44 VL 술어목적어를 가진 상태동사

순서	품사	단어	2학년	
			수정전	수정후
150	VL	让	33	46
241	VL	爱	18	16
355	VL	好	12	14
357	VL	爱好	12	13
767	VL	舍不得	4	4
886	VL	敢	3	4
1016	VL	使	2	4
1085	VL	令	2	3
1444	VL	终于	1	1
1755	VL	赶得上	1	2
2481	VL	不禁	0	0
2520	VL	后悔	0	0
2552	VL	忙着	0	0
2617	VL	无意	0	0
2651	VL	便利	0	0
2781	VL	禁不住	0	0
3260	VL	擅长	0	0
3596	VL	善于	0	0
3599	VL	提早	0	0
3653	VL	持续	0	0
3715	VL	负责	0	0
3732	VL	故意	0	1
3816	VL	乐于	0	0
3985	VL	用来	0	1

4.2.1.45 V_2 有

순서	품사	단어	2학년	
			수정전	수정후
17	V_2	有	221	223

4.2.2 3학년 중간언어 자료 수정 전·후의 어휘 사용빈도(수정전 기준)

4.2.2.1 A 비술어형용사

순서	품사	단어	3학년	
			수정전	수정후
847	A	一定	5	3
1110	A	一般	3	3
1178	A	同一	3	5
1442	A	高等	2	1
1535	A	知心	2	3
1834	A	师范	1	1
1918	A	日常	1	1
2023	A	公共	1	1
2035	A	零下	1	1
2391	A	课外	1	1
2521	A	双	1	1
2633	A	一贯	1	1
2815	A	原来	0	1
2912	A	唯一	0	1
3256	A	心爱	0	0
3271	A	易爆	0	0
3286	A	暂时	0	0
3322	A	双重	0	0
3349	A	反覆	0	0
3591	A	亲	0	1
3669	A	大概	0	0
3728	A	共同	0	0
3868	A	切身	0	1
3978	A	易燃	0	0
4003	A	真正的	0	0

4.2.2.2 Caa 대등접속사

순서	품사	단어	3학년	
			수정전	수정후
40	Caa	和	117	109
283	Caa	而且	19	11
683	Caa	又	6	3
789	Caa	或者	5	1
841	Caa	或	5	4
991	Caa	跟	4	4
1109	Caa	与	3	6
1440	Caa	而	2	2
2091	Caa	还是	1	3
2742	Caa	既	0	0
2921	Caa	及	0	1

4.2.2.3 Cab 열거접속사

순서	품사	단어	3학년	
			수정전	수정후
506	Cab	等	9	19
2803	Cab	等等	0	8

4.2.2.4 Cba 이동성관계접속사

순서	품사	단어	3학년	
			수정전	수정후
2802	Cba	的话	0	23

4.2.2.5 Cbb 비이동성관계접속사

순서	품사	단어	3학년	
			수정전	수정후
26	Cbb	所以	165	141
53	Cbb	因为	92	80
55	Cbb	可是	90	60
62	Cbb	但	83	85
73	Cbb	但是	77	57
93	Cbb	虽然	61	65
131	Cbb	如果	40	36

순서	품사	단어	3학년	
			수정전	수정후
208	Cbb	而且	27	30
219	Cbb	要是	26	23
222	Cbb	而	26	22
237	Cbb	不但	23	13
271	Cbb	只要	20	13
312	Cbb	不过	17	4
407	Cbb	由于	13	8
583	Cbb	因此	8	5
639	Cbb	不管	7	3
667	Cbb	连	6	8
849	Cbb	于是	5	6
856	Cbb	并	5	3
905	Cbb	就是	4	7
911	Cbb	不仅	4	7
1161	Cbb	因	3	4
1168	Cbb	之所以	3	3
1390	Cbb	甚至	2	3
1447	Cbb	然而	2	1
1501	Cbb	即使	2	0
1523	Cbb	不论	2	2
1567	Cbb	尽管	2	2
1724	Cbb	而是	1	2
1826	Cbb	和	1	1
1845	Cbb	只有	1	2
1976	Cbb	无论	1	2
1998	Cbb	还是	1	1
2004	Cbb	要不然	1	2
2019	Cbb	凡是	1	1
2095	Cbb	若	1	4
2103	Cbb	那么	1	3
2107	Cbb	虽说	1	3
2127	Cbb	既然	1	2
2139	Cbb	另外	1	2
2231	Cbb	除非	1	1
2234	Cbb	此外	1	1
2289	Cbb	否则	1	1
2324	Cbb	何况	1	1
2634	Cbb	以及	1	1
2719	Cbb	既	0	3
2899	Cbb	并且	0	4

순서	품사	단어	3학년	
			수정전	수정후
3394	Cbb	凡	0	0
3511	Cbb	要不	0	0
3577	Cbb	就算	0	2
3627	Cbb	便是	0	1
3883	Cbb	若要	0	1

4.2.2.6 D 일반부사

순서	품사	단어	3학년	
			수정전	수정후
13	D	不	322	300
21	D	也	190	183
23	D	都	180	230
27	D	就	160	181
28	D	要	157	171
44	D	能	108	114
47	D	一起	105	114
49	D	还	102	100
54	D	来	90	75
74	D	没	76	90
84	D	去	68	68
102	D	真	56	37
103	D	常常	56	43
112	D	会	51	85
113	D	再	50	56
128	D	已经	41	40
129	D	一定	40	42
140	D	没有	39	26
147	D	应该	37	40
157	D	可	34	50
174	D	好像	31	25
185	D	一	30	19
225	D	突然	25	22
228	D	一直	24	32
230	D	可以	24	25
250	D	即	22	22
258	D	总是	21	20
259	D	差点儿	21	20
268	D	那么	20	10

순서	품사	단어	3학년	
			수정전	수정후
272	D	立即	20	21
274	D	经常	19	25
275	D	得	19	23
279	D	原来	19	14
287	D	到处	19	18
290	D	先	18	19
291	D	然后	18	6
292	D	又	18	25
293	D	怎么	18	15
294	D	互相	18	16
314	D	一边	17	14
320	D	可能	17	12
330	D	必须	16	16
359	D	别	14	12
366	D	还是	14	30
379	D	刚	14	14
385	D	马上	13	14
408	D	多	12	11
409	D	正在	12	15
412	D	为什么	12	12
428	D	终于	12	19
484	D	没想到	10	10
494	D	正	10	7
502	D	这么	9	10
512	D	真的	9	8
517	D	大概	9	10
526	D	当然	9	3
528	D	其实	9	13
539	D	快	8	8
559	D	本来	8	8
561	D	看起来	8	6
579	D	渐	8	10
633	D	却	7	10
641	D	那里	7	9
644	D	并	7	12
650	D	能够	7	4
684	D	只有	6	8
687	D	初次	6	3
694	D	快要	6	4
699	D	有时候	6	6

순서	품사	단어	3학년	
			수정전	수정후
700	D	有时	6	4
705	D	永远	6	8
734	D	天天	6	3
740	D	到底	6	8
754	D	反正	6	0
758	D	差不多	5	7
791	D	常	5	8
807	D	所	5	2
809	D	看上去	5	5
817	D	尤其	5	1
834	D	不知不觉	5	4
838	D	不可	5	5
848	D	渐渐	5	6
861	D	早	4	6
884	D	完全	4	3
898	D	很少	4	4
943	D	忽然	4	8
967	D	近来	4	1
989	D	难以	4	6
995	D	毫无	4	4
1009	D	尽管	4	3
1021	D	自然	4	1
1029	D	赶快	3	3
1063	D	一般	3	4
1094	D	不用	3	2
1112	D	更	3	9
1116	D	总	3	3
1123	D	逐渐	3	3
1128	D	看来	3	1
1135	D	亲自	3	3
1154	D	绝对	3	1
1156	D	只好	3	7
1166	D	首先	3	1
1205	D	可不可以	3	3
1208	D	日趋	3	3
1240	D	便	2	3
1246	D	能不能	2	1
1276	D	有没有	2	2
1305	D	必	2	2
1328	D	快点儿	2	2

순서	품사	단어	3학년	
			수정전	수정후
1348	D	重新	2	3
1374	D	日益	2	1
1379	D	终	2	7
1384	D	立刻	2	3
1389	D	仍然	2	3
1401	D	还可以	2	2
1418	D	偶然	2	2
1435	D	至今	2	2
1437	D	处处	2	2
1454	D	反覆	2	1
1460	D	果然	2	1
1461	D	竟然	2	1
1468	D	每	2	1
1473	D	怎样	2	2
1486	D	将	2	2
1502	D	决不	2	1
1509	D	再一次	2	1
1533	D	一向	2	3
1574	D	临死	2	2
1581	D	埋头	2	2
1605	D	实在	2	0
1651	D	哈哈	2	1
1661	D	三三两两	2	1
1682	D	偏偏	1	1
1683	D	说不定	1	1
1705	D	等一下	1	1
1714	D	怪不得	1	1
1738	D	几时	1	1
1754	D	多多	1	1
1760	D	须要	1	1
1788	D	放声	1	1
1789	D	好好儿	1	1
1818	D	真是	1	9
1857	D	不应该	1	2
1860	D	从早到晚	1	1
1882	D	曾经	1	1
1917	D	亲眼	1	1
1969	D	不得不	1	3
1970	D	也许	1	2
1972	D	根本	1	5

순서	품사	단어	3학년	
			수정전	수정후
1974	D	从此	1	3
1992	D	尽快	1	1
2003	D	无法	1	2
2046	D	随时	1	1
2061	D	再次	1	1
2080	D	往往	1	1
2116	D	动不动	1	2
2124	D	好不容易	1	2
2134	D	可要	1	2
2143	D	明明	1	2
2160	D	一路	1	2
2163	D	一转眼	1	1
2203	D	不必	1	1
2204	D	不断	1	1
2213	D	不许	1	1
2236	D	从不	1	1
2251	D	倒不如	1	1
2335	D	回头	1	1
2345	D	即将	1	1
2381	D	绝不	1	1
2416	D	略	1	1
2467	D	起初	1	1
2500	D	设身处地	1	1
2507	D	时不时	1	1
2508	D	时而	1	1
2524	D	似乎	1	1
2622	D	要不要	1	1
2629	D	依然	1	1
2641	D	一语	1	1
2644	D	应当	1	1
2662	D	早日	1	1
2696	D	的确	1	0
2701	D	行不行	1	0
2704	D	顺便	0	0
2705	D	不见得	0	0
2709	D	按时	0	0
2713	D	该	0	0
2714	D	恐怕	0	1
2733	D	确实	0	0
2758	D	太早	0	0

순서	품사	단어	3학년	
			수정전	수정후
2810	D	稍微	0	1
2825	D	独自	0	0
2839	D	快点	0	0
2844	D	临	0	0
2882	D	了不起	0	0
2896	D	说起来	0	0
2897	D	先~然后	0	0
2911	D	少	0	0
2938	D	最好	0	0
2941	D	在	0	1
2947	D	稍	0	1
2960	D	当面	0	1
2995	D	一口	0	0
3004	D	按期	0	0
3032	D	重复	0	0
3083	D	还不是	0	0
3148	D	慢慢儿	0	0
3158	D	哪来	0	0
3180	D	全	0	0
3203	D	始终	0	0
3220	D	特意	0	0
3227	D	通宵达旦	0	0
3236	D	未免	0	0
3241	D	无缘无故	0	0
3242	D	勿	0	0
3266	D	一一	0	0
3269	D	一块儿	0	0
3270	D	一再	0	0
3274	D	硬	0	0
3283	D	早些	0	0
3297	D	准	0	0
3332	D	听起来	0	0
3339	D	如何	0	1
3341	D	主要	0	2
3345	D	从小到大	0	1
3350	D	纷纷	0	1
3384	D	大加	0	0
3387	D	单独	0	0
3388	D	倒	0	0
3404	D	共同	0	0

순서	품사	단어	3학년	
			수정전	수정후
3421	D	简直	0	0
3432	D	看样子	0	0
3463	D	日夜	0	0
3479	D	随手	0	0
3486	D	特	0	0
3512	D	一面	0	0
3513	D	一面	0	0
3524	D	暂时	0	0
3530	D	衷心	0	0
3537	D	做起来	0	0
3546	D	没法	0	3
3562	D	不由得	0	2
3580	D	连续	0	2
3589	D	偏要	0	0
3593	D	全力	0	1
3635	D	不经意	0	1
3636	D	不停	0	1
3639	D	才	0	0
3644	D	常年	0	1
3663	D	此后	0	1
3680	D	得以	0	1
3694	D	顿时	0	1
3699	D	反复	0	1
3723	D	各	0	1
3784	D	尽	0	1
3792	D	居然	0	1
3813	D	老半天	0	1
3817	D	累月	0	1
3837	D	满心	0	1
3904	D	事先	0	0
3934	D	嗬	0	1
3964	D	幸好	0	1
3998	D	早早	0	1
4005	D	正面	0	0
4006	D	只得	0	1
4020	D	自始至终	0	1

4.2.2.7 Da 수량부사

순서	품사	단어	3학년	
			수정전	수정후
87	Da	才	66	68
170	Da	只	31	26
776	Da	不过	5	3
792	Da	共	5	10
919	Da	一共	4	6
977	Da	正好	4	5
1758	Da	几乎	1	2
1770	Da	约	1	2
2689	Da	总共	1	1
2944	Da	大约	0	1
3174	Da	起码	0	0
3576	Da	仅	0	1
3634	Da	不光	0	1
4024	Da	最多	0	0

4.2.2.8 De 구조조사

순서	품사	단어	3학년	
			수정전	수정후
2	De	的	1588	1450
33	De	得	132	128
64	De	地	81	87
648	De	之	7	11

4.2.2.9 Dfa 동사앞정도부사

순서	품사	단어	3학년	
			수정전	수정후
4	Dfa	很	491	526
77	Dfa	太	73	61
92	Dfa	最	61	59
97	Dfa	非常	59	65
153	Dfa	较	35	37
165	Dfa	比较	32	35
183	Dfa	更	30	22
188	Dfa	有点儿	29	23
199	Dfa	越来越	28	24

순서	품사	단어	3학년	
			수정전	수정후
326	Dfa	十分	17	15
465	Dfa	相当	11	23
562	Dfa	好	8	7
685	Dfa	有点	6	17
716	Dfa	这样	6	3
812	Dfa	多么	5	0
860	Dfa	挺	4	6
876	Dfa	多	4	6
1321	Dfa	还要	2	4
1654	Dfa	极为	2	1
1675	Dfa	有一点点	2	1
1769	Dfa	更加	1	8
1958	Dfa	如此	1	0
2104	Dfa	那样	1	2
2300	Dfa	格外	1	1
2798	Dfa	满	0	0
3726	Dfa	更为	0	1
3730	Dfa	够	0	0
3764	Dfa	极其	0	0

4.2.2.10 Dfb 동사뒤정도부사

순서	품사	단어	3학년	
			수정전	수정후
676	Dfb	点儿	6	5
880	Dfb	极了	4	5
1307	Dfb	多	2	2
1311	Dfb	得多	2	1
2158	Dfb	些	1	2
2205	Dfb	不过	1	1
2760	Dfb	点	0	0
3229	Dfb	透	0	0

4.2.2.11 Di 시태표지

순서	품사	단어	3학년	
			수정전	수정후
3	Di	了	654	732
67	Di	过	80	71

순서	품사	단어	3학년	
			수정전	수정후
81	Di	着	71	73
343	Di	起来	16	20
3337	Di	起	0	2
3948	Di	下来	0	0

4.2.2.12 Dk 문장부사

순서	품사	단어	3학년	
			수정전	수정후
406	Dk	那	13	7
1146	Dk	无论如何	3	1
1971	Dk	看来	1	1
2162	Dk	一般来说	1	1
2209	Dk	不用说	1	1
2593	Dk	想不到	1	1
2765	Dk	总之	0	3
2838	Dk	就是说	0	0
3265	Dk	也就是说	0	0
3448	Dk	那么	0	0
3659	Dk	除此以外	0	0

4.2.2.13 I 감탄사

순서	품사	단어	3학년	
			수정전	수정후
2566	I	喂	1	1
3003	I	哎呀	0	0
3089	I	呵	0	0

4.2.2.14 Na 일반명사

순서	품사	단어	3학년	
			수정전	수정후
12	Na	人	324	314
19	Na	朋友	209	215
20	Na	时候	198	175
41	Na	汉语	117	114
51	Na	们	96	85

순서	품사	단어	3학년	
			수정전	수정후
56	Na	事	90	89
60	Na	时间	85	69
63	Na	话	82	48
65	Na	老师	80	78
69	Na	妈妈	79	76
76	Na	问题	74	75
79	Na	车	72	72
80	Na	爸爸	71	69
85	Na	学生	68	61
105	Na	生活	56	55
109	Na	行	53	24
111	Na	旅行	52	24
121	Na	雪	46	53
127	Na	父母	42	43
145	Na	地方	38	29
148	Na	事情	37	31
149	Na	东西	36	40
154	Na	工作	35	39
156	Na	小时	34	32
159	Na	路	33	29
161	Na	中国人	33	33
167	Na	房子	32	32
173	Na	性格	31	27
180	Na	衣服	30	28
182	Na	约会	30	23
192	Na	面	29	14
193	Na	困难	29	24
195	Na	专家	29	28
198	Na	钱	28	33
204	Na	弟弟	27	26
215	Na	天气	26	27
217	Na	月	26	27
227	Na	男朋友	24	25
233	Na	电影	23	21
234	Na	业	23	23
236	Na	酒	23	21
241	Na	关系	23	23
251	Na	菜	21	21
256	Na	心情	21	17
260	Na	书	20	22

순서	품사	단어	3학년	
			수정전	수정후
261	Na	身体	20	19
264	Na	汽车	20	20
265	Na	同学	20	23
270	Na	样子	20	9
280	Na	消息	19	21
286	Na	情况	19	14
296	Na	球	18	18
303	Na	机会	18	18
305	Na	哥哥	17	17
306	Na	饭	17	19
309	Na	同屋	17	18
310	Na	英语	17	17
321	Na	好朋友	17	15
332	Na	水平	16	17
333	Na	年级	16	17
336	Na	火车	16	16
337	Na	鞋带	16	16
341	Na	信	16	17
344	Na	样式	16	14
352	Na	家庭	15	14
356	Na	大学生	15	12
364	Na	水	14	9
370	Na	身材	14	13
374	Na	节日	14	13
375	Na	计划	14	13
376	Na	经济	14	14
381	Na	目的	13	12
384	Na	狗	13	14
396	Na	文化	13	13
400	Na	国家	13	13
403	Na	旅游	13	16
404	Na	原因	13	11
415	Na	星期	12	11
418	Na	花	12	15
422	Na	脸	12	11
425	Na	中国语	12	12
427	Na	画	12	12
429	Na	觉	12	11
430	Na	日子	12	9
432	Na	主张	12	9

순서	품사	단어	3학년	
			수정전	수정후
434	Na	丈夫	12	12
438	Na	生日	11	10
440	Na	钱包	11	12
448	Na	父亲	11	11
459	Na	韩国人	11	10
461	Na	眼睛	11	8
464	Na	回忆	11	7
469	Na	课	10	12
475	Na	比赛	10	11
482	Na	社会	10	8
483	Na	气氛	10	8
487	Na	办法	10	6
488	Na	城市	10	9
490	Na	部队	10	6
491	Na	经验	10	6
492	Na	学期	10	10
493	Na	年轻人	10	9
495	Na	作业	9	10
497	Na	勇气	9	9
499	Na	自行车	9	9
500	Na	体重	9	10
503	Na	成绩	9	10
505	Na	病	9	10
507	Na	名字	9	10
520	Na	行李	9	10
523	Na	个子	9	10
524	Na	演员	9	9
525	Na	传统	9	9
531	Na	行动	9	4
532	Na	外套	9	9
533	Na	活动	9	11
543	Na	电话	8	8
544	Na	公共汽车	8	9
551	Na	电脑	8	7
553	Na	照片	8	8
556	Na	印象	8	10
558	Na	儿子	8	7
568	Na	眼泪	8	8
573	Na	想法	8	7
574	Na	内容	8	6

순서	품사	단어	3학년	
			수정전	수정후
576	Na	空气	8	7
582	Na	海边	8	10
585	Na	意见	8	8
587	Na	发展	8	8
588	Na	服装	8	10
589	Na	感觉	8	9
590	Na	相机	8	9
593	Na	妹妹	7	7
595	Na	图书馆	7	7
599	Na	母亲	7	7
603	Na	意思	7	7
609	Na	帮助	7	4
614	Na	海	7	5
623	Na	事儿	7	7
624	Na	心	7	7
627	Na	专业	7	8
628	Na	司机	7	7
629	Na	船	7	6
640	Na	期间	7	11
642	Na	节目	7	7
643	Na	科学	7	7
645	Na	地铁	7	7
647	Na	初雪	7	8
652	Na	过程	7	7
654	Na	血型	7	7
657	Na	方面	7	4
658	Na	公寓	7	7
669	Na	礼物	6	6
686	Na	窗户	6	5
689	Na	面包	6	6
690	Na	外国语	6	6
692	Na	女人	6	6
706	Na	韩语	6	6
707	Na	人生	6	5
712	Na	雨伞	6	6
713	Na	医生	6	6
717	Na	车票	6	6
719	Na	友谊	6	6
721	Na	交通	6	6
722	Na	部分	6	6

순서	품사	단어	3학년	
			수정전	수정후
725	Na	声音	6	4
728	Na	宠物	6	6
730	Na	理由	6	6
731	Na	头发	6	6
732	Na	政府	6	6
733	Na	跆拳道	6	5
747	Na	现象	6	6
749	Na	家具	6	5
751	Na	乐趣	6	2
752	Na	马	6	3
759	Na	女朋友	5	5
761	Na	飞机	5	5
765	Na	客人	5	5
774	Na	雨	5	5
775	Na	啤酒	5	5
777	Na	茶	5	5
778	Na	歌	5	3
782	Na	叔叔	5	7
783	Na	字	5	6
784	Na	男人	5	5
795	Na	美国人	5	5
796	Na	自信	5	5
799	Na	文章	5	6
801	Na	词	5	5
806	Na	腰	5	2
811	Na	态度	5	5
814	Na	国语	5	5
815	Na	老板	5	5
832	Na	手术	5	6
833	Na	预报	5	5
836	Na	白色	5	2
839	Na	车祸	5	5
840	Na	动作	5	5
842	Na	女孩	5	5
843	Na	风	5	4
845	Na	要求	5	5
850	Na	韩流	5	6
853	Na	失业者	5	5
857	Na	大提琴	5	4
858	Na	书架	5	4

순서	품사	단어	3학년	
			수정전	수정후
864	Na	手机	4	4
867	Na	小狗	4	4
872	Na	中文	4	4
873	Na	足球	4	4
874	Na	苹果	4	4
906	Na	人口	4	4
908	Na	水果	4	4
914	Na	饭店	4	5
916	Na	好处	4	3
921	Na	乒乓球	4	4
927	Na	实力	4	4
928	Na	故事	4	3
932	Na	爸	4	4
933	Na	树	4	6
934	Na	马路	4	4
936	Na	理想	4	5
937	Na	小说	4	4
939	Na	自然	4	4
946	Na	座位	4	5
948	Na	军人	4	4
953	Na	谈话	4	3
960	Na	条件	4	4
963	Na	日程	4	5
964	Na	兴趣	4	3
979	Na	状况	4	4
981	Na	健忘症	4	4
982	Na	决心	4	4
985	Na	时代	4	3
986	Na	子女	4	3
998	Na	技能	4	4
999	Na	口音	4	4
1000	Na	恋人	4	4
1002	Na	皮肤	4	4
1003	Na	社团	4	4
1004	Na	愿望	4	4
1007	Na	非典	4	3
1010	Na	开车兵	4	3
1011	Na	女孩儿	4	3
1012	Na	烧酒	4	3
1014	Na	文学	4	3

순서	품사	단어	3학년	
			수정전	수정후
1016	Na	大海	4	2
1020	Na	研究生	4	1
1025	Na	桌子	3	3
1030	Na	床	3	5
1035	Na	咖啡	3	3
1040	Na	习惯	3	3
1045	Na	游戏	3	3
1046	Na	药	3	3
1054	Na	钢琴	3	3
1055	Na	腿	3	3
1058	Na	肚子	3	2
1071	Na	表演	3	3
1075	Na	想像	3	2
1089	Na	热情	3	3
1095	Na	卫生	3	2
1096	Na	新家	3	4
1098	Na	点心	3	3
1099	Na	日本人	3	3
1101	Na	驾驶	3	2
1102	Na	味道	3	2
1104	Na	必要	3	2
1105	Na	汉字	3	4
1118	Na	京剧	3	3
1124	Na	脸色	3	3
1127	Na	味	3	2
1132	Na	姐妹	3	4
1134	Na	历史	3	3
1136	Na	事故	3	3
1137	Na	压力	3	3
1141	Na	距离	3	3
1148	Na	技术	3	3
1149	Na	选择	3	1
1167	Na	新生	3	3
1171	Na	权利	3	2
1181	Na	缘故	3	4
1186	Na	基本	3	4
1189	Na	平房	3	3
1191	Na	型	3	4
1192	Na	一生	3	4
1193	Na	冰箱	3	3

순서	품사	단어	3학년	
			수정전	수정후
1195	Na	草原	3	3
1196	Na	层	3	3
1197	Na	船工	3	3
1200	Na	短信	3	3
1201	Na	活力	3	3
1202	Na	活儿	3	3
1207	Na	农活	3	3
1209	Na	师兄	3	3
1210	Na	石窟	3	3
1212	Na	微笑	3	3
1215	Na	相貌	3	3
1218	Na	牙齿	3	3
1220	Na	早饭	3	3
1230	Na	余地	3	2
1237	Na	作家	3	1
1244	Na	爷爷	2	2
1251	Na	小孩子	2	2
1252	Na	报告	2	2
1254	Na	墙	2	2
1257	Na	家务	2	2
1259	Na	大雨	2	2
1271	Na	屋子	2	3
1273	Na	中国菜	2	3
1278	Na	职业	2	1
1281	Na	先生	2	2
1282	Na	颜色	2	2
1284	Na	街	2	2
1288	Na	语言	2	4
1291	Na	方便面	2	2
1293	Na	女儿	2	2
1301	Na	季节	2	3
1303	Na	留学生	2	3
1310	Na	小姐	2	1
1312	Na	中学生	2	1
1326	Na	屋	2	4
1327	Na	假期	2	3
1331	Na	姐夫	2	2
1332	Na	老虎	2	2
1334	Na	手表	2	2
1336	Na	宴会	2	2

순서	품사	단어	3학년	
			수정전	수정후
1339	Na	最爱	2	2
1342	Na	学科	2	1
1356	Na	量	2	5
1365	Na	工人	2	2
1366	Na	工资	2	2
1370	Na	树叶	2	1
1372	Na	椅子	2	2
1375	Na	劲儿	2	0
1393	Na	网	2	2
1394	Na	舞蹈	2	2
1396	Na	步	2	2
1398	Na	独生女	2	2
1399	Na	歌手	2	2
1402	Na	花盆	2	2
1404	Na	货架	2	2
1405	Na	护士	2	2
1407	Na	警察	2	2
1411	Na	拉面	2	2
1412	Na	篮球	2	2
1417	Na	毛衣	2	2
1419	Na	企业	2	2
1421	Na	日本菜	2	2
1422	Na	设施	2	2
1424	Na	丝绸	2	2
1425	Na	糖	2	2
1432	Na	宣传画	2	2
1439	Na	道路	2	1
1441	Na	发言	2	1
1444	Na	民族	2	1
1445	Na	名胜	2	2
1448	Na	室内	2	1
1452	Na	执照	2	1
1462	Na	精神	2	2
1464	Na	手套	2	2
1467	Na	论文	2	1
1474	Na	月份	2	4
1477	Na	电子	2	2
1479	Na	规律	2	3
1488	Na	律师	2	2
1489	Na	梦	2	2

순서	품사	단어	3학년	
			수정전	수정후
1491	Na	温度	2	2
1492	Na	现实	2	2
1494	Na	训练	2	2
1499	Na	知识	2	2
1500	Na	差别	2	1
1505	Na	女孩子	2	1
1506	Na	双手	2	1
1514	Na	湖	2	4
1515	Na	楼房	2	4
1516	Na	农民	2	4
1517	Na	青年	2	4
1518	Na	人际	2	4
1521	Na	班车	2	2
1526	Na	汉语课	2	2
1539	Na	白马王子	2	2
1540	Na	保龄球	2	2
1541	Na	饼干	2	2
1542	Na	不幸	2	2
1544	Na	彩虹	2	2
1545	Na	朝鲜族	2	2
1547	Na	绰号	2	2
1549	Na	大象	2	2
1550	Na	导游	2	2
1553	Na	渡轮	2	2
1559	Na	糕汤	2	2
1560	Na	孤独感	2	2
1562	Na	黑板	2	2
1564	Na	火焰	2	2
1565	Na	记者	2	2
1570	Na	姥姥	2	2
1571	Na	利	2	2
1573	Na	粮食	2	2
1575	Na	流水	2	2
1579	Na	绿茶	2	2
1580	Na	骆驼	2	2
1583	Na	美景	2	2
1584	Na	面子	2	2
1585	Na	明星	2	2
1588	Na	内心	2	2
1589	Na	农历	2	2

순서	품사	단어	3학년	
			수정전	수정후
1594	Na	波涛	2	2
1596	Na	跷跷板	2	2
1597	Na	亲友	2	2
1598	Na	秋千	2	2
1600	Na	沙漠	2	2
1601	Na	沙滩	2	2
1603	Na	声调	2	2
1606	Na	士兵	2	2
1607	Na	柿子	2	2
1608	Na	丝	2	2
1609	Na	太阳	2	2
1612	Na	梯子	2	2
1616	Na	天主教	2	2
1617	Na	庭院	2	2
1618	Na	外宾	2	2
1626	Na	养花	2	2
1627	Na	影响	2	2
1630	Na	预测	2	2
1634	Na	职位	2	2
1636	Na	自觉	2	2
1638	Na	报纸	2	1
1646	Na	房卡	2	1
1650	Na	国民	2	1
1652	Na	怀	2	1
1653	Na	护照	2	1
1656	Na	竞争	2	1
1659	Na	民众	2	1
1662	Na	沙子	2	1
1664	Na	神经	2	1
1668	Na	双胞胎	2	1
1672	Na	学妹	2	1
1676	Na	帐篷	2	1
1677	Na	主意	2	1
1679	Na	汗水	2	0
1680	Na	奶奶	1	1
1691	Na	小偷	1	1
1697	Na	大姐	1	2
1698	Na	韩国语	1	1
1701	Na	书包	1	1
1704	Na	饮料	1	1

순서	품사	단어	3학년	
			수정전	수정후
1709	Na	泡菜	1	1
1711	Na	词典	1	1
1715	Na	表妹	1	1
1719	Na	大衣	1	1
1723	Na	笔	1	1
1727	Na	发音	1	1
1728	Na	味儿	1	1
1730	Na	小学生	1	0
1731	Na	红色	1	1
1733	Na	商品	1	1
1734	Na	英文	1	1
1735	Na	法语	1	1
1737	Na	红叶	1	1
1740	Na	牛奶	1	1
1741	Na	五花肉	1	1
1744	Na	歌星	1	1
1750	Na	饮食	1	1
1757	Na	感情	1	1
1762	Na	大一	1	3
1763	Na	急事	1	1
1764	Na	西瓜	1	1
1771	Na	梦想	1	2
1774	Na	姊妹	1	1
1776	Na	山路	1	2
1778	Na	信仰	1	1
1779	Na	百货	1	1
1780	Na	百货大楼	1	1
1781	Na	包子	1	1
1784	Na	磁带	1	1
1787	Na	大楼	1	1
1790	Na	课本	1	1
1794	Na	牛肉	1	1
1796	Na	思想	1	1
1797	Na	网吧	1	1
1798	Na	小吃	1	1
1800	Na	对话	1	0
1811	Na	肉	1	1
1812	Na	日语	1	1
1814	Na	语法	1	1
1815	Na	大夫	1	1

순서	품사	단어	3학년	
			수정전	수정후
1817	Na	运营	1	0
1827	Na	婚礼	1	1
1828	Na	教授	1	1
1832	Na	期望	1	1
1833	Na	沙发	1	1
1837	Na	鱼	1	1
1838	Na	照相机	1	1
1842	Na	家门	1	0
1859	Na	成员	1	1
1864	Na	好友	1	2
1868	Na	懒觉	1	0
1869	Na	老朋友	1	2
1873	Na	嫂子	1	1
1876	Na	鲜花	1	2
1880	Na	冰淇淋	1	1
1881	Na	材料	1	1
1884	Na	成果	1	1
1889	Na	工业	1	1
1890	Na	顾客	1	1
1891	Na	瓜子	1	1
1893	Na	花瓶	1	1
1894	Na	黄瓜	1	1
1895	Na	胡同	1	1
1896	Na	结论	1	1
1900	Na	镜子	1	1
1904	Na	空调	1	1
1905	Na	苦难	1	1
1906	Na	蓝色	1	1
1907	Na	零件	1	1
1908	Na	零用钱	1	0
1910	Na	面色	1	1
1914	Na	胖子	1	1
1916	Na	气质	1	1
1919	Na	容貌	1	1
1920	Na	肾病	1	1
1921	Na	生词	1	1
1922	Na	师傅	1	1
1923	Na	诗集	1	1
1924	Na	数学	1	1
1925	Na	太太	1	1

순서	품사	단어	3학년	
			수정전	수정후
1929	Na	项目	1	1
1930	Na	小伙子	1	1
1931	Na	小偷儿	1	1
1932	Na	形容	1	1
1933	Na	演讲	1	1
1937	Na	炸鸡	1	1
1939	Na	中级	1	1
1940	Na	猪肉	1	1
1941	Na	姿势	1	1
1942	Na	租车	1	1
1945	Na	鼻子	1	1
1963	Na	熊	1	1
1964	Na	正门	1	0
1966	Na	资料	1	0
1968	Na	学术	1	0
1973	Na	雪景	1	3
1975	Na	高中生	1	1
1979	Na	时光	1	1
1985	Na	气候	1	1
1993	Na	全家	1	4
1995	Na	巴士	1	1
1996	Na	电梯	1	2
1999	Na	坏事	1	2
2000	Na	脚	1	1
2007	Na	班	1	1
2008	Na	保安	1	1
2016	Na	地球	1	1
2020	Na	服务员	1	1
2022	Na	工程	1	1
2028	Na	街道	1	1
2033	Na	看法	1	1
2034	Na	口味	1	1
2038	Na	农作物	1	1
2039	Na	扒手	1	1
2040	Na	气象	1	1
2042	Na	师生	1	1
2047	Na	台风	1	1
2056	Na	物价	1	1
2060	Na	乐曲	1	1
2064	Na	资源	1	1

순서	품사	단어	3학년	
			수정전	수정후
2067	Na	场合	1	0
2071	Na	火气	1	0
2073	Na	建设	1	0
2078	Na	弱点	1	0
2081	Na	研究员	1	0
2082	Na	婴儿	1	0
2087	Na	夜景	1	1
2088	Na	白雪	1	4
2111	Na	榜样	1	2
2113	Na	伯父	1	1
2119	Na	功夫	1	1
2120	Na	古迹	1	2
2125	Na	会话课	1	1
2130	Na	奖	1	1
2133	Na	金钱	1	1
2142	Na	名	1	1
2145	Na	农活儿	1	2
2149	Na	生鱼片	1	1
2153	Na	特点	1	1
2161	Na	仪式	1	1
2164	Na	硬座	1	2
2165	Na	幽默感	1	1
2167	Na	造景	1	1
2170	Na	症状	1	2
2171	Na	中年	1	2
2173	Na	重要性	1	1
2174	Na	主义	1	2
2179	Na	奥运会	1	1
2184	Na	搬家费	1	1
2192	Na	鼻梁	1	1
2195	Na	必需品	1	1
2196	Na	毕业生	1	1
2198	Na	标题	1	1
2199	Na	别名	1	1
2200	Na	冰	1	1
2201	Na	冰块	1	1
2202	Na	玻璃	1	1
2217	Na	草坪	1	1
2219	Na	长毛	1	1
2221	Na	车道	1	1

순서	품사	단어	3학년	
			수정전	수정후
2222	Na	车费	1	1
2224	Na	成就感	1	1
2229	Na	初吻	1	1
2232	Na	川菜	1	1
2233	Na	传统舞	1	1
2235	Na	葱头	1	1
2241	Na	大门	1	1
2242	Na	大厦	1	1
2243	Na	大意	1	1
2245	Na	大自然	1	1
2246	Na	待遇	1	1
2253	Na	得失	1	1
2255	Na	地铁门	1	1
2259	Na	董事	1	1
2262	Na	动力	1	1
2268	Na	恶梦	1	1
2276	Na	房费	1	1
2288	Na	风味	1	1
2290	Na	福	1	1
2297	Na	高层	1	1
2299	Na	歌声	1	1
2301	Na	蛤蜊	1	1
2302	Na	公安	1	1
2309	Na	灌肠汤	1	1
2313	Na	国产车	1	1
2315	Na	海水	1	1
2316	Na	害虫	1	1
2317	Na	韩币	1	1
2321	Na	好感	1	1
2323	Na	河	1	1
2325	Na	褐色	1	1
2327	Na	黑熊	1	1
2328	Na	红茶	1	1
2330	Na	华侨	1	1
2334	Na	黄色	1	1
2340	Na	货物	1	1
2342	Na	胡须	1	1
2343	Na	积雪	1	1
2344	Na	疾病	1	1
2347	Na	计划书	1	1

순서	품사	단어	3학년	
			수정전	수정후
2348	Na	计较	1	1
2349	Na	记事本	1	1
2351	Na	家事	1	1
2354	Na	建筑群	1	1
2362	Na	教育学	1	1
2363	Na	阶层	1	1
2367	Na	解答	1	1
2369	Na	进口车	1	1
2371	Na	经过	1	1
2373	Na	敬老日	1	1
2374	Na	精神病	1	1
2376	Na	景点	1	1
2377	Na	景观	1	1
2378	Na	敬语	1	1
2380	Na	酒席	1	1
2392	Na	空姐	1	1
2394	Na	辣子鸡丁	1	1
2400	Na	栗子	1	1
2404	Na	立场	1	1
2407	Na	连环画	1	1
2408	Na	联欢会	1	1
2409	Na	连衣裙	1	1
2410	Na	脸谱	1	1
2411	Na	量刑	1	1
2413	Na	留言册	1	1
2414	Na	陆军	1	1
2420	Na	麻烦	1	1
2421	Na	马肉	1	1
2429	Na	矛盾	1	1
2430	Na	美术	1	1
2432	Na	门缝	1	1
2433	Na	蒙古包	1	1
2436	Na	棉被	1	1
2437	Na	面馆儿	1	1
2438	Na	面孔	1	1
2440	Na	民警	1	1
2443	Na	名牌	1	1
2444	Na	模特儿	1	1
2445	Na	末班车	1	1
2448	Na	耐心	1	1

순서	품사	단어	3학년	
			수정전	수정후
2450	Na	內蒙古菜	1	1
2456	Na	农药	1	1
2457	Na	女友	1	1
2458	Na	偶像	1	1
2462	Na	偏见	1	1
2465	Na	扑克	1	1
2469	Na	铅笔	1	1
2471	Na	前额	1	1
2472	Na	前者	1	1
2475	Na	巧克力	1	1
2478	Na	青睐	1	1
2479	Na	情报工	1	1
2487	Na	人类	1	1
2492	Na	肉丝	1	1
2501	Na	深蓝色	1	1
2502	Na	身影	1	1
2504	Na	师哥	1	1
2505	Na	师姐	1	1
2510	Na	食堂卡	1	1
2511	Na	食欲	1	1
2513	Na	柿子树	1	1
2514	Na	手电筒	1	1
2516	Na	首饰	1	1
2517	Na	首要	1	1
2522	Na	双喜	1	1
2525	Na	松饼	1	1
2526	Na	宿舍费	1	1
2529	Na	损害	1	1
2531	Na	塔	1	1
2533	Na	太空	1	1
2540	Na	体系	1	1
2544	Na	铁锤	1	1
2545	Na	通讯	1	1
2547	Na	童话书	1	1
2552	Na	拖拉机	1	1
2555	Na	外商	1	1
2556	Na	晚辈	1	1
2557	Na	万国	1	1
2560	Na	王朝	1	1
2567	Na	胃炎	1	1

순서	품사	단어	3학년	
			수정전	수정후
2569	Na	文人	1	1
2570	Na	文学史	1	1
2572	Na	乌龙茶	1	1
2578	Na	溪谷	1	1
2587	Na	闲话	1	1
2589	Na	线索	1	1
2592	Na	香肉	1	1
2595	Na	小姑娘	1	1
2596	Na	小路	1	1
2597	Na	小提琴	1	1
2599	Na	校长	1	1
2603	Na	心扉	1	1
2604	Na	信箱	1	1
2605	Na	星星	1	1
2609	Na	选举	1	1
2610	Na	学弟	1	1
2611	Na	雪碧	1	1
2614	Na	岩石	1	1
2615	Na	眼光	1	1
2627	Na	依据	1	1
2631	Na	遗产	1	1
2638	Na	异国	1	1
2642	Na	意中人	1	1
2643	Na	阴历	1	1
2646	Na	用品	1	1
2652	Na	幼年	1	1
2654	Na	圆月	1	1
2658	Na	月饼	1	1
2660	Na	葬礼	1	1
2661	Na	枣儿	1	1
2663	Na	战船	1	1
2665	Na	政策	1	1
2668	Na	知了	1	1
2670	Na	枝子	1	1
2673	Na	中饭	1	1
2675	Na	中介人	1	1
2676	Na	猪血	1	1
2677	Na	主席	1	1
2681	Na	注意力	1	0
2682	Na	柱子	1	1

순서	품사	단어	3학년	
			수정전	수정후
2684	Na	装饰	1	1
2686	Na	滋味儿	1	1
2687	Na	紫色	1	1
2693	Na	嘴唇	1	1
2697	Na	肺	1	0
2698	Na	跤	1	0
2699	Na	尼古丁	1	0
2700	Na	生死之交	1	0
2702	Na	油条	1	0
2703	Na	皱纹	1	0
2706	Na	裙子	0	1
2708	Na	猫	0	0
2715	Na	韩国队	0	0
2716	Na	烤鸭	0	0
2717	Na	爱	0	2
2720	Na	邮票	0	0
2722	Na	侄女	0	0
2723	Na	白菜	0	0
2727	Na	基督教	0	0
2744	Na	大会	0	0
2746	Na	器具	0	0
2749	Na	戏剧	0	0
2750	Na	钥匙	0	0
2755	Na	题目	0	0
2759	Na	烤肉	0	0
2763	Na	家训	0	0
2768	Na	裤子	0	0
2771	Na	鞭炮	0	0
2774	Na	公路	0	0
2776	Na	老大娘	0	0
2779	Na	球赛	0	0
2780	Na	嗓子	0	0
2781	Na	圣经	0	0
2784	Na	推车	0	0
2786	Na	信封	0	0
2789	Na	侄子	0	0
2794	Na	体育	0	1
2796	Na	功课	0	0
2799	Na	秘密	0	0
2800	Na	艺术	0	0

순서	품사	단어	3학년	
			수정전	수정후
2811	Na	少年	0	1
2821	Na	单词	0	0
2823	Na	电影儿	0	0
2824	Na	动物	0	0
2826	Na	风味菜	0	0
2828	Na	公主	0	0
2832	Na	猴子	0	0
2833	Na	鸡肉	0	0
2834	Na	家家户户	0	0
2840	Na	老大爷	0	0
2845	Na	贸易	0	0
2847	Na	农业	0	0
2849	Na	皮鞋	0	0
2851	Na	人民币	0	0
2852	Na	十字架	0	0
2855	Na	售货员	0	0
2856	Na	叔母	0	0
2859	Na	糖果	0	0
2860	Na	特色	0	0
2864	Na	峡谷	0	0
2866	Na	小组	0	0
2867	Na	校门	0	1
2869	Na	选手	0	0
2872	Na	音乐会	0	0
2878	Na	紫菜	0	0
2880	Na	翻译	0	0
2883	Na	模样	0	0
2884	Na	能力	0	0
2885	Na	使用	0	0
2886	Na	试验	0	0
2888	Na	责任感	0	0
2889	Na	雪人	0	0
2900	Na	错误	0	0
2902	Na	经理	0	0
2905	Na	雪仗	0	1
2906	Na	岛	0	1
2917	Na	场面	0	0
2923	Na	铃声	0	0
2924	Na	米饭	0	0
2925	Na	企业家	0	0

순서	품사	단어	3학년	
			수정전	수정후
2928	Na	热心	0	0
2929	Na	上天	0	0
2935	Na	种类	0	0
2937	Na	砖	0	0
2953	Na	效果	0	2
2954	Na	心地	0	1
2961	Na	电话铃	0	0
2970	Na	汉堡	0	0
2971	Na	好事	0	0
2976	Na	瞌睡	0	1
2977	Na	礼拜	0	1
2978	Na	脸蛋	0	0
2986	Na	套餐	0	0
2992	Na	相片	0	0
2993	Na	小猫	0	0
2994	Na	压岁钱	0	1
2996	Na	议员	0	0
2998	Na	院子	0	0
2999	Na	运气	0	0
3006	Na	白发	0	0
3007	Na	白糖	0	0
3009	Na	班会	0	0
3012	Na	包裹	0	0
3013	Na	宝物	0	0
3016	Na	被子	0	0
3020	Na	标签	0	0
3021	Na	标准	0	0
3022	Na	冰棍	0	0
3025	Na	菜谱	0	0
3027	Na	草地	0	0
3033	Na	虫子	0	0
3034	Na	筹款	0	0
3036	Na	出租车	0	0
3037	Na	窗台	0	0
3044	Na	单眼皮	0	0
3045	Na	蛋糕	0	0
3048	Na	导演	0	0
3051	Na	电力	0	0
3054	Na	洞口	0	0
3057	Na	对手	0	0

순서	품사	단어	3학년	
			수정전	수정후
3060	Na	二哥	0	0
3061	Na	发表会	0	0
3062	Na	犯人	0	0
3065	Na	粉红色	0	0
3070	Na	父女	0	0
3072	Na	歌剧	0	0
3074	Na	公共汽车站	0	0
3077	Na	雇员	0	0
3078	Na	卦	0	0
3079	Na	广播	0	0
3080	Na	广告	0	0
3082	Na	过错	0	0
3085	Na	海棠	0	0
3088	Na	好意	0	0
3092	Na	红柿	0	0
3095	Na	黄金	0	0
3097	Na	混血儿	0	0
3098	Na	火线	0	0
3100	Na	机器	0	0
3102	Na	价钱	0	0
3103	Na	驾驶证	0	0
3105	Na	将军	0	0
3111	Na	叫声	0	0
3119	Na	景致	0	1
3126	Na	肯德鸡	0	0
3127	Na	空间	0	0
3128	Na	空儿	0	0
3129	Na	口袋	0	0
3131	Na	辣椒粉	0	0
3132	Na	来信	0	0
3135	Na	梨子	0	0
3137	Na	链	0	0
3139	Na	零食	0	0
3142	Na	履历书	0	0
3150	Na	帽子	0	0
3151	Na	玫瑰	0	0
3153	Na	米	0	0
3154	Na	秘诀	0	0
3155	Na	面粉	0	0
3156	Na	庙会	0	0

순서	품사	단어	3학년	
			수정전	수정후
3157	Na	牡丹	0	0
3160	Na	脑筋	0	0
3161	Na	闹钟	0	0
3163	Na	年糕	0	0
3165	Na	年事	0	0
3168	Na	泡菜饼	0	0
3173	Na	品质	0	0
3175	Na	潜水镜	0	0
3177	Na	歉	0	0
3186	Na	儒教	0	0
3187	Na	入场票	0	0
3188	Na	软件	0	0
3190	Na	色	0	0
3192	Na	设计师	0	0
3193	Na	申请单	0	0
3195	Na	生产率	0	0
3196	Na	生气	0	0
3197	Na	剩饭	0	0
3198	Na	湿度	0	0
3199	Na	失主	0	0
3200	Na	十兜	0	0
3201	Na	石榴	0	0
3204	Na	士官	0	0
3205	Na	侍女	0	0
3206	Na	视野	0	0
3209	Na	手指	0	0
3210	Na	手纸	0	0
3213	Na	水分	0	0
3214	Na	丝儿	0	0
3215	Na	蒜	0	0
3218	Na	碳火	0	0
3224	Na	甜食	0	0
3230	Na	秃鹫	0	0
3231	Na	团年饭	0	0
3237	Na	卫生纸	0	0
3245	Na	喜剧片	0	0
3248	Na	细雨	0	0
3251	Na	先辈	0	0
3253	Na	香蕉	0	0
3254	Na	相框	0	0

순서	품사	단어	3학년	
			수정전	수정후
3258	Na	修配车	0	0
3260	Na	烟花	0	0
3261	Na	眼镜	0	0
3262	Na	眼圈儿	0	0
3267	Na	遗迹	0	0
3273	Na	迎春花	0	0
3277	Na	有心人	0	0
3291	Na	中语	0	0
3292	Na	助教	0	0
3298	Na	自信感	0	0
3300	Na	作文课	0	0
3302	Na	孩子	0	0
3305	Na	现代人	0	0
3309	Na	童年	0	0
3310	Na	心意	0	0
3313	Na	地址	0	0
3315	Na	副作用	0	0
3318	Na	毛病	0	1
3319	Na	男孩儿	0	0
3320	Na	人才	0	0
3321	Na	上海人	0	0
3325	Na	一般人	0	0
3328	Na	把握	0	0
3331	Na	屁股	0	0
3334	Na	松树	0	0
3335	Na	试题	0	1
3338	Na	亲人	0	1
3344	Na	辈子	0	1
3347	Na	队员	0	1
3354	Na	山坡	0	1
3361	Na	安全	0	0
3365	Na	表里	0	0
3368	Na	博士	0	0
3370	Na	才能	0	0
3371	Na	裁判员	0	0
3372	Na	茶水	0	0
3374	Na	车堵	0	0
3383	Na	大狗	0	0
3385	Na	代表	0	0
3397	Na	佛教徒	0	0

순서	품사	단어	3학년	
			수정전	수정후
3399	Na	钢笔	0	0
3402	Na	鸽子	0	0
3411	Na	规模	0	0
3414	Na	红绿灯	0	0
3415	Na	红牌	0	0
3416	Na	花花公子	0	0
3419	Na	计算机	0	0
3429	Na	军官	0	0
3433	Na	炕头	0	0
3435	Na	空中小姐	0	0
3438	Na	栏目	0	0
3442	Na	两面性	0	0
3443	Na	列车	0	0
3445	Na	魅力	0	0
3452	Na	牛肉汤	0	0
3455	Na	气温	0	0
3459	Na	去向	0	0
3466	Na	桑拿	0	0
3469	Na	申请表	0	0
3475	Na	事业	0	0
3477	Na	水土	0	0
3478	Na	塑料袋	0	0
3480	Na	损失	0	0
3484	Na	太极拳	0	0
3487	Na	特产品	0	0
3491	Na	同志	0	0
3492	Na	外教	0	0
3493	Na	围巾	0	0
3502	Na	笑话	0	1
3505	Na	幸福	0	0
3506	Na	轩然大波	0	0
3507	Na	学者	0	0
3510	Na	演唱会	0	0
3514	Na	用户	0	0
3516	Na	油	0	0
3517	Na	语序	0	0
3520	Na	杂志	0	0
3531	Na	主妇	0	0
3532	Na	主任	0	0
3534	Na	字眼	0	0

순서	품사	단어	3학년	
			수정전	수정후
3535	Na	足	0	0
3538	Na	烟	0	0
3540	Na	报告书	0	0
3548	Na	窗	0	2
3551	Na	考生	0	0
3557	Na	资格证	0	3
3559	Na	爸妈	0	2
3568	Na	房东	0	2
3569	Na	符号	0	0
3581	Na	脸庞	0	2
3587	Na	脑子	0	2
3588	Na	排骨	0	0
3592	Na	全家福	0	0
3600	Na	田地	0	1
3601	Na	娃娃	0	1
3611	Na	预期	0	2
3614	Na	总统	0	2
3616	Na	爱意	0	0
3620	Na	榜	0	1
3621	Na	报道	0	0
3624	Na	必修课	0	0
3628	Na	标志	0	0
3631	Na	兵马俑	0	1
3640	Na	菜肴	0	1
3641	Na	餐费	0	1
3643	Na	差使	0	0
3647	Na	吵架声	0	1
3676	Na	当局	0	1
3690	Na	短处	0	1
3692	Na	对开车	0	0
3697	Na	耳朵	0	1
3701	Na	房门	0	0
3703	Na	沸点	0	1
3706	Na	分数	0	0
3707	Na	分文	0	1
3709	Na	分子	0	0
3711	Na	抚养费	0	1
3713	Na	富翁	0	0
3721	Na	感谢	0	1
3722	Na	高中	0	0

순서	품사	단어	3학년	
			수정전	수정후
3724	Na	个儿	0	0
3725	Na	根本	0	1
3736	Na	柜台	0	0
3741	Na	海风	0	1
3742	Na	海熊	0	0
3748	Na	贺卡	0	1
3751	Na	互联网	0	1
3755	Na	坏蛋	0	0
3788	Na	精力	0	0
3789	Na	警惕	0	1
3793	Na	橘子	0	0
3795	Na	卷子	0	0
3801	Na	烤饼摊	0	1
3802	Na	考试题	0	1
3805	Na	科研	0	1
3808	Na	口才	0	0
3811	Na	蜡烛	0	0
3812	Na	篮球队员	0	1
3814	Na	老年	0	1
3815	Na	老三	0	0
3829	Na	绿叶	0	1
3834	Na	马群	0	1
3839	Na	美容师	0	0
3840	Na	门外汉	0	1
3842	Na	名单	0	0
3849	Na	鸟儿	0	0
3861	Na	妻儿	0	1
3863	Na	气色	0	1
3864	Na	气味儿	0	0
3865	Na	钱财	0	1
3877	Na	热潮	0	1
3888	Na	山下	0	0
3894	Na	神儿	0	1
3895	Na	婶子	0	1
3897	Na	声说	0	0
3899	Na	胜地	0	1
3903	Na	事务	0	1
3905	Na	收银员	0	0
3907	Na	水珠	0	1
3908	Na	说话声	0	0

순서	품사	단어	3학년	
			수정전	수정후
3913	Na	死讯	0	1
3918	Na	体制	0	0
3929	Na	外遇	0	0
3930	Na	外国	0	0
3941	Na	午餐	0	1
3946	Na	喜悦	0	1
3950	Na	香气	0	0
3968	Na	雪地	0	1
3969	Na	押金费	0	1
3970	Na	腌制	0	0
3972	Na	癌症	0	1
3974	Na	野猪	0	0
3980	Na	异样	0	1
3987	Na	优缺点	0	1
3989	Na	游泳课	0	0
3990	Na	游泳衣	0	0
3997	Na	澡	0	0
4000	Na	增肥	0	1
4007	Na	指挥	0	1
4010	Na	中餐	0	1
4012	Na	专业课	0	0
4015	Na	坠石	0	1
4017	Na	自豪感	0	1
4022	Na	宗教	0	1

4.2.2.15 Nb 고유명사

순서	품사	단어	3학년	
			수정전	수정후
1429	Nb	小李	2	2
1430	Nb	小王	2	2
1577	Nb	龙庆峡	2	2
1578	Nb	龙塔	2	2
1761	Nb	金	1	2
2059	Nb	小张	1	1
2109	Nb	拌饭	1	1
2434	Nb	蒙古族	1	1
2464	Nb	朴	1	1
2512	Nb	世界杯	1	1

순서	품사	단어	3학년	
			수정전	수정후
2573	Nb	吴	1	1
2817	Nb	陈	0	0
2865	Nb	小哥	0	0
2871	Nb	耶稣基督	0	0
2927	Nb	秦始皇	0	0
3086	Nb	韩服	0	0
3094	Nb	黄酱汤	0	0
3490	Nb	田	0	0
3744	Nb	汉语水平考试	0	1
3944	Nb	席间	0	1

4.2.2.16 Nc 장소사

순서	품사	단어	3학년	
			수정전	수정후
29	Nc	中国	157	155
37	Nc	家	121	122
59	Nc	学校	86	77
117	Nc	韩国	47	45
120	Nc	大学	46	50
152	Nc	北京	35	35
243	Nc	高中	23	22
244	Nc	车站	23	23
255	Nc	房间	21	17
273	Nc	哈尔滨	20	20
302	Nc	世界	18	18
316	Nc	公司	17	17
325	Nc	面前	17	13
386	Nc	上海	13	13
413	Nc	班	12	11
423	Nc	日本	12	12
444	Nc	宿舍	11	10
458	Nc	外国	11	9
467	Nc	机场	11	10
504	Nc	附近	9	9
527	Nc	周围	9	8
530	Nc	小学	9	10
537	Nc	内蒙古	9	9
570	Nc	市场	8	8

순서	품사	단어	3학년	
			수정전	수정후
584	Nc	成功	8	5
591	Nc	我国	8	7
602	Nc	医院	7	7
605	Nc	教室	7	7
649	Nc	大连	7	7
662	Nc	商店	6	5
697	Nc	天安门	6	6
723	Nc	中学	6	4
739	Nc	一段	6	4
770	Nc	市	5	5
804	Nc	学院	5	5
828	Nc	身边	5	5
829	Nc	欧洲	5	5
831	Nc	长春	5	5
844	Nc	眼前	5	4
852	Nc	黄山	5	5
863	Nc	门口	4	4
903	Nc	家乡	4	4
941	Nc	教堂	4	3
951	Nc	法国	4	3
974	Nc	故宫	4	5
992	Nc	宾馆	4	4
994	Nc	果园	4	4
1015	Nc	住处	4	3
1018	Nc	郊区	4	2
1032	Nc	中文系	3	4
1037	Nc	电影院	3	3
1044	Nc	动物园	3	5
1052	Nc	银行	3	3
1065	Nc	餐厅	3	3
1066	Nc	饭馆	3	1
1086	Nc	故乡	3	3
1091	Nc	西安	3	3
1119	Nc	楼	3	3
1204	Nc	俱乐部	3	3
1211	Nc	外滩	3	3
1228	Nc	目的地	3	2
1243	Nc	公园	2	2
1248	Nc	食堂	2	2
1279	Nc	天	2	1

순서	품사	단어	3학년	
			수정전	수정후
1283	Nc	游泳池	2	2
1285	Nc	村	2	1
1292	Nc	美国	2	2
1296	Nc	英国	2	2
1325	Nc	叔叔家	2	3
1347	Nc	天津	2	2
1353	Nc	首尔	2	25
1376	Nc	农村	2	1
1485	Nc	加拿大	2	2
1493	Nc	香港	2	2
1495	Nc	研究所	2	2
1504	Nc	农家	2	1
1508	Nc	心目中	2	1
1546	Nc	厨房	2	2
1554	Nc	敦煌	2	2
1576	Nc	龙门	2	2
1614	Nc	天池	2	2
1615	Nc	天空	2	2
1635	Nc	植物园	2	2
1678	Nc	顶峰	2	0
1695	Nc	教会	1	2
1729	Nc	长城	1	1
1742	Nc	邮局	1	1
1856	Nc	补习班	1	2
1883	Nc	超市	1	1
1903	Nc	客厅	1	1
1935	Nc	幼儿园	1	1
1982	Nc	花园	1	1
2048	Nc	台湾	1	1
2090	Nc	长白山	1	4
2136	Nc	课堂	1	1
2144	Nc	南北韩	1	1
2220	Nc	朝鲜	1	1
2240	Nc	大韩民国	1	1
2275	Nc	房顶	1	1
2285	Nc	风景区	1	1
2303	Nc	工厂	1	1
2305	Nc	沟壑	1	1
2355	Nc	建筑系	1	1
2361	Nc	教育系	1	1

순서	품사	단어	3학년	
			수정전	수정후
2364	Nc	接待室	1	1
2390	Nc	课题	1	1
2398	Nc	垒沙城	1	1
2422	Nc	码头	1	1
2425	Nc	慢坡路	1	1
2449	Nc	脑海	1	1
2454	Nc	宁夏	1	1
2503	Nc	师大	1	1
2519	Nc	书房	1	1
2532	Nc	泰国	1	1
2568	Nc	温室	1	1
2576	Nc	西班牙文系	1	1
2579	Nc	西海	1	1
2598	Nc	小溪	1	1
2639	Nc	一楼	1	1
2645	Nc	英语系	1	1
2649	Nc	游戏室	1	1
2738	Nc	百货商店	0	0
2807	Nc	美容院	0	0
2853	Nc	事业家	0	0
2930	Nc	市政府	0	0
2966	Nc	服装店	0	0
3015	Nc	北海	0	0
3076	Nc	姑姑家	0	0
3081	Nc	国文系	0	0
3084	Nc	海滨	0	0
3118	Nc	警察局	0	0
3121	Nc	郡	0	0
3211	Nc	树林	0	1
3238	Nc	武汉	0	0
3275	Nc	游乐场	0	0
3278	Nc	浴场	0	0
3303	Nc	洛阳	0	0
3304	Nc	南非	0	0
3311	Nc	博物馆	0	0
3316	Nc	花莲	0	0
3317	Nc	加油站	0	0
3351	Nc	国会	0	1
3362	Nc	北京站	0	0
3403	Nc	工学系	0	0

순서	품사	단어	3학년	
			수정전	수정후
3453	Nc	骗人家	0	0
3470	Nc	神州	0	0
3482	Nc	台北	0	0
3483	Nc	台中	0	0
3495	Nc	五楼	0	0
3503	Nc	鞋店	0	0
3521	Nc	早市	0	0
3564	Nc	村庄	0	0
3622	Nc	报社	0	1
3623	Nc	背后	0	1
3807	Nc	空中	0	0
3303	Nc	洛阳	0	0
3304	Nc	南非	0	0
3311	Nc	博物馆	0	0
3316	Nc	花莲	0	0
3317	Nc	加油站	0	0
3351	Nc	国会	0	1
3362	Nc	北京站	0	0
3403	Nc	工学系	0	0
3453	Nc	骗人家	0	0
3470	Nc	神州	0	0
3482	Nc	台北	0	0
3483	Nc	台中	0	0
3495	Nc	五楼	0	0
3503	Nc	鞋店	0	0
3521	Nc	早市	0	0
3564	Nc	村庄	0	0
3622	Nc	报社	0	1
3623	Nc	背后	0	1
3807	Nc	空中	0	0

4.2.2.17 Ncd 위치사

순서	품사	단어	3학년	
			수정전	수정후
48	Ncd	里	103	100
66	Ncd	上	80	72
207	Ncd	边	27	27
266	Ncd	那儿	20	18

순서	품사	단어	3학년	
			수정전	수정후
411	Ncd	哪儿	12	13
508	Ncd	内	9	7
545	Ncd	这儿	8	6
565	Ncd	外面	8	7
569	Ncd	前面	8	6
710	Ncd	这里	6	6
915	Ncd	前边	4	6
942	Ncd	下	4	2
962	Ncd	那里	4	3
983	Ncd	下面	4	4
1026	Ncd	前	3	4
1064	Ncd	口	3	1
1139	Ncd	边儿	3	2
1367	Ncd	后面	2	2
1587	Ncd	南北	2	2
1592	Ncd	旁边儿	2	2
1718	Ncd	右	1	1
1808	Ncd	西	1	0
1892	Ncd	后边	1	1
2069	Ncd	当中	1	0
2112	Ncd	北部	1	2
2258	Ncd	东北部	1	1
2577	Ncd	西部	1	1
2667	Ncd	之间	1	1
2674	Ncd	中间	1	1
2816	Ncd	左	0	1
2842	Ncd	里边	0	0
2846	Ncd	南边	0	0
3053	Ncd	东部	0	0
3159	Ncd	哪里	0	0
3440	Ncd	里面	0	0
3449	Ncd	南方	0	0
3556	Ncd	中	0	3
3693	Ncd	对面	0	1

4.2.2.18 Nd 시간사

순서	품사	단어	3학년	
			수정전	수정후
42	Nd	现在	115	108
50	Nd	今天	98	95
126	Nd	以前	43	42
132	Nd	后	40	37
135	Nd	昨天	39	40
160	Nd	以后	33	24
178	Nd	那时	31	22
186	Nd	去年	30	32
194	Nd	当时	29	27
196	Nd	明天	28	28
197	Nd	最近	28	31
200	Nd	一下	28	32
235	Nd	晚上	23	22
252	Nd	早上	21	22
318	Nd	冬天	17	17
322	Nd	夏天	17	17
342	Nd	会儿	16	10
399	Nd	小时候	13	6
416	Nd	春节	12	12
420	Nd	一会儿	12	9
442	Nd	周末	11	12
447	Nd	一点	11	8
457	Nd	暑假	11	11
511	Nd	中秋节	9	9
536	Nd	平时	9	7
555	Nd	寒假	8	6
596	Nd	星期天	7	6
646	Nd	早晨	7	4
663	Nd	明年	6	6
672	Nd	晚	6	7
736	Nd	整天	6	1
745	Nd	这时	6	5
760	Nd	星期六	5	5
781	Nd	春天	5	5
788	Nd	将来	5	8
819	Nd	那天	5	8
961	Nd	之后	4	5
1143	Nd	之间	3	2

순서	품사	단어	3학년	
			수정전	수정후
1152	Nd	期末	3	4
1164	Nd	前年	3	3
1217	Nd	新年	3	3
1229	Nd	瞬间	3	1
1290	Nd	凌晨	2	4
1309	Nd	刚才	2	2
1314	Nd	最后	2	5
1346	Nd	季	2	1
1352	Nd	古代	2	2
1378	Nd	后来	2	17
1490	Nd	目前	2	2
1524	Nd	不久	2	3
1569	Nd	劳动节	2	2
1686	Nd	八点	1	1
1690	Nd	星期五	1	1
1810	Nd	今	1	3
1934	Nd	夜晚	1	1
1961	Nd	下月	1	1
2017	Nd	冬季	1	1
2058	Nd	现代	1	1
2106	Nd	秋	1	3
2185	Nd	傍晚	1	1
2248	Nd	当初	1	1
2314	Nd	国庆节	1	1
2352	Nd	假日	1	1
2585	Nd	下雨天	1	1
2632	Nd	一大早	1	1
2943	Nd	从前	0	1
3002	Nd	钟	0	0
3008	Nd	白天	0	0
3042	Nd	大后天	0	0
3162	Nd	年初	0	0
3240	Nd	午夜	0	0
3280	Nd	月初	0	0
3306	Nd	如今	0	2
3353	Nd	期中	0	1
3366	Nd	冰灯节	0	0
3458	Nd	青年节	0	0
3518	Nd	月底	0	0
3613	Nd	中秋	0	2

순서	품사	단어	3학년	
			수정전	수정후
3774	Nd	教师节	0	0
3976	Nd	一阵	0	0

4.2.2.19 Nep 지시관형사

순서	품사	단어	3학년	
			수정전	수정후
14	Nep	这	314	304
39	Nep	那	120	115
57	Nep	什么	89	85
560	Nep	哪	8	7
746	Nep	其中	6	2
859	Nep	其	5	1
945	Nep	这样	4	5
1359	Nep	此	2	3

4.2.2.20 Neqa 수량관형사

순서	품사	단어	3학년	
			수정전	수정후
83	Neqa	多	69	85
104	Neqa	很多	56	73
295	Neqa	别的	18	11
361	Neqa	半	14	14
380	Neqa	一点儿	13	7
566	Neqa	这些	8	10
580	Neqa	大部分	8	5
618	Neqa	一些	7	8
637	Neqa	不少	7	7
720	Neqa	所有	6	5
897	Neqa	许多	4	4
968	Neqa	其他	4	12
1050	Neqa	这么多	3	4
1111	Neqa	那些	3	3
1113	Neqa	全	3	7
1126	Neqa	任何	3	2
1250	Neqa	多少	2	4
1450	Neqa	一切	2	2
1674	Neqa	一排排	2	1

순서	품사	단어	3학년	
			수정전	수정후
1830	Neqa	那么多	1	1
2117	Neqa	朵朵	1	1
2630	Neqa	一半	1	1
2637	Neqa	一点点	1	1
2894	Neqa	整	0	0
3272	Neqa	一声声	0	0
3382	Neqa	大半	0	0
3695	Neqa	多数	0	1
3977	Neqa	一朵朵	0	0

4.2.2.21 Neqb 후치수량관형사

순서	품사	단어	3학년	
			수정전	수정후
515	Neqb	多	9	9

4.2.2.22 Nes 특별지칭관형사

순서	품사	단어	3학년	
			수정전	수정후
58	Nes	每	89	97
278	Nes	下	19	20
281	Nes	各	19	16
345	Nes	半	16	16
450	Nes	上	11	9
456	Nes	前	11	11
1159	Nes	另	3	4
1912	Nes	某	1	0
2001	Nes	近	1	1
2075	Nes	另外	1	0
2191	Nes	本	1	1
2247	Nes	当	1	1
2548	Nes	头	1	1
2756	Nes	别	0	0
3208	Nes	首	0	0
3352	Nes	何	0	1
3926	Nes	同	0	0

4.2.2.23 Neu 수사관형사

순서	품사	단어	3학년	
			수정전	수정후
10	Neu	一	347	330
88	Neu	三	65	62
89	Neu	几	64	58
94	Neu	两	60	59
114	Neu	第一	50	48
169	Neu	四	31	29
191	Neu	二	29	23
276	Neu	五	19	18
299	Neu	0	18	19
426	Neu	第二	12	13
436	Neu	十	11	11
678	Neu	八	6	5
715	Neu	百	6	4
1036	Neu	十五	3	3
1122	Neu	一百	3	3
1144	Neu	俩	3	1
1198	Neu	第三	3	3
1262	Neu	好几	2	2
1414	Neu	两三	2	2
1706	Neu	七	1	1
1721	Neu	千万	1	1
2041	Neu	千	1	1

4.2.2.24 Nf 양사

순서	품사	단어	3학년	
			수정전	수정후
8	Nf	个	412	378
22	Nf	天	185	193
31	Nf	次	139	132
106	Nf	年	55	51
110	Nf	件	52	51
175	Nf	种	31	34
263	Nf	岁	20	22
267	Nf	位	20	20
421	Nf	句	12	7
496	Nf	本	9	11

순서	품사	단어	3학년	
			수정전	수정후
572	Nf	所	8	8
578	Nf	些	8	6
600	Nf	点	7	5
617	Nf	只	7	12
655	Nf	间	7	6
668	Nf	分钟	6	6
688	Nf	部	6	5
741	Nf	套	6	7
757	Nf	口	5	10
808	Nf	张	5	6
877	Nf	各	4	11
878	Nf	名	4	11
902	Nf	样	4	3
947	Nf	幅	4	4
957	Nf	首	4	3
990	Nf	度	4	5
1024	Nf	条	3	2
1043	Nf	斤	3	6
1051	Nf	公斤	3	6
1076	Nf	瓶	3	3
1088	Nf	时	3	6
1151	Nf	辆	3	3
1157	Nf	段	3	8
1162	Nf	层	3	3
1223	Nf	道	3	2
1224	Nf	对	3	2
1233	Nf	片	3	1
1255	Nf	场	2	18
1258	Nf	星期	2	1
1263	Nf	顿	2	3
1269	Nf	杯	2	3
1272	Nf	篇	2	4
1274	Nf	米	2	2
1298	Nf	双	2	1
1300	Nf	元	2	2
1340	Nf	排	2	1
1363	Nf	座	2	3
1459	Nf	份	2	5
1463	Nf	块	2	3
1649	Nf	公里	2	1

순서	품사	단어	3학년	
			수정전	수정후
1665	Nf	声	2	1
1673	Nf	眼	2	1
1700	Nf	号	1	1
1732	Nf	周	1	3
1765	Nf	项	1	1
1792	Nf	门	1	1
1871	Nf	秒	1	2
1877	Nf	页	1	1
1902	Nf	颗	1	1
2138	Nf	类	1	1
2152	Nf	堂	1	1
2183	Nf	班	1	1
2193	Nf	笔	1	1
2274	Nf	番	1	1
2320	Nf	行	1	1
2431	Nf	美元	1	1
2724	Nf	遍	0	3
2731	Nf	分	0	0
2761	Nf	封	0	0
2837	Nf	届	0	0
2862	Nf	碗	0	0
2908	Nf	刻	0	1
2952	Nf	下	0	0
2957	Nf	处	0	0
2984	Nf	束	0	0
2987	Nf	跳	0	0
3005	Nf	把	0	0
3052	Nf	顶	0	0
3134	Nf	厘米	0	0
3171	Nf	片儿	0	0
3172	Nf	平方米	0	0
3217	Nf	台	0	0
3553	Nf	趟	0	1
3595	Nf	扇	0	1
3951	Nf	响	0	1

4.2.2.25 Ng 후치사

순서	품사	단어	3학년	
			수정전	수정후
35	Ng	后	125	139
75	Ng	以后	76	78
116	Ng	时	49	61
133	Ng	中	40	33
206	Ng	前	27	28
340	Ng	上	16	24
346	Ng	下	16	3
351	Ng	外	15	15
388	Ng	以外	13	13
481	Ng	之间	10	8
615	Ng	左右	7	7
729	Ng	间	6	6
766	Ng	以前	5	4
966	Ng	当中	4	3
969	Ng	里	4	10
971	Ng	之后	4	5
978	Ng	之前	4	4
1074	Ng	一样	3	1
1160	Ng	似的	3	4
1253	Ng	起	2	2
1988	Ng	以下	1	0
1989	Ng	以来	1	1
2011	Ng	初	1	1
2037	Ng	末	1	1
2137	Ng	来	1	1
2156	Ng	为止	1	1
2401	Ng	里面	1	1
2635	Ng	以内	1	1
2669	Ng	之下	1	1
2934	Ng	之内	0	0

4.2.2.26 Nh 대명사

순서	품사	단어	3학년	
			수정전	수정후
1	Nh	我	1747	1726
6	Nh	我们	435	448

순서	품사	단어	3학년	
			수정전	수정후
7	Nh	他	427	432
11	Nh	你	325	320
16	Nh	她	278	272
43	Nh	他们	113	102
96	Nh	自己	59	44
187	Nh	它	30	23
210	Nh	别人	27	23
319	Nh	谁	17	19
348	Nh	你们	15	15
391	Nh	大家	13	28
419	Nh	我们俩	12	11
597	Nh	您	7	6
816	Nh	人家	5	3
818	Nh	对方	5	8
1027	Nh	咱们	3	2
1142	Nh	他们俩	3	1
1361	Nh	他俩	2	3
1816	Nh	咱们俩	1	1
3018	Nh	彼此	0	0
3481	Nh	他人	0	0

4.2.2.27 P 전치사

순서	품사	단어	3학년	
			수정전	수정후
9	P	在	350	317
24	P	跟	174	149
38	P	对	121	114
78	P	到	73	49
82	P	从	71	71
107	P	把	54	63
119	P	比	46	35
139	P	和	39	42
150	P	被	35	32
231	P	为了	24	17
232	P	为	24	32
240	P	向	23	26
277	P	帮	19	18
331	P	除了	16	16

순서	품사	단어	3학년	
			수정전	수정후
338	P	于	16	15
513	P	离	9	9
519	P	给	9	6
577	P	随着	8	8
680	P	用	6	9
693	P	像	6	8
701	P	就	6	6
704	P	以	6	9
794	P	如	5	6
846	P	比如说	5	3
959	P	通过	4	8
1023	P	往	3	2
1120	P	受	3	3
1169	P	待	3	2
1187	P	经过	3	4
1236	P	针对	3	1
1242	P	依	2	2
1260	P	等	2	1
1313	P	替	2	4
1319	P	当	2	8
1323	P	每当	2	3
1349	P	对于	2	2
1373	P	直到	2	2
1519	P	因	2	3
1534	P	有关	2	1
1640	P	趁着	2	1
1759	P	由	1	2
1777	P	随	1	1
1980	P	按	1	0
2092	P	将	1	3
2178	P	按照	1	1
2388	P	靠	1	1
2671	P	至	1	1
2915	P	比如	0	0
3454	P	凭	0	0
3555	P	与	0	2
3560	P	比起	0	2
3584	P	每逢	0	2
3612	P	值	0	2
3822	P	例如	0	1

순서	품사	단어	3학년	
			수정전	수정후
3825	P	临近	0	1
3925	P	同	0	0

4.2.2.28 SHI 是

순서	품사	단어	3학년	
			수정전	수정후
5	SHI	是	485	441

4.2.2.29 T 어조사

순서	품사	단어	3학년	
			수정전	수정후
18	T	了	224	237
61	T	吧	83	78
124	T	呢	43	45
134	T	吗	39	36
301	T	啊	18	13
471	T	去	10	14
550	T	好了	8	7
875	T	呀	4	4
1225	T	而已	3	2
1317	T	没有	2	1
1343	T	哦	2	0
1848	T	的	1	2
2554	T	哇	1	1
2922	T	啦	0	0

4.2.2.30 VA 동작자동사

순서	품사	단어	3학년	
			수정전	수정후
72	VA	来	77	79
101	VA	搬家	57	49
118	VA	见面	46	50
138	VA	坐	39	38
201	VA	下雪	28	19
254	VA	出去	21	20

순서	품사	단어	3학년	
			수정전	수정후
262	VA	回家	20	23
288	VA	吃饭	18	15
289	VA	睡觉	18	14
297	VA	留学	18	19
307	VA	工作	17	16
313	VA	行	17	42
317	VA	玩儿	17	18
327	VA	走	16	17
350	VA	下雨	15	13
354	VA	上班	15	15
355	VA	出发	15	11
360	VA	旅行	14	37
365	VA	出来	14	13
372	VA	回国	14	13
382	VA	休息	13	12
383	VA	睡	13	12
437	VA	上课	11	12
445	VA	开车	11	14
449	VA	说话	11	10
472	VA	起床	10	5
473	VA	聊天儿	10	6
474	VA	结婚	10	10
476	VA	哭	10	10
486	VA	吵架	10	8
538	VA	运动	8	8
592	VA	来往	8	7
664	VA	游泳	6	5
698	VA	跑	6	4
709	VA	上学	6	7
711	VA	出生	6	6
718	VA	爬山	6	6
742	VA	分手	6	6
743	VA	报名	6	4
744	VA	下去	6	4
748	VA	日出	6	6
750	VA	前进	6	5
755	VA	逛街	5	5
764	VA	唱歌	5	5
769	VA	笑	5	5
869	VA	抽烟	4	4

순서	품사	단어	3학년	
			수정전	수정후
870	VA	打工	4	4
883	VA	读书	4	3
888	VA	看书	4	3
893	VA	谈话	4	5
929	VA	吸烟	4	3
938	VA	当兵	4	4
954	VA	走路	4	3
973	VA	戒烟	4	5
1022	VA	过日子	4	0
1038	VA	游	3	3
1039	VA	躺	3	2
1047	VA	聊天	3	5
1049	VA	站	3	8
1056	VA	上大学	3	3
1068	VA	登山	3	2
1072	VA	休学	3	3
1079	VA	散步	3	2
1093	VA	继续	3	4
1100	VA	坐车	3	1
1117	VA	自杀	3	4
1121	VA	下班	3	3
1173	VA	动身	3	1
1174	VA	考试	3	1
1177	VA	起来	3	2
1216	VA	新来	3	3
1238	VA	上网	2	2
1241	VA	睡懒觉	2	3
1295	VA	行动	2	1
1299	VA	去不了	2	1
1306	VA	做饭	2	3
1333	VA	爬	2	3
1341	VA	写信	2	1
1358	VA	聚	2	4
1385	VA	放暑假	2	3
1400	VA	公演	2	2
1408	VA	开会	2	1
1428	VA	消失	2	2
1436	VA	出门	2	2
1470	VA	谈恋爱	2	1
1475	VA	观光	2	4

순서	품사	단어	3학년	
			수정전	수정후
1484	VA	过街	2	2
1497	VA	游行	2	2
1552	VA	电话	2	2
1563	VA	后退	2	2
1572	VA	立足	2	2
1590	VA	排尿	2	2
1593	VA	跑过去	2	2
1595	VA	骑车	2	2
1619	VA	玩耍	2	2
1622	VA	下山	2	2
1623	VA	下学	2	2
1639	VA	避暑	2	1
1644	VA	掉下来	2	1
1658	VA	流泪	2	1
1663	VA	上床	2	1
1671	VA	醒	2	1
1688	VA	开门	1	1
1694	VA	减肥	1	1
1722	VA	请客	1	0
1748	VA	对话	1	1
1753	VA	花钱	1	0
1755	VA	住院	1	1
1775	VA	跑步	1	2
1786	VA	大哭	1	1
1805	VA	念书	1	0
1813	VA	上来	1	1
1822	VA	交往	1	2
1836	VA	相处	1	1
1839	VA	作文	1	1
1851	VA	出国	1	2
1861	VA	打网球	1	1
1909	VA	落	1	1
1913	VA	徘徊	1	1
1952	VA	祭祖	1	1
1965	VA	赚钱	1	1
1967	VA	走来走去	1	1
1981	VA	出差	1	1
1983	VA	滑雪	1	1
2010	VA	不停	1	0
2015	VA	到站	1	1

순서	품사	단어	3학년	
			수정전	수정후
2031	VA	开夜车	1	1
2044	VA	适应	1	1
2049	VA	填表	1	1
2089	VA	参军	1	1
2100	VA	流	1	1
2110	VA	办事	1	1
2121	VA	刮风	1	1
2146	VA	取长补短	1	2
2172	VA	种田	1	2
2180	VA	拔草	1	1
2223	VA	乘船	1	1
2227	VA	重逢	1	1
2230	VA	出游	1	1
2260	VA	动笔	1	1
2261	VA	动不了	1	1
2263	VA	兜风	1	1
2266	VA	对打	1	1
2277	VA	纺织	1	1
2278	VA	放晴	1	1
2279	VA	飞来飞去	1	1
2280	VA	飞舞	1	1
2282	VA	分别	1	1
2294	VA	盖印	1	1
2331	VA	怀孕	1	1
2346	VA	挤来挤去	1	1
2358	VA	教学	1	1
2359	VA	交友	1	1
2370	VA	禁烟	1	1
2383	VA	开口	1	1
2384	VA	开头	1	1
2385	VA	看家	1	1
2396	VA	来去	1	1
2405	VA	立功	1	1
2423	VA	骂人	1	1
2441	VA	鸣叫	1	1
2453	VA	逆转	1	1
2461	VA	跑过来	1	1
2481	VA	请假	1	1
2484	VA	缺课	1	1
2495	VA	软卧	1	1

순서	품사	단어	3학년	
			수정전	수정후
2498	VA	上下班	1	1
2538	VA	探病	1	1
2543	VA	跳	1	1
2550	VA	退房	1	1
2561	VA	往来	1	1
2581	VA	洗衣服	1	1
2590	VA	相待	1	1
2600	VA	歇	1	1
2602	VA	泻下来	1	1
2608	VA	虚张声势	1	1
2621	VA	摇橹	1	1
2625	VA	野营	1	1
2636	VA	以身作则	1	1
2648	VA	游来游去	1	1
2653	VA	愚公移山	1	1
2656	VA	远足	1	1
2672	VA	制药	1	1
2680	VA	助兴	1	1
2690	VA	走步	1	1
2692	VA	走过来	1	1
2694	VA	做梦	1	1
2695	VA	做下来	1	1
2721	VA	抽时间	0	0
2752	VA	祷告	0	0
2753	VA	祷告	0	0
2773	VA	干杯	0	0
2775	VA	就业	0	0
2782	VA	睡午觉	0	0
2792	VA	上车	0	0
2797	VA	离婚	0	0
2805	VA	歌唱	0	0
2806	VA	来临	0	0
2820	VA	打球	0	0
2863	VA	洗澡	0	0
2876	VA	早睡早起	0	0
2920	VA	过年	0	0
2926	VA	气哭	0	0
2948	VA	生活	0	0
2964	VA	发脾气	0	1
2974	VA	居住	0	1

순서	품사	단어	3학년	
			수정전	수정후
2985	VA	睡好	0	1
3011	VA	伴奏	0	0
3030	VA	充电	0	0
3035	VA	出嫁	0	0
3046	VA	当家	0	0
3049	VA	到校	0	0
3063	VA	飞	0	0
3068	VA	服兵役	0	0
3069	VA	服毒	0	0
3091	VA	喝水	0	0
3108	VA	教书	0	0
3110	VA	叫喊	0	0
3114	VA	尽孝	0	0
3120	VA	举杯	0	0
3124	VA	开药	0	0
3125	VA	咳嗽	0	0
3140	VA	溜达	0	0
3141	VA	流血	0	0
3167	VA	排队	0	1
3170	VA	碰头	0	0
3183	VA	让步	0	0
3189	VA	散去	0	0
3219	VA	逃亡	0	0
3226	VA	跳水	0	0
3232	VA	外出	0	0
3239	VA	午睡	0	0
3246	VA	洗脸	0	0
3247	VA	洗手	0	0
3250	VA	下功夫	0	0
3255	VA	写字	0	0
3259	VA	喧哗	0	0
3263	VA	咬牙	0	0
3288	VA	争吵	0	0
3289	VA	挣钱	0	0
3294	VA	转来转去	0	0
3323	VA	玩来玩去	0	0
3336	VA	干活	0	1
3358	VA	造句	0	1
3363	VA	比赛	0	1
3396	VA	犯规	0	0

순서	품사	단어	3학년	
			수정전	수정후
3412	VA	归乡	0	1
3417	VA	滑下去	0	0
3422	VA	讲话	0	0
3464	VA	入学	0	0
3497	VA	下楼	0	0
3501	VA	消费	0	0
3523	VA	战斗	0	0
3545	VA	监考	0	0
3566	VA	倒流	0	0
3574	VA	交谈	0	2
3575	VA	郊游	0	2
3585	VA	面带笑容	0	1
3594	VA	入伍	0	0
3602	VA	嬉戏	0	2
3603	VA	下降	0	1
3606	VA	行事	0	2
3630	VA	表现	0	1
3637	VA	步行	0	0
3657	VA	出场	0	0
3673	VA	待人	0	1
3677	VA	倒下	0	0
3679	VA	倒数	0	0
3685	VA	兜	0	1
3687	VA	逗留	0	1
3700	VA	犯错	0	1
3702	VA	飞行	0	1
3714	VA	赴约	0	0
3731	VA	购物	0	0
3735	VA	归国	0	0
3740	VA	过夜	0	1
3746	VA	喝醉	0	0
3753	VA	划船	0	1
3759	VA	会合	0	1
3770	VA	讲课	0	0
3771	VA	交卷	0	0
3772	VA	浇水	0	1
3777	VA	结账	0	0
3785	VA	进来	0	1
3787	VA	进展	0	1
3804	VA	磕	0	1

순서	품사	단어	3학년	
			수정전	수정후
3809	VA	哭出来	0	1
3810	VA	拉客	0	1
3820	VA	愣住	0	1
3821	VA	离家	0	0
3831	VA	落下	0	1
3832	VA	落下来	0	1
3838	VA	忙来忙去	0	0
3852	VA	排排坐	0	1
3854	VA	跑出去	0	1
3856	VA	飘	0	1
3858	VA	飘下	0	0
3862	VA	起晚	0	0
3867	VA	抢先	0	1
3873	VA	求情	0	1
3882	VA	入场	0	0
3887	VA	晒太阳	0	1
3890	VA	上眼	0	0
3909	VA	说谎	0	0
3910	VA	说说话	0	1
3921	VA	听不进去	0	1
3924	VA	通信	0	1
3947	VA	下乡	0	1
3971	VA	研究	0	1
3982	VA	应考	0	0
3988	VA	游玩	0	1
4014	VA	转学	0	0
4023	VA	走进来	0	1
4025	VA	作弊	0	0
4026	VA	做人	0	1

4.2.2.31 VAC 동작사동사

순서	품사	단어	3학년	
			수정전	수정후
894	VAC	动	4	5
1455	VAC	聚集	2	0
2126	VAC	集合	1	2
2159	VAC	移动	1	2
2619	VAC	摇	1	1

순서	품사	단어	3학년	
			수정전	수정후
2620	VAC	摇晃	1	1
3191	VAC	上映	0	0
3533	VAC	转	0	0
3757	VAC	晃动	0	1

4.2.2.32 VB 동작류타동사

순서	품사	단어	3학년	
			수정전	수정후
179	VB	送行	31	30
540	VB	打电话	8	8
1286	VB	进来	2	1
1330	VB	照相	2	2
1387	VB	开玩笑	2	3
1416	VB	淋湿	2	2
1434	VB	再见	2	2
1531	VB	起来	2	2
1657	VB	决定下来	2	1
1670	VB	行礼	2	1
1739	VB	加油	1	1
1793	VB	拿过来	1	1
1803	VB	化妆	1	1
1852	VB	打招呼	1	3
2014	VB	道歉	1	1
2123	VB	过生日	1	2
2168	VB	摘下来	1	2
2175	VB	挨打	1	1
2182	VB	拜年	1	1
2237	VB	打交道	1	1
2257	VB	定罪	1	1
2312	VB	归纳起来	1	1
2389	VB	磕头	1	1
2399	VB	离别	1	1
2571	VB	问好	1	1
2819	VB	传教	0	0
2858	VB	算命	0	0
2959	VB	打针	0	1
3096	VB	回来	0	0
3136	VB	理发	0	0

순서	품사	단어	3학년	
			수정전	수정후
3222	VB	提前	0	0
3525	VB	诊病	0	0
3598	VB	剃头	0	0
3638	VB	擦干净	0	0
3666	VB	答出来	0	0
3672	VB	带出去	0	1
3678	VB	道别	0	0
3747	VB	喝彩	0	1
3778	VB	解雇	0	0
3780	VB	解闷	0	1
3871	VB	请安	0	1
3885	VB	扫干净	0	0
3902	VB	示爱	0	0
3920	VB	挑出来	0	0
3949	VB	相比	0	1
3958	VB	写下来	0	0
4008	VB	治病	0	0

4.2.2.33 VC 동작타동사

순서	품사	단어	3학년	
			수정전	수정후
30	VC	学习	149	145
52	VC	看	95	94
86	VC	吃	67	67
99	VC	学	58	48
123	VC	做	43	42
136	VC	买	39	38
151	VC	帮助	35	39
162	VC	进行	33	32
171	VC	下	31	41
172	VC	找	31	35
189	VC	开	29	21
205	VC	等	27	15
209	VC	带	27	29
213	VC	研究	27	29
218	VC	参加	26	28
223	VC	打	25	26
226	VC	喝	24	25

순서	품사	단어	3학년	
			수정전	수정후
229	VC	认识	24	22
239	VC	玩	23	24
249	VC	看到	22	24
282	VC	出	19	14
349	VC	准备	15	18
363	VC	上	14	21
369	VC	找到	14	20
371	VC	打扰	14	13
373	VC	写	14	11
397	VC	不好	13	15
398	VC	用	13	10
417	VC	教	12	11
424	VC	搬	12	14
454	VC	提高	11	15
477	VC	穿	10	11
516	VC	接待	9	8
521	VC	招待	9	9
542	VC	生	8	9
548	VC	养	8	10
554	VC	骑	8	8
575	VC	干	8	12
604	VC	带来	7	8
611	VC	换	7	4
613	VC	摆	7	8
619	VC	比较	7	9
620	VC	照顾	7	7
621	VC	打开	7	6
622	VC	浪费	7	7
625	VC	解决	7	9
626	VC	实现	7	7
630	VC	过去	7	7
632	VC	要	7	3
634	VC	通过	7	7
653	VC	联系	7	7
665	VC	放	6	5
666	VC	回来	6	6
673	VC	搬到	6	9
674	VC	打扫	6	6
675	VC	练习	6	5
681	VC	看看	6	4

순서	품사	단어	3학년	
			수정전	수정후
737	VC	放弃	6	7
753	VC	使用	6	3
773	VC	踢	5	5
793	VC	考上	5	6
805	VC	留下	5	5
824	VC	举行	5	3
826	VC	定	5	8
855	VC	撞伤	5	5
862	VC	做完	4	5
865	VC	丢	4	4
868	VC	拿	4	6
871	VC	花	4	4
881	VC	接	4	4
887	VC	介绍	4	4
889	VC	交	4	8
901	VC	教育	4	4
917	VC	读	4	5
922	VC	复习	4	2
926	VC	念	4	4
949	VC	拉	4	4
952	VC	加入	4	3
956	VC	碰到	4	2
970	VC	遇到	4	9
988	VC	包	4	4
993	VC	代替	4	4
1005	VC	撞倒	4	4
1017	VC	发展	4	2
1019	VC	控制	4	1
1059	VC	收拾	3	1
1060	VC	离开	3	3
1061	VC	看见	3	5
1067	VC	取得	3	3
1077	VC	点	3	2
1082	VC	整	3	5
1107	VC	考	3	3
1155	VC	求	3	2
1176	VC	帮	3	3
1182	VC	布置	3	4
1188	VC	描述	3	4
1219	VC	影响	3	3

순서	품사	단어	3학년	
			수정전	수정후
1245	VC	陪	2	3
1247	VC	吃完	2	4
1249	VC	贴	2	2
1270	VC	麻烦	2	2
1277	VC	改变	2	2
1280	VC	住	2	2
1294	VC	弹	2	3
1324	VC	骗	2	3
1335	VC	修理	2	2
1345	VC	锻炼	2	3
1362	VC	学会	2	2
1380	VC	表达	2	2
1381	VC	参观	2	5
1382	VC	抱	2	3
1409	VC	烤	2	2
1431	VC	孝敬	2	2
1438	VC	打碎	2	1
1456	VC	上去	2	1
1457	VC	摔	2	1
1466	VC	留	2	0
1469	VC	收到	2	2
1478	VC	覆盖	2	3
1496	VC	引起	2	2
1510	VC	看过	2	0
1511	VC	追求	2	1
1513	VC	发	2	4
1525	VC	吹	2	3
1527	VC	祭祀	2	2
1528	VC	驾驶	2	2
1530	VC	面试	2	3
1537	VC	安慰	2	2
1551	VC	登	2	2
1566	VC	嫁给	2	2
1591	VC	派遣到	2	2
1610	VC	弹劾	2	2
1631	VC	召开	2	2
1641	VC	抽出	2	0
1687	VC	偷走	1	1
1692	VC	妨碍	1	1
1693	VC	学好	1	6

순서	품사	단어	3학년	
			수정전	수정후
1696	VC	挂	1	1
1702	VC	建议	1	1
1708	VC	拐	1	1
1716	VC	关上	1	1
1725	VC	骂	1	2
1756	VC	完成	1	2
1768	VC	下来	1	1
1772	VC	吸	1	3
1782	VC	保守	1	1
1799	VC	找回	1	1
1820	VC	准备好	1	3
1824	VC	打死	1	1
1825	VC	改正	1	1
1831	VC	你好	1	1
1843	VC	考完	1	1
1846	VC	做好	1	1
1847	VC	吵	1	2
1850	VC	取	1	2
1858	VC	尝尝	1	1
1863	VC	堵	1	1
1866	VC	结	1	2
1872	VC	碰见	1	2
1887	VC	发动	1	1
1897	VC	解	1	1
1899	VC	借去	1	1
1927	VC	脱	1	1
1936	VC	诱拐	1	1
1944	VC	按	1	1
1946	VC	打起	1	1
1959	VC	玩玩	1	0
1986	VC	过来	1	1
1990	VC	照	1	3
1997	VC	犯	1	1
2012	VC	处理	1	1
2051	VC	歪曲	1	1
2085	VC	穿上	1	2
2086	VC	流下	1	5
2093	VC	排列	1	4
2097	VC	选择	1	2
2141	VC	录取	1	1

순서	품사	단어	3학년	
			수정전	수정후
2166	VC	栽培	1	2
2169	VC	整理	1	2
2187	VC	包装	1	1
2189	VC	保卫	1	0
2194	VC	比不过	1	1
2210	VC	步	1	1
2214	VC	擦	1	1
2225	VC	吃光	1	1
2238	VC	打通	1	1
2249	VC	倒	1	1
2252	VC	得不到	1	1
2264	VC	逗	1	1
2272	VC	发扬	1	1
2291	VC	服务	1	1
2298	VC	搞砸	1	1
2322	VC	喝光	1	1
2326	VC	喝完	1	1
2336	VC	会晤	1	1
2337	VC	混合	1	1
2356	VC	交换	1	1
2360	VC	叫醒	1	1
2368	VC	进	1	0
2375	VC	经受	1	1
2387	VC	看中	1	0
2393	VC	夸奖	1	1
2412	VC	料理	1	1
2424	VC	迈开	1	1
2447	VC	拿去	1	1
2474	VC	抢劫	1	1
2486	VC	惹起	1	1
2490	VC	认	1	0
2523	VC	说完	1	1
2527	VC	算上	1	1
2530	VC	锁上	1	1
2542	VC	挑	1	1
2553	VC	挖掘	1	1
2601	VC	写作	1	1
2664	VC	招聘	1	1
2685	VC	追	1	1
2707	VC	唱	0	1

순서	품사	단어	3학년	
			수정전	수정후
2710	VC	推到	0	0
2718	VC	写完	0	0
2726	VC	拿走	0	0
2728	VC	打扮	0	1
2730	VC	耽误	0	0
2734	VC	挺	0	0
2735	VC	吃得了	0	0
2737	VC	逛	0	1
2743	VC	吃好	0	0
2745	VC	经营	0	0
2748	VC	贴好	0	0
2751	VC	预习	0	0
2757	VC	选	0	1
2764	VC	办	0	2
2766	VC	背	0	0
2767	VC	翻译	0	0
2769	VC	弄坏	0	1
2778	VC	拿来	0	0
2804	VC	呼吸	0	2
2809	VC	瞧	0	0
2813	VC	修	0	1
2827	VC	赶走	0	0
2835	VC	捡到	0	0
2848	VC	暖和	0	0
2854	VC	收看	0	0
2868	VC	写好	0	0
2870	VC	咬	0	0
2877	VC	抓住	0	0
2879	VC	做不了	0	0
2892	VC	面对	0	2
2895	VC	买到	0	0
2901	VC	堆	0	0
2903	VC	订	0	2
2910	VC	利用	0	1
2919	VC	刮倒	0	1
2932	VC	折	0	0
2933	VC	挣	0	0
2936	VC	祝贺	0	0
2946	VC	举办	0	2
2951	VC	体验	0	2

순서	품사	단어	3학년	
			수정전	수정후
2958	VC	答错	0	1
2962	VC	掉	0	1
2968	VC	观看	0	2
2972	VC	回报	0	1
2980	VC	弄脏	0	1
2988	VC	推	0	0
2997	VC	迎接	0	1
3000	VC	责备	0	0
3010	VC	拌	0	0
3017	VC	绷紧	0	0
3019	VC	编导	0	0
3024	VC	猜对	0	0
3026	VC	操持	0	0
3029	VC	称赞	0	0
3040	VC	打伤	0	0
3041	VC	大风刮	0	0
3050	VC	等等	0	0
3055	VC	逗乐	0	0
3066	VC	缝好	0	0
3073	VC	更换	0	0
3090	VC	合唱	0	0
3101	VC	济	0	0
3109	VC	教导	0	0
3113	VC	进不了	0	0
3122	VC	开放	0	0
3123	VC	开开	0	0
3144	VC	买好	0	0
3212	VC	甩	0	0
3225	VC	挑选	0	0
3244	VC	洗	0	1
3252	VC	献身	0	0
3257	VC	修好	0	0
3279	VC	预订	0	0
3281	VC	熨	0	0
3285	VC	责怪	0	0
3293	VC	赚	0	0
3295	VC	撞断	0	0
3296	VC	追随	0	0
3340	VC	填	0	2
3342	VC	办好	0	0

순서	품사	단어	3학년	
			수정전	수정후
3346	VC	戴	0	1
3356	VC	填写	0	0
3359	VC	争	0	1
3377	VC	出来	0	0
3378	VC	出示	0	0
3379	VC	创造	0	0
3381	VC	挫折	0	0
3386	VC	带上	0	0
3390	VC	读完	0	0
3392	VC	发起	0	0
3401	VC	搞好	0	0
3407	VC	鼓起	0	0
3408	VC	鼓足	0	0
3418	VC	挤	0	0
3420	VC	加	0	0
3423	VC	降	0	0
3426	VC	接受	0	0
3436	VC	款待	0	0
3446	VC	摸	0	0
3447	VC	拿起	0	0
3451	VC	溺爱	0	0
3457	VC	敲	0	0
3462	VC	认识认识	0	0
3468	VC	申请	0	0
3471	VC	生下	0	0
3472	VC	食	0	0
3473	VC	实行	0	0
3476	VC	数	0	0
3527	VC	指导	0	0
3528	VC	指责	0	0
3541	VC	弄丢	0	2
3565	VC	达成	0	2
3570	VC	付出	0	2
3571	VC	观赏	0	0
3578	VC	开走	0	0
3586	VC	拿到	0	2
3607	VC	休	0	1
3609	VC	学得	0	1
3610	VC	营造	0	2
3619	VC	拜访	0	0

순서	품사	단어	3학년	
			수정전	수정후
3629	VC	表露	0	1
3642	VC	藏	0	1
3645	VC	敞开	0	0
3646	VC	唱起	0	0
3649	VC	承受	0	0
3650	VC	吃掉	0	0
3655	VC	抽	0	0
3660	VC	处理好	0	1
3662	VC	吹开	0	1
3667	VC	打击	0	1
3671	VC	呆到	0	0
3681	VC	登顶	0	1
3682	VC	点上	0	0
3705	VC	分	0	1
3710	VC	扶持	0	1
3716	VC	改	0	0
3717	VC	改革	0	0
3718	VC	改善	0	1
3729	VC	贡献	0	1
3733	VC	管教	0	0
3737	VC	过不了	0	1
3745	VC	喝掉	0	1
3749	VC	哼	0	1
3752	VC	花光	0	0
3762	VC	激励	0	1
3779	VC	解决不了	0	1
3786	VC	进修	0	0
3797	VC	开上	0	1
3798	VC	看待	0	1
3799	VC	看望	0	1
3826	VC	领	0	0
3830	VC	乱放	0	0
3835	VC	买错	0	0
3851	VC	弄乱	0	1
3855	VC	抛开	0	1
3869	VC	清楚	0	0
3874	VC	驱逐	0	0
3896	VC	生产	0	1
3898	VC	省	0	0
3900	VC	实施	0	1

순서	품사	단어	3학년	
			수정전	수정후
3922	VC	听取	0	1
3927	VC	投入到	0	0
3935	VC	握	0	0
3942	VC	误解	0	0
3957	VC	写出	0	0
3995	VC	砸碎	0	1
3999	VC	责骂	0	1
4009	VC	治好	0	0
4027	VC	阻止	0	1

4.2.2.34 VCL 동작장소목적어동사

순서	품사	단어	3학년	
			수정전	수정후
17	VCL	去	257	257
36	VCL	到	123	120
143	VCL	过	38	26
164	VCL	在	32	33
216	VCL	住在	26	28
323	VCL	上	17	27
452	VCL	回	11	13
478	VCL	来到	10	14
601	VCL	进	7	7
651	VCL	入	7	8
771	VCL	回到	5	8
913	VCL	到达	4	5
931	VCL	游览	4	3
1138	VCL	走到	3	2
1395	VCL	走进	2	2
1520	VCL	坐上	2	4
1849	VCL	度过	1	3
1885	VCL	呆	1	1
1960	VCL	位于	1	0
2395	VCL	来回	1	1
2470	VCL	迁居	1	1
2691	VCL	走出	1	1
2732	VCL	临	0	0
2904	VCL	下	0	1
2973	VCL	挤满	0	0

순서	품사	단어	3학년	
			수정전	수정후
2981	VCL	爬到	0	1
3117	VCL	经过	0	0
3169	VCL	跑到	0	0
3597	VCL	睡到	0	0
3658	VCL	出走	0	0
3734	VCL	逛逛	0	0
3756	VCL	欢聚	0	1
3853	VCL	攀登	0	1
3916	VCL	踏上	0	1

4.2.2.35 VD 이중목적어동사

순서	품사	단어	3학년	
			수정전	수정후
46	VD	给	105	96
636	VD	交	7	2
767	VD	送给	5	5
768	VD	还给	5	4
827	VD	寄	5	6
1041	VD	送	3	3
1069	VD	租	3	6
1297	VD	出租	2	2
1357	VD	发	2	2
1503	VD	留给	2	2
1681	VD	交给	1	2
1684	VD	递给	1	1
1699	VD	赢	1	1
1703	VD	卖	1	1
1745	VD	还	1	0
1807	VD	说给	1	0
1898	VD	借给	1	1
2045	VD	输	1	1
2155	VD	偷	1	2
2293	VD	付	1	1
2788	VD	赠	0	0
2790	VD	寄去	0	0
2818	VD	传	0	0
3038	VD	赐给	0	0
3106	VD	讲给	0	0

순서	품사	단어	3학년	
			수정전	수정후
3145	VD	卖给	0	0
3207	VD	收	0	0
3661	VD	传染	0	1
3765	VD	给予	0	0

4.2.2.36 VE 동작문장목적어동사

순서	품사	단어	3학년	
			수정전	수정후
25	VE	说	171	187
34	VE	想	128	118
122	VE	商量	45	44
144	VE	见	38	17
158	VE	以为	34	33
168	VE	听	31	26
177	VE	安排	31	32
202	VE	讨论	28	31
269	VE	听到	20	22
311	VE	表示	17	12
324	VE	主张	17	21
347	VE	发现	16	20
368	VE	决定	14	18
387	VE	问	13	13
431	VE	想起	12	17
441	VE	告诉	11	12
453	VE	看	11	9
489	VE	商量商量	10	9
518	VE	听说	9	13
522	VE	认为	9	22
606	VE	见到	7	14
661	VE	说起	7	5
790	VE	谈	5	2
882	VE	叫	4	6
912	VE	聊	4	3
925	VE	介绍	4	4
955	VE	考虑	4	3
1275	VE	祝	2	2
1289	VE	讲	2	2
1344	VE	想要	2	5

순서	품사	단어	3학년	
			수정전	수정후
1364	VE	反对	2	2
1371	VE	提醒	2	2
1383	VE	答应	2	3
1420	VE	请问	2	2
1426	VE	听见	2	1
1707	VE	约好	1	3
1874	VE	说明	1	3
1879	VE	抱怨	1	1
1954	VE	聊聊	1	1
1978	VE	看看	1	2
2070	VE	管	1	1
2122	VE	观察	1	2
2129	VE	检查	1	2
2131	VE	讲述	1	2
2308	VE	估计	1	1
2539	VE	提到	1	1
2657	VE	预测到	1	1
2688	VE	自言自语	1	1
2770	VE	祈祷	0	0
2783	VE	谈到	0	0
2861	VE	听听	0	0
2918	VE	道	0	0
3023	VE	猜猜	0	0
3182	VE	嚷嚷	0	0
3360	VE	做到	0	0
3373	VE	常言道	0	0
3428	VE	解释	0	0
3499	VE	想不出	0	0
3544	VE	回想起	0	2
3670	VE	大叫	0	1
3719	VE	感起	0	1
3769	VE	讲讲	0	1
3800	VE	抗议	0	1
3872	VE	庆祝	0	1
3891	VE	设想	0	1
3933	VE	问清	0	1
3952	VE	想像	0	0
3962	VE	形容	0	0

4.2.2.37 VF 동작술목동사

순서	품사	단어	3학년	
			수정전	수정후
108	VF	打算	54	53
214	VF	请	26	29
762	VF	叫	5	10
787	VF	决心	5	4
1369	VF	求	2	2
1386	VF	鼓励	2	3
1391	VF	试	2	3
1433	VF	要求	2	2
1536	VF	准备	2	3
1669	VF	说服	2	1
1689	VF	劝	1	2
1926	VF	托	1	1
2030	VF	拒绝	1	1
2128	VF	继续	1	1
2460	VF	派遣	1	1
3235	VF	委托	0	0
3572	VF	计划	0	1
3773	VF	叫到	0	0

4.2.2.38 VG 분류동사

순서	품사	단어	3학년	
			수정전	수정후
212	VG	当	27	30
393	VG	叫	13	12
480	VG	像	10	14
571	VG	变成	8	6
607	VG	成为	7	10
708	VG	成	6	10
1042	VG	变	3	4
1458	VG	造成	2	0
1862	VG	担任	1	1
1991	VG	算	1	2
2027	VG	既是	1	1
2157	VG	象	1	1
2459	VG	排成	1	1
2528	VG	算做	1	1

순서	품사	단어	3학년	
			수정전	수정후
2551	VG	拖成	1	1
2711	VG	翻译成	0	0
2712	VG	译成	0	0
3178	VG	切成	0	0
3216	VG	算不了	0	0
3221	VG	踢成	0	0
3301	VG	真是	0	0
3375	VG	称	0	0
3376	VG	吃成	0	0
3558	VG	作为	0	3
3754	VG	化	0	0
3775	VG	结成	0	1

4.2.2.39 VH 상태자동사

순서	품사	단어	3학년	
			수정전	수정후
32	VH	好	132	160
68	VH	大	80	70
70	VH	多	79	66
71	VH	特别	79	79
115	VH	努力	49	52
125	VH	开始	43	43
130	VH	忙	40	32
137	VH	一样	39	39
142	VH	快	38	34
146	VH	很多	37	32
155	VH	重要	35	35
166	VH	长	32	28
181	VH	难	30	31
184	VH	小	30	27
203	VH	漂亮	27	28
211	VH	重	27	28
220	VH	毕业	26	27
224	VH	这样	25	26
238	VH	高	23	26
246	VH	有意思	22	19
247	VH	瘦	22	20

순서	품사	단어	3학년	
			수정전	수정후
248	VH	远	22	22
253	VH	幸福	21	19
284	VH	近	19	21
285	VH	成功	19	22
300	VH	热闹	18	18
315	VH	不错	17	15
328	VH	冷	16	15
329	VH	胖	16	15
334	VH	新	16	18
339	VH	在一起	16	19
357	VH	白	15	18
378	VH	苦	14	13
389	VH	贵	13	13
390	VH	美丽	13	10
394	VH	太多	13	9
401	VH	容易	13	11
405	VH	紧张	13	10
410	VH	好吃	12	10
414	VH	舒服	12	11
433	VH	吃力	12	11
435	VH	怎么样	11	9
439	VH	健康	11	11
443	VH	早	11	8
446	VH	死	11	7
451	VH	下课	11	12
455	VH	愉快	11	12
470	VH	方便	10	10
485	VH	急	10	10
498	VH	好看	9	8
501	VH	流利	9	10
535	VH	热情	9	9
541	VH	厉害	8	7
547	VH	便宜	8	8
549	VH	久	8	13
552	VH	感冒	8	9
564	VH	轻	8	6
567	VH	有名	8	8
581	VH	亲密	8	5
594	VH	晚	7	8
608	VH	最好	7	10

순서	품사	단어	3학년	
			수정전	수정후
612	VH	善良	7	7
616	VH	那样	7	6
631	VH	精彩	7	8
635	VH	年轻	7	6
638	VH	清楚	7	7
659	VH	简单	7	7
660	VH	强	7	4
670	VH	迟到	6	7
671	VH	少	6	3
679	VH	最近	6	8
682	VH	帅	6	6
691	VH	认真	6	7
695	VH	深	6	6
696	VH	不一样	6	6
703	VH	长大	6	4
714	VH	着急	6	5
724	VH	开朗	6	9
727	VH	黑	6	6
735	VH	复杂	6	4
738	VH	深刻	6	7
756	VH	生气	5	7
763	VH	可爱	5	5
772	VH	有事	5	3
779	VH	慢慢	5	3
780	VH	病	5	4
786	VH	美	5	8
797	VH	活	5	4
800	VH	呆	5	7
802	VH	明白	5	7
813	VH	严重	5	5
820	VH	伤	5	8
822	VH	发达	5	4
830	VH	浪费	5	6
854	VH	无聊	5	5
879	VH	好好	4	6
885	VH	堵车	4	3
886	VH	聪明	4	5
890	VH	怪	4	3
891	VH	不再	4	5
892	VH	不断	4	5

순서	품사	단어	3학년	
			수정전	수정후
895	VH	严格	4	3
896	VH	没关系	4	2
899	VH	假	4	5
900	VH	放假	4	4
904	VH	奇怪	4	3
907	VH	快乐	4	3
909	VH	够	4	4
910	VH	弱	4	3
920	VH	适合	4	2
924	VH	矮	4	4
930	VH	要命	4	3
935	VH	激动	4	5
940	VH	不得了	4	3
944	VH	开学	4	5
950	VH	正式	4	3
958	VH	乱	4	2
965	VH	吃苦	4	4
972	VH	出现	4	6
975	VH	困难	4	6
980	VH	厚	4	4
984	VH	化	4	3
987	VH	有趣	4	2
1006	VH	大大	4	3
1013	VH	受骗	4	3
1033	VH	随便	3	3
1034	VH	用功	3	3
1048	VH	那么	3	2
1053	VH	饿	3	4
1057	VH	干净	3	3
1062	VH	安静	3	4
1073	VH	生病	3	2
1078	VH	活泼	3	2
1083	VH	老	3	3
1097	VH	宝贵	3	2
1106	VH	危险	3	3
1130	VH	睡着	3	4
1133	VH	骄傲	3	3
1140	VH	不足	3	2
1145	VH	及格	3	1
1150	VH	白白	3	4

순서	품사	단어	3학년	
			수정전	수정후
1158	VH	去世	3	3
1165	VH	失败	3	3
1170	VH	交流	3	2
1175	VH	和平	3	4
1179	VH	外向	3	5
1183	VH	成熟	3	4
1185	VH	滑	3	3
1190	VH	退休	3	3
1194	VH	不了了之	3	3
1199	VH	独特	3	3
1203	VH	活下去	3	3
1206	VH	礼貌	3	3
1213	VH	吓人	3	3
1221	VH	悲哀	3	1
1222	VH	不懈	3	2
1226	VH	苦恼	3	2
1227	VH	亮晶晶	3	2
1231	VH	直接	3	2
1232	VH	过来	3	1
1234	VH	痛快	3	1
1235	VH	温和	3	1
1239	VH	慢	2	3
1256	VH	差	2	5
1265	VH	和睦	2	2
1266	VH	孤独	2	1
1267	VH	亲切	2	2
1302	VH	美好	2	5
1308	VH	大声	2	1
1316	VH	进步	2	1
1322	VH	棒	2	4
1338	VH	周到	2	2
1351	VH	值得	2	4
1354	VH	不同	2	4
1360	VH	更多	2	3
1388	VH	内向	2	3
1392	VH	爽快	2	2
1397	VH	低	2	2
1410	VH	困	2	2
1413	VH	乐观	2	2
1415	VH	了不起	2	2

순서	품사	단어	3학년	
			수정전	수정후
1446	VH	亲热	2	1
1453	VH	自豪	2	1
1465	VH	小小	2	2
1476	VH	基础	2	3
1480	VH	迷路	2	3
1483	VH	公平	2	2
1498	VH	远不远	2	2
1507	VH	完全	2	1
1512	VH	悲伤	2	4
1522	VH	必要	2	2
1532	VH	如此	2	3
1538	VH	暗下来	2	2
1548	VH	大吃一惊	2	2
1556	VH	风趣	2	2
1558	VH	高大	2	2
1561	VH	光荣	2	2
1568	VH	空荡荡	2	2
1586	VH	目瞪口呆	2	2
1602	VH	上下课	2	2
1604	VH	失业	2	2
1611	VH	坦率	2	2
1624	VH	羞答答	2	2
1625	VH	雅	2	2
1628	VH	勇敢	2	2
1629	VH	忧郁	2	2
1642	VH	刺激	2	1
1643	VH	当然	2	1
1645	VH	懂事	2	1
1647	VH	分明	2	0
1648	VH	高级	2	1
1660	VH	忍不住	2	1
1666	VH	盛大	2	1
1667	VH	湿	2	1
1685	VH	疼	1	1
1710	VH	辣	1	1
1712	VH	好不好	1	2
1717	VH	太晚	1	1
1720	VH	细	1	1
1726	VH	苗条	1	2
1736	VH	好玩	1	1

순서	품사	단어	3학년	
			수정전	수정후
1743	VH	不见了	1	3
1749	VH	难受	1	1
1751	VH	仔细	1	1
1752	VH	最多	1	1
1767	VH	过分	1	0
1773	VH	红	1	2
1783	VH	诚实	1	1
1785	VH	错	1	1
1791	VH	客气	1	1
1795	VH	清	1	1
1802	VH	好极了	1	1
1804	VH	亮亮	1	0
1809	VH	自我	1	1
1819	VH	合	1	2
1821	VH	差不多	1	2
1823	VH	吃惊	1	1
1829	VH	老实	1	1
1840	VH	饱	1	1
1841	VH	合作	1	0
1853	VH	对	1	3
1854	VH	好听	1	1
1865	VH	和好	1	2
1867	VH	来不了	1	2
1875	VH	算了	1	1
1886	VH	多事	1	1
1888	VH	发烧	1	1
1901	VH	旧	1	1
1915	VH	平常	1	1
1928	VH	相互	1	1
1938	VH	真实	1	2
1947	VH	单身	1	0
1950	VH	糊涂	1	0
1955	VH	流行	1	0
1956	VH	亲	1	0
1962	VH	相似	1	1
1977	VH	优秀	1	1
1984	VH	寂寞	1	1
2002	VH	热热闹闹	1	2
2006	VH	珍贵	1	1
2009	VH	笨	1	1

순서	품사	단어	3학년	
			수정전	수정후
2013	VH	错误	1	1
2018	VH	多样	1	1
2021	VH	干干净净	1	1
2024	VH	好心	1	2
2026	VH	积极	1	1
2029	VH	节省	1	1
2036	VH	密切	1	1
2050	VH	秃	1	1
2053	VH	为什么	1	1
2054	VH	无间	1	1
2057	VH	西方	1	1
2068	VH	成人	1	0
2077	VH	晴	1	0
2083	VH	专门	1	1
2096	VH	睡不着觉	1	2
2098	VH	变	1	2
2099	VH	蓝蓝	1	3
2101	VH	没用	1	3
2102	VH	免费	1	1
2115	VH	大胆	1	1
2118	VH	发福	1	2
2135	VH	刻苦	1	2
2140	VH	流逝	1	1
2151	VH	太少	1	1
2181	VH	白净	1	1
2190	VH	悲喜	1	1
2207	VH	不像话	1	1
2212	VH	不清	1	1
2215	VH	苍白	1	1
2216	VH	苍郁	1	1
2226	VH	迟钝	1	1
2239	VH	大病	1	1
2250	VH	倒闭	1	1
2256	VH	典雅	1	1
2265	VH	端庄	1	1
2267	VH	多才多艺	1	1
2270	VH	发愁	1	1
2281	VH	费事	1	1
2284	VH	风度翩翩	1	1
2286	VH	丰盛	1	1

순서	품사	단어	3학년	
			수정전	수정후
2287	VH	丰收	1	1
2292	VH	浮现	1	1
2295	VH	干脆	1	1
2296	VH	尴尬	1	1
2307	VH	孤芳自赏	1	1
2310	VH	光润	1	1
2311	VH	广大	1	1
2318	VH	含蓄	1	1
2329	VH	厚厚	1	1
2332	VH	欢乐	1	1
2333	VH	缓慢	1	1
2338	VH	火冒三丈	1	1
2339	VH	祸不单行	1	1
2357	VH	交加	1	1
2365	VH	结冰	1	1
2372	VH	惊慌失措	1	1
2379	VH	久别	1	1
2382	VH	绝望	1	1
2402	VH	理性	1	1
2403	VH	理直气壮	1	1
2406	VH	例外	1	1
2415	VH	乱糟糟	1	1
2417	VH	落榜	1	1
2419	VH	麻痹	1	1
2426	VH	漫天	1	1
2427	VH	慢悠悠	1	1
2428	VH	盲目	1	1
2442	VH	明媚	1	1
2446	VH	默默	1	1
2451	VH	腻	1	1
2452	VH	匿名	1	1
2455	VH	浓	1	1
2463	VH	平滑	1	1
2466	VH	漆黑	1	1
2468	VH	起来	1	1
2473	VH	强盛	1	1
2476	VH	勤快	1	1
2477	VH	清澈	1	1
2480	VH	情同手足	1	1
2489	VH	忍无可忍	1	1

순서	품사	단어	3학년	
			수정전	수정후
2493	VH	如故	1	1
2494	VH	软绵绵	1	1
2496	VH	闪耀	1	1
2499	VH	奢侈	1	1
2509	VH	时髦	1	1
2515	VH	守旧	1	1
2518	VH	受凉	1	1
2534	VH	贪吃	1	1
2535	VH	贪玩	1	1
2536	VH	谈得来	1	1
2537	VH	忐忑不安	1	1
2541	VH	甜蜜	1	1
2549	VH	投机	1	1
2559	VH	汪汪	1	1
2564	VH	望子成龙	1	1
2574	VH	无边无际	1	1
2582	VH	瞎	1	1
2583	VH	下垂	1	1
2584	VH	下苦	1	1
2586	VH	鲜明	1	1
2591	VH	相反	1	1
2606	VH	兴高采烈	1	1
2607	VH	兴致勃勃	1	1
2612	VH	牙疼	1	1
2613	VH	炎热	1	1
2623	VH	耀眼	1	1
2624	VH	野蛮	1	1
2626	VH	夜深	1	1
2640	VH	一言既出	1	1
2647	VH	悠久	1	1
2651	VH	有效	1	1
2655	VH	远远	1	1
2659	VH	晕倒	1	1
2666	VH	正经	1	1
2678	VH	主要	1	1
2679	VH	著名	1	1
2683	VH	壮观	1	1
2725	VH	完	0	0
2729	VH	头疼	0	0
2740	VH	乐天	0	1

순서	품사	단어	3학년	
			수정전	수정후
2741	VH	地道	0	0
2754	VH	巧	0	0
2762	VH	高速	0	0
2777	VH	凉快	0	1
2785	VH	响	0	0
2791	VH	醉	0	0
2793	VH	发胖	0	0
2812	VH	退伍	0	0
2814	VH	虚弱	0	1
2822	VH	得分	0	0
2829	VH	乖	0	0
2830	VH	乖巧	0	0
2831	VH	海水蓝	0	0
2836	VH	结实	0	0
2841	VH	冷清	0	0
2843	VH	恋爱	0	0
2850	VH	痊愈	0	0
2857	VH	算	0	0
2873	VH	应该	0	0
2887	VH	幽默	0	0
2890	VH	丰富	0	0
2893	VH	暖和	0	0
2907	VH	挤	0	1
2909	VH	哭笑不得	0	0
2913	VH	相爱	0	1
2931	VH	怎么	0	1
2940	VH	艰苦	0	0
2942	VH	真	0	1
2955	VH	爱玩	0	1
2963	VH	逗笑	0	0
2969	VH	关门	0	0
2975	VH	开演	0	0
2982	VH	入睡	0	1
2983	VH	上去	0	0
2989	VH	文静	0	1
2991	VH	香	0	0
3028	VH	吵	0	0
3031	VH	重重	0	0
3039	VH	粗	0	0
3047	VH	倒霉	0	0

순서	품사	단어	3학년	
			수정전	수정후
3056	VH	独一无二	0	0
3058	VH	多疑	0	0
3059	VH	饿肚子	0	0
3067	VH	丰饶	0	0
3071	VH	富裕	0	0
3087	VH	好好玩	0	0
3093	VH	欢欢喜喜	0	0
3099	VH	唧唧	0	0
3115	VH	惊诧	0	0
3116	VH	精打细算	0	0
3130	VH	宽敞	0	0
3133	VH	懒惰	0	0
3138	VH	良好	0	0
3143	VH	乱七八糟	0	0
3146	VH	卖乖	0	0
3147	VH	慢慢腾腾	0	0
3149	VH	毛毛	0	0
3152	VH	闷热	0	0
3164	VH	年老	0	0
3176	VH	浅	0	0
3179	VH	去去	0	0
3181	VH	确确实实	0	0
3184	VH	仁慈	0	0
3185	VH	人山人海	0	0
3202	VH	实用	0	0
3223	VH	甜	0	0
3228	VH	同屋	0	0
3233	VH	完毕	0	0
3234	VH	顽皮	0	0
3249	VH	细致	0	0
3264	VH	要好	0	0
3268	VH	遗迹	0	0
3276	VH	游手好闲	0	0
3282	VH	在一块儿	0	0
3284	VH	早早	0	0
3299	VH	坐立不安	0	0
3307	VH	调皮	0	0
3308	VH	明确	0	0
3312	VH	常青	0	0
3314	VH	多彩	0	0

순서	품사	단어	3학년	
			수정전	수정후
3326	VH	有空	0	0
3327	VH	长胖	0	0
3333	VH	咸	0	0
3348	VH	恶化	0	1
3355	VH	特有	0	1
3357	VH	先进	0	0
3364	VH	毕	0	0
3367	VH	病倒	0	0
3380	VH	纯净	0	0
3389	VH	冻伤	0	0
3391	VH	多多	0	0
3393	VH	翻天覆地	0	0
3395	VH	烦死	0	0
3400	VH	高敞	0	0
3405	VH	古典	0	0
3406	VH	古怪	0	0
3413	VH	合法	0	0
3427	VH	截然不同	0	0
3430	VH	开开	0	0
3439	VH	离奇	0	0
3441	VH	理所当然	0	0
3456	VH	恰到好处	0	0
3460	VH	热烈	0	0
3461	VH	人生地不熟	0	0
3465	VH	三五成群	0	0
3485	VH	坦白	0	0
3488	VH	特殊	0	0
3489	VH	天生	0	0
3498	VH	闲不住	0	0
3500	VH	消沉	0	0
3504	VH	辛劳	0	0
3508	VH	雪白	0	0
3509	VH	迅速	0	0
3519	VH	悦耳	0	0
3526	VH	正好	0	0
3529	VH	忠实	0	0
3547	VH	散	0	3
3549	VH	火	0	2
3550	VH	坚强	0	2
3552	VH	瘦多	0	1

순서	품사	단어	3학년	
			수정전	수정후
3554	VH	圆圆	0	3
3561	VH	不得	0	2
3563	VH	纯朴	0	2
3583	VH	忙碌	0	2
3590	VH	疲惫	0	2
3615	VH	走散	0	2
3618	VH	白茫茫	0	1
3625	VH	变黑	0	1
3632	VH	不对劲	0	1
3648	VH	称职	0	0
3654	VH	充足	0	0
3664	VH	脆弱	0	0
3668	VH	大不了	0	0
3674	VH	单调	0	0
3684	VH	冻	0	1
3686	VH	陡峭	0	1
3688	VH	肚子痛	0	1
3691	VH	短暂	0	1
3696	VH	多心	0	1
3698	VH	繁重	0	1
3704	VH	废寝忘食	0	1
3712	VH	覆水难收	0	1
3727	VH	功亏一篑	0	1
3738	VH	过火	0	1
3743	VH	汗如雨下	0	1
3750	VH	红红	0	1
3760	VH	活不了	0	1
3761	VH	豁然开朗	0	1
3763	VH	积少成多	0	1
3767	VH	减退	0	0
3768	VH	渐渐	0	1
3776	VH	拮据	0	1
3781	VH	金	0	1
3782	VH	筋疲力尽	0	1
3791	VH	久远	0	1
3794	VH	俱全	0	0
3796	VH	开满	0	1
3806	VH	可恨	0	1
3818	VH	累倒	0	0
3819	VH	泪如雨下	0	1

순서	품사	단어	3학년	
			수정전	수정후
3823	VH	脸红	0	1
3824	VH	两样	0	1
3833	VH	落选	0	1
3843	VH	明显	0	1
3844	VH	模糊	0	1
3846	VH	难闻	0	0
3847	VH	內疚	0	1
3848	VH	能干	0	0
3857	VH	漂漂亮亮	0	0
3860	VH	平均	0	0
3866	VH	前所未有	0	1
3870	VH	情不自禁	0	1
3875	VH	全新	0	1
3876	VH	雀跃	0	1
3880	VH	柔和	0	1
3881	VH	如愿以偿	0	0
3884	VH	塞车	0	1
3889	VH	上当	0	1
3892	VH	深奥	0	1
3893	VH	身心健康	0	1
3901	VH	实实在在	0	0
3911	VH	死定	0	0
3914	VH	驷马难追	0	1
3915	VH	酸	0	0
3919	VH	天成	0	1
3923	VH	通	0	1
3928	VH	团聚	0	1
3936	VH	乌黑	0	1
3937	VH	无比	0	1
3938	VH	无济于事	0	1
3939	VH	无理	0	0
3940	VH	五彩缤纷	0	1
3956	VH	协	0	1
3959	VH	辛勤	0	0
3960	VH	心神不宁	0	1
3961	VH	心酸	0	0
3963	VH	醒来	0	1
3965	VH	秀丽	0	1
3967	VH	学成	0	1
3973	VH	遥远	0	1

순서	품사	단어	3학년	
			수정전	수정후
3975	VH	依依不舍	0	1
3981	VH	映	0	1
3983	VH	拥挤	0	1
3984	VH	永生	0	1
3986	VH	优美	0	1
3991	VH	有气无力	0	1
3992	VH	友善	0	1
4002	VH	真是	0	0
4013	VH	转凉	0	0
4016	VH	准确	0	0
4019	VH	自立	0	1
4021	VH	自尊	0	1

4.2.2.40 VHC 상태사동사

순서	품사	단어	3학년	
			수정전	수정후
308	VHC	累	17	21
362	VHC	热	14	13
514	VHC	结束	9	7
529	VHC	辛苦	9	9
677	VHC	感动	6	5
1008	VHC	减少	4	3
1085	VHC	坏	3	2
1103	VHC	饿死	3	2
1125	VHC	满足	3	2
1129	VHC	累死	3	1
1153	VHC	增加	3	3
1163	VHC	产生	3	1
1315	VHC	统一	2	2
1355	VHC	烦	2	5
1368	VHC	可怜	2	2
1423	VHC	疏远	2	2
1427	VHC	停	2	1
1620	VHC	温暖	2	1
1621	VHC	稳定	2	2
1855	VHC	有害	1	2
1870	VHC	麻烦	1	2
1948	VHC	断	1	0

순서	품사	단어	3학년	
			수정전	수정후
1953	VHC	加快	1	0
2062	VHC	增多	1	1
2148	VHC	伤	1	2
2154	VHC	停下来	1	2
2177	VHC	安定	1	1
2283	VHC	分裂	1	1
2366	VHC	结合	1	1
2397	VHC	老龄化	1	1
2506	VHC	湿透	1	1
2565	VHC	委屈	1	1
2881	VHC	开阔	0	0
2916	VHC	冰砖	0	0
2939	VHC	冰	0	0
2965	VHC	放松	0	1
3001	VHC	增长	0	1
3064	VHC	分开	0	0
3104	VHC	减弱	0	1
3330	VHC	冻死	0	0
3626	VHC	变化	0	1
3689	VHC	端正	0	0
3758	VHC	恢复	0	1
3766	VHC	减轻	0	1
3790	VHC	净化	0	0
3859	VHC	平复	0	1
3886	VHC	晒黑	0	1
3932	VHC	为难	0	0
3943	VHC	西方化	0	1

4.2.2.41 VI 상태류타동사

순서	품사	단어	3학년	
			수정전	수정후
866	VI	感兴趣	4	5
1001	VI	没办法	4	4
1214	VI	相干	3	3
1555	VI	反感	2	2
1557	VI	感恩	2	2
1746	VI	拿手	1	1
1911	VI	陌生	1	1

순서	품사	단어	3학년	
			수정전	수정후
2482	VI	屈服	1	1
2546	VI	同班	1	1
2575	VI	无可奈何	1	1
3467	VI	伤脑筋	0	0
3515	VI	用情	0	0
3573	VI	记忆犹新	0	2
3912	VI	死心	0	1
4001	VI	着想	0	1

4.2.2.42 VJ 상태타동사

순서	품사	단어	3학년	
			수정전	수정후
98	VJ	没有	58	52
242	VJ	发生	23	20
257	VJ	得	21	20
298	VJ	没	18	18
358	VJ	欢迎	15	13
367	VJ	对不起	14	13
466	VJ	达到	11	13
510	VJ	得到	9	9
557	VJ	受	8	10
656	VJ	想念	7	6
803	VJ	满	5	7
821	VJ	高中	5	6
823	VJ	受到	5	3
851	VJ	无	5	6
996	VJ	毫无	4	4
1028	VJ	认识	3	8
1081	VJ	只有	3	0
1084	VJ	谢	3	2
1087	VJ	充满	3	5
1092	VJ	享受	3	2
1108	VJ	重视	3	3
1114	VJ	怀	3	7
1131	VJ	获得	3	6
1147	VJ	适应	3	4
1172	VJ	熟悉	3	2
1180	VJ	欣赏	3	4

순서	품사	단어	3학년	
			수정전	수정후
1261	VJ	吃不了	2	1
1264	VJ	羡慕	2	3
1268	VJ	变得	2	1
1304	VJ	谢谢	2	2
1329	VJ	吓	2	2
1403	VJ	怀念	2	2
1443	VJ	关怀	2	1
1449	VJ	听得懂	2	2
1471	VJ	习惯	2	2
1481	VJ	有关	2	3
1487	VJ	经历	2	2
1529	VJ	连	2	2
1599	VJ	忍耐	2	2
1613	VJ	体贴	2	2
1633	VJ	值	2	2
1655	VJ	减	2	1
1747	VJ	剩下	1	1
1766	VJ	尊重	1	0
1801	VJ	赶不上	1	1
1835	VJ	疼	1	1
1844	VJ	热心	1	0
1878	VJ	原谅	1	2
1943	VJ	爱上	1	1
1949	VJ	负	1	0
1951	VJ	积	1	1
1987	VJ	缺	1	0
1994	VJ	拥有	1	3
2032	VJ	看得见	1	1
2043	VJ	适合	1	1
2065	VJ	按照	1	0
2066	VJ	不理	1	1
2074	VJ	理	1	1
2076	VJ	亲	1	1
2084	VJ	费	1	0
2094	VJ	缺少	1	4
2105	VJ	佩服	1	1
2108	VJ	忘怀	1	3
2114	VJ	不如	1	1
2147	VJ	热衷	1	1
2150	VJ	顺	1	1

순서	품사	단어	3학년	
			수정전	수정후
2176	VJ	爱慕	1	1
2186	VJ	包含	1	1
2188	VJ	保持到	1	1
2197	VJ	贬低	1	1
2206	VJ	不顾	1	1
2208	VJ	不要	1	1
2228	VJ	出身	1	1
2244	VJ	大于	1	1
2269	VJ	发	1	1
2271	VJ	发挥	1	1
2273	VJ	反射	1	1
2304	VJ	共赏	1	1
2319	VJ	含有	1	1
2341	VJ	忽视	1	1
2350	VJ	加深	1	1
2353	VJ	兼备	1	1
2386	VJ	看懂	1	1
2418	VJ	落后	1	1
2435	VJ	迷恋	1	1
2483	VJ	缺乏	1	1
2491	VJ	认出	1	1
2520	VJ	属于	1	1
2563	VJ	忘却	1	1
2580	VJ	吸引	1	1
2594	VJ	想尽	1	1
2617	VJ	厌倦	1	1
2618	VJ	厌弃	1	1
2736	VJ	关照	0	0
2772	VJ	从事	0	0
2795	VJ	敬	0	1
2801	VJ	尊敬	0	0
2808	VJ	起不了	0	1
2874	VJ	有益	0	0
2891	VJ	克服	0	0
2914	VJ	爱惜	0	0
2950	VJ	疼爱	0	1
2956	VJ	超过	0	0
2990	VJ	误	0	0
3014	VJ	抱有	0	0
3043	VJ	耽误	0	0

순서	품사	단어	3학년	
			수정전	수정후
3075	VJ	共有	0	0
3112	VJ	竭尽	0	0
3194	VJ	深受	0	0
3243	VJ	牺牲	0	0
3287	VJ	珍爱	0	0
3324	VJ	信任	0	0
3343	VJ	保持	0	1
3369	VJ	不符	0	0
3398	VJ	富有	0	0
3410	VJ	关注	0	0
3424	VJ	降低到	0	0
3425	VJ	交上	0	0
3431	VJ	看不顺眼	0	0
3437	VJ	来自	0	0
3444	VJ	列入	0	0
3450	VJ	难住	0	0
3474	VJ	始于	0	0
3494	VJ	未满	0	0
3496	VJ	吸引住	0	0
3536	VJ	遵守	0	0
3542	VJ	深爱	0	3
3579	VJ	考取	0	2
3582	VJ	满怀	0	2
3617	VJ	熬过	0	1
3633	VJ	不关	0	0
3651	VJ	吃上	0	1
3652	VJ	持	0	0
3665	VJ	错过	0	0
3708	VJ	分享	0	1
3739	VJ	过去	0	0
3783	VJ	紧接	0	1
3803	VJ	靠	0	1
3827	VJ	领到	0	0
3836	VJ	买得起	0	1
3841	VJ	迷失	0	1
3878	VJ	忍	0	1
3879	VJ	认不认识	0	1
3917	VJ	体现	0	1
3931	VJ	维持	0	1
3953	VJ	享受到	0	1

순서	품사	단어	3학년	
			수정전	수정후
3955	VJ	孝順	0	0
3966	VJ	虚度	0	0
3993	VJ	有所	0	0
3994	VJ	有益于	0	0
3996	VJ	赞同	0	1
4004	VJ	珍惜	0	1

4.2.2.43 VK 상태문장목적어동사

순서	품사	단어	3학년	
			수정전	수정후
45	VK	喜欢	106	112
91	VK	知道	61	52
95	VK	觉得	59	80
100	VK	感到	58	50
141	VK	关心	39	35
163	VK	高兴	32	34
176	VK	注意	31	30
221	VK	忘	26	22
245	VK	希望	22	30
304	VK	难过	18	15
335	VK	担心	16	20
353	VK	愿意	15	7
377	VK	忘不了	14	12
392	VK	怕	13	12
395	VK	了解	13	11
402	VK	需要	13	14
460	VK	肯定	11	10
462	VK	记	11	12
463	VK	记得	11	10
468	VK	难忘	11	12
479	VK	信	10	7
509	VK	感谢	9	8
534	VK	忘记	9	10
563	VK	满意	8	8
586	VK	理解	8	8
610	VK	同意	7	7
702	VK	小心	6	5
726	VK	感	6	2

순서	품사	단어	3학년	
			수정전	수정후
785	VK	相信	5	5
798	VK	觉	5	4
810	VK	知	5	3
825	VK	感觉到	5	1
835	VK	期待	5	3
837	VK	害怕	5	8
923	VK	记住	4	3
976	VK	放心	4	4
997	VK	获悉	4	4
1031	VK	懂	3	3
1070	VK	受不了	3	4
1080	VK	不满	3	2
1090	VK	讨厌	3	3
1115	VK	坚持	3	4
1184	VK	恨	3	4
1318	VK	愿	2	1
1337	VK	赞成	2	2
1406	VK	惊讶	2	2
1451	VK	意味	2	2
1472	VK	在于	2	0
1482	VK	抱歉	2	2
1632	VK	知不知道	2	1
1637	VK	包括	2	1
1713	VK	听懂	1	1
1806	VK	气	1	1
1957	VK	确信	1	0
2005	VK	遗憾	1	2
2052	VK	忘掉	1	1
2063	VK	注意到	1	1
2072	VK	记不清	1	0
2079	VK	涉及	1	0
2211	VK	不觉	1	0
2218	VK	察觉到	1	1
2254	VK	等待	1	1
2306	VK	顾	1	1
2439	VK	面临	1	1
2485	VK	确定	1	1
2488	VK	忍受	1	1
2558	VK	惋惜	1	1
2562	VK	忘光	1	1

순서	품사	단어	3학년	
			수정전	수정후
2588	VK	显	1	1
2616	VK	厌烦	1	1
2628	VK	依赖	1	1
2650	VK	犹豫	1	1
2739	VK	恐惧	0	1
2787	VK	忧虑	0	0
2875	VK	在乎	0	0
2898	VK	想见	0	0
2945	VK	感受到	0	2
2949	VK	受到	0	2
2979	VK	能够	0	1
3107	VK	讲究	0	0
3166	VK	宁可	0	0
3409	VK	关系	0	0
3434	VK	可望	0	0
3522	VK	造成	0	0
3539	VK	感觉	0	2
3543	VK	体会到	0	5
3567	VK	反映出	0	1
3604	VK	想像	0	2
3605	VK	象征	0	1
3608	VK	需	0	0
3656	VK	愁	0	1
3675	VK	担忧	0	1
3683	VK	懂得	0	1
3720	VK	感悟到	0	0
3828	VK	留意	0	1
3845	VK	漠不关心	0	0
3850	VK	弄得	0	0
3906	VK	数	0	1
3945	VK	喜欢上	0	1
3954	VK	向往	0	1
3979	VK	意想不到	0	1
4011	VK	主意	0	1
4018	VK	自觉	0	1

4.2.2.44 VL 상태술목동사

순서	품사	단어	3학년	
			수정전	수정후
90	VL	让	64	66
190	VL	爱	29	21
546	VL	好	8	9
598	VL	爱好	7	9
918	VL	使	4	9
1287	VL	敢	2	4
1320	VL	令	2	8
1377	VL	终于	2	0
1543	VL	不禁	2	2
1582	VL	忙着	2	2
2025	VL	后悔	1	1
2055	VL	无意	1	1
2132	VL	禁不住	1	2
2497	VL	擅长	1	1
2747	VL	舍不得	0	0
2967	VL	赶得上	0	0
3329	VL	便利	0	0
3596	VL	善于	0	2
3599	VL	提早	0	2
3653	VL	持续	0	1
3715	VL	负责	0	0
3732	VL	故意	0	0
3816	VL	乐于	0	1
3985	VL	用来	0	0

4.2.2.45 V_2 有

순서	품사	단어	3학년	
			수정전	수정후
14	V_2	有	308	285

4.2.3 4학년 중간언어 자료 수정 전·후의 어휘 사용빈도(수정전 기준)

4.2.3.1 A 비술어형용사

순서	품사	단어	4학년	
			수정전	수정후
716	A	一般	2	2
805	A	双重	2	2
1012	A	一定	1	1
1200	A	师范	1	1
1253	A	公共	1	1
1265	A	零下	1	1
1328	A	唯一	1	1
1371	A	反覆	1	1
1971	A	同一	0	0
2095	A	高等	0	0
2204	A	知心	0	0
2422	A	日常	0	0
2486	A	原来	0	0
2866	A	课外	0	0
2996	A	双	0	0
3108	A	一贯	0	0
3494	A	心爱	0	0
3509	A	易爆	0	0
3524	A	暂时	0	0
3591	A	亲	0	1
3669	A	大概	0	0
3728	A	共同	0	1
3868	A	切身	0	0
3978	A	易燃	0	0
4003	A	真正的	0	1

4.2.3.2 Caa 대등접속사

순서	품사	단어	4학년	
			수정전	수정후
46	Caa	和	39	43
715	Caa	与	2	2
828	Caa	而且	1	1
917	Caa	或者	1	1
1006	Caa	或	1	1
1337	Caa	及	1	1

순서	품사	단어	4학년	
			수정전	수정후
1630	Caa	又	0	0
1852	Caa	跟	0	0
1952	Caa	既	0	0
2093	Caa	而	0	0
2566	Caa	还是	0	0

4.2.3.3 Cab 열거접속사

순서	품사	단어	4학년	
			수정전	수정후
429	Cab	等	4	6
2474	Cab	等等	0	2

4.2.3.4 Cba 이동성관계접속사

순서	품사	단어	4학년	
			수정전	수정후
2473	Cba	的话	0	9

4.2.3.5 Cbb 비이동성관계접속사

순서	품사	단어	4학년	
			수정전	수정후
24	Cbb	所以	53	59
49	Cbb	因为	39	39
136	Cbb	如果	17	18
149	Cbb	可是	14	14
157	Cbb	但	13	11
158	Cbb	虽然	13	13
174	Cbb	但是	12	11
339	Cbb	而且	5	4
537	Cbb	不管	3	3
621	Cbb	由于	2	3
726	Cbb	而是	2	2
768	Cbb	无论	2	2
820	Cbb	要是	1	0
827	Cbb	而	1	2
959	Cbb	就是	1	2

순서	품사	단어	4학년	
			수정전	수정후
1094	Cbb	因	1	1
1101	Cbb	之所以	1	1
1173	Cbb	即使	1	1
1192	Cbb	和	1	1
1228	Cbb	还是	1	1
1234	Cbb	要不然	1	1
1249	Cbb	凡是	1	1
1315	Cbb	并且	1	2
1416	Cbb	凡	1	1
1533	Cbb	要不	1	1
1562	Cbb	不但	0	0
1563	Cbb	不过	0	0
1573	Cbb	连	0	1
1575	Cbb	只要	0	1
1664	Cbb	因此	0	0
1727	Cbb	不仅	0	0
1776	Cbb	既	0	0
1782	Cbb	于是	0	1
1789	Cbb	并	0	1
2043	Cbb	甚至	0	0
2100	Cbb	然而	0	0
2192	Cbb	不论	0	0
2236	Cbb	尽管	0	0
2349	Cbb	只有	0	1
2570	Cbb	若	0	0
2578	Cbb	那么	0	0
2582	Cbb	虽说	0	0
2602	Cbb	既然	0	0
2614	Cbb	另外	0	0
2706	Cbb	除非	0	0
2709	Cbb	此外	0	0
2764	Cbb	否则	0	0
2799	Cbb	何况	0	0
3109	Cbb	以及	0	0
3577	Cbb	就算	0	0
3627	Cbb	便是	0	0
3883	Cbb	若要	0	0

4.2.3.6 D 일반부사

순서	품사	단어	4학년	
			수정전	수정후
9	D	不	127	131
22	D	都	55	66
37	D	就	44	53
41	D	能	43	44
53	D	来	37	28
54	D	也	36	37
64	D	一起	32	31
67	D	真	30	19
79	D	还	26	24
84	D	要	25	27
91	D	去	24	26
92	D	再	24	26
98	D	没	23	27
112	D	已经	21	20
117	D	常常	20	20
118	D	应该	20	18
122	D	会	19	21
142	D	一定	15	14
170	D	必须	13	12
175	D	一直	12	12
179	D	多	12	8
181	D	又	12	12
199	D	别	11	11
209	D	没有	10	7
216	D	怎么	10	9
219	D	互相	10	10
253	D	一	8	8
267	D	这么	8	8
277	D	得	7	8
282	D	可	7	6
304	D	经常	6	6
308	D	好像	6	6
312	D	可以	6	8
314	D	那么	6	7
329	D	只有	6	6
336	D	先	5	6
362	D	早	5	3
372	D	刚	5	4

순서	품사	단어	4학년	
			수정전	수정후
376	D	真的	5	4
379	D	初次	5	4
382	D	快要	5	6
392	D	多多	5	3
401	D	原来	4	3
402	D	正在	4	4
403	D	快	4	8
409	D	可能	4	6
413	D	马上	4	4
416	D	总是	4	3
440	D	本来	4	3
469	D	不得不	4	3
481	D	突然	3	3
488	D	还是	3	4
515	D	没想到	3	0
521	D	当然	3	2
532	D	完全	3	3
545	D	很少	3	3
575	D	果然	3	3
578	D	也许	3	4
592	D	为什么	2	2
622	D	终于	2	2
624	D	大概	2	2
633	D	看起来	2	2
664	D	永远	2	2
671	D	能够	2	4
689	D	尤其	2	2
697	D	不知不觉	2	2
704	D	有没有	2	2
714	D	近来	2	2
718	D	必	2	2
732	D	绝对	2	2
734	D	重新	2	3
742	D	太早	2	2
744	D	竟然	2	2
751	D	每	2	2
756	D	怎样	2	1
764	D	根本	2	2
766	D	从此	2	1
786	D	说起来	2	1

순서	품사	단어	4학년	
			수정전	수정후
787	D	先~然后	2	1
815	D	听起来	2	1
818	D	然后	1	2
835	D	即	1	2
836	D	差不多	1	2
841	D	立即	1	1
863	D	赶快	1	2
888	D	其实	1	1
905	D	按时	1	1
907	D	渐	1	1
914	D	有时候	1	1
915	D	有时	1	1
925	D	那里	1	2
958	D	所	1	0
968	D	一般	1	2
971	D	到底	1	1
1003	D	不可	1	1
1034	D	怪不得	1	1
1057	D	更	1	2
1061	D	总	1	2
1068	D	逐渐	1	1
1073	D	看来	1	1
1089	D	只好	1	3
1099	D	首先	1	1
1128	D	日益	1	1
1133	D	须要	1	1
1158	D	将	1	1
1174	D	决不	1	1
1181	D	再一次	1	1
1184	D	真是	1	2
1222	D	尽快	1	3
1233	D	无法	1	1
1276	D	随时	1	1
1291	D	再次	1	1
1310	D	往往	1	0
1327	D	少	1	1
1354	D	最好	1	1
1361	D	如何	1	2
1363	D	主要	1	1
1367	D	从小到大	1	1

순서	품사	단어	4학년	
			수정전	수정후
1372	D	纷纷	1	1
1406	D	大加	1	1
1409	D	单独	1	1
1410	D	倒	1	1
1426	D	共同	1	1
1443	D	简直	1	1
1454	D	看样子	1	1
1485	D	日夜	1	1
1501	D	随手	1	1
1508	D	特	1	1
1534	D	一面	1	1
1535	D	一面	1	1
1546	D	暂时	1	1
1552	D	衷心	1	1
1559	D	做起来	1	1
1564	D	一边	0	0
1574	D	差点儿	0	0
1578	D	便	0	0
1582	D	到处	0	0
1588	D	顺便	0	0
1594	D	不见得	0	0
1605	D	偏偏	0	0
1611	D	能不能	0	0
1612	D	说不定	0	0
1652	D	正	0	0
1666	D	却	0	1
1672	D	常	0	0
1683	D	该	0	0
1684	D	恐怕	0	0
1687	D	并	0	1
1721	D	天天	0	0
1725	D	看上去	0	0
1742	D	等一下	0	0
1750	D	反正	0	0
1781	D	渐渐	0	0
1793	D	忽然	0	0
1810	D	不用	0	0
1846	D	确实	0	0
1850	D	难以	0	0
1856	D	毫无	0	0

순서	품사	단어	4학년	
			수정전	수정후
1870	D	尽管	0	0
1882	D	自然	0	0
1889	D	亲自	0	0
1910	D	快点儿	0	1
1934	D	几时	0	0
1998	D	可不可以	0	0
2001	D	日趋	0	0
2032	D	终	0	0
2037	D	立刻	0	0
2042	D	仍然	0	0
2054	D	还可以	0	0
2071	D	偶然	0	0
2088	D	至今	0	0
2090	D	处处	0	0
2107	D	反覆	0	0
2130	D	放声	0	0
2131	D	好好儿	0	0
2202	D	一向	0	0
2243	D	临死	0	0
2250	D	埋头	0	0
2274	D	实在	0	2
2320	D	哈哈	0	0
2330	D	三三两两	0	0
2361	D	不应该	0	0
2364	D	从早到晚	0	0
2386	D	曾经	0	0
2421	D	亲眼	0	0
2481	D	稍微	0	0
2496	D	独自	0	0
2510	D	快点	0	0
2515	D	临	0	0
2553	D	了不起	0	0
2591	D	动不动	0	0
2599	D	好不容易	0	0
2609	D	可要	0	0
2618	D	明明	0	0
2635	D	一路	0	0
2638	D	一转眼	0	0
2678	D	不必	0	0
2679	D	不断	0	0

순서	품사	단어	4학년	
			수정전	수정후
2688	D	不许	0	0
2711	D	从不	0	0
2726	D	倒不如	0	0
2810	D	回头	0	0
2820	D	即将	0	0
2856	D	绝不	0	0
2891	D	略	0	0
2942	D	起初	0	0
2975	D	设身处地	0	0
2982	D	时不时	0	0
2983	D	时而	0	0
2999	D	似乎	0	0
3097	D	要不要	0	0
3104	D	依然	0	0
3116	D	一语	0	0
3119	D	应当	0	0
3137	D	早日	0	0
3171	D	的确	0	0
3176	D	行不行	0	0
3179	D	在	0	4
3185	D	稍	0	0
3198	D	当面	0	0
3233	D	一口	0	1
3242	D	按期	0	0
3270	D	重复	0	0
3321	D	还不是	0	0
3386	D	慢慢儿	0	0
3396	D	哪来	0	0
3418	D	全	0	0
3441	D	始终	0	0
3458	D	特意	0	0
3465	D	通宵达旦	0	0
3474	D	未免	0	0
3479	D	无缘无故	0	0
3480	D	勿	0	0
3504	D	一一	0	0
3507	D	一块儿	0	0
3508	D	一再	0	0
3512	D	硬	0	0
3521	D	早些	0	0

순서	품사	단어	4학년	
			수정전	수정후
3535	D	准	0	0
3546	D	没法	0	0
3562	D	不由得	0	0
3580	D	连续	0	0
3589	D	偏要	0	0
3593	D	全力	0	0
3635	D	不经意	0	0
3636	D	不停	0	0
3639	D	才	0	0
3644	D	常年	0	0
3663	D	此后	0	0
3680	D	得以	0	0
3694	D	顿时	0	0
3699	D	反复	0	0
3723	D	各	0	0
3784	D	尽	0	0
3792	D	居然	0	0
3813	D	老半天	0	0
3817	D	累月	0	0
3837	D	满心	0	0
3904	D	事先	0	0
3934	D	嗡	0	0
3964	D	幸好	0	0
3998	D	早早	0	0
4005	D	正面	0	1
4006	D	只得	0	0
4020	D	自始至终	0	0

4.2.3.7 Da 수량부사

순서	품사	단어	4학년	
			수정전	수정후
36	Da	才	45	43
280	Da	只	7	7
667	Da	共	2	2
691	Da	一共	2	2
741	Da	几乎	2	0
1046	Da	正好	1	1
1632	Da	不过	0	0

순서	품사	단어	4학년	
			수정전	수정후
2113	Da	约	0	0
3164	Da	总共	0	0
3182	Da	大约	0	0
3412	Da	起码	0	0
3576	Da	仅	0	0
3634	Da	不光	0	0
4024	Da	最多	0	1

4.2.3.8 De 구조조사

순서	품사	단어	4학년	
			수정전	수정후
2	De	的	583	548
34	De	得	46	43
141	De	地	15	22
456	De	之	4	3

4.2.3.9 Dfa 동사앞정도부사

순서	품사	단어	4학년	
			수정전	수정후
5	Dfa	很	159	168
62	Dfa	太	33	26
94	Dfa	最	24	23
124	Dfa	较	19	18
125	Dfa	比较	19	18
159	Dfa	非常	13	17
227	Dfa	越来越	9	9
274	Dfa	有点儿	7	7
279	Dfa	更	7	8
341	Dfa	挺	5	5
390	Dfa	多么	5	4
634	Dfa	好	2	1
637	Dfa	相当	2	2
894	Dfa	多	1	1
936	Dfa	这样	1	0
1216	Dfa	满	1	1
1589	Dfa	十分	0	0
1642	Dfa	有点	0	0

순서	품사	단어	4학년	
			수정전	수정후
1903	Dfa	还要	0	0
2112	Dfa	更加	0	1
2323	Dfa	极为	0	0
2344	Dfa	有一点点	0	0
2462	Dfa	如此	0	0
2579	Dfa	那样	0	0
2775	Dfa	格外	0	0
3726	Dfa	更为	0	0
3730	Dfa	够	0	1
3764	Dfa	极其	0	0

4.2.3.10 Dfb 동사뒤정도부사

순서	품사	단어	4학년	
			수정전	수정후
650	Dfb	极了	2	3
720	Dfb	多	2	2
724	Dfb	得多	2	2
1142	Dfb	点	1	1
1608	Dfb	点儿	0	2
2633	Dfb	些	0	0
2680	Dfb	不过	0	0
3467	Dfb	透	0	0

4.2.3.11 Di 시태표지

순서	품사	단어	4학년	
			수정전	수정후
80	Di	过	26	28
121	Di	着	19	27
364	Di	起来	5	6
582	Di	了	2	3
1359	Di	起	1	0
3948	Di	下来	0	0

4.2.3.12 Dk 문장부사

순서	품사	단어	4학년	
			수정전	수정후
435	Dk	那	4	5
579	Dk	看来	3	2
1470	Dk	那么	1	1
1900	Dk	无论如何	0	0
2153	Dk	总之	0	0
2509	Dk	就是说	0	0
2637	Dk	一般来说	0	0
2684	Dk	不用说	0	0
3068	Dk	想不到	0	0
3503	Dk	也就是说	0	0
3659	Dk	除此以外	0	0

4.2.3.13 I 감탄사

순서	품사	단어	4학년	
			수정전	수정후
3041	I	喂	0	0
3241	I	哎呀	0	0
3327	I	呵	0	0

4.2.3.14 Na 일반명사

순서	품사	단어	4학년	
			수정전	수정후
11	Na	人	121	126
18	Na	朋友	66	66
19	Na	时候	66	58
20	Na	汉语	64	65
33	Na	性格	47	46
50	Na	话	39	23
55	Na	老师	36	36
59	Na	雪	35	37
65	Na	事	31	32
69	Na	时间	29	29
70	Na	学生	28	29
72	Na	生活	28	27
82	Na	问题	26	27

순서	품사	단어	4학년	
			수정전	수정후
87	Na	车	25	25
95	Na	妈妈	23	24
99	Na	们	23	23
102	Na	东西	23	20
110	Na	样式	22	20
116	Na	书	20	20
123	Na	父母	19	18
131	Na	身材	18	18
133	Na	外套	18	19
134	Na	爸爸	17	18
135	Na	天气	17	17
137	Na	工作	17	19
145	Na	菜	15	15
148	Na	水平	15	16
153	Na	地方	14	9
155	Na	事情	14	15
160	Na	业	13	11
171	Na	消息	13	13
182	Na	同屋	12	12
187	Na	年级	12	11
192	Na	衣服	11	11
195	Na	弟弟	11	11
196	Na	钱	11	11
201	Na	目的	11	10
204	Na	男朋友	10	10
205	Na	身体	10	9
207	Na	行	10	6
211	Na	小时	10	10
213	Na	路	10	10
215	Na	勇气	10	10
225	Na	旅行	9	5
226	Na	饭	9	10
234	Na	生日	9	6
235	Na	图书馆	9	9
246	Na	电影	8	9
252	Na	作业	8	8
254	Na	中国人	8	8
262	Na	关系	8	9
263	Na	心情	8	7
265	Na	体重	8	9

순서	품사	단어	4학년	
			수정전	수정후
268	Na	礼物	8	8
270	Na	经济	8	8
275	Na	酒	7	7
283	Na	月	7	6
284	Na	面	7	3
285	Na	困难	7	7
290	Na	好朋友	7	8
297	Na	手机	7	7
298	Na	客人	7	13
300	Na	事儿	7	6
303	Na	孩子	7	7
310	Na	汽车	6	7
317	Na	家庭	6	7
318	Na	奶奶	6	6
319	Na	机会	6	6
321	Na	电话	6	6
326	Na	社会	6	6
332	Na	初雪	6	7
333	Na	汉字	6	6
342	Na	英语	5	5
343	Na	妹妹	5	5
356	Na	自行车	5	4
360	Na	比赛	5	6
370	Na	国家	5	5
373	Na	旅游	5	5
374	Na	中国语	5	5
377	Na	韩国人	5	6
384	Na	意见	5	4
389	Na	态度	5	3
391	Na	季节	5	3
396	Na	约会	4	2
404	Na	球	4	4
417	Na	火车	4	4
418	Na	鞋带	4	4
420	Na	水	4	4
422	Na	情况	4	4
438	Na	主张	4	1
442	Na	回忆	4	3
443	Na	部队	4	3
444	Na	经验	4	3

순서	품사	단어	4학년	
			수정전	수정후
446	Na	心	4	5
448	Na	习惯	4	4
462	Na	爸	4	4
464	Na	条件	4	3
467	Na	留学生	4	4
470	Na	雪人	4	5
472	Na	现代人	4	4
476	Na	课	3	4
477	Na	同学	3	2
486	Na	样子	3	2
496	Na	桌子	3	3
506	Na	原因	3	2
507	Na	电脑	3	3
511	Na	帮助	3	2
513	Na	觉	3	1
514	Na	日子	3	3
516	Na	印象	3	3
523	Na	活动	3	4
528	Na	面包	3	3
529	Na	外国语	3	3
535	Na	小偷	3	3
536	Na	发展	3	3
544	Na	交通	3	3
553	Na	树	3	3
554	Na	马路	3	3
565	Na	笔	3	3
567	Na	技术	3	3
568	Na	选择	3	3
577	Na	肉	3	2
583	品사	哥哥	2	2
585	Na	房子	2	1
595	Na	钱包	2	2
597	Na	星期	2	2
598	Na	成绩	2	2
600	Na	信	2	2
603	Na	女朋友	2	2
605	Na	文化	2	2
607	Na	病	2	2
608	Na	母亲	2	2
611	Na	节日	2	2

순서	품사	단어	4학년	
			수정전	수정후
615	Na	意思	2	2
623	Na	气氛	2	2
636	Na	足球	2	2
642	Na	茶	2	2
645	Na	学期	2	2
646	Na	想法	2	2
660	Na	游戏	2	3
662	Na	服装	2	3
665	Na	韩语	2	2
666	Na	人生	2	2
673	Na	部分	2	2
678	Na	肚子	2	1
682	Na	书包	2	2
686	Na	国语	2	2
687	Na	老板	2	2
694	Na	爱	2	4
695	Na	手术	2	1
696	Na	预报	2	2
699	Na	白色	2	2
701	Na	理想	2	2
702	Na	小说	2	2
706	Na	职业	2	1
710	Na	日程	2	3
711	Na	兴趣	2	2
723	Na	小姐	2	2
725	Na	中学生	2	1
740	Na	感情	2	1
743	Na	烤肉	2	1
745	Na	精神	2	2
747	Na	手套	2	2
750	Na	论文	2	2
757	Na	日语	2	2
759	Na	语法	2	2
760	Na	大夫	2	2
762	Na	运营	2	0
765	Na	雪景	2	3
767	Na	高中生	2	3
771	Na	时光	2	3
777	Na	气候	2	2
792	Na	童年	2	3

순서	품사	단어	4학년	
			수정전	수정후
793	Na	心意	2	2
796	Na	地址	2	2
798	Na	副作用	2	2
801	Na	毛病	2	1
802	Na	男孩儿	2	2
803	Na	人才	2	2
804	Na	上海人	2	2
808	Na	一般人	2	2
811	Na	把握	2	1
814	Na	屁股	2	1
817	Na	松树	2	0
826	Na	专家	1	1
832	Na	大学生	1	1
845	Na	父亲	1	1
846	Na	公共汽车	1	3
852	Na	飞机	1	1
854	Na	花	1	2
855	Na	名字	1	1
859	Na	脸	1	1
867	Na	照片	1	1
869	Na	小狗	1	1
870	Na	床	1	1
874	Na	爷爷	1	1
879	Na	中文	1	1
881	Na	个子	1	1
883	Na	雨	1	1
884	Na	苹果	1	1
887	Na	城市	1	1
897	Na	年轻人	1	3
899	Na	内容	1	2
901	Na	女人	1	1
902	Na	叔叔	1	1
919	Na	药	1	1
920	Na	小孩子	1	1
921	Na	报告	1	1
922	Na	感觉	1	1
923	Na	相机	1	1
924	Na	期间	1	2
926	Na	节目	1	1
927	Na	科学	1	1

순서	품사	단어	4학년	
			수정전	수정후
932	Na	雨伞	1	1
933	Na	医生	1	1
938	Na	美国人	1	1
939	Na	自信	1	1
943	Na	家务	1	1
947	Na	过程	1	1
949	Na	血型	1	1
952	Na	方面	1	1
954	Na	声音	1	1
957	Na	腰	1	1
960	Na	人口	1	1
962	Na	水果	1	1
986	Na	乒乓球	1	1
991	Na	表演	1	1
995	Na	想像	1	0
999	Na	屋子	1	1
1004	Na	车祸	1	1
1005	Na	动作	1	1
1007	Na	女孩	1	1
1008	Na	风	1	1
1010	Na	要求	1	0
1014	Na	自然	1	1
1020	Na	热情	1	1
1025	Na	先生	1	1
1026	Na	颜色	1	1
1028	Na	街	1	2
1031	Na	词典	1	1
1036	Na	基督教	1	1
1048	Na	状况	1	2
1050	Na	健忘症	1	1
1051	Na	决心	1	1
1054	Na	时代	1	1
1055	Na	子女	1	1
1063	Na	京剧	1	1
1069	Na	脸色	1	1
1072	Na	味	1	1
1083	Na	发音	1	1
1084	Na	味儿	1	1
1100	Na	新生	1	1
1104	Na	权利	1	1

순서	품사	단어	4학년	
			수정전	수정후
1110	Na	量	1	1
1119	Na	工人	1	1
1120	Na	工资	1	1
1124	Na	树叶	1	1
1126	Na	椅子	1	1
1129	Na	劲儿	1	1
1135	Na	大一	1	0
1136	Na	急事	1	1
1137	Na	西瓜	1	1
1145	Na	家训	1	1
1146	Na	月份	1	3
1149	Na	电子	1	1
1151	Na	规律	1	1
1160	Na	律师	1	1
1161	Na	梦	1	1
1163	Na	温度	1	1
1164	Na	现实	1	1
1166	Na	训练	1	1
1171	Na	知识	1	1
1172	Na	差别	1	1
1177	Na	女孩子	1	1
1178	Na	双手	1	1
1193	Na	婚礼	1	1
1194	Na	教授	1	1
1198	Na	期望	1	1
1199	Na	沙发	1	1
1203	Na	鱼	1	1
1204	Na	照相机	1	1
1208	Na	家门	1	1
1212	Na	体育	1	1
1214	Na	功课	1	1
1217	Na	秘密	1	1
1218	Na	艺术	1	1
1223	Na	全家	1	1
1225	Na	巴士	1	1
1226	Na	电梯	1	1
1229	Na	坏事	1	1
1230	Na	脚	1	1
1237	Na	班	1	1
1238	Na	保安	1	1

순서	품사	단어	4학년	
			수정전	수정후
1246	Na	地球	1	1
1250	Na	服务员	1	1
1252	Na	工程	1	1
1258	Na	街道	1	1
1263	Na	看法	1	1
1264	Na	口味	1	1
1268	Na	农作物	1	1
1269	Na	扒手	1	1
1270	Na	气象	1	1
1272	Na	师生	1	1
1277	Na	台风	1	1
1286	Na	物价	1	1
1290	Na	乐曲	1	1
1294	Na	资源	1	1
1297	Na	场合	1	1
1301	Na	火气	1	1
1303	Na	建设	1	1
1308	Na	弱点	1	1
1311	Na	研究员	1	1
1312	Na	婴儿	1	1
1316	Na	错误	1	1
1318	Na	经理	1	4
1321	Na	雪仗	1	2
1322	Na	岛	1	1
1333	Na	场面	1	1
1339	Na	铃声	1	1
1340	Na	米饭	1	1
1341	Na	企业家	1	1
1344	Na	热心	1	1
1345	Na	上天	1	1
1351	Na	种类	1	1
1353	Na	砖	1	1
1357	Na	试题	1	1
1360	Na	亲人	1	1
1366	Na	辈子	1	1
1369	Na	队员	1	1
1376	Na	山坡	1	1
1383	Na	安全	1	1
1387	Na	表里	1	1
1390	Na	博士	1	1

순서	품사	단어	4학년	
			수정전	수정후
1392	Na	才能	1	1
1393	Na	裁判员	1	1
1394	Na	茶水	1	1
1396	Na	车堵	1	1
1405	Na	大狗	1	1
1407	Na	代表	1	1
1419	Na	佛教徒	1	1
1421	Na	钢笔	1	1
1424	Na	鸽子	1	1
1433	Na	规模	1	1
1436	Na	红绿灯	1	1
1437	Na	红牌	1	1
1438	Na	花花公子	1	1
1441	Na	计算机	1	1
1451	Na	军官	1	1
1455	Na	炕头	1	1
1457	Na	空中小姐	1	1
1460	Na	栏目	1	1
1464	Na	两面性	1	1
1465	Na	列车	1	1
1467	Na	魅力	1	1
1474	Na	牛肉汤	1	1
1477	Na	气温	1	1
1481	Na	去向	1	1
1488	Na	桑拿	1	1
1491	Na	申请表	1	1
1497	Na	事业	1	1
1499	Na	水土	1	1
1500	Na	塑料袋	1	1
1502	Na	损失	1	1
1506	Na	太极拳	1	1
1509	Na	特产品	1	1
1513	Na	同志	1	1
1514	Na	外教	1	1
1515	Na	围巾	1	1
1524	Na	笑话	1	0
1527	Na	幸福	1	1
1528	Na	轩然大波	1	1
1529	Na	学者	1	1
1532	Na	演唱会	1	1

순서	품사	단어	4학년	
			수정전	수정후
1536	Na	用户	1	1
1538	Na	油	1	1
1539	Na	语序	1	1
1542	Na	杂志	1	1
1553	Na	主妇	1	1
1554	Na	主任	1	1
1556	Na	字眼	1	1
1557	Na	足	1	1
1560	Na	烟	1	0
1566	Na	狗	0	0
1590	Na	计划	0	0
1600	Na	画	0	0
1613	Na	眼睛	0	0
1614	Na	行李	0	0
1615	Na	儿子	0	0
1617	Na	海	0	0
1621	Na	丈夫	0	0
1623	Na	办法	0	1
1624	Na	演员	0	0
1625	Na	传统	0	0
1631	Na	啤酒	0	0
1633	Na	咖啡	0	0
1637	Na	裙子	0	0
1639	Na	行动	0	0
1640	Na	眼泪	0	0
1643	Na	窗户	0	0
1644	Na	歌	0	0
1651	Na	猫	0	0
1654	Na	空气	0	0
1655	Na	专业	0	0
1656	Na	司机	0	0
1657	Na	船	0	0
1659	Na	字	0	1
1660	Na	男人	0	0
1663	Na	海边	0	0
1679	Na	墙	0	0
1688	Na	地铁	0	0
1690	Na	车票	0	0
1692	Na	友谊	0	0
1694	Na	文章	0	0

순서	품사	단어	4학년	
			수정전	수정후
1696	Na	词	0	0
1701	Na	钢琴	0	0
1702	Na	腿	0	0
1703	Na	大雨	0	0
1705	Na	大姐	0	0
1706	Na	韩国语	0	0
1708	Na	韩国队	0	0
1709	Na	烤鸭	0	0
1710	Na	公寓	0	0
1715	Na	宠物	0	0
1717	Na	理由	0	0
1718	Na	头发	0	0
1719	Na	政府	0	0
1720	Na	跆拳道	0	0
1730	Na	饭店	0	0
1732	Na	好处	0	0
1741	Na	饮料	0	0
1743	Na	现象	0	1
1745	Na	家具	0	0
1747	Na	乐趣	0	0
1748	Na	马	0	0
1758	Na	实力	0	0
1759	Na	故事	0	0
1770	Na	中国菜	0	0
1775	Na	泡菜	0	0
1777	Na	邮票	0	0
1779	Na	侄女	0	0
1780	Na	白菜	0	0
1783	Na	韩流	0	0
1786	Na	失业者	0	0
1790	Na	大提琴	0	0
1791	Na	书架	0	0
1796	Na	座位	0	0
1798	Na	军人	0	0
1803	Na	谈话	0	0
1811	Na	卫生	0	0
1812	Na	新家	0	0
1814	Na	点心	0	0
1815	Na	日本人	0	0
1817	Na	驾驶	0	0

순서	품사	단어	4학년	
			수정전	수정후
1818	Na	味道	0	0
1820	Na	必要	0	0
1822	Na	语言	0	1
1825	Na	方便面	0	0
1827	Na	女儿	0	1
1834	Na	表妹	0	0
1838	Na	大衣	0	0
1859	Na	技能	0	0
1860	Na	口音	0	0
1861	Na	恋人	0	0
1863	Na	皮肤	0	0
1864	Na	社团	0	0
1865	Na	愿望	0	0
1868	Na	非典	0	0
1871	Na	开车兵	0	0
1872	Na	女孩儿	0	0
1873	Na	烧酒	0	0
1875	Na	文学	0	0
1877	Na	大海	0	0
1881	Na	研究生	0	0
1886	Na	姐妹	0	0
1888	Na	历史	0	0
1890	Na	事故	0	0
1891	Na	压力	0	0
1895	Na	距离	0	0
1908	Na	屋	0	0
1909	Na	假期	0	0
1913	Na	姐夫	0	0
1914	Na	老虎	0	0
1916	Na	手表	0	0
1918	Na	宴会	0	0
1921	Na	最爱	0	0
1924	Na	学科	0	0
1926	Na	小学生	0	0
1927	Na	红色	0	0
1929	Na	商品	0	0
1930	Na	英文	0	0
1931	Na	法语	0	0
1933	Na	红叶	0	0
1936	Na	牛奶	0	0

순서	품사	단어	4학년	
			수정전	수정후
1937	Na	五花肉	0	0
1940	Na	歌星	0	0
1946	Na	饮食	0	0
1954	Na	大会	0	0
1956	Na	器具	0	0
1959	Na	戏剧	0	0
1960	Na	钥匙	0	0
1965	Na	题目	0	0
1974	Na	缘故	0	0
1979	Na	基本	0	0
1982	Na	平房	0	1
1984	Na	型	0	0
1985	Na	一生	0	0
1986	Na	冰箱	0	0
1988	Na	草原	0	0
1989	Na	层	0	0
1990	Na	船工	0	0
1993	Na	短信	0	0
1994	Na	活力	0	0
1995	Na	活儿	0	0
2000	Na	农活	0	0
2002	Na	师兄	0	0
2003	Na	石窟	0	0
2005	Na	微笑	0	0
2008	Na	相貌	0	0
2011	Na	牙齿	0	0
2013	Na	早饭	0	0
2023	Na	余地	0	0
2030	Na	作家	0	0
2046	Na	网	0	0
2047	Na	舞蹈	0	0
2049	Na	步	0	0
2051	Na	独生女	0	0
2052	Na	歌手	0	0
2055	Na	花盆	0	0
2057	Na	货架	0	0
2058	Na	护士	0	0
2060	Na	警察	0	0
2064	Na	拉面	0	0
2065	Na	篮球	0	0

순서	품사	단어	4학년	
			수정전	수정후
2070	Na	毛衣	0	0
2072	Na	企业	0	0
2074	Na	日本菜	0	0
2075	Na	设施	0	0
2077	Na	丝绸	0	0
2078	Na	糖	0	0
2085	Na	宣传画	0	0
2092	Na	道路	0	0
2094	Na	发言	0	0
2097	Na	民族	0	0
2098	Na	名胜	0	0
2101	Na	室内	0	0
2105	Na	执照	0	0
2114	Na	梦想	0	0
2116	Na	姊妹	0	0
2118	Na	山路	0	0
2120	Na	信仰	0	1
2121	Na	百货	0	0
2122	Na	百货大楼	0	0
2123	Na	包子	0	0
2126	Na	磁带	0	0
2129	Na	大楼	0	0
2132	Na	课本	0	0
2136	Na	牛肉	0	0
2138	Na	思想	0	0
2139	Na	网吧	0	0
2140	Na	小吃	0	0
2142	Na	对话	0	0
2156	Na	裤子	0	0
2159	Na	鞭炮	0	0
2162	Na	公路	0	0
2164	Na	老大娘	0	0
2167	Na	球赛	0	0
2168	Na	嗓子	0	0
2169	Na	圣经	0	0
2172	Na	推车	0	0
2174	Na	信封	0	0
2177	Na	侄子	0	0
2183	Na	湖	0	0
2184	Na	楼房	0	0

순서	품사	단어	4학년	
			수정전	수정후
2185	Na	农民	0	0
2186	Na	青年	0	0
2187	Na	人际	0	0
2190	Na	班车	0	1
2195	Na	汉语课	0	0
2208	Na	白马王子	0	0
2209	Na	保龄球	0	0
2210	Na	饼干	0	0
2211	Na	不幸	0	0
2213	Na	彩虹	0	0
2214	Na	朝鲜族	0	0
2216	Na	绰号	0	0
2218	Na	大象	0	0
2219	Na	导游	0	0
2222	Na	渡轮	0	0
2228	Na	糕汤	0	0
2229	Na	孤独感	0	0
2231	Na	黑板	0	0
2233	Na	火焰	0	0
2234	Na	记者	0	0
2239	Na	姥姥	0	0
2240	Na	利	0	0
2242	Na	粮食	0	0
2244	Na	流水	0	0
2248	Na	绿茶	0	0
2249	Na	骆驼	0	0
2252	Na	美景	0	0
2253	Na	面子	0	0
2254	Na	明星	0	0
2257	Na	内心	0	0
2258	Na	农历	0	0
2263	Na	波涛	0	0
2265	Na	跷跷板	0	0
2266	Na	亲友	0	0
2267	Na	秋千	0	0
2269	Na	沙漠	0	0
2270	Na	沙滩	0	0
2272	Na	声调	0	0
2275	Na	士兵	0	0
2276	Na	柿子	0	0

순서	품사	단어	4학년	
			수정전	수정후
2277	Na	丝	0	0
2278	Na	太阳	0	0
2281	Na	梯子	0	0
2285	Na	天主教	0	0
2286	Na	庭院	0	0
2287	Na	外宾	0	0
2295	Na	养花	0	0
2296	Na	影响	0	0
2299	Na	预测	0	0
2303	Na	职位	0	0
2305	Na	自觉	0	0
2307	Na	报纸	0	0
2315	Na	房卡	0	0
2319	Na	国民	0	0
2321	Na	怀	0	0
2322	Na	护照	0	0
2325	Na	竞争	0	0
2328	Na	民众	0	0
2331	Na	沙子	0	0
2333	Na	神经	0	0
2337	Na	双胞胎	0	0
2341	Na	学妹	0	0
2345	Na	帐蓬	0	0
2346	Na	主意	0	0
2348	Na	汗水	0	0
2363	Na	成员	0	0
2368	Na	好友	0	0
2372	Na	懒觉	0	0
2373	Na	老朋友	0	0
2377	Na	嫂子	0	0
2380	Na	鲜花	0	0
2384	Na	冰淇淋	0	0
2385	Na	材料	0	0
2388	Na	成果	0	0
2393	Na	工业	0	0
2394	Na	顾客	0	0
2395	Na	瓜子	0	0
2397	Na	花瓶	0	0
2398	Na	黄瓜	0	0
2399	Na	胡同	0	0

순서	품사	단어	4학년	
			수정전	수정후
2400	Na	结论	0	0
2404	Na	镜子	0	0
2408	Na	空调	0	0
2409	Na	苦难	0	0
2410	Na	蓝色	0	0
2411	Na	零件	0	0
2412	Na	零用钱	0	0
2414	Na	面色	0	0
2418	Na	胖子	0	0
2420	Na	气质	0	0
2423	Na	容貌	0	0
2424	Na	肾病	0	0
2425	Na	生词	0	0
2426	Na	师傅	0	0
2427	Na	诗集	0	0
2428	Na	数学	0	0
2429	Na	太太	0	0
2433	Na	项目	0	0
2434	Na	小伙子	0	0
2435	Na	小偷儿	0	0
2436	Na	形容	0	0
2437	Na	演讲	0	0
2441	Na	炸鸡	0	0
2443	Na	中级	0	0
2444	Na	猪肉	0	0
2445	Na	姿势	0	0
2446	Na	租车	0	0
2449	Na	鼻子	0	0
2467	Na	熊	0	0
2468	Na	正门	0	0
2470	Na	资料	0	0
2472	Na	学术	0	0
2482	Na	少年	0	0
2492	Na	单词	0	0
2494	Na	电影儿	0	0
2495	Na	动物	0	0
2497	Na	风味菜	0	0
2499	Na	公主	0	0
2503	Na	猴子	0	0
2504	Na	鸡肉	0	0

순서	품사	단어	4학년	
			수정전	수정후
2505	Na	家家户户	0	0
2511	Na	老大爷	0	0
2516	Na	贸易	0	0
2518	Na	农业	0	0
2520	Na	皮鞋	0	0
2522	Na	人民币	0	0
2523	Na	十字架	0	0
2526	Na	售货员	0	0
2527	Na	叔母	0	0
2530	Na	糖果	0	0
2531	Na	特色	0	0
2535	Na	峡谷	0	0
2537	Na	小组	0	0
2538	Na	校门	0	0
2540	Na	选手	0	0
2543	Na	音乐会	0	0
2549	Na	紫菜	0	0
2551	Na	翻译	0	0
2554	Na	模样	0	0
2555	Na	能力	0	0
2556	Na	使用	0	0
2557	Na	试验	0	0
2559	Na	责任感	0	0
2562	Na	夜景	0	0
2563	Na	白雪	0	0
2586	Na	榜样	0	0
2588	Na	伯父	0	1
2594	Na	功夫	0	0
2595	Na	古迹	0	0
2600	Na	会话课	0	0
2605	Na	奖	0	1
2608	Na	金钱	0	1
2617	Na	名	0	0
2620	Na	农活儿	0	0
2624	Na	生鱼片	0	0
2628	Na	特点	0	0
2636	Na	仪式	0	1
2639	Na	硬座	0	0
2640	Na	幽默感	0	0
2642	Na	造景	0	0

순서	품사	단어	4학년	
			수정전	수정후
2645	Na	症状	0	0
2646	Na	中年	0	0
2648	Na	重要性	0	1
2649	Na	主义	0	0
2654	Na	奥运会	0	0
2659	Na	搬家费	0	0
2667	Na	鼻梁	0	0
2670	Na	必需品	0	0
2671	Na	毕业生	0	0
2673	Na	标题	0	0
2674	Na	别名	0	0
2675	Na	冰	0	0
2676	Na	冰块	0	0
2677	Na	玻璃	0	0
2692	Na	草坪	0	0
2694	Na	长毛	0	0
2696	Na	车道	0	0
2697	Na	车费	0	0
2699	Na	成就感	0	0
2704	Na	初吻	0	0
2707	Na	川菜	0	0
2708	Na	传统舞	0	0
2710	Na	葱头	0	0
2716	Na	大门	0	0
2717	Na	大厦	0	0
2718	Na	大意	0	0
2720	Na	大自然	0	0
2721	Na	待遇	0	0
2728	Na	得失	0	0
2730	Na	地铁门	0	0
2734	Na	董事	0	0
2737	Na	动力	0	0
2743	Na	恶梦	0	0
2751	Na	房费	0	0
2763	Na	风味	0	0
2765	Na	福	0	0
2772	Na	高层	0	0
2774	Na	歌声	0	0
2776	Na	蛤蜊	0	0
2777	Na	公安	0	0

순서	품사	단어	4학년	
			수정전	수정후
2784	Na	灌肠汤	0	0
2788	Na	国产车	0	0
2790	Na	海水	0	0
2791	Na	害虫	0	0
2792	Na	韩币	0	0
2796	Na	好感	0	0
2798	Na	河	0	0
2800	Na	褐色	0	0
2802	Na	黑熊	0	0
2803	Na	红茶	0	0
2805	Na	华侨	0	0
2809	Na	黄色	0	0
2815	Na	货物	0	0
2817	Na	胡须	0	0
2818	Na	积雪	0	0
2819	Na	疾病	0	0
2822	Na	计划书	0	0
2823	Na	计较	0	0
2824	Na	记事本	0	0
2826	Na	家事	0	0
2829	Na	建筑群	0	0
2837	Na	教育学	0	0
2838	Na	阶层	0	0
2842	Na	解答	0	0
2844	Na	进口车	0	0
2846	Na	经过	0	0
2848	Na	敬老日	0	0
2849	Na	精神病	0	0
2851	Na	景点	0	0
2852	Na	景观	0	0
2853	Na	敬语	0	0
2855	Na	酒席	0	0
2867	Na	空姐	0	0
2869	Na	辣子鸡丁	0	0
2875	Na	栗子	0	0
2879	Na	立场	0	0
2882	Na	连环画	0	0
2883	Na	联欢会	0	0
2884	Na	连衣裙	0	0
2885	Na	脸谱	0	0

순서	품사	단어	4학년	
			수정전	수정후
2886	Na	量刑	0	0
2888	Na	留言册	0	0
2889	Na	陆军	0	0
2895	Na	麻烦	0	0
2896	Na	马肉	0	0
2904	Na	矛盾	0	0
2905	Na	美术	0	0
2907	Na	门缝	0	0
2908	Na	蒙古包	0	0
2911	Na	棉被	0	0
2912	Na	面馆儿	0	0
2913	Na	面孔	0	0
2915	Na	民警	0	0
2918	Na	名牌	0	0
2919	Na	模特儿	0	0
2920	Na	末班车	0	0
2923	Na	耐心	0	0
2925	Na	内蒙古菜	0	0
2931	Na	农药	0	0
2932	Na	女友	0	0
2933	Na	偶像	0	0
2937	Na	偏见	0	0
2940	Na	扑克	0	0
2944	Na	铅笔	0	0
2946	Na	前额	0	0
2947	Na	前者	0	0
2950	Na	巧克力	0	0
2953	Na	青睐	0	0
2954	Na	情报工	0	0
2962	Na	人类	0	0
2967	Na	肉丝	0	0
2976	Na	深蓝色	0	0
2977	Na	身影	0	0
2979	Na	师哥	0	0
2980	Na	师姐	0	0
2985	Na	食堂卡	0	0
2986	Na	食欲	0	0
2988	Na	柿子树	0	0
2989	Na	手电筒	0	0
2991	Na	首饰	0	0

순서	품사	단어	4학년	
			수정전	수정후
2992	Na	首要	0	0
2997	Na	双喜	0	0
3000	Na	松饼	0	0
3001	Na	宿舍费	0	0
3004	Na	损害	0	0
3006	Na	塔	0	0
3008	Na	太空	0	0
3015	Na	体系	0	0
3019	Na	铁锤	0	0
3020	Na	通讯	0	0
3022	Na	童话书	0	0
3027	Na	拖拉机	0	0
3030	Na	外商	0	0
3031	Na	晚辈	0	0
3032	Na	万国	0	0
3035	Na	王朝	0	0
3042	Na	胃炎	0	0
3044	Na	文人	0	0
3045	Na	文学史	0	0
3047	Na	乌龙茶	0	0
3053	Na	溪谷	0	0
3062	Na	闲话	0	0
3064	Na	线索	0	0
3067	Na	香肉	0	0
3070	Na	小姑娘	0	0
3071	Na	小路	0	0
3072	Na	小提琴	0	0
3074	Na	校长	0	0
3078	Na	心扉	0	0
3079	Na	信箱	0	0
3080	Na	星星	0	0
3084	Na	选举	0	0
3085	Na	学弟	0	0
3086	Na	雪碧	0	0
3089	Na	岩石	0	0
3090	Na	眼光	0	0
3102	Na	依据	0	0
3106	Na	遗产	0	0
3113	Na	异国	0	0
3117	Na	意中人	0	0

순서	품사	단어	4학년	
			수정전	수정후
3118	Na	阴历	0	0
3121	Na	用品	0	0
3127	Na	幼年	0	0
3129	Na	圆月	0	0
3133	Na	月饼	0	0
3135	Na	葬礼	0	0
3136	Na	枣儿	0	0
3138	Na	战船	0	0
3140	Na	政策	0	0
3143	Na	知了	0	0
3145	Na	枝子	0	0
3148	Na	中饭	0	0
3150	Na	中介人	0	0
3151	Na	猪血	0	0
3152	Na	主席	0	0
3156	Na	注意力	0	0
3157	Na	柱子	0	0
3159	Na	装饰	0	0
3161	Na	滋味儿	0	0
3162	Na	紫色	0	0
3168	Na	嘴唇	0	0
3172	Na	肺	0	0
3173	Na	跤	0	0
3174	Na	尼古丁	0	0
3175	Na	生死之交	0	0
3177	Na	油条	0	0
3178	Na	皱纹	0	0
3191	Na	效果	0	0
3192	Na	心地	0	1
3199	Na	电话铃	0	0
3208	Na	汉堡	0	0
3209	Na	好事	0	0
3214	Na	瞌睡	0	0
3215	Na	礼拜	0	0
3216	Na	脸蛋	0	0
3224	Na	套餐	0	0
3230	Na	相片	0	0
3231	Na	小猫	0	0
3232	Na	压岁钱	0	0
3234	Na	议员	0	1

순서	품사	단어	4학년	
			수정전	수정후
3236	Na	院子	0	0
3237	Na	运气	0	1
3244	Na	白发	0	0
3245	Na	白糖	0	0
3247	Na	班会	0	0
3250	Na	包裹	0	0
3251	Na	宝物	0	0
3254	Na	被子	0	0
3258	Na	标签	0	0
3259	Na	标准	0	0
3260	Na	冰棍	0	0
3263	Na	菜谱	0	0
3265	Na	草地	0	0
3271	Na	虫子	0	0
3272	Na	筹款	0	0
3274	Na	出租车	0	0
3275	Na	窗台	0	0
3282	Na	单眼皮	0	0
3283	Na	蛋糕	0	0
3286	Na	导演	0	0
3289	Na	电力	0	0
3292	Na	洞口	0	0
3295	Na	对手	0	0
3298	Na	二哥	0	0
3299	Na	发表会	0	0
3300	Na	犯人	0	0
3303	Na	粉红色	0	0
3308	Na	父女	0	0
3310	Na	歌剧	0	0
3312	Na	公共汽车站	0	0
3315	Na	雇员	0	0
3316	Na	卦	0	0
3317	Na	广播	0	0
3318	Na	广告	0	0
3320	Na	过错	0	0
3323	Na	海棠	0	0
3326	Na	好意	0	0
3330	Na	红柿	0	0
3333	Na	黄金	0	0
3335	Na	混血儿	0	0

순서	품사	단어	4학년	
			수정전	수정후
3336	Na	火线	0	0
3338	Na	机器	0	0
3340	Na	价钱	0	0
3341	Na	驾驶证	0	0
3343	Na	将军	0	0
3349	Na	叫声	0	0
3357	Na	景致	0	0
3364	Na	肯德鸡	0	0
3365	Na	空间	0	0
3366	Na	空儿	0	0
3367	Na	口袋	0	0
3369	Na	辣椒粉	0	0
3370	Na	来信	0	0
3373	Na	梨子	0	0
3375	Na	链	0	0
3377	Na	零食	0	0
3380	Na	履历书	0	0
3388	Na	帽子	0	0
3389	Na	玫瑰	0	0
3391	Na	米	0	0
3392	Na	秘诀	0	0
3393	Na	面粉	0	0
3394	Na	庙会	0	0
3395	Na	牡丹	0	0
3398	Na	脑筋	0	0
3399	Na	闹钟	0	0
3401	Na	年糕	0	0
3403	Na	年事	0	0
3406	Na	泡菜饼	0	0
3411	Na	品质	0	0
3413	Na	潜水镜	0	0
3415	Na	歉	0	0
3424	Na	儒教	0	0
3425	Na	入场票	0	0
3426	Na	软件	0	0
3428	Na	色	0	0
3430	Na	设计师	0	0
3431	Na	申请单	0	0
3433	Na	生产率	0	0
3434	Na	生气	0	0

순서	품사	단어	4학년	
			수정전	수정후
3435	Na	剩饭	0	0
3436	Na	湿度	0	0
3437	Na	失主	0	0
3438	Na	十兜	0	0
3439	Na	石榴	0	0
3442	Na	士官	0	0
3443	Na	侍女	0	0
3444	Na	视野	0	0
3447	Na	手指	0	0
3448	Na	手纸	0	0
3451	Na	水分	0	0
3452	Na	丝儿	0	0
3453	Na	蒜	0	0
3456	Na	碳火	0	0
3462	Na	甜食	0	0
3468	Na	秃鹫	0	0
3469	Na	团年饭	0	0
3475	Na	卫生纸	0	0
3483	Na	喜剧片	0	0
3486	Na	细雨	0	0
3489	Na	先辈	0	0
3491	Na	香蕉	0	0
3492	Na	相框	0	0
3496	Na	修配车	0	0
3498	Na	烟花	0	0
3499	Na	眼镜	0	0
3500	Na	眼圈儿	0	0
3505	Na	遗迹	0	0
3511	Na	迎春花	0	0
3515	Na	有心人	0	0
3529	Na	中语	0	0
3530	Na	助教	0	0
3536	Na	自信感	0	0
3538	Na	作文课	0	0
3540	Na	报告书	0	0
3548	Na	窗	0	0
3551	Na	考生	0	0
3557	Na	资格证	0	0
3559	Na	爸妈	0	0
3568	Na	房东	0	0

순서	품사	단어	4학년	
			수정전	수정후
3569	Na	符号	0	0
3581	Na	脸庞	0	0
3587	Na	脑子	0	0
3588	Na	排骨	0	0
3592	Na	全家福	0	0
3600	Na	田地	0	1
3601	Na	娃娃	0	0
3611	Na	预期	0	0
3614	Na	总统	0	0
3616	Na	爱意	0	0
3620	Na	榜	0	0
3621	Na	报道	0	0
3624	Na	必修课	0	0
3628	Na	标志	0	0
3631	Na	兵马俑	0	0
3640	Na	菜肴	0	0
3641	Na	餐费	0	0
3643	Na	差使	0	0
3647	Na	吵架声	0	0
3676	Na	当局	0	0
3690	Na	短处	0	0
3692	Na	对开车	0	1
3697	Na	耳朵	0	0
3701	Na	房门	0	0
3703	Na	沸点	0	0
3706	Na	分数	0	1
3707	Na	分文	0	0
3709	Na	分子	0	0
3711	Na	抚养费	0	0
3713	Na	富翁	0	0
3721	Na	感谢	0	0
3722	Na	高中	0	0
3724	Na	个儿	0	1
3725	Na	根本	0	0
3736	Na	柜台	0	0
3741	Na	海风	0	0
3742	Na	海熊	0	0
3748	Na	贺卡	0	0
3751	Na	互联网	0	0
3755	Na	坏蛋	0	0

순서	품사	단어	4학년	
			수정전	수정후
3788	Na	精力	0	1
3789	Na	警惕	0	0
3793	Na	橘子	0	0
3795	Na	卷子	0	0
3801	Na	烤饼摊	0	0
3802	Na	考试题	0	0
3805	Na	科研	0	0
3808	Na	口才	0	1
3811	Na	蜡烛	0	0
3812	Na	篮球队员	0	0
3814	Na	老年	0	0
3815	Na	老三	0	0
3829	Na	绿叶	0	0
3834	Na	马群	0	0
3839	Na	美容师	0	0
3840	Na	门外汉	0	0
3842	Na	名单	0	0
3849	Na	鸟儿	0	0
3861	Na	妻儿	0	0
3863	Na	气色	0	0
3864	Na	气味儿	0	0
3865	Na	钱财	0	0
3877	Na	热潮	0	0
3888	Na	山下	0	1
3894	Na	神儿	0	0
3895	Na	婶子	0	0
3897	Na	声说	0	1
3899	Na	胜地	0	0
3903	Na	事务	0	0
3905	Na	收银员	0	0
3907	Na	水珠	0	0
3908	Na	说话声	0	1
3913	Na	死讯	0	0
3918	Na	体制	0	1
3929	Na	外遇	0	0
3930	Na	外国	0	0
3941	Na	午餐	0	0
3946	Na	喜悦	0	0
3950	Na	香气	0	0
3968	Na	雪地	0	0

순서	품사	단어	4학년	
			수정전	수정후
3969	Na	押金費	0	0
3970	Na	腌制	0	0
3972	Na	癌症	0	0
3974	Na	野猪	0	0
3980	Na	异样	0	0
3987	Na	优缺点	0	0
3989	Na	游泳课	0	0
3990	Na	游泳衣	0	0
3997	Na	澡	0	0
4000	Na	增肥	0	0
4007	Na	指挥	0	0
4010	Na	中餐	0	0
4012	Na	专业课	0	1
4015	Na	坠石	0	0
4017	Na	自豪感	0	0
4022	Na	宗教	0	0

4.2.3.15 Nb 고유명사

순서	품사	단어	4학년	
			수정전	수정후
1134	Nb	金	1	1
1289	Nb	小张	1	1
1343	Nb	秦始皇	1	1
1512	Nb	田	1	1
2082	Nb	小李	0	0
2083	Nb	小王	0	0
2246	Nb	龙庆峡	0	0
2247	Nb	龙塔	0	0
2488	Nb	陈	0	0
2536	Nb	小哥	0	0
2542	Nb	耶稣基督	0	0
2584	Nb	拌饭	0	0
2909	Nb	蒙古族	0	0
2939	Nb	朴	0	0
2987	Nb	世界杯	0	0
3048	Nb	吴	0	0
3324	Nb	韩服	0	0
3332	Nb	黄酱汤	0	0

순서	품사	단어	4학년	
			수정전	수정후
3744	Nb	汉语水平考试	0	0
3944	Nb	席间	0	0

4.2.3.16 Nc 장소사

순서	품사	단어	4학년	
			수정전	수정후
17	Nc	中国	71	70
35	Nc	家	45	44
48	Nc	学校	39	37
63	Nc	韩国	33	33
103	Nc	大学	23	24
186	Nc	公司	12	13
236	Nc	上海	9	9
241	Nc	外国	9	9
248	Nc	北京	8	8
260	Nc	房间	8	7
271	Nc	中文系	8	8
293	Nc	世界	7	6
394	Nc	洛阳	5	5
410	Nc	商店	4	4
415	Nc	车站	4	4
445	Nc	市场	4	4
461	Nc	长春	4	4
471	Nc	南非	4	4
495	Nc	附近	3	3
498	Nc	面前	3	2
508	Nc	教室	3	3
534	Nc	动物园	3	4
542	Nc	大连	3	3
572	Nc	天津	3	3
590	Nc	高中	2	3
601	Nc	宿舍	2	2
614	Nc	医院	2	2
639	Nc	机场	2	2
640	Nc	周围	2	2
670	Nc	银行	2	2
674	Nc	中学	2	1
675	Nc	学院	2	2

순서	품사	단어	4학년	
			수정전	수정후
676	Nc	家乡	2	2
684	Nc	一段	2	2
703	Nc	故乡	2	2
707	Nc	天	2	0
774	Nc	花园	2	2
794	Nc	博物馆	2	2
799	Nc	花莲	2	2
800	Nc	加油站	2	2
842	Nc	哈尔滨	1	1
860	Nc	日本	1	1
864	Nc	公园	1	1
872	Nc	市	1	1
895	Nc	电影院	1	1
906	Nc	内蒙古	1	1
912	Nc	天安门	1	1
945	Nc	教会	1	1
1009	Nc	眼前	1	1
1016	Nc	教堂	1	1
1022	Nc	西安	1	1
1027	Nc	游泳池	1	1
1029	Nc	村	1	1
1043	Nc	故宫	1	1
1064	Nc	楼	1	1
1085	Nc	长城	1	0
1087	Nc	百货商店	1	1
1107	Nc	首尔	1	8
1130	Nc	农村	1	0
1157	Nc	加拿大	1	1
1165	Nc	香港	1	1
1167	Nc	研究所	1	1
1176	Nc	农家	1	1
1180	Nc	心目中	1	1
1278	Nc	台湾	1	1
1346	Nc	市政府	1	1
1373	Nc	国会	1	1
1384	Nc	北京站	1	1
1425	Nc	工学系	1	1
1475	Nc	骗人家	1	1
1492	Nc	神州	1	1
1504	Nc	台北	1	1

순서	품사	단어	4학년	
			수정전	수정후
1505	Nc	台中	1	1
1517	Nc	五楼	1	1
1525	Nc	鞋店	1	1
1543	Nc	早市	1	1
1570	Nc	班	0	1
1584	Nc	门口	0	0
1638	Nc	小学	0	0
1647	Nc	食堂	0	0
1665	Nc	成功	0	0
1685	Nc	我国	0	0
1733	Nc	餐厅	0	0
1734	Nc	饭馆	0	0
1753	Nc	身边	0	1
1754	Nc	欧洲	0	0
1785	Nc	黄山	0	0
1801	Nc	法国	0	0
1826	Nc	美国	0	0
1830	Nc	英国	0	0
1853	Nc	宾馆	0	0
1855	Nc	果园	0	0
1876	Nc	住处	0	0
1879	Nc	郊区	0	0
1907	Nc	叔叔家	0	0
1938	Nc	邮局	0	0
1997	Nc	俱乐部	0	0
2004	Nc	外滩	0	0
2021	Nc	目的地	0	0
2215	Nc	厨房	0	0
2223	Nc	敦煌	0	0
2245	Nc	龙门	0	0
2283	Nc	天池	0	0
2284	Nc	天空	0	0
2304	Nc	植物园	0	0
2347	Nc	顶峰	0	0
2360	Nc	补习班	0	0
2387	Nc	超市	0	0
2407	Nc	客厅	0	0
2439	Nc	幼儿园	0	0
2478	Nc	美容院	0	0
2524	Nc	事业家	0	0

순서	품사	단어	4학년	
			수정전	수정후
2565	Nc	长白山	0	
2611	Nc	课堂	0	0
2619	Nc	南北韩	0	0
2695	Nc	朝鲜	0	0
2715	Nc	大韩民国	0	0
2750	Nc	房顶	0	0
2760	Nc	风景区	0	0
2778	Nc	工厂	0	0
2780	Nc	沟壑	0	0
2830	Nc	建筑系	0	0
2836	Nc	教育系	0	0
2839	Nc	接待室	0	0
2865	Nc	课题	0	0
2873	Nc	垒沙城	0	0
2897	Nc	码头	0	0
2900	Nc	慢坡路	0	0
2924	Nc	脑海	0	0
2929	Nc	宁夏	0	0
2978	Nc	师大	0	0
2994	Nc	书房	0	0
3007	Nc	泰国	0	0
3043	Nc	温室	0	0
3051	Nc	西班牙文系	0	0
3054	Nc	西海	0	0
3073	Nc	小溪	0	0
3114	Nc	一楼	0	0
3120	Nc	英语系	0	0
3124	Nc	游戏室	0	0
3204	Nc	服装店	0	0
3253	Nc	北海	0	0
3314	Nc	姑姑家	0	0
3319	Nc	国文系	0	0
3322	Nc	海滨	0	0
3356	Nc	警察局	0	0
3359	Nc	郡	0	0
3449	Nc	树林	0	0
3476	Nc	武汉	0	0
3513	Nc	游乐场	0	0
3516	Nc	浴场	0	0
3564	Nc	村庄	0	0

순서	품사	단어	4학년	
			수정전	수정후
3622	Nc	报社	0	0
3623	Nc	背后	0	0
3807	Nc	空中	0	1

4.2.3.17 Ncd 위치사

순서	품사	단어	4학년	
			수정전	수정후
56	Ncd	里	35	42
189	Ncd	上	11	10
242	Ncd	外面	9	10
338	Ncd	边	5	4
346	Ncd	那儿	5	6
351	Ncd	哪儿	5	4
561	Ncd	那里	3	2
604	Ncd	前	2	1
847	Ncd	这儿	1	1
930	Ncd	这里	1	1
969	Ncd	口	1	0
1017	Ncd	下	1	1
1052	Ncd	下面	1	1
1121	Ncd	后面	1	1
1299	Ncd	当中	1	1
1462	Ncd	里面	1	1
1471	Ncd	南方	1	1
1593	Ncd	内	0	0
1641	Ncd	前面	0	0
1731	Ncd	前边	0	0
1837	Ncd	右	0	0
1893	Ncd	边儿	0	0
2150	Ncd	西	0	0
2256	Ncd	南北	0	0
2261	Ncd	旁边儿	0	0
2396	Ncd	后边	0	0
2487	Ncd	左	0	0
2513	Ncd	里边	0	0
2517	Ncd	南边	0	0
2587	Ncd	北部	0	0
2733	Ncd	东北部	0	0

순서	품사	단어	4학년	
			수정전	수정후
3052	Ncd	西部	0	0
3142	Ncd	之间	0	0
3149	Ncd	中间	0	0
3291	Ncd	东部	0	0
3397	Ncd	哪里	0	0
3556	Ncd	中	0	0
3693	Ncd	对面	0	0

4.2.3.18 Nd 시간사

순서	품사	단어	4학년	
			수정전	수정후
25	Nd	今天	53	51
47	Nd	现在	39	36
76	Nd	明天	27	25
115	Nd	昨天	20	21
120	Nd	一下	20	18
139	Nd	最近	16	17
147	Nd	冬天	15	15
166	Nd	后	13	12
176	Nd	晚上	12	12
180	Nd	去年	12	12
194	Nd	以前	11	12
214	Nd	以后	10	9
237	Nd	星期天	9	9
306	Nd	早上	6	6
349	Nd	明年	5	5
365	Nd	春节	5	5
405	Nd	当时	4	5
500	Nd	小时候	3	3
560	Nd	之后	3	3
571	Nd	季	3	4
576	Nd	今	3	4
596	Nd	夏天	2	2
610	Nd	星期六	2	2
616	Nd	晚	2	2
617	Nd	暑假	2	2
644	Nd	八点	2	2
648	Nd	春天	2	2

순서	품사	단어	4학년	
			수정전	수정후
652	Nd	平时	2	1
722	Nd	刚才	2	2
730	Nd	期末	2	2
738	Nd	古代	2	1
789	Nd	如今	2	2
825	Nd	那时	1	5
833	Nd	周末	1	2
904	Nd	星期五	1	1
916	Nd	将来	1	1
976	Nd	这时	1	0
979	Nd	那天	1	1
1076	Nd	最后	1	1
1097	Nd	前年	1	1
1162	Nd	目前	1	1
1247	Nd	冬季	1	1
1288	Nd	现代	1	1
1375	Nd	期中	1	1
1388	Nd	冰灯节	1	1
1480	Nd	青年节	1	1
1540	Nd	月底	1	1
1576	Nd	会儿	0	0
1577	Nd	一点	0	0
1592	Nd	一会儿	0	0
1596	Nd	中秋节	0	0
1607	Nd	寒假	0	0
1689	Nd	早晨	0	0
1723	Nd	整天	0	0
1824	Nd	凌晨	0	0
1897	Nd	之间	0	0
2010	Nd	新年	0	0
2022	Nd	瞬间	0	1
2031	Nd	后来	0	0
2193	Nd	不久	0	0
2238	Nd	劳动节	0	0
2438	Nd	夜晚	0	0
2465	Nd	下月	0	0
2581	Nd	秋	0	0
2660	Nd	傍晚	0	0
2723	Nd	当初	0	0
2789	Nd	国庆节	0	0

순서	품사	단어	4학년	
			수정전	수정후
2827	Nd	假日	0	0
3060	Nd	下雨天	0	0
3107	Nd	一大早	0	0
3181	Nd	从前	0	0
3240	Nd	钟	0	0
3246	Nd	白天	0	0
3280	Nd	大后天	0	0
3400	Nd	年初	0	0
3478	Nd	午夜	0	0
3518	Nd	月初	0	0
3613	Nd	中秋	0	0
3774	Nd	教师节	0	0
3976	Nd	一阵	0	0

4.2.3.19 Nep 지시관형사

순서	품사	단어	4학년	
			수정전	수정후
6	Nep	这	150	149
61	Nep	什么	33	34
96	Nep	那	23	22
518	Nep	哪	3	3
977	Nep	其中	1	2
1113	Nep	此	1	1
1792	Nep	其	0	0
1795	Nep	这样	0	0

4.2.3.20 Neqa 수량관형사

순서	품사	단어	4학년	
			수정전	수정후
71	Neqa	多	28	39
151	Neqa	很多	14	22
206	Neqa	一点儿	10	8
299	Neqa	一些	7	7
301	Neqa	许多	7	7
347	Neqa	别的	5	3
354	Neqa	半	5	4
452	Neqa	不少	4	4

순서	품사	단어	4학년	
			수정전	수정후
541	Neqa	这么多	3	3
543	Neqa	所有	3	4
661	Neqa	多少	2	3
717	Neqa	那些	2	1
784	Neqa	整	2	3
890	Neqa	这些	1	1
908	Neqa	大部分	1	1
1037	Neqa	其他	1	1
1058	Neqa	全	1	1
1071	Neqa	任何	1	1
1196	Neqa	那么多	1	1
1404	Neqa	大半	1	1
2103	Neqa	一切	0	0
2343	Neqa	一排排	0	0
2592	Neqa	朵朵	0	1
3105	Neqa	一半	0	0
3112	Neqa	一点点	0	0
3510	Neqa	一声声	0	0
3695	Neqa	多数	0	0
3977	Neqa	一朵朵	0	1

4.2.3.21 Neqb 후치수량관형사

순서	품사	단어	4학년	
			수정전	수정후
1606	Neqb	多	0	0

4.2.3.22 Nes 특별지칭관형사

순서	품사	단어	4학년	
			수정전	수정후
58	Nes	每	35	35
230	Nes	下	9	8
348	Nes	各	5	2
366	Nes	上	5	5
375	Nes	前	5	5
602	Nes	半	2	3
1092	Nes	另	1	2
1231	Nes	近	1	1

순서	품사	단어	4학년	
			수정전	수정후
1305	Nes	另外	1	1
1374	Nes	何	1	1
1966	Nes	别	0	0
2416	Nes	某	0	0
2666	Nes	本	0	0
2722	Nes	当	0	0
3023	Nes	头	0	0
3446	Nes	首	0	0
3926	Nes	同	0	1

4.2.3.23 Neu 수사관형사

순서	품사	단어	4학년	
			수정전	수정후
13	Neu	一	114	105
101	Neu	两	23	21
111	Neu	几	21	21
129	Neu	第一	18	17
177	Neu	四	12	13
228	Neu	五	9	9
244	Neu	三	8	7
286	Neu	十	7	7
407	Neu	0	4	4
475	Neu	二	3	4
680	Neu	好几	2	3
866	Neu	第二	1	1
877	Neu	八	1	1
935	Neu	百	1	1
1000	Neu	七	1	1
1067	Neu	一百	1	1
1271	Neu	千	1	1
1634	Neu	十五	0	0
1840	Neu	千万	0	0
1898	Neu	俩	0	0
1991	Neu	第三	0	0
2067	Neu	两三	0	0

4.2.3.24 Nf 양사

순서	품사	단어	4학년	
			수정전	수정후
8	Nf	个	134	123
32	Nf	天	47	45
45	Nf	次	41	33
77	Nf	件	27	32
108	Nf	年	22	21
130	Nf	种	18	17
167	Nf	本	13	14
240	Nf	句	9	8
243	Nf	场	9	13
278	Nf	岁	7	7
302	Nf	元	7	6
380	Nf	各	5	5
381	Nf	名	5	5
393	Nf	份	5	5
479	Nf	位	3	3
491	Nf	分钟	3	3
492	Nf	条	3	3
525	Nf	所	3	3
527	Nf	部	3	4
533	Nf	斤	3	3
549	Nf	样	3	1
559	Nf	遍	3	4
609	Nf	点	2	3
653	Nf	些	2	2
669	Nf	公斤	2	3
681	Nf	号	2	2
729	Nf	辆	2	2
746	Nf	块	2	1
830	Nf	口	1	5
944	Nf	星期	1	1
950	Nf	间	1	1
970	Nf	顿	1	2
972	Nf	套	1	1
997	Nf	杯	1	2
1019	Nf	时	1	1
1090	Nf	段	1	1
1095	Nf	层	1	1
1117	Nf	座	1	0

순서	품사	단어	4학년	
			수정전	수정후
1138	Nf	项	1	1
1143	Nf	封	1	1
1324	Nf	刻	1	1
1628	Nf	只	0	0
1724	Nf	张	0	0
1763	Nf	瓶	0	0
1769	Nf	篇	0	0
1771	Nf	米	0	0
1797	Nf	幅	0	0
1807	Nf	首	0	0
1832	Nf	双	0	0
1844	Nf	分	0	0
1851	Nf	度	0	0
1922	Nf	排	0	0
1928	Nf	周	0	0
2016	Nf	道	0	0
2017	Nf	对	0	0
2026	Nf	片	0	0
2134	Nf	门	0	0
2318	Nf	公里	0	0
2334	Nf	声	0	0
2342	Nf	眼	0	0
2375	Nf	秒	0	0
2381	Nf	页	0	0
2406	Nf	颗	0	0
2508	Nf	届	0	0
2533	Nf	碗	0	0
2613	Nf	类	0	0
2627	Nf	堂	0	1
2658	Nf	班	0	0
2668	Nf	笔	0	0
2749	Nf	番	0	0
2795	Nf	行	0	0
2906	Nf	美元	0	0
3190	Nf	下	0	0
3195	Nf	处	0	0
3222	Nf	束	0	0
3225	Nf	跳	0	0
3243	Nf	把	0	0
3290	Nf	顶	0	0

순서	품사	단어	4학년	
			수정전	수정후
3372	Nf	厘米	0	0
3409	Nf	片儿	0	0
3410	Nf	平方米	0	0
3455	Nf	台	0	0
3553	Nf	趟	0	0
3595	Nf	扇	0	0
3951	Nf	响	0	0

4.2.3.25 Ng 후치사

순서	품사	단어	4학년	
			수정전	수정후
30	Ng	后	50	50
51	Ng	以后	38	34
146	Ng	时	15	16
212	Ng	中	10	8
281	Ng	前	7	8
367	Ng	下	5	2
433	Ng	之间	4	4
599	Ng	上	2	5
635	Ng	左右	2	1
713	Ng	当中	2	2
780	Ng	以下	2	2
781	Ng	以来	2	0
861	Ng	以前	1	1
994	Ng	一样	1	1
1038	Ng	里	1	1
1040	Ng	之后	1	1
1047	Ng	之前	1	1
1093	Ng	似的	1	1
1241	Ng	初	1	1
1267	Ng	末	1	1
1350	Ng	之内	1	1
1567	Ng	外	0	0
1569	Ng	以外	0	0
1678	Ng	起	0	2
1716	Ng	间	0	0
2612	Ng	来	0	0
2631	Ng	为止	0	0

순서	품사	단어	4학년	
			수정전	수정후
2876	Ng	里面	0	0
3110	Ng	以内	0	0
3144	Ng	之下	0	0

4.2.3.26 Nh 대명사

순서	품사	단어	4학년	
			수정전	수정후
1	Nh	我	731	715
3	Nh	他	171	169
7	Nh	你	135	134
12	Nh	我们	114	114
31	Nh	她	49	47
39	Nh	他们	44	41
150	Nh	自己	14	13
156	Nh	它	14	14
202	Nh	你们	11	11
256	Nh	别人	8	8
269	Nh	咱们	8	8
296	Nh	您	7	8
320	Nh	大家	6	7
408	Nh	谁	4	3
688	Nh	人家	2	1
761	Nh	咱们俩	2	2
978	Nh	对方	1	2
1115	Nh	他俩	1	1
1503	Nh	他人	1	1
1591	Nh	我们俩	0	1
1896	Nh	他们俩	0	1
3256	Nh	彼此	0	0

4.2.3.27 P 전치사

순서	품사	단어	4학년	
			수정전	수정후
10	P	在	124	108
28	P	跟	50	45
38	P	对	44	40
66	P	从	30	31

순서	품사	단어	4학년	
			수정전	수정후
78	P	把	26	23
85	P	到	25	20
127	P	被	18	14
161	P	比	13	15
257	P	向	8	8
266	P	于	8	9
313	P	为	6	9
337	P	帮	5	4
395	P	和	4	4
449	P	随着	4	4
463	P	通过	4	4
478	P	为了	3	2
519	P	用	3	3
618	P	离	2	2
626	P	给	2	2
663	P	以	2	2
735	P	对于	2	1
772	P	按	2	3
840	P	往	1	1
937	P	如	1	2
1011	P	比如说	1	1
1065	P	受	1	0
1075	P	替	1	1
1102	P	待	1	1
1127	P	直到	1	1
1132	P	由	1	3
1331	P	比如	1	1
1476	P	凭	1	1
1565	P	除了	0	0
1587	P	依	0	0
1658	P	像	0	1
1670	P	就	0	1
1704	P	等	0	0
1901	P	当	0	3
1905	P	每当	0	1
1980	P	经过	0	0
2029	P	针对	0	0
2119	P	随	0	0
2188	P	因	0	0
2203	P	有关	0	0

순서	품사	단어	4학년	
			수정전	수정후
2309	P	趁着	0	0
2567	P	将	0	0
2653	P	按照	0	0
2863	P	靠	0	0
3146	P	至	0	0
3555	P	与	0	0
3560	P	比起	0	0
3584	P	每逢	0	0
3612	P	值	0	0
3822	P	例如	0	0
3825	P	临近	0	0
3925	P	同	0	0

4.2.3.28 SHI 是

순서	품사	단어	4학년	
			수정전	수정후
4	SHI	是	163	168

4.2.3.29 T 어조사

순서	품사	단어	4학년	
			수정전	수정후
14	T	了	105	112
29	T	吧	50	52
97	T	吗	23	21
163	T	呢	13	15
330	T	呀	6	4
359	T	啊	5	4
414	T	去	4	3
612	T	好了	2	1
1079	T	没有	1	1
1338	T	啦	1	1
1925	T	哦	0	0
2018	T	而已	0	0
2352	T	的	0	2
3029	T	哇	0	0

4.2.3.30 VA 동작자동사

순서	품사	단어	4학년	
			수정전	수정후
68	VA	来	29	28
89	VA	下雪	25	24
105	VA	上班	23	22
172	VA	上课	13	11
191	VA	见面	11	13
200	VA	玩儿	11	12
221	VA	留学	10	8
231	VA	出去	9	9
245	VA	走	8	7
247	VA	坐	8	8
249	VA	吃饭	8	8
250	VA	回家	8	9
251	VA	工作	8	8
294	VA	结婚	7	7
322	VA	说话	6	8
345	VA	行	5	10
378	VA	打工	5	4
387	VA	减肥	5	6
397	VA	睡觉	4	3
400	VA	运动	4	4
412	VA	旅行	4	9
427	VA	回国	4	4
468	VA	请客	4	3
512	VA	笑	3	2
531	VA	读书	3	3
540	VA	站	3	3
550	VA	上大学	3	3
552	VA	登山	3	3
573	VA	住院	3	3
584	VA	逛街	2	2
587	VA	休息	2	3
588	VA	下雨	2	2
589	VA	睡	2	2
593	VA	起床	2	3
719	VA	做饭	2	2
753	VA	谈恋爱	2	2
758	VA	上来	2	2
763	VA	上车	2	2

순서	품사	단어	4학년	
			수정전	수정후
773	VA	出差	2	2
775	VA	滑雪	2	2
806	VA	玩来玩去	2	2
819	VA	上网	1	1
831	VA	游泳	1	1
837	VA	开车	1	0
839	VA	哭	1	1
858	VA	唱歌	1	1
913	VA	跑	1	2
929	VA	上学	1	2
931	VA	出生	1	1
942	VA	谈话	1	1
973	VA	分手	1	1
974	VA	报名	1	1
975	VA	下去	1	1
992	VA	休学	1	1
1013	VA	当兵	1	0
1042	VA	戒烟	1	1
1062	VA	自杀	1	1
1066	VA	下班	1	1
1106	VA	动身	1	1
1112	VA	聚	1	1
1147	VA	观光	1	1
1156	VA	过街	1	1
1169	VA	游行	1	1
1188	VA	交往	1	1
1202	VA	相处	1	1
1205	VA	作文	1	1
1215	VA	离婚	1	1
1240	VA	不停	1	1
1245	VA	到站	1	1
1261	VA	开夜车	1	1
1274	VA	适应	1	1.
1279	VA	填表	1	1
1336	VA	过年	1	1
1342	VA	气哭	1	1
1358	VA	干活	1	1
1380	VA	造句	1	1
1385	VA	比赛	1	0
1418	VA	犯规	1	1

순서	품사	단어	4학년	
			수정전	수정후
1434	VA	归乡	1	0
1439	VA	滑下去	1	1
1444	VA	讲话	1	1
1486	VA	入学	1	1
1519	VA	下楼	1	1
1523	VA	消费	1	1
1545	VA	战斗	1	1
1561	VA	搬家	0	0
1568	VA	出来	0	0
1571	VA	出发	0	0
1572	VA	聊天儿	0	0
1585	VA	睡懒觉	0	0
1609	VA	抽烟	0	0
1622	VA	吵架	0	0
1645	VA	游	0	0
1646	VA	躺	0	0
1649	VA	开门	0	0
1675	VA	看书	0	0
1676	VA	聊天	0	0
1686	VA	来往	0	0
1691	VA	爬山	0	0
1744	VA	日出	0	0
1746	VA	前进	0	0
1760	VA	吸烟	0	0
1766	VA	散步	0	0
1778	VA	抽时间	0	0
1804	VA	走路	0	0
1809	VA	继续	0	0
1816	VA	坐车	0	0
1829	VA	行动	0	0
1833	VA	去不了	0	0
1883	VA	过日子	0	0
1915	VA	爬	0	0
1923	VA	写信	0	0
1944	VA	对话	0	0
1949	VA	花钱	0	0
1962	VA	祷告	0	0
1963	VA	祷告	0	0
1967	VA	考试	0	3
1970	VA	起来	0	0

순서	품사	단어	4학년	
			수정전	수정후
2009	VA	新来	0	0
2038	VA	放暑假	0	0
2053	VA	公演	0	0
2061	VA	开会	0	0
2081	VA	消失	0	0
2089	VA	出门	0	0
2117	VA	跑步	0	0
2128	VA	大哭	0	0
2147	VA	念书	0	0
2161	VA	干杯	0	0
2163	VA	就业	0	0
2170	VA	睡午觉	0	0
2221	VA	电话	0	0
2232	VA	后退	0	0
2241	VA	立足	0	0
2259	VA	排尿	0	0
2262	VA	跑过去	0	0
2264	VA	骑车	0	0
2288	VA	玩耍	0	0
2291	VA	下山	0	0
2292	VA	下学	0	0
2308	VA	避暑	0	0
2313	VA	掉下来	0	0
2327	VA	流泪	0	0
2332	VA	上床	0	0
2340	VA	醒	0	0
2355	VA	出国	0	1
2365	VA	打网球	0	0
2413	VA	落	0	0
2417	VA	徘徊	0	0
2456	VA	祭祖	0	0
2469	VA	赚钱	0	0
2471	VA	走来走去	0	0
2476	VA	歌唱	0	1
2477	VA	来临	0	0
2491	VA	打球	0	0
2534	VA	洗澡	0	0
2547	VA	早睡早起	0	0
2564	VA	参军	0	1
2575	VA	流	0	2

순서	품사	단어	4학년	
			수정전	수정후
2585	VA	办事	0	0
2596	VA	刮风	0	1
2621	VA	取长补短	0	0
2647	VA	种田	0	0
2655	VA	拔草	0	0
2698	VA	乘船	0	0
2702	VA	重逢	0	0
2705	VA	出游	0	0
2735	VA	动笔	0	0
2736	VA	动不了	0	0
2738	VA	兜风	0	0
2741	VA	对打	0	0
2752	VA	纺织	0	0
2753	VA	放晴	0	0
2754	VA	飞来飞去	0	0
2755	VA	飞舞	0	0
2757	VA	分别	0	0
2769	VA	盖印	0	0
2806	VA	怀孕	0	0
2821	VA	挤来挤去	0	0
2833	VA	教学	0	0
2834	VA	交友	0	0
2845	VA	禁烟	0	0
2858	VA	开口	0	0
2859	VA	开头	0	0
2860	VA	看家	0	0
2871	VA	来去	0	0
2880	VA	立功	0	0
2898	VA	骂人	0	0
2916	VA	鸣叫	0	0
2928	VA	逆转	0	0
2936	VA	跑过来	0	0
2956	VA	请假	0	0
2959	VA	缺课	0	0
2970	VA	软卧	0	0
2973	VA	上下班	0	0
3013	VA	探病	0	0
3018	VA	跳	0	0
3025	VA	退房	0	0
3036	VA	往来	0	0

순서	품사	단어	4학년	
			수정전	수정후
3056	VA	洗衣服	0	0
3065	VA	相待	0	0
3075	VA	歇	0	0
3077	VA	泻下来	0	0
3083	VA	虚张声势	0	0
3096	VA	摇橹	0	0
3100	VA	野营	0	0
3111	VA	以身作则	0	0
3123	VA	游来游去	0	0
3128	VA	愚公移山	0	0
3131	VA	远足	0	0
3147	VA	制药	0	0
3155	VA	助兴	0	0
3165	VA	走步	0	0
3167	VA	走过来	0	0
3169	VA	做梦	0	0
3170	VA	做下来	0	0
3186	VA	生活	0	0
3202	VA	发脾气	0	0
3212	VA	居住	0	0
3223	VA	睡好	0	0
3249	VA	伴奏	0	0
3268	VA	充电	0	0
3273	VA	出嫁	0	0
3284	VA	当家	0	0
3287	VA	到校	0	0
3301	VA	飞	0	0
3306	VA	服兵役	0	0
3307	VA	服毒	0	0
3329	VA	喝水	0	0
3346	VA	教书	0	0
3348	VA	叫喊	0	0
3352	VA	尽孝	0	0
3358	VA	举杯	0	0
3362	VA	开药	0	0
3363	VA	咳嗽	0	0
3378	VA	溜达	0	0
3379	VA	流血	0	0
3405	VA	排队	0	0
3408	VA	碰头	0	0

순서	품사	단어	4학년	
			수정전	수정후
3421	VA	让步	0	0
3427	VA	散去	0	0
3457	VA	逃亡	0	0
3464	VA	跳水	0	0
3470	VA	外出	0	0
3477	VA	午睡	0	0
3484	VA	洗脸	0	0
3485	VA	洗手	0	0
3488	VA	下功夫	0	0
3493	VA	写字	0	0
3497	VA	喧哗	0	0
3501	VA	咬牙	0	0
3526	VA	争吵	0	0
3527	VA	挣钱	0	0
3532	VA	转来转去	0	0
3545	VA	监考	0	0
3566	VA	倒流	0	2
3574	VA	交谈	0	0
3575	VA	郊游	0	0
3585	VA	面带笑容	0	1
3594	VA	入伍	0	0
3602	VA	嬉戏	0	0
3603	VA	下降	0	0
3606	VA	行事	0	0
3630	VA	表现	0	0
3637	VA	步行	0	0
3657	VA	出场	0	1
3673	VA	待人	0	0
3677	VA	倒下	0	0
3679	VA	倒数	0	0
3685	VA	兜	0	0
3687	VA	逗留	0	0
3700	VA	犯错	0	0
3702	VA	飞行	0	0
3714	VA	赴约	0	0
3731	VA	购物	0	1
3735	VA	归国	0	1
3740	VA	过夜	0	0
3746	VA	喝醉	0	0
3753	VA	划船	0	0

순서	품사	단어	4학년	
			수정전	수정후
3759	VA	会合	0	0
3770	VA	讲课	0	1
3771	VA	交卷	0	0
3772	VA	浇水	0	0
3777	VA	结账	0	0
3785	VA	进来	0	0
3787	VA	进展	0	0
3804	VA	磕	0	0
3809	VA	哭出来	0	0
3810	VA	拉客	0	0
3820	VA	愣住	0	0
3821	VA	离家	0	0
3831	VA	落下	0	0
3832	VA	落下来	0	0
3838	VA	忙来忙去	0	0
3852	VA	排排坐	0	0
3854	VA	跑出去	0	0
3856	VA	飘	0	0
3858	VA	飘下	0	1
3862	VA	起晚	0	0
3867	VA	抢先	0	0
3873	VA	求情	0	0
3882	VA	入场	0	0
3887	VA	晒太阳	0	0
3890	VA	上眼	0	0
3909	VA	说谎	0	0
3910	VA	说说话	0	0
3921	VA	听不进去	0	0
3924	VA	通信	0	0
3947	VA	下乡	0	0
3971	VA	研究	0	0
3982	VA	应考	0	0
3988	VA	游玩	0	0
4014	VA	转学	0	0
4023	VA	走进来	0	0
4025	VA	作弊	0	1
4026	VA	做人	0	0
3575	VA	郊游	0	0
3585	VA	面带笑容	0	1
3594	VA	入伍	0	0

순서	품사	단어	4학년	
			수정전	수정후
3602	VA	嬉戏	0	0
3603	VA	下降	0	0
3606	VA	行事	0	0
3630	VA	表现	0	0
3637	VA	步行	0	0
3657	VA	出场	0	1
3673	VA	待人	0	0
3677	VA	倒下	0	0
3679	VA	倒数	0	0
3685	VA	兜	0	0
3687	VA	逗留	0	0
3700	VA	犯错	0	0
3702	VA	飞行	0	0
3714	VA	赴约	0	0
3731	VA	购物	0	1
3735	VA	归国	0	1
3740	VA	过夜	0	0
3746	VA	喝醉	0	0
3753	VA	划船	0	0
3759	VA	会合	0	0
3770	VA	讲课	0	1
3771	VA	交卷	0	0
3772	VA	浇水	0	0
3777	VA	结账	0	0
3785	VA	进来	0	0
3787	VA	进展	0	0
3804	VA	磕	0	0
3809	VA	哭出来	0	0
3810	VA	拉客	0	0
3820	VA	愣住	0	0
3821	VA	离家	0	0
3831	VA	落下	0	0
3832	VA	落下来	0	0
3838	VA	忙来忙去	0	0
3852	VA	排排坐	0	0
3854	VA	跑出去	0	0
3856	VA	飘	0	0
3858	VA	飘下	0	1
3862	VA	起晚	0	0
3867	VA	抢先	0	0

순서	품사	단어	4학년	
			수정전	수정후
3873	VA	求情	0	0
3882	VA	入场	0	0
3887	VA	晒太阳	0	0
3890	VA	上眼	0	0
3909	VA	说谎	0	0
3910	VA	说说话	0	0
3921	VA	听不进去	0	0
3924	VA	通信	0	0
3947	VA	下乡	0	0
3971	VA	研究	0	0
3982	VA	应考	0	0
3988	VA	游玩	0	0
4014	VA	转学	0	0
4023	VA	走进来	0	0
4025	VA	作弊	0	1
4026	VA	做人	0	0

4.2.3.31 VAC 동작사동사

순서	품사	단어	4학년	
			수정전	수정후
1555	VAC	转	1	1
1697	VAC	动	0	0
2108	VAC	聚集	0	0
2601	VAC	集合	0	0
2634	VAC	移动	0	0
3094	VAC	摇	0	0
3095	VAC	摇晃	0	0
3429	VAC	上映	0	0
3757	VAC	晃动	0	0

4.2.3.32 VB 동작류타동사

순서	품사	단어	4학년	
			수정전	수정후
261	VB	送行	8	8
288	VB	打电话	7	7
1030	VB	进来	1	0
1244	VB	道歉	1	1

순서	품사	단어	4학년	
			수정전	수정후
1547	VB	诊病	1	1
1912	VB	照相	0	0
1935	VB	加油	0	0
2040	VB	开玩笑	0	0
2069	VB	淋湿	0	0
2087	VB	再见	0	0
2135	VB	拿过来	0	0
2145	VB	化妆	0	0
2200	VB	起来	0	0
2326	VB	决定下来	0	0
2339	VB	行礼	0	0
2356	VB	打招呼	0	0
2490	VB	传教	0	0
2529	VB	算命	0	0
2598	VB	过生日	0	0
2643	VB	摘下来	0	0
2650	VB	挨打	0	0
2657	VB	拜年	0	0
2712	VB	打交道	0	0
2732	VB	定罪	0	0
2787	VB	归纳起来	0	0
2864	VB	磕头	0	0
2874	VB	离别	0	0
3046	VB	问好	0	0
3197	VB	打针	0	0
3334	VB	回来	0	0
3374	VB	理发	0	0
3460	VB	提前	0	0
3598	VB	剃头	0	0
3638	VB	擦干净	0	0
3666	VB	答出来	0	1
3672	VB	带出去	0	0
3678	VB	道别	0	0
3747	VB	喝彩	0	0
3778	VB	解雇	0	1
3780	VB	解闷	0	0
3871	VB	请安	0	0
3885	VB	扫干净	0	0
3902	VB	示爱	0	0
3920	VB	挑出来	0	0

순서	품사	단어	4학년	
			수정전	수정후
3949	VB	相比	0	0
3958	VB	写下来	0	1
4008	VB	治病	0	1

4.2.3.33 VC 동작타동사

순서	품사	단어	4학년	
			수정전	수정후
23	VC	学习	55	58
43	VC	看	42	39
57	VC	吃	35	35
75	VC	做	27	25
88	VC	学	25	26
106	VC	打扰	23	22
107	VC	接待	23	20
109	VC	下	22	22
113	VC	买	21	21
128	VC	帮助	18	17
132	VC	招待	18	21
178	VC	带	12	11
188	VC	浪费	12	12
198	VC	找	11	14
218	VC	进行	10	9
220	VC	玩	10	9
229	VC	打	9	12
238	VC	穿	9	9
264	VC	看到	8	10
273	VC	喝	7	7
305	VC	等	6	5
309	VC	参加	6	5
316	VC	研究	6	6
325	VC	带来	6	6
369	VC	不好	5	5
386	VC	学好	5	7
398	VC	开	4	4
411	VC	出	4	4
419	VC	上	4	6
423	VC	生	4	3
424	VC	找到	4	3

순서	품사	단어	4학년	
			수정전	수정후
425	VC	教	4	4
428	VC	写	4	4
454	VC	交	4	4
459	VC	放弃	4	4
460	VC	读	4	4
473	VC	认识	3	2
482	VC	准备	3	4
489	VC	放	3	4
499	VC	用	3	3
509	VC	骑	3	3
520	VC	看看	3	3
522	VC	唱	3	2
526	VC	解决	3	4
548	VC	教育	3	2
555	VC	整	3	2
562	VC	考	3	5
570	VC	锻炼	3	3
574	VC	选	3	3
628	VC	换	2	2
631	VC	花	2	1
641	VC	比较	2	2
643	VC	吃完	2	3
651	VC	接	2	3
654	VC	过去	2	1
668	VC	考上	2	2
679	VC	收拾	2	2
705	VC	改变	2	1
733	VC	求	2	0
739	VC	完成	2	2
749	VC	留	2	2
752	VC	收到	2	1
778	VC	过来	2	1
782	VC	面对	2	1
785	VC	买到	2	2
834	VC	回来	1	1
849	VC	养	1	0
850	VC	做完	1	1
851	VC	提高	1	1
873	VC	拿	1	1
892	VC	照顾	1	1

순서	품사	단어	4학년	
			수정전	수정후
893	VC	打开	1	1
896	VC	偷走	1	1
900	VC	实现	1	1
911	VC	要	1	0
946	VC	挂	1	1
948	VC	联系	1	1
956	VC	留下	1	2
965	VC	离开	1	1
966	VC	看见	1	1
984	VC	举行	1	0
987	VC	复习	1	1
998	VC	麻烦	1	2
1001	VC	写完	1	1
1024	VC	住	1	1
1035	VC	拿走	1	1
1039	VC	遇到	1	1
1081	VC	骂	1	1
1086	VC	逛	1	1
1116	VC	学会	1	1
1141	VC	下来	1	0
1150	VC	覆盖	1	1
1168	VC	引起	1	1
1182	VC	看过	1	1
1183	VC	追求	1	0
1186	VC	准备好	1	2
1190	VC	打死	1	1
1191	VC	改正	1	1
1197	VC	你好	1	1
1209	VC	考完	1	1
1220	VC	照	1	1
1227	VC	犯	1	1
1242	VC	处理	1	1
1281	VC	歪曲	1	1
1317	VC	堆	1	4
1319	VC	订	1	1
1326	VC	利用	1	1
1335	VC	刮倒	1	1
1348	VC	折	1	1
1349	VC	挣	1	1
1352	VC	祝贺	1	1

순서	품사	단어	4학년	
			수정전	수정후
1362	VC	填	1	1
1364	VC	办好	1	2
1368	VC	戴	1	1
1378	VC	填写	1	2
1381	VC	争	1	1
1399	VC	出来	1	0
1400	VC	出示	1	1
1401	VC	创造	1	1
1403	VC	挫折	1	1
1408	VC	带上	1	1
1412	VC	读完	1	1
1414	VC	发起	1	1
1423	VC	搞好	1	1
1429	VC	鼓起	1	1
1430	VC	鼓足	1	1
1440	VC	挤	1	1
1442	VC	加	1	1
1445	VC	降	1	1
1448	VC	接受	1	1
1458	VC	款待	1	1
1468	VC	摸	1	1
1469	VC	拿起	1	1
1473	VC	溺爱	1	1
1479	VC	敲	1	1
1484	VC	认识认识	1	1
1490	VC	申请	1	1
1493	VC	生下	1	1
1494	VC	食	1	1
1495	VC	实行	1	1
1498	VC	数	1	1
1549	VC	指导	1	1
1550	VC	指责	1	1
1595	VC	搬	0	0
1597	VC	搬到	0	0
1598	VC	丢	0	1
1601	VC	打扫	0	1
1602	VC	练习	0	0
1610	VC	陪	0	0
1616	VC	摆	0	0
1618	VC	踢	0	0

순서	품사	단어	4학년	
			수정전	수정후
1648	VC	贴	0	0
1653	VC	干	0	0
1662	VC	推到	0	0
1667	VC	通过	0	0
1674	VC	介绍	0	0
1680	VC	妨碍	0	0
1735	VC	取得	0	0
1739	VC	建议	0	1
1749	VC	使用	0	0
1751	VC	定	0	0
1757	VC	念	0	0
1764	VC	点	0	1
1774	VC	拐	0	0
1788	VC	撞伤	0	0
1799	VC	拉	0	0
1802	VC	加入	0	0
1806	VC	碰到	0	0
1828	VC	弹	0	0
1835	VC	关上	0	0
1841	VC	打扮	0	0
1843	VC	耽误	0	0
1847	VC	挺	0	0
1848	VC	吃得了	0	0
1849	VC	包	0	0
1854	VC	代替	0	0
1866	VC	撞倒	0	0
1878	VC	发展	0	0
1880	VC	控制	0	0
1906	VC	骗	0	0
1917	VC	修理	0	0
1953	VC	吃好	0	0
1955	VC	经营	0	0
1958	VC	贴好	0	0
1961	VC	预习	0	0
1969	VC	帮	0	0
1975	VC	布置	0	0
1981	VC	描述	0	0
2012	VC	影响	0	0
2033	VC	表达	0	0
2034	VC	参观	0	0

순서	품사	단어	4학년	
			수정전	수정후
2035	VC	抱	0	0
2062	VC	烤	0	0
2084	VC	孝敬	0	0
2091	VC	打碎	0	0
2109	VC	上去	0	0
2110	VC	捽	0	0
2115	VC	吸	0	0
2124	VC	保守	0	0
2141	VC	找回	0	0
2152	VC	办	0	0
2154	VC	背	0	0
2155	VC	翻译	0	0
2157	VC	弄坏	0	0
2166	VC	拿来	0	0
2182	VC	发	0	0
2194	VC	吹	0	0
2196	VC	祭祀	0	0
2197	VC	驾驶	0	0
2199	VC	面试	0	0
2206	VC	安慰	0	0
2220	VC	登	0	0
2235	VC	嫁给	0	0
2260	VC	派遣到	0	0
2279	VC	弹劾	0	0
2300	VC	召开	0	0
2310	VC	抽出	0	0
2350	VC	做好	0	0
2351	VC	吵	0	0
2354	VC	取	0	1
2362	VC	尝尝	0	0
2367	VC	堵	0	0
2370	VC	结	0	0
2376	VC	碰见	0	0
2391	VC	发动	0	0
2401	VC	解	0	1
2403	VC	借去	0	0
2431	VC	脱	0	0
2440	VC	诱拐	0	0
2448	VC	按	0	0
2450	VC	打起	0	0

순서	품사	단어	4학년	
			수정전	수정후
2463	VC	玩玩	0	0
2475	VC	呼吸	0	0
2480	VC	瞧	0	1
2484	VC	修	0	0
2498	VC	赶走	0	0
2506	VC	捡到	0	0
2519	VC	暖和	0	0
2525	VC	收看	0	0
2539	VC	写好	0	0
2541	VC	咬	0	0
2548	VC	抓住	0	0
2550	VC	做不了	0	0
2560	VC	穿上	0	2
2561	VC	流下	0	0
2568	VC	排列	0	0
2572	VC	选择	0	0
2616	VC	录取	0	0
2641	VC	栽培	0	0
2644	VC	整理	0	0
2662	VC	包装	0	0
2664	VC	保卫	0	0
2669	VC	比不过	0	0
2685	VC	步	0	0
2689	VC	擦	0	0
2700	VC	吃光	0	0
2713	VC	打通	0	0
2724	VC	倒	0	0
2727	VC	得不到	0	0
2739	VC	逗	0	0
2747	VC	发扬	0	0
2766	VC	服务	0	0
2773	VC	搞砸	0	0
2797	VC	喝光	0	0
2801	VC	喝完	0	0
2811	VC	会晤	0	0
2812	VC	混合	0	0
2831	VC	交换	0	0
2835	VC	叫醒	0	0
2843	VC	进	0	1
2850	VC	经受	0	0

순서	품사	단어	4학년	
			수정전	수정후
2862	VC	看中	0	1
2868	VC	夸奖	0	0
2887	VC	料理	0	0
2899	VC	迈开	0	0
2922	VC	拿去	0	0
2949	VC	抢劫	0	0
2961	VC	惹起	0	0
2965	VC	认	0	0
2998	VC	说完	0	0
3002	VC	算上	0	0
3005	VC	锁上	0	0
3017	VC	挑	0	0
3028	VC	挖掘	0	0
3076	VC	写作	0	0
3139	VC	招聘	0	0
3160	VC	追	0	0
3184	VC	举办	0	0
3189	VC	体验	0	0
3196	VC	答错	0	0
3200	VC	掉	0	0
3206	VC	观看	0	0
3210	VC	回报	0	0
3218	VC	弄脏	0	0
3226	VC	推	0	0
3235	VC	迎接	0	0
3238	VC	责备	0	1
3248	VC	拌	0	0
3255	VC	绷紧	0	0
3257	VC	编导	0	0
3262	VC	猜对	0	0
3264	VC	操持	0	0
3267	VC	称赞	0	0
3278	VC	打伤	0	0
3279	VC	大风刮	0	0
3288	VC	等等	0	0
3293	VC	逗乐	0	1
3304	VC	缝好	0	0
3311	VC	更换	0	0
3328	VC	合唱	0	0
3339	VC	济	0	0

순서	품사	단어	4학년	
			수정전	수정후
3347	VC	教导	0	0
3351	VC	进不了	0	0
3360	VC	开放	0	0
3361	VC	开开	0	0
3382	VC	买好	0	0
3450	VC	甩	0	0
3463	VC	挑选	0	0
3482	VC	洗	0	0
3490	VC	献身	0	0
3495	VC	修好	0	0
3517	VC	预订	0	0
3519	VC	熨	0	0
3523	VC	责怪	0	0
3531	VC	赚	0	0
3533	VC	撞断	0	0
3534	VC	追随	0	0
3541	VC	弄丢	0	0
3565	VC	达成	0	0
3570	VC	付出	0	0
3571	VC	观赏	0	0
3578	VC	开走	0	0
3586	VC	拿到	0	0
3607	VC	休	0	0
3609	VC	学得	0	0
3610	VC	营造	0	0
3619	VC	拜访	0	1
3629	VC	表露	0	0
3642	VC	藏	0	0
3645	VC	敞开	0	0
3646	VC	唱起	0	0
3649	VC	承受	0	0
3650	VC	吃掉	0	0
3655	VC	抽	0	0
3660	VC	处理好	0	0
3662	VC	吹开	0	0
3667	VC	打击	0	0
3671	VC	呆到	0	0
3681	VC	登顶	0	0
3682	VC	点上	0	0
3705	VC	分	0	0

순서	품사	단어	4학년	
			수정전	수정후
3710	VC	扶持	0	0
3716	VC	改	0	0
3717	VC	改革	0	1
3718	VC	改善	0	0
3729	VC	贡献	0	0
3733	VC	管教	0	1
3737	VC	过不了	0	0
3745	VC	喝掉	0	0
3749	VC	哼	0	0
3752	VC	花光	0	0
3762	VC	激励	0	0
3779	VC	解决不了	0	0
3786	VC	进修	0	0
3797	VC	开上	0	0
3798	VC	看待	0	0
3799	VC	看望	0	0
3826	VC	领	0	0
3830	VC	乱放	0	0
3835	VC	买错	0	0
3851	VC	弄乱	0	0
3855	VC	抛开	0	0
3869	VC	清楚	0	0
3874	VC	驱逐	0	1
3896	VC	生产	0	0
3898	VC	省	0	1
3900	VC	实施	0	0
3922	VC	听取	0	0
3927	VC	投入到	0	1
3935	VC	握	0	1
3942	VC	误解	0	1
3957	VC	写出	0	0
3995	VC	砸碎	0	0
3999	VC	责骂	0	0
4009	VC	治好	0	0
4027	VC	阻止	0	0

4.2.3.34 VCL 동작장소목적어동사

순서	품사	단어	4학년	
			수정전	수정후
16	VCL	去	97	99
52	VCL	到	37	39
193	VCL	过	11	13
276	VCL	在	7	9
340	VCL	住在	5	7
363	VCL	上	5	7
504	VCL	进	3	1
606	VCL	来到	2	1
630	VCL	回到	2	2
672	VCL	入	2	2
848	VCL	回	1	1
1320	VCL	下	1	2
1729	VCL	到达	0	0
1762	VCL	游览	0	0
1845	VCL	临	0	0
1892	VCL	走到	0	0
2048	VCL	走进	0	1
2189	VCL	坐上	0	0
2353	VCL	度过	0	0
2389	VCL	呆	0	0
2464	VCL	位于	0	0
2870	VCL	来回	0	0
2945	VCL	迁居	0	0
3166	VCL	走出	0	0
3211	VCL	挤满	0	0
3219	VCL	爬到	0	0
3355	VCL	经过	0	0
3407	VCL	跑到	0	0
3597	VCL	睡到	0	0
3658	VCL	出走	0	0
3734	VCL	逛逛	0	0
3756	VCL	欢聚	0	0
3853	VCL	攀登	0	0
3916	VCL	踏上	0	0

4.2.3.35 VD 이중목적어동사

순서	품사	단어	4학년	
			수정전	수정후
40	VD	给	43	37
865	VD	交给	1	0
989	VD	租	1	1
1111	VD	发	1	1
1175	VD	留给	1	0
1275	VD	输	1	1
1603	VD	送给	0	1
1604	VD	还给	0	0
1635	VD	递给	0	0
1661	VD	送	0	1
1669	VD	交	0	0
1707	VD	赢	0	0
1740	VD	卖	0	0
1752	VD	寄	0	0
1831	VD	出租	0	0
1941	VD	还	0	0
2149	VD	说给	0	0
2176	VD	赠	0	0
2178	VD	寄去	0	0
2402	VD	借给	0	0
2489	VD	传	0	1
2630	VD	偷	0	0
2768	VD	付	0	0
3276	VD	赐给	0	0
3344	VD	讲给	0	0
3383	VD	卖给	0	0
3445	VD	收	0	0
3661	VD	传染	0	0
3765	VD	给予	0	0

4.2.3.36 VE 동작문장목적어동사

순서	품사	단어	4학년	
			수정전	수정후
27	VE	说	51	47
44	VE	想	42	38
60	VE	商量	34	34

순서	품사	단어	4학년	
			수정전	수정후
140	VE	听	16	13
152	VE	见	14	10
168	VE	表示	13	10
203	VE	商量商量	11	11
224	VE	决定	10	7
255	VE	以为	8	8
259	VE	安排	8	8
289	VE	讨论	7	7
292	VE	告诉	7	6
328	VE	想起	6	10
355	VE	问	5	6
357	VE	听到	5	8
368	VE	主张	5	5
426	VE	看	4	3
439	VE	认为	4	4
569	VE	想要	3	2
625	VE	听说	2	3
770	VE	看看	2	2
853	VE	发现	1	1
868	VE	见到	1	5
903	VE	叫	1	1
918	VE	谈	1	0
1118	VE	反对	1	1
1125	VE	提醒	1	1
1300	VE	管	1	0
1334	VE	道	1	1
1382	VE	做到	1	1
1395	VE	常言道	1	1
1450	VE	解释	1	1
1521	VE	想不出	1	1
1713	VE	说起	0	0
1728	VE	聊	0	0
1756	VE	介绍	0	0
1772	VE	祝	0	0
1773	VE	约好	0	1
1805	VE	考虑	0	0
1823	VE	讲	0	1
2036	VE	答应	0	0
2073	VE	请问	0	1
2079	VE	听见	0	1

순서	품사	단어	4학년	
			수정전	수정후
2158	VE	祈祷	0	0
2171	VE	谈到	0	0
2378	VE	说明	0	0
2383	VE	抱怨	0	0
2458	VE	聊聊	0	0
2532	VE	听听	0	0
2597	VE	观察	0	0
2604	VE	检查	0	0
2606	VE	讲述	0	0
2783	VE	估计	0	0
3014	VE	提到	0	0
3132	VE	预测到	0	0
3163	VE	自言自语	0	0
3261	VE	猜猜	0	0
3420	VE	嚷嚷	0	0
3544	VE	回想起	0	2
3670	VE	大叫	0	0
3719	VE	感起	0	0
3769	VE	讲讲	0	0
3800	VE	抗议	0	0
3872	VE	庆祝	0	0
3891	VE	设想	0	0
3933	VE	问清	0	0
3952	VE	想像	0	0
3962	VE	形容	0	1

4.2.3.37 VF 동작술목동사

순서	품사	단어	4학년	
			수정전	수정후
100	VF	打算	23	22
162	VF	请	13	14
658	VF	决心	2	2
856	VF	叫	1	1
1123	VF	求	1	2
1260	VF	拒绝	1	1
1650	VF	劝	0	0
2039	VF	鼓励	0	0
2044	VF	试	0	0

순서	품사	단어	4학년	
			수정전	수정후
2086	VF	要求	0	1
2205	VF	准备	0	0
2338	VF	说服	0	0
2430	VF	托	0	0
2603	VF	继续	0	0
2935	VF	派遣	0	0
3473	VF	委托	0	0
3572	VF	计划	0	0
3773	VF	叫到	0	0

4.2.3.38 VG 분류동사

순서	품사	단어	4학년	
			수정전	수정후
173	VG	真是	13	12
217	VG	当	10	14
327	VG	成为	6	7
432	VG	像	4	5
450	VG	变	4	3
524	VG	变成	3	3
928	VG	成	1	1
1221	VG	算	1	3
1257	VG	既是	1	1
1397	VG	称	1	1
1398	VG	吃成	1	1
1579	VG	叫	0	0
1681	VG	翻译成	0	0
1682	VG	译成	0	0
2111	VG	造成	0	0
2366	VG	担任	0	1
2632	VG	象	0	0
2934	VG	排成	0	0
3003	VG	算做	0	0
3026	VG	拖成	0	0
3416	VG	切成	0	0
3454	VG	算不了	0	0
3459	VG	踢成	0	0
3558	VG	作为	0	0
3754	VG	化	0	0
3775	VG	结成	0	0

4.2.3.39 VH 상태자동사

순서	품사	단어	4학년	
			수정전	수정후
21	VH	好	62	73
42	VH	多	43	36
74	VH	大	27	30
83	VH	瘦	26	22
86	VH	努力	25	24
90	VH	热闹	25	24
104	VH	很多	23	13
119	VH	冷	20	19
126	VH	快	18	15
138	VH	忙	16	14
143	VH	特别	15	16
144	VH	一样	15	15
154	VH	幸福	14	15
164	VH	开始	13	13
169	VH	重要	13	11
183	VH	胖	12	12
184	VH	高	12	13
185	VH	毕业	12	12
208	VH	难	10	9
210	VH	怎么样	10	9
223	VH	厉害	10	9
233	VH	有意思	9	8
239	VH	白	9	10
272	VH	浪费	8	9
287	VH	好看	7	4
291	VH	舒服	7	7
295	VH	美丽	7	5
311	VH	这样	6	5
315	VH	远	6	6
323	VH	愉快	6	7
331	VH	热情	6	9
334	VH	漂亮	5	6
335	VH	小	5	5
344	VH	重	5	6
352	VH	近	5	6
358	VH	健康	5	5
385	VH	长大	5	5
388	VH	明白	5	6

순서	품사	단어	4학년	
			수정전	수정후
399	VH	长	4	4
421	VH	贵	4	6
434	VH	迟到	4	4
441	VH	最近	4	5
447	VH	慢慢	4	4
453	VH	清楚	4	4
455	VH	差	4	3
465	VH	危险	4	4
466	VH	美好	4	4
480	VH	不错	3	4
484	VH	成功	3	2
487	VH	在一起	3	4
490	VH	早	3	3
493	VH	太多	3	4
494	VH	下课	3	3
501	VH	苦	3	3
502	VH	容易	3	4
505	VH	少	3	2
510	VH	最好	3	4
530	VH	病	3	3
538	VH	怪	3	3
539	VH	不再	3	2
546	VH	假	3	3
547	VH	放假	3	3
551	VH	干净	3	2
556	VH	老	3	3
580	VH	丰富	3	3
586	VH	方便	2	2
591	VH	新	2	3
594	VH	流利	2	3
619	VH	感冒	2	2
647	VH	认真	2	3
649	VH	好好	2	3
655	VH	深	2	2
656	VH	不一样	2	2
657	VH	美	2	2
659	VH	堵车	2	3
677	VH	奇怪	2	2
683	VH	深刻	2	2
685	VH	严重	2	2

순서	품사	단어	4학년	
			수정전	수정후
692	VH	适合	2	0
693	VH	亲切	2	2
700	VH	激动	2	2
708	VH	辣	2	2
709	VH	完	2	1
712	VH	吃苦	2	2
721	VH	大声	2	1
728	VH	白白	2	2
737	VH	值得	2	1
748	VH	小小	2	2
769	VH	优秀	2	2
776	VH	寂寞	2	2
783	VH	暖和	2	2
790	VH	调皮	2	4
791	VH	明确	2	2
795	VH	常青	2	2
797	VH	多彩	2	2
809	VH	有空	2	2
810	VH	长胖	2	2
816	VH	咸	2	1
821	VH	生气	1	1
822	VH	慢	1	0
823	VH	好吃	1	1
824	VH	晚	1	3
838	VH	死	1	1
857	VH	可爱	1	1
875	VH	急	1	1
876	VH	善良	1	2
878	VH	有事	1	1
882	VH	那样	1	0
885	VH	用功	1	0
891	VH	有名	1	1
909	VH	亲密	1	1
910	VH	精彩	1	1
934	VH	着急	1	1
940	VH	活	1	1
941	VH	不断	1	2
953	VH	开朗	1	1
961	VH	快乐	1	2
963	VH	够	1	0

순서	품사	단어	4학년	
			수정전	수정후
964	VH	弱	1	0
967	VH	安静	1	1
980	VH	伤	1	1
982	VH	发达	1	1
993	VH	生病	1	1
1015	VH	不得了	1	1
1032	VH	好不好	1	1
1041	VH	出现	1	1
1044	VH	困难	1	1
1049	VH	厚	1	1
1053	VH	化	1	1
1056	VH	有趣	1	1
1078	VH	进步	1	1
1082	VH	苗条	1	1
1091	VH	去世	1	1
1098	VH	失败	1	1
1103	VH	交流	1	1
1108	VH	不同	1	2
1114	VH	更多	1	1
1140	VH	过分	1	1
1144	VH	高速	1	1
1148	VH	基础	1	1
1152	VH	迷路	1	1
1155	VH	公平	1	1
1170	VH	远不远	1	1
1179	VH	完全	1	1
1185	VH	合	1	3
1187	VH	差不多	1	1
1189	VH	吃惊	1	1
1195	VH	老实	1	1
1206	VH	饱	1	0
1207	VH	合作	1	1
1211	VH	发胖	1	1
1232	VH	热热闹闹	1	1
1236	VH	珍贵	1	2
1239	VH	笨	1	1
1243	VH	错误	1	1
1248	VH	多样	1	1
1251	VH	干干净净	1	1
1254	VH	好心	1	0

순서	품사	단어	4학년	
			수정전	수정후
1256	VH	积极	1	1
1259	VH	节省	1	1
1266	VH	密切	1	1
1280	VH	秃	1	1
1283	VH	为什么	1	1
1284	VH	无问	1	1
1287	VH	西方	1	1
1298	VH	成人	1	1
1307	VH	晴	1	1
1313	VH	专门	1	0
1323	VH	挤	1	1
1325	VH	哭笑不得	1	2
1329	VH	相爱	1	1
1347	VH	怎么	1	1
1356	VH	艰苦	1	1
1370	VH	恶化	1	1
1377	VH	特有	1	1
1379	VH	先进	1	2
1386	VH	毕	1	1
1389	VH	病倒	1	1
1402	VH	纯净	1	1
1411	VH	冻伤	1	1
1413	VH	多多	1	1
1415	VH	翻天覆地	1	1
1417	VH	烦死	1	1
1422	VH	高敞	1	1
1427	VH	古典	1	1
1428	VH	古怪	1	1
1435	VH	合法	1	1
1449	VH	截然不同	1	1
1452	VH	开开	1	1
1461	VH	离奇	1	1
1463	VH	理所当然	1	1
1478	VH	恰到好处	1	1
1482	VH	热烈	1	1
1483	VH	人生地不熟	1	1
1487	VH	三五成群	1	1
1507	VH	坦白	1	1
1510	VH	特殊	1	1
1511	VH	天生	1	1

순서	품사	단어	4학년	
			수정전	수정후
1520	VH	闲不住	1	1
1522	VH	消沉	1	1
1526	VH	辛劳	1	1
1530	VH	雪白	1	1
1531	VH	迅速	1	1
1541	VH	悦耳	1	1
1548	VH	正好	1	1
1551	VH	忠实	1	1
1581	VH	便宜	0	0
1586	VH	久	0	0
1599	VH	紧张	0	0
1619	VH	随便	0	0
1620	VH	吃力	0	0
1627	VH	轻	0	0
1629	VH	帅	0	0
1636	VH	疼	0	0
1668	VH	年轻	0	0
1673	VH	聪明	0	0
1677	VH	那么	0	0
1695	VH	呆	0	0
1698	VH	严格	0	0
1699	VH	没关系	0	0
1700	VH	饿	0	0
1711	VH	简单	0	0
1712	VH	强	0	0
1714	VH	黑	0	0
1722	VH	复杂	0	0
1737	VH	和睦	0	0
1738	VH	孤独	0	0
1755	VH	矮	0	0
1761	VH	要命	0	0
1765	VH	活泼	0	0
1787	VH	无聊	0	0
1794	VH	开学	0	1
1800	VH	正式	0	0
1808	VH	乱	0	0
1813	VH	宝贵	0	1
1836	VH	太晚	0	0
1839	VH	细	0	1
1842	VH	头疼	0	0

순서	품사	단어	4학년	
			수정전	수정후
1867	VH	大大	0	0
1874	VH	受骗	0	0
1884	VH	睡着	0	0
1887	VH	骄傲	0	0
1894	VH	不足	0	0
1899	VH	及格	0	0
1904	VH	棒	0	1
1920	VH	周到	0	0
1932	VH	好玩	0	0
1939	VH	不见了	0	0
1945	VH	难受	0	0
1947	VH	仔细	0	0
1948	VH	最多	0	1
1950	VH	乐天	0	0
1951	VH	地道	0	0
1964	VH	巧	0	0
1968	VH	和平	0	1
1972	VH	外向	0	0
1976	VH	成熟	0	0
1978	VH	滑	0	1
1983	VH	退休	0	0
1987	VH	不了了之	0	0
1992	VH	独特	0	0
1996	VH	活下去	0	0
1999	VH	礼貌	0	0
2006	VH	吓人	0	0
2014	VH	悲哀	0	0
2015	VH	不懈	0	0
2019	VH	苦恼	0	0
2020	VH	亮晶晶	0	0
2024	VH	直接	0	0
2025	VH	过来	0	0
2027	VH	痛快	0	0
2028	VH	温和	0	0
2041	VH	内向	0	0
2045	VH	爽快	0	0
2050	VH	低	0	0
2063	VH	困	0	0
2066	VH	乐观	0	0
2068	VH	了不起	0	0

순서	품사	단어	4학년	
			수정전	수정후
2099	VH	亲热	0	0
2106	VH	自豪	0	0
2125	VH	诚实	0	0
2127	VH	错	0	0
2133	VH	客气	0	0
2137	VH	清	0	0
2144	VH	好极了	0	0
2146	VH	亮亮	0	0
2151	VH	自我	0	0
2165	VH	凉快	0	0
2173	VH	响	0	0
2179	VH	醉	0	0
2180	VH	红	0	0
2181	VH	悲伤	0	0
2191	VH	必要	0	1
2201	VH	如此	0	0
2207	VH	暗下来	0	0
2217	VH	大吃一惊	0	0
2225	VH	风趣	0	0
2227	VH	高大	0	0
2230	VH	光荣	0	0
2237	VH	空荡荡	0	0
2255	VH	目瞪口呆	0	0
2271	VH	上下课	0	0
2273	VH	失业	0	0
2280	VH	坦率	0	0
2293	VH	羞答答	0	0
2294	VH	雅	0	0
2297	VH	勇敢	0	0
2298	VH	忧郁	0	0
2311	VH	刺激	0	0
2312	VH	当然	0	0
2314	VH	懂事	0	0
2316	VH	分明	0	1
2317	VH	高级	0	0
2329	VH	忍不住	0	0
2335	VH	盛大	0	0
2336	VH	湿	0	0
2357	VH	对	0	0
2358	VH	好听	0	0

순서	품사	단어	4학년	
			수정전	수정후
2369	VH	和好	0	0
2371	VH	来不了	0	0
2379	VH	算了	0	0
2390	VH	多事	0	0
2392	VH	发烧	0	0
2405	VH	旧	0	0
2419	VH	平常	0	0
2432	VH	相互	0	0
2442	VH	真实	0	0
2451	VH	单身	0	0
2454	VH	糊涂	0	0
2459	VH	流行	0	0
2460	VH	亲	0	0
2466	VH	相似	0	0
2483	VH	退伍	0	0
2485	VH	虚弱	0	0
2493	VH	得分	0	0
2500	VH	乖	0	0
2501	VH	乖巧	0	0
2502	VH	海水蓝	0	0
2507	VH	结实	0	0
2512	VH	冷清	0	0
2514	VH	恋爱	0	0
2521	VH	痊愈	0	0
2528	VH	算	0	0
2544	VH	应该	0	0
2558	VH	幽默	0	0
2571	VH	睡不着觉	0	0
2573	VH	变	0	0
2574	VH	蓝蓝	0	0
2576	VH	没用	0	0
2577	VH	免费	0	0
2590	VH	大胆	0	0
2593	VH	发福	0	0
2610	VH	刻苦	0	0
2615	VH	流逝	0	0
2626	VH	太少	0	0
2656	VH	白净	0	0
2665	VH	悲喜	0	0
2682	VH	不像话	0	0

순서	품사	단어	4학년	
			수정전	수정후
2687	VH	不清	0	0
2690	VH	苍白	0	0
2691	VH	苍郁	0	0
2701	VH	迟钝	0	0
2714	VH	大病	0	0
2725	VH	倒闭	0	0
2731	VH	典雅	0	0
2740	VH	端庄	0	0
2742	VH	多才多艺	0	0
2745	VH	发愁	0	0
2756	VH	费事	0	0
2759	VH	风度翩翩	0	0
2761	VH	丰盛	0	0
2762	VH	丰收	0	0
2767	VH	浮现	0	0
2770	VH	干脆	0	0
2771	VH	尴尬	0	0
2782	VH	孤芳自赏	0	0
2785	VH	光润	0	0
2786	VH	广大	0	0
2793	VH	含蓄	0	0
2804	VH	厚厚	0	0
2807	VH	欢乐	0	0
2808	VH	缓慢	0	0
2813	VH	火冒三丈	0	0
2814	VH	祸不单行	0	0
2832	VH	交加	0	0
2840	VH	结冰	0	0
2847	VH	惊慌失措	0	0
2854	VH	久别	0	0
2857	VH	绝望	0	0
2877	VH	理性	0	0
2878	VH	理直气壮	0	0
2881	VH	例外	0	0
2890	VH	乱糟糟	0	0
2892	VH	落榜	0	0
2894	VH	麻痹	0	0
2901	VH	漫天	0	0
2902	VH	慢悠悠	0	0
2903	VH	盲目	0	0

순서	품사	단어	4학년	
			수정전	수정후
2917	VH	明媚	0	0
2921	VH	默默	0	0
2926	VH	腻	0	0
2927	VH	匿名	0	0
2930	VH	浓	0	0
2938	VH	平滑	0	0
2941	VH	漆黑	0	0
2943	VH	起来	0	0
2948	VH	强盛	0	0
2951	VH	勤快	0	0
2952	VH	清澈	0	0
2955	VH	情同手足	0	0
2964	VH	忍无可忍	0	0
2968	VH	如故	0	0
2969	VH	软绵绵	0	0
2971	VH	闪耀	0	0
2974	VH	奢侈	0	0
2984	VH	时髦	0	0
2990	VH	守旧	0	0
2993	VH	受凉	0	0
3009	VH	贪吃	0	0
3010	VH	贪玩	0	0
3011	VH	谈得来	0	0
3012	VH	忐忑不安	0	0
3016	VH	甜蜜	0	0
3024	VH	投机	0	0
3034	VH	汪汪	0	0
3039	VH	望子成龙	0	0
3049	VH	无边无际	0	0
3057	VH	瞎	0	0
3058	VH	下垂	0	0
3059	VH	下苦	0	0
3061	VH	鲜明	0	0
3066	VH	相反	0	0
3081	VH	兴高采烈	0	0
3082	VH	兴致勃勃	0	0
3087	VH	牙疼	0	0
3088	VH	炎热	0	0
3098	VH	耀眼	0	0
3099	VH	野蛮	0	0

순서	품사	단어	4학년	
			수정전	수정후
3101	VH	夜深	0	0
3115	VH	一言既出	0	0
3122	VH	悠久	0	0
3126	VH	有效	0	0
3130	VH	远远	0	0
3134	VH	晕倒	0	0
3141	VH	正经	0	0
3153	VH	主要	0	0
3154	VH	著名	0	0
3158	VH	壮观	0	0
3180	VH	真	0	1
3193	VH	爱玩	0	0
3201	VH	逗笑	0	0
3207	VH	关门	0	0
3213	VH	开演	0	0
3220	VH	入睡	0	0
3221	VH	上去	0	0
3227	VH	文静	0	0
3229	VH	香	0	0
3266	VH	吵	0	1
3269	VH	重重	0	0
3277	VH	粗	0	0
3285	VH	倒霉	0	0
3294	VH	独一无二	0	0
3296	VH	多疑	0	0
3297	VH	饿肚子	0	0
3305	VH	丰饶	0	0
3309	VH	富裕	0	0
3325	VH	好好玩	0	0
3331	VH	欢欢喜喜	0	0
3337	VH	唧唧	0	0
3353	VH	惊诧	0	0
3354	VH	精打细算	0	0
3368	VH	宽敞	0	0
3371	VH	懒惰	0	0
3376	VH	良好	0	0
3381	VH	乱七八糟	0	0
3384	VH	卖乖	0	0
3385	VH	慢慢腾腾	0	0
3387	VH	毛毛	0	0

순서	품사	단어	4학년	
			수정전	수정후
3390	VH	闷热	0	0
3402	VH	年老	0	0
3414	VH	浅	0	0
3417	VH	去去	0	0
3419	VH	确确实实	0	0
3422	VH	仁慈	0	0
3423	VH	人山人海	0	0
3440	VH	实用	0	0
3461	VH	甜	0	0
3466	VH	同屋	0	0
3471	VH	完毕	0	0
3472	VH	顽皮	0	0
3487	VH	细致	0	0
3502	VH	要好	0	1
3506	VH	遗迹	0	0
3514	VH	游手好闲	0	0
3520	VH	在一块儿	0	0
3522	VH	早早	0	0
3537	VH	坐立不安	0	0
3547	VH	散	0	0
3549	VH	火	0	0
3550	VH	坚强	0	0
3552	VH	瘦多	0	2
3554	VH	圆圆	0	0
3561	VH	不得	0	0
3563	VH	纯朴	0	0
3583	VH	忙碌	0	0
3590	VH	疲惫	0	0
3615	VH	走散	0	0
3618	VH	白茫茫	0	0
3625	VH	变黑	0	0
3632	VH	不对劲	0	0
3648	VH	称职	0	1
3654	VH	充足	0	0
3664	VH	脆弱	0	0
3668	VH	大不了	0	0
3674	VH	单调	0	0
3684	VH	冻	0	0
3686	VH	陡峭	0	0
3688	VH	肚子痛	0	0

순서	품사	단어	4학년	
			수정전	수정후
3691	VH	短暂	0	0
3696	VH	多心	0	0
3698	VH	繁重	0	0
3704	VH	废寝忘食	0	0
3712	VH	覆水难收	0	0
3727	VH	功亏一篑	0	0
3738	VH	过火	0	0
3743	VH	汗如雨下	0	0
3750	VH	红红	0	0
3760	VH	活不了	0	0
3761	VH	豁然开朗	0	0
3763	VH	积少成多	0	0
3767	VH	减退	0	0
3768	VH	渐渐	0	0
3776	VH	拮据	0	0
3781	VH	金	0	0
3782	VH	筋疲力尽	0	0
3791	VH	久远	0	0
3794	VH	俱全	0	0
3796	VH	开满	0	0
3806	VH	可恨	0	0
3818	VH	累倒	0	0
3819	VH	泪如雨下	0	0
3823	VH	脸红	0	0
3824	VH	两样	0	0
3833	VH	落选	0	0
3843	VH	明显	0	0
3844	VH	模糊	0	0
3846	VH	难闻	0	0
3847	VH	内疚	0	0
3848	VH	能干	0	0
3857	VH	漂漂亮亮	0	0
3860	VH	平均	0	1
3866	VH	前所未有	0	0
3870	VH	情不自禁	0	0
3875	VH	全新	0	0
3876	VH	雀跃	0	0
3880	VH	柔和	0	0
3881	VH	如愿以偿	0	0
3884	VH	塞车	0	0

순서	품사	단어	4학년	
			수정전	수정후
3889	VH	上当	0	0
3892	VH	深奥	0	0
3893	VH	身心健康	0	0
3901	VH	实实在在	0	0
3911	VH	死定	0	0
3914	VH	驷马难追	0	0
3915	VH	酸	0	0
3919	VH	天成	0	0
3923	VH	通	0	0
3928	VH	团聚	0	0
3936	VH	乌黑	0	0
3937	VH	无比	0	0
3938	VH	无济于事	0	0
3939	VH	无理	0	1
3940	VH	五彩缤纷	0	0
3956	VH	协	0	0
3959	VH	辛勤	0	1
3960	VH	心神不宁	0	0
3961	VH	心酸	0	0
3963	VH	醒来	0	0
3965	VH	秀丽	0	0
3967	VH	学成	0	0
3973	VH	遥远	0	0
3975	VH	依依不舍	0	0
3981	VH	映	0	0
3983	VH	拥挤	0	0
3984	VH	永生	0	0
3986	VH	优美	0	0
3991	VH	有气无力	0	0
3992	VH	友善	0	0
4002	VH	真是	0	0
4013	VH	转凉	0	0
4016	VH	准确	0	0
4019	VH	自立	0	0
4021	VH	自尊	0	0

4.2.3.40 VHC 상태사동사

순서	품사	단어	4학년	
			수정전	수정후
474	VHC	累	3	3
485	VHC	热	3	3
558	VHC	坏	3	2
629	VHC	感动	2	2
731	VHC	增加	2	2
813	VHC	冻死	2	1
871	VHC	结束	1	1
889	VHC	辛苦	1	1
1070	VHC	满足	1	1
1074	VHC	累死	1	1
1077	VHC	统一	1	1
1096	VHC	产生	1	1
1109	VHC	烦	1	1
1122	VHC	可怜	1	1
1292	VHC	增多	1	1
1332	VHC	冰砖	1	1
1355	VHC	冰	1	0
1819	VHC	饿死	0	0
1869	VHC	减少	0	0
2076	VHC	疏远	0	0
2080	VHC	停	0	0
2289	VHC	温暖	0	0
2290	VHC	稳定	0	0
2359	VHC	有害	0	0
2374	VHC	麻烦	0	0
2452	VHC	断	0	0
2457	VHC	加快	0	0
2552	VHC	开阔	0	0
2623	VHC	伤	0	0
2629	VHC	停下来	0	0
2652	VHC	安定	0	0
2758	VHC	分裂	0	0
2841	VHC	结合	0	0
2872	VHC	老龄化	0	0
2981	VHC	湿透	0	0
3040	VHC	委屈	0	0
3203	VHC	放松	0	0
3239	VHC	增长	0	0

순서	품사	단어	4학년	
			수정전	수정후
3302	VHC	分开	0	0
3342	VHC	减弱	0	0
3626	VHC	变化	0	0
3689	VHC	端正	0	1
3758	VHC	恢复	0	0
3766	VHC	减轻	0	0
3790	VHC	净化	0	1
3859	VHC	平复	0	0
3886	VHC	晒黑	0	0
3932	VHC	为难	0	0
3943	VHC	西方化	0	0

4.2.3.41 VI 상태류타동사

순서	품사	단어	4학년	
			수정전	수정후
620	VI	感兴趣	2	4
1489	VI	伤脑筋	1	1
1537	VI	用情	1	1
1862	VI	没办法	0	0
1942	VI	拿手	0	0
2007	VI	相干	0	0
2224	VI	反感	0	0
2226	VI	感恩	0	0
2415	VI	陌生	0	0
2957	VI	屈服	0	0
3021	VI	同班	0	0
3050	VI	无可奈何	0	0
3573	VI	记忆犹新	0	0
3912	VI	死心	0	0
4001	VI	着想	0	0

4.2.3.42 VJ 상태타동사

순서	품사	단어	4학년	
			수정전	수정후
114	VJ	没有	20	20
222	VJ	没	10	6
350	VJ	发生	5	3

순서	품사	단어	4학년	
			수정전	수정후
361	VJ	对不起	5	5
430	VJ	欢迎	4	4
457	VJ	满	4	4
458	VJ	吃不了	4	4
483	VJ	得	3	6
503	VJ	得到	3	3
557	VJ	谢	3	2
563	VJ	重视	3	3
564	VJ	谢谢	3	2
566	VJ	适应	3	3
581	VJ	克服	3	3
627	VJ	受	2	1
638	VJ	达到	2	2
727	VJ	关照	2	2
754	VJ	习惯	2	1
779	VJ	缺	2	2
807	VJ	信任	2	2
862	VJ	认识	1	1
951	VJ	想念	1	1
981	VJ	高中	1	1
983	VJ	受到	1	1
996	VJ	变得	1	3
1018	VJ	充满	1	2
1023	VJ	享受	1	1
1059	VJ	怀	1	0
1105	VJ	熟悉	1	1
1139	VJ	尊重	1	1
1153	VJ	有关	1	1
1159	VJ	经历	1	1
1201	VJ	疼	1	1
1210	VJ	热心	1	1
1213	VJ	敬	1	1
1219	VJ	尊敬	1	1
1224	VJ	拥有	1	2
1262	VJ	看得见	1	1
1273	VJ	适合	1	1
1295	VJ	按照	1	1
1296	VJ	不理	1	0
1304	VJ	理	1	0
1306	VJ	亲	1	0

순서	품사	단어	4학년	
			수정전	수정후
1314	VJ	费	1	0
1330	VJ	爱惜	1	1
1365	VJ	保持	1	1
1391	VJ	不符	1	1
1420	VJ	富有	1	1
1432	VJ	关注	1	1
1446	VJ	降低到	1	1
1447	VJ	交上	1	1
1453	VJ	看不顺眼	1	1
1459	VJ	来自	1	1
1466	VJ	列入	1	1
1472	VJ	难住	1	1
1496	VJ	始于	1	1
1516	VJ	未满	1	1
1518	VJ	吸引住	1	1
1558	VJ	遵守	1	1
1736	VJ	羡慕	0	1
1768	VJ	只有	0	0
1784	VJ	无	0	0
1857	VJ	毫无	0	0
1885	VJ	获得	0	0
1911	VJ	吓	0	0
1943	VJ	剩下	0	0
1973	VJ	欣赏	0	0
2056	VJ	怀念	0	0
2096	VJ	关怀	0	0
2102	VJ	听得懂	0	0
2143	VJ	赶不上	0	0
2160	VJ	从事	0	0
2198	VJ	连	0	1
2268	VJ	忍耐	0	0
2282	VJ	体贴	0	0
2302	VJ	值	0	0
2324	VJ	减	0	0
2382	VJ	原谅	0	0
2447	VJ	爱上	0	0
2453	VJ	负	0	0
2455	VJ	积	0	0
2479	VJ	起不了	0	0
2545	VJ	有益	0	0

순서	품사	단어	4학년	
			수정전	수정후
2569	VJ	缺少	0	0
2580	VJ	佩服	0	0
2583	VJ	忘怀	0	0
2589	VJ	不如	0	0
2622	VJ	热衷	0	0
2625	VJ	顺	0	0
2651	VJ	爱慕	0	0
2661	VJ	包含	0	0
2663	VJ	保持到	0	0
2672	VJ	贬低	0	0
2681	VJ	不顾	0	0
2683	VJ	不要	0	0
2703	VJ	出身	0	0
2719	VJ	大于	0	0
2744	VJ	发	0	0
2746	VJ	发挥	0	0
2748	VJ	反射	0	0
2779	VJ	共赏	0	0
2794	VJ	含有	0	0
2816	VJ	忽视	0	0
2825	VJ	加深	0	0
2828	VJ	兼备	0	0
2861	VJ	看懂	0	0
2893	VJ	落后	0	0
2910	VJ	迷恋	0	0
2958	VJ	缺乏	0	0
2966	VJ	认出	0	0
2995	VJ	属于	0	0
3038	VJ	忘却	0	0
3055	VJ	吸引	0	0
3069	VJ	想尽	0	0
3092	VJ	厌倦	0	0
3093	VJ	厌弃	0	0
3188	VJ	疼爱	0	0
3194	VJ	超过	0	0
3228	VJ	误	0	0
3252	VJ	抱有	0	0
3281	VJ	耽误	0	0
3313	VJ	共有	0	0
3350	VJ	竭尽	0	0

순서	품사	단어	4학년	
			수정전	수정후
3432	VJ	深受	0	0
3481	VJ	牺牲	0	0
3525	VJ	珍爱	0	0
3542	VJ	深爱	0	0
3579	VJ	考取	0	0
3582	VJ	满怀	0	0
3617	VJ	熬过	0	0
3633	VJ	不关	0	1
3651	VJ	吃上	0	0
3652	VJ	持	0	0
3665	VJ	错过	0	0
3708	VJ	分享	0	0
3739	VJ	过去	0	0
3783	VJ	紧接	0	0
3803	VJ	靠	0	0
3827	VJ	领到	0	1
3836	VJ	买得起	0	0
3841	VJ	迷失	0	0
3878	VJ	忍	0	0
3879	VJ	认不认识	0	0
3917	VJ	体现	0	0
3931	VJ	维持	0	0
3953	VJ	享受到	0	0
3955	VJ	孝顺	0	0
3966	VJ	虚度	0	1
3993	VJ	有所	0	1
3994	VJ	有益于	0	0
3996	VJ	赞同	0	0
4004	VJ	珍惜	0	0

4.2.3.43 VK 상태문장목적어동사

순서	품사	단어	4학년	
			수정전	수정후
26	VK	喜欢	53	55
73	VK	知道	27	28
93	VK	觉得	24	20
165	VK	感到	13	13
190	VK	高兴	11	9

순서	품사	단어	4학년	
			수정전	수정후
232	VK	关心	9	7
258	VK	注意	8	8
307	VK	希望	6	7
324	VK	感谢	6	7
353	VK	担心	5	4
371	VK	信	5	5
383	VK	相信	5	5
406	VK	忘	4	4
431	VK	忘不了	4	4
436	VK	肯定	4	4
437	VK	懂	4	4
451	VK	理解	4	3
497	VK	了解	3	3
517	VK	同意	3	3
613	VK	需要	2	2
632	VK	记	2	2
698	VK	期待	2	2
755	VK	在于	2	2
788	VK	想见	2	1
829	VK	愿意	1	1
843	VK	难过	1	1
844	VK	怕	1	1
880	VK	记得	1	1
886	VK	难忘	1	1
898	VK	忘记	1	1
955	VK	感	1	0
985	VK	感觉到	1	1
988	VK	记住	1	0
990	VK	受不了	1	1
1002	VK	害怕	1	1
1021	VK	讨厌	1	1
1033	VK	听懂	1	1
1045	VK	放心	1	2
1060	VK	坚持	1	1
1080	VK	愿	1	1
1088	VK	恐惧	1	1
1154	VK	抱歉	1	0
1235	VK	遗憾	1	1
1282	VK	忘掉	1	1
1293	VK	注意到	1	1

순서	품사	단어	4학년	
			수정전	수정후
1302	VK	记不清	1	1
1309	VK	涉及	1	1
1431	VK	关系	1	1
1456	VK	可望	1	1
1544	VK	造成	1	1
1626	VK	满意	0	1
1671	VK	小心	0	0
1693	VK	觉	0	3
1726	VK	知	0	1
1767	VK	不满	0	0
1858	VK	获悉	0	0
1919	VK	赞成	0	0
1977	VK	恨	0	0
2059	VK	惊讶	0	0
2104	VK	意味	0	0
2148	VK	气	0	0
2175	VK	忧虑	0	0
2301	VK	知不知道	0	1
2306	VK	包括	0	0
2461	VK	确信	0	0
2546	VK	在乎	0	0
2686	VK	不觉	0	1
2693	VK	察觉到	0	0
2729	VK	等待	0	0
2781	VK	顾	0	0
2914	VK	面临	0	0
2960	VK	确定	0	0
2963	VK	忍受	0	0
3033	VK	惋惜	0	0
3037	VK	忘光	0	0
3063	VK	显	0	0
3091	VK	厌烦	0	0
3103	VK	依赖	0	0
3125	VK	犹豫	0	0
3183	VK	感受到	0	0
3187	VK	受到	0	0
3217	VK	能够	0	0
3345	VK	讲究	0	0
3404	VK	宁可	0	0
3539	VK	感觉	0	2

순서	품사	단어	4학년	
			수정전	수정후
3543	VK	体会到	0	0
3567	VK	反映出	0	1
3604	VK	想像	0	0
3605	VK	象征	0	1
3608	VK	需	0	1
3656	VK	愁	0	0
3675	VK	担忧	0	0
3683	VK	懂得	0	0
3720	VK	感悟到	0	1
3828	VK	留意	0	0
3845	VK	漠不关心	0	1
3850	VK	弄得	0	0
3906	VK	数	0	0
3945	VK	喜欢上	0	0
3954	VK	向往	0	0
3979	VK	意想不到	0	0
4011	VK	主意	0	0
4018	VK	自觉	0	0

4.2.3.44 VL 상태술목동사

순서	품사	단어	4학년	
			수정전	수정후
81	VL	让	26	30
197	VL	爱	11	11
690	VL	使	2	4
812	VL	便利	2	1
1131	VL	终于	1	1
1255	VL	后悔	1	1
1285	VL	无意	1	1
1580	VL	好	0	1
1583	VL	爱好	0	1
1821	VL	敢	0	0
1902	VL	令	0	0
1957	VL	舍不得	0	0
2212	VL	不禁	0	0
2251	VL	忙着	0	0
2607	VL	禁不住	0	0
2972	VL	擅长	0	0

순서	품사	단어	4학년	
			수정전	수정후
3205	VL	赶得上	0	0
3596	VL	善于	0	0
3599	VL	提早	0	0
3653	VL	持续	0	0
3715	VL	负责	0	1
3732	VL	故意	0	0
3816	VL	乐于	0	0
3985	VL	用来	0	0

4.2.3.45 V_2 有

순서	품사	단어	4학년	
			수정전	수정후
15	V_2	有	98	93

5. 전체 언어자료의 한자별 사용 빈도

5.1 전체 중간언어 자료 수정 전·후의 한자 사용빈도

순서	수정전			수정후		
	단어	빈도수	퍼센트	단어	빈도수	퍼센트
1	我	00006467	(5.79107%)	我	00006217	(5.64407%)
2	的	00004368	(3.91145%)	的	00003895	(3.53606%)
3	了	00002391	(2.14109%)	了	00002619	(2.37765%)
4	一	00001769	(1.58410%)	一	00001720	(1.56149%)
5	是	00001642	(1.47038%)	是	00001499	(1.36086%)
6	不	00001548	(1.38620%)	不	00001491	(1.35360%)
7	他	00001450	(1.29845%)	很	00001467	(1.33181%)
8	们	00001439	(1.28860%)	他	00001444	(1.31093%)
9	很	00001356	(1.21427%)	们	00001402	(1.27280%)
10	天	00001264	(1.13189%)	天	00001243	(1.12845%)
11	学	00001214	(1.08711%)	学	00001184	(1.07489%)
12	在	00001197	(1.07189%)	你	00001138	(1.03313%)
13	有	00001178	(1.05487%)	有	00001130	(1.02586%)
14	你	00001159	(1.03786%)	在	00001129	(1.02496%)
15	去	00001054	(0.94384%)	去	00001062	(0.96413%)

순서	수정전			수정후		
	단어	빈도수	퍼센트	단어	빈도수	퍼센트
16	时	00000934	(0.83638%)	这	00000903	(0.81978%)
17	这	00000928	(0.83101%)	人	00000898	(0.81524%)
18	人	00000926	(0.82921%)	时	00000865	(0.78529%)
19	个	00000914	(0.81847%)	好	00000865	(0.78529%)
20	以	00000842	(0.75399%)	个	00000842	(0.76441%)
21	好	00000826	(0.73967%)	到	00000825	(0.74897%)
22	到	00000807	(0.72265%)	以	00000806	(0.73172%)
23	家	00000776	(0.69489%)	家	00000775	(0.70358%)
24	国	00000766	(0.68594%)	国	00000747	(0.67816%)
25	来	00000706	(0.63221%)	上	00000734	(0.66636%)
26	得	00000696	(0.62325%)	来	00000720	(0.65365%)
27	上	00000696	(0.62325%)	得	00000715	(0.64911%)
28	她	00000684	(0.61251%)	中	00000648	(0.58828%)
29	中	00000669	(0.59908%)	她	00000640	(0.58102%)
30	妈	00000586	(0.52475%)	友	00000583	(0.52927%)
31	友	00000577	(0.51669%)	要	00000577	(0.52383%)
32	朋	00000564	(0.50505%)	妈	00000577	(0.52383%)
33	儿	00000564	(0.50505%)	朋	00000566	(0.51384%)
34	要	00000541	(0.48445%)	说	00000540	(0.49024%)
35	说	00000528	(0.47281%)	起	00000514	(0.46663%)
36	生	00000511	(0.45759%)	大	00000513	(0.46572%)
37	大	00000504	(0.45132%)	儿	00000501	(0.45483%)
38	看	00000500	(0.44774%)	多	00000494	(0.44848%)
39	多	00000495	(0.44326%)	生	00000486	(0.44121%)
40	么	00000494	(0.44237%)	语	00000479	(0.43486%)
41	点	00000480	(0.42983%)	看	00000471	(0.42759%)
42	没	00000478	(0.42804%)	没	00000468	(0.42487%)
43	起	00000475	(0.42535%)	为	00000467	(0.42396%)
44	语	00000470	(0.42088%)	么	00000459	(0.41670%)
45	为	00000445	(0.39849%)	点	00000448	(0.40671%)
46	下	00000439	(0.39312%)	都	00000447	(0.40581%)
47	候	00000433	(0.38774%)	就	00000442	(0.40127%)
48	吃	00000420	(0.37610%)	下	00000426	(0.38674%)
49	那	00000412	(0.36894%)	吃	00000418	(0.37948%)
50	常	00000408	(0.36536%)	后	00000413	(0.37494%)
51	习	00000404	(0.36177%)	习	00000405	(0.36768%)
52	过	00000401	(0.35909%)	会	00000404	(0.36677%)
53	爸	00000396	(0.35461%)	今	00000402	(0.36495%)
54	今	00000395	(0.35371%)	爸	00000392	(0.35588%)
55	后	00000392	(0.35103%)	和	00000391	(0.35497%)

순서	수정전			수정후		
	단어	빈도수	퍼센트	단어	빈도수	퍼센트
56	和	00000391	(0.35013%)	常	00000385	(0.34952%)
57	所	00000389	(0.34834%)	那	00000383	(0.34770%)
58	打	00000382	(0.34207%)	打	00000383	(0.34770%)
59	汉	00000381	(0.34118%)	候	00000383	(0.34770%)
60	年	00000377	(0.33760%)	所	00000381	(0.34589%)
61	就	00000377	(0.33760%)	年	00000376	(0.34135%)
62	跟	00000375	(0.33580%)	想	00000370	(0.33590%)
63	想	00000373	(0.33401%)	过	00000369	(0.33499%)
64	子	00000371	(0.33222%)	能	00000356	(0.32319%)
65	会	00000352	(0.31521%)	也	00000354	(0.32138%)
66	可	00000350	(0.31342%)	跟	00000345	(0.31321%)
67	都	00000348	(0.31163%)	子	00000339	(0.30776%)
68	样	00000334	(0.29909%)	汉	00000339	(0.30776%)
69	能	00000329	(0.29461%)	可	00000330	(0.29959%)
70	也	00000329	(0.29461%)	欢	00000328	(0.29777%)
71	现	00000314	(0.28118%)	喜	00000311	(0.28234%)
72	欢	00000313	(0.28029%)	现	00000309	(0.28052%)
73	行	00000312	(0.27939%)	样	00000308	(0.27962%)
74	给	00000307	(0.27491%)	对	00000295	(0.26781%)
75	间	00000304	(0.27223%)	车	00000295	(0.26781%)
76	对	00000302	(0.27043%)	行	00000293	(0.26600%)
77	小	00000300	(0.26864%)	小	00000292	(0.26509%)
78	喜	00000300	(0.26864%)	事	00000288	(0.26146%)
79	车	00000298	(0.26685%)	给	00000286	(0.25964%)
80	事	00000297	(0.26596%)	还	00000284	(0.25783%)
81	话	00000292	(0.26148%)	间	00000282	(0.25601%)
82	心	00000286	(0.25611%)	高	00000281	(0.25510%)
83	里	00000278	(0.24894%)	里	00000278	(0.25238%)
84	经	00000276	(0.24715%)	觉	00000274	(0.24875%)
85	高	00000274	(0.24536%)	经	00000273	(0.24784%)
86	前	00000269	(0.24088%)	心	00000273	(0.24784%)
87	次	00000268	(0.23999%)	话	00000271	(0.24603%)
88	面	00000267	(0.23909%)	地	00000269	(0.24421%)
89	别	00000266	(0.23820%)	前	00000264	(0.23967%)
90	见	00000263	(0.23551%)	开	00000255	(0.23150%)
91	还	00000257	(0.23014%)	别	00000254	(0.23059%)
92	地	00000256	(0.22924%)	见	00000253	(0.22968%)
93	觉	00000254	(0.22745%)	老	00000251	(0.22787%)
94	校	00000254	(0.22745%)	把	00000250	(0.22696%)
95	但	00000254	(0.22745%)	面	00000246	(0.22333%)

순서	수정전			수정후		
	단어	빈도수	퍼센트	단어	빈도수	퍼센트
96	开	00000249	(0.22297%)	最	00000245	(0.22242%)
97	老	00000249	(0.22297%)	但	00000244	(0.22151%)
98	气	00000249	(0.22297%)	吧	00000244	(0.22151%)
99	作	00000245	(0.21939%)	次	00000243	(0.22061%)
100	吧	00000245	(0.21939%)	电	00000242	(0.21970%)
101	电	00000244	(0.21850%)	什	00000240	(0.21788%)
102	什	00000242	(0.21671%)	作	00000237	(0.21516%)
103	最	00000239	(0.21402%)	气	00000237	(0.21516%)
104	比	00000237	(0.21223%)	校	00000233	(0.21153%)
105	然	00000237	(0.21223%)	因	00000230	(0.20880%)
106	把	00000233	(0.20865%)	比	00000228	(0.20699%)
107	因	00000227	(0.20327%)	然	00000226	(0.20517%)
108	力	00000219	(0.19611%)	师	00000215	(0.19519%)
109	意	00000217	(0.19432%)	力	00000213	(0.19337%)
110	师	00000214	(0.19163%)	算	00000213	(0.19337%)
111	感	00000213	(0.19074%)	每	00000212	(0.19246%)
112	太	00000212	(0.18984%)	期	00000211	(0.19156%)
113	当	00000209	(0.18716%)	定	00000209	(0.18974%)
114	算	00000206	(0.18447%)	着	00000208	(0.18883%)
115	定	00000206	(0.18447%)	从	00000207	(0.18792%)
116	从	00000204	(0.18268%)	回	00000205	(0.18611%)
117	明	00000203	(0.18178%)	明	00000202	(0.18338%)
118	期	00000200	(0.17910%)	感	00000201	(0.18248%)
119	道	00000199	(0.17820%)	书	00000200	(0.18157%)
120	外	00000199	(0.17820%)	意	00000200	(0.18157%)
121	自	00000199	(0.17820%)	帮	00000198	(0.17975%)
122	每	00000198	(0.17730%)	当	00000195	(0.17703%)
123	出	00000198	(0.17730%)	外	00000194	(0.17612%)
124	书	00000196	(0.17551%)	出	00000189	(0.17158%)
125	帮	00000196	(0.17551%)	雪	00000188	(0.17067%)
126	着	00000195	(0.17462%)	自	00000187	(0.16977%)
127	回	00000195	(0.17462%)	才	00000185	(0.16795%)
128	真	00000194	(0.17372%)	工	00000184	(0.16704%)
129	动	00000191	(0.17104%)	成	00000184	(0.16704%)
130	雪	00000188	(0.16835%)	太	00000184	(0.16704%)
131	快	00000188	(0.16835%)	姐	00000183	(0.16614%)
132	姐	00000187	(0.16745%)	道	00000182	(0.16523%)
133	做	00000185	(0.16566%)	动	00000182	(0.16523%)
134	工	00000181	(0.16208%)	快	00000182	(0.16523%)
135	成	00000181	(0.16208%)	做	00000181	(0.16432%)

순서	수정전			수정후		
	단어	빈도수	퍼센트	단어	빈도수	퍼센트
136	情	00000181	(0.16208%)	晚	00000179	(0.16250%)
137	日	00000179	(0.16029%)	望	00000176	(0.15978%)
138	吗	00000179	(0.16029%)	饭	00000174	(0.15796%)
139	才	00000177	(0.15850%)	吗	00000172	(0.15615%)
140	晚	00000174	(0.15581%)	再	00000171	(0.15524%)
141	爱	00000173	(0.15492%)	兴	00000170	(0.15433%)
142	望	00000172	(0.15402%)	爱	00000167	(0.15161%)
143	饭	00000172	(0.15402%)	真	00000167	(0.15161%)
144	知	00000172	(0.15402%)	身	00000164	(0.14889%)
145	兴	00000171	(0.15313%)	韩	00000164	(0.14889%)
146	弟	00000168	(0.15044%)	情	00000163	(0.14798%)
147	韩	00000168	(0.15044%)	问	00000162	(0.14707%)
148	难	00000163	(0.14596%)	知	00000161	(0.14616%)
149	问	00000163	(0.14596%)	业	00000160	(0.14526%)
150	再	00000162	(0.14507%)	日	00000160	(0.14526%)
151	身	00000161	(0.14417%)	弟	00000160	(0.14526%)
152	业	00000157	(0.14059%)	活	00000156	(0.14162%)
153	哥	00000156	(0.13969%)	听	00000156	(0.14162%)
154	努	00000156	(0.13969%)	努	00000155	(0.14072%)
155	方	00000156	(0.13969%)	已	00000155	(0.14072%)
156	活	00000155	(0.13880%)	难	00000154	(0.13981%)
157	听	00000154	(0.13790%)	希	00000154	(0.13981%)
158	早	00000153	(0.13701%)	哥	00000153	(0.13890%)
159	边	00000152	(0.13611%)	体	00000153	(0.13890%)
160	越	00000152	(0.13611%)	方	00000152	(0.13799%)
161	关	00000151	(0.13522%)	发	00000149	(0.13527%)
162	发	00000151	(0.13522%)	商	00000149	(0.13527%)
163	已	00000151	(0.13522%)	让	00000148	(0.13436%)
164	商	00000150	(0.13432%)	同	00000147	(0.13345%)
165	几	00000149	(0.13343%)	只	00000146	(0.13255%)
166	体	00000149	(0.13343%)	服	00000144	(0.13073%)
167	进	00000148	(0.13253%)	星	00000144	(0.13073%)
168	希	00000148	(0.13253%)	十	00000144	(0.13073%)
169	星	00000147	(0.13164%)	进	00000144	(0.13073%)
170	睡	00000146	(0.13074%)	早	00000143	(0.12982%)
171	十	00000146	(0.13074%)	重	00000143	(0.12982%)
172	近	00000143	(0.12805%)	近	00000142	(0.12891%)
173	果	00000142	(0.12716%)	睡	00000142	(0.12891%)
174	走	00000142	(0.12716%)	几	00000142	(0.12891%)
175	重	00000142	(0.12716%)	关	00000141	(0.12801%)

순서	수정전			수정후		
	단어	빈도수	퍼센트	단어	빈도수	퍼센트
176	公	00000141	(0.12626%)	公	00000140	(0.12710%)
177	旅	00000141	(0.12626%)	边	00000140	(0.12710%)
178	服	00000141	(0.12626%)	旅	00000139	(0.12619%)
179	两	00000139	(0.12447%)	认	00000139	(0.12619%)
180	只	00000139	(0.12447%)	走	00000139	(0.12619%)
181	怎	00000139	(0.12447%)	果	00000136	(0.12347%)
182	忙	00000138	(0.12358%)	两	00000136	(0.12347%)
183	三	00000138	(0.12358%)	题	00000135	(0.12256%)
184	同	00000136	(0.12179%)	越	00000134	(0.12165%)
185	等	00000136	(0.12179%)	件	00000133	(0.12074%)
186	买	00000136	(0.12179%)	买	00000133	(0.12074%)
187	住	00000136	(0.12179%)	怎	00000133	(0.12074%)
188	题	00000135	(0.12089%)	住	00000132	(0.11984%)
189	男	00000134	(0.11999%)	男	00000131	(0.11893%)
190	相	00000133	(0.11910%)	等	00000131	(0.11893%)
191	西	00000131	(0.11731%)	昨	00000131	(0.11893%)
192	热	00000130	(0.11641%)	三	00000130	(0.11802%)
193	件	00000129	(0.11552%)	喝	00000129	(0.11711%)
194	东	00000129	(0.11552%)	东	00000129	(0.11711%)
195	让	00000127	(0.11373%)	本	00000129	(0.11711%)
196	课	00000125	(0.11193%)	相	00000128	(0.11620%)
197	又	00000125	(0.11193%)	西	00000128	(0.11620%)
198	而	00000125	(0.11193%)	忙	00000127	(0.11530%)
199	昨	00000125	(0.11193%)	特	00000125	(0.11348%)
200	喝	00000124	(0.11104%)	课	00000124	(0.11257%)
201	北	00000124	(0.11104%)	北	00000124	(0.11257%)
202	影	00000122	(0.10925%)	玩	00000122	(0.11076%)
203	本	00000120	(0.10746%)	热	00000121	(0.10985%)
204	特	00000120	(0.10746%)	影	00000121	(0.10985%)
205	考	00000119	(0.10656%)	而	00000120	(0.10894%)
206	认	00000119	(0.10656%)	考	00000118	(0.10713%)
207	表	00000119	(0.10656%)	非	00000118	(0.10713%)
208	口	00000117	(0.10477%)	全	00000117	(0.10622%)
209	水	00000117	(0.10477%)	水	00000115	(0.10440%)
210	玩	00000116	(0.10388%)	父	00000114	(0.10349%)
211	助	00000116	(0.10388%)	如	00000114	(0.10349%)
212	全	00000114	(0.10208%)	长	00000114	(0.10349%)
213	机	00000113	(0.10119%)	完	00000113	(0.10259%)
214	父	00000113	(0.10119%)	钱	00000113	(0.10259%)
215	如	00000113	(0.10119%)	量	00000112	(0.10168%)

순서	수정전			수정후		
	단어	빈도수	퍼센트	단어	빈도수	퍼센트
216	长	00000113	(0.10119%)	口	00000111	(0.10077%)
217	钱	00000112	(0.10029%)	机	00000111	(0.10077%)
218	教	00000111	(0.09940%)	母	00000111	(0.10077%)
219	量	00000111	(0.09940%)	又	00000111	(0.10077%)
220	母	00000111	(0.09940%)	平	00000111	(0.10077%)
221	非	00000111	(0.09940%)	助	00000110	(0.09986%)
222	平	00000111	(0.09940%)	妹	00000109	(0.09896%)
223	较	00000110	(0.09850%)	直	00000109	(0.09896%)
224	房	00000108	(0.09671%)	房	00000108	(0.09805%)
225	月	00000108	(0.09671%)	表	00000108	(0.09805%)
226	妹	00000106	(0.09492%)	月	00000107	(0.09714%)
227	游	00000106	(0.09492%)	请	00000107	(0.09714%)
228	节	00000106	(0.09492%)	文	00000106	(0.09623%)
229	坐	00000106	(0.09492%)	虽	00000105	(0.09532%)
230	请	00000106	(0.09492%)	安	00000105	(0.09532%)
231	己	00000104	(0.09313%)	游	00000105	(0.09532%)
232	分	00000104	(0.09313%)	教	00000104	(0.09442%)
233	第	00000103	(0.09223%)	于	00000104	(0.09442%)
234	被	00000103	(0.09223%)	节	00000104	(0.09442%)
235	孩	00000103	(0.09223%)	便	00000104	(0.09442%)
236	直	00000102	(0.09134%)	较	00000103	(0.09351%)
237	菜	00000101	(0.09044%)	坐	00000101	(0.09169%)
238	文	00000100	(0.08955%)	系	00000099	(0.08988%)
239	搬	00000100	(0.08955%)	己	00000098	(0.08897%)
240	安	00000100	(0.08955%)	像	00000098	(0.08897%)
241	便	00000100	(0.08955%)	该	00000098	(0.08897%)
242	目	00000099	(0.08865%)	找	00000098	(0.08897%)
243	五	00000099	(0.08865%)	搬	00000097	(0.08806%)
244	衣	00000099	(0.08865%)	五	00000097	(0.08806%)
245	系	00000098	(0.08776%)	第	00000097	(0.08806%)
246	试	00000098	(0.08776%)	孩	00000097	(0.08806%)
247	四	00000097	(0.08686%)	加	00000095	(0.08625%)
248	完	00000095	(0.08507%)	试	00000095	(0.08625%)
249	女	00000094	(0.08418%)	应	00000095	(0.08625%)
250	班	00000094	(0.08418%)	菜	00000095	(0.08625%)
251	二	00000093	(0.08328%)	带	00000094	(0.08534%)
252	亲	00000093	(0.08328%)	四	00000094	(0.08534%)
253	虽	00000092	(0.08238%)	班	00000093	(0.08443%)
254	该	00000092	(0.08238%)	识	00000093	(0.08443%)
255	找	00000092	(0.08238%)	衣	00000093	(0.08443%)

순서	수정전			수정후		
	단어	빈도수	퍼센트	단어	빈도수	퍼센트
256	像	00000091	(0.08149%)	被	00000093	(0.08443%)
257	识	00000091	(0.08149%)	场	00000092	(0.08352%)
258	海	00000091	(0.08149%)	目	00000091	(0.08261%)
259	京	00000090	(0.08059%)	分	00000091	(0.08261%)
260	带	00000089	(0.07970%)	海	00000091	(0.08261%)
261	始	00000089	(0.07970%)	始	00000090	(0.08171%)
262	于	00000089	(0.07970%)	亲	00000090	(0.08171%)
263	山	00000088	(0.07880%)	美	00000088	(0.07989%)
264	应	00000088	(0.07880%)	山	00000088	(0.07989%)
265	加	00000087	(0.07791%)	京	00000087	(0.07898%)
266	待	00000087	(0.07791%)	正	00000087	(0.07898%)
267	美	00000087	(0.07791%)	女	00000086	(0.07807%)
268	亮	00000086	(0.07701%)	呢	00000086	(0.07807%)
269	手	00000085	(0.07612%)	待	00000085	(0.07717%)
270	酒	00000085	(0.07612%)	主	00000085	(0.07717%)
271	呢	00000084	(0.07522%)	亮	00000083	(0.07535%)
272	思	00000083	(0.07432%)	二	00000083	(0.07535%)
273	用	00000083	(0.07432%)	更	00000081	(0.07354%)
274	主	00000083	(0.07432%)	酒	00000081	(0.07354%)
275	路	00000082	(0.07343%)	且	00000081	(0.07354%)
276	门	00000082	(0.07343%)	息	00000080	(0.07263%)
277	实	00000082	(0.07343%)	手	00000079	(0.07172%)
278	正	00000082	(0.07343%)	运	00000079	(0.07172%)
279	运	00000080	(0.07164%)	门	00000077	(0.06990%)
280	且	00000080	(0.07164%)	新	00000077	(0.06990%)
281	更	00000079	(0.07074%)	路	00000076	(0.06900%)
282	息	00000079	(0.07074%)	漂	00000076	(0.06900%)
283	结	00000077	(0.06895%)	尔	00000075	(0.06809%)
284	慢	00000077	(0.06895%)	之	00000075	(0.06809%)
285	幸	00000076	(0.06806%)	变	00000074	(0.06718%)
286	忘	00000075	(0.06716%)	实	00000074	(0.06718%)
287	格	00000074	(0.06627%)	奶	00000074	(0.06718%)
288	决	00000073	(0.06537%)	忘	00000073	(0.06627%)
289	奶	00000073	(0.06537%)	名	00000073	(0.06627%)
290	张	00000072	(0.06447%)	物	00000073	(0.06627%)
291	岁	00000071	(0.06358%)	白	00000073	(0.06627%)
292	漂	00000071	(0.06358%)	思	00000073	(0.06627%)
293	性	00000070	(0.06268%)	岁	00000073	(0.06627%)
294	信	00000070	(0.06268%)	决	00000072	(0.06536%)
295	新	00000070	(0.06268%)	结	00000072	(0.06536%)

순서	수정전			수정후		
	단어	빈도수	퍼센트	단어	빈도수	퍼센트
296	整	00000070	(0.06268%)	用	00000072	(0.06536%)
297	冷	00000069	(0.06179%)	种	00000072	(0.06536%)
298	变	00000069	(0.06179%)	交	00000071	(0.06446%)
299	屋	00000069	(0.06179%)	先	00000071	(0.06446%)
300	差	00000069	(0.06179%)	少	00000071	(0.06446%)
301	包	00000069	(0.06179%)	送	00000071	(0.06446%)
302	必	00000069	(0.06179%)	幸	00000071	(0.06446%)
303	物	00000068	(0.06089%)	慢	00000069	(0.06264%)
304	福	00000068	(0.06089%)	放	00000069	(0.06264%)
305	少	00000068	(0.06089%)	屋	00000069	(0.06264%)
306	原	00000068	(0.06089%)	包	00000069	(0.06264%)
307	种	00000068	(0.06089%)	火	00000069	(0.06264%)
308	它	00000068	(0.06089%)	格	00000068	(0.06173%)
309	场	00000067	(0.06000%)	福	00000068	(0.06173%)
310	之	00000067	(0.06000%)	信	00000068	(0.06173%)
311	名	00000066	(0.05910%)	整	00000068	(0.06173%)
312	法	00000066	(0.05910%)	差	00000068	(0.06173%)
313	送	00000066	(0.05910%)	排	00000067	(0.06083%)
314	火	00000066	(0.05910%)	首	00000067	(0.06083%)
315	交	00000065	(0.05821%)	留	00000066	(0.05992%)
316	论	00000065	(0.05821%)	张	00000066	(0.05992%)
317	闹	00000065	(0.05821%)	冷	00000065	(0.05901%)
318	留	00000065	(0.05821%)	理	00000065	(0.05901%)
319	理	00000065	(0.05821%)	法	00000065	(0.05901%)
320	白	00000065	(0.05821%)	约	00000065	(0.05901%)
321	先	00000065	(0.05821%)	叫	00000064	(0.05810%)
322	午	00000064	(0.05731%)	论	00000064	(0.05810%)
323	照	00000064	(0.05731%)	累	00000064	(0.05810%)
324	放	00000063	(0.05642%)	雨	00000064	(0.05810%)
325	约	00000063	(0.05642%)	英	00000063	(0.05719%)
326	功	00000062	(0.05552%)	参	00000063	(0.05719%)
327	英	00000062	(0.05552%)	向	00000063	(0.05719%)
328	雨	00000062	(0.05552%)	午	00000062	(0.05629%)
329	街	00000061	(0.05462%)	原	00000062	(0.05629%)
330	城	00000061	(0.05462%)	街	00000061	(0.05538%)
331	花	00000061	(0.05462%)	性	00000061	(0.05538%)
332	假	00000060	(0.05373%)	必	00000060	(0.05447%)
333	排	00000060	(0.05373%)	闹	00000059	(0.05356%)
334	接	00000060	(0.05373%)	花	00000059	(0.05356%)
335	站	00000060	(0.05373%)	式	00000058	(0.05265%)

순서	수정전			수정후		
	단어	빈도수	퍼센트	단어	빈도수	퍼센트
336	受	00000059	(0.05283%)	店	00000058	(0.05265%)
337	式	00000059	(0.05283%)	照	00000058	(0.05265%)
338	半	00000058	(0.05194%)	站	00000058	(0.05265%)
339	院	00000057	(0.05104%)	网	00000058	(0.05265%)
340	网	00000057	(0.05104%)	化	00000057	(0.05175%)
341	馆	00000056	(0.05015%)	逛	00000057	(0.05175%)
342	叫	00000056	(0.05015%)	胖	00000057	(0.05175%)
343	记	00000056	(0.05015%)	它	00000056	(0.05084%)
344	内	00000056	(0.05015%)	流	00000055	(0.04993%)
345	流	00000056	(0.05015%)	半	00000055	(0.04993%)
346	瘦	00000056	(0.05015%)	司	00000055	(0.04993%)
347	远	00000056	(0.05015%)	院	00000055	(0.04993%)
348	化	00000056	(0.05015%)	字	00000055	(0.04993%)
349	累	00000055	(0.04925%)	错	00000055	(0.04993%)
350	费	00000055	(0.04925%)	解	00000055	(0.04993%)
351	司	00000055	(0.04925%)	功	00000054	(0.04902%)
352	店	00000055	(0.04925%)	馆	00000054	(0.04902%)
353	参	00000055	(0.04925%)	费	00000054	(0.04902%)
354	春	00000055	(0.04925%)	瘦	00000054	(0.04902%)
355	解	00000055	(0.04925%)	远	00000054	(0.04902%)
356	胖	00000055	(0.04925%)	准	00000054	(0.04902%)
357	困	00000054	(0.04836%)	讨	00000054	(0.04902%)
358	六	00000054	(0.04836%)	景	00000053	(0.04812%)
359	须	00000054	(0.04836%)	六	00000053	(0.04812%)
360	示	00000054	(0.04836%)	马	00000053	(0.04812%)
361	乐	00000054	(0.04836%)	消	00000053	(0.04812%)
362	周	00000054	(0.04836%)	员	00000053	(0.04812%)
363	讨	00000054	(0.04836%)	接	00000053	(0.04812%)
364	向	00000054	(0.04836%)	春	00000053	(0.04812%)
365	马	00000053	(0.04746%)	哪	00000053	(0.04812%)
366	字	00000053	(0.04746%)	假	00000052	(0.04721%)
367	错	00000053	(0.04746%)	汽	00000052	(0.04721%)
368	互	00000053	(0.04746%)	内	00000052	(0.04721%)
369	逛	00000053	(0.04746%)	受	00000052	(0.04721%)
370	究	00000052	(0.04656%)	须	00000052	(0.04721%)
371	消	00000052	(0.04656%)	乐	00000052	(0.04721%)
372	眼	00000052	(0.04656%)	挺	00000052	(0.04721%)
373	研	00000052	(0.04656%)	总	00000052	(0.04721%)
374	员	00000052	(0.04656%)	干	00000051	(0.04630%)
375	园	00000052	(0.04656%)	记	00000051	(0.04630%)

순서	수정전			수정후		
	단어	빈도수	퍼센트	단어	빈도수	퍼센트
376	挺	00000051	(0.04567%)	园	00000051	(0.04630%)
377	齐	00000051	(0.04567%)	冬	00000050	(0.04539%)
378	哪	00000051	(0.04567%)	备	00000050	(0.04539%)
379	汽	00000050	(0.04477%)	些	00000050	(0.04539%)
380	利	00000050	(0.04477%)	害	00000050	(0.04539%)
381	部	00000050	(0.04477%)	客	00000049	(0.04448%)
382	色	00000050	(0.04477%)	球	00000049	(0.04448%)
383	初	00000050	(0.04477%)	究	00000049	(0.04448%)
384	级	00000049	(0.04388%)	研	00000049	(0.04448%)
385	些	00000049	(0.04388%)	周	00000049	(0.04448%)
386	毕	00000049	(0.04388%)	州	00000049	(0.04448%)
387	害	00000049	(0.04388%)	毕	00000049	(0.04448%)
388	休	00000049	(0.04388%)	告	00000048	(0.04358%)
389	各	00000048	(0.04298%)	级	00000048	(0.04358%)
390	告	00000048	(0.04298%)	满	00000048	(0.04358%)
391	冬	00000048	(0.04298%)	视	00000048	(0.04358%)
392	床	00000048	(0.04298%)	互	00000048	(0.04358%)
393	视	00000048	(0.04298%)	困	00000047	(0.04267%)
394	位	00000048	(0.04298%)	连	00000047	(0.04267%)
395	州	00000048	(0.04298%)	部	00000047	(0.04267%)
396	景	00000047	(0.04209%)	位	00000047	(0.04267%)
397	球	00000047	(0.04209%)	休	00000047	(0.04267%)
398	聊	00000047	(0.04209%)	共	00000046	(0.04176%)
399	市	00000047	(0.04209%)	聊	00000046	(0.04176%)
400	注	00000047	(0.04209%)	利	00000046	(0.04176%)
401	准	00000047	(0.04209%)	勇	00000046	(0.04176%)
402	队	00000046	(0.04119%)	齐	00000046	(0.04176%)
403	图	00000046	(0.04119%)	注	00000046	(0.04176%)
404	死	00000046	(0.04119%)	狗	00000045	(0.04085%)
405	勇	00000046	(0.04119%)	拿	00000045	(0.04085%)
406	秋	00000046	(0.04119%)	市	00000045	(0.04085%)
407	风	00000046	(0.04119%)	处	00000045	(0.04085%)
408	满	00000045	(0.04030%)	秋	00000045	(0.04085%)
409	无	00000045	(0.04030%)	通	00000045	(0.04085%)
410	容	00000045	(0.04030%)	图	00000044	(0.03995%)
411	条	00000045	(0.04030%)	往	00000044	(0.03995%)
412	处	00000045	(0.04030%)	容	00000044	(0.03995%)
413	礼	00000045	(0.04030%)	礼	00000044	(0.03995%)
414	客	00000044	(0.03940%)	离	00000044	(0.03995%)
415	狗	00000044	(0.03940%)	初	00000043	(0.03904%)

순서	수정전			수정후		
	단어	빈도수	퍼센트	단어	빈도수	퍼센트
416	往	00000044	(0.03940%)	风	00000043	(0.03904%)
417	拿	00000043	(0.03851%)	健	00000042	(0.03813%)
418	连	00000043	(0.03851%)	其	00000042	(0.03813%)
419	总	00000043	(0.03851%)	无	00000042	(0.03813%)
420	苦	00000042	(0.03761%)	病	00000042	(0.03813%)
421	材	00000042	(0.03761%)	示	00000042	(0.03813%)
422	离	00000042	(0.03761%)	唱	00000042	(0.03813%)
423	突	00000041	(0.03671%)	套	00000042	(0.03813%)
424	浪	00000041	(0.03671%)	达	00000041	(0.03722%)
425	病	00000041	(0.03671%)	度	00000041	(0.03722%)
426	备	00000041	(0.03671%)	世	00000041	(0.03722%)
427	除	00000041	(0.03671%)	眼	00000041	(0.03722%)
428	套	00000041	(0.03671%)	提	00000041	(0.03722%)
429	怕	00000041	(0.03671%)	条	00000041	(0.03722%)
430	干	00000040	(0.03582%)	招	00000041	(0.03722%)
431	健	00000040	(0.03582%)	队	00000040	(0.03631%)
432	共	00000040	(0.03582%)	突	00000040	(0.03631%)
433	写	00000040	(0.03582%)	浪	00000040	(0.03631%)
434	唱	00000040	(0.03582%)	床	00000040	(0.03631%)
435	招	00000040	(0.03582%)	色	00000040	(0.03631%)
436	扰	00000040	(0.03582%)	庭	00000040	(0.03631%)
437	度	00000039	(0.03492%)	婚	00000040	(0.03631%)
438	愿	00000039	(0.03492%)	担	00000040	(0.03631%)
439	音	00000039	(0.03492%)	叔	00000039	(0.03541%)
440	婚	00000039	(0.03492%)	各	00000038	(0.03450%)
441	歌	00000038	(0.03403%)	写	00000038	(0.03450%)
442	谈	00000038	(0.03403%)	由	00000038	(0.03450%)
443	头	00000038	(0.03403%)	材	00000038	(0.03450%)
444	谢	00000038	(0.03403%)	扰	00000038	(0.03450%)
445	趣	00000038	(0.03403%)	立	00000037	(0.03359%)
446	通	00000038	(0.03403%)	随	00000037	(0.03359%)
447	其	00000037	(0.03313%)	演	00000037	(0.03359%)
448	舒	00000037	(0.03313%)	除	00000037	(0.03359%)
449	世	00000037	(0.03313%)	穿	00000037	(0.03359%)
450	提	00000037	(0.03313%)	歌	00000036	(0.03268%)
451	俩	00000036	(0.03224%)	康	00000036	(0.03268%)
452	立	00000036	(0.03224%)	象	00000036	(0.03268%)
453	爷	00000036	(0.03224%)	舒	00000036	(0.03268%)
454	泳	00000036	(0.03224%)	爷	00000036	(0.03268%)
455	庭	00000036	(0.03224%)	音	00000036	(0.03268%)

순서	수정전			수정후		
	단어	빈도수	퍼센트	단어	빈도수	퍼센트
456	八	00000036	(0.03224%)	终	00000036	(0.03268%)
457	笑	00000035	(0.03134%)	八	00000036	(0.03268%)
458	叔	00000035	(0.03134%)	末	00000035	(0.03177%)
459	演	00000035	(0.03134%)	谢	00000035	(0.03177%)
460	济	00000035	(0.03134%)	笑	00000035	(0.03177%)
461	足	00000035	(0.03134%)	谁	00000035	(0.03177%)
462	担	00000035	(0.03134%)	深	00000035	(0.03177%)
463	厉	00000035	(0.03134%)	济	00000035	(0.03177%)
464	丽	00000034	(0.03045%)	足	00000035	(0.03177%)
465	报	00000034	(0.03045%)	赛	00000034	(0.03087%)
466	声	00000034	(0.03045%)	泳	00000034	(0.03087%)
467	随	00000034	(0.03045%)	怕	00000034	(0.03087%)
468	失	00000034	(0.03045%)	界	00000033	(0.02996%)
469	室	00000034	(0.03045%)	趣	00000033	(0.02996%)
470	穿	00000034	(0.03045%)	办	00000033	(0.02996%)
471	办	00000034	(0.03045%)	合	00000033	(0.02996%)
472	合	00000034	(0.03045%)	厉	00000033	(0.02996%)
473	刚	00000033	(0.02955%)	故	00000032	(0.02905%)
474	末	00000033	(0.02955%)	苦	00000032	(0.02905%)
475	务	00000033	(0.02955%)	贵	00000032	(0.02905%)
476	赛	00000033	(0.02955%)	头	00000032	(0.02905%)
477	谁	00000033	(0.02955%)	务	00000032	(0.02905%)
478	况	00000033	(0.02955%)	报	00000032	(0.02905%)
479	康	00000032	(0.02866%)	死	00000032	(0.02905%)
480	界	00000032	(0.02866%)	七	00000032	(0.02905%)
481	百	00000032	(0.02866%)	刚	00000031	(0.02814%)
482	清	00000032	(0.02866%)	谈	00000031	(0.02814%)
483	七	00000032	(0.02866%)	诉	00000031	(0.02814%)
484	达	00000031	(0.02776%)	烟	00000031	(0.02814%)
485	舍	00000031	(0.02776%)	此	00000031	(0.02814%)
486	象	00000031	(0.02776%)	偷	00000031	(0.02814%)
487	烟	00000031	(0.02776%)	偏	00000031	(0.02814%)
488	任	00000031	(0.02776%)	医	00000031	(0.02814%)
489	偏	00000031	(0.02776%)	哭	00000030	(0.02724%)
490	医	00000031	(0.02776%)	久	00000030	(0.02724%)
491	哭	00000030	(0.02686%)	丽	00000030	(0.02724%)
492	夫	00000030	(0.02686%)	练	00000030	(0.02724%)
493	诉	00000030	(0.02686%)	李	00000030	(0.02724%)
494	故	00000029	(0.02597%)	声	00000030	(0.02724%)
495	贵	00000029	(0.02597%)	失	00000030	(0.02724%)

순서	수정전			수정후		
	단어	빈도수	퍼센트	단어	빈도수	퍼센트
496	李	00000029	(0.02597%)	您	00000030	(0.02724%)
497	尔	00000029	(0.02597%)	适	00000029	(0.02633%)
498	夏	00000029	(0.02597%)	俩	00000029	(0.02633%)
499	啊	00000029	(0.02597%)	舍	00000029	(0.02633%)
500	代	00000028	(0.02507%)	顺	00000029	(0.02633%)
501	飞	00000028	(0.02507%)	室	00000029	(0.02633%)
502	社	00000028	(0.02507%)	议	00000029	(0.02633%)
503	顺	00000028	(0.02507%)	任	00000029	(0.02633%)
504	易	00000028	(0.02507%)	标	00000029	(0.02633%)
505	由	00000028	(0.02507%)	赶	00000029	(0.02633%)
506	者	00000028	(0.02507%)	脸	00000029	(0.02633%)
507	田	00000028	(0.02507%)	夫	00000028	(0.02542%)
508	钟	00000028	(0.02507%)	需	00000028	(0.02542%)
509	即	00000028	(0.02507%)	钟	00000028	(0.02542%)
510	偷	00000028	(0.02507%)	即	00000028	(0.02542%)
511	标	00000028	(0.02507%)	夏	00000028	(0.02542%)
512	赶	00000028	(0.02507%)	况	00000028	(0.02542%)
513	您	00000028	(0.02507%)	轻	00000027	(0.02451%)
514	古	00000027	(0.02418%)	光	00000027	(0.02451%)
515	句	00000027	(0.02418%)	代	00000027	(0.02451%)
516	食	00000027	(0.02418%)	并	00000027	(0.02451%)
517	深	00000027	(0.02418%)	飞	00000027	(0.02451%)
518	养	00000027	(0.02418%)	养	00000027	(0.02451%)
519	片	00000027	(0.02418%)	易	00000027	(0.02451%)
520	哈	00000027	(0.02418%)	田	00000027	(0.02451%)
521	懂	00000027	(0.02418%)	迟	00000027	(0.02451%)
522	架	00000026	(0.02328%)	懂	00000027	(0.02451%)
523	轻	00000026	(0.02328%)	计	00000026	(0.02360%)
524	计	00000026	(0.02328%)	观	00000026	(0.02360%)
525	空	00000026	(0.02328%)	愿	00000026	(0.02360%)
526	念	00000026	(0.02328%)	愉	00000026	(0.02360%)
527	忆	00000026	(0.02328%)	绩	00000026	(0.02360%)
528	右	00000026	(0.02328%)	清	00000026	(0.02360%)
529	愉	00000026	(0.02328%)	啊	00000026	(0.02360%)
530	终	00000026	(0.02328%)	古	00000025	(0.02270%)
531	脸	00000026	(0.02328%)	空	00000025	(0.02270%)
532	适	00000025	(0.02239%)	读	00000025	(0.02270%)
533	农	00000025	(0.02239%)	使	00000025	(0.02270%)
534	使	00000025	(0.02239%)	伤	00000025	(0.02270%)
535	宿	00000025	(0.02239%)	食	00000025	(0.02270%)

순서	수정전			수정후		
	단어	빈도수	퍼센트	단어	빈도수	퍼센트
536	肉	00000025	(0.02239%)	者	00000025	(0.02270%)
537	入	00000025	(0.02239%)	传	00000025	(0.02270%)
538	绩	00000025	(0.02239%)	架	00000024	(0.02179%)
539	传	00000025	(0.02239%)	脑	00000024	(0.02179%)
540	票	00000025	(0.02239%)	百	00000024	(0.02179%)
541	桌	00000025	(0.02239%)	社	00000024	(0.02179%)
542	脑	00000024	(0.02149%)	善	00000024	(0.02179%)
543	练	00000024	(0.02149%)	选	00000024	(0.02179%)
544	般	00000024	(0.02149%)	秀	00000024	(0.02179%)
545	滨	00000024	(0.02149%)	宿	00000024	(0.02179%)
546	收	00000024	(0.02149%)	迎	00000024	(0.02179%)
547	秀	00000024	(0.02149%)	入	00000024	(0.02179%)
548	需	00000024	(0.02149%)	哈	00000024	(0.02179%)
549	迎	00000024	(0.02149%)	许	00000024	(0.02179%)
550	咖	00000024	(0.02149%)	红	00000024	(0.02179%)
551	光	00000023	(0.02060%)	咖	00000024	(0.02179%)
552	堂	00000023	(0.02060%)	啡	00000024	(0.02179%)
553	读	00000023	(0.02060%)	号	00000024	(0.02179%)
554	议	00000023	(0.02060%)	戏	00000024	(0.02179%)
555	左	00000023	(0.02060%)	句	00000023	(0.02088%)
556	迟	00000023	(0.02060%)	农	00000023	(0.02088%)
557	抽	00000023	(0.02060%)	懒	00000023	(0.02088%)
558	极	00000023	(0.02060%)	附	00000023	(0.02088%)
559	久	00000022	(0.01970%)	滨	00000023	(0.02088%)
560	急	00000022	(0.01970%)	肉	00000023	(0.02088%)
561	懒	00000022	(0.01970%)	依	00000023	(0.02088%)
562	反	00000022	(0.01970%)	票	00000023	(0.02088%)
563	步	00000022	(0.01970%)	桌	00000023	(0.02088%)
564	附	00000022	(0.01970%)	堂	00000022	(0.01997%)
565	暑	00000022	(0.01970%)	暑	00000022	(0.01997%)
566	此	00000022	(0.01970%)	扫	00000022	(0.01997%)
567	厅	00000022	(0.01970%)	收	00000022	(0.01997%)
568	许	00000022	(0.01970%)	夜	00000022	(0.01997%)
569	红	00000022	(0.01970%)	忆	00000022	(0.01997%)
570	号	00000022	(0.01970%)	永	00000022	(0.01997%)
571	惯	00000021	(0.01881%)	将	00000022	(0.01997%)
572	管	00000021	(0.01881%)	渐	00000022	(0.01997%)
573	剧	00000021	(0.01881%)	程	00000022	(0.01997%)
574	金	00000021	(0.01881%)	厅	00000022	(0.01997%)
575	肯	00000021	(0.01881%)	聚	00000022	(0.01997%)

순서	수정전			수정후		
	단어	빈도수	퍼센트	단어	빈도수	퍼센트
576	味	00000021	(0.01881%)	统	00000022	(0.01997%)
577	伤	00000021	(0.01881%)	片	00000022	(0.01997%)
578	扫	00000021	(0.01881%)	极	00000022	(0.01997%)
579	树	00000021	(0.01881%)	跑	00000022	(0.01997%)
580	首	00000021	(0.01881%)	却	00000021	(0.01906%)
581	按	00000021	(0.01881%)	概	00000021	(0.01906%)
582	夜	00000021	(0.01881%)	剧	00000021	(0.01906%)
583	依	00000021	(0.01881%)	仅	00000021	(0.01906%)
584	印	00000021	(0.01881%)	金	00000021	(0.01906%)
585	族	00000021	(0.01881%)	骑	00000021	(0.01906%)
586	聚	00000021	(0.01881%)	念	00000021	(0.01906%)
587	统	00000021	(0.01881%)	答	00000021	(0.01906%)
588	货	00000021	(0.01881%)	倒	00000021	(0.01906%)
589	啡	00000021	(0.01881%)	般	00000021	(0.01906%)
590	咱	00000021	(0.01881%)	烦	00000021	(0.01906%)
591	跑	00000021	(0.01881%)	净	00000021	(0.01906%)
592	戏	00000021	(0.01881%)	借	00000021	(0.01906%)
593	恐	00000020	(0.01791%)	抽	00000021	(0.01906%)
594	观	00000020	(0.01791%)	减	00000021	(0.01906%)
595	军	00000020	(0.01791%)	刻	00000020	(0.01816%)
596	紧	00000020	(0.01791%)	惯	00000020	(0.01816%)
597	选	00000020	(0.01791%)	九	00000020	(0.01816%)
598	神	00000020	(0.01791%)	急	00000020	(0.01816%)
599	育	00000020	(0.01791%)	肯	00000020	(0.01816%)
600	宜	00000020	(0.01791%)	南	00000020	(0.01816%)
601	净	00000020	(0.01791%)	疼	00000020	(0.01816%)
602	精	00000020	(0.01791%)	印	00000020	(0.01816%)
603	借	00000020	(0.01791%)	货	00000020	(0.01816%)
604	推	00000020	(0.01791%)	够	00000020	(0.01816%)
605	减	00000020	(0.01791%)	坏	00000020	(0.01816%)
606	坏	00000020	(0.01791%)	咱	00000020	(0.01816%)
607	概	00000019	(0.01701%)	划	00000020	(0.01816%)
608	九	00000019	(0.01701%)	基	00000019	(0.01725%)
609	骑	00000019	(0.01701%)	单	00000019	(0.01725%)
610	南	00000019	(0.01701%)	短	00000019	(0.01725%)
611	独	00000019	(0.01701%)	岛	00000019	(0.01725%)
612	疼	00000019	(0.01701%)	恋	00000019	(0.01725%)
613	料	00000019	(0.01701%)	料	00000019	(0.01725%)
614	未	00000019	(0.01701%)	步	00000019	(0.01725%)
615	善	00000019	(0.01701%)	树	00000019	(0.01725%)

순서	수정전			수정후		
	단어	빈도수	퍼센트	단어	빈도수	퍼센트
616	永	00000019	(0.01701%)	按	00000019	(0.01725%)
617	专	00000019	(0.01701%)	严	00000019	(0.01725%)
618	程	00000019	(0.01701%)	预	00000019	(0.01725%)
619	验	00000019	(0.01701%)	右	00000019	(0.01725%)
620	画	00000019	(0.01701%)	宜	00000019	(0.01725%)
621	建	00000018	(0.01612%)	专	00000019	(0.01725%)
622	怪	00000018	(0.01612%)	精	00000019	(0.01725%)
623	茶	00000018	(0.01612%)	画	00000019	(0.01725%)
624	单	00000018	(0.01612%)	吵	00000019	(0.01725%)
625	拉	00000018	(0.01612%)	建	00000018	(0.01634%)
626	冒	00000018	(0.01612%)	既	00000018	(0.01634%)
627	貌	00000018	(0.01612%)	茶	00000018	(0.01634%)
628	速	00000018	(0.01612%)	独	00000018	(0.01634%)
629	术	00000018	(0.01612%)	弄	00000018	(0.01634%)
630	严	00000018	(0.01612%)	冒	00000018	(0.01634%)
631	够	00000018	(0.01612%)	未	00000018	(0.01634%)
632	双	00000018	(0.01612%)	城	00000018	(0.01634%)
633	丢	00000018	(0.01612%)	神	00000018	(0.01634%)
634	呀	00000018	(0.01612%)	育	00000018	(0.01634%)
635	确	00000018	(0.01612%)	装	00000018	(0.01634%)
636	划	00000018	(0.01612%)	尽	00000018	(0.01634%)
637	刻	00000017	(0.01522%)	彩	00000018	(0.01634%)
638	顾	00000017	(0.01522%)	遍	00000018	(0.01634%)
639	基	00000017	(0.01522%)	乡	00000018	(0.01634%)
640	倒	00000017	(0.01522%)	讲	00000017	(0.01543%)
641	恋	00000017	(0.01522%)	介	00000017	(0.01543%)
642	烦	00000017	(0.01522%)	顾	00000017	(0.01543%)
643	兵	00000017	(0.01522%)	怪	00000017	(0.01543%)
644	保	00000017	(0.01522%)	军	00000017	(0.01543%)
645	束	00000017	(0.01522%)	紧	00000017	(0.01543%)
646	阳	00000017	(0.01522%)	段	00000017	(0.01543%)
647	预	00000017	(0.01522%)	拉	00000017	(0.01543%)
648	围	00000017	(0.01522%)	朗	00000017	(0.01543%)
649	将	00000017	(0.01522%)	良	00000017	(0.01543%)
650	展	00000017	(0.01522%)	味	00000017	(0.01543%)
651	静	00000017	(0.01522%)	鲜	00000017	(0.01543%)
652	贴	00000017	(0.01522%)	束	00000017	(0.01543%)
653	乡	00000017	(0.01522%)	速	00000017	(0.01543%)
654	或	00000017	(0.01522%)	术	00000017	(0.01543%)
655	环	00000017	(0.01522%)	阳	00000017	(0.01543%)

순서	수정전			수정후		
	단어	빈도수	퍼센트	단어	빈도수	퍼센트
656	翻	00000017	(0.01522%)	言	00000017	(0.01543%)
657	复	00000017	(0.01522%)	展	00000017	(0.01543%)
658	踢	00000017	(0.01522%)	左	00000017	(0.01543%)
659	介	00000016	(0.01433%)	持	00000017	(0.01543%)
660	季	00000016	(0.01433%)	贴	00000017	(0.01543%)
661	短	00000016	(0.01433%)	青	00000017	(0.01543%)
662	答	00000016	(0.01433%)	推	00000017	(0.01543%)
663	岛	00000016	(0.01433%)	品	00000017	(0.01543%)
664	良	00000016	(0.01433%)	翻	00000017	(0.01543%)
665	民	00000016	(0.01433%)	份	00000017	(0.01543%)
666	封	00000016	(0.01433%)	丢	00000017	(0.01543%)
667	鲜	00000016	(0.01433%)	缺	00000016	(0.01453%)
668	言	00000016	(0.01433%)	裙	00000016	(0.01453%)
669	温	00000016	(0.01433%)	斤	00000016	(0.01453%)
670	睛	00000016	(0.01433%)	断	00000016	(0.01453%)
671	彩	00000016	(0.01433%)	堵	00000016	(0.01453%)
672	楚	00000016	(0.01433%)	陪	00000016	(0.01453%)
673	摆	00000016	(0.01433%)	保	00000016	(0.01453%)
674	品	00000016	(0.01433%)	封	00000016	(0.01453%)
675	寒	00000016	(0.01433%)	绍	00000016	(0.01453%)
676	户	00000016	(0.01433%)	饿	00000016	(0.01453%)
677	换	00000016	(0.01433%)	围	00000016	(0.01453%)
678	泪	00000016	(0.01433%)	取	00000016	(0.01453%)
679	氛	00000016	(0.01433%)	摆	00000016	(0.01453%)
680	吵	00000016	(0.01433%)	爬	00000016	(0.01453%)
681	缺	00000015	(0.01343%)	验	00000016	(0.01453%)
682	境	00000015	(0.01343%)	环	00000016	(0.01453%)
683	科	00000015	(0.01343%)	踢	00000016	(0.01453%)
684	求	00000015	(0.01343%)	确	00000016	(0.01453%)
685	既	00000015	(0.01343%)	改	00000015	(0.01362%)
686	断	00000015	(0.01343%)	境	00000015	(0.01362%)
687	堵	00000015	(0.01343%)	季	00000015	(0.01362%)
688	凉	00000015	(0.01343%)	管	00000015	(0.01362%)
689	临	00000015	(0.01343%)	楼	00000015	(0.01362%)
690	密	00000015	(0.01343%)	临	00000015	(0.01362%)
691	陪	00000015	(0.01343%)	貌	00000015	(0.01362%)
692	并	00000015	(0.01343%)	民	00000015	(0.01362%)
693	富	00000015	(0.01343%)	反	00000015	(0.01362%)
694	悲	00000015	(0.01343%)	杯	00000015	(0.01362%)
695	词	00000015	(0.01343%)	兵	00000015	(0.01362%)

순서	수정전			수정후		
	단어	빈도수	퍼센트	단어	빈도수	퍼센트
696	醒	00000015	(0.01343%)	肥	00000015	(0.01362%)
697	绍	00000015	(0.01343%)	士	00000015	(0.01362%)
698	装	00000015	(0.01343%)	词	00000015	(0.01362%)
699	典	00000015	(0.01343%)	帅	00000015	(0.01362%)
700	渐	00000015	(0.01343%)	译	00000015	(0.01362%)
701	职	00000015	(0.01343%)	温	00000015	(0.01362%)
702	态	00000015	(0.01343%)	遇	00000015	(0.01362%)
703	爬	00000015	(0.01343%)	静	00000015	(0.01362%)
704	烤	00000015	(0.01343%)	台	00000015	(0.01362%)
705	举	00000014	(0.01254%)	烤	00000015	(0.01362%)
706	具	00000014	(0.01254%)	复	00000015	(0.01362%)
707	裙	00000014	(0.01254%)	劝	00000014	(0.01271%)
708	琴	00000014	(0.01254%)	琴	00000014	(0.01271%)
709	及	00000014	(0.01254%)	产	00000014	(0.01271%)
710	奇	00000014	(0.01254%)	船	00000014	(0.01271%)
711	龙	00000014	(0.01254%)	续	00000014	(0.01271%)
712	万	00000014	(0.01254%)	辛	00000014	(0.01271%)
713	卖	00000014	(0.01254%)	误	00000014	(0.01271%)
714	命	00000014	(0.01254%)	职	00000014	(0.01271%)
715	蒙	00000014	(0.01254%)	态	00000014	(0.01271%)
716	肥	00000014	(0.01254%)	板	00000014	(0.01271%)
717	士	00000014	(0.01254%)	户	00000014	(0.01271%)
718	船	00000014	(0.01254%)	黑	00000014	(0.01271%)
719	晨	00000014	(0.01254%)	吸	00000014	(0.01271%)
720	辛	00000014	(0.01254%)	泪	00000014	(0.01271%)
721	饿	00000014	(0.01254%)	怀	00000014	(0.01271%)
722	译	00000014	(0.01254%)	氛	00000014	(0.01271%)
723	切	00000014	(0.01254%)	呀	00000014	(0.01271%)
724	尽	00000014	(0.01254%)	坚	00000013	(0.01180%)
725	青	00000014	(0.01254%)	求	00000013	(0.01180%)
726	递	00000014	(0.01254%)	顿	00000013	(0.01180%)
727	台	00000014	(0.01254%)	蓝	00000013	(0.01180%)
728	何	00000014	(0.01254%)	龙	00000013	(0.01180%)
729	黑	00000014	(0.01254%)	麻	00000013	(0.01180%)
730	份	00000014	(0.01254%)	卖	00000013	(0.01180%)
731	劝	00000013	(0.01164%)	蒙	00000013	(0.01180%)
732	段	00000013	(0.01164%)	妇	00000013	(0.01180%)
733	楼	00000013	(0.01164%)	富	00000013	(0.01180%)
734	猫	00000013	(0.01164%)	王	00000013	(0.01180%)
735	杯	00000013	(0.01164%)	丈	00000013	(0.01180%)

순서	수정전			수정후		
	단어	빈도수	퍼센트	단어	빈도수	퍼센트
736	惜	00000013	(0.01164%)	典	00000013	(0.01180%)
737	洗	00000013	(0.01164%)	转	00000013	(0.01180%)
738	弱	00000013	(0.01164%)	切	00000013	(0.01180%)
739	王	00000013	(0.01164%)	政	00000013	(0.01180%)
740	丈	00000013	(0.01164%)	租	00000013	(0.01180%)
741	政	00000013	(0.01164%)	座	00000013	(0.01180%)
742	租	00000013	(0.01164%)	餐	00000013	(0.01180%)
743	铁	00000013	(0.01164%)	递	00000013	(0.01180%)
744	痛	00000013	(0.01164%)	楚	00000013	(0.01180%)
745	板	00000013	(0.01164%)	充	00000013	(0.01180%)
746	吸	00000013	(0.01164%)	退	00000013	(0.01180%)
747	啤	00000013	(0.01164%)	何	00000013	(0.01180%)
748	冰	00000013	(0.01164%)	获	00000013	(0.01180%)
749	苹	00000013	(0.01164%)	弃	00000013	(0.01180%)
750	强	00000012	(0.01075%)	双	00000013	(0.01180%)
751	讲	00000012	(0.01075%)	与	00000013	(0.01180%)
752	改	00000012	(0.01075%)	窗	00000013	(0.01180%)
753	拳	00000012	(0.01075%)	呆	00000013	(0.01180%)
754	斤	00000012	(0.01075%)	苹	00000013	(0.01180%)
755	导	00000012	(0.01075%)	恐	00000012	(0.01089%)
756	掉	00000012	(0.01075%)	科	00000012	(0.01089%)
757	督	00000012	(0.01075%)	具	00000012	(0.01089%)
758	登	00000012	(0.01075%)	奇	00000012	(0.01089%)
759	历	00000012	(0.01075%)	寄	00000012	(0.01089%)
760	联	00000012	(0.01075%)	登	00000012	(0.01089%)
761	麻	00000012	(0.01075%)	凉	00000012	(0.01089%)
762	伞	00000012	(0.01075%)	历	00000012	(0.01089%)
763	产	00000012	(0.01075%)	令	00000012	(0.01089%)
764	帅	00000012	(0.01075%)	梦	00000012	(0.01089%)
765	药	00000012	(0.01075%)	密	00000012	(0.01089%)
766	误	00000012	(0.01075%)	旁	00000012	(0.01089%)
767	杂	00000012	(0.01075%)	悲	00000012	(0.01089%)
768	章	00000012	(0.01075%)	伞	00000012	(0.01089%)
769	座	00000012	(0.01075%)	惜	00000012	(0.01089%)
770	至	00000012	(0.01075%)	醒	00000012	(0.01089%)
771	充	00000012	(0.01075%)	洗	00000012	(0.01089%)
772	取	00000012	(0.01075%)	晨	00000012	(0.01089%)
773	布	00000012	(0.01075%)	药	00000012	(0.01089%)
774	香	00000012	(0.01075%)	停	00000012	(0.01089%)
775	黄	00000012	(0.01075%)	至	00000012	(0.01089%)

순서	수정전			수정후		
	단어	빈도수	퍼센트	단어	빈도수	퍼센트
776	获	00000012	(0.01075%)	责	00000012	(0.01089%)
777	训	00000012	(0.01075%)	铁	00000012	(0.01089%)
778	弃	00000012	(0.01075%)	替	00000012	(0.01089%)
779	窗	00000012	(0.01075%)	寒	00000012	(0.01089%)
780	叶	00000012	(0.01075%)	响	00000012	(0.01089%)
781	居	00000011	(0.00985%)	香	00000012	(0.01089%)
782	激	00000011	(0.00985%)	呼	00000012	(0.01089%)
783	寄	00000011	(0.00985%)	或	00000012	(0.01089%)
784	技	00000011	(0.00985%)	换	00000012	(0.01089%)
785	团	00000011	(0.00985%)	黄	00000012	(0.01089%)
786	撞	00000011	(0.00985%)	躺	00000012	(0.01089%)
787	落	00000011	(0.00985%)	啤	00000012	(0.01089%)
788	蓝	00000011	(0.00985%)	冰	00000012	(0.01089%)
789	弄	00000011	(0.00985%)	激	00000011	(0.00999%)
790	梦	00000011	(0.00985%)	敬	00000011	(0.00999%)
791	米	00000011	(0.00985%)	块	00000011	(0.00999%)
792	旁	00000011	(0.00985%)	技	00000011	(0.00999%)
793	沙	00000011	(0.00985%)	撞	00000011	(0.00999%)
794	细	00000011	(0.00985%)	联	00000011	(0.00999%)
795	邮	00000011	(0.00985%)	万	00000011	(0.00999%)
796	饮	00000011	(0.00985%)	命	00000011	(0.00999%)
797	义	00000011	(0.00985%)	猫	00000011	(0.00999%)
798	益	00000011	(0.00985%)	米	00000011	(0.00999%)
799	底	00000011	(0.00985%)	修	00000011	(0.00999%)
800	转	00000011	(0.00985%)	数	00000011	(0.00999%)
801	绝	00000011	(0.00985%)	熟	00000011	(0.00999%)
802	停	00000011	(0.00985%)	邮	00000011	(0.00999%)
803	洲	00000011	(0.00985%)	银	00000011	(0.00999%)
804	责	00000011	(0.00985%)	义	00000011	(0.00999%)
805	千	00000011	(0.00985%)	益	00000011	(0.00999%)
806	跆	00000011	(0.00985%)	资	00000011	(0.00999%)
807	退	00000011	(0.00985%)	墙	00000011	(0.00999%)
808	抱	00000011	(0.00985%)	底	00000011	(0.00999%)
809	皮	00000011	(0.00985%)	晴	00000011	(0.00999%)
810	兄	00000011	(0.00985%)	增	00000011	(0.00999%)
811	躺	00000011	(0.00985%)	戚	00000011	(0.00999%)
812	怀	00000011	(0.00985%)	布	00000011	(0.00999%)
813	呆	00000011	(0.00985%)	抱	00000011	(0.00999%)
814	却	00000010	(0.00895%)	皮	00000011	(0.00999%)
815	简	00000010	(0.00895%)	惊	00000011	(0.00999%)

순서	수정전			수정후		
	단어	빈도수	퍼센트	단어	빈도수	퍼센트
816	价	00000010	(0.00895%)	叶	00000011	(0.00999%)
817	敬	00000010	(0.00895%)	敢	00000010	(0.00908%)
818	鸡	00000010	(0.00895%)	价	00000010	(0.00908%)
819	孤	00000010	(0.00895%)	居	00000010	(0.00908%)
820	区	00000010	(0.00895%)	举	00000010	(0.00908%)
821	顿	00000010	(0.00895%)	鸡	00000010	(0.00908%)
822	洛	00000010	(0.00895%)	孤	00000010	(0.00908%)
823	朗	00000010	(0.00895%)	掉	00000010	(0.00908%)
824	零	00000010	(0.00895%)	洛	00000010	(0.00908%)
825	劳	00000010	(0.00895%)	落	00000010	(0.00908%)
826	瓶	00000010	(0.00895%)	律	00000010	(0.00908%)
827	妇	00000010	(0.00895%)	慕	00000010	(0.00908%)
828	熟	00000010	(0.00895%)	瓶	00000010	(0.00908%)
829	拾	00000010	(0.00895%)	覆	00000010	(0.00908%)
830	厌	00000010	(0.00895%)	沙	00000010	(0.00908%)
831	银	00000010	(0.00895%)	赏	00000010	(0.00908%)
832	战	00000010	(0.00895%)	细	00000010	(0.00908%)
833	制	00000010	(0.00895%)	松	00000010	(0.00908%)
834	持	00000010	(0.00895%)	弱	00000010	(0.00908%)
835	侄	00000010	(0.00895%)	厌	00000010	(0.00908%)
836	戚	00000010	(0.00895%)	卫	00000010	(0.00908%)
837	村	00000010	(0.00895%)	章	00000010	(0.00908%)
838	响	00000010	(0.00895%)	际	00000010	(0.00908%)
839	鞋	00000010	(0.00895%)	造	00000010	(0.00908%)
840	肚	00000010	(0.00895%)	症	00000010	(0.00908%)
841	惊	00000010	(0.00895%)	侄	00000010	(0.00908%)
842	钢	00000009	(0.00806%)	聪	00000010	(0.00908%)
843	块	00000009	(0.00806%)	骗	00000010	(0.00908%)
844	辣	00000009	(0.00806%)	评	00000010	(0.00908%)
845	览	00000009	(0.00806%)	兄	00000010	(0.00908%)
846	虑	00000009	(0.00806%)	鞋	00000010	(0.00908%)
847	龄	00000009	(0.00806%)	乎	00000010	(0.00908%)
848	律	00000009	(0.00806%)	忽	00000010	(0.00908%)
849	淋	00000009	(0.00806%)	训	00000010	(0.00908%)
850	毛	00000009	(0.00806%)	继	00000010	(0.00908%)
851	妨	00000009	(0.00806%)	驾	00000009	(0.00817%)
852	府	00000009	(0.00806%)	钢	00000009	(0.00817%)
853	尝	00000009	(0.00806%)	根	00000009	(0.00817%)
854	石	00000009	(0.00806%)	辣	00000009	(0.00817%)
855	宣	00000009	(0.00806%)	妨	00000009	(0.00817%)

순서	수정전			수정후		
	단어	빈도수	퍼센트	단어	빈도수	퍼센트
856	修	00000009	(0.00806%)	棒	00000009	(0.00817%)
857	守	00000009	(0.00806%)	府	00000009	(0.00817%)
858	碍	00000009	(0.00806%)	奋	00000009	(0.00817%)
859	遇	00000009	(0.00806%)	批	00000009	(0.00817%)
860	圆	00000009	(0.00806%)	散	00000009	(0.00817%)
861	墙	00000009	(0.00806%)	尝	00000009	(0.00817%)
862	低	00000009	(0.00806%)	状	00000009	(0.00817%)
863	增	00000009	(0.00806%)	宣	00000009	(0.00817%)
864	餐	00000009	(0.00806%)	碍	00000009	(0.00817%)
865	妻	00000009	(0.00806%)	圆	00000009	(0.00817%)
866	替	00000009	(0.00806%)	柔	00000009	(0.00817%)
867	草	00000009	(0.00806%)	饮	00000009	(0.00817%)
868	聪	00000009	(0.00806%)	绝	00000009	(0.00817%)
869	托	00000009	(0.00806%)	制	00000009	(0.00817%)
870	弹	00000009	(0.00806%)	族	00000009	(0.00817%)
871	骗	00000009	(0.00806%)	池	00000009	(0.00817%)
872	浦	00000009	(0.00806%)	千	00000009	(0.00817%)
873	笔	00000009	(0.00806%)	村	00000009	(0.00817%)
874	险	00000009	(0.00806%)	值	00000009	(0.00817%)
875	乎	00000009	(0.00806%)	托	00000009	(0.00817%)
876	毫	00000009	(0.00806%)	痛	00000009	(0.00817%)
877	侯	00000009	(0.00806%)	浦	00000009	(0.00817%)
878	挂	00000009	(0.00806%)	险	00000009	(0.00817%)
879	优	00000009	(0.00806%)	挂	00000009	(0.00817%)
880	碰	00000009	(0.00806%)	肚	00000009	(0.00817%)
881	驾	00000008	(0.00716%)	另	00000009	(0.00817%)
882	戒	00000008	(0.00716%)	羡	00000009	(0.00817%)
883	瓜	00000008	(0.00716%)	简	00000008	(0.00726%)
884	规	00000008	(0.00716%)	强	00000008	(0.00726%)
885	纪	00000008	(0.00716%)	盖	00000008	(0.00726%)
886	慕	00000008	(0.00716%)	戒	00000008	(0.00726%)
887	木	00000008	(0.00716%)	瓜	00000008	(0.00726%)
888	舞	00000008	(0.00716%)	拳	00000008	(0.00726%)
889	迷	00000008	(0.00716%)	规	00000008	(0.00726%)
890	培	00000008	(0.00716%)	暖	00000008	(0.00726%)
891	覆	00000008	(0.00716%)	团	00000008	(0.00726%)
892	奋	00000008	(0.00716%)	导	00000008	(0.00726%)
893	散	00000008	(0.00716%)	督	00000008	(0.00726%)
894	状	00000008	(0.00716%)	列	00000008	(0.00726%)
895	赏	00000008	(0.00716%)	凌	00000008	(0.00726%)

순서	수정전			수정후		
	단어	빈도수	퍼센트	단어	빈도수	퍼센트
896	设	00000008	(0.00716%)	毛	00000008	(0.00726%)
897	烧	00000008	(0.00716%)	舞	00000008	(0.00726%)
898	续	00000008	(0.00716%)	迷	00000008	(0.00726%)
899	松	00000008	(0.00716%)	石	00000008	(0.00726%)
900	悉	00000008	(0.00716%)	设	00000008	(0.00726%)
901	鸭	00000008	(0.00716%)	拾	00000008	(0.00726%)
902	伍	00000008	(0.00716%)	鸭	00000008	(0.00726%)
903	腰	00000008	(0.00716%)	营	00000008	(0.00726%)
904	尤	00000008	(0.00716%)	伍	00000008	(0.00726%)
905	牛	00000008	(0.00716%)	忧	00000008	(0.00726%)
906	元	00000008	(0.00716%)	牛	00000008	(0.00726%)
907	危	00000008	(0.00716%)	危	00000008	(0.00726%)
908	卫	00000008	(0.00716%)	油	00000008	(0.00726%)
909	油	00000008	(0.00716%)	谊	00000008	(0.00726%)
910	谊	00000008	(0.00716%)	杂	00000008	(0.00726%)
911	忍	00000008	(0.00716%)	争	00000008	(0.00726%)
912	资	00000008	(0.00716%)	洲	00000008	(0.00726%)
913	晶	00000008	(0.00716%)	妻	00000008	(0.00726%)
914	际	00000008	(0.00716%)	草	00000008	(0.00726%)
915	造	00000008	(0.00716%)	祝	00000008	(0.00726%)
916	尊	00000008	(0.00716%)	筑	00000008	(0.00726%)
917	症	00000008	(0.00716%)	择	00000008	(0.00726%)
918	池	00000008	(0.00716%)	腿	00000008	(0.00726%)
919	察	00000008	(0.00716%)	巴	00000008	(0.00726%)
920	祝	00000008	(0.00716%)	篇	00000008	(0.00726%)
921	值	00000008	(0.00716%)	笔	00000008	(0.00726%)
922	择	00000008	(0.00716%)	项	00000008	(0.00726%)
923	腿	00000008	(0.00716%)	享	00000008	(0.00726%)
924	遍	00000008	(0.00716%)	毫	00000008	(0.00726%)
925	泡	00000008	(0.00716%)	滑	00000008	(0.00726%)
926	项	00000008	(0.00716%)	驶	00000008	(0.00726%)
927	享	00000008	(0.00716%)	广	00000008	(0.00726%)
928	呼	00000008	(0.00716%)	赢	00000008	(0.00726%)
929	姥	00000008	(0.00716%)	优	00000008	(0.00726%)
930	驶	00000008	(0.00716%)	挤	00000008	(0.00726%)
931	摔	00000008	(0.00716%)	吓	00000008	(0.00726%)
932	广	00000008	(0.00716%)	镜	00000007	(0.00635%)
933	与	00000008	(0.00716%)	鼓	00000007	(0.00635%)
934	赢	00000008	(0.00716%)	拐	00000007	(0.00635%)
935	脚	00000007	(0.00627%)	区	00000007	(0.00635%)

순서	수정전			수정후		
	단어	빈도수	퍼센트	단어	빈도수	퍼센트
936	敢	00000007	(0.00627%)	局	00000007	(0.00635%)
937	坚	00000007	(0.00627%)	宫	00000007	(0.00635%)
938	镜	00000007	(0.00627%)	归	00000007	(0.00635%)
939	拐	00000007	(0.00627%)	克	00000007	(0.00635%)
940	局	00000007	(0.00627%)	及	00000007	(0.00635%)
941	宫	00000007	(0.00627%)	纪	00000007	(0.00635%)
942	克	00000007	(0.00627%)	锻	00000007	(0.00635%)
943	仅	00000007	(0.00627%)	炼	00000007	(0.00635%)
944	暖	00000007	(0.00627%)	零	00000007	(0.00635%)
945	乱	00000007	(0.00627%)	龄	00000007	(0.00635%)
946	摩	00000007	(0.00627%)	劳	00000007	(0.00635%)
947	骂	00000007	(0.00627%)	淋	00000007	(0.00635%)
948	睦	00000007	(0.00627%)	摩	00000007	(0.00635%)
949	微	00000007	(0.00627%)	骂	00000007	(0.00635%)
950	泼	00000007	(0.00627%)	睦	00000007	(0.00635%)
951	批	00000007	(0.00627%)	微	00000007	(0.00635%)
952	宾	00000007	(0.00627%)	闷	00000007	(0.00635%)
953	似	00000007	(0.00627%)	宾	00000007	(0.00635%)
954	盛	00000007	(0.00627%)	似	00000007	(0.00635%)
955	率	00000007	(0.00627%)	杀	00000007	(0.00635%)
956	数	00000007	(0.00627%)	爽	00000007	(0.00635%)
957	湿	00000007	(0.00627%)	烧	00000007	(0.00635%)
958	颜	00000007	(0.00627%)	率	00000007	(0.00635%)
959	鱼	00000007	(0.00627%)	悉	00000007	(0.00635%)
960	燕	00000007	(0.00627%)	甚	00000007	(0.00635%)
961	营	00000007	(0.00627%)	颜	00000007	(0.00635%)
962	寓	00000007	(0.00627%)	压	00000007	(0.00635%)
963	忧	00000007	(0.00627%)	鱼	00000007	(0.00635%)
964	剩	00000007	(0.00627%)	燕	00000007	(0.00635%)
965	争	00000007	(0.00627%)	拥	00000007	(0.00635%)
966	调	00000007	(0.00627%)	寓	00000007	(0.00635%)
967	津	00000007	(0.00627%)	忍	00000007	(0.00635%)
968	集	00000007	(0.00627%)	填	00000007	(0.00635%)
969	宠	00000007	(0.00627%)	战	00000007	(0.00635%)
970	追	00000007	(0.00627%)	调	00000007	(0.00635%)
971	层	00000007	(0.00627%)	尊	00000007	(0.00635%)
972	治	00000007	(0.00627%)	指	00000007	(0.00635%)
973	汤	00000007	(0.00627%)	津	00000007	(0.00635%)
974	巴	00000007	(0.00627%)	察	00000007	(0.00635%)
975	评	00000007	(0.00627%)	宠	00000007	(0.00635%)

순서	수정전			수정후		
	단어	빈도수	퍼센트	단어	빈도수	퍼센트
976	祸	00000007	(0.00627%)	层	00000007	(0.00635%)
977	滑	00000007	(0.00627%)	治	00000007	(0.00635%)
978	姬	00000007	(0.00627%)	弹	00000007	(0.00635%)
979	继	00000007	(0.00627%)	滩	00000007	(0.00635%)
980	另	00000007	(0.00627%)	汤	00000007	(0.00635%)
981	邻	00000007	(0.00627%)	跆	00000007	(0.00635%)
982	乓	00000007	(0.00627%)	泡	00000007	(0.00635%)
983	乒	00000007	(0.00627%)	型	00000007	(0.00635%)
984	宝	00000007	(0.00627%)	祸	00000007	(0.00635%)
985	丰	00000007	(0.00627%)	姬	00000007	(0.00635%)
986	羡	00000007	(0.00627%)	歉	00000007	(0.00635%)
987	挤	00000007	(0.00627%)	乓	00000007	(0.00635%)
988	吓	00000007	(0.00627%)	乒	00000007	(0.00635%)
989	盖	00000006	(0.00537%)	宝	00000007	(0.00635%)
990	劲	00000006	(0.00537%)	丰	00000007	(0.00635%)
991	欧	00000006	(0.00537%)	摔	00000007	(0.00635%)
992	权	00000006	(0.00537%)	证	00000007	(0.00635%)
993	企	00000006	(0.00537%)	碰	00000007	(0.00635%)
994	器	00000006	(0.00537%)	警	00000006	(0.00545%)
995	娜	00000006	(0.00537%)	刮	00000006	(0.00545%)
996	锻	00000006	(0.00537%)	欧	00000006	(0.00545%)
997	涛	00000006	(0.00537%)	禁	00000006	(0.00545%)
998	跳	00000006	(0.00537%)	器	00000006	(0.00545%)
999	炼	00000006	(0.00537%)	娜	00000006	(0.00545%)
1000	码	00000006	(0.00537%)	涛	00000006	(0.00545%)
1001	漫	00000006	(0.00537%)	跳	00000006	(0.00545%)
1002	模	00000006	(0.00537%)	逗	00000006	(0.00545%)
1003	闷	00000006	(0.00537%)	乱	00000006	(0.00545%)
1004	拍	00000006	(0.00537%)	辆	00000006	(0.00545%)
1005	棒	00000006	(0.00537%)	虑	00000006	(0.00545%)
1006	釜	00000006	(0.00537%)	铃	00000006	(0.00545%)
1007	丝	00000006	(0.00537%)	码	00000006	(0.00545%)
1008	杀	00000006	(0.00537%)	模	00000006	(0.00545%)
1009	诚	00000006	(0.00537%)	苗	00000006	(0.00545%)
1010	压	00000006	(0.00537%)	辈	00000006	(0.00545%)
1011	哀	00000006	(0.00537%)	犯	00000006	(0.00545%)
1012	艺	00000006	(0.00537%)	补	00000006	(0.00545%)
1013	矮	00000006	(0.00537%)	釜	00000006	(0.00545%)
1014	恩	00000006	(0.00537%)	丝	00000006	(0.00545%)
1015	椅	00000006	(0.00537%)	诚	00000006	(0.00545%)

순서	수정전			수정후		
	단어	빈도수	퍼센트	단어	빈도수	퍼센트
1016	引	00000006	(0.00537%)	守	00000006	(0.00545%)
1017	壮	00000006	(0.00537%)	述	00000006	(0.00545%)
1018	积	00000006	(0.00537%)	湿	00000006	(0.00545%)
1019	籍	00000006	(0.00537%)	缘	00000006	(0.00545%)
1020	纸	00000006	(0.00537%)	艺	00000006	(0.00545%)
1021	筑	00000006	(0.00537%)	矮	00000006	(0.00545%)
1022	逐	00000006	(0.00537%)	元	00000006	(0.00545%)
1023	耽	00000006	(0.00537%)	恩	00000006	(0.00545%)
1024	播	00000006	(0.00537%)	椅	00000006	(0.00545%)
1025	篇	00000006	(0.00537%)	仍	00000006	(0.00545%)
1026	幅	00000006	(0.00537%)	籍	00000006	(0.00545%)
1027	型	00000006	(0.00537%)	顶	00000006	(0.00545%)
1028	虎	00000006	(0.00537%)	志	00000006	(0.00545%)
1029	护	00000006	(0.00537%)	赞	00000006	(0.00545%)
1030	忽	00000006	(0.00537%)	稍	00000006	(0.00545%)
1031	厚	00000006	(0.00537%)	逐	00000006	(0.00545%)
1032	歉	00000006	(0.00537%)	幅	00000006	(0.00545%)
1033	糕	00000006	(0.00537%)	护	00000006	(0.00545%)
1034	饼	00000006	(0.00537%)	厚	00000006	(0.00545%)
1035	监	00000005	(0.00448%)	糕	00000006	(0.00545%)
1036	庆	00000005	(0.00448%)	邻	00000006	(0.00545%)
1037	竟	00000005	(0.00448%)	姥	00000006	(0.00545%)
1038	警	00000005	(0.00448%)	饼	00000006	(0.00545%)
1039	鼓	00000005	(0.00448%)	艰	00000005	(0.00454%)
1040	曲	00000005	(0.00448%)	庆	00000005	(0.00454%)
1041	控	00000005	(0.00448%)	竟	00000005	(0.00454%)
1042	刮	00000005	(0.00448%)	姑	00000005	(0.00454%)
1043	巧	00000005	(0.00448%)	郊	00000005	(0.00454%)
1044	郊	00000005	(0.00448%)	权	00000005	(0.00454%)
1045	归	00000005	(0.00448%)	企	00000005	(0.00454%)
1046	纳	00000005	(0.00448%)	纳	00000005	(0.00454%)
1047	恼	00000005	(0.00448%)	娘	00000005	(0.00454%)
1048	糖	00000005	(0.00448%)	糖	00000005	(0.00454%)
1049	挑	00000005	(0.00448%)	挑	00000005	(0.00454%)
1050	洞	00000005	(0.00448%)	途	00000005	(0.00454%)
1051	兜	00000005	(0.00448%)	童	00000005	(0.00454%)
1052	辆	00000005	(0.00448%)	览	00000005	(0.00454%)
1053	令	00000005	(0.00448%)	励	00000005	(0.00454%)
1054	轮	00000005	(0.00448%)	绿	00000005	(0.00454%)
1055	凌	00000005	(0.00448%)	类	00000005	(0.00454%)

순서	수정전			수정후		
	단어	빈도수	퍼센트	단어	빈도수	퍼센트
1056	苗	00000005	(0.00448%)	轮	00000005	(0.00454%)
1057	默	00000005	(0.00448%)	林	00000005	(0.00454%)
1058	博	00000005	(0.00448%)	漫	00000005	(0.00454%)
1059	背	00000005	(0.00448%)	眠	00000005	(0.00454%)
1060	辈	00000005	(0.00448%)	默	00000005	(0.00454%)
1061	凡	00000005	(0.00448%)	拌	00000005	(0.00454%)
1062	补	00000005	(0.00448%)	背	00000005	(0.00454%)
1063	肤	00000005	(0.00448%)	伯	00000005	(0.00454%)
1064	扮	00000005	(0.00448%)	凡	00000005	(0.00454%)
1065	盆	00000005	(0.00448%)	肤	00000005	(0.00454%)
1066	史	00000005	(0.00448%)	扮	00000005	(0.00454%)
1067	爽	00000005	(0.00448%)	纷	00000005	(0.00454%)
1068	箱	00000005	(0.00448%)	史	00000005	(0.00454%)
1069	属	00000005	(0.00448%)	箱	00000005	(0.00454%)
1070	纯	00000005	(0.00448%)	盛	00000005	(0.00454%)
1071	述	00000005	(0.00448%)	碎	00000005	(0.00454%)
1072	慎	00000005	(0.00448%)	慎	00000005	(0.00454%)
1073	牙	00000005	(0.00448%)	牙	00000005	(0.00454%)
1074	岳	00000005	(0.00448%)	岳	00000005	(0.00454%)
1075	岸	00000005	(0.00448%)	若	00000005	(0.00454%)
1076	余	00000005	(0.00448%)	宴	00000005	(0.00454%)
1077	宴	00000005	(0.00448%)	腰	00000005	(0.00454%)
1078	软	00000005	(0.00448%)	郁	00000005	(0.00454%)
1079	乌	00000005	(0.00448%)	遗	00000005	(0.00454%)
1080	摇	00000005	(0.00448%)	仁	00000005	(0.00454%)
1081	幼	00000005	(0.00448%)	引	00000005	(0.00454%)
1082	柔	00000005	(0.00448%)	剩	00000005	(0.00454%)
1083	遗	00000005	(0.00448%)	慈	00000005	(0.00454%)
1084	仁	00000005	(0.00448%)	壮	00000005	(0.00454%)
1085	仍	00000005	(0.00448%)	奖	00000005	(0.00454%)
1086	慈	00000005	(0.00448%)	低	00000005	(0.00454%)
1087	填	00000005	(0.00448%)	积	00000005	(0.00454%)
1088	顶	00000005	(0.00448%)	订	00000005	(0.00454%)
1089	梯	00000005	(0.00448%)	梯	00000005	(0.00454%)
1090	祭	00000005	(0.00448%)	朝	00000005	(0.00454%)
1091	朝	00000005	(0.00448%)	纸	00000005	(0.00454%)
1092	赞	00000005	(0.00448%)	珍	00000005	(0.00454%)
1093	崔	00000005	(0.00448%)	集	00000005	(0.00454%)
1094	滩	00000005	(0.00448%)	超	00000005	(0.00454%)
1095	败	00000005	(0.00448%)	崔	00000005	(0.00454%)

순서	수정전			수정후		
	단어	빈도수	퍼센트	단어	빈도수	퍼센트
1096	肺	00000005	(0.00448%)	追	00000005	(0.00454%)
1097	疲	00000005	(0.00448%)	吹	00000005	(0.00454%)
1098	含	00000005	(0.00448%)	耽	00000005	(0.00454%)
1099	血	00000005	(0.00448%)	堆	00000005	(0.00454%)
1100	形	00000005	(0.00448%)	播	00000005	(0.00454%)
1101	孝	00000005	(0.00448%)	败	00000005	(0.00454%)
1102	欣	00000005	(0.00448%)	肺	00000005	(0.00454%)
1103	圣	00000005	(0.00448%)	彼	00000005	(0.00454%)
1104	惧	00000005	(0.00448%)	恨	00000005	(0.00454%)
1105	胜	00000005	(0.00448%)	虚	00000005	(0.00454%)
1106	卡	00000005	(0.00448%)	血	00000005	(0.00454%)
1107	趁	00000005	(0.00448%)	湖	00000005	(0.00454%)
1108	朵	00000005	(0.00448%)	孝	00000005	(0.00454%)
1109	嫁	00000004	(0.00358%)	侯	00000005	(0.00454%)
1110	江	00000004	(0.00358%)	欣	00000005	(0.00454%)
1111	据	00000004	(0.00358%)	圣	00000005	(0.00454%)
1112	距	00000004	(0.00358%)	灯	00000005	(0.00454%)
1113	硬	00000004	(0.00358%)	础	00000005	(0.00454%)
1114	姑	00000004	(0.00358%)	朵	00000005	(0.00454%)
1115	裤	00000004	(0.00358%)	嫁	00000004	(0.00363%)
1116	乖	00000004	(0.00358%)	监	00000004	(0.00363%)
1117	咬	00000004	(0.00358%)	江	00000004	(0.00363%)
1118	骄	00000004	(0.00358%)	降	00000004	(0.00363%)
1119	窟	00000004	(0.00358%)	硬	00000004	(0.00363%)
1120	根	00000004	(0.00358%)	裤	00000004	(0.00363%)
1121	禁	00000004	(0.00358%)	乖	00000004	(0.00363%)
1122	娘	00000004	(0.00358%)	咬	00000004	(0.00363%)
1123	耐	00000004	(0.00358%)	巧	00000004	(0.00363%)
1124	德	00000004	(0.00358%)	骄	00000004	(0.00363%)
1125	敦	00000004	(0.00358%)	俱	00000004	(0.00363%)
1126	冻	00000004	(0.00358%)	群	00000004	(0.00363%)
1127	童	00000004	(0.00358%)	窟	00000004	(0.00363%)
1128	罗	00000004	(0.00358%)	耐	00000004	(0.00363%)
1129	篮	00000004	(0.00358%)	恼	00000004	(0.00363%)
1130	励	00000004	(0.00358%)	蛋	00000004	(0.00363%)
1131	怜	00000004	(0.00358%)	德	00000004	(0.00363%)
1132	铃	00000004	(0.00358%)	渡	00000004	(0.00363%)
1133	绿	00000004	(0.00358%)	蹈	00000004	(0.00363%)
1134	类	00000004	(0.00358%)	洞	00000004	(0.00363%)
1135	林	00000004	(0.00358%)	兜	00000004	(0.00363%)

순서	수정전			수정후		
	단어	빈도수	퍼센트	단어	빈도수	퍼센트
1136	眠	00000004	(0.00358%)	罗	00000004	(0.00363%)
1137	描	00000004	(0.00358%)	篮	00000004	(0.00363%)
1138	朴	00000004	(0.00358%)	怜	00000004	(0.00363%)
1139	拌	00000004	(0.00358%)	漠	00000004	(0.00363%)
1140	拜	00000004	(0.00358%)	免	00000004	(0.00363%)
1141	伯	00000004	(0.00358%)	描	00000004	(0.00363%)
1142	犯	00000004	(0.00358%)	博	00000004	(0.00363%)
1143	范	00000004	(0.00358%)	朴	00000004	(0.00363%)
1144	秘	00000004	(0.00358%)	泼	00000004	(0.00363%)
1145	鼻	00000004	(0.00358%)	榜	00000004	(0.00363%)
1146	俗	00000004	(0.00358%)	拜	00000004	(0.00363%)
1147	碎	00000004	(0.00358%)	范	00000004	(0.00363%)
1148	羞	00000004	(0.00358%)	盆	00000004	(0.00363%)
1149	匙	00000004	(0.00358%)	秘	00000004	(0.00363%)
1150	施	00000004	(0.00358%)	脾	00000004	(0.00363%)
1151	柿	00000004	(0.00358%)	省	00000004	(0.00363%)
1152	猜	00000004	(0.00358%)	授	00000004	(0.00363%)
1153	甚	00000004	(0.00358%)	纯	00000004	(0.00363%)
1154	案	00000004	(0.00358%)	匙	00000004	(0.00363%)
1155	惹	00000004	(0.00358%)	施	00000004	(0.00363%)
1156	野	00000004	(0.00358%)	柿	00000004	(0.00363%)
1157	缘	00000004	(0.00358%)	恶	00000004	(0.00363%)
1158	盈	00000004	(0.00358%)	岸	00000004	(0.00363%)
1159	傲	00000004	(0.00358%)	案	00000004	(0.00363%)
1160	偶	00000004	(0.00358%)	仰	00000004	(0.00363%)
1161	郁	00000004	(0.00358%)	惹	00000004	(0.00363%)
1162	蔚	00000004	(0.00358%)	野	00000004	(0.00363%)
1163	悠	00000004	(0.00358%)	软	00000004	(0.00363%)
1164	仔	00000004	(0.00358%)	映	00000004	(0.00363%)
1165	紫	00000004	(0.00358%)	傲	00000004	(0.00363%)
1166	炸	00000004	(0.00358%)	摇	00000004	(0.00363%)
1167	仗	00000004	(0.00358%)	偶	00000004	(0.00363%)
1168	摘	00000004	(0.00358%)	尤	00000004	(0.00363%)
1169	迹	00000004	(0.00358%)	蔚	00000004	(0.00363%)
1170	折	00000004	(0.00358%)	悠	00000004	(0.00363%)
1171	糟	00000004	(0.00358%)	紫	00000004	(0.00363%)
1172	踪	00000004	(0.00358%)	炸	00000004	(0.00363%)
1173	曾	00000004	(0.00358%)	仗	00000004	(0.00363%)
1174	赠	00000004	(0.00358%)	猪	00000004	(0.00363%)
1175	指	00000004	(0.00358%)	摘	00000004	(0.00363%)

순서	수정전			수정후		
	단어	빈도수	퍼센트	단어	빈도수	퍼센트
1176	止	00000004	(0.00358%)	迹	00000004	(0.00363%)
1177	川	00000004	(0.00358%)	折	00000004	(0.00363%)
1178	晴	00000004	(0.00358%)	晶	00000004	(0.00363%)
1179	超	00000004	(0.00358%)	祭	00000004	(0.00363%)
1180	致	00000004	(0.00358%)	糟	00000004	(0.00363%)
1181	则	00000004	(0.00358%)	曾	00000004	(0.00363%)
1182	针	00000004	(0.00358%)	赠	00000004	(0.00363%)
1183	坦	00000004	(0.00358%)	止	00000004	(0.00363%)
1184	塔	00000004	(0.00358%)	质	00000004	(0.00363%)
1185	荡	00000004	(0.00358%)	川	00000004	(0.00363%)
1186	透	00000004	(0.00358%)	甜	00000004	(0.00363%)
1187	鞭	00000004	(0.00358%)	晴	00000004	(0.00363%)
1188	显	00000004	(0.00358%)	置	00000004	(0.00363%)
1189	峡	00000004	(0.00358%)	坦	00000004	(0.00363%)
1190	湖	00000004	(0.00358%)	荡	00000004	(0.00363%)
1191	豪	00000004	(0.00358%)	鞭	00000004	(0.00363%)
1192	恰	00000004	(0.00358%)	闲	00000004	(0.00363%)
1193	跷	00000004	(0.00358%)	含	00000004	(0.00363%)
1194	凭	00000004	(0.00358%)	页	00000004	(0.00363%)
1195	售	00000004	(0.00358%)	峡	00000004	(0.00363%)
1196	哦	00000004	(0.00358%)	虎	00000004	(0.00363%)
1197	钥	00000004	(0.00358%)	效	00000004	(0.00363%)
1198	宁	00000004	(0.00358%)	跷	00000004	(0.00363%)
1199	灯	00000004	(0.00358%)	惧	00000004	(0.00363%)
1200	证	00000004	(0.00358%)	录	00000004	(0.00363%)
1201	础	00000004	(0.00358%)	胜	00000004	(0.00363%)
1202	炮	00000004	(0.00358%)	售	00000004	(0.00363%)
1203	角	00000003	(0.00269%)	钥	00000004	(0.00363%)
1204	艰	00000003	(0.00269%)	姊	00000004	(0.00363%)
1205	检	00000003	(0.00269%)	卡	00000004	(0.00363%)
1206	遣	00000003	(0.00269%)	挣	00000004	(0.00363%)
1207	倾	00000003	(0.00269%)	宁	00000004	(0.00363%)
1208	谷	00000003	(0.00269%)	称	00000004	(0.00363%)
1209	官	00000003	(0.00269%)	炮	00000004	(0.00363%)
1210	宽	00000003	(0.00269%)	脚	00000003	(0.00272%)
1211	俱	00000003	(0.00269%)	憾	00000003	(0.00272%)
1212	群	00000003	(0.00269%)	据	00000003	(0.00272%)
1213	卷	00000003	(0.00269%)	距	00000003	(0.00272%)
1214	蛋	00000003	(0.00269%)	检	00000003	(0.00272%)
1215	宅	00000003	(0.00269%)	遣	00000003	(0.00272%)

순서	수정전			수정후		
	단어	빈도수	퍼센트	단어	빈도수	퍼센트
1216	渡	00000003	(0.00269%)	劲	00000003	(0.00272%)
1217	蹈	00000003	(0.00269%)	曲	00000003	(0.00272%)
1218	途	00000003	(0.00269%)	谷	00000003	(0.00272%)
1219	逗	00000003	(0.00269%)	卷	00000003	(0.00272%)
1220	兰	00000003	(0.00269%)	筋	00000003	(0.00272%)
1221	列	00000003	(0.00269%)	谨	00000003	(0.00272%)
1222	烈	00000003	(0.00269%)	祈	00000003	(0.00272%)
1223	领	00000003	(0.00269%)	敦	00000003	(0.00272%)
1224	肋	00000003	(0.00269%)	冻	00000003	(0.00272%)
1225	寞	00000003	(0.00269%)	兰	00000003	(0.00272%)
1226	漠	00000003	(0.00269%)	谅	00000003	(0.00272%)
1227	免	00000003	(0.00269%)	烈	00000003	(0.00272%)
1228	纹	00000003	(0.00269%)	领	00000003	(0.00272%)
1229	壁	00000003	(0.00269%)	寞	00000003	(0.00272%)
1230	辅	00000003	(0.00269%)	陌	00000003	(0.00272%)
1231	峰	00000003	(0.00269%)	木	00000003	(0.00272%)
1232	负	00000003	(0.00269%)	抚	00000003	(0.00272%)
1233	粉	00000003	(0.00269%)	纹	00000003	(0.00272%)
1234	纷	00000003	(0.00269%)	拍	00000003	(0.00272%)
1235	脾	00000003	(0.00269%)	逢	00000003	(0.00272%)
1236	寺	00000003	(0.00269%)	付	00000003	(0.00272%)
1237	线	00000003	(0.00269%)	扶	00000003	(0.00272%)
1238	省	00000003	(0.00269%)	符	00000003	(0.00272%)
1239	势	00000003	(0.00269%)	负	00000003	(0.00272%)
1240	疏	00000003	(0.00269%)	粉	00000003	(0.00272%)
1241	衰	00000003	(0.00269%)	寺	00000003	(0.00272%)
1242	授	00000003	(0.00269%)	查	00000003	(0.00272%)
1243	输	00000003	(0.00269%)	祀	00000003	(0.00272%)
1244	淳	00000003	(0.00269%)	席	00000003	(0.00272%)
1245	瞬	00000003	(0.00269%)	扇	00000003	(0.00272%)
1246	诗	00000003	(0.00269%)	势	00000003	(0.00272%)
1247	申	00000003	(0.00269%)	疏	00000003	(0.00272%)
1248	亚	00000003	(0.00269%)	俗	00000003	(0.00272%)
1249	讶	00000003	(0.00269%)	属	00000003	(0.00272%)
1250	雅	00000003	(0.00269%)	嫂	00000003	(0.00272%)
1251	恶	00000003	(0.00269%)	输	00000003	(0.00272%)
1252	仰	00000003	(0.00269%)	淳	00000003	(0.00272%)
1253	拥	00000003	(0.00269%)	猜	00000003	(0.00272%)
1254	耀	00000003	(0.00269%)	诗	00000003	(0.00272%)
1255	欲	00000003	(0.00269%)	申	00000003	(0.00272%)

순서	수정전			수정후		
	단어	빈도수	퍼센트	단어	빈도수	퍼센트
1256	熊	00000003	(0.00269%)	亚	00000003	(0.00272%)
1257	威	00000003	(0.00269%)	讶	00000003	(0.00272%)
1258	幽	00000003	(0.00269%)	雅	00000003	(0.00272%)
1259	耳	00000003	(0.00269%)	哀	00000003	(0.00272%)
1260	姿	00000003	(0.00269%)	跃	00000003	(0.00272%)
1261	滋	00000003	(0.00269%)	乌	00000003	(0.00272%)
1262	磁	00000003	(0.00269%)	卧	00000003	(0.00272%)
1263	奖	00000003	(0.00269%)	耀	00000003	(0.00272%)
1264	猪	00000003	(0.00269%)	欲	00000003	(0.00272%)
1265	寂	00000003	(0.00269%)	熊	00000003	(0.00272%)
1266	帝	00000003	(0.00269%)	唯	00000003	(0.00272%)
1267	操	00000003	(0.00269%)	幼	00000003	(0.00272%)
1268	祖	00000003	(0.00269%)	幽	00000003	(0.00272%)
1269	组	00000003	(0.00269%)	维	00000003	(0.00272%)
1270	存	00000003	(0.00269%)	移	00000003	(0.00272%)
1271	宗	00000003	(0.00269%)	滋	00000003	(0.00272%)
1272	奏	00000003	(0.00269%)	磁	00000003	(0.00272%)
1273	株	00000003	(0.00269%)	暂	00000003	(0.00272%)
1274	绸	00000003	(0.00269%)	庄	00000003	(0.00272%)
1275	众	00000003	(0.00269%)	肠	00000003	(0.00272%)
1276	珍	00000003	(0.00269%)	藏	00000003	(0.00272%)
1277	秦	00000003	(0.00269%)	寂	00000003	(0.00272%)
1278	镇	00000003	(0.00269%)	帝	00000003	(0.00272%)
1279	质	00000003	(0.00269%)	祖	00000003	(0.00272%)
1280	执	00000003	(0.00269%)	组	00000003	(0.00272%)
1281	昌	00000003	(0.00269%)	绸	00000003	(0.00272%)
1282	甜	00000003	(0.00269%)	镇	00000003	(0.00272%)
1283	焦	00000003	(0.00269%)	擦	00000003	(0.00272%)
1284	秒	00000003	(0.00269%)	敞	00000003	(0.00272%)
1285	稍	00000003	(0.00269%)	昌	00000003	(0.00272%)
1286	皱	00000003	(0.00269%)	剃	00000003	(0.00272%)
1287	趋	00000003	(0.00269%)	秒	00000003	(0.00272%)
1288	炊	00000003	(0.00269%)	皱	00000003	(0.00272%)
1289	醉	00000003	(0.00269%)	趋	00000003	(0.00272%)
1290	测	00000003	(0.00269%)	衷	00000003	(0.00272%)
1291	置	00000003	(0.00269%)	炊	00000003	(0.00272%)
1292	齿	00000003	(0.00269%)	醉	00000003	(0.00272%)
1293	拖	00000003	(0.00269%)	测	00000003	(0.00272%)
1294	兑	00000003	(0.00269%)	致	00000003	(0.00272%)
1295	投	00000003	(0.00269%)	齿	00000003	(0.00272%)

순서	수정전			수정후		
	단어	빈도수	퍼센트	단어	빈도수	퍼센트
1296	波	00000003	(0.00269%)	针	00000003	(0.00272%)
1297	派	00000003	(0.00269%)	塔	00000003	(0.00272%)
1298	破	00000003	(0.00269%)	投	00000003	(0.00272%)
1299	币	00000003	(0.00269%)	坡	00000003	(0.00272%)
1300	闭	00000003	(0.00269%)	波	00000003	(0.00272%)
1301	铺	00000003	(0.00269%)	派	00000003	(0.00272%)
1302	饱	00000003	(0.00269%)	判	00000003	(0.00272%)
1303	瀑	00000003	(0.00269%)	佩	00000003	(0.00272%)
1304	彼	00000003	(0.00269%)	币	00000003	(0.00272%)
1305	避	00000003	(0.00269%)	闭	00000003	(0.00272%)
1306	恨	00000003	(0.00269%)	铺	00000003	(0.00272%)
1307	汗	00000003	(0.00269%)	瀑	00000003	(0.00272%)
1308	闲	00000003	(0.00269%)	疲	00000003	(0.00272%)
1309	喊	00000003	(0.00269%)	贺	00000003	(0.00272%)
1310	港	00000003	(0.00269%)	港	00000003	(0.00272%)
1311	懈	00000003	(0.00269%)	形	00000003	(0.00272%)
1312	虚	00000003	(0.00269%)	胡	00000003	(0.00272%)
1313	页	00000003	(0.00269%)	豪	00000003	(0.00272%)
1314	胡	00000003	(0.00269%)	混	00000003	(0.00272%)
1315	混	00000003	(0.00269%)	唤	00000003	(0.00272%)
1316	华	00000003	(0.00269%)	柜	00000003	(0.00272%)
1317	唤	00000003	(0.00269%)	捡	00000003	(0.00272%)
1318	阔	00000003	(0.00269%)	靠	00000003	(0.00272%)
1319	皇	00000003	(0.00269%)	旧	00000003	(0.00272%)
1320	效	00000003	(0.00269%)	耍	00000003	(0.00272%)
1321	磕	00000003	(0.00269%)	嗓	00000003	(0.00272%)
1322	捡	00000003	(0.00269%)	晳	00000003	(0.00272%)
1323	搞	00000003	(0.00269%)	晒	00000003	(0.00272%)
1324	旧	00000003	(0.00269%)	熨	00000003	(0.00272%)
1325	胆	00000003	(0.00269%)	姊	00000003	(0.00272%)
1326	灵	00000003	(0.00269%)	趟	00000003	(0.00272%)
1327	扒	00000003	(0.00269%)	抓	00000003	(0.00272%)
1328	耍	00000003	(0.00269%)	澡	00000003	(0.00272%)
1329	嗓	00000003	(0.00269%)	趁	00000003	(0.00272%)
1330	熨	00000003	(0.00269%)	瞧	00000003	(0.00272%)
1331	姊	00000003	(0.00269%)	虫	00000003	(0.00272%)
1332	赚	00000003	(0.00269%)	沉	00000003	(0.00272%)
1333	妆	00000003	(0.00269%)	伙	00000003	(0.00272%)
1334	挣	00000003	(0.00269%)	犹	00000003	(0.00272%)
1335	抓	00000003	(0.00269%)	角	00000002	(0.00182%)

순서	수정전			수정후		
	단어	빈도수	퍼센트	단어	빈도수	퍼센트
1336	冲	00000003	(0.00269%)	拒	00000002	(0.00182%)
1337	虫	00000003	(0.00269%)	击	00000002	(0.00182%)
1338	称	00000003	(0.00269%)	隔	00000002	(0.00182%)
1339	伙	00000003	(0.00269%)	溪	00000002	(0.00182%)
1340	憾	00000002	(0.00179%)	崔	00000002	(0.00182%)
1341	降	00000002	(0.00179%)	骨	00000002	(0.00182%)
1342	拒	00000002	(0.00179%)	控	00000002	(0.00182%)
1343	击	00000002	(0.00179%)	颗	00000002	(0.00182%)
1344	隔	00000002	(0.00179%)	官	00000002	(0.00182%)
1345	竞	00000002	(0.00179%)	宽	00000002	(0.00182%)
1346	颈	00000002	(0.00179%)	款	00000002	(0.00182%)
1347	溪	00000002	(0.00179%)	购	00000002	(0.00182%)
1348	颗	00000002	(0.00179%)	屈	00000002	(0.00182%)
1349	冠	00000002	(0.00179%)	勤	00000002	(0.00182%)
1350	款	00000002	(0.00179%)	淇	00000002	(0.00182%)
1351	括	00000002	(0.00179%)	尿	00000002	(0.00182%)
1352	屈	00000002	(0.00179%)	尼	00000002	(0.00182%)
1353	倦	00000002	(0.00179%)	坛	00000002	(0.00182%)
1354	勤	00000002	(0.00179%)	端	00000002	(0.00182%)
1355	筋	00000002	(0.00179%)	戴	00000002	(0.00182%)
1356	淇	00000002	(0.00179%)	袋	00000002	(0.00182%)
1357	祈	00000002	(0.00179%)	徒	00000002	(0.00182%)
1358	吉	00000002	(0.00179%)	涛	00000002	(0.00182%)
1359	捏	00000002	(0.00179%)	逃	00000002	(0.00182%)
1360	尿	00000002	(0.00179%)	毒	00000002	(0.00182%)
1361	尼	00000002	(0.00179%)	秃	00000002	(0.00182%)
1362	坛	00000002	(0.00179%)	斗	00000002	(0.00182%)
1363	袋	00000002	(0.00179%)	豆	00000002	(0.00182%)
1364	刀	00000002	(0.00179%)	腾	00000002	(0.00182%)
1365	涛	00000002	(0.00179%)	骆	00000002	(0.00182%)
1366	逃	00000002	(0.00179%)	粮	00000002	(0.00182%)
1367	毒	00000002	(0.00179%)	莲	00000002	(0.00182%)
1368	秃	00000002	(0.00179%)	例	00000002	(0.00182%)
1369	豆	00000002	(0.00179%)	露	00000002	(0.00182%)
1370	腾	00000002	(0.00179%)	鲁	00000002	(0.00182%)
1371	骆	00000002	(0.00179%)	碌	00000002	(0.00182%)
1372	略	00000002	(0.00179%)	履	00000002	(0.00182%)
1373	梁	00000002	(0.00179%)	梨	00000002	(0.00182%)
1374	粮	00000002	(0.00179%)	莉	00000002	(0.00182%)
1375	谅	00000002	(0.00179%)	玛	00000002	(0.00182%)

순서	수정전			수정후		
	단어	빈도수	퍼센트	단어	빈도수	퍼센트
1376	莲	00000002	(0.00179%)	茫	00000002	(0.00182%)
1377	例	00000002	(0.00179%)	埋	00000002	(0.00182%)
1378	露	00000002	(0.00179%)	魅	00000002	(0.00182%)
1379	鲁	00000002	(0.00179%)	麦	00000002	(0.00182%)
1380	碌	00000002	(0.00179%)	棉	00000002	(0.00182%)
1381	履	00000002	(0.00179%)	绵	00000002	(0.00182%)
1382	梨	00000002	(0.00179%)	某	00000002	(0.00182%)
1383	莉	00000002	(0.00179%)	贸	00000002	(0.00182%)
1384	玛	00000002	(0.00179%)	闻	00000002	(0.00182%)
1385	弯	00000002	(0.00179%)	蜜	00000002	(0.00182%)
1386	挽	00000002	(0.00179%)	勃	00000002	(0.00182%)
1387	亡	00000002	(0.00179%)	傍	00000002	(0.00182%)
1388	埋	00000002	(0.00179%)	访	00000002	(0.00182%)
1389	魅	00000002	(0.00179%)	防	00000002	(0.00182%)
1390	陌	00000002	(0.00179%)	庞	00000002	(0.00182%)
1391	麦	00000002	(0.00179%)	培	00000002	(0.00182%)
1392	棉	00000002	(0.00179%)	徘	00000002	(0.00182%)
1393	绵	00000002	(0.00179%)	裴	00000002	(0.00182%)
1394	某	00000002	(0.00179%)	番	00000002	(0.00182%)
1395	抚	00000002	(0.00179%)	繁	00000002	(0.00182%)
1396	贸	00000002	(0.00179%)	壁	00000002	(0.00182%)
1397	勃	00000002	(0.00179%)	堡	00000002	(0.00182%)
1398	拔	00000002	(0.00179%)	谱	00000002	(0.00182%)
1399	傍	00000002	(0.00179%)	辅	00000002	(0.00182%)
1400	榜	00000002	(0.00179%)	缝	00000002	(0.00182%)
1401	访	00000002	(0.00179%)	傅	00000002	(0.00182%)
1402	徘	00000002	(0.00179%)	副	00000002	(0.00182%)
1403	裴	00000002	(0.00179%)	否	00000002	(0.00182%)
1404	番	00000002	(0.00179%)	惫	00000002	(0.00182%)
1405	谱	00000002	(0.00179%)	鼻	00000002	(0.00182%)
1406	缝	00000002	(0.00179%)	射	00000002	(0.00182%)
1407	蓬	00000002	(0.00179%)	逝	00000002	(0.00182%)
1408	付	00000002	(0.00179%)	线	00000002	(0.00182%)
1409	傅	00000002	(0.00179%)	召	00000002	(0.00182%)
1410	副	00000002	(0.00179%)	蔬	00000002	(0.00182%)
1411	否	00000002	(0.00179%)	孙	00000002	(0.00182%)
1412	扶	00000002	(0.00179%)	损	00000002	(0.00182%)
1413	射	00000002	(0.00179%)	宋	00000002	(0.00182%)
1414	查	00000002	(0.00179%)	愁	00000002	(0.00182%)
1415	狮	00000002	(0.00179%)	羞	00000002	(0.00182%)

순서	수정전			수정후		
	단어	빈도수	퍼센트	단어	빈도수	퍼센트
1416	祀	00000002	(0.00179%)	瞬	00000002	(0.00182%)
1417	席	00000002	(0.00179%)	植	00000002	(0.00182%)
1418	涉	00000002	(0.00179%)	饰	00000002	(0.00182%)
1419	召	00000002	(0.00179%)	肾	00000002	(0.00182%)
1420	素	00000002	(0.00179%)	讯	00000002	(0.00182%)
1421	孙	00000002	(0.00179%)	握	00000002	(0.00182%)
1422	损	00000002	(0.00179%)	暗	00000002	(0.00182%)
1423	宋	00000002	(0.00179%)	癌	00000002	(0.00182%)
1424	垂	00000002	(0.00179%)	艾	00000002	(0.00182%)
1425	嫂	00000002	(0.00179%)	耶	00000002	(0.00182%)
1426	乘	00000002	(0.00179%)	洋	00000002	(0.00182%)
1427	侍	00000002	(0.00179%)	余	00000002	(0.00182%)
1428	植	00000002	(0.00179%)	役	00000002	(0.00182%)
1429	饰	00000002	(0.00179%)	燃	00000002	(0.00182%)
1430	肾	00000002	(0.00179%)	悦	00000002	(0.00182%)
1431	阿	00000002	(0.00179%)	染	00000002	(0.00182%)
1432	握	00000002	(0.00179%)	炎	00000002	(0.00182%)
1433	暗	00000002	(0.00179%)	焰	00000002	(0.00182%)
1434	癌	00000002	(0.00179%)	荣	00000002	(0.00182%)
1435	艾	00000002	(0.00179%)	奥	00000002	(0.00182%)
1436	耶	00000002	(0.00179%)	稳	00000002	(0.00182%)
1437	洋	00000002	(0.00179%)	碗	00000002	(0.00182%)
1438	役	00000002	(0.00179%)	汪	00000002	(0.00182%)
1439	燃	00000002	(0.00179%)	娃	00000002	(0.00182%)
1440	阅	00000002	(0.00179%)	歪	00000002	(0.00182%)
1441	染	00000002	(0.00179%)	云	00000002	(0.00182%)
1442	炎	00000002	(0.00179%)	怨	00000002	(0.00182%)
1443	焰	00000002	(0.00179%)	源	00000002	(0.00182%)
1444	荣	00000002	(0.00179%)	委	00000002	(0.00182%)
1445	稳	00000002	(0.00179%)	威	00000002	(0.00182%)
1446	卧	00000002	(0.00179%)	慰	00000002	(0.00182%)
1447	碗	00000002	(0.00179%)	儒	00000002	(0.00182%)
1448	汪	00000002	(0.00179%)	愈	00000002	(0.00182%)
1449	歪	00000002	(0.00179%)	诱	00000002	(0.00182%)
1450	侥	00000002	(0.00179%)	阴	00000002	(0.00182%)
1451	饶	00000002	(0.00179%)	仪	00000002	(0.00182%)
1452	云	00000002	(0.00179%)	夷	00000002	(0.00182%)
1453	雄	00000002	(0.00179%)	耳	00000002	(0.00182%)
1454	怨	00000002	(0.00179%)	仔	00000002	(0.00182%)
1455	源	00000002	(0.00179%)	姿	00000002	(0.00182%)

순서	수정전			수정후		
	단어	빈도수	퍼센트	단어	빈도수	퍼센트
1456	委	00000002	(0.00179%)	绰	00000002	(0.00182%)
1457	慰	00000002	(0.00179%)	潜	00000002	(0.00182%)
1458	谓	00000002	(0.00179%)	帐	00000002	(0.00182%)
1459	儒	00000002	(0.00179%)	脏	00000002	(0.00182%)
1460	唯	00000002	(0.00179%)	酱	00000002	(0.00182%)
1461	愈	00000002	(0.00179%)	栽	00000002	(0.00182%)
1462	诱	00000002	(0.00179%)	财	00000002	(0.00182%)
1463	夷	00000002	(0.00179%)	丁	00000002	(0.00182%)
1464	移	00000002	(0.00179%)	征	00000002	(0.00182%)
1465	刺	00000002	(0.00179%)	钉	00000002	(0.00182%)
1466	绰	00000002	(0.00179%)	宗	00000002	(0.00182%)
1467	暂	00000002	(0.00179%)	踪	00000002	(0.00182%)
1468	潜	00000002	(0.00179%)	挫	00000002	(0.00182%)
1469	帐	00000002	(0.00179%)	罪	00000002	(0.00182%)
1470	庄	00000002	(0.00179%)	奏	00000002	(0.00182%)
1471	肠	00000002	(0.00179%)	厨	00000002	(0.00182%)
1472	藏	00000002	(0.00179%)	俊	00000002	(0.00182%)
1473	酱	00000002	(0.00179%)	址	00000002	(0.00182%)
1474	财	00000002	(0.00179%)	枝	00000002	(0.00182%)
1475	滴	00000002	(0.00179%)	秦	00000002	(0.00182%)
1476	丁	00000002	(0.00179%)	陈	00000002	(0.00182%)
1477	征	00000002	(0.00179%)	执	00000002	(0.00182%)
1478	订	00000002	(0.00179%)	畅	00000002	(0.00182%)
1479	钉	00000002	(0.00179%)	苍	00000002	(0.00182%)
1480	措	00000002	(0.00179%)	采	00000002	(0.00182%)
1481	潮	00000002	(0.00179%)	椒	00000002	(0.00182%)
1482	眺	00000002	(0.00179%)	焦	00000002	(0.00182%)
1483	粗	00000002	(0.00179%)	蓄	00000002	(0.00182%)
1484	遭	00000002	(0.00179%)	忠	00000002	(0.00182%)
1485	挫	00000002	(0.00179%)	嘴	00000002	(0.00182%)
1486	罪	00000002	(0.00179%)	脆	00000002	(0.00182%)
1487	厨	00000002	(0.00179%)	则	00000002	(0.00182%)
1488	凑	00000002	(0.00179%)	拖	00000002	(0.00182%)
1489	俊	00000002	(0.00179%)	驼	00000002	(0.00182%)
1490	址	00000002	(0.00179%)	诞	00000002	(0.00182%)
1491	志	00000002	(0.00179%)	脱	00000002	(0.00182%)
1492	枝	00000002	(0.00179%)	贪	00000002	(0.00182%)
1493	织	00000002	(0.00179%)	土	00000002	(0.00182%)
1494	阵	00000002	(0.00179%)	透	00000002	(0.00182%)
1495	陈	00000002	(0.00179%)	破	00000002	(0.00182%)

순서	수정전			수정후		
	단어	빈도수	퍼센트	단어	빈도수	퍼센트
1496	擦	00000002	(0.00179%)	牌	00000002	(0.00182%)
1497	敞	00000002	(0.00179%)	翩	00000002	(0.00182%)
1498	畅	00000002	(0.00179%)	废	00000002	(0.00182%)
1499	苍	00000002	(0.00179%)	弊	00000002	(0.00182%)
1500	采	00000002	(0.00179%)	抛	00000002	(0.00182%)
1501	尺	00000002	(0.00179%)	饱	00000002	(0.00182%)
1502	椒	00000002	(0.00179%)	飘	00000002	(0.00182%)
1503	炒	00000002	(0.00179%)	避	00000002	(0.00182%)
1504	蓄	00000002	(0.00179%)	汗	00000002	(0.00182%)
1505	忠	00000002	(0.00179%)	航	00000002	(0.00182%)
1506	衷	00000002	(0.00179%)	懈	00000002	(0.00182%)
1507	吹	00000002	(0.00179%)	劾	00000002	(0.00182%)
1508	嘴	00000002	(0.00179%)	献	00000002	(0.00182%)
1509	驼	00000002	(0.00179%)	显	00000002	(0.00182%)
1510	诞	00000002	(0.00179%)	糊	00000002	(0.00182%)
1511	脱	00000002	(0.00179%)	虹	00000002	(0.00182%)
1512	贪	00000002	(0.00179%)	患	00000002	(0.00182%)
1513	胎	00000002	(0.00179%)	阔	00000002	(0.00182%)
1514	吐	00000002	(0.00179%)	慌	00000002	(0.00182%)
1515	土	00000002	(0.00179%)	晃	00000002	(0.00182%)
1516	堆	00000002	(0.00179%)	煌	00000002	(0.00182%)
1517	坡	00000002	(0.00179%)	皇	00000002	(0.00182%)
1518	判	00000002	(0.00179%)	徊	00000002	(0.00182%)
1519	牌	00000002	(0.00179%)	悔	00000002	(0.00182%)
1520	翩	00000002	(0.00179%)	挥	00000002	(0.00182%)
1521	胞	00000002	(0.00179%)	恰	00000002	(0.00182%)
1522	贺	00000002	(0.00179%)	嬉	00000002	(0.00182%)
1523	限	00000002	(0.00179%)	瞌	00000002	(0.00182%)
1524	咸	00000002	(0.00179%)	磕	00000002	(0.00182%)
1525	航	00000002	(0.00179%)	屉	00000002	(0.00182%)
1526	谐	00000002	(0.00179%)	搞	00000002	(0.00182%)
1527	劾	00000002	(0.00179%)	夸	00000002	(0.00182%)
1528	嫌	00000002	(0.00179%)	胆	00000002	(0.00182%)
1529	糊	00000002	(0.00179%)	涂	00000002	(0.00182%)
1530	虹	00000002	(0.00179%)	啦	00000002	(0.00182%)
1531	患	00000002	(0.00179%)	愣	00000002	(0.00182%)
1532	慌	00000002	(0.00179%)	湾	00000002	(0.00182%)
1533	煌	00000002	(0.00179%)	扒	00000002	(0.00182%)
1534	徊	00000002	(0.00179%)	扑	00000002	(0.00182%)
1535	悔	00000002	(0.00179%)	笨	00000002	(0.00182%)

순서	수정전			수정후		
	단어	빈도수	퍼센트	단어	빈도수	퍼센트
1536	柜	00000002	(0.00179%)	稣	00000002	(0.00182%)
1537	屈	00000002	(0.00179%)	颐	00000002	(0.00182%)
1538	辈	00000002	(0.00179%)	皑	00000002	(0.00182%)
1539	夸	00000002	(0.00179%)	嚷	00000002	(0.00182%)
1540	棵	00000002	(0.00179%)	腌	00000002	(0.00182%)
1541	洁	00000002	(0.00179%)	亏	00000002	(0.00182%)
1542	扭	00000002	(0.00179%)	异	00000002	(0.00182%)
1543	涂	00000002	(0.00179%)	扔	00000002	(0.00182%)
1544	炖	00000002	(0.00179%)	赚	00000002	(0.00182%)
1545	拦	00000002	(0.00179%)	砸	00000002	(0.00182%)
1546	啦	00000002	(0.00179%)	痊	00000002	(0.00182%)
1547	录	00000002	(0.00179%)	砖	00000002	(0.00182%)
1548	嘛	00000002	(0.00179%)	唧	00000002	(0.00182%)
1549	湾	00000002	(0.00179%)	瞪	00000002	(0.00182%)
1550	扑	00000002	(0.00179%)	抢	00000002	(0.00182%)
1551	笨	00000002	(0.00179%)	葱	00000002	(0.00182%)
1552	稣	00000002	(0.00179%)	摊	00000002	(0.00182%)
1553	颐	00000002	(0.00179%)	猴	00000002	(0.00182%)
1554	挨	00000002	(0.00179%)	渊	00000002	(0.00182%)
1555	皑	00000002	(0.00179%)	呵	00000001	(0.00091%)
1556	嚷	00000002	(0.00179%)	恳	00000001	(0.00091%)
1557	婴	00000002	(0.00179%)	竭	00000001	(0.00091%)
1558	勤	00000002	(0.00179%)	褐	00000001	(0.00091%)
1559	异	00000002	(0.00179%)	姜	00000001	(0.00091%)
1560	眨	00000002	(0.00179%)	岗	00000001	(0.00091%)
1561	痊	00000002	(0.00179%)	疆	00000001	(0.00091%)
1562	砖	00000002	(0.00179%)	慨	00000001	(0.00091%)
1563	澡	00000002	(0.00179%)	巾	00000001	(0.00091%)
1564	唧	00000002	(0.00179%)	乞	00000001	(0.00091%)
1565	瞪	00000002	(0.00179%)	劫	00000001	(0.00091%)
1566	瞧	00000002	(0.00179%)	揭	00000001	(0.00091%)
1567	葱	00000002	(0.00179%)	诀	00000001	(0.00091%)
1568	沉	00000002	(0.00179%)	兼	00000001	(0.00091%)
1569	摊	00000002	(0.00179%)	倾	00000001	(0.00091%)
1570	猴	00000002	(0.00179%)	竞	00000001	(0.00091%)
1571	渊	00000002	(0.00179%)	契	00000001	(0.00091%)
1572	呵	00000001	(0.00090%)	阶	00000001	(0.00091%)
1573	恳	00000001	(0.00090%)	固	00000001	(0.00091%)
1574	竭	00000001	(0.00090%)	敲	00000001	(0.00091%)
1575	褐	00000001	(0.00090%)	股	00000001	(0.00091%)

순서	수정전			수정후		
	단어	빈도수	퍼센트	단어	빈도수	퍼센트
1576	姜	00000001	(0.00090%)	棍	00000001	(0.00091%)
1577	疆	00000001	(0.00090%)	孔	00000001	(0.00091%)
1578	巨	00000001	(0.00090%)	攻	00000001	(0.00091%)
1579	巾	00000001	(0.00090%)	贡	00000001	(0.00091%)
1580	键	00000001	(0.00090%)	灌	00000001	(0.00091%)
1581	乞	00000001	(0.00090%)	贯	00000001	(0.00091%)
1582	劫	00000001	(0.00090%)	括	00000001	(0.00091%)
1583	揭	00000001	(0.00090%)	卦	00000001	(0.00091%)
1584	犬	00000001	(0.00090%)	侨	00000001	(0.00091%)
1585	诀	00000001	(0.00090%)	娇	00000001	(0.00091%)
1586	兼	00000001	(0.00090%)	胶	00000001	(0.00091%)
1587	径	00000001	(0.00090%)	沟	00000001	(0.00091%)
1588	憬	00000001	(0.00090%)	邱	00000001	(0.00091%)
1589	契	00000001	(0.00090%)	驱	00000001	(0.00091%)
1590	阶	00000001	(0.00090%)	郡	00000001	(0.00091%)
1591	固	00000001	(0.00090%)	掘	00000001	(0.00091%)
1592	库	00000001	(0.00090%)	穷	00000001	(0.00091%)
1593	敲	00000001	(0.00090%)	倦	00000001	(0.00091%)
1594	股	00000001	(0.00090%)	圈	00000001	(0.00091%)
1595	辜	00000001	(0.00090%)	窥	00000001	(0.00091%)
1596	雇	00000001	(0.00090%)	均	00000001	(0.00091%)
1597	棍	00000001	(0.00090%)	橘	00000001	(0.00091%)
1598	孔	00000001	(0.00090%)	吉	00000001	(0.00091%)
1599	恭	00000001	(0.00090%)	拮	00000001	(0.00091%)
1600	攻	00000001	(0.00090%)	枯	00000001	(0.00091%)
1601	灌	00000001	(0.00090%)	捏	00000001	(0.00091%)
1602	贯	00000001	(0.00090%)	奈	00000001	(0.00091%)
1603	卦	00000001	(0.00090%)	浓	00000001	(0.00091%)
1604	侨	00000001	(0.00090%)	匿	00000001	(0.00091%)
1605	娇	00000001	(0.00090%)	溺	00000001	(0.00091%)
1606	胶	00000001	(0.00090%)	丹	00000001	(0.00091%)
1607	沟	00000001	(0.00090%)	旦	00000001	(0.00091%)
1608	购	00000001	(0.00090%)	踏	00000001	(0.00091%)
1609	驱	00000001	(0.00090%)	棠	00000001	(0.00091%)
1610	邱	00000001	(0.00090%)	刀	00000001	(0.00091%)
1611	驱	00000001	(0.00090%)	盗	00000001	(0.00091%)
1612	郡	00000001	(0.00090%)	栋	00000001	(0.00091%)
1613	掘	00000001	(0.00090%)	董	00000001	(0.00091%)
1614	穷	00000001	(0.00090%)	钝	00000001	(0.00091%)
1615	圈	00000001	(0.00090%)	栏	00000001	(0.00091%)

순서	수정전			수정후		
	단어	빈도수	퍼센트	단어	빈도수	퍼센트
1616	窥	00000001	(0.00090%)	岚	00000001	(0.00091%)
1617	谨	00000001	(0.00090%)	略	00000001	(0.00091%)
1618	旮	00000001	(0.00090%)	梁	00000001	(0.00091%)
1619	枯	00000001	(0.00090%)	劣	00000001	(0.00091%)
1620	奈	00000001	(0.00090%)	裂	00000001	(0.00091%)
1621	浓	00000001	(0.00090%)	橹	00000001	(0.00091%)
1622	匿	00000001	(0.00090%)	赖	00000001	(0.00091%)
1623	溺	00000001	(0.00090%)	雷	00000001	(0.00091%)
1624	丹	00000001	(0.00090%)	疗	00000001	(0.00091%)
1625	旦	00000001	(0.00090%)	辽	00000001	(0.00091%)
1626	端	00000001	(0.00090%)	垒	00000001	(0.00091%)
1627	唐	00000001	(0.00090%)	榴	00000001	(0.00091%)
1628	棠	00000001	(0.00090%)	溜	00000001	(0.00091%)
1629	戴	00000001	(0.00090%)	陆	00000001	(0.00091%)
1630	徒	00000001	(0.00090%)	栗	00000001	(0.00091%)
1631	捣	00000001	(0.00090%)	陵	00000001	(0.00091%)
1632	憧	00000001	(0.00090%)	厘	00000001	(0.00091%)
1633	栋	00000001	(0.00090%)	璃	00000001	(0.00091%)
1634	董	00000001	(0.00090%)	魔	00000001	(0.00091%)
1635	斗	00000001	(0.00090%)	莫	00000001	(0.00091%)
1636	钝	00000001	(0.00090%)	抹	00000001	(0.00091%)
1637	栏	00000001	(0.00090%)	亡	00000001	(0.00091%)
1638	岚	00000001	(0.00090%)	迈	00000001	(0.00091%)
1639	裂	00000001	(0.00090%)	盲	00000001	(0.00091%)
1640	橹	00000001	(0.00090%)	鸣	00000001	(0.00091%)
1641	赖	00000001	(0.00090%)	募	00000001	(0.00091%)
1642	雷	00000001	(0.00090%)	帽	00000001	(0.00091%)
1643	辽	00000001	(0.00090%)	摸	00000001	(0.00091%)
1644	垒	00000001	(0.00090%)	牡	00000001	(0.00091%)
1645	漏	00000001	(0.00090%)	矛	00000001	(0.00091%)
1646	榴	00000001	(0.00090%)	耗	00000001	(0.00091%)
1647	溜	00000001	(0.00090%)	谋	00000001	(0.00091%)
1648	陆	00000001	(0.00090%)	妙	00000001	(0.00091%)
1649	栗	00000001	(0.00090%)	庙	00000001	(0.00091%)
1650	隆	00000001	(0.00090%)	武	00000001	(0.00091%)
1651	陵	00000001	(0.00090%)	吻	00000001	(0.00091%)
1652	厘	00000001	(0.00090%)	勿	00000001	(0.00091%)
1653	璃	00000001	(0.00090%)	媚	00000001	(0.00091%)
1654	幕	00000001	(0.00090%)	旻	00000001	(0.00091%)
1655	莫	00000001	(0.00090%)	伴	00000001	(0.00091%)

순서	수정전			수정후		
	단어	빈도수	퍼센트	단어	빈도수	퍼센트
1656	迈	00000001	(0.00090%)	攀	00000001	(0.00091%)
1657	盲	00000001	(0.00090%)	盘	00000001	(0.00091%)
1658	勉	00000001	(0.00090%)	绊	00000001	(0.00091%)
1659	鸣	00000001	(0.00090%)	拔	00000001	(0.00091%)
1660	帽	00000001	(0.00090%)	纺	00000001	(0.00091%)
1661	摸	00000001	(0.00090%)	芳	00000001	(0.00091%)
1662	暮	00000001	(0.00090%)	配	00000001	(0.00091%)
1663	牡	00000001	(0.00090%)	碧	00000001	(0.00091%)
1664	矛	00000001	(0.00090%)	辨	00000001	(0.00091%)
1665	耗	00000001	(0.00090%)	峰	00000001	(0.00091%)
1666	谋	00000001	(0.00090%)	蓬	00000001	(0.00091%)
1667	妙	00000001	(0.00090%)	蜂	00000001	(0.00091%)
1668	庙	00000001	(0.00090%)	锋	00000001	(0.00091%)
1669	武	00000001	(0.00090%)	浮	00000001	(0.00091%)
1670	吻	00000001	(0.00090%)	簿	00000001	(0.00091%)
1671	闻	00000001	(0.00090%)	赴	00000001	(0.00091%)
1672	勿	00000001	(0.00090%)	佛	00000001	(0.00091%)
1673	媚	00000001	(0.00090%)	棚	00000001	(0.00091%)
1674	敏	00000001	(0.00090%)	绷	00000001	(0.00091%)
1675	旻	00000001	(0.00090%)	扉	00000001	(0.00091%)
1676	蜜	00000001	(0.00090%)	沸	00000001	(0.00091%)
1677	伴	00000001	(0.00090%)	菲	00000001	(0.00091%)
1678	盘	00000001	(0.00090%)	贫	00000001	(0.00091%)
1679	坊	00000001	(0.00090%)	聘	00000001	(0.00091%)
1680	纺	00000001	(0.00090%)	奢	00000001	(0.00091%)
1681	芳	00000001	(0.00090%)	泻	00000001	(0.00091%)
1682	防	00000001	(0.00090%)	狮	00000001	(0.00091%)
1683	倍	00000001	(0.00090%)	赐	00000001	(0.00091%)
1684	配	00000001	(0.00090%)	辞	00000001	(0.00091%)
1685	佰	00000001	(0.00090%)	驷	00000001	(0.00091%)
1686	繁	00000001	(0.00090%)	蒜	00000001	(0.00091%)
1687	碧	00000001	(0.00090%)	酸	00000001	(0.00091%)
1688	辨	00000001	(0.00090%)	撒	00000001	(0.00091%)
1689	堡	00000001	(0.00090%)	偿	00000001	(0.00091%)
1690	菩	00000001	(0.00090%)	桑	00000001	(0.00091%)
1691	蜂	00000001	(0.00090%)	塞	00000001	(0.00091%)
1692	逢	00000001	(0.00090%)	索	00000001	(0.00091%)
1693	锋	00000001	(0.00090%)	牲	00000001	(0.00091%)
1694	浮	00000001	(0.00090%)	序	00000001	(0.00091%)
1695	符	00000001	(0.00090%)	释	00000001	(0.00091%)

순서	수정전			수정후		
	단어	빈도수	퍼센트	단어	빈도수	퍼센트
1696	簿	00000001	(0.00090%)	闪	00000001	(0.00091%)
1697	奔	00000001	(0.00090%)	涉	00000001	(0.00091%)
1698	佛	00000001	(0.00090%)	塑	00000001	(0.00091%)
1699	棚	00000001	(0.00090%)	宵	00000001	(0.00091%)
1700	绷	00000001	(0.00090%)	苏	00000001	(0.00091%)
1701	扉	00000001	(0.00090%)	锁	00000001	(0.00091%)
1702	菲	00000001	(0.00090%)	嗽	00000001	(0.00091%)
1703	贫	00000001	(0.00090%)	垂	00000001	(0.00091%)
1704	聘	00000001	(0.00090%)	寿	00000001	(0.00091%)
1705	唆	00000001	(0.00090%)	殊	00000001	(0.00091%)
1706	奢	00000001	(0.00090%)	肃	00000001	(0.00091%)
1707	斜	00000001	(0.00090%)	盾	00000001	(0.00091%)
1708	泻	00000001	(0.00090%)	膝	00000001	(0.00091%)
1709	赐	00000001	(0.00090%)	乘	00000001	(0.00091%)
1710	赦	00000001	(0.00090%)	承	00000001	(0.00091%)
1711	辞	00000001	(0.00090%)	侍	00000001	(0.00091%)
1712	蒜	00000001	(0.00090%)	迅	00000001	(0.00091%)
1713	撒	00000001	(0.00090%)	芯	00000001	(0.00091%)
1714	厢	00000001	(0.00090%)	阿	00000001	(0.00091%)
1715	桑	00000001	(0.00090%)	岩	00000001	(0.00091%)
1716	索	00000001	(0.00090%)	押	00000001	(0.00091%)
1717	牲	00000001	(0.00090%)	额	00000001	(0.00091%)
1718	序	00000001	(0.00090%)	樱	00000001	(0.00091%)
1719	绪	00000001	(0.00090%)	扬	00000001	(0.00091%)
1720	逝	00000001	(0.00090%)	予	00000001	(0.00091%)
1721	释	00000001	(0.00090%)	逆	00000001	(0.00091%)
1722	仙	00000001	(0.00090%)	铅	00000001	(0.00091%)
1723	扇	00000001	(0.00090%)	阅	00000001	(0.00091%)
1724	闪	00000001	(0.00090%)	豫	00000001	(0.00091%)
1725	姓	00000001	(0.00090%)	吴	00000001	(0.00091%)
1726	塑	00000001	(0.00090%)	悟	00000001	(0.00091%)
1727	宵	00000001	(0.00090%)	晤	00000001	(0.00091%)
1728	蔬	00000001	(0.00090%)	熬	00000001	(0.00091%)
1729	苏	00000001	(0.00090%)	翁	00000001	(0.00091%)
1730	锁	00000001	(0.00090%)	缓	00000001	(0.00091%)
1731	嗽	00000001	(0.00090%)	顽	00000001	(0.00091%)
1732	愁	00000001	(0.00090%)	侥	00000001	(0.00091%)
1733	殊	00000001	(0.00090%)	遥	00000001	(0.00091%)
1734	粹	00000001	(0.00090%)	饶	00000001	(0.00091%)
1735	肃	00000001	(0.00090%)	浴	00000001	(0.00091%)

순서	수정전			수정후		
	단어	빈도수	퍼센트	단어	빈도수	퍼센트
1736	盾	00000001	(0.00090%)	俑	00000001	(0.00091%)
1737	膝	00000001	(0.00090%)	愚	00000001	(0.00091%)
1738	升	00000001	(0.00090%)	雄	00000001	(0.00091%)
1739	承	00000001	(0.00090%)	伪	00000001	(0.00091%)
1740	讯	00000001	(0.00090%)	胃	00000001	(0.00091%)
1741	迅	00000001	(0.00090%)	裕	00000001	(0.00091%)
1742	岩	00000001	(0.00090%)	允	00000001	(0.00091%)
1743	押	00000001	(0.00090%)	润	00000001	(0.00091%)
1744	额	00000001	(0.00090%)	毅	00000001	(0.00091%)
1745	樱	00000001	(0.00090%)	疑	00000001	(0.00091%)
1746	若	00000001	(0.00090%)	伊	00000001	(0.00091%)
1747	扬	00000001	(0.00090%)	姨	00000001	(0.00091%)
1748	渔	00000001	(0.00090%)	孕	00000001	(0.00091%)
1749	抑	00000001	(0.00090%)	刺	00000001	(0.00091%)
1750	淹	00000001	(0.00090%)	煮	00000001	(0.00091%)
1751	域	00000001	(0.00090%)	雀	00000001	(0.00091%)
1752	逆	00000001	(0.00090%)	掌	00000001	(0.00091%)
1753	铅	00000001	(0.00090%)	葬	00000001	(0.00091%)
1754	悦	00000001	(0.00090%)	裁	00000001	(0.00091%)
1755	映	00000001	(0.00090%)	储	00000001	(0.00091%)
1756	豫	00000001	(0.00090%)	著	00000001	(0.00091%)
1757	锐	00000001	(0.00090%)	殿	00000001	(0.00091%)
1758	吴	00000001	(0.00090%)	截	00000001	(0.00091%)
1759	奥	00000001	(0.00090%)	粘	00000001	(0.00091%)
1760	悟	00000001	(0.00090%)	郑	00000001	(0.00091%)
1761	晤	00000001	(0.00090%)	措	00000001	(0.00091%)
1762	缓	00000001	(0.00090%)	操	00000001	(0.00091%)
1763	顽	00000001	(0.00090%)	枣	00000001	(0.00091%)
1764	畏	00000001	(0.00090%)	潮	00000001	(0.00091%)
1765	浴	00000001	(0.00090%)	眺	00000001	(0.00091%)
1766	愚	00000001	(0.00090%)	粗	00000001	(0.00091%)
1767	羽	00000001	(0.00090%)	阻	00000001	(0.00091%)
1768	胃	00000001	(0.00090%)	鸟	00000001	(0.00091%)
1769	维	00000001	(0.00090%)	存	00000001	(0.00091%)
1770	裕	00000001	(0.00090%)	种	00000001	(0.00091%)
1771	允	00000001	(0.00090%)	柱	00000001	(0.00091%)
1772	润	00000001	(0.00090%)	株	00000001	(0.00091%)
1773	阴	00000001	(0.00090%)	珠	00000001	(0.00091%)
1774	仪	00000001	(0.00090%)	筹	00000001	(0.00091%)
1775	毅	00000001	(0.00090%)	遵	00000001	(0.00091%)

순서	수정전			수정후		
	단어	빈도수	퍼센트	단어	빈도수	퍼센트
1776	疑	00000001	(0.00090%)	众	00000001	(0.00091%)
1777	伊	00000001	(0.00090%)	汁	00000001	(0.00091%)
1778	姨	00000001	(0.00090%)	咫	00000001	(0.00091%)
1779	妊	00000001	(0.00090%)	支	00000001	(0.00091%)
1780	孕	00000001	(0.00090%)	智	00000001	(0.00091%)
1781	藉	00000001	(0.00090%)	织	00000001	(0.00091%)
1782	掌	00000001	(0.00090%)	唇	00000001	(0.00091%)
1783	脏	00000001	(0.00090%)	诊	00000001	(0.00091%)
1784	葬	00000001	(0.00090%)	阵	00000001	(0.00091%)
1785	障	00000001	(0.00090%)	疾	00000001	(0.00091%)
1786	栽	00000001	(0.00090%)	创	00000001	(0.00091%)
1787	裁	00000001	(0.00090%)	册	00000001	(0.00091%)
1788	载	00000001	(0.00090%)	策	00000001	(0.00091%)
1789	储	00000001	(0.00090%)	尺	00000001	(0.00091%)
1790	抵	00000001	(0.00090%)	擅	00000001	(0.00091%)
1791	著	00000001	(0.00090%)	浅	00000001	(0.00091%)
1792	殿	00000001	(0.00090%)	迁	00000001	(0.00091%)
1793	缠	00000001	(0.00090%)	澈	00000001	(0.00091%)
1794	截	00000001	(0.00090%)	签	00000001	(0.00091%)
1795	粘	00000001	(0.00090%)	炒	00000001	(0.00091%)
1796	亭	00000001	(0.00090%)	蕉	00000001	(0.00091%)
1797	廷	00000001	(0.00090%)	烛	00000001	(0.00091%)
1798	郑	00000001	(0.00090%)	坠	00000001	(0.00091%)
1799	枣	00000001	(0.00090%)	锤	00000001	(0.00091%)
1800	钓	00000001	(0.00090%)	鹜	00000001	(0.00091%)
1801	鸟	00000001	(0.00090%)	侈	00000001	(0.00091%)
1802	柱	00000001	(0.00090%)	漆	00000001	(0.00091%)
1803	筹	00000001	(0.00090%)	寝	00000001	(0.00091%)
1804	遵	00000001	(0.00090%)	沈	00000001	(0.00091%)
1805	汁	00000001	(0.00090%)	惰	00000001	(0.00091%)
1806	憎	00000001	(0.00090%)	夺	00000001	(0.00091%)
1807	咫	00000001	(0.00090%)	探	00000001	(0.00091%)
1808	支	00000001	(0.00090%)	搭	00000001	(0.00091%)
1809	智	00000001	(0.00090%)	泰	00000001	(0.00091%)
1810	溃	00000001	(0.00090%)	胎	00000001	(0.00091%)
1811	唇	00000001	(0.00090%)	泽	00000001	(0.00091%)
1812	诊	00000001	(0.00090%)	吐	00000001	(0.00091%)
1813	辰	00000001	(0.00090%)	筒	00000001	(0.00091%)
1814	疾	00000001	(0.00090%)	婆	00000001	(0.00091%)
1815	辑	00000001	(0.00090%)	版	00000001	(0.00091%)

순서	수정전			수정후		
	단어	빈도수	퍼센트	단어	빈도수	퍼센트
1816	惨	00000001	(0.00090%)	编	00000001	(0.00091%)
1817	创	00000001	(0.00090%)	贬	00000001	(0.00091%)
1818	涨	00000001	(0.00090%)	坪	00000001	(0.00091%)
1819	册	00000001	(0.00090%)	胞	00000001	(0.00091%)
1820	策	00000001	(0.00090%)	爆	00000001	(0.00091%)
1821	擅	00000001	(0.00090%)	乏	00000001	(0.00091%)
1822	浅	00000001	(0.00090%)	厦	00000001	(0.00091%)
1823	迁	00000001	(0.00090%)	河	00000001	(0.00091%)
1824	彻	00000001	(0.00090%)	垫	00000001	(0.00091%)
1825	撤	00000001	(0.00090%)	限	00000001	(0.00091%)
1826	澈	00000001	(0.00090%)	咸	00000001	(0.00091%)
1827	沾	00000001	(0.00090%)	喊	00000001	(0.00091%)
1828	添	00000001	(0.00090%)	盒	00000001	(0.00091%)
1829	签	00000001	(0.00090%)	蛤	00000001	(0.00091%)
1830	剃	00000001	(0.00090%)	抗	00000001	(0.00091%)
1831	蕉	00000001	(0.00090%)	杭	00000001	(0.00091%)
1832	锤	00000001	(0.00090%)	咳	00000001	(0.00091%)
1833	脆	00000001	(0.00090%)	核	00000001	(0.00091%)
1834	鹜	00000001	(0.00090%)	轩	00000001	(0.00091%)
1835	侈	00000001	(0.00090%)	歇	00000001	(0.00091%)
1836	漆	00000001	(0.00090%)	革	00000001	(0.00091%)
1837	侵	00000001	(0.00090%)	炫	00000001	(0.00091%)
1838	沈	00000001	(0.00090%)	协	00000001	(0.00091%)
1839	惰	00000001	(0.00090%)	挟	00000001	(0.00091%)
1840	叹	00000001	(0.00090%)	刑	00000001	(0.00091%)
1841	夺	00000001	(0.00090%)	炯	00000001	(0.00091%)
1842	探	00000001	(0.00090%)	惠	00000001	(0.00091%)
1843	搭	00000001	(0.00090%)	壶	00000001	(0.00091%)
1844	泰	00000001	(0.00090%)	浑	00000001	(0.00091%)
1845	泽	00000001	(0.00090%)	洪	00000001	(0.00091%)
1846	筒	00000001	(0.00090%)	华	00000001	(0.00091%)
1847	闯	00000001	(0.00090%)	豁	00000001	(0.00091%)
1848	婆	00000001	(0.00090%)	恢	00000001	(0.00091%)
1849	版	00000001	(0.00090%)	诲	00000001	(0.00091%)
1850	佩	00000001	(0.00090%)	肴	00000001	(0.00091%)
1851	扁	00000001	(0.00090%)	晕	00000001	(0.00091%)
1852	编	00000001	(0.00090%)	喧	00000001	(0.00091%)
1853	贬	00000001	(0.00090%)	携	00000001	(0.00091%)
1854	坪	00000001	(0.00090%)	痕	00000001	(0.00091%)
1855	弊	00000001	(0.00090%)	洽	00000001	(0.00091%)

순서	수정전			수정후		
	단어	빈도수	퍼센트	단어	빈도수	퍼센트
1856	怖	00000001	(0.00090%)	犄	00000001	(0.00091%)
1857	爆	00000001	(0.00090%)	尴	00000001	(0.00091%)
1858	飘	00000001	(0.00090%)	丐	00000001	(0.00091%)
1859	枫	00000001	(0.00090%)	尬	00000001	(0.00091%)
1860	乏	00000001	(0.00090%)	估	00000001	(0.00091%)
1861	厦	00000001	(0.00090%)	棵	00000001	(0.00091%)
1862	河	00000001	(0.00090%)	裹	00000001	(0.00091%)
1863	壑	00000001	(0.00090%)	框	00000001	(0.00091%)
1864	盒	00000001	(0.00090%)	瑰	00000001	(0.00091%)
1865	蛤	00000001	(0.00090%)	跤	00000001	(0.00091%)
1866	抗	00000001	(0.00090%)	疚	00000001	(0.00091%)
1867	杭	00000001	(0.00090%)	篝	00000001	(0.00091%)
1868	咳	00000001	(0.00090%)	篑	00000001	(0.00091%)
1869	核	00000001	(0.00090%)	圾	00000001	(0.00091%)
1870	献	00000001	(0.00090%)	洁	00000001	(0.00091%)
1871	轩	00000001	(0.00090%)	腻	00000001	(0.00091%)
1872	歇	00000001	(0.00090%)	蹥	00000001	(0.00091%)
1873	悬	00000001	(0.00090%)	掏	00000001	(0.00091%)
1874	炫	00000001	(0.00090%)	炖	00000001	(0.00091%)
1875	县	00000001	(0.00090%)	陡	00000001	(0.00091%)
1876	夹	00000001	(0.00090%)	吨	00000001	(0.00091%)
1877	挟	00000001	(0.00090%)	拦	00000001	(0.00091%)
1878	刑	00000001	(0.00090%)	垃	00000001	(0.00091%)
1879	炯	00000001	(0.00090%)	链	00000001	(0.00091%)
1880	惠	00000001	(0.00090%)	灵	00000001	(0.00091%)
1881	壶	00000001	(0.00090%)	蜊	00000001	(0.00091%)
1882	洪	00000001	(0.00090%)	麽	00000001	(0.00091%)
1883	晃	00000001	(0.00090%)	蛮	00000001	(0.00091%)
1884	荒	00000001	(0.00090%)	袜	00000001	(0.00091%)
1885	汇	00000001	(0.00090%)	玫	00000001	(0.00091%)
1886	诲	00000001	(0.00090%)	霉	00000001	(0.00091%)
1887	晓	00000001	(0.00090%)	髦	00000001	(0.00091%)
1888	晕	00000001	(0.00090%)	脖	00000001	(0.00091%)
1889	喧	00000001	(0.00090%)	绑	00000001	(0.00091%)
1890	挥	00000001	(0.00090%)	篷	00000001	(0.00091%)
1891	携	00000001	(0.00090%)	屁	00000001	(0.00091%)
1892	痕	00000001	(0.00090%)	痹	00000001	(0.00091%)
1893	犄	00000001	(0.00090%)	缤	00000001	(0.00091%)
1894	尴	00000001	(0.00090%)	凭	00000001	(0.00091%)
1895	瞌	00000001	(0.00090%)	蜡	00000001	(0.00091%)

순서	수정전			수정후		
	단어	빈도수	퍼센트	단어	빈도수	퍼센트
1896	丐	00000001	(0.00090%)	腊	00000001	(0.00091%)
1897	尬	00000001	(0.00090%)	甩	00000001	(0.00091%)
1898	估	00000001	(0.00090%)	盹	00000001	(0.00091%)
1899	裹	00000001	(0.00090%)	婶	00000001	(0.00091%)
1900	框	00000001	(0.00090%)	挖	00000001	(0.00091%)
1901	瑰	00000001	(0.00090%)	哎	00000001	(0.00091%)
1902	跤	00000001	(0.00090%)	挨	00000001	(0.00091%)
1903	圾	00000001	(0.00090%)	厂	00000001	(0.00091%)
1904	膩	00000001	(0.00090%)	婴	00000001	(0.00091%)
1905	躂	00000001	(0.00090%)	嗡	00000001	(0.00091%)
1906	掏	00000001	(0.00090%)	惋	00000001	(0.00091%)
1907	陡	00000001	(0.00090%)	哇	00000001	(0.00091%)
1908	吨	00000001	(0.00090%)	浇	00000001	(0.00091%)
1909	啰	00000001	(0.00090%)	喂	00000001	(0.00091%)
1910	垃	00000001	(0.00090%)	眨	00000001	(0.00091%)
1911	链	00000001	(0.00090%)	账	00000001	(0.00091%)
1912	愣	00000001	(0.00090%)	睁	00000001	(0.00091%)
1913	蜊	00000001	(0.00090%)	惕	00000001	(0.00091%)
1914	蛮	00000001	(0.00090%)	荐	00000001	(0.00091%)
1915	袜	00000001	(0.00090%)	屉	00000001	(0.00091%)
1916	玫	00000001	(0.00090%)	峭	00000001	(0.00091%)
1917	霉	00000001	(0.00090%)	触	00000001	(0.00091%)
1918	髦	00000001	(0.00090%)	冲	00000001	(0.00091%)
1919	蹒	00000001	(0.00090%)	诧	00000001	(0.00091%)
1920	脖	00000001	(0.00090%)	碳	00000001	(0.00091%)
1921	绑	00000001	(0.00090%)	忐	00000001	(0.00091%)
1922	拚	00000001	(0.00090%)	忑	00000001	(0.00091%)
1923	屁	00000001	(0.00090%)	玻	00000001	(0.00091%)
1924	痹	00000001	(0.00090%)	趴	00000001	(0.00091%)
1925	傻	00000001	(0.00090%)	瞎	00000001	(0.00091%)
1926	珊	00000001	(0.00090%)	鸽	00000001	(0.00091%)
1927	腊	00000001	(0.00090%)	炕	00000001	(0.00091%)
1928	甩	00000001	(0.00090%)	哼	00000001	(0.00091%)
1929	晒	00000001	(0.00090%)	沪	00000001	(0.00091%)
1930	盹	00000001	(0.00090%)	哗	00000001	(0.00091%)
1931	挖	00000001	(0.00090%)	谎	00000001	(0.00091%)
1932	哎	00000001	(0.00090%)			
1933	厂	00000001	(0.00090%)			
1934	腌	00000001	(0.00090%)			
1935	惋	00000001	(0.00090%)			

순서	수정전			수정후		
	단어	빈도수	퍼센트	단어	빈도수	퍼센트
1936	哇	00000001	(0.00090%)			
1937	亏	00000001	(0.00090%)			
1938	纭	00000001	(0.00090%)			
1939	喂	00000001	(0.00090%)			
1940	扔	00000001	(0.00090%)			
1941	砸	00000001	(0.00090%)			
1942	睁	00000001	(0.00090%)			
1943	嘈	00000001	(0.00090%)			
1944	鬃	00000001	(0.00090%)			
1945	抢	00000001	(0.00090%)			
1946	荐	00000001	(0.00090%)			
1947	屉	00000001	(0.00090%)			
1948	俏	00000001	(0.00090%)			
1949	诧	00000001	(0.00090%)			
1950	碳	00000001	(0.00090%)			
1951	忐	00000001	(0.00090%)			
1952	忑	00000001	(0.00090%)			
1953	玻	00000001	(0.00090%)			
1954	趴	00000001	(0.00090%)			
1955	狠	00000001	(0.00090%)			
1956	瞎	00000001	(0.00090%)			
1957	鸽	00000001	(0.00090%)			
1958	炕	00000001	(0.00090%)			
1959	哼	00000001	(0.00090%)			
1960	沪	00000001	(0.00090%)			
1961	哗	00000001	(0.00090%)			
1962	谎	00000001	(0.00090%)			
1963	犹	00000001	(0.00090%)			

5.2 한어병음 배열에 따른 사용 빈도(수정전 기준)

순서	단어	한어병음	빈도수	퍼센트
499	啊	a	00000029	(0.02597%)
1431	阿	ā	00000002	(0.00179%)
1011	哀	āi	00000006	(0.00537%)
1554	挨	āi	00000002	(0.00179%)
1932	哎	āi	00000001	(0.00090%)
1555	皑	ái	00000002	(0.00179%)

순서	단어	한어병음	빈도수	퍼센트
1013	矮	ǎi	00000006	(0.00537%)
141	爱	ài	00000173	(0.15492%)
858	碍	ài	00000009	(0.00806%)
1435	艾	ài	00000002	(0.00179%)
240	安	ān	00000100	(0.08955%)
581	按	àn	00000021	(0.01881%)
1075	岸	àn	00000005	(0.00448%)
1154	案	àn	00000004	(0.00358%)
1433	暗	àn	00000002	(0.00179%)
1159	傲	ào	00000004	(0.00358%)
1759	奥	ào	00000001	(0.00090%)
100	吧	ba	00000245	(0.21939%)
456	八	bā	00000036	(0.03224%)
974	巴	bā	00000007	(0.00627%)
1327	扒	bā	00000003	(0.00269%)
1398	拔	bá	00000002	(0.00179%)
106	把	bǎ	00000233	(0.20865%)
53	爸	bà	00000396	(0.35461%)
320	白	bái	00000065	(0.05821%)
481	百	bǎi	00000032	(0.02866%)
673	摆	bǎi	00000016	(0.01433%)
1685	佰	bǎi	00000001	(0.00090%)
1095	败	bài	00000005	(0.00448%)
1140	拜	bài	00000004	(0.00358%)
239	搬	bān	00000100	(0.08955%)
250	班	bān	00000094	(0.08418%)
544	般	bān	00000024	(0.02149%)
745	板	bǎn	00000013	(0.01164%)
1849	版	bǎn	00000001	(0.00090%)
338	半	bàn	00000058	(0.05194%)
471	办	bàn	00000034	(0.03045%)
1064	扮	bàn	00000005	(0.00448%)
1139	拌	bàn	00000004	(0.00358%)
1677	伴	bàn	00000001	(0.00090%)
125	帮	bāng	00000196	(0.17551%)
1399	傍	bāng	00000002	(0.00179%)
1400	榜	bǎng	00000002	(0.00179%)
1921	绑	bǎng	00000001	(0.00090%)
1005	棒	bàng	00000006	(0.00537%)
301	包	bāo	00000069	(0.06179%)
1521	胞	bāo	00000002	(0.00179%)

순서	단어	한어병음	빈도수	퍼센트
644	保	bǎo	00000017	(0.01522%)
984	宝	bǎo	00000007	(0.00627%)
1302	饱	bǎo	00000003	(0.00269%)
1689	堡	bǎo	00000001	(0.00090%)
465	报	bào	00000034	(0.03045%)
808	抱	bào	00000011	(0.00985%)
1857	爆	bào	00000001	(0.00090%)
694	悲	bēi	00000015	(0.01343%)
735	杯	bēi	00000013	(0.01164%)
1059	背	bēi	00000005	(0.00448%)
201	北	běi	00000124	(0.11104%)
234	被	bèi	00000103	(0.09223%)
426	备	bèi	00000041	(0.03671%)
1060	辈	bèi	00000005	(0.00448%)
1683	倍	bèi	00000001	(0.00090%)
1697	奔	bēn	00000001	(0.00090%)
203	本	běn	00000120	(0.10746%)
1551	笨	bèn	00000002	(0.00179%)
1700	绷	bēng	00000001	(0.00090%)
1145	鼻	bí	00000004	(0.00358%)
104	比	bǐ	00000237	(0.21223%)
873	笔	bǐ	00000009	(0.00806%)
1304	彼	bǐ	00000003	(0.00269%)
302	必	bì	00000069	(0.06179%)
386	毕	bì	00000049	(0.04388%)
1229	壁	bì	00000003	(0.00269%)
1299	币	bì	00000003	(0.00269%)
1300	闭	bì	00000003	(0.00269%)
1305	避	bì	00000003	(0.00269%)
1687	碧	bì	00000001	(0.00090%)
1855	弊	bì	00000001	(0.00090%)
1924	痹	bì	00000001	(0.00090%)
159	边	biān	00000152	(0.13611%)
1187	鞭	biān	00000004	(0.00358%)
1852	编	biān	00000001	(0.00090%)
1851	扁	biǎn	00000001	(0.00090%)
1853	贬	biǎn	00000001	(0.00090%)
298	变	biàn	00000069	(0.06179%)
924	遍	biàn	00000008	(0.00716%)
1688	辨	biàn	00000001	(0.00090%)
511	标	biāo	00000028	(0.02507%)

순서	단어	한어병음	빈도수	퍼센트
207	表	biǎo	00000119	(0.10656%)
89	别	bié	00000266	(0.23820%)
545	滨	bīn	00000024	(0.02149%)
952	宾	bīn	00000007	(0.00627%)
643	兵	bīng	00000017	(0.01522%)
748	冰	bīng	00000013	(0.01164%)
1034	饼	bǐng	00000006	(0.00537%)
425	病	bìng	00000041	(0.03671%)
692	并	bìng	00000015	(0.01343%)
1953	玻	bō	00000001	(0.00090%)
1058	博	bó	00000005	(0.00448%)
1141	伯	bó	00000004	(0.00358%)
1397	勃	bó	00000002	(0.00179%)
1920	脖	bó	00000001	(0.00090%)
1024	播	bò	00000006	(0.00537%)
1062	补	bǔ	00000005	(0.00448%)
6	不	bù	00001548	(1.38620%)
381	部	bù	00000050	(0.04477%)
563	步	bù	00000022	(0.01970%)
773	布	bù	00000012	(0.01075%)
1696	簿	bù	00000001	(0.00090%)
1856	怖	bù	00000001	(0.00090%)
1496	擦	cā	00000002	(0.00179%)
1152	猜	cāi	00000004	(0.00358%)
139	才	cái	00000177	(0.15850%)
421	材	cái	00000042	(0.03761%)
1474	财	cái	00000002	(0.00179%)
1787	裁	cái	00000001	(0.00090%)
237	菜	cài	00000101	(0.09044%)
671	彩	cǎi	00000016	(0.01433%)
1500	采	cǎi	00000002	(0.00179%)
353	参	cān	00000055	(0.04925%)
864	餐	cān	00000009	(0.00806%)
1816	惨	cǎn	00000001	(0.00090%)
1499	苍	cāng	00000002	(0.00179%)
1472	藏	cáng	00000002	(0.00179%)
1267	操	cāo	00000003	(0.00269%)
1943	嘈	cáo	00000001	(0.00090%)
867	草	cǎo	00000009	(0.00806%)
1290	测	cè	00000003	(0.00269%)
1819	册	cè	00000001	(0.00090%)

순서	단어	한어병음	빈도수	퍼센트
1820	策	cè	00000001	(0.00090%)
971	层	céng	00000007	(0.00627%)
1173	曾	céng	00000004	(0.00358%)
300	差	chā	00000069	(0.06179%)
623	茶	chá	00000018	(0.01612%)
919	察	chá	00000008	(0.00716%)
1414	查	chá	00000002	(0.00179%)
1949	诧	chà	00000001	(0.00090%)
1793	缠	chán	00000001	(0.00090%)
763	产	chǎn	00000012	(0.01075%)
1281	昌	chāng	00000003	(0.00269%)
50	常	cháng	00000408	(0.36536%)
216	长	cháng	00000113	(0.10119%)
309	场	cháng	00000067	(0.06000%)
853	尝	cháng	00000009	(0.00806%)
1471	肠	cháng	00000002	(0.00179%)
1497	敞	chǎng	00000002	(0.00179%)
1933	厂	chǎng	00000001	(0.00090%)
434	唱	chàng	00000040	(0.03582%)
1498	畅	chàng	00000002	(0.00179%)
1179	超	chāo	00000004	(0.00358%)
1481	潮	cháo	00000002	(0.00179%)
1091	朝	cháo	00000005	(0.00448%)
680	吵	chǎo	00000016	(0.01433%)
1503	炒	chǎo	00000002	(0.00179%)
79	车	chē	00000298	(0.26685%)
1824	彻	chè	00000001	(0.00090%)
1825	撤	chè	00000001	(0.00090%)
1826	澈	chè	00000001	(0.00090%)
719	晨	chén	00000014	(0.01254%)
1495	陈	chén	00000002	(0.00179%)
1568	沉	chén	00000002	(0.00179%)
1813	辰	chén	00000001	(0.00090%)
1838	沈	chén	00000001	(0.00090%)
1107	趁	chèn	00000005	(0.00448%)
1338	称	chēng	00000003	(0.00269%)
135	成	chéng	00000181	(0.16208%)
330	城	chéng	00000061	(0.05462%)
618	程	chéng	00000019	(0.01701%)
1009	诚	chéng	00000006	(0.00537%)
1739	承	chéng	00000001	(0.00090%)

순서	단어	한어병음	빈도수	퍼센트
1426	乘	chéng	00000002	(0.00179%)
48	吃	chī	00000420	(0.37610%)
918	池	chí	00000008	(0.00716%)
556	迟	chí	00000023	(0.02060%)
834	持	chí	00000010	(0.00895%)
1149	匙	chí	00000004	(0.00358%)
1292	齿	chǐ	00000003	(0.00269%)
1501	尺	chǐ	00000002	(0.00179%)
1835	侈	chǐ	00000001	(0.00090%)
771	充	chōng	00000012	(0.01075%)
1336	冲	chōng	00000003	(0.00269%)
1632	憧	chōng	00000001	(0.00090%)
1337	虫	chóng	00000003	(0.00269%)
969	宠	chǒng	00000007	(0.00627%)
557	抽	chōu	00000023	(0.02060%)
1274	绸	chóu	00000003	(0.00269%)
1732	愁	chóu	00000001	(0.00090%)
1803	筹	chóu	00000001	(0.00090%)
123	出	chū	00000198	(0.17730%)
383	初	chū	00000050	(0.04477%)
427	除	chú	00000041	(0.03671%)
1487	厨	chú	00000002	(0.00179%)
1789	储	chú	00000001	(0.00090%)
412	处	chǔ	00000045	(0.04030%)
672	楚	chǔ	00000016	(0.01433%)
1201	础	chǔ	00000004	(0.00358%)
470	穿	chuān	00000034	(0.03045%)
1177	川	chuān	00000004	(0.00358%)
539	传	chuán	00000025	(0.02239%)
718	船	chuán	00000014	(0.01254%)
779	窗	chuāng	00000012	(0.01075%)
392	床	chuáng	00000048	(0.04298%)
1817	创	chuàng	00000001	(0.00090%)
1847	闯	chuǎng	00000001	(0.00090%)
1507	吹	chuī	00000002	(0.00179%)
1832	锤	chuí	00000001	(0.00090%)
1288	炊	chuī	00000003	(0.00269%)
1424	垂	chuí	00000002	(0.00179%)
354	春	chūn	00000055	(0.04925%)
1070	纯	chún	00000005	(0.00448%)
1244	淳	chún	00000003	(0.00269%)

순서	단어	한어병음	빈도수	퍼센트
1811	唇	chún	00000001	(0.00090%)
1466	绰	chuò	00000002	(0.00179%)
695	词	cí	00000015	(0.01343%)
1086	慈	cí	00000005	(0.00448%)
1262	磁	cí	00000003	(0.00269%)
1711	辞	cí	00000001	(0.00090%)
566	此	cǐ	00000022	(0.01970%)
87	次	cì	00000268	(0.23999%)
1465	刺	cì	00000002	(0.00179%)
1709	赐	cì	00000001	(0.00090%)
868	聪	cōng	00000009	(0.00806%)
1567	葱	cōng	00000002	(0.00179%)
116	从	cóng	00000204	(0.18268%)
1488	凑	còu	00000002	(0.00179%)
1483	粗	cū	00000002	(0.00179%)
1093	崔	cuī	00000005	(0.00448%)
1734	粹	cuì	00000001	(0.00090%)
1833	脆	cuì	00000001	(0.00090%)
837	村	cūn	00000010	(0.00895%)
1270	存	cún	00000003	(0.00269%)
367	错	cuò	00000053	(0.04746%)
1480	措	cuò	00000002	(0.00179%)
1485	挫	cuò	00000002	(0.00179%)
1843	搭	dā	00000001	(0.00090%)
484	达	dá	00000031	(0.02776%)
662	答	dá	00000016	(0.01433%)
58	打	dǎ	00000382	(0.34207%)
37	大	dà	00000504	(0.45132%)
813	呆	dāi	00000011	(0.00985%)
260	带	dài	00000089	(0.07970%)
266	待	dài	00000087	(0.07791%)
500	代	dài	00000028	(0.02507%)
1363	袋	dài	00000002	(0.00179%)
1629	戴	dài	00000001	(0.00090%)
462	担	dān	00000035	(0.03134%)
624	单	dān	00000018	(0.01612%)
1023	耽	dān	00000006	(0.00537%)
1624	丹	dān	00000001	(0.00090%)
1325	胆	dǎn	00000003	(0.00269%)
95	但	dàn	00000254	(0.22745%)
1214	蛋	dàn	00000003	(0.00269%)

순서	단어	한어병음	빈도수	퍼센트
1510	诞	dàn	00000002	(0.00179%)
1625	旦	dàn	00000001	(0.00090%)
113	当	dāng	00000209	(0.18716%)
1185	荡	dàng	00000004	(0.00358%)
1364	刀	dāo	00000002	(0.00179%)
640	倒	dǎo	00000017	(0.01522%)
663	岛	dǎo	00000016	(0.01433%)
755	导	dǎo	00000012	(0.01075%)
997	祷	dǎo	00000006	(0.00537%)
1631	捣	dǎo	00000001	(0.00090%)
22	到	dào	00000807	(0.72265%)
119	道	dào	00000199	(0.17820%)
1217	蹈	dào	00000003	(0.00269%)
2	的	de	00004368	(3.91145%)
26	得	de	00000696	(0.62325%)
1124	德	dé	00000004	(0.00358%)
758	登	dēng	00000012	(0.01075%)
1199	灯	dēng	00000004	(0.00358%)
185	等	děng	00000136	(0.12179%)
1565	瞪	dèng	00000002	(0.00179%)
862	低	dī	00000009	(0.00806%)
1475	滴	dī	00000002	(0.00179%)
1790	抵	dǐ	00000001	(0.00090%)
799	底	dǐ	00000011	(0.00985%)
92	地	dì	00000256	(0.22924%)
146	弟	dì	00000168	(0.15044%)
233	第	dì	00000103	(0.09223%)
726	递	dì	00000014	(0.01254%)
1266	帝	dì	00000003	(0.00269%)
41	点	diǎn	00000480	(0.42983%)
699	典	diǎn	00000015	(0.01343%)
101	电	diàn	00000244	(0.21850%)
352	店	diàn	00000055	(0.04925%)
1792	殿	diàn	00000001	(0.00090%)
756	掉	diào	00000012	(0.01075%)
1800	钓	diào	00000001	(0.00090%)
1476	丁	dīng	00000002	(0.00179%)
1479	钉	dīng	00000002	(0.00179%)
1088	顶	dǐng	00000005	(0.00448%)
115	定	dìng	00000206	(0.18447%)
1478	订	dìng	00000002	(0.00179%)

순서	단어	한어병음	빈도수	퍼센트
633	丢	diū	00000018	(0.01612%)
194	东	dōng	00000129	(0.11552%)
391	冬	dōng	00000048	(0.04298%)
521	懂	dǒng	00000027	(0.02418%)
1634	董	dǒng	00000001	(0.00090%)
129	动	dòng	00000191	(0.17104%)
1050	洞	dòng	00000005	(0.00448%)
1126	冻	dòng	00000004	(0.00358%)
1633	栋	dòng	00000001	(0.00090%)
67	都	dōu	00000348	(0.31163%)
1051	兜	dōu	00000005	(0.00448%)
1635	斗	dǒu	00000001	(0.00090%)
1907	陡	dǒu	00000001	(0.00090%)
1219	逗	dòu	00000003	(0.00269%)
1369	豆	dòu	00000002	(0.00179%)
757	督	dū	00000012	(0.01075%)
553	读	dú	00000023	(0.02060%)
611	独	dú	00000019	(0.01701%)
1367	毒	dú	00000002	(0.00179%)
687	堵	dǔ	00000015	(0.01343%)
437	度	dù	00000039	(0.03492%)
840	肚	dù	00000010	(0.00895%)
1216	渡	dù	00000003	(0.00269%)
1626	端	duān	00000001	(0.00090%)
661	短	duǎn	00000016	(0.01433%)
686	断	duàn	00000015	(0.01343%)
732	段	duàn	00000013	(0.01164%)
996	锻	duàn	00000006	(0.00537%)
1516	堆	duī	00000002	(0.00179%)
76	对	duì	00000302	(0.27043%)
402	队	duì	00000046	(0.04119%)
1294	兑	duì	00000003	(0.00269%)
1125	敦	dūn	00000004	(0.00358%)
1930	盹	dǔn	00000001	(0.00090%)
821	顿	dùn	00000010	(0.00895%)
1544	炖	dùn	00000002	(0.00179%)
1636	钝	dùn	00000001	(0.00090%)
1908	吨	dùn	00000001	(0.00090%)
1736	盾	dùn	00000001	(0.00090%)
39	多	duō	00000495	(0.44326%)
1841	夺	duó	00000001	(0.00090%)

순서	단어	한어병음	빈도수	퍼센트
1108	朵	duǒ	00000005	(0.00448%)
1839	惰	duò	00000001	(0.00090%)
1744	额	é	00000001	(0.00090%)
721	饿	è	00000014	(0.01254%)
1251	恶	è	00000003	(0.00269%)
1014	恩	ēn	00000006	(0.00537%)
33	儿	ér	00000564	(0.50505%)
198	而	ér	00000125	(0.11193%)
1259	耳	ěr	00000003	(0.00269%)
251	二	èr	00000093	(0.08328%)
497	尔	ěr	00000029	(0.02597%)
162	发	fā	00000151	(0.13522%)
1860	乏	fá	00000001	(0.00090%)
312	法	fǎ	00000066	(0.05910%)
656	翻	fān	00000017	(0.01522%)
1404	番	fān	00000002	(0.00179%)
642	烦	fán	00000017	(0.01522%)
1061	凡	fán	00000005	(0.00448%)
1686	繁	fán	00000001	(0.00090%)
562	反	fǎn	00000022	(0.01970%)
143	饭	fàn	00000172	(0.15402%)
1142	犯	fàn	00000004	(0.00358%)
1143	范	fàn	00000004	(0.00358%)
155	方	fāng	00000156	(0.13969%)
1681	芳	fāng	00000001	(0.00090%)
1679	坊	fāng	00000001	(0.00090%)
224	房	fáng	00000108	(0.09671%)
851	妨	fáng	00000009	(0.00806%)
1682	防	fáng	00000001	(0.00090%)
1401	访	fǎng	00000002	(0.00179%)
1680	纺	fǎng	00000001	(0.00090%)
324	放	fàng	00000063	(0.05642%)
221	非	fēi	00000111	(0.09940%)
501	飞	fēi	00000028	(0.02507%)
589	啡	fēi	00000021	(0.01881%)
1701	扉	fēi	00000001	(0.00090%)
1702	菲	fēi	00000001	(0.00090%)
716	肥	féi	00000014	(0.01254%)
350	费	fèi	00000055	(0.04925%)
1096	肺	fèi	00000005	(0.00448%)
232	分	fēn	00000104	(0.09313%)

순서	단어	한어병음	빈도수	퍼센트
679	氛	fēn	00000016	(0.01433%)
1234	纷	fēn	00000003	(0.00269%)
1233	粉	fěn	00000003	(0.00269%)
730	份	fèn	00000014	(0.01254%)
892	奋	fèn	00000008	(0.00716%)
407	风	fēng	00000046	(0.04119%)
666	封	fēng	00000016	(0.01433%)
985	丰	fēng	00000007	(0.00627%)
1231	峰	fēng	00000003	(0.00269%)
1691	蜂	fēng	00000001	(0.00090%)
1693	锋	fēng	00000001	(0.00090%)
1859	枫	fēng	00000001	(0.00090%)
1406	缝	féng	00000002	(0.00179%)
1692	逢	féng	00000001	(0.00090%)
1698	佛	fó	00000001	(0.00090%)
1411	否	fǒu	00000002	(0.00179%)
492	夫	fū	00000030	(0.02686%)
1063	肤	fū	00000005	(0.00448%)
178	服	fú	00000141	(0.12626%)
304	福	fú	00000068	(0.06089%)
1026	幅	fú	00000006	(0.00537%)
1412	扶	fú	00000002	(0.00179%)
1694	浮	fú	00000001	(0.00090%)
1695	符	fú	00000001	(0.00090%)
852	府	fǔ	00000009	(0.00806%)
1006	釜	fǔ	00000006	(0.00537%)
1230	辅	fǔ	00000003	(0.00269%)
1395	抚	fǔ	00000002	(0.00179%)
214	父	fù	00000113	(0.10119%)
564	附	fù	00000022	(0.01970%)
657	复	fù	00000017	(0.01522%)
693	富	fù	00000015	(0.01343%)
827	妇	fù	00000010	(0.00895%)
891	覆	fù	00000008	(0.00716%)
1232	负	fù	00000003	(0.00269%)
1408	付	fù	00000002	(0.00179%)
1409	傅	fù	00000002	(0.00179%)
1410	副	fù	00000002	(0.00179%)
1897	尬	gà	00000001	(0.00090%)
254	该	gāi	00000092	(0.08238%)
752	改	gǎi	00000012	(0.01075%)

순서	단어	한어병음	빈도수	퍼센트
989	盖	gài	00000006	(0.00537%)
1896	丐	gài	00000001	(0.00090%)
607	概	gài	00000019	(0.01701%)
1894	尴	gān	00000001	(0.00090%)
111	感	gǎn	00000213	(0.19074%)
512	赶	gǎn	00000028	(0.02507%)
936	敢	gǎn	00000007	(0.00627%)
430	干	gàn	00000040	(0.03582%)
473	刚	gāng	00000033	(0.02955%)
842	钢	gāng	00000009	(0.00806%)
1310	港	gǎng	00000003	(0.00269%)
85	高	gāo	00000274	(0.24536%)
1033	糕	gāo	00000006	(0.00537%)
1323	搞	gǎo	00000003	(0.00269%)
390	告	gào	00000048	(0.04298%)
19	个	ge	00000914	(0.81847%)
153	哥	gē	00000156	(0.13969%)
441	歌	gē	00000038	(0.03403%)
1957	鸽	gē	00000001	(0.00090%)
287	格	gé	00000074	(0.06627%)
1344	隔	gé	00000002	(0.00179%)
1865	蛤	gé	00000001	(0.00090%)
389	各	gè	00000048	(0.04298%)
74	给	gěi	00000307	(0.27491%)
62	跟	gēn	00000375	(0.33580%)
1120	根	gēn	00000004	(0.00358%)
281	更	gèng	00000079	(0.07074%)
134	工	gōng	00000181	(0.16208%)
176	公	gōng	00000141	(0.12626%)
326	功	gōng	00000062	(0.05552%)
941	宫	gōng	00000007	(0.00627%)
1599	恭	gōng	00000001	(0.00090%)
1600	攻	gōng	00000001	(0.00090%)
432	共	gòng	00000040	(0.03582%)
1607	沟	gōu	00000001	(0.00090%)
415	狗	gǒu	00000044	(0.03940%)
631	够	gòu	00000018	(0.01612%)
1608	购	gòu	00000001	(0.00090%)
819	孤	gū	00000010	(0.00895%)
1114	姑	gū	00000004	(0.00358%)
1595	辜	gū	00000001	(0.00090%)

순서	단어	한어병음	빈도수	퍼센트
1898	估	gū	00000001	(0.00090%)
514	古	gǔ	00000027	(0.02418%)
1039	鼓	gǔ	00000005	(0.00448%)
1208	谷	gǔ	00000003	(0.00269%)
1594	股	gǔ	00000001	(0.00090%)
494	故	gù	00000029	(0.02597%)
638	顾	gù	00000017	(0.01522%)
1591	固	gù	00000001	(0.00090%)
1596	雇	gù	00000001	(0.00090%)
883	瓜	guā	00000008	(0.00716%)
1042	刮	guā	00000005	(0.00448%)
878	挂	guà	00000009	(0.00806%)
1603	卦	guà	00000001	(0.00090%)
1116	乖	guāi	00000004	(0.00358%)
939	拐	guǎi	00000007	(0.00627%)
622	怪	guài	00000018	(0.01612%)
161	关	guān	00000151	(0.13522%)
594	观	guān	00000020	(0.01791%)
1209	官	guān	00000003	(0.00269%)
572	管	guǎn	00000021	(0.01881%)
341	馆	guǎn	00000056	(0.05015%)
571	惯	guàn	00000021	(0.01881%)
1349	冠	guàn	00000002	(0.00179%)
1601	灌	guàn	00000001	(0.00090%)
1602	贯	guàn	00000001	(0.00090%)
551	光	guāng	00000023	(0.02060%)
932	广	guǎng	00000008	(0.00716%)
369	逛	guàng	00000053	(0.04746%)
884	规	guī	00000008	(0.00716%)
1045	归	guī	00000005	(0.00448%)
1901	瑰	guī	00000001	(0.00090%)
495	贵	guì	00000029	(0.02597%)
1536	柜	guì	00000002	(0.00179%)
1597	棍	gùn	00000001	(0.00090%)
24	国	guó	00000766	(0.68594%)
173	果	guǒ	00000142	(0.12716%)
1899	裹	guǒ	00000001	(0.00090%)
52	过	guò	00000401	(0.35909%)
520	哈	hā	00000027	(0.02418%)
91	还	hái	00000257	(0.23014%)
235	孩	hái	00000103	(0.09223%)

순서	단어	한어병음	빈도수	퍼센트
258	海	hǎi	00000091	(0.08149%)
387	害	hài	00000049	(0.04388%)
147	韩	hán	00000168	(0.15044%)
675	寒	hán	00000016	(0.01433%)
1098	含	hán	00000005	(0.00448%)
1309	喊	hǎn	00000003	(0.00269%)
59	汉	hàn	00000381	(0.34118%)
1307	汗	hàn	00000003	(0.00269%)
1340	憾	hàn	00000002	(0.00179%)
1525	航	háng	00000002	(0.00179%)
1867	杭	háng	00000001	(0.00090%)
876	毫	háo	00000009	(0.00806%)
1191	豪	háo	00000004	(0.00358%)
21	好	hǎo	00000826	(0.73967%)
570	号	hào	00000022	(0.01970%)
1665	耗	hào	00000001	(0.00090%)
200	喝	hē	00000124	(0.11104%)
1572	呵	hē	00000001	(0.00090%)
56	和	hé	00000391	(0.35013%)
472	合	hé	00000034	(0.03045%)
728	何	hé	00000014	(0.01254%)
1527	劾	hé	00000002	(0.00179%)
1575	褐	hé	00000001	(0.00090%)
1862	河	hé	00000001	(0.00090%)
1864	盒	hé	00000001	(0.00090%)
1869	核	hé	00000001	(0.00090%)
1522	贺	hè	00000002	(0.00179%)
729	黑	hēi	00000014	(0.01254%)
1892	痕	hén	00000001	(0.00090%)
9	很	hěn	00001356	(1.21427%)
1955	狠	hěn	00000001	(0.00090%)
1306	恨	hèn	00000003	(0.00269%)
1959	哼	hēng	00000001	(0.00090%)
569	红	hóng	00000022	(0.01970%)
1530	虹	hóng	00000002	(0.00179%)
1882	洪	hóng	00000001	(0.00090%)
877	侯	hóu	00000009	(0.00806%)
1570	猴	hóu	00000002	(0.00179%)
47	候	hòu	00000433	(0.38774%)
55	后	hòu	00000392	(0.35103%)
1031	厚	hòu	00000006	(0.00537%)

순서	단어	한어병음	빈도수	퍼센트
875	乎	hū	00000009	(0.00806%)
928	呼	hū	00000008	(0.00716%)
1030	忽	hū	00000006	(0.00537%)
1190	湖	hú	00000004	(0.00358%)
1314	胡	hú	00000003	(0.00269%)
1529	糊	hú	00000002	(0.00179%)
1881	壶	hú	00000001	(0.00090%)
1028	虎	hǔ	00000006	(0.00537%)
368	互	hù	00000053	(0.04746%)
676	户	hù	00000016	(0.01433%)
1029	护	hù	00000006	(0.00537%)
1960	沪	hù	00000001	(0.00090%)
331	花	huā	00000061	(0.05462%)
1961	哗	huā	00000001	(0.00090%)
636	划	huá	00000018	(0.01612%)
977	滑	huá	00000007	(0.00627%)
1316	华	huá	00000003	(0.00269%)
81	话	huà	00000292	(0.26148%)
348	化	huà	00000056	(0.05015%)
620	画	huà	00000019	(0.01701%)
812	怀	huái	00000011	(0.00985%)
1534	徊	huái	00000002	(0.00179%)
606	坏	huài	00000020	(0.01791%)
72	欢	huān	00000313	(0.28029%)
655	环	huán	00000017	(0.01522%)
1762	缓	huǎn	00000001	(0.00090%)
677	换	huàn	00000016	(0.01433%)
1317	唤	huàn	00000003	(0.00269%)
1531	患	huàn	00000002	(0.00179%)
1532	慌	huāng	00000002	(0.00179%)
1884	荒	huāng	00000001	(0.00090%)
775	黄	huáng	00000012	(0.01075%)
1319	皇	huáng	00000003	(0.00269%)
1533	煌	huáng	00000002	(0.00179%)
1962	谎	huǎng	00000001	(0.00090%)
1883	晃	huàng	00000001	(0.00090%)
1890	挥	huī	00000001	(0.00090%)
127	回	huí	00000195	(0.17462%)
1535	悔	huǐ	00000002	(0.00179%)
1886	诲	huǐ	00000001	(0.00090%)
65	会	huì	00000352	(0.31521%)

순서	단어	한어병음	빈도수	퍼센트
1880	惠	huì	00000001	(0.00090%)
1885	汇	huì	00000001	(0.00090%)
440	婚	hūn	00000039	(0.03492%)
1315	混	hùn	00000003	(0.00269%)
156	活	huó	00000155	(0.13880%)
314	火	huǒ	00000066	(0.05910%)
1339	伙	huǒ	00000003	(0.00269%)
588	货	huò	00000021	(0.01881%)
654	或	huò	00000017	(0.01522%)
776	获	huò	00000012	(0.01075%)
976	祸	huò	00000007	(0.00627%)
1863	壑	huò	00000001	(0.00090%)
213	机	jī	00000113	(0.10119%)
538	绩	jī	00000025	(0.02239%)
639	基	jī	00000017	(0.01522%)
782	激	jī	00000011	(0.00985%)
978	姬	jī	00000007	(0.00627%)
1018	积	jī	00000006	(0.00537%)
1169	迹	jī	00000004	(0.00358%)
818	鸡	jī	00000010	(0.00895%)
1903	圾	jī	00000001	(0.00090%)
384	级	jí	00000049	(0.04388%)
509	即	jí	00000028	(0.02507%)
558	极	jí	00000023	(0.02060%)
560	急	jí	00000022	(0.01970%)
709	及	jí	00000014	(0.01254%)
968	集	jí	00000007	(0.00627%)
1019	籍	jí	00000006	(0.00537%)
1265	寂	jí	00000003	(0.00269%)
1343	击	jí	00000002	(0.00179%)
1358	吉	jí	00000002	(0.00179%)
1814	疾	jí	00000001	(0.00090%)
1815	辑	jí	00000001	(0.00090%)
1564	唧	jí	00000002	(0.00179%)
165	几	jǐ	00000149	(0.13343%)
231	己	jǐ	00000104	(0.09313%)
987	挤	jǐ	00000007	(0.00627%)
343	记	jì	00000056	(0.05015%)
460	济	jì	00000035	(0.03134%)
524	计	jì	00000026	(0.02328%)
660	季	jì	00000016	(0.01433%)

순서	단어	한어병음	빈도수	퍼센트
685	既	jì	00000015	(0.01343%)
783	寄	jì	00000011	(0.00985%)
784	技	jì	00000011	(0.00985%)
885	纪	jì	00000008	(0.00716%)
914	际	jì	00000008	(0.00716%)
1090	祭	jì	00000005	(0.00448%)
979	继	jì	00000007	(0.00627%)
23	家	jiā	00000776	(0.69489%)
265	加	jiā	00000087	(0.07791%)
1876	夹	jiá	00000001	(0.00090%)
332	假	jiǎ	00000060	(0.05373%)
522	架	jià	00000026	(0.02328%)
816	价	jià	00000010	(0.00895%)
1109	嫁	jià	00000004	(0.00358%)
881	驾	jià	00000008	(0.00716%)
75	间	jiān	00000304	(0.27223%)
937	坚	jiān	00000007	(0.00627%)
1035	监	jiān	00000005	(0.00448%)
1204	艰	jiān	00000003	(0.00269%)
1586	兼	jiān	00000001	(0.00090%)
605	减	jiǎn	00000020	(0.01791%)
815	简	jiǎn	00000010	(0.00895%)
1205	检	jiǎn	00000003	(0.00269%)
1322	捡	jiǎn	00000003	(0.00269%)
90	见	jiàn	00000263	(0.23551%)
193	件	jiàn	00000129	(0.11552%)
431	健	jiàn	00000040	(0.03582%)
621	建	jiàn	00000018	(0.01612%)
700	渐	jiàn	00000015	(0.01343%)
1580	键	jiàn	00000001	(0.00090%)
1946	荐	jiàn	00000001	(0.00090%)
649	将	jiāng	00000017	(0.01522%)
1110	江	jiāng	00000004	(0.00358%)
1576	姜	jiāng	00000001	(0.00090%)
1577	疆	jiāng	00000001	(0.00090%)
751	讲	jiǎng	00000012	(0.01075%)
1263	奖	jiǎng	00000003	(0.00269%)
1341	降	jiàng	00000002	(0.00179%)
1473	酱	jiàng	00000002	(0.00179%)
218	教	jiāo	00000111	(0.09940%)
315	交	jiāo	00000065	(0.05821%)

순서	단어	한어병음	빈도수	퍼센트
1044	郊	jiāo	00000005	(0.00448%)
1118	骄	jiāo	00000004	(0.00358%)
1502	椒	jiāo	00000002	(0.00179%)
1606	胶	jiāo	00000001	(0.00090%)
1831	蕉	jiāo	00000001	(0.00090%)
1902	跤	jiāo	00000001	(0.00090%)
1283	焦	jiāo	00000003	(0.00269%)
1605	娇	jiāo	00000001	(0.00090%)
1203	角	jiǎo	00000003	(0.00269%)
1450	侥	jiǎo	00000002	(0.00179%)
935	脚	jiǎo	00000007	(0.00627%)
223	较	jiào	00000110	(0.09850%)
342	叫	jiào	00000056	(0.05015%)
329	街	jiē	00000061	(0.05462%)
334	接	jiē	00000060	(0.05373%)
1583	揭	jiē	00000001	(0.00090%)
1590	阶	jiē	00000001	(0.00090%)
228	节	jié	00000106	(0.09492%)
283	结	jié	00000077	(0.06895%)
1541	洁	jié	00000002	(0.00179%)
1574	竭	jié	00000001	(0.00090%)
1582	劫	jié	00000001	(0.00090%)
1619	枯	jié	00000001	(0.00090%)
1794	截	jié	00000001	(0.00090%)
132	姐	jiě	00000187	(0.16745%)
355	解	jiě	00000055	(0.04925%)
1331	姊	jiě	00000003	(0.00269%)
480	界	jiè	00000032	(0.02866%)
603	借	jiè	00000020	(0.01791%)
659	介	jiè	00000016	(0.01433%)
882	戒	jiè	00000008	(0.00716%)
1537	届	jiè	00000002	(0.00179%)
1781	藉	jiè	00000001	(0.00090%)
54	今	jīn	00000395	(0.35371%)
574	金	jīn	00000021	(0.01881%)
754	斤	jīn	00000012	(0.01075%)
967	津	jīn	00000007	(0.00627%)
1355	筋	jīn	00000002	(0.00179%)
1579	巾	jīn	00000001	(0.00090%)
596	紧	jǐn	00000020	(0.01791%)
943	仅	jǐn	00000007	(0.00627%)

순서	단어	한어병음	빈도수	퍼센트
1617	谨	jǐn	00000001	(0.00090%)
167	进	jìn	00000148	(0.13253%)
172	近	jìn	00000143	(0.12805%)
724	尽	jìn	00000014	(0.01254%)
990	劲	jìn	00000006	(0.00537%)
1121	禁	jìn	00000004	(0.00358%)
84	经	jīng	00000276	(0.24715%)
259	京	jīng	00000090	(0.08059%)
602	精	jīng	00000020	(0.01791%)
670	睛	jīng	00000016	(0.01433%)
841	惊	jīng	00000010	(0.00895%)
913	晶	jīng	00000008	(0.00716%)
396	景	jǐng	00000047	(0.04209%)
1038	警	jǐng	00000005	(0.00448%)
1346	颈	jǐng	00000002	(0.00179%)
1588	憬	jǐng	00000001	(0.00090%)
601	净	jìng	00000020	(0.01791%)
651	静	jìng	00000017	(0.01522%)
682	境	jìng	00000015	(0.01343%)
817	敬	jìng	00000010	(0.00895%)
938	镜	jìng	00000007	(0.00627%)
1037	竟	jìng	00000005	(0.00448%)
1345	竞	jìng	00000002	(0.00179%)
1587	径	jìng	00000001	(0.00090%)
1879	炯	jiǒng	00000001	(0.00090%)
270	酒	jiǔ	00000085	(0.07612%)
559	久	jiǔ	00000022	(0.01970%)
608	九	jiǔ	00000019	(0.01701%)
61	就	jiù	00000377	(0.33760%)
370	究	jiù	00000052	(0.04656%)
1324	旧	jiù	00000003	(0.00269%)
1834	鹫	jiù	00000001	(0.00090%)
781	居	jū	00000011	(0.00985%)
940	局	jú	00000007	(0.00627%)
705	举	jǔ	00000014	(0.01254%)
515	句	jù	00000027	(0.02418%)
573	剧	jù	00000021	(0.01881%)
586	聚	jù	00000021	(0.01881%)
706	具	jù	00000014	(0.01254%)
1104	惧	jù	00000005	(0.00448%)
1111	据	jù	00000004	(0.00358%)

순서	단어	한어병음	빈도수	퍼센트
1112	距	jù	00000004	(0.00358%)
1211	俱	jù	00000003	(0.00269%)
1342	拒	jù	00000002	(0.00179%)
1578	巨	jù	00000001	(0.00090%)
1213	卷	juàn	00000003	(0.00269%)
1353	倦	juàn	00000002	(0.00179%)
93	觉	jué	00000254	(0.22745%)
288	决	jué	00000073	(0.06537%)
801	绝	jué	00000011	(0.00985%)
1585	诀	jué	00000001	(0.00090%)
1613	掘	jué	00000001	(0.00090%)
595	军	jūn	00000020	(0.01791%)
1489	俊	jùn	00000002	(0.00179%)
1612	郡	jùn	00000001	(0.00090%)
550	咖	kā	00000024	(0.02149%)
1106	卡	kǎ	00000005	(0.00448%)
96	开	kāi	00000249	(0.22297%)
38	看	kàn	00000500	(0.44774%)
479	康	kāng	00000032	(0.02866%)
1866	抗	kàng	00000001	(0.00090%)
1958	炕	kàng	00000001	(0.00090%)
205	考	kǎo	00000119	(0.10656%)
704	烤	kǎo	00000015	(0.01343%)
1538	靠	kào	00000002	(0.00179%)
637	刻	kè	00000017	(0.01522%)
683	科	kē	00000015	(0.01343%)
1321	磕	kē	00000003	(0.00269%)
1348	颗	kē	00000002	(0.00179%)
1540	棵	kē	00000002	(0.00179%)
1895	瞌	kē	00000001	(0.00090%)
1868	咳	ké	00000001	(0.00090%)
66	可	kě	00000350	(0.31342%)
196	课	kè	00000125	(0.11193%)
414	客	kè	00000044	(0.03940%)
942	克	kè	00000007	(0.00627%)
575	肯	kěn	00000021	(0.01881%)
1573	恳	kěn	00000001	(0.00090%)
525	空	kōng	00000026	(0.02328%)
593	恐	kǒng	00000020	(0.01791%)
1598	孔	kǒng	00000001	(0.00090%)
1041	控	kòng	00000005	(0.00448%)

순서	단어	한어병음	빈도수	퍼센트
208	口	kǒu	00000117	(0.10477%)
491	哭	kū	00000030	(0.02686%)
1119	窟	kū	00000004	(0.00358%)
420	苦	kǔ	00000042	(0.03761%)
1115	裤	kù	00000004	(0.00358%)
1592	库	kù	00000001	(0.00090%)
1539	夸	kuā	00000002	(0.00179%)
131	快	kuài	00000188	(0.16835%)
843	块	kuài	00000009	(0.00806%)
1210	宽	kuān	00000003	(0.00269%)
1350	款	kuǎn	00000002	(0.00179%)
1900	框	kuāng	00000001	(0.00090%)
478	况	kuàng	00000033	(0.02955%)
1616	窥	kuī	00000001	(0.00090%)
1937	亏	kuī	00000001	(0.00090%)
357	困	kùn	00000054	(0.04836%)
1318	阔	kuò	00000003	(0.00269%)
1351	括	kuò	00000002	(0.00179%)
1546	啦	la	00000002	(0.00179%)
625	拉	lā	00000018	(0.01612%)
844	辣	là	00000009	(0.00806%)
1927	腊	là	00000001	(0.00090%)
25	来	lái	00000706	(0.63221%)
1641	赖	lài	00000001	(0.00090%)
788	蓝	lán	00000011	(0.00985%)
1129	篮	lán	00000004	(0.00358%)
1220	兰	lán	00000003	(0.00269%)
1545	拦	lán	00000002	(0.00179%)
1637	栏	lán	00000001	(0.00090%)
1638	岚	lán	00000001	(0.00090%)
561	懒	lǎn	00000022	(0.01970%)
845	览	lǎn	00000009	(0.00806%)
424	浪	làng	00000041	(0.03671%)
823	朗	lǎng	00000010	(0.00895%)
825	劳	láo	00000010	(0.00895%)
97	老	lǎo	00000249	(0.22297%)
929	姥	lǎo	00000008	(0.00716%)
3	了	le	00002391	(2.14109%)
361	乐	lè	00000054	(0.04836%)
1224	肋	lè	00000003	(0.00269%)
1910	垃	lè	00000001	(0.00090%)

순서	단어	한어병음	빈도수	퍼센트
1642	雷	léi	00000001	(0.00090%)
1644	垒	lěi	00000001	(0.00090%)
349	累	lèi	00000055	(0.04925%)
678	泪	lèi	00000016	(0.01433%)
1134	类	lèi	00000004	(0.00358%)
1912	愣	lèng	00000001	(0.00090%)
297	冷	lěng	00000069	(0.06179%)
422	离	lí	00000042	(0.03761%)
1382	梨	lí	00000002	(0.00179%)
1652	厘	lí	00000001	(0.00090%)
1653	璃	lí	00000001	(0.00090%)
83	里	lǐ	00000278	(0.24894%)
319	理	lǐ	00000065	(0.05821%)
413	礼	lǐ	00000045	(0.04030%)
496	李	lǐ	00000029	(0.02597%)
108	力	lì	00000219	(0.19611%)
380	利	lì	00000050	(0.04477%)
452	立	lì	00000036	(0.03224%)
463	厉	lì	00000035	(0.03134%)
464	丽	lì	00000034	(0.03045%)
759	历	lì	00000012	(0.01075%)
1130	励	lì	00000004	(0.00358%)
1377	例	lì	00000002	(0.00179%)
1383	莉	lì	00000002	(0.00179%)
1649	栗	lì	00000001	(0.00090%)
1913	蜊	lì	00000001	(0.00090%)
418	连	lián	00000043	(0.03851%)
760	联	lián	00000012	(0.01075%)
1131	怜	lián	00000004	(0.00358%)
1376	莲	lián	00000002	(0.00179%)
531	脸	liǎn	00000026	(0.02328%)
543	练	liàn	00000024	(0.02149%)
641	恋	liàn	00000017	(0.01522%)
999	炼	liàn	00000006	(0.00537%)
1911	链	liàn	00000001	(0.00090%)
664	良	liáng	00000016	(0.01433%)
688	凉	liáng	00000015	(0.01343%)
1373	梁	liáng	00000002	(0.00179%)
1374	粮	liáng	00000002	(0.00179%)
179	两	liǎng	00000139	(0.12447%)
451	俩	liǎng	00000036	(0.03224%)

순서	단어	한어병음	빈도수	퍼센트
219	量	liàng	00000111	(0.09940%)
268	亮	liàng	00000086	(0.07701%)
1052	辆	liàng	00000005	(0.00448%)
1375	谅	liàng	00000002	(0.00179%)
398	聊	liáo	00000047	(0.04209%)
1643	辽	liáo	00000001	(0.00090%)
613	料	liào	00000019	(0.01701%)
1221	列	liè	00000003	(0.00269%)
1222	烈	liè	00000003	(0.00269%)
1639	裂	liè	00000001	(0.00090%)
689	临	lín	00000015	(0.01343%)
849	淋	lín	00000009	(0.00806%)
981	邻	lín	00000007	(0.00627%)
1135	林	lín	00000004	(0.00358%)
824	零	líng	00000010	(0.00895%)
847	龄	líng	00000009	(0.00806%)
1055	凌	líng	00000005	(0.00448%)
1132	铃	líng	00000004	(0.00358%)
1326	灵	líng	00000003	(0.00269%)
1651	陵	líng	00000001	(0.00090%)
1223	领	lǐng	00000003	(0.00269%)
980	另	lìng	00000007	(0.00627%)
1053	令	lìng	00000005	(0.00448%)
1647	溜	liū	00000001	(0.00090%)
318	留	liú	00000065	(0.05821%)
345	流	liú	00000056	(0.05015%)
1646	榴	liú	00000001	(0.00090%)
358	六	liù	00000054	(0.04836%)
711	龙	lóng	00000014	(0.01254%)
1650	隆	lóng	00000001	(0.00090%)
733	楼	lóu	00000013	(0.01164%)
1645	漏	lòu	00000001	(0.00090%)
1379	鲁	lǔ	00000002	(0.00179%)
1640	橹	lǔ	00000001	(0.00090%)
275	路	lù	00000082	(0.07343%)
1378	露	lù	00000002	(0.00179%)
1380	碌	lù	00000002	(0.00179%)
1547	录	lù	00000002	(0.00179%)
1648	陆	lù	00000001	(0.00090%)
177	旅	lǚ	00000141	(0.12626%)
1381	履	lǚ	00000002	(0.00179%)

순서	단어	한어병음	빈도수	퍼센트
846	虑	lǜ	00000009	(0.00806%)
848	律	lǜ	00000009	(0.00806%)
955	率	lǜ	00000007	(0.00627%)
1133	绿	lǜ	00000004	(0.00358%)
945	乱	luàn	00000007	(0.00627%)
1372	略	lüè	00000002	(0.00179%)
1054	轮	lún	00000005	(0.00448%)
316	论	lùn	00000065	(0.05821%)
1909	啰	luō	00000001	(0.00090%)
1128	罗	luó	00000004	(0.00358%)
787	落	luò	00000011	(0.00985%)
822	洛	luò	00000010	(0.00895%)
1371	骆	luò	00000002	(0.00179%)
138	吗	ma	00000179	(0.16029%)
1548	嘛	ma	00000002	(0.00179%)
30	妈	mā	00000586	(0.52475%)
761	麻	má	00000012	(0.01075%)
365	马	mǎ	00000053	(0.04746%)
1000	码	mǎ	00000006	(0.00537%)
1384	玛	mǎ	00000002	(0.00179%)
947	骂	mà	00000007	(0.00627%)
1388	埋	mái	00000002	(0.00179%)
186	买	mǎi	00000136	(0.12179%)
713	卖	mài	00000014	(0.01254%)
1391	麦	mài	00000002	(0.00179%)
1656	迈	mài	00000001	(0.00090%)
1914	蛮	mán	00000001	(0.00090%)
1919	蹒	mán	00000001	(0.00090%)
408	满	mǎn	00000045	(0.04030%)
284	慢	màn	00000077	(0.06895%)
1001	漫	màn	00000006	(0.00537%)
182	忙	máng	00000138	(0.12358%)
1657	盲	máng	00000001	(0.00090%)
734	猫	māo	00000013	(0.01164%)
850	毛	máo	00000009	(0.00806%)
1664	矛	máo	00000001	(0.00090%)
1918	髦	máo	00000001	(0.00090%)
626	冒	mào	00000018	(0.01612%)
627	貌	mào	00000018	(0.01612%)
1396	贸	mào	00000002	(0.00179%)
1660	帽	mào	00000001	(0.00090%)

순서	단어	한어병음	빈도수	퍼센트
40	么	me	00000494	(0.44237%)
42	没	méi	00000478	(0.42804%)
1916	玫	méi	00000001	(0.00090%)
1917	霉	méi	00000001	(0.00090%)
122	每	měi	00000198	(0.17730%)
267	美	měi	00000087	(0.07791%)
226	妹	mèi	00000106	(0.09492%)
1389	魅	mèi	00000002	(0.00179%)
1673	媚	mèi	00000001	(0.00090%)
8	们	men	00001439	(1.28860%)
276	门	mén	00000082	(0.07343%)
1003	闷	mèn	00000006	(0.00537%)
715	蒙	méng	00000014	(0.01254%)
790	梦	mèng	00000011	(0.00985%)
889	迷	mí	00000008	(0.00716%)
791	米	mǐ	00000011	(0.00985%)
690	密	mì	00000015	(0.01343%)
1144	秘	mì	00000004	(0.00358%)
1676	蜜	mì	00000001	(0.00090%)
1136	眠	mián	00000004	(0.00358%)
1392	棉	mián	00000002	(0.00179%)
1393	绵	mián	00000002	(0.00179%)
1227	免	miǎn	00000003	(0.00269%)
1658	勉	miǎn	00000001	(0.00090%)
88	面	miàn	00000267	(0.23909%)
1056	苗	miáo	00000005	(0.00448%)
1137	描	miáo	00000004	(0.00358%)
1284	秒	miǎo	00000003	(0.00269%)
1667	妙	miào	00000001	(0.00090%)
1668	庙	miào	00000001	(0.00090%)
665	民	mín	00000016	(0.01433%)
1675	旻	mín	00000001	(0.00090%)
1674	敏	mǐn	00000001	(0.00090%)
117	明	míng	00000203	(0.18178%)
311	名	míng	00000066	(0.05910%)
1659	鸣	míng	00000001	(0.00090%)
714	命	mìng	00000014	(0.01254%)
1661	摸	mō	00000001	(0.00090%)
946	摩	mó	00000007	(0.00627%)
1002	模	mó	00000006	(0.00537%)
474	末	mò	00000033	(0.02955%)

순서	단어	한어병음	빈도수	퍼센트
1057	默	mò	00000005	(0.00448%)
1225	寞	mò	00000003	(0.00269%)
1226	漠	mò	00000003	(0.00269%)
1390	陌	mò	00000002	(0.00179%)
1655	莫	mò	00000001	(0.00090%)
1666	谋	móu	00000001	(0.00090%)
1394	某	mǒu	00000002	(0.00179%)
1663	牡	mǔ	00000001	(0.00090%)
220	母	mǔ	00000111	(0.09940%)
242	目	mù	00000099	(0.08865%)
886	慕	mù	00000008	(0.00716%)
887	木	mù	00000008	(0.00716%)
948	睦	mù	00000007	(0.00627%)
1654	幕	mù	00000001	(0.00090%)
1662	暮	mù	00000001	(0.00090%)
417	拿	ná	00000043	(0.03851%)
378	哪	nǎ	00000051	(0.04567%)
49	那	nà	00000412	(0.36894%)
1046	纳	nà	00000005	(0.00448%)
995	娜	nà	00000006	(0.00537%)
289	奶	nǎi	00000073	(0.06537%)
1123	耐	nài	00000004	(0.00358%)
1620	奈	nài	00000001	(0.00090%)
148	难	nán	00000163	(0.14596%)
189	男	nán	00000134	(0.11999%)
610	南	nán	00000019	(0.01701%)
542	脑	nǎo	00000024	(0.02149%)
1047	恼	nǎo	00000005	(0.00448%)
317	闹	nào	00000065	(0.05821%)
271	呢	ne	00000084	(0.07522%)
344	内	nèi	00000056	(0.05015%)
69	能	néng	00000329	(0.29461%)
1361	尼	ní	00000002	(0.00179%)
14	你	nǐ	00001159	(1.03786%)
1622	匿	nì	00000001	(0.00090%)
1623	溺	nì	00000001	(0.00090%)
1752	逆	nì	00000001	(0.00090%)
1904	腻	nì	00000001	(0.00090%)
60	年	nián	00000377	(0.33760%)
1795	粘	nián	00000001	(0.00090%)
526	念	niàn	00000026	(0.02328%)

순서	단어	한어병음	빈도수	퍼센트
1122	娘	niáng	00000004	(0.00358%)
1801	鸟	niǎo	00000001	(0.00090%)
1360	尿	niào	00000002	(0.00179%)
1359	捏	niē	00000002	(0.00179%)
513	您	nín	00000028	(0.02507%)
1198	宁	níng	00000004	(0.00358%)
905	牛	niú	00000008	(0.00716%)
1542	扭	niǔ	00000002	(0.00179%)
533	农	nóng	00000025	(0.02239%)
1621	浓	nóng	00000001	(0.00090%)
789	弄	nòng	00000011	(0.00985%)
154	努	nǔ	00000156	(0.13969%)
249	女	nǚ	00000094	(0.08418%)
944	暖	nuǎn	00000007	(0.00627%)
1196	哦	ó	00000004	(0.00358%)
991	欧	ōu	00000006	(0.00537%)
1160	偶	ǒu	00000004	(0.00358%)
1954	趴	pā	00000001	(0.00090%)
703	爬	pá	00000015	(0.01343%)
429	怕	pà	00000041	(0.03671%)
1004	拍	pāi	00000006	(0.00537%)
333	排	pái	00000060	(0.05373%)
1402	徘	pái	00000002	(0.00179%)
1519	牌	pái	00000002	(0.00179%)
1297	派	pài	00000003	(0.00269%)
1678	盘	pán	00000001	(0.00090%)
1518	判	pàn	00000002	(0.00179%)
1922	拚	pàn	00000001	(0.00090%)
982	乒	pāng	00000007	(0.00627%)
792	旁	páng	00000011	(0.00985%)
356	胖	pàng	00000055	(0.04925%)
591	跑	pǎo	00000021	(0.01881%)
925	泡	pào	00000008	(0.00716%)
1202	炮	pào	00000004	(0.00358%)
691	陪	péi	00000015	(0.01343%)
890	培	péi	00000008	(0.00716%)
1403	裴	péi	00000002	(0.00179%)
1684	配	pèi	00000001	(0.00090%)
1850	佩	pèi	00000001	(0.00090%)
1065	盆	pén	00000005	(0.00448%)
32	朋	péng	00000564	(0.50505%)

순서	단어	한어병음	빈도수	퍼센트
1407	蓬	péng	00000002	(0.00179%)
1699	棚	péng	00000001	(0.00090%)
880	碰	pèng	00000009	(0.00806%)
951	批	pī	00000007	(0.00627%)
747	啤	pí	00000013	(0.01164%)
809	皮	pí	00000011	(0.00985%)
1097	疲	pí	00000005	(0.00448%)
1235	脾	pí	00000003	(0.00269%)
1923	屁	pì	00000001	(0.00090%)
489	偏	piān	00000031	(0.02776%)
1025	篇	piān	00000006	(0.00537%)
1520	翩	piān	00000002	(0.00179%)
241	便	pián	00000100	(0.08955%)
519	片	piàn	00000027	(0.02418%)
871	骗	piàn	00000009	(0.00806%)
1858	飘	piāo	00000001	(0.00090%)
292	漂	piào	00000071	(0.06358%)
540	票	piào	00000025	(0.02239%)
1703	贫	pín	00000001	(0.00090%)
674	品	pǐn	00000016	(0.01433%)
1704	聘	pìn	00000001	(0.00090%)
983	乒	pīng	00000007	(0.00627%)
826	瓶	píng	00000010	(0.00895%)
222	平	píng	00000111	(0.09940%)
749	苹	píng	00000013	(0.01164%)
975	评	píng	00000007	(0.00627%)
1194	凭	píng	00000004	(0.00358%)
1854	坪	píng	00000001	(0.00090%)
950	泼	pō	00000007	(0.00627%)
1296	波	pō	00000003	(0.00269%)
1517	坡	pō	00000002	(0.00179%)
1848	婆	pó	00000001	(0.00090%)
1298	破	pò	00000003	(0.00269%)
1550	扑	pū	00000002	(0.00179%)
1301	铺	pū	00000003	(0.00269%)
1138	朴	pú	00000004	(0.00358%)
1690	菩	pú	00000001	(0.00090%)
1405	谱	pǔ	00000002	(0.00179%)
872	浦	pǔ	00000009	(0.00806%)
1303	瀑	pù	00000003	(0.00269%)
483	七	qī	00000032	(0.02866%)

순서	단어	한어병음	빈도수	퍼센트
836	戚	qī	00000010	(0.00895%)
865	妻	qī	00000009	(0.00806%)
1836	漆	qī	00000001	(0.00090%)
118	期	qí	00000200	(0.17910%)
377	齐	qí	00000051	(0.04567%)
447	其	qí	00000037	(0.03313%)
609	骑	qí	00000019	(0.01701%)
710	奇	qí	00000014	(0.01254%)
1356	淇	qí	00000002	(0.00179%)
1357	祈	qí	00000002	(0.00179%)
43	起	qǐ	00000475	(0.42535%)
1581	乞	qǐ	00000001	(0.00090%)
1618	岂	qǐ	00000001	(0.00090%)
98	气	qì	00000249	(0.22297%)
379	汽	qì	00000050	(0.04477%)
778	弃	qì	00000012	(0.01075%)
993	企	qì	00000006	(0.00537%)
994	器	qì	00000006	(0.00537%)
1589	契	qì	00000001	(0.00090%)
1192	恰	qià	00000004	(0.00358%)
1753	铅	qiān	00000001	(0.00090%)
1823	迁	qiān	00000001	(0.00090%)
1829	签	qiān	00000001	(0.00090%)
805	千	qiān	00000011	(0.00985%)
86	前	qián	00000269	(0.24088%)
1468	潜	qián	00000002	(0.00179%)
217	钱	qián	00000112	(0.10029%)
1206	遣	qiǎn	00000003	(0.00269%)
1822	浅	qiǎn	00000001	(0.00090%)
1032	歉	qiàn	00000006	(0.00537%)
861	墙	qiáng	00000009	(0.00806%)
750	强	qiáng	00000012	(0.01075%)
1945	抢	qiǎng	00000001	(0.00090%)
1193	跷	qiāo	00000004	(0.00358%)
1593	敲	qiāo	00000001	(0.00090%)
1566	瞧	qiáo	00000002	(0.00179%)
1604	侨	qiáo	00000001	(0.00090%)
1043	巧	qiǎo	00000005	(0.00448%)
1948	俏	qiào	00000001	(0.00090%)
723	切	qiē	00000014	(0.01254%)
280	且	qiě	00000080	(0.07164%)

순서	단어	한어병음	빈도수	퍼센트
252	亲	qīn	00000093	(0.08328%)
1837	侵	qīn	00000001	(0.00090%)
708	琴	qín	00000014	(0.01254%)
1277	秦	qín	00000003	(0.00269%)
1354	勤	qín	00000002	(0.00179%)
482	清	qīng	00000032	(0.02866%)
523	轻	qīng	00000026	(0.02328%)
725	青	qīng	00000014	(0.01254%)
1207	倾	qīng	00000003	(0.00269%)
136	情	qíng	00000181	(0.16208%)
1178	晴	qíng	00000004	(0.00358%)
230	请	qǐng	00000106	(0.09492%)
1036	庆	qìng	00000005	(0.00448%)
1614	穷	qióng	00000001	(0.00090%)
406	秋	qiū	00000046	(0.04119%)
1610	邱	qiū	00000001	(0.00090%)
397	球	qiú	00000047	(0.04209%)
684	求	qiú	00000015	(0.01343%)
820	区	qū	00000010	(0.00895%)
1287	趋	qū	00000003	(0.00269%)
1352	屈	qū	00000002	(0.00179%)
1609	驱	qū	00000001	(0.00090%)
1611	驱	qū	00000001	(0.00090%)
772	取	qǔ	00000012	(0.01075%)
1040	曲	qǔ	00000005	(0.00448%)
15	去	qù	00001054	(0.94384%)
445	趣	qù	00000038	(0.03403%)
1615	圈	quān	00000001	(0.00090%)
212	全	quán	00000114	(0.10208%)
753	拳	quán	00000012	(0.01075%)
992	权	quán	00000006	(0.00537%)
1561	痊	quán	00000002	(0.00179%)
1584	犬	quǎn	00000001	(0.00090%)
731	劝	quàn	00000013	(0.01164%)
681	缺	quē	00000015	(0.01343%)
635	确	què	00000018	(0.01612%)
814	却	què	00000010	(0.00895%)
707	裙	qún	00000014	(0.01254%)
1212	群	qún	00000003	(0.00269%)
105	然	rán	00000237	(0.21223%)
1439	燃	rán	00000002	(0.00179%)

순서	단어	한어병음	빈도수	퍼센트
1441	染	rǎn	00000002	(0.00179%)
1556	嚷	rǎng	00000002	(0.00179%)
195	让	ràng	00000127	(0.11373%)
1451	饶	ráo	00000002	(0.00179%)
436	扰	rǎo	00000040	(0.03582%)
1155	惹	rě	00000004	(0.00358%)
192	热	rè	00000130	(0.11641%)
18	人	rén	00000926	(0.82921%)
1084	仁	rén	00000005	(0.00448%)
911	忍	rěn	00000008	(0.00716%)
206	认	rèn	00000119	(0.10656%)
488	任	rèn	00000031	(0.02776%)
1779	妊	rèn	00000001	(0.00090%)
1940	扔	rēng	00000001	(0.00090%)
1085	仍	réng	00000005	(0.00448%)
137	日	rì	00000179	(0.16029%)
410	容	róng	00000045	(0.04030%)
1444	荣	róng	00000002	(0.00179%)
1082	柔	róu	00000005	(0.00448%)
536	肉	ròu	00000025	(0.02239%)
215	如	rú	00000113	(0.10119%)
1459	儒	rú	00000002	(0.00179%)
537	入	rù	00000025	(0.02239%)
1078	软	ruǎn	00000005	(0.00448%)
1757	锐	ruì	00000001	(0.00090%)
1772	润	rùn	00000001	(0.00090%)
738	弱	ruò	00000013	(0.01164%)
1746	若	ruò	00000001	(0.00090%)
1713	撒	sǎ	00000001	(0.00090%)
476	赛	sài	00000033	(0.02955%)
183	三	sān	00000138	(0.12358%)
762	伞	sǎn	00000012	(0.01075%)
893	散	sàn	00000008	(0.00716%)
1715	桑	sāng	00000001	(0.00090%)
1329	嗓	sǎng	00000003	(0.00269%)
578	扫	sǎo	00000021	(0.01881%)
1425	嫂	sǎo	00000002	(0.00179%)
382	色	sè	00000050	(0.04477%)
793	沙	shā	00000011	(0.00985%)
1008	杀	shā	00000006	(0.00537%)
1925	傻	shǎ	00000001	(0.00090%)

순서	단어	한어병음	빈도수	퍼센트
1929	晒	shài	00000001	(0.00090%)
263	山	shān	00000088	(0.07880%)
1926	姗	shān	00000001	(0.00090%)
1724	闪	shǎn	00000001	(0.00090%)
615	善	shàn	00000019	(0.01701%)
1821	擅	shàn	00000001	(0.00090%)
1723	扇	shàn	00000001	(0.00090%)
164	商	shāng	00000150	(0.13432%)
577	伤	shāng	00000021	(0.01881%)
895	赏	shǎng	00000008	(0.00716%)
27	上	shàng	00000696	(0.62325%)
897	烧	shāo	00000008	(0.00716%)
1285	稍	shāo	00000003	(0.00269%)
305	少	shǎo	00000068	(0.06089%)
697	绍	shào	00000015	(0.01343%)
1706	奢	shē	00000001	(0.00090%)
102	什	shé	00000242	(0.21671%)
485	舍	shè	00000031	(0.02776%)
502	社	shè	00000028	(0.02507%)
896	设	shè	00000008	(0.00716%)
1413	射	shè	00000002	(0.00179%)
1418	涉	shè	00000002	(0.00179%)
1710	赦	shè	00000001	(0.00090%)
477	谁	shéi	00000033	(0.02955%)
151	身	shēn	00000161	(0.14417%)
517	深	shēn	00000027	(0.02418%)
1247	申	shēn	00000003	(0.00269%)
598	神	shén	00000020	(0.01791%)
1153	甚	shén	00000004	(0.00358%)
1072	慎	shèn	00000005	(0.00448%)
1430	肾	shèn	00000002	(0.00179%)
36	生	shēng	00000511	(0.45759%)
466	声	shēng	00000034	(0.03045%)
1717	牲	shēng	00000001	(0.00090%)
1738	升	shēng	00000001	(0.00090%)
1238	省	shěng	00000003	(0.00269%)
964	剩	shèng	00000007	(0.00627%)
1103	圣	shèng	00000005	(0.00448%)
954	盛	shèng	00000007	(0.00627%)
1105	胜	shèng	00000005	(0.00448%)
110	师	shī	00000214	(0.19163%)

순서	단어	한어병음	빈도수	퍼센트
468	失	shī	00000034	(0.03045%)
957	湿	shī	00000007	(0.00627%)
1150	施	shī	00000004	(0.00358%)
1246	诗	shī	00000003	(0.00269%)
1415	狮	shī	00000002	(0.00179%)
16	时	shí	00000934	(0.83638%)
171	十	shí	00000146	(0.13074%)
277	实	shí	00000082	(0.07343%)
516	食	shí	00000027	(0.02418%)
829	拾	shí	00000010	(0.00895%)
854	石	shí	00000009	(0.00806%)
261	始	shǐ	00000089	(0.07970%)
534	使	shǐ	00000025	(0.02239%)
930	驶	shǐ	00000008	(0.00716%)
1066	史	shǐ	00000005	(0.00448%)
80	事	shì	00000297	(0.26596%)
246	试	shì	00000098	(0.08776%)
257	识	shì	00000091	(0.08149%)
337	式	shì	00000059	(0.05283%)
360	示	shì	00000054	(0.04836%)
393	视	shì	00000048	(0.04298%)
399	市	shì	00000047	(0.04209%)
449	世	shì	00000037	(0.03313%)
469	室	shì	00000034	(0.03045%)
532	适	shì	00000025	(0.02239%)
717	士	shì	00000014	(0.01254%)
1151	柿	shì	00000004	(0.00358%)
1239	势	shì	00000003	(0.00269%)
1427	侍	shì	00000002	(0.00179%)
1429	饰	shì	00000002	(0.00179%)
1720	逝	shì	00000001	(0.00090%)
1721	释	shì	00000001	(0.00090%)
5	是	shì	00001642	(1.47038%)
546	收	shōu	00000024	(0.02149%)
269	手	shǒu	00000085	(0.07612%)
580	首	shǒu	00000021	(0.01881%)
857	守	shǒu	00000009	(0.00806%)
336	受	shòu	00000059	(0.05283%)
346	瘦	shòu	00000056	(0.05015%)
1195	售	shòu	00000004	(0.00358%)
1242	授	shòu	00000003	(0.00269%)

순서	단어	한어병음	빈도수	퍼센트
124	书	shū	00000196	(0.17551%)
448	舒	shū	00000037	(0.03313%)
1240	疏	shū	00000003	(0.00269%)
1243	输	shū	00000003	(0.00269%)
1728	蔬	shū	00000001	(0.00090%)
1733	殊	shū	00000001	(0.00090%)
458	叔	shú	00000035	(0.03134%)
828	熟	shú	00000010	(0.00895%)
565	暑	shǔ	00000022	(0.01970%)
1069	属	shǔ	00000005	(0.00448%)
579	树	shù	00000021	(0.01881%)
629	术	shù	00000018	(0.01612%)
645	束	shù	00000017	(0.01522%)
956	数	shù	00000007	(0.00627%)
1071	述	shù	00000005	(0.00448%)
1328	耍	shuǎ	00000003	(0.00269%)
931	摔	shuāi	00000008	(0.00716%)
1241	衰	shuāi	00000003	(0.00269%)
1928	甩	shuǎi	00000001	(0.00090%)
764	帅	shuài	00000012	(0.01075%)
632	双	shuāng	00000018	(0.01612%)
1067	爽	shuǎng	00000005	(0.00448%)
209	水	shuǐ	00000117	(0.10477%)
170	睡	shuì	00000146	(0.13074%)
503	顺	shùn	00000028	(0.02507%)
1245	瞬	shùn	00000003	(0.00269%)
35	说	shuō	00000528	(0.47281%)
272	思	sī	00000083	(0.07432%)
351	司	sī	00000055	(0.04925%)
1007	丝	sī	00000006	(0.00537%)
404	死	sǐ	00000046	(0.04119%)
247	四	sì	00000097	(0.08686%)
953	似	sì	00000007	(0.00627%)
1236	寺	sì	00000003	(0.00269%)
1416	祀	sì	00000002	(0.00179%)
899	松	sōng	00000008	(0.00716%)
313	送	sòng	00000066	(0.05910%)
1423	宋	sòng	00000002	(0.00179%)
1731	嗽	sòu	00000001	(0.00090%)
1552	稣	sū	00000002	(0.00179%)
1729	苏	sū	00000001	(0.00090%)

순서	단어	한어병음	빈도수	퍼센트
1146	俗	sú	00000004	(0.00358%)
493	诉	sù	00000030	(0.02686%)
535	宿	sù	00000025	(0.02239%)
628	速	sù	00000018	(0.01612%)
1726	塑	sù	00000001	(0.00090%)
1735	肃	sù	00000001	(0.00090%)
1420	素	sù	00000002	(0.00179%)
114	算	suàn	00000206	(0.18447%)
1712	蒜	suàn	00000001	(0.00090%)
253	虽	suī	00000092	(0.08238%)
467	随	suí	00000034	(0.03045%)
291	岁	suì	00000071	(0.06358%)
1147	碎	suì	00000004	(0.00358%)
1421	孙	sūn	00000002	(0.00179%)
1422	损	sǔn	00000002	(0.00179%)
1705	唆	suō	00000001	(0.00090%)
57	所	suǒ	00000389	(0.34834%)
1716	索	suǒ	00000001	(0.00090%)
1730	锁	suǒ	00000001	(0.00090%)
7	他	tā	00001450	(1.29845%)
308	它	tā	00000068	(0.06089%)
28	她	tā	00000684	(0.61251%)
1184	塔	tǎ	00000004	(0.00358%)
1905	躂	tà	00000001	(0.00090%)
1513	胎	tāi	00000002	(0.00179%)
727	台	tái	00000014	(0.01254%)
806	跆	tái	00000011	(0.00985%)
112	太	tài	00000212	(0.18984%)
702	态	tài	00000015	(0.01343%)
1844	泰	tài	00000001	(0.00090%)
1094	滩	tān	00000005	(0.00448%)
1512	贪	tān	00000002	(0.00179%)
1569	摊	tān	00000002	(0.00179%)
442	谈	tán	00000038	(0.03403%)
870	弹	tán	00000009	(0.00806%)
1362	坛	tán	00000002	(0.00179%)
1183	坦	tǎn	00000004	(0.00358%)
1951	忐	tǎn	00000001	(0.00090%)
1840	叹	tàn	00000001	(0.00090%)
1842	探	tàn	00000001	(0.00090%)
1950	碳	tàn	00000001	(0.00090%)

순서	단어	한어병음	빈도수	퍼센트
973	汤	tāng	00000007	(0.00627%)
552	堂	táng	00000023	(0.02060%)
1048	糖	táng	00000005	(0.00448%)
1627	唐	táng	00000001	(0.00090%)
1628	棠	táng	00000001	(0.00090%)
811	躺	tǎng	00000011	(0.00985%)
1906	掏	tāo	00000001	(0.00090%)
1365	涛	tāo	00000002	(0.00179%)
1366	逃	táo	00000002	(0.00179%)
363	讨	tǎo	00000054	(0.04836%)
428	套	tào	00000041	(0.03671%)
204	特	tè	00000120	(0.10746%)
1952	忑	tè	00000001	(0.00090%)
612	疼	téng	00000019	(0.01701%)
1370	腾	téng	00000002	(0.00179%)
658	踢	tī	00000017	(0.01522%)
1089	梯	tī	00000005	(0.00448%)
188	题	tí	00000135	(0.12089%)
450	提	tí	00000037	(0.03313%)
166	体	tǐ	00000149	(0.13343%)
866	替	tì	00000009	(0.00806%)
1830	剃	tì	00000001	(0.00090%)
1947	屉	tì	00000001	(0.00090%)
10	天	tiān	00001264	(1.13189%)
1828	添	tiān	00000001	(0.00090%)
507	田	tián	00000028	(0.02507%)
1282	甜	tián	00000003	(0.00269%)
1087	填	tián	00000005	(0.00448%)
1049	挑	tiāo	00000005	(0.00448%)
411	条	tiáo	00000045	(0.04030%)
966	调	tiáo	00000007	(0.00627%)
998	跳	tiào	00000006	(0.00537%)
1482	眺	tiào	00000002	(0.00179%)
652	贴	tiē	00000017	(0.01522%)
743	铁	tiě	00000013	(0.01164%)
157	听	tīng	00000154	(0.13790%)
567	厅	tīng	00000022	(0.01970%)
802	停	tíng	00000011	(0.00985%)
1796	亭	tíng	00000001	(0.00090%)
455	庭	tíng	00000036	(0.03224%)
1797	廷	tíng	00000001	(0.00090%)

순서	단어	한어병음	빈도수	퍼센트
376	挺	tǐng	00000051	(0.04567%)
446	通	tōng	00000038	(0.03403%)
184	同	tóng	00000136	(0.12179%)
1127	童	tóng	00000004	(0.00358%)
587	统	tǒng	00000021	(0.01881%)
1846	筒	tǒng	00000001	(0.00090%)
744	痛	tòng	00000013	(0.01164%)
510	偷	tōu	00000028	(0.02507%)
443	头	tóu	00000038	(0.03403%)
1295	投	tóu	00000003	(0.00269%)
1186	透	tòu	00000004	(0.00358%)
1368	秃	tū	00000002	(0.00179%)
403	图	tú	00000046	(0.04119%)
423	突	tú	00000041	(0.03671%)
1218	途	tú	00000003	(0.00269%)
1543	涂	tú	00000002	(0.00179%)
1630	徒	tú	00000001	(0.00090%)
1515	土	tǔ	00000002	(0.00179%)
1514	吐	tù	00000002	(0.00179%)
785	团	tuán	00000011	(0.00985%)
604	推	tuī	00000020	(0.01791%)
923	腿	tuǐ	00000008	(0.00716%)
807	退	tuì	00000011	(0.00985%)
869	托	tuō	00000009	(0.00806%)
1293	拖	tuō	00000003	(0.00269%)
1511	脱	tuō	00000002	(0.00179%)
1509	驼	tuó	00000002	(0.00179%)
1931	挖	wā	00000001	(0.00090%)
1936	哇	wā	00000001	(0.00090%)
1915	袜	wà	00000001	(0.00090%)
1449	歪	wāi	00000002	(0.00179%)
120	外	wài	00000199	(0.17820%)
1385	弯	wān	00000002	(0.00179%)
1549	湾	wān	00000002	(0.00179%)
210	玩	wán	00000116	(0.10388%)
248	完	wán	00000095	(0.08507%)
1763	顽	wán	00000001	(0.00090%)
140	晚	wǎn	00000174	(0.15581%)
1447	碗	wǎn	00000002	(0.00179%)
1386	挽	wǎn	00000002	(0.00179%)
712	万	wàn	00000014	(0.01254%)

순서	단어	한어병음	빈도수	퍼센트
1935	惋	wàn	00000001	(0.00090%)
1448	汪	wāng	00000002	(0.00179%)
739	王	wáng	00000013	(0.01164%)
1387	亡	wáng	00000002	(0.00179%)
340	网	wǎng	00000057	(0.05104%)
416	往	wǎng	00000044	(0.03940%)
142	望	wàng	00000172	(0.15402%)
286	忘	wàng	00000075	(0.06716%)
1257	威	wēi	00000003	(0.00269%)
648	围	wéi	00000017	(0.01522%)
907	危	wéi	00000008	(0.00716%)
949	微	wéi	00000007	(0.00627%)
1460	唯	wéi	00000002	(0.00179%)
1769	维	wéi	00000001	(0.00090%)
1456	委	wěi	00000002	(0.00179%)
45	为	wèi	00000445	(0.39849%)
394	位	wèi	00000048	(0.04298%)
576	味	wèi	00000021	(0.01881%)
614	未	wèi	00000019	(0.01701%)
908	卫	wèi	00000008	(0.00716%)
1162	蔚	wèi	00000004	(0.00358%)
1457	慰	wèi	00000002	(0.00179%)
1458	谓	wèi	00000002	(0.00179%)
1764	畏	wèi	00000001	(0.00090%)
1939	喂	wèi	00000001	(0.00090%)
1768	胃	wèi	00000001	(0.00090%)
669	温	wēn	00000016	(0.01433%)
238	文	wén	00000100	(0.08955%)
1228	纹	wén	00000003	(0.00269%)
1671	闻	wén	00000001	(0.00090%)
149	问	wèn	00000163	(0.14596%)
1445	稳	wěn	00000002	(0.00179%)
1670	吻	wěn	00000001	(0.00090%)
1	我	wǒ	00006467	(5.79107%)
1432	握	wò	00000002	(0.00179%)
1446	卧	wò	00000002	(0.00179%)
299	屋	wū	00000069	(0.06179%)
1079	乌	wū	00000005	(0.00448%)
409	无	wú	00000045	(0.04030%)
1758	吴	wú	00000001	(0.00090%)
243	五	wǔ	00000099	(0.08865%)

순서	단어	한어병음	빈도수	퍼센트
322	午	wǔ	00000064	(0.05731%)
888	舞	wǔ	00000008	(0.00716%)
902	伍	wǔ	00000008	(0.00716%)
1669	武	wǔ	00000001	(0.00090%)
303	物	wù	00000068	(0.06089%)
475	务	wù	00000033	(0.02955%)
766	误	wù	00000012	(0.01075%)
1672	勿	wù	00000001	(0.00090%)
1760	悟	wù	00000001	(0.00090%)
1761	晤	wù	00000001	(0.00090%)
168	希	xī	00000148	(0.13253%)
191	西	xī	00000131	(0.11731%)
746	吸	xī	00000013	(0.01164%)
900	悉	xī	00000008	(0.00716%)
1347	溪	xī	00000002	(0.00179%)
1737	膝	xī	00000001	(0.00090%)
1891	携	xī	00000001	(0.00090%)
1893	牺	xī	00000001	(0.00090%)
51	习	xí	00000404	(0.36177%)
282	息	xí	00000079	(0.07074%)
736	惜	xí	00000013	(0.01164%)
1417	席	xí	00000002	(0.00179%)
78	喜	xǐ	00000300	(0.26864%)
737	洗	xǐ	00000013	(0.01164%)
245	系	xì	00000098	(0.08776%)
592	戏	xì	00000021	(0.01881%)
794	细	xì	00000011	(0.00985%)
1189	峡	xiá	00000004	(0.00358%)
1877	挟	xiá	00000001	(0.00090%)
46	下	xià	00000439	(0.39312%)
498	夏	xià	00000029	(0.02597%)
1861	厦	xià	00000001	(0.00090%)
1956	瞎	xiā	00000001	(0.00090%)
988	吓	xià	00000007	(0.00627%)
321	先	xiān	00000065	(0.05821%)
667	鲜	xiān	00000016	(0.01433%)
1722	仙	xiān	00000001	(0.00090%)
1308	闲	xián	00000003	(0.00269%)
1524	咸	xián	00000002	(0.00179%)
1528	嫌	xián	00000002	(0.00179%)
874	险	xiǎn	00000009	(0.00806%)

순서	단어	한어병음	빈도수	퍼센트
1188	显	xiǎn	00000004	(0.00358%)
71	现	xiàn	00000314	(0.28118%)
986	羡	xiàn	00000007	(0.00627%)
1237	线	xiàn	00000003	(0.00269%)
1523	限	xiàn	00000002	(0.00179%)
1870	献	xiàn	00000001	(0.00090%)
1875	县	xiàn	00000001	(0.00090%)
190	相	xiāng	00000133	(0.11910%)
774	香	xiāng	00000012	(0.01075%)
1068	箱	xiāng	00000005	(0.00448%)
1714	厢	xiāng	00000001	(0.00090%)
653	乡	xiāng	00000017	(0.01522%)
838	响	xiǎng	00000010	(0.00895%)
927	享	xiǎng	00000008	(0.00716%)
256	像	xiàng	00000091	(0.08149%)
364	向	xiàng	00000054	(0.04836%)
486	象	xiàng	00000031	(0.02776%)
926	项	xiàng	00000008	(0.00716%)
63	想	xiǎng	00000373	(0.33401%)
371	消	xiāo	00000052	(0.04656%)
1727	宵	xiāo	00000001	(0.00090%)
77	小	xiǎo	00000300	(0.26864%)
1887	晓	xiǎo	00000001	(0.00090%)
94	校	xiào	00000254	(0.22745%)
457	笑	xiào	00000035	(0.03134%)
1101	孝	xiào	00000005	(0.00448%)
1320	效	xiào	00000003	(0.00269%)
385	些	xiē	00000049	(0.04388%)
1872	歇	xiē	00000001	(0.00090%)
839	鞋	xié	00000010	(0.00895%)
1526	谐	xié	00000002	(0.00179%)
1707	斜	xié	00000001	(0.00090%)
433	写	xiě	00000040	(0.03582%)
1099	血	xiě	00000005	(0.00448%)
444	谢	xiè	00000038	(0.03403%)
1311	懈	xiè	00000003	(0.00269%)
1708	泻	xiè	00000001	(0.00090%)
82	心	xīn	00000286	(0.25611%)
295	新	xīn	00000070	(0.06268%)
720	辛	xīn	00000014	(0.01254%)
1102	欣	xīn	00000005	(0.00448%)

순서	단어	한어병음	빈도수	퍼센트
294	信	xìn	00000070	(0.06268%)
145	兴	xīng	00000171	(0.15313%)
169	星	xīng	00000147	(0.13164%)
73	行	xíng	00000312	(0.27939%)
1027	型	xíng	00000006	(0.00537%)
1100	形	xíng	00000005	(0.00448%)
1878	刑	xíng	00000001	(0.00090%)
696	醒	xǐng	00000015	(0.01343%)
285	幸	xìng	00000076	(0.06806%)
293	性	xìng	00000070	(0.06268%)
1725	姓	xìng	00000001	(0.00090%)
810	兄	xiōng	00000011	(0.00985%)
1256	熊	xióng	00000003	(0.00269%)
1453	雄	xióng	00000002	(0.00179%)
388	休	xiū	00000049	(0.04388%)
856	修	xiū	00000009	(0.00806%)
1148	羞	xiū	00000004	(0.00358%)
547	秀	xiù	00000024	(0.02149%)
359	须	xū	00000054	(0.04836%)
548	需	xū	00000024	(0.02149%)
1312	虚	xū	00000003	(0.00269%)
568	许	xǔ	00000022	(0.01970%)
898	续	xù	00000008	(0.00716%)
1504	蓄	xù	00000002	(0.00179%)
1718	序	xù	00000001	(0.00090%)
1719	绪	xù	00000001	(0.00090%)
855	宣	xuān	00000009	(0.00806%)
1871	轩	xuān	00000001	(0.00090%)
1889	喧	xuān	00000001	(0.00090%)
1873	悬	xuán	00000001	(0.00090%)
597	选	xuǎn	00000020	(0.01791%)
1874	炫	xuàn	00000001	(0.00090%)
11	学	xué	00001214	(1.08711%)
130	雪	xuě	00000188	(0.16835%)
777	训	xùn	00000012	(0.01075%)
1740	讯	xùn	00000001	(0.00090%)
1741	迅	xùn	00000001	(0.00090%)
634	呀	ya	00000018	(0.01612%)
1010	压	yā	00000006	(0.00537%)
1743	押	yā	00000001	(0.00090%)
901	鸭	yā	00000008	(0.00716%)

순서	단어	한어병음	빈도수	퍼센트
1073	牙	yá	00000005	(0.00448%)
1250	雅	yǎ	00000003	(0.00269%)
1248	亚	yà	00000003	(0.00269%)
1249	讶	yà	00000003	(0.00269%)
487	烟	yān	00000031	(0.02776%)
1750	淹	yān	00000001	(0.00090%)
1934	腌	yān	00000001	(0.00090%)
373	研	yán	00000052	(0.04656%)
630	严	yán	00000018	(0.01612%)
668	言	yán	00000016	(0.01433%)
958	颜	yán	00000007	(0.00627%)
1434	癌	yán	00000002	(0.00179%)
1442	炎	yán	00000002	(0.00179%)
1742	岩	yán	00000001	(0.00090%)
372	眼	yǎn	00000052	(0.04656%)
459	演	yǎn	00000035	(0.03134%)
619	验	yàn	00000019	(0.01701%)
830	厌	yàn	00000010	(0.00895%)
1077	宴	yàn	00000005	(0.00448%)
1443	焰	yàn	00000002	(0.00179%)
960	燕	yàn	00000007	(0.00627%)
646	阳	yáng	00000017	(0.01522%)
1437	洋	yáng	00000002	(0.00179%)
1747	扬	yáng	00000001	(0.00090%)
518	养	yǎng	00000027	(0.02418%)
1252	仰	yǎng	00000003	(0.00269%)
68	样	yàng	00000334	(0.29909%)
903	腰	yāo	00000008	(0.00716%)
1080	摇	yáo	00000005	(0.00448%)
1117	咬	yǎo	00000004	(0.00358%)
34	要	yào	00000541	(0.48445%)
765	药	yào	00000012	(0.01075%)
1197	钥	yào	00000004	(0.00358%)
1254	耀	yào	00000003	(0.00269%)
1436	耶	yē	00000002	(0.00179%)
453	爷	yé	00000036	(0.03224%)
70	也	yě	00000329	(0.29461%)
1156	野	yě	00000004	(0.00358%)
152	业	yè	00000157	(0.14059%)
582	夜	yè	00000021	(0.01881%)
780	叶	yè	00000012	(0.01075%)

순서	단어	한어병음	빈도수	퍼센트
1313	页	yè	00000003	(0.00269%)
4	一	yī	00001769	(1.58410%)
244	衣	yī	00000099	(0.08865%)
490	医	yī	00000031	(0.02776%)
583	依	yī	00000021	(0.01881%)
1777	伊	yī	00000001	(0.00090%)
600	宜	yí	00000020	(0.01791%)
910	谊	yí	00000008	(0.00716%)
1083	遗	yí	00000005	(0.00448%)
1463	夷	yí	00000002	(0.00179%)
1464	移	yí	00000002	(0.00179%)
1774	仪	yí	00000001	(0.00090%)
1776	疑	yí	00000001	(0.00090%)
1778	姨	yí	00000001	(0.00090%)
1553	颐	yí	00000002	(0.00179%)
163	已	yǐ	00000151	(0.13522%)
1015	椅	yǐ	00000006	(0.00537%)
20	以	yǐ	00000842	(0.75399%)
109	意	yì	00000217	(0.19432%)
504	易	yì	00000028	(0.02507%)
527	忆	yì	00000026	(0.02328%)
554	议	yì	00000023	(0.02060%)
722	译	yì	00000014	(0.01254%)
797	义	yì	00000011	(0.00985%)
798	益	yì	00000011	(0.00985%)
1012	艺	yì	00000006	(0.00537%)
1438	役	yì	00000002	(0.00179%)
1559	异	yì	00000002	(0.00179%)
1749	抑	yì	00000001	(0.00090%)
1775	毅	yì	00000001	(0.00090%)
107	因	yīn	00000227	(0.20327%)
439	音	yīn	00000039	(0.03492%)
1773	阴	yīn	00000001	(0.00090%)
831	银	yín	00000010	(0.00895%)
796	饮	yǐn	00000011	(0.00985%)
1016	引	yǐn	00000006	(0.00537%)
584	印	yìn	00000021	(0.01881%)
264	应	yīng	00000088	(0.07880%)
327	英	yīng	00000062	(0.05552%)
1557	婴	yīng	00000002	(0.00179%)
1745	樱	yīng	00000001	(0.00090%)

순서	단어	한어병음	빈도수	퍼센트
549	迎	yíng	00000024	(0.02149%)
934	赢	yíng	00000008	(0.00716%)
961	营	yíng	00000007	(0.00627%)
1158	盈	yíng	00000004	(0.00358%)
202	影	yǐng	00000122	(0.10925%)
1113	硬	yìng	00000004	(0.00358%)
1755	映	yìng	00000001	(0.00090%)
405	勇	yǒng	00000046	(0.04119%)
454	泳	yǒng	00000036	(0.03224%)
616	永	yǒng	00000019	(0.01701%)
1253	拥	yǒng	00000003	(0.00269%)
273	用	yòng	00000083	(0.07432%)
879	优	yōu	00000009	(0.00806%)
963	忧	yōu	00000007	(0.00627%)
1163	悠	yōu	00000004	(0.00358%)
1258	幽	yōu	00000003	(0.00269%)
227	游	yóu	00000106	(0.09492%)
505	由	yóu	00000028	(0.02507%)
795	邮	yóu	00000011	(0.00985%)
904	尤	yóu	00000008	(0.00716%)
909	油	yóu	00000008	(0.00716%)
1963	犹	yóu	00000001	(0.00090%)
13	有	yǒu	00001178	(1.05487%)
31	友	yǒu	00000577	(0.51669%)
1558	黝	yǒu	00000002	(0.00179%)
197	又	yòu	00000125	(0.11193%)
528	右	yòu	00000026	(0.02328%)
1081	幼	yòu	00000005	(0.00448%)
1462	诱	yòu	00000002	(0.00179%)
262	于	yú	00000089	(0.07970%)
529	愉	yú	00000026	(0.02328%)
959	鱼	yú	00000007	(0.00627%)
1076	余	yú	00000005	(0.00448%)
1748	渔	yú	00000001	(0.00090%)
1766	愚	yú	00000001	(0.00090%)
44	语	yǔ	00000470	(0.42088%)
328	雨	yǔ	00000062	(0.05552%)
1767	羽	yǔ	00000001	(0.00090%)
933	与	yǔ	00000008	(0.00716%)
599	育	yù	00000020	(0.01791%)
647	预	yù	00000017	(0.01522%)

순서	단어	한어병음	빈도수	퍼센트
859	遇	yù	00000009	(0.00806%)
962	寓	yù	00000007	(0.00627%)
1161	郁	yù	00000004	(0.00358%)
1255	欲	yù	00000003	(0.00269%)
1461	愈	yù	00000002	(0.00179%)
1751	域	yù	00000001	(0.00090%)
1756	豫	yù	00000001	(0.00090%)
1765	浴	yù	00000001	(0.00090%)
1770	裕	yù	00000001	(0.00090%)
1571	渊	yuān	00000002	(0.00179%)
306	原	yuán	00000068	(0.06089%)
374	员	yuán	00000052	(0.04656%)
375	园	yuán	00000052	(0.04656%)
860	圆	yuán	00000009	(0.00806%)
906	元	yuán	00000008	(0.00716%)
1157	缘	yuán	00000004	(0.00358%)
1455	源	yuán	00000002	(0.00179%)
347	远	yuǎn	00000056	(0.05015%)
339	院	yuàn	00000057	(0.05104%)
438	愿	yuàn	00000039	(0.03492%)
1454	怨	yuàn	00000002	(0.00179%)
325	约	yuē	00000063	(0.05642%)
160	越	yuè	00000152	(0.13611%)
225	月	yuè	00000108	(0.09671%)
1074	岳	yuè	00000005	(0.00448%)
1440	阅	yuè	00000002	(0.00179%)
1754	悦	yuè	00000001	(0.00090%)
1888	晕	yūn	00000001	(0.00090%)
1452	云	yún	00000002	(0.00179%)
1938	纭	yún	00000001	(0.00090%)
1771	允	yǔn	00000001	(0.00090%)
279	运	yùn	00000080	(0.07164%)
1330	熨	yùn	00000003	(0.00269%)
1780	孕	yùn	00000001	(0.00090%)
767	杂	zá	00000012	(0.01075%)
1941	砸	zá	00000001	(0.00090%)
1786	栽	zāi	00000001	(0.00090%)
1788	载	zǎi	00000001	(0.00090%)
12	在	zài	00001197	(1.07189%)
150	再	zài	00000162	(0.14507%)
590	咱	zán	00000021	(0.01881%)

순서	단어	한어병음	빈도수	퍼센트
1092	赞	zàn	00000005	(0.00448%)
1783	脏	zàng	00000001	(0.00090%)
1784	葬	zàng	00000001	(0.00090%)
1171	糟	zāo	00000004	(0.00358%)
1484	遭	zāo	00000002	(0.00179%)
1563	澡	zǎo	00000002	(0.00179%)
1799	枣	zǎo	00000001	(0.00090%)
915	造	zào	00000008	(0.00716%)
158	早	zǎo	00000153	(0.13701%)
804	责	zé	00000011	(0.00985%)
922	择	zé	00000008	(0.00716%)
1181	则	zé	00000004	(0.00358%)
1845	泽	zé	00000001	(0.00090%)
181	怎	zě	00000139	(0.12447%)
863	增	zēng	00000009	(0.00806%)
1806	憎	zēng	00000001	(0.00090%)
1174	赠	zèng	00000004	(0.00358%)
1560	眨	zhǎ	00000002	(0.00179%)
1166	炸	zhà	00000004	(0.00358%)
1168	摘	zhāi	00000004	(0.00358%)
1215	宅	zhái	00000003	(0.00269%)
1827	沾	zhān	00000001	(0.00090%)
650	展	zhǎn	00000017	(0.01522%)
335	站	zhàn	00000060	(0.05373%)
832	战	zhàn	00000010	(0.00895%)
1467	暂	zhàn	00000002	(0.00179%)
290	张	zhāng	00000072	(0.06447%)
768	章	zhāng	00000012	(0.01075%)
1782	掌	zhǎng	00000001	(0.00090%)
740	丈	zhàng	00000013	(0.01164%)
1167	仗	zhàng	00000004	(0.00358%)
1469	帐	zhàng	00000002	(0.00179%)
1785	障	zhàng	00000001	(0.00090%)
1818	涨	zhàng	00000001	(0.00090%)
435	招	zhāo	00000040	(0.03582%)
255	找	zhǎo	00000092	(0.08238%)
323	照	zhào	00000064	(0.05731%)
1419	召	zhào	00000002	(0.00179%)
126	着	zhe	00000195	(0.17462%)
1791	著	zhe	00000001	(0.00090%)
1170	折	zhé	00000004	(0.00358%)

순서	단어	한어병음	빈도수	퍼센트
506	者	zhě	00000028	(0.02507%)
17	这	zhè	00000928	(0.83101%)
1182	针	zhēn	00000004	(0.00358%)
1276	珍	zhēn	00000003	(0.00269%)
128	真	zhēn	00000194	(0.17372%)
1812	诊	zhěn	00000001	(0.00090%)
1278	镇	zhèn	00000003	(0.00269%)
1494	阵	zhèn	00000002	(0.00179%)
965	争	zhēng	00000007	(0.00627%)
1477	征	zhēng	00000002	(0.00179%)
1942	睁	zhēng	00000001	(0.00090%)
1334	挣	zhēng	00000003	(0.00269%)
296	整	zhěng	00000070	(0.06268%)
278	正	zhèng	00000082	(0.07343%)
741	政	zhèng	00000013	(0.01164%)
917	症	zhèng	00000008	(0.00716%)
1200	证	zhèng	00000004	(0.00358%)
1798	郑	zhèng	00000001	(0.00090%)
144	知	zhī	00000172	(0.15402%)
310	之	zhī	00000067	(0.06000%)
1492	枝	zhī	00000002	(0.00179%)
1493	织	zhī	00000002	(0.00179%)
1805	汁	zhī	00000001	(0.00090%)
1808	支	zhī	00000001	(0.00090%)
236	直	zhí	00000102	(0.09134%)
701	职	zhí	00000015	(0.01343%)
835	侄	zhí	00000010	(0.00895%)
921	值	zhí	00000008	(0.00716%)
1279	质	zhí	00000003	(0.00269%)
1280	执	zhí	00000003	(0.00269%)
1428	植	zhí	00000002	(0.00179%)
180	只	zhǐ	00000139	(0.12447%)
1020	纸	zhǐ	00000006	(0.00537%)
1175	指	zhǐ	00000004	(0.00358%)
1176	止	zhǐ	00000004	(0.00358%)
1490	址	zhǐ	00000002	(0.00179%)
1807	咫	zhǐ	00000001	(0.00090%)
833	制	zhì	00000010	(0.00895%)
972	治	zhì	00000007	(0.00627%)
1180	致	zhì	00000004	(0.00358%)
1291	置	zhì	00000003	(0.00269%)

순서	단어	한어병음	빈도수	퍼센트
1491	志	zhì	00000002	(0.00179%)
1809	智	zhì	00000001	(0.00090%)
770	至	zhì	00000012	(0.01075%)
29	中	zhōng	00000669	(0.59908%)
508	钟	zhōng	00000028	(0.02507%)
530	终	zhōng	00000026	(0.02328%)
1505	忠	zhōng	00000002	(0.00179%)
1506	衷	zhōng	00000002	(0.00179%)
307	种	zhǒng	00000068	(0.06089%)
175	重	zhòng	00000142	(0.12716%)
1275	众	zhòng	00000003	(0.00269%)
362	周	zhōu	00000054	(0.04836%)
395	州	zhōu	00000048	(0.04298%)
803	洲	zhōu	00000011	(0.00985%)
1286	皱	zhòu	00000003	(0.00269%)
1264	猪	zhū	00000003	(0.00269%)
1273	株	zhū	00000003	(0.00269%)
1021	筑	zhú	00000006	(0.00537%)
1022	逐	zhú	00000006	(0.00537%)
274	主	zhǔ	00000083	(0.07432%)
187	住	zhù	00000136	(0.12179%)
211	助	zhù	00000116	(0.10388%)
400	注	zhù	00000047	(0.04209%)
920	祝	zhù	00000008	(0.00716%)
1802	柱	zhù	00000001	(0.00090%)
1335	抓	zhuā	00000003	(0.00269%)
617	专	zhuān	00000019	(0.01701%)
1562	砖	zhuān	00000002	(0.00179%)
800	转	zhuǎn	00000011	(0.00985%)
1332	赚	zhuàn	00000003	(0.00269%)
698	装	zhuāng	00000015	(0.01343%)
1333	妆	zhuāng	00000003	(0.00269%)
1470	庄	zhuāng	00000002	(0.00179%)
786	撞	zhuàng	00000011	(0.00985%)
894	状	zhuàng	00000008	(0.00716%)
1017	壮	zhuàng	00000006	(0.00537%)
970	追	zhuī	00000007	(0.00627%)
401	准	zhǔn	00000047	(0.04209%)
541	桌	zhuō	00000025	(0.02239%)
912	资	zī	00000008	(0.00716%)
1260	姿	zī	00000003	(0.00269%)

순서	단어	한어병음	빈도수	퍼센트
1261	滋	zī	00000003	(0.00269%)
1165	紫	zǐ	00000004	(0.00358%)
1164	仔	zǐ	00000004	(0.00358%)
64	子	zǐ	00000371	(0.33222%)
121	自	zì	00000199	(0.17820%)
366	字	zì	00000053	(0.04746%)
1810	渍	zì	00000001	(0.00090%)
1172	踪	zōng	00000004	(0.00358%)
1271	宗	zōng	00000003	(0.00269%)
1944	鬃	zōng	00000001	(0.00090%)
419	总	zǒng	00000043	(0.03851%)
174	走	zǒu	00000142	(0.12716%)
1272	奏	zòu	00000003	(0.00269%)
742	租	zū	00000013	(0.01164%)
461	足	zú	00000035	(0.03134%)
585	族	zú	00000021	(0.01881%)
1268	祖	zǔ	00000003	(0.00269%)
1269	组	zǔ	00000003	(0.00269%)
1508	嘴	zuǐ	00000002	(0.00179%)
103	最	zuì	00000239	(0.21402%)
1289	醉	zuì	00000003	(0.00269%)
1486	罪	zuì	00000002	(0.00179%)
916	尊	zūn	00000008	(0.00716%)
1804	遵	zūn	00000001	(0.00090%)
199	昨	zuó	00000125	(0.11193%)
555	左	zuǒ	00000023	(0.02060%)
99	作	zuò	00000245	(0.21939%)
133	做	zuò	00000185	(0.16566%)
229	坐	zuò	00000106	(0.09492%)
769	座	zuò	00000012	(0.01075%)

5.3 학년별 한자 사용 빈도

5.3.1 2학년 중간언어 자료 수정 전·후의 한자 사용빈도

순서	수정전			수정후		
	단어	빈도수	퍼센트	단어	빈도수	퍼센트
1	我	00002676	(6.44788%)	我	00002616	(6.19010%)
2	的	00001368	(3.29623%)	的	00001290	(3.05246%)

순서	수정전			수정후		
	단어	빈도수	퍼센트	단어	빈도수	퍼센트
3	了	00000928	(2.23604%)	了	00001048	(2.47983%)
4	一	00000648	(1.56137%)	一	00000645	(1.52623%)
5	你	00000607	(1.46258%)	不	00000615	(1.45524%)
6	不	00000600	(1.44571%)	你	00000603	(1.42685%)
7	是	00000575	(1.38548%)	很	00000563	(1.33220%)
8	天	00000542	(1.30596%)	他	00000549	(1.29907%)
9	他	00000541	(1.30355%)	是	00000539	(1.27541%)
10	很	00000503	(1.21199%)	天	00000538	(1.27304%)
11	们	00000446	(1.07465%)	有	00000457	(1.08138%)
12	去	00000444	(1.06983%)	去	00000454	(1.07428%)
13	在	00000442	(1.06501%)	们	00000446	(1.05535%)
14	学	00000440	(1.06019%)	在	00000442	(1.04588%)
15	有	00000437	(1.05296%)	学	00000432	(1.02222%)
16	好	00000396	(0.95417%)	好	00000402	(0.95123%)
17	妈	00000360	(0.86743%)	妈	00000356	(0.84238%)
18	家	00000345	(0.83129%)	家	00000348	(0.82345%)
19	这	00000338	(0.81442%)	这	00000331	(0.78323%)
20	得	00000305	(0.73490%)	上	00000324	(0.76666%)
21	上	00000299	(0.72045%)	得	00000315	(0.74537%)
22	个	00000290	(0.69876%)	个	00000289	(0.68385%)
23	人	00000282	(0.67949%)	人	00000287	(0.67911%)
24	儿	00000280	(0.67467%)	以	00000284	(0.67201%)
25	点	00000274	(0.66021%)	来	00000279	(0.66018%)
26	朋	00000273	(0.65780%)	友	00000276	(0.65308%)
27	友	00000273	(0.65780%)	朋	00000274	(0.64835%)
28	以	00000272	(0.65539%)	点	00000264	(0.62469%)
29	来	00000266	(0.64093%)	时	00000263	(0.62232%)
30	时	00000265	(0.63852%)	儿	00000261	(0.61759%)
31	她	00000243	(0.58551%)	到	00000250	(0.59156%)
32	到	00000228	(0.54937%)	她	00000244	(0.57736%)
33	吃	00000227	(0.54696%)	吃	00000232	(0.54897%)
34	么	00000219	(0.52769%)	么	00000215	(0.50874%)
35	看	00000215	(0.51805%)	说	00000214	(0.50638%)
36	国	00000211	(0.50841%)	看	00000210	(0.49691%)
37	爸	00000208	(0.50118%)	国	00000208	(0.49218%)
38	说	00000207	(0.49877%)	爸	00000206	(0.48745%)
39	中	00000199	(0.47949%)	今	00000202	(0.47798%)
40	今	00000197	(0.47468%)	中	00000196	(0.46378%)
41	没	00000183	(0.44094%)	语	00000191	(0.45195%)
42	语	00000182	(0.43853%)	起	00000190	(0.44959%)

순서	수정전			수정후		
	단어	빈도수	퍼센트	단어	빈도수	퍼센트
43	多	00000177	(0.42649%)	没	00000186	(0.44012%)
44	打	00000174	(0.41926%)	多	00000184	(0.43539%)
45	起	00000171	(0.41203%)	会	00000183	(0.43302%)
46	和	00000166	(0.39998%)	就	00000179	(0.42356%)
47	会	00000166	(0.39998%)	要	00000176	(0.41646%)
48	生	00000165	(0.39757%)	打	00000176	(0.41646%)
49	大	00000164	(0.39516%)	大	00000174	(0.41173%)
50	习	00000162	(0.39034%)	生	00000173	(0.40936%)
51	要	00000158	(0.38070%)	和	00000172	(0.40699%)
52	就	00000153	(0.36866%)	习	00000169	(0.39990%)
53	汉	00000152	(0.36625%)	能	00000167	(0.39516%)
54	把	00000150	(0.36143%)	把	00000162	(0.38333%)
55	能	00000146	(0.35179%)	为	00000152	(0.35967%)
56	给	00000143	(0.34456%)	所	00000147	(0.34784%)
57	跟	00000139	(0.33492%)	跟	00000143	(0.33837%)
58	电	00000137	(0.33010%)	给	00000141	(0.33364%)
59	经	00000132	(0.31806%)	都	00000139	(0.32891%)
60	常	00000132	(0.31806%)	电	00000139	(0.32891%)
61	所	00000131	(0.31565%)	汉	00000137	(0.32418%)
62	候	00000131	(0.31565%)	过	00000136	(0.32181%)
63	子	00000129	(0.31083%)	后	00000134	(0.31708%)
64	过	00000128	(0.30842%)	经	00000133	(0.31471%)
65	为	00000127	(0.30601%)	常	00000130	(0.30761%)
66	气	00000127	(0.30601%)	子	00000127	(0.30051%)
67	样	00000123	(0.29637%)	高	00000126	(0.29815%)
68	高	00000121	(0.29155%)	候	00000126	(0.29815%)
69	校	00000119	(0.28673%)	气	00000126	(0.29815%)
70	下	00000119	(0.28673%)	样	00000124	(0.29341%)
71	喜	00000119	(0.28673%)	书	00000122	(0.28868%)
72	后	00000118	(0.28432%)	欢	00000120	(0.28395%)
73	欢	00000117	(0.28191%)	喜	00000120	(0.28395%)
74	吗	00000117	(0.28191%)	下	00000119	(0.28158%)
75	书	00000116	(0.27950%)	觉	00000118	(0.27922%)
76	见	00000112	(0.26987%)	也	00000118	(0.27922%)
77	作	00000112	(0.26987%)	想	00000116	(0.27448%)
78	话	00000112	(0.26987%)	吗	00000115	(0.27212%)
79	哥	00000111	(0.26746%)	那	00000112	(0.26502%)
80	那	00000111	(0.26746%)	年	00000112	(0.26502%)
81	年	00000111	(0.26746%)	吧	00000112	(0.26502%)
82	吧	00000111	(0.26746%)	校	00000111	(0.26265%)

순서	수정전			수정후		
	단어	빈도수	퍼센트	단어	빈도수	퍼센트
83	觉	00000109	(0.26264%)	小	00000111	(0.26265%)
84	都	00000108	(0.26023%)	车	00000111	(0.26265%)
85	里	00000108	(0.26023%)	还	00000111	(0.26265%)
86	车	00000108	(0.26023%)	见	00000110	(0.26029%)
87	想	00000107	(0.25782%)	可	00000109	(0.25792%)
88	可	00000106	(0.25541%)	晚	00000109	(0.25792%)
89	间	00000105	(0.25300%)	话	00000109	(0.25792%)
90	晚	00000104	(0.25059%)	哥	00000108	(0.25555%)
91	期	00000102	(0.24577%)	作	00000108	(0.25555%)
92	饭	00000102	(0.24577%)	间	00000105	(0.24846%)
93	小	00000101	(0.24336%)	期	00000105	(0.24846%)
94	什	00000100	(0.24095%)	里	00000105	(0.24846%)
95	快	00000098	(0.23613%)	饭	00000105	(0.24846%)
96	明	00000097	(0.23372%)	什	00000101	(0.23899%)
97	兴	00000097	(0.23372%)	开	00000100	(0.23662%)
98	老	00000095	(0.22890%)	兴	00000100	(0.23662%)
99	算	00000095	(0.22890%)	回	00000099	(0.23426%)
100	姐	00000095	(0.22890%)	算	00000097	(0.22953%)
101	走	00000095	(0.22890%)	快	00000097	(0.22953%)
102	现	00000094	(0.22650%)	老	00000096	(0.22716%)
103	睡	00000092	(0.22168%)	姐	00000095	(0.22479%)
104	做	00000092	(0.22168%)	明	00000094	(0.22243%)
105	还	00000091	(0.21927%)	走	00000094	(0.22243%)
106	回	00000091	(0.21927%)	睡	00000093	(0.22006%)
107	开	00000089	(0.21445%)	现	00000091	(0.21533%)
108	力	00000089	(0.21445%)	喝	00000090	(0.21296%)
109	也	00000089	(0.21445%)	力	00000087	(0.20586%)
110	星	00000088	(0.21204%)	星	00000087	(0.20586%)
111	喝	00000087	(0.20963%)	做	00000086	(0.20350%)
112	体	00000087	(0.20963%)	体	00000085	(0.20113%)
113	动	00000085	(0.20481%)	爱	00000084	(0.19876%)
114	爱	00000085	(0.20481%)	因	00000084	(0.19876%)
115	最	00000085	(0.20481%)	定	00000084	(0.19876%)
116	面	00000083	(0.19999%)	最	00000084	(0.19876%)
117	帮	00000081	(0.19517%)	面	00000083	(0.19640%)
118	对	00000079	(0.19035%)	别	00000083	(0.19640%)
119	比	00000079	(0.19035%)	动	00000081	(0.19167%)
120	早	00000079	(0.19035%)	但	00000079	(0.18693%)
121	十	00000078	(0.18794%)	对	00000079	(0.18693%)
122	定	00000078	(0.18794%)	十	00000079	(0.18693%)

순서	수정전			수정후		
	단어	빈도수	퍼센트	단어	빈도수	퍼센트
123	怎	00000077	(0.18553%)	帮	00000079	(0.18693%)
124	努	00000076	(0.18312%)	妹	00000078	(0.18457%)
125	身	00000076	(0.18312%)	影	00000078	(0.18457%)
126	男	00000075	(0.18071%)	已	00000078	(0.18457%)
127	妹	00000075	(0.18071%)	地	00000078	(0.18457%)
128	别	00000075	(0.18071%)	怎	00000078	(0.18457%)
129	师	00000075	(0.18071%)	比	00000077	(0.18220%)
130	影	00000075	(0.18071%)	师	00000077	(0.18220%)
131	道	00000074	(0.17830%)	努	00000076	(0.17983%)
132	已	00000074	(0.17830%)	早	00000076	(0.17983%)
133	弟	00000074	(0.17830%)	男	00000075	(0.17747%)
134	行	00000074	(0.17830%)	再	00000075	(0.17747%)
135	太	00000073	(0.17590%)	从	00000075	(0.17747%)
136	工	00000072	(0.17349%)	道	00000074	(0.17510%)
137	望	00000072	(0.17349%)	望	00000074	(0.17510%)
138	再	00000072	(0.17349%)	身	00000074	(0.17510%)
139	口	00000071	(0.17108%)	弟	00000073	(0.17274%)
140	从	00000071	(0.17108%)	便	00000073	(0.17274%)
141	便	00000070	(0.16867%)	行	00000073	(0.17274%)
142	但	00000069	(0.16626%)	业	00000072	(0.17037%)
143	前	00000069	(0.16626%)	工	00000071	(0.16800%)
144	出	00000069	(0.16626%)	成	00000071	(0.16800%)
145	买	00000068	(0.16385%)	事	00000070	(0.16564%)
146	成	00000068	(0.16385%)	完	00000070	(0.16564%)
147	业	00000068	(0.16385%)	前	00000070	(0.16564%)
148	公	00000066	(0.15903%)	着	00000070	(0.16564%)
149	课	00000066	(0.15903%)	希	00000070	(0.16564%)
150	等	00000066	(0.15903%)	等	00000069	(0.16327%)
151	每	00000066	(0.15903%)	昨	00000069	(0.16327%)
152	事	00000066	(0.15903%)	太	00000069	(0.16327%)
153	因	00000066	(0.15903%)	口	00000068	(0.16090%)
154	昨	00000066	(0.15903%)	买	00000068	(0.16090%)
155	真	00000066	(0.15903%)	自	00000068	(0.16090%)
156	希	00000066	(0.15903%)	心	00000066	(0.15617%)
157	越	00000063	(0.15180%)	每	00000065	(0.15381%)
158	知	00000063	(0.15180%)	认	00000065	(0.15381%)
159	菜	00000063	(0.15180%)	才	00000065	(0.15381%)
160	心	00000062	(0.14939%)	然	00000063	(0.14907%)
161	地	00000062	(0.14939%)	真	00000063	(0.14907%)
162	着	00000062	(0.14939%)	公	00000062	(0.14671%)

순서	수정전			수정후		
	단어	빈도수	퍼센트	단어	빈도수	퍼센트
163	边	00000061	(0.14698%)	课	00000062	(0.14671%)
164	认	00000060	(0.14457%)	近	00000062	(0.14671%)
165	运	00000059	(0.14216%)	服	00000061	(0.14434%)
166	自	00000059	(0.14216%)	知	00000061	(0.14434%)
167	次	00000059	(0.14216%)	边	00000060	(0.14197%)
168	近	00000058	(0.13975%)	运	00000059	(0.13961%)
169	意	00000058	(0.13975%)	出	00000059	(0.13961%)
170	才	00000058	(0.13975%)	听	00000059	(0.13961%)
171	然	00000057	(0.13734%)	直	00000057	(0.13488%)
172	五	00000057	(0.13734%)	菜	00000057	(0.13488%)
173	听	00000057	(0.13734%)	奶	00000057	(0.13488%)
174	服	00000056	(0.13493%)	本	00000056	(0.13251%)
175	请	00000056	(0.13493%)	五	00000056	(0.13251%)
176	奶	00000056	(0.13493%)	越	00000056	(0.13251%)
177	东	00000055	(0.13252%)	感	00000054	(0.12778%)
178	完	00000055	(0.13252%)	同	00000054	(0.12778%)
179	直	00000055	(0.13252%)	东	00000054	(0.12778%)
180	本	00000054	(0.13011%)	请	00000054	(0.12778%)
181	几	00000054	(0.13011%)	几	00000054	(0.12778%)
182	忙	00000053	(0.12770%)	方	00000053	(0.12541%)
183	西	00000053	(0.12770%)	识	00000053	(0.12541%)
184	识	00000053	(0.12770%)	约	00000053	(0.12541%)
185	同	00000052	(0.12530%)	西	00000052	(0.12304%)
186	慢	00000052	(0.12530%)	意	00000052	(0.12304%)
187	约	00000051	(0.12289%)	次	00000052	(0.12304%)
188	钱	00000051	(0.12289%)	忙	00000051	(0.12068%)
189	北	00000050	(0.12048%)	北	00000050	(0.11831%)
190	游	00000050	(0.12048%)	让	00000049	(0.11595%)
191	助	00000050	(0.12048%)	游	00000049	(0.11595%)
192	表	00000050	(0.12048%)	日	00000049	(0.11595%)
193	日	00000049	(0.11807%)	只	00000049	(0.11595%)
194	被	00000049	(0.11807%)	表	00000049	(0.11595%)
195	感	00000048	(0.11566%)	果	00000048	(0.11358%)
196	三	00000048	(0.11566%)	慢	00000048	(0.11358%)
197	酒	00000048	(0.11566%)	三	00000048	(0.11358%)
198	网	00000048	(0.11566%)	钱	00000048	(0.11358%)
199	又	00000047	(0.11325%)	酒	00000048	(0.11358%)
200	衣	00000047	(0.11325%)	网	00000048	(0.11358%)
201	果	00000046	(0.11084%)	两	00000046	(0.10885%)
202	难	00000046	(0.11084%)	文	00000046	(0.10885%)

순서	수정전			수정후		
	단어	빈도수	퍼센트	단어	빈도수	퍼센트
203	方	00000046	(0.11084%)	全	00000046	(0.10885%)
204	外	00000046	(0.11084%)	助	00000046	(0.10885%)
205	街	00000044	(0.10602%)	被	00000046	(0.10885%)
206	亮	00000044	(0.10602%)	逛	00000045	(0.10648%)
207	坐	00000044	(0.10602%)	街	00000044	(0.10411%)
208	当	00000044	(0.10602%)	玩	00000044	(0.10411%)
209	门	00000043	(0.10361%)	外	00000044	(0.10411%)
210	逛	00000043	(0.10361%)	衣	00000044	(0.10411%)
211	教	00000042	(0.10120%)	坐	00000044	(0.10411%)
212	两	00000042	(0.10120%)	亮	00000043	(0.10175%)
213	岁	00000042	(0.10120%)	门	00000043	(0.10175%)
214	二	00000042	(0.10120%)	韩	00000043	(0.10175%)
215	全	00000042	(0.10120%)	教	00000041	(0.09702%)
216	挺	00000042	(0.10120%)	机	00000041	(0.09702%)
217	韩	00000042	(0.10120%)	岁	00000041	(0.09702%)
218	机	00000041	(0.09879%)	又	00000041	(0.09702%)
219	文	00000041	(0.09879%)	挺	00000041	(0.09702%)
220	玩	00000041	(0.09879%)	店	00000040	(0.09465%)
221	手	00000040	(0.09638%)	漂	00000040	(0.09465%)
222	四	00000039	(0.09397%)	难	00000039	(0.09228%)
223	店	00000039	(0.09397%)	四	00000039	(0.09228%)
224	较	00000038	(0.09156%)	先	00000039	(0.09228%)
225	相	00000038	(0.09156%)	而	00000039	(0.09228%)
226	午	00000038	(0.09156%)	手	00000038	(0.08992%)
227	只	00000038	(0.09156%)	水	00000038	(0.08992%)
228	住	00000037	(0.08915%)	件	00000037	(0.08755%)
229	漂	00000037	(0.08915%)	商	00000037	(0.08755%)
230	母	00000036	(0.08674%)	二	00000037	(0.08755%)
231	先	00000036	(0.08674%)	正	00000037	(0.08755%)
232	水	00000036	(0.08674%)	住	00000037	(0.08755%)
233	重	00000036	(0.08674%)	关	00000036	(0.08518%)
234	问	00000035	(0.08433%)	己	00000036	(0.08518%)
235	商	00000035	(0.08433%)	母	00000036	(0.08518%)
236	让	00000035	(0.08433%)	发	00000036	(0.08518%)
237	件	00000034	(0.08192%)	午	00000036	(0.08518%)
238	京	00000034	(0.08192%)	当	00000036	(0.08518%)
239	系	00000034	(0.08192%)	累	00000035	(0.08282%)
240	女	00000034	(0.08192%)	相	00000035	(0.08282%)
241	发	00000034	(0.08192%)	重	00000035	(0.08282%)
242	分	00000034	(0.08192%)	问	00000034	(0.08045%)

순서	수정전			수정후		
	단어	빈도수	퍼센트	단어	빈도수	퍼센트
243	海	00000034	(0.08192%)	英	00000034	(0.08045%)
244	旅	00000033	(0.07951%)	京	00000033	(0.07809%)
245	英	00000033	(0.07951%)	系	00000033	(0.07809%)
246	屋	00000033	(0.07951%)	考	00000033	(0.07809%)
247	而	00000033	(0.07951%)	较	00000033	(0.07809%)
248	亲	00000033	(0.07951%)	旅	00000033	(0.07809%)
249	考	00000032	(0.07710%)	父	00000033	(0.07809%)
250	关	00000032	(0.07710%)	亲	00000033	(0.07809%)
251	带	00000032	(0.07710%)	海	00000033	(0.07809%)
252	父	00000032	(0.07710%)	女	00000032	(0.07572%)
253	情	00000032	(0.07710%)	带	00000032	(0.07572%)
254	队	00000031	(0.07470%)	分	00000031	(0.07335%)
255	累	00000031	(0.07470%)	息	00000031	(0.07335%)
256	思	00000031	(0.07470%)	如	00000031	(0.07335%)
257	试	00000031	(0.07470%)	屋	00000031	(0.07335%)
258	月	00000031	(0.07470%)	月	00000031	(0.07335%)
259	冷	00000030	(0.07229%)	情	00000031	(0.07335%)
260	美	00000030	(0.07229%)	包	00000031	(0.07335%)
261	息	00000030	(0.07229%)	结	00000030	(0.07099%)
262	爷	00000030	(0.07229%)	交	00000030	(0.07099%)
263	如	00000030	(0.07229%)	叫	00000030	(0.07099%)
264	雨	00000030	(0.07229%)	冷	00000030	(0.07099%)
265	正	00000030	(0.07229%)	美	00000030	(0.07099%)
266	幸	00000030	(0.07229%)	像	00000030	(0.07099%)
267	更	00000029	(0.06988%)	爷	00000030	(0.07099%)
268	叫	00000029	(0.06988%)	雨	00000030	(0.07099%)
269	热	00000029	(0.06988%)	唱	00000030	(0.07099%)
270	唱	00000029	(0.06988%)	班	00000029	(0.06862%)
271	包	00000029	(0.06988%)	少	00000029	(0.06862%)
272	孩	00000029	(0.06988%)	节	00000029	(0.06862%)
273	活	00000029	(0.06988%)	且	00000029	(0.06862%)
274	馆	00000028	(0.06747%)	错	00000029	(0.06862%)
275	班	00000028	(0.06747%)	幸	00000029	(0.06862%)
276	床	00000028	(0.06747%)	活	00000029	(0.06862%)
277	始	00000028	(0.06747%)	馆	00000028	(0.06625%)
278	实	00000028	(0.06747%)	队	00000028	(0.06625%)
279	用	00000028	(0.06747%)	六	00000028	(0.06625%)
280	节	00000028	(0.06747%)	变	00000028	(0.06625%)
281	偏	00000028	(0.06747%)	福	00000028	(0.06625%)
282	己	00000027	(0.06506%)	用	00000028	(0.06625%)

순서	수정전			수정후		
	단어	빈도수	퍼센트	단어	빈도수	퍼센트
283	六	00000027	(0.06506%)	偏	00000028	(0.06625%)
284	福	00000027	(0.06506%)	孩	00000028	(0.06625%)
285	像	00000027	(0.06506%)	胖	00000028	(0.06625%)
286	少	00000027	(0.06506%)	加	00000027	(0.06389%)
287	园	00000027	(0.06506%)	物	00000027	(0.06389%)
288	院	00000027	(0.06506%)	思	00000027	(0.06389%)
289	且	00000027	(0.06506%)	山	00000027	(0.06389%)
290	差	00000027	(0.06506%)	始	00000027	(0.06389%)
291	结	00000026	(0.06265%)	长	00000027	(0.06389%)
292	告	00000026	(0.06265%)	告	00000026	(0.06152%)
293	狗	00000026	(0.06265%)	狗	00000026	(0.06152%)
294	拿	00000026	(0.06265%)	聊	00000026	(0.06152%)
295	图	00000026	(0.06265%)	放	00000026	(0.06152%)
296	目	00000026	(0.06265%)	非	00000026	(0.06152%)
297	物	00000026	(0.06265%)	实	00000026	(0.06152%)
298	山	00000026	(0.06265%)	乐	00000026	(0.06152%)
299	泳	00000026	(0.06265%)	园	00000026	(0.06152%)
300	呢	00000026	(0.06265%)	院	00000026	(0.06152%)
301	交	00000025	(0.06024%)	拿	00000025	(0.05916%)
302	路	00000025	(0.06024%)	图	00000025	(0.05916%)
303	放	00000025	(0.06024%)	床	00000025	(0.05916%)
304	题	00000025	(0.06024%)	热	00000025	(0.05916%)
305	照	00000025	(0.06024%)	泳	00000025	(0.05916%)
306	错	00000025	(0.06024%)	往	00000025	(0.05916%)
307	必	00000025	(0.06024%)	于	00000025	(0.05916%)
308	花	00000025	(0.06024%)	场	00000025	(0.05916%)
309	胖	00000025	(0.06024%)	该	00000025	(0.05916%)
310	格	00000024	(0.05783%)	哪	00000025	(0.05916%)
311	聊	00000024	(0.05783%)	格	00000024	(0.05679%)
312	乐	00000024	(0.05783%)	更	00000024	(0.05679%)
313	往	00000024	(0.05783%)	球	00000024	(0.05679%)
314	条	00000024	(0.05783%)	路	00000024	(0.05679%)
315	加	00000023	(0.05542%)	虽	00000024	(0.05679%)
316	歌	00000023	(0.05542%)	原	00000024	(0.05679%)
317	非	00000023	(0.05542%)	字	00000024	(0.05679%)
318	信	00000023	(0.05542%)	题	00000024	(0.05679%)
319	原	00000023	(0.05542%)	照	00000024	(0.05679%)
320	字	00000023	(0.05542%)	准	00000024	(0.05679%)
321	准	00000023	(0.05542%)	差	00000024	(0.05679%)
322	找	00000023	(0.05542%)	花	00000024	(0.05679%)

순서	수정전			수정후		
	단어	빈도수	퍼센트	단어	빈도수	퍼센트
323	功	00000022	(0.05301%)	呢	00000024	(0.05679%)
324	球	00000022	(0.05301%)	名	00000023	(0.05442%)
325	名	00000022	(0.05301%)	目	00000023	(0.05442%)
326	变	00000022	(0.05301%)	试	00000023	(0.05442%)
327	示	00000022	(0.05301%)	信	00000023	(0.05442%)
328	周	00000022	(0.05301%)	休	00000023	(0.05442%)
329	秋	00000022	(0.05301%)	歌	00000022	(0.05206%)
330	互	00000022	(0.05301%)	首	00000022	(0.05206%)
331	哪	00000022	(0.05301%)	偷	00000022	(0.05206%)
332	汽	00000021	(0.05060%)	平	00000022	(0.05206%)
333	城	00000021	(0.05060%)	赶	00000022	(0.05206%)
334	须	00000021	(0.05060%)	找	00000022	(0.05206%)
335	长	00000021	(0.05060%)	汽	00000021	(0.04969%)
336	除	00000021	(0.05060%)	顺	00000021	(0.04969%)
337	州	00000021	(0.05060%)	条	00000021	(0.04969%)
338	八	00000021	(0.05060%)	州	00000021	(0.04969%)
339	该	00000021	(0.05060%)	参	00000021	(0.04969%)
340	休	00000021	(0.05060%)	八	00000021	(0.04969%)
341	咖	00000021	(0.05060%)	必	00000021	(0.04969%)
342	赶	00000021	(0.05060%)	害	00000021	(0.04969%)
343	色	00000020	(0.04819%)	咖	00000021	(0.04969%)
344	场	00000020	(0.04819%)	啡	00000021	(0.04969%)
345	偷	00000020	(0.04819%)	懒	00000020	(0.04732%)
346	平	00000020	(0.04819%)	送	00000020	(0.04732%)
347	懒	00000019	(0.04578%)	须	00000020	(0.04732%)
348	流	00000019	(0.04578%)	视	00000020	(0.04732%)
349	利	00000019	(0.04578%)	员	00000020	(0.04732%)
350	司	00000019	(0.04578%)	应	00000020	(0.04732%)
351	顺	00000019	(0.04578%)	除	00000020	(0.04732%)
352	视	00000019	(0.04578%)	秋	00000020	(0.04732%)
353	新	00000019	(0.04578%)	互	00000020	(0.04732%)
354	员	00000019	(0.04578%)	客	00000019	(0.04496%)
355	七	00000019	(0.04578%)	安	00000019	(0.04496%)
356	害	00000019	(0.04578%)	周	00000019	(0.04496%)
357	怕	00000019	(0.04578%)	七	00000019	(0.04496%)
358	假	00000018	(0.04337%)	特	00000019	(0.04496%)
359	客	00000018	(0.04337%)	礼	00000019	(0.04496%)
360	性	00000018	(0.04337%)	干	00000018	(0.04259%)
361	送	00000018	(0.04337%)	流	00000018	(0.04259%)
362	勇	00000018	(0.04337%)	留	00000018	(0.04259%)

순서	수정전			수정후		
	단어	빈도수	퍼센트	단어	빈도수	퍼센트
363	进	00000018	(0.04337%)	搬	00000018	(0.04259%)
364	厅	00000018	(0.04337%)	病	00000018	(0.04259%)
365	啡	00000018	(0.04337%)	备	00000018	(0.04259%)
366	共	00000017	(0.04096%)	司	00000018	(0.04259%)
367	连	00000017	(0.04096%)	示	00000018	(0.04259%)
368	留	00000017	(0.04096%)	新	00000018	(0.04259%)
369	搬	00000017	(0.04096%)	勇	00000018	(0.04259%)
370	备	00000017	(0.04096%)	尔	00000018	(0.04259%)
371	死	00000017	(0.04096%)	钟	00000018	(0.04259%)
372	虽	00000017	(0.04096%)	之	00000018	(0.04259%)
373	食	00000017	(0.04096%)	厅	00000018	(0.04259%)
374	安	00000017	(0.04096%)	火	00000018	(0.04259%)
375	位	00000017	(0.04096%)	离	00000018	(0.04259%)
376	钟	00000017	(0.04096%)	共	00000017	(0.04023%)
377	参	00000017	(0.04096%)	连	00000017	(0.04023%)
378	抽	00000017	(0.04096%)	利	00000017	(0.04023%)
379	火	00000017	(0.04096%)	马	00000017	(0.04023%)
380	礼	00000017	(0.04096%)	房	00000017	(0.04023%)
381	桌	00000017	(0.04096%)	色	00000017	(0.04023%)
382	疼	00000016	(0.03855%)	舒	00000017	(0.04023%)
383	马	00000016	(0.03855%)	足	00000017	(0.04023%)
384	病	00000016	(0.03855%)	进	00000017	(0.04023%)
385	赛	00000016	(0.03855%)	抽	00000017	(0.04023%)
386	叔	00000016	(0.03855%)	桌	00000017	(0.04023%)
387	于	00000016	(0.03855%)	假	00000016	(0.03786%)
388	愿	00000016	(0.03855%)	康	00000016	(0.03786%)
389	应	00000016	(0.03855%)	健	00000016	(0.03786%)
390	依	00000016	(0.03855%)	疼	00000016	(0.03786%)
391	推	00000016	(0.03855%)	练	00000016	(0.03786%)
392	春	00000016	(0.03855%)	写	00000016	(0.03786%)
393	婚	00000016	(0.03855%)	赛	00000016	(0.03786%)
394	厉	00000016	(0.03855%)	随	00000016	(0.03786%)
395	恐	00000015	(0.03614%)	叔	00000016	(0.03786%)
396	半	00000015	(0.03614%)	食	00000016	(0.03786%)
397	房	00000015	(0.03614%)	演	00000016	(0.03786%)
398	白	00000015	(0.03614%)	位	00000016	(0.03786%)
399	飞	00000015	(0.03614%)	依	00000016	(0.03786%)
400	写	00000015	(0.03614%)	推	00000016	(0.03786%)
401	舍	00000015	(0.03614%)	春	00000016	(0.03786%)
402	舒	00000015	(0.03614%)	婚	00000016	(0.03786%)

순서	수정전			수정후		
	단어	빈도수	퍼센트	단어	빈도수	퍼센트
403	受	00000015	(0.03614%)	厉	00000016	(0.03786%)
404	市	00000015	(0.03614%)	怕	00000016	(0.03786%)
405	室	00000015	(0.03614%)	各	00000015	(0.03549%)
406	音	00000015	(0.03614%)	功	00000015	(0.03549%)
407	离	00000015	(0.03614%)	内	00000015	(0.03549%)
408	翻	00000015	(0.03614%)	头	00000015	(0.03549%)
409	咱	00000015	(0.03614%)	半	00000015	(0.03549%)
410	戏	00000015	(0.03614%)	法	00000015	(0.03549%)
411	健	00000014	(0.03373%)	飞	00000015	(0.03549%)
412	决	00000014	(0.03373%)	舍	00000015	(0.03549%)
413	哭	00000014	(0.03373%)	性	00000015	(0.03549%)
414	内	00000014	(0.03373%)	译	00000015	(0.03549%)
415	头	00000014	(0.03373%)	音	00000015	(0.03549%)
416	满	00000014	(0.03373%)	主	00000015	(0.03549%)
417	务	00000014	(0.03373%)	迟	00000015	(0.03549%)
418	百	00000014	(0.03373%)	翻	00000015	(0.03549%)
419	扫	00000014	(0.03373%)	种	00000015	(0.03549%)
420	消	00000014	(0.03373%)	戏	00000015	(0.03549%)
421	笑	00000014	(0.03373%)	哭	00000014	(0.03313%)
422	随	00000014	(0.03373%)	九	00000014	(0.03313%)
423	养	00000014	(0.03373%)	裙	00000014	(0.03313%)
424	译	00000014	(0.03373%)	级	00000014	(0.03313%)
425	绩	00000014	(0.03373%)	满	00000014	(0.03313%)
426	田	00000014	(0.03373%)	白	00000014	(0.03313%)
427	第	00000014	(0.03373%)	扫	00000014	(0.03313%)
428	足	00000014	(0.03373%)	消	00000014	(0.03313%)
429	特	00000014	(0.03373%)	笑	00000014	(0.03313%)
430	种	00000014	(0.03373%)	受	00000014	(0.03313%)
431	各	00000013	(0.03132%)	市	00000014	(0.03313%)
432	干	00000013	(0.03132%)	绩	00000014	(0.03313%)
433	康	00000013	(0.03132%)	田	00000014	(0.03313%)
434	九	00000013	(0.03132%)	庭	00000014	(0.03313%)
435	级	00000013	(0.03132%)	借	00000014	(0.03313%)
436	谈	00000013	(0.03132%)	站	00000014	(0.03313%)
437	李	00000013	(0.03132%)	总	00000014	(0.03313%)
438	猫	00000013	(0.03132%)	向	00000014	(0.03313%)
439	陪	00000013	(0.03132%)	您	00000014	(0.03313%)
440	收	00000013	(0.03132%)	咱	00000014	(0.03313%)
441	演	00000013	(0.03132%)	决	00000013	(0.03076%)
442	烟	00000013	(0.03132%)	剧	00000013	(0.03076%)

순서	수정전			수정후		
	단어	빈도수	퍼센트	단어	빈도수	퍼센트
443	肉	00000013	(0.03132%)	仅	00000013	(0.03076%)
444	提	00000013	(0.03132%)	李	00000013	(0.03076%)
445	族	00000013	(0.03132%)	务	00000013	(0.03076%)
446	主	00000013	(0.03132%)	陪	00000013	(0.03076%)
447	借	00000013	(0.03132%)	百	00000013	(0.03076%)
448	贴	00000013	(0.03132%)	诉	00000013	(0.03076%)
449	递	00000013	(0.03132%)	收	00000013	(0.03076%)
450	聚	00000013	(0.03132%)	养	00000013	(0.03076%)
451	趣	00000013	(0.03132%)	烟	00000013	(0.03076%)
452	票	00000013	(0.03132%)	肉	00000013	(0.03076%)
453	向	00000013	(0.03132%)	提	00000013	(0.03076%)
454	红	00000013	(0.03132%)	穿	00000013	(0.03076%)
455	化	00000013	(0.03132%)	贴	00000013	(0.03076%)
456	货	00000013	(0.03132%)	化	00000013	(0.03076%)
457	您	00000013	(0.03132%)	懂	00000013	(0.03076%)
458	担	00000013	(0.03132%)	景	00000012	(0.02839%)
459	懂	00000013	(0.03132%)	久	00000012	(0.02839%)
460	丢	00000013	(0.03132%)	达	00000012	(0.02839%)
461	裙	00000012	(0.02891%)	堂	00000012	(0.02839%)
462	军	00000012	(0.02891%)	冬	00000012	(0.02839%)
463	度	00000012	(0.02891%)	部	00000012	(0.02839%)
464	冬	00000012	(0.02891%)	谁	00000012	(0.02839%)
465	临	00000012	(0.02891%)	室	00000012	(0.02839%)
466	末	00000012	(0.02891%)	容	00000012	(0.02839%)
467	法	00000012	(0.02891%)	由	00000012	(0.02839%)
468	诉	00000012	(0.02891%)	第	00000012	(0.02839%)
469	谁	00000012	(0.02891%)	递	00000012	(0.02839%)
470	按	00000012	(0.02891%)	聚	00000012	(0.02839%)
471	远	00000012	(0.02891%)	趣	00000012	(0.02839%)
472	宜	00000012	(0.02891%)	票	00000012	(0.02839%)
473	之	00000012	(0.02891%)	红	00000012	(0.02839%)
474	迟	00000012	(0.02891%)	货	00000012	(0.02839%)
475	站	00000012	(0.02891%)	烤	00000012	(0.02839%)
476	穿	00000012	(0.02891%)	担	00000012	(0.02839%)
477	烤	00000012	(0.02891%)	坏	00000012	(0.02839%)
478	医	00000012	(0.02891%)	医	00000012	(0.02839%)
479	剧	00000011	(0.02650%)	丢	00000012	(0.02839%)
480	既	00000011	(0.02650%)	它	00000012	(0.02839%)
481	堂	00000011	(0.02650%)	劝	00000011	(0.02603%)
482	督	00000011	(0.02650%)	谈	00000011	(0.02603%)

순서	수정전			수정후		
	단어	빈도수	퍼센트	단어	빈도수	퍼센트
483	料	00000011	(0.02650%)	度	00000011	(0.02603%)
484	报	00000011	(0.02650%)	弄	00000011	(0.02603%)
485	谢	00000011	(0.02650%)	料	00000011	(0.02603%)
486	洗	00000011	(0.02650%)	闹	00000011	(0.02603%)
487	宿	00000011	(0.02650%)	临	00000011	(0.02603%)
488	眼	00000011	(0.02650%)	末	00000011	(0.02603%)
489	右	00000011	(0.02650%)	猫	00000011	(0.02603%)
490	庭	00000011	(0.02650%)	附	00000011	(0.02603%)
491	初	00000011	(0.02650%)	死	00000011	(0.02603%)
492	总	00000011	(0.02650%)	谢	00000011	(0.02603%)
493	片	00000011	(0.02650%)	宿	00000011	(0.02603%)
494	坏	00000011	(0.02650%)	按	00000011	(0.02603%)
495	困	00000010	(0.02410%)	眼	00000011	(0.02603%)
496	久	00000010	(0.02410%)	宜	00000011	(0.02603%)
497	劝	00000010	(0.02410%)	此	00000011	(0.02603%)
498	贵	00000010	(0.02410%)	遍	00000011	(0.02603%)
499	练	00000010	(0.02410%)	品	00000011	(0.02603%)
500	闹	00000010	(0.02410%)	贵	00000010	(0.02366%)
501	卖	00000010	(0.02410%)	既	00000010	(0.02366%)
502	步	00000010	(0.02410%)	答	00000010	(0.02366%)
503	附	00000010	(0.02410%)	理	00000010	(0.02366%)
504	些	00000010	(0.02410%)	卖	00000010	(0.02366%)
505	雪	00000010	(0.02410%)	报	00000010	(0.02366%)
506	声	00000010	(0.02410%)	声	00000010	(0.02366%)
507	速	00000010	(0.02410%)	洗	00000010	(0.02366%)
508	容	00000010	(0.02410%)	速	00000010	(0.02366%)
509	邮	00000010	(0.02410%)	需	00000010	(0.02366%)
510	接	00000010	(0.02410%)	深	00000010	(0.02366%)
511	踢	00000010	(0.02410%)	饿	00000010	(0.02366%)
512	景	00000009	(0.02169%)	误	00000010	(0.02366%)
513	惯	00000009	(0.02169%)	右	00000010	(0.02366%)
514	怪	00000009	(0.02169%)	邮	00000010	(0.02366%)
515	金	00000009	(0.02169%)	愿	00000010	(0.02366%)
516	待	00000009	(0.02169%)	转	00000010	(0.02366%)
517	独	00000009	(0.02169%)	接	00000010	(0.02366%)
518	俩	00000009	(0.02169%)	片	00000010	(0.02366%)
519	凉	00000009	(0.02169%)	解	00000010	(0.02366%)
520	理	00000009	(0.02169%)	躺	00000010	(0.02366%)
521	味	00000009	(0.02169%)	号	00000010	(0.02366%)
522	杯	00000009	(0.02169%)	却	00000009	(0.02130%)

순서	수정전			수정후		
	단어	빈도수	퍼센트	단어	빈도수	퍼센트
523	部	00000009	(0.02169%)	概	00000009	(0.02130%)
524	饮	00000009	(0.02169%)	故	00000009	(0.02130%)
525	议	00000009	(0.02169%)	恐	00000009	(0.02130%)
526	整	00000009	(0.02169%)	惯	00000009	(0.02130%)
527	左	00000009	(0.02169%)	怪	00000009	(0.02130%)
528	侄	00000009	(0.02169%)	军	00000009	(0.02130%)
529	解	00000009	(0.02169%)	基	00000009	(0.02130%)
530	户	00000009	(0.02169%)	待	00000009	(0.02130%)
531	极	00000009	(0.02169%)	独	00000009	(0.02130%)
532	它	00000009	(0.02169%)	读	00000009	(0.02130%)
533	架	00000008	(0.01928%)	排	00000009	(0.02130%)
534	鸡	00000008	(0.01928%)	杯	00000009	(0.02130%)
535	适	00000008	(0.01928%)	步	00000009	(0.02130%)
536	基	00000008	(0.01928%)	妇	00000009	(0.02130%)
537	脑	00000008	(0.01928%)	些	00000009	(0.02130%)
538	答	00000008	(0.01928%)	雪	00000009	(0.02130%)
539	丽	00000008	(0.01928%)	帅	00000009	(0.02130%)
540	米	00000008	(0.01928%)	墙	00000009	(0.02130%)
541	妨	00000008	(0.01928%)	整	00000009	(0.02130%)
542	词	00000008	(0.01928%)	净	00000009	(0.02130%)
543	瘦	00000008	(0.01928%)	侄	00000009	(0.02130%)
544	深	00000008	(0.01928%)	办	00000009	(0.02130%)
545	饿	00000008	(0.01928%)	风	00000009	(0.02130%)
546	鸭	00000008	(0.01928%)	脸	00000009	(0.02130%)
547	碍	00000008	(0.01928%)	极	00000009	(0.02130%)
548	夜	00000008	(0.01928%)	啊	00000009	(0.02130%)
549	易	00000008	(0.01928%)	踢	00000009	(0.02130%)
550	传	00000008	(0.01928%)	确	00000009	(0.02130%)
551	专	00000008	(0.01928%)	架	00000008	(0.01893%)
552	净	00000008	(0.01928%)	讲	00000008	(0.01893%)
553	办	00000008	(0.01928%)	介	00000008	(0.01893%)
554	品	00000008	(0.01928%)	鸡	00000008	(0.01893%)
555	风	00000008	(0.01928%)	金	00000008	(0.01893%)
556	毕	00000008	(0.01928%)	骑	00000008	(0.01893%)
557	减	00000008	(0.01928%)	南	00000008	(0.01893%)
558	脸	00000008	(0.01928%)	脑	00000008	(0.01893%)
559	躺	00000008	(0.01928%)	堵	00000008	(0.01893%)
560	苹	00000008	(0.01928%)	突	00000008	(0.01893%)
561	跑	00000008	(0.01928%)	凉	00000008	(0.01893%)
562	呀	00000008	(0.01928%)	良	00000008	(0.01893%)

순서	수정전			수정후		
	단어	빈도수	퍼센트	단어	빈도수	퍼센트
563	确	00000008	(0.01928%)	丽	00000008	(0.01893%)
564	叶	00000008	(0.01928%)	味	00000008	(0.01893%)
565	号	00000008	(0.01928%)	米	00000008	(0.01893%)
566	讲	00000007	(0.01687%)	妨	00000008	(0.01893%)
567	介	00000007	(0.01687%)	费	00000008	(0.01893%)
568	记	00000007	(0.01687%)	词	00000008	(0.01893%)
569	南	00000007	(0.01687%)	世	00000008	(0.01893%)
570	堵	00000007	(0.01687%)	绍	00000008	(0.01893%)
571	读	00000007	(0.01687%)	束	00000008	(0.01893%)
572	突	00000007	(0.01687%)	鸭	00000008	(0.01893%)
573	良	00000007	(0.01687%)	碍	00000008	(0.01893%)
574	弄	00000007	(0.01687%)	夜	00000008	(0.01893%)
575	忘	00000007	(0.01687%)	易	00000008	(0.01893%)
576	冒	00000007	(0.01687%)	远	00000008	(0.01893%)
577	般	00000007	(0.01687%)	议	00000008	(0.01893%)
578	肥	00000007	(0.01687%)	传	00000008	(0.01893%)
579	尝	00000007	(0.01687%)	专	00000008	(0.01893%)
580	善	00000007	(0.01687%)	左	00000008	(0.01893%)
581	细	00000007	(0.01687%)	初	00000008	(0.01893%)
582	绍	00000007	(0.01687%)	毕	00000008	(0.01893%)
583	神	00000007	(0.01687%)	户	00000008	(0.01893%)
584	药	00000007	(0.01687%)	减	00000008	(0.01893%)
585	误	00000007	(0.01687%)	苹	00000008	(0.01893%)
586	任	00000007	(0.01687%)	跑	00000008	(0.01893%)
587	墙	00000007	(0.01687%)	轻	00000007	(0.01656%)
588	张	00000007	(0.01687%)	斤	00000007	(0.01656%)
589	转	00000007	(0.01687%)	记	00000007	(0.01656%)
590	处	00000007	(0.01687%)	单	00000007	(0.01656%)
591	摆	00000007	(0.01687%)	岛	00000007	(0.01656%)
592	泡	00000007	(0.01687%)	督	00000007	(0.01656%)
593	合	00000007	(0.01687%)	恋	00000007	(0.01656%)
594	鞋	00000007	(0.01687%)	忘	00000007	(0.01656%)
595	挂	00000007	(0.01687%)	冒	00000007	(0.01656%)
596	啤	00000007	(0.01687%)	般	00000007	(0.01656%)
597	赢	00000007	(0.01687%)	肥	00000007	(0.01656%)
598	价	00000006	(0.01446%)	使	00000007	(0.01656%)
599	概	00000006	(0.01446%)	尝	00000007	(0.01656%)
600	建	00000006	(0.01446%)	象	00000007	(0.01656%)
601	轻	00000006	(0.01446%)	善	00000007	(0.01656%)
602	计	00000006	(0.01446%)	选	00000007	(0.01656%)

순서	수정전			수정후		
	단어	빈도수	퍼센트	단어	빈도수	퍼센트
603	故	00000006	(0.01446%)	修	00000007	(0.01656%)
604	苦	00000006	(0.01446%)	瘦	00000007	(0.01656%)
605	拐	00000006	(0.01446%)	式	00000007	(0.01656%)
606	具	00000006	(0.01446%)	药	00000007	(0.01656%)
607	斤	00000006	(0.01446%)	卫	00000007	(0.01656%)
608	急	00000006	(0.01446%)	饮	00000007	(0.01656%)
609	骑	00000006	(0.01446%)	任	00000007	(0.01656%)
610	念	00000006	(0.01446%)	将	00000007	(0.01656%)
611	茶	00000006	(0.01446%)	张	00000007	(0.01656%)
612	单	00000006	(0.01446%)	停	00000007	(0.01656%)
613	断	00000006	(0.01446%)	餐	00000007	(0.01656%)
614	达	00000006	(0.01446%)	处	00000007	(0.01656%)
615	祷	00000006	(0.01446%)	鞋	00000007	(0.01656%)
616	量	00000006	(0.01446%)	挂	00000007	(0.01656%)
617	恋	00000006	(0.01446%)	啤	00000007	(0.01656%)
618	立	00000006	(0.01446%)	赢	00000007	(0.01656%)
619	万	00000006	(0.01446%)	吵	00000007	(0.01656%)
620	命	00000006	(0.01446%)	叶	00000007	(0.01656%)
621	无	00000006	(0.01446%)	刚	00000006	(0.01420%)
622	未	00000006	(0.01446%)	价	00000006	(0.01420%)
623	培	00000006	(0.01446%)	改	00000006	(0.01420%)
624	排	00000006	(0.01446%)	建	00000006	(0.01420%)
625	烦	00000006	(0.01446%)	计	00000006	(0.01420%)
626	封	00000006	(0.01446%)	顾	00000006	(0.01420%)
627	夫	00000006	(0.01446%)	困	00000006	(0.01420%)
628	妇	00000006	(0.01446%)	适	00000006	(0.01420%)
629	费	00000006	(0.01446%)	拐	00000006	(0.01420%)
630	象	00000006	(0.01446%)	具	00000006	(0.01420%)
631	束	00000006	(0.01446%)	急	00000006	(0.01420%)
632	修	00000006	(0.01446%)	其	00000006	(0.01420%)
633	帅	00000006	(0.01446%)	寄	00000006	(0.01420%)
634	式	00000006	(0.01446%)	念	00000006	(0.01420%)
635	预	00000006	(0.01446%)	茶	00000006	(0.01420%)
636	愉	00000006	(0.01446%)	断	00000006	(0.01420%)
637	者	00000006	(0.01446%)	倒	00000006	(0.01420%)
638	将	00000006	(0.01446%)	祷	00000006	(0.01420%)
639	切	00000006	(0.01446%)	顿	00000006	(0.01420%)
640	静	00000006	(0.01446%)	俩	00000006	(0.01420%)
641	济	00000006	(0.01446%)	量	00000006	(0.01420%)
642	餐	00000006	(0.01446%)	命	00000006	(0.01420%)

순서	수정전			수정후		
	단어	빈도수	퍼센트	단어	빈도수	퍼센트
643	清	00000006	(0.01446%)	烦	00000006	(0.01420%)
644	取	00000006	(0.01446%)	封	00000006	(0.01420%)
645	耽	00000006	(0.01446%)	夫	00000006	(0.01420%)
646	爬	00000006	(0.01446%)	城	00000006	(0.01420%)
647	夏	00000006	(0.01446%)	神	00000006	(0.01420%)
648	寒	00000006	(0.01446%)	严	00000006	(0.01420%)
649	香	00000006	(0.01446%)	预	00000006	(0.01420%)
650	画	00000006	(0.01446%)	育	00000006	(0.01420%)
651	换	00000006	(0.01446%)	银	00000006	(0.01420%)
652	啊	00000006	(0.01446%)	入	00000006	(0.01420%)
653	窗	00000006	(0.01446%)	静	00000006	(0.01420%)
654	钢	00000005	(0.01205%)	济	00000006	(0.01420%)
655	改	00000005	(0.01205%)	取	00000006	(0.01420%)
656	孤	00000005	(0.01205%)	摆	00000006	(0.01420%)
657	空	00000005	(0.01205%)	泡	00000006	(0.01420%)
658	局	00000005	(0.01205%)	夏	00000006	(0.01420%)
659	琴	00000005	(0.01205%)	合	00000006	(0.01420%)
660	肯	00000005	(0.01205%)	香	00000006	(0.01420%)
661	器	00000005	(0.01205%)	许	00000006	(0.01420%)
662	奇	00000005	(0.01205%)	画	00000006	(0.01420%)
663	寄	00000005	(0.01205%)	够	00000006	(0.01420%)
664	紧	00000005	(0.01205%)	窗	00000006	(0.01420%)
665	倒	00000005	(0.01205%)	呀	00000006	(0.01420%)
666	顿	00000005	(0.01205%)	钢	00000005	(0.01183%)
667	辣	00000005	(0.01205%)	孤	00000005	(0.01183%)
668	蓝	00000005	(0.01205%)	空	00000005	(0.01183%)
669	拉	00000005	(0.01205%)	观	00000005	(0.01183%)
670	麻	00000005	(0.01205%)	块	00000005	(0.01183%)
671	慕	00000005	(0.01205%)	句	00000005	(0.01183%)
672	睦	00000005	(0.01205%)	局	00000005	(0.01183%)
673	瓶	00000005	(0.01205%)	琴	00000005	(0.01183%)
674	扮	00000005	(0.01205%)	肯	00000005	(0.01183%)
675	社	00000005	(0.01205%)	器	00000005	(0.01183%)
676	暑	00000005	(0.01205%)	奇	00000005	(0.01183%)
677	选	00000005	(0.01205%)	紧	00000005	(0.01183%)
678	世	00000005	(0.01205%)	暖	00000005	(0.01183%)
679	守	00000005	(0.01205%)	辣	00000005	(0.01183%)
680	需	00000005	(0.01205%)	蓝	00000005	(0.01183%)
681	拾	00000005	(0.01205%)	麻	00000005	(0.01183%)
682	岸	00000005	(0.01205%)	慕	00000005	(0.01183%)

순서	수정전			수정후		
	단어	빈도수	퍼센트	단어	빈도수	퍼센트
683	弱	00000005	(0.01205%)	睦	00000005	(0.01183%)
684	严	00000005	(0.01205%)	梦	00000005	(0.01183%)
685	营	00000005	(0.01205%)	未	00000005	(0.01183%)
686	伍	00000005	(0.01205%)	瓶	00000005	(0.01183%)
687	牛	00000005	(0.01205%)	暑	00000005	(0.01183%)
688	育	00000005	(0.01205%)	细	00000005	(0.01183%)
689	银	00000005	(0.01205%)	续	00000005	(0.01183%)
690	印	00000005	(0.01205%)	松	00000005	(0.01183%)
691	入	00000005	(0.01205%)	拾	00000005	(0.01183%)
692	剩	00000005	(0.01205%)	言	00000005	(0.01183%)
693	材	00000005	(0.01205%)	营	00000005	(0.01183%)
694	典	00000005	(0.01205%)	迎	00000005	(0.01183%)
695	停	00000005	(0.01205%)	伍	00000005	(0.01183%)
696	终	00000005	(0.01205%)	牛	00000005	(0.01183%)
697	职	00000005	(0.01205%)	愉	00000005	(0.01183%)
698	责	00000005	(0.01205%)	益	00000005	(0.01183%)
699	村	00000005	(0.01205%)	印	00000005	(0.01183%)
700	聪	00000005	(0.01205%)	材	00000005	(0.01183%)
701	祝	00000005	(0.01205%)	典	00000005	(0.01183%)
702	托	00000005	(0.01205%)	持	00000005	(0.01183%)
703	统	00000005	(0.01205%)	责	00000005	(0.01183%)
704	腿	00000005	(0.01205%)	青	00000005	(0.01183%)
705	退	00000005	(0.01205%)	村	00000005	(0.01183%)
706	遍	00000005	(0.01205%)	聪	00000005	(0.01183%)
707	乡	00000005	(0.01205%)	祝	00000005	(0.01183%)
708	许	00000005	(0.01205%)	托	00000005	(0.01183%)
709	乎	00000005	(0.01205%)	耽	00000005	(0.01183%)
710	或	00000005	(0.01205%)	统	00000005	(0.01183%)
711	黄	00000005	(0.01205%)	通	00000005	(0.01183%)
712	肚	00000005	(0.01205%)	腿	00000005	(0.01183%)
713	复	00000005	(0.01205%)	退	00000005	(0.01183%)
714	捽	00000005	(0.01205%)	爬	00000005	(0.01183%)
715	羡	00000005	(0.01205%)	抱	00000005	(0.01183%)
716	吵	00000005	(0.01205%)	寒	00000005	(0.01183%)
717	监	00000004	(0.00964%)	响	00000005	(0.01183%)
718	刚	00000004	(0.00964%)	乎	00000005	(0.01183%)
719	居	00000004	(0.00964%)	或	00000005	(0.01183%)
720	敬	00000004	(0.00964%)	换	00000005	(0.01183%)
721	界	00000004	(0.00964%)	黄	00000005	(0.01183%)
722	古	00000004	(0.00964%)	继	00000005	(0.01183%)

순서	수정전			수정후		
	단어	빈도수	퍼센트	단어	빈도수	퍼센트
723	裤	00000004	(0.00964%)	肚	00000005	(0.01183%)
724	顾	00000004	(0.00964%)	摔	00000005	(0.01183%)
725	瓜	00000004	(0.00964%)	羡	00000005	(0.01183%)
726	科	00000004	(0.00964%)	驾	00000004	(0.00946%)
727	观	00000004	(0.00964%)	刻	00000004	(0.00946%)
728	乖	00000004	(0.00964%)	敢	00000004	(0.00946%)
729	块	00000004	(0.00964%)	监	00000004	(0.00946%)
730	咬	00000004	(0.00964%)	坚	00000004	(0.00946%)
731	巧	00000004	(0.00964%)	敬	00000004	(0.00946%)
732	句	00000004	(0.00964%)	界	00000004	(0.00946%)
733	纪	00000004	(0.00964%)	裤	00000004	(0.00946%)
734	短	00000004	(0.00964%)	瓜	00000004	(0.00946%)
735	导	00000004	(0.00964%)	乖	00000004	(0.00946%)
736	岛	00000004	(0.00964%)	咬	00000004	(0.00946%)
737	落	00000004	(0.00964%)	纪	00000004	(0.00946%)
738	虑	00000004	(0.00964%)	短	00000004	(0.00946%)
739	零	00000004	(0.00964%)	蛋	00000004	(0.00946%)
740	龙	00000004	(0.00964%)	导	00000004	(0.00946%)
741	楼	00000004	(0.00964%)	拉	00000004	(0.00946%)
742	摩	00000004	(0.00964%)	令	00000004	(0.00946%)
743	梦	00000004	(0.00964%)	铃	00000004	(0.00946%)
744	背	00000004	(0.00964%)	零	00000004	(0.00946%)
745	保	00000004	(0.00964%)	龙	00000004	(0.00946%)
746	富	00000004	(0.00964%)	楼	00000004	(0.00946%)
747	使	00000004	(0.00964%)	立	00000004	(0.00946%)
748	伞	00000004	(0.00964%)	摩	00000004	(0.00946%)
749	散	00000004	(0.00964%)	万	00000004	(0.00946%)
750	松	00000004	(0.00964%)	无	00000004	(0.00946%)
751	数	00000004	(0.00964%)	背	00000004	(0.00946%)
752	树	00000004	(0.00964%)	保	00000004	(0.00946%)
753	首	00000004	(0.00964%)	扮	00000004	(0.00946%)
754	匙	00000004	(0.00964%)	社	00000004	(0.00946%)
755	晨	00000004	(0.00964%)	伞	00000004	(0.00946%)
756	失	00000004	(0.00964%)	散	00000004	(0.00946%)
757	颜	00000004	(0.00964%)	产	00000004	(0.00946%)
758	言	00000004	(0.00964%)	赏	00000004	(0.00946%)
759	迎	00000004	(0.00964%)	数	00000004	(0.00946%)
760	艺	00000004	(0.00964%)	树	00000004	(0.00946%)
761	忧	00000004	(0.00964%)	匙	00000004	(0.00946%)
762	蔚	00000004	(0.00964%)	失	00000004	(0.00946%)

순서	수정전			수정후		
	단어	빈도수	퍼센트	단어	빈도수	퍼센트
763	元	00000004	(0.00964%)	岸	00000004	(0.00946%)
764	卫	00000004	(0.00964%)	颜	00000004	(0.00946%)
765	由	00000004	(0.00964%)	弱	00000004	(0.00946%)
766	益	00000004	(0.00964%)	艺	00000004	(0.00946%)
767	章	00000004	(0.00964%)	忧	00000004	(0.00946%)
768	精	00000004	(0.00964%)	蔚	00000004	(0.00946%)
769	齐	00000004	(0.00964%)	剩	00000004	(0.00946%)
770	租	00000004	(0.00964%)	者	00000004	(0.00946%)
771	尊	00000004	(0.00964%)	章	00000004	(0.00946%)
772	赠	00000004	(0.00964%)	切	00000004	(0.00946%)
773	纸	00000004	(0.00964%)	齐	00000004	(0.00946%)
774	此	00000004	(0.00964%)	尊	00000004	(0.00946%)
775	千	00000004	(0.00964%)	终	00000004	(0.00946%)
776	青	00000004	(0.00964%)	注	00000004	(0.00946%)
777	招	00000004	(0.00964%)	赠	00000004	(0.00946%)
778	崔	00000004	(0.00964%)	池	00000004	(0.00946%)
779	充	00000004	(0.00964%)	纸	00000004	(0.00946%)
780	通	00000004	(0.00964%)	职	00000004	(0.00946%)
781	套	00000004	(0.00964%)	尽	00000004	(0.00946%)
782	播	00000004	(0.00964%)	招	00000004	(0.00946%)
783	篇	00000004	(0.00964%)	稍	00000004	(0.00946%)
784	鞭	00000004	(0.00964%)	崔	00000004	(0.00946%)
785	皮	00000004	(0.00964%)	充	00000004	(0.00946%)
786	响	00000004	(0.00964%)	台	00000004	(0.00946%)
787	吸	00000004	(0.00964%)	套	00000004	(0.00946%)
788	圣	00000004	(0.00964%)	播	00000004	(0.00946%)
789	够	00000004	(0.00964%)	篇	00000004	(0.00946%)
790	惧	00000004	(0.00964%)	鞭	00000004	(0.00946%)
791	氛	00000004	(0.00964%)	标	00000004	(0.00946%)
792	钥	00000004	(0.00964%)	皮	00000004	(0.00946%)
793	炮	00000004	(0.00964%)	乡	00000004	(0.00946%)
794	驾	00000003	(0.00723%)	吸	00000004	(0.00946%)
795	刻	00000003	(0.00723%)	圣	00000004	(0.00946%)
796	敢	00000003	(0.00723%)	复	00000004	(0.00946%)
797	举	00000003	(0.00723%)	氛	00000004	(0.00946%)
798	境	00000003	(0.00723%)	驶	00000004	(0.00946%)
799	镜	00000003	(0.00723%)	钥	00000004	(0.00946%)
800	季	00000003	(0.00723%)	呆	00000004	(0.00946%)
801	姑	00000003	(0.00723%)	炮	00000004	(0.00946%)
802	刮	00000003	(0.00723%)	划	00000004	(0.00946%)

순서	수정전			수정후		
	단어	빈도수	퍼센트	단어	빈도수	퍼센트
803	卷	00000003	(0.00723%)	举	00000003	(0.00710%)
804	仅	00000003	(0.00723%)	境	00000003	(0.00710%)
805	及	00000003	(0.00723%)	镜	00000003	(0.00710%)
806	企	00000003	(0.00723%)	季	00000003	(0.00710%)
807	其	00000003	(0.00723%)	姑	00000003	(0.00710%)
808	暖	00000003	(0.00723%)	苦	00000003	(0.00710%)
809	娘	00000003	(0.00723%)	巧	00000003	(0.00710%)
810	农	00000003	(0.00723%)	卷	00000003	(0.00710%)
811	蛋	00000003	(0.00723%)	祈	00000003	(0.00710%)
812	糖	00000003	(0.00723%)	娘	00000003	(0.00710%)
813	代	00000003	(0.00723%)	农	00000003	(0.00710%)
814	德	00000003	(0.00723%)	糖	00000003	(0.00710%)
815	掉	00000003	(0.00723%)	代	00000003	(0.00710%)
816	跳	00000003	(0.00723%)	德	00000003	(0.00710%)
817	兜	00000003	(0.00723%)	挑	00000003	(0.00710%)
818	登	00000003	(0.00723%)	掉	00000003	(0.00710%)
819	览	00000003	(0.00723%)	跳	00000003	(0.00710%)
820	浪	00000003	(0.00723%)	逗	00000003	(0.00710%)
821	历	00000003	(0.00723%)	登	00000003	(0.00710%)
822	令	00000003	(0.00723%)	落	00000003	(0.00710%)
823	铃	00000003	(0.00723%)	朗	00000003	(0.00710%)
824	肋	00000003	(0.00723%)	浪	00000003	(0.00710%)
825	凌	00000003	(0.00723%)	虑	00000003	(0.00710%)
826	淋	00000003	(0.00723%)	历	00000003	(0.00710%)
827	码	00000003	(0.00723%)	论	00000003	(0.00710%)
828	骂	00000003	(0.00723%)	凌	00000003	(0.00710%)
829	模	00000003	(0.00723%)	淋	00000003	(0.00710%)
830	毛	00000003	(0.00723%)	码	00000003	(0.00710%)
831	貌	00000003	(0.00723%)	骂	00000003	(0.00710%)
832	苗	00000003	(0.00723%)	免	00000003	(0.00710%)
833	微	00000003	(0.00723%)	眠	00000003	(0.00710%)
834	民	00000003	(0.00723%)	毛	00000003	(0.00710%)
835	密	00000003	(0.00723%)	貌	00000003	(0.00710%)
836	泼	00000003	(0.00723%)	苗	00000003	(0.00710%)
837	兵	00000003	(0.00723%)	民	00000003	(0.00710%)
838	粉	00000003	(0.00723%)	密	00000003	(0.00710%)
839	秘	00000003	(0.00723%)	拌	00000003	(0.00710%)
840	惜	00000003	(0.00723%)	兵	00000003	(0.00710%)
841	船	00000003	(0.00723%)	并	00000003	(0.00710%)
842	鲜	00000003	(0.00723%)	富	00000003	(0.00710%)

순서	수정전			수정후		
	단어	빈도수	퍼센트	단어	빈도수	퍼센트
843	续	00000003	(0.00723%)	粉	00000003	(0.00710%)
844	淳	00000003	(0.00723%)	秘	00000003	(0.00710%)
845	术	00000003	(0.00723%)	士	00000003	(0.00710%)
846	猜	00000003	(0.00723%)	爽	00000003	(0.00710%)
847	软	00000003	(0.00723%)	惜	00000003	(0.00710%)
848	永	00000003	(0.00723%)	船	00000003	(0.00710%)
849	围	00000003	(0.00723%)	鲜	00000003	(0.00710%)
850	油	00000003	(0.00723%)	淳	00000003	(0.00710%)
851	恩	00000003	(0.00723%)	猜	00000003	(0.00710%)
852	椅	00000003	(0.00723%)	晨	00000003	(0.00710%)
853	仁	00000003	(0.00723%)	永	00000003	(0.00710%)
854	仔	00000003	(0.00723%)	油	00000003	(0.00710%)
855	紫	00000003	(0.00723%)	恩	00000003	(0.00710%)
856	壮	00000003	(0.00723%)	椅	00000003	(0.00710%)
857	组	00000003	(0.00723%)	仁	00000003	(0.00710%)
858	座	00000003	(0.00723%)	紫	00000003	(0.00710%)
859	注	00000003	(0.00723%)	壮	00000003	(0.00710%)
860	池	00000003	(0.00723%)	装	00000003	(0.00710%)
861	至	00000003	(0.00723%)	渐	00000003	(0.00710%)
862	尽	00000003	(0.00723%)	精	00000003	(0.00710%)
863	集	00000003	(0.00723%)	租	00000003	(0.00710%)
864	赞	00000003	(0.00723%)	组	00000003	(0.00710%)
865	昌	00000003	(0.00723%)	造	00000003	(0.00710%)
866	妻	00000003	(0.00723%)	族	00000003	(0.00710%)
867	稍	00000003	(0.00723%)	座	00000003	(0.00710%)
868	醉	00000003	(0.00723%)	赞	00000003	(0.00710%)
869	致	00000003	(0.00723%)	昌	00000003	(0.00710%)
870	弹	00000003	(0.00723%)	妻	00000003	(0.00710%)
871	兑	00000003	(0.00723%)	甜	00000003	(0.00710%)
872	台	00000003	(0.00723%)	清	00000003	(0.00710%)
873	痛	00000003	(0.00723%)	剃	00000003	(0.00710%)
874	抱	00000003	(0.00723%)	替	00000003	(0.00710%)
875	浦	00000003	(0.00723%)	超	00000003	(0.00710%)
876	标	00000003	(0.00723%)	醉	00000003	(0.00710%)
877	笔	00000003	(0.00723%)	巴	00000003	(0.00710%)
878	项	00000003	(0.00723%)	板	00000003	(0.00710%)
879	验	00000003	(0.00723%)	骗	00000003	(0.00710%)
880	兄	00000003	(0.00723%)	浦	00000003	(0.00710%)
881	呼	00000003	(0.00723%)	项	00000003	(0.00710%)
882	阔	00000003	(0.00723%)	验	00000003	(0.00710%)

순서	수정전			수정후		
	단어	빈도수	퍼센트	단어	빈도수	퍼센트
883	获	00000003	(0.00723%)	呼	00000003	(0.00710%)
884	孝	00000003	(0.00723%)	孝	00000003	(0.00710%)
885	训	00000003	(0.00723%)	训	00000003	(0.00710%)
886	继	00000003	(0.00723%)	柜	00000003	(0.00710%)
887	糕	00000003	(0.00723%)	歉	00000003	(0.00710%)
888	惊	00000003	(0.00723%)	糕	00000003	(0.00710%)
889	泪	00000003	(0.00723%)	惊	00000003	(0.00710%)
890	环	00000003	(0.00723%)	环	00000003	(0.00710%)
891	宝	00000003	(0.00723%)	宝	00000003	(0.00710%)
892	冰	00000003	(0.00723%)	怀	00000003	(0.00710%)
893	驶	00000003	(0.00723%)	冰	00000003	(0.00710%)
894	嗓	00000003	(0.00723%)	嗓	00000003	(0.00710%)
895	双	00000003	(0.00723%)	双	00000003	(0.00710%)
896	广	00000003	(0.00723%)	广	00000003	(0.00710%)
897	扰	00000003	(0.00723%)	与	00000003	(0.00710%)
898	熨	00000003	(0.00723%)	扰	00000003	(0.00710%)
899	挤	00000003	(0.00723%)	熨	00000003	(0.00710%)
900	呆	00000003	(0.00723%)	姊	00000003	(0.00710%)
901	碰	00000003	(0.00723%)	挣	00000003	(0.00710%)
902	划	00000003	(0.00723%)	挤	00000003	(0.00710%)
903	况	00000003	(0.00723%)	澡	00000003	(0.00710%)
904	嫁	00000002	(0.00482%)	碰	00000003	(0.00710%)
905	却	00000002	(0.00482%)	吓	00000003	(0.00710%)
906	警	00000002	(0.00482%)	况	00000003	(0.00710%)
907	戒	00000002	(0.00482%)	嫁	00000002	(0.00473%)
908	谷	00000002	(0.00482%)	竟	00000002	(0.00473%)
909	宽	00000002	(0.00482%)	警	00000002	(0.00473%)
910	祈	00000002	(0.00482%)	戒	00000002	(0.00473%)
911	娜	00000002	(0.00482%)	古	00000002	(0.00473%)
912	捏	00000002	(0.00482%)	谷	00000002	(0.00473%)
913	团	00000002	(0.00482%)	骨	00000002	(0.00473%)
914	挑	00000002	(0.00482%)	科	00000002	(0.00473%)
915	洞	00000002	(0.00482%)	宽	00000002	(0.00473%)
916	逗	00000002	(0.00482%)	刮	00000002	(0.00473%)
917	腾	00000002	(0.00482%)	光	00000002	(0.00473%)
918	罗	00000002	(0.00482%)	企	00000002	(0.00473%)
919	乱	00000002	(0.00482%)	娜	00000002	(0.00473%)
920	朗	00000002	(0.00482%)	团	00000002	(0.00473%)
921	励	00000002	(0.00482%)	蹈	00000002	(0.00473%)
922	龄	00000002	(0.00482%)	洞	00000002	(0.00473%)

순서	수정전			수정후		
	단어	빈도수	퍼센트	단어	빈도수	퍼센트
923	劳	00000002	(0.00482%)	兜	00000002	(0.00473%)
924	论	00000002	(0.00482%)	腾	00000002	(0.00473%)
925	轮	00000002	(0.00482%)	罗	00000002	(0.00473%)
926	履	00000002	(0.00482%)	乱	00000002	(0.00473%)
927	梨	00000002	(0.00482%)	领	00000002	(0.00473%)
928	莉	00000002	(0.00482%)	劳	00000002	(0.00473%)
929	林	00000002	(0.00482%)	类	00000002	(0.00473%)
930	亡	00000002	(0.00482%)	轮	00000002	(0.00473%)
931	麦	00000002	(0.00482%)	履	00000002	(0.00473%)
932	眠	00000002	(0.00482%)	梨	00000002	(0.00473%)
933	舞	00000002	(0.00482%)	莉	00000002	(0.00473%)
934	贸	00000002	(0.00482%)	麦	00000002	(0.00473%)
935	默	00000002	(0.00482%)	某	00000002	(0.00473%)
936	闷	00000002	(0.00482%)	模	00000002	(0.00473%)
937	拍	00000002	(0.00482%)	舞	00000002	(0.00473%)
938	反	00000002	(0.00482%)	贸	00000002	(0.00473%)
939	拌	00000002	(0.00482%)	默	00000002	(0.00473%)
940	旁	00000002	(0.00482%)	闻	00000002	(0.00473%)
941	凡	00000002	(0.00482%)	微	00000002	(0.00473%)
942	壁	00000002	(0.00482%)	闷	00000002	(0.00473%)
943	并	00000002	(0.00482%)	拍	00000002	(0.00473%)
944	棒	00000002	(0.00482%)	反	00000002	(0.00473%)
945	府	00000002	(0.00482%)	泼	00000002	(0.00473%)
946	盆	00000002	(0.00482%)	旁	00000002	(0.00473%)
947	脾	00000002	(0.00482%)	凡	00000002	(0.00473%)
948	史	00000002	(0.00482%)	犯	00000002	(0.00473%)
949	士	00000002	(0.00482%)	堡	00000002	(0.00473%)
950	寺	00000002	(0.00482%)	棒	00000002	(0.00473%)
951	丝	00000002	(0.00482%)	府	00000002	(0.00473%)
952	产	00000002	(0.00482%)	符	00000002	(0.00473%)
953	伤	00000002	(0.00482%)	盆	00000002	(0.00473%)
954	爽	00000002	(0.00482%)	批	00000002	(0.00473%)
955	设	00000002	(0.00482%)	脾	00000002	(0.00473%)
956	诚	00000002	(0.00482%)	史	00000002	(0.00473%)
957	秀	00000002	(0.00482%)	寺	00000002	(0.00473%)
958	湿	00000002	(0.00482%)	丝	00000002	(0.00473%)
959	诗	00000002	(0.00482%)	伤	00000002	(0.00473%)
960	慎	00000002	(0.00482%)	扇	00000002	(0.00473%)
961	辛	00000002	(0.00482%)	设	00000002	(0.00473%)
962	阿	00000002	(0.00482%)	诚	00000002	(0.00473%)

순서	수정전			수정후		
	단어	빈도수	퍼센트	단어	빈도수	퍼센트
963	压	00000002	(0.00482%)	碎	00000002	(0.00473%)
964	仰	00000002	(0.00482%)	嫂	00000002	(0.00473%)
965	耶	00000002	(0.00482%)	守	00000002	(0.00473%)
966	宴	00000002	(0.00482%)	授	00000002	(0.00473%)
967	厌	00000002	(0.00482%)	秀	00000002	(0.00473%)
968	染	00000002	(0.00482%)	术	00000002	(0.00473%)
969	碗	00000002	(0.00482%)	湿	00000002	(0.00473%)
970	矮	00000002	(0.00482%)	诗	00000002	(0.00473%)
971	侥	00000002	(0.00482%)	慎	00000002	(0.00473%)
972	腰	00000002	(0.00482%)	压	00000002	(0.00473%)
973	欲	00000002	(0.00482%)	仰	00000002	(0.00473%)
974	圆	00000002	(0.00482%)	耶	00000002	(0.00473%)
975	儒	00000002	(0.00482%)	野	00000002	(0.00473%)
976	幽	00000002	(0.00482%)	鱼	00000002	(0.00473%)
977	愈	00000002	(0.00482%)	宴	00000002	(0.00473%)
978	谊	00000002	(0.00482%)	缘	00000002	(0.00473%)
979	仍	00000002	(0.00482%)	软	00000002	(0.00473%)
980	慈	00000002	(0.00482%)	厌	00000002	(0.00473%)
981	磁	00000002	(0.00482%)	温	00000002	(0.00473%)
982	资	00000002	(0.00482%)	碗	00000002	(0.00473%)
983	炸	00000002	(0.00482%)	娃	00000002	(0.00473%)
984	杂	00000002	(0.00482%)	矮	00000002	(0.00473%)
985	仗	00000002	(0.00482%)	腰	00000002	(0.00473%)
986	装	00000002	(0.00482%)	欲	00000002	(0.00473%)
987	低	00000002	(0.00482%)	元	00000002	(0.00473%)
988	迹	00000002	(0.00482%)	圆	00000002	(0.00473%)
989	展	00000002	(0.00482%)	围	00000002	(0.00473%)
990	政	00000002	(0.00482%)	儒	00000002	(0.00473%)
991	晴	00000002	(0.00482%)	幽	00000002	(0.00473%)
992	钉	00000002	(0.00482%)	愈	00000002	(0.00473%)
993	制	00000002	(0.00482%)	义	00000002	(0.00473%)
994	祭	00000002	(0.00482%)	谊	00000002	(0.00473%)
995	糟	00000002	(0.00482%)	仍	00000002	(0.00473%)
996	造	00000002	(0.00482%)	慈	00000002	(0.00473%)
997	持	00000002	(0.00482%)	磁	00000002	(0.00473%)
998	陈	00000002	(0.00482%)	资	00000002	(0.00473%)
999	质	00000002	(0.00482%)	炸	00000002	(0.00473%)
1000	察	00000002	(0.00482%)	杂	00000002	(0.00473%)
1001	彩	00000002	(0.00482%)	庄	00000002	(0.00473%)
1002	戚	00000002	(0.00482%)	猪	00000002	(0.00473%)

순서	수정전			수정후		
	단어	빈도수	퍼센트	단어	빈도수	퍼센트
1003	铁	00000002	(0.00482%)	政	00000002	(0.00473%)
1004	甜	00000002	(0.00482%)	睛	00000002	(0.00473%)
1005	替	00000002	(0.00482%)	钉	00000002	(0.00473%)
1006	炒	00000002	(0.00482%)	制	00000002	(0.00473%)
1007	焦	00000002	(0.00482%)	糟	00000002	(0.00473%)
1008	超	00000002	(0.00482%)	调	00000002	(0.00473%)
1009	汤	00000002	(0.00482%)	至	00000002	(0.00473%)
1010	讨	00000002	(0.00482%)	陈	00000002	(0.00473%)
1011	透	00000002	(0.00482%)	质	00000002	(0.00473%)
1012	巴	00000002	(0.00482%)	集	00000002	(0.00473%)
1013	破	00000002	(0.00482%)	察	00000002	(0.00473%)
1014	板	00000002	(0.00482%)	敝	00000002	(0.00473%)
1015	骗	00000002	(0.00482%)	彩	00000002	(0.00473%)
1016	币	00000002	(0.00482%)	威	00000002	(0.00473%)
1017	幅	00000002	(0.00482%)	千	00000002	(0.00473%)
1018	彼	00000002	(0.00482%)	铁	00000002	(0.00473%)
1019	何	00000002	(0.00482%)	焦	00000002	(0.00473%)
1020	享	00000002	(0.00482%)	弹	00000002	(0.00473%)
1021	虚	00000002	(0.00482%)	汤	00000002	(0.00473%)
1022	血	00000002	(0.00482%)	态	00000002	(0.00473%)
1023	嫌	00000002	(0.00482%)	择	00000002	(0.00473%)
1024	峡	00000002	(0.00482%)	讨	00000002	(0.00473%)
1025	虎	00000002	(0.00482%)	破	00000002	(0.00473%)
1026	侯	00000002	(0.00482%)	佩	00000002	(0.00473%)
1027	柜	00000002	(0.00482%)	币	00000002	(0.00473%)
1028	捡	00000002	(0.00482%)	幅	00000002	(0.00473%)
1029	届	00000002	(0.00482%)	彼	00000002	(0.00473%)
1030	胆	00000002	(0.00482%)	笔	00000002	(0.00473%)
1031	炖	00000002	(0.00482%)	享	00000002	(0.00473%)
1032	姥	00000002	(0.00482%)	虚	00000002	(0.00473%)
1033	乒	00000002	(0.00482%)	血	00000002	(0.00473%)
1034	乓	00000002	(0.00482%)	页	00000002	(0.00473%)
1035	丰	00000002	(0.00482%)	峡	00000002	(0.00473%)
1036	怀	00000002	(0.00482%)	兄	00000002	(0.00473%)
1037	稣	00000002	(0.00482%)	虎	00000002	(0.00473%)
1038	售	00000002	(0.00482%)	阔	00000002	(0.00473%)
1039	哦	00000002	(0.00482%)	获	00000002	(0.00473%)
1040	嚷	00000002	(0.00482%)	侯	00000002	(0.00473%)
1041	与	00000002	(0.00482%)	黑	00000002	(0.00473%)
1042	优	00000002	(0.00482%)	捡	00000002	(0.00473%)

순서	수정전			수정후		
	단어	빈도수	퍼센트	단어	빈도수	퍼센트
1043	姊	00000002	(0.00482%)	屆	00000002	(0.00473%)
1044	賺	00000002	(0.00482%)	惧	00000002	(0.00473%)
1045	姊	00000002	(0.00482%)	涂	00000002	(0.00473%)
1046	挣	00000002	(0.00482%)	录	00000002	(0.00473%)
1047	痊	00000002	(0.00482%)	泪	00000002	(0.00473%)
1048	抓	00000002	(0.00482%)	姥	00000002	(0.00473%)
1049	澡	00000002	(0.00482%)	乓	00000002	(0.00473%)
1050	唧	00000002	(0.00482%)	乒	00000002	(0.00473%)
1051	瞧	00000002	(0.00482%)	丰	00000002	(0.00473%)
1052	虫	00000002	(0.00482%)	稣	00000002	(0.00473%)
1053	吓	00000002	(0.00482%)	售	00000002	(0.00473%)
1054	伙	00000002	(0.00482%)	嚷	00000002	(0.00473%)
1055	猴	00000002	(0.00482%)	腌	00000002	(0.00473%)
1056	呵	00000001	(0.00241%)	优	00000002	(0.00473%)
1057	脚	00000001	(0.00241%)	扔	00000002	(0.00473%)
1058	角	00000001	(0.00241%)	姊	00000002	(0.00473%)
1059	艰	00000001	(0.00241%)	趟	00000002	(0.00473%)
1060	竭	00000001	(0.00241%)	痊	00000002	(0.00473%)
1061	江	00000001	(0.00241%)	抓	00000002	(0.00473%)
1062	距	00000001	(0.00241%)	唧	00000002	(0.00473%)
1063	激	00000001	(0.00241%)	瞧	00000002	(0.00473%)
1064	隔	00000001	(0.00241%)	虫	00000002	(0.00473%)
1065	坚	00000001	(0.00241%)	伙	00000002	(0.00473%)
1066	犬	00000001	(0.00241%)	猴	00000002	(0.00473%)
1067	诀	00000001	(0.00241%)	呵	00000001	(0.00237%)
1068	劲	00000001	(0.00241%)	脚	00000001	(0.00237%)
1069	庆	00000001	(0.00241%)	艰	00000001	(0.00237%)
1070	硬	00000001	(0.00241%)	竭	00000001	(0.00237%)
1071	竟	00000001	(0.00241%)	岗	00000001	(0.00237%)
1072	颈	00000001	(0.00241%)	强	00000001	(0.00237%)
1073	库	00000001	(0.00241%)	江	00000001	(0.00237%)
1074	雇	00000001	(0.00241%)	降	00000001	(0.00237%)
1075	鼓	00000001	(0.00241%)	居	00000001	(0.00237%)
1076	棍	00000001	(0.00241%)	激	00000001	(0.00237%)
1077	恭	00000001	(0.00241%)	隔	00000001	(0.00237%)
1078	颗	00000001	(0.00241%)	诀	00000001	(0.00237%)
1079	冠	00000001	(0.00241%)	劲	00000001	(0.00237%)
1080	官	00000001	(0.00241%)	庆	00000001	(0.00237%)
1081	款	00000001	(0.00241%)	硬	00000001	(0.00237%)
1082	管	00000001	(0.00241%)	雇	00000001	(0.00237%)

순서	수정전			수정후		
	단어	빈도수	퍼센트	단어	빈도수	퍼센트
1083	光	00000001	(0.00241%)	鼓	00000001	(0.00237%)
1084	卦	00000001	(0.00241%)	棍	00000001	(0.00237%)
1085	娇	00000001	(0.00241%)	颗	00000001	(0.00237%)
1086	胶	00000001	(0.00241%)	官	00000001	(0.00237%)
1087	骄	00000001	(0.00241%)	款	00000001	(0.00237%)
1088	欧	00000001	(0.00241%)	管	00000001	(0.00237%)
1089	求	00000001	(0.00241%)	卦	00000001	(0.00237%)
1090	究	00000001	(0.00241%)	娇	00000001	(0.00237%)
1091	邱	00000001	(0.00241%)	胶	00000001	(0.00237%)
1092	郡	00000001	(0.00241%)	骄	00000001	(0.00237%)
1093	宫	00000001	(0.00241%)	俱	00000001	(0.00237%)
1094	圈	00000001	(0.00241%)	欧	00000001	(0.00237%)
1095	拳	00000001	(0.00241%)	求	00000001	(0.00237%)
1096	规	00000001	(0.00241%)	究	00000001	(0.00237%)
1097	克	00000001	(0.00241%)	邱	00000001	(0.00237%)
1098	筋	00000001	(0.00241%)	郡	00000001	(0.00237%)
1099	技	00000001	(0.00241%)	宫	00000001	(0.00237%)
1100	淇	00000001	(0.00241%)	圈	00000001	(0.00237%)
1101	吉	00000001	(0.00241%)	拳	00000001	(0.00237%)
1102	枯	00000001	(0.00241%)	橘	00000001	(0.00237%)
1103	丹	00000001	(0.00241%)	克	00000001	(0.00237%)
1104	坛	00000001	(0.00241%)	筋	00000001	(0.00237%)
1105	旦	00000001	(0.00241%)	及	00000001	(0.00237%)
1106	锻	00000001	(0.00241%)	技	00000001	(0.00237%)
1107	撞	00000001	(0.00241%)	淇	00000001	(0.00237%)
1108	棠	00000001	(0.00241%)	枯	00000001	(0.00237%)
1109	袋	00000001	(0.00241%)	捏	00000001	(0.00237%)
1110	捣	00000001	(0.00241%)	丹	00000001	(0.00237%)
1111	蹈	00000001	(0.00241%)	坛	00000001	(0.00237%)
1112	逃	00000001	(0.00241%)	旦	00000001	(0.00237%)
1113	毒	00000001	(0.00241%)	段	00000001	(0.00237%)
1114	秃	00000001	(0.00241%)	锻	00000001	(0.00237%)
1115	栋	00000001	(0.00241%)	撞	00000001	(0.00237%)
1116	岚	00000001	(0.00241%)	棠	00000001	(0.00237%)
1117	篮	00000001	(0.00241%)	袋	00000001	(0.00237%)
1118	梁	00000001	(0.00241%)	徒	00000001	(0.00237%)
1119	谅	00000001	(0.00241%)	渡	00000001	(0.00237%)
1120	炼	00000001	(0.00241%)	逃	00000001	(0.00237%)
1121	联	00000001	(0.00241%)	毒	00000001	(0.00237%)
1122	怜	00000001	(0.00241%)	秃	00000001	(0.00237%)

순서	수정전			수정후		
	단어	빈도수	퍼센트	단어	빈도수	퍼센트
1123	领	00000001	(0.00241%)	栋	00000001	(0.00237%)
1124	例	00000001	(0.00241%)	岚	00000001	(0.00237%)
1125	绿	00000001	(0.00241%)	篮	00000001	(0.00237%)
1126	榴	00000001	(0.00241%)	览	00000001	(0.00237%)
1127	溜	00000001	(0.00241%)	谅	00000001	(0.00237%)
1128	类	00000001	(0.00241%)	辆	00000001	(0.00237%)
1129	律	00000001	(0.00241%)	励	00000001	(0.00237%)
1130	厘	00000001	(0.00241%)	炼	00000001	(0.00237%)
1131	莫	00000001	(0.00241%)	列	00000001	(0.00237%)
1132	漫	00000001	(0.00241%)	怜	00000001	(0.00237%)
1133	陌	00000001	(0.00241%)	龄	00000001	(0.00237%)
1134	免	00000001	(0.00241%)	绿	00000001	(0.00237%)
1135	帽	00000001	(0.00241%)	榴	00000001	(0.00237%)
1136	某	00000001	(0.00241%)	溜	00000001	(0.00237%)
1137	牡	00000001	(0.00241%)	律	00000001	(0.00237%)
1138	谋	00000001	(0.00241%)	厘	00000001	(0.00237%)
1139	蒙	00000001	(0.00241%)	林	00000001	(0.00237%)
1140	妙	00000001	(0.00241%)	莫	00000001	(0.00237%)
1141	庙	00000001	(0.00241%)	漫	00000001	(0.00237%)
1142	抚	00000001	(0.00241%)	抹	00000001	(0.00237%)
1143	武	00000001	(0.00241%)	亡	00000001	(0.00237%)
1144	闻	00000001	(0.00241%)	陌	00000001	(0.00237%)
1145	勿	00000001	(0.00241%)	帽	00000001	(0.00237%)
1146	迷	00000001	(0.00241%)	牡	00000001	(0.00237%)
1147	敏	00000001	(0.00241%)	谋	00000001	(0.00237%)
1148	伴	00000001	(0.00241%)	妙	00000001	(0.00237%)
1149	拔	00000001	(0.00241%)	庙	00000001	(0.00237%)
1150	坊	00000001	(0.00241%)	抚	00000001	(0.00237%)
1151	访	00000001	(0.00241%)	武	00000001	(0.00237%)
1152	倍	00000001	(0.00241%)	勿	00000001	(0.00237%)
1153	徘	00000001	(0.00241%)	迷	00000001	(0.00237%)
1154	拜	00000001	(0.00241%)	蜜	00000001	(0.00237%)
1155	辈	00000001	(0.00241%)	伴	00000001	(0.00237%)
1156	配	00000001	(0.00241%)	绊	00000001	(0.00237%)
1157	繁	00000001	(0.00241%)	访	00000001	(0.00237%)
1158	犯	00000001	(0.00241%)	徘	00000001	(0.00237%)
1159	范	00000001	(0.00241%)	拜	00000001	(0.00237%)
1160	堡	00000001	(0.00241%)	辈	00000001	(0.00237%)
1161	菩	00000001	(0.00241%)	配	00000001	(0.00237%)
1162	补	00000001	(0.00241%)	繁	00000001	(0.00237%)

순서	수정전			수정후		
	단어	빈도수	퍼센트	단어	빈도수	퍼센트
1163	谱	00000001	(0.00241%)	范	00000001	(0.00237%)
1164	辅	00000001	(0.00241%)	壁	00000001	(0.00237%)
1165	覆、	00000001	(0.00241%)	补	00000001	(0.00237%)
1166	缝	00000001	(0.00241%)	谱	00000001	(0.00237%)
1167	傅 `00000001		(0.00241%)	辅	00000001	(0.00237%)
1168	簿	00000001	(0.00241%)	覆	00000001	(0.00237%)
1169	肤	00000001	(0.00241%)	缝	00000001	(0.00237%)
1170	负	00000001	(0.00241%)	傅	00000001	(0.00237%)
1171	釜	00000001	(0.00241%)	否	00000001	(0.00237%)
1172	棚	00000001	(0.00241%)	簿	00000001	(0.00237%)
1173	绷	00000001	(0.00241%)	肤	00000001	(0.00237%)
1174	悲	00000001	(0.00241%)	负	00000001	(0.00237%)
1175	批	00000001	(0.00241%)	赴	00000001	(0.00237%)
1176	菲	00000001	(0.00241%)	釜	00000001	(0.00237%)
1177	鼻	00000001	(0.00241%)	棚	00000001	(0.00237%)
1178	滨	00000001	(0.00241%)	绷	00000001	(0.00237%)
1179	贫	00000001	(0.00241%)	悲	00000001	(0.00237%)
1180	宾	00000001	(0.00241%)	菲	00000001	(0.00237%)
1181	似	00000001	(0.00241%)	滨	00000001	(0.00237%)
1182	唆	00000001	(0.00241%)	贫	00000001	(0.00237%)
1183	查	00000001	(0.00241%)	宾	00000001	(0.00237%)
1184	沙	00000001	(0.00241%)	查	00000001	(0.00237%)
1185	赐	00000001	(0.00241%)	沙	00000001	(0.00237%)
1186	蒜	00000001	(0.00241%)	祀	00000001	(0.00237%)
1187	杀	00000001	(0.00241%)	赐	00000001	(0.00237%)
1188	赏	00000001	(0.00241%)	蒜	00000001	(0.00237%)
1189	牲	00000001	(0.00241%)	酸	00000001	(0.00237%)
1190	绪	00000001	(0.00241%)	杀	00000001	(0.00237%)
1191	石	00000001	(0.00241%)	偿	00000001	(0.00237%)
1192	宣	00000001	(0.00241%)	牲	00000001	(0.00237%)
1193	扇	00000001	(0.00241%)	逝	00000001	(0.00237%)
1194	线	00000001	(0.00241%)	石	00000001	(0.00237%)
1195	醒	00000001	(0.00241%)	宣	00000001	(0.00237%)
1196	势	00000001	(0.00241%)	线	00000001	(0.00237%)
1197	宵	00000001	(0.00241%)	醒	00000001	(0.00237%)
1198	烧	00000001	(0.00241%)	势	00000001	(0.00237%)
1199	疏	00000001	(0.00241%)	宵	00000001	(0.00237%)
1200	蔬	00000001	(0.00241%)	烧	00000001	(0.00237%)
1201	苏	00000001	(0.00241%)	疏	00000001	(0.00237%)
1202	俗	00000001	(0.00241%)	蔬	00000001	(0.00237%)

순서	수정전			수정후		
	단어	빈도수	퍼센트	단어	빈도수	퍼센트
1203	率	00000001	(0.00241%)	苏	00000001	(0.00237%)
1204	碎	00000001	(0.00241%)	俗	00000001	(0.00237%)
1205	衰	00000001	(0.00241%)	率	00000001	(0.00237%)
1206	嗽	00000001	(0.00241%)	嗽	00000001	(0.00237%)
1207	嫂	00000001	(0.00241%)	熟	00000001	(0.00237%)
1208	授	00000001	(0.00241%)	肃	00000001	(0.00237%)
1209	熟	00000001	(0.00241%)	承	00000001	(0.00237%)
1210	肃	00000001	(0.00241%)	侍	00000001	(0.00237%)
1211	纯	00000001	(0.00241%)	施	00000001	(0.00237%)
1212	升	00000001	(0.00241%)	柿	00000001	(0.00237%)
1213	侍	00000001	(0.00241%)	申	00000001	(0.00237%)
1214	施	00000001	(0.00241%)	肾	00000001	(0.00237%)
1215	柿	00000001	(0.00241%)	辛	00000001	(0.00237%)
1216	申	00000001	(0.00241%)	甚	00000001	(0.00237%)
1217	肾	00000001	(0.00241%)	芯	00000001	(0.00237%)
1218	甚	00000001	(0.00241%)	牙	00000001	(0.00237%)
1219	牙	00000001	(0.00241%)	讶	00000001	(0.00237%)
1220	讶	00000001	(0.00241%)	阿	00000001	(0.00237%)
1221	案	00000001	(0.00241%)	案	00000001	(0.00237%)
1222	哀	00000001	(0.00241%)	哀	00000001	(0.00237%)
1223	惹	00000001	(0.00241%)	惹	00000001	(0.00237%)
1224	野	00000001	(0.00241%)	忆	00000001	(0.00237%)
1225	渔	00000001	(0.00241%)	予	00000001	(0.00237%)
1226	鱼	00000001	(0.00241%)	役	00000001	(0.00237%)
1227	忆	00000001	(0.00241%)	燃	00000001	(0.00237%)
1228	淹	00000001	(0.00241%)	染	00000001	(0.00237%)
1229	役	00000001	(0.00241%)	映	00000001	(0.00237%)
1230	燃	00000001	(0.00241%)	傲	00000001	(0.00237%)
1231	研	00000001	(0.00241%)	翁	00000001	(0.00237%)
1232	缘	00000001	(0.00241%)	顽	00000001	(0.00237%)
1233	映	00000001	(0.00241%)	王	00000001	(0.00237%)
1234	锐	00000001	(0.00241%)	侥	00000001	(0.00237%)
1235	傲	00000001	(0.00241%)	饶	00000001	(0.00237%)
1236	温	00000001	(0.00241%)	浴	00000001	(0.00237%)
1237	顽	00000001	(0.00241%)	偶	00000001	(0.00237%)
1238	王	00000001	(0.00241%)	尤	00000001	(0.00237%)
1239	畏	00000001	(0.00241%)	遇	00000001	(0.00237%)
1240	饶	00000001	(0.00241%)	熊	00000001	(0.00237%)
1241	浴	00000001	(0.00241%)	怨	00000001	(0.00237%)
1242	偶	00000001	(0.00241%)	危	00000001	(0.00237%)

순서	수정전			수정후		
	단어	빈도수	퍼센트	단어	빈도수	퍼센트
1243	尤	00000001	(0.00241%)	委	00000001	(0.00237%)
1244	遇	00000001	(0.00241%)	唯	00000001	(0.00237%)
1245	熊	00000001	(0.00241%)	幼	00000001	(0.00237%)
1246	怨	00000001	(0.00241%)	柔	00000001	(0.00237%)
1247	危	00000001	(0.00241%)	维	00000001	(0.00237%)
1248	委	00000001	(0.00241%)	裕	00000001	(0.00237%)
1249	唯	00000001	(0.00241%)	诱	00000001	(0.00237%)
1250	幼	00000001	(0.00241%)	遗	00000001	(0.00237%)
1251	柔	00000001	(0.00241%)	允	00000001	(0.00237%)
1252	维	00000001	(0.00241%)	毅	00000001	(0.00237%)
1253	裕	00000001	(0.00241%)	疑	00000001	(0.00237%)
1254	诱	00000001	(0.00241%)	仔	00000001	(0.00237%)
1255	遗	00000001	(0.00241%)	姿	00000001	(0.00237%)
1256	允	00000001	(0.00241%)	煮	00000001	(0.00237%)
1257	毅	00000001	(0.00241%)	暂	00000001	(0.00237%)
1258	疑	00000001	(0.00241%)	潜	00000001	(0.00237%)
1259	义	00000001	(0.00241%)	仗	00000001	(0.00237%)
1260	尔	00000001	(0.00241%)	奖	00000001	(0.00237%)
1261	姿	00000001	(0.00241%)	肠	00000001	(0.00237%)
1262	藉	00000001	(0.00241%)	脏	00000001	(0.00237%)
1263	暂	00000001	(0.00241%)	酱	00000001	(0.00237%)
1264	潜	00000001	(0.00241%)	争	00000001	(0.00237%)
1265	奖	00000001	(0.00241%)	低	00000001	(0.00237%)
1266	脏	00000001	(0.00241%)	迹	00000001	(0.00237%)
1267	酱	00000001	(0.00241%)	战	00000001	(0.00237%)
1268	载	00000001	(0.00241%)	殿	00000001	(0.00237%)
1269	争	00000001	(0.00241%)	折	00000001	(0.00237%)
1270	底	00000001	(0.00241%)	粘	00000001	(0.00237%)
1271	猪	00000001	(0.00241%)	订	00000001	(0.00237%)
1272	积	00000001	(0.00241%)	郑	00000001	(0.00237%)
1273	战	00000001	(0.00241%)	顶	00000001	(0.00237%)
1274	殿	00000001	(0.00241%)	帝	00000001	(0.00237%)
1275	折	00000001	(0.00241%)	祭	00000001	(0.00237%)
1276	渐	00000001	(0.00241%)	际	00000001	(0.00237%)
1277	粘	00000001	(0.00241%)	操	00000001	(0.00237%)
1278	廷	00000001	(0.00241%)	祖	00000001	(0.00237%)
1279	订	00000001	(0.00241%)	粗	00000001	(0.00237%)
1280	郑	00000001	(0.00241%)	鸟	00000001	(0.00237%)
1281	顶	00000001	(0.00241%)	存	00000001	(0.00237%)
1282	帝	00000001	(0.00241%)	宗	00000001	(0.00237%)

순서	수정전			수정후		
	단어	빈도수	퍼센트	단어	빈도수	퍼센트
1283	操	00000001	(0.00241%)	罪	00000001	(0.00237%)
1284	祖	00000001	(0.00241%)	奏	00000001	(0.00237%)
1285	粗	00000001	(0.00241%)	洲	00000001	(0.00237%)
1286	调	00000001	(0.00241%)	筹	00000001	(0.00237%)
1287	鸟	00000001	(0.00241%)	绸	00000001	(0.00237%)
1288	存	00000001	(0.00241%)	即	00000001	(0.00237%)
1289	宗	00000001	(0.00241%)	汁	00000001	(0.00237%)
1290	罪	00000001	(0.00241%)	增	00000001	(0.00237%)
1291	奏	00000001	(0.00241%)	曾	00000001	(0.00237%)
1292	株	00000001	(0.00241%)	咫	00000001	(0.00237%)
1293	洲	00000001	(0.00241%)	志	00000001	(0.00237%)
1294	筹	00000001	(0.00241%)	指	00000001	(0.00237%)
1295	绸	00000001	(0.00241%)	止	00000001	(0.00237%)
1296	汁	00000001	(0.00241%)	津	00000001	(0.00237%)
1297	增	00000001	(0.00241%)	珍	00000001	(0.00237%)
1298	曾	00000001	(0.00241%)	秦	00000001	(0.00237%)
1299	咫	00000001	(0.00241%)	阵	00000001	(0.00237%)
1300	指	00000001	(0.00241%)	执	00000001	(0.00237%)
1301	渍	00000001	(0.00241%)	擦	00000001	(0.00237%)
1302	织	00000001	(0.00241%)	畅	00000001	(0.00237%)
1303	津	00000001	(0.00241%)	尺	00000001	(0.00237%)
1304	珍	00000001	(0.00241%)	浅	00000001	(0.00237%)
1305	秦	00000001	(0.00241%)	签	00000001	(0.00237%)
1306	执	00000001	(0.00241%)	椒	00000001	(0.00237%)
1307	辑	00000001	(0.00241%)	楚	00000001	(0.00237%)
1308	敝	00000001	(0.00241%)	炒	00000001	(0.00237%)
1309	畅	00000001	(0.00241%)	秒	00000001	(0.00237%)
1310	尺	00000001	(0.00241%)	草	00000001	(0.00237%)
1311	浅	00000001	(0.00241%)	蕉	00000001	(0.00237%)
1312	撤	00000001	(0.00241%)	烛	00000001	(0.00237%)
1313	沾	00000001	(0.00241%)	宠	00000001	(0.00237%)
1314	签	00000001	(0.00241%)	追	00000001	(0.00237%)
1315	剃	00000001	(0.00241%)	逐	00000001	(0.00237%)
1316	椒	00000001	(0.00241%)	衷	00000001	(0.00237%)
1317	楚	00000001	(0.00241%)	脆	00000001	(0.00237%)
1318	秒	00000001	(0.00241%)	鹭	00000001	(0.00237%)
1319	草	00000001	(0.00241%)	治	00000001	(0.00237%)
1320	蕉	00000001	(0.00241%)	致	00000001	(0.00237%)
1321	宠	00000001	(0.00241%)	针	00000001	(0.00237%)
1322	追	00000001	(0.00241%)	惰	00000001	(0.00237%)

순서	수정전			수정후		
	단어	빈도수	퍼센트	단어	빈도수	퍼센트
1323	逐	00000001	(0.00241%)	诞	00000001	(0.00237%)
1324	鹜	00000001	(0.00241%)	夺	00000001	(0.00237%)
1325	值	00000001	(0.00241%)	脱	00000001	(0.00237%)
1326	治	00000001	(0.00241%)	跆	00000001	(0.00237%)
1327	针	00000001	(0.00241%)	痛	00000001	(0.00237%)
1328	惰	00000001	(0.00241%)	堆	00000001	(0.00237%)
1329	诞	00000001	(0.00241%)	透	00000001	(0.00237%)
1330	夺	00000001	(0.00241%)	败	00000001	(0.00237%)
1331	脱	00000001	(0.00241%)	编	00000001	(0.00237%)
1332	态	00000001	(0.00241%)	评	00000001	(0.00237%)
1333	跆	00000001	(0.00241%)	闭	00000001	(0.00237%)
1334	择	00000001	(0.00241%)	饱	00000001	(0.00237%)
1335	堆	00000001	(0.00241%)	爆	00000001	(0.00237%)
1336	败	00000001	(0.00241%)	何	00000001	(0.00237%)
1337	扁	00000001	(0.00241%)	贺	00000001	(0.00237%)
1338	编	00000001	(0.00241%)	闲	00000001	(0.00237%)
1339	闭	00000001	(0.00241%)	含	00000001	(0.00237%)
1340	饱	00000001	(0.00241%)	喊	00000001	(0.00237%)
1341	爆	00000001	(0.00241%)	盒	00000001	(0.00237%)
1342	枫	00000001	(0.00241%)	咳	00000001	(0.00237%)
1343	贺	00000001	(0.00241%)	献	00000001	(0.00237%)
1344	闲	00000001	(0.00241%)	险	00000001	(0.00237%)
1345	含	00000001	(0.00241%)	挟	00000001	(0.00237%)
1346	喊	00000001	(0.00241%)	炯	00000001	(0.00237%)
1347	盒	00000001	(0.00241%)	壶	00000001	(0.00237%)
1348	咳	00000001	(0.00241%)	糊	00000001	(0.00237%)
1349	献	00000001	(0.00241%)	胡	00000001	(0.00237%)
1350	险	00000001	(0.00241%)	护	00000001	(0.00237%)
1351	县	00000001	(0.00241%)	豪	00000001	(0.00237%)
1352	页	00000001	(0.00241%)	混	00000001	(0.00237%)
1353	夹	00000001	(0.00241%)	忽	00000001	(0.00237%)
1354	挟	00000001	(0.00241%)	皇	00000001	(0.00237%)
1355	形	00000001	(0.00241%)	個	00000001	(0.00237%)
1356	炯	00000001	(0.00241%)	效	00000001	(0.00237%)
1357	壶	00000001	(0.00241%)	喧	00000001	(0.00237%)
1358	糊	00000001	(0.00241%)	欣	00000001	(0.00237%)
1359	胡	00000001	(0.00241%)	洽	00000001	(0.00237%)
1360	护	00000001	(0.00241%)	牺	00000001	(0.00237%)
1361	豪	00000001	(0.00241%)	瞌	00000001	(0.00237%)
1362	混	00000001	(0.00241%)	夸	00000001	(0.00237%)

순서	수정전			수정후		
	단어	빈도수	퍼센트	단어	빈도수	퍼센트
1363	忽	00000001	(0.00241%)	裹	00000001	(0.00237%)
1364	皇	00000001	(0.00241%)	框	00000001	(0.00237%)
1365	徊	00000001	(0.00241%)	瑰	00000001	(0.00237%)
1366	效	00000001	(0.00241%)	旧	00000001	(0.00237%)
1367	喧	00000001	(0.00241%)	胆	00000001	(0.00237%)
1368	黑	00000001	(0.00241%)	蹉	00000001	(0.00237%)
1369	欣	00000001	(0.00241%)	炖	00000001	(0.00237%)
1370	牺	00000001	(0.00241%)	拦	00000001	(0.00237%)
1371	瞎	00000001	(0.00241%)	啦	00000001	(0.00237%)
1372	歉	00000001	(0.00241%)	链	00000001	(0.00237%)
1373	搞	00000001	(0.00241%)	玫	00000001	(0.00237%)
1374	棵	00000001	(0.00241%)	霉	00000001	(0.00237%)
1375	裹	00000001	(0.00241%)	脖	00000001	(0.00237%)
1376	框	00000001	(0.00241%)	绑	00000001	(0.00237%)
1377	瑰	00000001	(0.00241%)	饼	00000001	(0.00237%)
1378	旧	00000001	(0.00241%)	耍	00000001	(0.00237%)
1379	蹉	00000001	(0.00241%)	蜡	00000001	(0.00237%)
1380	涂	00000001	(0.00241%)	甩	00000001	(0.00237%)
1381	啰	00000001	(0.00241%)	吨	00000001	(0.00237%)
1382	拦	00000001	(0.00241%)	颐	00000001	(0.00237%)
1383	啦	00000001	(0.00241%)	哎	00000001	(0.00237%)
1384	链	00000001	(0.00241%)	赚	00000001	(0.00237%)
1385	录	00000001	(0.00241%)	账	00000001	(0.00237%)
1386	玫	00000001	(0.00241%)	宁	00000001	(0.00237%)
1387	霉	00000001	(0.00241%)	砖	00000001	(0.00237%)
1388	脖	00000001	(0.00241%)	证	00000001	(0.00237%)
1389	绑	00000001	(0.00241%)	荐	00000001	(0.00237%)
1390	饼	00000001	(0.00241%)	屉	00000001	(0.00237%)
1391	耍	00000001	(0.00241%)	葱	00000001	(0.00237%)
1392	胜	00000001	(0.00241%)	础	00000001	(0.00237%)
1393	甩	00000001	(0.00241%)	称	00000001	(0.00237%)
1394	吨	00000001	(0.00241%)	诧	00000001	(0.00237%)
1395	颐	00000001	(0.00241%)	碳	00000001	(0.00237%)
1396	哎	00000001	(0.00241%)	趴	00000001	(0.00237%)
1397	腌	00000001	(0.00241%)	沪	00000001	(0.00237%)
1398	扔	00000001	(0.00241%)	哗	00000001	(0.00237%)
1399	宁	00000001	(0.00241%)	谎	00000001	(0.00237%)
1400	砖	00000001	(0.00241%)			
1401	证	00000001	(0.00241%)			
1402	荐	00000001	(0.00241%)			

순서	수정전			수정후		
	단어	빈도수	퍼센트	단어	빈도수	퍼센트
1403	屉	00000001	(0.00241%)			
1404	葱	00000001	(0.00241%)			
1405	称	00000001	(0.00241%)			
1406	诧	00000001	(0.00241%)			
1407	碳	00000001	(0.00241%)			
1408	趴	00000001	(0.00241%)			
1409	沪	00000001	(0.00241%)			
1410	哗	00000001	(0.00241%)			

5.3.2 3학년 중간언어 자료 수정 전·후의 한자 사용빈도

순서	수정전			수정후		
	단어	빈도수	퍼센트	단어	빈도수	퍼센트
1	我	00002781	(5.27954%)	我	00002649	(5.23476%)
2	的	00002246	(4.26388%)	的	00001912	(3.77836%)
3	了	00001094	(2.07689%)	了	00001172	(2.31602%)
4	一	00000841	(1.59658%)	一	00000808	(1.59671%)
5	是	00000833	(1.58140%)	们	00000754	(1.49000%)
6	们	00000787	(1.49407%)	是	00000717	(1.41688%)
7	不	00000713	(1.35358%)	很	00000697	(1.37736%)
8	他	00000651	(1.23588%)	他	00000643	(1.27065%)
9	很	00000651	(1.23588%)	不	00000640	(1.26472%)
10	有	00000568	(1.07831%)	学	00000537	(1.06118%)
11	在	00000566	(1.07451%)	在	00000513	(1.01375%)
12	学	00000558	(1.05933%)	有	00000504	(0.99597%)
13	时	00000518	(0.98339%)	天	00000500	(0.98806%)
14	天	00000509	(0.96630%)	时	00000456	(0.90111%)
15	个	00000472	(0.89606%)	去	00000449	(0.88728%)
16	人	00000468	(0.88847%)	到	00000444	(0.87740%)
17	去	00000450	(0.85430%)	人	00000437	(0.86357%)
18	到	00000450	(0.85430%)	个	00000417	(0.82405%)
19	以	00000432	(0.82012%)	这	00000399	(0.78848%)
20	这	00000411	(0.78026%)	以	00000385	(0.76081%)
21	你	00000384	(0.72900%)	你	00000373	(0.73710%)
22	国	00000381	(0.72330%)	国	00000365	(0.72129%)
23	她	00000379	(0.71951%)	她	00000339	(0.66991%)
24	中	00000342	(0.64926%)	家	00000334	(0.66003%)
25	家	00000340	(0.64547%)	来	00000334	(0.66003%)
26	来	00000317	(0.60180%)	好	00000329	(0.65015%)

순서	수정전			수정후		
	단어	빈도수	퍼센트	단어	빈도수	퍼센트
27	好	00000308	(0.58472%)	中	00000325	(0.64224%)
28	要	00000293	(0.55624%)	得	00000305	(0.60272%)
29	得	00000289	(0.54865%)	要	00000304	(0.60074%)
30	上	00000284	(0.53916%)	上	00000294	(0.58098%)
31	大	00000258	(0.48980%)	说	00000258	(0.50984%)
32	生	00000251	(0.47651%)	大	00000255	(0.50391%)
33	那	00000250	(0.47461%)	起	00000248	(0.49008%)
34	说	00000248	(0.47081%)	都	00000241	(0.47625%)
35	为	00000239	(0.45373%)	友	00000239	(0.47229%)
36	友	00000235	(0.44613%)	为	00000237	(0.46834%)
37	起	00000231	(0.43854%)	生	00000226	(0.44661%)
38	候	00000228	(0.43284%)	朋	00000225	(0.44463%)
39	没	00000224	(0.42525%)	没	00000217	(0.42882%)
40	朋	00000223	(0.42335%)	那	00000216	(0.42684%)
41	儿	00000223	(0.42335%)	后	00000212	(0.41894%)
42	过	00000218	(0.41386%)	下	00000210	(0.41499%)
43	下	00000216	(0.41006%)	就	00000207	(0.40906%)
44	常	00000212	(0.40247%)	多	00000205	(0.40511%)
45	多	00000210	(0.39867%)	也	00000193	(0.38139%)
46	后	00000208	(0.39487%)	候	00000193	(0.38139%)
47	子	00000206	(0.39108%)	想	00000190	(0.37546%)
48	可	00000204	(0.38728%)	常	00000189	(0.37349%)
49	看	00000201	(0.38159%)	语	00000188	(0.37151%)
50	也	00000201	(0.38159%)	看	00000184	(0.36361%)
51	想	00000195	(0.37019%)	年	00000184	(0.36361%)
52	行	00000193	(0.36640%)	可	00000181	(0.35768%)
53	所	00000192	(0.36450%)	子	00000179	(0.35373%)
54	语	00000189	(0.35880%)	行	00000179	(0.35373%)
55	么	00000189	(0.35880%)	儿	00000179	(0.35373%)
56	年	00000188	(0.35691%)	会	00000178	(0.35175%)
57	跟	00000185	(0.35121%)	过	00000177	(0.34977%)
58	都	00000184	(0.34931%)	习	00000170	(0.33594%)
59	就	00000179	(0.33982%)	现	00000169	(0.33397%)
60	和	00000178	(0.33792%)	妈	00000169	(0.33397%)
61	习	00000176	(0.33412%)	和	00000168	(0.33199%)
62	心	00000172	(0.32653%)	所	00000163	(0.32211%)
63	妈	00000172	(0.32653%)	对	00000160	(0.31618%)
64	事	00000171	(0.32463%)	么	00000159	(0.31420%)
65	现	00000169	(0.32084%)	事	00000158	(0.31223%)
66	对	00000164	(0.31134%)	心	00000158	(0.31223%)

순서	수정전			수정후		
	단어	빈도수	퍼센트	단어	빈도수	퍼센트
67	点	00000161	(0.30565%)	跟	00000157	(0.31025%)
68	但	00000160	(0.30375%)	前	00000155	(0.30630%)
69	前	00000160	(0.30375%)	地	00000151	(0.29840%)
70	次	00000159	(0.30185%)	次	00000150	(0.29642%)
71	地	00000156	(0.29616%)	爸	00000146	(0.28851%)
72	小	00000155	(0.29426%)	欢	00000145	(0.28654%)
73	间	00000154	(0.29236%)	车	00000144	(0.28456%)
74	别	00000150	(0.28477%)	还	00000144	(0.28456%)
75	然	00000150	(0.28477%)	但	00000143	(0.28259%)
76	车	00000149	(0.28287%)	能	00000137	(0.27073%)
77	爸	00000149	(0.28287%)	小	00000137	(0.27073%)
78	样	00000145	(0.27527%)	点	00000137	(0.27073%)
79	汉	00000145	(0.27527%)	打	00000136	(0.26875%)
80	面	00000142	(0.26958%)	然	00000133	(0.26283%)
81	会	00000141	(0.26768%)	间	00000132	(0.26085%)
82	打	00000136	(0.25819%)	喜	00000132	(0.26085%)
83	欢	00000136	(0.25819%)	别	00000131	(0.25887%)
84	还	00000136	(0.25819%)	吃	00000129	(0.25492%)
85	吃	00000136	(0.25819%)	开	00000128	(0.25294%)
86	能	00000134	(0.25439%)	样	00000128	(0.25294%)
87	开	00000133	(0.25249%)	觉	00000126	(0.24899%)
88	感	00000131	(0.24869%)	今	00000126	(0.24899%)
89	里	00000129	(0.24490%)	里	00000125	(0.24702%)
90	当	00000129	(0.24490%)	汉	00000124	(0.24504%)
91	意	00000127	(0.24110%)	高	00000123	(0.24306%)
92	今	00000126	(0.23920%)	面	00000123	(0.24306%)
93	喜	00000125	(0.23730%)	当	00000121	(0.23911%)
94	话	00000123	(0.23351%)	意	00000113	(0.22330%)
95	高	00000122	(0.23161%)	最	00000113	(0.22330%)
96	给	00000119	(0.22591%)	感	00000112	(0.22133%)
97	因	00000118	(0.22402%)	老	00000110	(0.21737%)
98	见	00000117	(0.22212%)	话	00000109	(0.21540%)
99	比	00000114	(0.21642%)	每	00000108	(0.21342%)
100	自	00000114	(0.21642%)	比	00000108	(0.21342%)
101	觉	00000111	(0.21073%)	见	00000107	(0.21145%)
102	老	00000109	(0.20693%)	给	00000106	(0.20947%)
103	着	00000109	(0.20693%)	着	00000106	(0.20947%)
104	最	00000109	(0.20693%)	因	00000104	(0.20552%)
105	出	00000108	(0.20503%)	出	00000103	(0.20354%)
106	情	00000106	(0.20123%)	进	00000101	(0.19959%)

순서	수정전			수정후		
	단어	빈도수	퍼센트	단어	빈도수	퍼센트
107	日	00000105	(0.19934%)	什	00000099	(0.19564%)
108	什	00000103	(0.19554%)	经	00000098	(0.19366%)
109	进	00000103	(0.19554%)	师	00000098	(0.19366%)
110	发	00000101	(0.19174%)	力	00000097	(0.19168%)
111	经	00000100	(0.18984%)	发	00000097	(0.19168%)
112	力	00000100	(0.18984%)	难	00000096	(0.18971%)
113	外	00000100	(0.18984%)	自	00000096	(0.18971%)
114	师	00000099	(0.18794%)	定	00000096	(0.18971%)
115	太	00000099	(0.18794%)	雪	00000095	(0.18773%)
116	难	00000097	(0.18415%)	外	00000095	(0.18773%)
117	雪	00000096	(0.18225%)	问	00000093	(0.18378%)
118	定	00000096	(0.18225%)	从	00000093	(0.18378%)
119	校	00000095	(0.18035%)	活	00000093	(0.18378%)
120	每	00000094	(0.17845%)	成	00000092	(0.18180%)
121	问	00000094	(0.17845%)	日	00000089	(0.17588%)
122	关	00000092	(0.17466%)	情	00000089	(0.17588%)
123	道	00000092	(0.17466%)	帮	00000089	(0.17588%)
124	成	00000092	(0.17466%)	旅	00000087	(0.17192%)
125	从	00000092	(0.17466%)	作	00000087	(0.17192%)
126	活	00000092	(0.17466%)	特	00000086	(0.16995%)
127	旅	00000089	(0.16896%)	校	00000085	(0.16797%)
128	作	00000089	(0.16896%)	回	00000084	(0.16599%)
129	只	00000086	(0.16327%)	房	00000082	(0.16204%)
130	特	00000086	(0.16327%)	题	00000082	(0.16204%)
131	方	00000085	(0.16137%)	望	00000081	(0.16007%)
132	边	00000085	(0.16137%)	太	00000081	(0.16007%)
133	真	00000084	(0.15947%)	关	00000079	(0.15611%)
134	韩	00000084	(0.15947%)	搬	00000079	(0.15611%)
135	吧	00000084	(0.15947%)	姐	00000079	(0.15611%)
136	动	00000083	(0.15757%)	韩	00000079	(0.15611%)
137	搬	00000083	(0.15757%)	吧	00000079	(0.15611%)
138	房	00000083	(0.15757%)	动	00000078	(0.15414%)
139	姐	00000083	(0.15757%)	住	00000078	(0.15414%)
140	气	00000083	(0.15757%)	只	00000078	(0.15414%)
141	帮	00000083	(0.15757%)	方	00000077	(0.15216%)
142	题	00000082	(0.15567%)	算	00000077	(0.15216%)
143	而	00000081	(0.15377%)	工	00000076	(0.15019%)
144	住	00000080	(0.15187%)	期	00000076	(0.15019%)
145	望	00000079	(0.14998%)	边	00000075	(0.14821%)
146	三	00000079	(0.14998%)	道	00000074	(0.14623%)

순서	수정전			수정후		
	단어	빈도수	퍼센트	단어	빈도수	퍼센트
147	知	00000079	(0.14998%)	气	00000073	(0.14426%)
148	回	00000079	(0.14998%)	三	00000072	(0.14228%)
149	电	00000076	(0.14428%)	安	00000072	(0.14228%)
150	工	00000073	(0.13859%)	而	00000072	(0.14228%)
151	果	00000073	(0.13859%)	非	00000071	(0.14031%)
152	长	00000073	(0.13859%)	才	00000071	(0.14031%)
153	两	00000072	(0.13669%)	电	00000071	(0.14031%)
154	算	00000072	(0.13669%)	长	00000070	(0.13833%)
155	平	00000071	(0.13479%)	重	00000070	(0.13833%)
156	几	00000071	(0.13479%)	真	00000070	(0.13833%)
157	期	00000070	(0.13289%)	同	00000069	(0.13635%)
158	非	00000069	(0.13099%)	让	00000069	(0.13635%)
159	才	00000069	(0.13099%)	相	00000068	(0.13438%)
160	第	00000069	(0.13099%)	虽	00000068	(0.13438%)
161	相	00000068	(0.12909%)	听	00000068	(0.13438%)
162	安	00000068	(0.12909%)	两	00000067	(0.13240%)
163	弟	00000068	(0.12909%)	明	00000067	(0.13240%)
164	越	00000067	(0.12720%)	第	00000067	(0.13240%)
165	听	00000067	(0.12720%)	知	00000067	(0.13240%)
166	商	00000066	(0.12530%)	再	00000066	(0.13042%)
167	让	00000066	(0.12530%)	平	00000066	(0.13042%)
168	重	00000066	(0.12530%)	希	00000066	(0.13042%)
169	忙	00000064	(0.12150%)	几	00000066	(0.13042%)
170	希	00000064	(0.12150%)	把	00000064	(0.12647%)
171	件	00000063	(0.11960%)	果	00000063	(0.12450%)
172	同	00000063	(0.11960%)	商	00000063	(0.12450%)
173	明	00000063	(0.11960%)	弟	00000063	(0.12450%)
174	考	00000062	(0.11770%)	业	00000062	(0.12252%)
175	近	00000062	(0.11770%)	认	00000062	(0.12252%)
176	己	00000062	(0.11770%)	考	00000061	(0.12054%)
177	虽	00000062	(0.11770%)	件	00000060	(0.11857%)
178	爱	00000061	(0.11580%)	做	00000060	(0.11857%)
179	业	00000061	(0.11580%)	量	00000059	(0.11659%)
180	如	00000061	(0.11580%)	父	00000059	(0.11659%)
181	又	00000061	(0.11580%)	身	00000059	(0.11659%)
182	再	00000061	(0.11580%)	找	00000059	(0.11659%)
183	服	00000060	(0.11391%)	如	00000058	(0.11462%)
184	分	00000059	(0.11201%)	于	00000058	(0.11462%)
185	热	00000059	(0.11201%)	节	00000058	(0.11462%)
186	节	00000059	(0.11201%)	忙	00000057	(0.11264%)

순서	수정전			수정후		
	단어	빈도수	퍼센트	단어	빈도수	퍼센트
187	快	00000059	(0.11201%)	服	00000057	(0.11264%)
188	等	00000058	(0.11011%)	爱	00000057	(0.11264%)
189	量	00000058	(0.11011%)	主	00000057	(0.11264%)
190	父	00000058	(0.11011%)	近	00000056	(0.11066%)
191	水	00000058	(0.11011%)	北	00000056	(0.11066%)
192	做	00000058	(0.11011%)	像	00000056	(0.11066%)
193	忘	00000057	(0.10821%)	越	00000056	(0.11066%)
194	孩	00000057	(0.10821%)	加	00000055	(0.10869%)
195	北	00000056	(0.10631%)	忘	00000055	(0.10869%)
196	十	00000056	(0.10631%)	又	00000055	(0.10869%)
197	于	00000056	(0.10631%)	月	00000055	(0.10869%)
198	主	00000056	(0.10631%)	公	00000054	(0.10671%)
199	兴	00000056	(0.10631%)	努	00000054	(0.10671%)
200	山	00000055	(0.10441%)	山	00000054	(0.10671%)
201	月	00000055	(0.10441%)	热	00000054	(0.10671%)
202	把	00000055	(0.10441%)	孩	00000054	(0.10671%)
203	机	00000054	(0.10252%)	母	00000053	(0.10473%)
204	努	00000054	(0.10252%)	试	00000053	(0.10473%)
205	目	00000054	(0.10252%)	十	00000053	(0.10473%)
206	身	00000054	(0.10252%)	玩	00000053	(0.10473%)
207	早	00000054	(0.10252%)	已	00000053	(0.10473%)
208	坐	00000054	(0.10252%)	该	00000053	(0.10473%)
209	像	00000053	(0.10062%)	兴	00000053	(0.10473%)
210	已	00000053	(0.10062%)	机	00000052	(0.10276%)
211	张	00000053	(0.10062%)	东	00000052	(0.10276%)
212	公	00000052	(0.09872%)	本	00000052	(0.10276%)
213	晚	00000052	(0.09872%)	水	00000052	(0.10276%)
214	母	00000052	(0.09872%)	钱	00000052	(0.10276%)
215	找	00000052	(0.09872%)	张	00000051	(0.10078%)
216	全	00000051	(0.09682%)	全	00000051	(0.10078%)
217	亲	00000051	(0.09682%)	快	00000051	(0.10078%)
218	加	00000050	(0.09492%)	较	00000050	(0.09881%)
219	女	00000050	(0.09492%)	晚	00000050	(0.09881%)
220	论	00000050	(0.09492%)	目	00000050	(0.09881%)
221	该	00000050	(0.09492%)	排	00000050	(0.09881%)
222	较	00000049	(0.09302%)	西	00000050	(0.09881%)
223	东	00000049	(0.09302%)	新	00000050	(0.09881%)
224	饭	00000049	(0.09302%)	应	00000050	(0.09881%)
225	西	00000049	(0.09302%)	等	00000049	(0.09683%)
226	试	00000049	(0.09302%)	分	00000049	(0.09683%)

순서	수정전			수정후		
	단어	빈도수	퍼센트	단어	빈도수	퍼센트
227	玩	00000049	(0.09302%)	早	00000049	(0.09683%)
228	教	00000048	(0.09112%)	坐	00000049	(0.09683%)
229	睡	00000048	(0.09112%)	己	00000048	(0.09485%)
230	钱	00000048	(0.09112%)	论	00000048	(0.09485%)
231	表	00000048	(0.09112%)	尔	00000048	(0.09485%)
232	认	00000047	(0.08923%)	亲	00000048	(0.09485%)
233	整	00000047	(0.08923%)	饭	00000047	(0.09288%)
234	格	00000046	(0.08733%)	始	00000047	(0.09288%)
235	排	00000046	(0.08733%)	呢	00000047	(0.09288%)
236	书	00000046	(0.08733%)	体	00000047	(0.09288%)
237	性	00000046	(0.08733%)	整	00000046	(0.09090%)
238	始	00000046	(0.08733%)	更	00000045	(0.08893%)
239	游	00000046	(0.08733%)	系	00000045	(0.08893%)
240	应	00000046	(0.08733%)	女	00000045	(0.08893%)
241	且	00000046	(0.08733%)	白	00000045	(0.08893%)
242	男	00000045	(0.08543%)	游	00000045	(0.08893%)
243	本	00000045	(0.08543%)	且	00000045	(0.08893%)
244	呢	00000045	(0.08543%)	文	00000044	(0.08695%)
245	京	00000044	(0.08353%)	书	00000044	(0.08695%)
246	系	00000044	(0.08353%)	睡	00000044	(0.08695%)
247	路	00000044	(0.08353%)	助	00000044	(0.08695%)
248	新	00000044	(0.08353%)	之	00000044	(0.08695%)
249	二	00000044	(0.08353%)	教	00000043	(0.08497%)
250	助	00000044	(0.08353%)	美	00000043	(0.08497%)
251	记	00000043	(0.08163%)	场	00000043	(0.08497%)
252	买	00000043	(0.08163%)	海	00000043	(0.08497%)
253	文	00000043	(0.08163%)	火	00000043	(0.08497%)
254	法	00000043	(0.08163%)	决	00000042	(0.08300%)
255	四	00000043	(0.08163%)	京	00000042	(0.08300%)
256	正	00000043	(0.08163%)	课	00000042	(0.08300%)
257	它	00000043	(0.08163%)	男	00000042	(0.08300%)
258	实	00000042	(0.07973%)	带	00000042	(0.08300%)
259	讨	00000042	(0.07973%)	讨	00000042	(0.08300%)
260	体	00000042	(0.07973%)	哥	00000041	(0.08102%)
261	哥	00000041	(0.07784%)	名	00000041	(0.08102%)
262	结	00000041	(0.07784%)	送	00000041	(0.08102%)
263	更	00000041	(0.07784%)	昨	00000041	(0.08102%)
264	星	00000041	(0.07784%)	表	00000041	(0.08102%)
265	用	00000041	(0.07784%)	买	00000040	(0.07905%)
266	海	00000041	(0.07784%)	性	00000040	(0.07905%)

순서	수정전			수정후		
	단어	빈도수	퍼센트	단어	빈도수	퍼센트
267	决	00000040	(0.07594%)	正	00000040	(0.07905%)
268	究	00000040	(0.07594%)	向	00000040	(0.07905%)
269	理	00000040	(0.07594%)	格	00000039	(0.07707%)
270	美	00000040	(0.07594%)	路	00000039	(0.07707%)
271	送	00000040	(0.07594%)	法	00000039	(0.07707%)
272	研	00000040	(0.07594%)	四	00000039	(0.07707%)
273	之	00000040	(0.07594%)	星	00000039	(0.07707%)
274	火	00000040	(0.07594%)	研	00000039	(0.07707%)
275	课	00000039	(0.07404%)	种	00000039	(0.07707%)
276	班	00000039	(0.07404%)	究	00000038	(0.07509%)
277	昨	00000039	(0.07404%)	记	00000038	(0.07509%)
278	吗	00000039	(0.07404%)	理	00000038	(0.07509%)
279	内	00000038	(0.07214%)	二	00000038	(0.07509%)
280	思	00000038	(0.07214%)	直	00000038	(0.07509%)
281	眼	00000038	(0.07214%)	远	00000037	(0.07312%)
282	原	00000038	(0.07214%)	功	00000036	(0.07114%)
283	衣	00000038	(0.07214%)	班	00000036	(0.07114%)
284	齐	00000038	(0.07214%)	首	00000036	(0.07114%)
285	站	00000038	(0.07214%)	实	00000036	(0.07114%)
286	口	00000037	(0.07024%)	差	00000036	(0.07114%)
287	带	00000037	(0.07024%)	参	00000036	(0.07114%)
288	亮	00000037	(0.07024%)	吗	00000036	(0.07114%)
289	受	00000037	(0.07024%)	衣	00000035	(0.06916%)
290	信	00000037	(0.07024%)	走	00000035	(0.06916%)
291	走	00000037	(0.07024%)	化	00000035	(0.06916%)
292	怎	00000037	(0.07024%)	亮	00000034	(0.06719%)
293	假	00000036	(0.06834%)	思	00000034	(0.06719%)
294	困	00000036	(0.06834%)	识	00000034	(0.06719%)
295	影	00000036	(0.06834%)	信	00000034	(0.06719%)
296	被	00000036	(0.06834%)	齐	00000034	(0.06719%)
297	功	00000035	(0.06645%)	站	00000034	(0.06719%)
298	名	00000035	(0.06645%)	处	00000034	(0.06719%)
299	半	00000035	(0.06645%)	结	00000033	(0.06521%)
300	远	00000035	(0.06645%)	困	00000033	(0.06521%)
301	注	00000035	(0.06645%)	内	00000033	(0.06521%)
302	化	00000035	(0.06645%)	留	00000033	(0.06521%)
303	处	00000034	(0.06455%)	受	00000033	(0.06521%)
304	解	00000034	(0.06455%)	息	00000033	(0.06521%)
305	种	00000034	(0.06455%)	原	00000033	(0.06521%)
306	流	00000033	(0.06265%)	注	00000033	(0.06521%)

순서	수정전			수정후		
	단어	빈도수	퍼센트	단어	빈도수	퍼센트
307	无	00000033	(0.06265%)	请	00000033	(0.06521%)
308	白	00000033	(0.06265%)	总	00000033	(0.06521%)
309	部	00000033	(0.06265%)	被	00000033	(0.06521%)
310	息	00000033	(0.06265%)	怎	00000033	(0.06521%)
311	直	00000033	(0.06265%)	喝	00000032	(0.06324%)
312	差	00000033	(0.06265%)	口	00000032	(0.06324%)
313	包	00000033	(0.06265%)	叫	00000032	(0.06324%)
314	苦	00000032	(0.06075%)	立	00000032	(0.06324%)
315	待	00000032	(0.06075%)	无	00000032	(0.06324%)
316	留	00000032	(0.06075%)	半	00000032	(0.06324%)
317	变	00000032	(0.06075%)	影	00000032	(0.06324%)
318	照	00000032	(0.06075%)	用	00000032	(0.06324%)
319	向	00000032	(0.06075%)	通	00000032	(0.06324%)
320	突	00000031	(0.05885%)	解	00000032	(0.06324%)
321	城	00000031	(0.05885%)	假	00000031	(0.06126%)
322	识	00000031	(0.05885%)	景	00000031	(0.06126%)
323	参	00000031	(0.05885%)	变	00000031	(0.06126%)
324	请	00000031	(0.05885%)	包	00000031	(0.06126%)
325	喝	00000030	(0.05695%)	交	00000030	(0.05928%)
326	景	00000030	(0.05695%)	其	00000030	(0.05928%)
327	门	00000030	(0.05695%)	待	00000030	(0.05928%)
328	手	00000030	(0.05695%)	流	00000030	(0.05928%)
329	式	00000030	(0.05695%)	放	00000030	(0.05928%)
330	酒	00000030	(0.05695%)	些	00000030	(0.05928%)
331	幸	00000030	(0.05695%)	漂	00000030	(0.05928%)
332	其	00000029	(0.05505%)	突	00000029	(0.05731%)
333	立	00000029	(0.05505%)	雨	00000029	(0.05731%)
334	马	00000029	(0.05505%)	终	00000029	(0.05731%)
335	容	00000029	(0.05505%)	它	00000029	(0.05731%)
336	漂	00000029	(0.05505%)	干	00000028	(0.05533%)
337	交	00000028	(0.05316%)	马	00000028	(0.05533%)
338	少	00000028	(0.05316%)	少	00000028	(0.05533%)
339	位	00000028	(0.05316%)	手	00000028	(0.05533%)
340	场	00000028	(0.05316%)	位	00000028	(0.05533%)
341	周	00000028	(0.05316%)	风	00000028	(0.05533%)
342	风	00000028	(0.05316%)	毕	00000028	(0.05533%)
343	毕	00000028	(0.05316%)	部	00000027	(0.05336%)
344	各	00000027	(0.05126%)	式	00000027	(0.05336%)
345	些	00000027	(0.05126%)	眼	00000027	(0.05336%)
346	五	00000027	(0.05126%)	照	00000027	(0.05336%)

순서	수정전			수정후		
	단어	빈도수	퍼센트	단어	빈도수	퍼센트
347	雨	00000027	(0.05126%)	便	00000027	(0.05336%)
348	总	00000027	(0.05126%)	达	00000026	(0.05138%)
349	花	00000027	(0.05126%)	门	00000026	(0.05138%)
350	放	00000026	(0.04936%)	物	00000026	(0.05138%)
351	福	00000026	(0.04936%)	五	00000026	(0.05138%)
352	费	00000026	(0.04936%)	完	00000026	(0.05138%)
353	员	00000026	(0.04936%)	提	00000026	(0.05138%)
354	尔	00000026	(0.04936%)	周	00000026	(0.05138%)
355	即	00000026	(0.04936%)	酒	00000026	(0.05138%)
356	初	00000026	(0.04936%)	幸	00000026	(0.05138%)
357	春	00000026	(0.04936%)	花	00000026	(0.05138%)
358	通	00000026	(0.04936%)	苦	00000025	(0.04940%)
359	必	00000026	(0.04936%)	连	00000025	(0.04940%)
360	哈	00000026	(0.04936%)	累	00000025	(0.04940%)
361	叫	00000025	(0.04746%)	满	00000025	(0.04940%)
362	闹	00000025	(0.04746%)	备	00000025	(0.04940%)
363	市	00000025	(0.04746%)	岁	00000025	(0.04940%)
364	失	00000025	(0.04746%)	屋	00000025	(0.04940%)
365	便	00000025	(0.04746%)	员	00000025	(0.04940%)
366	况	00000025	(0.04746%)	春	00000025	(0.04940%)
367	级	00000024	(0.04556%)	度	00000024	(0.04743%)
368	俩	00000024	(0.04556%)	福	00000024	(0.04743%)
369	利	00000024	(0.04556%)	费	00000024	(0.04743%)
370	司	00000024	(0.04556%)	司	00000024	(0.04743%)
371	色	00000024	(0.04556%)	世	00000024	(0.04743%)
372	乐	00000024	(0.04556%)	消	00000024	(0.04743%)
373	英	00000024	(0.04556%)	市	00000024	(0.04743%)
374	汽	00000023	(0.04366%)	英	00000024	(0.04743%)
375	连	00000023	(0.04366%)	容	00000024	(0.04743%)
376	聊	00000023	(0.04366%)	准	00000024	(0.04743%)
377	六	00000023	(0.04366%)	即	00000024	(0.04743%)
378	物	00000023	(0.04366%)	级	00000023	(0.04545%)
379	死	00000023	(0.04366%)	汽	00000023	(0.04545%)
380	世	00000023	(0.04366%)	象	00000023	(0.04545%)
381	消	00000023	(0.04366%)	先	00000023	(0.04545%)
382	屋	00000023	(0.04366%)	瘦	00000023	(0.04545%)
383	完	00000023	(0.04366%)	菜	00000023	(0.04545%)
384	菜	00000023	(0.04366%)	必	00000023	(0.04545%)
385	休	00000023	(0.04366%)	哈	00000023	(0.04545%)
386	刚	00000022	(0.04177%)	担	00000023	(0.04545%)

순서	수정전			수정후		
	단어	빈도수	퍼센트	단어	빈도수	퍼센트
387	达	00000022	(0.04177%)	闹	00000022	(0.04347%)
388	头	00000022	(0.04177%)	利	00000022	(0.04347%)
389	满	00000022	(0.04177%)	失	00000022	(0.04347%)
390	夫	00000022	(0.04177%)	界	00000021	(0.04150%)
391	滨	00000022	(0.04177%)	共	00000021	(0.04150%)
392	岁	00000022	(0.04177%)	光	00000021	(0.04150%)
393	瘦	00000022	(0.04177%)	球	00000021	(0.04150%)
394	接	00000022	(0.04177%)	六	00000021	(0.04150%)
395	提	00000022	(0.04177%)	妹	00000021	(0.04150%)
396	错	00000022	(0.04177%)	滨	00000021	(0.04150%)
397	办	00000022	(0.04177%)	叔	00000021	(0.04150%)
398	离	00000022	(0.04177%)	视	00000021	(0.04150%)
399	干	00000021	(0.03987%)	深	00000021	(0.04150%)
400	球	00000021	(0.03987%)	字	00000021	(0.04150%)
401	谈	00000021	(0.03987%)	济	00000021	(0.04150%)
402	妹	00000021	(0.03987%)	初	00000021	(0.04150%)
403	象	00000021	(0.03987%)	标	00000021	(0.04150%)
404	先	00000021	(0.03987%)	哪	00000021	(0.04150%)
405	视	00000021	(0.03987%)	离	00000021	(0.04150%)
406	愿	00000021	(0.03987%)	各	00000020	(0.03952%)
407	院	00000021	(0.03987%)	故	00000020	(0.03952%)
408	由	00000021	(0.03987%)	观	00000020	(0.03952%)
409	字	00000021	(0.03987%)	冬	00000020	(0.03952%)
410	济	00000021	(0.03987%)	聊	00000020	(0.03952%)
411	清	00000021	(0.03987%)	并	00000020	(0.03952%)
412	标	00000021	(0.03987%)	夫	00000020	(0.03952%)
413	夏	00000021	(0.03987%)	谁	00000020	(0.03952%)
414	哪	00000021	(0.03987%)	院	00000020	(0.03952%)
415	界	00000020	(0.03797%)	错	00000020	(0.03952%)
416	故	00000020	(0.03797%)	夏	00000020	(0.03952%)
417	累	00000020	(0.03797%)	休	00000020	(0.03952%)
418	备	00000020	(0.03797%)	刚	00000019	(0.03755%)
419	声	00000020	(0.03797%)	健	00000019	(0.03755%)
420	忆	00000020	(0.03797%)	末	00000019	(0.03755%)
421	演	00000020	(0.03797%)	伤	00000019	(0.03755%)
422	除	00000020	(0.03797%)	乐	00000019	(0.03755%)
423	准	00000020	(0.03797%)	由	00000019	(0.03755%)
424	趣	00000020	(0.03797%)	接	00000019	(0.03755%)
425	互	00000020	(0.03797%)	庭	00000019	(0.03755%)
426	怕	00000020	(0.03797%)	州	00000019	(0.03755%)

순서	수정전			수정후		
	단어	빈도수	퍼센트	단어	빈도수	퍼센트
427	健	00000019	(0.03607%)	秋	00000019	(0.03755%)
428	轻	00000019	(0.03607%)	害	00000019	(0.03755%)
429	光	00000019	(0.03607%)	况	00000019	(0.03755%)
430	念	00000019	(0.03607%)	计	00000018	(0.03557%)
431	度	00000019	(0.03607%)	古	00000018	(0.03557%)
432	冬	00000019	(0.03607%)	久	00000018	(0.03557%)
433	冷	00000019	(0.03607%)	狗	00000018	(0.03557%)
434	园	00000019	(0.03607%)	俩	00000018	(0.03557%)
435	庭	00000019	(0.03607%)	色	00000018	(0.03557%)
436	害	00000019	(0.03607%)	秀	00000018	(0.03557%)
437	礼	00000019	(0.03607%)	须	00000018	(0.03557%)
438	架	00000018	(0.03417%)	演	00000018	(0.03557%)
439	计	00000018	(0.03417%)	午	00000018 ·	(0.03557%)
440	古	00000018	(0.03417%)	园	00000018	(0.03557%)
441	农	00000018	(0.03417%)	渐	00000018	(0.03557%)
442	反	00000018	(0.03417%)	此	00000018	(0.03557%)
443	报	00000018	(0.03417%)	清	00000018	(0.03557%)
444	使	00000018	(0.03417%)	办	00000018	(0.03557%)
445	写	00000018	(0.03417%)	互	00000018	(0.03557%)
446	秀	00000018	(0.03417%)	脸	00000018	(0.03557%)
447	须	00000018	(0.03417%)	轻	00000017	(0.03359%)
448	午	00000018	(0.03417%)	农	00000017	(0.03359%)
449	音	00000018	(0.03417%)	谈	00000017	(0.03359%)
450	者	00000018	(0.03417%)	报	00000017	(0.03359%)
451	材	00000018	(0.03417%)	死	00000017	(0.03359%)
452	终	00000018	(0.03417%)	忆	00000017	(0.03359%)
453	州	00000018	(0.03417%)	烟	00000017	(0.03359%)
454	秋	00000018	(0.03417%)	往	00000017	(0.03359%)
455	啊	00000018	(0.03417%)	勇	00000017	(0.03359%)
456	共	00000017	(0.03227%)	议	00000017	(0.03359%)
457	空	00000017	(0.03227%)	程	00000017	(0.03359%)
458	馆	00000017	(0.03227%)	除	00000017	(0.03359%)
459	狗	00000017	(0.03227%)	套	00000017	(0.03359%)
460	浪	00000017	(0.03227%)	合	00000017	(0.03359%)
461	丽	00000017	(0.03227%)	架	00000016	(0.03162%)
462	末	00000017	(0.03227%)	空	00000016	(0.03162%)
463	社	00000017	(0.03227%)	贵	00000016	(0.03162%)
464	床	00000017	(0.03227%)	浪	00000016	(0.03162%)
465	谁	00000017	(0.03227%)	冷	00000016	(0.03162%)
466	叔	00000017	(0.03227%)	病	00000016	(0.03162%)

순서	수정전			수정후		
	단어	빈도수	퍼센트	단어	빈도수	퍼센트
467	示	00000017	(0.03227%)	传	00000016	(0.03162%)
468	烟	00000017	(0.03227%)	礼	00000016	(0.03162%)
469	勇	00000017	(0.03227%)	胖	00000016	(0.03162%)
470	套	00000017	(0.03227%)	怕	00000016	(0.03162%)
471	合	00000017	(0.03227%)	划	00000016	(0.03162%)
472	担	00000017	(0.03227%)	告	00000015	(0.02964%)
473	胖	00000017	(0.03227%)	馆	00000015	(0.02964%)
474	管	00000016	(0.03037%)	代	00000015	(0.02964%)
475	慢	00000016	(0.03037%)	头	00000015	(0.02964%)
476	百	00000016	(0.03037%)	丽	00000015	(0.02964%)
477	病	00000016	(0.03037%)	李	00000015	(0.02964%)
478	伤	00000016	(0.03037%)	暑	00000015	(0.02964%)
479	笑	00000016	(0.03037%)	声	00000015	(0.02964%)
480	需	00000016	(0.03037%)	笑	00000015	(0.02964%)
481	易	00000016	(0.03037%)	随	00000015	(0.02964%)
482	迎	00000016	(0.03037%)	需	00000015	(0.02964%)
483	往	00000016	(0.03037%)	易	00000015	(0.02964%)
484	足	00000016	(0.03037%)	永	00000015	(0.02964%)
485	脸	00000016	(0.03037%)	迎	00000015	(0.02964%)
486	客	00000015	(0.02848%)	者	00000015	(0.02964%)
487	观	00000015	(0.02848%)	统	00000015	(0.02964%)
488	紧	00000015	(0.02848%)	婚	00000015	(0.02964%)
489	代	00000015	(0.02848%)	医	00000015	(0.02964%)
490	谢	00000015	(0.02848%)	康	00000014	(0.02767%)
491	暑	00000015	(0.02848%)	客	00000014	(0.02767%)
492	舒	00000015	(0.02848%)	缺	00000014	(0.02767%)
493	首	00000015	(0.02848%)	拿	00000014	(0.02767%)
494	室	00000015	(0.02848%)	念	00000014	(0.02767%)
495	深	00000015	(0.02848%)	短	00000014	(0.02767%)
496	任	00000015	(0.02848%)	务	00000014	(0.02767%)
497	传	00000015	(0.02848%)	写	00000014	(0.02767%)
498	此	00000015	(0.02848%)	社	00000014	(0.02767%)
499	片	00000015	(0.02848%)	善	00000014	(0.02767%)
500	医	00000015	(0.02848%)	养	00000014	(0.02767%)
501	划	00000015	(0.02848%)	愿	00000014	(0.02767%)
502	歌	00000014	(0.02658%)	音	00000014	(0.02767%)
503	康	00000014	(0.02658%)	材	00000014	(0.02767%)
504	告	00000014	(0.02658%)	展	00000014	(0.02767%)
505	哭	00000014	(0.02658%)	招	00000014	(0.02767%)
506	贵	00000014	(0.02658%)	趣	00000014	(0.02767%)

순서	수정전			수정후		
	단어	빈도수	퍼센트	단어	빈도수	퍼센트
507	李	00000014	(0.02658%)	刻	00000013	(0.02569%)
508	貌	00000014	(0.02658%)	哭	00000013	(0.02569%)
509	务	00000014	(0.02658%)	适	00000013	(0.02569%)
510	舍	00000014	(0.02658%)	段	00000013	(0.02569%)
511	随	00000014	(0.02658%)	拉	00000013	(0.02569%)
512	运	00000014	(0.02658%)	朗	00000013	(0.02569%)
513	入	00000014	(0.02658%)	练	00000013	(0.02569%)
514	睛	00000014	(0.02658%)	慢	00000013	(0.02569%)
515	程	00000014	(0.02658%)	使	00000013	(0.02569%)
516	招	00000014	(0.02658%)	谢	00000013	(0.02569%)
517	统	00000014	(0.02658%)	鲜	00000013	(0.02569%)
518	婚	00000014	(0.02658%)	室	00000013	(0.02569%)
519	扰	00000014	(0.02658%)	遇	00000013	(0.02569%)
520	缺	00000013	(0.02468%)	运	00000013	(0.02569%)
521	句	00000013	(0.02468%)	任	00000013	(0.02569%)
522	急	00000013	(0.02468%)	入	00000013	(0.02569%)
523	拉	00000013	(0.02468%)	丈	00000013	(0.02569%)
524	练	00000013	(0.02468%)	将	00000013	(0.02569%)
525	兵	00000013	(0.02468%)	店	00000013	(0.02569%)
526	悲	00000013	(0.02468%)	足	00000013	(0.02569%)
527	醒	00000013	(0.02468%)	彩	00000013	(0.02569%)
528	树	00000013	(0.02468%)	穿	00000013	(0.02569%)
529	温	00000013	(0.02468%)	画	00000013	(0.02569%)
530	右	00000013	(0.02468%)	啊	00000013	(0.02569%)
531	印	00000013	(0.02468%)	扰	00000013	(0.02569%)
532	丈	00000013	(0.02468%)	歌	00000012	(0.02371%)
533	渐	00000013	(0.02468%)	紧	00000012	(0.02371%)
534	穿	00000013	(0.02468%)	蒙	00000012	(0.02371%)
535	画	00000013	(0.02468%)	兵	00000012	(0.02371%)
536	黑	00000013	(0.02468%)	舍	00000012	(0.02371%)
537	环	00000013	(0.02468%)	赛	00000012	(0.02371%)
538	强	00000012	(0.02278%)	舒	00000012	(0.02371%)
539	顾	00000012	(0.02278%)	诉	00000012	(0.02371%)
540	久	00000012	(0.02278%)	示	00000012	(0.02371%)
541	肯	00000012	(0.02278%)	夜	00000012	(0.02371%)
542	脑	00000012	(0.02278%)	阳	00000012	(0.02371%)
543	队	00000012	(0.02278%)	愉	00000012	(0.02371%)
544	蒙	00000012	(0.02278%)	印	00000012	(0.02371%)
545	民	00000012	(0.02278%)	装	00000012	(0.02371%)
546	般	00000012	(0.02278%)	精	00000012	(0.02371%)

순서	수정전			수정후		
	단어	빈도수	퍼센트	단어	빈도수	퍼센트
547	并	00000012	(0.02278%)	八	00000012	(0.02371%)
548	鲜	00000012	(0.02278%)	黑	00000012	(0.02371%)
549	宿	00000012	(0.02278%)	环	00000012	(0.02371%)
550	阳	00000012	(0.02278%)	跑	00000012	(0.02371%)
551	养	00000012	(0.02278%)	街	00000011	(0.02174%)
552	永	00000012	(0.02278%)	却	00000011	(0.02174%)
553	愉	00000012	(0.02278%)	境	00000011	(0.02174%)
554	议	00000012	(0.02278%)	金	00000011	(0.02174%)
555	展	00000012	(0.02278%)	急	00000011	(0.02174%)
556	精	00000012	(0.02278%)	肯	00000011	(0.02174%)
557	左	00000012	(0.02278%)	脑	00000011	(0.02174%)
558	八	00000012	(0.02278%)	岛	00000011	(0.02174%)
559	票	00000012	(0.02278%)	貌	00000011	(0.02174%)
560	泪	00000012	(0.02278%)	民	00000011	(0.02174%)
561	双	00000012	(0.02278%)	床	00000011	(0.02174%)
562	跑	00000012	(0.02278%)	船	00000011	(0.02174%)
563	街	00000011	(0.02088%)	城	00000011	(0.02174%)
564	刻	00000011	(0.02088%)	树	00000011	(0.02174%)
565	概	00000011	(0.02088%)	宿	00000011	(0.02174%)
566	境	00000011	(0.02088%)	术	00000011	(0.02174%)
567	金	00000011	(0.02088%)	严	00000011	(0.02174%)
568	拿	00000011	(0.02088%)	温	00000011	(0.02174%)
569	短	00000011	(0.02088%)	围	00000011	(0.02174%)
570	堂	00000011	(0.02088%)	条	00000011	(0.02174%)
571	图	00000011	(0.02088%)	爬	00000011	(0.02174%)
572	岛	00000011	(0.02088%)	片	00000011	(0.02174%)
573	保	00000011	(0.02088%)	票	00000011	(0.02174%)
574	步	00000011	(0.02088%)	获	00000011	(0.02174%)
575	飞	00000011	(0.02088%)	泪	00000011	(0.02174%)
576	赛	00000011	(0.02088%)	怀	00000011	(0.02174%)
577	船	00000011	(0.02088%)	吵	00000011	(0.02174%)
578	诉	00000011	(0.02088%)	概	00000010	(0.01976%)
579	夜	00000011	(0.02088%)	顾	00000010	(0.01976%)
580	严	00000011	(0.02088%)	管	00000010	(0.01976%)
581	围	00000011	(0.02088%)	求	00000010	(0.01976%)
582	育	00000011	(0.02088%)	骑	00000010	(0.01976%)
583	装	00000011	(0.02088%)	单	00000010	(0.01976%)
584	店	00000011	(0.02088%)	答	00000010	(0.01976%)
585	条	00000011	(0.02088%)	撞	00000010	(0.01976%)
586	彩	00000011	(0.02088%)	倒	00000010	(0.01976%)

순서	수정전			수정후		
	단어	빈도수	퍼센트	단어	빈도수	퍼센트
587	铁	00000011	(0.02088%)	图	00000010	(0.01976%)
588	验	00000011	(0.02088%)	联	00000010	(0.01976%)
589	够	00000011	(0.02088%)	反	00000010	(0.01976%)
590	吵	00000011	(0.02088%)	烦	00000010	(0.01976%)
591	举	00000010	(0.01898%)	保	00000010	(0.01976%)
592	科	00000010	(0.01898%)	悲	00000010	(0.01976%)
593	区	00000010	(0.01898%)	飞	00000010	(0.01976%)
594	求	00000010	(0.01898%)	醒	00000010	(0.01976%)
595	拳	00000010	(0.01898%)	辛	00000010	(0.01976%)
596	骑	00000010	(0.01898%)	预	00000010	(0.01976%)
597	单	00000010	(0.01898%)	绩	00000010	(0.01976%)
598	段	00000010	(0.01898%)	座	00000010	(0.01976%)
599	撞	00000010	(0.01898%)	持	00000010	(0.01976%)
600	联	00000010	(0.01898%)	尽	00000010	(0.01976%)
601	龙	00000010	(0.01898%)	铁	00000010	(0.01976%)
602	善	00000010	(0.01898%)	乡	00000010	(0.01976%)
603	束	00000010	(0.01898%)	介	00000009	(0.01779%)
604	术	00000010	(0.01898%)	科	00000009	(0.01779%)
605	晨	00000010	(0.01898%)	句	00000009	(0.01779%)
606	辛	00000010	(0.01898%)	琴	00000009	(0.01779%)
607	田	00000010	(0.01898%)	茶	00000009	(0.01779%)
608	静	00000010	(0.01898%)	队	00000009	(0.01779%)
609	洲	00000010	(0.01898%)	恋	00000009	(0.01779%)
610	楚	00000010	(0.01898%)	龙	00000009	(0.01779%)
611	跆	00000010	(0.01898%)	楼	00000009	(0.01779%)
612	布	00000010	(0.01898%)	冒	00000009	(0.01779%)
613	寒	00000010	(0.01898%)	未	00000009	(0.01779%)
614	或	00000010	(0.01898%)	旁	00000009	(0.01779%)
615	极	00000010	(0.01898%)	步	00000009	(0.01779%)
616	复	00000010	(0.01898%)	附	00000009	(0.01779%)
617	氛	00000010	(0.01898%)	选	00000009	(0.01779%)
618	简	00000009	(0.01709%)	续	00000009	(0.01779%)
619	介	00000009	(0.01709%)	晨	00000009	(0.01779%)
620	建	00000009	(0.01709%)	神	00000009	(0.01779%)
621	适	00000009	(0.01709%)	约	00000009	(0.01779%)
622	琴	00000009	(0.01709%)	言	00000009	(0.01779%)
623	茶	00000009	(0.01709%)	底	00000009	(0.01779%)
624	团	00000009	(0.01709%)	专	00000009	(0.01779%)
625	倒	00000009	(0.01709%)	田	00000009	(0.01779%)
626	独	00000009	(0.01709%)	政	00000009	(0.01779%)

순서	수정전			수정후		
	단어	빈도수	퍼센트	단어	빈도수	퍼센트
627	冒	00000009	(0.01709%)	晴	00000009	(0.01779%)
628	味	00000009	(0.01709%)	租	00000009	(0.01779%)
629	未	00000009	(0.01709%)	症	00000009	(0.01779%)
630	密	00000009	(0.01709%)	取	00000009	(0.01779%)
631	附	00000009	(0.01709%)	聚	00000009	(0.01779%)
632	沙	00000009	(0.01709%)	摆	00000009	(0.01779%)
633	惜	00000009	(0.01709%)	板	00000009	(0.01779%)
634	神	00000009	(0.01709%)	布	00000009	(0.01779%)
635	言	00000009	(0.01709%)	验	00000009	(0.01779%)
636	义	00000009	(0.01709%)	呼	00000009	(0.01779%)
637	将	00000009	(0.01709%)	忽	00000009	(0.01779%)
638	绩	00000009	(0.01709%)	红	00000009	(0.01779%)
639	专	00000009	(0.01709%)	吸	00000009	(0.01779%)
640	政	00000009	(0.01709%)	够	00000009	(0.01779%)
641	尽	00000009	(0.01709%)	弃	00000009	(0.01779%)
642	痛	00000009	(0.01709%)	懂	00000009	(0.01779%)
643	摆	00000009	(0.01709%)	网	00000009	(0.01779%)
644	爬	00000009	(0.01709%)	复	00000009	(0.01779%)
645	板	00000009	(0.01709%)	份	00000009	(0.01779%)
646	何	00000009	(0.01709%)	呆	00000009	(0.01779%)
647	毫	00000009	(0.01709%)	号	00000009	(0.01779%)
648	获	00000009	(0.01709%)	居	00000008	(0.01581%)
649	懂	00000009	(0.01709%)	建	00000008	(0.01581%)
650	厉	00000009	(0.01709%)	激	00000008	(0.01581%)
651	号	00000009	(0.01709%)	坚	00000008	(0.01581%)
652	却	00000008	(0.01519%)	仅	00000008	(0.01581%)
653	激	00000008	(0.01519%)	基	00000008	(0.01581%)
654	具	00000008	(0.01519%)	堂	00000008	(0.01581%)
655	及	00000008	(0.01519%)	独	00000008	(0.01581%)
656	答	00000008	(0.01519%)	读	00000008	(0.01581%)
657	掉	00000008	(0.01519%)	蓝	00000008	(0.01581%)
658	读	00000008	(0.01519%)	历	00000008	(0.01581%)
659	良	00000008	(0.01519%)	令	00000008	(0.01581%)
660	历	00000008	(0.01519%)	般	00000008	(0.01581%)
661	恋	00000008	(0.01519%)	封	00000008	(0.01581%)
662	木	00000008	(0.01519%)	奋	00000008	(0.01581%)
663	旁	00000008	(0.01519%)	士	00000008	(0.01581%)
664	封	00000008	(0.01519%)	沙	00000008	(0.01581%)
665	士	00000008	(0.01519%)	产	00000008	(0.01581%)
666	产	00000008	(0.01519%)	惜	00000008	(0.01581%)

순서	수정전			수정후		
	단어	빈도수	퍼센트	단어	빈도수	퍼센트
667	石	00000008	(0.01519%)	绍	00000008	(0.01581%)
668	选	00000008	(0.01519%)	束	00000008	(0.01581%)
669	绍	00000008	(0.01519%)	熟	00000008	(0.01581%)
670	食	00000008	(0.01519%)	食	00000008	(0.01581%)
671	约	00000008	(0.01519%)	王	00000008	(0.01581%)
672	泳	00000008	(0.01519%)	右	00000008	(0.01581%)
673	预	00000008	(0.01519%)	柔	00000008	(0.01581%)
674	王	00000008	(0.01519%)	育	00000008	(0.01581%)
675	肉	00000008	(0.01519%)	宜	00000008	(0.01581%)
676	宜	00000008	(0.01519%)	义	00000008	(0.01581%)
677	忍	00000008	(0.01519%)	静	00000008	(0.01581%)
678	章	00000008	(0.01519%)	左	00000008	(0.01581%)
679	底	00000008	(0.01519%)	迟	00000008	(0.01581%)
680	典	00000008	(0.01519%)	职	00000008	(0.01581%)
681	绝	00000008	(0.01519%)	戚	00000008	(0.01581%)
682	晶	00000008	(0.01519%)	青	00000008	(0.01581%)
683	制	00000008	(0.01519%)	替	00000008	(0.01581%)
684	租	00000008	(0.01519%)	值	00000008	(0.01581%)
685	族	00000008	(0.01519%)	态	00000008	(0.01581%)
686	座	00000008	(0.01519%)	退	00000008	(0.01581%)
687	职	00000008	(0.01519%)	何	00000008	(0.01581%)
688	草	00000008	(0.01519%)	毫	00000008	(0.01581%)
689	态	00000008	(0.01519%)	极	00000008	(0.01581%)
690	乡	00000008	(0.01519%)	逛	00000008	(0.01581%)
691	换	00000008	(0.01519%)	厉	00000008	(0.01581%)
692	吸	00000008	(0.01519%)	氛	00000008	(0.01581%)
693	弃	00000008	(0.01519%)	与	00000008	(0.01581%)
694	网	00000008	(0.01519%)	简	00000007	(0.01383%)
695	怀	00000008	(0.01519%)	强	00000007	(0.01383%)
696	呆	00000008	(0.01519%)	盖	00000007	(0.01383%)
697	确	00000008	(0.01519%)	举	00000007	(0.01383%)
698	军	00000007	(0.01329%)	区	00000007	(0.01383%)
699	剧	00000007	(0.01329%)	根	00000007	(0.01383%)
700	基	00000007	(0.01329%)	技	00000007	(0.01383%)
701	技	00000007	(0.01329%)	既	00000007	(0.01383%)
702	断	00000007	(0.01329%)	断	00000007	(0.01383%)
703	导	00000007	(0.01329%)	落	00000007	(0.01383%)
704	落	00000007	(0.01329%)	良	00000007	(0.01383%)
705	朗	00000007	(0.01329%)	弄	00000007	(0.01383%)
706	龄	00000007	(0.01329%)	味	00000007	(0.01383%)

순서	수정전			수정후		
	단어	빈도수	퍼센트	단어	빈도수	퍼센트
707	劳	00000007	(0.01329%)	百	00000007	(0.01383%)
708	楼	00000007	(0.01329%)	状	00000007	(0.01383%)
709	万	00000007	(0.01329%)	石	00000007	(0.01383%)
710	烦	00000007	(0.01329%)	扫	00000007	(0.01383%)
711	富	00000007	(0.01329%)	厌	00000007	(0.01383%)
712	奋	00000007	(0.01329%)	泳	00000007	(0.01383%)
713	状	00000007	(0.01329%)	寓	00000007	(0.01383%)
714	扫	00000007	(0.01329%)	圆	00000007	(0.01383%)
715	烧	00000007	(0.01329%)	肉	00000007	(0.01383%)
716	收	00000007	(0.01329%)	依	00000007	(0.01383%)
717	熟	00000007	(0.01329%)	忍	00000007	(0.01383%)
718	顺	00000007	(0.01329%)	际	00000007	(0.01383%)
719	悉	00000007	(0.01329%)	洲	00000007	(0.01383%)
720	厌	00000007	(0.01329%)	增	00000007	(0.01383%)
721	寓	00000007	(0.01329%)	至	00000007	(0.01383%)
722	遇	00000007	(0.01329%)	唱	00000007	(0.01383%)
723	杂	00000007	(0.01329%)	楚	00000007	(0.01383%)
724	战	00000007	(0.01329%)	草	00000007	(0.01383%)
725	钟	00000007	(0.01329%)	七	00000007	(0.01383%)
726	症	00000007	(0.01329%)	滩	00000007	(0.01383%)
727	至	00000007	(0.01329%)	痛	00000007	(0.01383%)
728	迟	00000007	(0.01329%)	偷	00000007	(0.01383%)
729	戚	00000007	(0.01329%)	寒	00000007	(0.01383%)
730	七	00000007	(0.01329%)	许	00000007	(0.01383%)
731	抱	00000007	(0.01329%)	兄	00000007	(0.01383%)
732	许	00000007	(0.01329%)	型	00000007	(0.01383%)
733	兄	00000007	(0.01329%)	黄	00000007	(0.01383%)
734	黄	00000007	(0.01329%)	减	00000007	(0.01383%)
735	训	00000007	(0.01329%)	您	00000007	(0.01383%)
736	减	00000007	(0.01329%)	惊	00000007	(0.01383%)
737	逛	00000007	(0.01329%)	冰	00000007	(0.01383%)
738	您	00000007	(0.01329%)	双	00000007	(0.01383%)
739	冰	00000007	(0.01329%)	窗	00000007	(0.01383%)
740	踢	00000007	(0.01329%)	踢	00000007	(0.01383%)
741	居	00000006	(0.01139%)	敢	00000006	(0.01186%)
742	奇	00000006	(0.01139%)	讲	00000006	(0.01186%)
743	寄	00000006	(0.01139%)	敬	00000006	(0.01186%)
744	南	00000006	(0.01139%)	具	00000006	(0.01186%)
745	登	00000006	(0.01139%)	军	00000006	(0.01186%)
746	蓝	00000006	(0.01139%)	拳	00000006	(0.01186%)

순서	수정전			수정후		
	단어	빈도수	퍼센트	단어	빈도수	퍼센트
747	览	00000006	(0.01139%)	归	00000006	(0.01186%)
748	料	00000006	(0.01139%)	斤	00000006	(0.01186%)
749	淋	00000006	(0.01139%)	禁	00000006	(0.01186%)
750	命	00000006	(0.01139%)	寄	00000006	(0.01186%)
751	舞	00000006	(0.01139%)	南	00000006	(0.01186%)
752	迷	00000006	(0.01139%)	团	00000006	(0.01186%)
753	府	00000006	(0.01139%)	掉	00000006	(0.01186%)
754	宾	00000006	(0.01139%)	登	00000006	(0.01186%)
755	词	00000006	(0.01139%)	龄	00000006	(0.01186%)
756	伞	00000006	(0.01139%)	律	00000006	(0.01186%)
757	赏	00000006	(0.01139%)	麻	00000006	(0.01186%)
758	盛	00000006	(0.01139%)	万	00000006	(0.01186%)
759	帅	00000006	(0.01139%)	梦	00000006	(0.01186%)
760	饿	00000006	(0.01139%)	舞	00000006	(0.01186%)
761	弱	00000006	(0.01139%)	迷	00000006	(0.01186%)
762	燕	00000006	(0.01139%)	密	00000006	(0.01186%)
763	圆	00000006	(0.01139%)	覆	00000006	(0.01186%)
764	谊	00000006	(0.01139%)	棒	00000006	(0.01186%)
765	净	00000006	(0.01139%)	富	00000006	(0.01186%)
766	际	00000006	(0.01139%)	府	00000006	(0.01186%)
767	持	00000006	(0.01139%)	宾	00000006	(0.01186%)
768	察	00000006	(0.01139%)	似	00000006	(0.01186%)
769	唱	00000006	(0.01139%)	词	00000006	(0.01186%)
770	妻	00000006	(0.01139%)	伞	00000006	(0.01186%)
771	千	00000006	(0.01139%)	赏	00000006	(0.01186%)
772	替	00000006	(0.01139%)	烧	00000006	(0.01186%)
773	宠	00000006	(0.01139%)	帅	00000006	(0.01186%)
774	抽	00000006	(0.01139%)	收	00000006	(0.01186%)
775	充	00000006	(0.01139%)	顺	00000006	(0.01186%)
776	取	00000006	(0.01139%)	述	00000006	(0.01186%)
777	聚	00000006	(0.01139%)	悉	00000006	(0.01186%)
778	层	00000006	(0.01139%)	饿	00000006	(0.01186%)
779	弹	00000006	(0.01139%)	燕	00000006	(0.01186%)
780	台	00000006	(0.01139%)	谊	00000006	(0.01186%)
781	退	00000006	(0.01139%)	资	00000006	(0.01186%)
782	偷	00000006	(0.01139%)	章	00000006	(0.01186%)
783	骗	00000006	(0.01139%)	典	00000006	(0.01186%)
784	浦	00000006	(0.01139%)	切	00000006	(0.01186%)
785	品	00000006	(0.01139%)	绝	00000006	(0.01186%)
786	型	00000006	(0.01139%)	挺	00000006	(0.01186%)

순서	수정전			수정후		
	단어	빈도수	퍼센트	단어	빈도수	퍼센트
787	户	00000006	(0.01139%)	净	00000006	(0.01186%)
788	红	00000006	(0.01139%)	制	00000006	(0.01186%)
789	祸	00000006	(0.01139%)	族	00000006	(0.01186%)
790	姬	00000006	(0.01139%)	钟	00000006	(0.01186%)
791	赶	00000006	(0.01139%)	餐	00000006	(0.01186%)
792	惊	00000006	(0.01139%)	千	00000006	(0.01186%)
793	邻	00000006	(0.01139%)	宠	00000006	(0.01186%)
794	姥	00000006	(0.01139%)	筑	00000006	(0.01186%)
795	啤	00000006	(0.01139%)	充	00000006	(0.01186%)
796	份	00000006	(0.01139%)	层	00000006	(0.01186%)
797	窗	00000006	(0.01139%)	台	00000006	(0.01186%)
798	驾	00000005	(0.00949%)	跆	00000006	(0.01186%)
799	脚	00000005	(0.00949%)	骗	00000006	(0.01186%)
800	盖	00000005	(0.00949%)	评	00000006	(0.01186%)
801	坚	00000005	(0.00949%)	抱	00000006	(0.01186%)
802	敬	00000005	(0.00949%)	浦	00000006	(0.01186%)
803	戒	00000005	(0.00949%)	响	00000006	(0.01186%)
804	孤	00000005	(0.00949%)	祸	00000006	(0.01186%)
805	控	00000005	(0.00949%)	姬	00000006	(0.01186%)
806	惯	00000005	(0.00949%)	另	00000006	(0.01186%)
807	怪	00000005	(0.00949%)	戏	00000006	(0.01186%)
808	郊	00000005	(0.00949%)	驾	00000005	(0.00988%)
809	欧	00000005	(0.00949%)	改	00000005	(0.00988%)
810	宫	00000005	(0.00949%)	戒	00000005	(0.00988%)
811	权	00000005	(0.00949%)	孤	00000005	(0.00988%)
812	归	00000005	(0.00949%)	惯	00000005	(0.00988%)
813	堵	00000005	(0.00949%)	块	00000005	(0.00988%)
814	洛	00000005	(0.00949%)	郊	00000005	(0.00988%)
815	乱	00000005	(0.00949%)	欧	00000005	(0.00988%)
816	虑	00000005	(0.00949%)	宫	00000005	(0.00988%)
817	零	00000005	(0.00949%)	剧	00000005	(0.00988%)
818	律	00000005	(0.00949%)	途	00000005	(0.00988%)
819	麻	00000005	(0.00949%)	洛	00000005	(0.00988%)
820	漫	00000005	(0.00949%)	凌	00000005	(0.00988%)
821	梦	00000005	(0.00949%)	微	00000005	(0.00988%)
822	瓶	00000005	(0.00949%)	瓶	00000005	(0.00988%)
823	釜	00000005	(0.00949%)	釜	00000005	(0.00988%)
824	似	00000005	(0.00949%)	散	00000005	(0.00988%)
825	箱	00000005	(0.00949%)	杀	00000005	(0.00988%)
826	宣	00000005	(0.00949%)	箱	00000005	(0.00988%)

순서	수정전			수정후		
	단어	빈도수	퍼센트	단어	빈도수	퍼센트
827	设	00000005	(0.00949%)	宣	00000005	(0.00988%)
828	属	00000005	(0.00949%)	设	00000005	(0.00988%)
829	续	00000005	(0.00949%)	盛	00000005	(0.00988%)
830	速	00000005	(0.00949%)	率	00000005	(0.00988%)
831	率	00000005	(0.00949%)	岳	00000005	(0.00988%)
832	述	00000005	(0.00949%)	弱	00000005	(0.00988%)
833	湿	00000005	(0.00949%)	若	00000005	(0.00988%)
834	岳	00000005	(0.00949%)	拥	00000005	(0.00988%)
835	哀	00000005	(0.00949%)	郁	00000005	(0.00988%)
836	鱼	00000005	(0.00949%)	争	00000005	(0.00988%)
837	余	00000005	(0.00949%)	顶	00000005	(0.00988%)
838	乌	00000005	(0.00949%)	朝	00000005	(0.00988%)
839	摇	00000005	(0.00949%)	察	00000005	(0.00988%)
840	腰	00000005	(0.00949%)	妻	00000005	(0.00988%)
841	尤	00000005	(0.00949%)	聪	00000005	(0.00988%)
842	依	00000005	(0.00949%)	吹	00000005	(0.00988%)
843	益	00000005	(0.00949%)	弹	00000005	(0.00988%)
844	争	00000005	(0.00949%)	肺	00000005	(0.00988%)
845	低	00000005	(0.00949%)	品	00000005	(0.00988%)
846	切	00000005	(0.00949%)	皮	00000005	(0.00988%)
847	停	00000005	(0.00949%)	恨	00000005	(0.00988%)
848	朝	00000005	(0.00949%)	享	00000005	(0.00988%)
849	增	00000005	(0.00949%)	香	00000005	(0.00988%)
850	青	00000005	(0.00949%)	户	00000005	(0.00988%)
851	追	00000005	(0.00949%)	湖	00000005	(0.00988%)
852	值	00000005	(0.00949%)	或	00000005	(0.00988%)
853	滩	00000005	(0.00949%)	货	00000005	(0.00988%)
854	评	00000005	(0.00949%)	换	00000005	(0.00988%)
855	肺	00000005	(0.00949%)	厚	00000005	(0.00988%)
856	疲	00000005	(0.00949%)	训	00000005	(0.00988%)
857	皮	00000005	(0.00949%)	赶	00000005	(0.00988%)
858	享	00000005	(0.00949%)	继	00000005	(0.00988%)
859	响	00000005	(0.00949%)	奶	00000005	(0.00988%)
860	香	00000005	(0.00949%)	邻	00000005	(0.00988%)
861	护	00000005	(0.00949%)	坏	00000005	(0.00988%)
862	忽	00000005	(0.00949%)	饼	00000005	(0.00988%)
863	货	00000005	(0.00949%)	啤	00000005	(0.00988%)
864	侯	00000005	(0.00949%)	广	00000005	(0.00988%)
865	厚	00000005	(0.00949%)	证	00000005	(0.00988%)
866	奶	00000005	(0.00949%)	确	00000005	(0.00988%)

순서	수정전			수정후		
	단어	빈도수	퍼센트	단어	빈도수	퍼센트
867	另	00000005	(0.00949%)	吓	00000005	(0.00988%)
868	饼	00000005	(0.00949%)	庆	00000004	(0.00790%)
869	驶	00000005	(0.00949%)	警	00000004	(0.00790%)
870	广	00000005	(0.00949%)	镜	00000004	(0.00790%)
871	优	00000005	(0.00949%)	季	00000004	(0.00790%)
872	卡	00000005	(0.00949%)	鼓	00000004	(0.00790%)
873	丢	00000005	(0.00949%)	怪	00000004	(0.00790%)
874	趁	00000005	(0.00949%)	九	00000004	(0.00790%)
875	桌	00000005	(0.00949%)	窟	00000004	(0.00790%)
876	碰	00000005	(0.00949%)	权	00000004	(0.00790%)
877	吓	00000005	(0.00949%)	规	00000004	(0.00790%)
878	敢	00000004	(0.00759%)	及	00000004	(0.00790%)
879	讲	00000004	(0.00759%)	奇	00000004	(0.00790%)
880	据	00000004	(0.00759%)	娜	00000004	(0.00790%)
881	劲	00000004	(0.00759%)	纳	00000004	(0.00790%)
882	庆	00000004	(0.00759%)	耐	00000004	(0.00790%)
883	镜	00000004	(0.00759%)	堵	00000004	(0.00790%)
884	季	00000004	(0.00759%)	顿	00000004	(0.00790%)
885	曲	00000004	(0.00759%)	乱	00000004	(0.00790%)
886	恐	00000004	(0.00759%)	览	00000004	(0.00790%)
887	九	00000004	(0.00759%)	励	00000004	(0.00790%)
888	窟	00000004	(0.00759%)	列	00000004	(0.00790%)
889	规	00000004	(0.00759%)	劳	00000004	(0.00790%)
890	仅	00000004	(0.00759%)	料	00000004	(0.00790%)
891	禁	00000004	(0.00759%)	林	00000004	(0.00790%)
892	娜	00000004	(0.00759%)	淋	00000004	(0.00790%)
893	纳	00000004	(0.00759%)	临	00000004	(0.00790%)
894	耐	00000004	(0.00759%)	漫	00000004	(0.00790%)
895	恼	00000004	(0.00759%)	命	00000004	(0.00790%)
896	敦	00000004	(0.00759%)	慕	00000004	(0.00790%)
897	凉	00000004	(0.00759%)	毛	00000004	(0.00790%)
898	弄	00000004	(0.00759%)	描	00000004	(0.00790%)
899	卖	00000004	(0.00759%)	闷	00000004	(0.00790%)
900	毛	00000004	(0.00759%)	朴	00000004	(0.00790%)
901	描	00000004	(0.00759%)	榜	00000004	(0.00790%)
902	微	00000004	(0.00759%)	杯	00000004	(0.00790%)
903	朴	00000004	(0.00759%)	辈	00000004	(0.00790%)
904	泼	00000004	(0.00759%)	补	00000004	(0.00790%)
905	伯	00000004	(0.00759%)	肤	00000004	(0.00790%)
906	覆	00000004	(0.00759%)	批	00000004	(0.00790%)

순서	수정전			수정후		
	단어	빈도수	퍼센트	단어	빈도수	퍼센트
907	棒	00000004	(0.00759%)	丝	00000004	(0.00790%)
908	肤	00000004	(0.00759%)	爽	00000004	(0.00790%)
909	批	00000004	(0.00759%)	诚	00000004	(0.00790%)
910	丝	00000004	(0.00759%)	细	00000004	(0.00790%)
911	散	00000004	(0.00759%)	速	00000004	(0.00790%)
912	杀	00000004	(0.00759%)	数	00000004	(0.00790%)
913	诚	00000004	(0.00759%)	湿	00000004	(0.00790%)
914	细	00000004	(0.00759%)	牙	00000004	(0.00790%)
915	羞	00000004	(0.00759%)	压	00000004	(0.00790%)
916	牙	00000004	(0.00759%)	爷	00000004	(0.00790%)
917	按	00000004	(0.00759%)	药	00000004	(0.00790%)
918	爷	00000004	(0.00759%)	鱼	00000004	(0.00790%)
919	药	00000004	(0.00759%)	缘	00000004	(0.00790%)
920	盈	00000004	(0.00759%)	矮	00000004	(0.00790%)
921	矮	00000004	(0.00759%)	摇	00000004	(0.00790%)
922	郁	00000004	(0.00759%)	忧	00000004	(0.00790%)
923	卫	00000004	(0.00759%)	悠	00000004	(0.00790%)
924	悠	00000004	(0.00759%)	益	00000004	(0.00790%)
925	柔	00000004	(0.00759%)	仍	00000004	(0.00790%)
926	引	00000004	(0.00759%)	杂	00000004	(0.00790%)
927	资	00000004	(0.00759%)	摘	00000004	(0.00790%)
928	摘	00000004	(0.00759%)	积	00000004	(0.00790%)
929	积	00000004	(0.00759%)	战	00000004	(0.00790%)
930	挺	00000004	(0.00759%)	停	00000004	(0.00790%)
931	顶	00000004	(0.00759%)	晶	00000004	(0.00790%)
932	梯	00000004	(0.00759%)	梯	00000004	(0.00790%)
933	调	00000004	(0.00759%)	造	00000004	(0.00790%)
934	踪	00000004	(0.00759%)	池	00000004	(0.00790%)
935	止	00000004	(0.00759%)	责	00000004	(0.00790%)
936	池	00000004	(0.00759%)	川	00000004	(0.00790%)
937	集	00000004	(0.00759%)	贴	00000004	(0.00790%)
938	川	00000004	(0.00759%)	厅	00000004	(0.00790%)
939	贴	00000004	(0.00759%)	抽	00000004	(0.00790%)
940	厅	00000004	(0.00759%)	追	00000004	(0.00790%)
941	村	00000004	(0.00759%)	治	00000004	(0.00790%)
942	聪	00000004	(0.00759%)	置	00000004	(0.00790%)
943	推	00000004	(0.00759%)	汤	00000004	(0.00790%)
944	筑	00000004	(0.00759%)	荡	00000004	(0.00790%)
945	治	00000004	(0.00759%)	巴	00000004	(0.00790%)
946	则	00000004	(0.00759%)	篇	00000004	(0.00790%)

순서	수정전			수정후		
	단어	빈도수	퍼센트	단어	빈도수	퍼센트
947	塔	00000004	(0.00759%)	幅	00000004	(0.00790%)
948	汤	00000004	(0.00759%)	项	00000004	(0.00790%)
949	荡	00000004	(0.00759%)	险	00000004	(0.00790%)
950	择	00000004	(0.00759%)	护	00000004	(0.00790%)
951	巴	00000004	(0.00759%)	滑	00000004	(0.00790%)
952	幅	00000004	(0.00759%)	欣	00000004	(0.00790%)
953	含	00000004	(0.00759%)	跷	00000004	(0.00790%)
954	项	00000004	(0.00759%)	姥	00000004	(0.00790%)
955	险	00000004	(0.00759%)	乒	00000004	(0.00790%)
956	显	00000004	(0.00759%)	乓	00000004	(0.00790%)
957	呼	00000004	(0.00759%)	驶	00000004	(0.00790%)
958	湖	00000004	(0.00759%)	优	00000004	(0.00790%)
959	虎	00000004	(0.00759%)	卡	00000004	(0.00790%)
960	滑	00000004	(0.00759%)	丢	00000004	(0.00790%)
961	欣	00000004	(0.00759%)	碰	00000004	(0.00790%)
962	继	00000004	(0.00759%)	苹	00000004	(0.00790%)
963	跷	00000004	(0.00759%)	呀	00000004	(0.00790%)
964	坏	00000004	(0.00759%)	艰	00000003	(0.00593%)
965	乒	00000004	(0.00759%)	江	00000003	(0.00593%)
966	乓	00000004	(0.00759%)	钢	00000003	(0.00593%)
967	宝	00000004	(0.00759%)	价	00000003	(0.00593%)
968	与	00000004	(0.00759%)	据	00000003	(0.00593%)
969	咱	00000004	(0.00759%)	距	00000003	(0.00593%)
970	苹	00000004	(0.00759%)	检	00000003	(0.00593%)
971	呀	00000004	(0.00759%)	遣	00000003	(0.00593%)
972	戏	00000004	(0.00759%)	硬	00000003	(0.00593%)
973	江	00000003	(0.00570%)	瓜	00000003	(0.00593%)
974	钢	00000003	(0.00570%)	骄	00000003	(0.00593%)
975	价	00000003	(0.00570%)	俱	00000003	(0.00593%)
976	改	00000003	(0.00570%)	劝	00000003	(0.00593%)
977	距	00000003	(0.00570%)	克	00000003	(0.00593%)
978	检	00000003	(0.00570%)	谨	00000003	(0.00593%)
979	遣	00000003	(0.00570%)	恼	00000003	(0.00593%)
980	硬	00000003	(0.00570%)	锻	00000003	(0.00593%)
981	警	00000003	(0.00570%)	导	00000003	(0.00593%)
982	瓜	00000003	(0.00570%)	渡	00000003	(0.00593%)
983	块	00000003	(0.00570%)	跳	00000003	(0.00593%)
984	骄	00000003	(0.00570%)	敦	00000003	(0.00593%)
985	俱	00000003	(0.00570%)	疼	00000003	(0.00593%)
986	劝	00000003	(0.00570%)	懒	00000003	(0.00593%)

순서	수정전			수정후		
	단어	빈도수	퍼센트	단어	빈도수	퍼센트
987	克	00000003	(0.00570%)	篮	00000003	(0.00593%)
988	斤	00000003	(0.00570%)	辆	00000003	(0.00593%)
989	既	00000003	(0.00570%)	虑	00000003	(0.00593%)
990	纪	00000003	(0.00570%)	炼	00000003	(0.00593%)
991	挑	00000003	(0.00570%)	绿	00000003	(0.00593%)
992	渡	00000003	(0.00570%)	轮	00000003	(0.00593%)
993	跳	00000003	(0.00570%)	码	00000003	(0.00593%)
994	途	00000003	(0.00570%)	漠	00000003	(0.00593%)
995	顿	00000003	(0.00570%)	骂	00000003	(0.00593%)
996	洞	00000003	(0.00570%)	卖	00000003	(0.00593%)
997	懒	00000003	(0.00570%)	模	00000003	(0.00593%)
998	篮	00000003	(0.00570%)	木	00000003	(0.00593%)
999	辆	00000003	(0.00570%)	默	00000003	(0.00593%)
1000	轮	00000003	(0.00570%)	纹	00000003	(0.00593%)
1001	临	00000003	(0.00570%)	陪	00000003	(0.00593%)
1002	码	00000003	(0.00570%)	伯	00000003	(0.00593%)
1003	漠	00000003	(0.00570%)	逢	00000003	(0.00593%)
1004	骂	00000003	(0.00570%)	付	00000003	(0.00593%)
1005	慕	00000003	(0.00570%)	扶	00000003	(0.00593%)
1006	模	00000003	(0.00570%)	纷	00000003	(0.00593%)
1007	默	00000003	(0.00570%)	史	00000003	(0.00593%)
1008	纹	00000003	(0.00570%)	席	00000003	(0.00593%)
1009	闷	00000003	(0.00570%)	属	00000003	(0.00593%)
1010	拜	00000003	(0.00570%)	松	00000003	(0.00593%)
1011	杯	00000003	(0.00570%)	碎	00000003	(0.00593%)
1012	辈	00000003	(0.00570%)	修	00000003	(0.00593%)
1013	补	00000003	(0.00570%)	守	00000003	(0.00593%)
1014	峰	00000003	(0.00570%)	纯	00000003	(0.00593%)
1015	盆	00000003	(0.00570%)	施	00000003	(0.00593%)
1016	鼻	00000003	(0.00570%)	柿	00000003	(0.00593%)
1017	史	00000003	(0.00570%)	慎	00000003	(0.00593%)
1018	爽	00000003	(0.00570%)	甚	00000003	(0.00593%)
1019	俗	00000003	(0.00570%)	雅	00000003	(0.00593%)
1020	碎	00000003	(0.00570%)	恶	00000003	(0.00593%)
1021	守	00000003	(0.00570%)	跃	00000003	(0.00593%)
1022	瞬	00000003	(0.00570%)	宴	00000003	(0.00593%)
1023	纯	00000003	(0.00570%)	营	00000003	(0.00593%)
1024	拾	00000003	(0.00570%)	伍	00000003	(0.00593%)
1025	施	00000003	(0.00570%)	傲	00000003	(0.00593%)
1026	柿	00000003	(0.00570%)	乌	00000003	(0.00593%)

순서	수정전			수정후		
	단어	빈도수	퍼센트	단어	빈도수	퍼센트
1027	慎	00000003	(0.00570%)	卧	00000003	(0.00593%)
1028	雅	00000003	(0.00570%)	偶	00000003	(0.00593%)
1029	压	00000003	(0.00570%)	危	00000003	(0.00593%)
1030	野	00000003	(0.00570%)	卫	00000003	(0.00593%)
1031	宴	00000003	(0.00570%)	遗	00000003	(0.00593%)
1032	缘	00000003	(0.00570%)	恩	00000003	(0.00593%)
1033	伍	00000003	(0.00570%)	银	00000003	(0.00593%)
1034	傲	00000003	(0.00570%)	移	00000003	(0.00593%)
1035	偶	00000003	(0.00570%)	引	00000003	(0.00593%)
1036	忧	00000003	(0.00570%)	慈	00000003	(0.00593%)
1037	危	00000003	(0.00570%)	滋	00000003	(0.00593%)
1038	威	00000003	(0.00570%)	藏	00000003	(0.00593%)
1039	幼	00000003	(0.00570%)	低	00000003	(0.00593%)
1040	遗	00000003	(0.00570%)	迹	00000003	(0.00593%)
1041	恩	00000003	(0.00570%)	填	00000003	(0.00593%)
1042	银	00000003	(0.00570%)	订	00000003	(0.00593%)
1043	仍	00000003	(0.00570%)	祭	00000003	(0.00593%)
1044	慈	00000003	(0.00570%)	调	00000003	(0.00593%)
1045	滋	00000003	(0.00570%)	志	00000003	(0.00593%)
1046	壮	00000003	(0.00570%)	止	00000003	(0.00593%)
1047	转	00000003	(0.00570%)	镇	00000003	(0.00593%)
1048	祭	00000003	(0.00570%)	集	00000003	(0.00593%)
1049	造	00000003	(0.00570%)	借	00000003	(0.00593%)
1050	众	00000003	(0.00570%)	赞	00000003	(0.00593%)
1051	镇	00000003	(0.00570%)	晴	00000003	(0.00593%)
1052	借	00000003	(0.00570%)	村	00000003	(0.00593%)
1053	餐	00000003	(0.00570%)	皱	00000003	(0.00593%)
1054	责	00000003	(0.00570%)	趋	00000003	(0.00593%)
1055	晴	00000003	(0.00570%)	逐	00000003	(0.00593%)
1056	皱	00000003	(0.00570%)	炊	00000003	(0.00593%)
1057	趋	00000003	(0.00570%)	测	00000003	(0.00593%)
1058	逐	00000003	(0.00570%)	齿	00000003	(0.00593%)
1059	炊	00000003	(0.00570%)	坦	00000003	(0.00593%)
1060	测	00000003	(0.00570%)	塔	00000003	(0.00593%)
1061	置	00000003	(0.00570%)	择	00000003	(0.00593%)
1062	齿	00000003	(0.00570%)	腿	00000003	(0.00593%)
1063	针	00000003	(0.00570%)	派	00000003	(0.00593%)
1064	拖	00000003	(0.00570%)	败	00000003	(0.00593%)
1065	坦	00000003	(0.00570%)	偏	00000003	(0.00593%)
1066	腿	00000003	(0.00570%)	遍	00000003	(0.00593%)

순서	수정전			수정후		
	단어	빈도수	퍼센트	단어	빈도수	퍼센트
1067	派	00000003	(0.00570%)	铺	00000003	(0.00593%)
1068	败	00000003	(0.00570%)	瀑	00000003	(0.00593%)
1069	偏	00000003	(0.00570%)	疲	00000003	(0.00593%)
1070	铺	00000003	(0.00570%)	笔	00000003	(0.00593%)
1071	瀑	00000003	(0.00570%)	含	00000003	(0.00593%)
1072	笔	00000003	(0.00570%)	血	00000003	(0.00593%)
1073	恨	00000003	(0.00570%)	乎	00000003	(0.00593%)
1074	汗	00000003	(0.00570%)	唤	00000003	(0.00593%)
1075	懈	00000003	(0.00570%)	效	00000003	(0.00593%)
1076	血	00000003	(0.00570%)	侯	00000003	(0.00593%)
1077	形	00000003	(0.00570%)	咖	00000003	(0.00593%)
1078	豪	00000003	(0.00570%)	歉	00000003	(0.00593%)
1079	华	00000003	(0.00570%)	烤	00000003	(0.00593%)
1080	唤	00000003	(0.00570%)	糕	00000003	(0.00593%)
1081	恰	00000003	(0.00570%)	靠	00000003	(0.00593%)
1082	咖	00000003	(0.00570%)	肚	00000003	(0.00593%)
1083	磕	00000003	(0.00570%)	啡	00000003	(0.00593%)
1084	歉	00000003	(0.00570%)	宝	00000003	(0.00593%)
1085	烤	00000003	(0.00570%)	皙	00000003	(0.00593%)
1086	糕	00000003	(0.00570%)	胜	00000003	(0.00593%)
1087	躺	00000003	(0.00570%)	晒	00000003	(0.00593%)
1088	肚	00000003	(0.00570%)	羡	00000003	(0.00593%)
1089	灵	00000003	(0.00570%)	宁	00000003	(0.00593%)
1090	啡	00000003	(0.00570%)	挤	00000003	(0.00593%)
1091	凭	00000003	(0.00570%)	趁	00000003	(0.00593%)
1092	胜	00000003	(0.00570%)	咱	00000003	(0.00593%)
1093	摔	00000003	(0.00570%)	础	00000003	(0.00593%)
1094	宁	00000003	(0.00570%)	朵	00000003	(0.00593%)
1095	础	00000003	(0.00570%)	桌	00000003	(0.00593%)
1096	冲	00000003	(0.00570%)	叶	00000003	(0.00593%)
1097	朵	00000003	(0.00570%)	犹	00000003	(0.00593%)
1098	叶	00000003	(0.00570%)	嫁	00000002	(0.00395%)
1099	嫁	00000002	(0.00380%)	角	00000002	(0.00395%)
1100	角	00000002	(0.00380%)	憾	00000002	(0.00395%)
1101	击	00000002	(0.00380%)	击	00000002	(0.00395%)
1102	倾	00000002	(0.00380%)	溪	00000002	(0.00395%)
1103	竟	00000002	(0.00380%)	鸡	00000002	(0.00395%)
1104	竞	00000002	(0.00380%)	姑	00000002	(0.00395%)
1105	溪	00000002	(0.00380%)	曲	00000002	(0.00395%)
1106	鸡	00000002	(0.00380%)	恐	00000002	(0.00395%)

순서	수정전			수정후		
	단어	빈도수	퍼센트	단어	빈도수	퍼센트
1107	鼓	00000002	(0.00380%)	控	00000002	(0.00395%)
1108	括	00000002	(0.00380%)	刮	00000002	(0.00395%)
1109	局	00000002	(0.00380%)	局	00000002	(0.00395%)
1110	裙	00000002	(0.00380%)	群	00000002	(0.00395%)
1111	屈	00000002	(0.00380%)	裙	00000002	(0.00395%)
1112	倦	00000002	(0.00380%)	屈	00000002	(0.00395%)
1113	勤	00000002	(0.00380%)	企	00000002	(0.00395%)
1114	根	00000002	(0.00380%)	纪	00000002	(0.00395%)
1115	企	00000002	(0.00380%)	娘	00000002	(0.00395%)
1116	暖	00000002	(0.00380%)	尿	00000002	(0.00395%)
1117	尿	00000002	(0.00380%)	尼	00000002	(0.00395%)
1118	尼	00000002	(0.00380%)	糖	00000002	(0.00395%)
1119	锻	00000002	(0.00380%)	挑	00000002	(0.00395%)
1120	糖	00000002	(0.00380%)	涛	00000002	(0.00395%)
1121	宅	00000002	(0.00380%)	蹈	00000002	(0.00395%)
1122	刀	00000002	(0.00380%)	洞	00000002	(0.00395%)
1123	涛	00000002	(0.00380%)	童	00000002	(0.00395%)
1124	蹈	00000002	(0.00380%)	兜	00000002	(0.00395%)
1125	疼	00000002	(0.00380%)	豆	00000002	(0.00395%)
1126	童	00000002	(0.00380%)	逗	00000002	(0.00395%)
1127	兜	00000002	(0.00380%)	骆	00000002	(0.00395%)
1128	豆	00000002	(0.00380%)	辣	00000002	(0.00395%)
1129	骆	00000002	(0.00380%)	凉	00000002	(0.00395%)
1130	辣	00000002	(0.00380%)	粮	00000002	(0.00395%)
1131	粮	00000002	(0.00380%)	谅	00000002	(0.00395%)
1132	励	00000002	(0.00380%)	烈	00000002	(0.00395%)
1133	炼	00000002	(0.00380%)	怜	00000002	(0.00395%)
1134	烈	00000002	(0.00380%)	零	00000002	(0.00395%)
1135	令	00000002	(0.00380%)	例	00000002	(0.00395%)
1136	怜	00000002	(0.00380%)	露	00000002	(0.00395%)
1137	露	00000002	(0.00380%)	鲁	00000002	(0.00395%)
1138	鲁	00000002	(0.00380%)	碌	00000002	(0.00395%)
1139	碌	00000002	(0.00380%)	类	00000002	(0.00395%)
1140	绿	00000002	(0.00380%)	茫	00000002	(0.00395%)
1141	类	00000002	(0.00380%)	埋	00000002	(0.00395%)
1142	凌	00000002	(0.00380%)	陌	00000002	(0.00395%)
1143	林	00000002	(0.00380%)	棉	00000002	(0.00395%)
1144	弯	00000002	(0.00380%)	眠	00000002	(0.00395%)
1145	埋	00000002	(0.00380%)	绵	00000002	(0.00395%)
1146	免	00000002	(0.00380%)	睦	00000002	(0.00395%)

순서	수정전			수정후		
	단어	빈도수	퍼센트	단어	빈도수	퍼센트
1147	棉	00000002	(0.00380%)	苗	00000002	(0.00395%)
1148	眠	00000002	(0.00380%)	抚	00000002	(0.00395%)
1149	绵	00000002	(0.00380%)	米	00000002	(0.00395%)
1150	睦	00000002	(0.00380%)	勃	00000002	(0.00395%)
1151	米	00000002	(0.00380%)	泼	00000002	(0.00395%)
1152	博	00000002	(0.00380%)	防	00000002	(0.00395%)
1153	拍	00000002	(0.00380%)	庞	00000002	(0.00395%)
1154	勃	00000002	(0.00380%)	培	00000002	(0.00395%)
1155	榜	00000002	(0.00380%)	拜	00000002	(0.00395%)
1156	培	00000002	(0.00380%)	裴	00000002	(0.00395%)
1157	裴	00000002	(0.00380%)	番	00000002	(0.00395%)
1158	陪	00000002	(0.00380%)	犯	00000002	(0.00395%)
1159	番	00000002	(0.00380%)	范	00000002	(0.00395%)
1160	范	00000002	(0.00380%)	盆	00000002	(0.00395%)
1161	辅	00000002	(0.00380%)	惫	00000002	(0.00395%)
1162	蓬	00000002	(0.00380%)	肥	00000002	(0.00395%)
1163	付	00000002	(0.00380%)	脾	00000002	(0.00395%)
1164	否	00000002	(0.00380%)	鼻	00000002	(0.00395%)
1165	妇	00000002	(0.00380%)	射	00000002	(0.00395%)
1166	扶	00000002	(0.00380%)	查	00000002	(0.00395%)
1167	负	00000002	(0.00380%)	祀	00000002	(0.00395%)
1168	射	00000002	(0.00380%)	尝	00000002	(0.00395%)
1169	狮	00000002	(0.00380%)	省	00000002	(0.00395%)
1170	祀	00000002	(0.00380%)	势	00000002	(0.00395%)
1171	尝	00000002	(0.00380%)	洗	00000002	(0.00395%)
1172	席	00000002	(0.00380%)	召	00000002	(0.00395%)
1173	线	00000002	(0.00380%)	疏	00000002	(0.00395%)
1174	省	00000002	(0.00380%)	俗	00000002	(0.00395%)
1175	势	00000002	(0.00380%)	愁	00000002	(0.00395%)
1176	洗	00000002	(0.00380%)	羞	00000002	(0.00395%)
1177	召	00000002	(0.00380%)	输	00000002	(0.00395%)
1178	疏	00000002	(0.00380%)	植	00000002	(0.00395%)
1179	素	00000002	(0.00380%)	饰	00000002	(0.00395%)
1180	松	00000002	(0.00380%)	讯	00000002	(0.00395%)
1181	衰	00000002	(0.00380%)	亚	00000002	(0.00395%)
1182	修	00000002	(0.00380%)	讶	00000002	(0.00395%)
1183	垂	00000002	(0.00380%)	按	00000002	(0.00395%)
1184	输	00000002	(0.00380%)	案	00000002	(0.00395%)
1185	乘	00000002	(0.00380%)	颜	00000002	(0.00395%)
1186	植	00000002	(0.00380%)	暗	00000002	(0.00395%)

순서	수정전			수정후		
	단어	빈도수	퍼센트	단어	빈도수	퍼센트
1187	饰	00000002	(0.00380%)	哀	00000002	(0.00395%)
1188	甚	00000002	(0.00380%)	艾	00000002	(0.00395%)
1189	亚	00000002	(0.00380%)	惹	00000002	(0.00395%)
1190	讶	00000002	(0.00380%)	野	00000002	(0.00395%)
1191	恶	00000002	(0.00380%)	余	00000002	(0.00395%)
1192	案	00000002	(0.00380%)	软	00000002	(0.00395%)
1193	颜	00000002	(0.00380%)	炎	00000002	(0.00395%)
1194	暗	00000002	(0.00380%)	焰	00000002	(0.00395%)
1195	艾	00000002	(0.00380%)	映	00000002	(0.00395%)
1196	惹	00000002	(0.00380%)	荣	00000002	(0.00395%)
1197	软	00000002	(0.00380%)	艺	00000002	(0.00395%)
1198	阅	00000002	(0.00380%)	奥	00000002	(0.00395%)
1199	炎	00000002	(0.00380%)	稳	00000002	(0.00395%)
1200	焰	00000002	(0.00380%)	汪	00000002	(0.00395%)
1201	荣	00000002	(0.00380%)	耀	00000002	(0.00395%)
1202	营	00000002	(0.00380%)	腰	00000002	(0.00395%)
1203	艺	00000002	(0.00380%)	牛	00000002	(0.00395%)
1204	误	00000002	(0.00380%)	云	00000002	(0.00395%)
1205	稳	00000002	(0.00380%)	熊	00000002	(0.00395%)
1206	拥	00000002	(0.00380%)	元	00000002	(0.00395%)
1207	卧	00000002	(0.00380%)	威	00000002	(0.00395%)
1208	汪	00000002	(0.00380%)	慰	00000002	(0.00395%)
1209	耀	00000002	(0.00380%)	幼	00000002	(0.00395%)
1210	牛	00000002	(0.00380%)	油	00000002	(0.00395%)
1211	云	00000002	(0.00380%)	阴	00000002	(0.00395%)
1212	熊	00000002	(0.00380%)	饮	00000002	(0.00395%)
1213	雄	00000002	(0.00380%)	椅	00000002	(0.00395%)
1214	元	00000002	(0.00380%)	夷	00000002	(0.00395%)
1215	慰	00000002	(0.00380%)	仁	00000002	(0.00395%)
1216	谓	00000002	(0.00380%)	炸	00000002	(0.00395%)
1217	油	00000002	(0.00380%)	绰	00000002	(0.00395%)
1218	饮	00000002	(0.00380%)	墙	00000002	(0.00395%)
1219	椅	00000002	(0.00380%)	壮	00000002	(0.00395%)
1220	夷	00000002	(0.00380%)	奖	00000002	(0.00395%)
1221	移	00000002	(0.00380%)	帐	00000002	(0.00395%)
1222	耳	00000002	(0.00380%)	肠	00000002	(0.00395%)
1223	仁	00000002	(0.00380%)	栽	00000002	(0.00395%)
1224	剩	00000002	(0.00380%)	财	00000002	(0.00395%)
1225	刺	00000002	(0.00380%)	猪	00000002	(0.00395%)
1226	姿	00000002	(0.00380%)	转	00000002	(0.00395%)

순서	수정전			수정후		
	단어	빈도수	퍼센트	단어	빈도수	퍼센트
1227	炸	00000002	(0.00380%)	折	00000002	(0.00395%)
1228	绰	00000002	(0.00380%)	丁	00000002	(0.00395%)
1229	墙	00000002	(0.00380%)	帝	00000002	(0.00395%)
1230	奖	00000002	(0.00380%)	祖	00000002	(0.00395%)
1231	帐	00000002	(0.00380%)	糟	00000002	(0.00395%)
1232	庄	00000002	(0.00380%)	踪	00000002	(0.00395%)
1233	肠	00000002	(0.00380%)	厨	00000002	(0.00395%)
1234	藏	00000002	(0.00380%)	绸	00000002	(0.00395%)
1235	财	00000002	(0.00380%)	俊	00000002	(0.00395%)
1236	猪	00000002	(0.00380%)	曾	00000002	(0.00395%)
1237	滴	00000002	(0.00380%)	指	00000002	(0.00395%)
1238	迹	00000002	(0.00380%)	枝	00000002	(0.00395%)
1239	折	00000002	(0.00380%)	津	00000002	(0.00395%)
1240	丁	00000002	(0.00380%)	珍	00000002	(0.00395%)
1241	征	00000002	(0.00380%)	质	00000002	(0.00395%)
1242	帝	00000002	(0.00380%)	擦	00000002	(0.00395%)
1243	措	00000002	(0.00380%)	苍	00000002	(0.00395%)
1244	操	00000002	(0.00380%)	秒	00000002	(0.00395%)
1245	潮	00000002	(0.00380%)	稍	00000002	(0.00395%)
1246	眺	00000002	(0.00380%)	超	00000002	(0.00395%)
1247	祖	00000002	(0.00380%)	祝	00000002	(0.00395%)
1248	糟	00000002	(0.00380%)	蓄	00000002	(0.00395%)
1249	遭	00000002	(0.00380%)	嘴	00000002	(0.00395%)
1250	尊	00000002	(0.00380%)	致	00000002	(0.00395%)
1251	奏	00000002	(0.00380%)	则	00000002	(0.00395%)
1252	厨	00000002	(0.00380%)	针	00000002	(0.00395%)
1253	株	00000002	(0.00380%)	拖	00000002	(0.00395%)
1254	凑	00000002	(0.00380%)	驼	00000002	(0.00395%)
1255	绸	00000002	(0.00380%)	托	00000002	(0.00395%)
1256	俊	00000002	(0.00380%)	贪	00000002	(0.00395%)
1257	曾	00000002	(0.00380%)	投	00000002	(0.00395%)
1258	枝	00000002	(0.00380%)	坡	00000002	(0.00395%)
1259	纸	00000002	(0.00380%)	波	00000002	(0.00395%)
1260	津	00000002	(0.00380%)	翩	00000002	(0.00395%)
1261	阵	00000002	(0.00380%)	废	00000002	(0.00395%)
1262	执	00000002	(0.00380%)	闭	00000002	(0.00395%)
1263	赞	00000002	(0.00380%)	抛	00000002	(0.00395%)
1264	擦	00000002	(0.00380%)	彼	00000002	(0.00395%)
1265	苍	00000002	(0.00380%)	汗	00000002	(0.00395%)
1266	秒	00000002	(0.00380%)	闲	00000002	(0.00395%)

순서	수정전			수정후		
	단어	빈도수	퍼센트	단어	빈도수	퍼센트
1267	超	00000002	(0.00380%)	港	00000002	(0.00395%)
1268	祝	00000002	(0.00380%)	航	00000002	(0.00395%)
1269	蓄	00000002	(0.00380%)	懈	00000002	(0.00395%)
1270	吹	00000002	(0.00380%)	劾	00000002	(0.00395%)
1271	嘴	00000002	(0.00380%)	虚	00000002	(0.00395%)
1272	驼	00000002	(0.00380%)	显	00000002	(0.00395%)
1273	托	00000002	(0.00380%)	峡	00000002	(0.00395%)
1274	贪	00000002	(0.00380%)	形	00000002	(0.00395%)
1275	胎	00000002	(0.00380%)	胡	00000002	(0.00395%)
1276	吐	00000002	(0.00380%)	虎	00000002	(0.00395%)
1277	投	00000002	(0.00380%)	豪	00000002	(0.00395%)
1278	透	00000002	(0.00380%)	混	00000002	(0.00395%)
1279	播	00000002	(0.00380%)	虹	00000002	(0.00395%)
1280	波	00000002	(0.00380%)	患	00000002	(0.00395%)
1281	篇	00000002	(0.00380%)	慌	00000002	(0.00395%)
1282	翩	00000002	(0.00380%)	晃	00000002	(0.00395%)
1283	闭	00000002	(0.00380%)	煌	00000002	(0.00395%)
1284	胞	00000002	(0.00380%)	孝	00000002	(0.00395%)
1285	避	00000002	(0.00380%)	挥	00000002	(0.00395%)
1286	喊	00000002	(0.00380%)	嬉	00000002	(0.00395%)
1287	港	00000002	(0.00380%)	磕	00000002	(0.00395%)
1288	航	00000002	(0.00380%)	旧	00000002	(0.00395%)
1289	谐	00000002	(0.00380%)	躺	00000002	(0.00395%)
1290	劾	00000002	(0.00380%)	录	00000002	(0.00395%)
1291	峡	00000002	(0.00380%)	愣	00000002	(0.00395%)
1292	乎	00000002	(0.00380%)	扑	00000002	(0.00395%)
1293	胡	00000002	(0.00380%)	丰	00000002	(0.00395%)
1294	混	00000002	(0.00380%)	耍	00000002	(0.00395%)
1295	虹	00000002	(0.00380%)	捧	00000002	(0.00395%)
1296	患	00000002	(0.00380%)	售	00000002	(0.00395%)
1297	慌	00000002	(0.00380%)	皑	00000002	(0.00395%)
1298	煌	00000002	(0.00380%)	亏	00000002	(0.00395%)
1299	孝	00000002	(0.00380%)	砸	00000002	(0.00395%)
1300	效	00000002	(0.00380%)	灯	00000002	(0.00395%)
1301	靠	00000002	(0.00380%)	瞪	00000002	(0.00395%)
1302	旧	00000002	(0.00380%)	抢	00000002	(0.00395%)
1303	洁	00000002	(0.00380%)	沉	00000002	(0.00395%)
1304	扭	00000002	(0.00380%)	摊	00000002	(0.00395%)
1305	扒	00000002	(0.00380%)	渊	00000002	(0.00395%)
1306	扑	00000002	(0.00380%)	脚	00000001	(0.00198%)

순서	수정전			수정후		
	단어	빈도수	퍼센트	단어	빈도수	퍼센트
1307	丰	00000002	(0.00380%)	褐	00000001	(0.00198%)
1308	耍	00000002	(0.00380%)	姜	00000001	(0.00198%)
1309	售	00000002	(0.00380%)	降	00000001	(0.00198%)
1310	哦	00000002	(0.00380%)	慨	00000001	(0.00198%)
1311	挨	00000002	(0.00380%)	拒	00000001	(0.00198%)
1312	铠	00000002	(0.00380%)	乞	00000001	(0.00198%)
1313	黝	00000002	(0.00380%)	劫	00000001	(0.00198%)
1314	羡	00000002	(0.00380%)	揭	00000001	(0.00198%)
1315	眨	00000002	(0.00380%)	隔	00000001	(0.00198%)
1316	挤	00000002	(0.00380%)	兼	00000001	(0.00198%)
1317	证	00000002	(0.00380%)	倾	00000001	(0.00198%)
1318	瞪	00000002	(0.00380%)	劲	00000001	(0.00198%)
1319	摊	00000002	(0.00380%)	竟	00000001	(0.00198%)
1320	渊	00000002	(0.00380%)	竞	00000001	(0.00198%)
1321	艰	00000001	(0.00190%)	契	00000001	(0.00198%)
1322	褐	00000001	(0.00190%)	阶	00000001	(0.00198%)
1323	憾	00000001	(0.00190%)	固	00000001	(0.00198%)
1324	监	00000001	(0.00190%)	谷	00000001	(0.00198%)
1325	姜	00000001	(0.00190%)	孔	00000001	(0.00198%)
1326	巨	00000001	(0.00190%)	攻	00000001	(0.00198%)
1327	拒	00000001	(0.00190%)	贡	00000001	(0.00198%)
1328	键	00000001	(0.00190%)	颗	00000001	(0.00198%)
1329	乞	00000001	(0.00190%)	灌	00000001	(0.00198%)
1330	劫	00000001	(0.00190%)	贯	00000001	(0.00198%)
1331	揭	00000001	(0.00190%)	括	00000001	(0.00198%)
1332	隔	00000001	(0.00190%)	拐	00000001	(0.00198%)
1333	兼	00000001	(0.00190%)	侨	00000001	(0.00198%)
1334	径	00000001	(0.00190%)	巧	00000001	(0.00198%)
1335	憬	00000001	(0.00190%)	沟	00000001	(0.00198%)
1336	颈	00000001	(0.00190%)	购	00000001	(0.00198%)
1337	契	00000001	(0.00190%)	掘	00000001	(0.00198%)
1338	阶	00000001	(0.00190%)	穷	00000001	(0.00198%)
1339	固	00000001	(0.00190%)	倦	00000001	(0.00198%)
1340	姑	00000001	(0.00190%)	窥	00000001	(0.00198%)
1341	辜	00000001	(0.00190%)	勤	00000001	(0.00198%)
1342	谷	00000001	(0.00190%)	筋	00000001	(0.00198%)
1343	孔	00000001	(0.00190%)	器	00000001	(0.00198%)
1344	攻	00000001	(0.00190%)	淇	00000001	(0.00198%)
1345	颗	00000001	(0.00190%)	吉	00000001	(0.00198%)
1346	冠	00000001	(0.00190%)	拮	00000001	(0.00198%)

순서	수정전			수정후		
	단어	빈도수	퍼센트	단어	빈도수	퍼센트
1347	官	00000001	(0.00190%)	暖	00000001	(0.00198%)
1348	宽	00000001	(0.00190%)	奈	00000001	(0.00198%)
1349	灌	00000001	(0.00190%)	浓	00000001	(0.00198%)
1350	贯	00000001	(0.00190%)	匿	00000001	(0.00198%)
1351	刮	00000001	(0.00190%)	坛	00000001	(0.00198%)
1352	拐	00000001	(0.00190%)	端	00000001	(0.00198%)
1353	侨	00000001	(0.00190%)	踏	00000001	(0.00198%)
1354	巧	00000001	(0.00190%)	戴	00000001	(0.00198%)
1355	沟	00000001	(0.00190%)	刀	00000001	(0.00198%)
1356	躯	00000001	(0.00190%)	盗	00000001	(0.00198%)
1357	群	00000001	(0.00190%)	毒	00000001	(0.00198%)
1358	掘	00000001	(0.00190%)	秃	00000001	(0.00198%)
1359	穷	00000001	(0.00190%)	冻	00000001	(0.00198%)
1360	窥	00000001	(0.00190%)	董	00000001	(0.00198%)
1361	谨	00000001	(0.00190%)	斗	00000001	(0.00198%)
1362	器	00000001	(0.00190%)	钝	00000001	(0.00198%)
1363	淇	00000001	(0.00190%)	罗	00000001	(0.00198%)
1364	빝	00000001	(0.00190%)	兰	00000001	(0.00198%)
1365	吉	00000001	(0.00190%)	略	00000001	(0.00198%)
1366	娘	00000001	(0.00190%)	梁	00000001	(0.00198%)
1367	奈	00000001	(0.00190%)	裂	00000001	(0.00198%)
1368	浓	00000001	(0.00190%)	铃	00000001	(0.00198%)
1369	匿	00000001	(0.00190%)	橹	00000001	(0.00198%)
1370	坛	00000001	(0.00190%)	赖	00000001	(0.00198%)
1371	端	00000001	(0.00190%)	疗	00000001	(0.00198%)
1372	唐	00000001	(0.00190%)	辽	00000001	(0.00198%)
1373	毒	00000001	(0.00190%)	垒	00000001	(0.00198%)
1374	秃	00000001	(0.00190%)	陆	00000001	(0.00198%)
1375	憧	00000001	(0.00190%)	栗	00000001	(0.00198%)
1376	董	00000001	(0.00190%)	陵	00000001	(0.00198%)
1377	逗	00000001	(0.00190%)	璃	00000001	(0.00198%)
1378	钝	00000001	(0.00190%)	摩	00000001	(0.00198%)
1379	罗	00000001	(0.00190%)	魔	00000001	(0.00198%)
1380	兰	00000001	(0.00190%)	寞	00000001	(0.00198%)
1381	略	00000001	(0.00190%)	迈	00000001	(0.00198%)
1382	梁	00000001	(0.00190%)	魅	00000001	(0.00198%)
1383	谅	00000001	(0.00190%)	盲	00000001	(0.00198%)
1384	列	00000001	(0.00190%)	免	00000001	(0.00198%)
1385	裂	00000001	(0.00190%)	鸣	00000001	(0.00198%)
1386	领	00000001	(0.00190%)	募	00000001	(0.00198%)

순서	수정전			수정후		
	단어	빈도수	퍼센트	단어	빈도수	퍼센트
1387	例	00000001	(0.00190%)	矛	00000001	(0.00198%)
1388	橹	00000001	(0.00190%)	耗	00000001	(0.00198%)
1389	赖	00000001	(0.00190%)	吻	00000001	(0.00198%)
1390	辽	00000001	(0.00190%)	媚	00000001	(0.00198%)
1391	垒	00000001	(0.00190%)	旻	00000001	(0.00198%)
1392	漏	00000001	(0.00190%)	蜜	00000001	(0.00198%)
1393	陆	00000001	(0.00190%)	博	00000001	(0.00198%)
1394	栗	00000001	(0.00190%)	拍	00000001	(0.00198%)
1395	隆	00000001	(0.00190%)	拌	00000001	(0.00198%)
1396	陵	00000001	(0.00190%)	攀	00000001	(0.00198%)
1397	璃	00000001	(0.00190%)	盘	00000001	(0.00198%)
1398	摩	00000001	(0.00190%)	拔	00000001	(0.00198%)
1399	寞	00000001	(0.00190%)	傍	00000001	(0.00198%)
1400	挽	00000001	(0.00190%)	妨	00000001	(0.00198%)
1401	迈	00000001	(0.00190%)	纺	00000001	(0.00198%)
1402	魅	00000001	(0.00190%)	芳	00000001	(0.00198%)
1403	陌	00000001	(0.00190%)	徘	00000001	(0.00198%)
1404	盲	00000001	(0.00190%)	背	00000001	(0.00198%)
1405	勉	00000001	(0.00190%)	繁	00000001	(0.00198%)
1406	鸣	00000001	(0.00190%)	凡	00000001	(0.00198%)
1407	暮	00000001	(0.00190%)	壁	00000001	(0.00198%)
1408	某	00000001	(0.00190%)	碧	00000001	(0.00198%)
1409	矛	00000001	(0.00190%)	辨	00000001	(0.00198%)
1410	耗	00000001	(0.00190%)	谱	00000001	(0.00198%)
1411	苗	00000001	(0.00190%)	辅	00000001	(0.00198%)
1412	抚	00000001	(0.00190%)	峰	00000001	(0.00198%)
1413	吻	00000001	(0.00190%)	缝	00000001	(0.00198%)
1414	媚	00000001	(0.00190%)	蓬	00000001	(0.00198%)
1415	旻	00000001	(0.00190%)	蜂	00000001	(0.00198%)
1416	蜜	00000001	(0.00190%)	傅	00000001	(0.00198%)
1417	拌	00000001	(0.00190%)	否	00000001	(0.00198%)
1418	盘	00000001	(0.00190%)	妇	00000001	(0.00198%)
1419	拔	00000001	(0.00190%)	浮	00000001	(0.00198%)
1420	傍	00000001	(0.00190%)	负	00000001	(0.00198%)
1421	妨	00000001	(0.00190%)	扮	00000001	(0.00198%)
1422	纺	00000001	(0.00190%)	扉	00000001	(0.00198%)
1423	芳	00000001	(0.00190%)	沸	00000001	(0.00198%)
1424	防	00000001	(0.00190%)	聘	00000001	(0.00198%)
1425	徘	00000001	(0.00190%)	奢	00000001	(0.00198%)
1426	背	00000001	(0.00190%)	寺	00000001	(0.00198%)

순서	수정전			수정후		
	단어	빈도수	퍼센트	단어	빈도수	퍼센트
1427	佰	00000001	(0.00190%)	泻	00000001	(0.00198%)
1428	凡	00000001	(0.00190%)	狮	00000001	(0.00198%)
1429	犯	00000001	(0.00190%)	辞	00000001	(0.00198%)
1430	壁	00000001	(0.00190%)	驷	00000001	(0.00198%)
1431	碧	00000001	(0.00190%)	撒	00000001	(0.00198%)
1432	辨	00000001	(0.00190%)	塞	00000001	(0.00198%)
1433	谱	00000001	(0.00190%)	索	00000001	(0.00198%)
1434	缝	00000001	(0.00190%)	逝	00000001	(0.00198%)
1435	蜂	00000001	(0.00190%)	扇	00000001	(0.00198%)
1436	逢	00000001	(0.00190%)	线	00000001	(0.00198%)
1437	傅	00000001	(0.00190%)	闪	00000001	(0.00198%)
1438	浮	00000001	(0.00190%)	蔬	00000001	(0.00198%)
1439	奔	00000001	(0.00190%)	孙	00000001	(0.00198%)
1440	纷	00000001	(0.00190%)	损	00000001	(0.00198%)
1441	扉	00000001	(0.00190%)	锁	00000001	(0.00198%)
1442	肥	00000001	(0.00190%)	垂	00000001	(0.00198%)
1443	脾	00000001	(0.00190%)	寿	00000001	(0.00198%)
1444	聘	00000001	(0.00190%)	嫂	00000001	(0.00198%)
1445	奢	00000001	(0.00190%)	授	00000001	(0.00198%)
1446	寺	00000001	(0.00190%)	盾	00000001	(0.00198%)
1447	斜	00000001	(0.00190%)	瞬	00000001	(0.00198%)
1448	查	00000001	(0.00190%)	膝	00000001	(0.00198%)
1449	泻	00000001	(0.00190%)	拾	00000001	(0.00198%)
1450	赦	00000001	(0.00190%)	乘	00000001	(0.00198%)
1451	辞	00000001	(0.00190%)	诗	00000001	(0.00198%)
1452	撒	00000001	(0.00190%)	肾	00000001	(0.00198%)
1453	厢	00000001	(0.00190%)	岩	00000001	(0.00198%)
1454	索	00000001	(0.00190%)	癌	00000001	(0.00198%)
1455	逝	00000001	(0.00190%)	押	00000001	(0.00198%)
1456	仙	00000001	(0.00190%)	仰	00000001	(0.00198%)
1457	闪	00000001	(0.00190%)	碍	00000001	(0.00198%)
1458	涉	00000001	(0.00190%)	额	00000001	(0.00198%)
1459	姓	00000001	(0.00190%)	樱	00000001	(0.00198%)
1460	孙	00000001	(0.00190%)	扬	00000001	(0.00198%)
1461	损	00000001	(0.00190%)	役	00000001	(0.00198%)
1462	锁	00000001	(0.00190%)	逆	00000001	(0.00198%)
1463	嫂	00000001	(0.00190%)	燃	00000001	(0.00198%)
1464	愁	00000001	(0.00190%)	铅	00000001	(0.00198%)
1465	授	00000001	(0.00190%)	悦	00000001	(0.00198%)
1466	数	00000001	(0.00190%)	阅	00000001	(0.00198%)

순서	수정전			수정후		
	단어	빈도수	퍼센트	단어	빈도수	퍼센트
1467	粹	00000001	(0.00190%)	染	00000001	(0.00198%)
1468	盾	00000001	(0.00190%)	豫	00000001	(0.00198%)
1469	膝	00000001	(0.00190%)	吴	00000001	(0.00198%)
1470	承	00000001	(0.00190%)	晤	00000001	(0.00198%)
1471	侍	00000001	(0.00190%)	熬	00000001	(0.00198%)
1472	猜	00000001	(0.00190%)	误	00000001	(0.00198%)
1473	诗	00000001	(0.00190%)	缓	00000001	(0.00198%)
1474	肾	00000001	(0.00190%)	歪	00000001	(0.00198%)
1475	讯	00000001	(0.00190%)	遥	00000001	(0.00198%)
1476	岩	00000001	(0.00190%)	欲	00000001	(0.00198%)
1477	癌	00000001	(0.00190%)	俑	00000001	(0.00198%)
1478	押	00000001	(0.00190%)	尤	00000001	(0.00198%)
1479	仰	00000001	(0.00190%)	愚	00000001	(0.00198%)
1480	碍	00000001	(0.00190%)	邮	00000001	(0.00198%)
1481	额	00000001	(0.00190%)	雄	00000001	(0.00198%)
1482	樱	00000001	(0.00190%)	怨	00000001	(0.00198%)
1483	若	00000001	(0.00190%)	源	00000001	(0.00198%)
1484	扬	00000001	(0.00190%)	委	00000001	(0.00198%)
1485	抑	00000001	(0.00190%)	胃	00000001	(0.00198%)
1486	域	00000001	(0.00190%)	唯	00000001	(0.00198%)
1487	役	00000001	(0.00190%)	幽	00000001	(0.00198%)
1488	逆	00000001	(0.00190%)	维	00000001	(0.00198%)
1489	燃	00000001	(0.00190%)	诱	00000001	(0.00198%)
1490	铅	00000001	(0.00190%)	润	00000001	(0.00198%)
1491	豫	00000001	(0.00190%)	仪	00000001	(0.00198%)
1492	吴	00000001	(0.00190%)	伊	00000001	(0.00198%)
1493	奥	00000001	(0.00190%)	姨	00000001	(0.00198%)
1494	晤	00000001	(0.00190%)	耳	00000001	(0.00198%)
1495	缓	00000001	(0.00190%)	剩	00000001	(0.00198%)
1496	歪	00000001	(0.00190%)	孕	00000001	(0.00198%)
1497	饶	00000001	(0.00190%)	仔	00000001	(0.00198%)
1498	欲	00000001	(0.00190%)	刺	00000001	(0.00198%)
1499	愚	00000001	(0.00190%)	姿	00000001	(0.00198%)
1500	羽	00000001	(0.00190%)	磁	00000001	(0.00198%)
1501	邮	00000001	(0.00190%)	紫	00000001	(0.00198%)
1502	怨	00000001	(0.00190%)	雀	00000001	(0.00198%)
1503	源	00000001	(0.00190%)	暂	00000001	(0.00198%)
1504	委	00000001	(0.00190%)	潜	00000001	(0.00198%)
1505	胃	00000001	(0.00190%)	仗	00000001	(0.00198%)
1506	幽	00000001	(0.00190%)	庄	00000001	(0.00198%)

순서	수정전			수정후		
	단어	빈도수	퍼센트	단어	빈도수	퍼센트
1507	诱	00000001	(0.00190%)	掌	00000001	(0.00198%)
1508	润	00000001	(0.00190%)	脏	00000001	(0.00198%)
1509	阴	00000001	(0.00190%)	葬	00000001	(0.00198%)
1510	仪	00000001	(0.00190%)	酱	00000001	(0.00198%)
1511	伊	00000001	(0.00190%)	储	00000001	(0.00198%)
1512	姨	00000001	(0.00190%)	著	00000001	(0.00198%)
1513	妊	00000001	(0.00190%)	寂	00000001	(0.00198%)
1514	孕	00000001	(0.00190%)	征	00000001	(0.00198%)
1515	仔	00000001	(0.00190%)	措	00000001	(0.00198%)
1516	磁	00000001	(0.00190%)	枣	00000001	(0.00198%)
1517	紫	00000001	(0.00190%)	潮	00000001	(0.00198%)
1518	潜	00000001	(0.00190%)	眺	00000001	(0.00198%)
1519	掌	00000001	(0.00190%)	阻	00000001	(0.00198%)
1520	葬	00000001	(0.00190%)	尊	00000001	(0.00198%)
1521	酱	00000001	(0.00190%)	宗	00000001	(0.00198%)
1522	障	00000001	(0.00190%)	种	00000001	(0.00198%)
1523	栽	00000001	(0.00190%)	挫	00000001	(0.00198%)
1524	储	00000001	(0.00190%)	罪	00000001	(0.00198%)
1525	抵	00000001	(0.00190%)	奏	00000001	(0.00198%)
1526	著	00000001	(0.00190%)	柱	00000001	(0.00198%)
1527	寂	00000001	(0.00190%)	株	00000001	(0.00198%)
1528	填	00000001	(0.00190%)	珠	00000001	(0.00198%)
1529	缠	00000001	(0.00190%)	众	00000001	(0.00198%)
1530	亭	00000001	(0.00190%)	支	00000001	(0.00198%)
1531	枣	00000001	(0.00190%)	智	00000001	(0.00198%)
1532	粗	00000001	(0.00190%)	纸	00000001	(0.00198%)
1533	钓	00000001	(0.00190%)	织	00000001	(0.00198%)
1534	存	00000001	(0.00190%)	唇	00000001	(0.00198%)
1535	宗	00000001	(0.00190%)	侄	00000001	(0.00198%)
1536	挫	00000001	(0.00190%)	疾	00000001	(0.00198%)
1537	罪	00000001	(0.00190%)	执	00000001	(0.00198%)
1538	柱	00000001	(0.00190%)	畅	00000001	(0.00198%)
1539	憎	00000001	(0.00190%)	采	00000001	(0.00198%)
1540	支	00000001	(0.00190%)	册	00000001	(0.00198%)
1541	智	00000001	(0.00190%)	策	00000001	(0.00198%)
1542	织	00000001	(0.00190%)	擅	00000001	(0.00198%)
1543	唇	00000001	(0.00190%)	迁	00000001	(0.00198%)
1544	珍	00000001	(0.00190%)	澈	00000001	(0.00198%)
1545	秦	00000001	(0.00190%)	甜	00000001	(0.00198%)
1546	辰	00000001	(0.00190%)	递	00000001	(0.00198%)

순서	수정전			수정후		
	단어	빈도수	퍼센트	단어	빈도수	퍼센트
1547	侄	00000001	(0.00190%)	椒	00000001	(0.00198%)
1548	疾	00000001	(0.00190%)	坠	00000001	(0.00198%)
1549	质	00000001	(0.00190%)	推	00000001	(0.00198%)
1550	惨	00000001	(0.00190%)	锤	00000001	(0.00198%)
1551	畅	00000001	(0.00190%)	衷	00000001	(0.00198%)
1552	涨	00000001	(0.00190%)	脆	00000001	(0.00198%)
1553	采	00000001	(0.00190%)	侈	00000001	(0.00198%)
1554	册	00000001	(0.00190%)	漆	00000001	(0.00198%)
1555	策	00000001	(0.00190%)	寝	00000001	(0.00198%)
1556	尺	00000001	(0.00190%)	沈	00000001	(0.00198%)
1557	擅	00000001	(0.00190%)	脱	00000001	(0.00198%)
1558	迁	00000001	(0.00190%)	探	00000001	(0.00198%)
1559	彻	00000001	(0.00190%)	搭	00000001	(0.00198%)
1560	澈	00000001	(0.00190%)	泰	00000001	(0.00198%)
1561	添	00000001	(0.00190%)	胎	00000001	(0.00198%)
1562	甜	00000001	(0.00190%)	泽	00000001	(0.00198%)
1563	递	00000001	(0.00190%)	吐	00000001	(0.00198%)
1564	椒	00000001	(0.00190%)	筒	00000001	(0.00198%)
1565	焦	00000001	(0.00190%)	透	00000001	(0.00198%)
1566	锤	00000001	(0.00190%)	播	00000001	(0.00198%)
1567	衷	00000001	(0.00190%)	判	00000001	(0.00198%)
1568	脆	00000001	(0.00190%)	佩	00000001	(0.00198%)
1569	侈	00000001	(0.00190%)	牌	00000001	(0.00198%)
1570	致	00000001	(0.00190%)	贬	00000001	(0.00198%)
1571	漆	00000001	(0.00190%)	坪	00000001	(0.00198%)
1572	侵	00000001	(0.00190%)	币	00000001	(0.00198%)
1573	沈	00000001	(0.00190%)	弊	00000001	(0.00198%)
1574	叹	00000001	(0.00190%)	泡	00000001	(0.00198%)
1575	脱	00000001	(0.00190%)	胞	00000001	(0.00198%)
1576	探	00000001	(0.00190%)	饱	00000001	(0.00198%)
1577	搭	00000001	(0.00190%)	飘	00000001	(0.00198%)
1578	泰	00000001	(0.00190%)	避	00000001	(0.00198%)
1579	泽	00000001	(0.00190%)	乏	00000001	(0.00198%)
1580	筒	00000001	(0.00190%)	厦	00000001	(0.00198%)
1581	闯	00000001	(0.00190%)	河	00000001	(0.00198%)
1582	坡	00000001	(0.00190%)	贺	00000001	(0.00198%)
1583	破	00000001	(0.00190%)	垦	00000001	(0.00198%)
1584	佩	00000001	(0.00190%)	限	00000001	(0.00198%)
1585	牌	00000001	(0.00190%)	蛤	00000001	(0.00198%)
1586	贬	00000001	(0.00190%)	抗	00000001	(0.00198%)

순서	수정전			수정후		
	단어	빈도수	퍼센트	단어	빈도수	퍼센트
1587	坪	00000001	(0.00190%)	杭	00000001	(0.00198%)
1588	币	00000001	(0.00190%)	核	00000001	(0.00198%)
1589	弊	00000001	(0.00190%)	献	00000001	(0.00198%)
1590	怖	00000001	(0.00190%)	歇	00000001	(0.00198%)
1591	泡	00000001	(0.00190%)	页	00000001	(0.00198%)
1592	饱	00000001	(0.00190%)	协	00000001	(0.00198%)
1593	飘	00000001	(0.00190%)	刑	00000001	(0.00198%)
1594	乏	00000001	(0.00190%)	惠	00000001	(0.00198%)
1595	厦	00000001	(0.00190%)	糊	00000001	(0.00198%)
1596	河	00000001	(0.00190%)	浑	00000001	(0.00198%)
1597	壑	00000001	(0.00190%)	洪	00000001	(0.00198%)
1598	闲	00000001	(0.00190%)	华	00000001	(0.00198%)
1599	限	00000001	(0.00190%)	豁	00000001	(0.00198%)
1600	蛤	00000001	(0.00190%)	徊	00000001	(0.00198%)
1601	抗	00000001	(0.00190%)	恢	00000001	(0.00198%)
1602	杭	00000001	(0.00190%)	悔	00000001	(0.00198%)
1603	核	00000001	(0.00190%)	诲	00000001	(0.00198%)
1604	虚	00000001	(0.00190%)	肴	00000001	(0.00198%)
1605	歇	00000001	(0.00190%)	晕	00000001	(0.00198%)
1606	悬	00000001	(0.00190%)	携	00000001	(0.00198%)
1607	炫	00000001	(0.00190%)	痕	00000001	(0.00198%)
1608	页	00000001	(0.00190%)	恰	00000001	(0.00198%)
1609	刑	00000001	(0.00190%)	槛	00000001	(0.00198%)
1610	惠	00000001	(0.00190%)	瞌	00000001	(0.00198%)
1611	糊	00000001	(0.00190%)	丐	00000001	(0.00198%)
1612	洪	00000001	(0.00190%)	尬	00000001	(0.00198%)
1613	晃	00000001	(0.00190%)	捡	00000001	(0.00198%)
1614	皇	00000001	(0.00190%)	估	00000001	(0.00198%)
1615	荒	00000001	(0.00190%)	搞	00000001	(0.00198%)
1616	汇	00000001	(0.00190%)	夸	00000001	(0.00198%)
1617	徊	00000001	(0.00190%)	楳	00000001	(0.00198%)
1618	悔	00000001	(0.00190%)	挂	00000001	(0.00198%)
1619	诲	00000001	(0.00190%)	跤	00000001	(0.00198%)
1620	晓	00000001	(0.00190%)	惧	00000001	(0.00198%)
1621	晕	00000001	(0.00190%)	疚	00000001	(0.00198%)
1622	挥	00000001	(0.00190%)	篝	00000001	(0.00198%)
1623	携	00000001	(0.00190%)	簧	00000001	(0.00198%)
1624	痕	00000001	(0.00190%)	坂	00000001	(0.00198%)
1625	槛	00000001	(0.00190%)	洁	00000001	(0.00198%)
1626	丐	00000001	(0.00190%)	腻	00000001	(0.00198%)

순서	수정전			수정후		
	단어	빈도수	퍼센트	단어	빈도수	퍼센트
1627	尬	00000001	(0.00190%)	胆	00000001	(0.00198%)
1628	捡	00000001	(0.00190%)	掏	00000001	(0.00198%)
1629	估	00000001	(0.00190%)	陡	00000001	(0.00198%)
1630	搞	00000001	(0.00190%)	吨	00000001	(0.00198%)
1631	夸	00000001	(0.00190%)	垃	00000001	(0.00198%)
1632	楳	00000001	(0.00190%)	灵	00000001	(0.00198%)
1633	挂	00000001	(0.00190%)	蛔	00000001	(0.00198%)
1634	跤	00000001	(0.00190%)	麽	00000001	(0.00198%)
1635	圾	00000001	(0.00190%)	湾	00000001	(0.00198%)
1636	腻	00000001	(0.00190%)	蛮	00000001	(0.00198%)
1637	胆	00000001	(0.00190%)	袜	00000001	(0.00198%)
1638	掏	00000001	(0.00190%)	髦	00000001	(0.00198%)
1639	涂	00000001	(0.00190%)	扒	00000001	(0.00198%)
1640	陡	00000001	(0.00190%)	翻	00000001	(0.00198%)
1641	吨	00000001	(0.00190%)	篷	00000001	(0.00198%)
1642	拦	00000001	(0.00190%)	笨	00000001	(0.00198%)
1643	垃	00000001	(0.00190%)	痹	00000001	(0.00198%)
1644	录	00000001	(0.00190%)	缤	00000001	(0.00198%)
1645	愣	00000001	(0.00190%)	腊	00000001	(0.00198%)
1646	蛔	00000001	(0.00190%)	颐	00000001	(0.00198%)
1647	嘛	00000001	(0.00190%)	婶	00000001	(0.00198%)
1648	湾	00000001	(0.00190%)	挖	00000001	(0.00198%)
1649	蛮	00000001	(0.00190%)	挨	00000001	(0.00198%)
1650	袜	00000001	(0.00190%)	厂	00000001	(0.00198%)
1651	髦	00000001	(0.00190%)	赢	00000001	(0.00198%)
1652	蹒	00000001	(0.00190%)	嗡	00000001	(0.00198%)
1653	翻	00000001	(0.00190%)	惋	00000001	(0.00198%)
1654	拚	00000001	(0.00190%)	哇	00000001	(0.00198%)
1655	笨	00000001	(0.00190%)	浇	00000001	(0.00198%)
1656	痹	00000001	(0.00190%)	喂	00000001	(0.00198%)
1657	傻	00000001	(0.00190%)	异	00000001	(0.00198%)
1658	跚	00000001	(0.00190%)	姊	00000001	(0.00198%)
1659	腊	00000001	(0.00190%)	赚	00000001	(0.00198%)
1660	晒	00000001	(0.00190%)	眨	00000001	(0.00198%)
1661	颐	00000001	(0.00190%)	姊	00000001	(0.00198%)
1662	挖	00000001	(0.00190%)	趟	00000001	(0.00198%)
1663	厂	00000001	(0.00190%)	睁	00000001	(0.00198%)
1664	婴	00000001	(0.00190%)	抓	00000001	(0.00198%)
1665	赢	00000001	(0.00190%)	惕	00000001	(0.00198%)
1666	惋	00000001	(0.00190%)	峭	00000001	(0.00198%)

순서	수정전			수정후		
	단어	빈도수	퍼센트	단어	빈도수	퍼센트
1667	哇	00000001	(0.00190%)	触	00000001	(0.00198%)
1668	亏	00000001	(0.00190%)	葱	00000001	(0.00198%)
1669	纭	00000001	(0.00190%)	冲	00000001	(0.00198%)
1670	喂	00000001	(0.00190%)	虫	00000001	(0.00198%)
1671	异	00000001	(0.00190%)	称	00000001	(0.00198%)
1672	姊	00000001	(0.00190%)	志	00000001	(0.00198%)
1673	赚	00000001	(0.00190%)	忑	00000001	(0.00198%)
1674	砸	00000001	(0.00190%)	玻	00000001	(0.00198%)
1675	姊	00000001	(0.00190%)	瞎	00000001	(0.00198%)
1676	灯	00000001	(0.00190%)	哼	00000001	(0.00198%)
1677	睁	00000001	(0.00190%)	伙	00000001	(0.00198%)
1678	抓	00000001	(0.00190%)			
1679	鬃	00000001	(0.00190%)			
1680	抢	00000001	(0.00190%)			
1681	俏	00000001	(0.00190%)			
1682	葱	00000001	(0.00190%)			
1683	虫	00000001	(0.00190%)			
1684	沉	00000001	(0.00190%)			
1685	称	00000001	(0.00190%)			
1686	志	00000001	(0.00190%)			
1687	忑	00000001	(0.00190%)			
1688	玻	00000001	(0.00190%)			
1689	狠	00000001	(0.00190%)			
1690	瞎	00000001	(0.00190%)			
1691	哼	00000001	(0.00190%)			
1692	伙	00000001	(0.00190%)			
1693	谎	00000001	(0.00190%)			
1694	犹	00000001	(0.00190%)			

5.3.3 4학년 중간언어 자료 수정 전·후의 한자 사용빈도

순서	수정전			수정후		
	단어	빈도수	퍼센트	단어	빈도수	퍼센트
1	我	00001010	(5.77308%)	我	00000952	(5.50735%)
2	的	00000754	(4.30980%)	的	00000693	(4.00902%)
3	了	00000369	(2.10917%)	了	00000399	(2.30823%)
4	一	00000280	(1.60046%)	一	00000267	(1.54460%)
5	他	00000258	(1.47471%)	他	00000252	(1.45783%)
6	不	00000235	(1.34324%)	是	00000243	(1.40576%)

순서	수정전			수정후		
	단어	빈도수	퍼센트	단어	빈도수	퍼센트
7	是	00000234	(1.33753%)	不	00000236	(1.36527%)
8	学	00000216	(1.23464%)	学	00000215	(1.24378%)
9	天	00000213	(1.21749%)	很	00000207	(1.19750%)
10	们	00000206	(1.17748%)	天	00000205	(1.18593%)
11	很	00000202	(1.15462%)	们	00000202	(1.16858%)
12	在	00000189	(1.08031%)	国	00000174	(1.00659%)
13	这	00000179	(1.02315%)	人	00000174	(1.00659%)
14	人	00000176	(1.00600%)	在	00000174	(1.00659%)
15	国	00000174	(0.99457%)	这	00000173	(1.00081%)
16	有	00000173	(0.98885%)	有	00000169	(0.97767%)
17	你	00000168	(0.96027%)	你	00000162	(0.93717%)
18	去	00000160	(0.91455%)	去	00000159	(0.91982%)
19	个	00000152	(0.86882%)	时	00000146	(0.84461%)
20	时	00000151	(0.86310%)	以	00000137	(0.79255%)
21	以	00000138	(0.78880%)	个	00000136	(0.78676%)
22	到	00000129	(0.73735%)	好	00000134	(0.77519%)
23	中	00000128	(0.73164%)	到	00000131	(0.75784%)
24	来	00000123	(0.70306%)	中	00000127	(0.73470%)
25	好	00000122	(0.69734%)	上	00000116	(0.67106%)
26	上	00000113	(0.64590%)	来	00000107	(0.61900%)
27	多	00000108	(0.61732%)	多	00000105	(0.60743%)
28	下	00000104	(0.59446%)	语	00000100	(0.57850%)
29	得	00000102	(0.58302%)	要	00000097	(0.56115%)
30	语	00000099	(0.56588%)	下	00000097	(0.56115%)
31	生	00000095	(0.54301%)	得	00000095	(0.54958%)
32	家	00000091	(0.52015%)	家	00000093	(0.53801%)
33	要	00000090	(0.51443%)	生	00000087	(0.50330%)
34	么	00000086	(0.49157%)	么	00000085	(0.49173%)
35	看	00000084	(0.48014%)	大	00000084	(0.48594%)
36	汉	00000084	(0.48014%)	雪	00000084	(0.48594%)
37	大	00000082	(0.46871%)	年	00000080	(0.46280%)
38	雪	00000082	(0.46871%)	为	00000078	(0.45123%)
39	为	00000079	(0.45156%)	汉	00000078	(0.45123%)
40	年	00000078	(0.44584%)	看	00000077	(0.44545%)
41	候	00000074	(0.42298%)	起	00000076	(0.43966%)
42	起	00000073	(0.41726%)	今	00000074	(0.42809%)
43	说	00000073	(0.41726%)	所	00000071	(0.41074%)
44	今	00000072	(0.41155%)	打	00000071	(0.41074%)
45	打	00000072	(0.41155%)	说	00000068	(0.39338%)
46	没	00000071	(0.40583%)	友	00000068	(0.39338%)

순서	수정전			수정후		
	단어	빈도수	퍼센트	단어	빈도수	퍼센트
47	想	00000071	(0.40583%)	都	00000067	(0.38760%)
48	友	00000069	(0.39440%)	朋	00000067	(0.38760%)
49	朋	00000068	(0.38868%)	后	00000067	(0.38760%)
50	所	00000066	(0.37725%)	常	00000066	(0.38181%)
51	习	00000066	(0.37725%)	习	00000066	(0.38181%)
52	样	00000066	(0.37725%)	没	00000065	(0.37603%)
53	后	00000066	(0.37725%)	想	00000064	(0.37024%)
54	常	00000064	(0.36582%)	候	00000064	(0.37024%)
55	她	00000062	(0.35439%)	欢	00000063	(0.36446%)
56	儿	00000061	(0.34867%)	儿	00000061	(0.35289%)
57	事	00000060	(0.34296%)	事	00000060	(0.34710%)
58	欢	00000060	(0.34296%)	喜	00000059	(0.34132%)
59	对	00000059	(0.33724%)	吃	00000057	(0.32975%)
60	话	00000057	(0.32581%)	她	00000057	(0.32975%)
61	吃	00000057	(0.32581%)	过	00000056	(0.32396%)
62	都	00000056	(0.32009%)	对	00000056	(0.32396%)
63	喜	00000056	(0.32009%)	样	00000056	(0.32396%)
64	过	00000055	(0.31438%)	就	00000056	(0.32396%)
65	妈	00000054	(0.30866%)	那	00000055	(0.31818%)
66	外	00000053	(0.30294%)	外	00000055	(0.31818%)
67	心	00000052	(0.29723%)	话	00000053	(0.30661%)
68	那	00000051	(0.29151%)	吧	00000053	(0.30661%)
69	现	00000051	(0.29151%)	能	00000052	(0.30082%)
70	跟	00000051	(0.29151%)	妈	00000052	(0.30082%)
71	才	00000050	(0.28580%)	和	00000051	(0.29504%)
72	次	00000050	(0.28580%)	商	00000049	(0.28347%)
73	吧	00000050	(0.28580%)	心	00000049	(0.28347%)
74	能	00000049	(0.28008%)	才	00000049	(0.28347%)
75	商	00000049	(0.28008%)	现	00000049	(0.28347%)
76	量	00000047	(0.26865%)	里	00000048	(0.27768%)
77	和	00000047	(0.26865%)	最	00000048	(0.27768%)
78	待	00000046	(0.26293%)	量	00000047	(0.27190%)
79	间	00000045	(0.25722%)	点	00000047	(0.27190%)
80	给	00000045	(0.25722%)	待	00000046	(0.26611%)
81	老	00000045	(0.25722%)	间	00000045	(0.26033%)
82	点	00000045	(0.25722%)	老	00000045	(0.26033%)
83	最	00000045	(0.25722%)	跟	00000045	(0.26033%)
84	就	00000045	(0.25722%)	小	00000044	(0.25454%)
85	行	00000045	(0.25722%)	比	00000043	(0.24876%)
86	会	00000045	(0.25722%)	也	00000043	(0.24876%)

순서	수정전			수정후		
	단어	빈도수	퍼센트	단어	빈도수	퍼센트
87	经	00000044	(0.25150%)	情	00000043	(0.24876%)
88	比	00000044	(0.25150%)	会	00000043	(0.24876%)
89	小	00000044	(0.25150%)	经	00000042	(0.24297%)
90	作	00000044	(0.25150%)	热	00000042	(0.24297%)
91	真	00000044	(0.25150%)	因	00000042	(0.24297%)
92	明	00000043	(0.24578%)	作	00000042	(0.24297%)
93	因	00000043	(0.24578%)	韩	00000042	(0.24297%)
94	情	00000043	(0.24578%)	明	00000041	(0.23719%)
95	面	00000042	(0.24007%)	次	00000041	(0.23719%)
96	热	00000042	(0.24007%)	行	00000041	(0.23719%)
97	韩	00000042	(0.24007%)	可	00000040	(0.23140%)
98	里	00000041	(0.23435%)	面	00000040	(0.23140%)
99	别	00000041	(0.23435%)	别	00000040	(0.23140%)
100	从	00000041	(0.23435%)	师	00000040	(0.23140%)
101	车	00000041	(0.23435%)	什	00000040	(0.23140%)
102	可	00000040	(0.22864%)	地	00000040	(0.23140%)
103	校	00000040	(0.22864%)	车	00000040	(0.23140%)
104	师	00000040	(0.22864%)	爸	00000040	(0.23140%)
105	前	00000040	(0.22864%)	给	00000039	(0.22562%)
106	重	00000040	(0.22864%)	每	00000039	(0.22562%)
107	太	00000040	(0.22864%)	算	00000039	(0.22562%)
108	算	00000039	(0.22292%)	前	00000039	(0.22562%)
109	什	00000039	(0.22292%)	从	00000039	(0.22562%)
110	也	00000039	(0.22292%)	重	00000038	(0.21983%)
111	气	00000039	(0.22292%)	气	00000038	(0.21983%)
112	爸	00000039	(0.22292%)	当	00000038	(0.21983%)
113	每	00000038	(0.21720%)	工	00000037	(0.21405%)
114	地	00000038	(0.21720%)	校	00000037	(0.21405%)
115	工	00000036	(0.20577%)	件	00000036	(0.20826%)
116	子	00000036	(0.20577%)	见	00000036	(0.20826%)
117	当	00000036	(0.20577%)	感	00000035	(0.20248%)
118	做	00000035	(0.20006%)	问	00000035	(0.20248%)
119	觉	00000034	(0.19434%)	意	00000035	(0.20248%)
120	感	00000034	(0.19434%)	做	00000035	(0.20248%)
121	见	00000034	(0.19434%)	道	00000034	(0.19669%)
122	问	00000034	(0.19434%)	书	00000034	(0.19669%)
123	书	00000034	(0.19434%)	真	00000034	(0.19669%)
124	活	00000034	(0.19434%)	快	00000034	(0.19669%)
125	道	00000033	(0.18863%)	太	00000034	(0.19669%)
126	件	00000032	(0.18291%)	活	00000034	(0.19669%)

순서	수정전			수정후		
	단어	빈도수	퍼센트	단어	빈도수	퍼센트
127	意	00000032	(0.18291%)	子	00000033	(0.19091%)
128	定	00000032	(0.18291%)	知	00000033	(0.19091%)
129	帮	00000032	(0.18291%)	高	00000032	(0.18512%)
130	高	00000031	(0.17719%)	电	00000032	(0.18512%)
131	身	00000031	(0.17719%)	着	00000032	(0.18512%)
132	电	00000031	(0.17719%)	身	00000031	(0.17934%)
133	快	00000031	(0.17719%)	觉	00000030	(0.17355%)
134	力	00000030	(0.17148%)	期	00000030	(0.17355%)
135	闹	00000030	(0.17148%)	让	00000030	(0.17355%)
136	然	00000030	(0.17148%)	然	00000030	(0.17355%)
137	知	00000030	(0.17148%)	再	00000030	(0.17355%)
138	还	00000030	(0.17148%)	帮	00000030	(0.17355%)
139	听	00000030	(0.17148%)	力	00000029	(0.16777%)
140	西	00000029	(0.16576%)	定	00000029	(0.16777%)
141	再	00000029	(0.16576%)	题	00000029	(0.16777%)
142	期	00000028	(0.16005%)	还	00000029	(0.16777%)
143	业	00000028	(0.16005%)	听	00000029	(0.16777%)
144	接	00000028	(0.16005%)	班	00000028	(0.16198%)
145	题	00000028	(0.16005%)	开	00000027	(0.15620%)
146	把	00000028	(0.16005%)	出	00000027	(0.15620%)
147	开	00000027	(0.15433%)	关	00000026	(0.15041%)
148	关	00000027	(0.15433%)	闹	00000026	(0.15041%)
149	班	00000027	(0.15433%)	服	00000026	(0.15041%)
150	相	00000027	(0.15433%)	西	00000026	(0.15041%)
151	爱	00000027	(0.15433%)	爱	00000026	(0.15041%)
152	进	00000027	(0.15433%)	业	00000026	(0.15041%)
153	努	00000026	(0.14861%)	进	00000026	(0.15041%)
154	瘦	00000026	(0.14861%)	果	00000025	(0.14463%)
155	让	00000026	(0.14861%)	努	00000025	(0.14463%)
156	玩	00000026	(0.14861%)	买	00000025	(0.14463%)
157	应	00000026	(0.14861%)	相	00000025	(0.14463%)
158	自	00000026	(0.14861%)	水	00000025	(0.14463%)
159	弟	00000026	(0.14861%)	如	00000025	(0.14463%)
160	考	00000025	(0.14290%)	玩	00000025	(0.14463%)
161	但	00000025	(0.14290%)	应	00000025	(0.14463%)
162	东	00000025	(0.14290%)	考	00000024	(0.13884%)
163	两	00000025	(0.14290%)	公	00000024	(0.13884%)
164	买	00000025	(0.14290%)	近	00000024	(0.13884%)
165	方	00000025	(0.14290%)	同	00000024	(0.13884%)
166	服	00000025	(0.14290%)	瘦	00000024	(0.13884%)

순서	수정전			수정후		
	단어	빈도수	퍼센트	단어	빈도수	퍼센트
167	日	00000025	(0.14290%)	式	00000024	(0.13884%)
168	回	00000025	(0.14290%)	已	00000024	(0.13884%)
169	怎	00000025	(0.14290%)	场	00000024	(0.13884%)
170	已	00000024	(0.13718%)	接	00000024	(0.13884%)
171	着	00000024	(0.13718%)	弟	00000024	(0.13884%)
172	几	00000024	(0.13718%)	把	00000024	(0.13884%)
173	公	00000023	(0.13147%)	动	00000023	(0.13306%)
174	果	00000023	(0.13147%)	东	00000023	(0.13306%)
175	较	00000023	(0.13147%)	两	00000023	(0.13306%)
176	近	00000023	(0.13147%)	自	00000023	(0.13306%)
177	动	00000023	(0.13147%)	招	00000023	(0.13306%)
178	母	00000023	(0.13147%)	平	00000023	(0.13306%)
179	父	00000023	(0.13147%)	但	00000022	(0.12727%)
180	费	00000023	(0.13147%)	母	00000022	(0.12727%)
181	水	00000023	(0.13147%)	饭	00000022	(0.12727%)
182	式	00000023	(0.13147%)	方	00000022	(0.12727%)
183	吗	00000023	(0.13147%)	父	00000022	(0.12727%)
184	扰	00000023	(0.13147%)	费	00000022	(0.12727%)
185	如	00000022	(0.12575%)	越	00000022	(0.12727%)
186	月	00000022	(0.12575%)	日	00000022	(0.12727%)
187	越	00000022	(0.12575%)	回	00000022	(0.12727%)
188	助	00000022	(0.12575%)	几	00000022	(0.12727%)
189	招	00000022	(0.12575%)	扰	00000022	(0.12727%)
190	教	00000021	(0.12003%)	怎	00000022	(0.12727%)
191	同	00000021	(0.12003%)	系	00000021	(0.12149%)
192	浪	00000021	(0.12003%)	浪	00000021	(0.12149%)
193	忙	00000021	(0.12003%)	望	00000021	(0.12149%)
194	望	00000021	(0.12003%)	本	00000021	(0.12149%)
195	饭	00000021	(0.12003%)	非	00000021	(0.12149%)
196	本	00000021	(0.12003%)	成	00000021	(0.12149%)
197	成	00000021	(0.12003%)	于	00000021	(0.12149%)
198	全	00000021	(0.12003%)	月	00000021	(0.12149%)
199	出	00000021	(0.12003%)	昨	00000021	(0.12149%)
200	表	00000021	(0.12003%)	套	00000021	(0.12149%)
201	该	00000021	(0.12003%)	吗	00000021	(0.12149%)
202	系	00000020	(0.11432%)	体	00000021	(0.12149%)
203	课	00000020	(0.11432%)	课	00000020	(0.11570%)
204	难	00000020	(0.11432%)	教	00000020	(0.11570%)
205	带	00000020	(0.11432%)	较	00000020	(0.11570%)
206	冷	00000020	(0.11432%)	带	00000020	(0.11570%)

순서	수정전			수정후		
	단어	빈도수	퍼센트	단어	빈도수	퍼센트
207	昨	00000020	(0.11432%)	晚	00000020	(0.11570%)
208	第	00000020	(0.11432%)	物	00000020	(0.11570%)
209	早	00000020	(0.11432%)	全	00000020	(0.11570%)
210	套	00000020	(0.11432%)	助	00000020	(0.11570%)
211	特	00000020	(0.11432%)	请	00000020	(0.11570%)
212	平	00000020	(0.11432%)	特	00000020	(0.11570%)
213	体	00000020	(0.11432%)	该	00000020	(0.11570%)
214	种	00000020	(0.11432%)	难	00000019	(0.10992%)
215	决	00000019	(0.10860%)	冷	00000019	(0.10992%)
216	旅	00000019	(0.10860%)	旅	00000019	(0.10992%)
217	目	00000019	(0.10860%)	忙	00000019	(0.10992%)
218	物	00000019	(0.10860%)	试	00000019	(0.10992%)
219	非	00000019	(0.10860%)	材	00000019	(0.10992%)
220	场	00000019	(0.10860%)	只	00000019	(0.10992%)
221	长	00000019	(0.10860%)	机	00000018	(0.10413%)
222	材	00000019	(0.10860%)	冬	00000018	(0.10413%)
223	节	00000019	(0.10860%)	目	00000018	(0.10413%)
224	住	00000019	(0.10860%)	北	00000018	(0.10413%)
225	请	00000019	(0.10860%)	星	00000018	(0.10413%)
226	机	00000018	(0.10289%)	第	00000018	(0.10413%)
227	晚	00000018	(0.10289%)	早	00000018	(0.10413%)
228	北	00000018	(0.10289%)	表	00000018	(0.10413%)
229	星	00000018	(0.10289%)	希	00000018	(0.10413%)
230	试	00000018	(0.10289%)	种	00000018	(0.10413%)
231	被	00000018	(0.10289%)	决	00000017	(0.09835%)
232	必	00000018	(0.10289%)	理	00000017	(0.09835%)
233	兴	00000018	(0.10289%)	完	00000017	(0.09835%)
234	希	00000018	(0.10289%)	长	00000017	(0.09835%)
235	冬	00000017	(0.09717%)	节	00000017	(0.09835%)
236	美	00000017	(0.09717%)	住	00000017	(0.09835%)
237	白	00000017	(0.09717%)	兴	00000017	(0.09835%)
238	完	00000017	(0.09717%)	找	00000017	(0.09835%)
239	于	00000017	(0.09717%)	客	00000016	(0.09256%)
240	又	00000017	(0.09717%)	文	00000016	(0.09256%)
241	孩	00000017	(0.09717%)	发	00000016	(0.09256%)
242	找	00000017	(0.09717%)	福	00000016	(0.09256%)
243	留	00000016	(0.09145%)	四	00000016	(0.09256%)
244	理	00000016	(0.09145%)	始	00000016	(0.09256%)
245	文	00000016	(0.09145%)	息	00000016	(0.09256%)
246	发	00000016	(0.09145%)	必	00000016	(0.09256%)

순서	수정전			수정후		
	단어	빈도수	퍼센트	단어	빈도수	퍼센트
247	息	00000016	(0.09145%)	幸	00000016	(0.09256%)
248	海	00000016	(0.09145%)	留	00000015	(0.08678%)
249	幸	00000016	(0.09145%)	美	00000015	(0.08678%)
250	它	00000016	(0.09145%)	变	00000015	(0.08678%)
251	己	00000015	(0.08574%)	消	00000015	(0.08678%)
252	变	00000015	(0.08574%)	五	00000015	(0.08678%)
253	福	00000015	(0.08574%)	又	00000015	(0.08678%)
254	四	00000015	(0.08574%)	菜	00000015	(0.08678%)
255	消	00000015	(0.08574%)	孩	00000015	(0.08678%)
256	手	00000015	(0.08574%)	海	00000015	(0.08678%)
257	须	00000015	(0.08574%)	呢	00000015	(0.08678%)
258	始	00000015	(0.08574%)	它	00000015	(0.08678%)
259	示	00000015	(0.08574%)	己	00000014	(0.08099%)
260	安	00000015	(0.08574%)	男	00000014	(0.08099%)
261	五	00000015	(0.08574%)	白	00000014	(0.08099%)
262	之	00000015	(0.08574%)	少	00000014	(0.08099%)
263	只	00000015	(0.08574%)	须	00000014	(0.08099%)
264	菜	00000015	(0.08574%)	安	00000014	(0.08099%)
265	加	00000014	(0.08002%)	衣	00000014	(0.08099%)
266	男	00000014	(0.08002%)	直	00000014	(0.08099%)
267	思	00000014	(0.08002%)	初	00000014	(0.08099%)
268	用	00000014	(0.08002%)	被	00000014	(0.08099%)
269	衣	00000014	(0.08002%)	加	00000013	(0.07521%)
270	整	00000014	(0.08002%)	等	00000013	(0.07521%)
271	主	00000014	(0.08002%)	路	00000013	(0.07521%)
272	直	00000014	(0.08002%)	论	00000013	(0.07521%)
273	路	00000013	(0.07431%)	放	00000013	(0.07521%)
274	论	00000013	(0.07431%)	司	00000013	(0.07521%)
275	少	00000013	(0.07431%)	手	00000013	(0.07521%)
276	虽	00000013	(0.07431%)	虽	00000013	(0.07521%)
277	屋	00000013	(0.07431%)	屋	00000013	(0.07521%)
278	钱	00000013	(0.07431%)	钱	00000013	(0.07521%)
279	初	00000013	(0.07431%)	整	00000013	(0.07521%)
280	春	00000013	(0.07431%)	主	00000013	(0.07521%)
281	毕	00000013	(0.07431%)	之	00000013	(0.07521%)
282	呢	00000013	(0.07431%)	毕	00000013	(0.07521%)
283	胖	00000013	(0.07431%)	解	00000013	(0.07521%)
284	京	00000012	(0.06859%)	胖	00000013	(0.07521%)
285	交	00000012	(0.06859%)	京	00000012	(0.06942%)
286	级	00000012	(0.06859%)	更	00000012	(0.06942%)

순서	수정전			수정후		
	단어	빈도수	퍼센트	단어	빈도수	퍼센트
287	等	00000012	(0.06859%)	思	00000012	(0.06942%)
288	放	00000012	(0.06859%)	像	00000012	(0.06942%)
289	些	00000012	(0.06859%)	示	00000012	(0.06942%)
290	司	00000012	(0.06859%)	实	00000012	(0.06942%)
291	谢	00000012	(0.06859%)	十	00000012	(0.06942%)
292	实	00000012	(0.06859%)	用	00000012	(0.06942%)
293	十	00000012	(0.06859%)	认	00000012	(0.06942%)
294	认	00000012	(0.06859%)	春	00000012	(0.06942%)
295	张	00000012	(0.06859%)	奶	00000012	(0.06942%)
296	解	00000012	(0.06859%)	馆	00000011	(0.06364%)
297	奶	00000012	(0.06859%)	交	00000011	(0.06364%)
298	客	00000011	(0.06288%)	口	00000011	(0.06364%)
299	馆	00000011	(0.06288%)	级	00000011	(0.06364%)
300	究	00000011	(0.06288%)	忘	00000011	(0.06364%)
301	忘	00000011	(0.06288%)	法	00000011	(0.06364%)
302	法	00000011	(0.06288%)	分	00000011	(0.06364%)
303	分	00000011	(0.06288%)	些	00000011	(0.06364%)
304	三	00000011	(0.06288%)	谢	00000011	(0.06364%)
305	像	00000011	(0.06288%)	信	00000011	(0.06364%)
306	研	00000011	(0.06288%)	影	00000011	(0.06364%)
307	影	00000011	(0.06288%)	勇	00000011	(0.06364%)
308	勇	00000011	(0.06288%)	游	00000011	(0.06364%)
309	而	00000011	(0.06288%)	穿	00000011	(0.06364%)
310	害	00000011	(0.06288%)	许	00000011	(0.06364%)
311	互	00000011	(0.06288%)	景	00000010	(0.05785%)
312	结	00000010	(0.05716%)	适	00000010	(0.05785%)
313	句	00000010	(0.05716%)	究	00000010	(0.05785%)
314	女	00000010	(0.05716%)	妹	00000010	(0.05785%)
315	代	00000010	(0.05716%)	三	00000010	(0.05785%)
316	妹	00000010	(0.05716%)	送	00000010	(0.05785%)
317	房	00000010	(0.05716%)	研	00000010	(0.05785%)
318	信	00000010	(0.05716%)	字	00000010	(0.05785%)
319	游	00000010	(0.05716%)	正	00000010	(0.05785%)
320	条	00000010	(0.05716%)	走	00000010	(0.05785%)
321	走	00000010	(0.05716%)	站	00000010	(0.05785%)
322	站	00000010	(0.05716%)	讨	00000010	(0.05785%)
323	讨	00000010	(0.05716%)	合	00000010	(0.05785%)
324	风	00000010	(0.05716%)	害	00000010	(0.05785%)
325	合	00000010	(0.05716%)	互	00000010	(0.05785%)
326	许	00000010	(0.05716%)	结	00000009	(0.05207%)

순서	수정전			수정후		
	단어	빈도수	퍼센트	단어	빈도수	퍼센트
327	厉	00000010	(0.05716%)	句	00000009	(0.05207%)
328	更	00000009	(0.05144%)	女	00000009	(0.05207%)
329	季	00000009	(0.05144%)	代	00000009	(0.05207%)
330	口	00000009	(0.05144%)	图	00000009	(0.05207%)
331	图	00000009	(0.05144%)	满	00000009	(0.05207%)
332	丽	00000009	(0.05144%)	名	00000009	(0.05207%)
333	慢	00000009	(0.05144%)	房	00000009	(0.05207%)
334	满	00000009	(0.05144%)	先	00000009	(0.05207%)
335	名	00000009	(0.05144%)	世	00000009	(0.05207%)
336	门	00000009	(0.05144%)	首	00000009	(0.05207%)
337	病	00000009	(0.05144%)	新	00000009	(0.05207%)
338	城	00000009	(0.05144%)	远	00000009	(0.05207%)
339	世	00000009	(0.05144%)	院	00000009	(0.05207%)
340	远	00000009	(0.05144%)	愉	00000009	(0.05207%)
341	院	00000009	(0.05144%)	尔	00000009	(0.05207%)
342	任	00000009	(0.05144%)	而	00000009	(0.05207%)
343	字	00000009	(0.05144%)	任	00000009	(0.05207%)
344	姐	00000009	(0.05144%)	姐	00000009	(0.05207%)
345	正	00000009	(0.05144%)	条	00000009	(0.05207%)
346	齐	00000009	(0.05144%)	州	00000009	(0.05207%)
347	州	00000009	(0.05144%)	注	00000009	(0.05207%)
348	注	00000009	(0.05144%)	亲	00000009	(0.05207%)
349	差	00000009	(0.05144%)	向	00000009	(0.05207%)
350	穿	00000009	(0.05144%)	婚	00000009	(0.05207%)
351	亲	00000009	(0.05144%)	化	00000009	(0.05207%)
352	向	00000009	(0.05144%)	花	00000009	(0.05207%)
353	婚	00000009	(0.05144%)	您	00000009	(0.05207%)
354	火	00000009	(0.05144%)	厉	00000009	(0.05207%)
355	花	00000009	(0.05144%)	礼	00000009	(0.05207%)
356	礼	00000009	(0.05144%)	季	00000008	(0.04628%)
357	各	00000008	(0.04573%)	界	00000008	(0.04628%)
358	景	00000008	(0.04573%)	困	00000008	(0.04628%)
359	界	00000008	(0.04573%)	共	00000008	(0.04628%)
360	告	00000008	(0.04573%)	汽	00000008	(0.04628%)
361	困	00000008	(0.04573%)	读	00000008	(0.04628%)
362	适	00000008	(0.04573%)	马	00000008	(0.04628%)
363	度	00000008	(0.04573%)	慢	00000008	(0.04628%)
364	读	00000008	(0.04573%)	门	00000008	(0.04628%)
365	马	00000008	(0.04573%)	半	00000008	(0.04628%)
366	半	00000008	(0.04573%)	排	00000008	(0.04628%)

순서	수정전			수정후		
	단어	빈도수	퍼센트	단어	빈도수	퍼센트
367	排	00000008	(0.04573%)	病	00000008	(0.04628%)
368	部	00000008	(0.04573%)	部	00000008	(0.04628%)
369	先	00000008	(0.04573%)	写	00000008	(0.04628%)
370	送	00000008	(0.04573%)	选	00000008	(0.04628%)
371	视	00000008	(0.04573%)	午	00000008	(0.04628%)
372	午	00000008	(0.04573%)	容	00000008	(0.04628%)
373	愉	00000008	(0.04573%)	员	00000008	(0.04628%)
374	济	00000008	(0.04573%)	二	00000008	(0.04628%)
375	坐	00000008	(0.04573%)	张	00000008	(0.04628%)
376	通	00000008	(0.04573%)	济	00000008	(0.04628%)
377	化	00000008	(0.04573%)	齐	00000008	(0.04628%)
378	哪	00000008	(0.04573%)	坐	00000008	(0.04628%)
379	您	00000008	(0.04573%)	差	00000008	(0.04628%)
380	份	00000008	(0.04573%)	通	00000008	(0.04628%)
381	喝	00000007	(0.04001%)	火	00000008	(0.04628%)
382	刚	00000007	(0.04001%)	份	00000008	(0.04628%)
383	健	00000007	(0.04001%)	喝	00000007	(0.04050%)
384	惯	00000007	(0.04001%)	健	00000007	(0.04050%)
385	利	00000007	(0.04001%)	告	00000007	(0.04050%)
386	写	00000007	(0.04001%)	丽	00000007	(0.04050%)
387	山	00000007	(0.04001%)	流	00000007	(0.04050%)
388	舒	00000007	(0.04001%)	利	00000007	(0.04050%)
389	选	00000007	(0.04001%)	备	00000007	(0.04050%)
390	岁	00000007	(0.04001%)	山	00000007	(0.04050%)
391	诉	00000007	(0.04001%)	舒	00000007	(0.04050%)
392	受	00000007	(0.04001%)	岁	00000007	(0.04050%)
393	市	00000007	(0.04001%)	市	00000007	(0.04050%)
394	识	00000007	(0.04001%)	视	00000007	(0.04050%)
395	新	00000007	(0.04001%)	乐	00000007	(0.04050%)
396	运	00000007	(0.04001%)	运	00000007	(0.04050%)
397	原	00000007	(0.04001%)	园	00000007	(0.04050%)
398	员	00000007	(0.04001%)	由	00000007	(0.04050%)
399	二	00000007	(0.04001%)	音	00000007	(0.04050%)
400	照	00000007	(0.04001%)	庭	00000007	(0.04050%)
401	酒	00000007	(0.04001%)	照	00000007	(0.04050%)
402	且	00000007	(0.04001%)	酒	00000007	(0.04050%)
403	参	00000007	(0.04001%)	且	00000007	(0.04050%)
404	包	00000007	(0.04001%)	趣	00000007	(0.04050%)
405	假	00000006	(0.03430%)	包	00000007	(0.04050%)
406	街	00000006	(0.03430%)	哪	00000007	(0.04050%)

순서	수정전			수정후		
	단어	빈도수	퍼센트	단어	빈도수	퍼센트
407	干	00000006	(0.03430%)	街	00000006	(0.03471%)
408	共	00000006	(0.03430%)	刚	00000006	(0.03471%)
409	汽	00000006	(0.03430%)	康	00000006	(0.03471%)
410	记	00000006	(0.03430%)	惯	00000006	(0.03471%)
411	拿	00000006	(0.03430%)	贵	00000006	(0.03471%)
412	南	00000006	(0.03430%)	其	00000006	(0.03471%)
413	无	00000006	(0.03430%)	记	00000006	(0.03471%)
414	边	00000006	(0.03430%)	拿	00000006	(0.03471%)
415	肥	00000006	(0.03430%)	南	00000006	(0.03471%)
416	死	00000006	(0.03430%)	度	00000006	(0.03471%)
417	社	00000006	(0.03430%)	亮	00000006	(0.03471%)
418	赛	00000006	(0.03430%)	无	00000006	(0.03471%)
419	色	00000006	(0.03430%)	般	00000006	(0.03471%)
420	性	00000006	(0.03430%)	肥	00000006	(0.03471%)
421	睡	00000006	(0.03430%)	社	00000006	(0.03471%)
422	随	00000006	(0.03430%)	象	00000006	(0.03471%)
423	乐	00000006	(0.03430%)	赛	00000006	(0.03471%)
424	容	00000006	(0.03430%)	性	00000006	(0.03471%)
425	园	00000006	(0.03430%)	笑	00000006	(0.03471%)
426	音	00000006	(0.03430%)	诉	00000006	(0.03471%)
427	入	00000006	(0.03430%)	随	00000006	(0.03471%)
428	籍	00000006	(0.03430%)	识	00000006	(0.03471%)
429	庭	00000006	(0.03430%)	按	00000006	(0.03471%)
430	净	00000006	(0.03430%)	者	00000006	(0.03471%)
431	错	00000006	(0.03430%)	籍	00000006	(0.03471%)
432	秋	00000006	(0.03430%)	净	00000006	(0.03471%)
433	七	00000006	(0.03430%)	准	00000006	(0.03471%)
434	态	00000006	(0.03430%)	错	00000006	(0.03471%)
435	呀	00000006	(0.03430%)	参	00000006	(0.03471%)
436	康	00000005	(0.02858%)	秋	00000006	(0.03471%)
437	古	00000005	(0.02858%)	七	00000006	(0.03471%)
438	功	00000005	(0.02858%)	办	00000006	(0.03471%)
439	贵	00000005	(0.02858%)	漂	00000006	(0.03471%)
440	其	00000005	(0.02858%)	风	00000006	(0.03471%)
441	洛	00000005	(0.02858%)	减	00000006	(0.03471%)
442	亮	00000005	(0.02858%)	况	00000006	(0.03471%)
443	务	00000005	(0.02858%)	假	00000005	(0.02893%)
444	般	00000005	(0.02858%)	干	00000005	(0.02893%)
445	报	00000005	(0.02858%)	格	00000005	(0.02893%)
446	笑	00000005	(0.02858%)	古	00000005	(0.02893%)

순서	수정전			수정후		
	단어	빈도수	퍼센트	단어	빈도수	퍼센트
447	术	00000005	(0.02858%)	脑	00000005	(0.02893%)
448	失	00000005	(0.02858%)	倒	00000005	(0.02893%)
449	按	00000005	(0.02858%)	洛	00000005	(0.02893%)
450	阳	00000005	(0.02858%)	俩	00000005	(0.02893%)
451	忆	00000005	(0.02858%)	连	00000005	(0.02893%)
452	英	00000005	(0.02858%)	末	00000005	(0.02893%)
453	雨	00000005	(0.02858%)	务	00000005	(0.02893%)
454	店	00000005	(0.02858%)	烦	00000005	(0.02893%)
455	挺	00000005	(0.02858%)	边	00000005	(0.02893%)
456	程	00000005	(0.02858%)	报	00000005	(0.02893%)
457	足	00000005	(0.02858%)	使	00000005	(0.02893%)
458	唱	00000005	(0.02858%)	色	00000005	(0.02893%)
459	清	00000005	(0.02858%)	声	00000005	(0.02893%)
460	青	00000005	(0.02858%)	受	00000005	(0.02893%)
461	楚	00000005	(0.02858%)	睡	00000005	(0.02893%)
462	总	00000005	(0.02858%)	阳	00000005	(0.02893%)
463	趣	00000005	(0.02858%)	英	00000005	(0.02893%)
464	台	00000005	(0.02858%)	雨	00000005	(0.02893%)
465	便	00000005	(0.02858%)	原	00000005	(0.02893%)
466	漂	00000005	(0.02858%)	入	00000005	(0.02893%)
467	验	00000005	(0.02858%)	店	00000005	(0.02893%)
468	休	00000005	(0.02858%)	挺	00000005	(0.02893%)
469	减	00000005	(0.02858%)	程	00000005	(0.02893%)
470	担	00000005	(0.02858%)	足	00000005	(0.02893%)
471	懂	00000005	(0.02858%)	唱	00000005	(0.02893%)
472	离	00000005	(0.02858%)	清	00000005	(0.02893%)
473	坏	00000005	(0.02858%)	楚	00000005	(0.02893%)
474	啊	00000005	(0.02858%)	总	00000005	(0.02893%)
475	号	00000005	(0.02858%)	台	00000005	(0.02893%)
476	况	00000005	(0.02858%)	极	00000005	(0.02893%)
477	哥	00000004	(0.02286%)	够	00000005	(0.02893%)
478	改	00000004	(0.02286%)	担	00000005	(0.02893%)
479	格	00000004	(0.02286%)	懂	00000005	(0.02893%)
480	苦	00000004	(0.02286%)	离	00000005	(0.02893%)
481	空	00000004	(0.02286%)	号	00000005	(0.02893%)
482	管	00000004	(0.02286%)	哥	00000004	(0.02314%)
483	怪	00000004	(0.02286%)	改	00000004	(0.02314%)
484	求	00000004	(0.02286%)	建	00000004	(0.02314%)
485	球	00000004	(0.02286%)	苦	00000004	(0.02314%)
486	肯	00000004	(0.02286%)	空	00000004	(0.02314%)

순서	수정전			수정후		
	단어	빈도수	퍼센트	단어	빈도수	퍼센트
487	内	00000004	(0.02286%)	管	00000004	(0.02314%)
488	农	00000004	(0.02286%)	光	00000004	(0.02314%)
489	脑	00000004	(0.02286%)	怪	00000004	(0.02314%)
490	谈	00000004	(0.02286%)	球	00000004	(0.02314%)
491	冻	00000004	(0.02286%)	规	00000004	(0.02314%)
492	累	00000004	(0.02286%)	肯	00000004	(0.02314%)
493	流	00000004	(0.02286%)	内	00000004	(0.02314%)
494	六	00000004	(0.02286%)	堵	00000004	(0.02314%)
495	末	00000004	(0.02286%)	料	00000004	(0.02314%)
496	未	00000004	(0.02286%)	累	00000004	(0.02314%)
497	烦	00000004	(0.02286%)	六	00000004	(0.02314%)
498	富	00000004	(0.02286%)	未	00000004	(0.02314%)
499	备	00000004	(0.02286%)	百	00000004	(0.02314%)
500	士	00000004	(0.02286%)	并	00000004	(0.02314%)
501	象	00000004	(0.02286%)	富	00000004	(0.02314%)
502	声	00000004	(0.02286%)	士	00000004	(0.02314%)
503	收	00000004	(0.02286%)	死	00000004	(0.02314%)
504	树	00000004	(0.02286%)	伤	00000004	(0.02314%)
505	秀	00000004	(0.02286%)	床	00000004	(0.02314%)
506	谁	00000004	(0.02286%)	树	00000004	(0.02314%)
507	神	00000004	(0.02286%)	秀	00000004	(0.02314%)
508	室	00000004	(0.02286%)	术	00000004	(0.02314%)
509	深	00000004	(0.02286%)	失	00000004	(0.02314%)
510	约	00000004	(0.02286%)	室	00000004	(0.02314%)
511	易	00000004	(0.02286%)	深	00000004	(0.02314%)
512	永	00000004	(0.02286%)	忆	00000004	(0.02314%)
513	迎	00000004	(0.02286%)	易	00000004	(0.02314%)
514	往	00000004	(0.02286%)	永	00000004	(0.02314%)
515	王	00000004	(0.02286%)	迎	00000004	(0.02314%)
516	危	00000004	(0.02286%)	王	00000004	(0.02314%)
517	肉	00000004	(0.02286%)	危	00000004	(0.02314%)
518	育	00000004	(0.02286%)	育	00000004	(0.02314%)
519	者	00000004	(0.02286%)	议	00000004	(0.02314%)
520	填	00000004	(0.02286%)	填	00000004	(0.02314%)
521	田	00000004	(0.02286%)	田	00000004	(0.02314%)
522	精	00000004	(0.02286%)	精	00000004	(0.02314%)
523	钟	00000004	(0.02286%)	钟	00000004	(0.02314%)
524	周	00000004	(0.02286%)	周	00000004	(0.02314%)
525	准	00000004	(0.02286%)	指	00000004	(0.02314%)
526	迟	00000004	(0.02286%)	迟	00000004	(0.02314%)

순서	수정전			수정후		
	단어	빈도수	퍼센트	단어	빈도수	퍼센트
527	津	00000004	(0.02286%)	津	00000004	(0.02314%)
528	借	00000004	(0.02286%)	尽	00000004	(0.02314%)
529	处	00000004	(0.02286%)	借	00000004	(0.02314%)
530	办	00000004	(0.02286%)	处	00000004	(0.02314%)
531	标	00000004	(0.02286%)	青	00000004	(0.02314%)
532	乡	00000004	(0.02286%)	态	00000004	(0.02314%)
533	险	00000004	(0.02286%)	堆	00000004	(0.02314%)
534	极	00000004	(0.02286%)	便	00000004	(0.02314%)
535	弃	00000004	(0.02286%)	遍	00000004	(0.02314%)
536	医	00000004	(0.02286%)	标	00000004	(0.02314%)
537	刻	00000003	(0.01715%)	何	00000004	(0.02314%)
538	建	00000003	(0.01715%)	乡	00000004	(0.02314%)
539	故	00000003	(0.01715%)	险	00000004	(0.02314%)
540	光	00000003	(0.01715%)	验	00000004	(0.02314%)
541	规	00000003	(0.01715%)	滑	00000004	(0.02314%)
542	克	00000003	(0.01715%)	休	00000004	(0.02314%)
543	剧	00000003	(0.01715%)	逛	00000004	(0.02314%)
544	斤	00000003	(0.01715%)	弃	00000004	(0.02314%)
545	及	00000003	(0.01715%)	啊	00000004	(0.02314%)
546	急	00000003	(0.01715%)	医	00000004	(0.02314%)
547	奇	00000003	(0.01715%)	呀	00000004	(0.02314%)
548	技	00000003	(0.01715%)	刻	00000003	(0.01736%)
549	骑	00000003	(0.01715%)	各	00000003	(0.01736%)
550	茶	00000003	(0.01715%)	讲	00000003	(0.01736%)
551	段	00000003	(0.01715%)	轻	00000003	(0.01736%)
552	锻	00000003	(0.01715%)	故	00000003	(0.01736%)
553	达	00000003	(0.01715%)	哭	00000003	(0.01736%)
554	队	00000003	(0.01715%)	功	00000003	(0.01736%)
555	倒	00000003	(0.01715%)	克	00000003	(0.01736%)
556	堵	00000003	(0.01715%)	剧	00000003	(0.01736%)
557	突	00000003	(0.01715%)	斤	00000003	(0.01736%)
558	登	00000003	(0.01715%)	急	00000003	(0.01736%)
559	俩	00000003	(0.01715%)	奇	00000003	(0.01736%)
560	恋	00000003	(0.01715%)	技	00000003	(0.01736%)
561	炼	00000003	(0.01715%)	骑	00000003	(0.01736%)
562	连	00000003	(0.01715%)	农	00000003	(0.01736%)
563	律	00000003	(0.01715%)	茶	00000003	(0.01736%)
564	味	00000003	(0.01715%)	断	00000003	(0.01736%)
565	密	00000003	(0.01715%)	段	00000003	(0.01736%)
566	博	00000003	(0.01715%)	锻	00000003	(0.01736%)

순서	수정전			수정후		
	단어	빈도수	퍼센트	단어	빈도수	퍼센트
567	覆	00000003	(0.01715%)	达	00000003	(0.01736%)
568	附	00000003	(0.01715%)	谈	00000003	(0.01736%)
569	使	00000003	(0.01715%)	队	00000003	(0.01736%)
570	伤	00000003	(0.01715%)	顿	00000003	(0.01736%)
571	床	00000003	(0.01715%)	突	00000003	(0.01736%)
572	宣	00000003	(0.01715%)	童	00000003	(0.01736%)
573	速	00000003	(0.01715%)	登	00000003	(0.01736%)
574	需	00000003	(0.01715%)	恋	00000003	(0.01736%)
575	眼	00000003	(0.01715%)	炼	00000003	(0.01736%)
576	言	00000003	(0.01715%)	列	00000003	(0.01736%)
577	预	00000003	(0.01715%)	律	00000003	(0.01736%)
578	误	00000003	(0.01715%)	密	00000003	(0.01736%)
579	位	00000003	(0.01715%)	博	00000003	(0.01736%)
580	围	00000003	(0.01715%)	反	00000003	(0.01736%)
581	油	00000003	(0.01715%)	覆	00000003	(0.01736%)
582	由	00000003	(0.01715%)	妇	00000003	(0.01736%)
583	印	00000003	(0.01715%)	附	00000003	(0.01736%)
584	杂	00000003	(0.01715%)	批	00000003	(0.01736%)
585	展	00000003	(0.01715%)	善	00000003	(0.01736%)
586	切	00000003	(0.01715%)	宣	00000003	(0.01736%)
587	绝	00000003	(0.01715%)	速	00000003	(0.01736%)
588	造	00000003	(0.01715%)	收	00000003	(0.01736%)
589	终	00000003	(0.01715%)	数	00000003	(0.01736%)
590	增	00000003	(0.01715%)	谁	00000003	(0.01736%)
591	指	00000003	(0.01715%)	需	00000003	(0.01736%)
592	此	00000003	(0.01715%)	神	00000003	(0.01736%)
593	彩	00000003	(0.01715%)	辛	00000003	(0.01736%)
594	责	00000003	(0.01715%)	甚	00000003	(0.01736%)
595	择	00000003	(0.01715%)	眼	00000003	(0.01736%)
596	八	00000003	(0.01715%)	约	00000003	(0.01736%)
597	遍	00000003	(0.01715%)	言	00000003	(0.01736%)
598	笔	00000003	(0.01715%)	演	00000003	(0.01736%)
599	何	00000003	(0.01715%)	预	00000003	(0.01736%)
600	鞋	00000003	(0.01715%)	误	00000003	(0.01736%)
601	红	00000003	(0.01715%)	位	00000003	(0.01736%)
602	货	00000003	(0.01715%)	围	00000003	(0.01736%)
603	滑	00000003	(0.01715%)	油	00000003	(0.01736%)
604	逛	00000003	(0.01715%)	肉	00000003	(0.01736%)
605	够	00000003	(0.01715%)	印	00000003	(0.01736%)
606	丰	00000003	(0.01715%)	资	00000003	(0.01736%)

순서	수정전			수정후		
	단어	빈도수	퍼센트	단어	빈도수	퍼센트
607	冰	00000003	(0.01715%)	装	00000003	(0.01736%)
608	双	00000003	(0.01715%)	展	00000003	(0.01736%)
609	灯	00000003	(0.01715%)	切	00000003	(0.01736%)
610	桌	00000003	(0.01715%)	绝	00000003	(0.01736%)
611	降	00000002	(0.01143%)	造	00000003	(0.01736%)
612	概	00000002	(0.01143%)	终	00000003	(0.01736%)
613	激	00000002	(0.01143%)	即	00000003	(0.01736%)
614	缺	00000002	(0.01143%)	增	00000003	(0.01736%)
615	竟	00000002	(0.01143%)	至	00000003	(0.01736%)
616	计	00000002	(0.01143%)	彩	00000003	(0.01736%)
617	鼓	00000002	(0.01143%)	责	00000003	(0.01736%)
618	哭	00000002	(0.01143%)	充	00000003	(0.01736%)
619	块	00000002	(0.01143%)	择	00000003	(0.01736%)
620	九	00000002	(0.01143%)	八	00000003	(0.01736%)
621	群	00000002	(0.01143%)	评	00000003	(0.01736%)
622	叫	00000002	(0.01143%)	笔	00000003	(0.01736%)
623	根	00000002	(0.01143%)	鞋	00000003	(0.01736%)
624	基	00000002	(0.01143%)	红	00000003	(0.01736%)
625	暖	00000002	(0.01143%)	货	00000003	(0.01736%)
626	单	00000002	(0.01143%)	另	00000003	(0.01736%)
627	断	00000002	(0.01143%)	坏	00000003	(0.01736%)
628	顿	00000002	(0.01143%)	丰	00000003	(0.01736%)
629	童	00000002	(0.01143%)	双	00000003	(0.01736%)
630	头	00000002	(0.01143%)	灯	00000003	(0.01736%)
631	兰	00000002	(0.01143%)	咱	00000003	(0.01736%)
632	辣	00000002	(0.01143%)	桌	00000003	(0.01736%)
633	凉	00000002	(0.01143%)	戏	00000003	(0.01736%)
634	辆	00000002	(0.01143%)	歌	00000002	(0.01157%)
635	莲	00000002	(0.01143%)	降	00000002	(0.01157%)
636	列	00000002	(0.01143%)	概	00000002	(0.01157%)
637	料	00000002	(0.01143%)	激	00000002	(0.01157%)
638	楼	00000002	(0.01143%)	缺	00000002	(0.01157%)
639	李	00000002	(0.01143%)	竟	00000002	(0.01157%)
640	摩	00000002	(0.01143%)	计	00000002	(0.01157%)
641	玛	00000002	(0.01143%)	鼓	00000002	(0.01157%)
642	麻	00000002	(0.01143%)	刮	00000002	(0.01157%)
643	寞	00000002	(0.01143%)	九	00000002	(0.01157%)
644	命	00000002	(0.01143%)	求	00000002	(0.01157%)
645	冒	00000002	(0.01143%)	群	00000002	(0.01157%)
646	毛	00000002	(0.01143%)	军	00000002	(0.01157%)

순서	수정전			수정후		
	단어	빈도수	퍼센트	단어	빈도수	퍼센트
647	梦	00000002	(0.01143%)	叫	00000002	(0.01157%)
648	拍	00000002	(0.01143%)	根	00000002	(0.01157%)
649	反	00000002	(0.01143%)	金	00000002	(0.01157%)
650	百	00000002	(0.01143%)	及	00000002	(0.01157%)
651	凡	00000002	(0.01143%)	基	00000002	(0.01157%)
652	犯	00000002	(0.01143%)	暖	00000002	(0.01157%)
653	保	00000002	(0.01143%)	单	00000002	(0.01157%)
654	封	00000002	(0.01143%)	堂	00000002	(0.01157%)
655	副	00000002	(0.01143%)	冻	00000002	(0.01157%)
656	夫	00000002	(0.01143%)	头	00000002	(0.01157%)
657	妇	00000002	(0.01143%)	兰	00000002	(0.01157%)
658	纷	00000002	(0.01143%)	辣	00000002	(0.01157%)
659	批	00000002	(0.01143%)	凉	00000002	(0.01157%)
660	飞	00000002	(0.01143%)	良	00000002	(0.01157%)
661	舍	00000002	(0.01143%)	辆	00000002	(0.01157%)
662	伞	00000002	(0.01143%)	莲	00000002	(0.01157%)
663	产	00000002	(0.01143%)	楼	00000002	(0.01157%)
664	暑	00000002	(0.01143%)	李	00000002	(0.01157%)
665	善	00000002	(0.01143%)	摩	00000002	(0.01157%)
666	宋	00000002	(0.01143%)	玛	00000002	(0.01157%)
667	松	00000002	(0.01143%)	麻	00000002	(0.01157%)
668	数	00000002	(0.01143%)	寞	00000002	(0.01157%)
669	首	00000002	(0.01143%)	冒	00000002	(0.01157%)
670	叔	00000002	(0.01143%)	味	00000002	(0.01157%)
671	宿	00000002	(0.01143%)	杯	00000002	(0.01157%)
672	熟	00000002	(0.01143%)	伯	00000002	(0.01157%)
673	顺	00000002	(0.01143%)	凡	00000002	(0.01157%)
674	拾	00000002	(0.01143%)	犯	00000002	(0.01157%)
675	食	00000002	(0.01143%)	保	00000002	(0.01157%)
676	申	00000002	(0.01143%)	封	00000002	(0.01157%)
677	辛	00000002	(0.01143%)	副	00000002	(0.01157%)
678	握	00000002	(0.01143%)	夫	00000002	(0.01157%)
679	夜	00000002	(0.01143%)	纷	00000002	(0.01157%)
680	爷	00000002	(0.01143%)	飞	00000002	(0.01157%)
681	弱	00000002	(0.01143%)	舍	00000002	(0.01157%)
682	洋	00000002	(0.01143%)	伞	00000002	(0.01157%)
683	严	00000002	(0.01143%)	产	00000002	(0.01157%)
684	演	00000002	(0.01143%)	状	00000002	(0.01157%)
685	泳	00000002	(0.01143%)	暑	00000002	(0.01157%)
686	温	00000002	(0.01143%)	省	00000002	(0.01157%)

순서	수정전			수정후		
	단어	빈도수	퍼센트	단어	빈도수	퍼센트
687	右	00000002	(0.01143%)	宋	00000002	(0.01157%)
688	尤	00000002	(0.01143%)	松	00000002	(0.01157%)
689	元	00000002	(0.01143%)	叔	00000002	(0.01157%)
690	愿	00000002	(0.01143%)	宿	00000002	(0.01157%)
691	银	00000002	(0.01143%)	熟	00000002	(0.01157%)
692	议	00000002	(0.01143%)	顺	00000002	(0.01157%)
693	尔	00000002	(0.01143%)	拾	00000002	(0.01157%)
694	益	00000002	(0.01143%)	申	00000002	(0.01157%)
695	引	00000002	(0.01143%)	握	00000002	(0.01157%)
696	资	00000002	(0.01143%)	夜	00000002	(0.01157%)
697	仗	00000002	(0.01143%)	爷	00000002	(0.01157%)
698	将	00000002	(0.01143%)	洋	00000002	(0.01157%)
699	装	00000002	(0.01143%)	严	00000002	(0.01157%)
700	低	00000002	(0.01143%)	泳	00000002	(0.01157%)
701	底	00000002	(0.01143%)	温	00000002	(0.01157%)
702	寂	00000002	(0.01143%)	拥	00000002	(0.01157%)
703	绩	00000002	(0.01143%)	往	00000002	(0.01157%)
704	传	00000002	(0.01143%)	尤	00000002	(0.01157%)
705	典	00000002	(0.01143%)	元	00000002	(0.01157%)
706	专	00000002	(0.01143%)	愿	00000002	(0.01157%)
707	战	00000002	(0.01143%)	银	00000002	(0.01157%)
708	政	00000002	(0.01143%)	益	00000002	(0.01157%)
709	提	00000002	(0.01143%)	引	00000002	(0.01157%)
710	际	00000002	(0.01143%)	杂	00000002	(0.01157%)
711	调	00000002	(0.01143%)	仗	00000002	(0.01157%)
712	尊	00000002	(0.01143%)	奖	00000002	(0.01157%)
713	左	00000002	(0.01143%)	将	00000002	(0.01157%)
714	即	00000002	(0.01143%)	争	00000002	(0.01157%)
715	址	00000002	(0.01143%)	底	00000002	(0.01157%)
716	志	00000002	(0.01143%)	寂	00000002	(0.01157%)
717	持	00000002	(0.01143%)	绩	00000002	(0.01157%)
718	至	00000002	(0.01143%)	典	00000002	(0.01157%)
719	职	00000002	(0.01143%)	专	00000002	(0.01157%)
720	尽	00000002	(0.01143%)	战	00000002	(0.01157%)
721	筑	00000002	(0.01143%)	政	00000002	(0.01157%)
722	逐	00000002	(0.01143%)	提	00000002	(0.01157%)
723	充	00000002	(0.01143%)	际	00000002	(0.01157%)
724	忠	00000002	(0.01143%)	调	00000002	(0.01157%)
725	聚	00000002	(0.01143%)	尊	00000002	(0.01157%)
726	值	00000002	(0.01143%)	址	00000002	(0.01157%)

순서	수정전			수정후		
	단어	빈도수	퍼센트	단어	빈도수	퍼센트
727	治	00000002	(0.01143%)	志	00000002	(0.01157%)
728	托	00000002	(0.01143%)	持	00000002	(0.01157%)
729	土	00000002	(0.01143%)	职	00000002	(0.01157%)
730	统	00000002	(0.01143%)	珍	00000002	(0.01157%)
731	偷	00000002	(0.01143%)	此	00000002	(0.01157%)
732	判	00000002	(0.01143%)	筑	00000002	(0.01157%)
733	板	00000002	(0.01143%)	逐	00000002	(0.01157%)
734	评	00000002	(0.01143%)	忠	00000002	(0.01157%)
735	布	00000002	(0.01143%)	治	00000002	(0.01157%)
736	品	00000002	(0.01143%)	托	00000002	(0.01157%)
737	皮	00000002	(0.01143%)	土	00000002	(0.01157%)
738	夏	00000002	(0.01143%)	统	00000002	(0.01157%)
739	咸	00000002	(0.01143%)	偷	00000002	(0.01157%)
740	乎	00000002	(0.01143%)	判	00000002	(0.01157%)
741	或	00000002	(0.01143%)	板	00000002	(0.01157%)
742	换	00000002	(0.01143%)	布	00000002	(0.01157%)
743	侯	00000002	(0.01143%)	皮	00000002	(0.01157%)
744	训	00000002	(0.01143%)	夏	00000002	(0.01157%)
745	脸	00000002	(0.01143%)	乎	00000002	(0.01157%)
746	歉	00000002	(0.01143%)	或	00000002	(0.01157%)
747	肚	00000002	(0.01143%)	换	00000002	(0.01157%)
748	另	00000002	(0.01143%)	训	00000002	(0.01157%)
749	复	00000002	(0.01143%)	赶	00000002	(0.01157%)
750	氛	00000002	(0.01143%)	脸	00000002	(0.01157%)
751	与	00000002	(0.01143%)	复	00000002	(0.01157%)
752	优	00000002	(0.01143%)	氛	00000002	(0.01157%)
753	挤	00000002	(0.01143%)	冰	00000002	(0.01157%)
754	咱	00000002	(0.01143%)	与	00000002	(0.01157%)
755	朵	00000002	(0.01143%)	优	00000002	(0.01157%)
756	怕	00000002	(0.01143%)	挤	00000002	(0.01157%)
757	确	00000002	(0.01143%)	称	00000002	(0.01157%)
758	戏	00000002	(0.01143%)	朵	00000002	(0.01157%)
759	歌	00000001	(0.00572%)	怕	00000002	(0.01157%)
760	脚	00000001	(0.00572%)	跑	00000002	(0.01157%)
761	恳	00000001	(0.00572%)	确	00000002	(0.01157%)
762	简	00000001	(0.00572%)	却	00000001	(0.00579%)
763	艰	00000001	(0.00572%)	脚	00000001	(0.00579%)
764	憾	00000001	(0.00572%)	恳	00000001	(0.00579%)
765	疆	00000001	(0.00572%)	简	00000001	(0.00579%)
766	讲	00000001	(0.00572%)	艰	00000001	(0.00579%)

순서	수정전			수정후		
	단어	빈도수	퍼센트	단어	빈도수	퍼센트
767	钢	00000001	(0.00572%)	憾	00000001	(0.00579%)
768	价	00000001	(0.00572%)	疆	00000001	(0.00579%)
769	盖	00000001	(0.00572%)	钢	00000001	(0.00579%)
770	居	00000001	(0.00572%)	价	00000001	(0.00579%)
771	拒	00000001	(0.00572%)	盖	00000001	(0.00579%)
772	举	00000001	(0.00572%)	居	00000001	(0.00579%)
773	巾	00000001	(0.00572%)	拒	00000001	(0.00579%)
774	坚	00000001	(0.00572%)	巾	00000001	(0.00579%)
775	倾	00000001	(0.00572%)	坚	00000001	(0.00579%)
776	劲	00000001	(0.00572%)	劲	00000001	(0.00579%)
777	境	00000001	(0.00572%)	境	00000001	(0.00579%)
778	敬	00000001	(0.00572%)	敬	00000001	(0.00579%)
779	轻	00000001	(0.00572%)	戒	00000001	(0.00579%)
780	戒	00000001	(0.00572%)	敲	00000001	(0.00579%)
781	敲	00000001	(0.00572%)	股	00000001	(0.00579%)
782	股	00000001	(0.00572%)	雇	00000001	(0.00579%)
783	顾	00000001	(0.00572%)	顾	00000001	(0.00579%)
784	曲	00000001	(0.00572%)	曲	00000001	(0.00579%)
785	恐	00000001	(0.00572%)	恐	00000001	(0.00579%)
786	瓜	00000001	(0.00572%)	瓜	00000001	(0.00579%)
787	科	00000001	(0.00572%)	科	00000001	(0.00579%)
788	官	00000001	(0.00572%)	官	00000001	(0.00579%)
789	款	00000001	(0.00572%)	款	00000001	(0.00579%)
790	观	00000001	(0.00572%)	观	00000001	(0.00579%)
791	刮	00000001	(0.00572%)	块	00000001	(0.00579%)
792	狗	00000001	(0.00572%)	狗	00000001	(0.00579%)
793	购	00000001	(0.00572%)	购	00000001	(0.00579%)
794	驱	00000001	(0.00572%)	驱	00000001	(0.00579%)
795	军	00000001	(0.00572%)	宫	00000001	(0.00579%)
796	宫	00000001	(0.00572%)	拳	00000001	(0.00579%)
797	拳	00000001	(0.00572%)	权	00000001	(0.00579%)
798	权	00000001	(0.00572%)	归	00000001	(0.00579%)
799	筋	00000001	(0.00572%)	均	00000001	(0.00579%)
800	金	00000001	(0.00572%)	勤	00000001	(0.00579%)
801	企	00000001	(0.00572%)	筋	00000001	(0.00579%)
802	既	00000001	(0.00572%)	企	00000001	(0.00579%)
803	纪	00000001	(0.00572%)	既	00000001	(0.00579%)
804	纳	00000001	(0.00572%)	纪	00000001	(0.00579%)
805	念	00000001	(0.00572%)	纳	00000001	(0.00579%)
806	恼	00000001	(0.00572%)	念	00000001	(0.00579%)

순서	수정전			수정후		
	단어	빈도수	퍼센트	단어	빈도수	퍼센트
807	溺	00000001	(0.00572%)	恼	00000001	(0.00579%)
808	短	00000001	(0.00572%)	溺	00000001	(0.00579%)
809	堂	00000001	(0.00572%)	短	00000001	(0.00579%)
810	戴	00000001	(0.00572%)	端	00000001	(0.00579%)
811	袋	00000001	(0.00572%)	答	00000001	(0.00579%)
812	宅	00000001	(0.00572%)	戴	00000001	(0.00579%)
813	德	00000001	(0.00572%)	袋	00000001	(0.00579%)
814	导	00000001	(0.00572%)	德	00000001	(0.00579%)
815	岛	00000001	(0.00572%)	导	00000001	(0.00579%)
816	徒	00000001	(0.00572%)	岛	00000001	(0.00579%)
817	掉	00000001	(0.00572%)	徒	00000001	(0.00579%)
818	逃	00000001	(0.00572%)	掉	00000001	(0.00579%)
819	独	00000001	(0.00572%)	逃	00000001	(0.00579%)
820	督	00000001	(0.00572%)	独	00000001	(0.00579%)
821	疼	00000001	(0.00572%)	督	00000001	(0.00579%)
822	斗	00000001	(0.00572%)	疼	00000001	(0.00579%)
823	罗	00000001	(0.00572%)	斗	00000001	(0.00579%)
824	栏	00000001	(0.00572%)	逗	00000001	(0.00579%)
825	朗	00000001	(0.00572%)	罗	00000001	(0.00579%)
826	略	00000001	(0.00572%)	栏	00000001	(0.00579%)
827	良	00000001	(0.00572%)	朗	00000001	(0.00579%)
828	历	00000001	(0.00572%)	历	00000001	(0.00579%)
829	练	00000001	(0.00572%)	练	00000001	(0.00579%)
830	联	00000001	(0.00572%)	联	00000001	(0.00579%)
831	烈	00000001	(0.00572%)	劣	00000001	(0.00579%)
832	怜	00000001	(0.00572%)	烈	00000001	(0.00579%)
833	铃	00000001	(0.00572%)	怜	00000001	(0.00579%)
834	零	00000001	(0.00572%)	铃	00000001	(0.00579%)
835	领	00000001	(0.00572%)	零	00000001	(0.00579%)
836	劳	00000001	(0.00572%)	领	00000001	(0.00579%)
837	绿	00000001	(0.00572%)	劳	00000001	(0.00579%)
838	雷	00000001	(0.00572%)	绿	00000001	(0.00579%)
839	类	00000001	(0.00572%)	雷	00000001	(0.00579%)
840	立	00000001	(0.00572%)	类	00000001	(0.00579%)
841	幕	00000001	(0.00572%)	立	00000001	(0.00579%)
842	万	00000001	(0.00572%)	漠	00000001	(0.00579%)
843	挽	00000001	(0.00572%)	万	00000001	(0.00579%)
844	骂	00000001	(0.00572%)	骂	00000001	(0.00579%)
845	魅	00000001	(0.00572%)	魅	00000001	(0.00579%)
846	摸	00000001	(0.00572%)	命	00000001	(0.00579%)

순서	수정전			수정후		
	단어	빈도수	퍼센트	단어	빈도수	퍼센트
847	貌	00000001	(0.00572%)	慕	00000001	(0.00579%)
848	蒙	00000001	(0.00572%)	摸	00000001	(0.00579%)
849	苗	00000001	(0.00572%)	模	00000001	(0.00579%)
850	米	00000001	(0.00572%)	毛	00000001	(0.00579%)
851	迷	00000001	(0.00572%)	貌	00000001	(0.00579%)
852	闷	00000001	(0.00572%)	梦	00000001	(0.00579%)
853	民	00000001	(0.00572%)	蒙	00000001	(0.00579%)
854	拌	00000001	(0.00572%)	苗	00000001	(0.00579%)
855	傍	00000001	(0.00572%)	米	00000001	(0.00579%)
856	旁	00000001	(0.00572%)	迷	00000001	(0.00579%)
857	访	00000001	(0.00572%)	闷	00000001	(0.00579%)
858	杯	00000001	(0.00572%)	民	00000001	(0.00579%)
859	辈	00000001	(0.00572%)	拌	00000001	(0.00579%)
860	范	00000001	(0.00572%)	傍	00000001	(0.00579%)
861	兵	00000001	(0.00572%)	旁	00000001	(0.00579%)
862	并	00000001	(0.00572%)	访	00000001	(0.00579%)
863	步	00000001	(0.00572%)	拜	00000001	(0.00579%)
864	补	00000001	(0.00572%)	辈	00000001	(0.00579%)
865	锋	00000001	(0.00572%)	范	00000001	(0.00579%)
866	府	00000001	(0.00572%)	步	00000001	(0.00579%)
867	符	00000001	(0.00572%)	补	00000001	(0.00579%)
868	奋	00000001	(0.00572%)	棒	00000001	(0.00579%)
869	佛	00000001	(0.00572%)	锋	00000001	(0.00579%)
870	悲	00000001	(0.00572%)	府	00000001	(0.00579%)
871	秘	00000001	(0.00572%)	符	00000001	(0.00579%)
872	滨	00000001	(0.00572%)	负	00000001	(0.00579%)
873	似	00000001	(0.00572%)	奋	00000001	(0.00579%)
874	沙	00000001	(0.00572%)	佛	00000001	(0.00579%)
875	词	00000001	(0.00572%)	悲	00000001	(0.00579%)
876	杀	00000001	(0.00572%)	秘	00000001	(0.00579%)
877	桑	00000001	(0.00572%)	滨	00000001	(0.00579%)
878	状	00000001	(0.00572%)	似	00000001	(0.00579%)
879	赏	00000001	(0.00572%)	沙	00000001	(0.00579%)
880	序	00000001	(0.00572%)	词	00000001	(0.00579%)
881	惜	00000001	(0.00572%)	杀	00000001	(0.00579%)
882	释	00000001	(0.00572%)	桑	00000001	(0.00579%)
883	鲜	00000001	(0.00572%)	序	00000001	(0.00579%)
884	设	00000001	(0.00572%)	惜	00000001	(0.00579%)
885	涉	00000001	(0.00572%)	释	00000001	(0.00579%)
886	盛	00000001	(0.00572%)	鲜	00000001	(0.00579%)

순서	수정전			수정후		
	단어	빈도수	퍼센트	단어	빈도수	퍼센트
887	省	00000001	(0.00572%)	设	00000001	(0.00579%)
888	醒	00000001	(0.00572%)	涉	00000001	(0.00579%)
889	塑	00000001	(0.00572%)	城	00000001	(0.00579%)
890	束	00000001	(0.00572%)	醒	00000001	(0.00579%)
891	孙	00000001	(0.00572%)	细	00000001	(0.00579%)
892	损	00000001	(0.00572%)	塑	00000001	(0.00579%)
893	率	00000001	(0.00572%)	扫	00000001	(0.00579%)
894	修	00000001	(0.00572%)	束	00000001	(0.00579%)
895	守	00000001	(0.00572%)	孙	00000001	(0.00579%)
896	授	00000001	(0.00572%)	损	00000001	(0.00579%)
897	殊	00000001	(0.00572%)	率	00000001	(0.00579%)
898	输	00000001	(0.00572%)	修	00000001	(0.00579%)
899	纯	00000001	(0.00572%)	守	00000001	(0.00579%)
900	迅	00000001	(0.00572%)	授	00000001	(0.00579%)
901	悉	00000001	(0.00572%)	殊	00000001	(0.00579%)
902	甚	00000001	(0.00572%)	输	00000001	(0.00579%)
903	亚	00000001	(0.00572%)	瞬	00000001	(0.00579%)
904	恶	00000001	(0.00572%)	纯	00000001	(0.00579%)
905	案	00000001	(0.00572%)	食	00000001	(0.00579%)
906	颜	00000001	(0.00572%)	迅	00000001	(0.00579%)
907	癌	00000001	(0.00572%)	悉	00000001	(0.00579%)
908	压	00000001	(0.00572%)	亚	00000001	(0.00579%)
909	惹	00000001	(0.00572%)	恶	00000001	(0.00579%)
910	药	00000001	(0.00572%)	案	00000001	(0.00579%)
911	养	00000001	(0.00572%)	颜	00000001	(0.00579%)
912	鱼	00000001	(0.00572%)	癌	00000001	(0.00579%)
913	烟	00000001	(0.00572%)	压	00000001	(0.00579%)
914	燕	00000001	(0.00572%)	仰	00000001	(0.00579%)
915	悦	00000001	(0.00572%)	惹	00000001	(0.00579%)
916	厌	00000001	(0.00572%)	弱	00000001	(0.00579%)
917	悟	00000001	(0.00572%)	药	00000001	(0.00579%)
918	拥	00000001	(0.00572%)	鱼	00000001	(0.00579%)
919	歪	00000001	(0.00572%)	烟	00000001	(0.00579%)
920	耀	00000001	(0.00572%)	燕	00000001	(0.00579%)
921	腰	00000001	(0.00572%)	悦	00000001	(0.00579%)
922	牛	00000001	(0.00572%)	厌	00000001	(0.00579%)
923	遇	00000001	(0.00572%)	映	00000001	(0.00579%)
924	圆	00000001	(0.00572%)	悟	00000001	(0.00579%)
925	源	00000001	(0.00572%)	歪	00000001	(0.00579%)
926	唯	00000001	(0.00572%)	耀	00000001	(0.00579%)

순서	수정전			수정후		
	단어	빈도수	퍼센트	단어	빈도수	퍼센트
927	幼	00000001	(0.00572%)	腰	00000001	(0.00579%)
928	遗	00000001	(0.00572%)	右	00000001	(0.00579%)
929	椅	00000001	(0.00572%)	牛	00000001	(0.00579%)
930	义	00000001	(0.00572%)	遇	00000001	(0.00579%)
931	耳	00000001	(0.00572%)	源	00000001	(0.00579%)
932	暂	00000001	(0.00572%)	伪	00000001	(0.00579%)
933	裁	00000001	(0.00572%)	唯	00000001	(0.00579%)
934	争	00000001	(0.00572%)	维	00000001	(0.00579%)
935	积	00000001	(0.00572%)	遗	00000001	(0.00579%)
936	转	00000001	(0.00572%)	仪	00000001	(0.00579%)
937	截	00000001	(0.00572%)	椅	00000001	(0.00579%)
938	折	00000001	(0.00572%)	义	00000001	(0.00579%)
939	渐	00000001	(0.00572%)	耳	00000001	(0.00579%)
940	停	00000001	(0.00572%)	暂	00000001	(0.00579%)
941	订	00000001	(0.00572%)	裁	00000001	(0.00579%)
942	静	00000001	(0.00572%)	低	00000001	(0.00579%)
943	梯	00000001	(0.00572%)	积	00000001	(0.00579%)
944	租	00000001	(0.00572%)	传	00000001	(0.00579%)
945	存	00000001	(0.00572%)	转	00000001	(0.00579%)
946	宗	00000001	(0.00572%)	截	00000001	(0.00579%)
947	座	00000001	(0.00572%)	折	00000001	(0.00579%)
948	挫	00000001	(0.00572%)	渐	00000001	(0.00579%)
949	遵	00000001	(0.00572%)	停	00000001	(0.00579%)
950	曾	00000001	(0.00572%)	征	00000001	(0.00579%)
951	症	00000001	(0.00572%)	订	00000001	(0.00579%)
952	池	00000001	(0.00572%)	静	00000001	(0.00579%)
953	珍	00000001	(0.00572%)	制	00000001	(0.00579%)
954	秦	00000001	(0.00572%)	梯	00000001	(0.00579%)
955	诊	00000001	(0.00572%)	租	00000001	(0.00579%)
956	创	00000001	(0.00572%)	左	00000001	(0.00579%)
957	敞	00000001	(0.00572%)	挫	00000001	(0.00579%)
958	采	00000001	(0.00572%)	遵	00000001	(0.00579%)
959	戚	00000001	(0.00572%)	曾	00000001	(0.00579%)
960	千	00000001	(0.00572%)	症	00000001	(0.00579%)
961	晴	00000001	(0.00572%)	池	00000001	(0.00579%)
962	替	00000001	(0.00572%)	秦	00000001	(0.00579%)
963	村	00000001	(0.00572%)	诊	00000001	(0.00579%)
964	崔	00000001	(0.00572%)	创	00000001	(0.00579%)
965	追	00000001	(0.00572%)	敞	00000001	(0.00579%)
966	祝	00000001	(0.00572%)	采	00000001	(0.00579%)

순서	수정전			수정후		
	단어	빈도수	퍼센트	단어	빈도수	퍼센트
967	衷	00000001	(0.00572%)	戚	00000001	(0.00579%)
968	层	00000001	(0.00572%)	千	00000001	(0.00579%)
969	坦	00000001	(0.00572%)	晴	00000001	(0.00579%)
970	诞	00000001	(0.00572%)	替	00000001	(0.00579%)
971	汤	00000001	(0.00572%)	村	00000001	(0.00579%)
972	痛	00000001	(0.00572%)	崔	00000001	(0.00579%)
973	堆	00000001	(0.00572%)	祝	00000001	(0.00579%)
974	投	00000001	(0.00572%)	衷	00000001	(0.00579%)
975	坡	00000001	(0.00572%)	取	00000001	(0.00579%)
976	婆	00000001	(0.00572%)	聚	00000001	(0.00579%)
977	巴	00000001	(0.00572%)	层	00000001	(0.00579%)
978	波	00000001	(0.00572%)	值	00000001	(0.00579%)
979	版	00000001	(0.00572%)	坦	00000001	(0.00579%)
980	败	00000001	(0.00572%)	诞	00000001	(0.00579%)
981	牌	00000001	(0.00572%)	汤	00000001	(0.00579%)
982	片	00000001	(0.00572%)	痛	00000001	(0.00579%)
983	骗	00000001	(0.00572%)	投	00000001	(0.00579%)
984	抱	00000001	(0.00572%)	坡	00000001	(0.00579%)
985	饱	00000001	(0.00572%)	婆	00000001	(0.00579%)
986	彼	00000001	(0.00572%)	巴	00000001	(0.00579%)
987	避	00000001	(0.00572%)	摆	00000001	(0.00579%)
988	贺	00000001	(0.00572%)	波	00000001	(0.00579%)
989	闲	00000001	(0.00572%)	版	00000001	(0.00579%)
990	限	00000001	(0.00572%)	败	00000001	(0.00579%)
991	哈	00000001	(0.00572%)	牌	00000001	(0.00579%)
992	港	00000001	(0.00572%)	片	00000001	(0.00579%)
993	项	00000001	(0.00572%)	骗	00000001	(0.00579%)
994	享	00000001	(0.00572%)	弊	00000001	(0.00579%)
995	响	00000001	(0.00572%)	飘	00000001	(0.00579%)
996	香	00000001	(0.00572%)	品	00000001	(0.00579%)
997	轩	00000001	(0.00572%)	彼	00000001	(0.00579%)
998	页	00000001	(0.00572%)	避	00000001	(0.00579%)
999	兄	00000001	(0.00572%)	贺	00000001	(0.00579%)
1000	形	00000001	(0.00572%)	闲	00000001	(0.00579%)
1001	呼	00000001	(0.00572%)	咸	00000001	(0.00579%)
1002	户	00000001	(0.00572%)	哈	00000001	(0.00579%)
1003	祸	00000001	(0.00572%)	港	00000001	(0.00579%)
1004	皇	00000001	(0.00572%)	项	00000001	(0.00579%)
1005	悔	00000001	(0.00572%)	享	00000001	(0.00579%)
1006	厚	00000001	(0.00572%)	响	00000001	(0.00579%)

순서	수정전			수정후		
	단어	빈도수	퍼센트	단어	빈도수	퍼센트
1007	吸	00000001	(0.00572%)	香	00000001	(0.00579%)
1008	恰	00000001	(0.00572%)	虚	00000001	(0.00579%)
1009	姬	00000001	(0.00572%)	轩	00000001	(0.00579%)
1010	赶	00000001	(0.00572%)	革	00000001	(0.00579%)
1011	搞	00000001	(0.00572%)	炫	00000001	(0.00579%)
1012	圣	00000001	(0.00572%)	页	00000001	(0.00579%)
1013	夸	00000001	(0.00572%)	兄	00000001	(0.00579%)
1014	挂	00000001	(0.00572%)	形	00000001	(0.00579%)
1015	惧	00000001	(0.00572%)	户	00000001	(0.00579%)
1016	啦	00000001	(0.00572%)	护	00000001	(0.00579%)
1017	惊	00000001	(0.00572%)	祸	00000001	(0.00579%)
1018	泪	00000001	(0.00572%)	皇	00000001	(0.00579%)
1019	邻	00000001	(0.00572%)	悔	00000001	(0.00579%)
1020	嘛	00000001	(0.00572%)	厚	00000001	(0.00579%)
1021	湾	00000001	(0.00572%)	吸	00000001	(0.00579%)
1022	网	00000001	(0.00572%)	恰	00000001	(0.00579%)
1023	扒	00000001	(0.00572%)	姬	00000001	(0.00579%)
1024	环	00000001	(0.00572%)	歉	00000001	(0.00579%)
1025	翻	00000001	(0.00572%)	搞	00000001	(0.00579%)
1026	乓	00000001	(0.00572%)	圣	00000001	(0.00579%)
1027	乒	00000001	(0.00572%)	挂	00000001	(0.00579%)
1028	怀	00000001	(0.00572%)	惧	00000001	(0.00579%)
1029	笨	00000001	(0.00572%)	肚	00000001	(0.00579%)
1030	屁	00000001	(0.00572%)	啦	00000001	(0.00579%)
1031	凭	00000001	(0.00572%)	惊	00000001	(0.00579%)
1032	胜	00000001	(0.00572%)	泪	00000001	(0.00579%)
1033	婴	00000001	(0.00572%)	邻	00000001	(0.00579%)
1034	异	00000001	(0.00572%)	湾	00000001	(0.00579%)
1035	挣	00000001	(0.00572%)	网	00000001	(0.00579%)
1036	砖	00000001	(0.00572%)	扒	00000001	(0.00579%)
1037	嘈	00000001	(0.00572%)	环	00000001	(0.00579%)
1038	证	00000001	(0.00572%)	翻	00000001	(0.00579%)
1039	础	00000001	(0.00572%)	乓	00000001	(0.00579%)
1040	沉	00000001	(0.00572%)	乒	00000001	(0.00579%)
1041	称	00000001	(0.00572%)	宝	00000001	(0.00579%)
1042	碰	00000001	(0.00572%)	笨	00000001	(0.00579%)
1043	苹	00000001	(0.00572%)	屁	00000001	(0.00579%)
1044	跑	00000001	(0.00572%)	凭	00000001	(0.00579%)
1045	鸽	00000001	(0.00572%)	胜	00000001	(0.00579%)
1046	炕	00000001	(0.00572%)	婴	00000001	(0.00579%)

순서	수정전			수정후		
	단어	빈도수	퍼센트	단어	빈도수	퍼센트
1047	吓	00000001	(0.00572%)	舁	00000001	(0.00579%)
1048				羡	00000001	(0.00579%)
1049				挣	00000001	(0.00579%)
1050				砖	00000001	(0.00579%)
1051				丢	00000001	(0.00579%)
1052				证	00000001	(0.00579%)
1053				吵	00000001	(0.00579%)
1054				瞧	00000001	(0.00579%)
1055				础	00000001	(0.00579%)
1056				沉	00000001	(0.00579%)
1057				苹	00000001	(0.00579%)
1058				鸽	00000001	(0.00579%)
1059				炕	00000001	(0.00579%)
1060				吓	00000001	(0.00579%)

6. 자주 사용하는 중국어 문법항목의 내부구조 사용 빈도

1) 不

용법		2학년	3학년	4학년
不	부사	266	277	116
	조사	18	16	12
	不得不	0	3	3
합계		284	296	131

2) 的

용법		2학년	3학년	4학년
的	조사	962	1366	516
	是~的	34	51	20
	挺~的	16	1	1
	会~的	24	9	2
	문미	10	10	3
	형용사/동사 + 的	20	5	4
	형용사중첩 뒤	0	5	2
합계		1066	1447	548

3) 很

용법		2학년	3학년	4학년
很	很 + 형용사	458	518	164
	很 + 不	1	7	2
	정도보어得 + 很	5	1	2
합계		464	526	168

4) 这

용법	2학년	3학년	4학년
지시사	262	303	149
합계	262	303	149

5) 我

용법	2학년	3학년	4학년
대명사	1992	1726	715
합계	1992	1726	715

6) 他

용법	2학년	3학년	4학년
대명사	438	432	169
합계	438	432	169

7) 我们

용법	2학년	3학년	4학년
대명사	299	448	114
합계	299	448	114

8) 她

용법	2학년	3학년	4학년
대명사	216	272	47
합계	216	272	47

9) 你们

용법	2학년	3학년	4학년
대명사	15	15	11
합계	15	15	11

10) 是

용법	2학년	3학년	4학년
…이다	367	441	168
합계	367	441	168

11) 去

	용법	2학년	3학년	4학년
去	동사(말하는 장소에서 다른 장소에 이르다)	253	237	97
	동사(제거하다)	0	0	0
	동사 + 去 / 去 + 동사	13	18	2
	방향보어	0	1	0
합계		266	256	99

12) 好

	용법	2학년	3학년	4학년
형용사	好 + 명사(명사수식)	17	27	10
	술어와 보어가 됨	123	108	52
	好 + 在	0	0	0
	还是 + 동사 / 단문 + 好	0	0	0
	건강하다	36	0	1
	친애하는 / 사랑하는	2	1	0
	완성하다	6	5	1
	쉽다	1	1	0
	효과가 좋다	1	0	0
	동의 / 어기	0	0	0
합계		186	142	64

13) 有

	용법	2학년	3학년	4학년
가지다	有 + 了 / 过	206	243	78
	有 + 着	0	0	0
	有 + 명사	0	0	0
	有 + 所 + 동사	0	0	0
	有 + 명사 구조로 연동문 앞에 놓임	1	0	1
존재하다	처소사 없음 + 有	3	30	6
	有~, 有~ …	5	0	0
어느 정도에 이르다	有 + 수량	4	9	2
합계		219	282	87

14) 们

용법	2학년	3학년	4학년
접사	423	632	185
합계	423	632	185

15) 和

	용법	2학년	3학년	4학년
대등관계	a、b、c和d	127	103	40
	동사술어, 형용사술어의 연접	5	5	2
선택		0	0	0
합계		132	108	42

16) 所以

	용법	2학년	3학년	4학년
인과 관계	앞 단문 + 所以~	141	139	59
	~之所以, 是因为(由于)	0	3	1
합계		141	142	60

17) 都

용법	2학년	3학년	4학년
모두	114	202	54
심지어	22	26	12
都~了	1	2	0
합계	137	230	66

18) 要

용법		2학년	3학년	4학년
조동사	어떤 일에 대한 의지	45	69	24
	반드시 …하여야 한다	63	83	31
	가능, (会) + 要~(的)	4	0	0
	막 …하려 하다	15	9	8
	평가하다, 비교문에서 사용	1	0	0
동사		3	7	4
접속사		1	0	0
합계		132	168	67

19) 也

용법	2학년	3학년	4학년
…도 또한	81	120	28
가정에 대한 설립 여부와 관계없이, 결과는 같다	24	28	6
심지어, 어기 표현, 명사 + 也	12	35	3
합계	117	183	37

20) 能

용법	2학년	3학년	4학년
능력과 조건이 있어 어떤 일을 하다	133	102	38
어떤 일을 아주 잘하다, 很 + 能	1	0	0
합계	134	102	38

21) 可能

용법	2학년	3학년	4학년
아마도, 아마	9	12	6
합계	9	12	6

22) 一起

용법	2학년	3학년	4학년
전부, 모두, 합해서	109	114	31
합계	109	114	31

23) 怎么

용법	2학년	3학년	4학년
怎么 + 동사, 어떻게	16	9	6
怎么 + 동사, 어째서	5	4	3
怎么 + (一) + 양사 + 명사	1	1	0
不 + 怎么 + 동사/형용사	0	1	0
합계	22	15	9

24) 就

용법	2학년	3학년	4학년
즉시	49	53	3
이미, 벌써	16	11	7
~하자마자	25	24	9
긍정 강조, 就 + 是, 就 + 동사 / 형용사	56	49	27
오직, 단지	0	1	0
위 문장을 연결하는 就	21	43	6
합계	167	181	52

25) 得

용법		2학년	3학년	4학년
동사		148	108	34
조사	술목 + 得	15	7	3
	형용사 + 得很	4	3	2
	別~ + 得	2	0	0
	得de, 허가를 표시	1	0	0
조동사	得děi, 반드시 ~ 해야 한다	9	7	3
합계		179	125	42

26) 里

용법	2학년	3학년	4학년
속, 안	89	89	39
합계	89	89	39

27) 以后

용법	2학년	3학년	4학년
이후	20	24	9
합계	20	24	9

28) 什么

용법	2학년	3학년	4학년
무엇	86	85	34
합계	86	85	34

29) 那

용법	2학년	3학년	4학년
지시사 : 저것, 그것	65	114	21
합계	65	114	21

30) 哪

용법	2학년	3학년	4학년
지시사 : 어느, 어떤, 어디	4	7	3
합계	4	7	3

31) 多少

용법	2학년	3학년	4학년
얼마, 몇	6	4	3
합계	6	4	3

32) 多

용법	2학년	3학년	4학년
(수량이) 많다	49	81	33

33) 天

용법	2학년	3학년	4학년
양사, 날, 일	92	190	45
합계	92	190	45

34) 次

용법	2학년	3학년	4학년
양사, 번, 횟수	48	132	33
합계	48	132	33

35) 后

용법	2학년	3학년	4학년
뒤, 후	25	54	15
后 + 명사 / 수량사	1	1	0
합계	26	55	15

36) 跟

용법	2학년	3학년	4학년
…와 함께	138	148	45
합계	138	148	45

37) 对

용법	2학년	3학년	4학년
…에게, 을 향하여	45	91	32
对~来说	3	18	5
합계	48	109	37

38) 吧

용법	2학년	3학년	4학년
어조사	107	76	52
~吧?	2	2	0
합계	109	78	52

39) 看

용법		2학년	3학년	4학년
동사	보다	112	83	37
	방문하다, 문안하다	3	3	1
	…라도 생각하다. 라고 편단하다	3	2	1
조사		1	0	0
합계				

40) 吃

용법	2학년	3학년	4학년
먹다	120	67	35
합계	120	67	35

41) 喜欢

용법	2학년	3학년	4학년
좋아하다	107	112	55
합계	107	112	55

42) 想

용법		2학년	3학년	4학년
동사	생각하다	24	25	7
조동사	…하고 싶다, …하려 하다	65	85	29

43) 说

용법	2학년	3학년	4학년
말하다, 이야기하다	149	149	34
꾸짖다, 힐책하다	1	3	0
합계	150	152	34

44) 给

용법		2학년	3학년	4학년
동사	주다	21	16	8
개사	…에게	111	79	29
조사	给 + 동사	1	0	0
	피동문에 사용	1	1	0
합계		134	96	37

45) 了

용법	2학년	3학년	4학년
동사 + 了 + 목적어	128	225	89
동사 + 목적어 + 了	67	38	24
동사 + 了 + 목적어 + 了	2	2	0

용법	2학년	3학년	4학년
형용사 + 了	101	99	52
명사 / 양사 + 了	10	9	8
합계	잘못된 계산식	잘못된 계산식	잘못된 계산식

46) 到

용법		2학년	3학년	4학년
동사	도착하다, 도달하다	64	72	29
	…로 향하다	2	16	6
보어용법, 동사/형용사 + 到		24	32	4
합계		90	120	39

46) 把

용법	2학년	3학년	4학년
전치사	162	64	23
합계	162	64	23

참고문헌

강영세. 2004. 영문법 항목의 상대적 난이도. 현대문법이론과 그 실제(운촌 이홍배선생 정년기념 논문집). 서울 : 경진문화사. 371-382.

박경자, 강복남, 장복명. 1994. 언어교수학. 서울 : 박영사.

박용진. 2003. 대비분석을 통한 중국어 부사 '才'의 어법포인트 연구(1)−모국어가 한국어인 중국어 학습자의 관점에서. 중국어문학연구회지 : 중국어문학논집, 25 : 237-254.

박용진. 2004. 중국어 부사 '才'의 教學語法 배열 연구(2)−모국어가 한국어인 중국어 학습자의 관점에서. 중국어문학연구회지 : 중국어문학논집, 27 : 365-381.

박용진 등. 2005. 현대중국어교육어법 연구. 서울 : 학고방.

박용진. 2005. 국내 중국어교육 관련 연구 논문에 대한 분석−1993-2004년 발표된 논문을 중심으로. 중국문학. 43권, 303-317.

박용진. 2008. 중국어교육을 위한 현대중국어 의문사 순서배열 연구(1)−의문사 shenme, ji, zenme, shei, zenyang의 일반 의문 용법을 중심으로. 중국어문학논집. 49호, 161-194.

박용진. 2008. 중국어교육을 위한 현대중국어 의문사의 순서배열 연구(2)−의문사 duoshao, na, nali, nar의 일반 의문 용법을 중심으로. 중국어문학논집. 50호, 123-140.

박용진. 2010. 모국어가 한국어인 중국어 학습자의 웹 기반 중간언어 말뭉치 개발과 중간언어 현상 연구. 중국어문학논집. 62호, 213-228.

서정수. 1996. 국어문법(수정보증판). 서울 : 한양대학교 출판원.

송재록. 1999. 송재록 신중국어. 서울 : 시사중국어문화원.

임지룡 등. 2005. 학교문법과 문법교육. 서울 : 박이정.

이광정. 1997. 학교문법에서의 품사분류. 한국어교육학회.

이재돈. 2002. 클릭 나홀로 중국어. 서울 : 상록수.

조명원, 이홍수. 2004. 영어교육사전(개정증보판). 서울 : 피어슨에듀케이션코리아.

연세한국어사전 (http://dic.yonsei.ac.kr)

브리테니커 사전(http://preview.britannica.co.kr)

Adrian Akmajian, Richard A. Demers, Robert M. Harnish. 1990. *Linguistics*. The MIT Press. [et al.].−3rd ed.

Gass, S., & Selinker, L. 1994. *Second Language Acquisition*. LAWRENCE ERLBAUM ASSOCIATES, PUBLISHERS.

H. Douglas Brown. 1996. 외국어 교수·학습의 원리(신성철 역). 서울 : 한신문화사(원저 1994 출판).

H.G. Widdowson. 2001. 언어학(유석훈, 김현진, 강화진 역). 서울 : 박이정(원저 1996 출판).

H.H. Stern. 1983. *Fundamental Concepts of Language teaching*. Oxford Univ.

Jack C. Richards, Richard Schmidt. 2002. *Dictionary of Language Teaching & Applied Linguistics*(Third Edition). Person Education Limited.

James Erwin Dew. 1999. *6000 CHINESE WORDS-A Vocabulary Frequency Handbook*. Taiwan : SMC Publishing Inc.

LI, Charles N. & Thompson, Sandra A. 1982. *Mandarin Chinese : A Functional Reference Grammar*. Taiwan : The Ctrane Publishing CO., Ltd.

Richards, Jack C & Schmidt, Richard. 2002. *Dictionary of Language Teaching & Applied Linguistics*(3rd ed.). Pearson Education Limited.

Rod Ellis. 2001. 제2언어습득(박경자, 장미경, 오은진 역). 서울 : 박이정(원저 1997 출판).

Susan M.Gass and Larry Selinker. 1994. *Second Language Acquisition*, Lawrence Erlbaum Associates, Inc.

Teng Shou-hsin. 1979. *A Basic Course in Chinese Grammar −A Graded Approach through Conversational Chinese*. CHINESE MATERIALS CENTER, INC. SAN FRANCISCO.

Teng, Shou-hsin. 1997. Towards a Pedagogical Grammar of Chinese. *Journal of the Chinese Language Teachers Association*, Volume

32:2, 29-39.

Teng, Shou-hsin. 1998. Sequencing of Structures in Pedagogical Grammar. *Journal of the Chinese Language Teachers Association.* Vol 33:2, 41-52.

Teng, Shou-hsin. 2000. L2 Chinese as an Autonomous discipline. *The 9th International Conference on Chinese Linguistics cum International Symposium on Chinese Language Teaching*, Singapore.

Teng, Shou-hsin. 2001. Defining and Sequencing Syntactic Structures in L2 Chinese Instructional Materials. 暨南大學華文學院學報, 第一期:11-23.

Teng, Shou-hsin. 2002b. Contrastive Analysis and Pedagogical Grammar. 2002年10월, 北京語言大學 강연원고.

Tiee, Henry Hung-Yeh. 1986. *A Reference Grammar of Chinese Sentences.* The University of Arizona Press.

Vivian Cook. 1996. *Second Language Learning and Language Teaching.* Edward Arnold Ltd.

Westney, Paul. 1995. *Rules and Pedagogical Grammar.* In Terence Odlin (Eds.)

Xing, Zhiqun. 2006. *Teaching and Learning Chinese as a Foreign Language −A Pedagogical Grammar.* HongKong University Press.

北京大学中文系1955,1957级语言班编. 1996. 现代汉语虚词例释. 北京：商务印书馆.

北京语言学院语言教学研究所编. 1986. 现代汉语频率词典. 北京：北京语言学院出版社.

曹明海. 1998. 整体与圆识. 青岛：青岛海洋大学出版社.

陈海洋. 1991. 中国语言学大辞典. 南昌：江西教育出版社.

陈月红. 1998. 母语语法与外语习得. 外语教学与研究. 2, 53-57.

陈月红. 1999. 从分立式测试看学生的语文问题. 中国语文通讯. 51, 1-8.

程棠. 2000. 对外汉语教学目的原则方法. 北京：华语教学出版社.

崔永华. 1997. 对外汉语教学学科概说. 刘珣 编, 对外汉语教学概论(1997, 29-34). 北京：北京语言文化大学出版社.

崔永华. 1997. 对外汉语教学学科概说. 中国文化研究. 第1期, 总第15期, 108-115.

崔永华. 1998. 关于对外汉语教学学科的方法论问题. 语言教学与研究. 第2期. 82-95.

崔永华. 2004. 科研课题和对外汉语教学学科建设. 汉语研究与应用. 北京：中国社会科学出版社.

崔永华. 2004. 教师行动研究和对外汉语教学. 世界汉语教学. 第3期, 总第69期, 89-95.

崔永华. 2005. 二十年来对外汉语教学研究热点回顾. 语言文字应用. 第1期, 63-70.

崔永华. 2005. 以问题为导向的对外汉语教学学科建设刍议. 语言教学与研究. 第3期. 44-49.

邓守信. 2002. 对外汉语语法点的描述原则. 第二届对外语教学语法研讨会. 2002. 7. 28-30, 中国上海.

邓守信. 2003. 对外汉语语法点难易度的评定. 北京：对外汉语教学语法深索, 102-111.

邓守信. 2003. 作为独立学科的对外汉语教学. 汉语研究与应用. 第一辑, 1-11. 北京：中国社会科学出版社.

定远. 1997. 百年汉语教学语法的总结. 中国语文通讯. 43, 26-28.

国家对外汉语教学领导小组办公室汉语水平考试部编. 1992. 汉语水平语汇与汉字等级大纲. 北京：北京语言文化大学出版社.

郭熙. 2002. 理论语法与教学语法的衔接问题. 汉语学习. 第4期, 58-66.

胡盛仑. 1990. 语言学和汉语教学. 北京：北京语言文化大学出版社.

胡振平. 1990. 关於学校语法. 解放军外国语学院学报. 第2期, 50-54.

江新. 1998. 词汇习得研究及其在教学上的意义. 语言教学与研究. 3, 65-73.

江新. 2000. 汉语作为第二语言学习策略初探. 语言教学与研究. 1, 61-68.

康玉华, 来思平编著. 1999. 汉语会话301句. 北京：北京语言文化大学.

李德津, 程美珍. 1988. 外国人实用汉语语法. 北京：华语教学出版社.

李宇明, 陈前瑞. 1997. 儿童问句理解的群案与个案的比较研究. 语言教学与研究. 4, 119-130.

李晓琪. 1999. 加强语言学习理论研究、深化对外汉语教学学科建设. 吕必松编著. 语言教育问题研究论文集(1999, 86-97). 北京：华语教学出版.

凌德祥. 1999. 语言对比及其相关理论的拓展空间, 中国语文通讯. 49, 44-53.

刘钦荣, 杜鹃. 2004. 论教学语法的性质和特点. 通化师范学院学报. 第3期, 95-97.

刘珣. 1999. 也论对外汉语教学的学科体系及其科学定位. 语言教学与研究. 1, 17-28.

刘珣主编. 1997. 对外汉语教学概论. 北京：北京语言文化大学出版社.

刘英林. 1996. 汉语水平等级标准与语法等级大纲. 北京：高等教育出版社.

刘月华等. 2001. 实用现代汉语语法(增订本). 北京：商务印书馆.

芦福波. 1996. 对外汉语教学实用语法. 北京：北京语言大学出版社.

陆俭明. 2000. "对外汉语教学"中的语法教学. 语言教学与研究. 3, 1-8.

陆俭明. 2004. 增强学科意识, 发展对外汉语教学. 世界汉语教学. 第1期, 总第67期, 5-10.

陆庆和. 2006. 实用对外汉语教学语法. 北京：北京大学出版社.

鹿 荣. 2005. 教学语法体系的建立与发展回顾. 阜阳师范学院学(社会科学版). 第2期, 23-26.

吕文华. 1994. 对外汉语教学语法研究. 北京：语文出版社.

吕文华. 1995. 对外汉语教学语法中的补语系统. 吕文华编著. 对外汉语教学语法体系研究(1999, 59-68). 北京：北京语言文化大学出版社.

吕文华. 1999. 对外汉语教学语法体系研究. 北京：北京语言文化大学出版社.

吕必松. 1993. 对外汉语教学研究. 北京：北京语言学院出版社.

吕必松. 1997. 汉语教学中技能训练的系统性问题, 语言文字应用. 3, 43-48.

吕必松主编. 1999. 语言教育问题研究论文集. 北京：华语教学出版.

吕冀平. 1982. 句法分析和句法教学. 中国语文. 1, 7-16.

吕叔湘. 1999. 现代汉语八百词. 北京：商务印书馆.

鲁健骥. 1984. 从教学法的角度看趋向补语, 鲁健骥编著. 对外汉语教学思考集(1999, 98-110), 北京：北京语言文化大学出版社.

鲁健骥. 1985. "上"类动词作补语的性质和意义, 鲁健骥编著. 对外汉语教学思考集(1999, 111-119), 北京：北京语言文化大学出版社.

鲁健骥. 1999. 对外汉语教学思考集, 北京：北京语言文化大学出版社.

盛 炎. 1990. 语言教学原理. 重庆出版社.

盛 炎, 沙 砾. 1993. 对外汉语教学论文选评. 北京：北京语言文化大学出版社.

石定果, 万业馨. 1998. 关於对外汉字教学的调查报告. 语言教学与研究. 1, 36-48.

施光亨. 1994. 对外汉语教学是一门新型的学科. 北京：北京语言文化大学出版社.

台湾平衡语料库(www.sinica.edu.tw)

王鲜杰. 1998. 第一语习得与外语学习. 河南教育学院学报. 2, 67-70.

王培光. 1991. 语言能力与语法教学. 中国语文. 4, 269-274.

吴世雄. 1998. 认知心理学的记忆原理对汉字教学的启迪. 语言教学与研究. 4, 85-95.

夏纪梅. 1999. 外语教学的学科属性探究. 语言教学与研究. 4, 4-14.

谢米纳斯. 1998. 汉语词汇学初探. 语言教学与研究. 1, 49-48.55.

谢小庆. 1998. 关HSK等值的试验研究. 世界汉语教学. 3, 88-96.

杨寄洲. 2000. 对外汉语教学刀级阶段语法项目的排序问题. 语言教学与研究. 3, 9-14.

张宝钧. 1996. 语言测试研究的进展. 问题与思考. 语言教学与研究. 2, 48-57.

张宝钧. 1998. 对语言测试反作用于教学的再认识. 语言教学与研究. 2, 129-138.

张玉华. 1998. 语言教育学漫谈. 解放军外语学院学报. 5, 9-14.

赵金铭. 1994. 教外国人汉语语法的一些原则问题. 语言教学与研究. 2, 4-20.

赵金铭. 1997. 新视觉汉语语法研究. 北京：北京语言文化大学出版社.

赵明德. 1999. 对外汉字教学改革探索. 语言教学与研究. 3, 136-144.

郑景荣. 1995. 谈学校语法的语义基础. 漳州师范学院学报(哲学社会科学版). 第3期, 30-33.

郑懿德. 1995. 外国留学生汉语专业高年级语法教学的实践与思考. 语言教学与研究. 4, 20-36.

周思源. 1998. 建立一个比较开放的对外汉语教学观. 语言教学与研究. 4, 76-84.

마무리를 지으며

이 문법항목이 필요한 이유는 여러 가지가 있을 것이다. 그중에 가장 우선이 되는 것은 모국어가 한국어인 중국어 학습자를 위하여, 가장 짧은 시간 내에 가장 효과적인 중국어교육 방안을 설계하기 위해서이다. 1996년 국립대만사범대학교(國立臺灣師範大學) 박사생으로 입학하여, 처음으로 鄧守信 교수로부터 중국어교육문법을 배우기 시작하였고, 어언 19년의 세월이 흘렀다. 짧지 않은 긴 세월동안 나의 머리에는 한 가지 연구과제가 계속 존재하고 있었다. 이 책의 중심 연구과제인 중간언어 말뭉치 연구 분석도, 그동안 중국어교육 분야로 썼던 모든 논문에 이르기까지 이 연구 과제를 위한 준비 과정이었다. 그 중심에는 모국어가 한국어인 중국어 학습자를 위한 '필수문법항목'을 설계하는 것이었다.

나는 중국어교육 수업시간에 고려청자를 비유로 들어 이 과정을 설명하곤 하였다. 고려청자의 비색(翡色)의 아름다운 색깔과 상감 기법은 중국의 청자 제조기법에서 볼 수 없는 독자적인 창조물이라고 말하곤 한다. 문제는 이를 만드는 방법이 전해지지 않았다는 것이다. 너무나 아쉽지 않은가! 교육 역시 마찬가지이다. 개인의 경험에서 우러난 좋은 교수방법이 한 개인으로만 머무르고 사라진다면 너무나 아쉽지 않을까! 교육설계의 과정은 드러나야 한다. 교과서에 편집되어 있으니 그렇게 가르치는 것이 아니고, 내가 수업해 보니까 이렇게 하는 것이 좋겠다는 것으로 그치면 안 된다. 교과서 편집에도 이론이 있어야 하고, 교수방법에도 이론이 있어야 하고, 문법항목 배치에도 이론이 있어야 한다. 교육설계 과정이 잘못되었으면 수정을 받아야 하고, 그 수정 과정 역시 남겨져야 한다. 그래야 다음 사람이 그것을 참조하고, 더 나은 학습방법을 찾을 수 있기 때문이다. 그렇지 않으면 모든 사람들이 항상 처음부터 다시 시작하게 된다. 이 얼마나 시간 낭비인가! 나는 이런 마음으로 모국어가 한국어인 중국어 학습자를 위한 '필수문법항목'을 설계해오고 있다.

내가 처음 이런 과정을 학술논문으로 학계에 내 놓았을 때, 곱지 않은 시선을 받아온 게 사실이다. 어떤 심사자는 나를 결벽증 환자로 취급하기도 했다. 그냥 기존의 이론문법서를 교수자가 적절하게 안배해서 학생들에게 가르치면 되지, 반드시 외국어교육의 틀 속에 모국어와 대비라는 용어를 사용해서 문법을 다시 분석할 필요가 있느냐고 반론을 제기하기도 했다. 그러나 이제는 학습자나 교수자 모두가 외국어 교육(중국어교육) 분야의 변화를 요구하고 있으며, 실제 변하고 있다. 현재에 이르러서는 많은 연구자들이 외국어교육이 기존의 언어이론 연구와 어떻게 다른지에 대해 인식의 변화를 가져오게 되었다.

그동안 중국어교육 분야의 필요성을 알리기 위해, 국내 대학에서 중국어를 가르치는 선생님들과 함께 대만에서 중국어교육 연수도 진행하였다. 유익했던 시간으로 생각된다. 물론 연수의 필요성에 대해 긍정적인 분도 있었고, 부정적인 분도 있었다. 세상에 어떻게 모든 일이 의미 있는 일만 계획될 수 있겠는가! 의미는 자신이 자신에게 주는 것이 아닐까!

　　최근 몇 년 사이에 중국어교육 분야를 연구하려는 분들이 많이 있어서 다행이다. 문제는 이 분야에도 허와 실이 있다는 것이다. 학문으로서 보면, 이 분야 역시 이론 학습이 필요하다. 가끔 이론 없이 서술되는 논문을 보면서, 아쉬운 마음도 적지 않다. 그런 반면에, 새로운 외국어교육 이론으로 중국어교육에 적용하는 논문을 보면, 기쁘기 그지없다.

　　중국어교육 분야가 이론과 실제가 잘 겸비된 학문의 한 영역으로 자리매김하길 기원한다.